南水北调中线一期工程文物保护项目
河北省考古发掘报告
第3号

内丘张夺发掘报告

南水北调中线干线工程建设管理局
河北省南水北调工程建设领导小组办公室
河北省文物局

编著

科学出版社
北京

内 容 简 介

本书是河北省南水北调建设工程的系列考古报告之一，是邢台市文物管理处发掘内丘县2009年度张夺2号遗址与2010年度张夺村南墓地项目的正式报告。张夺2号遗址由窑址区和墓葬区组成。其墓葬区和张夺村南墓地均是以战国至汉代时期墓葬为主的平民墓地。我们先后共清理墓葬200座，获得一批较为重要的遗迹、遗物，并首次在邢台地区墓葬中发现了秦文化现象。

本书是迄今为止发表的邢台地区战国至汉代时期平民墓葬和汉代陶窑资料最丰富的考古学报告，是研究当时平民社会生活状况和丧葬习俗的重要资料。

本书适用于考古、文物和中国古代史等相关专业的研究人员及高校师生参考阅读。

图书在版编目（CIP）数据

内丘张夺发掘报告／南水北调中线干线工程建设管理局，河北省南水北调工程建设委员会办公室，河北省文物局编著．—北京：科学出版社，2011.8

（南水北调中线一期工程文物保护项目．河北省考古发掘报告．第3号）

ISBN 978-7-03-031894-7

Ⅰ．①内…　Ⅱ．①南…　②河…　③河…　Ⅲ．①墓葬（考古）－发掘报告－河北省－战国时代～秦汉时代　Ⅳ．①K878.85

中国版本图书馆CIP数据核字（2011）第144360号

责任编辑：宋小军　曹明明／责任校对：陈玉凤

责任印制：赵德静／封面设计：陈　敬

科学出版社 出版

北京东黄城根北街16号

邮政编码：100717

http://www.sciencep.com

中国科学院印刷厂 印刷

科学出版社发行　各地新华书店经销

*

2011年10月第 一 版　　开本：889×1194　1/16

2011年10月第一次印刷　　印张：33 1/2　插页：60

印数：1—3 500　　字数：918 000

定价：288.00元

（如有印装质量问题，我社负责调换）

Reports on the Cultural Relics Conservation
in the South-to-North Water Diversion Project
Hebei Vol.3

Zhangduo, Site in Neiqiu, Hebei

The South-to-North Water Diversion Project Constrution Administration
The South-to-North Water Transfer Project in Hebei Province Construction Committee Office
Hebei Bureau of Cultural Relics

Science Press
Beijing

南水北调中线一期工程文物保护项目

河北省第3号

内丘张夺发掘报告

项目承担单位

邢台市文物管理处

主　编

李恩玮　李　军　石从枝

序

内丘张夺是一个不足千户的小村，若不是国家南水北调工程，人们还不会注意到它的存在，在这个村子的东边和南边，考古工作者通过调查和勘探，发现有大面积的汉代遗址及墓葬。邢台市文物管理处承担了该处的考古发掘工作，并由李恩玮、李军、石从枝三同志具体负责，工作长达一年有余，经过这三位年轻考古工作者的辛勤劳动，发现了汉代遗址及战汉墓群，本次的考古新发现对他们来讲是一种莫大的欣慰。随着野外工作的结束，他们随之进入辛苦有序的整理，并编辑成书。这三位年轻人邀我为之作序，我首先为他们取得的考古成就而高兴，并欣然应允。

汉代遗址和战汉墓葬的分布是比较广泛的，在考古工作中经常遇到。内丘张夺遗址和墓葬只是一个缩影。

内丘张夺发掘工作分南北两区，有汉代窑址及作坊遗址，更多的是战汉墓葬200余座。通过这三位年轻的考古工作者的发掘和研究，发现了秦文化在这一地区的反映，这在河北应当属于重要发现。作为一个地市级的考古单位，能把如此的考古工作做到了认真、规范、有序，还不断把考古资料的研究推向深入，不辞辛苦、多方请教，这不能不说为河北考古工作做出了贡献，在本单位营造了一个良好的学术氛围。我相信他们这种精神将会继续发扬，为邢台乃至河北的文物考古工作不断增色，他们在基层考古单位工作既艰难又坚强，在河北来讲，这一支小的考古队伍近20年来不断取得考古新成果，并不懈地努力着。我作为河北考古的长者，目睹了这三位年轻人的成长历程，祝愿他们在文物考古的道路上不断取得新成果。是为序。

河北省文物局副局长 谢飞

二〇一一年七月十五日

目　录

插图目录

彩版目录

图版目录

壹 前　　言

南水北调工程是优化我国水资源配置的重大战略性基础设施。通过兴建南水北调工程，实现东、中、西三条调水线路与长江、淮河、黄河和海河四大江河的联系，构成“四横三纵”的中国大水网总体布局，实现水资源南北调配、东西互济，十分有利于在更广范围内进行水资源优化配置。对缓解我国北方地区水资源短缺局面，改善生态环境，提高人民群众生活水平，增强综合国力，都具有十分重大的意义。中线工程总干渠从丹江口水库河南省淅川县陶岔渠首引水，向北由邯郸进入河北地界，过邢台、石家庄、保定，于保定涿州市穿拒马河支流至北京团城湖，输水总干渠全长1267公里。

途经邢台地区的中线工程总干渠，位于邢台市西部山前平原地带，由沙河市大掌村西侧进入，过沙河市、邢台市桥西区、邢台县、内丘县、临城县四县一区，横穿邢台地区南北，全长98公里。西部山前平原地带是邢台地区文化遗存较丰富的区域之一，因此全面掌握该项工程沿线的文物分布情况对保护邢台地区地下文物，保障工程建设的顺利进行具有非常重要的作用。河北省文物局非常重视，由省、市、县组成联合调查组先后三次进行实地踏查。

2002年7月4～18日，按照“保护为主、抢救第一”的文物工作方针及“重点保护、重点发掘，既对基本建设有利，又对文物保护有利”的文物工作原则，受河北省文物局委托，河北省文物研究所、邢台市文物管理处及沙河市文物保管所、邢台县文物保管所、内丘县文物保管所、临城县文物管理所组成考古调查队，配合南水北调中线工程，对邢台段总干渠及相关支渠进行了首次调查。

为进一步确认文物点，使调查资料尽可能完善，2003年12月31日至2004年1月7日，再次对南水北调邢台段进行了复查。2004年9月22日至10月28日，根据国家文物局、水利部、国务院南水北调办印发的《南水北调工程文物保护工作协调小组第一次会议纪要》和河北省人民政府办公厅《关于做好南水北调工程文物保护工作的通知》精神，依据《南水北调中线工程总干渠文物保护专题报告工作大纲》的要求，受河北省文物局和河北省南水北调办公室的委托，在前两次工作的基础上，进行了第三次调查工作。调查发现塔坟墓地、后留村西遗址、后留村北遗址、贾村—西董村遗址墓地、马尚德墓地、张夺1号遗址、张夺2号遗址、凤凰墓地、南中冯遗址墓地、解村南遗址墓地、解村东遗址墓地、山下村南墓地、张家台遗址、补要村遗址墓地、方等村遗址17处（后因工程改线在沙河市高店村又调查仰韶时期遗址1处，总计调查18处。参见表一），核实与渠线有关的文物点14处。并对后留村西遗址、后留村北遗址、张夺1号遗址、补要村遗址和墓地等文化遗存进行了试掘，分别开2米×5米探沟1条，对遗址文化层堆积深度、厚度和时代进行了初步确定。

表一 南水北调总干渠邢台段文物遗迹统计表

序号	名称	位置	地理坐标	时代	备注
1	邢台市塔坟墓群	邢台市李村乡前留村西，北邻东西向公路	东经114°24′28″、北纬37°00′06″，高程98.2米	清	
2	邢台市后留村西遗址	邢台市李村乡后留村与邢台县羊范镇王村之间	东经114°24′34″、北纬37°00′19″，高程98.1米	汉	
3	邢台市后留村北遗址	邢台市李村乡前留村北部，煤矿火药库的东南部	东经114°24′49″、北纬37°00′52″，高程93.4米	西周—汉	
4	邢台市贾村——西董村遗址、墓地	邢台市中兴路与七里河之间，东邻邢台市西二环路	东经114°25′48″、北纬37°02′36″，高程91.3米	战汉（遗址）、西周—宋元（墓地）	
5	内丘县马尚德墓地	内丘县大孟村镇小孟村西	东经114°28′37″、北纬37°12′38″，高程88.5米	清	
6	内丘县张夺1号遗址	内丘县大孟村镇张夺村东北部	东经114°29′54″、北纬37°14′42″，高程80.9米	唐	
7	内丘县张夺2号遗址	内丘县大孟村镇张夺村东南部	东经114°29′46″、北纬37°14′30″，高程82.5米	战汉	
8	内丘县张夺村南1号墓地	内丘县张夺村南，西近苗大公路，北与张夺2号遗址墓区相邻	东经114°48′97.88″、北纬37°23′73.32″、高程87米	战汉	
9	内丘县张夺村南2号墓地	内丘县张夺村南，西近苗大公路，东、南与张夺2号遗址墓区相邻	东经114°49′16.28″、北纬37°23′88.92″、高程87.5米	战汉	
10	内丘县凤凰村墓地	内丘镇凤凰村西一带	东经114°29′45″、北纬37°15′30″、高程81.4米	汉	内丘县文物保护单位
11	内丘县南中冯遗址、墓地	内丘镇南中冯村东砖场及其南部一带	东经114°29′56″、北纬37°18′19″、高程78米	战汉（遗址）、唐（墓地）	
12	临城县山下村南墓地	临城镇山下村南岗坡地的北坡	东经114°30′35″、北纬37°23′52″、高程82.7米	明清	
13	临城县解村南遗址、墓地	临城镇解村南临内公路和山下村东柏油路交汇处的西南地带	东经114°31′00″、北纬37°24′10″、高程77.8米	汉	
14	临城县解村东遗址、墓地	临城镇解村东泜河南岸台地上	东经114°31′30″、北纬37°24′15″、高程74米	商周	
15	临城县张家台遗址	临城镇张家台东北的大冲沟汇合处	东经114°32′35″、北纬37°26′18″、高程85.3米	汉	
16	临城县补要村遗址、墓地	东镇镇补要村东南镇楼公路南北两侧的农田中	东经114°32′20″、北纬37°27′13″、高程76米	新石器、商、唐、明清	
17	临城县方等村遗址	鸭鸽营乡方等村西	东经114°31′36″、北纬37°32′30″、高程71.7米	战汉	
18	沙河高店遗址	沙河市高店村西约1000米处	东经114°23′30.3″、北纬36°55′35.4″、高程105米	仰韶、先商、晚商、西周（遗址）、汉（墓葬）	

注：内丘县张夺村南1号墓地、2号墓地为在进行2009年度内丘县张夺2号遗址发掘工作中发现。

先后参加调查发掘的人员有樊书海、张羽、赵战护、王宏伟、焦勇、赵云龙、王晓强、陈刚、康玉振、李军、李进旗、石林群、沈震、贾忠敏、贾成惠、贾永路、张志忠、胡广胜、赵贵春、郭淑云等。总领队为段宏振，执行领队王会民。2003 年执行总领队为张春长，执行领队刘连强。2004 年执行总领队为张春长、徐海峰，执行领队王会民、刘连强。

一、工作方法及概况

受河北省文物局委托，邢台市文物管理处完成 2009 年度张夺 2 号遗址和 2010 年度张夺村南墓地的考古任务。2009 年度张夺 2 号遗址主要工作内容有两项：一是完成 30000 平方米勘探任务，二是完成 3000 平方米的发掘任务；2010 年度张夺村南墓地主要工作有两项：一是在渠线内完成张夺村南墓地勘探任务，了解墓地分布情况；二是完成 2000 平方米的发掘任务。现将这两次考古项目的工作情况介绍如下。

（一）张夺 2 号遗址

2009 年 7 月，南水北调邢台内丘段计划开工，受河北省文物局委托，由邢台市文物管理处组成南水北调张夺考古队，完成张夺 2 号遗址项目的发掘工作。本次考古工作大体可分五个阶段。

第一阶段，从 2009 年 7 月 21 日开始，至 8 月 29 日，主要以调查、勘探及整理调查、勘探材料为主，以了解张夺 2 号遗址的分布情况，为合理制定考古发掘计划提供依据。

2009 年 7 月 21 日上午，邢台市文物管理处南水北调张夺考古队租搬家公司两辆运输车运送考古工具及队员们的日常用具，队员分乘另外两辆车进驻张夺驻地，由于进驻工地前内丘县贾城惠所长多次与张夺村支书和立秋联系驻地事宜，上午 10 点考古队办公室、伙房与队员床铺等基本就绪，下午将房间及院落进一步打扫整理，晚上即开火做饭。由于电没有及时到位，吃了一个别有趣味的烛光晚餐。

7 月 22 日，队员分两组，一组由柴新伟在驻地陪电工通电，另一组在内丘县贾城惠所长、内蒙古赤峰赵国栋馆长的陪同下进行了南水北调渠线的确认工作，并对张夺 2 号遗址进行了考古调查。

7 月 23 日，开始对该遗址进行文物勘探，勘探工作于 7 月 31 日结束。经过 9 天的文物勘探，在渠线内共完成 30000 平方米工作任务，在勘探过程中发现窑址 2 座、墓葬 2 座、不规则墓状坑 3 座，东西走向路土 1 处。通过勘探发现张夺 2 号遗址分布于渠线西边线两侧，遗址面积近 10000 平方米，丰富区大部分位于线外，线内分布面积 4000 平方米。

文物勘探工作结束后，随即对调查情况及勘探工作进行整理，制定下一步考古发掘计划。8 月上旬南水北调办公室按工作计划，准备对干线进行渠线确认工作，渠线有可能偏移。鉴于此情况经领队李恩玮协商，决定考古发掘计划暂停，视渠线偏移情况，再制定考古发掘计划。

第二阶段，从 2009 年 10 月 16 日开始，至 2010 年 1 月 13 日。对张夺渠段进行第二次调查、勘探，同时展开考古发掘工作。

10月考古队实地查看确定后的干线，发现处于张夺2号遗址范围内的渠线东移30米，发掘面积不足1000平方米。张夺2号遗址窑址区编号为09NDZⅠ区（彩版一）。原来制定的发掘计划已不适用，需要进一步勘探。经请示河北省文物局，考古队沿渠线向南扩大范围再次进行调查、勘探。

10月16日开始，首先进行调查，视调查的结果制定勘探计划。调查采用地面拉网式调查与走访村民相结合的方式，分两组同时进行。地面拉网式调查组首先在南水北调干渠范围内将人员等距分开进行调查，安排人员间距约5米。在干渠范围内完成地面调查面积约35000平方米。走访村民组主要选取长期在田间劳作的人员和岁数较大并且喜好历史的老人，采用拉家常的方式，了解该村的历史、村名的来历，调查在田间劳作时发现的陶片和古墓葬等信息。经过走访村民与地面拉网式调查得知，在20世纪七八十年代，村民在村南取土用土法烧砖时，发现有墓葬，出土器物有陶鼎、陶罐等，据村民描述初步判断墓葬时代大体为汉代。根据走访组得到的这一信息，研究决定将文物勘探重点放在村南，以探寻墓葬为主。

10月21日，在村南开始进行勘探，勘探工作于11月22日结束，完成勘探面积9000平方米，在渠线内发现墓葬108座（彩版二）。

由于时间紧任务大，窑址区已于先期探明，为按期、保质、保量完成省领导交给的发掘任务，计划11月14日在窑址区清理积雪布方发掘，13日与张夺村支书和立秋联系确定先找20名民工，然后根据实际情况陆续增加人员。

11月14日，上午，张夺村一下子来了40多人，路上还有人陆续向工地走来。工作一时不能开展，只能自己做村民工作，先将所有来人名字记下，经过苦口婆心劝告、再三承诺，劝回部分村民，开始清理场地、布方。

11月27日，墓区开始发掘，选调大部分民工去墓区布方发掘，由执行领队李军带队留少部分人员对窑址区进行善后工作，12月16日窑址区发掘结束（彩版三）。墓区开工基本顺利，晚上，我们聘请4名民工值夜班，每晚由一名技工带队。张夺2号遗址墓区编号为09NDZⅡ区（彩版四）。

在进行第二次勘探和发掘之初，一场入冬的暴雪不期而遇，给勘探和发掘工作带来巨大困难，为圆满完成省文物局交给的各项任务，处领导、考古领队李恩玮亲自购买雨鞋、劳保手套，坚持工作在考古工地，一同与考古队员们冒着入冬的严寒，忍受着刺骨的寒风及被寒冷冻僵的双脚的麻木（彩版八）。大家任劳任怨，严格按照《田野考古工作规程》，恪尽职守，圆满地完成了本次任务。

第三阶段，从2010年2月20日开始，至9月20日。在张夺村驻地进行室内修复、粘对整理和初步研究工作。

第四阶段，从2010年9月21日开始，至2011年1月19日，回邢台进行考古学报告的编著。

（二）张夺村南墓地

在对张夺2号遗址墓区进行发掘时，南水北调办公室要求各村村民迁移渠线内家坟，村民邢瑞民家坟曾多次迁移无法找到，再三要求考古队帮忙，在不影响考古发掘的情况下安排柴新路、柴新伟帮忙。在距张夺2号遗址西南200米处探查邢瑞民家坟过程中，发现大批②层下墓葬，个别墓葬经夯打实。

2010年1月15日，河北省文物局、南水北调办公室专家验收组来邢台，对张夺2号遗址项目进行验收。领队李恩玮及时将发现大批墓葬的情况反映给河北省文物局文物处张文瑞处长，张处长本着对历史负责的精神及时上报省文物局。随后省文物局要求邢台市文物管理处完成2010年张夺村南墓地发掘任务。本次发掘项目大体可分四个阶段。

第一阶段，2010年2月20日开始，至3月2日结束，主要以勘探及整理勘探材料为主，了解张夺村南墓地墓葬的分布情况，为合理制定考古发掘计划提供依据。

首先对张夺2号遗址墓区北侧、西侧进行勘探，然后又对苗大路以东、苗大路通向张夺村东西向田间土路以南区域进行勘探。勘探过程中在这两个区域发现大批墓葬。领队李恩玮及时向省文物局汇报。4月，文物局下达发掘任务2000平方米。

按照考古规程将苗大路通向张夺村东西向田间土路以南区域定为张夺村南1号墓地，编号为10NDZ1#MD（彩版五）。以北区域为2号墓地，编号为10NDZ2#MD（彩版六）。

第二阶段，2010年4月15日开始，至6月底陆续结束。主要进行张夺村南墓地的考古发掘工作。由于有去年的工作经验，人熟地熟，南水北调办公室已全面积征地，因此我们自己找民工布方开始发掘。为保证工地安全和顺利进行，两块墓地分别聘请4名民工昼夜值班，每班分别由一名技工带队（彩版七；图版二）。

第三阶段，2010年6月15日开始，至9月20日。在张夺村驻地进行室内修复、粘对整理和初步研究工作。

6月15日，发掘即将结束，首先安排王晓辉开始对出土文物进行清洗、粘对修复工作。6月底，发掘全部结束后，技工全部转入整理材料工作。值班民工继续看护工地，等待验收组验收。期间又多次下雨，将探方冲毁，两次航拍，又陆续聘请了部分民工。

第四阶段，从2010年9月21日开始，至2011年1月19日，回邢台进行考古报告的编著。

二、环境及历史沿革

内丘县，总面积787平方千米。地理坐标为东经113°56′～114°38′、北纬37°9′～37°26′，高程45～1500米。

内丘县位于河北省南部，地处太行山脉南段东麓，华北平原西部边缘，西依太行山。东西狭长，南北距短，东与隆尧、任县相连，西与山西省毗邻，南与邢台县接壤，北与临城县、赞皇县毗邻。山区、丘陵、平原各占三分之一，地势西高东低，西部为太行山腹地山脉，山峦起伏，沟谷纵横；中部丘陵为山麓谷地，岗丘连绵，绿沟遍布；东部为海河流域平原，地势平坦，土壤肥沃。

张夺村位于内丘县东南部，属于海河流域地带，西部地势略高，沙性土质，村北有一东西流向的马河，为一季节河，暴雨时节洪水滔滔，时常泛滥。再西北凤凰村一带有大型汉代墓数座。

据县志载内丘县西周时期属邢。邢灭属卫，后归晋地。战国时属赵。秦统一六国后，始置中丘县，属邯郸郡。汉初，先后隶属冀州恒山郡、常山郡。东汉及三国魏时冀州划为赵郡，赵国辖之。晋武帝太康六年（公元285年）升为中邱郡。十六国时，因战乱废置，后省入柏人县（今隆尧县）。北魏太和二十年（公元496年）复置中丘县，并将县城由今城西5千米（西丘村）处迁址今县城西侧（西关村），属殷州南赵郡。隋开皇元年（公元581年）因避隋文帝杨坚之父杨忠名讳，改为内丘县，属赵州，开皇十六年又改属邢州辖。唐、五代十国及宋时内丘均属邢州管辖。元初，邢州改为顺德府，内丘属之。明、清时期内丘一直属顺德府管辖①。

内丘一带，水丰草茂，土壤肥沃，自然条件十分优越，为人类的生存和繁衍提供了优越条件。在前两次文物普查中发现，早在12000年前的旧石器时代晚期，人类就在这里繁衍生息。2008年在对内丘县进行第三次全国文物普查过程中发现旧石器时代遗存3处②。在距今8000年前的新石器时期，内丘已是人类活动的富庶之地，商周遗存，随处可见。隋唐时期是邢窑白瓷的盛产地，邢窑白瓷为我国历史上北方白瓷系统的代表，1984年春始内丘县文物保管所对境内进行调查，在五个乡方圆120公里的区域内，发现窑址28处③。

在配合基本建设工程中，古文化遗存也时有发现。1998年3月，邢台市文物管理处与内丘县文物保管所配合内丘县交通局家属楼项目，发现烧陶窑址；2005年，河北省文物研究所、邢台市文物管理处、内丘县文物保管所在配合南水北调中线工程，对其沿线进行田野考古调查工作中，发现马尚德墓地、张夺1号遗址、张夺2号遗址、凤凰墓地、南双流遗址、南中冯遗址墓地等古文化遗存④。

三、所在位置和调查、勘探情况

（一）位置

张夺2号遗址　由窑址区和墓区两部分组成。窑址区位于内丘县大孟镇张夺村村东，以张夺通向铁顶墓村土路为界，北为张夺1号遗址，南侧为张夺2号遗址，地理坐标东经114°50′50.5″、北纬37°14′40.5″，高程81.5米。墓区位于张夺村南，地理坐标东经114°49′20.28″、北纬37°23′96.39″，高程87.5米。

---

① 内丘县地方志编纂委员会：《内丘县志》，方志出版社，2006年。

② 2008年2～4月，河北省文物局、河北省文物普查办公室组织第三次全国文物普查队，在对内丘县进行普查时发现旧石器时代遗存3处。

③ 内丘县文物保管所：《河北省内丘县邢窑调查简报》，《文物》1987年9期。

④ 河北省文物研究所：《南水北调中线总干渠暨天津干渠·河北省文物调查报告》，内部资料。

张夺村南墓地　位于张夺村南，西近苗大公路，与张夺2号遗址墓区相邻。该墓地由张夺村南1号墓地和张夺村南2号墓地组成，1号墓地居西南，地理坐标东经114°48′97.88″、北纬37°23′73.32″，高程87米；2号墓地居东北，与张夺2号遗址墓区相连，地理坐标东经114°49′16.28″、北纬37°23′88.92″，高程87.5米。两墓地相距220米，由苗大公路通向张夺村的东西向土路相隔（图一、图二）。

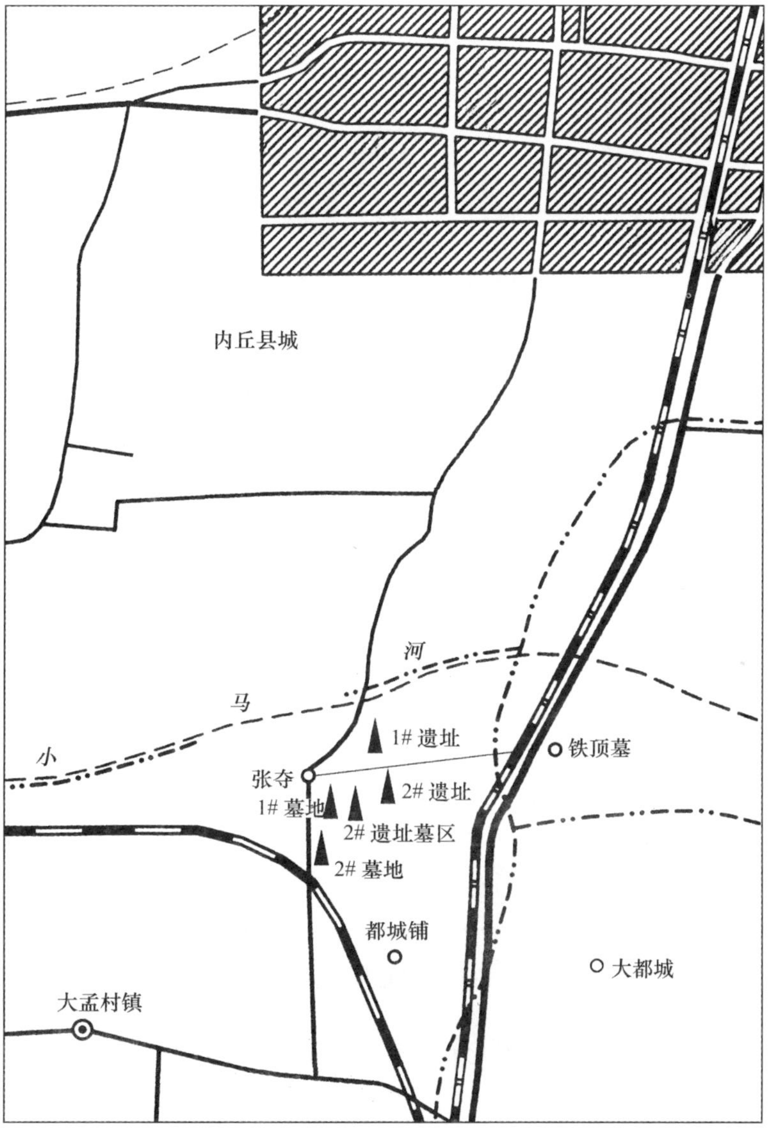

图一　内丘张夺遗址、墓地位置示意图

（二）调查

南水北调渠线由西南进入张夺村地界，在张夺村南呈西南—东北走向，然后自村东南逐渐转向北偏东，绕张夺村南、东南、东而过。

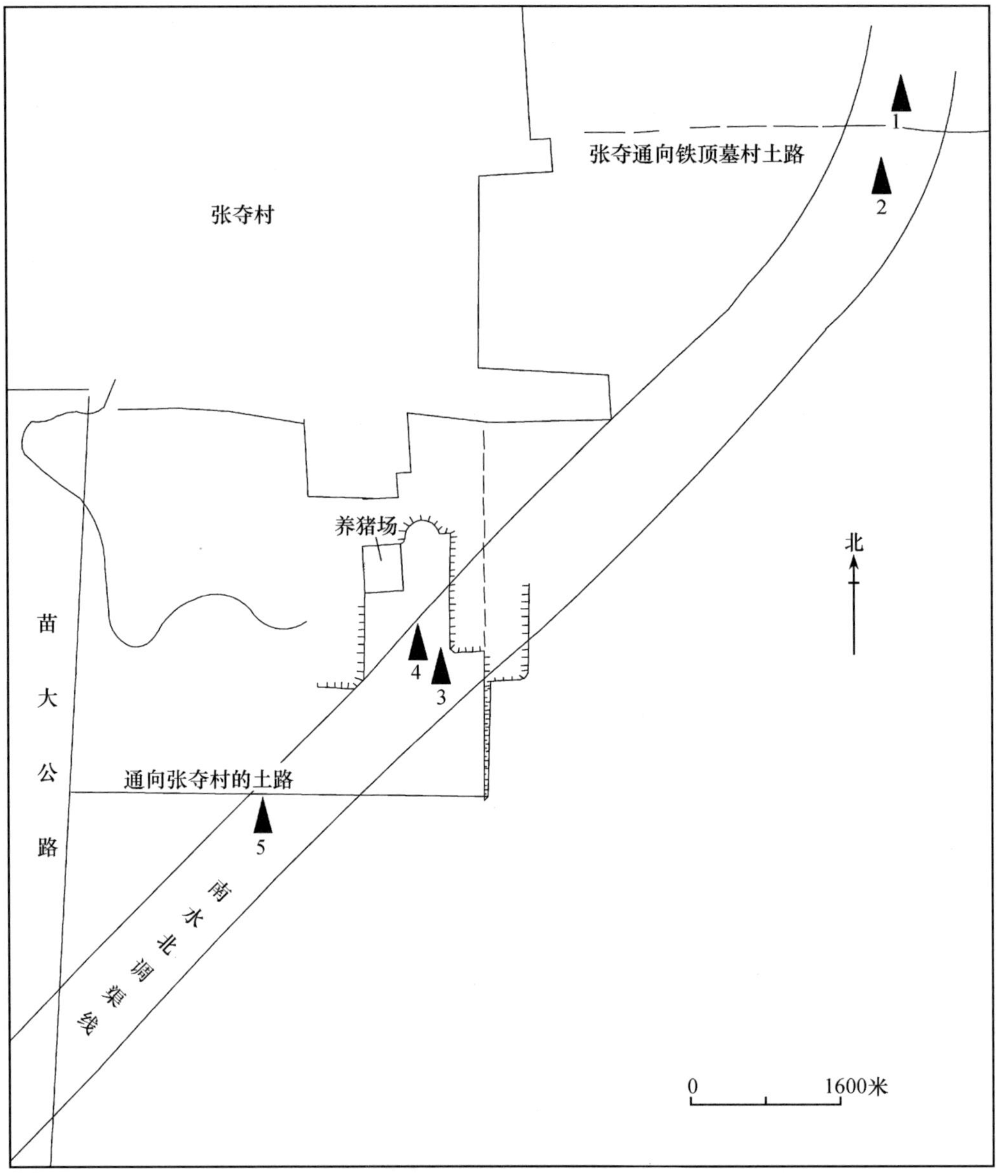

图二　内丘张夺遗址、墓地分布图

1.1号遗址　2.2号遗址Ⅰ区　3.2号遗址Ⅱ区（墓区）　4.2号墓地　5.1号墓地

1. 张夺2号遗址

窑址区：北部大部分地段较平坦，西北角菜地有起土现象，明显低于附近区域0.3～0.4米。遗址渠线内北部有一水井，其东南方面有一呈“T”字形台地，南北长19.1米，北端东西宽10.5米，南端东西宽21.3米。据村民讲该土台为李家祖坟地，原来较大，因种地起土逐年消减，渐成现在不规则形状。地面渠线标记明显，窑址区西北、张夺村至铁顶墓村土路南侧与遗址东北、张夺村至铁顶墓村土路北侧各有水泥界桩 1 个，实测间距 104 米，再南有一“调水 GPS 点Ⅲ090”水泥标志。

窑址区北部、水井附近地面散见陶器残片较多，水井以南较少。陶片胎质以泥质灰陶为主，夹砂灰陶次之。泥质灰陶纹饰以素面为主，弦纹、附加堆纹次之，主要器型有板瓦、陶罐、陶盆等；夹砂灰陶器表饰绳纹，器型多为陶釜。根据地面采集的标本判断，张夺 2 号遗址是以汉代遗存为主体的古文化遗址。

墓区：位于张夺村南约 300 米处，西近苗大公路，东临张夺通向都城铺村的土路。该区地势较高，向南、西渐低，呈缓坡状，东、北有起土现象，落差 0.5 ~ 1.5 米。在 20 世纪五六十年代，大队在墓区东部起土烧砖，曾发现大批汉墓，同时也有晚期墓葬发现。该区现为张夺村七队农耕地，以种植玉米为主（图三）。

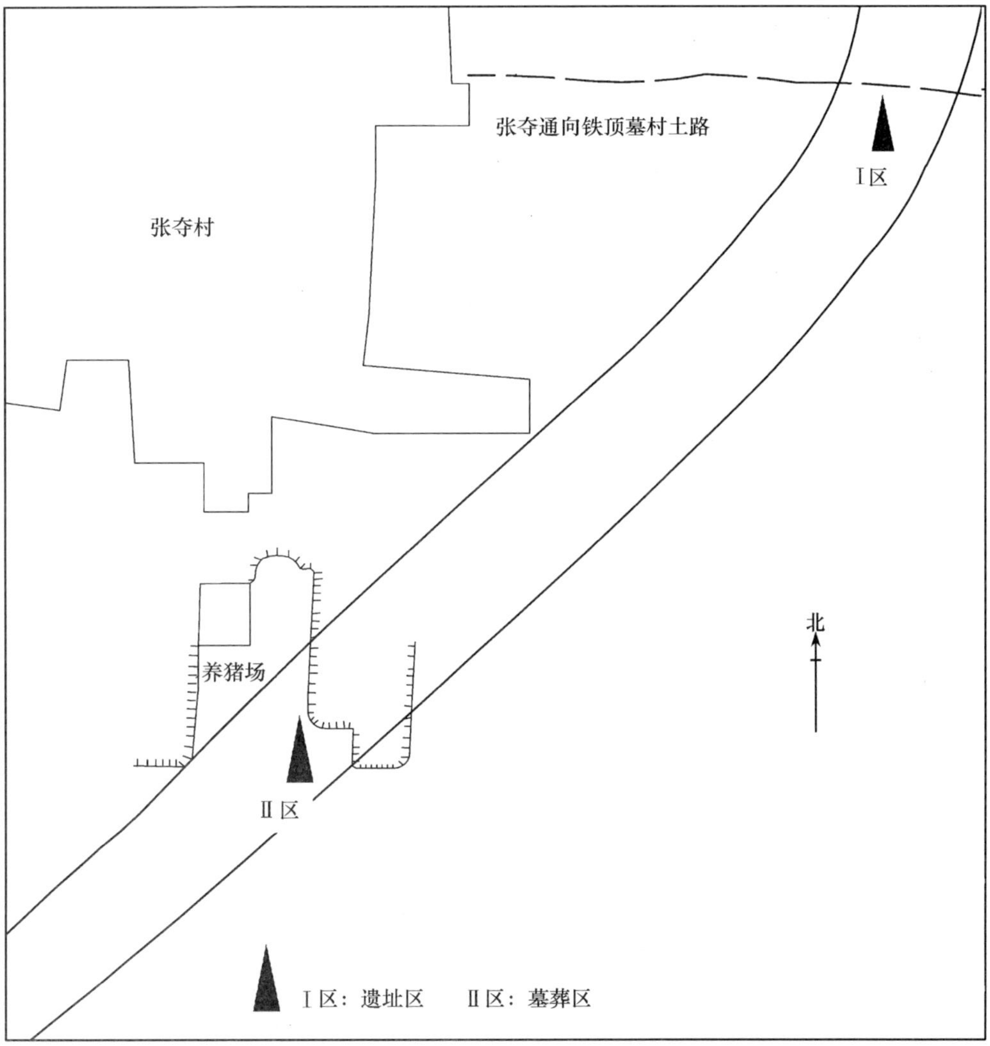

图三　张夺 2 号遗址平面示意图

2. 张夺村南墓地

张夺村南墓地北部较高，向东、南、西渐低，呈缓坡状。地表现为耕地，种植有小麦等作物（图四）。

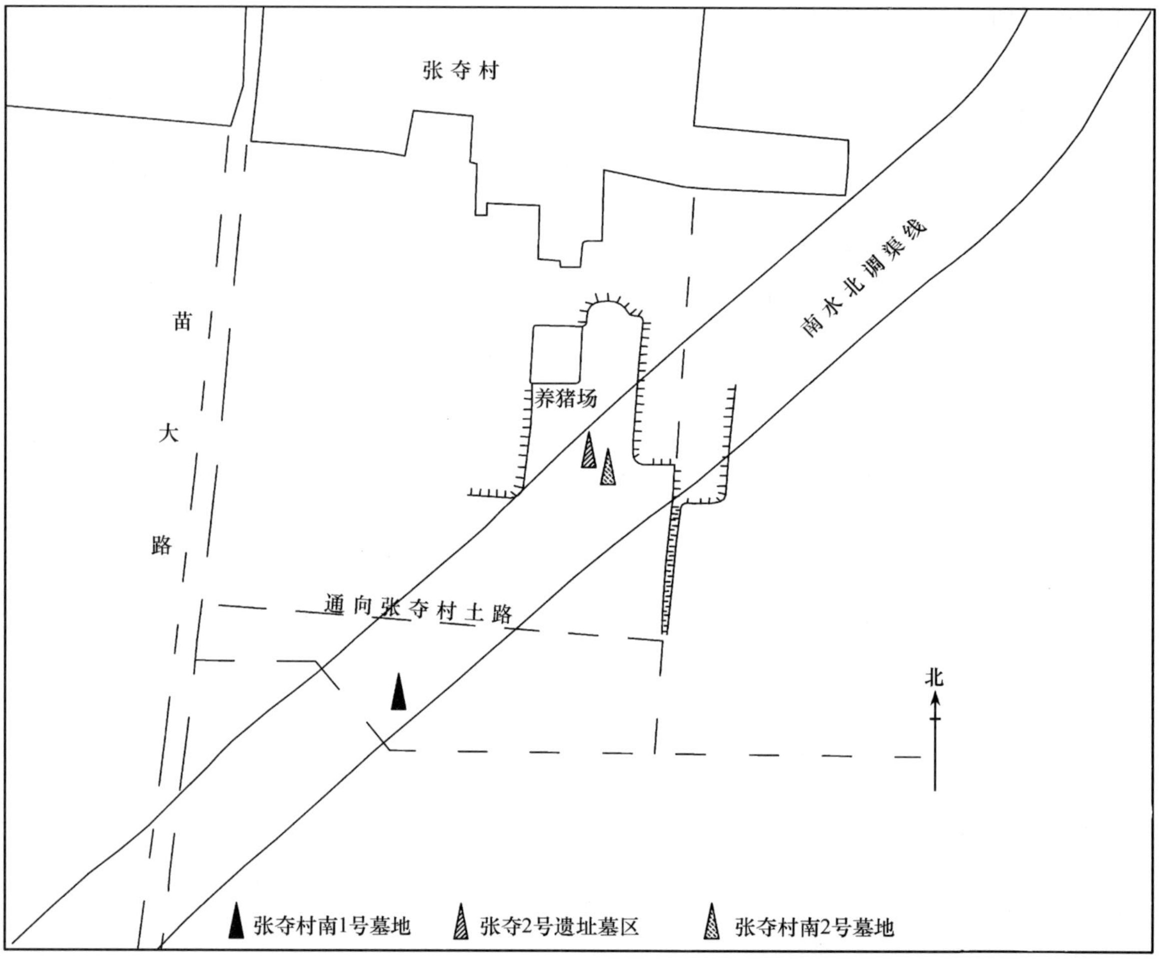

图四　张夺村南墓地平面示意图

四、勘探情况

（一）张夺 2 号遗址

1. 窑址区地层堆积情况

勘探采用 4 米 ×4 米排式布孔法进行勘探，如发现墓葬及其他重要遗迹现象，再加孔密探。地层堆积情况大体相同，均可分为三层。在勘探中发现窑址区北部地层较丰富；东、南地层单纯，不丰富，个别地段未见文化层。现将较丰富区区域介绍如下：

第①层：耕土层，沙性土壤，土质松散，土色灰褐。厚0.2～0.3米。有陶片、石块等遗物。

第②层：黄土层，含沙量较大，松散，厚0.2～0.4米，距地表深0.2～0.3米。在该层下发现窑址2处、墓状坑3座、墓葬2座。东西走向路土1条，宽约1米，厚0.1米。

第③层：为汉代文化层。灰褐色，含有少量烧土、炭灰。厚0.1～0.8米，距地表深0.6～0.9米。在勘探过程中发现有夹砂灰陶片。

第④层及以下为生土。

2. 墓区情况

该区距北部遗址较远，因此新设基点，以南水北调NQZ149桩向北67.5米、再向东5.4米为基点，依地形进行布孔勘探。

勘探采用2米×1米梅花孔式布孔法进行勘探，如发现墓葬及其他重要遗迹现象，再加孔密探。在勘探过程中发现花土，经加孔密探发现墓葬108座。

第①层：耕土层，土质松散，土色发灰褐，厚0.2～0.3米。在该层下开口墓葬2座。

第②层：黄土层，含沙土量较大，松散，厚0.4～0.6米，距地表深0.6～0.9米。在该层下开口墓葬108座。

第③层及以下为生土。

（二）张夺村南墓地

勘探采用2米×1米梅花孔式布孔法进行勘探，如发现墓葬及其他重要遗迹现象，再加孔密探。

首先对张夺2号遗址墓区北侧、西侧进行勘探（张夺村南2号墓地），然后再对东西向田间土路以南区域（张夺村南1号墓地）进行勘探。勘探发现这两处地层大体相同，均可分为3层。

第①层：耕土层，土质松散，土色发灰褐，厚0.2～0.3米。有陶片、石块等遗物。

第②层：黄土层，含沙土较多，土质松散，厚0.4～0.6米，距地表深0.6～0.9米。东西向田间土路以南区域（张夺村南1号墓地）在该层下开口墓葬83座；张夺2号遗址墓区北侧、西侧（张夺村南2号墓地）区域在该层下开口墓葬113座。

第③层及以下为生土。

五、考古队组成和报告编写情况

张夺2号遗址、张夺村南墓地考古队由邢台市文物管理处工作人员组成。发掘领队李恩玮，执行领队李军、石从枝，其他主要参加人员有：贾成惠、柴秋兰、武丽霞、柴新路、柴新伟、柴素兰、王晓辉、付海山、马淑芳等。现场遗迹图以武丽霞为主，柴秋兰、柴新路、柴新伟协助绘制，刘维志 CAD 描图。遗迹摄影主要由李军完成，王晓辉拍摄了遗址、墓地地貌照片。

室内整理由李恩玮、李军主持，参加人员有柴秋兰、武丽霞、柴新路、柴新伟、柴素兰、王晓辉等。考古器物图由武丽霞、柴秋兰、柴新路草绘，考古报告用图由刘维志用 CAD 描绘；拓片由柴秋兰、武丽霞、柴素兰完成；器物照片由刘维志、张欣完成；人骨鉴定由吉林大学边疆考古研究中心朱泓、魏东完成。出土器物陶文、印章均由中国社会科学院考古研究所赵超先生隶定。

张夺 2 号遗址、张夺村南墓地的考古发掘，均由内丘县文物旅游局、文物保管所协助。在进驻驻地与发掘工作中，内丘县文保所贾成惠所长多次与大梦镇领导、张夺村支书协调，使本次工作得以顺利进行。河北省南水北调建设工程文物保护管理办公室聘请的考古工程监理海金乐先生多次检查工地，提出了一些指导性建议，对我们的发掘和后期资料整理工作给予充分肯定；河北省南水北调建设工程文物保护管理办公室特聘专家信立祥、赵福生、乔梁等先生先后验收了考古工地。

本报告是 2009 年度张夺 2 号遗址与 2010 年度张夺村南墓地项目的综合发掘报告，全面刊发陶窑及墓葬资料，详细地介绍对内丘张夺窑址区和墓地的发掘所得，以便于专家学者再研究。此次发掘的窑址区与墓区或墓地均为独立的单位，鉴于此情况，报告定名为《内丘张夺发掘报告》。

报告主要分五部分。第一部分是这两次发掘项目的概况，主要内容为工作方法、工作概况、环境及历史沿革、勘探情况、考古队组成、报告编写等情况。第二部分是对张夺 2 号遗址资料的逐一描述，鉴于该项目的窑址区与墓葬区相距较远、分别独立，因此，编排中按发掘先后分别描述。第三部分为张夺村南墓地，主要内容为对张夺村南 1 号墓地、张夺村南 2 号墓地发掘资料的逐一描述。第四部分为综述，是编者依据材料对本次发掘的初步认识，主要内容为墓地基本文化面貌、墓葬随葬品及其组合、纹饰、时代推定及遗存性质。第五部分为一个简短的结语，主要为编者对墓葬形制、陶器制作的简要归纳。限于水平，仅供参考，文中不当之处，敬请方家指正。

张夺 2 号遗址的窑址区。地层较简单，择与 Y1、Y2 及 J1 有关的 09 Ⅰ T20301、09 Ⅰ T20302、09 Ⅰ T30301、09 Ⅰ T30101、09 Ⅰ T30201 和 09 Ⅰ T20201 分别描述。遗迹，除灰坑外，沟、沉淀坑池、井、陶窑等均逐一描述。出土标本，基本按建筑材料、与窑有关陶器、日用器分别描述。

张夺 2 号遗址的墓区与张夺村南 2 号墓地相连，实为同一处墓地，但是，它们分属于不同的发掘项目，为保持发掘项目的完整性，在本报告中仍按发掘项目顺序刊发。部分墓葬盗扰严重，砖椁被拆毁，随葬器物被砸碎，个别墓葬墓圹也被破坏，时代特征不明显，不再赘述。

为便于叙述，各墓地或墓区按时代分为战国、秦至西汉、东汉等几部分。每单体墓葬均以发掘时的原始资料为准，对每座墓葬的位置、形制和规格、葬具和人骨、随葬品一一叙述，同时配以墓葬平剖面图、出土器物图。每座墓葬的随葬品一般按鼎、壶、豆、匜、盘、尊、盒、钵、盆、奁、俑、车轮、璜型器、铜带钩、铜铃、铜钱等分类描述。一部分侧身屈肢葬，由于受其他因素影响，而表现为仰身屈肢，本文一般以发掘所见直接描述，对这一现象不做过多探讨。整理时经过修复，分别给号的残片经黏对成一个器物，一般采用第一个号，不重新编号。个别铜钱已成粉末、不能提取的漆器等器物，能看清轮廓，有编号，现场绘有线图，皆以发掘时的资料为准，保留原编号不变。铜铃出土较少，铜钱多为郡国钱，一般只对铜铃、铜钱币进行分类描述，不再进一步分型。

整理过程中，先后得到北京大学考古文博学院赵化成、杨哲峰，中国社会科学院考古研究所汉唐考古研究室朱岩石等先生的悉心指导。为此，对在发掘及资料整理过程给予我们支持和帮助的单位和个人致以衷心感谢。

贰　张夺2号遗址

一、概　　况

为叙述方便将窑址区编号为09NDZⅠ区，墓葬区编号为09NDZⅡ区，以下简称为09Ⅰ、09Ⅱ。墓葬区位于窑址区西南，两区相距约1000米。

09Ⅰ区位于张夺村东约400米，北为张夺村通向铁顶墓村的土路，路北为张夺1号遗址，东约1000米为南北向京广铁路，再东为107国道。该区为张夺村七队菜地，地块较碎，涉及30余户，地表多种植豆角、韭菜、北瓜、玉米、花生、棉花等。

发掘区首先选定基点，根据实际情况以南水北调NQZ161水泥桩向南28米处为基点，GPS坐标为东经114°29′50.5″、北纬37°14′40.5″，高程82.5米。采用象限式布方法进行布方：东北方向为第一象限，东南方向为第二象限，西南为第三象限，西北方向为第四象限。第一象限布方8个，第二象限布方12个，第三象限布方10个，共计布方30个。探方面积均为5米×5米，方向正北，东北各有1米隔梁，发掘面积750平方米（图五）。

二、窑址区地层堆积

由于南水北调渠线东移30米，张夺2号遗址遗存丰富区大部分位于线外，线内的地层堆积较简单。通常最上层为耕土层；其次为冲积的黄土层，该层含沙量较高；第三层为汉代文化层。重要遗迹以两座陶窑为主；遗物以陶瓦为大宗，釜、炉、盆、罐等相对较少。由于大部分地层较单纯，因此，我们只以与Y1、Y2和J1有关的09ⅠT20301、09ⅠT20302、09ⅠT30301、09ⅠT30101、09ⅠT30201和09ⅠT20201为主，分别介绍地层关系。

耕土层→黄土层→汉代文化层→生土（“→”代表叠压或打破关系）。

1. 09ⅠT20301、09ⅠT20302、09ⅠT30301

09ⅠT20301、09ⅠT20302地层大体相同，地层关系可图示如下：

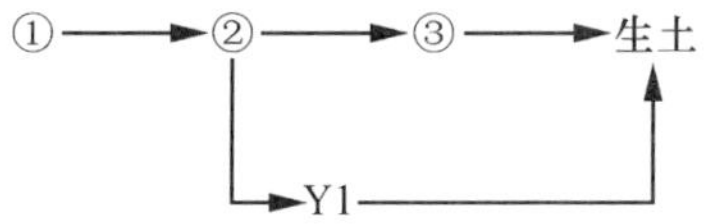

以探方南壁为例介绍（图六）：

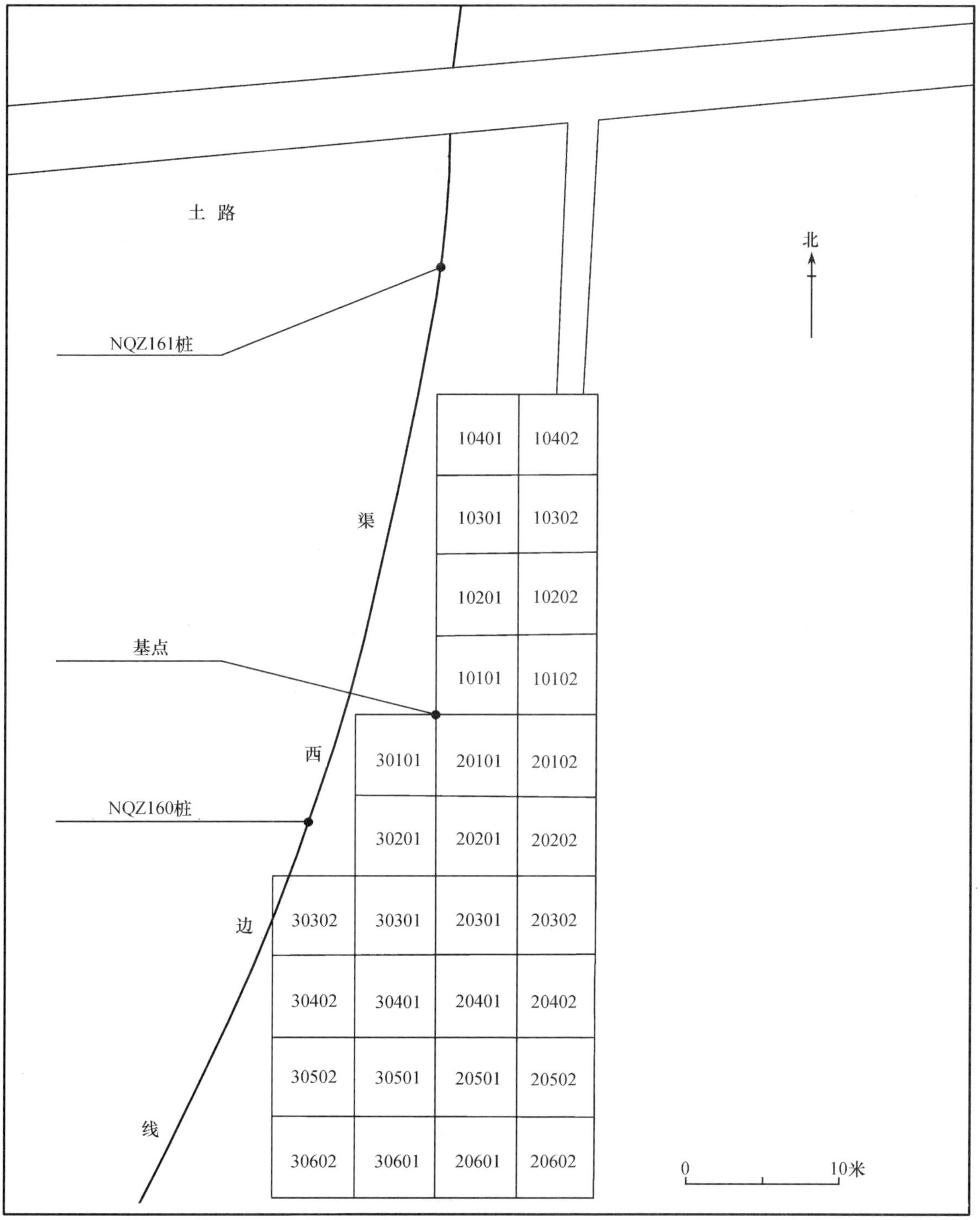

图五　张夺 2#遗址 09 Ⅰ 区探方分布图

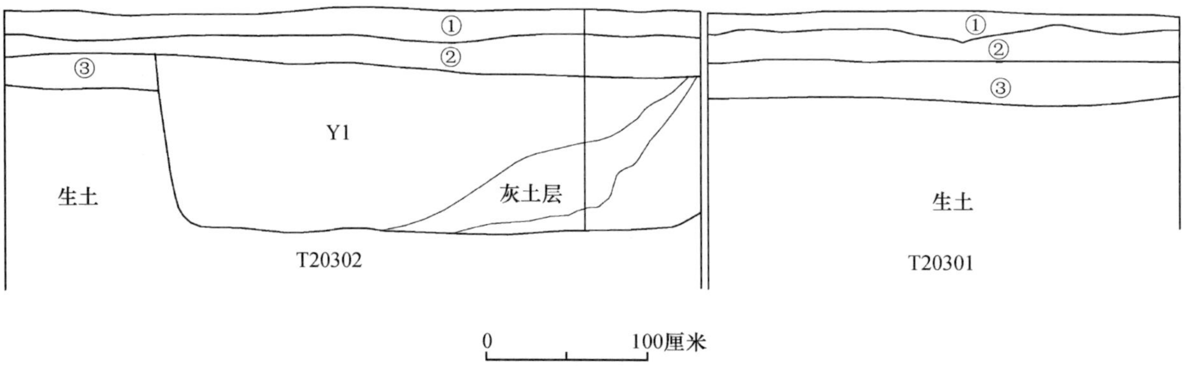

图六　09 Ⅰ T20301、09 Ⅰ T20302 南壁剖面图

第①层：耕土层。厚 15 ~ 20 厘米。黄褐色，土质松散，含沙量较大。含植物根茎、杂草及塑料薄膜等近现代杂物，分布整个探方。

第②层：黄土层，应为冲积形成。厚 20 ~ 25 厘米，距地表 10 ~ 20 厘米。浅黄色，土质松散，含沙量较大。较纯净。在该层下开口有 Y1。

第③层：汉代文化层。褐色，土质较第②层稍硬。厚 10 ~ 25 厘米，距地表 40 ~ 60 厘米。本层包含有烧土、炭灰及残瓦、碎砖，间有少量残碎陶片。残瓦表面饰绳纹，内侧饰网格纹或篮纹，破损断面棱角分明（图七）。

第④层及以下为生土。

09 Ⅰ T30301 地层较复杂，①层下发现近现代沟 1 条（该沟为村民埋设电缆沟，本文不再叙述）；②层下除探方东隔梁下发现 Y1 外，在探方内还分布有 H15、H16、H17 和 G4，地层关系可图示如下：

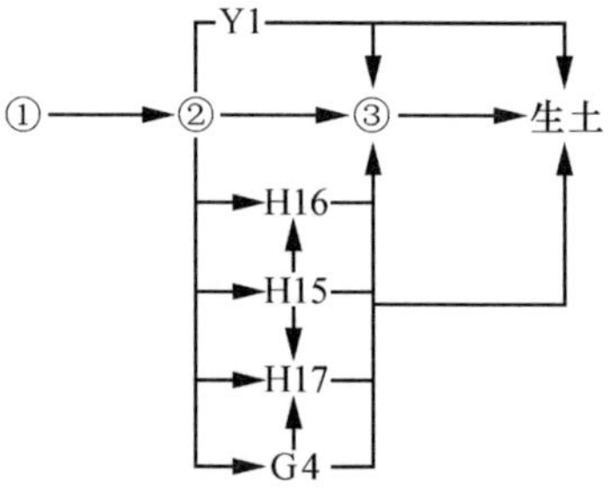

以探方南壁为例介绍（图八）：

第①层：耕土层。厚 20 ~ 25 厘米。黄褐色，土质松散，含沙量较大。含植物根茎、杂草及塑料薄膜等近现代杂物，分布整个探方。

第②层：黄土层，应为冲积形成。厚 15 ~ 25 厘米，距地表 20 ~ 25 厘米。浅黄色，土质松散，含沙量较大。较纯净。在该层下开口有 Y1、H15、H16、H17、G4。

第③层：汉代文化层。褐色土层，土质较第②层稍硬，厚 15 ~ 25 厘米，距地表 40 ~ 65 厘米。本层包含有烧土、炭灰及残瓦碎片，残瓦表面饰绳纹，破损断面棱角分明。

第④层及以下为生土。

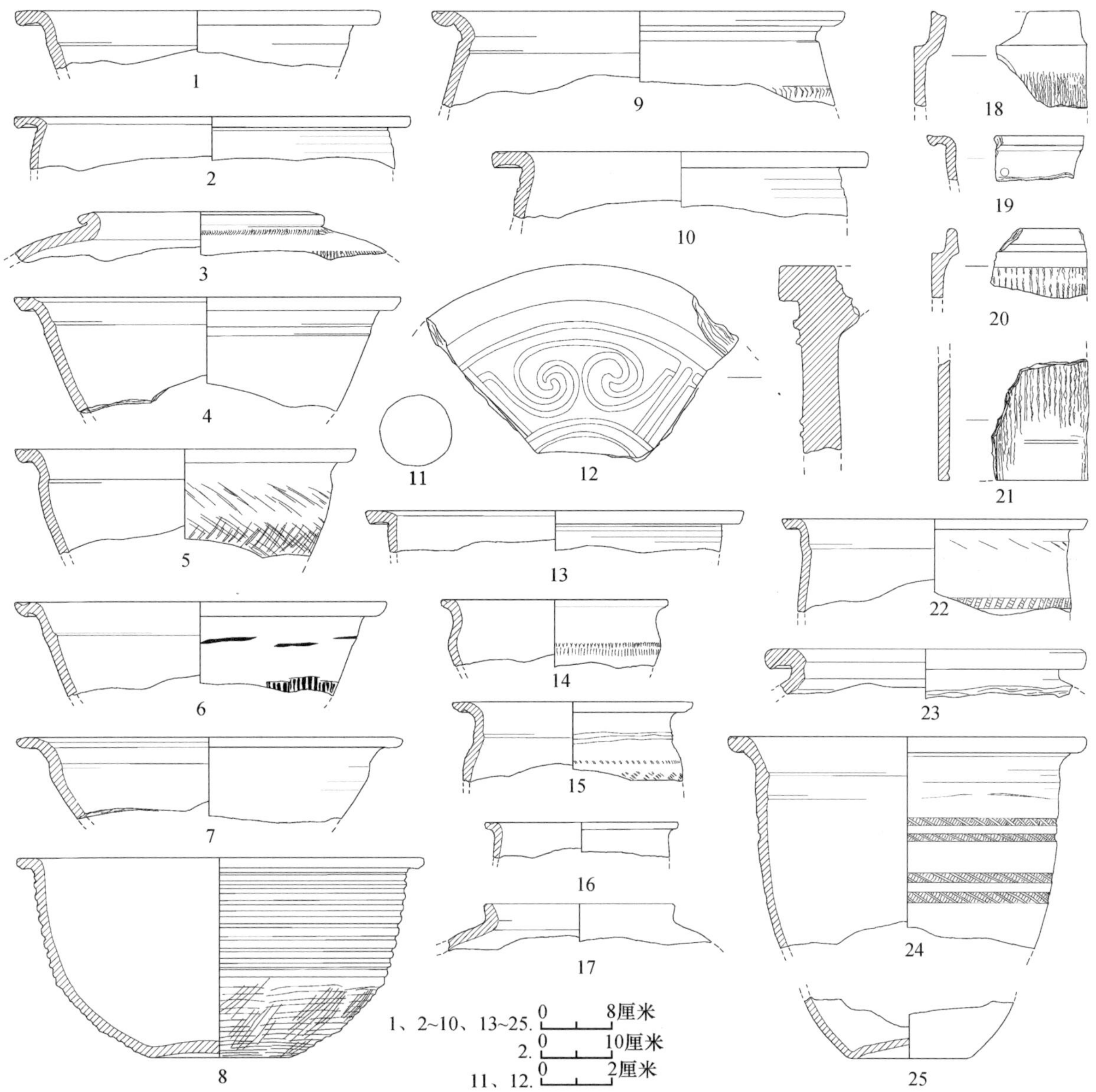

图七　09ⅠT20301出土陶器

1、2、4~10、13、14、16、19、22、24. 盆（09ⅠT20301Y1∶11、09ⅠT20301Y1∶12、09ⅠT20301Y1∶7、09ⅠT20301Y1∶13、09ⅠT20301Y1∶8、09ⅠT20301Y1∶9、09ⅠT20301Y1∶3、09ⅠT20301Y1∶15、09ⅠT20301Y1∶16、09ⅠT20301Y1∶20、09ⅠT20301Y1∶4、09ⅠT20301Y1∶21、09ⅠT20301Y1∶18、09ⅠT20301Y1∶19、09ⅠT20301Y1∶6）　3、15、17. 罐（09ⅠT20301Y1∶5、09ⅠT20301Y1∶10、09ⅠT20301Y1∶17）　11. 陶球（09ⅠT20301Y1∶2）　12. 瓦当（09ⅠT20301Y1∶1）　18、20. 筒瓦（09ⅠT20301Y1∶22、09ⅠT20301Y1∶23）　21. 板瓦（09ⅠT20301Y1∶24）　23. 瓮（09ⅠT20301Y1∶14）　25. 罐底（09ⅠT20301Y1∶25）

2. 09ⅠT30101、09ⅠT30201

09ⅠT30101，①层下发现近现代沟1条（沟内有大量白薯根茎，为村民种植白薯形成，本文不再叙述），其他地层分布与09ⅠT30201地层大体相同，地层关系可图示如下：

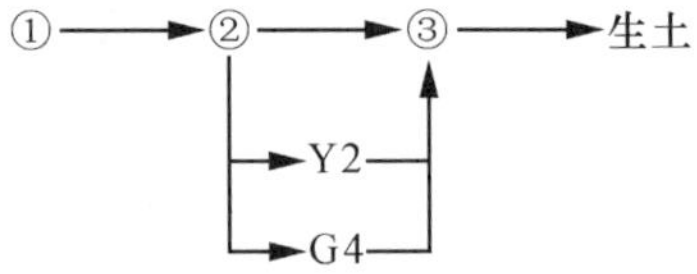

以探方东壁为例介绍（图九）：

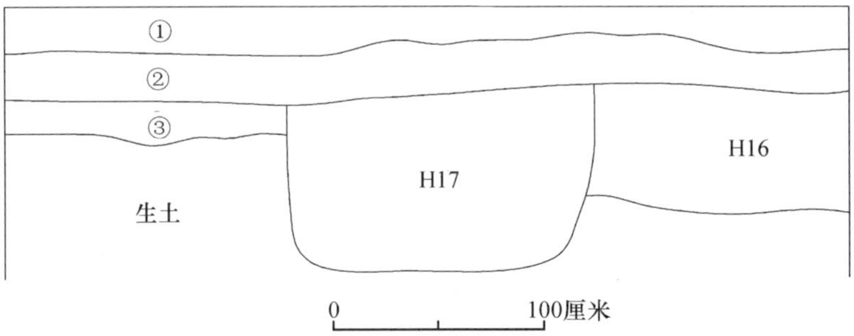

图八　09ⅠT30301南壁剖面图

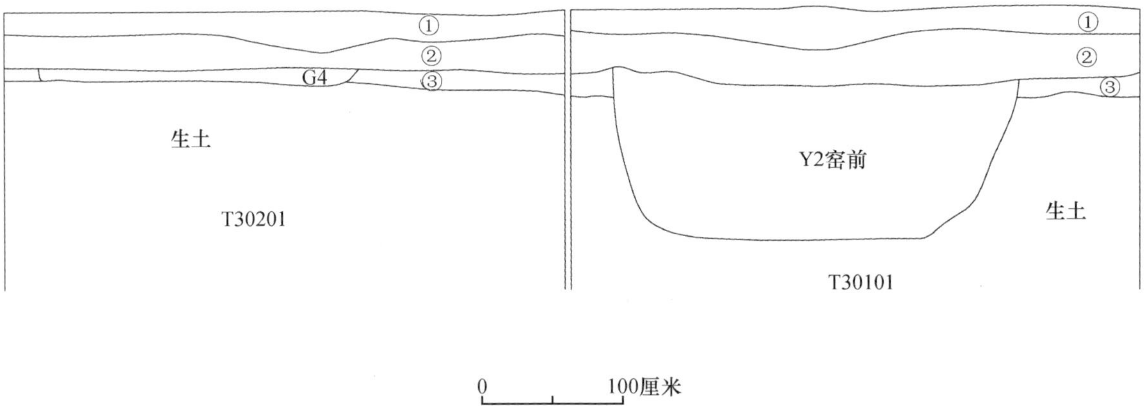

图九　09ⅠT30101、09ⅠT30201东壁剖面图

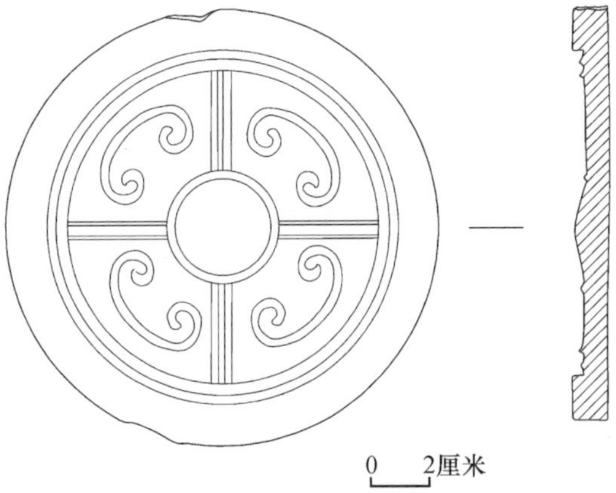

图一〇　09ⅠT30101出土瓦当（09ⅠT30101Y2∶1）

第①层：耕土层。厚20～30厘米。黄褐色，土质松散，含沙量较大。含植物根茎、杂草及塑料薄膜等近现代杂物，分布整个探方。

第②层：黄土层，应为冲积形成。厚15～30厘米，距地表10～20厘米。浅黄色，土质松散，含沙量较大。较纯净。在该层下开口有Y2、G4。

第③层：汉代文化层。褐色，土质较第②层稍硬厚15～25厘米，距地表40～65厘米。本层包含物主要为烧土、炭灰及残瓦碎片。残瓦，以板瓦为主，表面饰绳纹，破损面棱角分明（图一〇、图一一）。

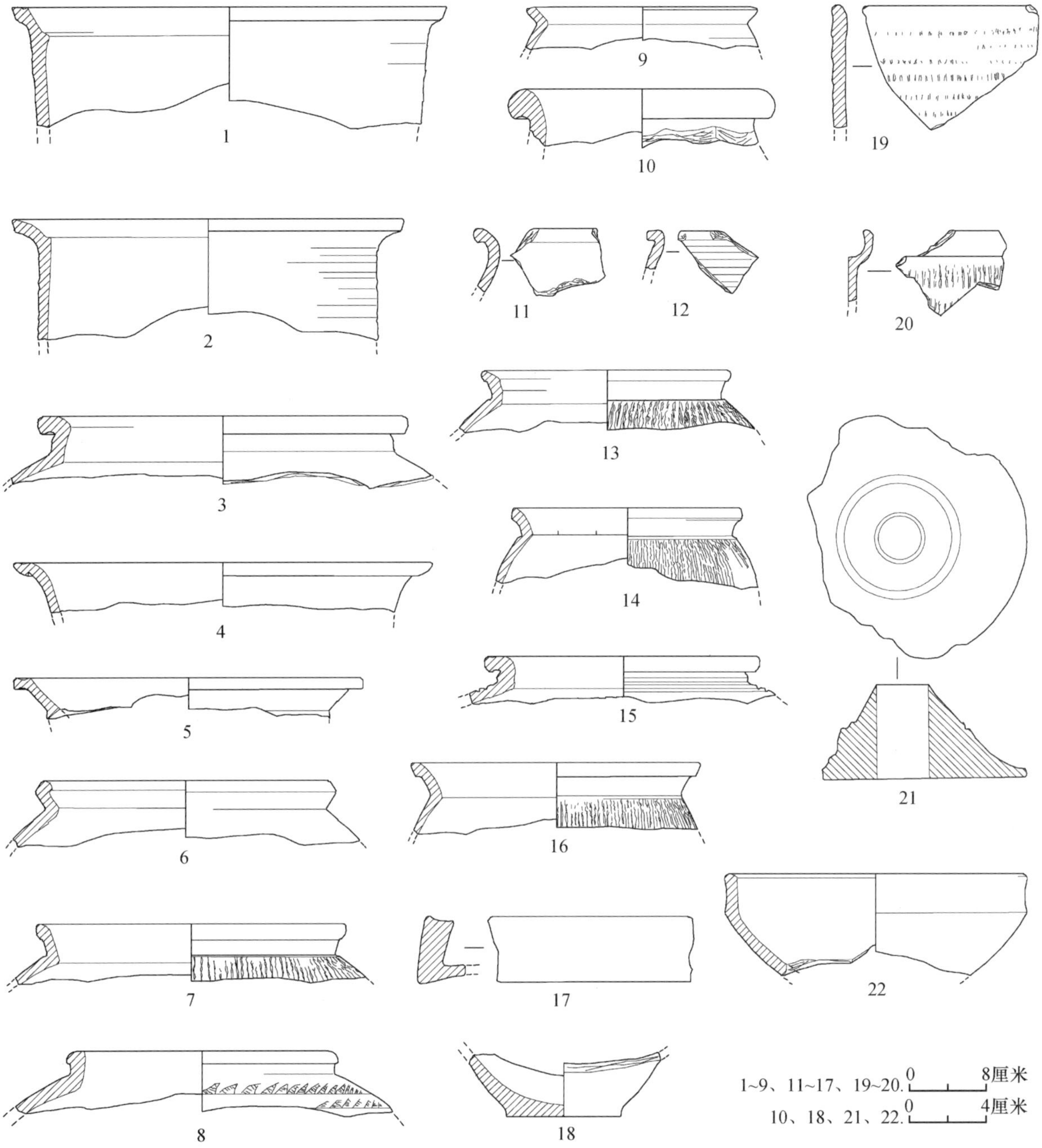

图一一　09ⅠT30201出土陶器

1、2、4、5. 盆（09ⅠT30201Y2：5、09ⅠT30201Y2：7、09ⅠT30201Y2：6、09ⅠT30201Y2：13）　3、8、15. 瓮（09ⅠT30201Y2：8、09ⅠT30201Y2：23、09ⅠT30201Y2：4）　6、7、9～14、16. 罐（09ⅠT30201Y2：11、09ⅠT30201Y2：10、09ⅠT30201Y2：12、09ⅠT30201Y2：18、09ⅠT30201Y2：14、09ⅠT30201Y2：15、09ⅠT30201Y2：9、09ⅠT30201Y2：17、09ⅠT30201Y2：20）　17. 盆状器（09ⅠT30201Y2：3）　18、22. 钵（09ⅠT30201Y2：21、09ⅠT30201Y2：16）　19. 板瓦（09ⅠT30201Y2：22）　20. 筒瓦（09ⅠT30201Y2：19）　21. 纺轮状器（09ⅠT30201Y2：2）

第④层及以下为生土。

3. 09 Ⅰ T20201

本探方地层关系可图示如下：

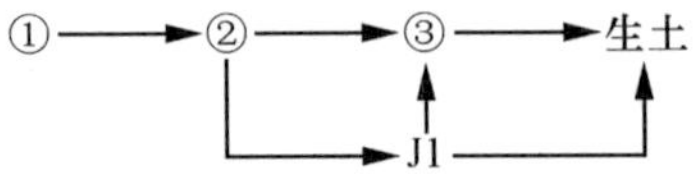

09 Ⅰ T20201 以北壁为例介绍（图一二）：

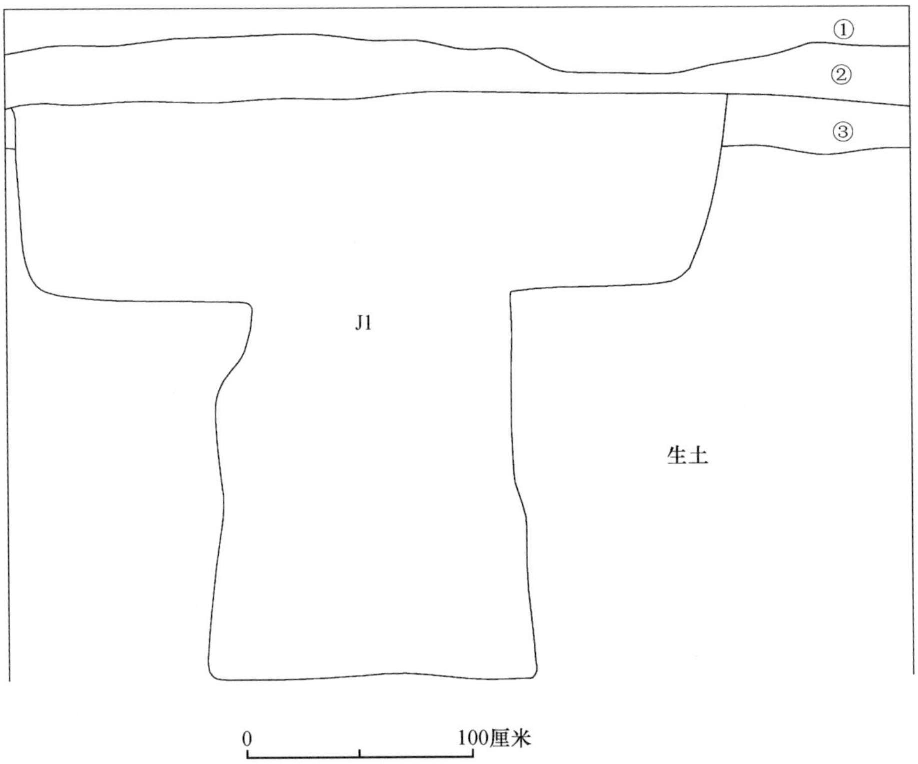

图一二　09 Ⅰ T20201 北壁剖面图

第①层：耕土层。厚 10～30 厘米。黄褐色，土质松散，含沙量较大。含植物根茎、杂草及塑料薄膜等近现代杂物，分布整个探方。

第②层：黄土层，应为冲积形成。厚 10～30 厘米，距地表 10～30 厘米。浅黄色，土质松散，含沙量较大。较纯净。在该层下开口有 J1。

第③层：汉代文化层。褐色，土质较第②层稍硬，厚 10～25 厘米，距地表 40～50 厘米。本层包含遗物较少，可辨器形主要为残瓦碎片，少有陶片出土。残瓦均为板瓦，表面饰绳纹，破损面棱角分明（图一三、图一四）。

第④层及以下为生土。

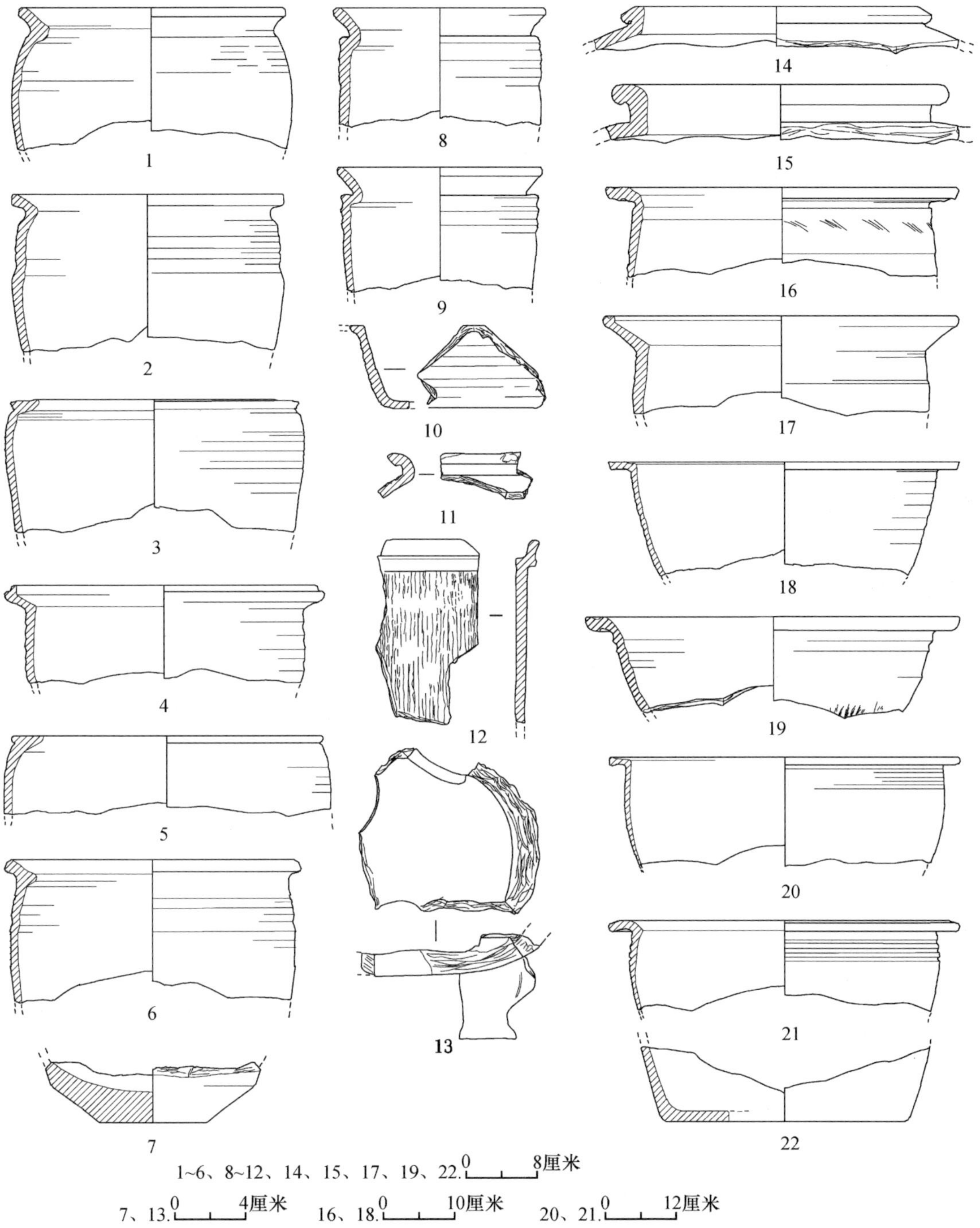

图一三 09ⅠT20201出土陶器

1、11. 罐（09ⅠT20201J1:9、09ⅠT20201J1:29） 2、3、5、6、8、9. 釜（09ⅠT20201J1:11、09ⅠT20201J1:7、09ⅠT20201J1:10、09ⅠT20201J1:8、09ⅠT20201J1:2、09ⅠT20201J1:3） 4、10、16~21. 盆（09ⅠT20201J1:18、09ⅠT20201J1:30、09ⅠT20201J1:22、09ⅠT20201J1:23、09ⅠT20201J1:25、09ⅠT20201J1:24、09ⅠT20201J1:16、09ⅠT20201J1:17） 7. 钵（09ⅠT20201J1:34） 12. 筒瓦（09ⅠT20201J1:36） 13. 炉（09ⅠT20201J1:13） 14、15. 瓮（09ⅠT20201J1:27、09ⅠT20201J1:15） 22. 盆底（09ⅠT20201J1:31）

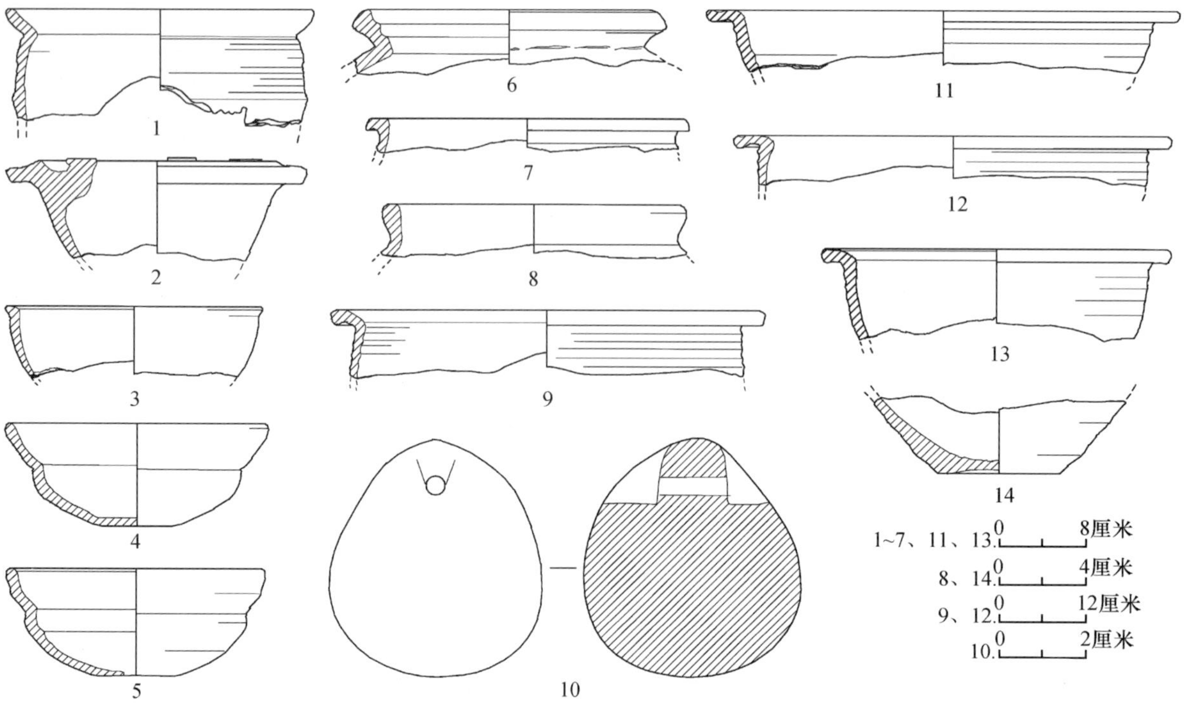

图一四　09ⅠT20201 出土陶器

1、3~5. 釜（09ⅠT20201J1:6、09ⅠT20201J1:14、09ⅠT20201J1:4、09ⅠT20201J1:12）　2. 炉（09ⅠT20201J1:5）　6. 瓮（09ⅠT20201J1:28）　7、8. 罐（09ⅠT20201J1:32、09ⅠT20201J1:33）　9、11~13. 盆（09ⅠT20201J1:19、09ⅠT20201J1:21、09ⅠT20201J1:20、09ⅠT20201J1:26）　10. 杈状坠（09ⅠT20201J1:1）　14. 盆底（09ⅠT20201J1:35）

三、遗　　迹

汉代文化层遍布整个探方区，只是在每个探方中厚度有所不同。在个别探方内还发现有沟、沉淀坑池、灰坑、井、陶窑等遗迹（图一五）。

1. 沟

在探方区内共发现沟 4 条，其中 3 条均开口于①层下，多为埋设电缆或种植白薯形成，不属于本报告探讨范围，因此不再赘述。开口于②层下沟 1 条，编号为 09NDZ2#ⅠG4，以下简称 G4。

G4 呈南略偏东北走向，由探方区西南角 T30602 南壁始，穿 T30601、T30501、T30401、T30301、T30201、T20101、T10101、T10201 至 T10301，几乎贯穿探方区南北，在发掘区内长 44.5、宽 0.4~1.7、深 0.1~0.18 米。

坑内填土为灰褐色，土质较③层土松散，含烧土颗粒较多，含沙量较大，含水量大。填土为一次性回填形成的堆积，出土少量残碎陶片，可辨器型主要为板瓦，表面饰绳纹，破损面棱角分明。

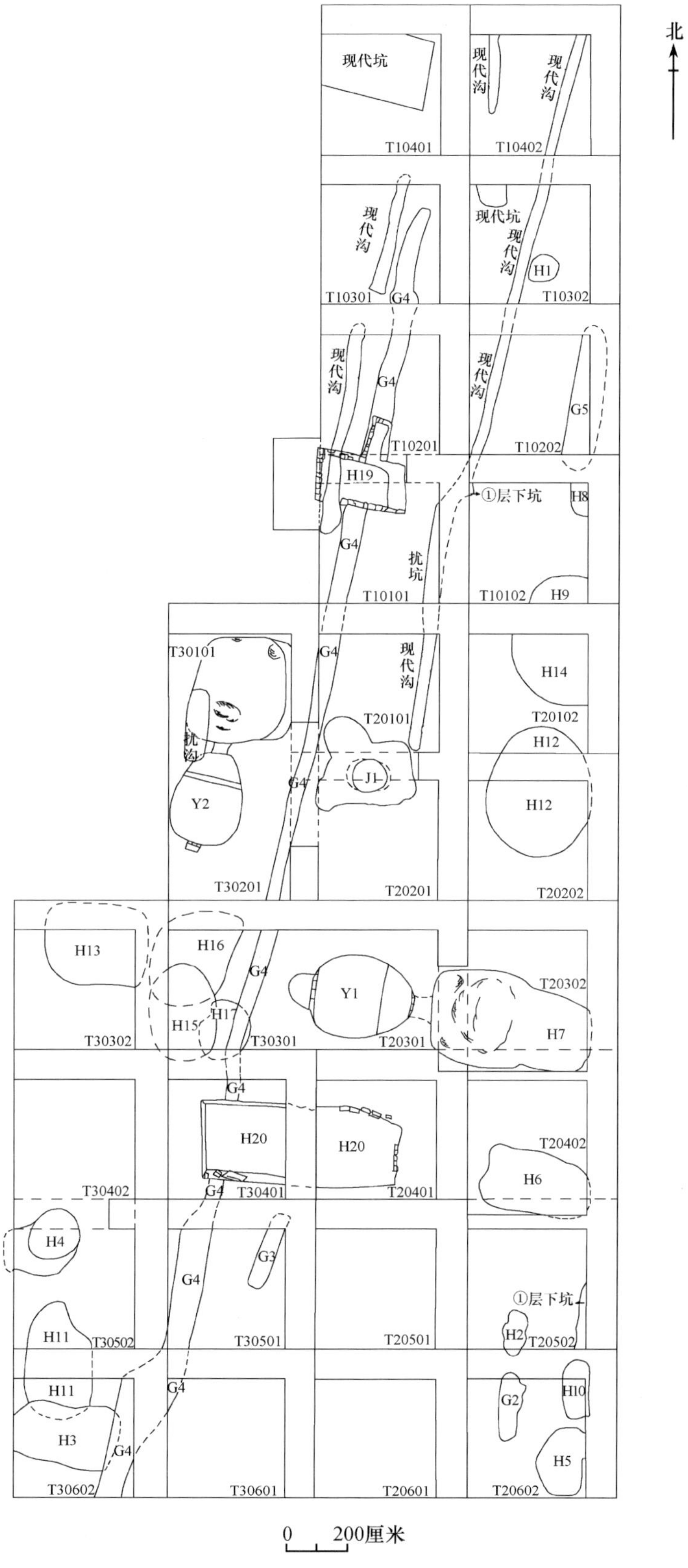

图一五　09 I 区遗迹分布图

2. 沉淀坑池

发现两处，均与 G4 相连通，分别编号为 H19、H20。

（1）H19

位于 T10101 北部偏西，南壁与 G4 相连通，西南角被一现代坑打破，在探方内呈长方形，大部分叠压在北隔梁下。后经扩方发现，整体呈“甲”字形，由沉淀坑池和水道组成，水道位于北侧，与 G4 相连通，形状呈长方形，平底，南北长 1. 28、宽 0. 58、深 0. 25 米，北侧、西侧单砖平砌护壁，东壁未见砖墙，砖多为残砖；沉淀坑池，呈长方形，底不平（应为后期破坏所致），东西长 2. 8、宽 1. 2 ~ 1. 5、深 0. 4 ~ 0. 7 米，直壁，南、西、北三面，均单砖错缝平砌护壁，部分砖墙有被拆毁破坏现象，残存砖墙表面吸附有大量细泥；东壁及北壁东端未见砖墙，据遗迹现象应为废弃后被破坏。坑内填土为两次回填形成的堆积，上层厚 0. 4 米，土质松散，灰黑色，含有大量柴灰、烧土粒及大量残碎陶片，由于破碎较严重，只能分辨出瓦、罐等器型，其中以瓦为大宗，罐片少见；下层厚 0. 1 ~ 0. 3 米，灰土层，土质松软，含水量大，包含物以残砖为主，少见陶片（图一六）。

砖呈长方形，长 38、宽 14. 5、厚 6 厘米，单面饰绳纹。

（2）H20

位于 T20401 西部和 T30401 东部，占据两个探方大部分面积。该坑呈长方形，开口于②层下，在 T30401 内与 G4 相连通，在北壁东段、东壁局部残留部分砖墙（图一七）。

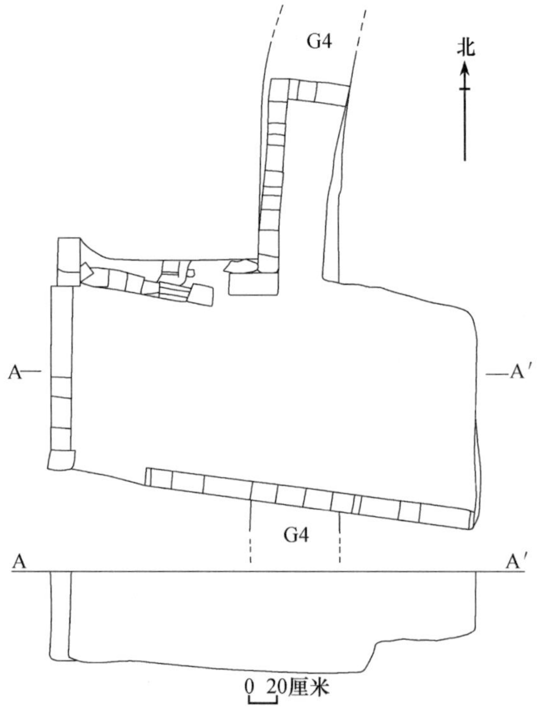

图一六　09 Ⅰ T10101H19 平、剖面图

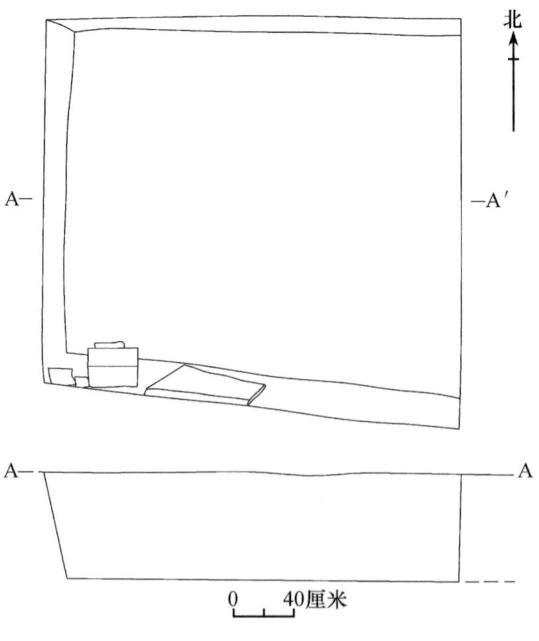

图一七　09 Ⅰ T30401H20 平、剖面图

沉淀坑池内填土呈灰褐色，土质黏性较大，含水量较高，整个填土为一次性回填形成。填土较杂乱，包含有烧土、炭灰以及陶窑残壁、大量残砖，同时出土部分陶片。陶片以残断板瓦、筒瓦为主，其他可辨器型有豆柄、杈形坠、钵、盆等（图一八）。

砖呈长方形，长38、宽14.5、厚6厘米，单面饰绳纹。

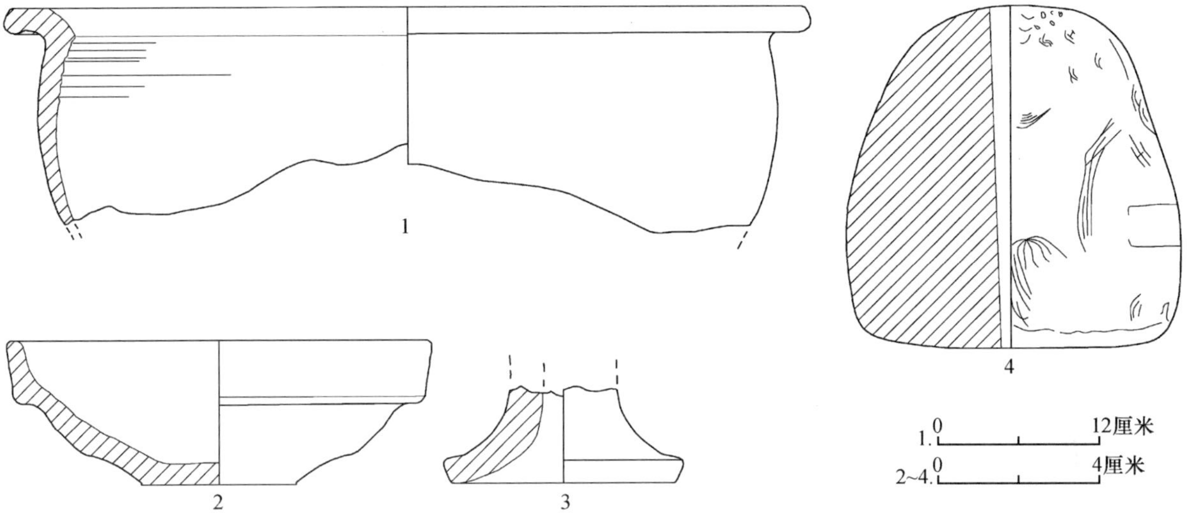

图一八　09ⅠT30401H20出土陶器

1. 盆（09ⅠT30401H20∶3）　2. 钵（09ⅠT30401H20∶2）　3. 残灯柄（09ⅠT30401H20∶4）　4. 杈状坠（09ⅠT30401H20∶1）

3. 灰坑

灰坑发现20座，形状多不规则，主要有圆角梯形、近似长方形等。以H6、H13举例说明。

（1）H6

位于T20402东南部，南部边缘叠压在T20502隔梁下，东部边缘局部叠压在本探方东隔梁下，经扩方，发现H6呈圆角梯形，底不平，东西长3.8、宽1.5～2、深0.3～0.6米。

坑内填土呈灰褐色，土质黏性较大，含水量较高，整个坑内填土为一次回填形成。回填土中包含有大量烧土、炭灰，出土大量陶片，以残断板瓦、筒瓦为主，其他可辨器型有博山炉器盖、罐口、盆、轮盘状器等（图一九）。

（2）H13

位于T30302东北部，在探方中呈近似长方形，圆角。弧壁，底不平。在探方内东西长1.5、宽1.85～1.95、深0.75米。

坑内填土分两层。上层，呈灰褐色，厚约0.6米，土质黏性较大，含水量较高。回填土中包含有大量烧土、炭灰，出土大量陶片，以残断板瓦、筒瓦为主，其他可辨器型有罐口、盆、瓮口等，另外还出土残铁刀1件（图二〇）；下层，为黑灰土质，厚约0.15米，含水量较大，为草木灰堆积形成，没有陶片出土。

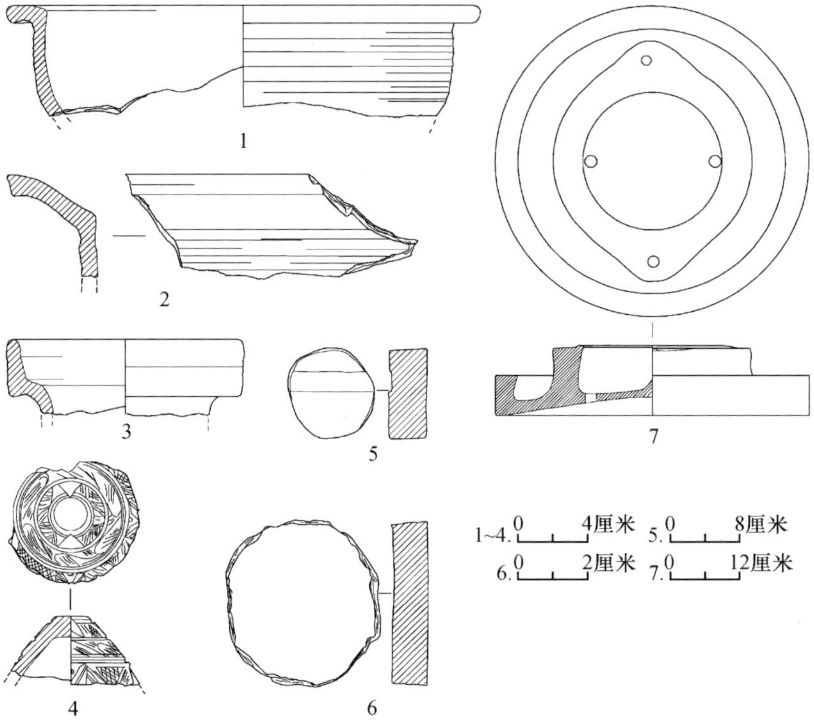

图一九　09 Ⅰ T20402H6 出土陶器

1、2. 盆（09 Ⅰ T20402H6 : 6、09 Ⅰ T20402H6 : 7）　3. 罐（09 Ⅰ T20402H6 : 5）　4. 博山炉盖（09 Ⅰ T20402H6 : 2）
5、6. 圆形片（09 Ⅰ T20402H6 : 4、09 Ⅰ T20402H6 : 3）　7. 轮盘形器（09 Ⅰ T20402H6 : 1）

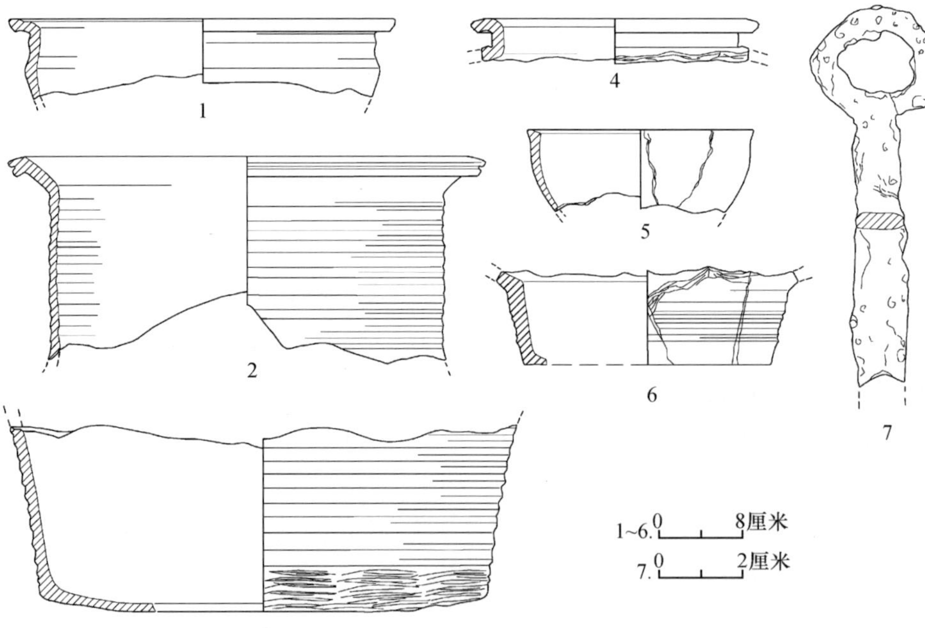

图二〇　09 Ⅰ T30302H13 出土器物

1 ~ 3、5、6. 陶盆（09 Ⅰ T30302H13 : 2、09 Ⅰ T30302H13 : 6、09 Ⅰ T30302H13 : 7、09 Ⅰ T30302H13 : 3、09 Ⅰ T30302H13 : 4）
4. 陶瓮（09 Ⅰ T30302H13 : 5）　7. 铁刀（09 Ⅰ T30302H13 : 1）

4. 井

在探方区中部发现井1眼，编号为09ⅠT20201J1。其向南5米为Y1，西1米处有Y2，G4从井西侧穿过。

J1 位于09ⅠT20201北部，大部分叠压在本探方北隔梁下，部分延伸于09ⅠT20101南侧，在本探方内开口形状不规则。经扩方，J1形状近似呈4瓣梅花状，开口长2.8、宽2.2米，井身略呈椭圆形，直径1.05～1.15米。在发掘至2米深时，多次出现溜方现象，危险性较大，剩余深度经勘探，开口至底部深2.6米（图二一）。

井内填土分两层。上层，呈灰褐色，厚约0.9米，土质黏性较大，含水量较高。回填土中包含有大量烧土、炭灰，出土大量陶片，以胎质可分为泥质灰陶和夹砂红陶两种，泥质灰陶以残断板瓦、筒瓦为主，其他可辨器型有权形坠、罐口、盆、瓮口等；夹砂红陶均为炊具，器型主要有炉、釜、盆形釜等（图二二、图二三）。下层，厚约1.7米，黄色土质，为一次回填形成，土层含水量较大，湿黏，较纯净，无遗物。

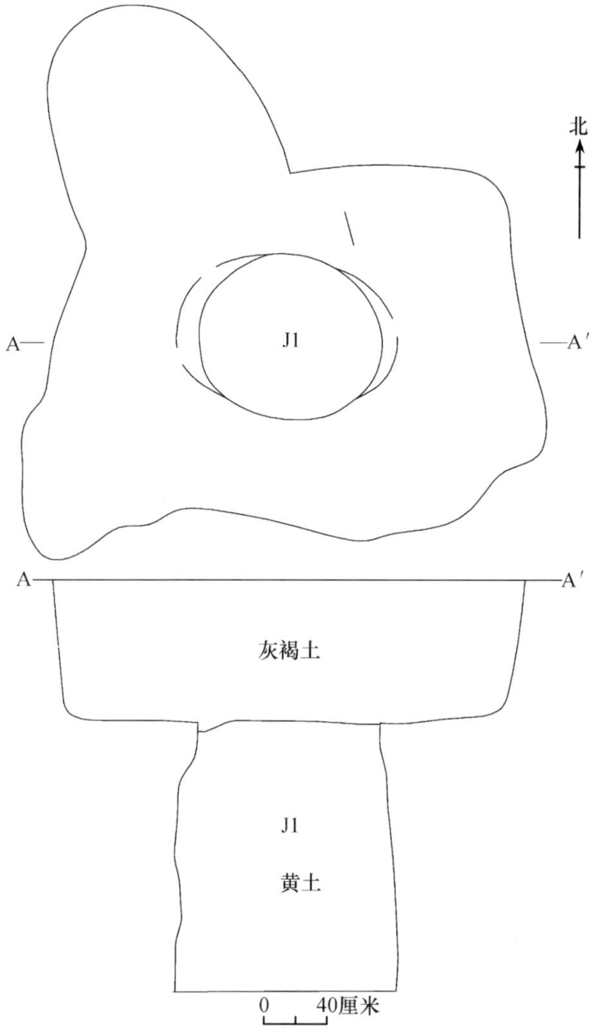

图二一 09ⅠT20201J1平、剖面图

5. 陶窑

陶窑两座，Y1呈东西向，主要分布在09ⅠT20301及T20302内；Y2呈南北向，主要分布在09ⅠT30201及T30101内。

（1）Y1

陶窑坐西朝东，主要由烟囱、窑室和窑前工作面三部分组成。烟道居西，叠压在T30301东隔梁下；窑室在中部，位于T20301；窑前工作面居东，位于T20302中南部，占据整个探方大部区域，向东延伸至本探方隔梁下。东西通长9.6、南北宽2.9、残深2.35米，窑室长3.45米（图二四；图版五）。

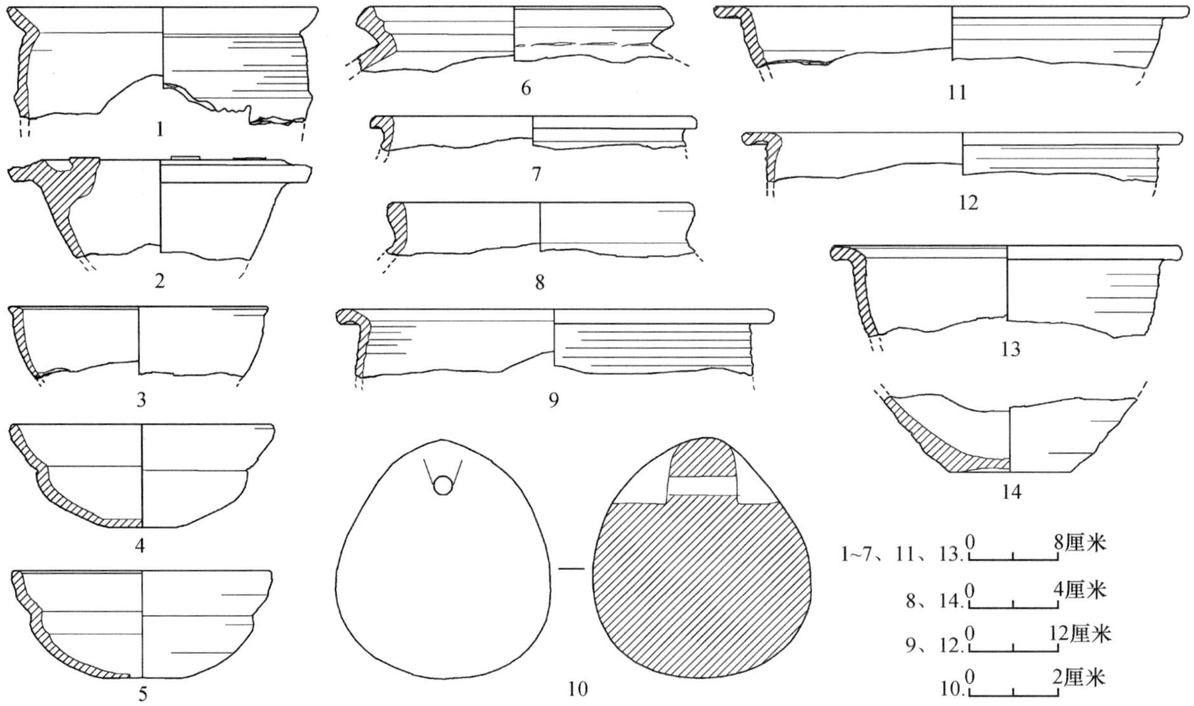

图二二　09ⅠT20201J1 出土陶器

1、3~5. 釜（09ⅠT20201J1:6、09ⅠT20201J1:14、09ⅠT20201J1:4、09ⅠT20201J1:12）　2. 炉（09ⅠT20201J1:5）　6. 瓮（09ⅠT20201J1:28）　7、8. 罐（09ⅠT20201J1:32、09ⅠT20201J1:33）　9、11~13. 盆（09ⅠT20201J1:19、09ⅠT20201J1:21、09ⅠT20201J1:20、09ⅠT20201J1:26）　10. 权状坠（09ⅠT20201J1:1）　14. 盆底（09ⅠT20201J1:35）

窑前工作面：位于窑室东侧。为半地穴式，四壁上部陡直，在距底部0.5米处，南、北两壁内收0.3~0.5米，底部平坦。上口，西宽东窄，平面呈近似梯形，东西长4.6、宽1.8~3米；底部，西宽东窄，平面呈“甲”字形，西侧宽3、东侧宽1~1.6、东西通长4.6、底部距坑口深1.7~2.1米。大部分区域回填土为一次回填形成，呈灰褐色，土质黏性较大，含水量较高。回填土中包含有大量窑壁土、炭灰等，在接近火门较低处，为草木灰堆积形成，含水量较大。出土大量陶片，以残断板瓦、筒瓦为主，其他可辨器型有陶球、残瓦当、罐口、盆、瓮口等。

窑室：东连窑前工作面，西通烟囱，由火门、火膛、窑床、烟道四部分组成。为半地穴式，平面呈鹅卵形，东西长3.3、南北宽2.8米，口至窑床残深1.2、口至火膛残深2.4米。顶部坍塌，南北两壁弧线较长，东壁呈尖弧形，西壁较直；立面，四壁陡直，由底部向上微弧收，上口略小。西壁与烟囱之间，用单砖错缝平砌分隔，现存18层；东壁火口上部，用单砖错缝垒砌护壁，砖墙微外弧，略呈穹隆顶状，现存3层。窑室四壁用草拌泥找平、磨光，草拌泥厚约0.01米。加工后的壁面经火烧烤后呈青灰色，坚硬，厚约0.04米；未经直接烧烤的地方为红色。窑室内填土可分为两层，上层厚0.7米，呈灰褐色，土质黏性较大，含水量较高，回填土中包含有大量烧土、炭灰等，含水量较大。出土大量陶片，以残断板瓦、筒瓦为主，其他可辨器型有残瓦当、罐口、盆、瓮口等；下层厚0.5米，回填土中包含有大量窑壁土、炭灰等，没有遗物出土。

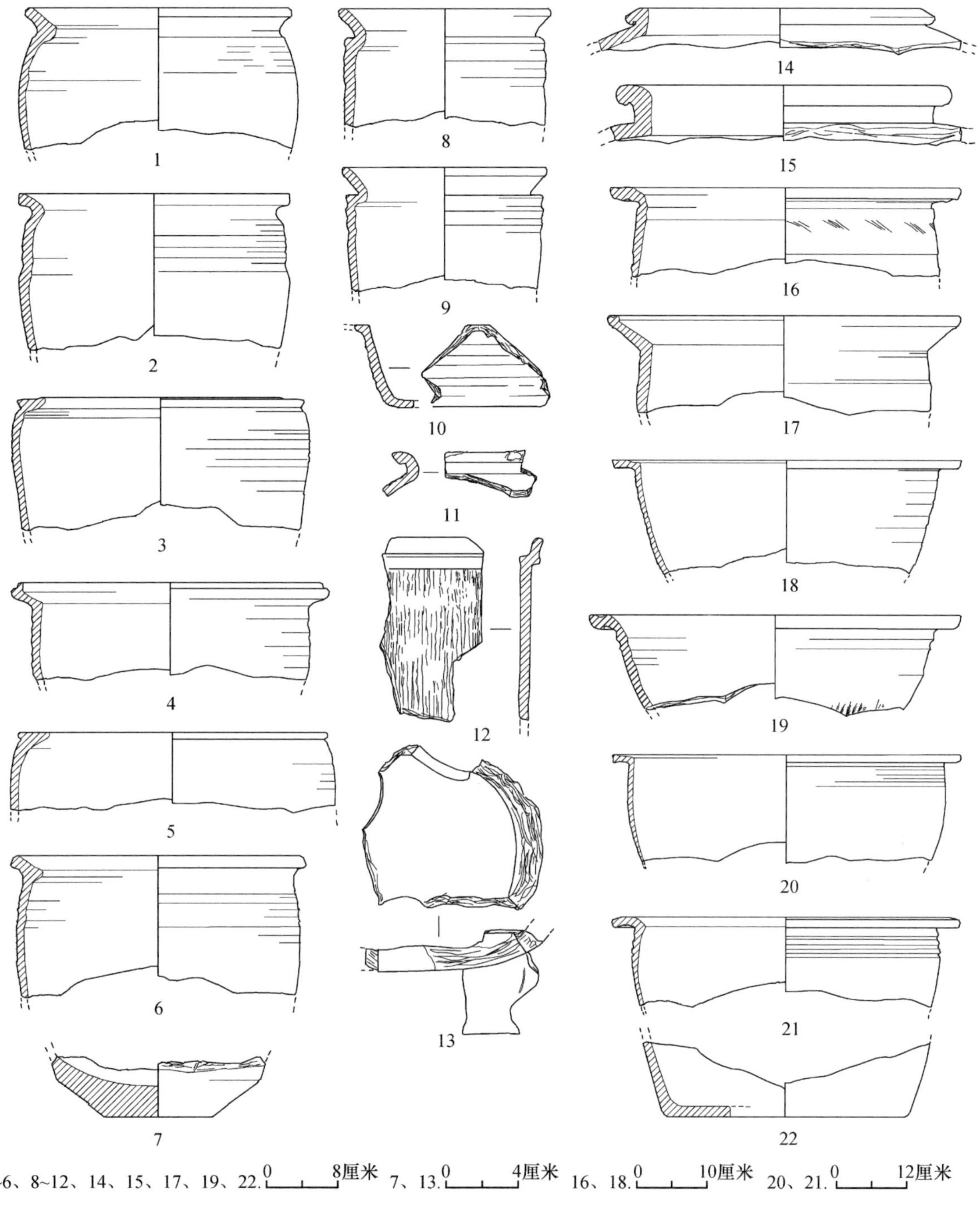

图二三　09ⅠT20201J1出土陶器

1、11. 罐（09ⅠT20201J1:9、09ⅠT20201J1:29）　2、3、5、6、8、9. 釜（09ⅠT20201J1:11、09ⅠT20201J1:7、09ⅠT20201J1:10、09ⅠT20201J1:8、09ⅠT20201J1:2、09ⅠT20201J1:3）　4、10、16~21. 盆（09ⅠT20201J1:18、09ⅠT20201J1:30、09ⅠT20201J1:22、09ⅠT20201J1:23、09ⅠT20201J1:25、09ⅠT20201J1:24、09ⅠT20201J1:16、09ⅠT20201J1:17）　7. 钵（09ⅠT20201J1:34）　12. 筒瓦（09ⅠT20201J1:36）　13. 炉（09ⅠT20201J1:13）　14、15. 瓮（09ⅠT20201J1:27、09ⅠT20201J1:15）　22. 盆底（09ⅠT20201J1:31）

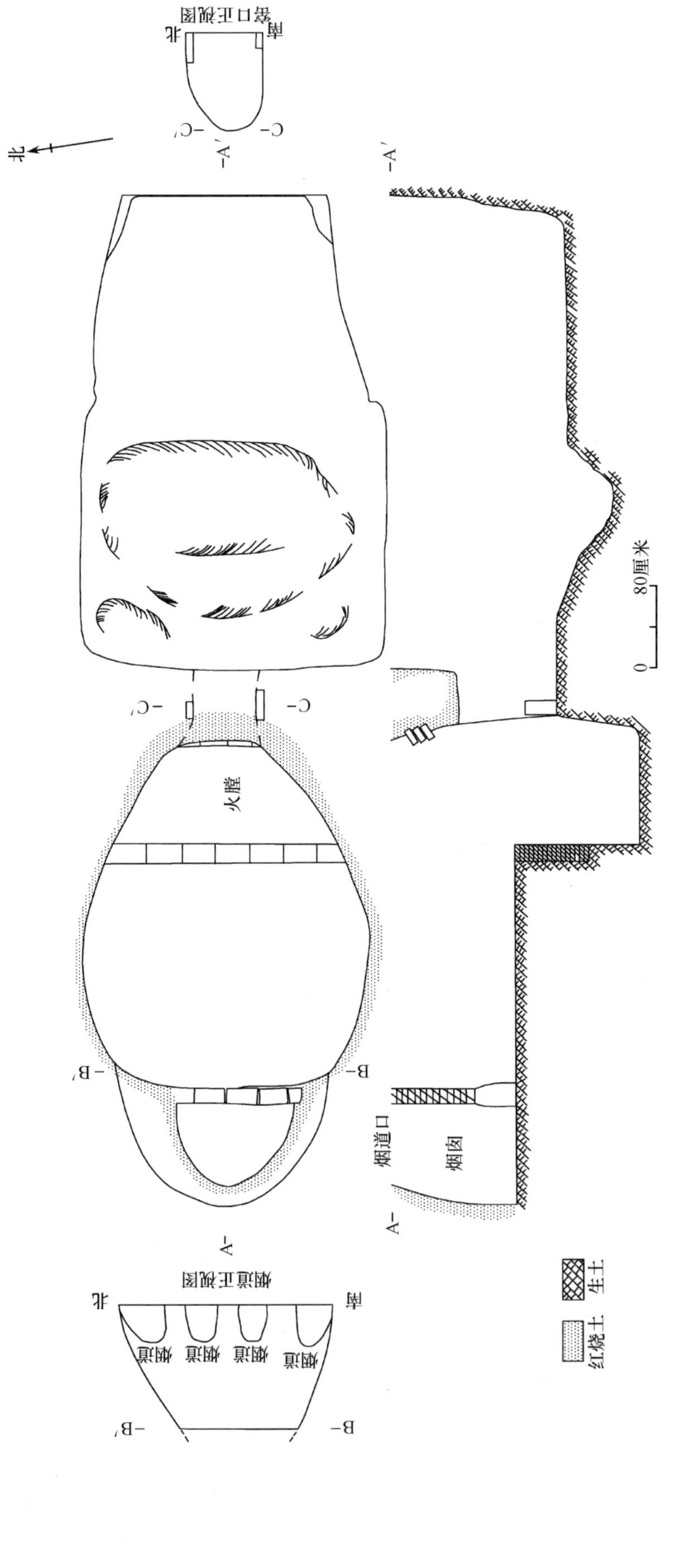

图二四　09 I T20301Y1 平、剖面图

火门：东接窑前工作面，西连火膛，拱形顶，高0.94、宽0.74、进深0.5米。底部南北两侧壁分别用一层立砖护壁。火门直接挖于生土中，壁面经火烧烤后呈青灰色硬面，向外逐渐变为红烧土。火门顶部西壁上部有三层圈砖（图版六，2）。

火膛：东接火口，西连窑床，平面呈半圆形。直接挖于生土中，直壁；火膛西壁下部为生土壁面，0.5米以上用单砖错缝平砌护壁。南北最长处2.2、宽1.24、深1.2米。火膛内填土可分为两层，上层，厚0.8米，回填土中包含有大量窑壁土、炭灰等，没有遗物出土；下层，厚0.4米，为树枝、植物秸秆灰烬层，无遗物（图版六，1）。

窑床：位于窑室西部，东接火膛，西连烟道，平面呈半圆形，床面平坦，东西长2.34、南北宽2.8米，面积约6.4平方米。窑床表面均烧成青灰色硬面。

烟道：位于窑室西侧，东接窑床，西连烟囱，共有4个，拱形顶，南北两侧烟道较大，中间两个略小，最北侧烟道有崩毁现象。为灰砖垒砌而成，草拌泥抹护，现存高0.34～0.4、宽0.25～0.44米。

烟囱：位于陶窑最西端，东连烟道，由砖墙与窑室相隔。为直接挖于生土中而成，平面呈半圆形，口小，底大。上口，南北长1.14、东西宽0.8米；底部，南北长2.1、东西宽1、残深1.2米。内壁呈青灰色硬面。烟囱内回填土为一次回填形成，填土中包含有大量窑壁烧结面、残砖、红烧土，没有遗物出土。

砖形制，长方形，长32、宽14、厚0.6厘米。

（2）Y2

陶窑坐南朝北，主要由烟囱、窑室和窑前工作面三部分组成。烟道居南，位于T30201西南部；窑室在中部，位于T20201西北部，局部叠压在T20201北隔梁下；窑前工作面居北，位于T30101，占据整个探方大部区域，局部向东延伸至本探方隔梁下。南北通长7.94、东西宽3.5、残深2.7米，窑室长3.2米（图二五；图版七）。

窑前工作面：位于窑室北侧，西南角被一近现代沟打破。为半地穴式，南、西、北三壁陡直；东壁在距底部0.5米处，内收约0.4米，底部不十分平坦。上口，略呈圆角方形，南北两壁微弧，南北长3.4、东西宽3.3米；底部略呈长方形，南北长3.4、东西宽2.9米，底部距坑口深1.7～2.1米。回填土为一次回填形成，呈灰褐色，土质黏性较大，含水量较高。回填土中包含有大量窑壁土、炭灰等。出土大量陶片，以残断板瓦、筒瓦为主，其他可辨器型有钵、瓦当、罐口、盆、瓮口等。

窑室：北连窑前工作面，南通烟囱，由火门、火膛、窑床、烟道四部分组成（图版八，1）。为半地穴式，平面呈鹅卵形，南北长3.2、东西宽2.34米，口至窑床残深1.5、口至火膛残深2.72米。顶部坍塌，东西两壁弧线较长，北壁呈尖弧形，南壁较直；立面，四壁陡直，由底部向上微弧收，上口略小。南壁与烟囱之间，用单砖错缝平砌分隔，现存30层。窑室四壁用草拌泥找平、磨光，草拌泥厚约0.05米。加工后的壁面经火烧烤后呈青灰色，坚硬，厚约0.04米；未经直接烧烤的地方为红色。窑室内填土可分为两层，上层厚0.8米，呈灰褐色，土质黏性较大，含水量较高，回填土中包含有大量烧土、炭灰等，含水量较大。出土大量陶片，

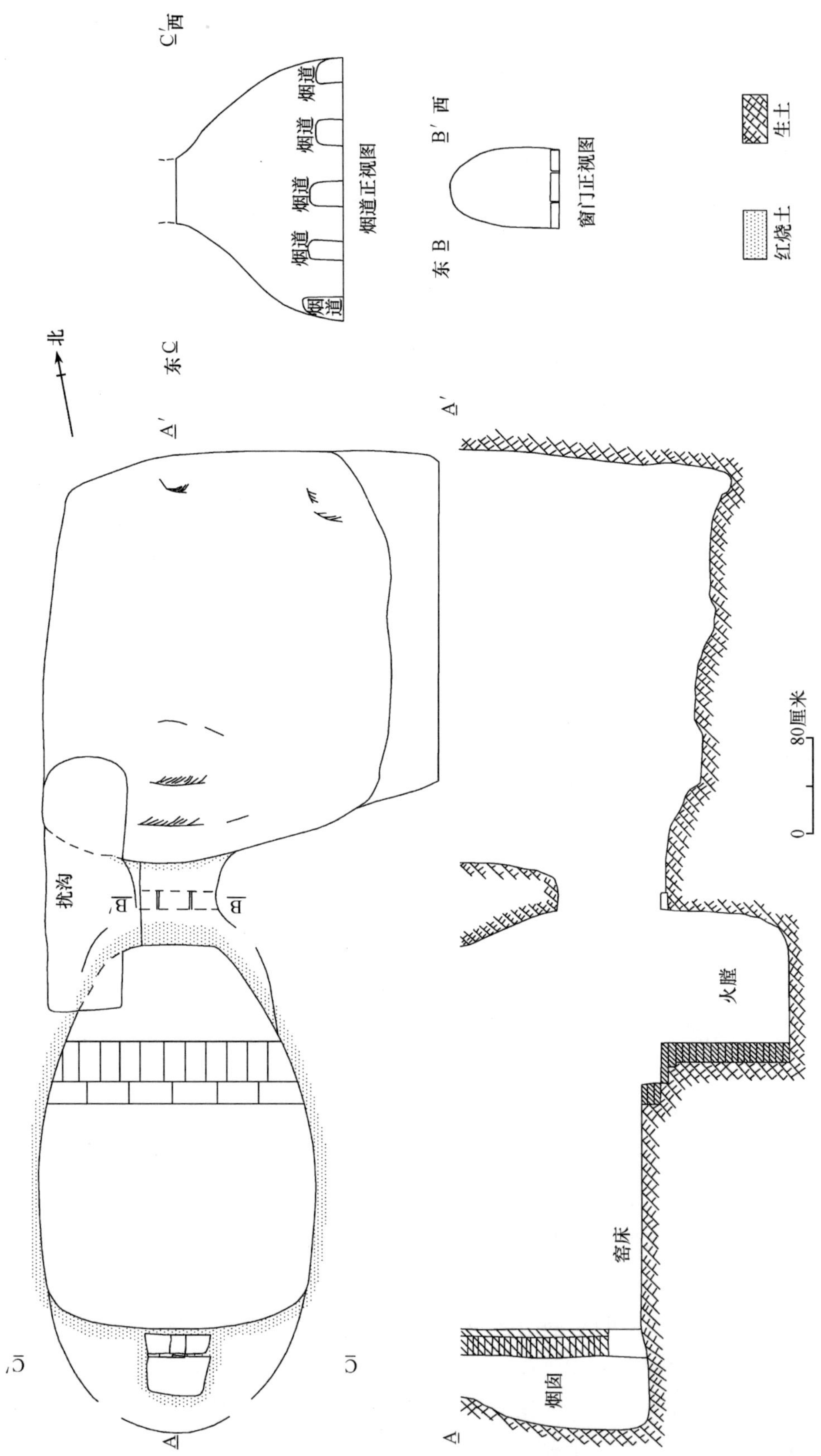

图二五　09 I T30201Y2 平、剖面图

以残断板瓦、筒瓦为主，其他可辨器型有残瓦当、罐口、盆、瓮口等。下层厚0.7米，回填土中包含有大量窑壁土、炭灰等，没有遗物出土。

火门：北接窑前工作面，南连火膛，拱形顶，高0.9、宽0.64、进深0.3米。底部用单平砖、东西两侧壁下部分别用一层单立砖护门。火门直接挖于生土中，壁面经火烧烤后呈青灰色硬面，往外逐渐变为红烧土。

火膛：北接火口，南连窑床，平面呈半圆形。直接挖于生土中，直壁；火膛南壁用单砖错缝平砌护壁。东西最长处2.1、宽1.1、深1.2米。火膛内填土为一次回填形成，回填土中包含有大量窑壁土、炭灰等，没有遗物出土。

窑床：位于窑室南部，北接火膛，南连烟道，平面呈半圆形，床面平坦，南北长2.4、东西宽2.34米，面积约5.5平方米。窑床表面均烧成青灰色硬面。

烟道：位于窑室南侧，北接窑床，南连烟囱，共有5个，拱形顶。为灰砖垒砌而成，草拌泥抹护，现存高0.22~0.34、宽0.16~0.2米。

烟囱：位于陶窑最南端，北连烟道，由砖墙与窑室相隔。为直接挖于生土中而成，口小，底大，上口平面略呈长方形，东西长0.52、南北宽0.26米，南边线略呈弧形；底部呈半圆形，东西长2.2、南北宽0.64、残深1.4米。内壁呈青灰色，坚硬。烟囱内回填土为一次回填形成，填土中包含有大量窑壁烧结面、残砖、红烧土等，没有遗物出土（图版八，2）。

四、出土遗物

本次发掘的地层较单纯，时代跨度较短，地层内出土遗物较少，灰坑内出土遗物相对较多，器型主要以筒瓦、板瓦为主，日用器具较少；陶窑、井内出土遗物种类较丰富，除建筑用瓦外，间有罐、盆、瓮、炉、釜等器物出土，出土物中仍以筒瓦、板瓦为大宗。出土器物以质地分，可分为陶器、石器、铁器和铜钱等。

（一）陶器

陶质器为出土器物中之大宗。以胎质可分泥质灰陶、夹砂红陶两种。

1. 泥质灰陶

此类器依用途可分为建筑材料、与窑有关陶器、日用器三类。

（1）建筑材料

建筑材料出土最多，多为残片形式出现，以板瓦为主，筒瓦次之，瓦当仅出土3件。

板瓦 数量较多，有少量烧结变形者。均残，板瓦两侧有用刀切割痕，切割痕均在内侧；表面饰绳纹，内有网格纹、菱形纹，局部可见较浅布纹。标本09ⅠT20301Y1∶24，绳纹略粗，排列较整齐，残长14、残宽12.2、厚1.2厘米（图二六，4）。标本09ⅠT20401③∶2，器表饰横向、斜向绳纹及凹弦纹，绳纹略粗，排列较整齐，残长 28.4、残宽 24、厚 1.2 厘米（图二六，7）。标本 09 Ⅰ T30201Y2∶22，瓦端部器表饰蓖点纹，排列较整齐，残长 12.8、残宽 18、厚 1.2 厘米（图二六，8）。

筒瓦　数量较板瓦少。均残，带榫头，表面饰绳纹，内有较浅布纹。标本 09 Ⅰ T20301Y1∶22，绳纹较细密，排列较整齐，残长 12、残宽 10.2、厚 1.6 厘米，榫长 4 厘米（图二六，2）。标本 09 Ⅰ T20301Y1∶23，绳纹略粗，排列较整齐，残长 8、残宽 10.4、厚 1.5 厘米，榫长 2.4 厘米（图二六，3）。标本 09 Ⅰ T20201J1∶36，绳纹较深，排列较乱，残长 20.8、残宽 12、厚 1.3 厘米，榫长 2 厘米（图二六，6）。

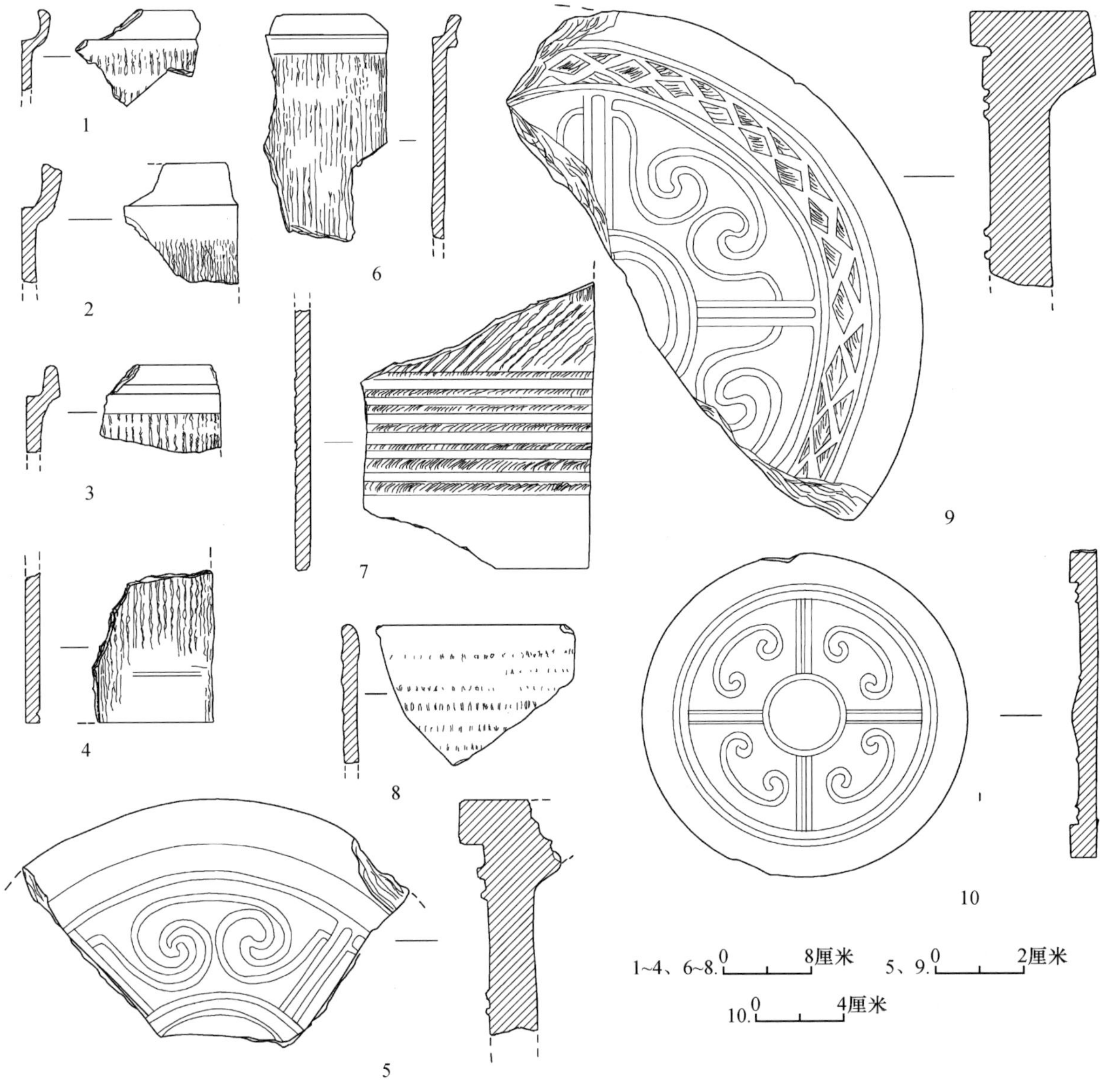

图二六　09 Ⅰ 出土建筑构件

1～3、6. 筒瓦（09 Ⅰ T30201Y2∶19、09 Ⅰ T20301Y1∶22、09 Ⅰ T20301J1∶23、09 Ⅰ T20201J1∶36）　4、7、8. 板瓦（09 Ⅰ T20301Y1∶24、09 Ⅰ T20401③∶2、09 Ⅰ T30201Y2∶22）　5、9、10. 瓦当（09 Ⅰ T20301Y1∶1、09 Ⅰ T30502H11∶1、09 Ⅰ T30201Y2∶1）

瓦当 3件。均模制，圆形。瓦当表面模印云纹。标本09ⅠT30201Y2:1，纹饰由内外凸弦纹分为内外两区，内区为中心，素面；外区以双隔凸棱线分成四扇面形，每个扇面内各饰一朵云纹。宽素缘。制作规整，纹饰精美。直径14.6、厚1.2厘米（图二六，10）。标本09ⅠT30502H11:1，纹饰由凸弦纹分为内、中、外三区，内区为中心，素面；中区，以双隔凸棱线分成四扇面形，每个扇面内各饰一朵云纹，其云纹尾线与隔线相连接；外区，模印三角、菱形纹。窄素缘。制作规整，纹饰精美。直径15.2、厚2.7厘米（图二六，9）。标本09ⅠT20301Y1:1，纹饰由凸弦纹分为内外两区，内区为中心，素面；外区，以双隔凸棱线分成四扇面形，每个扇面内饰一朵云纹，其云纹尾线与隔线相连接。宽素缘。制作规整，纹饰精美。直径12.4、厚2厘米（图二六，5）。

（2）与窑有关陶器

主要有杈状坠、纺轮状器、插台、盆状器、轮盘状器等。

杈状坠 2件。形状类似于杈。标本09ⅠT20201J1:1，鹅卵形，圜底，上部有一圆穿。高5.5、直径5厘米，穿直径0.4厘米（图二七，3；图版六五，1）。标本09ⅠT30401H20:1，底大，上端略小呈穹隆顶状，整体近似于圆馒头形，顶部有一圆穿，直通底部；下腹一侧有一圆洞。高8.6、直径8.4厘米，穿直径4~6厘米；圆洞直径1、进深1.2厘米（图二七，8；图版六五，2）。

纺轮状器 3件。均有残缺，一面平齐，一面隆起，突起一面饰凸弦纹。标本09ⅠT30402③:1，突起一面饰三条凸弦纹，顶部为方孔，余为圆孔。高2.5、直径7厘米，方孔长、宽2、深0.5厘米（图二七，4；图版六五，3）。标本09ⅠT20602H5:2，突起一面饰两条凸弦纹。高2.4、孔径0.5~0.7厘米（图二七，7）。标本09ⅠT30201Y2:2，突起一面饰一条凸弦纹。高2.4、直径6.8、孔径1.4厘米（图二七，5；图版六五，4）。

插台 1件。标本09ⅠT30502③:2，周边残缺，残存部分呈近方形，弧顶，顶部有一近方形孔，直通底部。残长9.6、残宽9、高4厘米，孔长3、宽3厘米（图二七，6）。

盆状器 1件。标本09ⅠT30201Y2:3，方唇，直腹，腹壁较厚，平底，微内凹。残径20、高7厘米（图二七，9）。

轮盘状器 2件。均残。标本09ⅠT30601③:1，外部残缺，平底，微内凹。残径38、高10.6厘米（图二七，1）。标本09ⅠT20402H6:1，轮盘形，由两凹槽将该器分为三部分，前两部分相近，均为该器的内外沿，第三部分为近似圆锥状突起。外沿，宽方唇，唇沿微向内侈张，直壁，腹壁宽厚；内沿，宽方唇，唇沿内侧微向上隆起，直壁，腹壁宽厚，两侧各有一处缓坡状凸棱，凸棱表面均有一圆孔。圆锥状突起两侧各有一圆形穿孔。平底，微内凹，底较薄。直径54.6、高12.3厘米，凸棱表面圆孔直径2.4、深4厘米，圆锥状突起两侧穿孔直径2.1、深1.5厘米（图二七，2；图版六五，5）。

（3）日用器

此次发掘日用器种类有灯柄、博山炉盖、钵、盆、瓮、罐等。

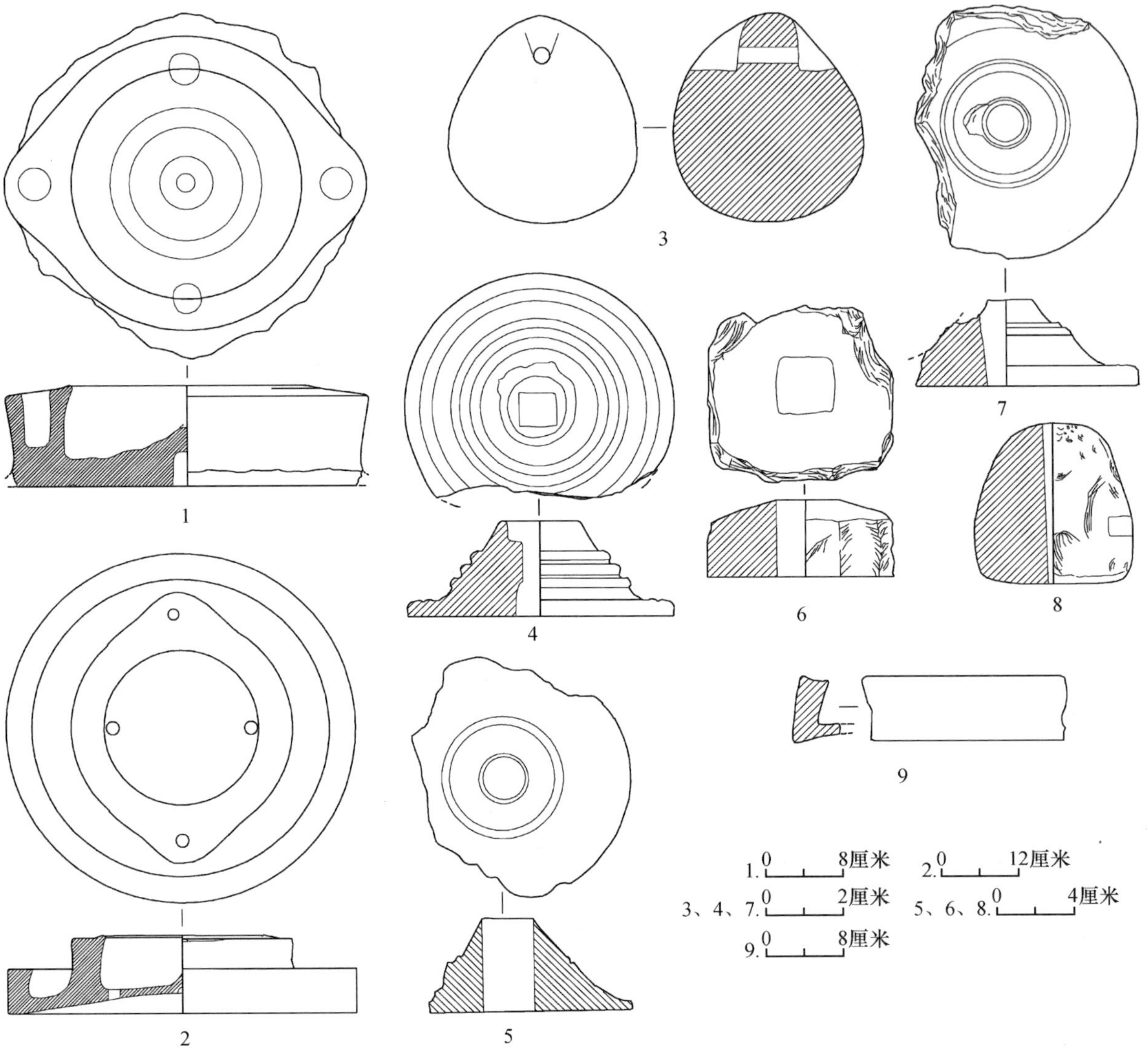

图二七 09Ⅰ出土与窑有关陶器

1、2. 轮盘状器（09ⅠT30601③:1、09ⅠT20402H6:1） 3、8. 陶杈状坠（09ⅠT20201J1:1、09ⅠT30401H20:1） 4、5、7. 纺轮状器（09ⅠT30402③:1、09ⅠT30201Y2:2、09ⅠT20602H5:2） 6. 插台（09ⅠT30502③:2） 9. 盆状器（09ⅠT30201Y2:3）

灯柄 2件。均残存下部，状如豆柄。标本09ⅠT30401H20:4，残高2.4、底径6厘米（图二八，9）。标本09ⅠT30502③:1，残高5.4、底径9厘米（图二八，6）。

博山炉盖 1件。标本09ⅠT20402H6:2，下部残缺，器表有镂空及线刻纹饰。胎质细腻，雕刻精美。残高4、残径10厘米（图二八，11）。

钵 5件。形制大体相同，直口，折腹，平底。标本09ⅠT30401H20:2，方唇，折棱较明显，下腹有竖向刀削修坯现象①。口径10.4、高3.6厘米（图二八，14）。标本09ⅠT20602③:2，方唇，唇沿微外侈。口径14.4、高6.4厘米（图二八，4）。标本09ⅠT30201Y2:16，圆唇，底残。口径16、残高5.4厘米（图二八，4）。

盆 38件。根据器形可分为三型。

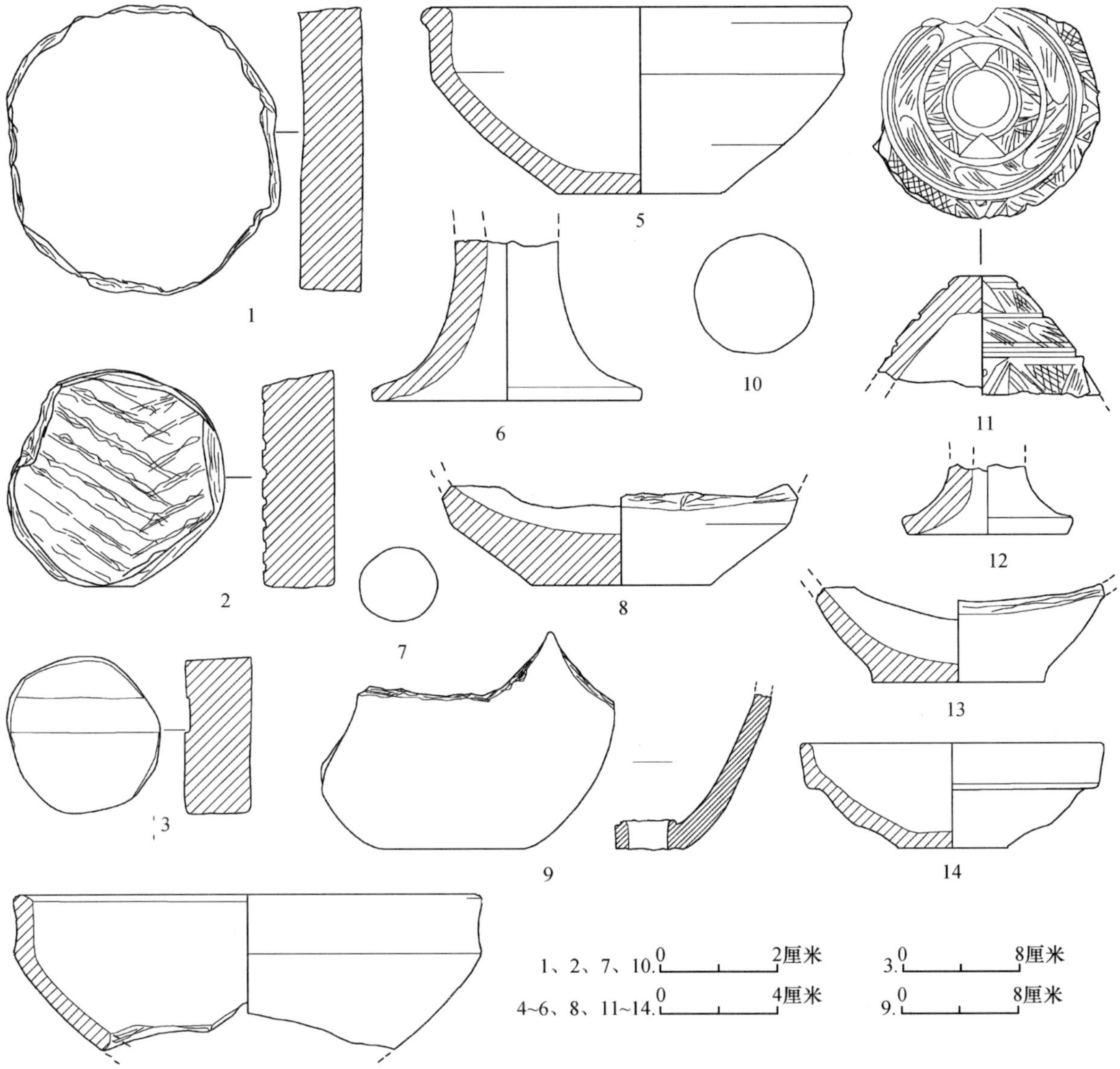

图二八 09Ⅰ出土陶器

1~3. 圆形陶片（09ⅠT20402H6:3、09ⅠT30602H3:3、09ⅠT20402H6:4） 4、5、8、13、14. 钵（09ⅠT30201Y2:16、09ⅠT20602③:2、09ⅠT20201J1:34、09ⅠT30201Y2:21、09ⅠT30401H20:2） 6、12. 灯柄（09ⅠT30502③:1、09ⅠT30401H20:4） 7、10. 圆球（09ⅠT30501③:1、09ⅠT20301Y1:2） 9. 甑（09ⅠT30602H3:2） 11. 博山炉盖（09ⅠT20402H6:2）

① 一般指在对器物进行修坯时，用刀从上向下修掉多余胎泥，在器物表面多留有较明显的刀痕。

A 型　11 件。直腹盆，一般指腹部较直，其中包括下腹略大于或小于上腹者。据口沿变化可分二亚型。

Aa 型　6 件。斜折沿，方唇。标本 09 Ⅰ T20201J1∶23，唇沿略向上凸起，器内折棱明显，器表有轮旋线①。口径 40、残高 10.8 厘米（图二九，22）。标本 09 Ⅰ T30201Y2∶7，唇沿略下垂，沿面微卷，器内折棱明显，器表轮旋线明显②。口径 36、残高 12 厘米（图二九，2）。标本 09 Ⅰ T30502H4∶2，唇沿向上尖起，唇面略卷，器内折棱明显，下腹略大于上腹，下腹弧内收，下腹饰篮纹。口径 35.5、残高 12 厘米（图二九，15）。标本 09 Ⅰ T30201Y2∶5，器内折棱略呈凸棱状，器表有轮旋线。口径 44、残高 12 厘米（图二九，3）。标本 09 Ⅰ T30302H13∶6，方唇下折，唇面有凹槽，器内略显折棱，器表轮旋线明显。口径 46.8、残高 20 厘米（图二九，4）。标本 09 Ⅰ T20402H6∶7，斜折沿宽大，唇沿微下垂，沿面微卷，器内略显折棱，腹壁较厚，器表轮旋线明显。残高 6 厘米（图三〇，11）。

Ab 型　6 件。平折沿，方唇。标本 09 Ⅰ T20301Y1∶19，下腹饰按压纹饰带一周。口径 36、残高 11.2 厘米（图二九，6）。标本 09 Ⅰ T20201J1∶19，下腹略大于上腹；器表轮旋线明显，腹部饰按压纹饰带一周。口径 60、残高 6 厘米（图二九，18）。标本 09 Ⅰ T20201J1∶22，上腹饰斜向划线纹饰带一周，每三条划线为一组；下腹略大于上腹，轮旋线明显。口径 50、残高 12.5 厘米（图二九，12）。标本 09 Ⅰ T20301Y1∶20，唇沿微下垂，沿面微卷，器内折棱明显，器表轮旋线明显。口径 44、残高 4.8 厘米（图二九，7）。标本 09 Ⅰ T20401③∶1，沿面微卷，器内折棱明显，器表轮旋线较明显。口径 50、残高 4.8 厘米（图二九，14）。标本 09 Ⅰ T20301Y1∶21，折沿较短，较薄。口径 22.4、残高 4 厘米（图二九，11）。

B 型　11 件。斜直腹盆据口沿变化可分二亚型。

Ba 型　1 件。斜折沿，方唇。标本 09 Ⅰ T30302H13∶4，上腹大于下腹；器内略显折棱，腹壁较厚，器表轮旋线明显。口径 28、残高 9.2 厘米（图二九，13）。

Bb 型　8 件。平折沿，方唇。标本 09 Ⅰ T20301Y1∶11，折沿较宽大，上腹大于下腹。口径 40、残高 13 厘米（图二九，20）。标本 09 Ⅰ T30302H13∶7，沿部残缺，上腹略大于下腹，腹壁较薄，平底。器表轮旋线明显，下腹及底部饰篮纹。口径 49.2、高 18 厘米（图二九，6）。标本 09 Ⅰ T20301Y1∶8，上腹大于下腹，器内有一凸棱，器表饰刻划纹。口径 42、残高 10.8 厘米（图二九，9）。标本 09 Ⅰ T20201J1∶21，折沿较宽，上腹大于下腹，轮旋线较明显。口径 40.8、残高 5.6 米（图二九，17）。标本 09 Ⅰ T30201Y2∶6，折沿较短小，上腹略大于下腹。口径 42、残高 5.2 厘米（图二九，1）。标本 09 Ⅰ T20301Y1∶16，折沿较宽大，下腹略大于上腹，器表轮旋线明显。口径 44、残高 7.6 厘米（图二九，21）。标本 09 Ⅰ T20301Y1∶7，沿面有凹槽，器内有一凸棱，上腹大于下腹。口径 44、残高 13.2 厘米（图三〇，4）。标本 09 Ⅰ T20201J1∶24，上腹大于下腹。口径 43.2、残高 11.6 厘米（图三〇，14）。

---

① 一般指在制作过程中留下的较细密、较浅的轮旋线。

② 一般指较线条较宽、较明显的轮旋线。

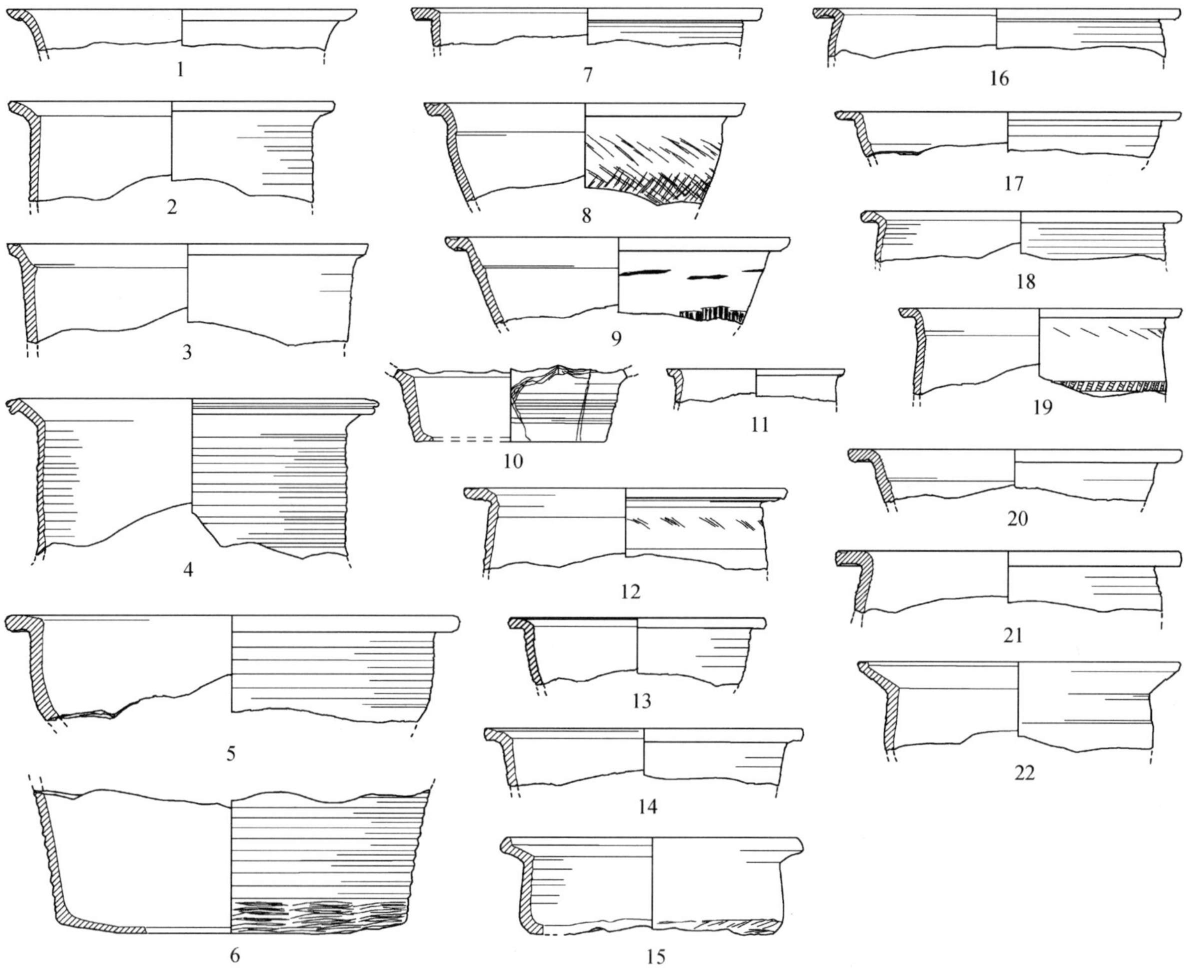

1~4、6~11、13、15、17、19~22. 0 8厘米　5. 0 4厘米　12、14、16. 0 10厘米　18. 0 12厘米

图二九　09Ⅱ出土陶盆

1、6、9、17、20、21. Bb型（09ⅠT30201Y2∶6、09ⅠT30302H13∶7、09ⅠT20301Y1∶8、09ⅠT20201J1∶21、09ⅠT20301Y1∶11、09ⅠT20301Y1∶16）　2～4、15、22. Aa型（09ⅠT30201Y2∶7、09ⅠT30201Y2∶5、09ⅠT30302H13∶6、09ⅠT30502H4∶2、09ⅠT20201J1∶23）　5、8、13、16. Cb型（09ⅠT20402H6∶6、09ⅠT20301Y1∶13、09ⅠT20201J1∶26、09ⅠT20301Y1∶12）　7、11、12、14、18、19. Ab型（09ⅠT20301Y1∶20、09ⅠT20301Y1∶21、09ⅠT20201J1∶22、09ⅠT20401③∶1、09ⅠT20201J1∶19、09ⅠT20301Y1∶19）　10. Ba型（09ⅠT30302H13∶4）

C型　11件。弧腹盆据口沿变化可分二亚型。

Ca　2件。斜折沿，方唇。标本09ⅠT20301Y1∶6，方唇平折，深腹，器内折棱明显，器表按压纹饰带4条。口径42、残高24.8厘米（图三〇，3）。标本09ⅠT20201J1∶18，沿面有凸棱一周，深腹，上腹较直，下腹弧收，器内折棱明显，器表轮旋线明显。口径34.4、残高11.2厘米（图三〇，15）。

Cb　12件。平折沿，方唇。标本09ⅠT20402H6∶6，折沿较宽大，器表轮旋线明显。口径28、残高6.6厘米（图二九，5）。标本09ⅠT20301Y1∶12，折沿较宽，器内折棱明显，器表

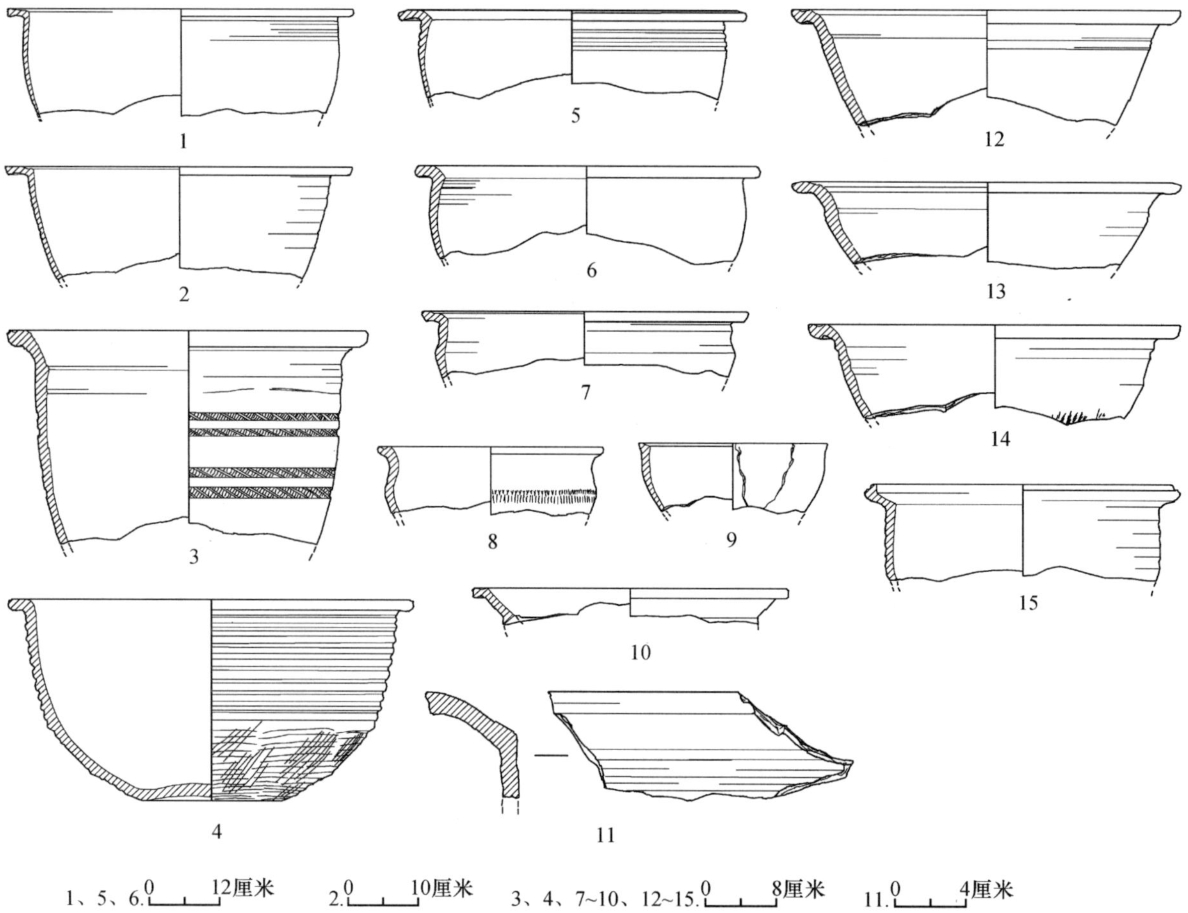

图三〇　09Ⅰ出土陶盆

1、2、4～8、13. Cb型（09ⅠT20201J1∶16、09ⅠT20201J1∶25、09ⅠT20301Y1∶3、09ⅠT20201J1∶17、09ⅠT30401H20∶3、09ⅠT30302H13∶2、09ⅠT20301Y1∶4、09ⅠT20301Y1∶9）　3、15. Ca型（09ⅠT20301Y1∶6、09ⅠT20201J1∶18）　9. Cc型（09ⅠT30302H13∶3）　11. Aa型（09ⅠT20402H6∶7）　12、14. Bb型（09ⅠT20301Y1∶7、09ⅠT20201J1∶24）

有轮旋线。口径58、残高7.5厘米（图二九，16）。标本09ⅠT20301Y1∶13，折沿较宽，束颈，器表饰刻划纹。口径20、残高12.8厘米（图二九，8）。标本09ⅠT20201J1∶26，折沿较宽，器内折棱较明显，器表轮旋线明显。口径32、残高8.4厘米（图二九，13）。标本09ⅠT30302H13∶2，唇面微下垂，沿面微卷，束颈。口径38、残高7.8厘米（图三〇，7）。标本09ⅠT20301Y1∶4，折沿较短小，束颈，器表饰戳点纹。口径26、残高7厘米（图三〇，8）。标本09ⅠT30401H20∶3，束颈，器内折棱明显。口径60、残高16.8厘米（图三〇，6）。标本09ⅠT20201J1∶17，折沿较宽，器内折棱较明显，器表轮旋线明显。口径60、残高18.6厘米（图三〇，5）。标本09ⅠT20301Y1∶9，束颈。口径42、残高6.4厘米（图三〇，13）。标本09ⅠT20201J1∶16，器内折棱较明显，器表轮旋线较明显。口径44、残高7.6厘米（图三〇，1）。标本09ⅠT20201J1∶25，折沿较宽，器内折棱较明显，器表轮旋线明显。口径50、残高16厘米（图三〇，2）。标本09ⅠT20301Y1∶3，深腹，器内略显折棱，下腹饰篮纹，器表轮旋线明显。

口径46.4、残高23厘米（图三〇，4）。

Cc　1件。钵口盆。标本09ⅠT30302H13∶3，敛口，方唇。口径21.6、残高8厘米（图三〇，14）。

瓮　9件。均残存口部及肩部，根据器形可分为三型。

A型　斜折沿，1件。标本09ⅠT20201J1∶28，敛口，方唇，沿面有凹槽，器内折棱较明显。口径28.6、残高5厘米（图三一，3）。

B型　平折沿，5件。标本09ⅠT20201J1∶15，直口，圆唇，束颈，器内折棱较明显。口径38.6、残高6.4厘米（图三一，1）。标本09ⅠT20301Y1∶14，折沿宽厚，直口，圆唇，束颈，器内折棱不明显。口径24、残高6.4厘米（图三一，4）。标本09ⅠT30201Y2∶4，直口，圆唇，束颈，器内折棱明显，肩部饰凹弦纹。口径28、残高4.8厘米（图三一，5）。标本09ⅠT30201Y2∶8，口微敛，圆唇，束颈，器内折棱明显。口径38、残高7.6厘米（图三一，6）。标本09ⅠT30302H13∶5，直口，圆唇，器内折棱不明显。口径28、残高4厘米（图三一，9）。

C型　卷沿，3件。标本09ⅠT20201J1∶27，口微敛，圆唇，束颈，器内折棱较明显。口径16、残高4.8厘米（图三一，2）。标本09ⅠT30201Y2∶23，口微敛，圆唇，束颈，器内折棱不明显。口径28、残高6.8厘米（图三一，7）。标本09ⅠT30502H4∶3，口微敛，方唇，束颈，器内折棱不明显，肩部饰按压纹。口径30、残高6厘米（图三一，8）。

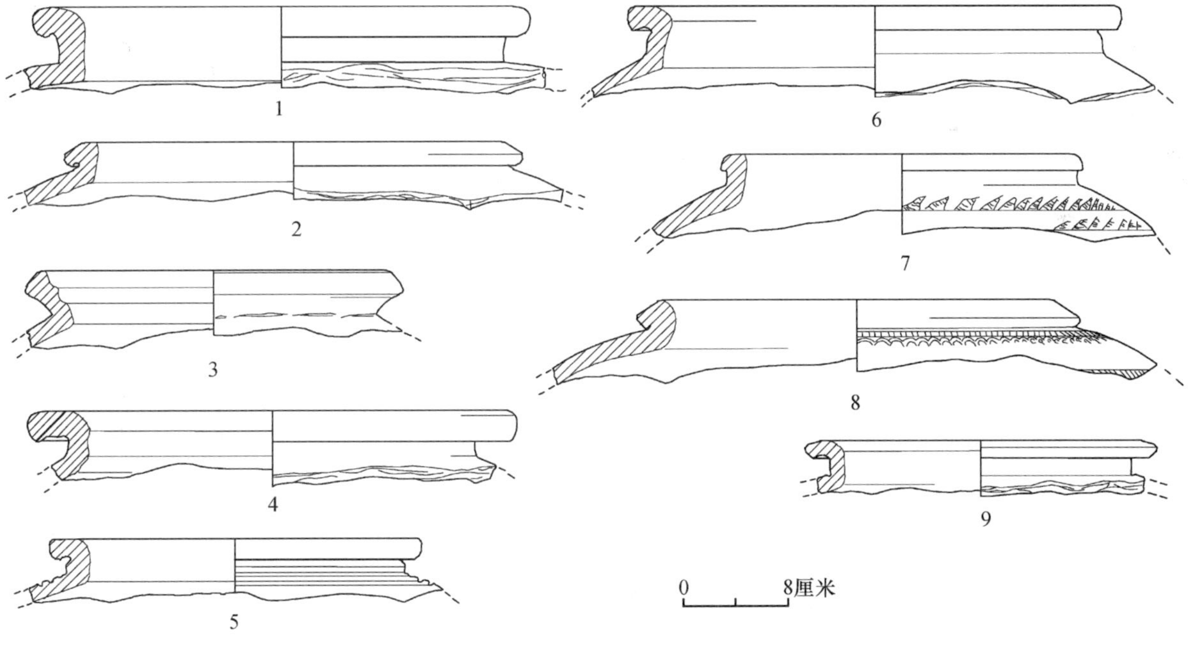

图三一　09Ⅰ出土陶瓮

1、4~6、9. B型（09ⅠT20201J1∶15、09ⅠT20301Y1∶14、09ⅠT30201Y2∶4、09ⅠT30201Y2∶8、09ⅠT30302H13∶5）
2、7、8. C型（09ⅠT20201J1∶27、09ⅠT30201Y2∶23、09ⅠT30502H4∶3）　3. A型（09ⅠT20201J1∶28）

罐　16件。大部分仅残存口部及肩部，底部多以残片形式出土，可以上图的仅1件。根据口部可分为三型。

A型　敛口罐，11件。根据口沿可分三亚型。

Aa型　4件。斜折沿，此类型也包含以斜折沿为主沿面微卷者。标本09ⅠT30201Y2∶10，方唇，束颈，器内折棱明显。口径24、残高4厘米（图三二，13）。标本09ⅠT30201Y2∶12，圆唇，唇上折，束颈，器内折棱不明显。口径30、残高6.4厘米（图三二，8）。标本09ⅠT30201Y2∶17，方唇，沿面微卷，束颈，肩部饰细密绳纹。口径24、残高8.4厘米（图三二，4）。标本09ⅠT30201Y2∶11，圆唇，唇上折，束颈，器内折棱不明显。口径24、残高4厘米（图三二，12）。标本09ⅠT20201J1∶9，圆唇，束颈，器内折棱明显，器表略显轮旋线。口径28.8、残高16厘米（图三二，10）。

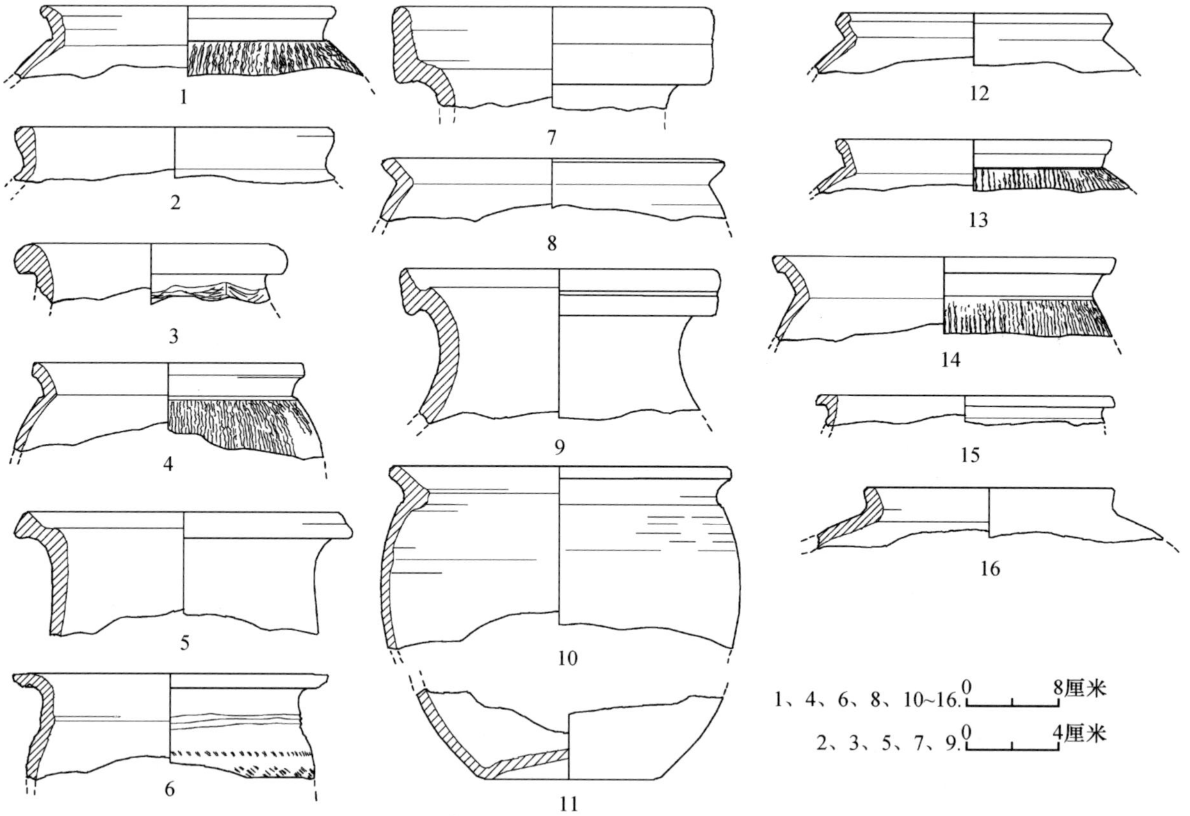

图三二　09Ⅰ出土陶罐

1、3、14、16. Ab型（09ⅠT30201Y2∶9、09ⅠT30201Y2∶18、09ⅠT30201Y2∶20、09ⅠT20301Y1∶17）　2. C型（09ⅠT20201J1∶33）　4、8、10、12、13. Aa型（09ⅠT30201Y2∶17、09ⅠT30201Y2∶12、09ⅠT20201J1∶9、09ⅠT30201Y2∶11、09ⅠT30201Y2∶10）　5. B型Ⅰ式（09ⅠT20202H12∶2）　6、15. Ac型（09Ⅰ20301Y1∶10、09ⅠT20201J1∶32）　7. B型Ⅲ式（09ⅠT20402H6∶5）　9. B型Ⅱ（09ⅠT20102H14∶1）　11. 罐底（09ⅠT20301Y1∶25）

Ab型　4件。卷沿。标本09ⅠT30201Y2:9，圆唇，颈部旋削修坯一周①，去胎泥较厚，在颈肩交接处形成以小台面，器内折棱明显，肩部饰绳纹。口径26、残高6厘米（图三二，1）。标本09ⅠT30201Y2:20，方唇，束颈，器内折棱明显，肩部饰绳纹。口径30、残高7厘米（图三二，14）。标本09ⅠT20301Y1:17，圆唇，卷沿较短小。口径22、残高4.4厘米（图三二，16）。标本09ⅠT30201Y2:18，圆唇，卷沿厚重。口径12、残高3厘米（图三二，3）。

Ac型　2件。平折沿。标本09ⅠT20201J1:32，方唇，束颈。口径26、残高3厘米（图三二，15）。标本09ⅠT20301Y1:10，宽折沿，尖圆唇，束颈。口径28、残高9厘米（图三二，6）。

B型　3件。根据口部变化，可分三式。

Ⅰ式：1件。标本09ⅠT20202H12:2，口部略显盘形，方唇，长直颈。口径7、残高5.4厘米（图三二，5）。

Ⅱ式：1件。标本09ⅠT20102H14:1，尖圆唇。沿面外侧有凹槽，束颈。口径14、残高6.2厘米（图三二，9）。

Ⅲ式：1件。标本09ⅠT20402H6:5，圆唇。口径14、残高4.8厘米（图三二，7）。

C型　1件。标本09ⅠT20201J1:33，圆唇。口径14、残高2.6厘米（图三二，2）。

罐底　1件。标本09ⅠT20301Y1:25，弧腹，平底，内凹较深。底径15.2、残高10.4厘米（图三二，11）。

圆形片　3件。均为泥质灰陶片修整加工而成，边缘不规整。标本09ⅠT20402H6:3，素面陶片修整而成。直径4.4、厚1厘米（参见图二八，1）。标本09ⅠT30602H3:3，绳纹陶片修整而成。直径3.3、厚1.2厘米（参见图二八，2）。标本09ⅠT20402H6:4，圆形片表面有一凹槽。直径2.6、厚1.1厘米（参见图二八，6）。

球　2件。均为圆形。标本09ⅠT20301Y1:2，直径2厘米（图二八，10）。标本09ⅠT30501③:1，直径1.3厘米（图二八，7）。

2. 夹砂红陶

此类器均为炊具，器型以釜为主，炉次之。釜类器表有火烧痕迹，炉类器内有火烧痕迹。

釜　10件。据器形可分为三型。

A型　盆形釜，2件。标本09ⅠT20201J1:4，口微敛，斜折沿，圆唇，唇沿微上翘，束颈，弧腹，平底，器内折棱明显。口径24、高9.6厘米（图三三，12；图版六五，6）。标本09ⅠT20201J1:12，口微敛，斜折沿，圆唇，唇沿微上折，器外折线明显，束颈，弧腹，平底，器内折棱明显。口径24、高10厘米（图三三，11）。

B型　钵形釜，1件。标本09ⅠT20201J1:14，直口，方唇，弧腹，底部残。口径24、残高6.4厘米（图三三，7）。

① 一般指器物放在轮盘上，旋转轮盘用工具对器物进行修正加工，多在器物修正的部位留有较规整、较细密的轮旋线。

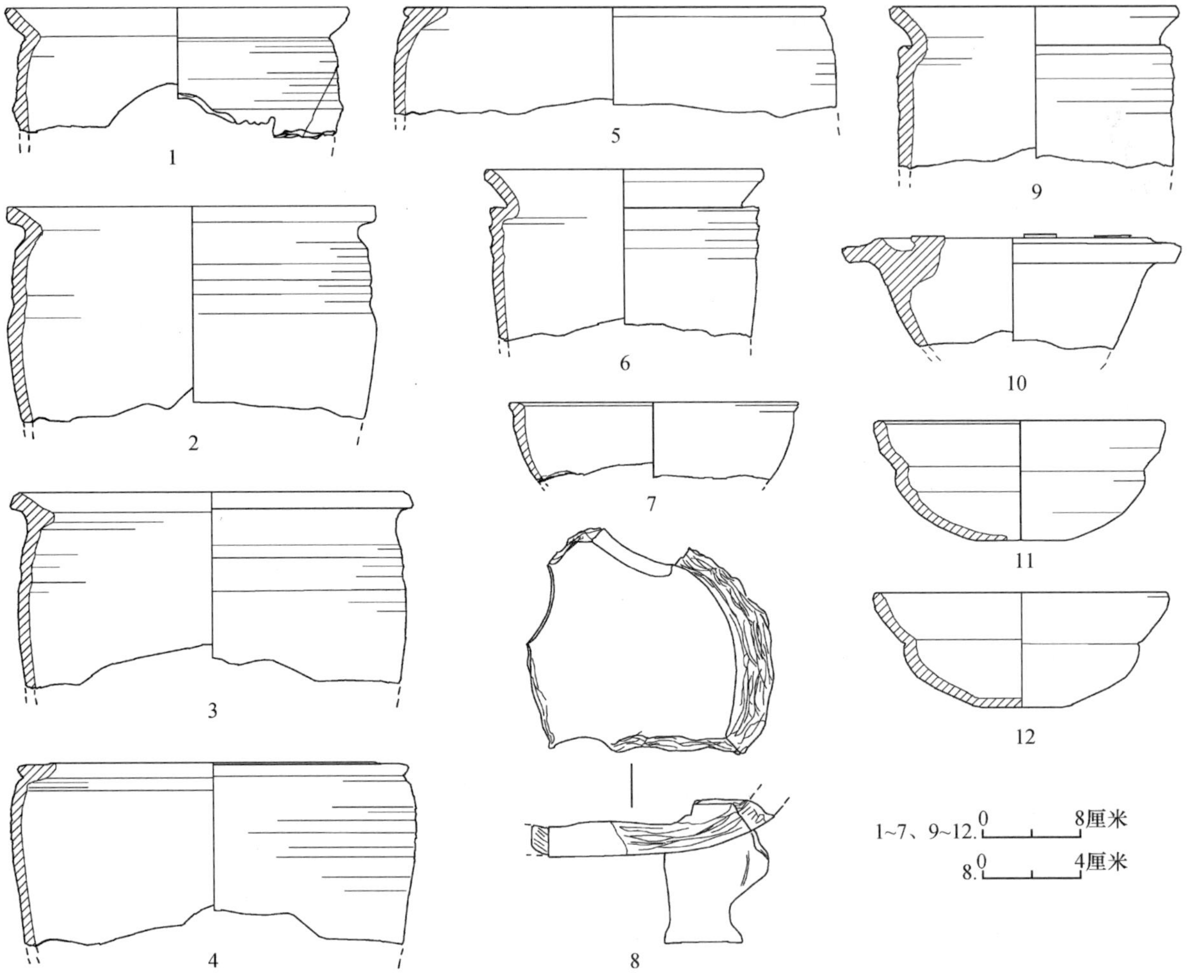

图三三　09Ⅰ出土夹砂陶器

1~3、6、9. Ca型釜（09ⅠT20201J1:6、09ⅠT20201J1:11、09ⅠT20201J1:8、09ⅠT20201J1:3、09ⅠT20201J1:2）
4、5. Cb型釜（09ⅠT20201J1:7、09ⅠT20201J1:10）　7. B型釜（09ⅠT20201J1:14）　8. B型炉（09ⅠT20201J1:13）
10. A型炉（09ⅠT20201J1:5）　11、12. A型釜（09ⅠT20201J1:12、09ⅠT20201J1:4）

C型　罐形釜，7件。均侈口深腹，下腹及底部残。据口沿可分二亚型。

Ca型　5件。标本09ⅠT20201J1:8，圆唇，斜折沿，束颈，腹微弧。器表有轮旋线。口径32.8、残高16厘米（图三三，3）。标本09ⅠT20201J1:11，方唇，斜折沿，束颈，腹微弧。器表轮旋线明显。口径31、残高18厘米（图三三，2）。标本09ⅠT20201J1:6，圆唇，斜折沿，束颈，腹微弧。器表轮旋线明显。口径28.8、残高10.6厘米（图三三，1）。标本09ⅠT20201J1:3，圆唇，斜折沿，束颈，内收较甚，在肩部形成一平台，腹较直。器表轮旋线明显。口径23.2、残高14厘米（图三三，6）。

Cb型　2件。标本09ⅠT20201J1:7，敛口，尖圆唇，直腹，微弧。器表轮旋线明显。口径33、残高15.2厘米（图三三，4）。标本09ⅠT20201J1:10，敛口，尖圆唇，直腹，微弧。器表轮旋线明显。口径32.8、残高9厘米（图三三，5）。

炉　2件。根据器形可分为二型。

A型　盆形炉，1件。标本09ⅠT20201J1:5，方唇，宽折沿，弧腹，底残。器内近口沿处有三枚支脚，器表轮旋线明显。口径28、残高9厘米（图三三，10；图版六五，7）。

B型　鼎形炉，1件。标本09ⅠT20201J1:13，大部分残缺，弧腹，平底，下承兽足。底部开长方形孔。残高6厘米（图三三，8）。

（二）石器

2件。

石斧　1件。标本09ⅠT20602H5:1，柄部残缺，仅存刃部。残长7、宽5.2、厚3.9厘米（图三四，1）。

残石器　1件。标本09ⅠT30502H4:1，柄部残缺，仅存刃部。残长4.5、宽4.5、厚2厘米（图三四，2）。

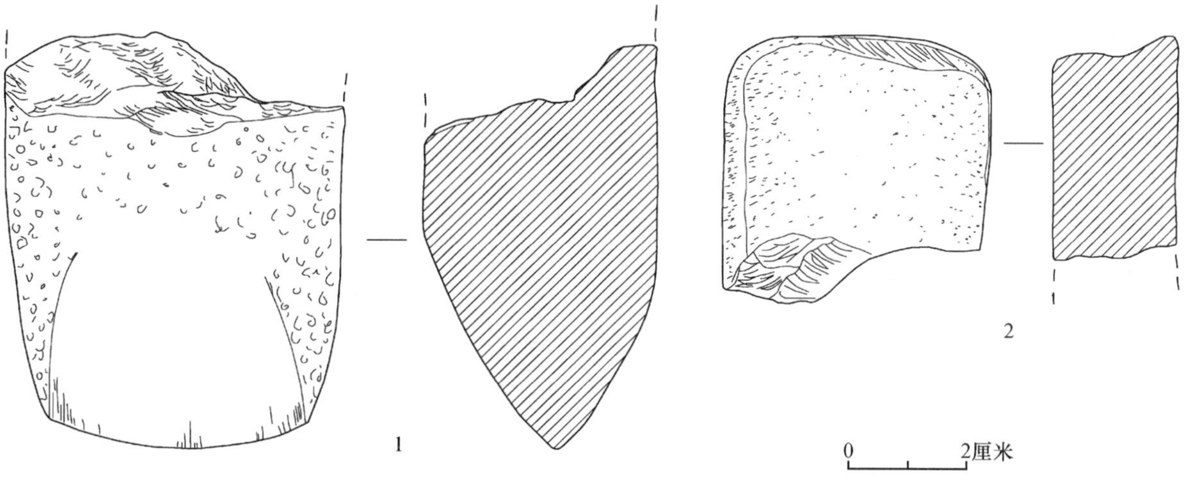

图三四　09Ⅰ出土石器

1. 石斧（09ⅠT20602H5:1）　2. 残石器（09ⅠT30502H4:1）

（三）铁器

3件。

铁锛　1件。标本09ⅠT20602H5:3，平面呈长方形，侧面呈三角形，刃部较尖锐，尾部有长方形銎。残长10.8、宽5.4、尾厚2.2厘米，銎长2.2、宽3.4、残进深2.2厘米（图三五，1）。

铁铲　1件。标本09ⅠT20202H12:1，平面呈“甲”字形，侧面呈三角形，刃部较尖锐，尾部有长方形銎，銎部残缺。残高11.2、宽10.2、尾长1.7、宽5、厚3厘米（图三五，2）。

铁刀　1件。标本09ⅠT30202H13:1，刀首部残缺，仅存柄部。残长9.7、宽1厘米，环直径3.2厘米（图三五，4）。

(四) 铜钱

1 枚。标本 09ⅠT20602③:1，浇注，圆形，方穿。“五”字较窄小，中间交叉两笔略为屈曲，“铢”字漫漶不清。直径 2.5 厘米（图三五，3）。

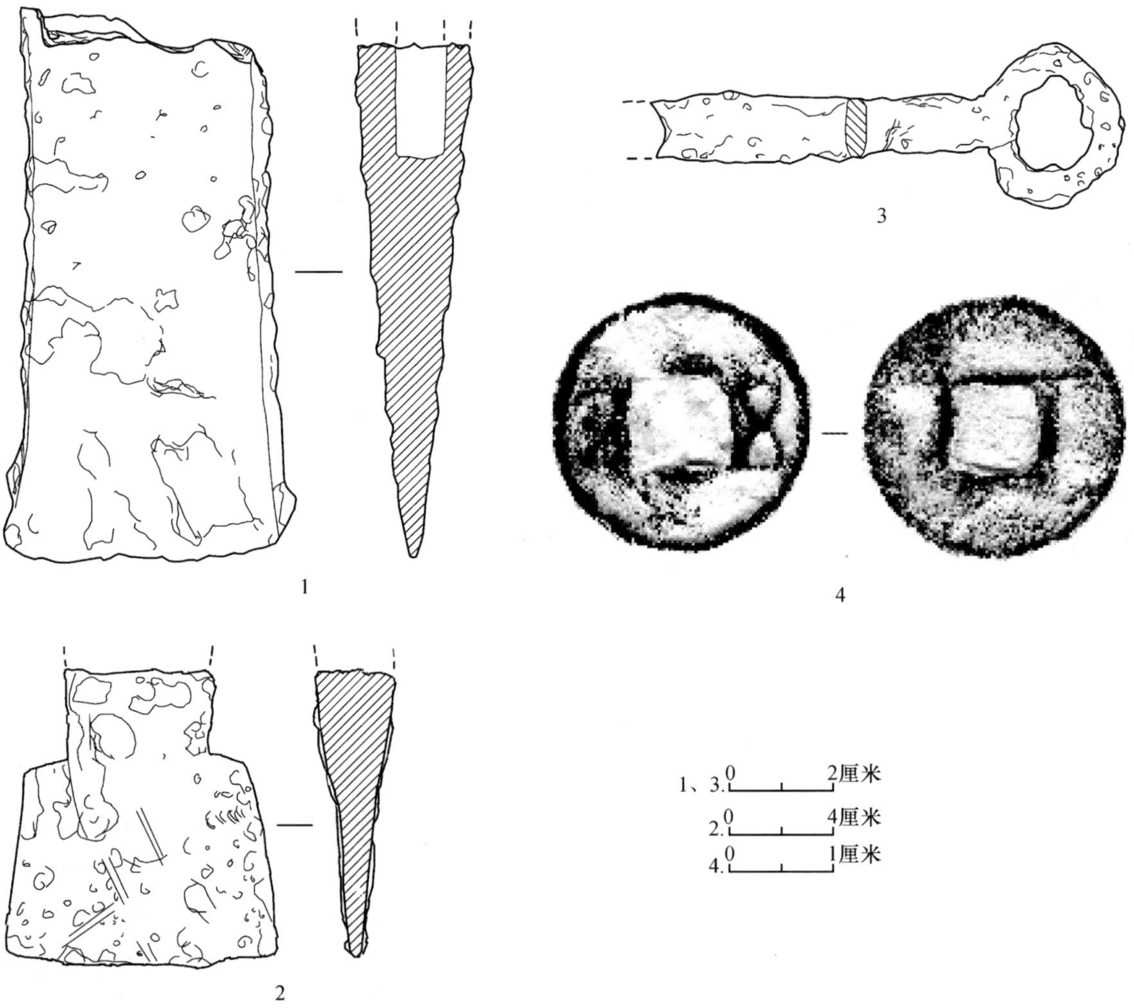

图三五　09Ⅰ出土器物

1. 铁锛（09ⅠT20602H5:3）　2. 铁铲（09ⅠT20202H12:1）
3. 铁刀（09ⅠTG30302H13:1）　4. 铜钱（09ⅠT20602③:1）

五、墓区地层堆积

1. 墓地基本情况

墓区为张夺村七队耕地，现地表种植物均为小麦。该区地势北高，东、南、西均为缓坡，我们为了更好地理清地层和墓葬间打破关系，采用探方法进行发掘。根据实际情况，以南水北调NQZ149桩向北67.5米、再向东5.4米为基点，为尽量减少空方现象，采用5米×5米与10米×10米相结合的方法进行布方。

发掘过程中人走车压，又由于墓区地层含沙量较大，各探方隔梁陆续出现开裂、溜边现象；墓葬左右两壁出现裂缝现象，随时都有塌方可能，为保证发掘人身安全，整体下挖1.5米，打掉部分隔梁。为便于管理和记录方便，发掘区按实际发掘情况编号，TG1为8米×8米，TG2为7米×12米，TG3为14米×19米，TG4为21米×29米，TG5为6米×6米，TG6为6米×11米，TG7为4米×12米，TG8为13米×19米，TG9为19米×46米，其中TG4、TG6、TG7、TG8、TG9又陆续扩方（图三六）。实掘面积2400平方米。

2. 地层堆积

通过发掘发现各探方地层均相同。

第①层：耕土层，土质松散，土色灰褐。厚0.2～0.3米。在该层下开口墓葬2座。

第②层：黄土层，含沙土量较大，松散。厚0.4～0.6米，距地表深0.6～0.9米。在该层下开口墓葬108座（附表一）。

第③层及以下为生土。

根据层位叠压打破关系，以及结合各墓葬出土器物等情况，我们将此次清理的墓葬分为战国、秦至西汉两个时期。

六、墓　　葬

张夺2号遗址墓区内墓葬排列较为密集，时代始自战国末期，延至秦汉，以汉代为主流。

（一）战国时期墓葬

根据随葬器物及丧葬方式初步认为是战国时期墓葬8座，编号分别为09ⅡTG3M48、09ⅡTG3M49、09ⅡTG3M55、09ⅡTG4M63、09ⅡTG4M65、09ⅡTG4M67、09ⅡTG4M78、09ⅡTG9M88，其中09ⅡTG3M55、09ⅡTG3M67、09ⅡTG3M88仅随葬铜带钩1件，09ⅡTG3M63随葬铜带钩1件、蚌器1件，09ⅡTG3M48、09ⅡTG3M49、09ⅡTG3M65、09ⅡTG3M78随葬器物较丰富。

09ⅡTG3M48

09ⅡTG3M48位于TG3西北部，西部被09ⅡTG3M47打破，南邻09ⅡTG3M49。09ⅡTG3M48开口于②层下，打破第③层及生土层。

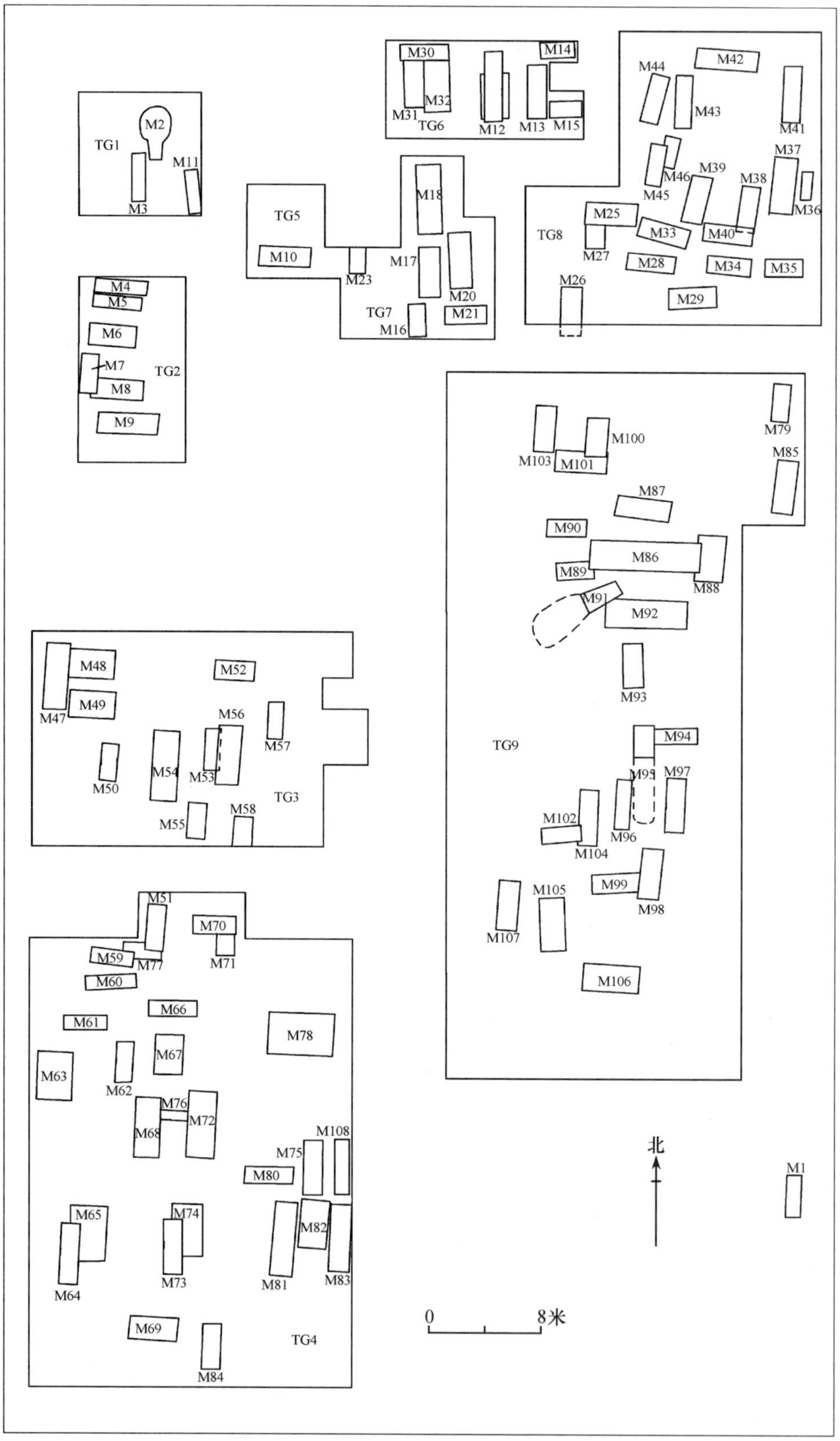

图三六　09Ⅱ墓葬分布图

1. 形制和规格

09ⅡTG3M48是一座“斗”形竖穴土坑墓，东西向，墓向85°。墓口距地表0.7米（图三七）。上口长2.56、宽2.4米，底长2.35、宽1.6、深3.2米。填土为花土，经夯打实，四壁较规整。

2. 葬具和人骨

墓室内清理出一具木棺和一具木椁灰痕，棺长1.75、宽0.48、残高0.18米。椁长1.95、宽0.92、残高0.56米。

人骨为侧身屈肢单人葬。头东脚西，面向南，屈肢较甚。为一男性个体，腐蚀较严重，年龄不详（图版九，1）。

3. 随葬品

（1）种类及数量

共5件。陶鼎1件、陶壶1件、陶盖豆1件、陶盘1件，铁带钩1件。

（2）出土位置

随葬陶器均出土于墓室东侧，棺椁与墓室东壁之间，分一排南北向排列，由南向北依次为鼎、盘、壶，盖豆置放于壶、盘之上。5号铁带钩位于棺内墓主脚骨西部。

（3）器物形制分类介绍

陶鼎　1件。09ⅡTG3M48:3，泥质灰陶，火候较低，胎质松软。子母口，深直腹，微弧，圜底，下承三兽蹄足。耳残。口径22.8、高18.6厘米（图三八，5）。

陶壶　1件。09ⅡTG3M48:1，泥质灰陶，火候较低，胎质松软。口残，溜肩，鼓腹，平底。腹部有轮旋线，下腹有旋削痕迹。底径10.8、残高27厘米（图三八，2）。

陶盖豆　1件。09ⅡTG3M48:2，泥质灰陶，火候较低，胎质松软。子母口，深直腹，矮柄足，喇叭口底，中空。器表压光，腹部有两条凹弦纹，器表有轮旋线。口径19.6、底径14、高17.2厘米（图三八，4）。

陶盘　1件。09ⅡTG3M48:4，泥质灰陶，火候较低，胎质松软。敞口，方唇，斜直腹，平底。器表有轮旋线。口径13.2、底径6.8、高6.6厘米（图三八，1）。

铁带钩　1件。09ⅡTG3M48:5，铁质，素面，钩残，残长10.4厘米（图三八，3）。

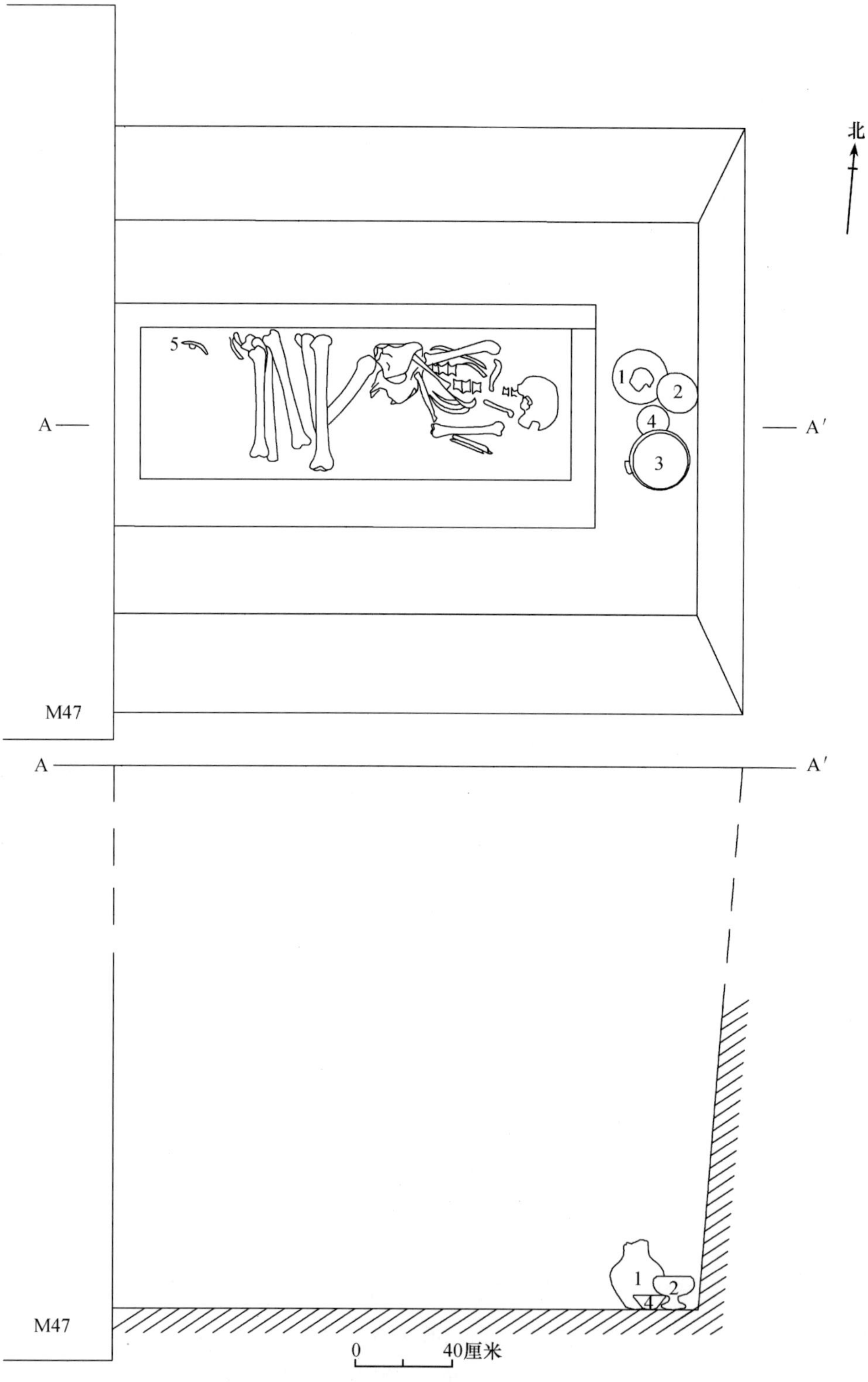

图三七　09ⅡTG3M48 平、剖面图

1. 陶壶　2. 盖豆　3. 陶鼎　4. 陶盘　5. 铁带钩

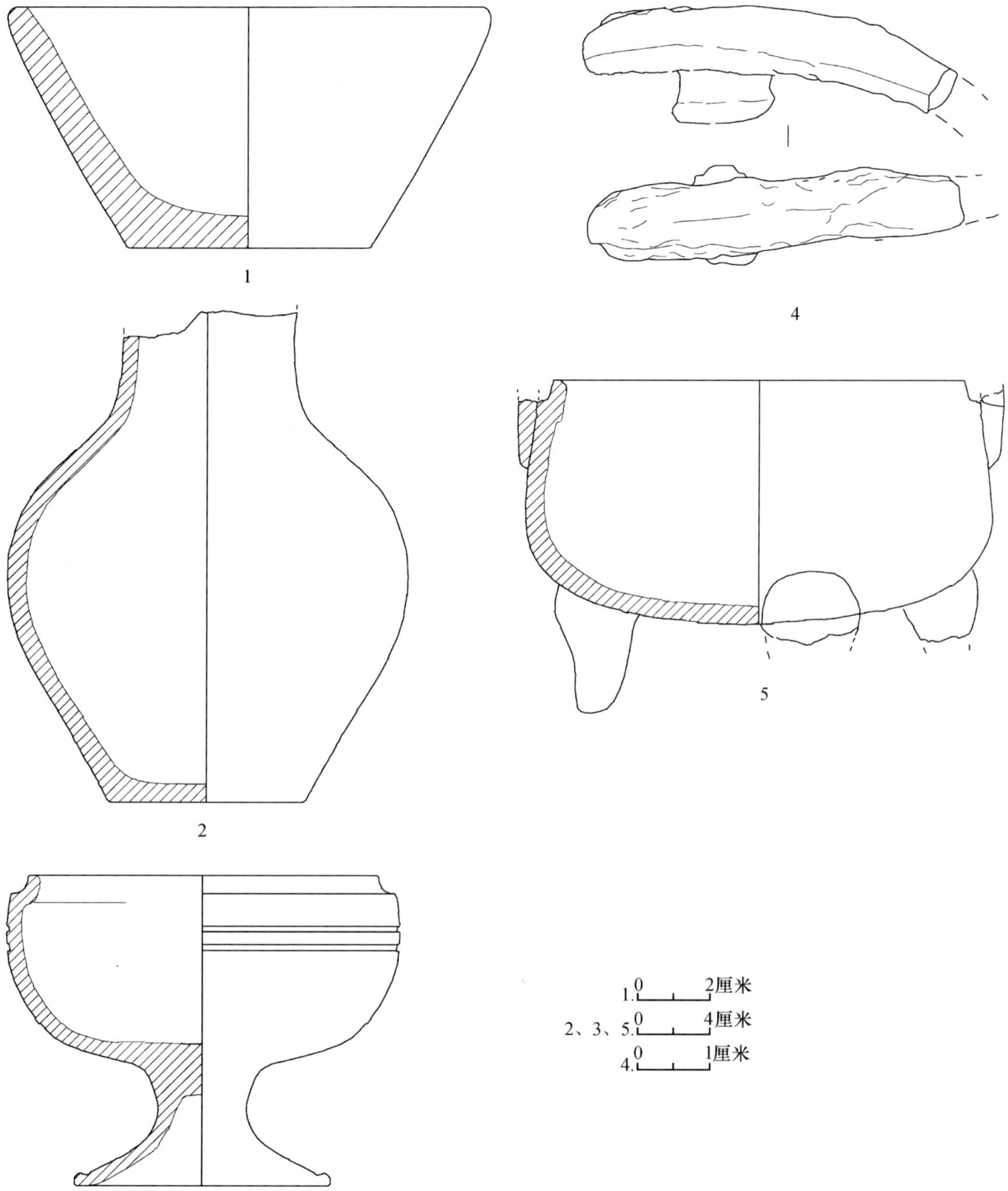

图三八　09ⅡTG3M48出土器物

1. 陶盘（09ⅡTG3M48:4）　2. 陶壶（09ⅡTG3M48:1）　3. 陶盖豆（09ⅡTG3M48:2）　4. 铁带钩（09ⅡTG3M48:5）　5. 陶鼎（09ⅡTG3M48:3）

09ⅡTG3M49

09ⅡTG3M49 位于 TG3 西北部，西邻 09ⅡTG3M47，南邻 09ⅡTG3M50，北邻 09ⅡTG3M48，与 09ⅡTG3M48 并排较近。开口于②层下，打破第③层及生土层。

1. 形制和规格

09ⅡTG3M49 是一座长方形竖穴土坑墓，东西向，墓向 88°。墓口距地表 0.6 米（图三九）。长 2.5、宽 1.6、深 2.3 米。填土为花土，经夯打实，四壁较规整。

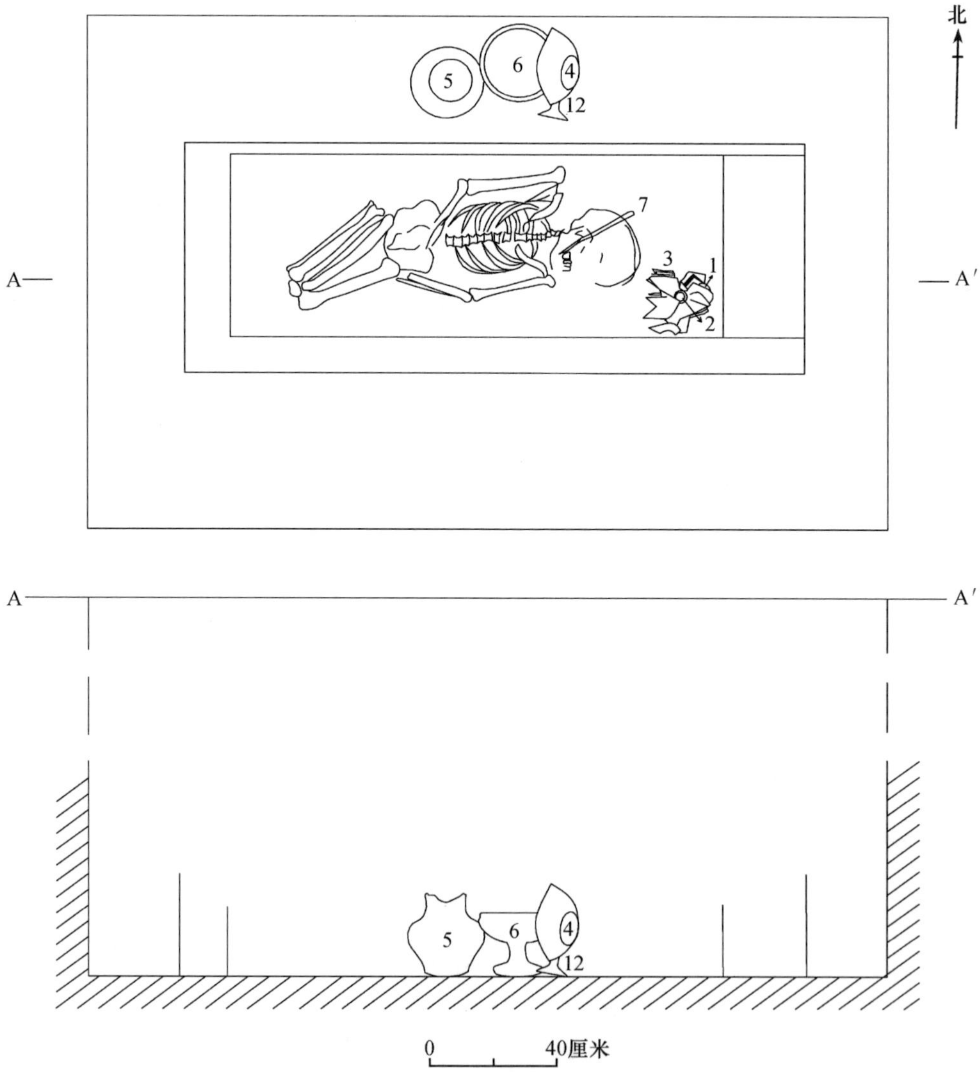

图三九　09ⅡTG3M49 平、剖面图

1、2. 玛瑙环　3. 璜形器　4. 陶盘　5. 陶壶　6. 盖豆　7. 骨笄　8. 铁带钩（叠压于 5 下）　9 ~ 11. 玛瑙环（叠压于 1 ~ 3 下）　12、13. 陶高柄豆（13 叠压于 4、6 下）

2. 葬具和人骨

墓室清理出一具木棺和一具木椁灰痕，棺长1.55、宽0.58、残高0.22米。椁长1.95、宽0.7、残高0.32米（图版九，2）。

人骨为侧身屈肢单人葬。屈肢较甚。墓主头部已朽成粉末状，其余部分保存较好。依据人骨残存痕迹判断墓主为头东脚西，双小腿并拢后曲于盆骨右侧，面向南。左臂依身侧直放，右小臂左曲，右手与左手相并拢，为一女性个体，年龄不详。

3. 随葬品

（1）种类及数量

共13件。陶壶1件、陶高柄豆2件、陶盖豆1件、陶盘1件，玛瑙环5件，璜形器1组，铁带钩1件，骨簪1件。

（2）出土位置

随葬陶器均置放于北侧中部，棺椁与北壁之间；铁带钩位于棺内墓主脚骨西北部；玛瑙环与璜形器叠置于棺内墓主头部东南部（图版一〇，1）。

（3）器物形制分类介绍

陶壶　1件。09ⅡTG3M49∶5，泥质灰陶，火候较低，胎质疏松。口残，溜肩，鼓腹，平底。腹部有轮旋线，下腹旋削一周①。底径11.6、残高22.4厘米（图四〇，2）。

陶盖豆　1件。09ⅡTG3M49∶6，泥质灰陶，火候较低，胎质疏松。子母口，高柄，喇叭口底，中空。盘径15.6、底径11.2、高14.8厘米（图四〇，8）。

陶高柄豆　2件。均泥质灰陶。浅盘，高柄，喇叭口底，中空。柄中部微鼓出。09ⅡTG3M49∶12，盘径10.6、底径6.4、高12.6厘米（图四〇，11）；09ⅡTG3M49∶13，盘径9.6、底径6.4、高12.2厘米（图四〇，10）。

陶盘　1件。09ⅡTG3M49∶4，泥质灰陶，火候较低，胎质疏松。口微敛，圆唇，弧腹，饼足。器表有轮旋线。口径21.2、底径11.4、高8.6厘米（图四〇，1）。

玛瑙环　5件。09ⅡTG3M49∶1，绿色，有铜侵蚀现象，素面，断面近似三角形，器物略有磕碰豁口。内径1.9、外径3.2厘米（图四〇，12）。09ⅡTG3M49∶2，绿色，有铜侵蚀现象，素面，断面近似三角形，器物略有磕碰豁口。内径2、外径3.3厘米（图四〇，13）。09ⅡTG3M49∶9，绿色，有铜侵蚀现象，素面，断面近似长方形，器物外缘有凹槽。内径1.8、外径3.1、厚0.4厘米（图四〇，3）。09ⅡTG3M49∶10，绿色，有铜侵蚀现象，素面，断面近似长

① 一般指用刀类工具对轮盘上旋转的器物胎坯进行修整加工，在器表上可以看到修整的痕迹，修整处的表面较规整，但不光滑，有时削去胎泥较多，使器表略显折棱。

方形，器物外缘有凹槽。内径 1.8、外径 3、厚 0.4 厘米（图四〇，4）。09 Ⅱ TG3M49∶11，绿色，有铜侵蚀现象，素面，断面近似长方形，器物外缘有凹槽。内径 1.4、外径 2.8、厚 0.4 厘米（图四〇，5；彩版一三，1）。

铜璜形器　1 组。09 Ⅱ TG3M49∶3，铜质，形制、大小相近。体扁平，平面呈弯曲弧形，两端尖首状，弧顶部有一穿孔。宽 13.8、高 5.2 厘米（图四〇，6；彩版一三，3）。

铁带钩　1 件。09 Ⅱ TG3M49∶8，铁质，素面，钩残，残长 10.6 厘米（图四〇，9）。

骨笄　1 件。09 Ⅱ TG3M49∶7，制作光滑，断面呈圆形，首端尖圆。长 15.5 厘米（图四〇，7）。

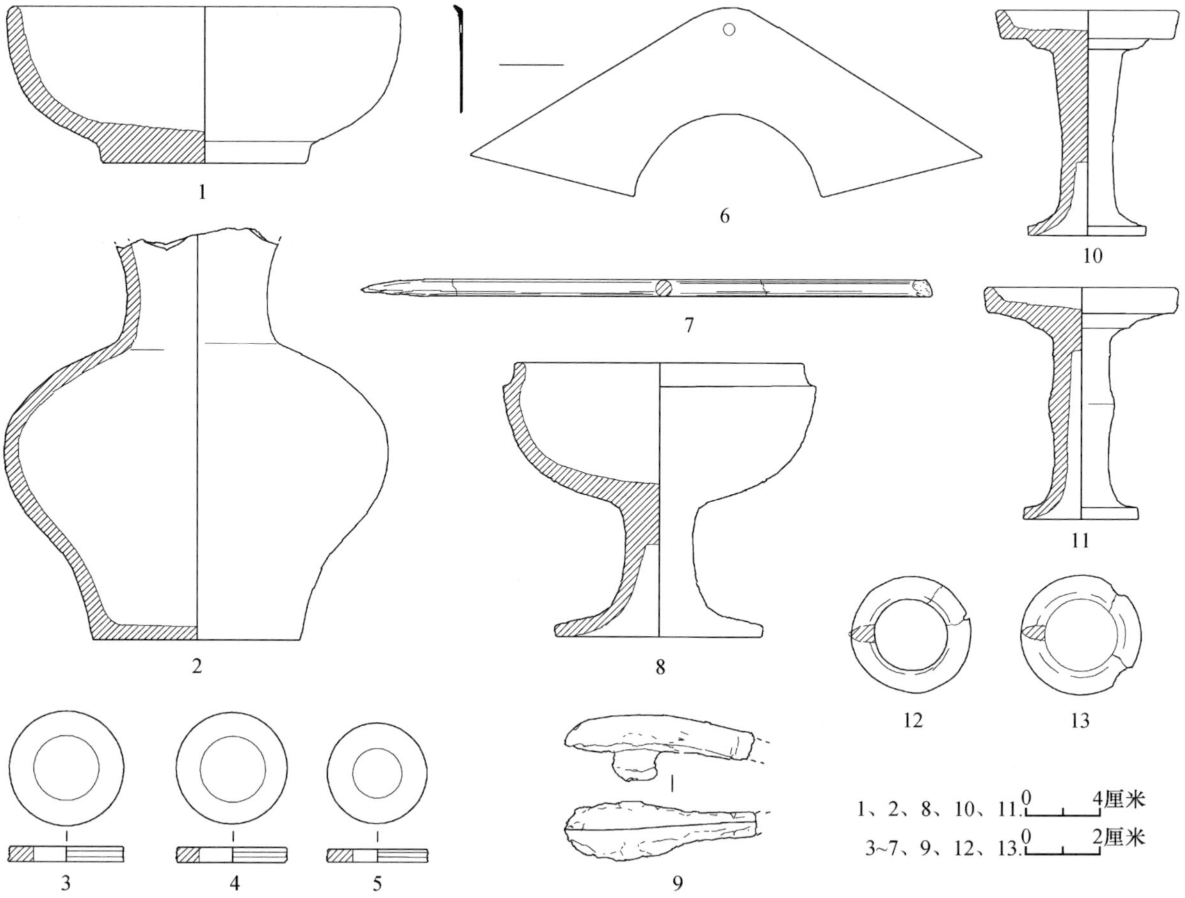

图四〇　09 Ⅱ TG3M49 出土器物

1. 陶盘（09 Ⅱ TG3M49∶4）　2. 陶壶（09 Ⅱ TG3M49∶5）　3～5、12、13. 玛瑙环（09 Ⅱ TG3M49∶9、09 Ⅱ TG3M49∶10、09 Ⅱ TG3M49∶11、09 Ⅱ TG3M49∶1、09 Ⅱ TG3M49∶2）　6. 铜璜形器（09 Ⅱ TG3M49∶3）　7. 骨笄（09 Ⅱ TG3M49∶7）　8. 陶盖豆（09 Ⅱ TG3M49∶6）　9. 铁带钩（09 Ⅱ TG3M49∶8）　10、11. 陶高柄豆（09 Ⅱ TG3M49∶13、09 Ⅱ TG3M49∶12）

09 Ⅱ TG3M55

09 Ⅱ TG3M55 位于 TG3 中南部，南邻 TG3 南壁，东邻 09 Ⅱ TG3M58，西北邻 09 Ⅱ TG3M54，东南邻 09 Ⅱ TG3M53。09 Ⅱ TG3M55 开口于②层下，打破第③层及生土层。

1. 形制和规格

09ⅡTG3M55是一座长方形竖穴土坑墓，南北向，墓向10°。墓口距地表0.6米（图四一）。长2.2、宽0.9、深1.5米。填土为花土，质松软，四壁较规整。

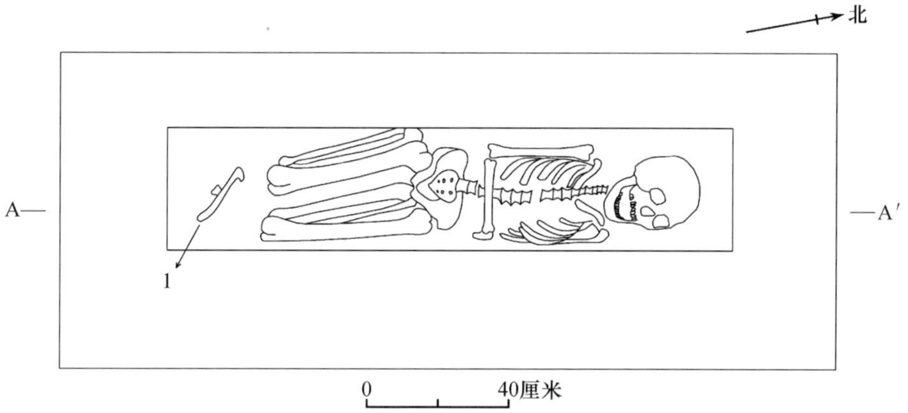

图四一 09ⅡTG3M55平面图
1. 铜带钩

2. 葬具和人骨

墓室清理出一具木棺灰痕，棺长1.6、宽0.36、残高0.1米。

人骨为仰身后屈肢单人葬。屈肢较甚。头北脚南，仰身，面微向东，双臂平直，小臂弯曲叠放于腹上，双小腿沿右腿回折，叠压于盆骨下。为一45~55岁的男性个体。

3. 随葬品

（1）种类及数量

铜带钩1件。

（2）出土位置

1号铜带钩位于墓主骨膝盖南部。

（3）器物形制分类介绍

铜带钩 1件。09ⅡTG3M55:1，铜质，腹部较长，上面隆起成弧形，有3条凸棱，尾部饰兽首。带钩背部有一扁平圆纽。钩长18厘米（图四二；图版六六，2）。

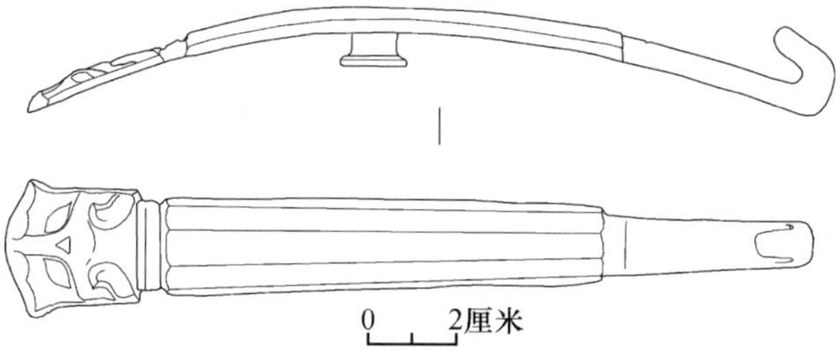

图四二 09ⅡTG3M55出土铜带钩（09ⅡTG3M55:1）

09 Ⅱ TG4M63

09 Ⅱ TG4M63 位于 TG4 西部偏北，西邻 TG4 西壁，北邻 09 Ⅱ TG4M61，东邻 09 Ⅱ TG4M62。09 Ⅱ TG4M63 开口于②层下，打破第③层及生土层。

1. 形制和规格

09 Ⅱ TG4M63 是一座“斗”形竖穴土坑墓，南北向，墓向 5°。墓口距地表 0.6 米（图四三）。上口长 2.5、宽 1.8 米，底长 2.3、宽 1.2、深 3.1 米。填土为花土，经夯打实，四壁较规整。

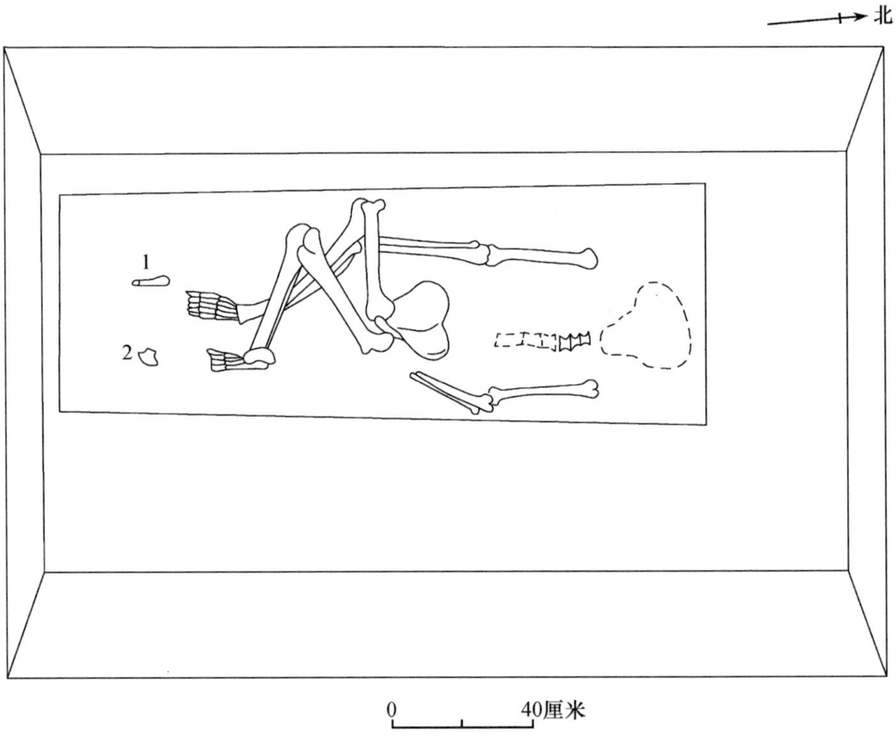

图四三　09 Ⅱ TG4M63 平面图

1. 铜带钩　2. 蚌器

2. 葬具和人骨

墓室清理出一具木棺和一具木椁灰痕，棺长 1.82、宽 0.68 米，椁长 2.3、宽 0.68、残高 0.3 米。

人骨为仰身屈肢单人葬。人骨上半身已朽成粉末状，下半身保存较好，依据人骨残存痕迹判断墓主为头北脚南，年龄、性别不详。

3. 随葬品

（1）种类及数量

共2件。铜带钩1件，蚌器1件。

（2）出土位置

出土器物位于棺内南部。

（3）器物形制分类介绍

铜带钩　1件。09ⅡTG4M63∶1，铜质，钩首为一对突出眼睛，钩体略宽于颈，腹部较长，上面鼓起成弧形，尾部圆弧。带钩背部有一扁平圆纽。钩长7厘米（图四四，1）。

蚌器　1件。09ⅡTG4M63∶2，自然蚌壳，残损严重，形制不详（图四四，2）。

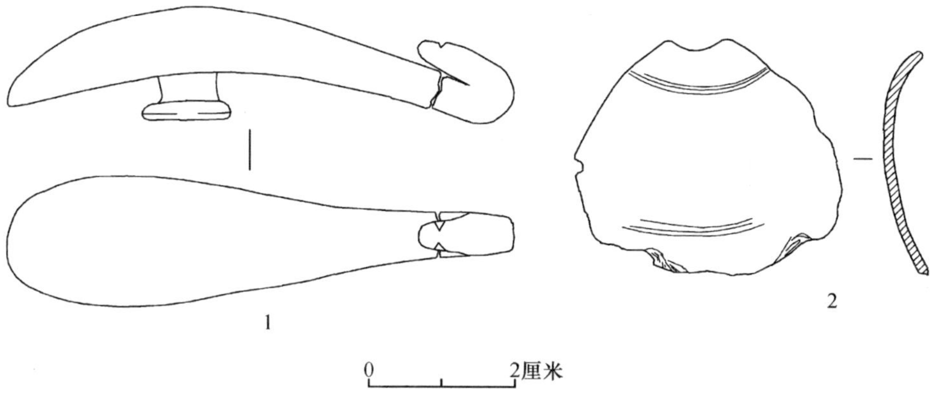

图四四　09ⅡTG4M63出土器物

1. 铜带钩（09ⅡTG4M63∶1）　2. 蚌器（09ⅡTG4M63∶2）

09ⅡTG4M65

09ⅡTG4M65位于TG3西部偏南，西南角被09ⅡTG4M64打破，东邻09ⅡTG4M73，北6.4米为09ⅡTG4M63。09ⅡTG4M65开口于②层下，打破第③层及生土层。

1. 形制和规格

09ⅡTG4M65是一座“斗”形竖穴土坑墓，南北向，墓向8°。墓口距地表0.6米（图四五）。上口长3.6、宽2.2米，底长2.8、宽1.5、深2.8米。填土为花土，经夯打实，四壁较规整。在墓室中部有一不规则盗洞。

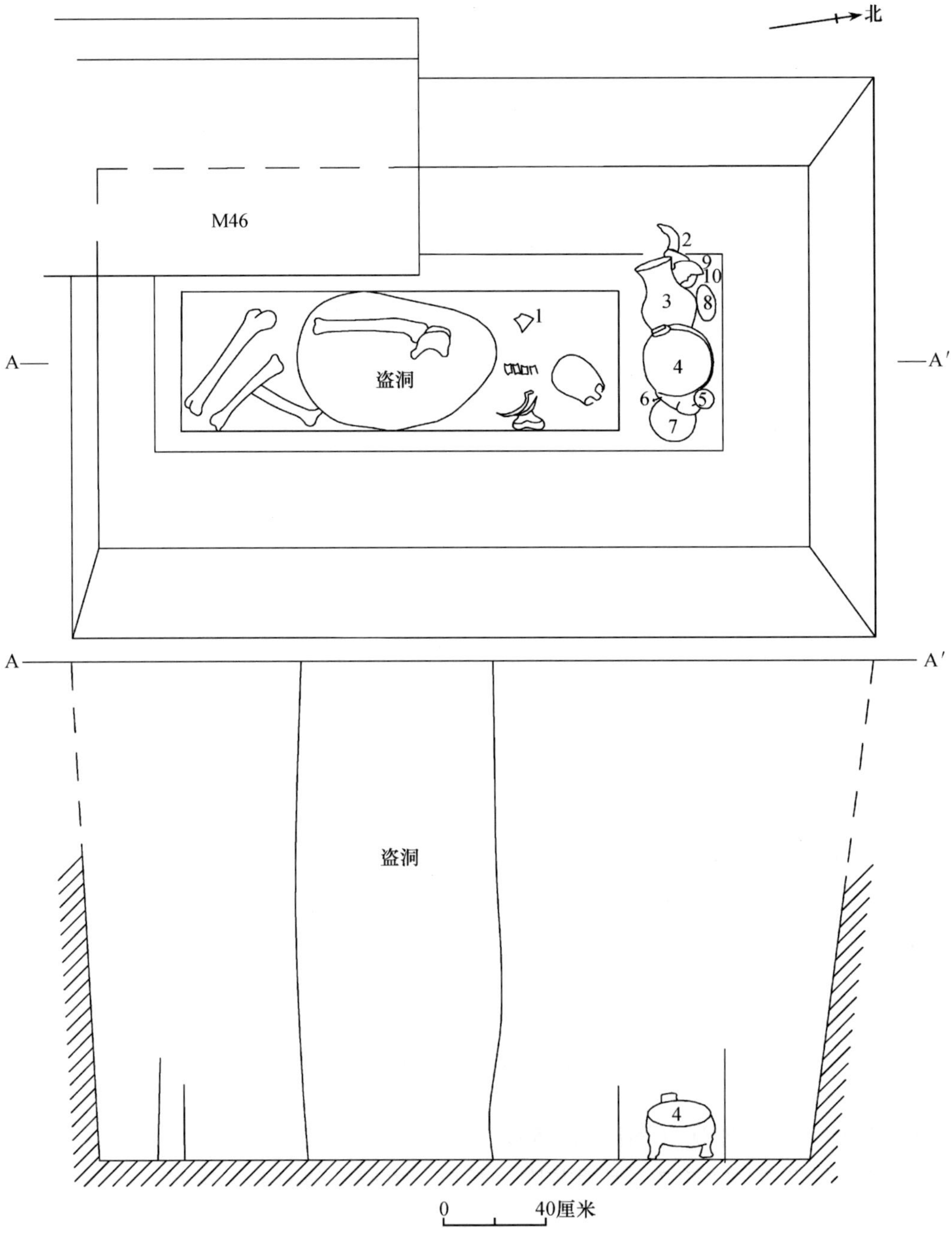

图四五　09ⅡTG4M65 平、剖面图

1. 铁器　2. 鸭形尊　3、9、10. 陶壶　4. 陶鼎　5. 高柄豆　6. 盖豆　7. 陶盘　8. 陶匜

2. 葬具和人骨

墓室清理出一具木棺和一具木椁灰痕，棺长 1.82、宽 0.56、残高 0.3 米，椁长 2.22、宽 0.76、残高 0.4 米（图版一〇，2）。

人骨为屈肢单人葬。该墓遭到严重盗扰，胸、腹部及盆骨等处被扰乱破坏，仅残留头骨、腿骨及少量碎骨。从残存腿骨判断，墓主应为头北脚南，年龄、性别不详。

3. 随葬品

（1）种类及数量

共10件。陶鼎1件、陶壶3件、陶盖豆1件、陶高柄豆1件、陶盘1件、陶匜1件、陶鸭形尊1件，铁器1件。

（2）出土位置

随葬陶器位于北侧，棺椁之间。1号铁器位于棺内西部偏北。

（3）器物形制分类介绍

陶鼎　1件。09ⅡTG4M65∶4，泥质灰陶。器盖，方唇，盖面隆起，顶部角尖。鼎，子母口，深直腹，圜底。沿外附双板状立耳，腹部下承三兽蹄足，中空。器表饰白色纹饰带，口径20、高19.4厘米（图四六，9；图版六六，3）。

陶壶　3件。09ⅡTG4M65∶3，泥质灰陶。侈口，方唇，束颈，颈部较粗，溜肩，鼓腹，平底。器身饰红、白、黄三色组成的纹饰，器身有轮旋线，下腹旋削一周。口径13.2、底径12.8、高33.2厘米（图四六，2；彩版一三，6）。09ⅡTG4M65∶9，泥质灰陶。侈口，圆唇，束颈，溜肩，鼓腹，平底。器身饰三条宽白线，器身有轮旋线，下腹有旋削修坯痕迹。口径5.2、底径6、高13厘米（图四六，3；图版六六，1）。09ⅡTG4M65∶10，泥质灰陶。口残，溜肩，鼓腹，平底。器身饰三条宽白线，器身有轮旋线，下腹有旋削修坯痕迹。底径5.2、残高8.6厘米（图四六，6）。

陶盖豆　1件。09ⅡTG4M65∶6，泥质灰陶。器盖，方唇，盖面隆起。豆身，子母口，弧腹，高柄，喇叭口底，中空。器盖饰白色菱形纹饰带，豆身饰白色戳点纹。口径16.8、底径10.4、高19.8厘米（图四六，1；图版六六，6）。

陶高柄豆　1件。09ⅡTG4M65∶5，泥质灰陶，浅盘，高柄，喇叭口底，中空。柄部饰有二条白线。盘径9.6、高13厘米（图四六，5）。

陶盘　1件。09ⅡTG4M65∶7，泥质灰陶。敞口，方唇，斜直腹，微弧，平底，微内凹。盘内饰白色纹饰，器表有轮旋线，下腹部有旋削修坯痕迹。口径17.6、底径6.4、高3.8厘米（图四六，4）。

陶匜　1件。09ⅡTG4M65∶8，泥质灰陶。半桃形，方唇，直口，前有流，后尾内凹，折腹，饼足。腹部有轮旋线。口径12、高3.2厘米（图四六，8）。

陶鸭形尊　1件。09ⅡTG4M65∶2，泥质灰陶。立颈，扁首，圆嘴，前伸，扁圆腹，下承喇叭形双足，瓦形尾，中空。背上有一罐形口，方唇，微敛，底部有一长方孔。头部饰白色圆点纹，器身饰椭圆形羽纹。长29.6、通高22.6厘米（图四六，7；图版六六，4）。

铁器　1件。09ⅡTG4M65∶1，残损严重，形质不详。

图四六　09ⅡTG4M65出土陶器

1. 盖豆（09ⅡTG4M65∶6）　2、3、6. 壶（09ⅡTG4M65∶3、09ⅡTG4M65∶9、09ⅡTG4M65∶10）　4. 盘（09ⅡTG4M65∶7）
5. 高柄豆（09ⅡTG4M65∶5）　7. 鸭形尊（09ⅡTG4M65∶2）　8. 匜（09ⅡTG4M65∶8）　9. 鼎（09ⅡTG4M65∶4）

09ⅡTG4M67

09ⅡTG4M67 位于 TG4 中部偏北，西邻 09ⅡTG4M62，北邻 09ⅡTG4M62，北邻 09Ⅱ TG4M66，南邻 09ⅡTG4M68、09ⅡTG4M76、09ⅡTG4M72。09ⅡTG4M67 开口于②层下，打破第③层及生土层。

1. 形制和规格

09ⅡTG4M67 是一座“斗”形竖穴土坑墓，南北向，墓向 355°。墓口距地表 0.6 米（图四七）。上口长 2.6、宽 1.6 米，底长 2.15、宽 1.3、深 2.4 米。填土为花土，经夯打实，四壁较规整。

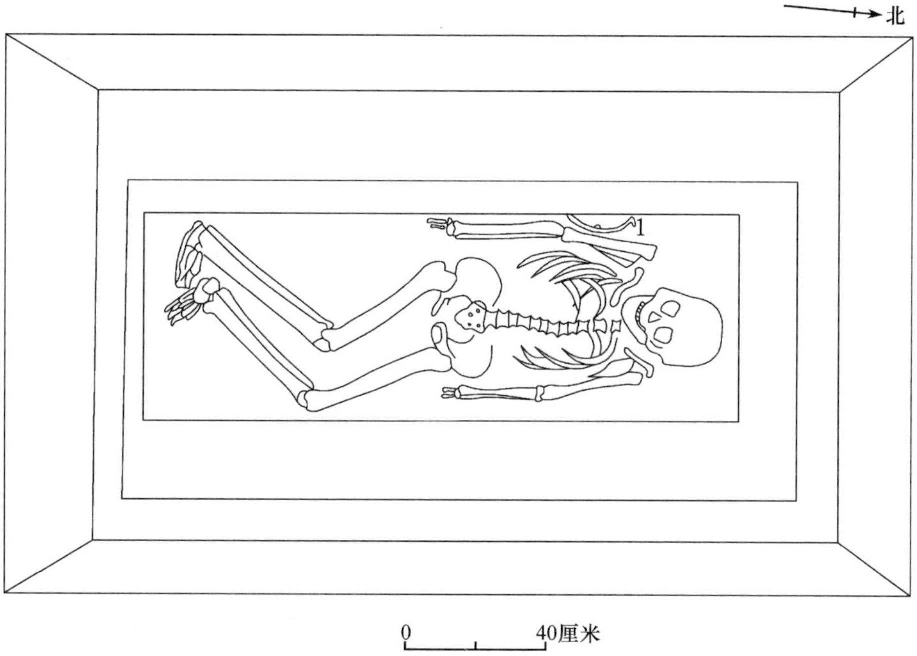

图四七　09ⅡTG4M67 平面图

1. 铜带钩

2. 葬具和人骨

墓室清理出一具木棺和一具木椁灰痕，棺长 1.7、宽 0.6、残高 0.3 米，椁长 1.92、宽 0.92、残高 0.4 米（图版一一，1）。

人骨为仰身屈肢单人葬。头北脚南，面向上，双腿自然弯曲。为一 50～60 岁的男性个体。

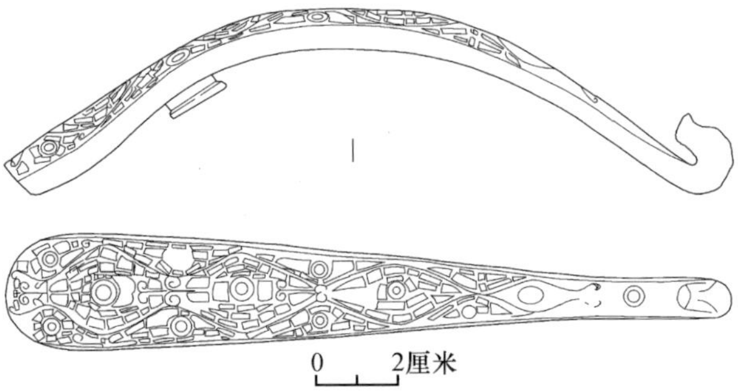

图四八　09ⅡTG4M67 出土铜带钩（09ⅡTG4M67∶1）

3. 随葬品

（1）种类及数量

铜带钩 1 件。

（2）出土位置

1 号铜带钩位于墓主右上臂西侧。

（3）器物形制分类介绍

铜带钩　09ⅡTG4M67∶1，铜质。钩首为一对较突出的眼睛，腹部较长，上面隆起成弧形，尾部圆弧，带钩背部有一扁平圆纽。钩身错金，镶绿松石。钩长 17.6 厘米（图四八；彩版一三，2）。

09ⅡTG4M78

09ⅡTG4M78 位于 TG4 东北角，东邻 TG4 东壁，北近北壁。09ⅡTG4M78 开口于②层下，打破第③层及生土层。

1. 形制和规格

09ⅡTG4M78 是一座“斗”形竖穴土坑墓，东西向，墓向 93°。墓口距地表 0.6 米（图四九）。上口长 3.25、宽 2.4 米，底长 3、宽 1.6、深 3.6 米。填土为花土，经夯打实，四壁较规整。

2. 葬具和人骨

墓室内清理出一具木棺和两具木椁灰痕，棺长 1.76、宽 0.5、残高 0.34 米，内椁长 2.6、宽 0.84、残高 0.38 米，外椁长 2.62、宽 1.16、残高 0.4 米（图版一二，1）。

人骨为仰身直肢单人葬。头东脚西，面向上，为一 40～50 岁的男性个体。

3. 随葬品

（1）种类及数量

共 8 件。陶鼎 1 件、陶壶 2 件、陶盖豆 1 件、陶高柄豆 1 件、陶匜 1 件、陶盘 1 件，玛瑙环 1 件。

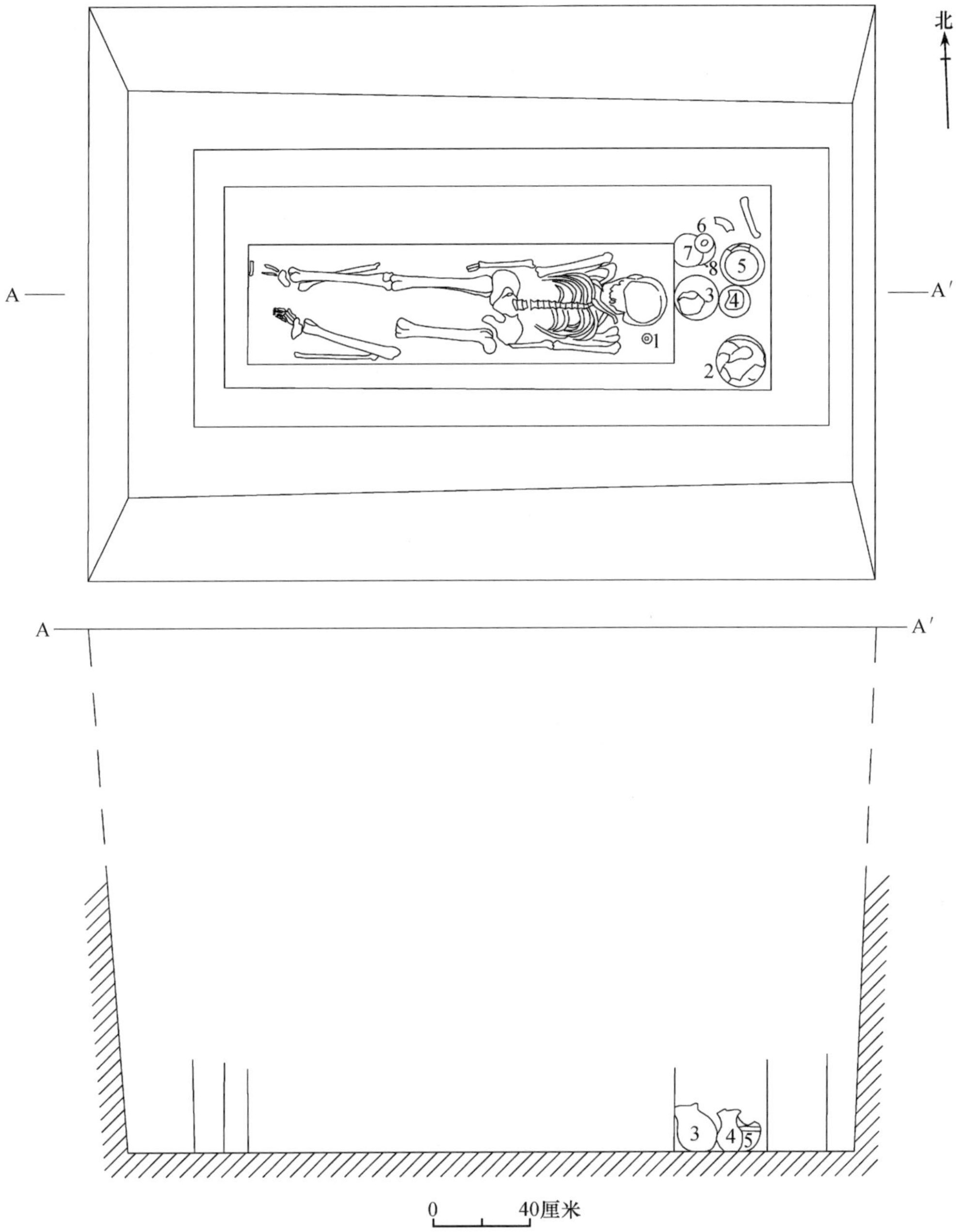

图四九　09ⅡTG4M78平、剖面图

1. 玛瑙环　2. 陶鼎　3、4. 陶壶　5. 陶盖豆　6. 陶高柄豆　7. 陶匜　8. 陶盘

（2）出土位置

1号玛瑙环位于棺内墓主头骨南部，其余器物位于墓室东侧墓主头前棺与内椁之间，其中2号陶鼎位于东南角，3号、4号陶壶自西向东依次位于2号陶鼎北部，5号位于4号北侧，6号陶高柄豆残片、7号陶匜残片和8号陶盘残片位于5号陶盖豆南部。

（3）器物形制分类介绍

陶鼎　1件。09ⅡTG4M78∶2，泥质灰陶。无盖。子母口，弧腹，下腹微折，圜底，三柱状足，中空。耳残。腹部饰白色三角纹饰带，三角形内饰戳点纹。口径20、高14厘米（图五〇，8）。

陶壶　2件。09ⅡTG4M78∶3，泥质灰陶。侈口，方唇，斜直颈，微弧，溜肩，鼓腹，小平底。颈部饰三层白色纹饰带，第一层为倒三角形纹饰带，三角形内饰戳点纹；第二层为白色宽带状纹饰带；第三层为圈点纹。肩腹部绘白色纹饰，肩部绘略呈梯形的纹饰带，每个梯形内对角连线，戳点纹填实；腹部由倒三角形纹饰带和圈点纹饰带组成，三角形内饰戳点纹，纹饰带之间由白色宽带状纹饰带分隔。口径14、底径6、高24.4厘米（图五〇，2；彩版一四，1）。

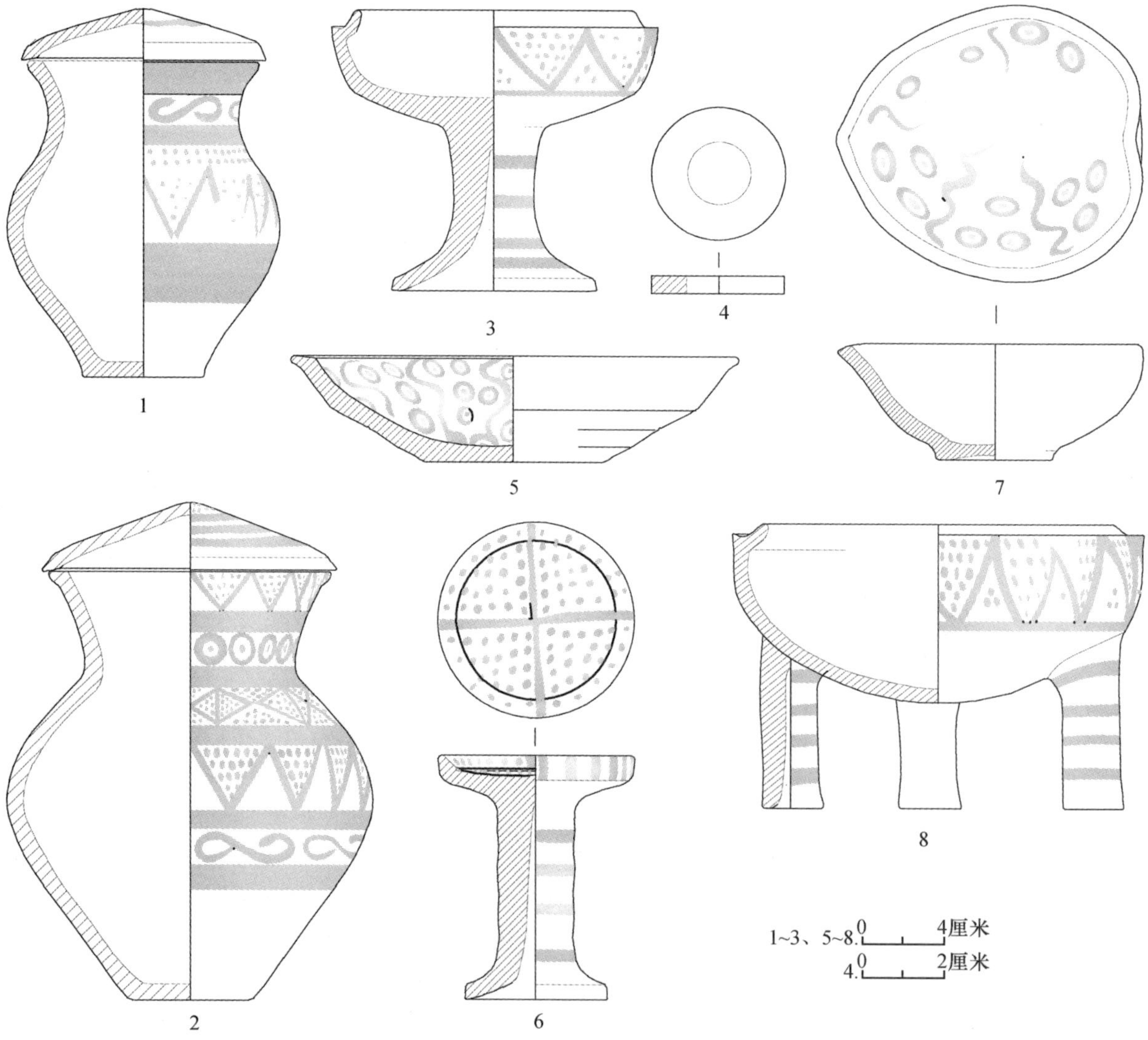

图五〇　09ⅡTG4M78出土器物

1、2. 陶壶（09ⅡTG4M78∶4、09ⅡTG4M78∶3）　3. 陶盖豆（09ⅡTG4M78∶5）　4. 玛瑙环（09ⅡTG4M78∶1）　5. 陶盘（09ⅡTG4M78∶8）　6. 陶高柄豆（09ⅡTG4M78∶6）　7. 陶匜（09ⅡTG4M78∶7）　8. 陶鼎（09ⅡTG4M78∶2）

09ⅡTG4M78:4，泥质灰陶。侈口，方唇，束颈，溜肩，鼓腹，平底，微内凹。颈部饰白色宽带状纹饰带及圈点纹；肩部饰白色戳点纹，腹部饰四条纹饰带，第一层为三角形纹饰带，三角形内饰白色戳点纹；第二层、第四层为白色宽带状纹饰带，第三层为戳点纹。口径12、底径6、高18.2厘米（图五〇，1）。

陶盖豆 1件。09ⅡTG4M78:5，泥质灰陶。无盖，子母口，弧腹，高柄，喇叭口底，中空。豆盘内饰三角形纹饰带，三角形内满饰戳点纹。柄部饰三条白色宽带。盘径14、底径10.8、高13.8厘米（图五〇，3）。

陶高柄豆 1件。09ⅡTG4M78:6，泥质灰陶。浅盘，细高柄，喇叭口底，中空。豆盘满饰白色戳点纹，盘内用十字线分隔（彩版一三，4）。柄部饰有四条白色宽带。盘径9.6、高12厘米（图五〇，6；彩版一三，5）。

陶匜 1件。09ⅡTG4M78:7，泥质灰陶。半桃形，前有流，后尾内凹，方唇，弧腹，饼足，微内凹。下腹部有旋削痕迹。沿下饰白色戳点纹。口径14.8、底径5.6、高5.6厘米（图五〇，7）。

陶盘 1件。09ⅡTG4M78:8，泥质灰陶。敞口，方唇，斜直腹，微弧，平底。盘内饰白色纹饰，器表有轮旋线，下腹部有旋削修坯痕迹。口径22、底径9、高5.2厘米（图五〇，5）。

玛瑙环 1件。09ⅡTG4M78:1，绿色，有铜侵蚀现象。素面，断面近似长方形，器物外缘有一周凹槽。内径1.6、外径3.2、厚0.48厘米（图五〇，4）。

09ⅡTG9M88

09ⅡTG9M88位于TG9东部偏北，西部被09ⅡTG9M86打破。09ⅡTG9M88开口于②层下，打破第③层及生土层。

1. 形制和规格

09ⅡTG9M88是一座“斗”形竖穴土坑墓，南北向，墓向20°。墓口距地表0.7米（图五一）。上口长3、宽2.2米，底长2.65、宽1.6、深3.1米。填土为花土，经夯打实，四壁较规整。

2. 葬具和人骨

墓室清理出一具木棺和一具木椁灰痕，棺长1.8、宽0.55、残高0.2米，椁长1.94、宽0.7、残高0.3米（图版一二，2）。

人骨为仰身屈肢单人葬。因西部被M86打破，仅存墓主左半身，依据人骨残存痕迹判断墓主为头北脚南，面向上，左臂平放于身侧，双腿自然弯曲。为一45~55岁的男性个体。

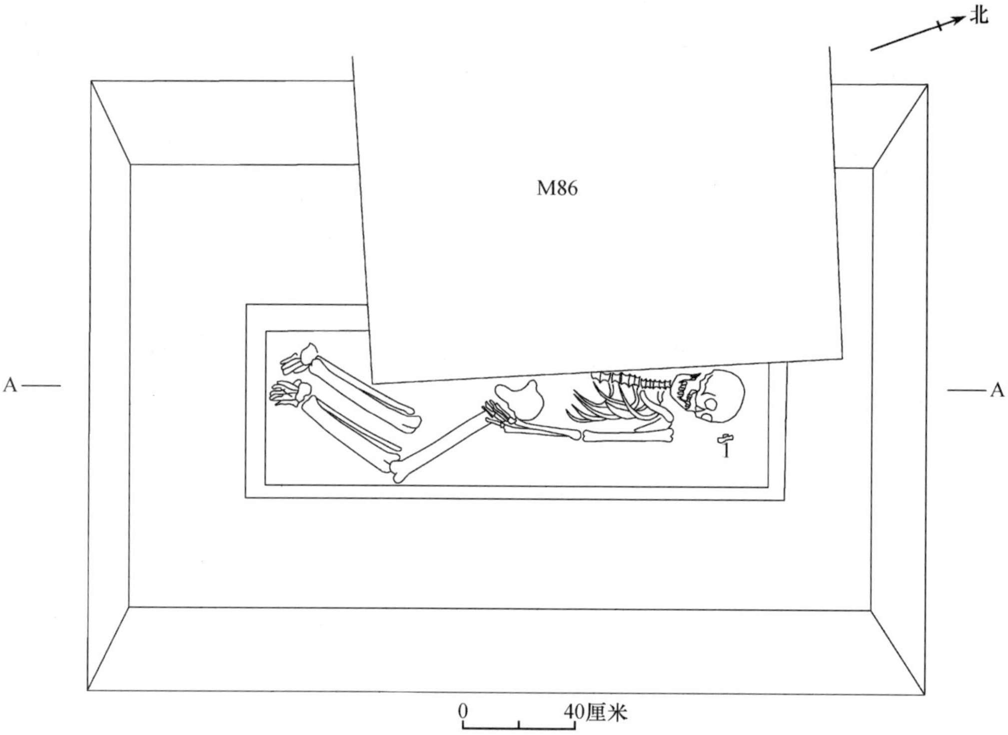

图五一　09 Ⅱ TG9M88 平面图

1. 铜带钩

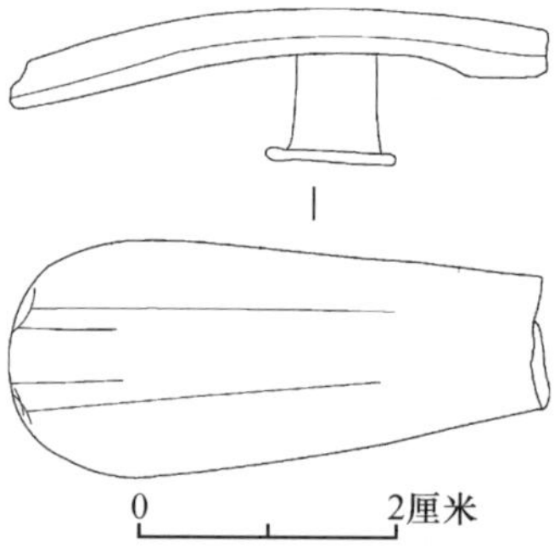

图五二　09 Ⅱ TG9M88 出土铜带钩（09 Ⅱ TG9M88∶1）

3. 随葬品

（1）种类及数量

铜带钩 1 件。

（2）出土位置

1 号铜带钩位于棺内墓主头骨东部。

（3）器物形制分类介绍

铜带钩　1 件。09 Ⅱ TG9M88∶1，铜质，钩残，残长 4.2 厘米（图五二）。

（二）秦至西汉时期墓葬

秦至西汉时期墓葬发现 66 座，编号分别为 09 Ⅱ M1、09 Ⅱ TG1M3、09 Ⅱ TG2M4、09 Ⅱ TG2M5、09 Ⅱ TG2M6、09 Ⅱ TG2M7、09 Ⅱ TG2M8、09 Ⅱ TG2M9、09 Ⅱ TG5M10、09 Ⅱ TG1M11、09 Ⅱ TG6M12、09 Ⅱ TG6M14、09 Ⅱ TG7M18、09 Ⅱ TG7M21、09 Ⅱ TG7M23、09 Ⅱ TG8M26、09 Ⅱ TG8M28、09 Ⅱ TG6M30、09 Ⅱ TG8M33、09 Ⅱ TG8M34、09 Ⅱ TG8M38、09 Ⅱ TG8M40、09 Ⅱ TG8M41、09 Ⅱ TG8M42、09 Ⅱ TG8M43、09 Ⅱ TG8M44、09 Ⅱ TG8M45、09 Ⅱ TG8M46、09 Ⅱ

TG3M50、09ⅡTG4M51、09ⅡTG3M52、09ⅡTG3M53、09ⅡTG3M54、09ⅡTG3M56、09ⅡTG3M57、09ⅡTG3M58、09ⅡTG4M59、09ⅡTG4M60、09ⅡTG4M61、09ⅡTG4M62、09ⅡTG4M64、09ⅡTG4M66、09ⅡTG4M68、09ⅡTG4M69、09ⅡTG4M70、09ⅡTG4M72、09ⅡTG4M73、09ⅡTG4M75、09ⅡTG4M77、09ⅡTG4M80、09ⅡTG4M81、09ⅡTG4M82、09ⅡTG4M83、09ⅡTG4M84、09ⅡTG9M87、09ⅡTG9M89、09ⅡTG9M93、09ⅡTG9M95、09ⅡTG9M96、09ⅡTG9M97、09ⅡTG9M100、09ⅡTG9M101、09ⅡTG9M102、09ⅡTG9M103、09ⅡTG9M104、09ⅡTG4M108。这时期一部分墓葬随葬器物较少或无随葬品，如09ⅡTG6M14、09ⅡTG7M23、09ⅡTG8M34、09ⅡTG8M40、09ⅡTG8M46、09ⅡTG3M50、09ⅡTG4M82、09ⅡTG9M89无遗物，09ⅡTG8M28、09ⅡTG3M53仅随葬陶罐1件，09ⅡTG4M62仅随葬铜带钩1件。大部分墓葬随葬有1～4件器物，个别墓葬较丰富。

09ⅡM1

09ⅡM1为发掘前试掘墓葬，位于Ⅱ区东南角，紧邻南水北调渠线南边线，北邻TG9。09ⅡM1开口于②层，打破第③层及生土层。该墓保存较好。

1. 形制和规格

09ⅡM1是一座长方形砖椁墓，南北向，墓向5°。墓口距地表0.7米（图五三）。长3.6、宽1.2、深2.6米。填土为花土，质松软，四壁较规整。发掘至距地表2.3米处发现砖墙，砖墙上有横向盖板痕迹，墓室周壁顺砖错缝平砌24层，墓底用灰砖呈“人”字形平铺。墓砖规格为长30、宽16、厚4厘米。

2. 葬具和人骨

墓室内清理出一具木棺灰痕，棺长1.88、宽0.5、残高1.2米。

人骨为仰身直肢单人葬。头北脚南，面向西，两臂平放于身侧。为一45～50岁的男性个体。

3. 随葬品

（1）种类及数量

共8件。陶鼎1件、陶壶1件、陶罐3件、陶瓮1件、陶钵1件、陶盒1件。

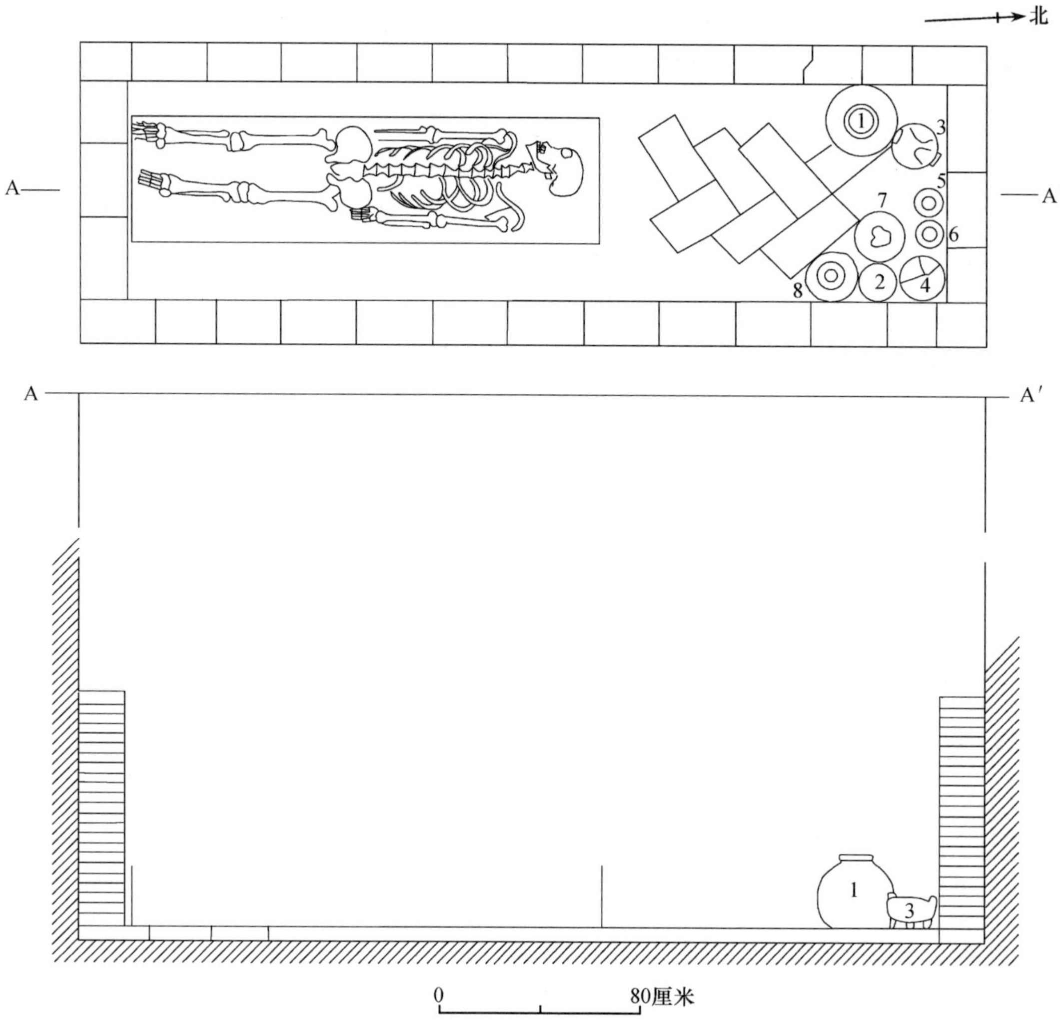

图五三　09ⅡM1 平、剖面图

1. 陶瓮　2. 陶钵　3. 陶鼎　4. 陶盒　5～7. 陶罐　8. 陶壶

（2）出土位置

随葬器物均位于墓室北部。4 号陶盒位于砖椁东北角，向南依次为2 号陶钵、8 号陶壶，紧邻砖椁东壁；7 号陶罐位于2 号陶钵西侧，4 号陶盒西侧依次为6 号、5 号陶罐，再西为3 号陶鼎，再西南紧邻砖椁西壁为1 号陶瓮。

（3）器物形制分类介绍

陶鼎　1 件。09ⅡM1∶3，泥质灰陶。器盖，方唇，盖面隆起。鼎，子母口，折腹，圜底，下承三兽蹄足。腹外附双立耳，模印，耳顶端外折，一耳与一足对应，另一耳位于两足之间。口径16.8、高14.4 厘米（图五四，8；图版六七，4）。

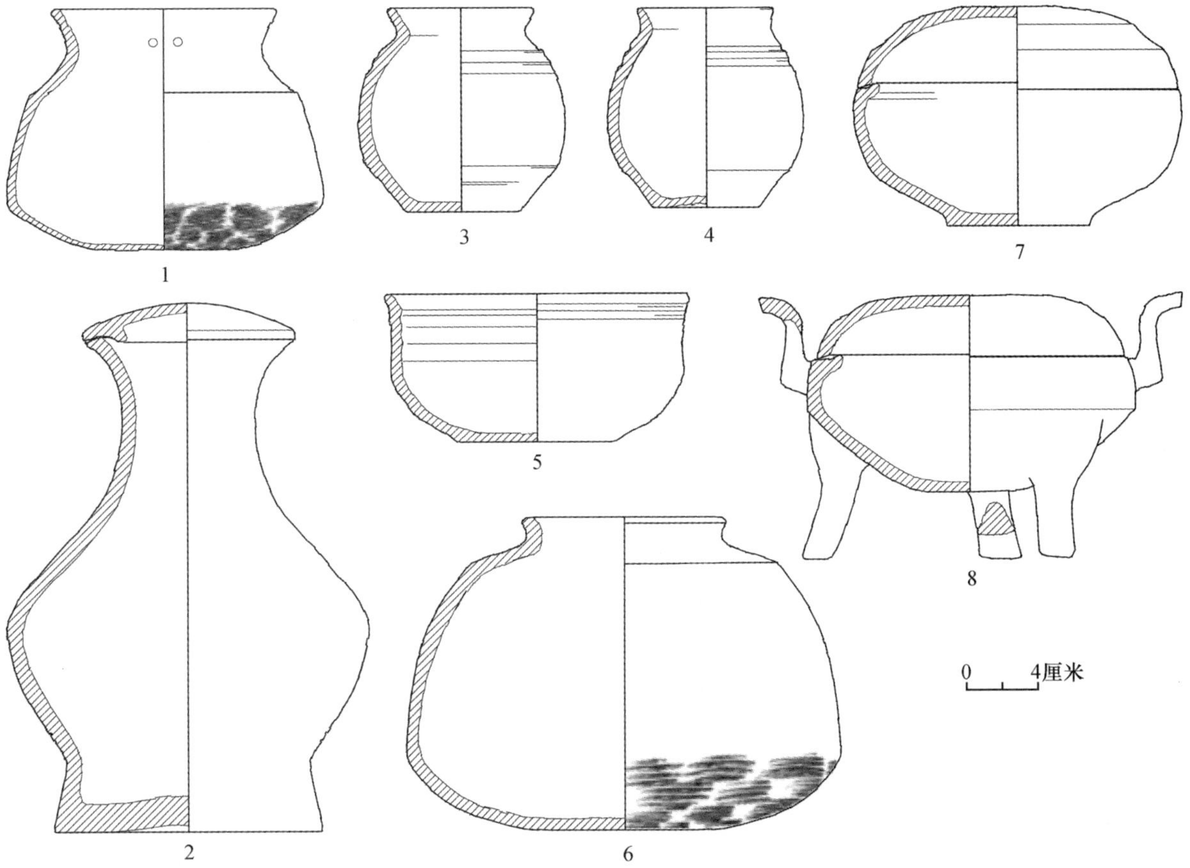

图五四 09ⅡM1出土陶器

1、3、4. 罐（09ⅡM1∶7、09ⅡM1∶6、09ⅡM1∶5） 2. 壶（09ⅡM1∶8） 5. 钵（09ⅡM1∶2） 6. 瓮（09ⅡM1∶1） 7. 盒（09ⅡM1∶4） 8. 鼎（09ⅡM1∶3）

陶壶 1件。09ⅡM1∶8，泥质灰陶。器盖，子母口，盖面隆起。壶身，侈口，尖唇，束颈，溜肩，鼓腹，平底外侈。腹部有轮旋线。口径11.6、底径14.4、高29厘米（图五四，2）。

陶罐 3件。09ⅡM1∶5，泥质灰陶。侈口，尖唇，束颈，溜肩，鼓腹，平底，微内凹。肩部饰凹弦纹两周，器身有轮旋线，下腹旋削一周。口径7.2、底径6、高11厘米（图五四，4）。09ⅡM1∶6，泥质灰陶。侈口，圆唇，束颈，溜肩，鼓腹，平底。器身有轮旋线，下腹旋削一周。口径7.6、底径6.4、高11.2厘米（图五四，3）。09ⅡM1∶7，泥质灰陶。侈口，方唇，束颈，折肩，斜直腹，圜底。颈部左右两侧各有两个穿孔。肩部削泥去皮一层，器身有轮旋线，下腹部及底部饰绳纹。口径12.4、底径8、高13.2厘米（图五四，1）。

陶瓮 1件。09ⅡM1∶1，泥质灰陶。敛口，沿微卷，尖唇，束颈，鼓肩，上腹斜直，微弧，下腹微折收，圜底，近平。肩部削泥去皮一层，去胎泥较厚，使肩部略显折线①；器身有轮旋线，下腹部及底部饰绳纹。口径11.2、高17.2厘米（图五四，6）。

① 一般指对器物进行修整过程中，由于去胎泥相对较厚，在修整部位略显折痕，折棱不明显。

陶钵　1件。09ⅡM1∶2，泥质灰陶。直口，微侈，圆唇，上腹较直，下腹折收，平底，器身有轮旋线，下腹旋削一周，去胎泥较厚，使下腹部略显折棱。口径16.8、底径8.4、高8.2厘米（图五四，5）。

陶盒　1件。09ⅡM1∶4，泥质灰陶。器盖，方唇，盖面隆起，弧形顶。盒，子母口，弧腹，平底。器表施白衣、彩绘，大部分脱落。器身有轮旋线，下腹旋削修坯一周，去胎泥较厚，使底部显足形。口径18、底径7.6、高12厘米（图五四，7；图版七六，4）。

09ⅡTG1M3

09ⅡTG1M3位于TG1中南部，东北为09ⅡTG1M2，东邻09ⅡTG1M11。09ⅡTG1M3开口于②层下，打破第③层及生土层。

1. 形制和规格

09ⅡTG1M3是一座带有生土二层台的长方形竖穴土坑墓，南北向，墓向190°。墓口距地表0.6米，发掘至距地表3.8米处，在墓室东西两侧发现生土台，生土台上有横向盖板痕迹（图五五）。长3.3、宽0.8、深3.7米。填土为花土，质松软，含水量较大，四壁较规整。

2. 葬具和人骨

墓室清理出一具木棺灰痕，棺长1.8、宽0.5、残高1.3米（图版一三，1）。

人骨为仰身直肢单人葬。头南脚北，面向上。为一35～40岁的男性个体。

3. 随葬品

（1）种类及数量

共7件。陶罐4件、陶瓮1件，铜铃1件，骨筹1组（11枚）。

（2）出土位置

随葬陶器和骨筹均置放于墓室南部，铜铃置放于棺内墓主左胸部。

（3）器物形制分类介绍

陶罐　4件。09ⅡTG1M3∶4，泥质灰陶。口微侈，方唇，直颈，鼓肩，斜直腹，平底。器表施白衣，有轮旋线。口径11.6、底径8.8、高20.4厘米（图五六，6；图版七〇，5）。09ⅡTG1M3∶5，泥质灰陶。口微侈，圆唇，鼓肩，弧腹，平底。颈部左右两侧各有两个穿孔，肩腹部有轮旋线，下腹旋削一周。口径8、底径8、高12.2厘米（图五六，3）。09ⅡTG1M3∶6，泥质灰陶。口微侈，圆唇，溜肩，鼓腹，平底。下腹部有旋削修坯痕迹。口径8.4、底径7.6、

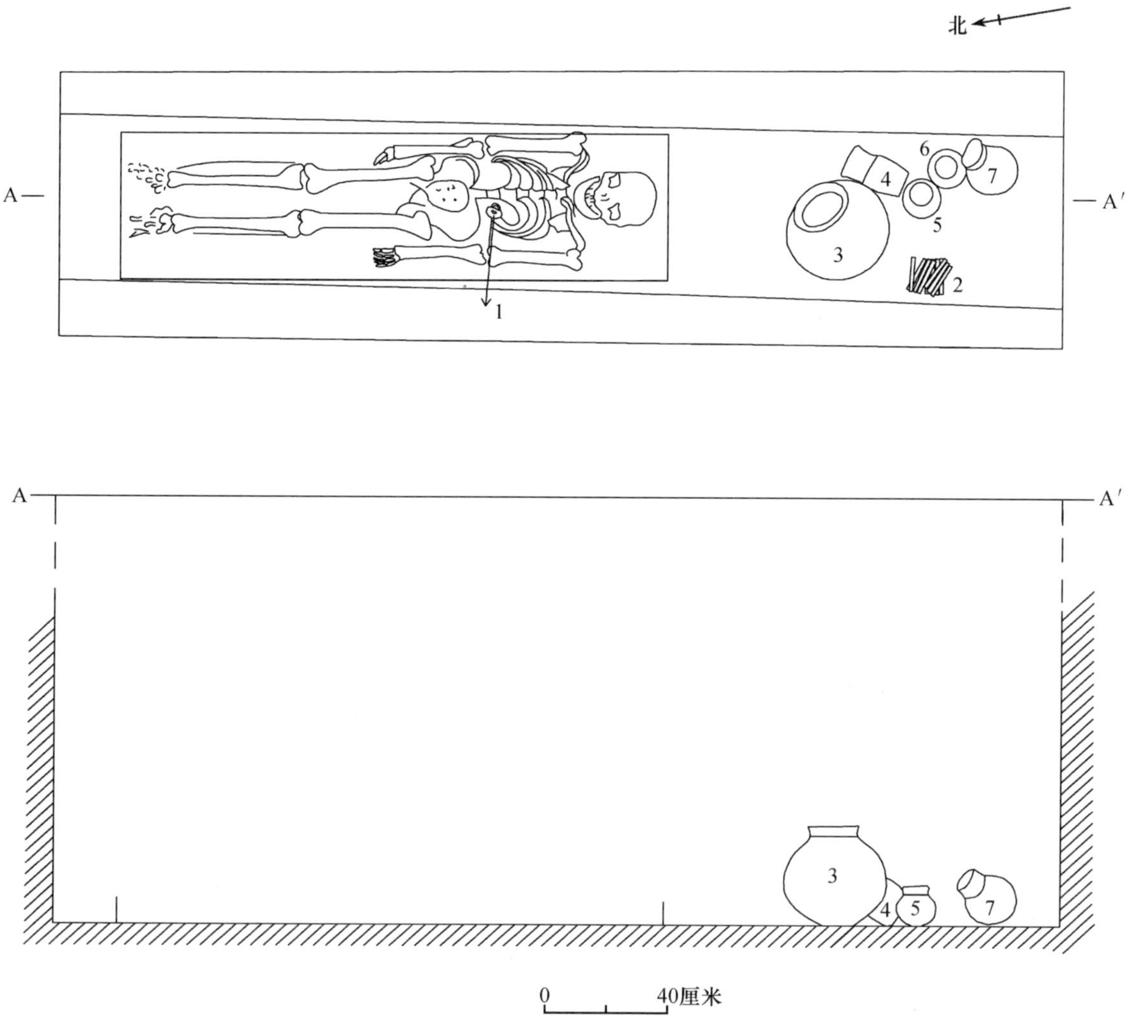

图五五　09ⅡTG1M3平、剖面图
1. 铜铃　2. 骨筹（一组）　3. 陶瓮　4～7. 陶罐

高12厘米（图五六，5）。09ⅡTG1M3∶7，泥质灰陶。侈口，方唇，直颈，溜肩，弧腹，平底。器表施白衣，有轮旋线，下腹饰绳纹。口径12、底径6、高21厘米（图五六，4）。

陶瓮　1件。09ⅡTG1M3∶3，泥质灰陶。侈口，方唇，束颈，鼓肩，弧腹，圜底。器身有轮旋线，下腹及底部饰篮纹。口径17.4、高27厘米（图五六，2；图版七四，4）。

铜铃　1件。09ⅡTG1M3∶1，合瓦形，口外张呈弧形，平顶，小纽。高6.2、宽6厘米（图五六，1）。

骨筹　1组11枚。09ⅡTG1M3∶2，形状基本相同。每枚正面刻3字，分别为“甲戌木、乙亥木、丙寅火、丁？卯火、壬申水、己？巳土、□子？木、庚戌（或为未）金、辛未金、戊辰土、乙丑木”。长12.3、宽1.3、厚0.5厘米（图五七；彩版一五；图版七九）。

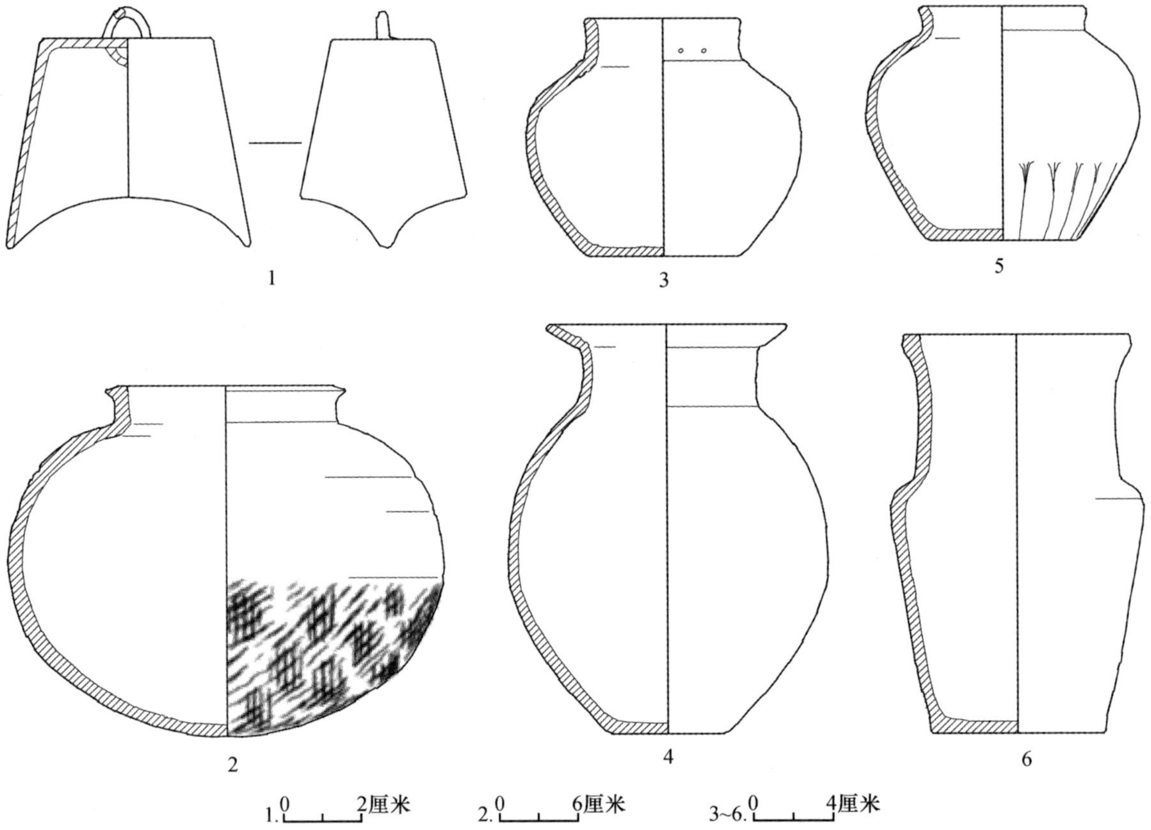

图五六　09 Ⅱ TG1M3 出土器物

1. 铜铃（09 Ⅱ TG1M3∶1）　2. 陶瓮（09 Ⅱ TG1M3∶3）　3～6. 陶罐（09 Ⅱ TG1M3∶5、09 Ⅱ TG1M3∶7、09 Ⅱ TG1M3∶6、09 Ⅱ TG1M3∶4）

09 Ⅱ TG2M4

09 Ⅱ TG2M4 位于 TG2 北端，南邻 09 Ⅱ TG2M5。09 Ⅱ TG2M4 开口于②层下，打破第③层及生土层。

1. 形制和规格

09 Ⅱ TG2M4 是一座带有生土二层台的长方形竖穴土坑墓，东西向，墓向 95°。墓口距地表 0.6 米，发掘至距地表 3.1 米处，在墓室南北两侧发现生土二层台，生土二层台上有横向盖板痕迹（图五八）。长 3.2、宽 1.1、深 3.2 米。填土为花土，质松软，含水量较大，四壁较规整。

2. 葬具和人骨

墓室内清理出一具木棺灰痕，棺长 1.95、宽 0.52、残高 1.2 米（图版一三，2）。

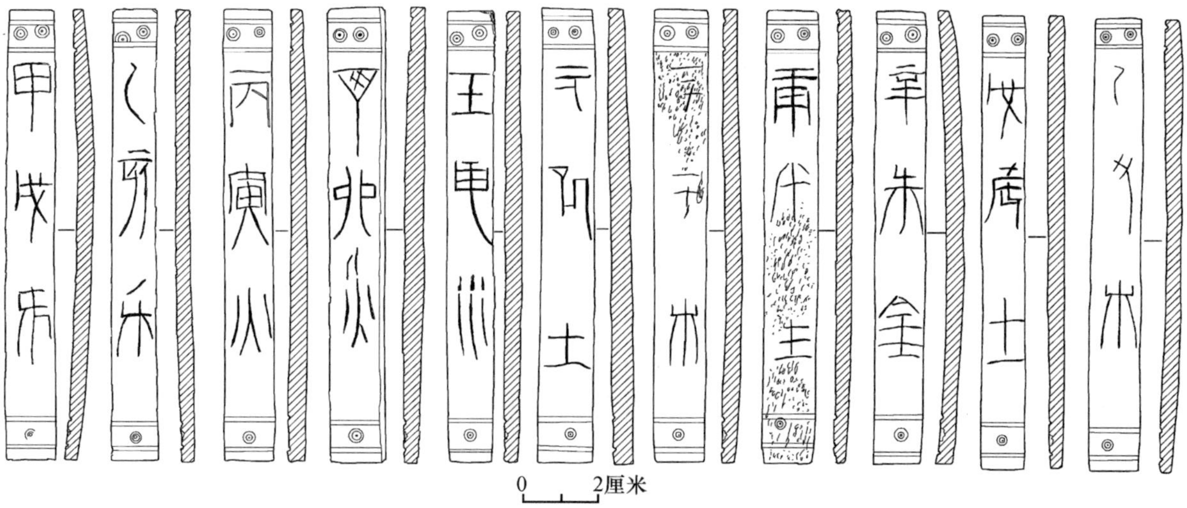

图五七 09ⅡTG1M3出土骨筹（09ⅡTG1M3:2）

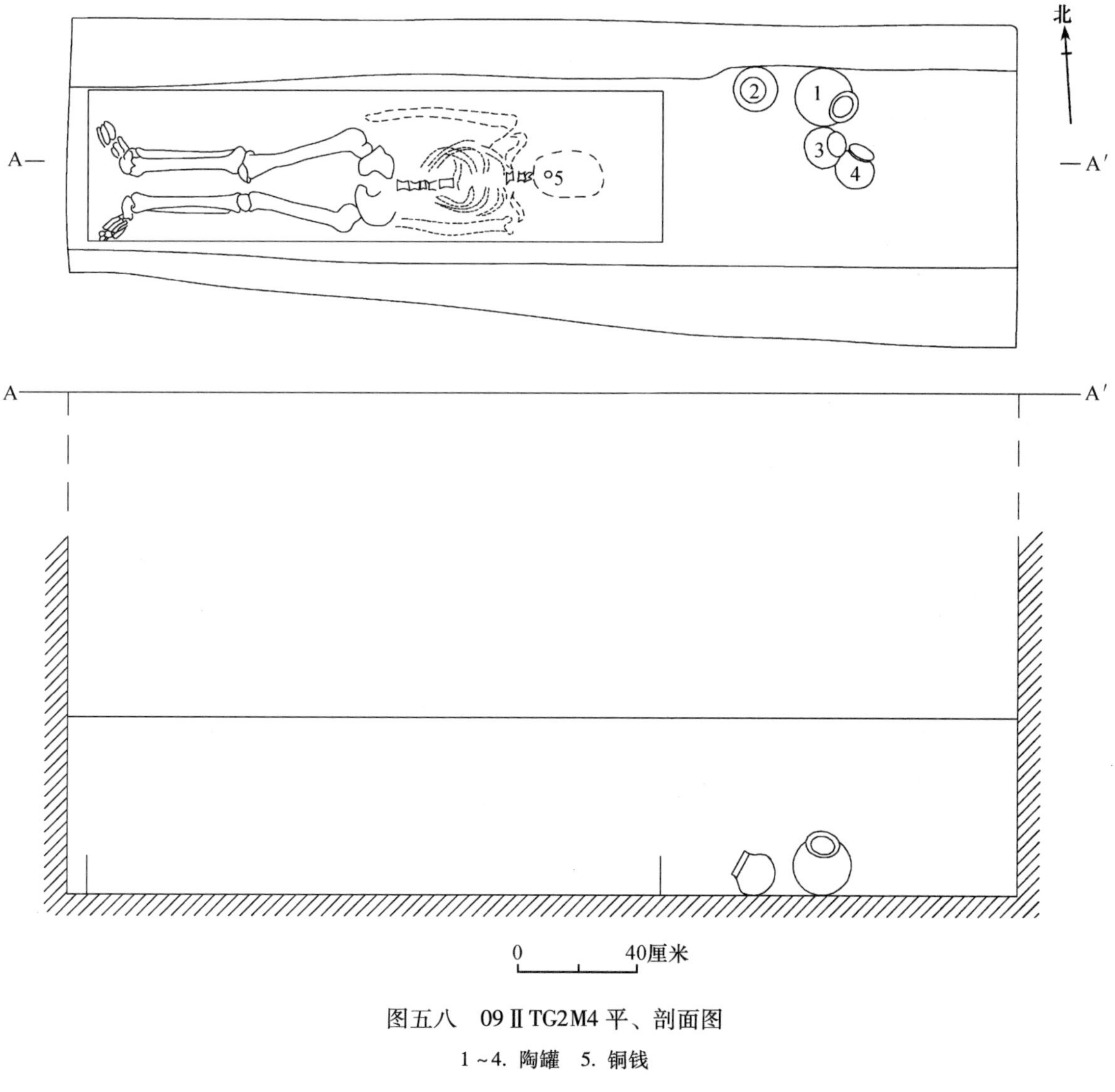

图五八 09ⅡTG2M4平、剖面图

1～4. 陶罐 5. 铜钱

人骨为仰身直肢单人葬。因墓室内湿度较大，上半身已朽成粉末状，下半身保存较好，依据人骨残存痕迹判断墓主为头东脚西，年龄、性别不详。

3. 随葬品

（1）种类及数量

共5件（枚）。陶罐4件，铜钱1枚。

（2）出土位置

1～4号陶罐位于棺外东部，靠近北壁。5号铜钱位于墓主嘴中。

（3）器物形制分类介绍

陶罐　4件。09ⅡTG2M4:1，泥质灰陶。直口，方唇，溜肩，鼓腹，平底。器表有轮旋线，下腹旋削一周。口径9.2、底径8.8、高20厘米（图五九，2）。09ⅡTG2M4:2，泥质灰陶。侈口，圆唇，束颈，鼓肩，弧腹，小平底。器表有轮旋线，下腹旋削一周。口径9.2、底径6、高13.2厘米（图五九，4）。09ⅡTG2M4:3，泥质灰陶。口微侈，圆唇，束颈，鼓肩，下腹内收，小平底。下腹旋削一周。口径8.2、底径6、高12.6厘米（图五九，3）。09ⅡTG2M4:4，泥质灰陶。口微侈，方唇，束颈，鼓肩，弧腹，小平底。下腹旋削一周。口径8.4、底径5.6、高11.4厘米（图五九，1；图版七一，4）。

五铢钱　1枚。09ⅡTG2M4:5，浇注，圆形，方穿。“五”字较窄长，中间交叉两笔较圆曲，“铢”字漫漶不清。直径2.5厘米（图五九，5）。

09ⅡTG2M5

09ⅡTG2M5位于TG2北侧，北邻09ⅡTG2M4，南邻09ⅡTG2M6。09ⅡTG2M5开口于②层下，打破第③层及生土层。

1. 形制和规格

09ⅡTG2M5是一座带有生土二层台的长方形竖穴土坑墓，东西向，墓向105°。墓口距地表0.6米，发掘至距地表2.15米处，在墓室南北两侧发现生土二层台，二层生土台上有横向盖板痕迹（图六〇）。长3、上口宽0.9、底宽0.6、深2.1米。填土为花土，质松软，四壁较规整。

2. 葬具和人骨

墓室清理出一具木棺灰痕，棺长1.8、宽0.5、残高1米（图版一四，1）。

人骨为仰身直肢单人葬。人骨上半身保存较差，仅余头骨和右臂。下半身保存较好，依据人骨残存痕迹判断墓主应为头东脚西，面向上，为一35～40岁的女性个体。

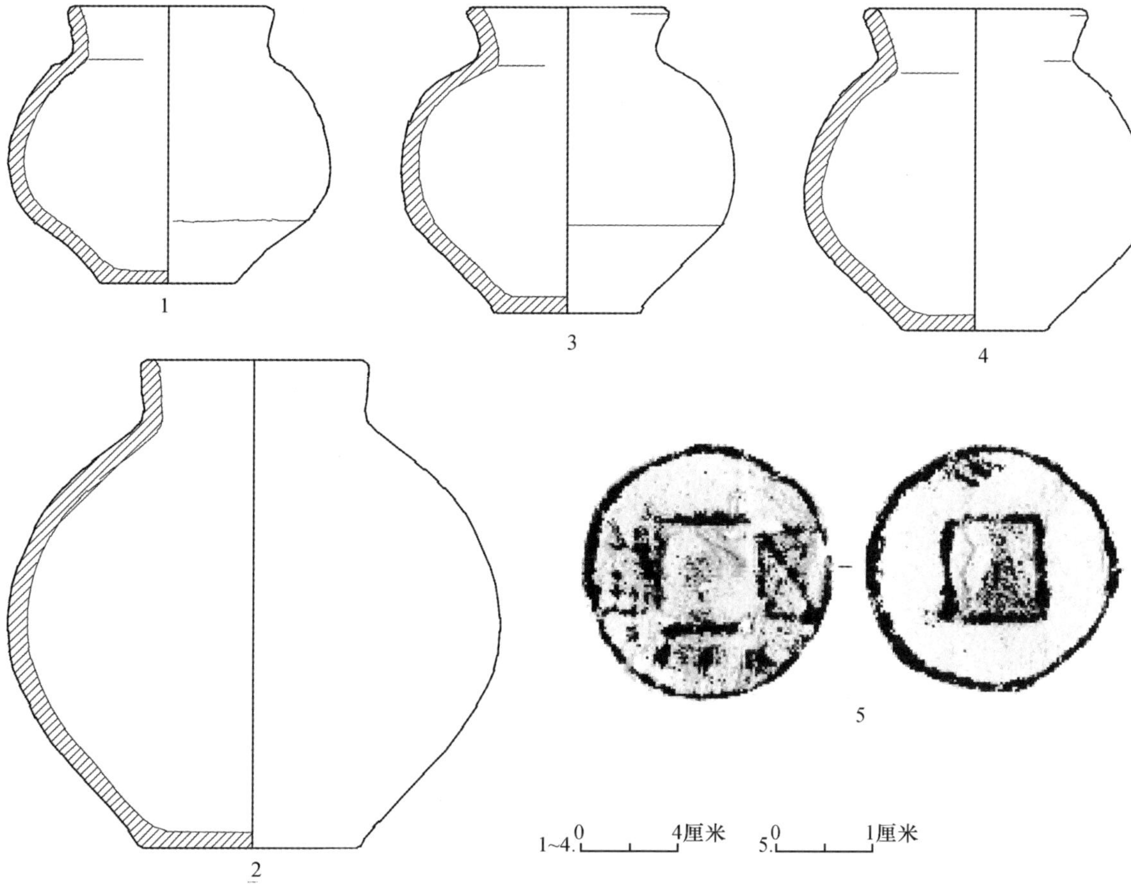

图五九　09ⅡTG2M4 出土器物

1～4. 陶罐（09ⅡTG2M4:4、09ⅡTG2M4:1、09ⅡTG2M4:3、09ⅡTG2M4:2）　5. 铜钱（09ⅡTG2M4:5）

3. 随葬品

（1）种类及数量

共4件。陶壶1件、陶罐1件、陶瓮1件，铜带钩1件。

（2）出土位置

1号陶瓮、2号陶罐、3号陶壶并排位于棺外东部，4号铜带钩位于3号陶壶东侧。

（3）器物形制分类介绍

陶壶　1件。09ⅡTG2M5:3，泥质灰陶。口残，溜肩，鼓腹，平底，微内凹。腹部有轮旋线，下腹旋削修坯一周。底径7.6、残高17厘米（图六一，3）。

陶罐　1件。09ⅡTG2M5:2，泥质灰陶。口微侈，方唇，长直颈，鼓肩，斜直腹，平底。器表有轮旋线，上腹有一条明显的凹弦纹，下腹有旋削痕迹。口径11.6、底径8.8、高21.4厘米（图六一，1；图版七〇，6）。

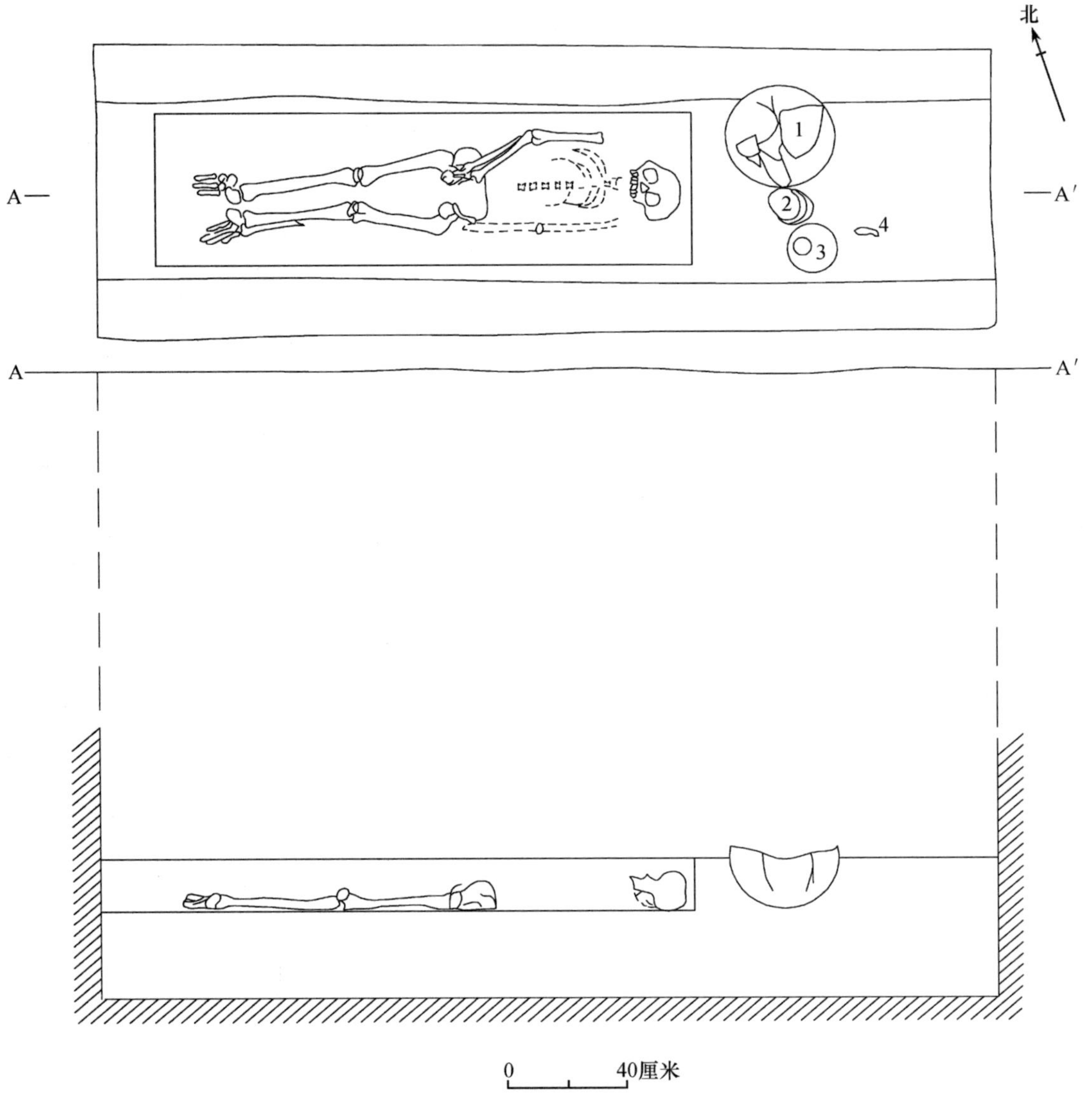

图六〇　09ⅡTG2M5平、剖面图
1. 陶瓮　2. 陶罐　3. 陶壶　4. 铜带钩

陶瓮　1件。09ⅡTG2M5∶1，泥质灰陶。斜折沿，微卷，折肩，上腹斜直，微弧，下腹略显鼓凸，小平底，微内凹。肩部去皮削泥一周，去胎泥较厚，在肩部略显一小折台。器表有轮旋线，下腹及底部饰篮纹。口径18、底径12、高28.8厘米（图六一，2）。

铜带钩　1件。09ⅡTG2M5∶4，铜质，钩残，上表面镶嵌绿松石。残长5.8厘米（图六一，4）。

09ⅡTG2M6

09ⅡTG2M6位于TG2中部，北邻09ⅡTG2M5，南邻09ⅡTG2M7、09ⅡTG2M8。09ⅡTG2M6开口于②层下，打破第③层及生土层。

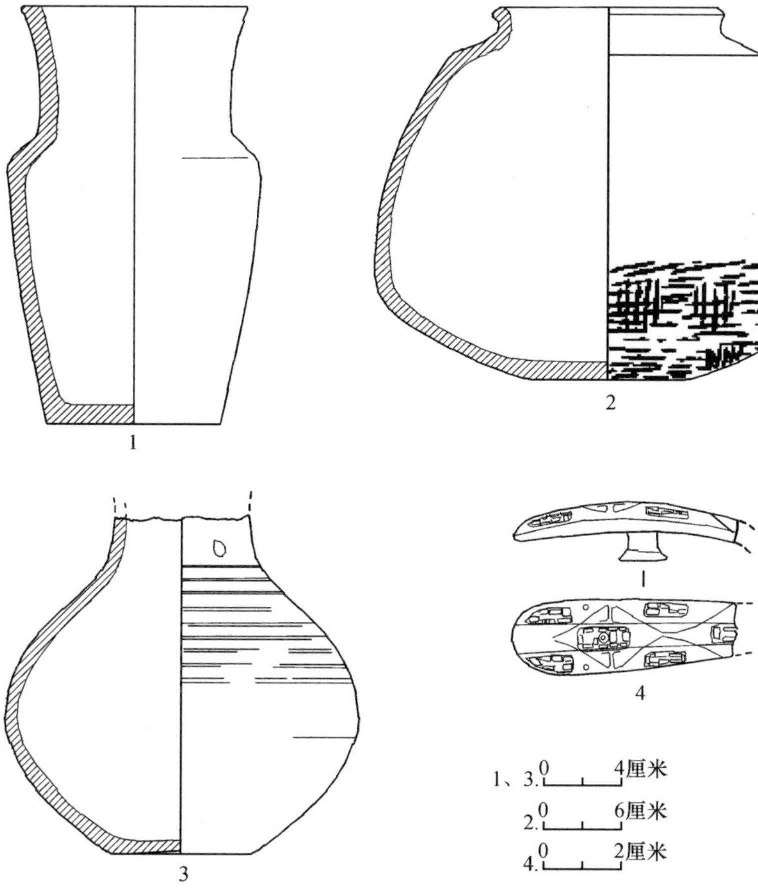

图六一　09ⅡTG2M5出土器物

1. 陶罐（09ⅡTG2M5∶2）　2. 陶瓮（09ⅡTG2M5∶1）　3. 陶壶（09ⅡTG2M5∶3）
4. 铜带钩（09ⅡTG2M5∶4）

1. 形制和规格

09ⅡTG2M6是一座带有生土二层台的长方形竖穴土坑墓，东西向，墓向95°。墓口距地表0.6米（图六二）。长3.06、宽1.04、深3.5米。填土为花土，质松软，四壁较规整。

2. 葬具和人骨

墓室内清理出一具木棺灰痕，棺长1.94、宽0.5、残高0.8米（图版一四，2）。

人骨为仰身直肢单人葬。上身保存较差，头骨、盆骨腐朽严重，成骨粉状，从遗迹现象判断墓主应为头东脚西，面向上。年龄、性别不详。

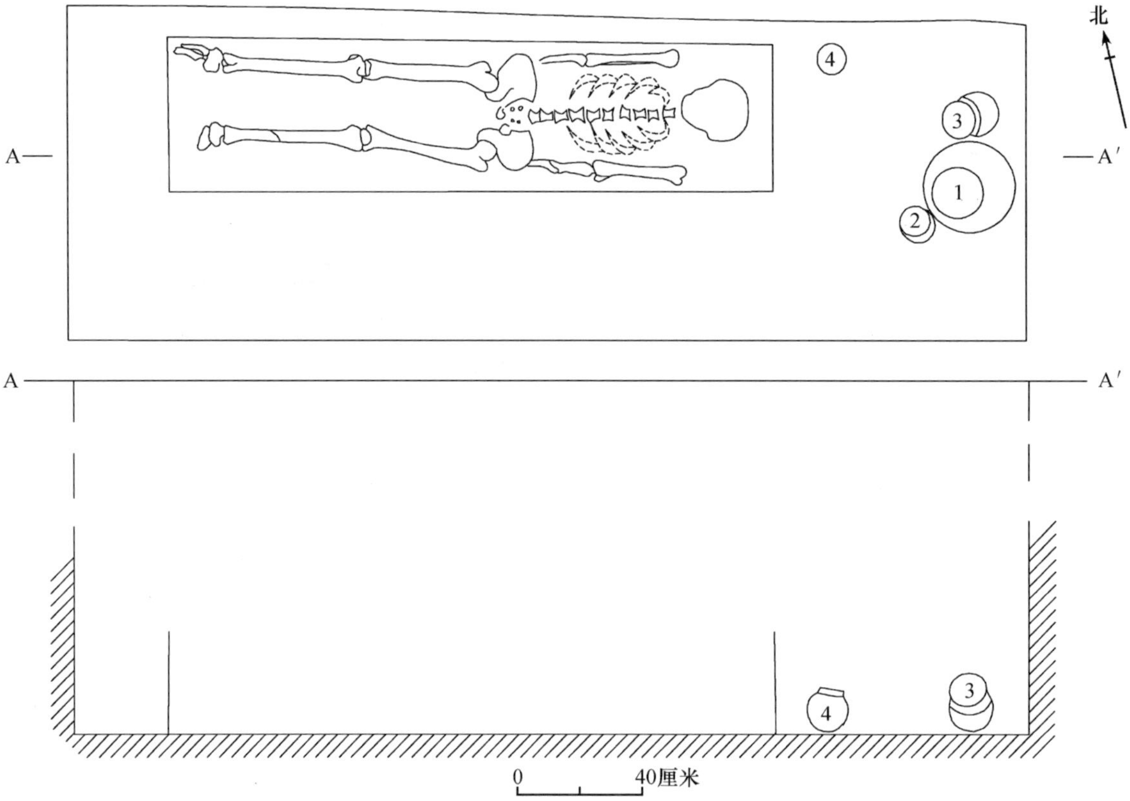

图六二　09ⅡTG2M6平、剖面图
1. 陶瓮　2～4. 陶罐

3. 随葬品

（1）种类及数量

共4件。陶罐3件、陶瓮1件。

（2）出土位置

1号陶瓮、2号陶罐、3号陶罐位于墓室东南角，4号陶罐位于棺外东部。

（3）器物形制分类介绍

陶罐　3件。09ⅡTG2M6∶2，泥质灰陶。侈口，折沿，方唇，长颈，鼓肩，直腹，微弧，平底。器表有轮旋线。口径10、底径11.2、高16.6厘米（图六三，1；图版七二，5）。09ⅡTG2M6∶3，泥质灰陶。口微侈，方唇，长直颈，折肩，斜直腹，平底，微内凹。器表有轮旋线。口径12、底径10、高17.4厘米（图六三，3；图版七三，3）。09ⅡTG2M6∶4，泥质灰陶。侈口，折沿，方唇，溜肩，直腹，平底。器表有轮旋线。口径9.2、底径10.8、高15.4厘米（图六三，4；图版七二，6）。

陶瓮　1件。09ⅡTG2M6∶1，泥质灰陶。折沿，沿面有凹槽，状似子母口，方唇，束颈，折肩，上腹微弧，下腹折收，小平底。肩部旋削修坯修饰一周，使肩部略显折线，下腹及底部饰细密绳纹。口径16.8、底径11.2、高21.4厘米（图六三，2；图版七五，2）。

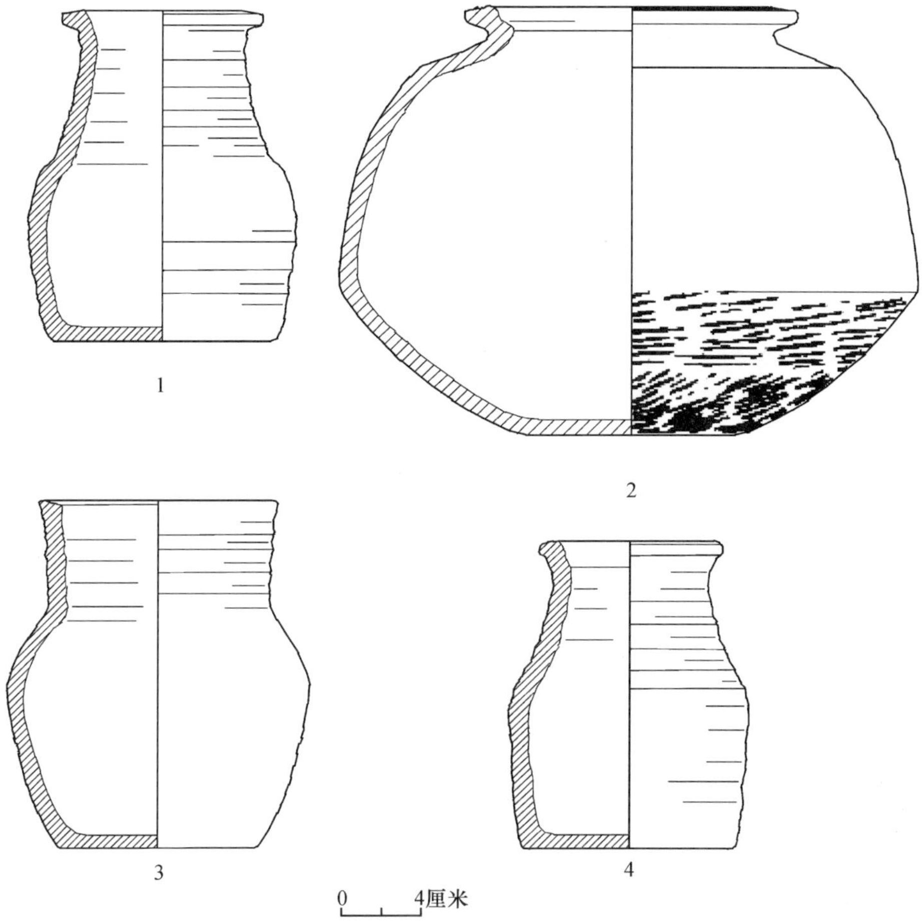

图六三　09ⅡTG2M6出土陶器

1、3、4. 罐（09ⅡTG2M6∶2、09ⅡTG2M6∶3、09ⅡTG2M6∶4）　2. 瓮（09ⅡTG2M6∶1）

09ⅡTG2M7

09ⅡTG2M7位于TG2西端，西近TG2西壁，北邻09ⅡTG2M6，东南为09ⅡTG2M9，打破09ⅡTG2M8西北角。09ⅡTG2M7开口于②层下，打破第③层及生土层。在09ⅡTG2M7中部发现有盗洞。

1. 形制和规格

09ⅡTG2M7是一座带有生土二层台的长方形竖穴土坑墓，南北向，墓向10°。墓口距地表0.6米，发掘至距地表2.5米处，在墓室南北两侧发现生土二层台，二层生土台上有横向盖板痕迹（图六四）。长2.9、宽0.9、深2.6米。填土为花土，质松软，含水量较大，四壁较规整。

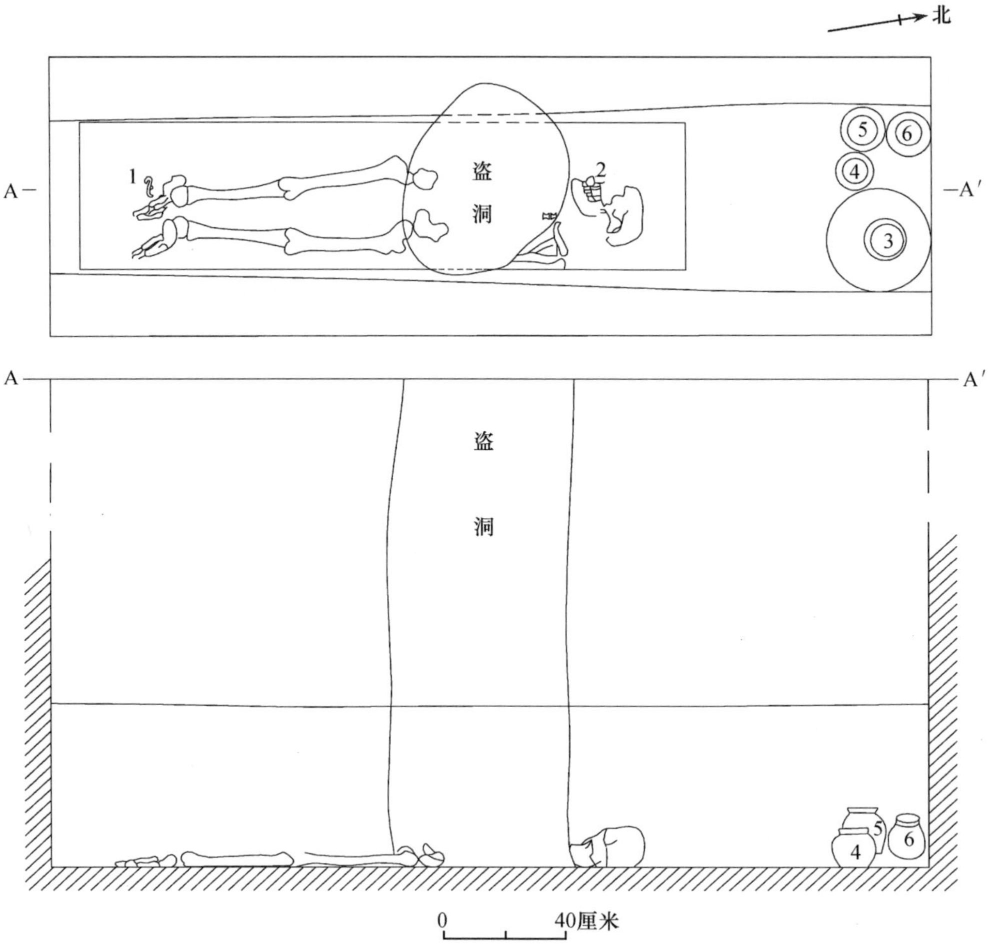

图六四　09ⅡTG2M7 平、剖面图

1. 铜带钩　2. 铜钱　3. 陶瓮　4～6. 陶罐

2. 葬具和人骨

墓室内清理出一具木棺灰痕，棺长 2、宽 0.5、残高 0.8 米（图版一五，1）。

人骨为仰身直肢单人葬。胸部被盗扰破坏，从遗迹现象判断墓主应为头北脚南，面向西，为一 50 岁左右的女性个体。

3. 随葬品

（1）种类及数量

共 6 件。陶罐 3 件、陶瓮 1 件，铜带钩 1 件，铜钱 1 枚。

（2）出土位置

1号铜带钩位于棺内墓主右脚南端，2号铜钱位于人骨嘴中，3号陶瓮和6号陶罐位于墓主头前棺外北侧，紧邻墓室北壁，4、5号陶罐在西侧。

（3）器物形制分类介绍

陶罐　3件。09ⅡTG2M7:4，泥质灰陶。侈口，方唇，束颈，溜肩，鼓腹，平底。器表有轮旋线，下腹旋削一周。口径9.6、底径6、高13.4厘米（图六五，3）。09ⅡTG2M7:5，泥质灰陶。侈口，方唇，束颈，溜肩，鼓腹，平底。器表有轮旋线，下腹旋削一周。口径10、底径6、高13.4厘米（图六五，4）。09ⅡTG2M7:6，泥质灰陶。口微侈，方唇，束颈，溜肩，鼓腹，平底。肩部旋削修坯一周，器表有轮旋线，下腹旋削一周。口径8.8、底径6.4、高14.6厘米（图六五，1）。

陶瓮　1件。09ⅡTG2M7:3，泥质灰陶。口微侈，折沿，方唇，长颈，微弧，溜肩，凸鼓腹，小平底。沿面有凹槽，器表有轮旋线，下腹及底部饰篮纹。口径13.2、底径9.6、高31.8厘米（图六五，2；图版七五，5）。

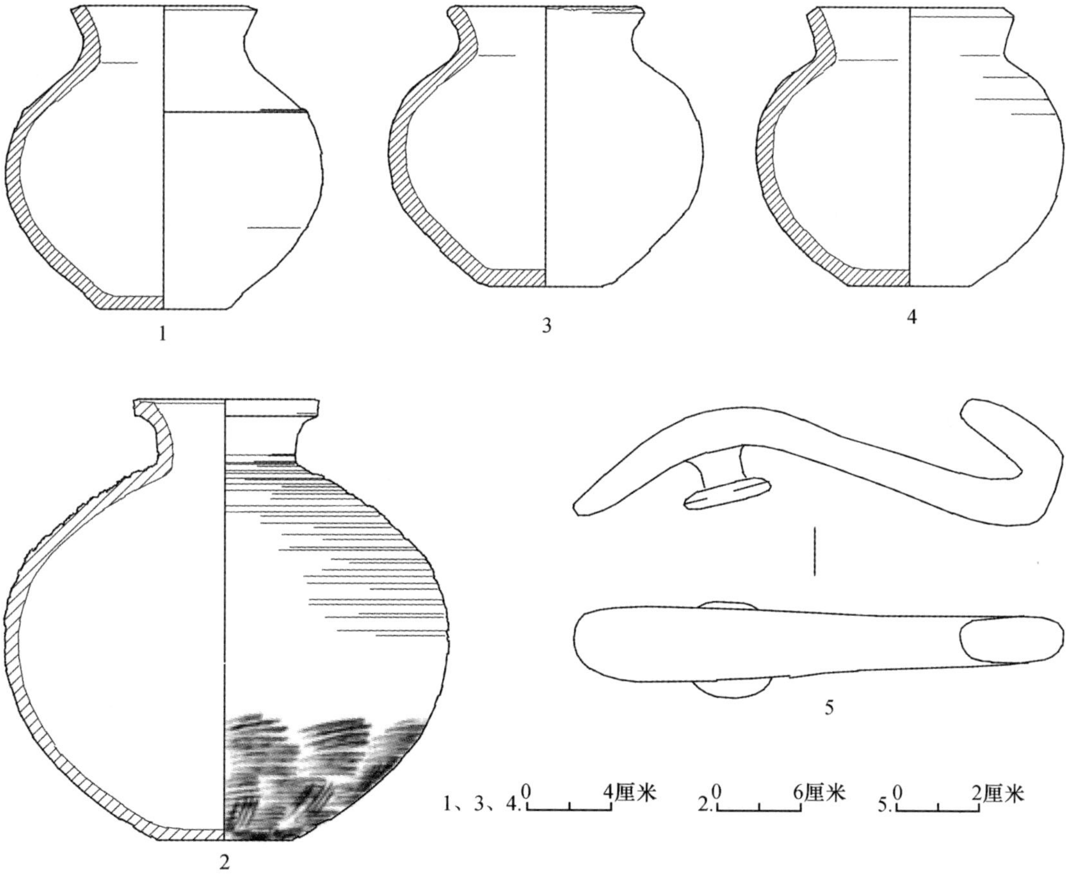

图六五　09ⅡTG2M7出土器物

1、3、4. 陶罐（09ⅡTG2M7:6、09ⅡTG2M7:4、09ⅡTG2M7:5）　2. 陶瓮（09ⅡTG2M7:3）　5. 铜带钩（09ⅡTG2M7:1）

铜带钩　1件。09ⅡTG2M7:1，铜质，素面。钩体略宽于颈，腹部较长，鼓起呈弧形，尾部较宽。带钩背部有一扁平圆纽。钩长11.8厘米（图六五，5）。

五铢钱　1枚。09ⅡTG2M7:2，残损严重，仅可分辨一“五”字。

09ⅡTG2M8

09ⅡTG2M8位于TG2南部，北邻09ⅡTG2M6，南邻09ⅡTG2M9，西北角被09ⅡTG2M7打破。09ⅡTG2M8开口于②层下，打破第③层及生土层。

1. 形制和规格

09ⅡTG2M8是一座“斗”形竖穴土坑墓，东西向，墓向95°。上口长2.1、宽1米，底长1.9、宽0.6，深2.6米。填土为花土，质松软，含水量较大，四壁较规整（图六六）。

2. 葬具和人骨

墓室中清理出一具木棺灰痕，棺长1.8、宽0.5、残高0.3米（图版一五，2）。

人骨为仰身直肢单人葬。头东脚西，面向南，右手放于下腹部，左臂平直，为一40～50岁的女性个体。

3. 随葬品

（1）种类及数量

共2件。铜带钩1件，铜钱1枚。

（2）出土位置

铜钱位于墓主嘴内，铜带钩位于棺内墓主头骨北侧。

（3）器物形制分类介绍

铜带钩　1件。09ⅡTG2M8:1，钩体略宽于颈，腹部较长，鼓起呈弧形，尾部较宽。带钩背部有一扁平圆纽。钩长11.8厘米（图六七，1）。

五铢钱　1枚。09ⅡTG2M8:2，浇注，圆形，方穿。“五”字较窄小，中间交叉两笔较直，“铢”字漫漶不清。直径2.5厘米（图六七，2）。

09ⅡTG2M9

09ⅡTG2M9位于TG2南端，北邻09ⅡTG2M8，南近TG2南壁。09ⅡTG2M9开口于②层下，打破第③层及生土层。在09ⅡTG2M9中部发现有盗洞痕迹。

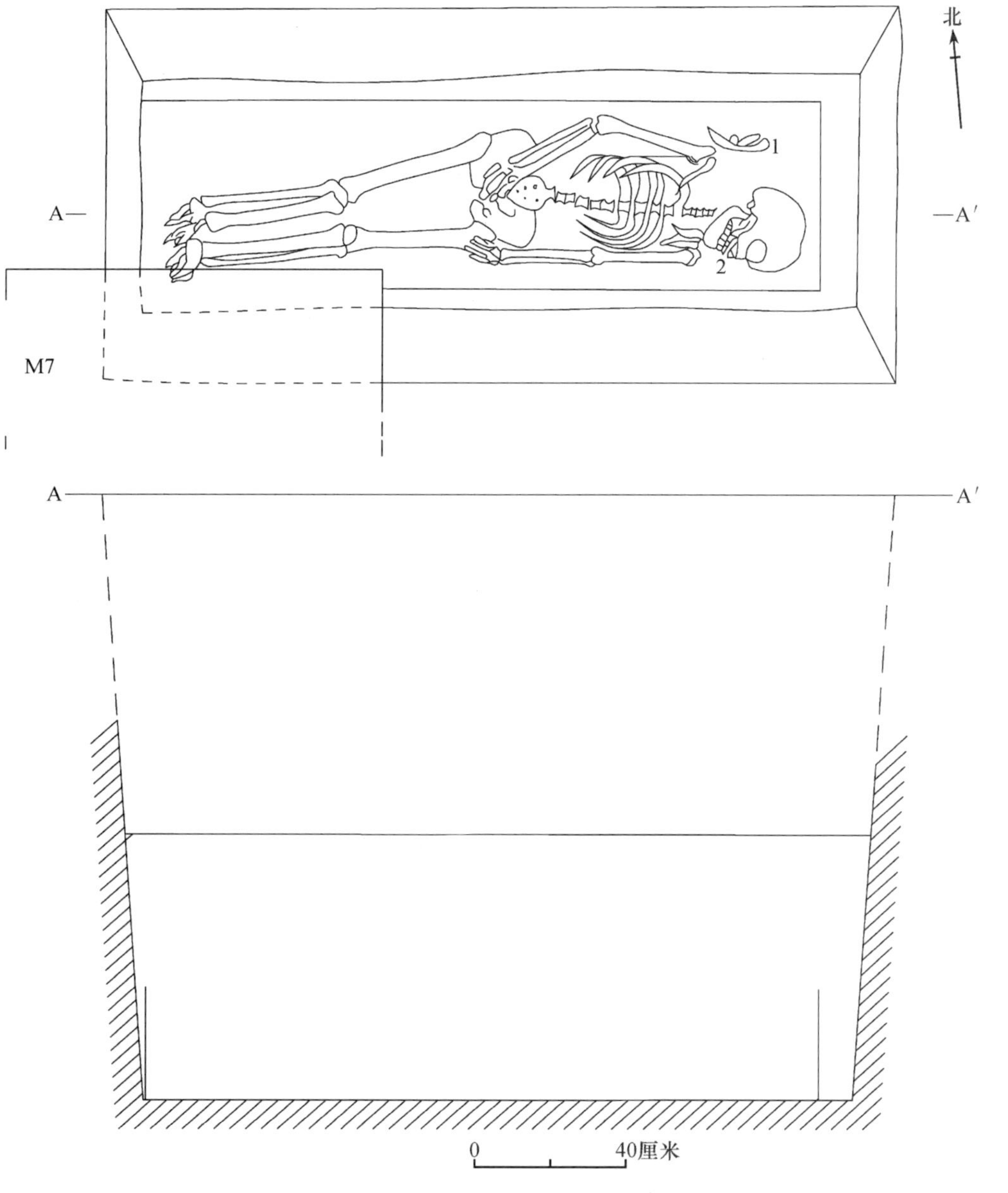

图六六　09ⅡTG2M8平、剖面图

1. 铜带钩　2. 铜钱

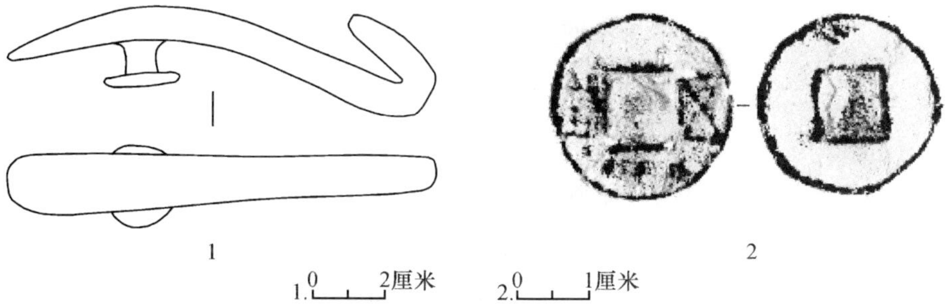

图六七　09ⅡTG2M8出土器物

1. 铜带钩（09ⅡTG2M8∶1）　2. 铜钱（09ⅡTG2M8∶2）

1. 形制和规格

09ⅡTG2M9 是一座带有生土二层台的长方形竖穴土坑墓，东西向，墓向 100°。墓口距地表 0.6 米，发掘至距地表 1.95 米处，清理出南北两侧发现生土二层台，生土二层台上有横向盖板痕迹（图六八）。长 2.5、宽 1、深 1.75 米。填土为花土，质松软，四壁较规整。

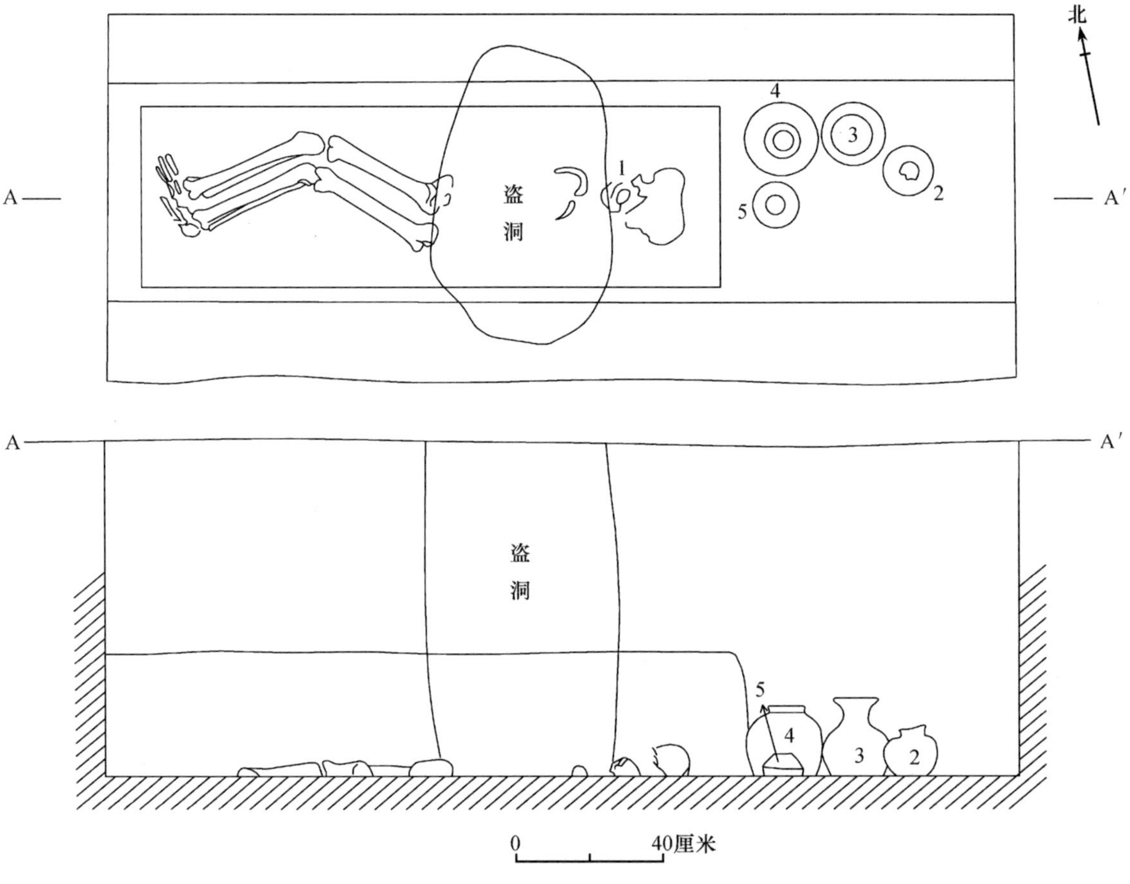

图六八　09ⅡTG2M9 平、剖面图

1. 铜钱　2、3. 陶壶　4. 陶罐　5. 陶钵

2. 葬具和人骨

墓室清理出一具木棺灰痕，棺长 1.6、宽 0.5、残高 0.8 米（图版一六，1）。

人骨为仰身直肢单人葬。该墓被盗扰，仅残存部分头骨和下半身，依据人骨残存痕迹判断墓主为头东脚西，下肢微弯曲，面向北，为一 40 ~ 45 岁的男性个体。

3. 随葬品

（1）种类及数量

共5件（枚）。陶壶2件、陶罐1件、陶钵1件，铜钱1枚。

（2）出土位置

1号铜钱位于棺内墓主人嘴中，2～5号陶器位于墓主头前棺外东部。

（3）器物形制分类介绍

陶壶　2件。09ⅡTG2M9∶2，泥质灰陶。口残，溜肩，鼓腹，平底。下腹旋削一周。底径5.6、残高14厘米（图六九，3）。09ⅡTG2M9∶3，泥质灰陶。侈口，平沿、尖唇，束颈，溜肩，鼓腹，平底。下腹旋削一周。口径12.6、底径12.4、高21厘米（图六九，2；图版六八，4）。

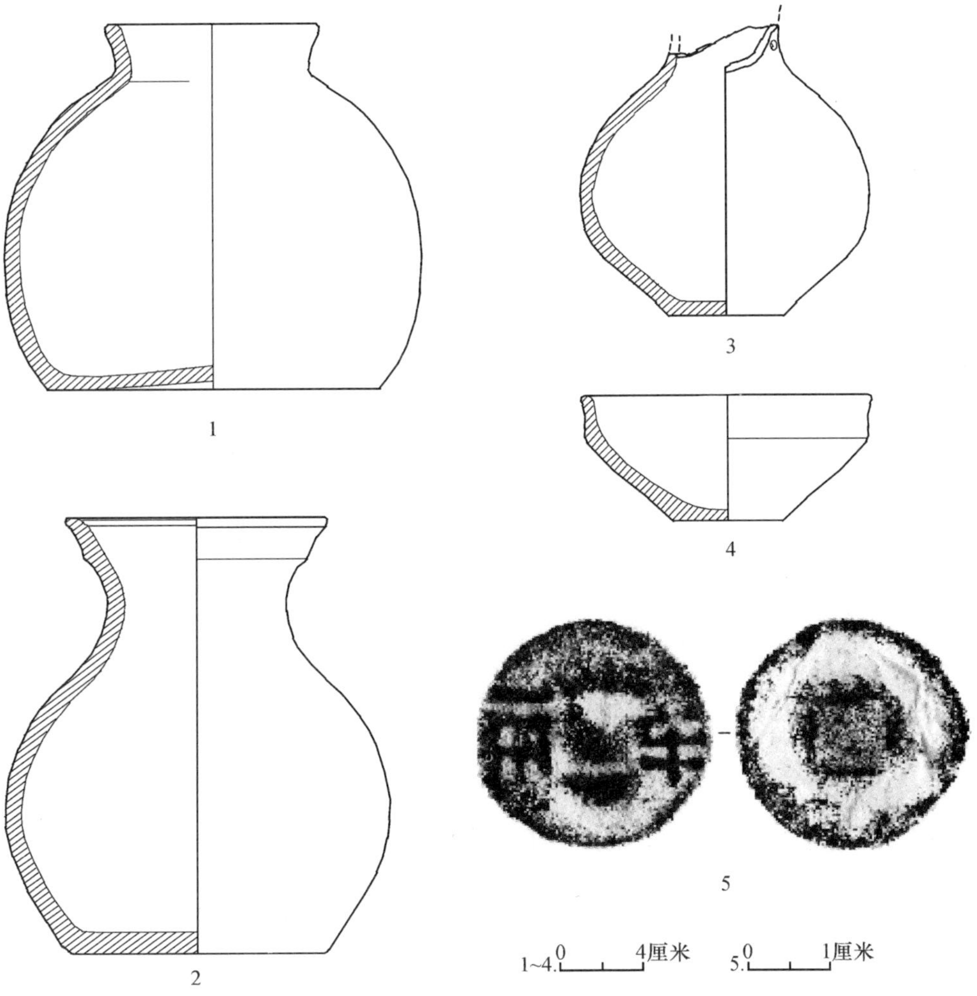

图六九　09ⅡTG2M9出土器物

1. 陶罐（09ⅡTG2M9∶4）　2、3. 陶壶（09ⅡTG2M9∶3、09ⅡTG2M9∶2）　4. 陶钵（09ⅡTG2M9∶5）　5. 铜钱（09ⅡTG2M9∶1）

陶罐　1件。09ⅡTG2M9∶4，泥质灰陶。器形不规整。侈口，方唇，束颈，溜肩，鼓腹，大平底，微内凹。颈部左右两侧各有两个穿孔。腹部轮旋线明显。口径10.4、底径16、高17.6厘米（图六九，1）。

陶钵　1件。09ⅡTG2M9∶5，泥质灰陶。直口，微侈，方唇，上折腹，下腹斜直，平底。器表有轮旋线，下腹旋削修坯一周，去胎泥较厚，使下腹略显折线。口径14、底径5.2、高6厘米（图六九，4；图版七七，2）。

半两钱　1枚。09ⅡTG2M9∶1，浇注，圆形，方穿，正反两面周边及穿外均无郭。直径2.4厘米（图六九，5）。

09ⅡTG5M10

09ⅡTG5M10位于TG5南端。东邻TG7扩方区内的09ⅡTG7M23，南近TG5南壁。09ⅡTG5M10开口于②层下，打破第③层及生土层。

1. 形制和规格

09ⅡTG5M10是一座带有生土二层台的长方形竖穴土坑墓，东西向，墓向95°。墓口距地表0.6米，发掘至距地表2.8米处，在墓室南北两侧发现生土二层台，生土二层台上有横向盖板痕迹（图七〇）。长2.5、宽1.2、深3.1米。填土为花土，质松软，含水量较大，四壁较规整。

2. 葬具和人骨

墓室清理出一具木棺灰痕，棺长2、宽0.56、残高0.5米（图版一六，2）。

人骨为仰身直肢单人葬。头东脚西，面向上，为一45～50岁的男性个体。

3. 随葬品

（1）种类及数量

共5件。陶罐4件、陶瓮1件。

（2）出土位置

随葬器物均位于墓主头前棺外东部。4件小陶罐靠近墓室东壁，南北向一字排列；陶瓮位于4件小陶罐西侧。

（3）器物形制分类介绍

陶罐　4件。09ⅡTG5M10∶2，泥质灰陶。口微侈，折沿，方唇，颈部较长，溜肩，直腹，微外弧，大平底。器表轮旋线明显。口径10、底径15.6、高16.2厘米（图七一，2）。09ⅡTG5M10∶3，泥质灰陶。大口，微敛，方沿，斜直肩，斜直腹，微弧，大平底。器表轮旋线

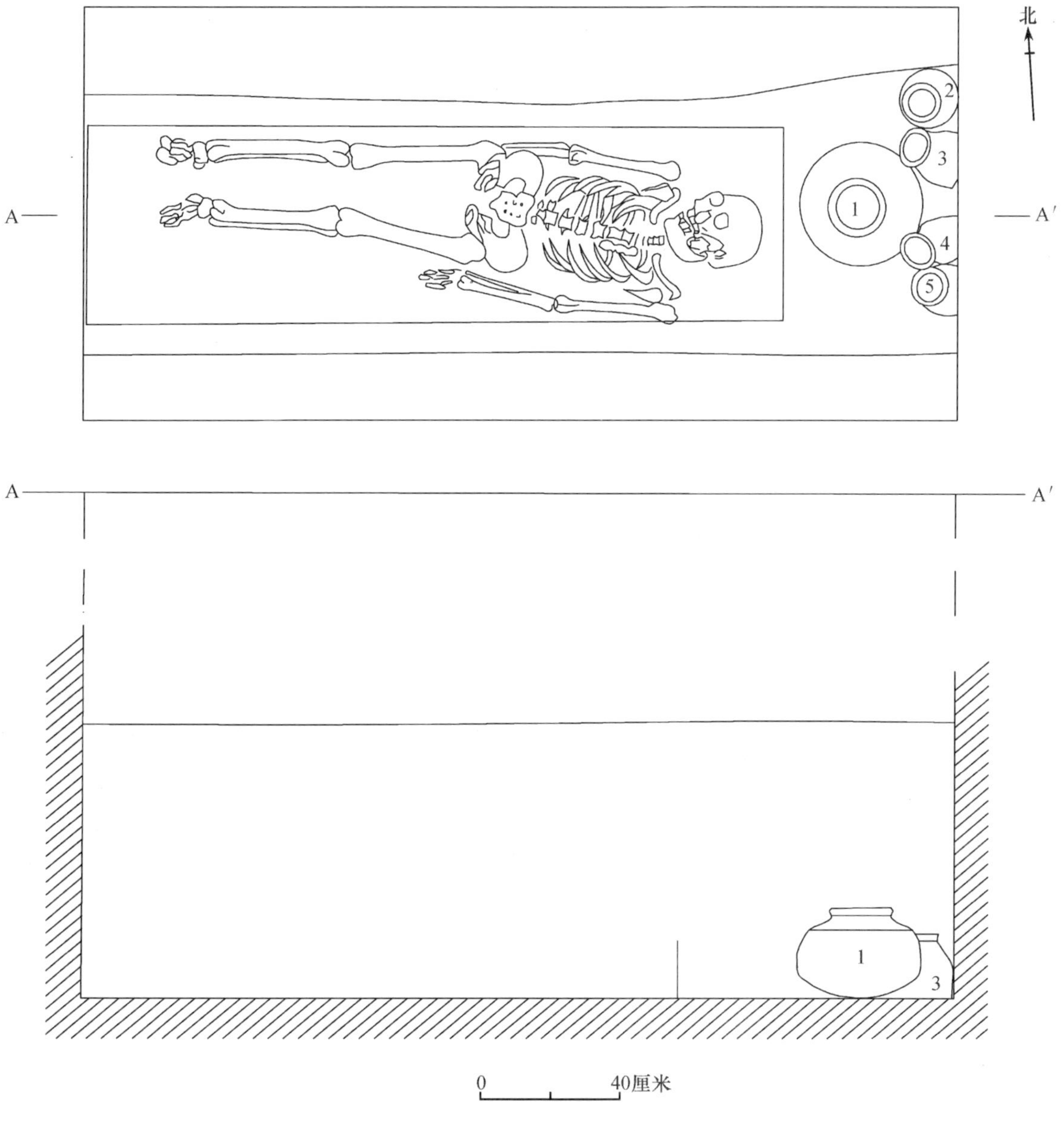

图七○　09ⅡTG5M10平、剖面图
1. 陶瓮　2~5. 陶罐

明显。口径10.8、底径14.4、高13厘米（图七一，4；图版七一，6）。09ⅡTG5M10:4，泥质灰陶。口微侈，方唇，长直颈，微弧，鼓肩，直腹，微弧，大平底。器表轮旋线明显，下腹有竖向刀削痕迹。口径10、底径9.6、高16.8厘米（图七一，1；图版七一，1）。09ⅡTG5M10:5，泥质灰陶。口微侈，方唇，束颈，溜肩，上腹斜直，下腹折收，腹部略显折线，平底，微内凹。器表轮旋线明显，下腹有旋削痕迹。口径10、底径10、高14.2厘米（图七一，3）。

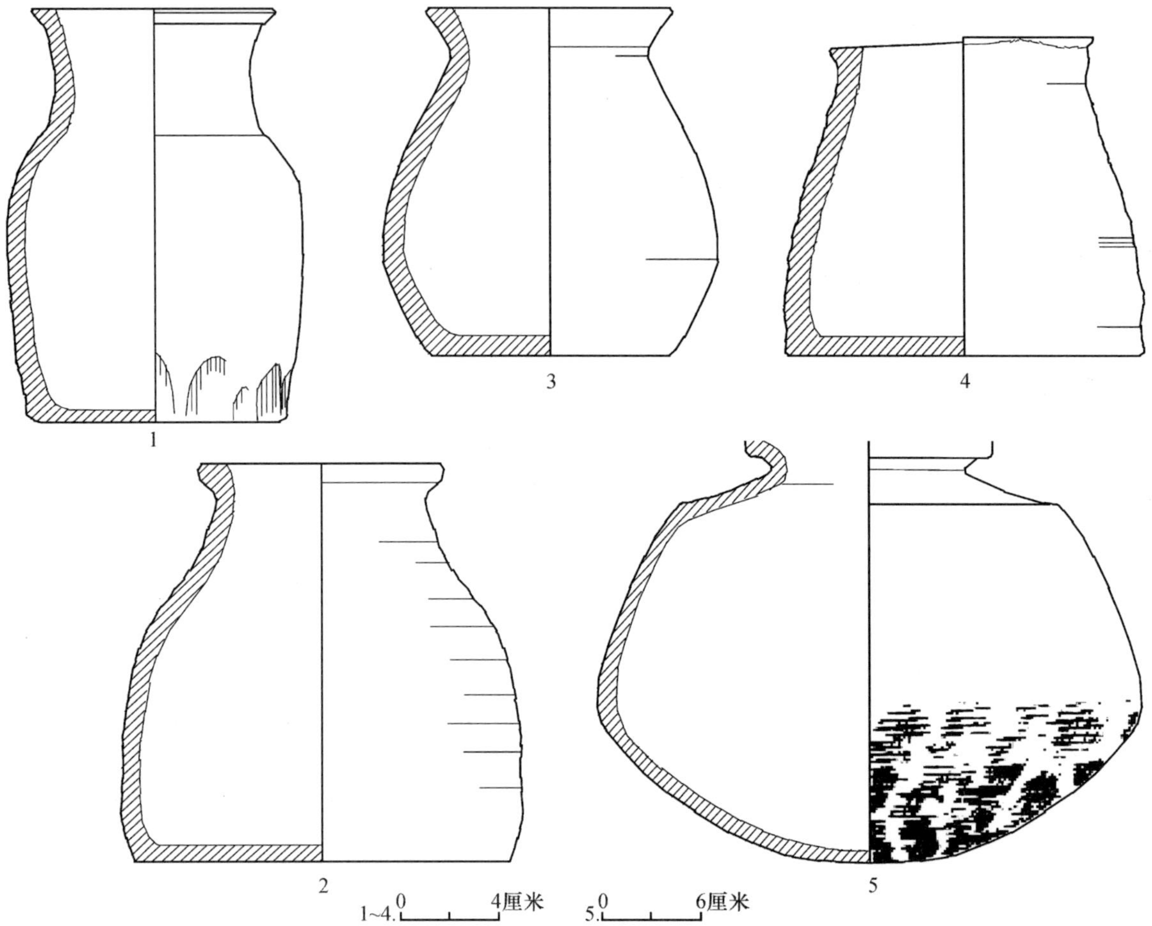

图七一　09ⅡTG5M10出土陶器

1~4. 罐（09ⅡTG5M10:4、09ⅡTG5M10:2、09ⅡTG5M10:5、09ⅡTG5M10:3）　5. 瓮（09ⅡTG5M10:1）

陶瓮　1件。09ⅡTG5M10:1，泥质灰陶。小口，斜折沿，微卷，方唇，束颈，折肩，上腹较直，下腹折内收，圜底。肩部去皮削泥一周，去胎泥较厚，使肩部显一小折台，下腹及底部饰绳纹。口径15、高26.1厘米（图七一，5；图版七四，6）。

09ⅡTG1M11

09ⅡTG1M11位于TG1东北角，西邻09ⅡTG1M3，东、南分别为TG1东壁、南壁。09ⅡTG1M11开口于②层下，打破第③层及生土层。

1. 形制和规格

09ⅡTG1M11是一座带有生土二层台的长方形竖穴土坑墓，南北向，墓向195°。墓口距地表0.6米，发掘至4米处，在墓室东西两侧发现生土二层台，生土二层台上有横向盖板痕迹（图七二）。长2.9、宽1、深3.9米。填土为花土，质松软，含水量较大，四壁较规整。

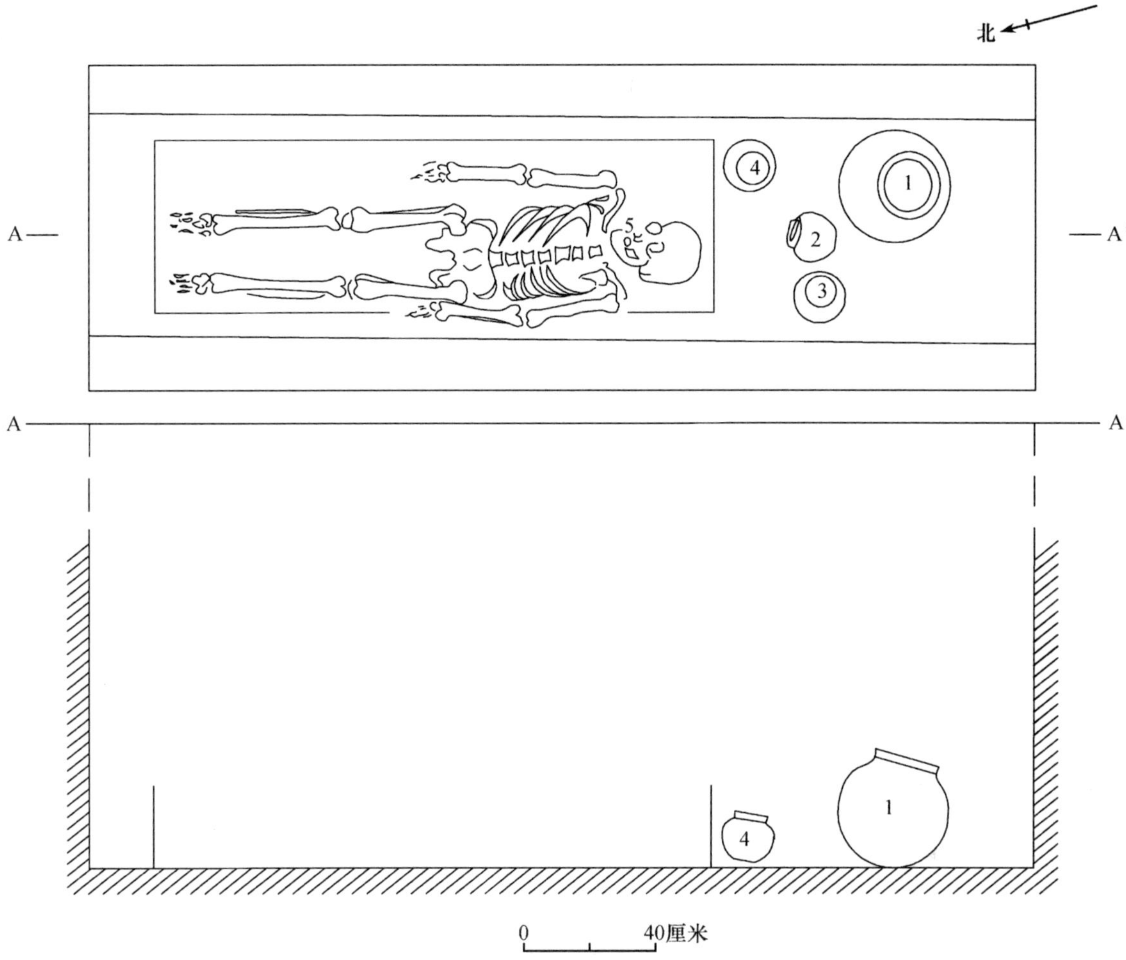

图七二　09ⅡTG1M11平、剖面图
1. 陶瓮　2～4. 陶罐　5. 铜钱

2. 葬具和人骨

墓室清理出一具木棺灰痕，棺长1.7、宽0.55、残高0.4米（图版一七，1）。人骨为仰身直肢单人葬。头南脚北，面向上，为一50岁左右的男性个体。

3. 随葬品

（1）种类及数量
共6件（枚）。陶罐3件、陶瓮1件，铜钱2枚。
（2）出土位置
铜钱位于墓主嘴内。其他随葬器物均位于墓主头前棺外南部，距棺较近。3件陶罐在棺外略呈东北西南排列，陶瓮位于 3 件陶罐南侧，贴近东侧二层台。

（3）器物形制分类介绍

陶罐　3 件。09ⅡTG1M11∶2，泥质灰陶。直口，方唇，鼓肩，弧腹，平底。腹部有轮旋线，下腹有轻微旋削修坯痕迹。口径 8.8、底径 8、高 12 厘米（图七三，3）。09ⅡTG1M11∶3，泥质灰陶。直口，方唇，鼓肩，弧腹，平底。腹部有轮旋线，下腹有旋削修坯痕迹。口径 8.8、底径 8、高 13 厘米（图七三，2）。09ⅡTG1M11∶4，泥质灰陶。直口，方唇，溜肩，鼓腹，平底。腹部有轮旋线，下腹略有旋削修坯痕迹。口径 8.8、底径 7.6、高 12 厘米（图七三，1）。

陶瓮　1 件。09ⅡTG1M11∶1，泥质灰陶。方唇，唇沿微内敛，束颈，肩微折，凸鼓腹，圜底。肩部去皮削泥一周，上腹部有轮旋线，下腹及底部饰绳纹。口径 16.8、高 23.6 厘米（图七三，4）。

五铢钱　2 枚。09ⅡTG1M11∶5，大小、形制均相同。浇注，圆形，方穿。“五”字较窄长，中间交叉两笔较圆曲，“铢”字漫漶不清。直径 2.5 厘米（图七三，5）。

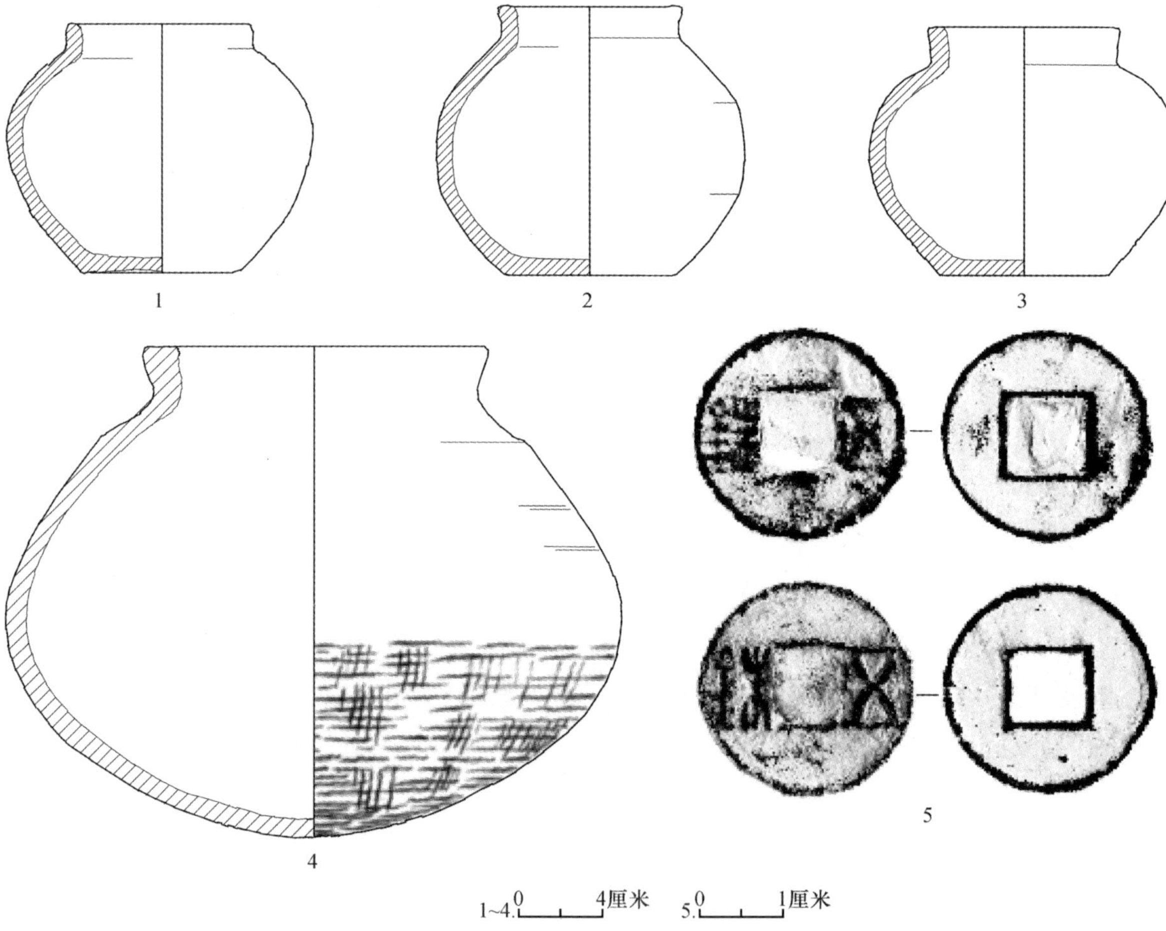

图七三　09ⅡTG1M11 出土器物

1～3. 陶罐（09ⅡTG1M11∶4、09ⅡTG1M11∶3、09ⅡTG1M11∶2）　4. 陶瓮（09ⅡTG1M11∶1）　5. 铜钱（09ⅡTG1M11∶5）

09ⅡTG6M12

09ⅡTG6M12位于TG6中部，东邻09ⅡTG6M13，西邻09ⅡTG6M32。09ⅡTG6M12开口于②层下，打破第③层及生土层。该墓曾遭到严重盗扰。该墓将另一墓葬完全打破，使被打破的墓葬仅显墓框。

1. 形制和规格

09ⅡTG6M12是一座带有生土二层台的长方形竖穴土坑墓，南北向，墓向10°。墓口距地表0.7米，发掘至距地表2.7米处，在墓室东西两侧发现生土二层台，生土二层台上有横向盖板痕迹（图七四）。长3.5、宽1.14、深2.6米。填土为花土，质松软，含水量较大，四壁较规整。

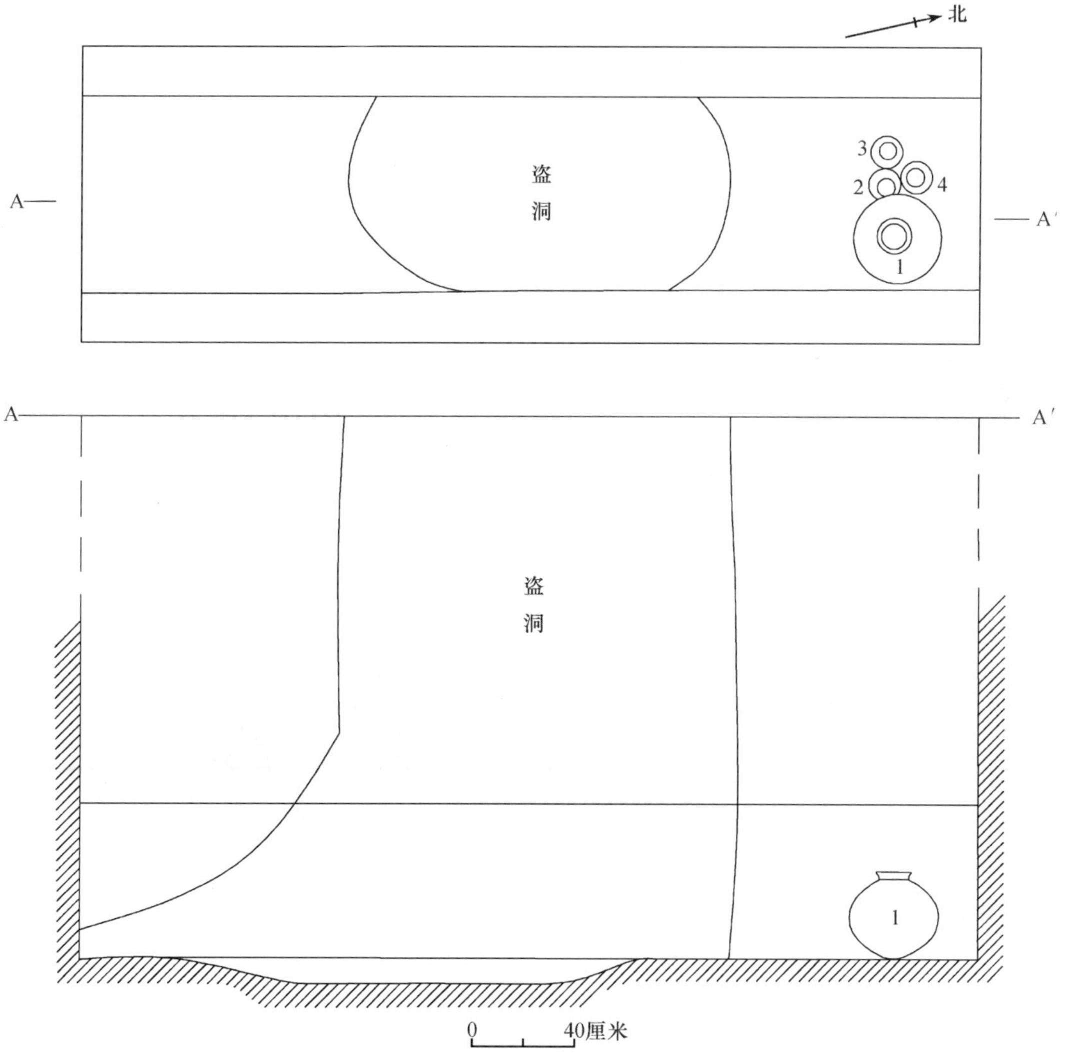

图七四　09ⅡTG6M12平、剖面图

1. 陶瓮　2～4. 陶罐

2. 葬具和人骨

09 Ⅱ TG6M12 曾遭到严重盗扰，没有发现葬具和人骨（图版一七，2）。

3. 随葬品

（1）种类及数量

共 4 件。陶罐 3 件、陶瓮 1 件。

（2）出土位置

随葬器物均位于墓室北端。

（3）器物形制分类介绍

陶罐　3 件。09 Ⅱ TG6M12∶2，泥质灰陶。侈口，方唇，束颈，溜肩，鼓腹。下腹及底部有竖向刀削修坯痕迹。口径 7.2、底径 7.2、高 11.4 厘米（图七五，1）。09 Ⅱ TG6M12∶3，泥质灰陶。侈口，圆唇，束颈，溜肩，鼓腹，平底。肩及上腹部有轮旋线，下腹及底部有竖向刀削修坯痕迹。口径 7.2、底径 7.6、高 11 厘米（图七五，3）。09 Ⅱ TG6M12∶4，泥质灰陶，器形较矮胖。侈口，圆唇，束颈，溜肩，鼓腹，平底，微内凹。下腹竖向刀削修坯痕迹明显。口径 6.8、底径 5.6、高 10.8 厘米（图七五，2）。

陶瓮　1 件。09 Ⅱ TG6M12∶1，泥质灰陶。直口，微敛，方唇，唇沿外凸，束颈，溜肩，凸鼓腹，小平底。肩部饰凹弦纹一周，下腹及底部饰篮纹。肩部刻划两字，一字为“马”，另一字为“匹”或“邑”。口径 13.5、底径 10.8、高 33.6 厘米（图七五，4；图版七五，6）。

09 Ⅱ TG6M14

09 Ⅱ TG6M14 位于 TG6 东北角，大部分叠压在东隔梁下，北邻北隔梁，南邻 09 Ⅱ TG6M13。09 Ⅱ TG6M14 开口于②层下，打破第③层及生土层。

1. 形制和规格

09 Ⅱ TG6M14 是一座长方形竖穴土坑墓，东西向，墓向 95°。墓口距地表 0.6 米（图七六）。长 1.6、宽 0.6、深 1.3 米。填土为花土，质松软，四壁较规整。

2. 葬具和人骨

09 Ⅱ TG6M14 墓室未发现葬具。

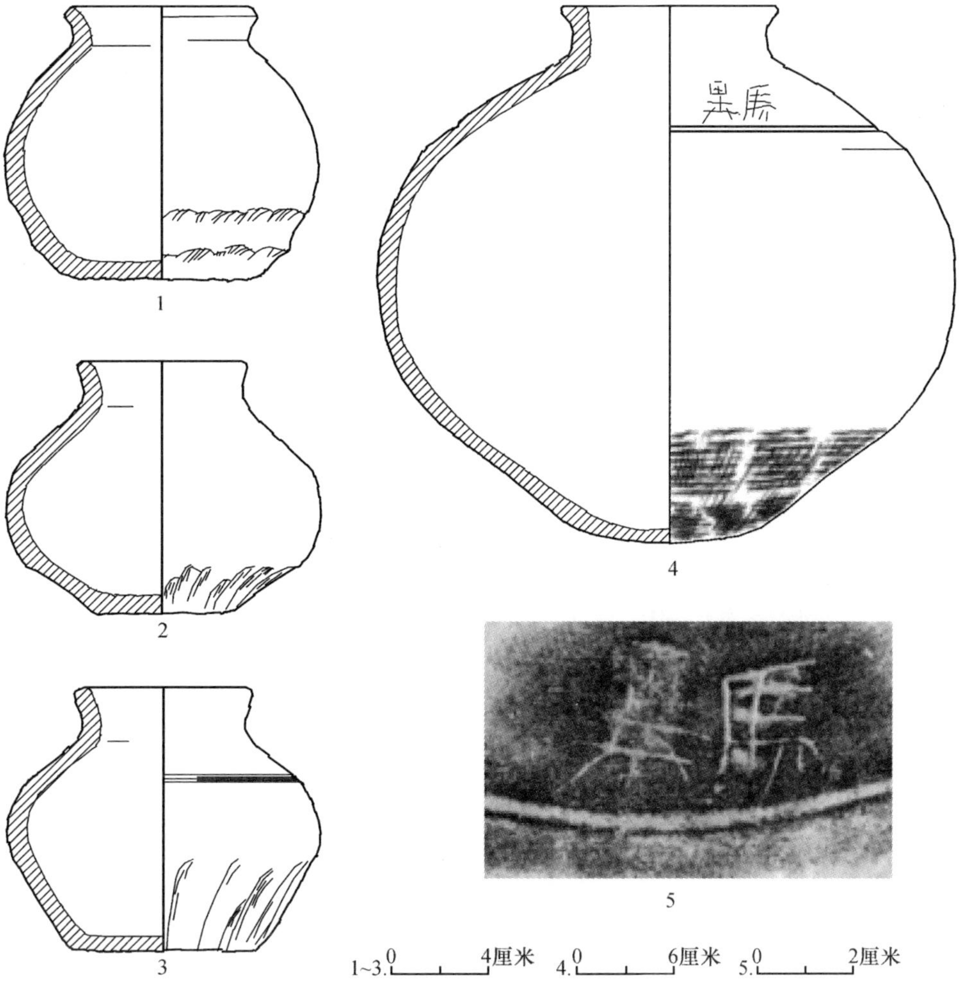

图七五　09ⅡTG6M12 出土陶器

1～3. 罐（09ⅡTG6M12∶2、09ⅡTG6M12∶4、09ⅡTG6M12∶3）　4. 瓮（09ⅡTG6M12∶1）　5. 陶瓮拓片（09ⅡTG6M12∶1）

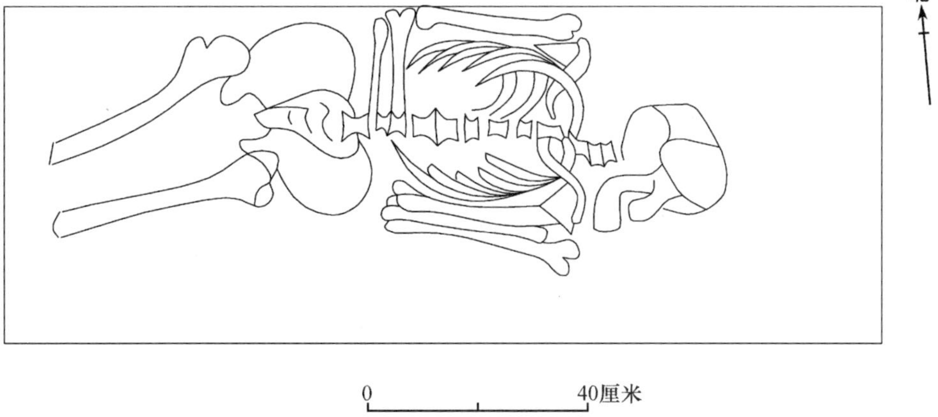

图七六　09ⅡTG6M14 平面图

人骨为仰身屈肢单人葬。屈肢较甚。小腿已朽成粉末状，其他部分保存较好，右手放于腹部，左臂上折，左手放于肩部。依据人骨残存痕迹判断墓主为头向东，面向南，为一35～40岁左右的男性个体。无随葬品。

09ⅡTG7M18

09ⅡTG7M18位于TG7北侧，南邻09ⅡTG7M17。09ⅡTG7M18开口于②层，打破第③层及生土层。该墓曾遭严重盗扰。

1. 形制和规格

09ⅡTG7M18是一座长方形砖椁墓，南北向，墓向5°。墓口距地表0.6米，在发掘至距地表4.36米处发现砖墙，砖墙上有横向盖板痕迹，墓室周壁顺砖错缝平砌11层，墓底灰砖呈“人”字形平铺。墓砖规格为长30、宽16、厚6厘米（图七七）。长3.65、宽1.16、深4.46米。填土为花土，质松软，含水量较大，四壁较规整。

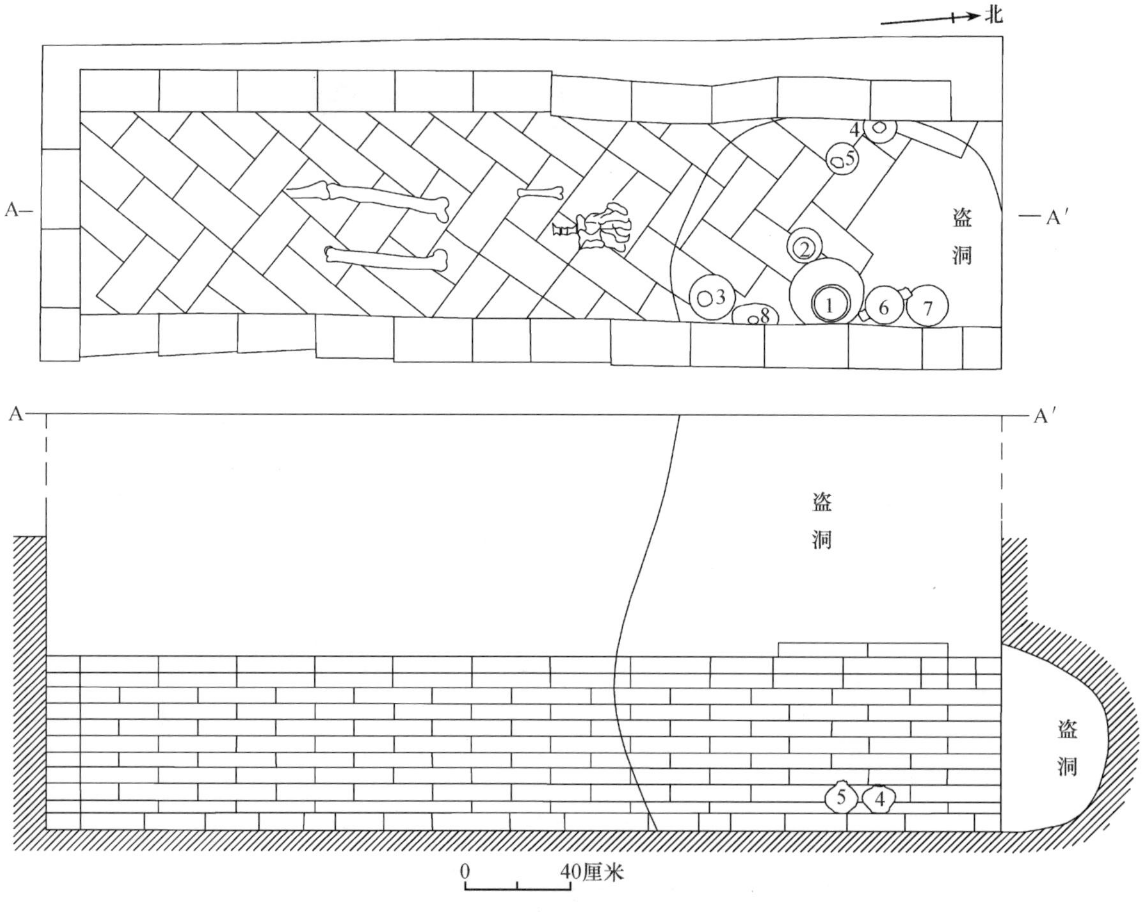

图七七　09ⅡTG7M18平、剖面图

1. 陶瓮　2、4、5. 陶罐　3. 陶壶　6. 陶鼎　7. 陶盒　8. 陶器盖

2. 葬具和人骨

由于被盗扰，09ⅡTG7M18未见葬具（图版一八，1）。

人骨为仰身直肢单人葬。人骨保存较差，仅残存大腿骨及部分碎骨，其余或被破坏，或已朽成粉末状，依据人骨残存痕迹判断墓主应为头北脚南。性别、年龄不详。

3. 随葬品

（1）种类及数量

共8件。陶鼎1件、陶壶1件、陶罐3件、陶瓮1件、陶盒1件、陶器盖1件。

（2）出土位置

7号陶盒、6号陶鼎、1号陶瓮、8号器盖、3号陶壶位于墓室东部，自北向南依次排列。2号陶罐位于1号陶瓮西侧。4号陶罐、5号陶罐位于墓室西部。

（3）器物形制分类介绍

陶鼎 1件。09ⅡTG7M18∶6，泥质灰陶。器盖，方唇，盖面隆起。鼎，子母口，折腹，平底，下承三足。沿外附双立耳，上端外折，模制。器外施白衣，彩绘漫漶。口径16、高15.4厘米（图七八，7；图版六七，6）。

陶壶 1件。09ⅡTG7M18∶3，泥质灰陶。口残，溜肩，鼓腹，平底。底径8.4、高20.4厘米（图七八，3）。

陶罐 3件。09ⅡTG7M18∶2，泥质灰陶。侈口，方唇，束颈，溜肩，鼓腹，平底。颈部左右两侧各有两个穿孔，器表有轮旋线，下腹部旋削一周。口径9.6、底径7.2、高12.8厘米（图七八，6）。09ⅡTG7M18∶4，泥质灰陶。口残，溜肩，鼓腹，平底。下腹旋削一周。底径7.6、高11厘米（图七八，5）。09ⅡTG7M18∶5，泥质灰陶。口残，溜肩，鼓腹，平底。下腹旋削一周。底径6.8、高13.2厘米（图七八，4）。

陶瓮 1件。09ⅡTG7M18∶1，泥质灰陶。直口，方唇，折肩，上腹斜直，微弧，下腹较鼓凸，小平底。肩部旋削修坯修饰一周，使肩部略显折线，下腹及底部饰绳纹。口径15.6、底径9.2、高25.6厘米（图七八，8）。

陶盒 1件。09ⅡTG7M18∶7，泥质灰陶。器盖，方唇，盖面隆起，顶部较平。盒，子母口，弧腹，饼足。下腹旋削修坯一周，去胎泥较厚，使底部显饼足形。器表施白衣，彩绘漫漶。口径16.2、底径7.2、高11.6厘米（图七八，1；图版七六，3）。

09ⅡTG7M21

09ⅡTG7M21位于TG7东南角，西邻09ⅡTG7M16，北邻09ⅡTG7M20。09ⅡTG7M21开口于②层，打破第③层及生土层。

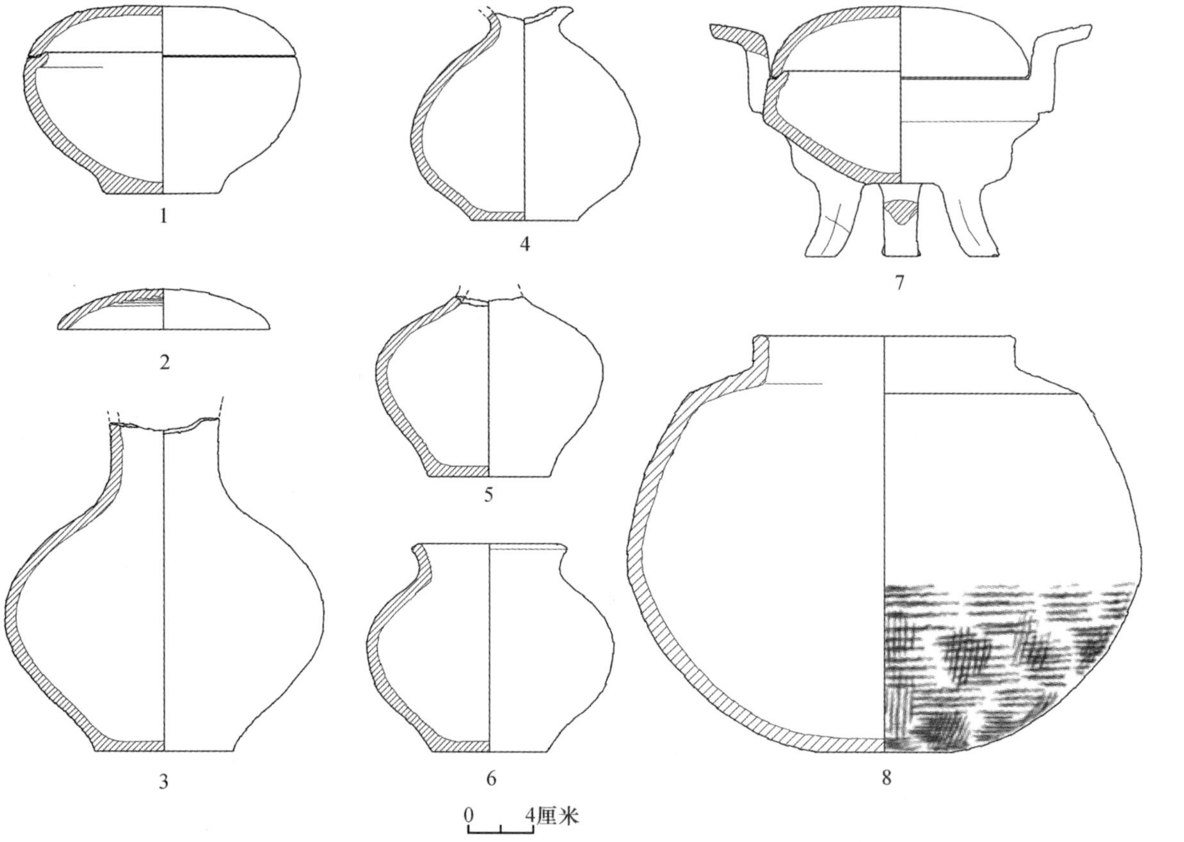

图七八　09ⅡTG7M18 出土陶器

1. 盒（09ⅡTG7M18:7）　2. 器盖（09ⅡTG7M18:8）　3. 壶（09ⅡTG7M18:3）　4～6. 罐（09ⅡTG7M18:5、09ⅡTG7M18:4、09ⅡTG7M18:2）　7. 鼎（09ⅡTG7M18:6）　8. 瓮（09ⅡTG7M18:1）

1. 形制和规格

09ⅡTG7M21 是一座长方形砖椁墓，东西向，墓向 105°。墓口距地表 0.6 米。在发掘至距地表 1.6 米处发现砖墙，南北两壁为顺砖对缝平砌 6 层；东西两壁为单砖表砌 2 层，墓地铺东西向平铺。墓砖规格为长 34、宽 20、厚 6 厘米（图七九）。长 2.2、宽 1.1、深 1.6 米。填土为花土，质松软，四壁较规整。

2. 葬具和人骨

09ⅡTG7M21 墓室清理出一具木棺灰痕，棺长 1.7、宽 0.7、残高 0.3 米。

人骨为仰身后屈肢单人葬。头东脚西，面向北，右臂微曲放于下腹上，左小臂置放于肩部外侧，屈肢较甚。为一 50～55 岁的男性个体。

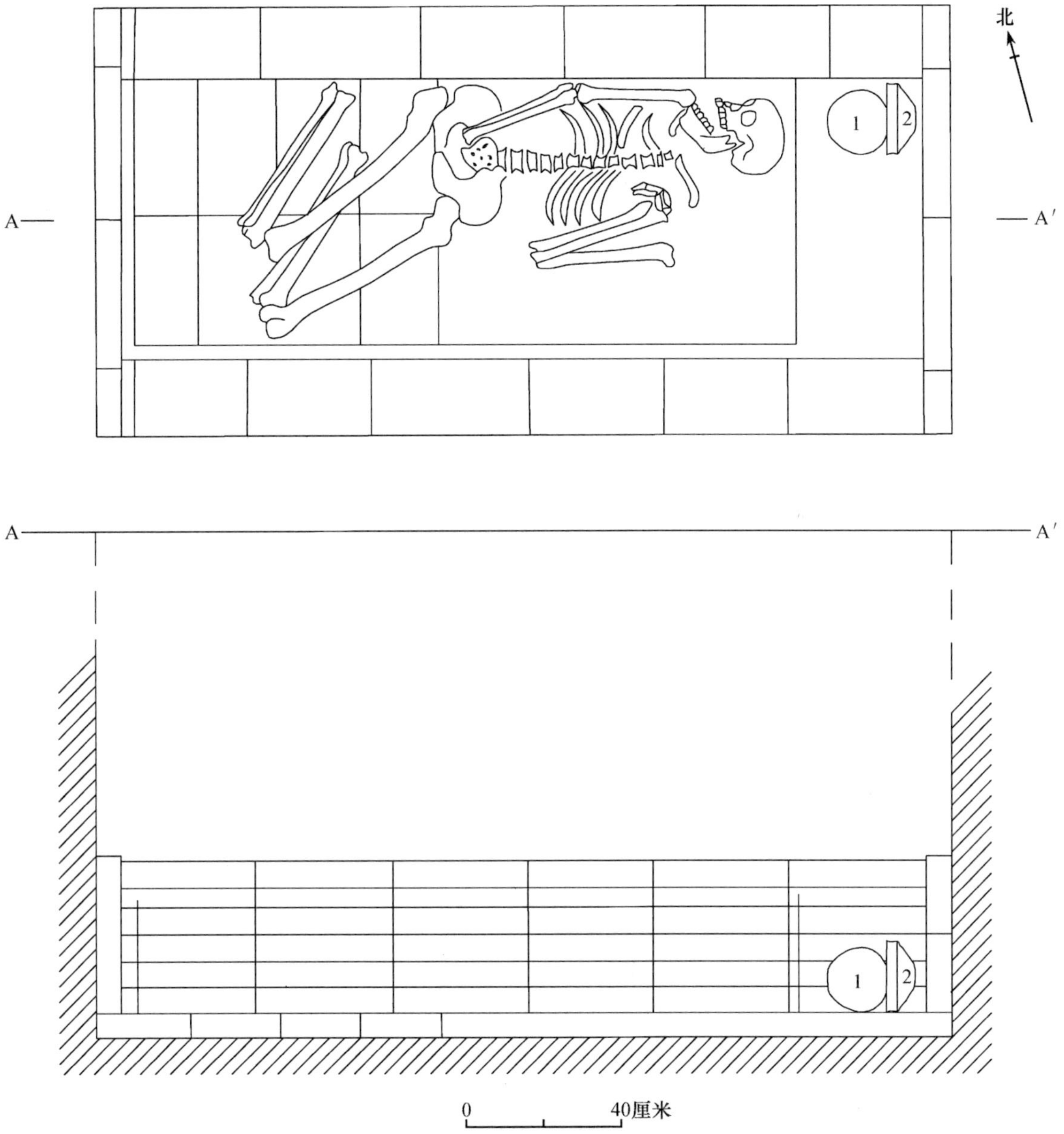

图七九　09ⅡTG7M21平、剖面图

1. 陶罐　2. 陶钵

3. 随葬品

（1）种类及数量

共2件。陶罐1件、陶钵1件。

（2）出土位置

随葬器物均位于墓室东北角，陶钵扣于陶罐上，两器物平躺，陶钵在东侧。

（3）器物形制分类介绍

陶罐　1件。09ⅡTG7M21∶1，泥质灰陶。口残，直颈，溜肩，鼓腹，平底。肩部有一印章按压痕迹，笔画模糊不清。上腹饰细密弦纹一周，肩部有旋削痕，下腹旋削一周。底径10.3、残高24厘米（图八〇，1）。

陶钵　1件。09ⅡTG7M21∶2，泥质灰陶。直口，微敛，方唇，上折腹，下腹略鼓凸，平底，微内凹。下腹旋削修坯一周，去胎泥较厚，使下腹中部略显鼓凸。口径18、底径8、高7.4厘米（图八〇，2）。

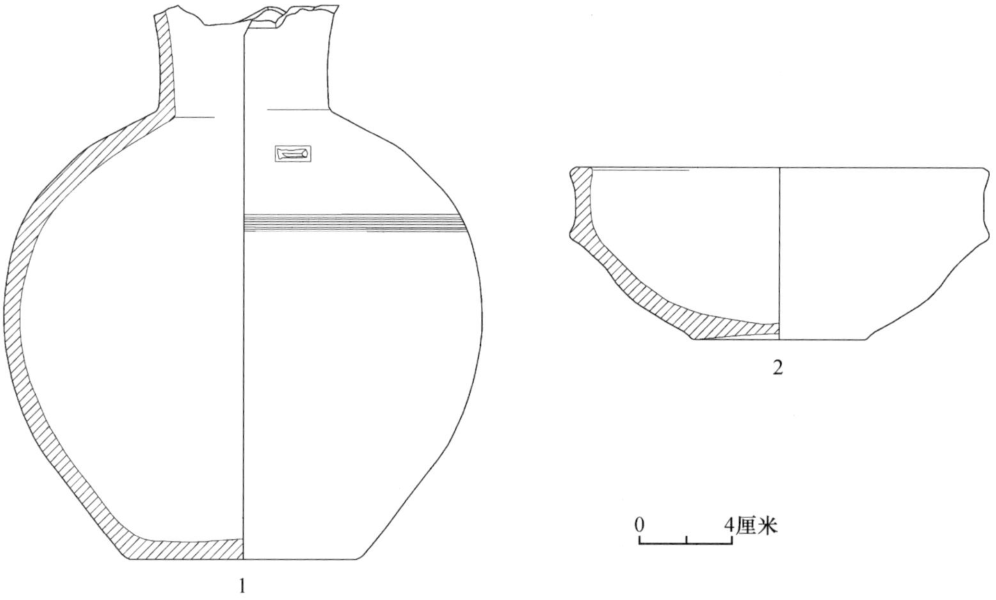

图八〇　09ⅡTG7M21出土陶器

1. 罐（09ⅡTG7M21∶1）　2. 钵（09ⅡTG7M21∶2）

09ⅡTG7M23

09ⅡTG7M23位于TG7西南扩方区的北端，东邻09ⅡTG7M17。09ⅡTG7M23开口于②层下，打破第③层及生土层。

1. 形制和规格

09ⅡTG7M23是一座长方形竖穴土坑墓，南北向，墓向5°。墓口距地表0.6米（图八一）。09ⅡTG7M23长2、宽0.9、深2.1米。填土为花土，经夯打实，四壁较规整。

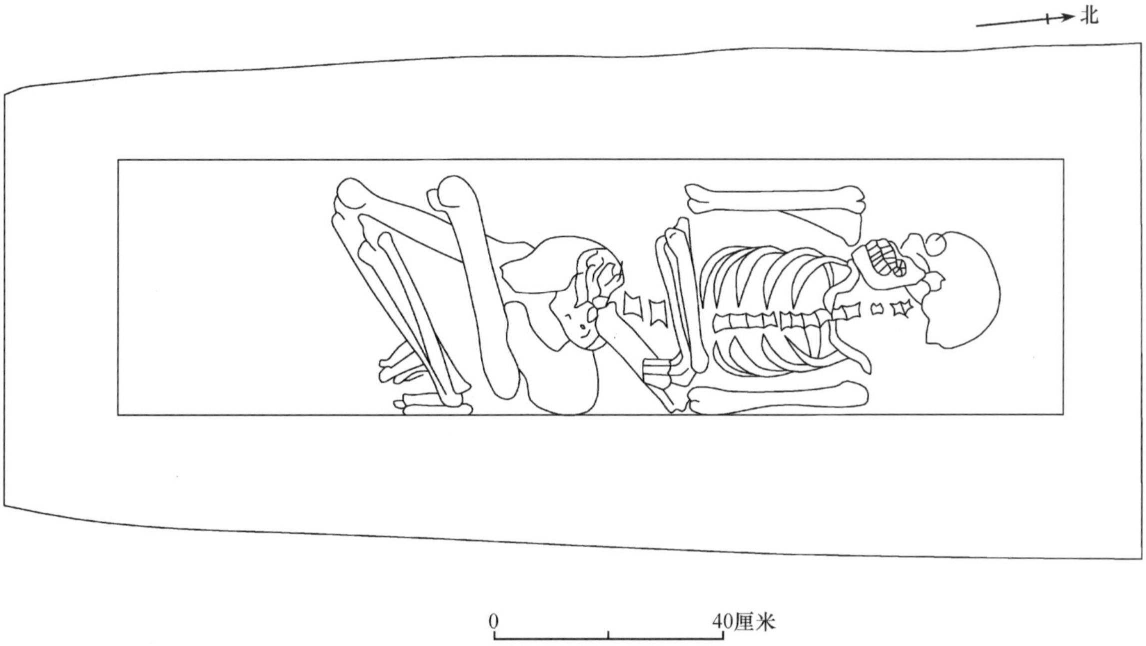

图八一　09ⅡTG7M23平面图

2. 葬具和人骨

墓室清理出一具木棺灰痕，棺长1.65、宽0.45、残高0.3米。

人骨为仰身屈肢单人葬。屈肢较甚。头北脚南，面向西，右小臂左折放于上腹，左小臂右折放于腹部。为一45~50岁左右的女性个体。无随葬品。

09ⅡTG8M26

09ⅡTG8M26位于TG8西南部，局部叠压在TG8南隔梁下，北邻09ⅡTG8M27，东邻09ⅡTG8M29。09ⅡTG8M26开口于②层下，打破第③层及生土层。该墓曾遭严重盗扰。

1. 形制和规格

09ⅡTG8M26是一座带有生土二层台的长方形竖穴土坑墓，南北向，墓向5°。墓口距地表0.6米，发掘至距地表2.6米处，在墓室东西两侧发现生土二层台，生土二层台上有横向盖板痕迹（图八二）。

09ⅡTG8M26长3、宽0.9、深2.7米。填土为花土，质松软，含水量较大，四壁较规整。

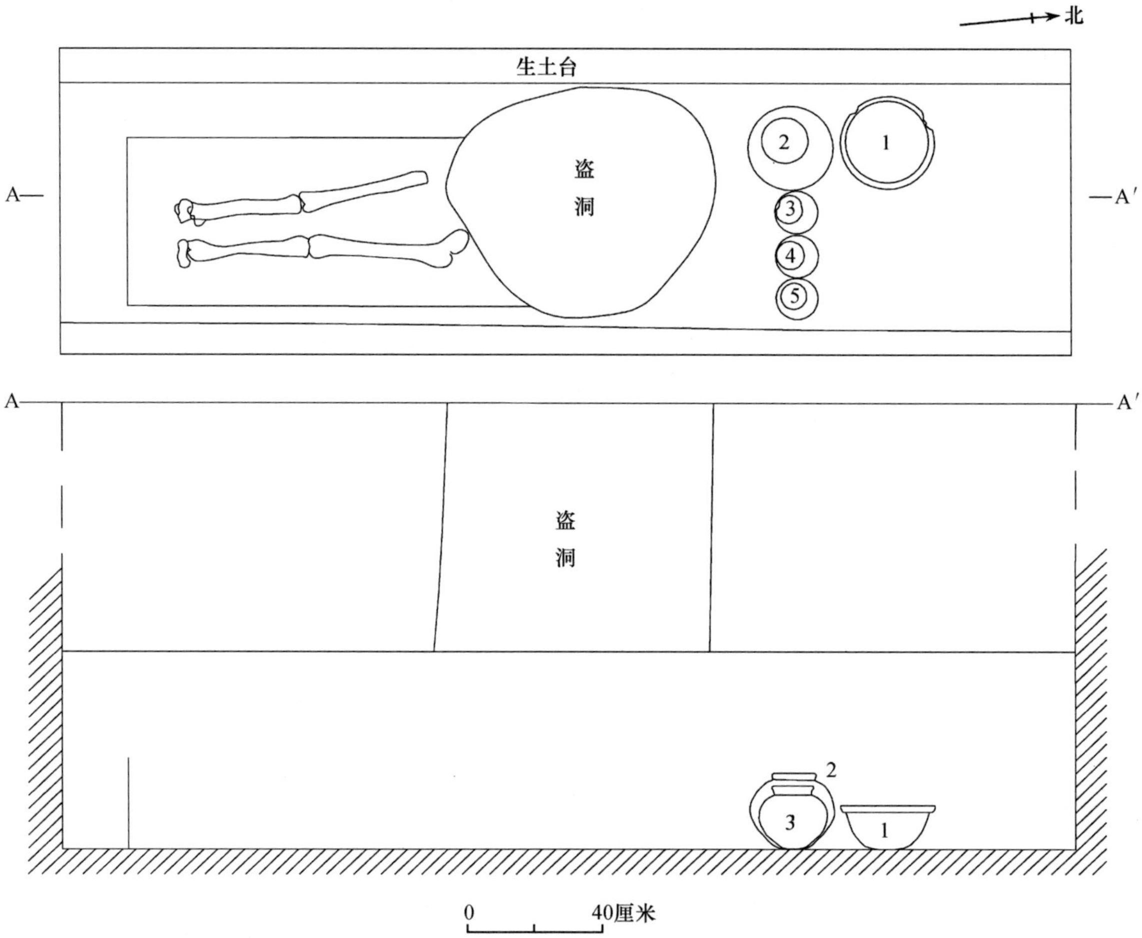

图八二　09ⅡTG8M26平、剖面图

1. 陶盆　2. 陶瓮　3～5. 陶罐

2. 葬具和人骨

墓室清理出一具木棺灰痕，棺长1.2、宽0.5、残高0.1米（图版一八，2）。人骨为单人葬。该墓曾遭严重盗扰，仅余部分大腿骨，年龄、性别不详。

3. 随葬品

（1）种类及数量

共5件。陶罐3件、陶瓮1件、陶盆1件。

（2）出土位置

随葬器物均位于墓室北部。陶瓮在西紧依西壁，3件小罐在东，它们东西向一字排列；陶盆依西壁位于陶瓮北侧。

（3）器物形制分类介绍

陶罐　3件。09ⅡTG8M26∶3，泥质灰陶。口微侈，方唇，束颈，溜肩，鼓腹，平底。器身有轮旋线，下腹旋削一周。口径8.4、底径6、高12.8厘米（图八三，3）。09ⅡTG8M26∶4，泥质灰陶，器形矮胖。直口，方唇，溜肩，腹较鼓凸，平底。颈部左右两侧各有一个穿孔，器身有轮旋线，下腹部旋削一周。口径7.8、底径5.6、高9厘米（图八三，1）。09ⅡTG8M26∶5，泥质灰陶。口微侈，方唇，束颈，鼓肩，弧腹，平底。器身有轮旋线，下腹旋削一周。口径8.4、底径5.8、高12厘米（图八三，4）。

陶瓮　1件。09ⅡTG8M26∶2，泥质灰陶。直口，方唇，溜肩，鼓腹，平底。下腹及底部饰绳纹。口径13.6、底径11.5、高23厘米（图八三，2）。

陶盆　1件。09ⅡTG8M26∶1，泥质灰陶。深腹，口微侈，折沿，方唇，斜直腹，微弧，平底。器表有轮旋线，下腹部旋削修坯一周。口径28、底径14.8、高11.8厘米（图八三，5；图版七八，1）。

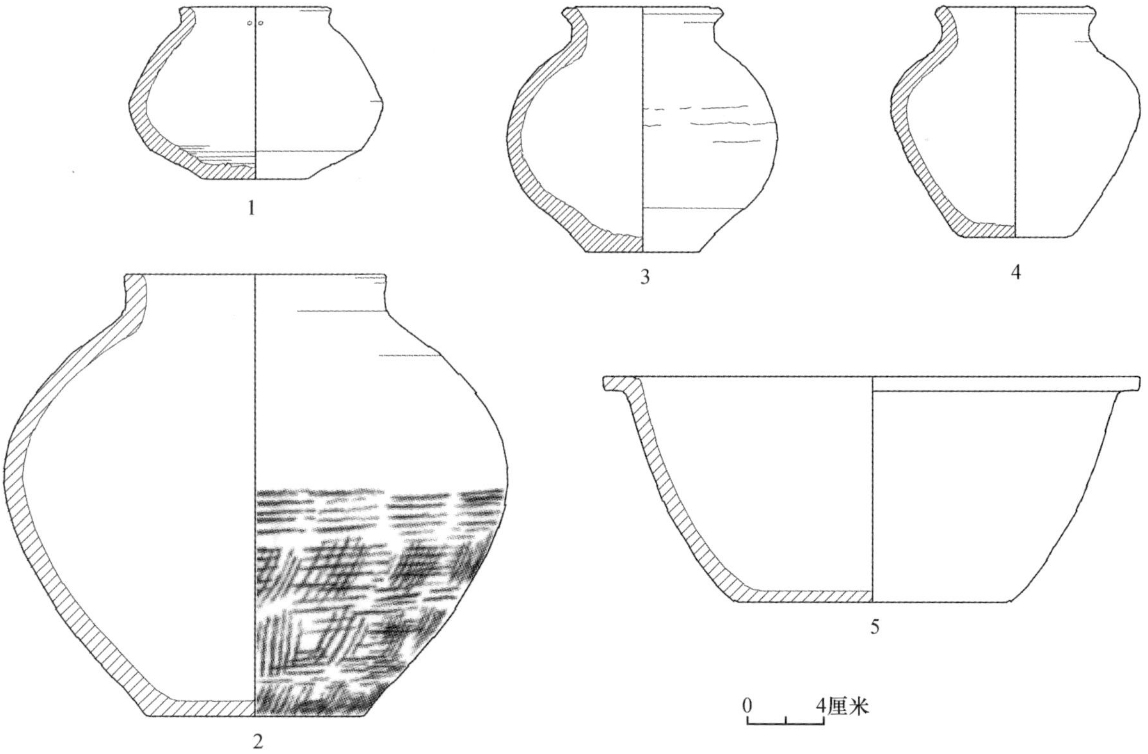

图八三　09ⅡTG8M26出土陶器

1、3、4. 罐（09ⅡTG8M26∶4、09ⅡTG8M26∶3、09ⅡTG8M26∶5）　2. 瓮（09ⅡTG8M26∶2）　5. 盆（09ⅡTG8M26∶1）

09ⅡTG8M28

09ⅡTG8M28位于TG8南部，东邻09ⅡTG8M34，北邻09ⅡTG8M33，东南邻09ⅡTG8M29，西邻09ⅡTG8M27。09ⅡTG8M28开口于②层下，打破第③层及生土层。

1. 形制和规格

09ⅡTG8M28是一座长方形竖穴土坑墓，东西向，墓向125°。墓口距地表0.6米（图八四）。

09ⅡTG8M28长2、宽0.9、深0.9米。填土为花土，质松软，四壁较规整。

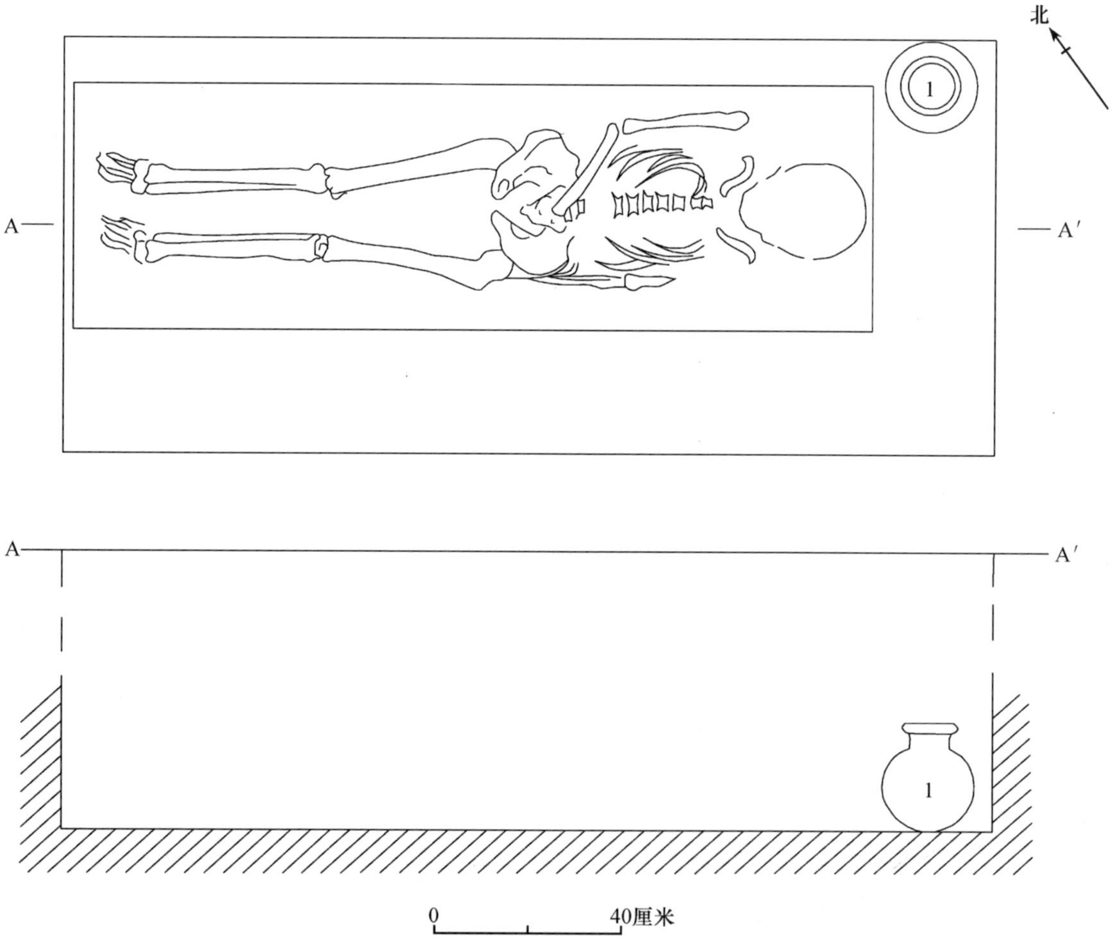

图八四　09ⅡTG8M28平、剖面图

1. 陶罐

2. 葬具和人骨

墓室清理出一具木棺灰痕，棺长1.7、宽0.55、残高0.26米（图版一九，1）。

人骨为仰身直肢单人葬。人骨头部和左手已朽成粉末状，其余部分保存较好。依据人骨残存痕迹判断墓主为头东脚西，右手放于下腹部。为一女性个体，年龄不详。

3. 随葬品

（1）种类及数量

陶罐1件。

（2）出土位置

1号陶罐位于墓室东北角。

（3）器物形制分类介绍

陶罐　1件。09ⅡTG8M28:1，泥质灰陶。侈口，方唇，直颈，溜肩，鼓腹，小平底。肩腹部饰凹弦纹，在接近底部处饰篮纹一周，纹饰较浅。口径14.4、底径6、高26厘米（图八五；图版六九，4）。

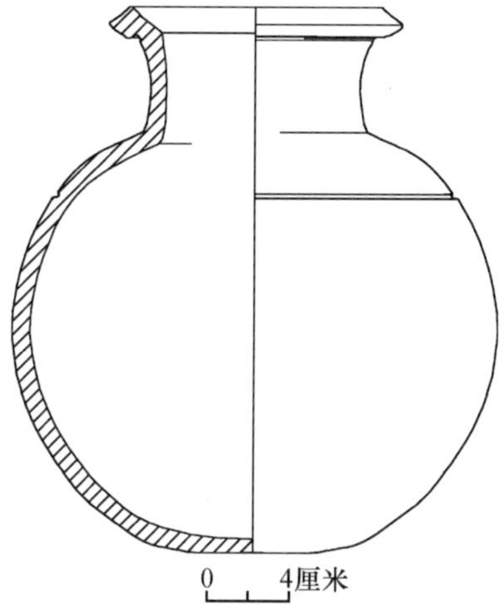

图八五　09ⅡTG8M28出土陶罐
（09ⅡTG8M28:1）

09ⅡTG6M30

09ⅡTG6M30位于TG6西北角，打破09ⅡTG6M31、09ⅡTG6M32，西、北分别为TG6西、北隔梁。09ⅡTG6M30开口于②层下，打破第③层及生土层。

1. 形制和规格

09ⅡTG6M30是一座带有生土二层台的长方形竖穴土坑墓，东西向，墓向98°。墓口距地表0.6米，发掘至距地表3.05米处，在墓室南北两侧发现生土二层台，生土二层台上有横向盖板痕迹（图八六）。

09ⅡTG6M30长3.1、宽0.8、深2.95米。填土为花土，质松软，含水量较大，四壁较规整。

2. 葬具和人骨

由于回填土较湿黏，未能清理出葬具（图版一九，2）。

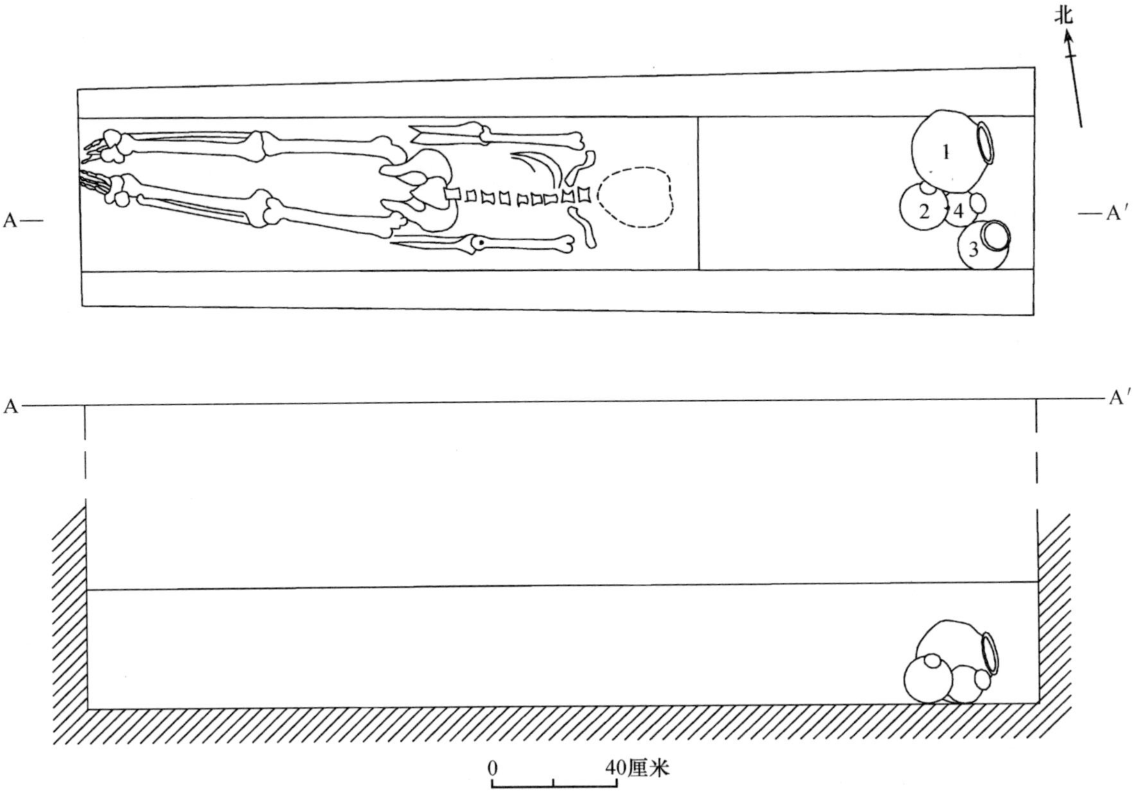

图八六　09ⅡTG6M30平、剖面图

1. 陶瓮　2～4. 陶壶

人骨为仰身直肢单人葬。人骨头部及胸部已朽成粉末状，其余部分保存较好，依据人骨残存痕迹判断墓主应为头东脚西。年龄、性别不详。

3. 随葬品

(1) 种类及数量

共4件。陶壶3件、陶瓮1件。

(2) 出土位置

随葬器物均位于墓室东部。

(3) 器物形制分类介绍

陶壶　3件。09ⅡTG6M30:2，泥质灰陶。口残，溜肩，鼓腹，平底。腹部有轮旋线，下腹有旋削修坯一周，去胎泥较厚，使下腹部略显折线。底径6.8、残高17厘米（图八七，3）。09ⅡTG6M30:3，泥质灰陶。侈口，方唇，束颈，溜肩，鼓腹，平底。腹部有轮旋线，下腹有旋削痕迹。口径8、底径8、高18厘米（图八七，1）。09ⅡTG6M30:4，泥质灰陶。侈口，方唇，束颈，溜肩，鼓腹，平底。腹部有轮旋线，下腹有旋削痕迹。口径6、底径6、高14.8厘米

（图八七，4）。

陶瓮　1件。09ⅡTG6M30∶1，泥质灰陶。直口，微敛，方唇，溜肩，折腹，小平底。下腹及底部饰绳纹。口径13.2、底径6.4、高22.4厘米（图八七，2；图版七五，4）。

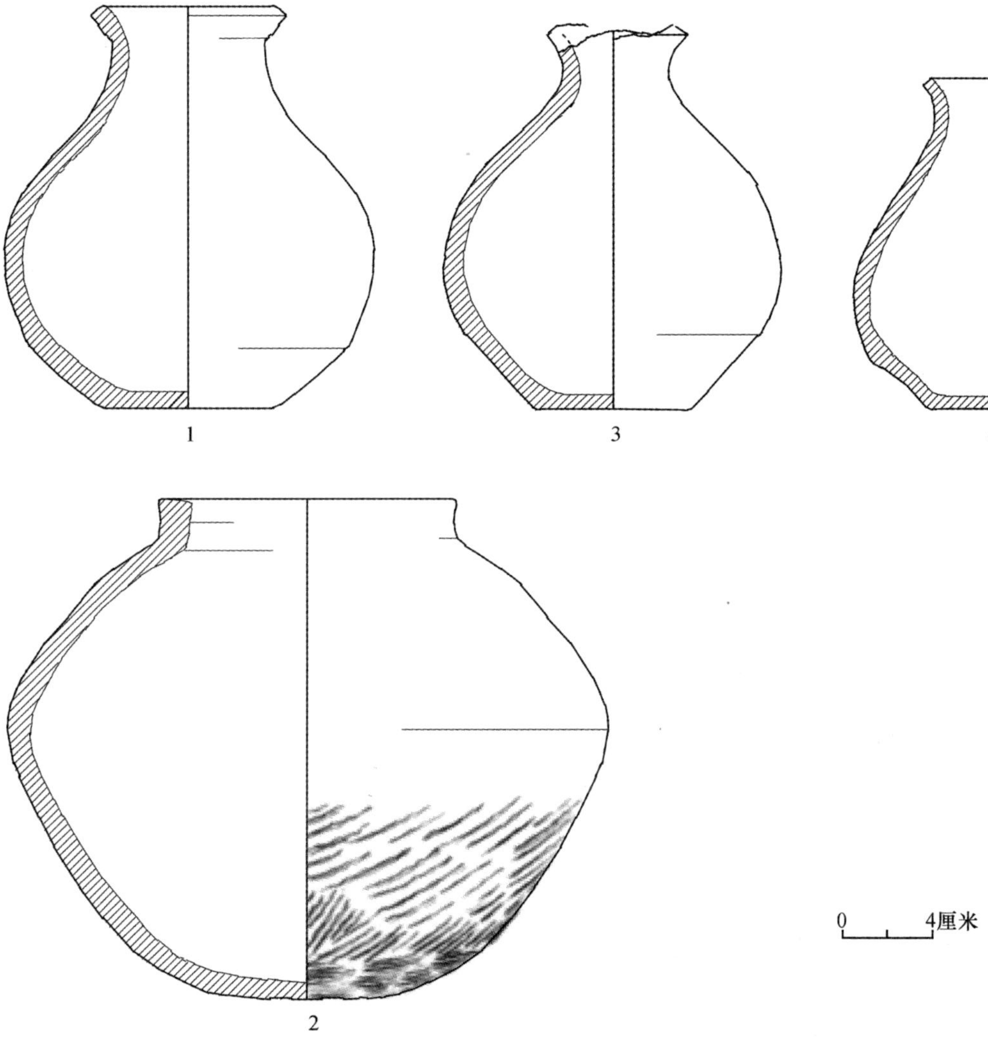

图八七　09ⅡTG6M30出土陶器

1、3、4. 壶（09ⅡTG6M30∶3、09ⅡTG6M30∶2、09ⅡTG6M30∶4）　2. 瓮（09ⅡTG6M30∶1）

09ⅡTG8M33

09ⅡTG8M33位于TG8中部偏西南，北邻09ⅡTG8M39、09ⅡTG8M45，西邻09ⅡTG8M25、09ⅡTG8M27，南邻09ⅡTG8M28，东邻09ⅡTG8M34、09ⅡTG8M40。09ⅡTG8M33开口于②层，打破第③层及生土层。该墓保存较好。

1. 形制和规格

09ⅡTG8M33是一座长方形砖椁墓，东西向，墓向110°。墓口距地表0.6米。发掘至距地表3.7米处发现砖墙，砖墙上有横向盖板痕迹。东、西、北壁较规整，南壁被挤压略呈弧形，墓室周壁顺砖错缝平砌12层，墓底用灰砖呈“人”字形平铺。墓砖规格为长34、宽16、厚5厘米（图八八）。

09ⅡTG8M33长3.2、宽1.24、深3.9米。填土为花土，质松软，含水量较大，四壁较规整。

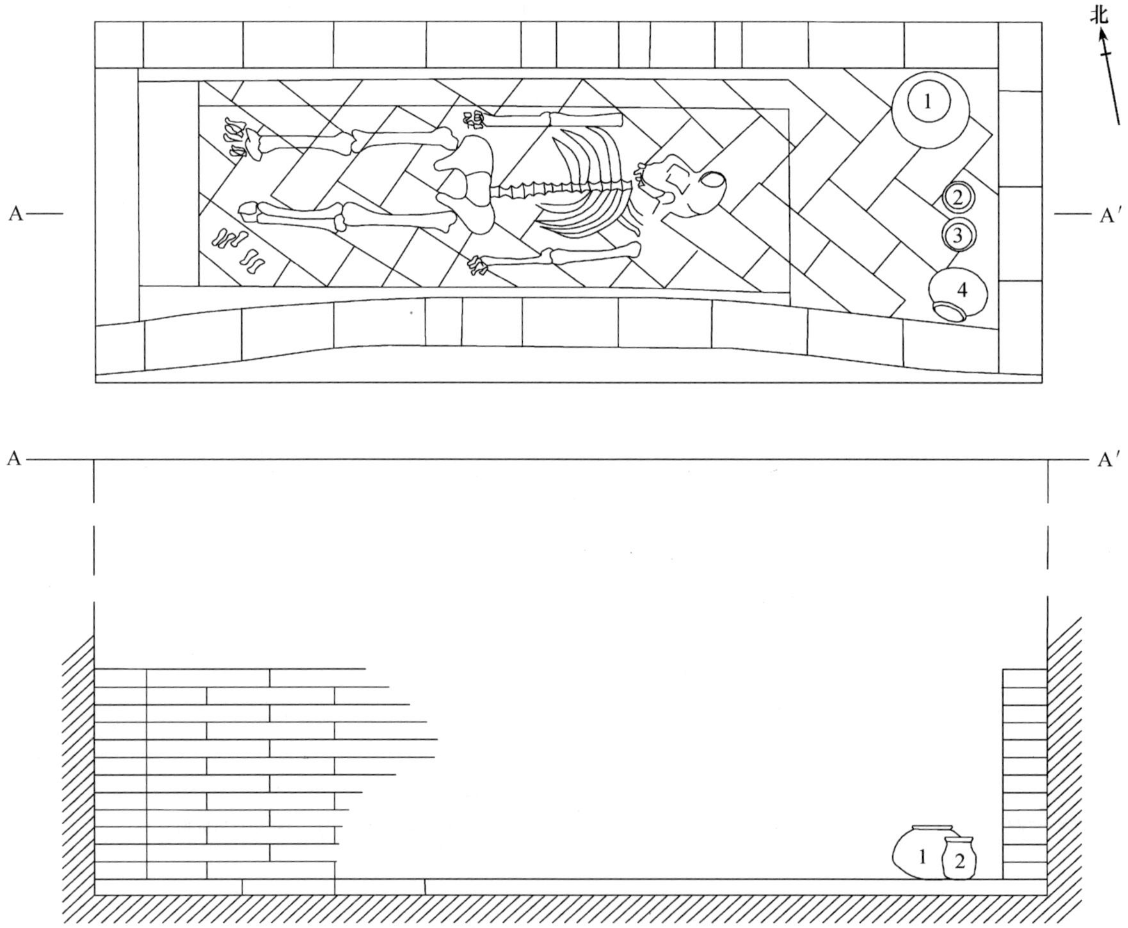

图八八　09ⅡTG8M33平、剖面图

1. 陶瓮　2～4. 陶罐

2. 葬具和人骨

墓室清理出一具木棺灰痕，棺长2、宽0.52、残高0.8米（图版二〇，1）。

人骨为仰身直肢单人葬。头东脚西，面向北。为一50~55岁的男性个体。

3. 随葬品

（1）种类及数量

共4件。陶罐3件、陶瓮1件。

（2）出土位置

随葬器物均位于墓主头前棺外东部。陶瓮位于砖椁东北角，3件陶罐依东壁一字排列。

（3）器物形制分类介绍

陶罐　3件。09ⅡTG8M33∶2，泥质灰陶。口微侈，方唇，束颈，折肩，直腹，平底。器表有轮旋线。口径9.6、底径10.8、高14.8厘米（图八九，3）。09ⅡTG8M33∶3，泥质灰陶。口微侈，方唇，束颈，折肩，直腹，平底。器表有轮旋线。口径9.2、底径10.8、高13.8厘米（图八九，4）。09ⅡTG8M33∶4，泥质灰陶。侈口，方唇，束颈，溜肩，鼓腹，小平底。下腹及底部饰绳纹。口径12.8、底径6、高19厘米（图八九，1）。

陶瓮　1件。09ⅡTG8M33∶1，泥质灰陶。小口，斜折沿，方唇，束颈，溜肩，上腹斜直，微弧，下腹折内收，圜底。肩腹部有轮旋线，下腹及底部饰绳纹。口径14、高20.4厘米（图八九，2；图版七四，5）。

09ⅡTG8M34

09ⅡTG8M34位于TG8南部偏东，东邻09ⅡTG8M35，西邻09ⅡTG8M28，北邻09ⅡTG8M40，东南邻09ⅡTG8M29。09ⅡTG8M34开口于②层下，打破第③层及生土层。

1. 形制和规格

09ⅡTG8M34是一座长方形竖穴土坑墓，东西向，墓向105°。墓口距地表0.6米（图九〇）。

09ⅡTG8M34长1.8、宽0.8、深1.7米。填土为花土，质松软，四壁较规整。

2. 葬具和人骨

墓室清理出一具木棺灰痕，棺长1.6、宽0.5、残高0.2米（图版二〇，2）。

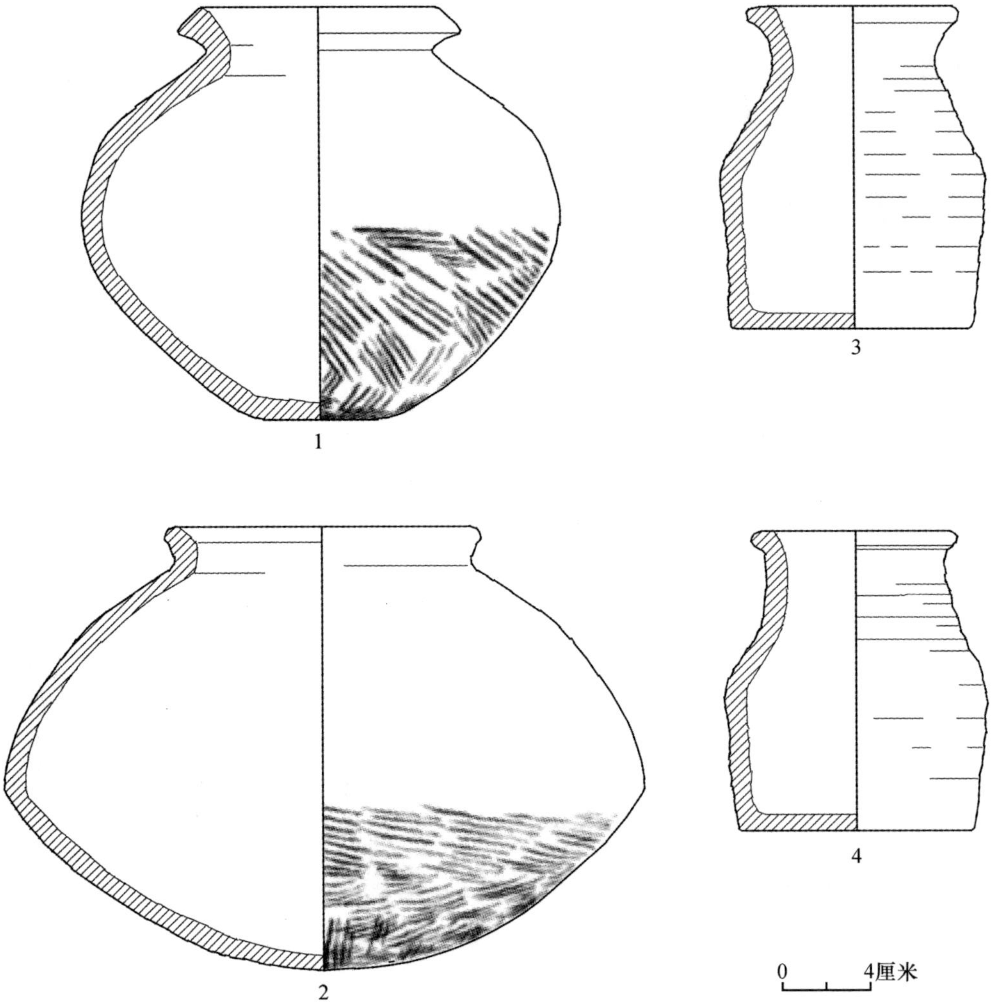

图八九　09ⅡTG8M33 出土陶器

1、3、4. 罐（09ⅡTG8M33∶4、09ⅡTG8M33∶2、09ⅡTG8M33∶3）　2. 瓮（09ⅡTG8M33∶1）

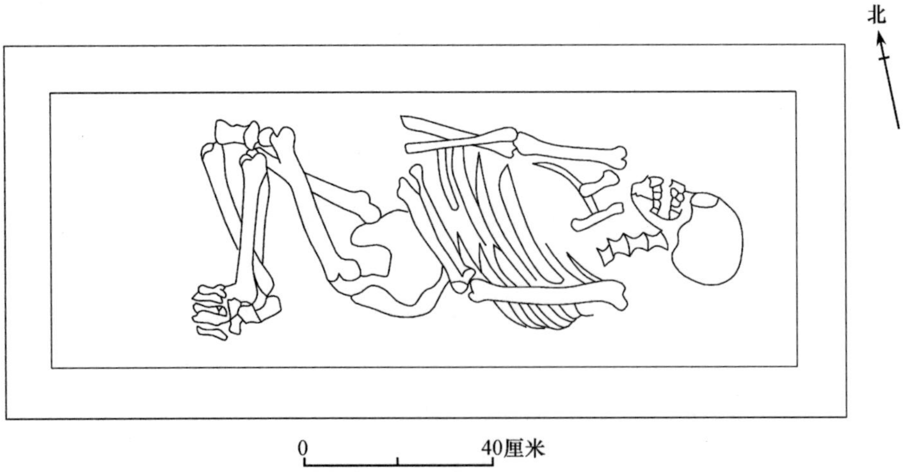

图九〇　09ⅡTG8M34 平面图

人骨为侧身屈肢单人葬。屈肢较甚。头东脚西，面向北，右臂平放于胸侧，左小臂右折放于腹上。为一45～50岁的女性个体。无随葬品。

09ⅡTG8M38

09ⅡTG8M38位于TG8中部偏东，南部打破09ⅡTG8M40，东邻09ⅡTG8M37，西邻09ⅡTG8M39。09ⅡTG8M38开口于②层下，打破第③层及生土层。

1. 形制和规格

09ⅡTG8M38是一座带有生土二层台的长方形竖穴土坑墓，南北向，墓向20°。墓口距地表0.6米，发掘至距地表1.86米处，在墓室东西两侧发现生土二层台，生土二层台上有横向盖板痕迹（图九一）。

09ⅡTG8M38长3.3、宽0.9、深1.86米。填土为花土，质松软，含水量较大，四壁较规整。

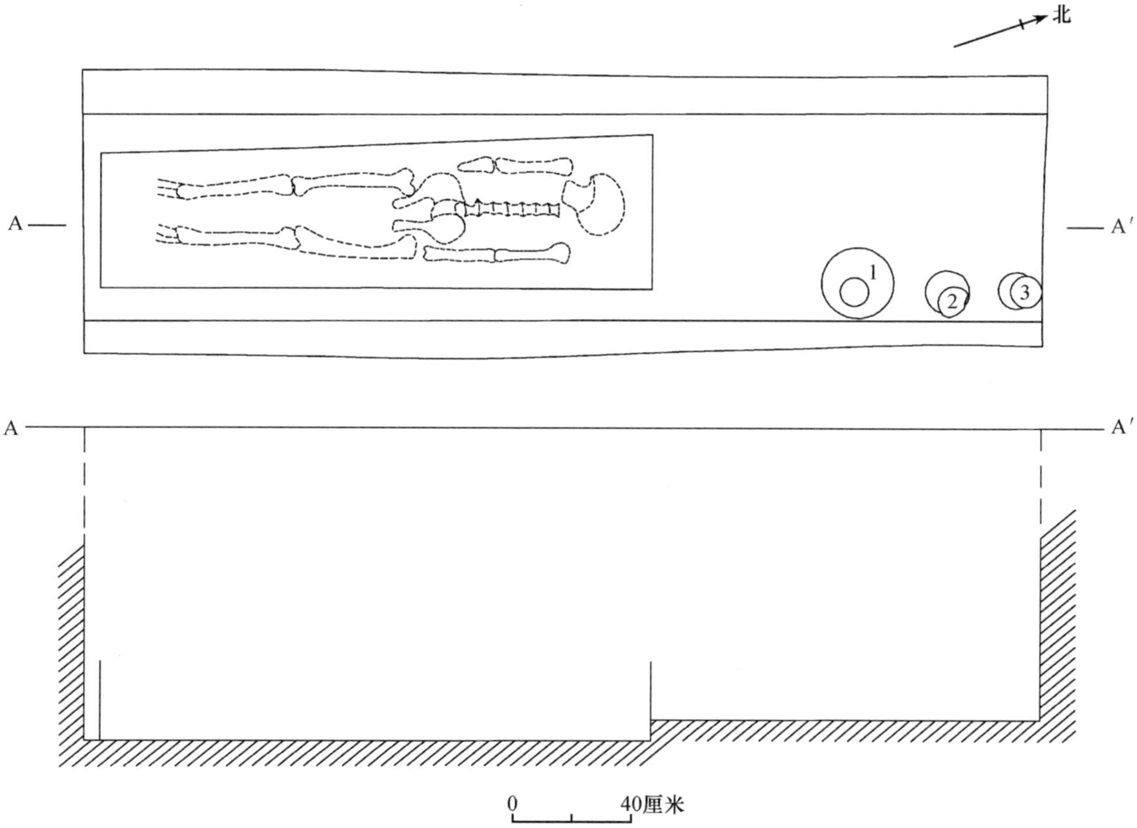

图九一 09ⅡTG8M38平、剖面图

1. 陶瓮 2、3. 陶罐

2. 葬具和人骨

墓室清理出一具木棺灰痕，棺长1.88、宽0.5、残高0.4米（图版二一，1）。

人骨为仰身直肢单人葬。棺内人骨保存较差，头部、胸部已朽成粉末状，依据人骨残存痕迹判断墓主应为头北脚南。年龄、性别不详。

3. 随葬品

（1）种类及数量

共3件。陶罐2件、陶瓮1件。

（2）出土位置

3号陶罐紧依椁室东北角，2号陶罐、1号陶瓮在3号陶罐南侧依次紧靠椁室东壁。

（3）器物形制分类介绍

陶罐　2件。09ⅡTG8M38∶2，泥质灰陶。侈口，方唇，长直颈，鼓肩，弧腹，小平底。器表有轮旋线，肩部饰凹弦纹一周，下腹及底部饰绳纹。口径12.4、底径7.6、高18厘米（图九二，1；图版七〇，4）。09ⅡTG8M38∶3，泥质灰陶。侈口，斜折沿，方唇，直颈较长，溜肩，鼓腹，小平底。器表有轮旋线，下腹及底部饰篮纹。口径12.4、底径7.2、高23.2厘米（图九二，3；图版七一，2）。

陶瓮　1件。09ⅡTG8M38∶1，泥质灰陶。小口，沿微侈，圆唇，溜肩，凸鼓腹，圜底。器表有轮旋线，下腹及底部拍印绳纹。口径12、高21.8厘米（图九二，2）。

09ⅡTG8M40

09ⅡTG8M40位于TG8中部偏东南处，南邻09ⅡTG8M34，西邻09ⅡTG8M33、09ⅡTG8M39，东北部被09ⅡTG8M38打破。09ⅡTG8M40开口于②层下，打破第③层及生土层。

1. 形制和规格

09ⅡTG8M40是一座长方形竖穴土坑墓，东西向，墓向90°。墓口距地表0.6米（图九三）。

09ⅡTG8M40长2、宽0.9、深2.1米。填土为花土，质松软，四壁较规整。

2. 葬具和人骨

墓室内清理出一具木棺灰痕，棺长1.7、宽0.5、残高0.15米（图版二一，2）。

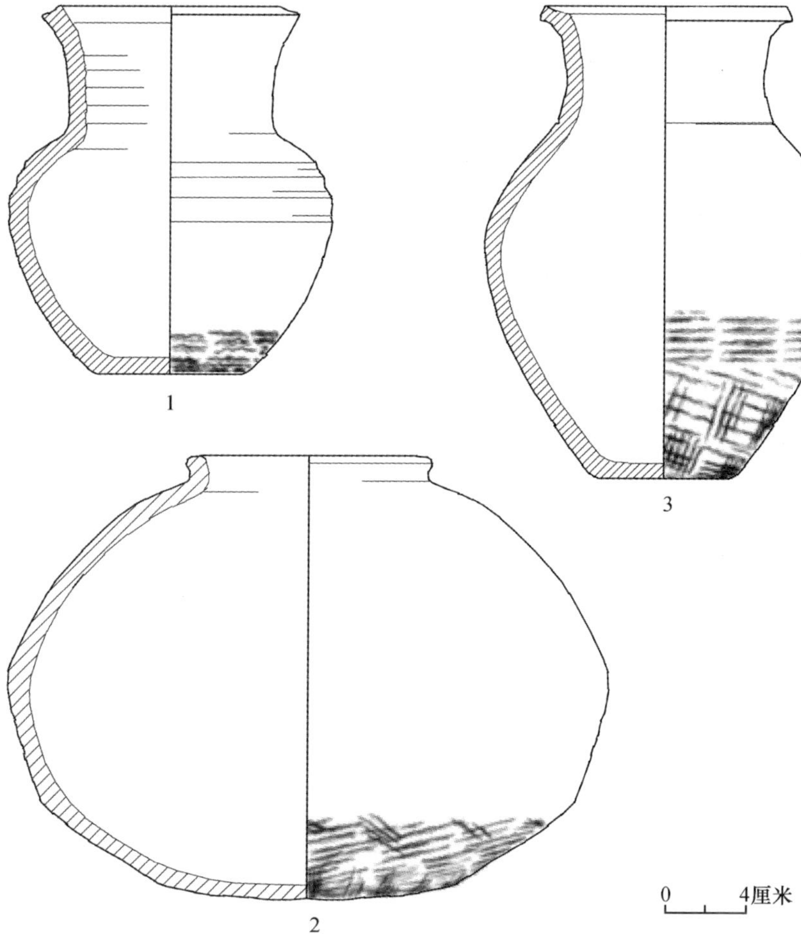

图九二　09ⅡTG8M38出土陶器

1、3. 罐（09ⅡTG8M38∶2、09ⅡTG8M38∶3）　2. 瓮（09ⅡTG8M38∶1）

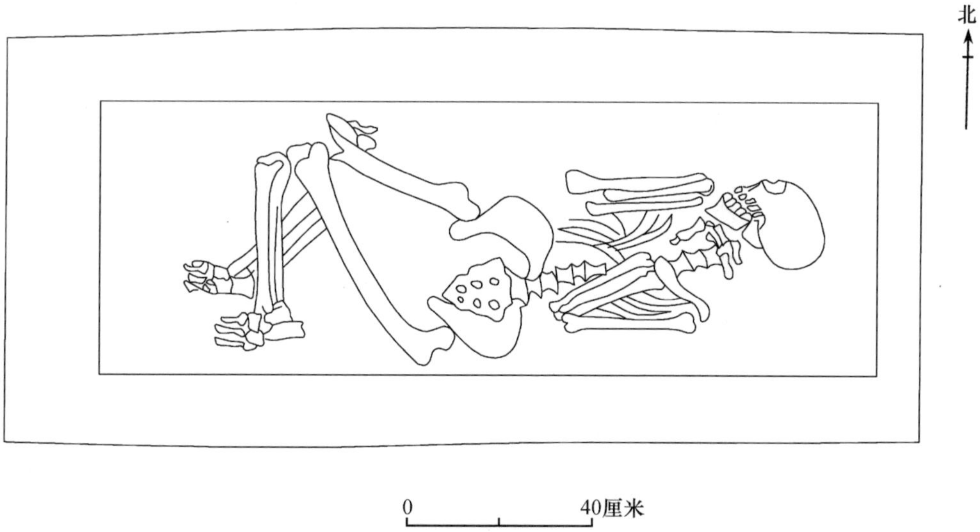

图九三　09ⅡTG8M40平面图

人骨为仰身屈肢单人葬。屈肢较甚。头东脚西，面向北，右小臂上折放于身侧，左小臂回折放于左胸。为一 50 ~ 55 岁的女性个体。无随葬品。

09 Ⅱ TG8M41

09 Ⅱ TG8M41 位于 TG8 东北角，西邻 09 Ⅱ TG8M42、09 Ⅱ TG8M43，南邻 09 Ⅱ TG8M36、09 Ⅱ TG8M37。09 Ⅱ TG8M41 开口于②层下，打破第③层及生土层。

1. 形制和规格

09 Ⅱ TG8M41 是一座带有生土二层台的长方形竖穴土坑墓，南北向，墓向 5°。墓口距地表 0.6 米，发掘至距地表 4.1 米处，清理出东西两侧发现生土二层台，生土二层台上有横向盖板痕迹（图九四）。

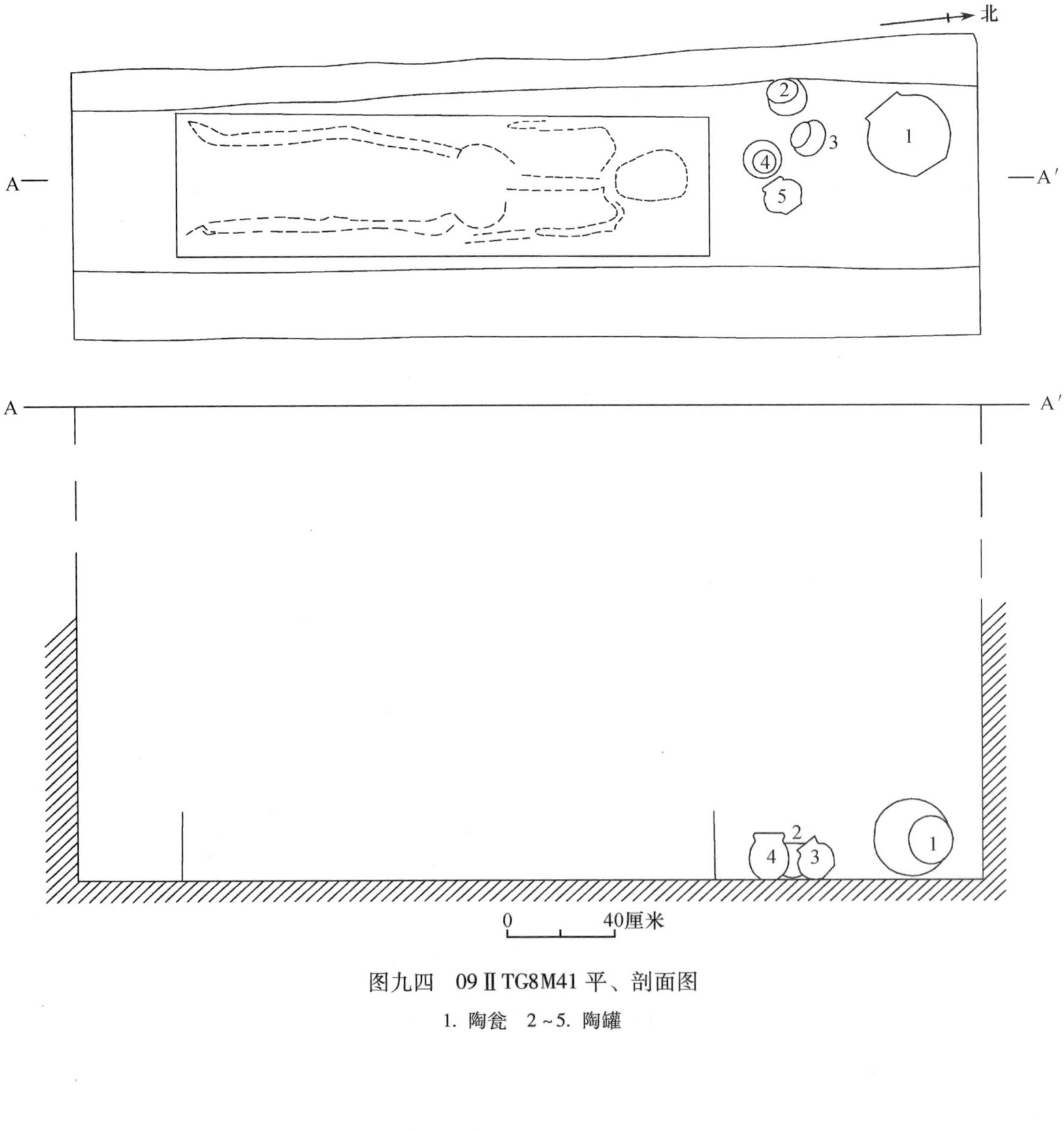

图九四　09 Ⅱ TG8M41 平、剖面图

1. 陶瓮　2 ~ 5. 陶罐

09ⅡTG8M41长3.4、宽1、高4.3米。填土为花土，质松软，含水量较大，四壁较规整。

2. 葬具和人骨

墓室清理出一具木棺灰痕，棺长2、宽0.52、残高0.26米。

人骨为仰身直肢单人葬。棺内人骨保存较差，已朽成粉末状，依据人骨残存痕迹判断墓主应为头北脚南。年龄、性别不详。

3. 随葬品

（1）种类及数量

共5件。陶罐4件、陶瓮1件。

（2）出土位置

随葬器物均位于墓室北部。

（3）器物形制分类介绍

陶罐　4件。09ⅡTG8M41∶2，泥质灰陶。口微侈，圆唇，溜肩，鼓腹，平底。器表施白衣，下腹旋削一周。口径8.8、底径6.8、高13.2厘米（图九五，4）。09ⅡTG8M41∶3，泥质灰陶。直口，圆唇，溜肩，鼓腹，平底。器表施白衣，下腹旋削一周。口径9.6、底径6.4、高13厘米（图九五，2）。09ⅡTG8M41∶4，泥质灰陶。直口，圆唇，溜肩，鼓腹，平底。器表施白衣，有轮旋线，下腹旋削一周。口径8.8、底径6.8、高12.8厘米（图九五，3）。09ⅡTG8M41∶5，泥质灰陶。直口，圆唇，溜肩，鼓腹，平底。器表施白衣，有轮旋线，下腹旋削一周。口径8.8、底径6.8、高14.2厘米（图九五，1）。

陶瓮　1件。09ⅡTG8M41∶1，泥质灰陶。直口，微侈，方唇，折肩，上腹微弧，下腹折收，小平底。肩部旋削修坯修饰一周，使肩部略显折线。器表有轮旋线，下腹及底部饰绳纹。口径18.6、底径14.4、高27.6厘米（图九五，5；图版七五，3）。

09ⅡTG8M42

09ⅡTG8M42位于TG8北部，东邻09ⅡTG8M41，西南邻09ⅡTG8M43。09ⅡTG8M42开口于②层下，打破第③层及生土层。

1. 形制和规格

09ⅡTG8M42是一座带有生土二层台的长方形竖穴土坑墓，东西向，墓向105°。墓口距地表0.6米，发掘至距地表2.1米处，在墓室南北两侧发现生土二层台，生土二层台上有横向盖板痕迹（图九六）。

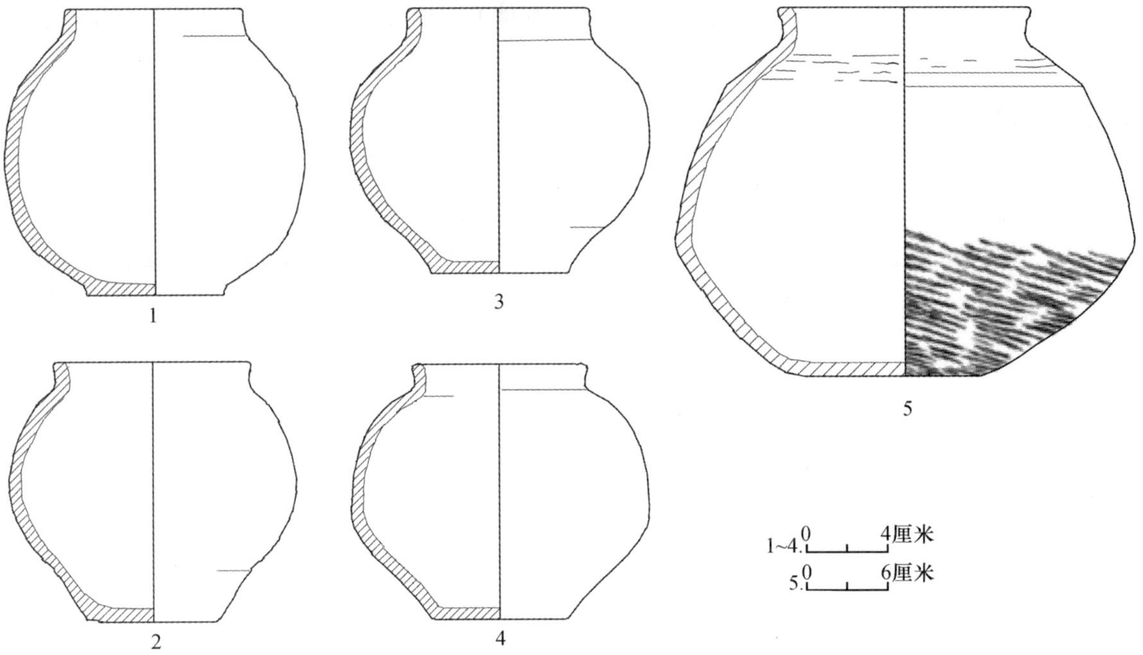

图九五　09ⅡTG8M41出土陶器

1～4. 罐（09ⅡTG8M41∶5、09ⅡTG8M41∶3、09ⅡTG8M41∶4、09ⅡTG8M41∶2）　5. 瓮（09ⅡTG8M41∶1）

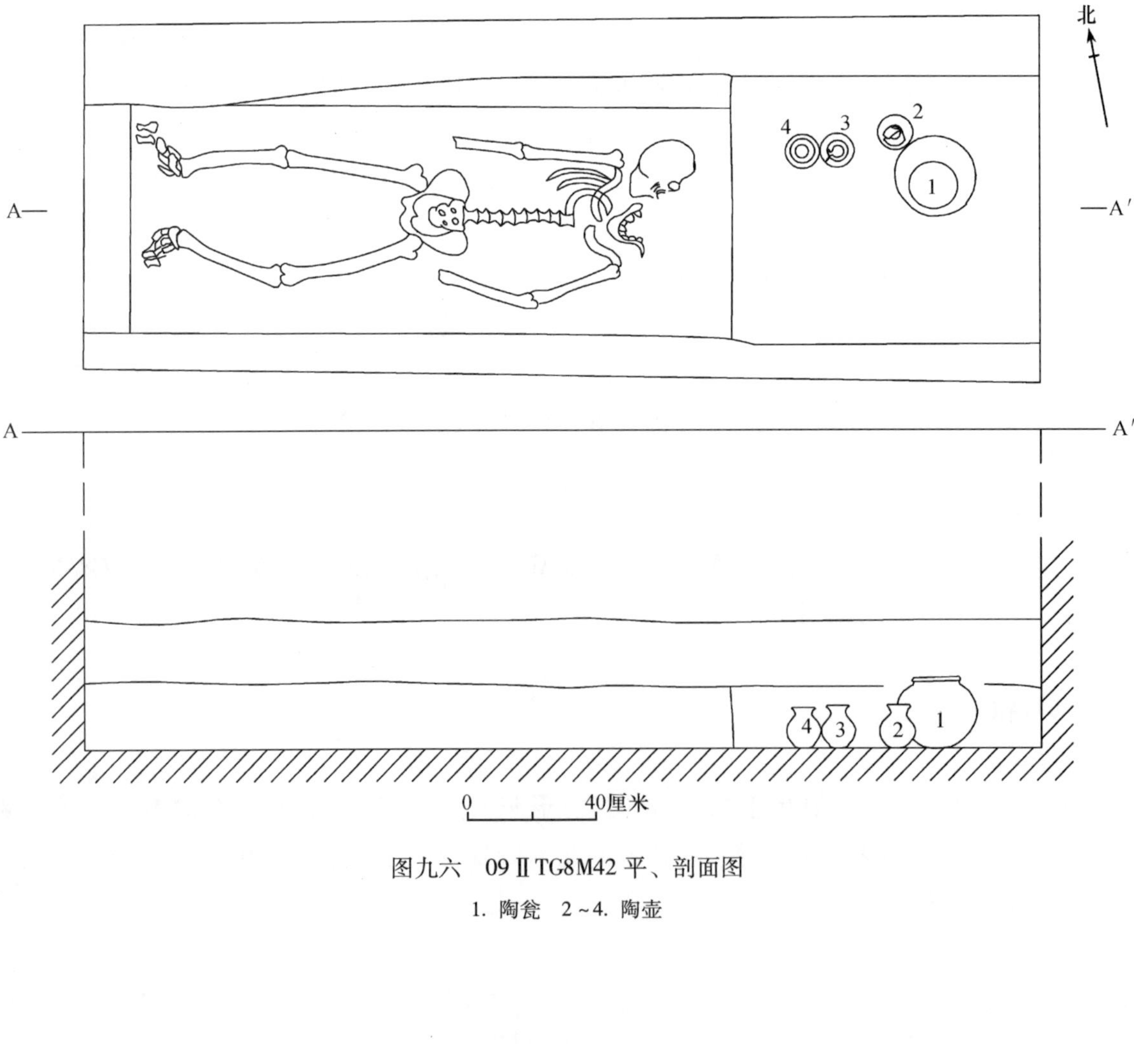

图九六　09ⅡTG8M42平、剖面图

1. 陶瓮　2～4. 陶壶

09ⅡTG8M42长3、宽1.15、深2米。填土为花土，质松软，含水量较大，四壁较规整。

2. 葬具和人骨

墓室清理出一具木棺灰痕，棺长1.9、宽0.72、残高0.2米（图版二二，1）。

人骨为仰身直肢单人葬。棺内人骨保存较差，胸部已朽成粉末状，依据人骨残存痕迹判断墓主应为头东脚西，面向南，腿略弯曲。为一35～40岁的女性个体。

3. 随葬品

（1）种类及数量

共4件。陶壶3件、陶瓮1件。

（2）出土位置

随葬陶器均位于墓主棺外东侧，1号陶瓮及2～4号陶壶，自东向西依次位于墓室北侧。

（3）器物形制分类介绍

陶壶 3件。09ⅡTG8M42∶2，泥质灰陶。器形不规整。侈口，圆唇，束颈，溜肩，鼓腹，平底。肩部以下有旋削痕迹。口径8、底径6、高13.8厘米（图九七，1）。09ⅡTG8M42∶3，泥质灰陶。侈口，方唇，束颈，溜肩，鼓腹，平底。下腹有旋削痕迹。口径7.6、底径6、高14.2厘米（图九七，3）。09ⅡTG8M42∶4，泥质灰陶。侈口，方唇，束颈，溜肩，鼓腹，平底。肩部以下有旋削痕迹。口径8、底径6、高13.6厘米（图九七，2）。

陶瓮 1件。09ⅡTG8M42∶1，泥质灰陶。沿微卷，方唇，溜肩，鼓腹，小平底。肩部饰2条凹弦纹，弦纹之间按压箅状戳点纹；下腹及底部饰篮纹，局部拍印痕迹明显。口径15.2、底径8、高22厘米（图九七，4）。

09ⅡTG8M43

09ⅡTG8M43位于TG8西北部，东北邻09ⅡTG8M42，西邻09ⅡTG8M44，南邻09ⅡTG8M46。09ⅡTG8M43开口于②层下，打破第③层及生土层。

1. 形制和规格

09ⅡTG8M43是一座带有生土二层台的长方形竖穴土坑墓，南北向，墓向5°。墓口距地表0.6米，发掘至距地表3.5米处，在墓室东西两侧发现生土二层台，生土二层台上有横向盖板痕迹（图九八）。

09ⅡTG8M43长3.6、宽1.1、深3.7米。填土为花土，质松软，四壁较规整。

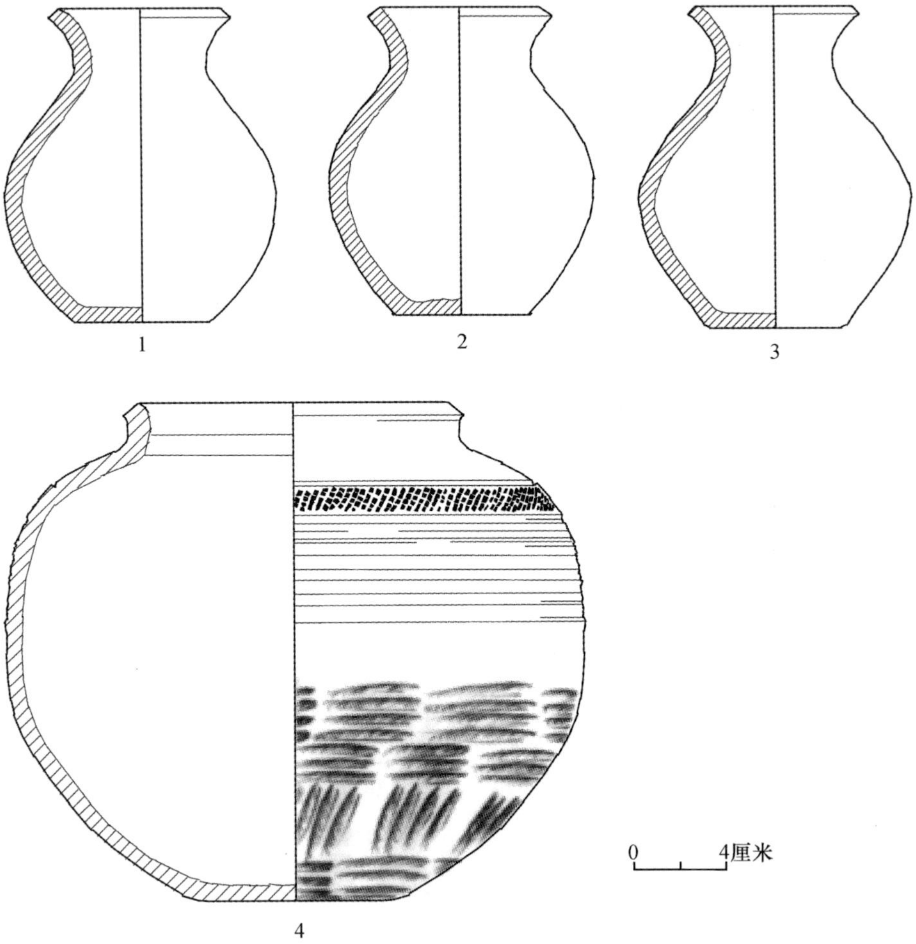

图九七　09 Ⅱ TG8M42 出土陶器

1～3. 壶（09 Ⅱ TG8M42∶2、09 Ⅱ TG8M42∶4、09 Ⅱ TG8M42∶3）　4. 瓮（09 Ⅱ TG8M42∶1）

2. 葬具和人骨

墓室内清理出一具木棺灰痕，棺长 1.85、宽 0.65、残高 0.18 米（图版二二，2）。

人骨为仰身直肢单人葬。棺内人骨保存较差，胸部已朽成粉末状，从遗迹现象判断墓主头北脚南，面向上。为一 45～50 岁的男性个体。

3. 随葬品

（1）种类及数量

共 6 件。陶罐 4 件、陶瓮 1 件、陶钵 1 件。

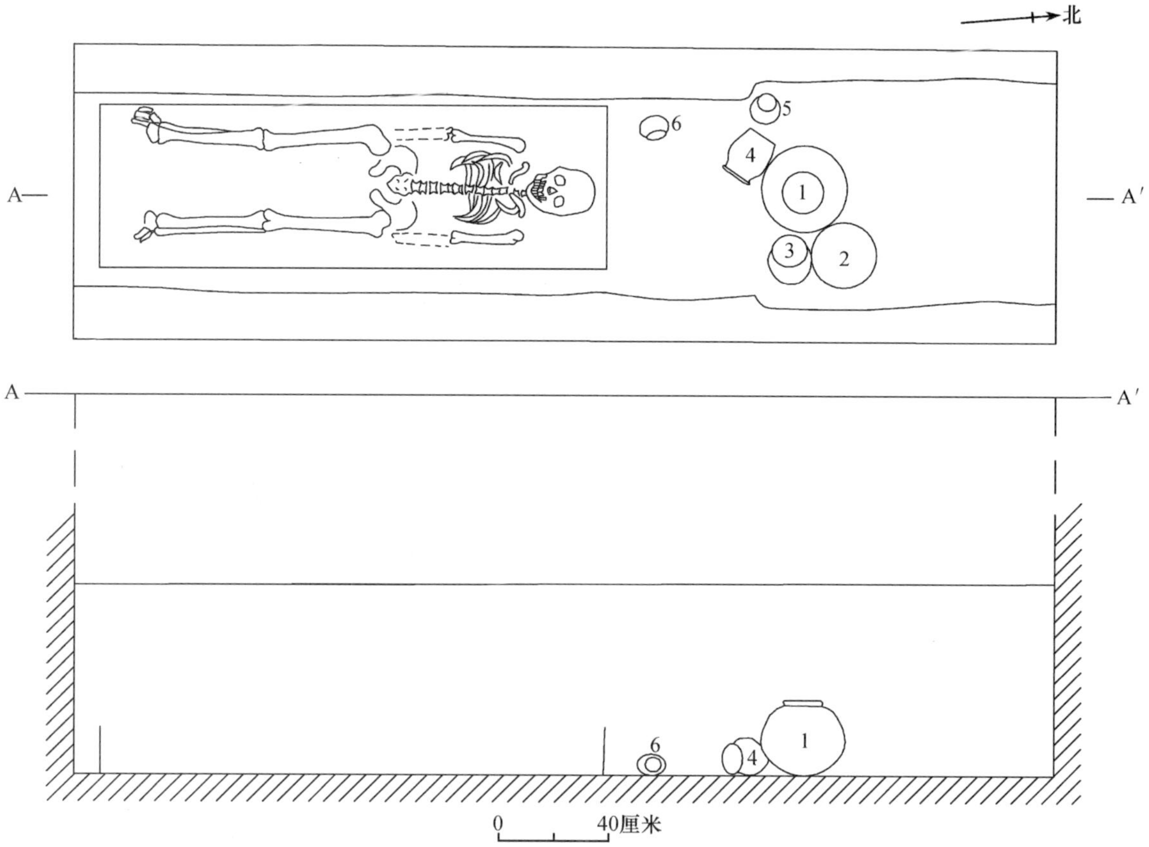

图九八　09ⅡTG8M43平、剖面图
1. 陶瓮　2. 陶钵　3～6. 陶罐

（2）出土位置

随葬器物均位于墓主头前棺外北部。6号陶罐依椁室西壁，南邻木棺；其他随葬器物均置放于木棺北部与墓室北壁之间，中部偏南处。

（3）器物形制分类介绍

陶罐　4件。09ⅡTG8M43∶3，泥质灰陶。侈口，方唇，束颈，溜肩，斜直腹，微弧，平底。器身有轮旋线。口径12、底径10、高17厘米（图九九，1）。09ⅡTG8M43∶4，泥质灰陶。侈口，方唇，束颈，溜肩，斜直腹，微弧，平底。器身有轮旋线。口径12、底径10.4、高17厘米（图九九，6；图版七三，1）。09ⅡTG8M43∶5，泥质灰陶。侈口，方唇，束颈，溜肩，鼓腹，平底。器身有轮旋线，下腹部竖向刀削一周。口径6.8、底径6、高10厘米（图九九，4）。09ⅡTG8M43∶6，泥质灰陶。口微侈，无颈，尖唇，溜肩，鼓腹，平底，微内凹。器身有轮旋线，下腹竖向刀削修坯一周。口径6.8、底径5.2、高6.2厘米（图九九，5；图版七一，5）。

陶瓮　1件。09ⅡTG8M43∶1，泥质灰陶。直口，微侈，圆唇，束颈，折肩，上腹斜直，微弧，下腹略折收，小平底，微内凹。肩部削泥去皮一周，使肩部略显折线；上腹部有轮旋线，下腹及底部饰绳纹。口径13.8、底径10.2、高26.1厘米（图九九，3）。

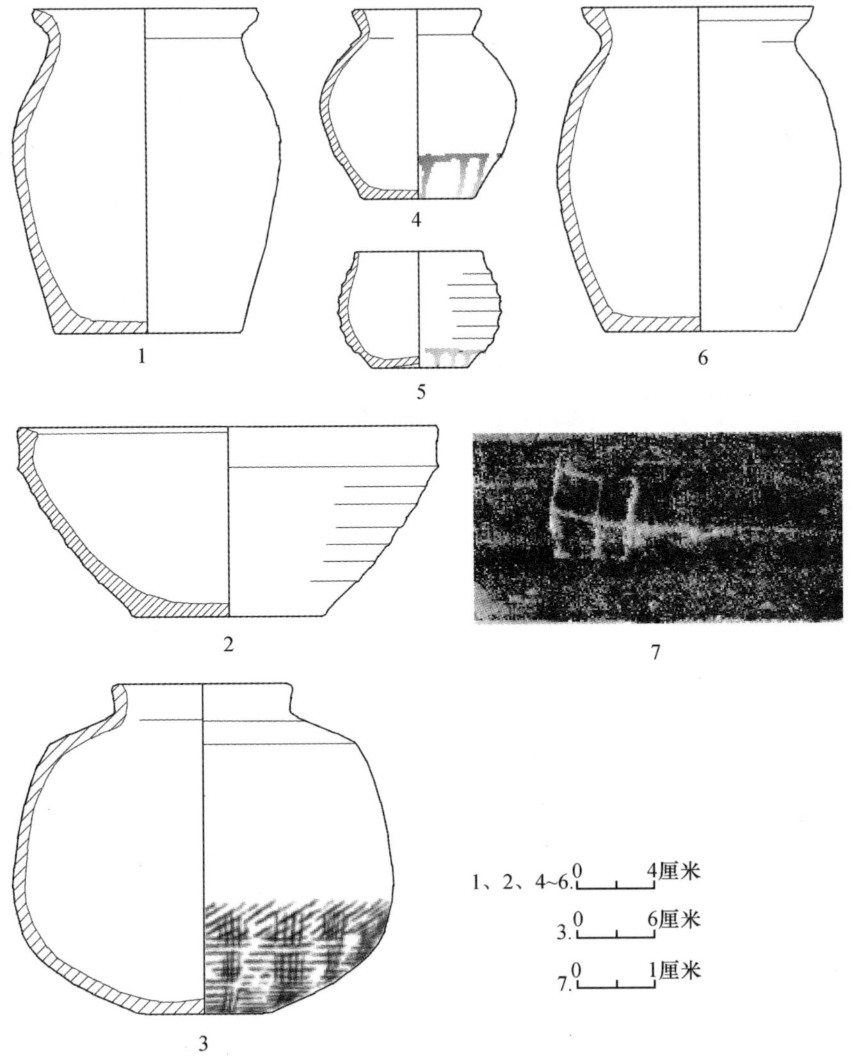

图九九　09ⅡTG8M43出土陶器物

1、4~6. 罐（09ⅡTG8M43∶3、09ⅡTG8M43∶6、09ⅡTG8M43∶5、09ⅡTG8M43∶4）　2. 钵（09ⅡTG8M43∶2）　3. 瓮（09ⅡTG8M43∶1）　7. 陶钵文字拓片（09ⅡTG8M43∶2）

陶钵　1件。09ⅡTG8M43∶2，泥质灰陶。直口，微敛，方唇，上折腹，下腹斜直微弧，平底。腹部有轮旋线，下腹旋削修坯一周。上腹刻划一“甲”字（图九九，7）。口径22.4、底径10.4、高10厘米（图九九，2；图版七七，3）。

09ⅡTG8M44

09ⅡTG8M44位于TG8西北角，东邻09ⅡTG8M43，南邻09ⅡTG8M45、09ⅡTG8M46。09ⅡTG8M44开口于②层下，打破第③层及生土层。

1. 形制和规格

09ⅡTG8M44是一座带有生土二层台的长方形竖穴土坑墓，南北向，墓向20°。墓口距地表0.6米，发掘至距地表2.5米处，在墓室东西两侧发现生土二层台，生土二层台上有横向盖板痕迹（图一〇〇）。

09ⅡTG8M44长3.2、宽1.1、深2.6米。填土为花土，质松软，含水量较大，四壁较规整。

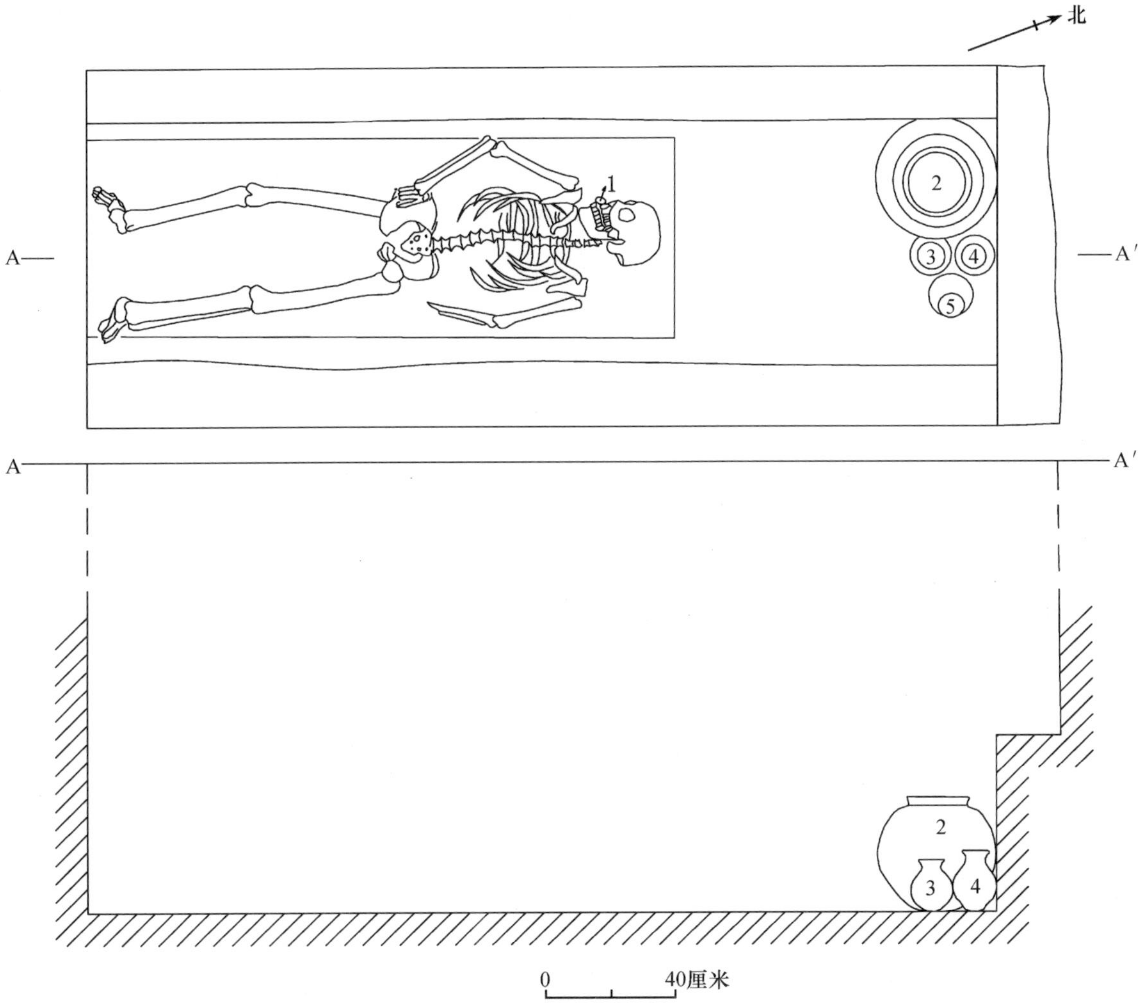

图一〇〇　09ⅡTG8M44平、剖面图

1. 铜钱　2. 陶瓮　3～5. 陶壶

2. 葬具和人骨

墓室清理出一具木棺灰痕，棺长1.8、宽0.65、残高0.35米（图版二三，1）。

人骨为仰身直肢单人葬。头北脚南，面向西。为一35～45岁的女性个体。

3. 随葬品

（1）种类及数量

共5件（枚）。陶壶3件、陶瓮1件，铜钱1枚。

（2）出土位置

1号铜钱位于墓主嘴中，2号陶瓮位于椁室西北角，3件陶壶位于墓室北端，其中两件与2号陶瓮相依。

（3）器物形制分类介绍

陶壶 3件。09ⅡTG8M44∶5，泥质灰陶。侈口，圆唇，束颈，溜肩，鼓腹，平底，微内凹。器表有轮旋线，下腹旋削一周。口径7.2、底径4.8、高15厘米（图一〇一，3）。09ⅡTG8M44∶3，泥质灰陶。侈口，圆唇，束颈，溜肩，鼓腹，平底，微内凹。器表有轮旋线，下腹有旋削痕迹。口径8.4、底径6.4、高15.1厘米（图一〇一，1）。09ⅡTG8M44∶4，泥质灰陶。侈口，圆唇，束颈，溜肩，鼓腹，平底，微内凹。器表有轮旋线，下腹旋削一周。口径7.6、底径7.6、高17.4厘米（图一〇一，4）。

陶瓮 1件。09ⅡTG8M44∶2，泥质灰陶。直口，方唇，折肩，弧腹，平底。肩部旋削修坯修饰一周，使肩部略显折线，腹部有轮旋线，下腹及底部饰篮纹。口径18.6、底径15、高34.8厘米（图一〇一，2）。

铜钱 1枚。09ⅡTG8M44∶1，漫漶不清。

09ⅡTG8M45

09ⅡTG8M45位于TG8中部偏西，打破09ⅡTG8M46，北邻09ⅡTG8M44，南邻09ⅡTG8M25、09ⅡTG8M33，西为西隔梁。09ⅡTG8M45开口于②层下，打破第③层及生土层。

1. 形制和规格

09ⅡTG8M45是一座带有生土二层台的长方形竖穴土坑墓，南北向，墓向10°。墓口距地表0.6米，发掘至距地表2.3米处时，在墓室东西两侧发现生土二层台，生土台上有横向盖板痕迹（图一〇二）。

09ⅡTG8M45长2.6、宽0.8、深2.2米。填土为花土，质松软，四壁较规整。

2. 葬具和人骨

墓室清理出一具木棺灰痕，棺长1.8、宽0.5、残高0.3米（图版二三，2）。

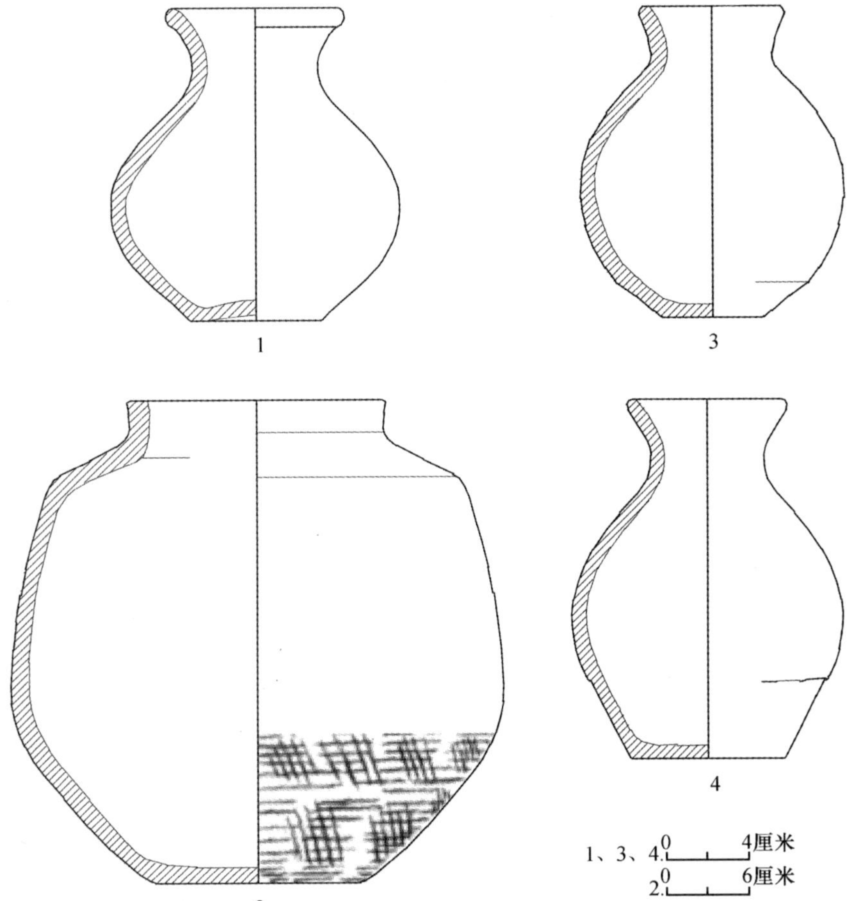

图一〇一　09ⅡTG8M44出土陶器

1、3、4. 壶（09ⅡTG8M44:3、09ⅡTG8M44:5、09ⅡTG8M44:4）　2. 瓮（09ⅡTG8M44:2）

人骨为仰身直肢单人葬。棺内人骨保存较差，胸部、盆骨已朽成粉末状，从残存痕迹判断墓主应为头北脚南，面向上，年龄、性别不详。

3. 随葬品

（1）种类及数量

共4件。陶罐3件、陶瓮1件。

（2）出土位置

随葬器物均位于墓主头前棺外北部。1号陶瓮位于墓室西北角；2～4号陶罐位于棺外北部，1号陶瓮之南，东西向一字排列。

（3）器物形制分类介绍

陶罐　3件。09ⅡTG8M45:2，泥质灰陶。口微侈，圆唇，溜肩，鼓腹，平底。器身有轮旋线，下腹旋削一周，底缘及底部有旋削修坯痕迹。口径7.6、底径6、高10.5厘米（图一〇三，2）。

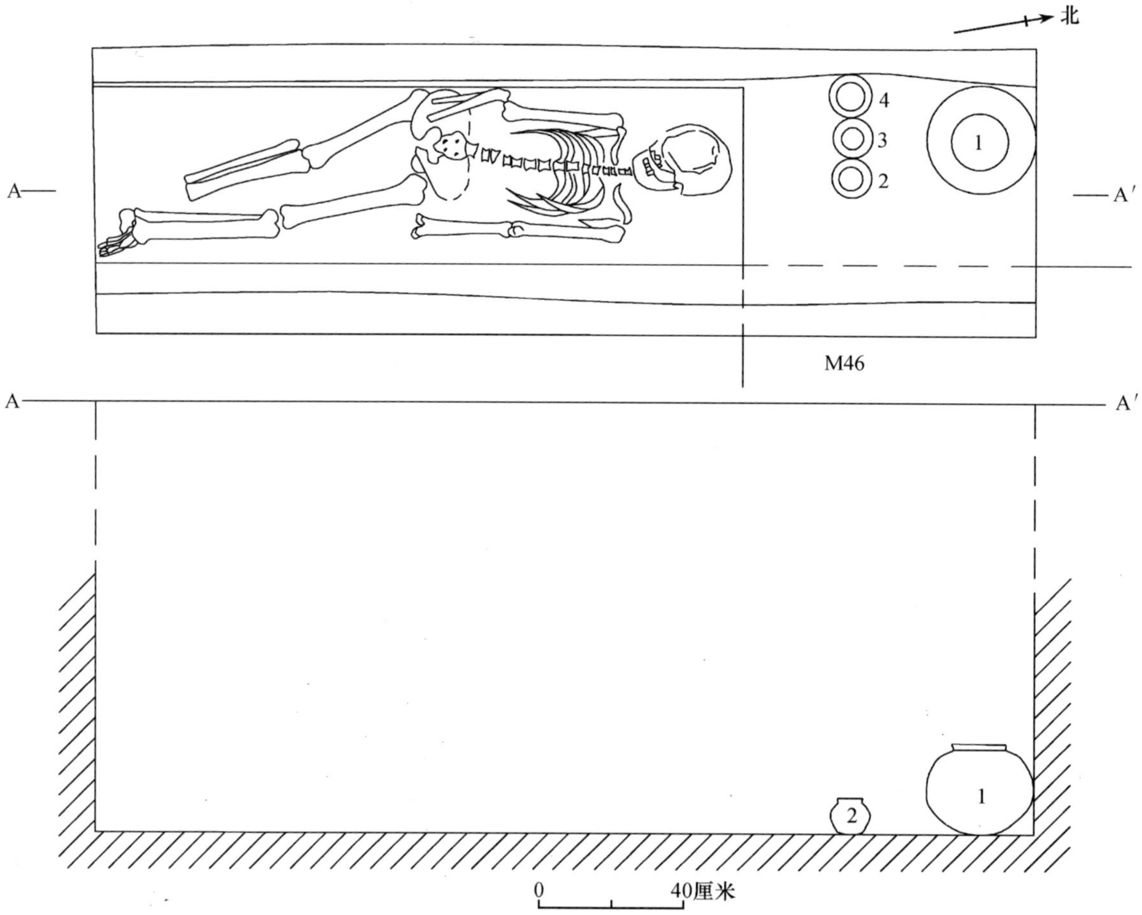

图一〇二　09ⅡTG8M45 平、剖面图

1. 陶瓮　2～4. 陶罐

09ⅡTG8M45∶3，泥质灰陶。口微侈，圆唇，溜肩，鼓腹，平底。器身有轮旋线，下腹旋削一周，底缘及底部有旋削修坯痕迹。口径7.6、底径5.6、高9.6厘米（图一〇三，3）。09ⅡTG8M45∶4，泥质灰陶。口微侈，圆唇，溜肩，鼓腹，平底。器身有轮旋线，下腹旋削一周。口径9.2、底径8、高9.6厘米（图一〇三，4）。

陶瓮　1件。09ⅡTG8M45∶1，泥质灰陶。直口，圆唇，折肩，鼓腹，小平底。肩部旋削修坯一周①，使肩部略显折线，肩部有一周纹饰带，器表有轮旋线，下腹及底部饰绳纹。口径14.5、底径8、高26.4厘米（图一〇三，1）。

09ⅡTG8M46

09ⅡTG8M46位于TG8中部偏西，西南角被09ⅡTG8M45打破，北邻09ⅡTG8M43、09ⅡTG8M44，东南邻09ⅡTG8M39。09ⅡTG8M46开口于②层下，打破第③层及生土层。

① 一般指在修整过程中去胎泥较厚，使修整过的区域明显低于其他区域，有时会形成一凹台。

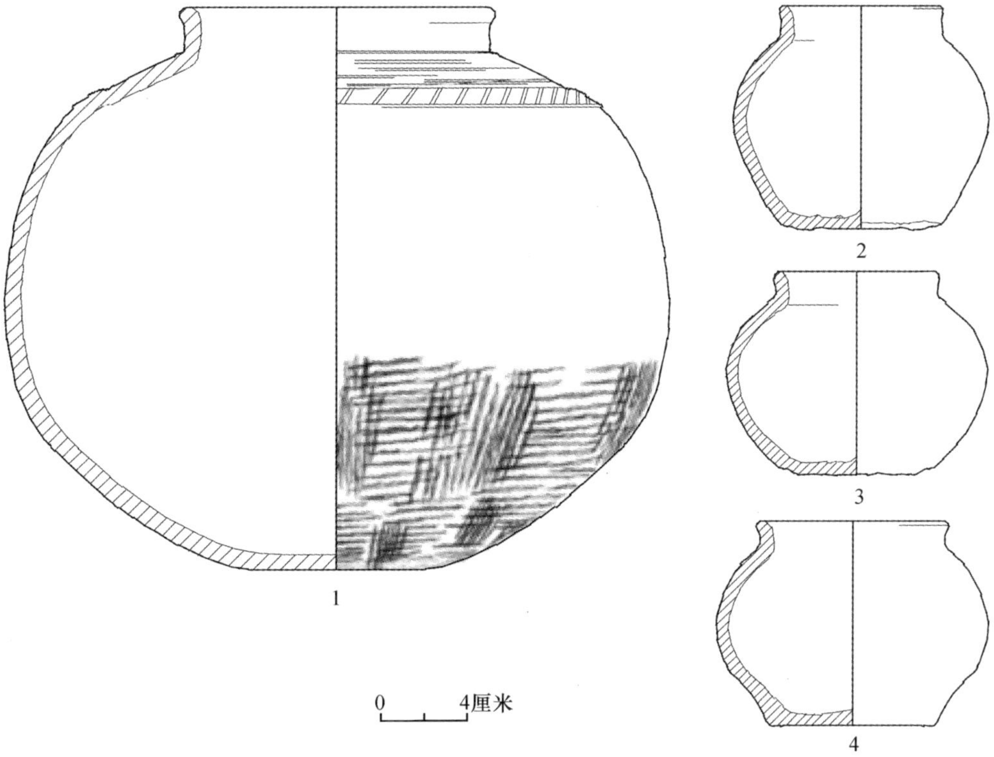

图一〇三　09ⅡTG8M45出土陶器

1. 瓮（09ⅡTG8M45∶1）　2～4. 罐（09ⅡTG8M45∶2、09ⅡTG8M45∶3、09ⅡTG8M45∶4）

1. 形制和规格

09ⅡTG8M46是一座长方形竖穴土坑墓，南北向，墓向195°。墓口距地表0.7米（图一〇四）。

09ⅡTG8M46长1.7、宽0.92、深1.5米。填土为花土，质松软，四壁较规整。

2. 葬具和人骨

墓室清理出一具木棺灰痕，棺长1.42、宽0.48、残高0.2米（图版二四，1）。

人骨为仰身后屈肢单人葬。屈肢较甚。头南脚北，面向西，两小臂交叠放置于腹上，两小腿并拢沿右腿回折，叠压于右腿下。为一50～55岁的男性个体。无随葬品。

09ⅡTG3M50

09ⅡTG3M50位于TG3西部，东邻09ⅡTG3M54，北邻09ⅡTG3M49。09ⅡTG3M50开口于②层下，打破第③层及生土层。

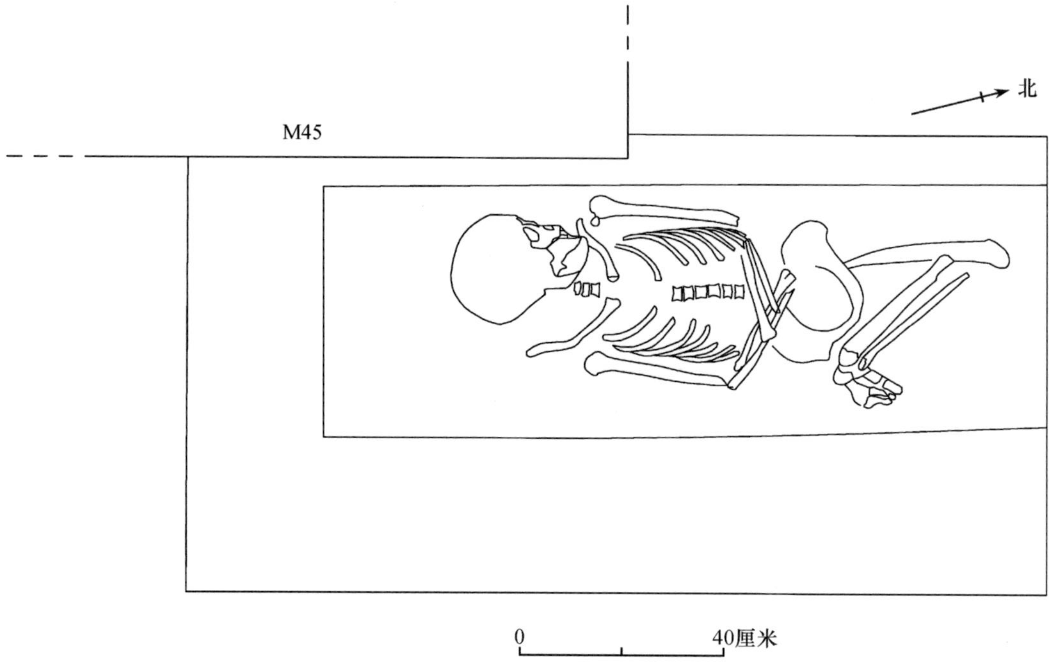

图一〇四　09ⅡTG8M46 平面图

1. 形制和规格

09ⅡTG3M50 是一座长方形竖穴土坑墓，南北向，墓向 355°。墓口距地表 0.6 米（图一〇五）。

09ⅡTG3M50 长 2.2、宽 0.8、深 1.6 米。填土为花土，经夯打实，四壁较规整。

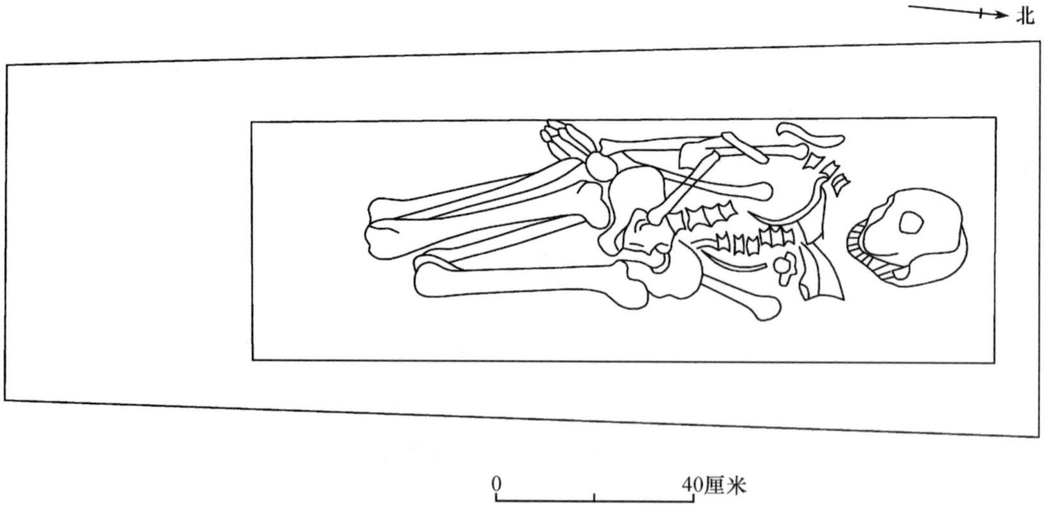

图一〇五　09ⅡTG3M50 平面图

2. 葬具和人骨

墓室内清理出一具木棺灰痕，棺长1.5、宽0.5、残高0.2米。

人骨为仰身后屈肢单人葬。屈肢较甚。胸部较乱。头北脚南。为一30～35岁的男性个体。无随葬品。

09ⅡTG4M51

09ⅡTG4M51位于TG4北端，大部分叠压在北隔梁下，东邻09ⅡTG4M70，南部打破09ⅡTG4M77。09ⅡTG4M51开口于②层下，打破第③层及生土层。

1. 形制和规格

09ⅡTG4M51是一座带有生土二层台的长方形竖穴土坑墓，南北向，墓向5°。墓口距地表0.7米，发掘至距地表3.5米处，在墓室东西两侧发现生土二层台，生土二层台上有横向盖板痕迹（图一〇六）。

09ⅡTG4M51长3.1、宽1、深3.4米。填土为花土，质松软，含水量较大，四壁较规整。

2. 葬具和人骨

墓室清理出一具木棺灰痕，棺长2、宽0.48、残高0.3米（图版二四，2）。

人骨为仰身直肢单人葬。棺内人骨保存较差，头部、胸部已朽成粉末状，从残存痕迹判断墓主应为头北脚南。年龄、性别不详。

3. 随葬品

（1）种类及数量

共10件（枚、组）。陶罐5件、陶钵1件，泥球1组，铜带钩1件，铜钱2枚。

（2）出土位置

1～5号陶罐自北向南依椁室东部一字排列，6号陶钵位于5号陶罐西部，7号铜钱位于墓主嘴中，8号铜钱位于墓主腹部下，9号铜带钩位于墓主膝关节西部，10号泥球位于棺内墓主头骨北部。

（3）器物形制分类介绍

陶罐　5件。09ⅡTG4M51∶1，泥质灰陶。口微侈，圆唇，溜肩，鼓腹，平底。颈部左右两侧各有两个穿孔，下腹部旋削一周。口径8.8、底径6.4、高13.6厘米（图一〇七，2）。09Ⅱ

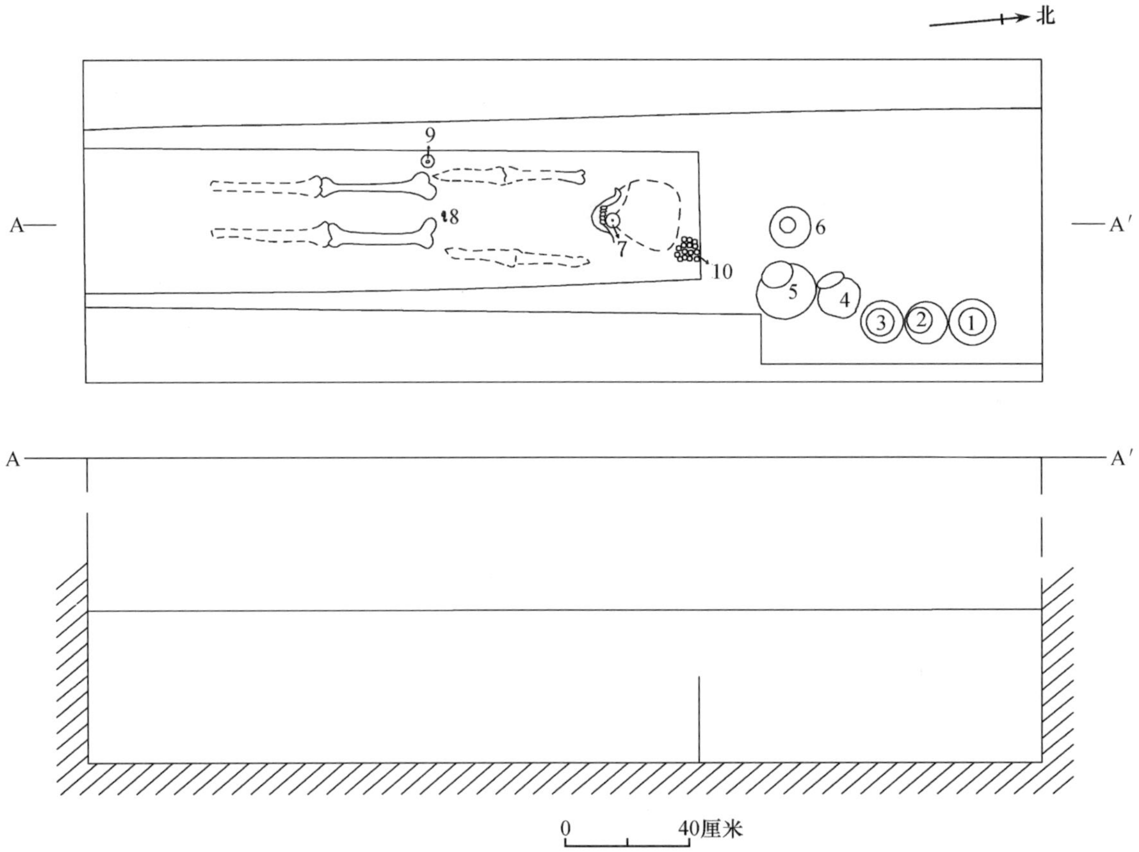

图一〇六　09 Ⅱ TG4M51 平、剖面图

1～5. 陶罐　6. 陶钵　7、9. 铜钱　8. 铜带钩　10. 泥球

TG4M51∶2，泥质灰陶。口微侈，圆唇，溜肩，鼓腹，平底。颈部左右两侧各有两个穿孔，下腹部旋削一周。口径 8.8、底径 6、高 12.4 厘米（图一〇七，1）。09 Ⅱ TG4M51∶3，泥质灰陶。口微侈，圆唇，溜肩，鼓腹，平底。颈部左右两侧各有两个穿孔，下腹部旋削一周。口径 8.8、底径 6.4、高 13.4 厘米（图一〇七，4）。09 Ⅱ TG4M51∶4，泥质灰陶。口微侈，圆唇，溜肩，鼓腹，平底。颈部左右两侧各有两个穿孔，下腹部旋削一周。口径 8.8、底径 6.4、高 13.6 厘米（图一〇七，8；图版七二，1）。09 Ⅱ TG4M51∶5，泥质灰陶。口微侈，圆唇，溜肩，鼓腹，平底。下腹部旋削一周。口径 9.6、底径 8.4、高 18.6 厘米（图一〇七，3）。

陶钵　1 件。09 Ⅱ TG4M51∶6，泥质灰陶。直口，方唇，上折腹，下腹略鼓凸，平底。下腹旋削修坯一周，去胎泥较厚，使下腹中部略显鼓凸。口径 15.2、底径 5.6、高 5.6 厘米（图一〇七，7；图版七七，1）。

泥球　1 组。09 Ⅱ TG4M51∶10，均浅灰色，断面呈圆形，大小不一，大致可分为直径为 1.4 厘米，直径为 1.6 厘米，直径为 1.9 厘米三种规格（图一〇七，6）。

铜带钩　1 件。09 Ⅱ TG4M51∶8，器形较小。大体呈蝌蚪状。长 3.5 厘米（图一〇七，5）。

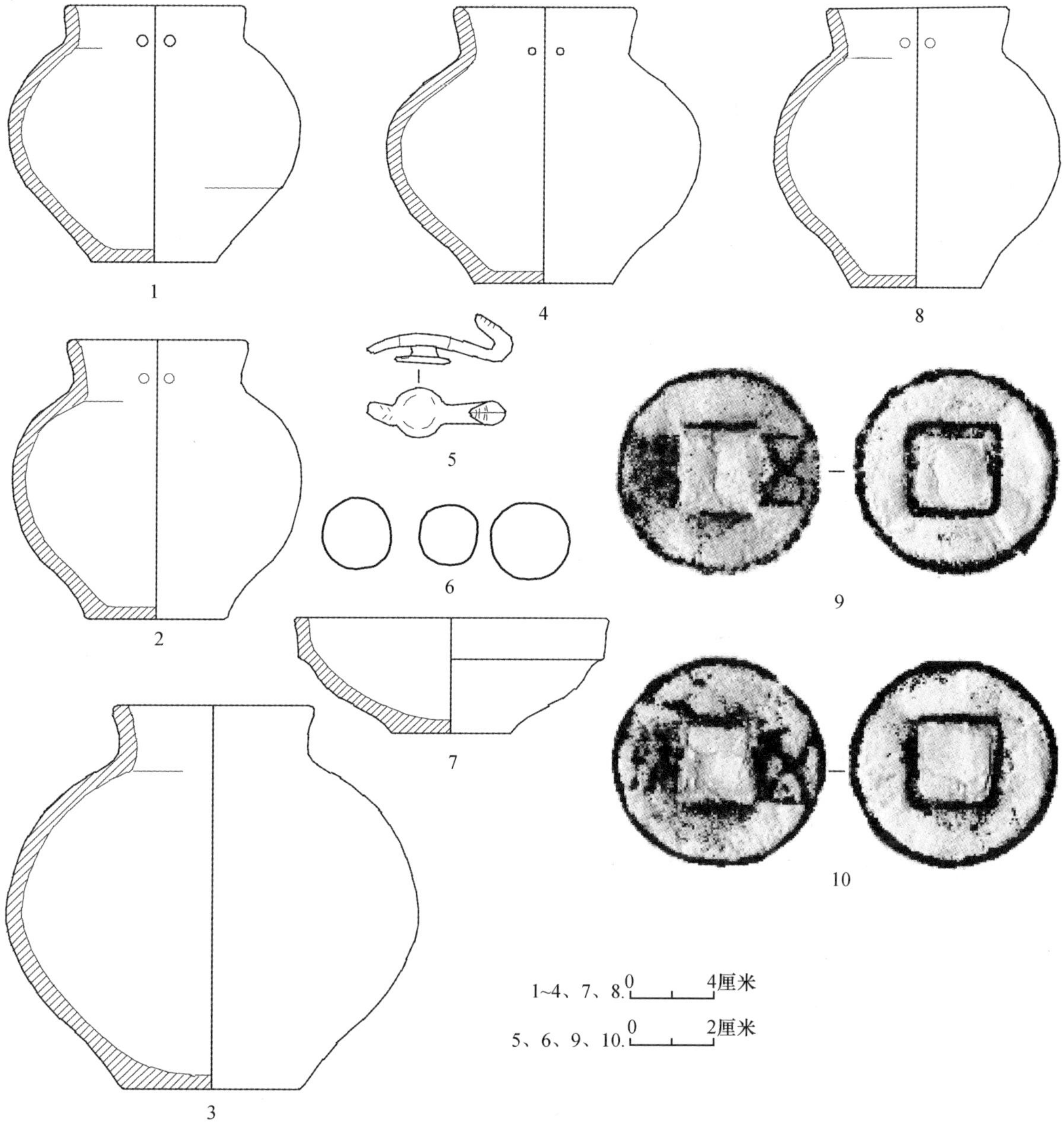

图一〇七　09ⅡTG4M51出土器物

1～4、8. 陶罐（09ⅡTG4M51∶2、09ⅡTG4M51∶1、09ⅡTG4M51∶5、09ⅡTG4M51∶3、09ⅡTG4M51∶4）　5. 铜带钩（09ⅡTG4M51∶8）　6. 泥球（09ⅡTG4M51∶10）　7. 陶钵（09ⅡTG4M51∶6）　9、10. 铜钱（09ⅡTG4M51∶7、09ⅡTG4M51∶9）

五铢钱　2枚。09ⅡTG4M51∶7，浇注，圆形，方穿。“五”字中间交叉两笔较圆曲，“铢”字漫漶不清。直径2.5厘米（图一〇七，9）。09ⅡTG4M51∶9，浇注，圆形，方穿，铢字漫漶不清。直径2.5厘米（图一〇七，10）。

09 Ⅱ TG3M52

09 Ⅱ TG3M52 位于 TG3 北部略偏东，南邻 09 Ⅱ TG3M53、09 Ⅱ TG3M56，东南邻 09 Ⅱ TG3M57。09 Ⅱ TG3M52 开口于②层下，打破第③层及生土层。

1. 形制和规格

09 Ⅱ TG3M52 是一座“斗”形竖穴土坑墓，南北向，墓向 95°。墓口距地表 0.6 米（图一〇八）。

09 Ⅱ TG3M52 上口长 2.1、宽 1 米，底长 1.8、宽 0.78、深 2.3 米。填土为花土，质松软，含水量较大，四壁较规整。

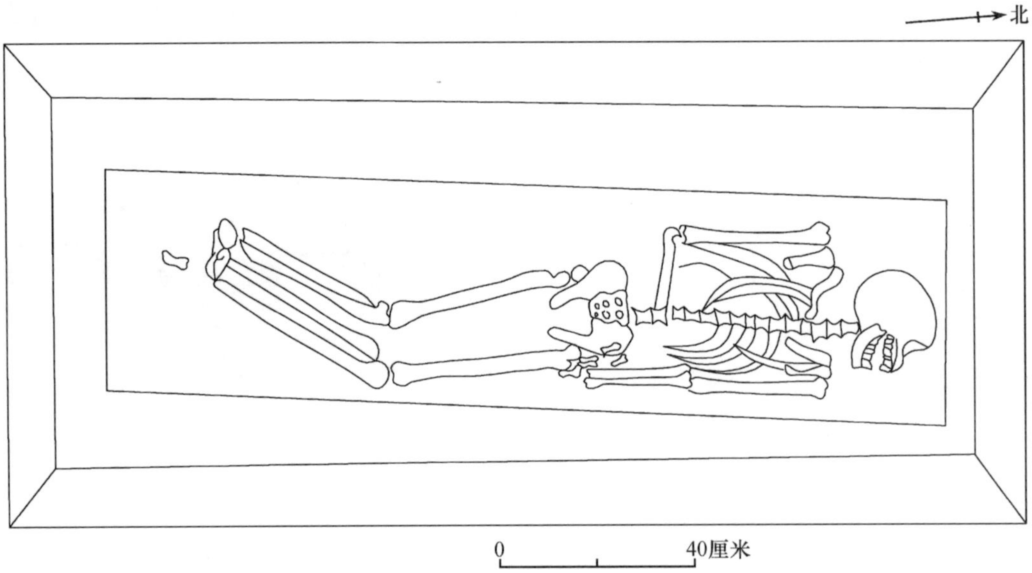

图一〇八　09 Ⅱ TG3M52 平面图

2. 葬具和人骨

墓室清理出一具木棺灰痕，棺长 1.75、宽 0.45、残高 0.06 米。

人骨为仰身直肢单人葬。头北脚南，面向东，右手左折放于腹部，下肢微屈。为一 50 岁左右的男性个体。无随葬品。

09 Ⅱ TG3M53

09 Ⅱ TG3M53 位于 TG3 中部偏南，北邻 09 Ⅱ TG3M52，南邻 09 Ⅱ TG3M55，西邻 09 Ⅱ TG3M54。09 Ⅱ TG3M53 东侧被 09 Ⅱ TG3M56 打破，09 Ⅱ TG3M53 开口于②层下，打破第③层及生土层。

1. 形制和规格

09ⅡTG3M53是一座带有生土二层台的长方形竖穴土坑墓，南北向，墓向5°。墓口距地表0.6米，发掘至距地表2.5米处，在墓室西侧发现生土二层台，生土二层台上有横向盖板痕迹（图一〇九）。

09ⅡTG3M53长2.06、宽0.7、深2.6米。填土为花土，质松软，四壁较规整。

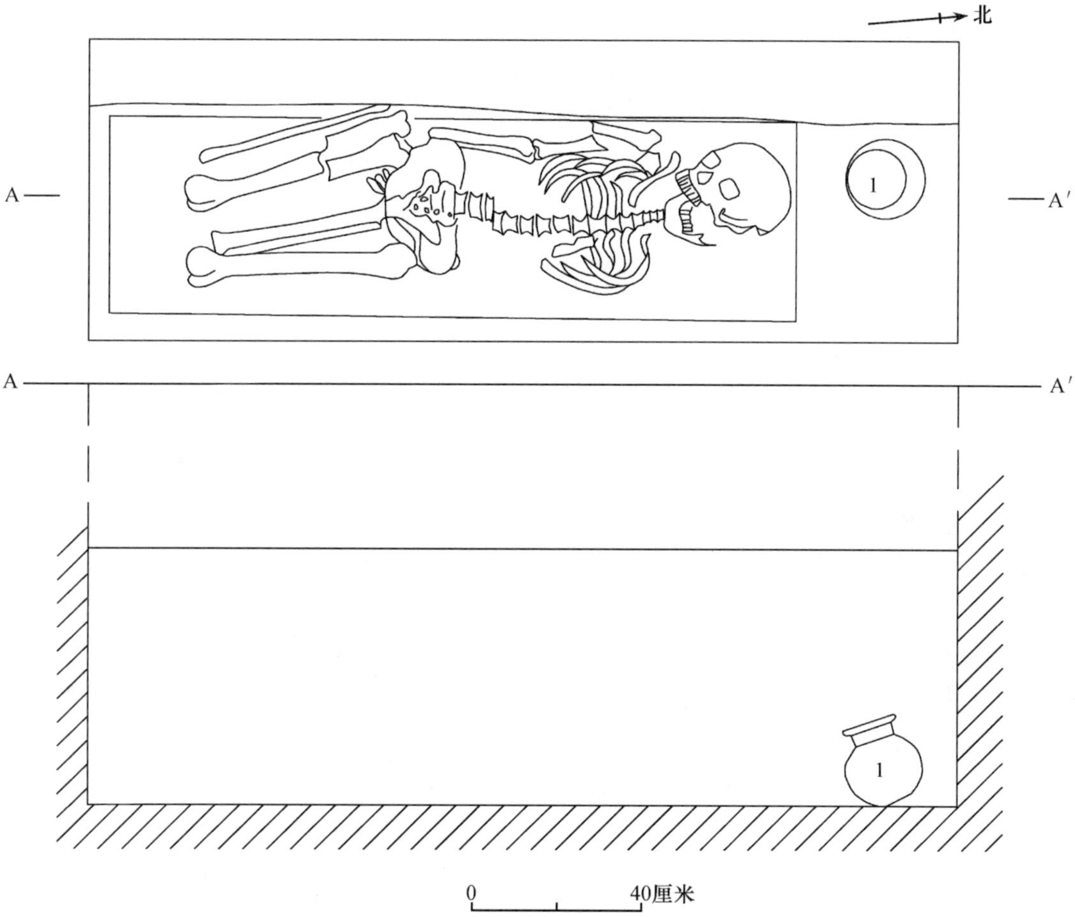

图一〇九　09ⅡTG3M53平、剖面图
1. 陶罐

2. 葬具和人骨

墓室清理出一具木棺灰痕，棺长1.6、宽0.5、残高0.3米（图版二五，1）。

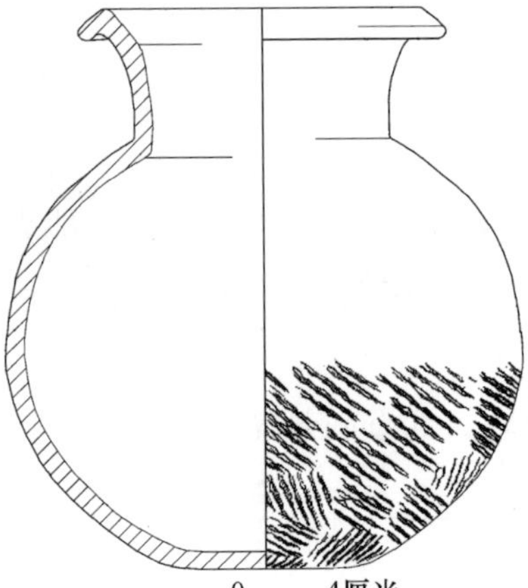

图一一〇　09ⅡTG3M53 出土陶罐
（09ⅡTG3M53∶1）

人骨为仰身后屈肢单人葬。屈肢较甚。头北脚南，面向上，下肢后曲叠压于盆骨下。为一 50～60 岁的男性个体。

3. 随葬品

（1）种类及数量

陶罐 1 件。

（2）出土位置

陶罐位于墓主棺外北部，依椁室西北角。

（3）器物形制分类介绍

陶罐　1 件。09ⅡTG3M53∶1，泥质灰陶。侈口，方唇，长直颈，溜肩，鼓腹，小平底。下腹及底部拍印绳纹。口径 14.4、底径 6、高 22.2 厘米（图一一〇；图版六九，2）。

09ⅡTG3M54

09ⅡTG3M54 位于 TG3 中南部，东邻 09ⅡTG3M53，西邻 09ⅡTG3M50，东南邻 09ⅡTG3M55。09ⅡTG3M54 开口于②层下，打破第③层及生土层。该墓保存较好。

1. 形制和规格

09ⅡTG3M54 是一座长方形砖椁墓，南北向，墓向 355°。墓口距地表 0.6 米。发掘至距地表 3.7 米处发现砖墙，砖墙上有横向盖板痕迹，砖室周壁顺砖错缝平砌 10 层，墓底用灰砖呈“人”字形平铺。墓砖规格为长 30、宽 14、厚 6 厘米（图一一一）。

09ⅡTG3M54 长 3.9、宽 1.4、深 3.8 米。填土为花土，质松软，四壁较规整。

2. 葬具和人骨

墓室清理出一具木棺灰痕，棺长 2、宽 0.65 米（图版二五，2）。

人骨为仰身直肢单人葬。棺内人骨保存较差，头部、胸部已朽成粉末状，从残存痕迹判断墓主应为头北脚南。为一 55～65 岁的女性个体。

3. 随葬品

（1）种类及数量

共 8 件。陶鼎 1 件、陶壶 1 件、陶罐 4 件、陶甑 1 件、陶盒 1 件。

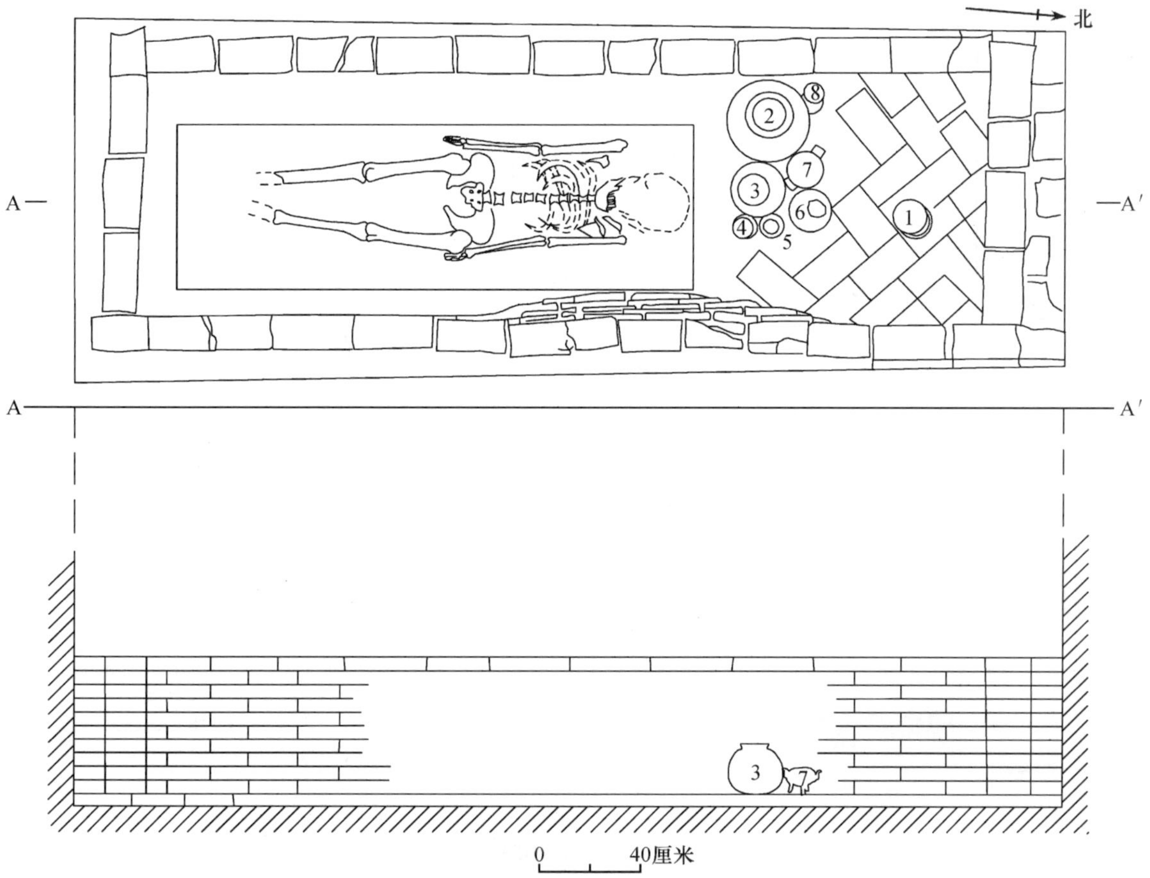

图一一一 09ⅡTG3M54平、剖面图

1. 陶盒 2. 陶瓮 3~5、8. 陶罐 6. 陶壶 7. 陶鼎

（2）出土位置

随葬器物均位于墓主头前棺外北部。1号陶盒紧依于砖椁北壁，其他随葬陶器均位于木棺与砖椁北壁之间，距木棺较近。

（3）器物形制分类介绍

陶鼎 1件。09ⅡTG3M54∶7，泥质灰陶。器盖，方唇，盖面隆起。鼎，子母口，折腹，平底，下承三足。上腹外附双立耳，耳顶端外侈，模制，一耳与一足对应，另一耳位于两足之间。口径17、高15.2厘米（图一一二，5；图版六七，5）。

陶壶 1件。09ⅡTG3M54∶6，泥质灰陶。器盖，方唇，盖面隆起。壶身，侈口，方唇，束颈，溜肩，鼓腹，大平底外侈。器盖及器身饰红、白两色组成的纹饰，下腹饰轮旋线。口径12、底径14.8、高28.8厘米（图一一二，8；图版六八，2）。

陶罐 4件。09ⅡTG3M54∶3，泥质灰陶。侈口，方唇，束颈，鼓肩，弧腹，圜底。器身施白衣，有轮旋线，下腹及底部饰绳纹。口径13.2、高22厘米（图一一二，2）。09ⅡTG3M54∶4，泥质灰陶。直口，方唇，颈部略束，斜直肩，斜直腹，下腹折收，平底。器表施白衣，有轮旋线，下腹旋削修坯去胎泥较厚，使下腹部略显折线。口径8.8、底径9.2、高13厘米（图

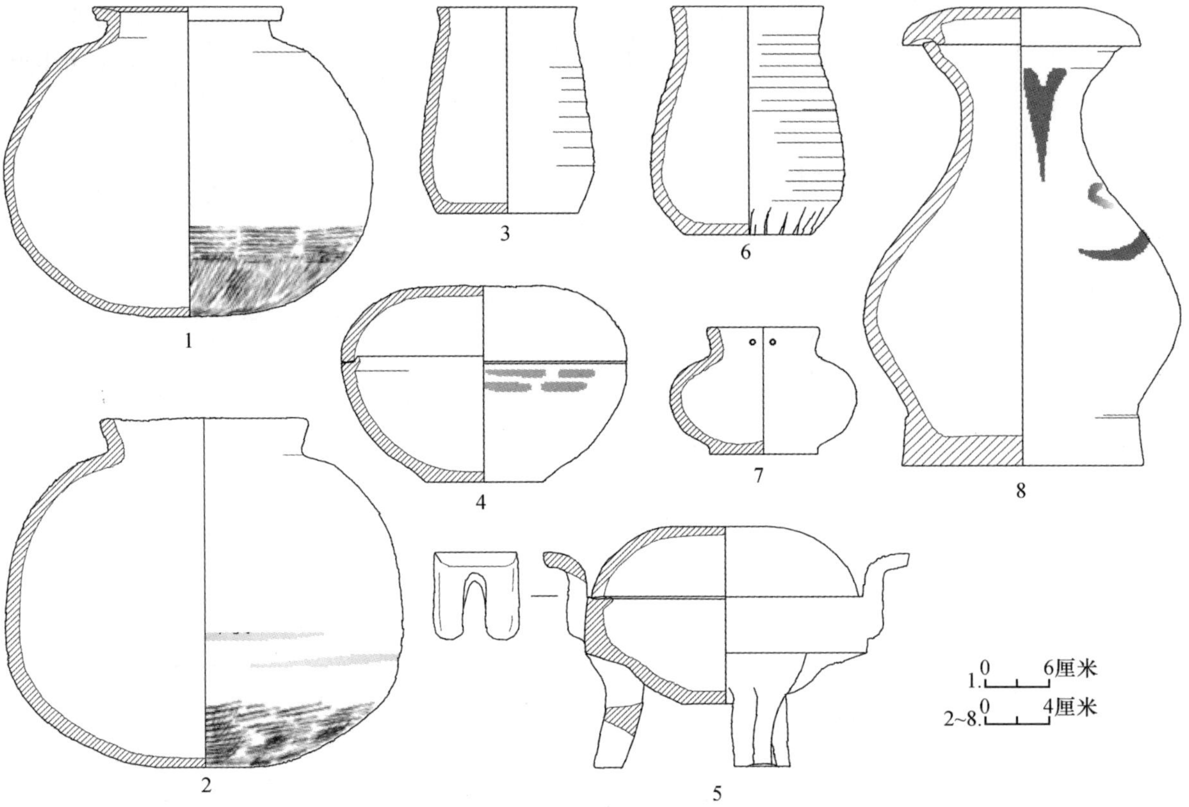

图一一二 09ⅡTG3M54出土陶器

1. 瓮（09ⅡTG3M54:2） 2、3、6、7. 罐（09ⅡTG3M54:3、09ⅡTG3M54:4、09ⅡTG3M54:8、09ⅡTG3M54:5） 4. 盒（09ⅡTG3M54:1） 5. 鼎（09ⅡTG3M54:7） 8. 壶（09ⅡTG3M54:6）

一一二，3）。09ⅡTG3M54:5，泥质灰陶，器形矮胖。口微侈，圆唇较厚，溜肩，凸鼓腹，饼足。颈部左右两侧各有一个穿孔。器身有轮旋线，下腹竖向刀削一周。口径7、底径6.8、高8厘米（图一一二，7；图版七二，3）。09ⅡTG3M54:8，泥质灰陶。大口微侈，方唇较厚，溜肩，斜直腹，下腹折收，平底。器表施白衣，有轮旋线，下腹竖向刀削修坯，去胎泥较厚，使下腹部略显折线。口径9.6、底径8、高14.4厘米（图一一二，6）。

陶瓮 1件。09ⅡTG3M54:2，泥质灰陶。折沿，方唇，束颈，折肩，鼓腹，圜底。器表有轮旋线。肩部旋削修坯一周，去胎泥较厚，使肩部略显折线，下腹及底部饰绳纹。口径18、高28.8厘米（图一一二，1）。

陶盒 1件。09ⅡTG3M54:1，泥质灰陶。器盖，方唇，盖面隆起，顶部略平。盒，子母口，弧腹，平底，稍显足形。下腹旋削修坯一周，去胎泥较厚，使底部略显足形。盒腹部施白衣、彩绘，大部分脱落。口径18、底径7.6、高12.4厘米（图一一二，4）。

09ⅡTG3M56

09ⅡTG3M56位于TG3中部偏南，东北邻09ⅡTG3M57，北邻09ⅡTG3M52，南邻09Ⅱ

TG3M55、09ⅡTG3M58，打破西侧09ⅡTG3M53。09ⅡTG3M56开口于②层下，打破第③层及生土层。该墓遭到严重盗扰，人骨及随葬器物被扰乱、砸碎，仅在头龛内残存陶俑1件；砖椁被拆毁。

1. 形制和规格

09ⅡTG3M56是一座长方形竖穴砖椁墓，南北向，墓向5°。墓口距地表0.6米（图一一三）。

09ⅡTG3M56长4.4、宽1.3、深3.2米。填土较杂乱，含有大量碎砖，少见人骨及陶片，四壁较规整，在墓室北壁有一个东西长1、高0.9、进深0.5米的头龛。

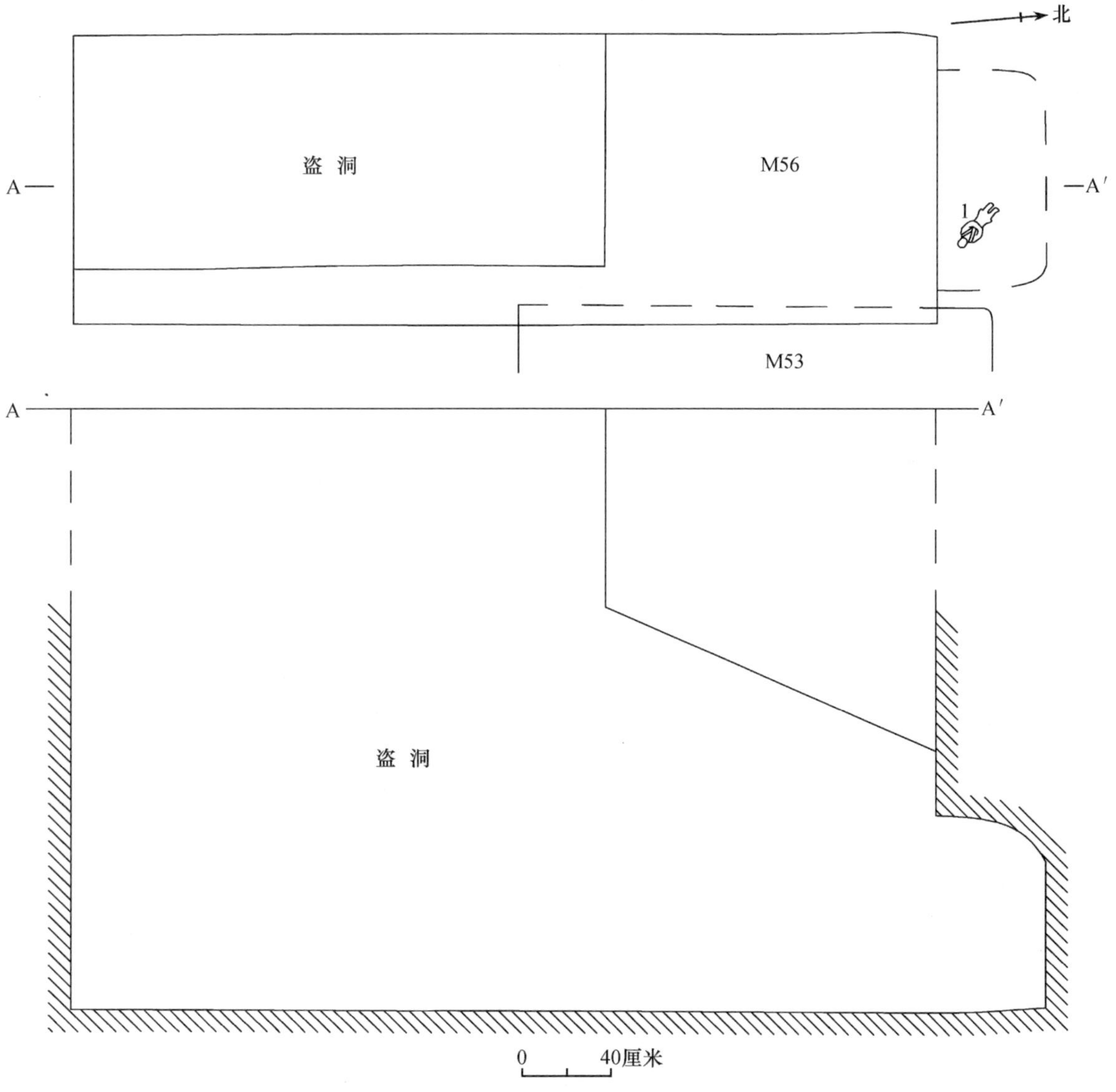

图一一三　09ⅡTG3M56平、剖面图

1. 陶俑

2. 葬具和人骨

未见葬具、人骨。

3. 随葬品

（1）种类及数量

陶俑1件。

（2）出土位置

陶俑位于头龛内。

（3）器物形制分类介绍

陶俑　1件。09ⅡTG3M56:1，泥质灰陶。该俑向前微倾，头微低，面部五官不清，头戴红色幞头，内穿红色襦衣，外着交领左衽长袍，袍下露足，双手环抱腹前袖手而立。神态谦恭祥和，面部和全身施白衣，长袍领部残留红彩。高22.6厘米（图一一四；图版七八，5）。

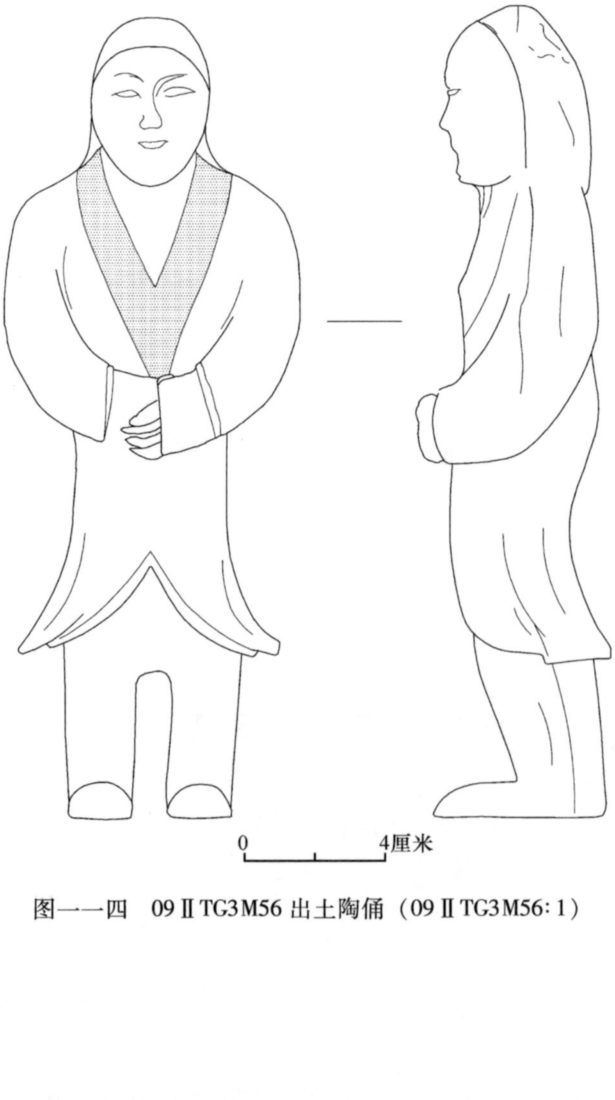

图一一四　09ⅡTG3M56出土陶俑（09ⅡTG3M56:1）

09 Ⅱ TG3M57

09 Ⅱ TG3M57 位于 TG3 东部，西北邻 09 Ⅱ TG3M52，西南邻 09 Ⅱ TG3M56。09 Ⅱ TG3M57 开口于②层下，打破第③层及生土层。

1. 形制和规格

09 Ⅱ TG3M57 是一座长方形竖穴土坑墓，南北向，墓向 3°。墓口距地表 0.6 米（图一一五）。

09 Ⅱ TG3M57 长 2.1、宽 0.72、深 2.3 米。填土为花土，质松软，四壁较规整。

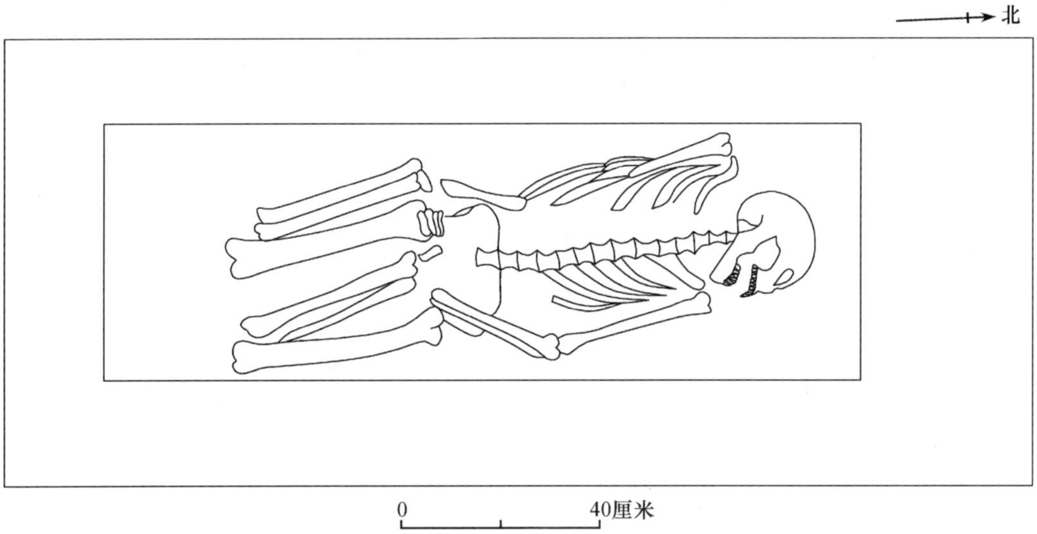

图一一五　09 Ⅱ TG3M57 平面图

2. 葬具和人骨

墓室清理出一具木棺灰痕，棺长 1.55、宽 0.55、残高 0.1 米（图版二六，1）。

人骨为仰身后屈肢单人葬。屈肢较甚。头北脚南，面向东，左臂叠压于身下，左小臂微曲放于下腹上，双小腿后曲叠压于盆骨下。为一 40 ~ 50 岁的女性个体。无随葬品。

09 Ⅱ TG3M58

09 Ⅱ TG3M58 位于 TG3 南端偏东，局部叠压于 TG3 南隔梁下，西邻 09 Ⅱ TG3M55，西北邻 09 Ⅱ TG3M56。09 Ⅱ TG3M58 开口于②层下，打破第③层及生土层。

1. 形制和规格

09 Ⅱ TG3M58 是一座略呈“斗”形的竖穴土坑墓，南北向，墓向 5°。墓口距地表 0.6 米（图一一六）。

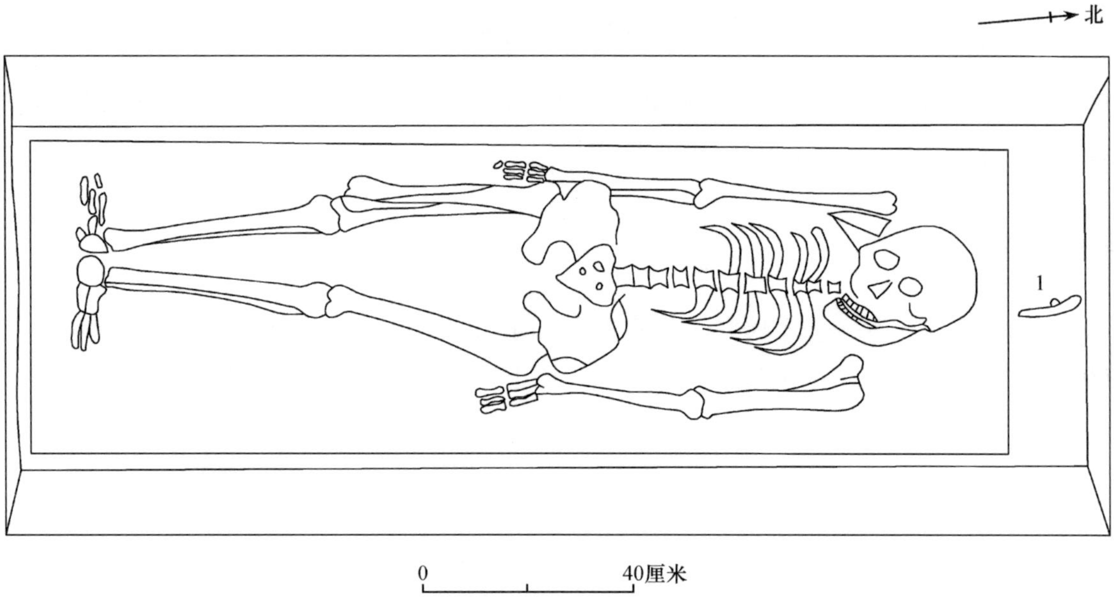

图一一六　09ⅡTG3M58平面图
1. 铜带钩

09ⅡTG3M58上口长2.1、宽0.9米，底长2、宽0.64、深2.3米。填土为花土，质松软，四壁较规整。

2. 葬具和人骨

墓室清理出一具木棺灰痕，棺长1.85、宽0.58、残高0.4米。

人骨为仰身直肢单人葬。头北脚南，面向东。右手放于腹部，为一45~50岁的男性个体。

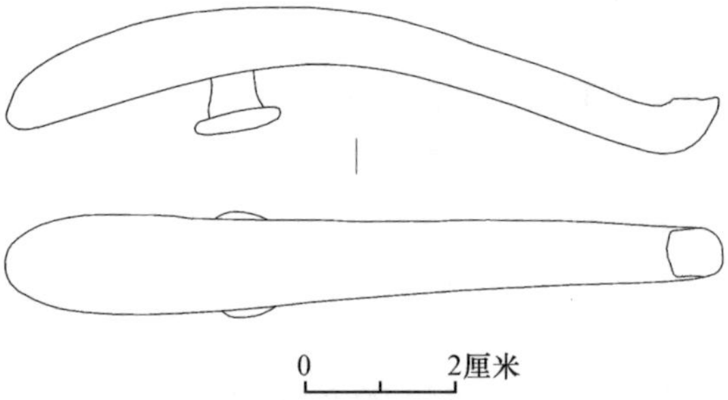

图一一七　09ⅡTG3M58出土铜带钩
（09ⅡTG3M58:1）

3. 随葬品

（1）种类及数量

铜带钩1件。

（2）出土位置

铜带钩位于墓室北部。

（3）器物形制分类介绍

铜带钩　1件。09ⅡTG3M58:1，铜质，钩首缺失。素面，钩体略宽于颈，腹部较长，鼓起成弧形，带钩背部有一扁平圆纽。钩长9.5厘米（图一一七）。

09ⅡTG4M59

09ⅡTG4M59位于TG4西北角，北侧为TG4北壁，南邻09ⅡTG4M60，东北角打破09ⅡTG4M77西南角。09ⅡTG4M59开口于②层下，打破第③层及生土层。

1. 形制和规格

09ⅡTG4M59是一座带有生土二层台的长方形竖穴土坑墓，东西向，墓向98°。墓口距地表0.6米，发掘至距地表2.1米处，在墓室南北两侧发现生土二层台，生土二层台上有横向盖板痕迹（图一一八）。

09ⅡTG4M59长2.3、宽0.92、深2.2米。填土为花土，质松软，四壁较规整。

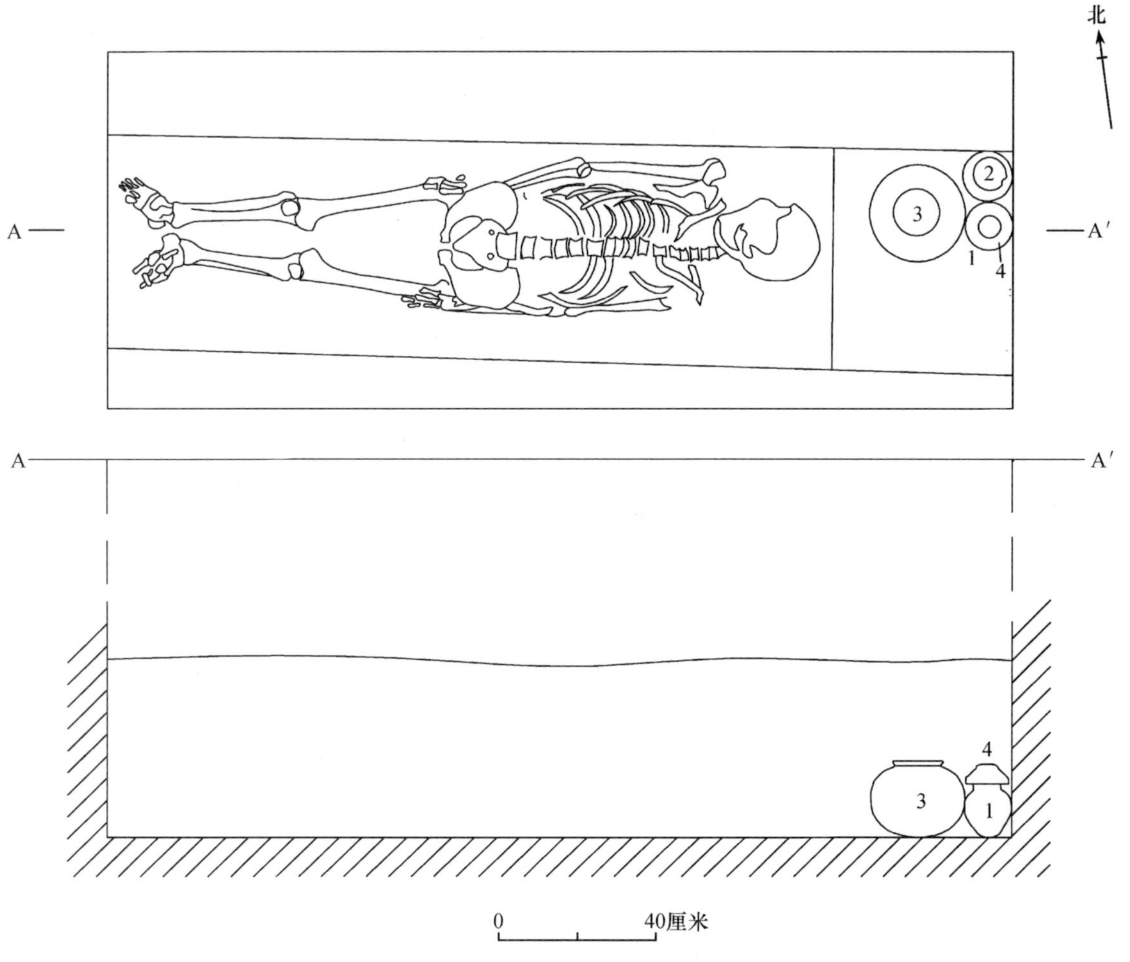

图一一八 09ⅡTG4M59平、剖面图

1、2. 陶罐 3. 陶瓮 4. 陶钵

2. 葬具和人骨

墓室内清理出一具木棺灰痕，棺长 1. 82、宽 0. 54 米（图版二六，2）。

人骨为仰身直肢单人葬。头东脚西，面向北。为一 45 ~55 岁的男性个体。

3. 随葬品

（1）种类及数量

共 4 件。陶罐 2 件、陶瓮 1 件、陶钵 1 件。

（2）出土位置

随葬器物均位于墓室东北部。2 号陶罐位于椁室东北角，4 号陶罐位于 2 号陶罐南侧，1 号陶钵扣放于 4 号陶罐上，3 号陶瓮位于 2 号、4 号陶罐西侧。

（3）器物形制分类介绍

陶罐　2 件。09ⅡTG4M59∶1，泥质灰陶。侈口，方唇，直颈较长，鼓肩，弧腹，小平底。下腹饰绳纹。口径 11. 6、底径 5. 6、高 19 厘米（图一一九，2）。09ⅡTG4M59∶2，泥质灰陶。口微侈，圆唇，溜肩，鼓腹，平底。下腹部有旋削痕迹。口径 8. 8、底径 5. 2、高 13 厘米（图一一九，1）。

陶瓮　1 件。09ⅡTG4M59∶3，泥质灰陶。敛口，方唇，束颈，弧肩，鼓腹，圜底。腹部有轮旋线，下腹及底部饰绳纹，器表施白衣。口径 18、高 27. 9 厘米（图一一九，4；图版七四，1）。

陶钵　1 件。09ⅡTG4M59∶4，泥质灰陶。直口，微敛，方唇，上折腹，下腹斜直，平底。腹部有轮旋线，下腹部旋削修坯一周。口径 14、底径 7. 2、高 5. 8 厘米（图一一九，3）。

09ⅡTG4M60

09ⅡTG4M60 位于 TG4 西北角，北邻 09ⅡTG4M59，南邻 09ⅡTG4M61，东南邻 09ⅡTG4M66。09ⅡTG4M60 开口于②层下，打破第③层及生土层。该墓遭到严重盗扰。

1. 形制和规格

09ⅡTG4M60 是一座带有生土二层台的长方形竖穴土坑墓，东西向，墓向 95°。墓口距地表 0. 7 米，发掘至距地表 2. 9 米处，在墓室南北两侧发现生土二层台，生土二层台上有横向盖板痕迹（图一二〇）。

09ⅡTG4M60 长 2. 9、宽 1、深 2. 9 米。填土为花土，质松软，四壁较规整。

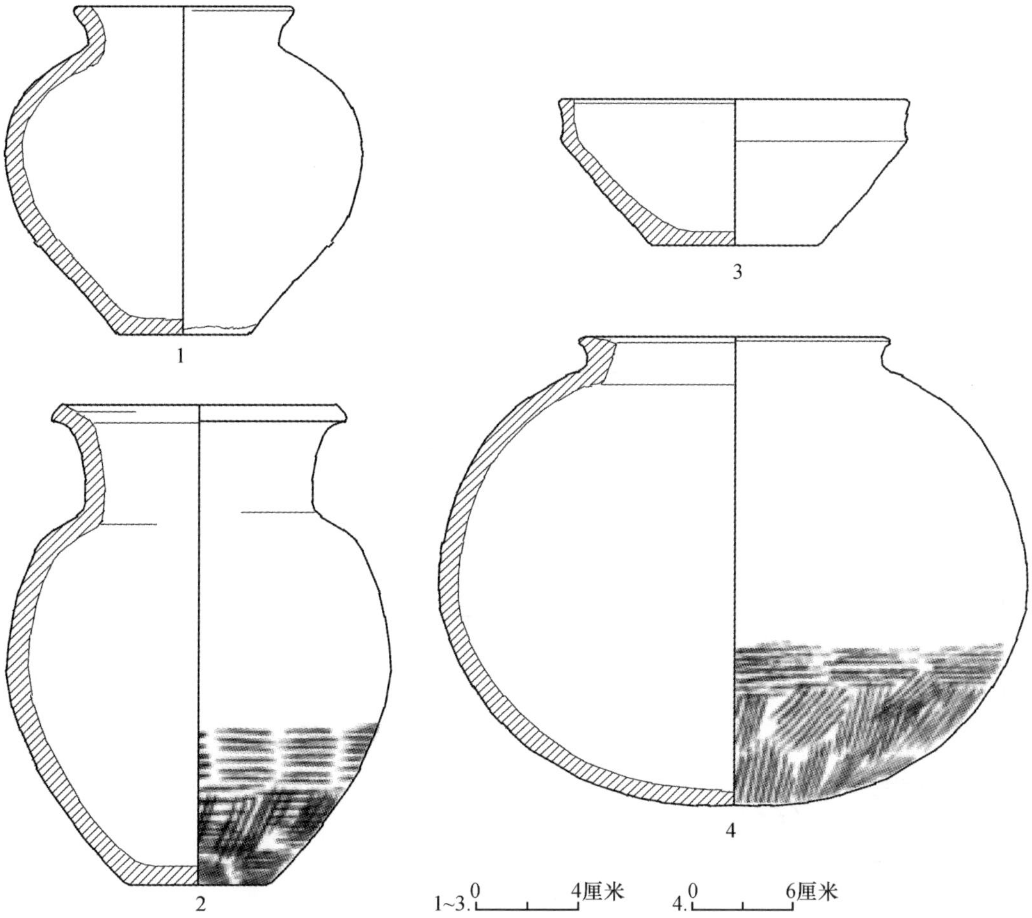

图一一九　09ⅡTG4M59出土陶器

1、2. 罐（09ⅡTG4M59:2、09ⅡTG4M59:1）　3. 钵（09ⅡTG4M59:4）　4. 瓮（09ⅡTG4M59:3）

2. 葬具和人骨

墓室清理出一具木棺灰痕，棺长1.9、宽0.6米（图版二七，1）。

人骨为仰身直肢单人葬。该墓遭到严重盗扰，只剩人骨下半身。依据人骨残存痕迹判断墓主应为头东脚西。年龄、性别不详。

3. 随葬品

（1）种类及数量

共5件。陶壶1件、陶罐2件、陶瓮1件、陶钵1件。

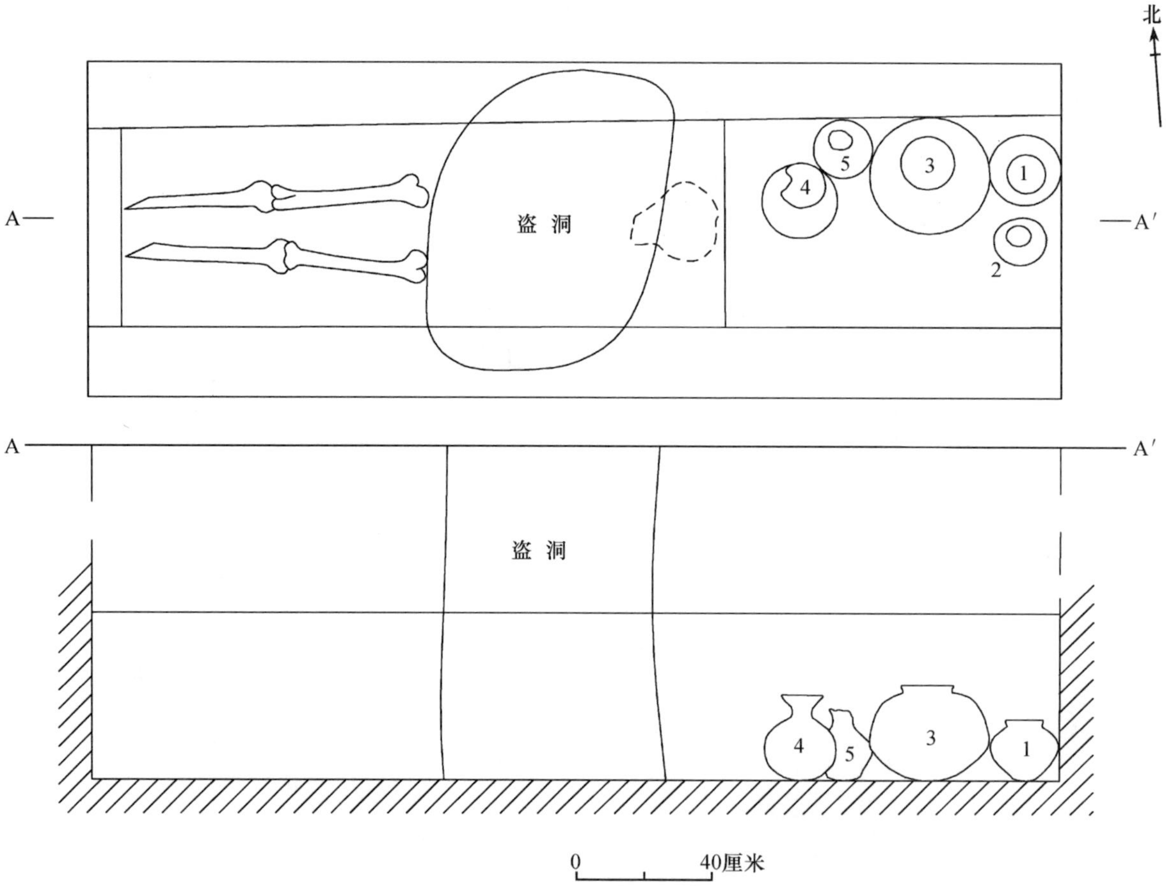

图一二〇　09ⅡTG4M60 平、剖面图
1、4. 陶罐　2. 陶钵　3. 陶瓮　5. 陶壶

（2）出土位置

1 号陶罐、3 号陶瓮、5 号陶壶、4 号陶罐自东向西依次位于椁室北壁，2 号陶钵位于 1 号陶罐南部。

（3）器物形制分类介绍

陶壶　1 件。09ⅡTG4M60:5，泥质灰陶。口残，束颈，溜肩，凸鼓腹，平底，微内凹。器表轮旋线明显，下腹部有旋削修坯痕迹。底径 10、残高 19 厘米（图一二一，3）。

陶罐　2 件。09ⅡTG4M60:1，泥质灰陶。口微侈，圆唇，颈部斜直，溜肩，鼓腹，小平底。颈部左右两侧各有两个穿孔，肩腹部有轮旋线。口径 10.8、底径 8、高 17.6 厘米（图一二一，1）。09ⅡTG4M60:4，泥质灰陶。壶口，方唇，细颈较长，溜肩，鼓腹，平底。器表轮旋线明显，下腹部有修坯痕迹。口径 12.4、底径 11.6、高 24 厘米（图一二一，5；图版七三，4）。

陶瓮　1 件。09ⅡTG4M60:3，泥质灰陶。斜折沿，微卷，方唇，折肩，上腹较直，微弧，下腹折收，小平底，内凹。肩部削泥去皮一层，去胎泥较厚，在肩部形成一折台。上腹部有轮旋线，下腹及底部饰绳纹。口径 14.8、底径 11.6、高 26.6 厘米（图一二一，2；图版七五，1）。

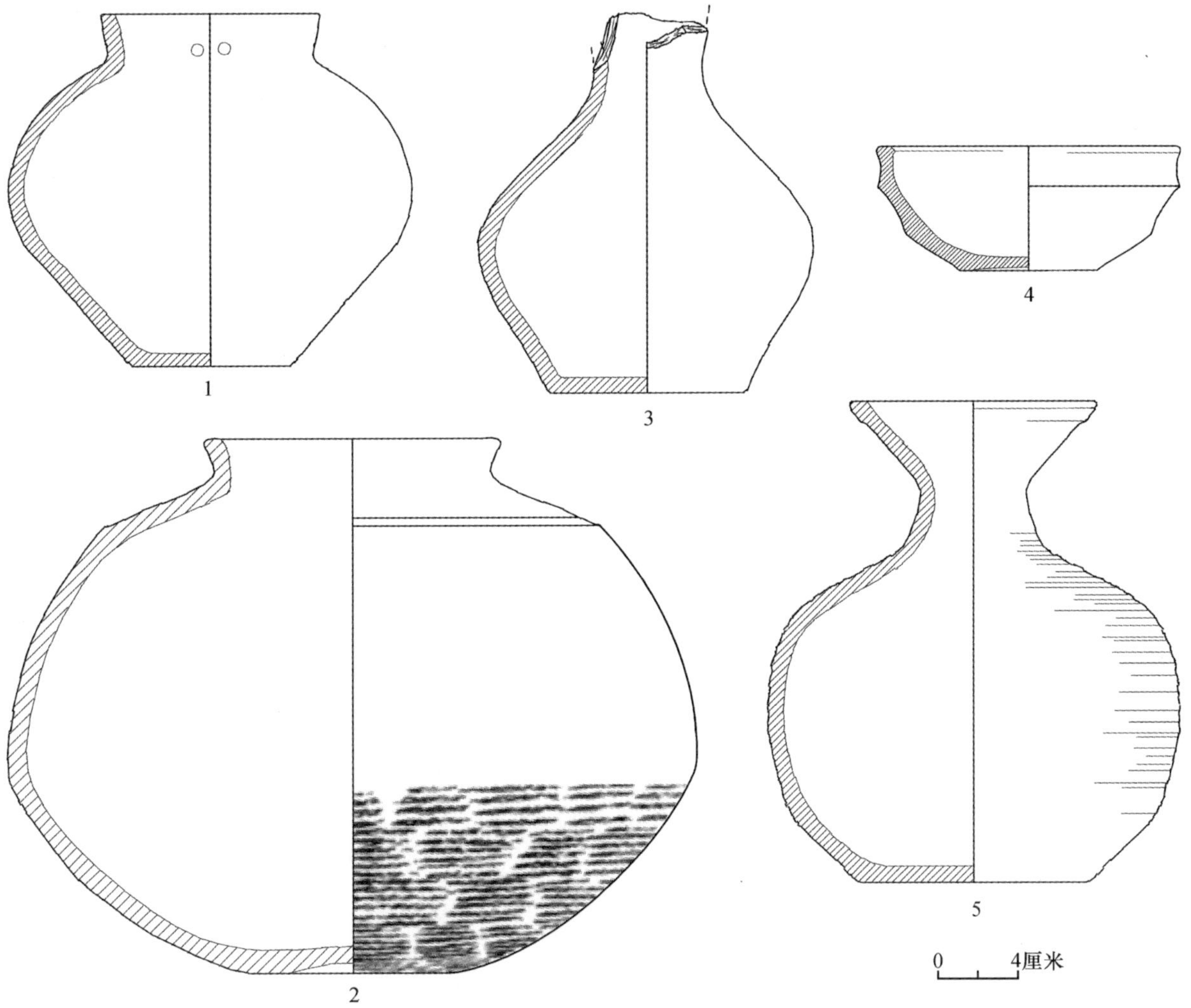

图一二一　09ⅡTG4M60出土陶器

1、5. 罐（09ⅡTG4M60∶1、09ⅡTG4M60∶4）　2. 瓮（09ⅡTG4M60∶3）　3. 壶（09ⅡTG4M60∶5）　4. 钵（09ⅡTG4M60∶2）

陶钵　1件。09ⅡTG4M60∶2，泥质灰陶。直口，微敛，方唇，上折腹，平底，微内凹。器表有轮旋线，下腹旋削修坯一周，去胎泥较厚，使下腹折棱线明显。口径14.8、底径6.8、高6.2厘米（图一二一，4）。

09ⅡTG4M61

09ⅡTG4M61位于TG4西北部，北邻09ⅡTG4M60，南邻09ⅡTG4M63，东邻09ⅡTG4M62、09ⅡTG4M66。09ⅡTG4M61开口于②层下，打破第③层及生土层。

1. 形制和规格

09ⅡTG4M61是一座带有生土二层台的长方形竖穴土坑墓，东西向，墓向95°。墓口距地表

0. 7 米，发掘至距地表 1. 9 米处，在墓室南北两侧发现生土二层台，生土二层台上有横向盖板痕迹（图一二二）。

09ⅡTG4M61 长 2. 1、宽 1. 08、深 2. 3 米。填土为花土，质松软，四壁较规整。

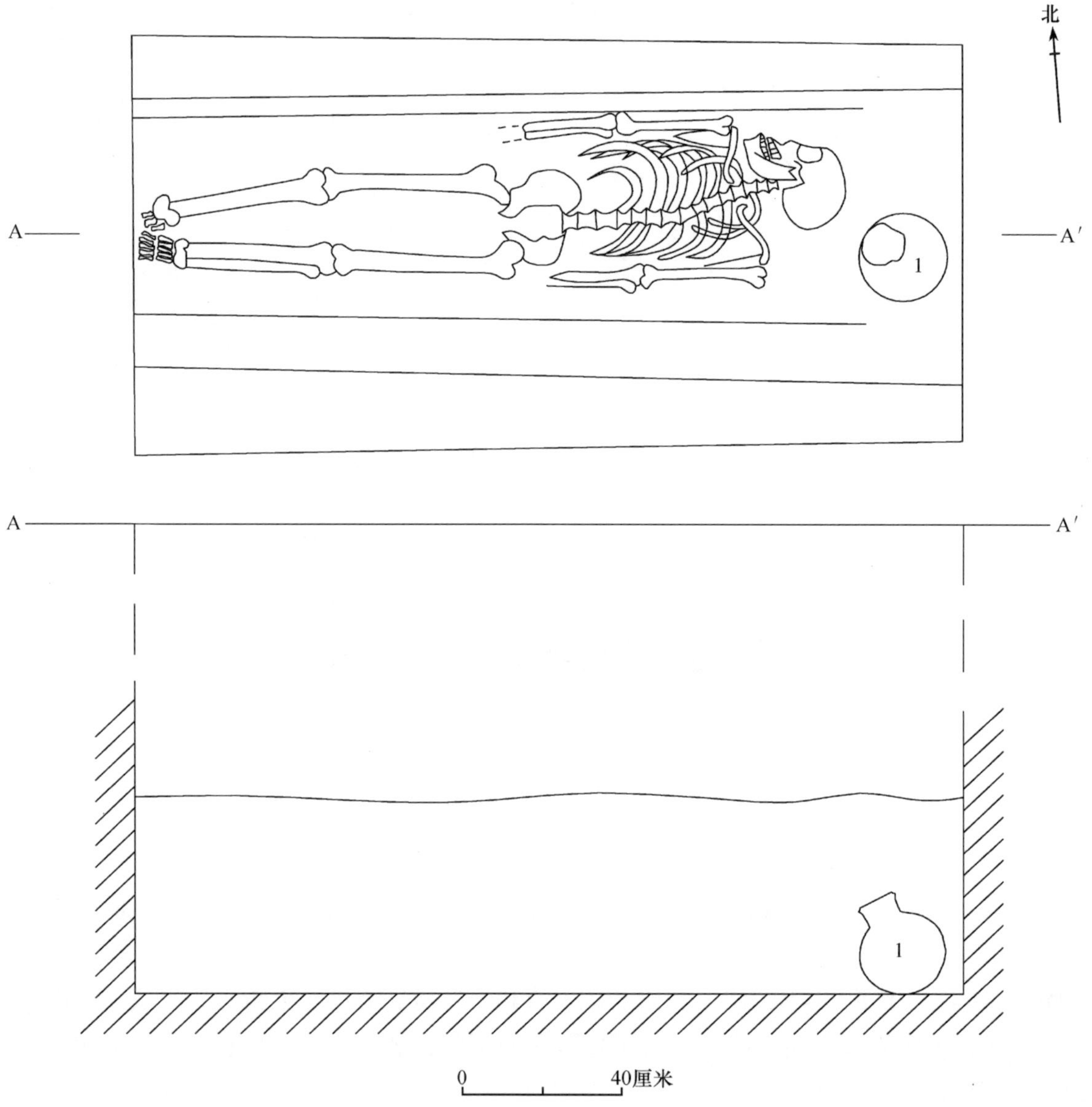

图一二二　09ⅡTG4M61 平、剖面图

1. 陶罐

2. 葬具和人骨

墓室清理出一具木棺灰痕，棺长 1. 84、宽 0. 52 米（图版二七，2）。

人骨为仰身直肢单人葬。头东脚西，面向北，为一 35 ~ 40 岁的女性个体。

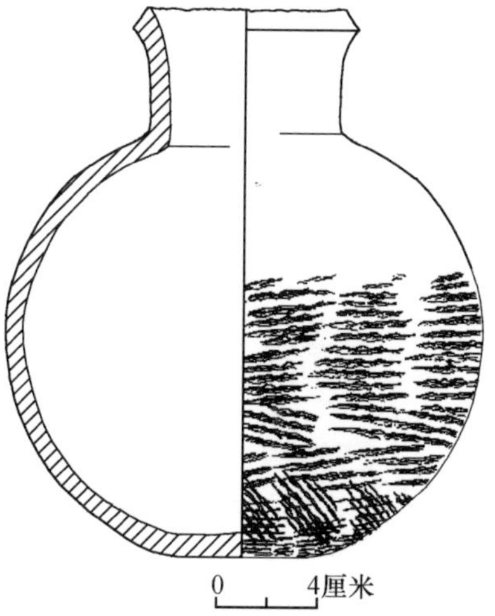

图一二三　09ⅡTG4M61出土陶罐
（09ⅡTG4M61∶1）

3. 随葬品

（1）种类及数量

陶罐1件。

（2）出土位置

陶罐位于墓室东壁。

（3）器物形制分类介绍

陶罐　1件。09ⅡTG4M61∶1，泥质灰陶。直口，微侈，方唇，长直颈，溜肩，球形腹，小平底，微内凹。下腹及底部饰绳纹，局部拍印痕迹明显。口径9.6、底径6、高22厘米（图一二三；图版六九，3）。

09ⅡTG4M62

09ⅡTG4M62位于TG4西北部，东邻09ⅡTG4M67，西北邻09ⅡTG4M61，东南邻09ⅡTG4M68，西邻09ⅡTG4M63。09ⅡTG4M62开口于②层下，打破第③层及生土层。

1. 形制和规格

09ⅡTG4M62是一座长方形竖穴土坑墓，南北向，墓向12°。墓口距地表0.6米（图一二四）。09ⅡTG4M62长2.3、宽0.9、深1.76米。填土为花土，质松软，四壁较规整。

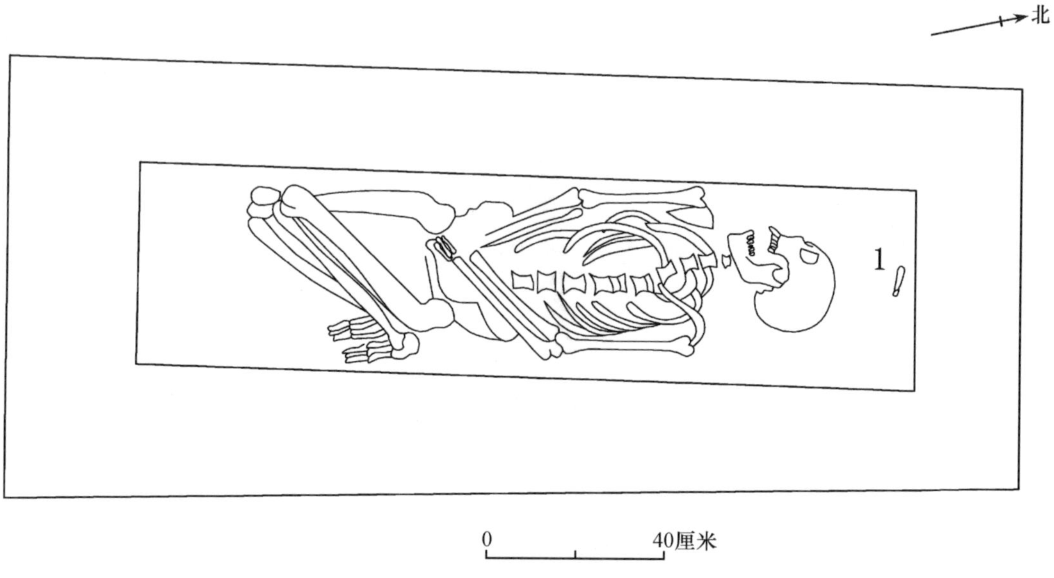

图一二四　09ⅡTG4M62平面图
1. 铜带钩

2. 葬具和人骨

墓室清理出一具木棺灰痕，棺长 1.78、宽 0.46、残高 0.26 米（图版二八，1）。

人骨为仰身后屈肢单人葬。屈肢较甚。头北脚南，面向北，两手交叠放于腹上，两小腿并拢回折，叠放于左腿下。为一 50 ~ 60 岁的女性个体。

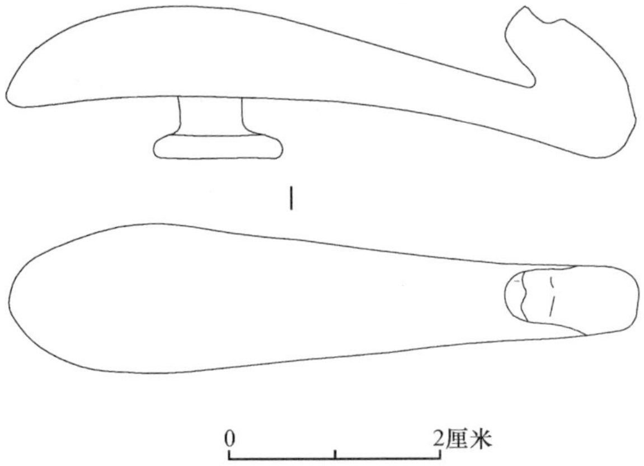

图一二五　09ⅡTG4M62 出土铜带钩
（09ⅡTG4M62∶1）

3. 随葬品

（1）种类及数量

铜带钩 1 件。

（2）出土位置

铜带钩位于墓主头前棺内东部。

（3）器物形制分类介绍

铜带钩　1 件。09ⅡTG4M62∶1，铜质，钩首为一对突出眼睛，钩体略宽于颈，腹部较长，上面鼓起呈弧形，尾部较宽。带钩背部有一扁平圆纽。钩长 6 厘米（图一二五）。

09ⅡTG4M64

09ⅡTG4M64 位于 TG4 西南部，北邻 09ⅡTG4M63，东北部打破 09ⅡTG4M65 西南部。09ⅡTG4M64 开口于②层下，打破第③层及生土层。

1. 形制和规格

09ⅡTG4M64 是一座带有生土二层台的长方形竖穴土坑墓，南北向，墓向 7°。墓口距地表 0.6 米，发掘至距地表 2.9 米处，在墓室东西两侧发现生土二层台，生土二层台上有横向盖板痕迹（图一二六）。

09ⅡTG4M64 长 2.9、宽 0.98、深 3 米。填土为花土，质松软，四壁较规整。

2. 葬具和人骨

墓室清理出一具木棺灰痕，棺长 2、宽 0.84、残高 0.34 米（图版二八，2）。

人骨为仰身直肢单人葬。人骨上半身已朽成粉末状，下半身保存较好，依据人骨残存痕迹判断墓主为头北脚南，年龄、性别不详。

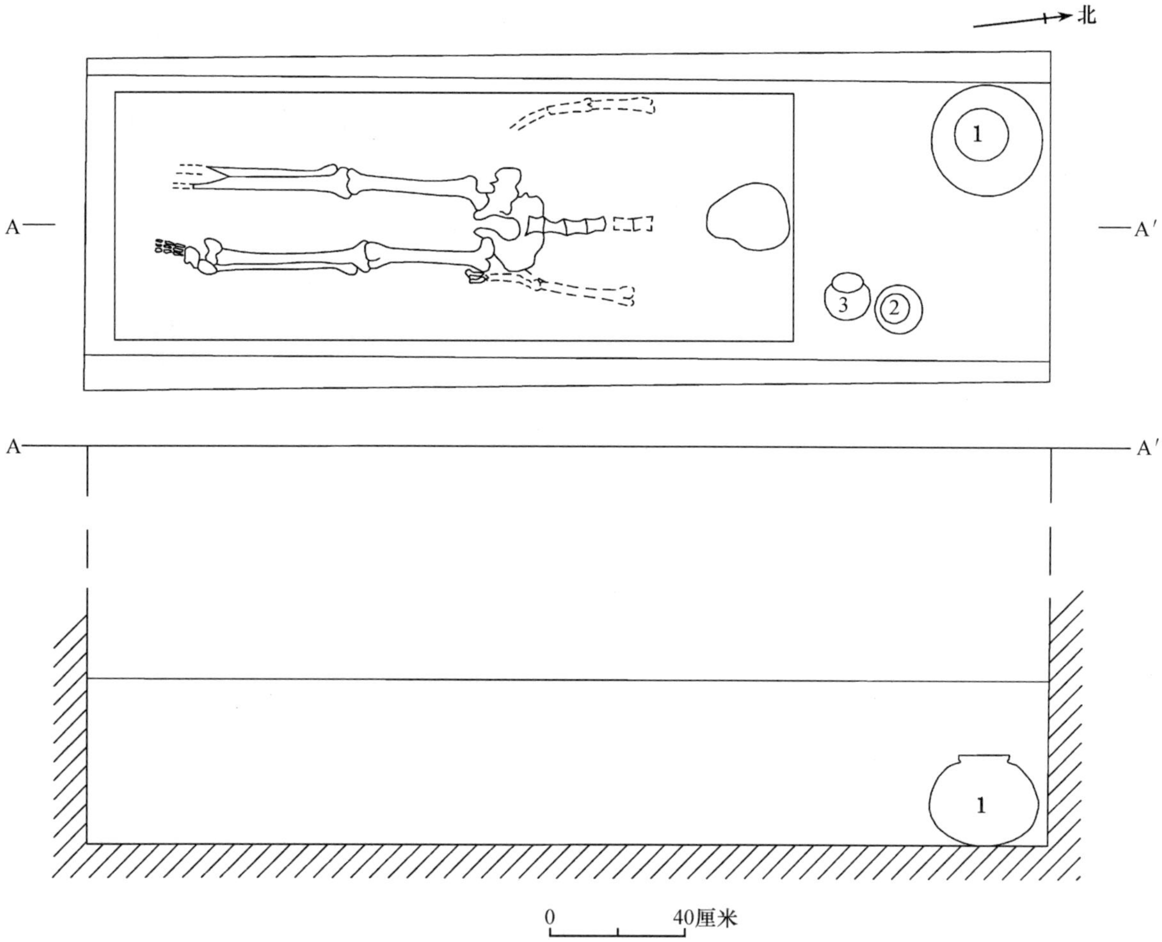

图一二六　09ⅡTG4M64平、剖面图
1. 陶瓮　2、3. 陶罐

3. 随葬品

（1）种类及数量

共3件。陶罐2件、陶瓮1件。

（2）出土位置

随葬器物均位于墓主头前棺外北部。1号陶瓮位于椁室西北角，2号、3号陶罐位于椁室东壁处。

（3）器物形制分类介绍

陶罐　2件。09ⅡTG4M64:2，泥质灰陶。口微侈，圆唇，鼓肩，斜直腹，微外弧，平底。颈部左右两侧各有两个穿孔，下腹部旋削一周。口径10.4、底径7.6、高13.8厘米（图一二七，1）。09ⅡTG4M64:3，泥质灰陶。侈口，圆唇，溜肩，弧腹，平底。肩部旋削修坯修饰一周，在肩腹交接处形成一小平台。口径10.8、底径6.4、高14.6厘米（图一二七，2；图版七一，3）。

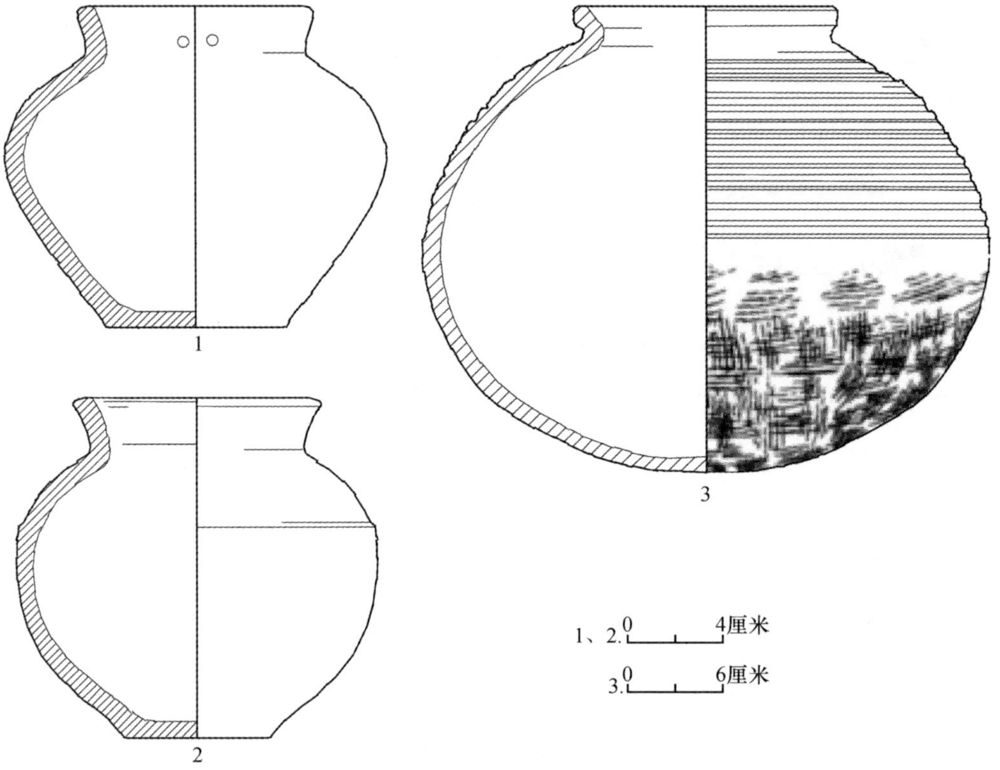

图一二七　09 Ⅱ TG4M64 出土陶器

1、2. 罐（09 Ⅱ TG4M64：2、09 Ⅱ TG4M64：3）　3. 瓮（09 Ⅱ TG4M64：1）

陶瓮　1件。09 Ⅱ TG4M64：1，泥质灰陶。敛口，斜折沿，圆唇，溜肩，上腹斜直，微弧，下腹较鼓凸，圜底。器表轮旋线明显，下腹及底部饰篮纹。口径16.8、高30厘米（图一二七，3）。

09 Ⅱ TG4M66

09 Ⅱ TG4M66 位于 TG4 北部，西北邻 09 Ⅱ TG4M60，西南邻 09 Ⅱ TG4M61，南邻 09 Ⅱ TG4M67，东邻 09 Ⅱ TG4M78。09 Ⅱ TG4M66 开口于②层下，打破第③层及生土层。

1. 形制和规格

09 Ⅱ TG4M66 是一座长方形竖穴土坑墓，东西向，墓向 98°。墓口距地表 0.6 米（图一二八）。

09 Ⅱ TG4M66 长 2.1、宽 0.68、深 3.6 米。填土为花土，质松软，四壁较规整。

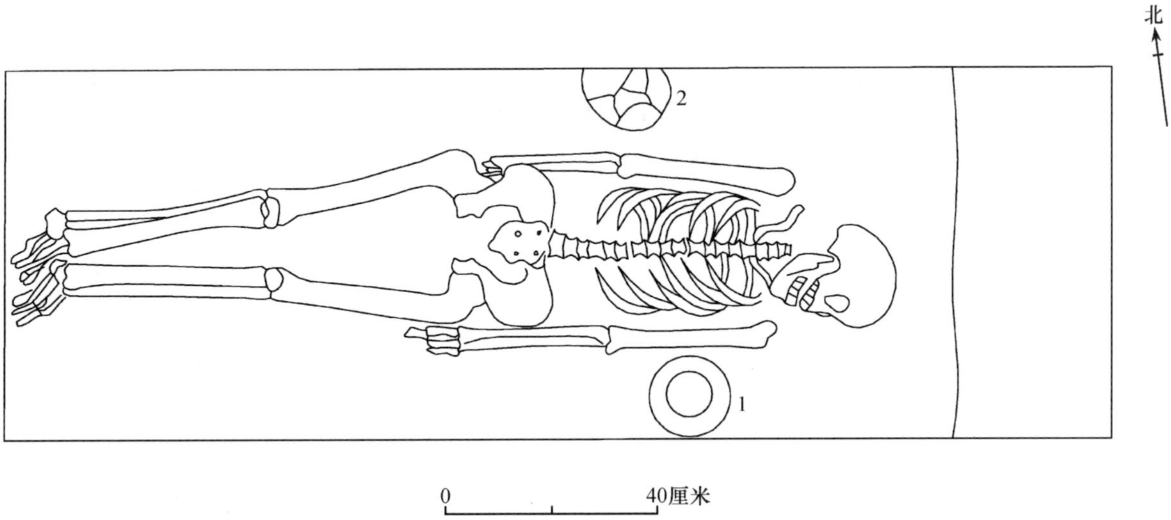

图一二八　09ⅡTG4M66平面图
1. 陶壶　2. 陶罐

2. 葬具和人骨

墓室内清理出一具木棺灰痕，棺长1.8、宽0.6、残高0.2米（图版二九，1）。

人骨为仰身直肢单人葬。头东脚西，面向南，为一35～45岁的女性个体。

3. 随葬品

（1）种类及数量

共2件。陶壶1件、陶罐1件。

（2）出土位置

1号陶壶位于墓主左上臂南部，2号陶罐位于墓主右臂肘关节北部。

（3）器物形制分类介绍

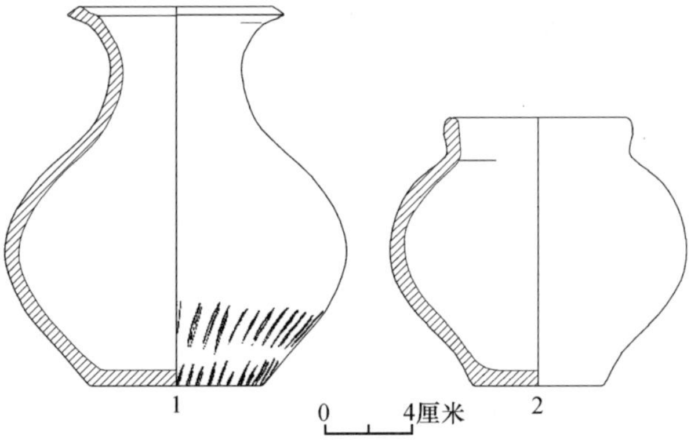

图一二九　09ⅡTG4M66出土陶器
1. 壶（09ⅡTG4M66∶1）
2. 罐（09ⅡTG4M66∶2）

陶壶　1件。09ⅡTG4M66∶1，泥质灰陶。侈口，折沿，尖唇，束颈，溜肩，鼓腹，平底。下腹旋削一周。口径10、底径8、高17.8厘米（图一二九，1）。

陶罐　1件。09ⅡTG4M66∶2，泥质灰陶。口微侈，方唇，束颈，鼓肩，弧腹，平底。下腹旋削一周。口径9、底径6、高12.6厘米（图一二九，2）。

09 Ⅱ TG4M68

09 Ⅱ TG4M68 位于 TG4 中部，北邻 09 Ⅱ TG4M62、09 Ⅱ TG4M67，东南邻 09 Ⅱ TG4M74，东侧打破 09 Ⅱ TG4M76。09 Ⅱ TG4M68 开口于②层，打破第③层及生土层。该墓遭到严重盗扰。

1. 形制和规格

09 Ⅱ TG4M68 是一座长方形砖椁墓，南北向，墓向 15°。墓口距地表 0.6 米，发掘至距地表 2.6 米处发现砖墙，砖墙上有横向盖板痕迹，墓室周壁顺砖错缝平砌 10 层，墓底用灰砖呈“人”字形平铺。墓砖规格为长 30、宽 14、厚 4.5 厘米（图一三〇）。

09 Ⅱ TG4M68 长 3.35、宽 1.5、深 2.7 米。填土为花土，经夯打实，四壁较规整。

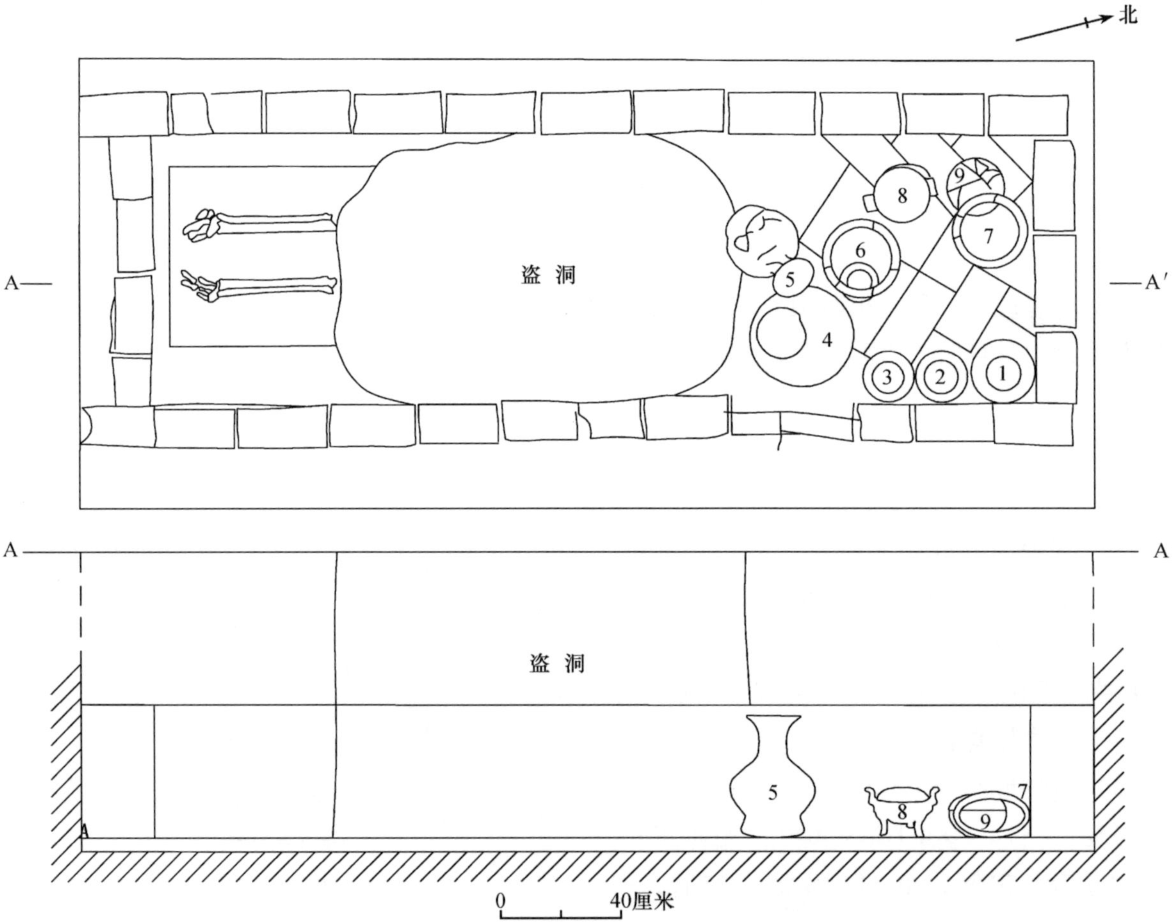

图一三〇　09 Ⅱ TG4M68 平、剖面图

1～3. 陶罐　4. 陶瓮　5. 陶壶　6、7. 陶车轮　8. 陶鼎　9. 陶盒

2. 葬具和人骨

墓室北部被盗扰，在南部清理出一具木棺灰痕，棺残长0.6、宽0.6米（图版二九，2）。

人骨为单人葬。该墓遭到严重盗扰，仅余小腿，年龄、性别不详。

3. 随葬品

（1）种类及数量

共9件。陶鼎1件、陶壶1件、陶罐3件、陶瓮1件、陶盒1件、陶车轮2件。

（2）出土位置

随葬器物均位于椁室北部。3件陶罐与1件陶瓮自椁室北端，依东壁一字排列；陶瓮西南侧置放陶壶，西北侧为1件陶车轮；两件陶鼎南北向排列于椁室北端中部偏西处，1件陶车轮叠压于北侧陶鼎上。

（3）器物形制分类介绍

陶鼎　1件。09ⅡTG4M68∶8，泥质灰陶。器盖，方唇，盖面隆起。鼎，子母口，折腹，小平底，下承三兽蹄足。上腹外附双立耳，耳顶端外卷，模制。器表施白衣，器盖白衣外饰红、黑二色组成的云纹，鼎腹部饰红色彩绘。口径19.2、高14.6厘米（图一三一，9；图版六七，3）。

陶壶　1件。09ⅡTG4M68∶5，泥质灰陶。器盖，子母口，盖面隆起。壶身，侈口，方唇，长直颈，溜肩，鼓腹，平底外侈。器盖及器身饰红、白两色组成的纹饰，腹部有轮旋线。口径13.2、底径16、高32厘米（图一三一，3）。

陶罐　3件。09ⅡTG4M68∶1，泥质灰陶，胎体较薄。侈口，卷沿，圆唇，束颈，颈部较长，折肩，斜直腹，微外弧，下腹折收，小平底。颈部左右两侧各有两个穿孔，器表有轮旋线。口径12.8、底径6、高16厘米（图一三一，5）。09ⅡTG4M68∶2，泥质灰陶。口微侈，方唇，溜肩，鼓腹，平底，微内凹。器表有轮旋线，下腹及底部饰绳纹。口径10、底径8、高13.6厘米（图一三一，4）。09ⅡTG4M68∶3，泥质灰陶。口微侈，方唇，鼓肩，弧腹，平底，微内凹。器表有轮旋线，下腹及底部饰绳纹。口径10.4、底径8、高13厘米（图一三一，2）。

陶瓮　1件。09ⅡTG4M68∶4，泥质灰陶。敛口。斜折沿，方唇，唇上缘略凸起，束颈，溜肩，上腹斜直，微弧，下腹略鼓凸，圜底。器表有轮旋线，下腹及底部饰细绳纹。口径17.8、高24.6厘米（图一三一，1）。

陶盒　1件。09ⅡTG4M68∶9，泥质灰陶。器盖，方唇，盖面隆起，弧形顶。盒，子母口，弧腹，平底。器表施白衣，彩绘大部分脱落，器盖上残留有部分红色卷云纹。口径18、底径8.8、高13厘米（图一三一，8；图版七六，1）。

陶车轮　2件。大小、形制均相同。09ⅡTG4M68∶6、7，圆形，片状，直径26、内径20.8厘米（图一三一，6、7）。

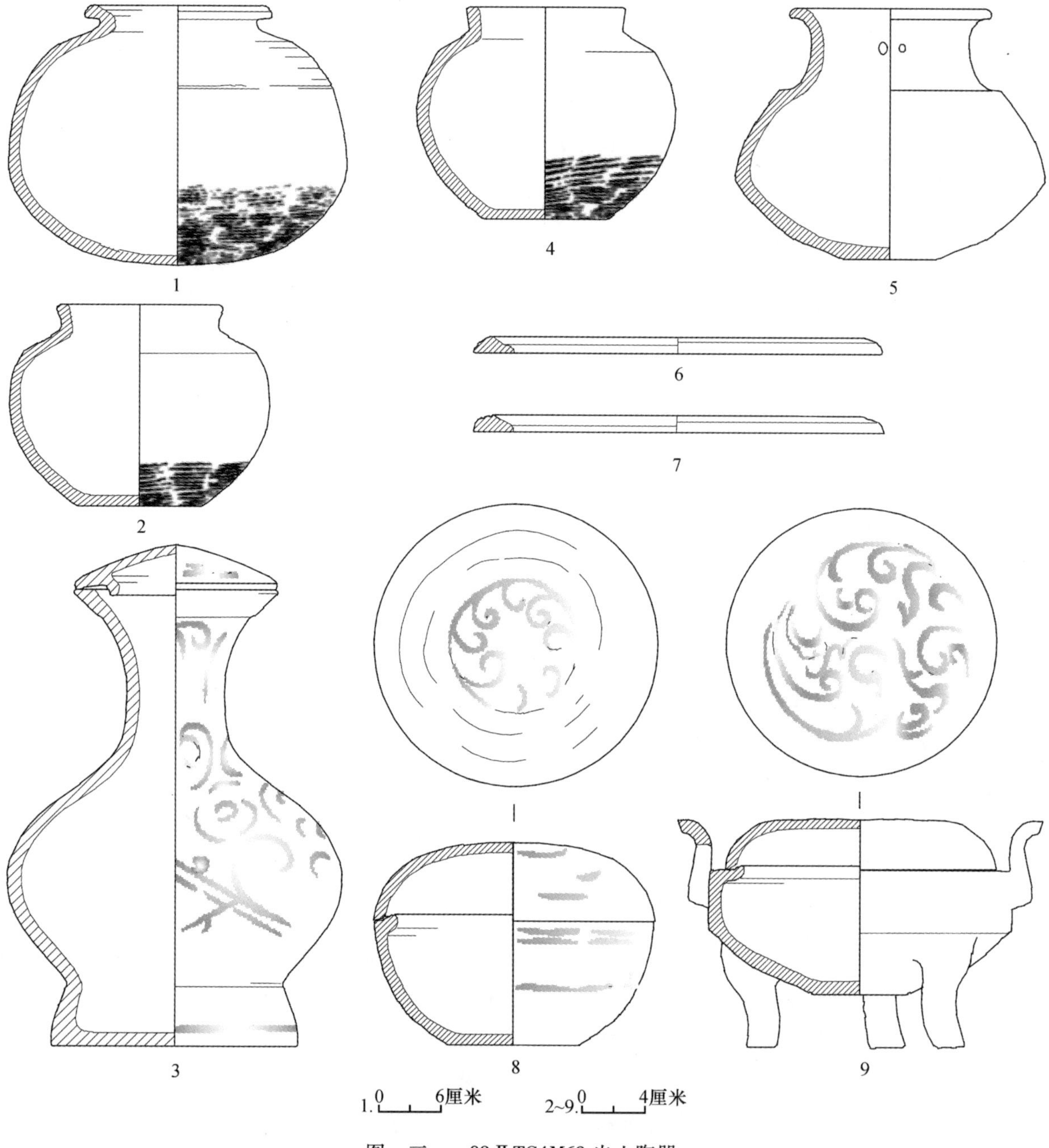

图一三一　09 Ⅱ TG4M68 出土陶器

1. 瓮（09 Ⅱ TG4M68∶4）　2、4、5. 罐（09 Ⅱ TG4M68∶3、09 Ⅱ TG4M68∶2、09 Ⅱ TG4M68∶1）　3. 壶（09 Ⅱ TG4M68∶5）
6、7. 车轮（09 Ⅱ TG4M68∶6、09 Ⅱ TG4M68∶7）　8. 盒（09 Ⅱ TG4M68∶9）　9. 鼎（09 Ⅱ TG4M68∶8）

09 Ⅱ TG4M69

09 Ⅱ TG4M69 位于 TG4 南端，东邻 09 Ⅱ TG4M84，北邻 09 Ⅱ TG4M65、09 Ⅱ TG4M73、09 Ⅱ TG4M74。09 Ⅱ TG4M69 开口于②层下，打破第③层及生土层。

1. 形制和规格

09ⅡTG4M69是一座带有生土二层台的长方形竖穴土坑墓，东西向，墓向95°。墓口距地表0.6米，发掘至距地表3.4米处，在墓室南北两侧发现生土二层台，生土二层台上有横向盖板痕迹（图一三二）。

09ⅡTG4M69长2.1、宽1.3、深3.5米。填土为花土，质松软，四壁较规整。

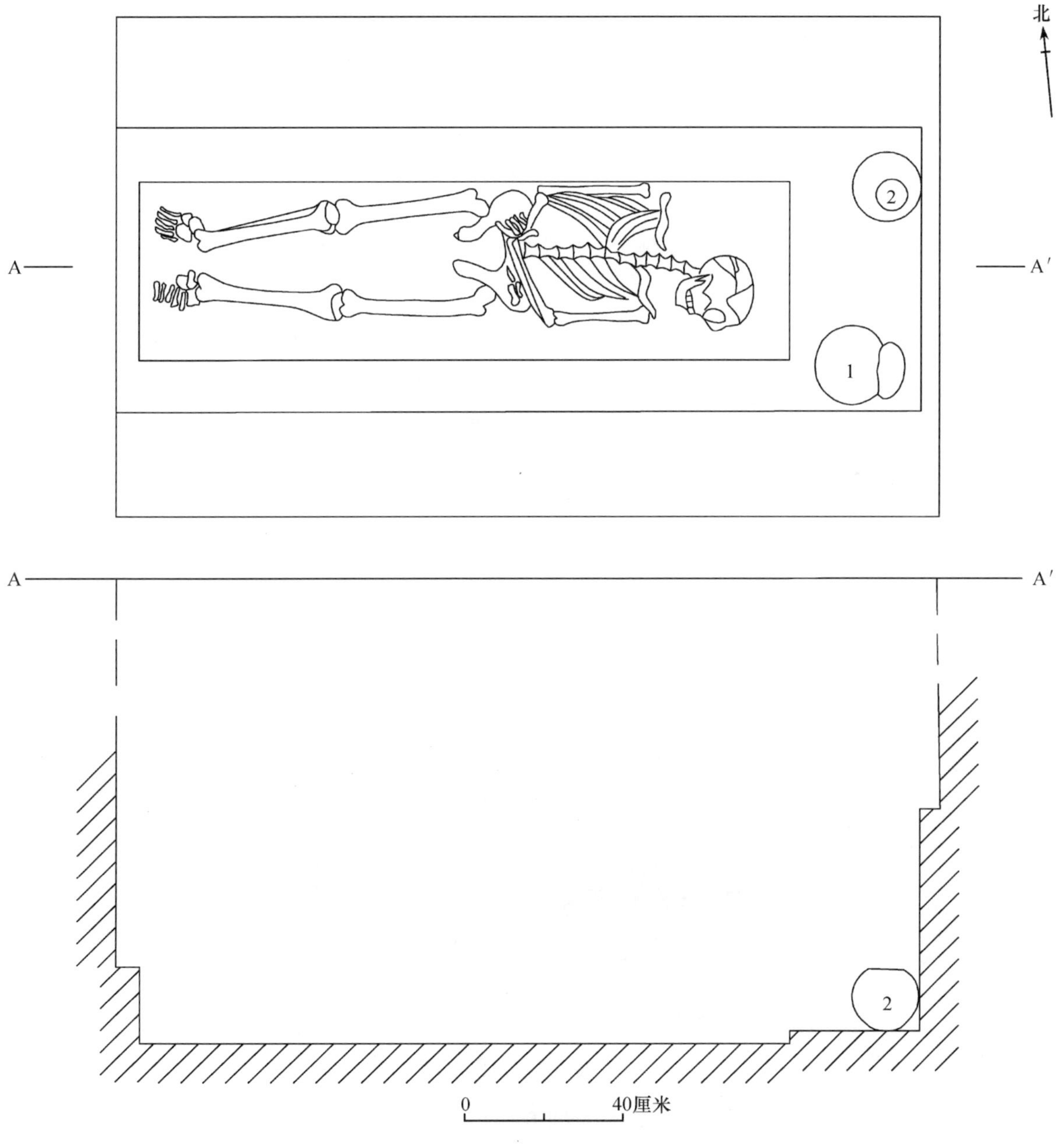

图一三二　09ⅡTG4M69平、剖面图

1、2. 陶罐

2. 葬具和人骨

墓室清理出一具木棺灰痕，棺长1.66、宽0.46米（图版三〇，1）。

人骨为仰身直肢单人葬。头东脚西，面向南，双手交叠置放于腹部，为一45～50岁的女性个体。

3. 随葬品

（1）种类及数量

陶罐2件。

（2）出土位置

随葬器物均位于墓葬头前棺外东侧，1号陶罐位于墓室东南角，2号陶罐位于墓室东北部。

（3）器物形制分类介绍

陶罐　2件。09ⅡTG4M69∶1，泥质灰陶。直口，折沿，方唇，长直颈，溜肩，球形腹，小平底，微内凹。器表有轮旋线，肩部饰凹旋纹3周，下腹及底部饰绳纹。口径15.6、底径8、高22.4厘米（图一三三，1）。09ⅡTG4M69∶2，泥质灰陶。口残，有修整痕迹，溜肩，鼓腹，平底。肩部左右两侧各有一个穿孔，肩腹部饰三组细密凹旋纹纹饰带，器表有轮旋线。底径10、高16.8厘米（图一三三，2）。

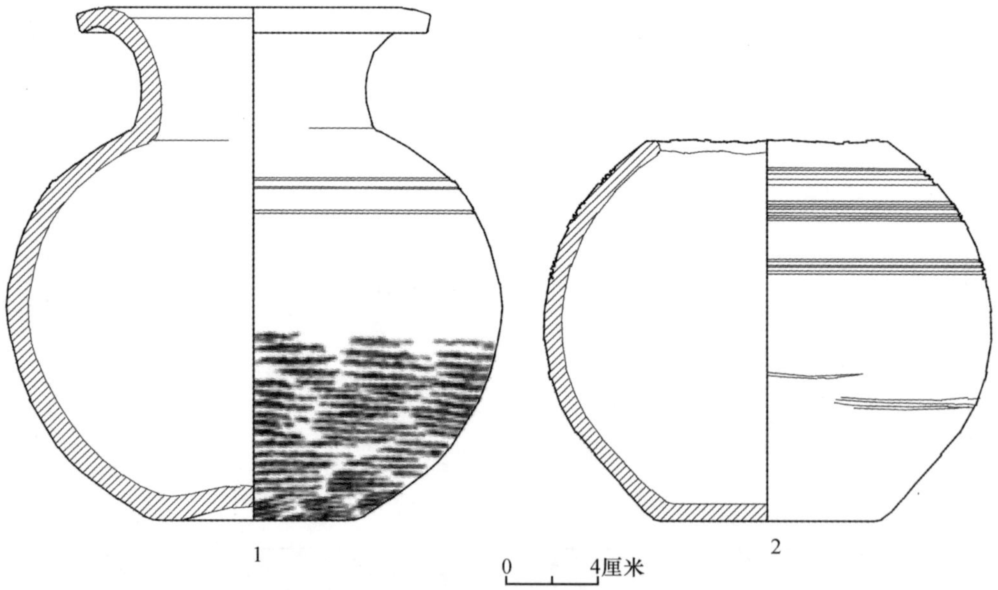

图一三三　09ⅡTG4M69出土陶罐

1. 09ⅡTG4M69∶1　2. 09ⅡTG4M69∶2

09ⅡTG4M70

09ⅡTG4M70位于TG4北端，大部分叠压在TG4北隔梁下，西邻09ⅡTG4M51，东南部打破09ⅡTG4M71北部。09ⅡTG4M70开口于②层下，打破第③层及生土层。该墓葬遭到严重盗扰。

1. 形制和规格

09ⅡTG4M70是一座带有生土二层台的长方形竖穴土坑墓，东西向，墓向95°。墓口距地表0.6米，发掘至距地表3.2米处，在墓室南北两侧发现生土二层台，生土二层台上有横向盖板痕迹（图一三四）。

09ⅡTG4M70长2.7、宽0.8、深3.2米。填土为花土，质松软，四壁较规整。

2. 葬具和人骨

未见葬具（图版三〇，2）。

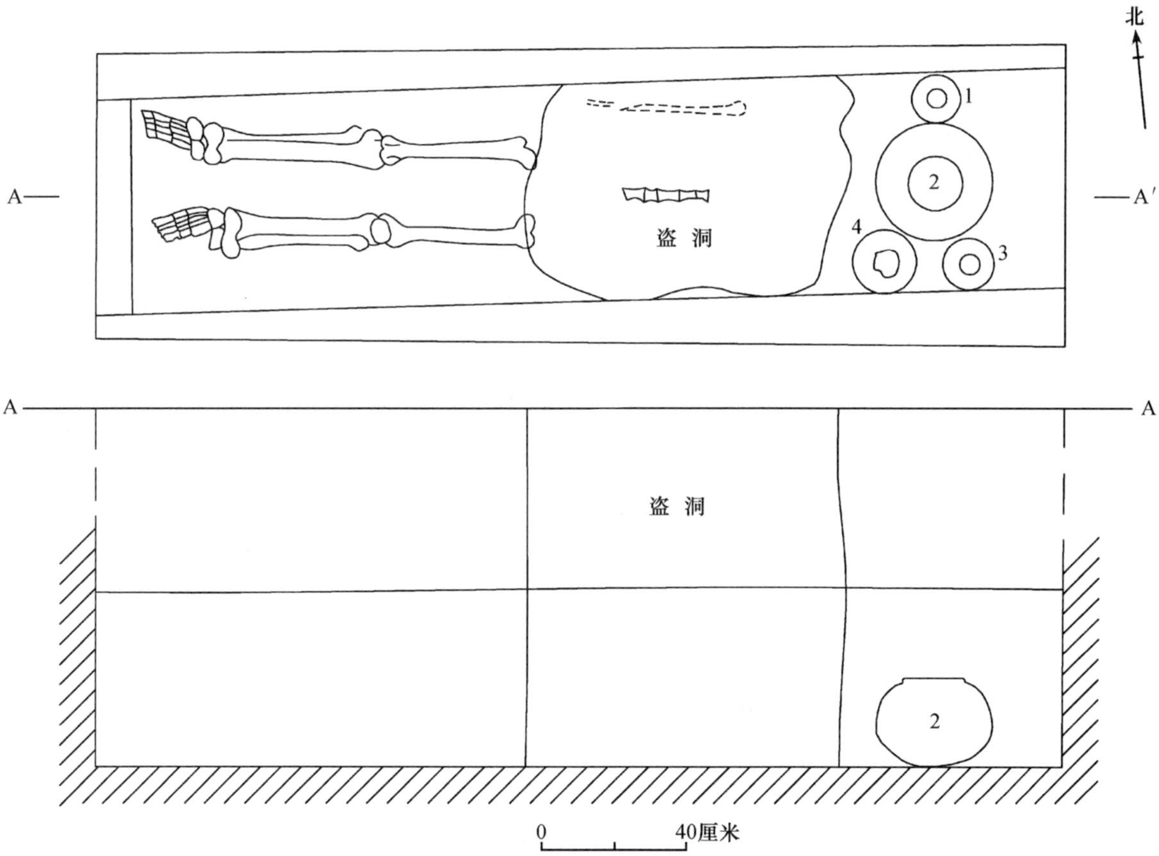

图一三四　09ⅡTG4M70平、剖面图

1、3. 陶罐　2. 陶瓮　4. 陶壶

人骨为仰身直肢单人葬。该墓葬遭到严重盗扰，仅余下半身。依据人骨残存痕迹判断墓主应为头东脚西，年龄、性别不详。

3. 随葬品

（1）种类及数量

共4件。陶壶1件、陶罐2件、陶瓮1件。

（2）出土位置

随葬器物均位于墓室东部。

（3）器物形制分类介绍

陶壶　1件。09ⅡTG4M70:4，泥质灰陶。侈口，方唇，束颈，溜肩，鼓腹，平底。器表施白衣。口径12、底径8.4、高20.8厘米（图一三五，3）。

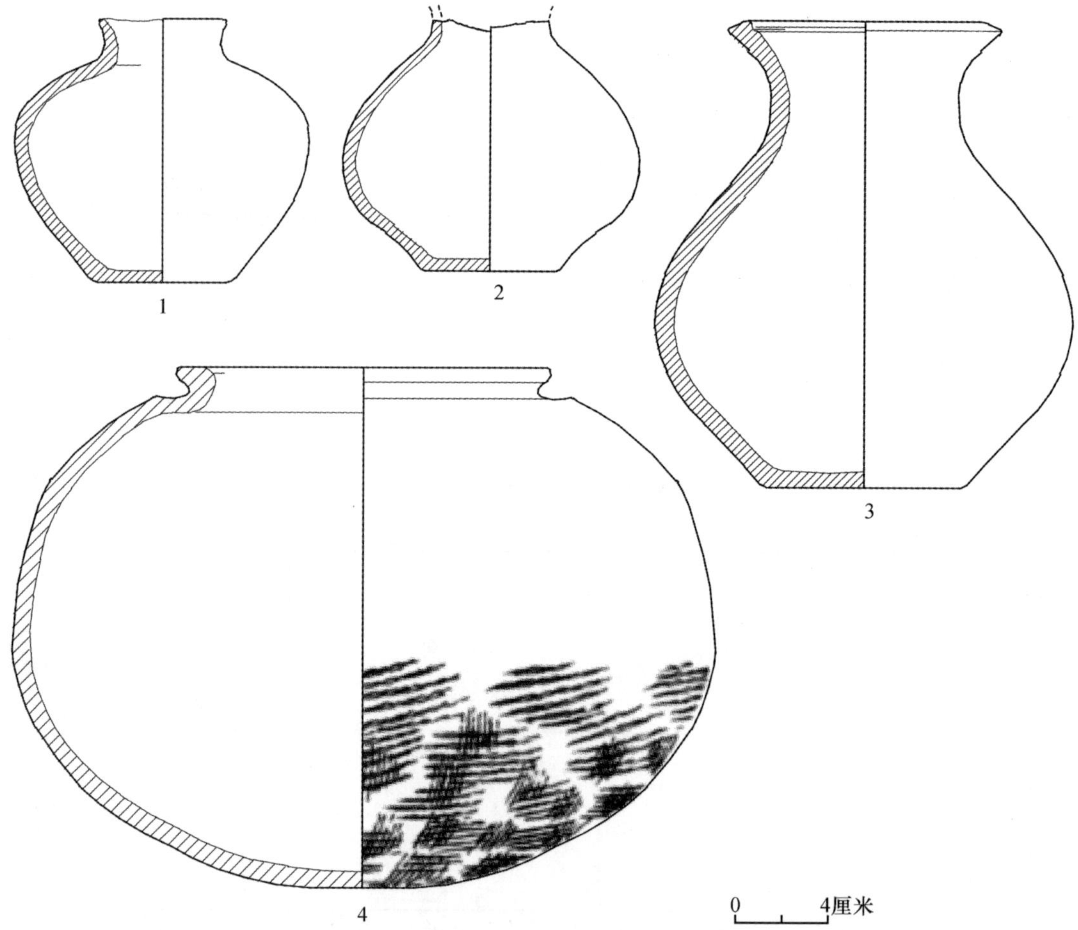

图一三五　09ⅡTG4M70出土陶器

1、2. 罐（09ⅡTG4M70:1、09ⅡTG4M70:3）　3. 壶（09ⅡTG4M70:4）　4. 瓮（09ⅡTG4M70:2）

陶罐　2件。09ⅡTG4M70∶1，泥质灰陶。侈口，尖圆唇，束颈，鼓肩，斜直腹，微弧，小平底。器表施白衣。口径5.6、底径6、高11.6厘米（图一三五，1）。09ⅡTG4M70∶3，泥质灰陶。口残，溜肩，鼓腹，平底。下腹旋削修坯一周。器表施白衣。底径6、残高11厘米（图一三五，2）。

陶瓮　1件。09ⅡTG4M70∶2，泥质灰陶。沿微卷，束颈，鼓肩，上腹近直，下腹较鼓凸，圜底。器表施白衣。下腹及底部拍印绳纹。口径16.4、高22.8厘米（图一三五，4；图版七四，3）。

09ⅡTG4M72

09ⅡTG4M72位于TG4中部，西部打破09ⅡTG4M76，西北邻09ⅡTG4M67，南邻09ⅡTG4M74。09ⅡTG4M72开口于②层，打破第③层及生土层。该墓葬遭到严重盗扰。

1. 形制和规格

09ⅡTG4M72是一座长方形砖椁墓，南北向，墓向7°。墓口距地表0.7米。发掘至距地表3.2米处发现砖墙，东、西壁被挤压略呈弧形，砖墙上有横向盖板痕迹，墓室周壁顺砖错缝平砌13层，墓底用灰砖呈“人”字形平铺。墓砖规格为长40、宽20、厚5厘米（图一三六）。

09ⅡTG4M72长3.6、宽1.2、深3.3米。填土为花土，质松软，四壁较规整。

2. 葬具和人骨

由于盗扰以及回填土湿黏等原因，09ⅡTG4M72未能清理出葬具（图版三一，1）。

人骨为仰身直肢单人葬。人骨保存较差，头部、胸部已朽成粉末状，从残存痕迹判断墓主应为头北脚南，年龄、性别不详。

3. 随葬品

（1）种类及数量

共9件。陶鼎1件、陶壶1件、陶罐3件、陶瓮1件、陶盒1件、陶俑头2件。

（2）出土位置

随葬陶鼎、陶盒、陶壶、陶瓮、陶罐等均位于砖椁北部，依东壁摆放；陶俑头位于人头骨北部。

（3）器物形制分类介绍

陶鼎　1件。09ⅡTG4M72∶2，泥质灰陶。器盖，方唇，盖面隆起。鼎，子母口，折腹，平底，微外凸，下承三兽蹄足。上腹外附双立耳，耳顶端外卷，模制。器表施白衣，器盖有红、白、绿三色组成的云纹，鼎腹部饰白、红两色彩绘。口径18、高16厘米（图一三七，6；图版六七，1）。

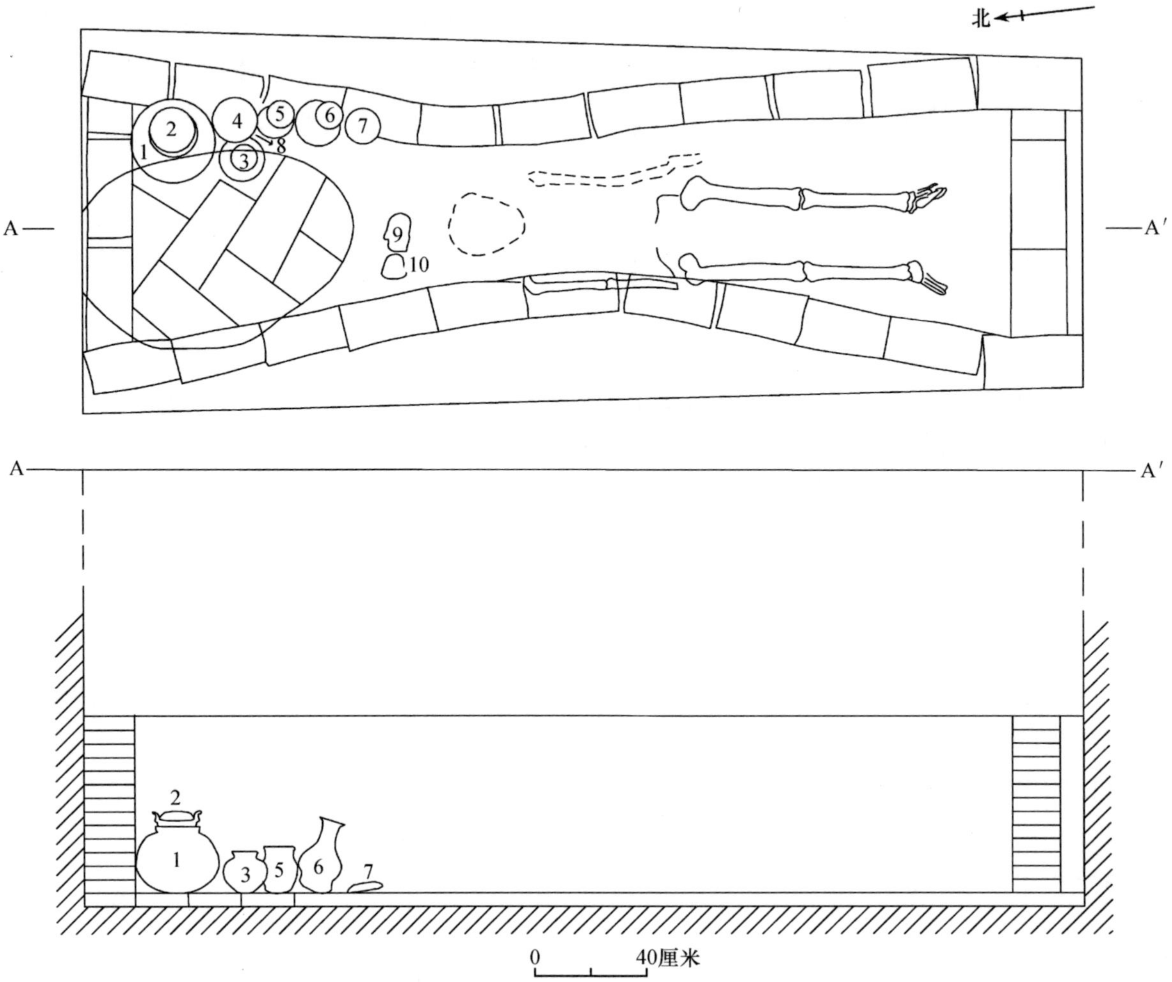

图一三六　09ⅡTG4M72平、剖面图

1. 陶瓮　2. 陶鼎　3、5、8. 陶罐　4. 陶盒　6. 陶壶　7. 陶壶盖　9、10. 陶俑

陶壶　1件。09ⅡTG4M72∶6，泥质灰陶。侈口，方唇，长直颈，溜肩，鼓腹，大平底，微外侈。器身饰红、绿、白三色组成的纹饰，腹部有轮旋线，下腹旋削一周。口径10、底径14、高31.6厘米（图一三七，2；图版六八，1）。

陶罐　3件。09ⅡTG4M72∶3，泥质灰陶。侈口，圆唇，束颈，鼓肩，弧腹，平底。颈部左右两侧各有两个穿孔，器表有轮旋线，下腹部旋削修饰一周。口径10、底径8、高16.6厘米（图一三七，1）。09ⅡTG4M72∶5，泥质灰陶。直口微侈，平折沿，方唇，长直颈，溜肩，弧腹，平底。颈部有轮旋线。口径12、底径10、高16.6厘米（图一三七，8；图版七三，2）。09ⅡTG4M72∶8，泥质灰陶，器形较矮胖。侈口，方唇，广肩，凸鼓腹，平底。颈部左右两侧各有两个穿孔，器表有轮旋线，下腹部旋削修饰一周。口径8、底径6.5、高10.8厘米（图一三七，7）。

图一三七　09ⅡTG4M72出土陶器

1、7、8. 罐（09ⅡTG4M72:3、09ⅡTG4M72:8、09ⅡTG4M72:5）　2. 壶（09ⅡTG4M72:6）　3、4. 俑头（09ⅡTG4M72:10、09ⅡTG4M72:9）　5. 瓮（09ⅡTG4M72:1）　6. 鼎（09ⅡTG4M72:2）　9. 盒（09ⅡTG4M72:4）

陶瓮　1件。09ⅡTG4M72:1，泥质灰陶。敛口，斜折沿，方唇，束颈，肩部微折，弧腹，圜底。肩部削泥去皮一层，去胎泥较厚，使肩部局部略显折棱①。上腹部有轮旋线，下腹及底部饰绳纹。口径15、高24.9厘米（图一三七，5）。

① 一般指对器物进行修整过程中，由于去胎泥较厚，在修整部位有较明显折棱。

陶盒　1件。09ⅡTG4M72∶4，泥质灰陶。器盖，方唇，盖面隆起。盒，子母口，弧腹，平底，略显足形。器盖饰红、白、绿三色组成的云纹，盒腹部饰红白二色纹饰带，云纹流畅，状如云龙，均直接绘制在器表上。下腹旋削修坯一周，使底部略显足形。口径17.6、底径7.6、高12厘米（图一三七，9；彩版一四，4）。

陶俑头　2件。09ⅡTG4M72∶9，男俑头，泥质灰陶。脸型方正饱满，面目不清。头戴红色武弁，面部施白衣。残高9厘米（图一三七，4；图版七八，3）。09ⅡTG4M72∶10，女俑头，泥质灰陶。圆脸丰腴，修眉细目，高鼻小嘴，目视前方。前额发髻左右平分，梳髻于脑后，面部施白衣。残高6厘米（图一三七，3；图版七八，4）。

09ⅡTG4M73

09ⅡTG4M73位于TG4中南部，西邻09ⅡTG4M65，南邻09ⅡTG4M69，东北部打破09ⅡTG4M74。09ⅡTG4M73开口于②层下。该墓葬遭到严重盗扰。

1. 形制和规格

09ⅡTG4M73是一座带有生土二层台的长方形竖穴土坑墓，南北向，墓向195°。墓口距地表0.6米，发掘至距地表3.1米处，在墓室东西两侧发现生土二层台，生土二层台上有横向盖板痕迹（图一三八）。

09ⅡTG4M73长3、宽0.8、深3.2米。填土为花土，质松软，含水量较大，四壁较规整。

2. 葬具和人骨

墓室清理出一具木棺灰痕，棺长1.9、宽0.6米、残高0.4米（图版三一，2）。

人骨为仰身直肢单人葬。该墓葬遭到严重盗扰，胸腹部被扰乱。依据人骨残存痕迹判墓主应为头南脚北，年龄、性别不详。

3. 随葬品

（1）种类及数量

共5件（枚）。陶罐3件、陶瓮1件，铜钱1枚。

（2）出土位置

1号铜钱位于墓主嘴中，其余随葬器物均位于墓葬头前棺外南部与南壁之间中部，东西向排列。

（3）器物形制分类介绍

陶罐　3件。09ⅡTG4M73∶3，泥质灰陶。口微侈，方唇，束颈，溜肩，鼓腹，平底。器表施白衣。下腹部有旋削痕。口径8.8、底径6、高13.2厘米（图一三九，2）。09ⅡTG4M73∶4，

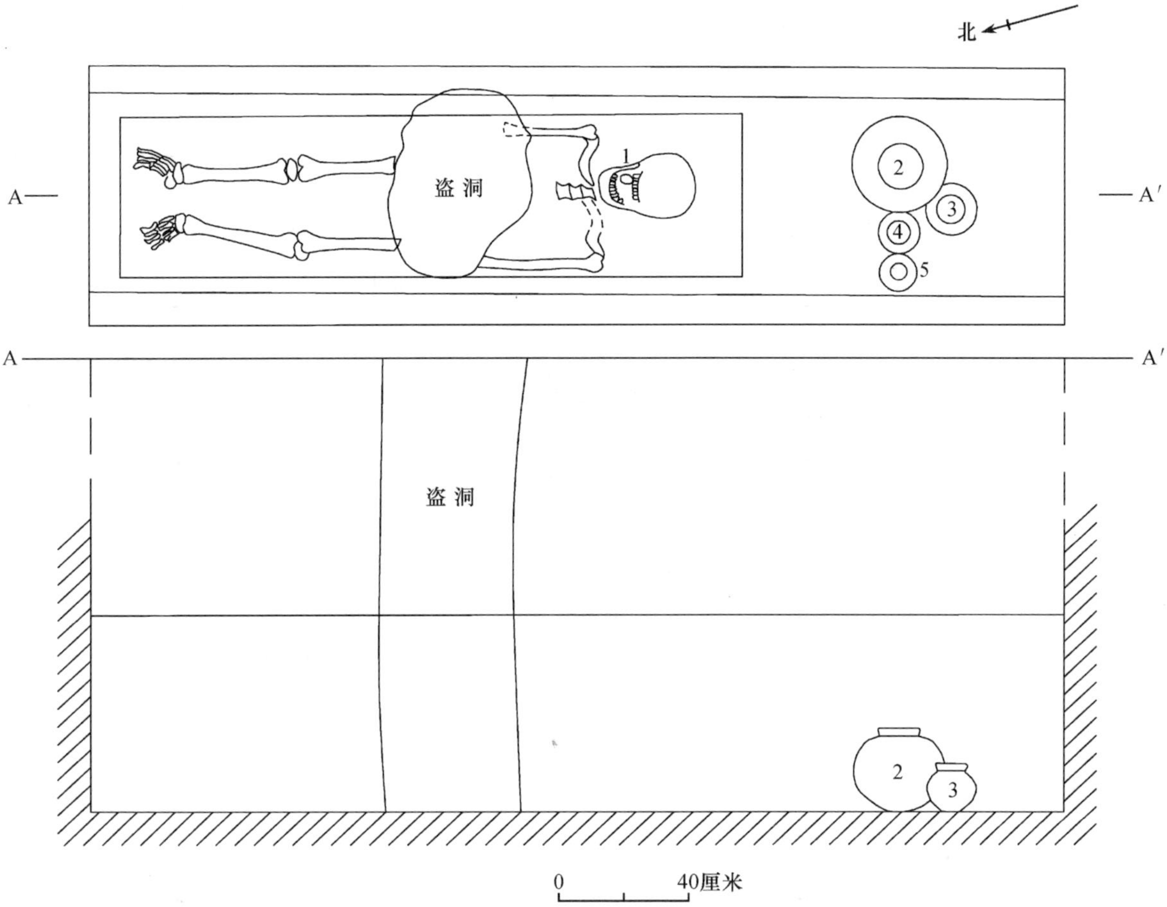

图一三八　09ⅡTG4M73平、剖面图
1. 铜钱　2. 陶瓮　3～5. 陶罐

泥质灰陶。口微侈，方唇，束颈，溜肩，鼓腹，平底。器表施白衣。下腹部有旋削痕迹。口径8、底径4.8、高12.6厘米（图一三九，3）。09ⅡTG4M73∶5，泥质灰陶。口微侈，方唇，束颈，溜肩，鼓腹，平底。器表施白衣。下腹部有旋削痕。口径8.8、底径6、高12.4厘米（图一三九，1）。

陶瓮　1件。09ⅡTG4M73∶2，泥质灰陶。斜折沿，微卷，方唇，肩部微折，鼓腹，小平底。器表饰点状白衣，肩腹部有轮弦线。肩部去皮削泥一周，去胎泥较厚，使肩部略显折线，下腹及底部拍印绳纹。口径15.2、底径10、高29.4厘米（图一三九，5）。

五铢钱　1枚。09ⅡTG4M73∶1，浇注，圆形，方穿。“五”字较窄长，中间交叉两笔较圆曲，“铢”字漫漶不清。直径2.5厘米（图一三九，4）。

09ⅡTG4M75

09ⅡTG4M75位于TG4东部，东邻09ⅡTG4M108，南邻09ⅡTG4M82，西邻09ⅡTG4M80。09ⅡTG4M75开口于②层下，打破第③层及生土层。该墓被盗扰。

1. 形制和规格

09ⅡTG4M75是一座带有生土二层台的长方形竖穴土坑墓，南北向，墓向15°。墓口距地表0.6米，发掘至距地表2米处，在墓室东西两侧发现生土二层台，生土二层台上有横向盖板痕迹。据地表2.3米处，在墓室北侧发现生土二层台，台上置放有随葬品（图一四〇）。

09ⅡTG4M75长2.8、宽0.9、深2.15米。填土为花土，质松软，四壁较规整。

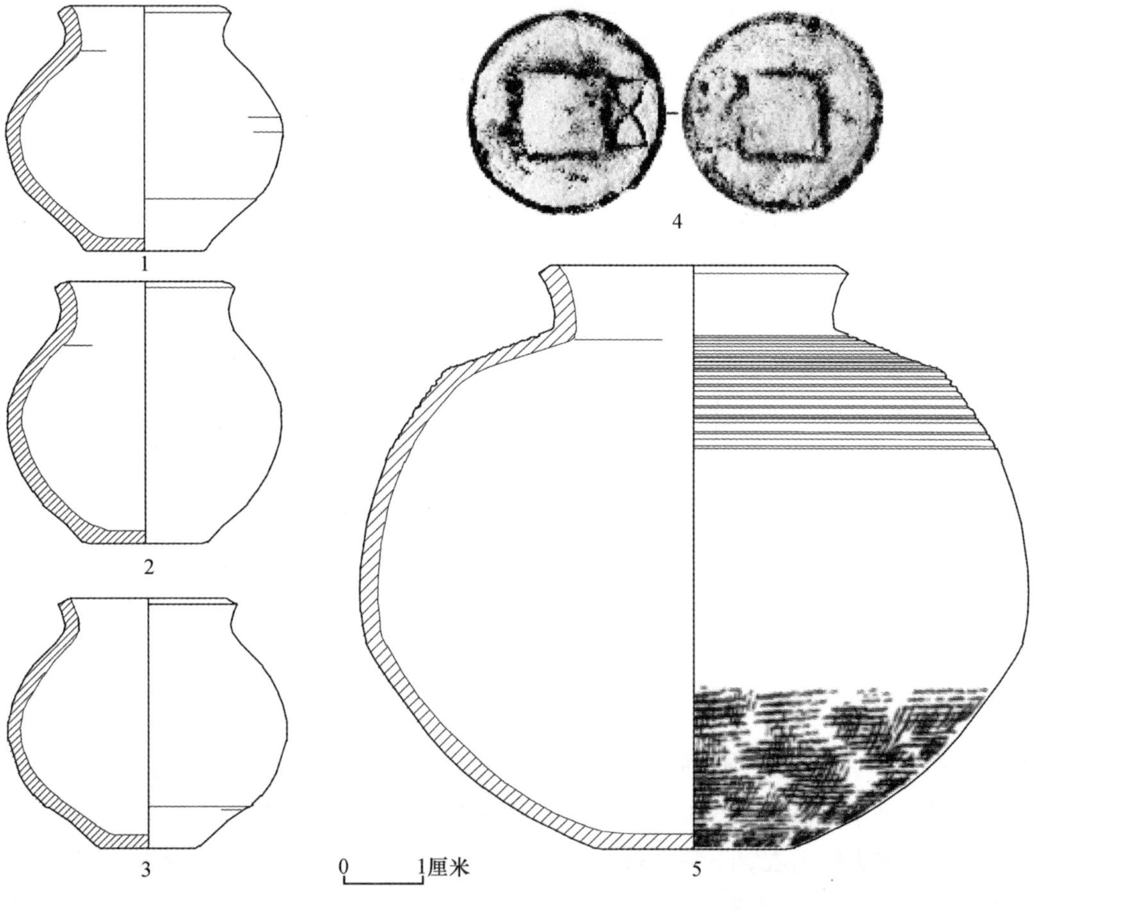

图一三九　09ⅡTG4M73出土器物

1～3. 陶罐（09ⅡTG4M73:5、09ⅡTG4M73:3、09ⅡTG4M73:4）　4. 五铢钱（09ⅡTG4M73:1）　5. 陶瓮（09ⅡTG4M73:2）

2. 葬具和人骨

由于被盗扰严重，未见葬具和人骨。

3. 随葬品

（1）种类及数量

陶罐4件。

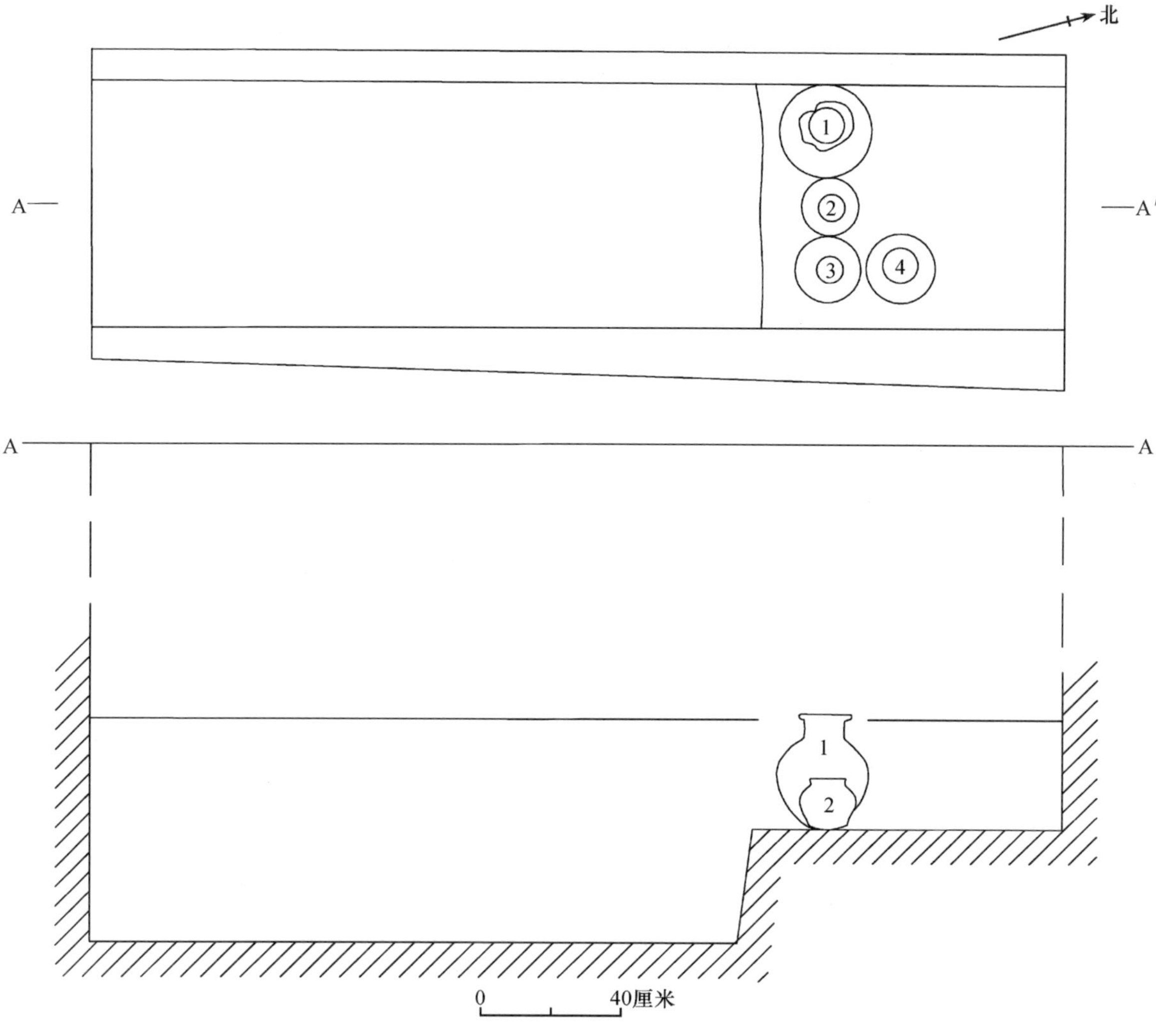

图一四〇　09ⅡTG4M75平、剖面图
1～4. 陶罐

（2）出土位置

随葬器物均置放于墓室北部生土台上。

（3）器物形制分类介绍

陶罐　4件。09ⅡTG4M75∶1，泥质灰陶。口略呈盘形，长直颈，溜肩，鼓腹，小平底，微内凹。器表有轮旋线，下腹及底饰篮纹。口径14、底径6.4、高27.5厘米（图一四一，1；图版六九，5）。09ⅡTG4M75∶2，泥质灰陶。侈口，圆唇，束颈，溜肩，鼓腹，平底。器表有轮旋线，下腹部旋削一周。口径8.5、底径9.2、高11.3厘米（图一四一，2）。09ⅡTG4M75∶3，泥质灰陶。口微侈，圆唇，溜肩，鼓腹，平底。器身有轮弦线，下腹旋削一周，底缘及底部有旋削修坯痕迹。口径9、底径9.5、高11.6厘米（图一四一，4）。09ⅡTG4M75∶4，泥质灰陶。侈口，方唇，束颈，溜肩，鼓腹，平底。器表有轮旋线，下腹部旋削一周。口径9.7、底径7.2、高15.2厘米（图一四一，3）。

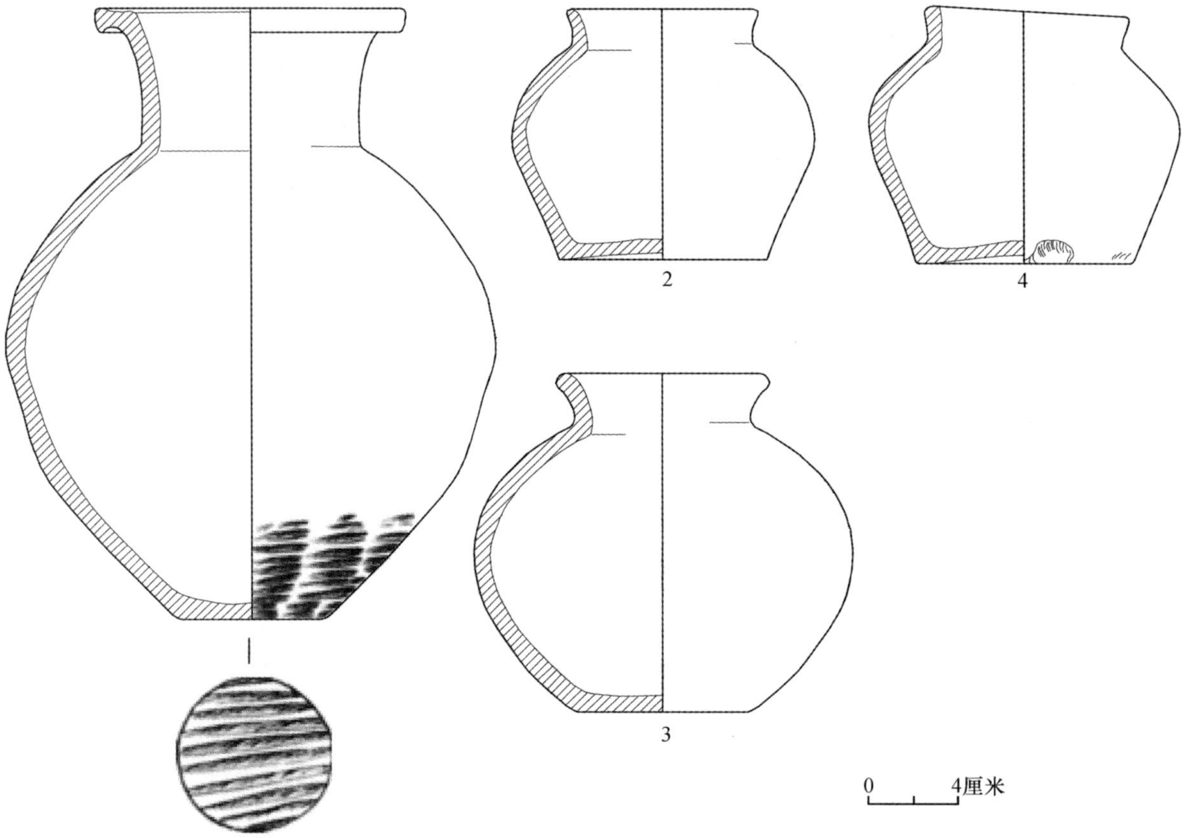

图一四一　09ⅡTG4M75 出土陶罐

1. 09ⅡTG4M75∶1　2. 09ⅡTG4M75∶2　3. 09ⅡTG4M75∶4　4. 09ⅡTG4M75∶3

09ⅡTG4M77

09ⅡTG4M77 位于 TG4 西北部，东北部被 09ⅡTG4M51 打破，西南部被 09ⅡTG4M59 打破。09ⅡTG4M77 开口于②层下，打破第③层及生土层。

1. 形制和规格

09ⅡTG4M77 是一座带有生土二层台的长方形竖穴土坑墓，东西向，墓向 95°。墓口距地表 0.6 米，发掘至距地表 3.1 米处，在墓室南北两侧发现生土二层台，生土二层台上有横向盖板痕迹（图一四二）。

09ⅡTG4M77 长 2.5、宽 1.2、深 3 米。填土为花土，质松软，四壁较规整。

2. 葬具和人骨

墓室清理出一具木棺灰痕，棺长 2、宽 0.54 米、残高 0.1 米。

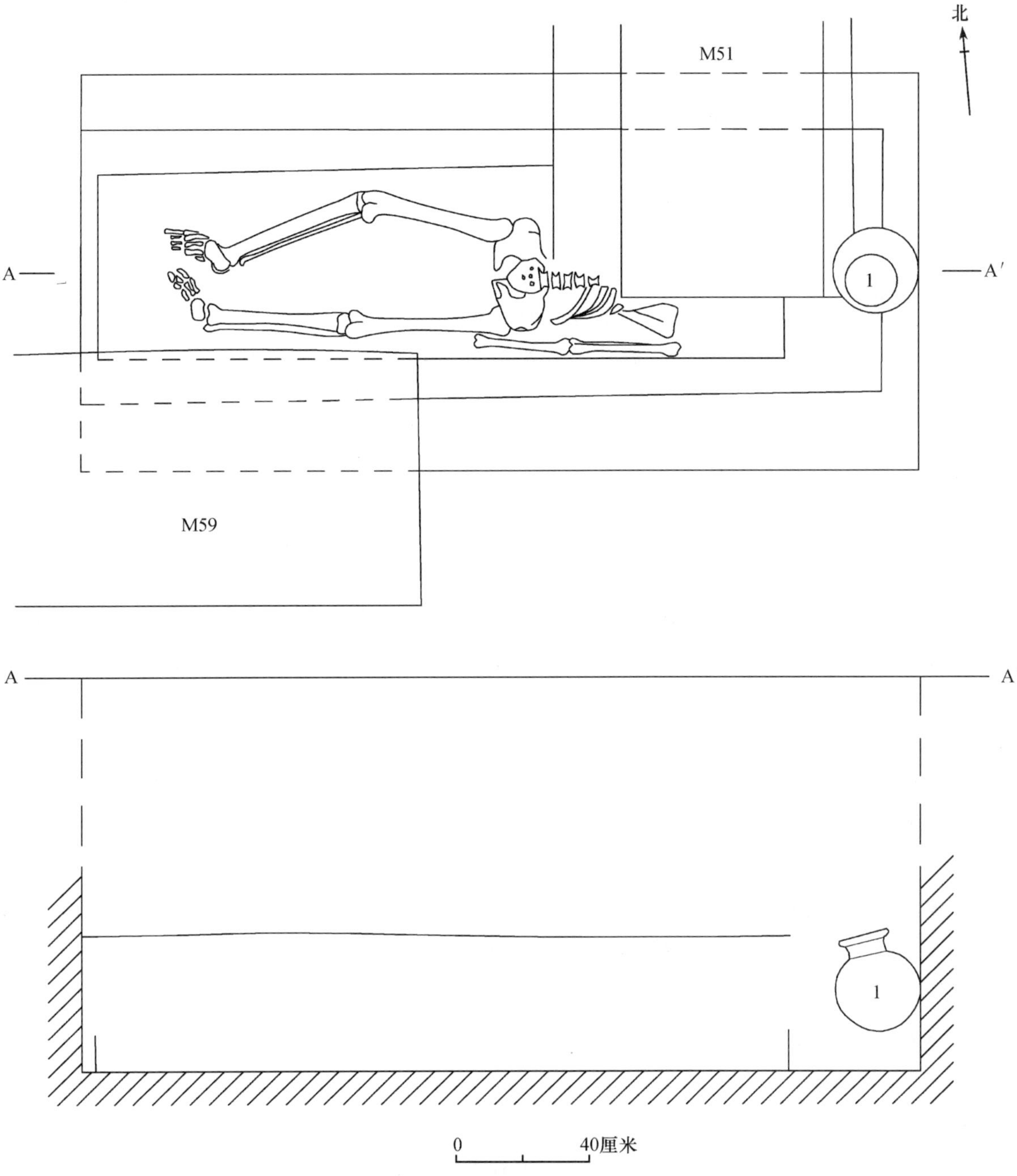

图一四二　09ⅡTG4M77平、剖面图
1. 陶罐

人骨为仰身直肢单人葬。因被09ⅡTG4M51、09ⅡTG4M59打破，人头骨、右臂等部分被破坏。依据人骨残存痕迹判断墓主应为头东脚西，年龄、性别不详。

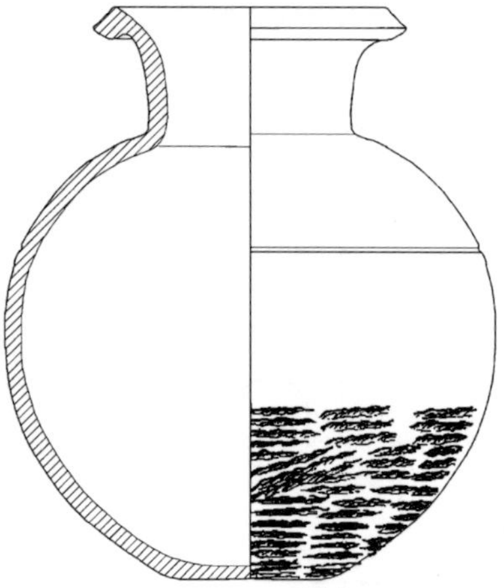

图一四三　09ⅡTG4M77 出土陶罐
（09ⅡTG4M77∶1）

3. 随葬品

（1）种类及数量

陶罐 1 件。

（2）出土位置

陶罐位于墓室东侧。

（3）器物形制分类介绍

陶罐　1 件。09ⅡTG4M77∶1，泥质灰陶。口微侈，方唇，长直颈，溜肩，球形腹，小平底。肩腹部饰凹弦纹一周，下腹及底部饰绳纹。口径 14.4、底径 6.4、高 26 厘米（图一四三；图版六九，1）。

09ⅡTG4M80

09ⅡTG4M80 位于 TG4 中部偏东，东邻 09ⅡTG4M75，东南邻 09ⅡTG4M81，西北邻 09ⅡTG4M72。09ⅡTG4M80 开口于②层下，打破第③层及生土层。该墓遭到严重盗扰。

1. 形制和规格

09ⅡTG4M80 是一座带有生土二层台的长方形竖穴土坑墓，东西向，墓向 275°。墓口距地表 0.6 米，发掘至距地表 2.6 米处，在墓室东、南、北三侧发现生土二层台，生土二层台上有横向盖板痕迹（图一四四）。

09ⅡTG4M80 长 3、宽 1.4、深 2.5 米。填土为花土，质松软，四壁较规整。

2. 葬具和人骨

由于盗扰严重，未见葬具（图版三二，1）。

09ⅡTG4M80 为单人葬。因 09ⅡTG4M80 遭到严重盗扰，仅余两腿骨，依据人骨残存痕迹判断墓主应为头西脚东。年龄、性别不详。

3. 随葬品

（1）种类及数量

共 5 件。陶罐 4 件、陶奁 1 件。

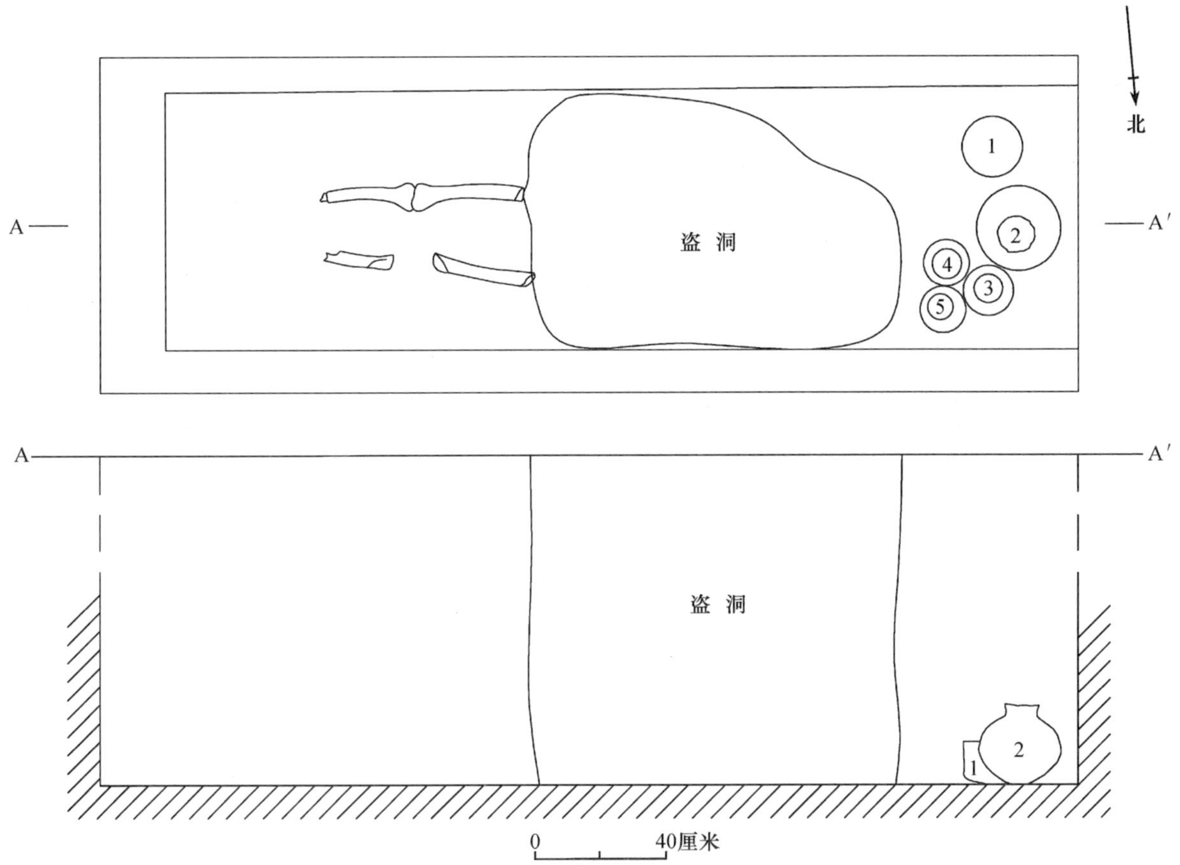

图一四四　09ⅡTG4M80平、剖面图
1. 陶奁　2～5. 陶罐

（2）出土位置

随葬器物均位于墓室西端，陶奁依南壁，4件陶罐置放于北侧。

（3）器物形制分类介绍

陶罐　4件。09ⅡTG4M80:2，泥质灰陶。口沿残，束颈，溜肩，鼓腹，小平底。器表有轮旋线，下腹及底部饰绳纹。口径11、底径8、高26.4厘米（图一四五，2；图版七〇，2）。09ⅡTG4M80:3，泥质灰陶，器形瘦高。侈口，方唇，束颈，溜肩，弧腹，小平底，微内凹。器表有轮旋线，下腹有竖向刀削痕迹。口径10、底径8、高21.6厘米（图一四五，1）。09ⅡTG4M80:4，泥质灰陶。侈口，圆唇，束颈，溜肩，弧腹，小平底，微内凹。器表有轮旋线，下腹旋削一周。口径10.5、底径9、高19厘米（图一四五，4）。09ⅡTG4M80:5，泥质灰陶。侈口，圆唇，束颈，鼓肩，直腹，微外弧，小平底。器表有轮旋线，下腹旋削修饰一周。口径9、底径9、高20厘米（图一四五，3；图版七三，5）。

陶奁　1件。09ⅡTG4M80:1，泥质灰陶。直口，方唇，深直腹，微弧，圜底。器表有轮旋线，底部拍印有绳纹。口径20、高14厘米（图一四五，5；图版七八，2）。

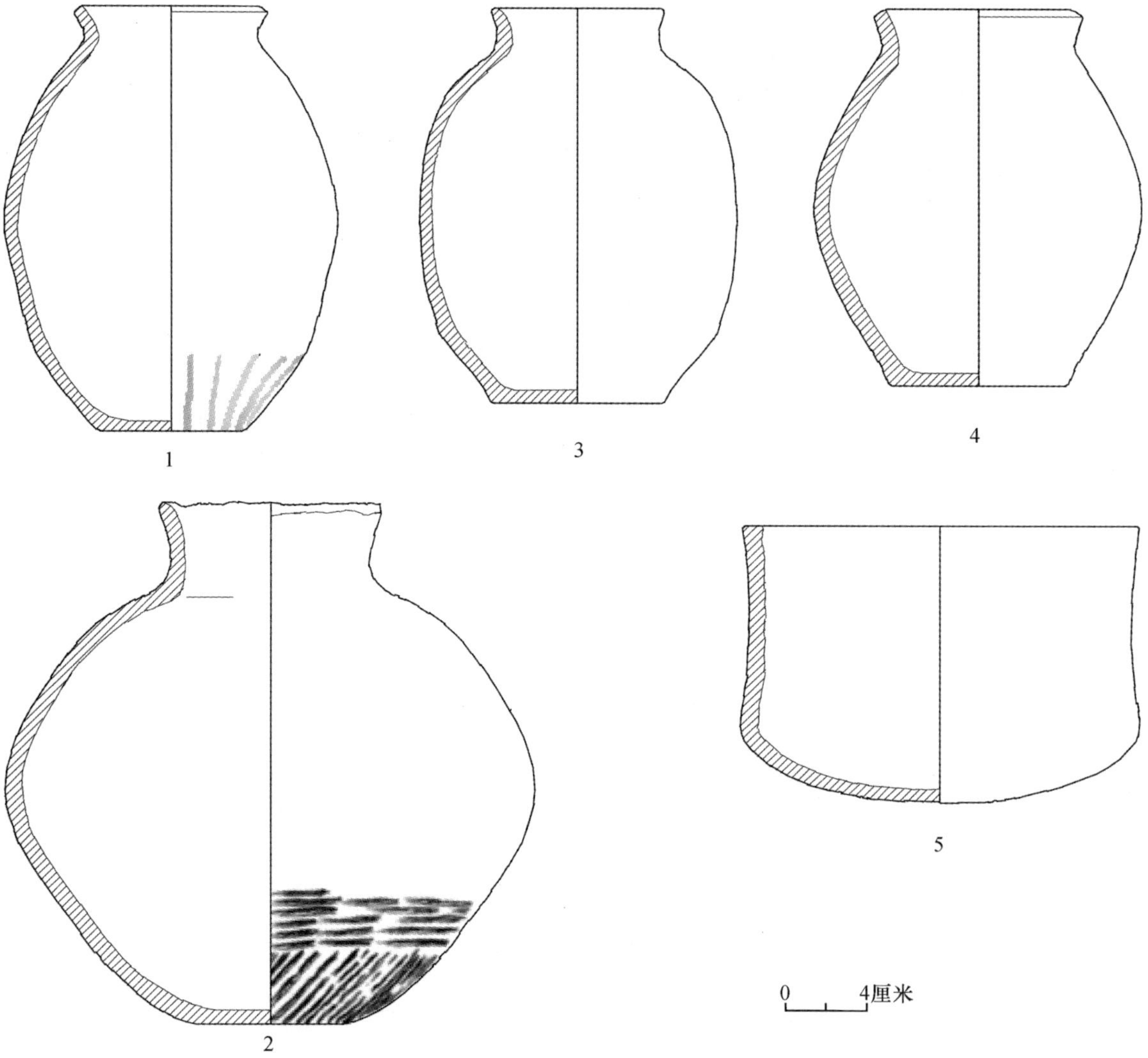

图一四五　09 Ⅱ TG4M80 出土陶器

1～4. 罐（09 Ⅱ TG4M80:3、09 Ⅱ TG4M80:2、09 Ⅱ TG4M80:5、09 Ⅱ TG4M80:4）　5. 奁（09 Ⅱ TG4M80:1）

09 Ⅱ TG4M81

09 Ⅱ TG4M81 位于 TG4 东南部，东邻 09 Ⅱ TG4M82，北邻 09 Ⅱ TG4M80，西邻 09 Ⅱ TG4M74。09 Ⅱ TG4M81 开口于②层下，打破第③层及生土层。

1. 形制和规格

09 Ⅱ TG4M81 是一座带有生土二层台的长方形竖穴土坑墓，南北向，墓向 5°。墓口距地表 0.7 米，发掘至距地表 3.9 米处，在墓室东西两侧发现生土二层台，生土二层台上有横向盖板痕迹（图一四六）。

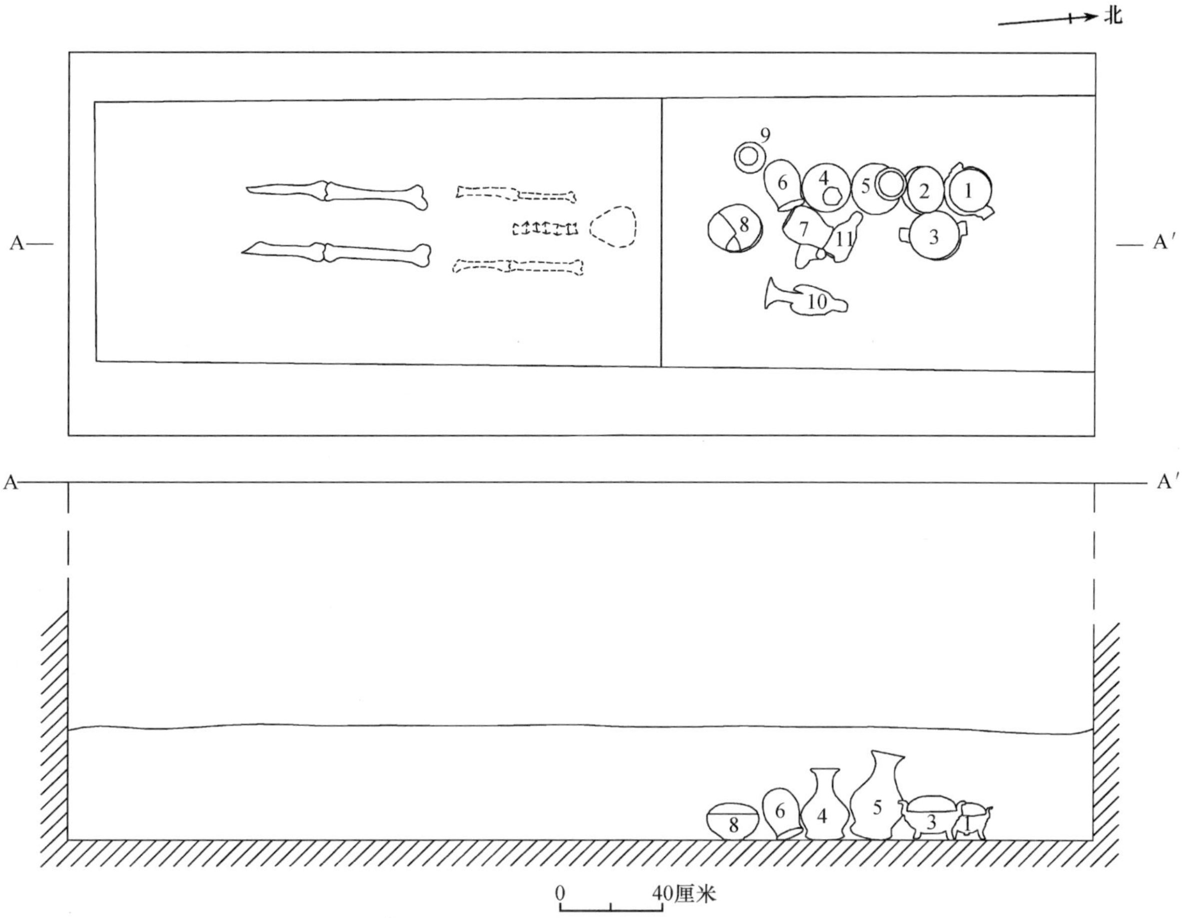

图一四六 09ⅡTG4M81平、剖面图

1、3. 陶鼎 2、8. 陶盒 4、5. 陶壶 6、7、9. 陶罐 10、11. 陶俑

09ⅡTG4M81长4、宽1.5、深3.7米。填土为花土，质松软，四壁较规整。

2. 葬具和人骨

墓室清理出一具木棺灰痕，棺长2.2、宽1.2米（图版三二，2）。

人骨为仰身直肢单人葬。人骨保存较差，头部、胸部及腿部均已朽成粉末状，从残存痕迹判断墓主应为头北脚南，年龄、性别不详。

3. 随葬品

（1）种类及数量

共11件。陶鼎2件、陶壶2件、陶罐3件、陶盒2件、陶俑2件。

（2）出土位置

随葬器物均位于墓主头前棺外，与椁室北壁之间，整体距墓主较近。基本呈南北向排列，大体可分 3 排，西侧第 1 排由北向南依次为 1 号陶鼎、2 号陶盒、5 号陶壶、4 号陶壶、6 号陶罐、9 号陶罐；第 2 排依次为 3 号陶鼎、11 号陶俑、7 号陶罐、8 号陶盒；第 3 排一件为 10 号陶俑。

（3）器物形制分类介绍

陶鼎　2 件。09ⅡTG4M81:1，泥质灰陶。器盖，方唇，盖面隆起。鼎，子母口，折腹，小平底，下承三兽蹄足，足外撇。一耳与一足相对，另一耳位于两足之间。上腹外附双立耳，上端外卷，模制。器外施白衣，彩绘脱落。口径 18.4、高 16.6 厘米（图一四七，5）。09ⅡTG4M81:3，泥质灰陶。器盖，方唇，盖面隆起。鼎，子母口，折腹，平底，下承三兽蹄足，足外撇。一耳与一足相对，另一耳位于两足之间。上腹外附双立耳，上端外卷，模制。器盖顶部饰白色勾云纹。口径 18.4、高 16.6 厘米（图一四七，6；图版六七，2）。

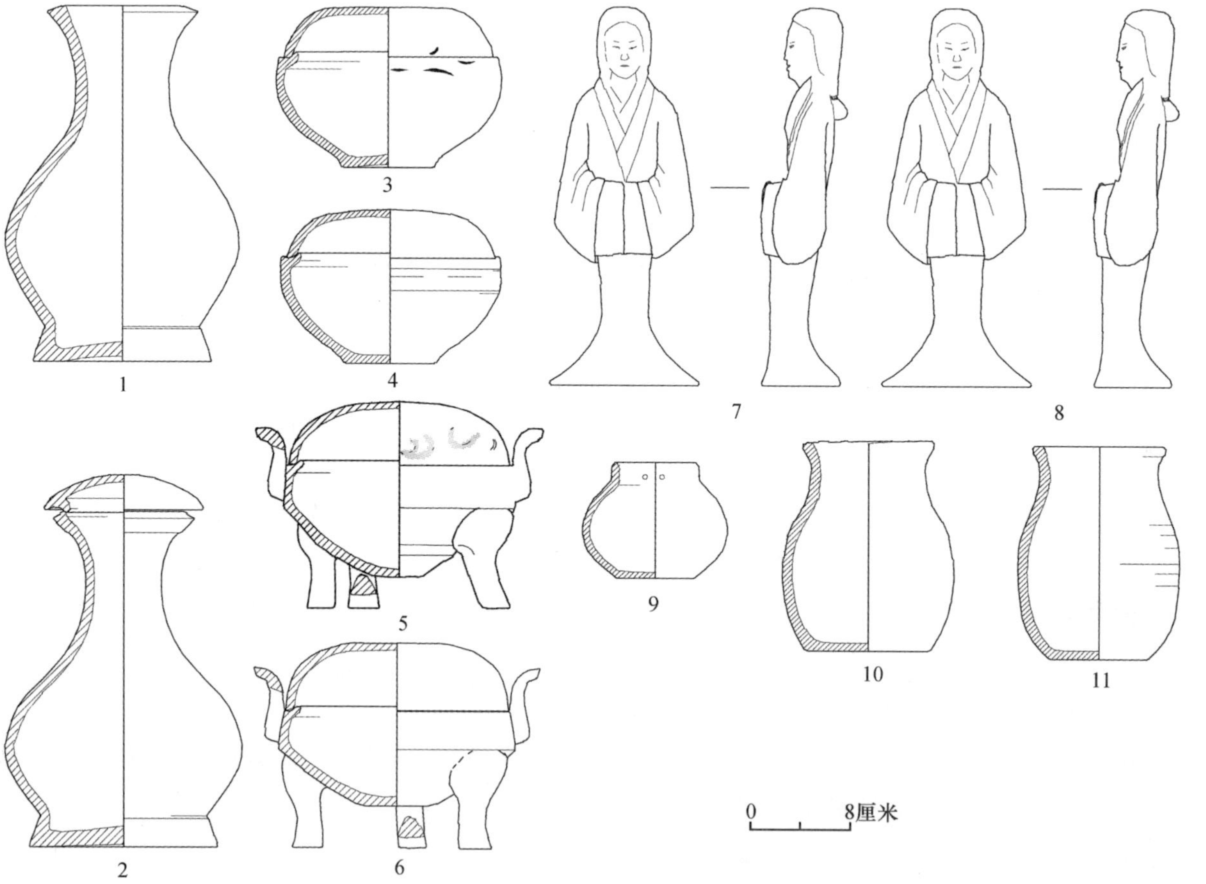

图一四七　09ⅡTG4M81 出土陶器

1、2. 壶（09ⅡTG4M81:5、09ⅡTG4M81:4）　3、4. 盒（09ⅡTG4M81:2、09ⅡTG4M81:8）　5、6. 鼎（09ⅡTG4M81:1、09ⅡTG4M81:3）　7、8. 俑（09ⅡTG4M81:10、09ⅡTG4M81:11）　9～11. 罐（09ⅡTG4M81:9、09ⅡTG4M81:7、09ⅡTG4M81:6）

陶壶　2件。09ⅡTG4M81∶4，泥质灰陶。器盖，子母口，盖面隆起。壶身，侈口，方唇，细颈，溜肩，鼓腹，平底外侈。器盖及器身施白衣，器表有轮旋线。口径11.4、底径15.2、高30厘米（图一四七，2）。09ⅡTG4M81∶5，泥质灰陶。侈口，方唇，细颈，溜肩，鼓腹，平底外侈。器身施白衣，器表有轮旋线。口径12、底径14.6、高28.8厘米（图一四七，1）。

陶罐　3件。09ⅡTG4M81∶6，泥质灰陶。大口微侈，方唇，溜肩，弧腹，大平底。器表有轮旋线，下腹有旋削修坯痕迹。口径10.4、底径9.6、高17厘米（图一四七，11）。09ⅡTG4M81∶7，泥质灰陶。大口微侈，方唇，溜肩，腹部较直，平底。器表有轮旋线，下腹有旋削修坯痕迹。口径10.6、底径8、高16.8厘米（图一四七，10）。09ⅡTG4M81∶9，泥质灰陶，器型矮胖。口微侈，圆唇，溜肩，鼓腹，平底。颈部左右两侧各有两个穿孔，下腹部旋削一周。口径7.2、底径6.4、高9.4厘米（图一四七，9）。

陶盒　2件。09ⅡTG4M81∶2，泥质灰陶。器盖，方唇，盖面隆起，顶部较平。盒，子母口，弧腹，小平底，略显足形，微内凹。器身有轮弦线，下腹旋削修坯一周，去胎泥较厚，使底部略显足形。器表施白衣，彩绘脱落。口径17.6、底径7.6、高13厘米（图一四七，3；图版七六，5）。09ⅡTG4M81∶8，泥质灰陶。器盖，方唇，盖面隆起，鼎顶部缓平。盒，子母口，弧腹，小平底。器身有轮弦线，下腹旋削修坯一周，去胎泥较厚，使底部略显足形。器表施白衣，彩绘脱落。口径17.6、底径7.5、高12.5厘米（图一四七，4；图版七六，2）。

陶女俑　2件。09ⅡTG4M81∶10，泥质灰陶。身材修长，直立，扁身。面部五官不清，梳髻于脑后，身穿双重立领左衽落地长裙，下摆呈喇叭状，袖手环抱于腹前，神态祥和。面部和全身施白衣，残留红彩。高30.6厘米（图一四七，7；图版七八，6）。09ⅡTG4M81∶11，泥质红陶。身材修长，直立，扁身。面部五官不清，梳髻于脑后，身穿双重立领左衽落地长裙，下摆呈喇叭状，袖手环抱于腹前，神态祥和，面部和全身施白衣，残留红彩。高30.6厘米（图一四七，8）。

09ⅡTG4M82

09ⅡTG4M82位于TG4东部偏南，东邻09ⅡTG4M83，西邻09ⅡTG4M81，北邻09ⅡTG4M75。09ⅡTG4M82开口于②层下，打破第③层及生土层。

1. 形制和规格

09ⅡTG4M82是一座“斗”形竖穴土坑墓，南北向，墓向5°。墓口距地表0.6米（图一四八）。

09ⅡTG4M82平面北宽南窄，上口长2.5、宽1.8～1.5米，底长2.3、宽1.4～1.2、深2.45米。填土为花土，经夯打实，四壁较规整。

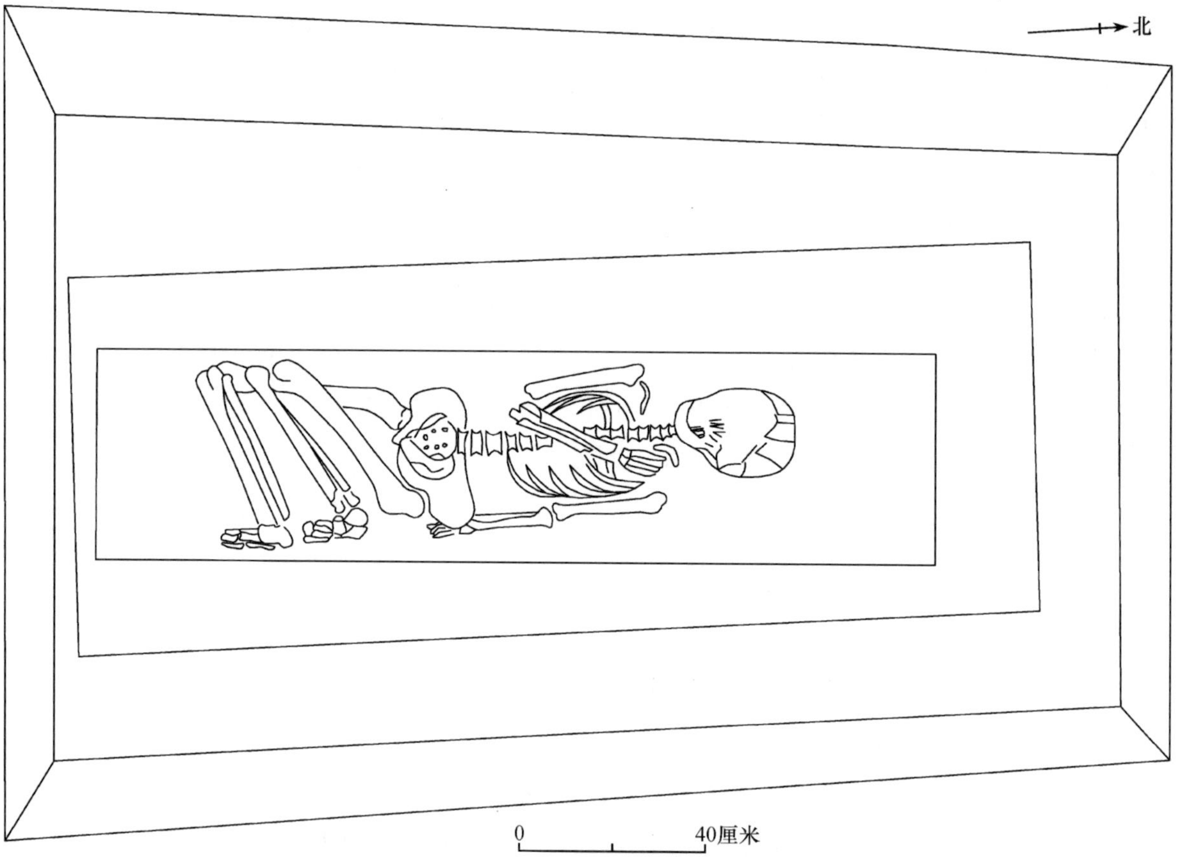

图一四八　09ⅡTG4M82 平面图

2. 葬具和人骨

墓室清理出一具木棺和一具木椁灰痕，棺长 1.8、宽 0.46、残高 0.1 米，椁长 2.06、宽 0.86、残高 0.16 米（图版三三，1）。

人骨为仰身屈肢单人葬。屈肢较甚。头北脚南，面向上，右手放于肩部，为一 50 ~ 60 岁的女性个体。无随葬品。

09ⅡTG4M83

09ⅡTG4M83 位于 TG4 东端偏南，西邻 09ⅡTG4M82，北邻 09ⅡTG4M108，东邻 TG4 东壁。09ⅡTG4M83 开口于②层下，打破第③层及生土层。

1. 形制和规格

09ⅡTG4M83 是一座带有生土二层台的长方形竖穴土坑墓，南北向，墓向 7°。墓口距地表 0.6 米，发掘至距地表 3.4 米处时，在墓室东西两侧发现生土二层台，生土台上有横向盖板痕迹（图一四九）。

09ⅡTG4M83长3.8、宽2.65、深3.4米。填土为花土，质松软，含水量大，四壁较规整。

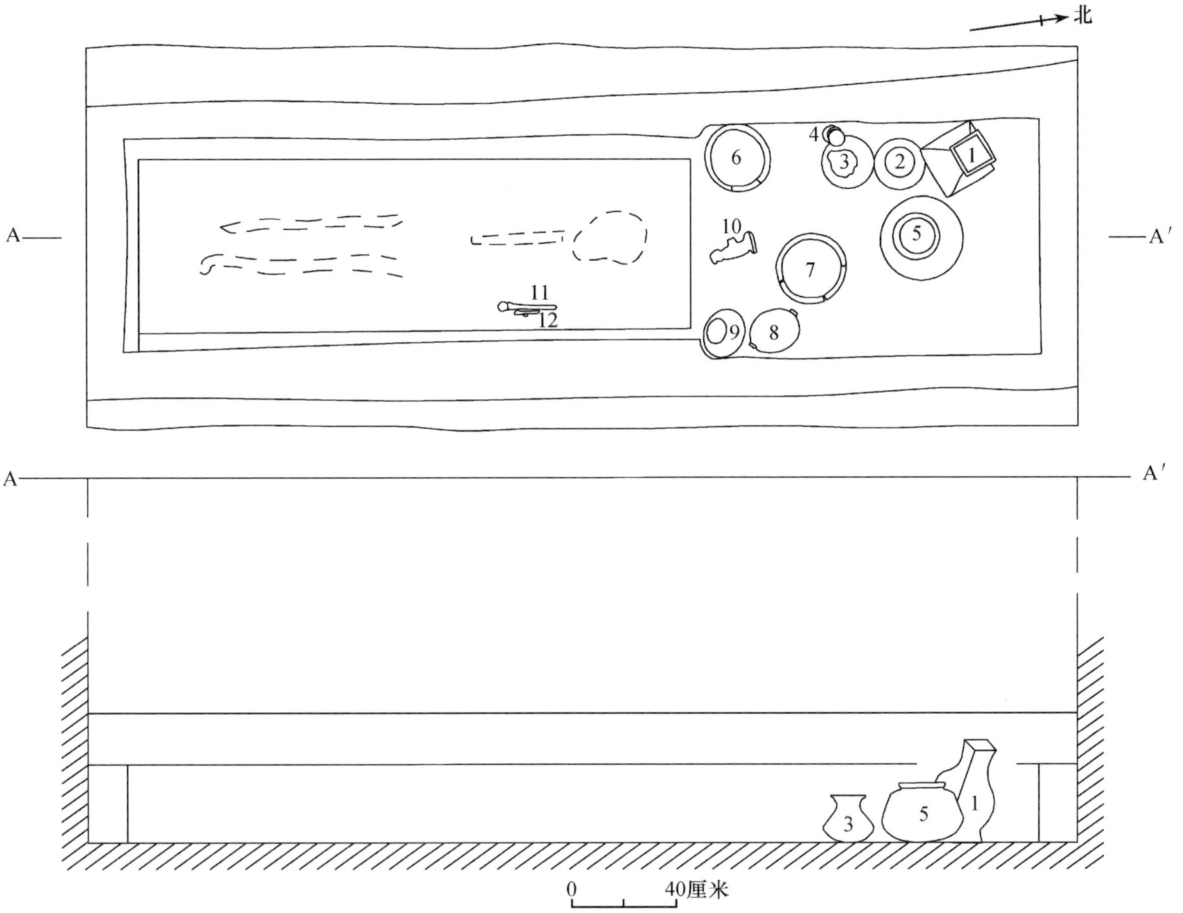

图一四九　09ⅡTG4M83平、剖面图

1. 陶坊　2、3. 陶罐　4. 陶壶　5. 陶瓮　6、7. 陶车轮　8. 陶鼎　9. 陶盒　10. 陶俑　11. 铁刀　12. 铜带钩

2. 葬具和人骨

墓室清理出一具木棺灰痕，棺长2.1、宽0.65、残高0.1米（图版三三，2）。

人骨为仰身直肢单人葬。人骨已朽成粉末状。依据人骨残存痕迹判断墓主应为头北脚南，年龄、性别不详。

3. 随葬品

（1）种类及数量

共12件。陶鼎1件、陶壶1件、陶罐2件、陶瓮1件、陶盒1件、陶坊1件、陶俑1件、陶车轮2件，铜带钩1件，铁刀1件。

（2）出土位置

随葬陶器均置放于墓主头前棺外北部，西侧自北向南依次1号陶坊、2号陶罐、3号陶壶、4号陶壶、6号陶车轮，5号陶瓮位于2号陶罐东部，10号陶俑位于6号陶车轮、7号陶车轮之间，6号陶车轮据西，7号陶车轮居西北；8号陶鼎在北，9号陶盒在南紧靠于墓室东壁。11号铁刀、12号铜带钩位于棺内墓主左上臂的东侧。

（3）器物形制分类介绍

陶鼎　1件。09ⅡTG4M83∶8，泥质灰陶。器盖，方唇，盖面隆起。鼎，子母口，弧腹，圜底，下承三兽蹄足。腹部两侧附立耳，一耳与一足对应，另一耳位于两足之间。器表饰彩绘，彩绘脱落。口径17.6、高14.8厘米（图一五〇，4；图版六六，7）。

陶壶　1件。09ⅡTG4M83∶4，泥质灰陶。器盖，子母口，盖面隆起。壶，侈口，方唇，束颈，溜肩，鼓腹，平底。器身有轮旋线，器盖施白衣，器身有彩绘，彩绘脱落。口径6、底径4.8、高12.6厘米（图一五〇，8；图版六六，5）。

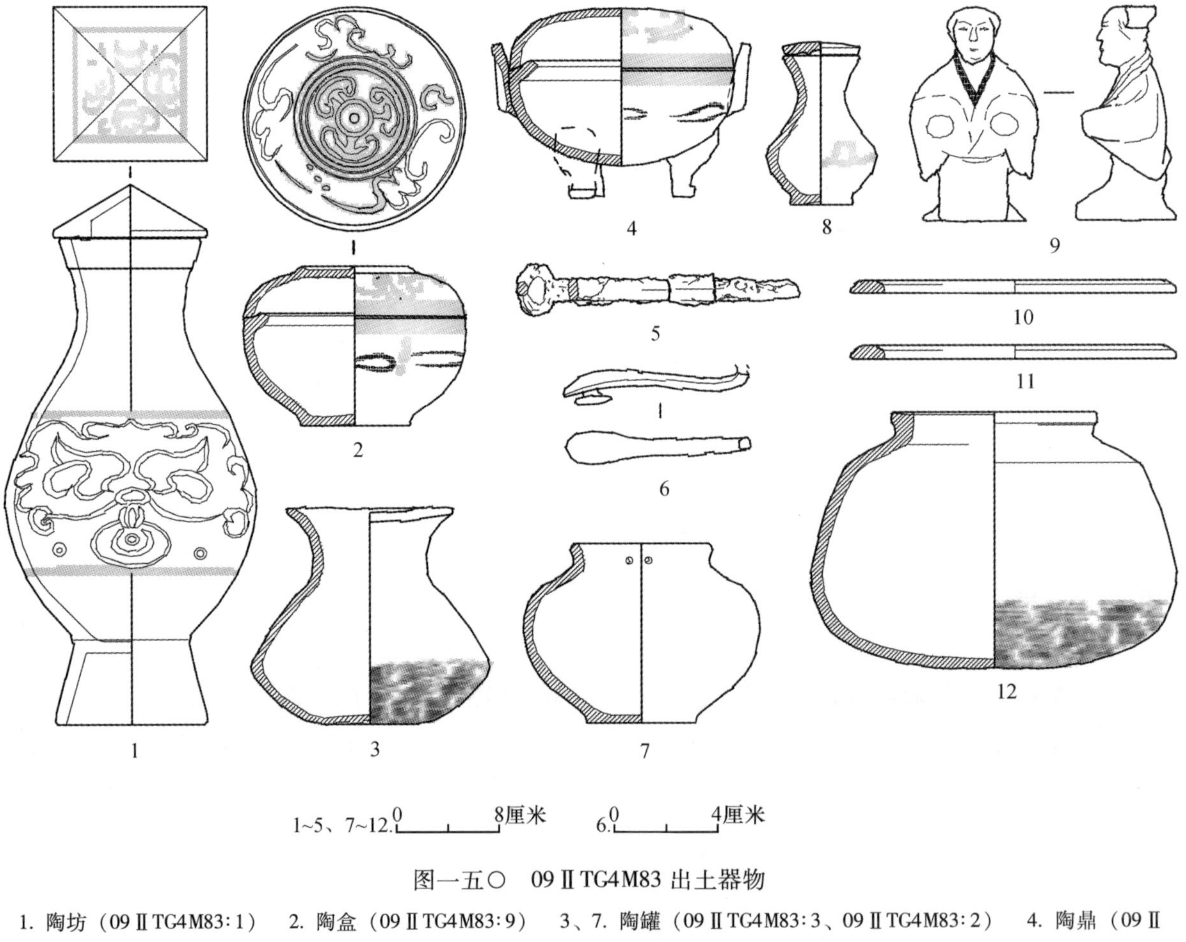

图一五〇　09ⅡTG4M83出土器物

1. 陶坊（09ⅡTG4M83∶1）　2. 陶盒（09ⅡTG4M83∶9）　3、7. 陶罐（09ⅡTG4M83∶3、09ⅡTG4M83∶2）　4. 陶鼎（09ⅡTG4M83∶8）　5. 铁刀（09ⅡTG4M83∶11）　6. 铜带钩（09ⅡTG4M83∶12）　8. 陶壶（09ⅡTG4M83∶4）　9. 跽坐陶俑（09ⅡTG4M83∶10）　10、11. 陶车轮（09ⅡTG4M83∶6、09ⅡTG4M83∶7）　12. 陶瓮（09ⅡTG4M83∶5）

陶罐　2件。09ⅡTG4M83:2，泥质灰陶。口微侈，圆唇，鼓肩，弧腹，平底。颈部左右两侧各有两个穿孔，器表有轮旋线，下腹部旋削一周。口径11.2、底径8.4、高14厘米（图一五〇，7；图版七二，2）。09ⅡTG4M83:3，泥质灰陶。侈口，圆唇，束颈，溜肩，折腹，平底，微外凹。下腹及底部饰绳纹。口径13.2、底径8、高16.8厘米（图一五〇，3；图版七二，4）。

陶瓮　1件。09ⅡTG4M83:5，泥质灰陶。直口，方唇，束颈，鼓肩，折腹，圜底。肩部旋削修坯一周，器表有轮旋线，下腹及底部饰绳纹。口径16、高20厘米（图一五〇，12）。

陶盒　1件。09ⅡTG4M83:9，器盖，方唇，盖面隆起，顶部有圈足状捉手。盒，子母口较宽，方唇，向上突起，弧腹，饼足，微内凹。盒身做工略粗糙，轮旋线明显，下腹旋削一周。器盖做工精细，捉手内云纹与瓦当云纹相似，捉手外为流云纹，作三瓣状。口径17.6、底径8.4、高12.4厘米（图一五〇，2；图版七六，6）。

陶坊　1件。09ⅡTG4M83:1，泥质灰陶。器盖，方形，盝顶，子母口。坊，方口微侈，方唇，束颈，溜肩，鼓腹，方足。器盖四刹彩绘分两部分，上部勾云纹，下部白衣饰边；器身左右两侧彩绘兽首衔环（彩版一四，2），前后两面彩绘勾云纹；足四面均彩绘云纹，底缘白衣饰边。口径12、底径12、高42厘米（图一五〇，1；彩版一四，3）。

跽坐陶俑　1件。09ⅡTG4M83:10，泥质灰陶。上身微前倾，双膝跪坐，足尖着地，臀部坐在双足跟上。圆脸丰腴，面部五官除高鼻外其他不清，梳髻于脑后，身穿立领宽袖左衽深衣，可见内衣两层，下着落地长裙，下摆呈喇叭状，双臂平端，作前伸持物状。面部和全身施白衣，领部残留红彩。高16.8厘米（图一五〇，9；图版七八，7）。

陶车轮　2件。09ⅡTG4M83:6、7，泥质灰陶。片状，圆形。直径25.6厘米（图一五〇，10、11）。

铜带钩　1件。09ⅡTG4M83:12，铜质，钩残，残长7.2厘米（图一五〇，6）。

铁刀　1件。09ⅡTG4M83:11，铁质，锈蚀。刀尖已残，环首，刀身微弧，断面呈弧形。残长22、宽2厘米（图一五〇，5）。

09ⅡTG4M84

09ⅡTG4M84位于TG4南端，西邻09ⅡTG4M69，北邻09ⅡTG4M73、09ⅡTG4M74，东北邻09ⅡTG4M81。09ⅡTG4M84开口于②层下，打破第③层及生土层。该墓曾遭到盗扰。

1. 形制和规格

09ⅡTG4M84是一座带有生土二层台的长方形竖穴土坑墓，南北向，墓向5°。墓口距地表0.6米，发掘至距地表1.9米处，在墓室四壁分别发现生土二层台，生土二层台上有横向盖板痕迹（图一五一）。

09ⅡTG4M84长3.1、宽1.2、深2.1米。填土为花土，质松软，四壁较规整。

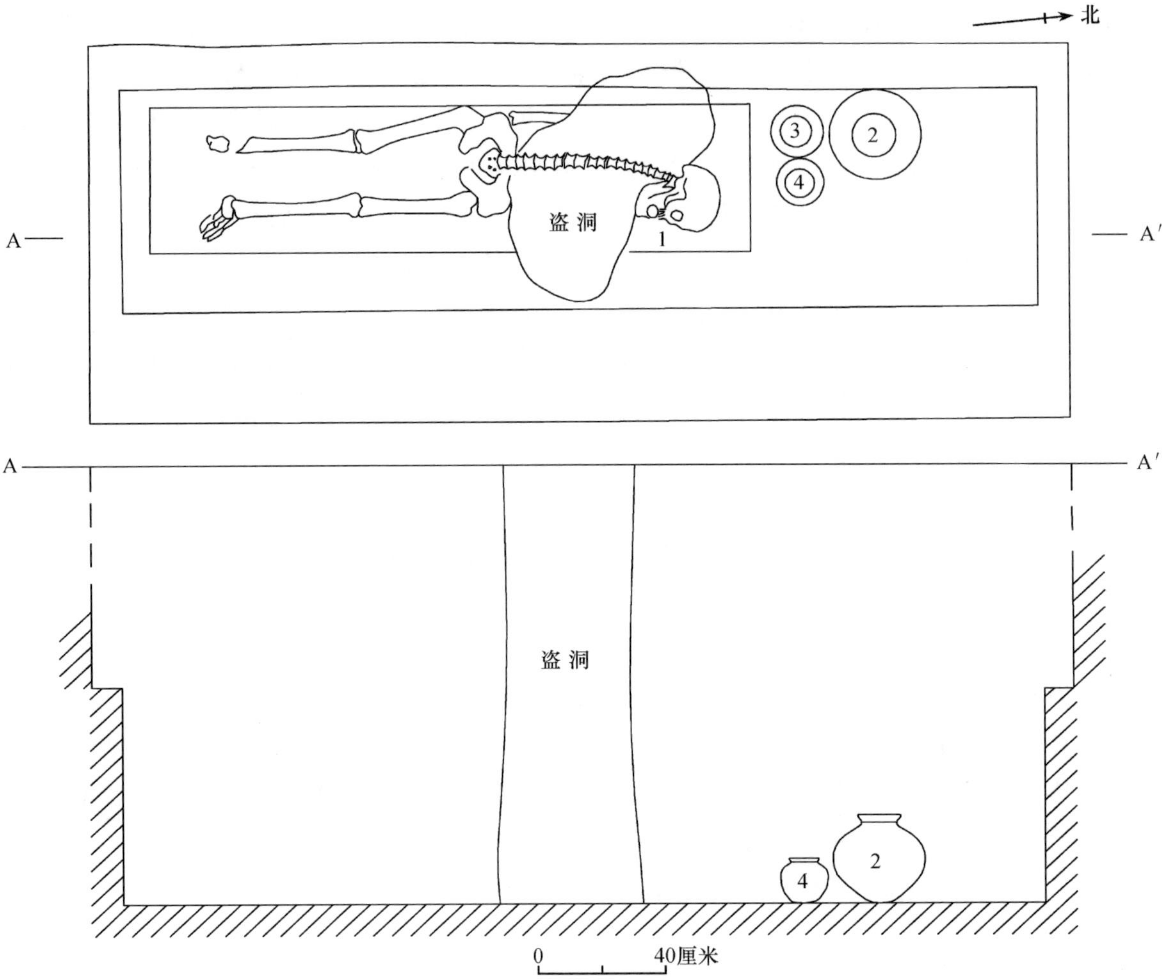

图一五一　09ⅡTG4M84 平、剖面图

1. 铜钱　2. 陶瓮　3、4. 陶罐

2. 葬具和人骨

墓室清理出一具木棺灰痕，棺长 1.9、宽 0.46 米（图版三四，1）。

人骨为仰身直肢单人葬。该墓曾遭到盗扰，仅余墓主头骨、脊椎骨及下半身。从残存痕迹判断墓主应头北脚南，为一 45～55 岁的男性个体。

3. 随葬品

（1）种类及数量

共 4 件（枚）。陶罐 2 件、陶瓮 1 件，铜钱 1 枚。

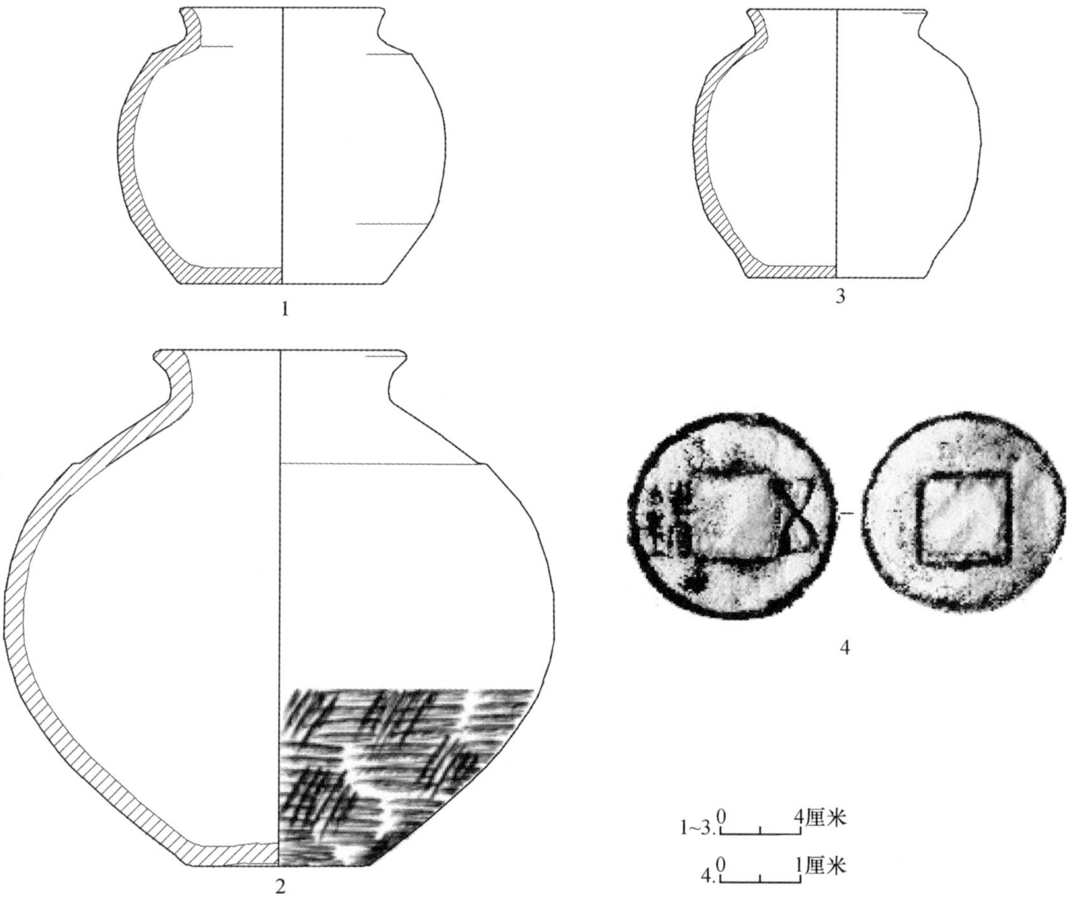

图一五二　09ⅡTG4M84出土器物

1、3. 陶罐（09ⅡTG4M84∶4、09ⅡTG4M84∶3）　2. 陶瓮（09ⅡTG4M84∶2）　4. 铜钱（09ⅡTG4M84∶1）

（2）出土位置

1号铜钱位于墓主嘴中，随葬陶器均位于墓主头前棺外北侧，2号陶瓮、3号陶罐依椁室西部排列，4号置放于3号陶罐东侧。

（3）器物形制分类介绍

陶罐　2件。09ⅡTG4M84∶3，泥质灰陶。侈口，圆唇，束颈，鼓肩，弧腹，平底，微内凹。器表有轮旋线，下腹旋削一周。口径10、底径10、高13.6厘米（图一五二，1）。09ⅡTG4M84∶4，泥质灰陶。侈口，圆唇，束颈，鼓肩，弧腹，平底。器表有轮旋线，下腹旋削一周。口径8.8、底径9.2、高13.2厘米（图一五二，3）。

陶瓮　1件。09ⅡTG4M84∶2，泥质灰陶。口微侈，方唇，束颈，溜肩，鼓腹，小平底，微内凹。器表有轮旋线。肩部旋削修坯修饰一周，使肩部略显折台，下腹及底部饰篮纹。口径12.4、底径8.4、高25.4厘米（图一五二，2）。

铜钱　1枚。09ⅡTG4M84∶1，浇注，圆形，方穿。“五”字较窄长，中间交叉两笔较圆曲，“铢”字漫漶不清。直径2.5厘米（图一五二，4）。

09ⅡTG9M87

09ⅡTG9M87 位于 TG9 北部，南邻 09ⅡTG9M86，西北邻 09ⅡTG9M101。09ⅡTG9M87 开口于②层下，打破第③层及生土层。

1. 形制和规格

09ⅡTG9M87 是一座带有生土二层台的长方形竖穴土坑墓，东西向，墓向 105°。墓口距地表 0.6 米，发掘至距地表 3.3 米处，分别在墓室南北两侧发现生土二层台，生土二层台上有横向盖板痕迹（图一五三）。

09ⅡTG9M87 长 2.9、宽 0.8、深 3.4 米。填土为花土，质松软，四壁较规整。

2. 葬具和人骨

墓室清理出一具木棺灰痕，棺长 1.86、宽 0.48、残高 0.28 米（图版三四，2）。

人骨为仰身直肢单人葬。头东脚西，双手放于腹部两侧，为一 45 ~ 55 岁的男性个体。

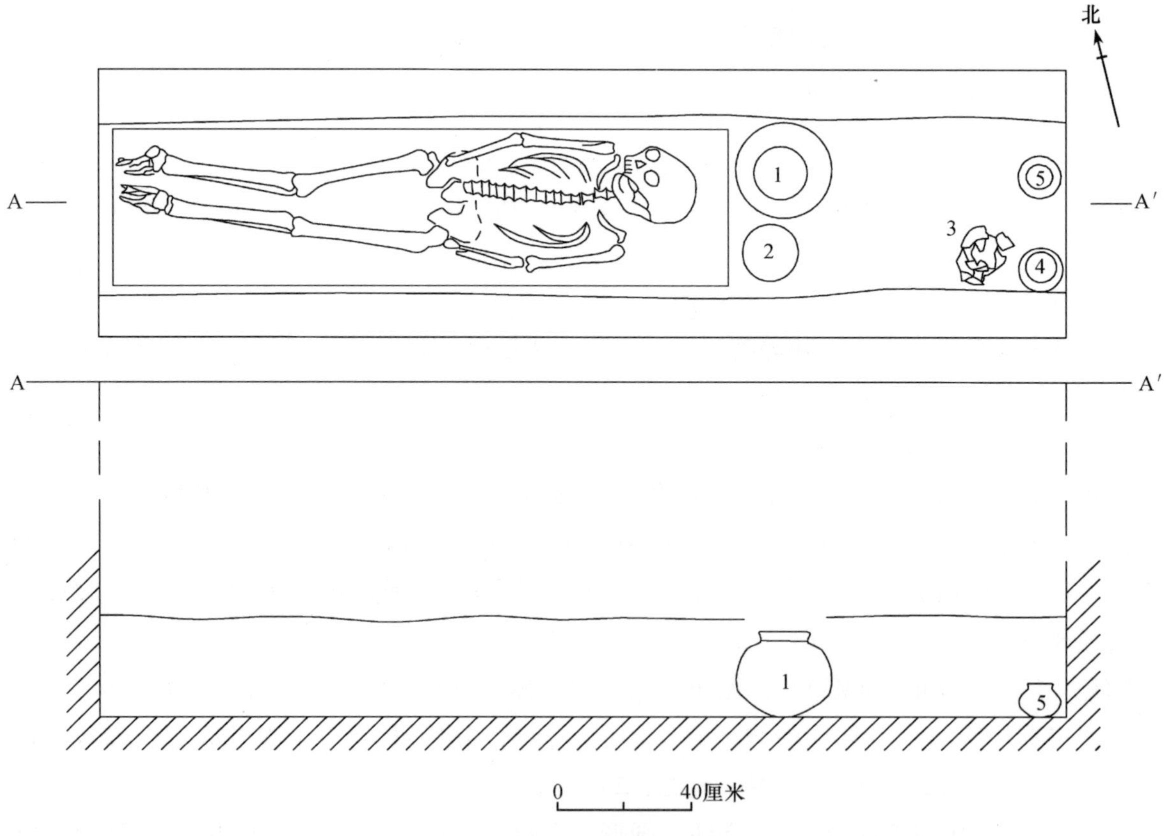

图一五三　09ⅡTG9M87 平、剖面图

1. 陶瓮　2. 陶钵　3 ~ 5. 陶罐

3. 随葬品

（1）种类及数量

共 5 件。陶罐 3 件、陶瓮 1 件、陶钵 1 件。

（2）出土位置

随葬陶器均位于墓葬头前棺外东侧。大体分为两组：1 号陶瓮、2 号陶钵南北排列位于墓主头前棺外，3 号、4 号陶罐位于椁室南壁北端，5 号陶罐位于 4 号陶罐西侧椁室东端。

（3）器物形制分类介绍

陶罐　3 件。09 Ⅱ TG9M87∶3，泥质灰陶。侈口，方唇，束颈，溜肩，鼓腹，小平底，微内凹。颈部左右两侧各有两个穿孔，肩部旋削修坯一周，使肩部略显折线；下腹旋削一周。口径 11.6、底径 8.6、高 11.4 厘米（图一五四，5）。09 Ⅱ TG9M87∶4，泥质灰陶。侈口，方唇，

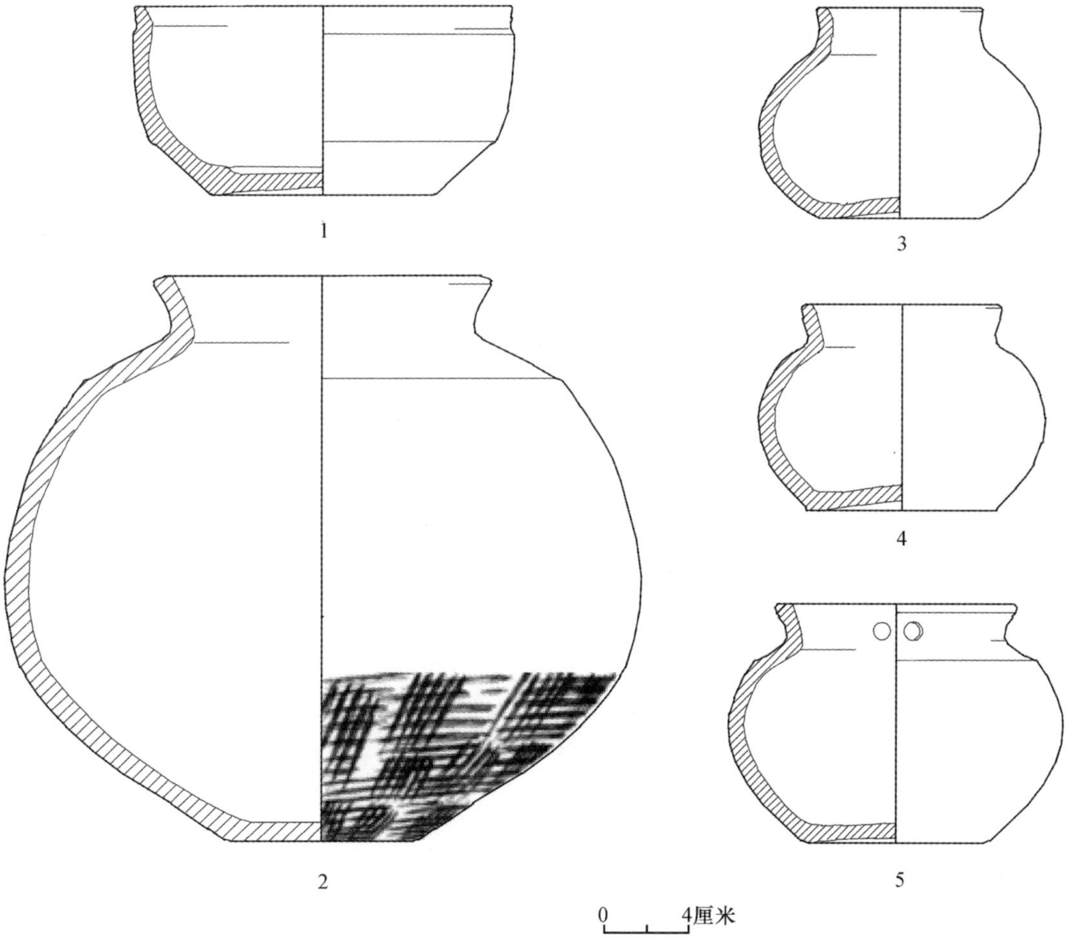

图一五四　09 Ⅱ TG9M87 出土陶器

1. 钵（09 Ⅱ TG9M87∶2）　2. 瓮（09 Ⅱ TG9M87∶1）　3～5. 罐（09 Ⅱ TG9M87∶5、09 Ⅱ TG9M87∶4、09 Ⅱ TG9M87∶3）

束颈，溜肩，鼓腹，平底，微内凹。下腹有轮旋线。口径9.6、底径9.2、高9.8厘米（图一五四，4）。09ⅡTG9M87∶5，泥质灰陶。侈口，方唇，束颈，溜肩，鼓腹，平底，微内凹。下腹旋削一周。口径8、底径8、高10厘米（图一五四，3）。

陶瓮　1件。09ⅡTG9M87∶1，泥质灰陶。斜折沿，方唇，束颈，折肩，弧腹，下腹折收，小平底，微内凹。肩部旋削修坯一周，去胎泥较厚，使肩部略显折线。器身有轮旋线，下腹及底部饰绳纹。口径16、底径9.2、高26.8厘米（图一五四，2）。

陶钵　1件。09ⅡTG9M87∶2，泥质灰陶。直口，微侈，方唇，上腹较直，下腹折收，平底，微内凹。唇下饰凹槽，下腹旋削修坯一周，去胎泥较厚，使下腹折棱线明显。口径18、底径10.8、高9厘米（图一五四，1）。

09ⅡTG9M89

09ⅡTG9M89位于TG9北部，北邻09ⅡTG9M90，南邻09ⅡTG9M91，东北角被09ⅡTG9M86打破。09ⅡTG9M89开口于②层下，打破第③层及生土层。

1. 形制和规格

09ⅡTG9M89是一座长方形竖穴土坑墓，东西向，墓向105°。墓口距地表0.6米（图一五五）。

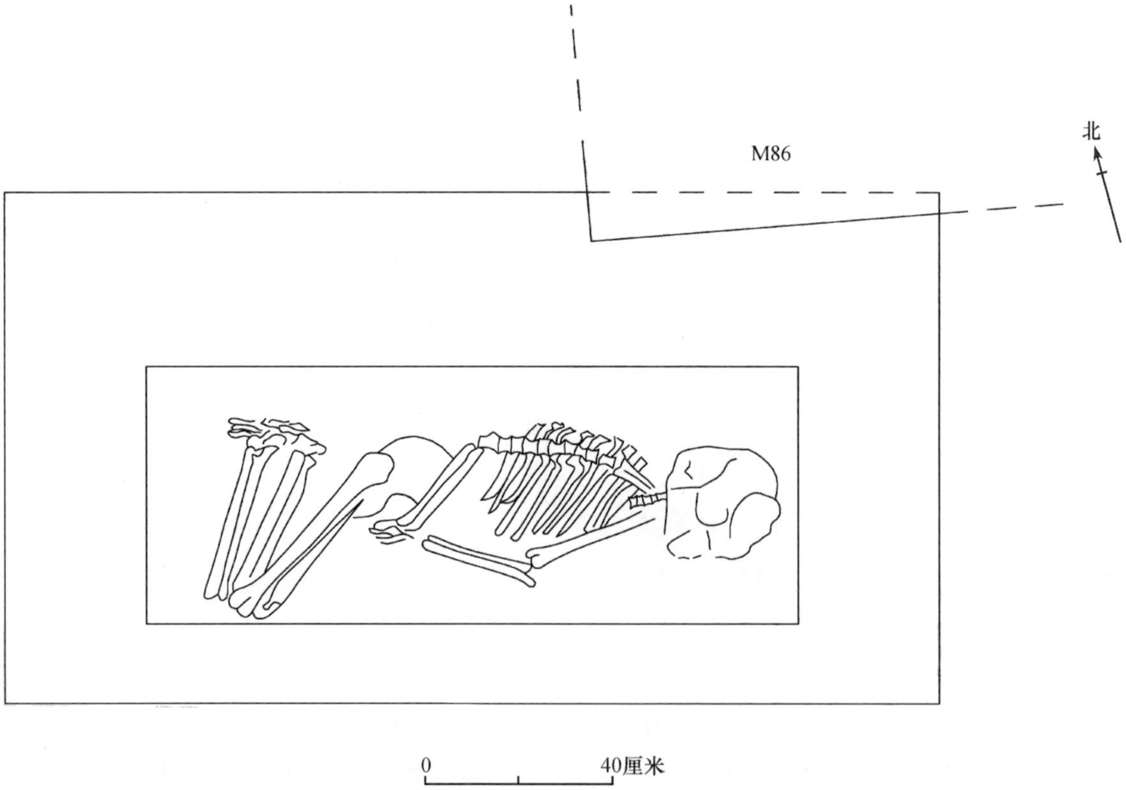

图一五五　09ⅡTG9M89平面图

09ⅡTG9M89 长 2、宽 1.09、深 2.2 米。填土为花土，质松软，四壁较规整。

2. 葬具和人骨

墓室内清理出一具木棺灰痕，棺长 1.4、宽 0.58、残高 0.2 米（图版三五，1）。

人骨为侧身屈肢单人葬。屈肢较甚。头东脚西，面向南，年龄、性别不详。无随葬品。

09ⅡTG9M93

09ⅡTG9M93 位于 TG9 中部，北邻 09ⅡTG9M92，南邻 09ⅡTG9M95。09ⅡTG9M93 开口于②层下，打破第③层及生土层。

1. 形制和规格

09ⅡTG9M93 是一座带有生土二层台的长方形竖穴土坑墓，南北向，墓向 3°。墓口距地表 0.6 米，发掘至距地表 2.9 米处，分别在墓室东西两侧发现生土二层台，生土二层台上有横向盖板痕迹。置放棺的南半部高于放置随葬品的北半部 0.4 米，棺下为熟土（图一五六）。

09ⅡTG9M93 长 2.9、宽 0.7、深 3.2 米。填土为花土，质松软，四壁较规整。

2. 葬具和人骨

墓室清理出一具木棺灰痕，棺长 2、宽 0.54、残高 0.2 米（图版三五，2）。

人骨为仰身直肢单人葬。头北脚南，面向上，为一 50～60 岁的男性个体。

3. 随葬品

（1）种类及数量

共 5 件。陶罐 4 件、陶瓮 1 件。

（2）出土位置

随葬陶器均位于墓主头前棺外北部。3 号陶罐、1 号陶瓮、4 号陶罐自北向南依椁室西壁排列，2 号陶罐放于 1 号陶瓮上；5 号陶罐位于头前棺外北部、2 号陶瓮南部。

（3）器物形制分类介绍

陶罐　4 件。09ⅡTG9M93∶2，泥质灰陶。口微侈，圆唇，溜肩，鼓腹，小平底。颈部左右两侧各有两个穿孔，器表有轮旋线，下腹部旋削修饰一周。口径 9.6、底径 6.6、高 13.6 厘米（图一五七，1）。09ⅡTG9M93∶3，泥质灰陶。口残，溜肩，鼓腹，平底。下腹部旋削一周。底径 8.8、残高 12 厘米（图一五七，4）。09ⅡTG9M93∶4，泥质灰陶。口微侈，圆唇，领较高，

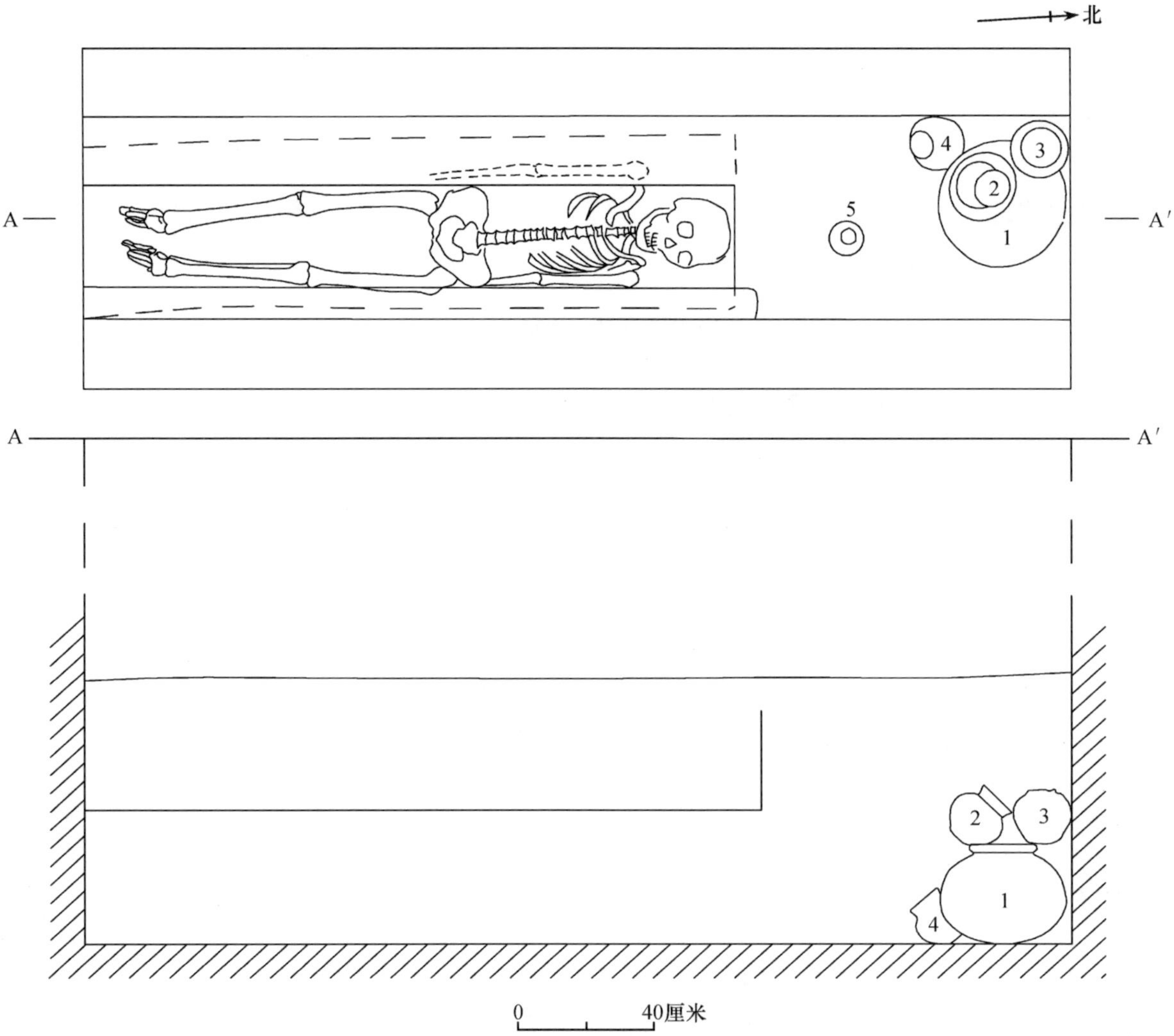

图一五六　09 Ⅱ TG9M93 平、剖面图
1. 陶瓮　2～5. 陶罐

溜肩，鼓腹，平底。颈部左右两侧各有两个穿孔，器表有轮旋线，下腹部旋削一周。口径10.4、底径6.6、高14.2厘米（图一五七，3）。09 Ⅱ TG9M93∶5，泥质灰陶。口略残，细颈，溜肩，鼓腹，小平底。下腹部旋削一周。底径4.4、残高10厘米（图一五七，5）。

陶瓮　1件。09 Ⅱ TG9M93∶1，泥质灰陶，胎质疏松，有剥落现象。敛口，斜折沿，方唇，束颈，肩部略鼓，上腹较直，下腹略鼓凸，圜底。下腹及底部饰篮纹。口径18.6、高27.9厘米（图一五七，2）。

09 Ⅱ TG9M95

09 Ⅱ TG9M95位于TG9中部偏南，东邻09 Ⅱ TG9M97，西邻09 Ⅱ TG9M96，南邻09 Ⅱ TG9M98。09 Ⅱ TG9M95开口于②层下，打破第③层及生土层。

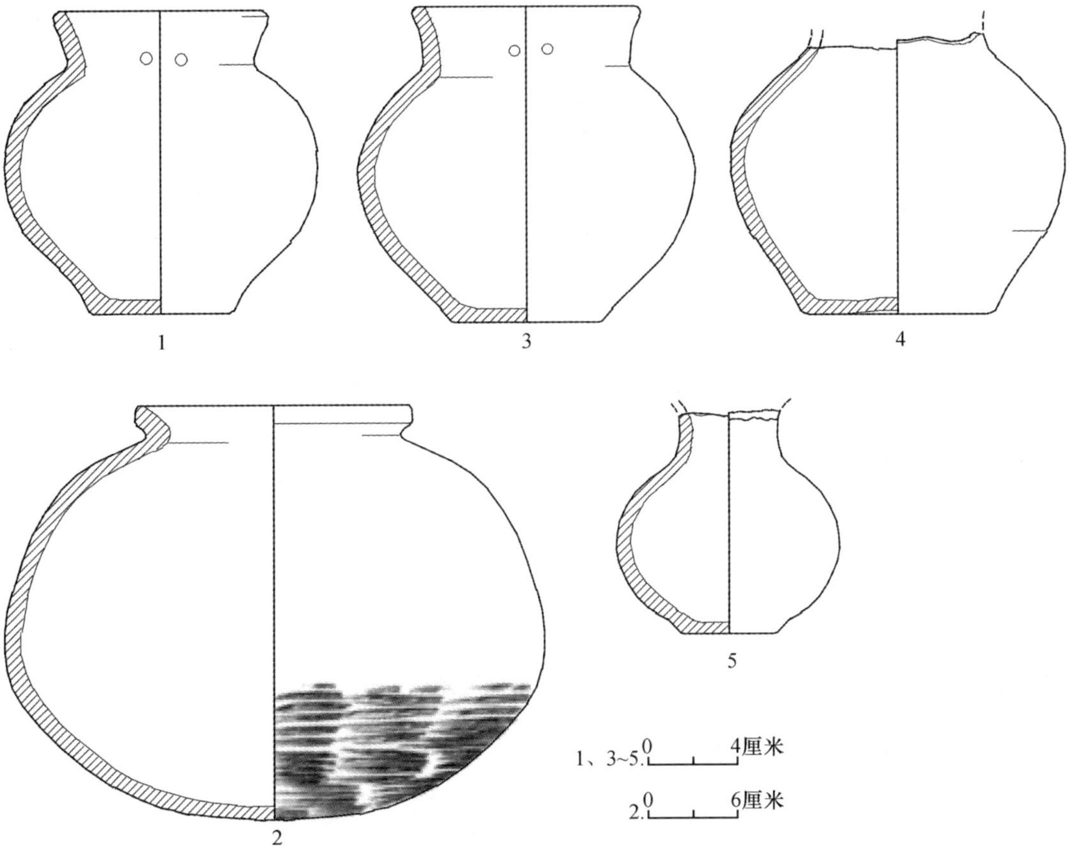

图一五七　09ⅡTG9M93出土陶器

1、3～5. 罐（09ⅡTG9M93∶2、09ⅡTG9M93∶4、09ⅡTG9M93∶3、09ⅡTG9M93∶5）　2. 瓮（09ⅡTG9M93∶1）

1. 形制和规格

09ⅡTG9M95坐南朝北，是一座带墓道的洞室墓，由墓道、墓门和墓室三部分组成。墓向8°。墓口距地表0.6米，通长5.9米，墓深2.4米（图一五八）。

墓道位于墓室北部，平面呈长方形，底为斜坡状。墓道长2.44、宽1.1、深1.8～2.4米。墓道填土为花土，土质松软，四壁光滑。

墓门平面呈长方形，弧形顶，宽1.1、高1.4米。用红色石板封堵，石板表面为均匀的水波纹。石板宽1.1、厚0.16、高1.5米。

墓室位于墓道南部，土洞室，拱券顶，南窄北宽平面呈梯形，洞室进深3.3、宽0.9～1.1、高1.4米。墓室内填土为淤土，土质松软，有黏性，四壁较规整。

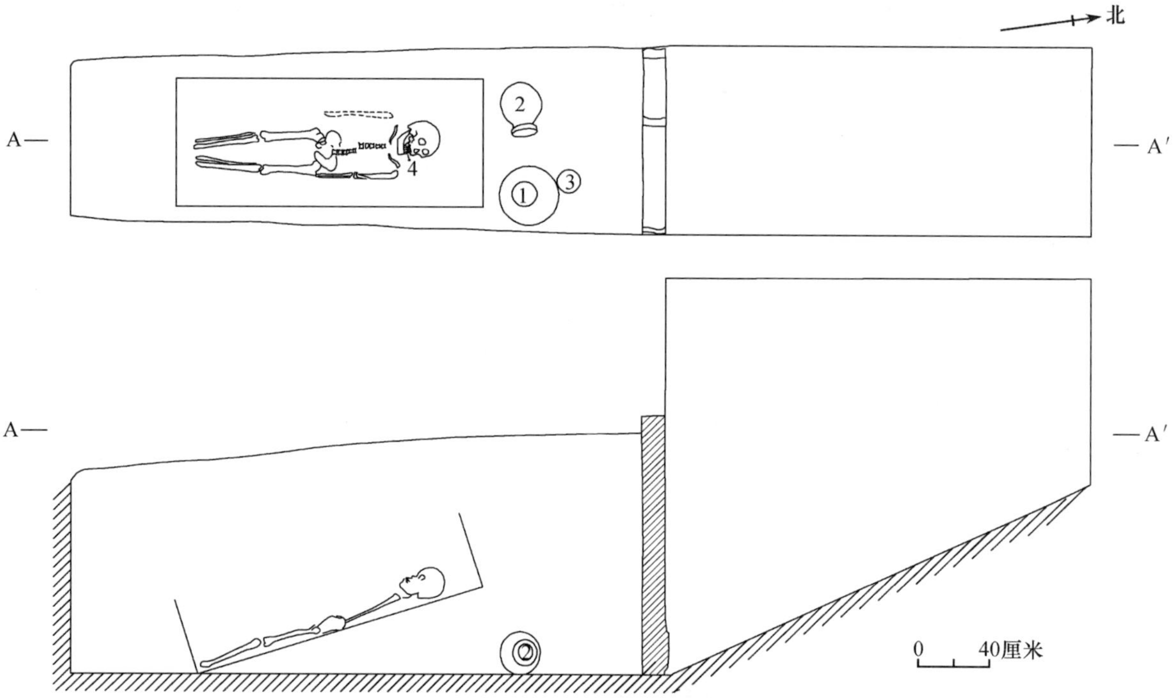

图一五八　09 Ⅱ TG9M95 平、剖面图
1、2. 陶罐　3. 漆器　4. 铜钱

2. 葬具和人骨

墓室中清理出一具木棺灰痕，木棺北端高于南端 0.4 米，木棺下均为淤泥。棺长 2.3、宽 0.75 米（图版三六，2）。

人骨为仰身直肢单人葬。人骨保存较差，胸部已朽成粉末状，从残存痕迹判断墓主应为头北脚南，面向东，为一 50～60 岁的女性个体。

3. 随葬品

（1）种类及数量

共 4 件（枚）。陶罐 2 件，残漆器 1 件，铜钱 1 枚。

（2）出土位置

铜钱在墓主人口中，其他随葬器物均位于墓主头前北部。

（3）器物形制分类介绍

陶罐　2 件。09 Ⅱ TG9M95∶1，泥质灰陶。小口，卷沿，束颈，弧肩，球形腹，小平底。肩部饰有菱形网格纹，下腹及底部饰篮纹，纹饰杂乱、较粗。口径 13.8、底径 9.9、高 31.8 厘米（图一五九，1）。09 Ⅱ TG9M95∶2，盘口，圆唇，沿外侧有凹弦纹，束颈，溜肩，鼓腹，小平底。肩部饰有两组细密凹弦纹，下腹及底部饰篮纹，纹饰杂乱。口径15、底径7.8、高30.3厘米（图一五九，2）。

漆器 1件。09ⅡTG9M95:3，大体呈圆形，腐蚀严重。

五铢钱 1件。09ⅡTG9M95:4，浇注，圆形，方穿。“五”字较窄小，中间交叉两笔较直，“铢”字漫漶不清。直径2.5厘米（图一五九，3）。

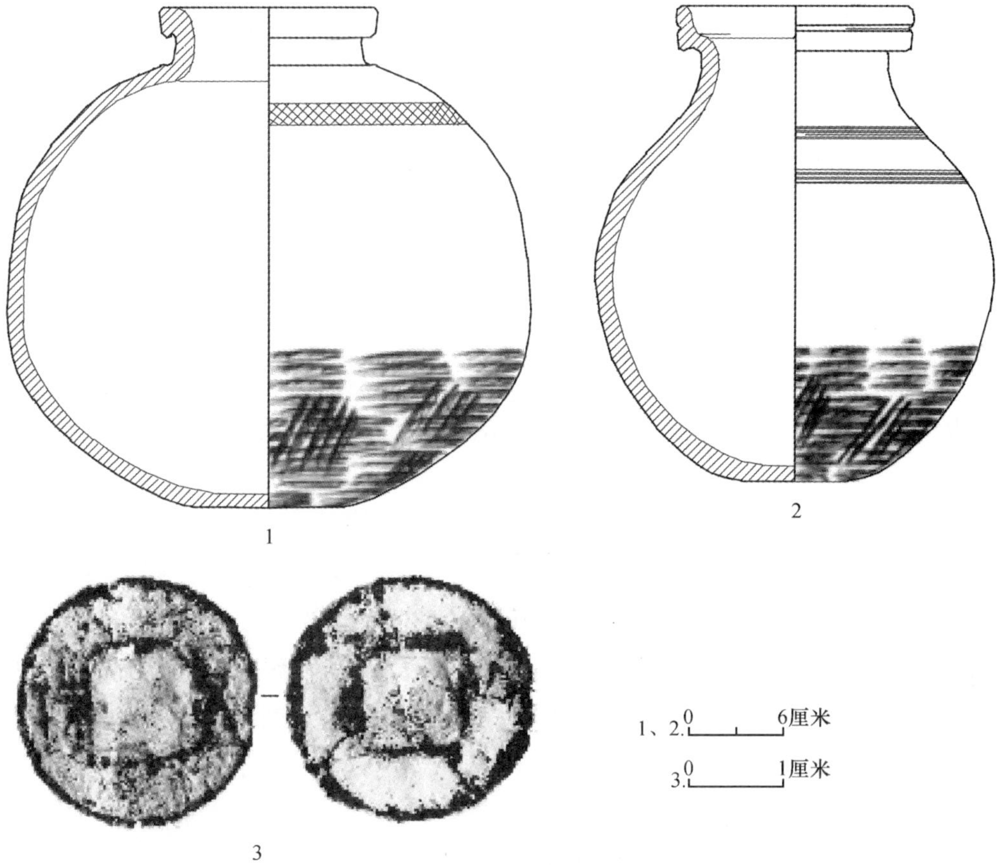

图一五九 09ⅡTG9M95出土器物

1、2. 陶罐（09ⅡTG9M95:1、09ⅡTG9M95:2） 3. 铜钱（09ⅡTG9M95:4）

09ⅡTG9M96

09ⅡTG9M96位于TG9中部偏南，西邻09ⅡTG9M102，东邻09ⅡTG9M95。09ⅡTG9M96开口于②层下，打破第③层及生土层。

1. 形制和规格

09ⅡTG9M96是一座长方形竖穴土坑墓，南北向，墓向8°。墓口距地表0.6米（图一六〇）。

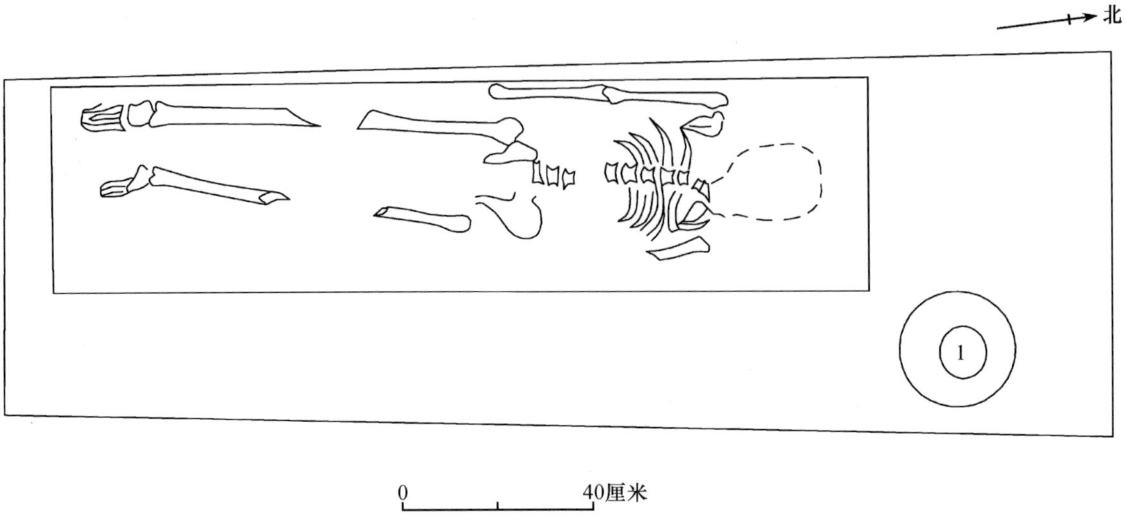

图一六〇　09ⅡTG9M96 平面图
1. 陶罐

09ⅡTG9M96 长 2.3、宽 0.7～0.8、深 1.5 米。填土为花土，质松软，四壁较规整。

2. 葬具和人骨

墓室清理出一具木棺灰痕，棺长 1.7、宽 0.44、残高 0.1 米。

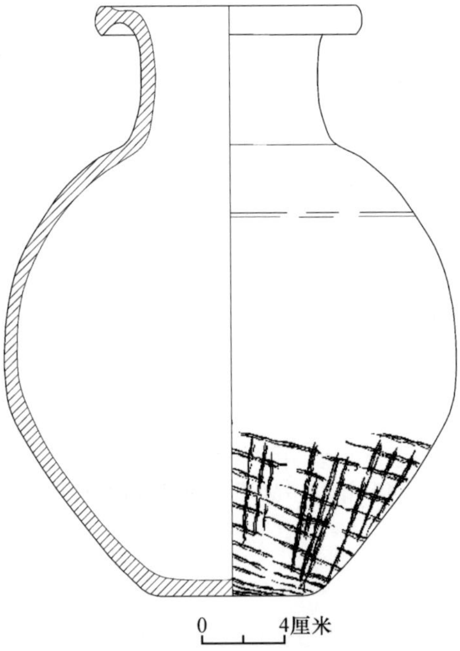

图一六一　09ⅡTG9M96 出土陶罐
（09ⅡTG9M96∶1）

人骨为仰身直肢单人葬。人骨保存较差，胸部已朽成粉末状，从残存痕迹判断墓主应为头北脚南，年龄、性别不详。

3. 随葬品

（1）种类及数量

陶罐 1 件。

（2）出土位置

陶罐位于头前棺外北部，靠近东壁。

（3）器物形制分类介绍

陶罐　1 件。09ⅡTG9M96∶1，器高大于腹径。直口微侈，卷沿，方唇，直颈，溜肩，鼓腹，小平底。下腹及底部饰篮纹，较浅。口径 12.6、底径 7.8、高 28 厘米（图一六一）。

09ⅡTG9M97

09ⅡTG9M97位于TG9东南部，西邻09ⅡTG9M95，南邻09ⅡTG9M98，北邻09ⅡTG9M94。09ⅡTG9M97开口于②层下，打破第③层及生土层。

1. 形制和规格

09ⅡTG9M97是一座长方形竖穴土坑墓，南北向，墓向10°。墓口距地表0.6米（图一六二）。

09ⅡTG9M97长2.9、宽0.8、深1.4米。填土为花土，质松软，四壁较规整。

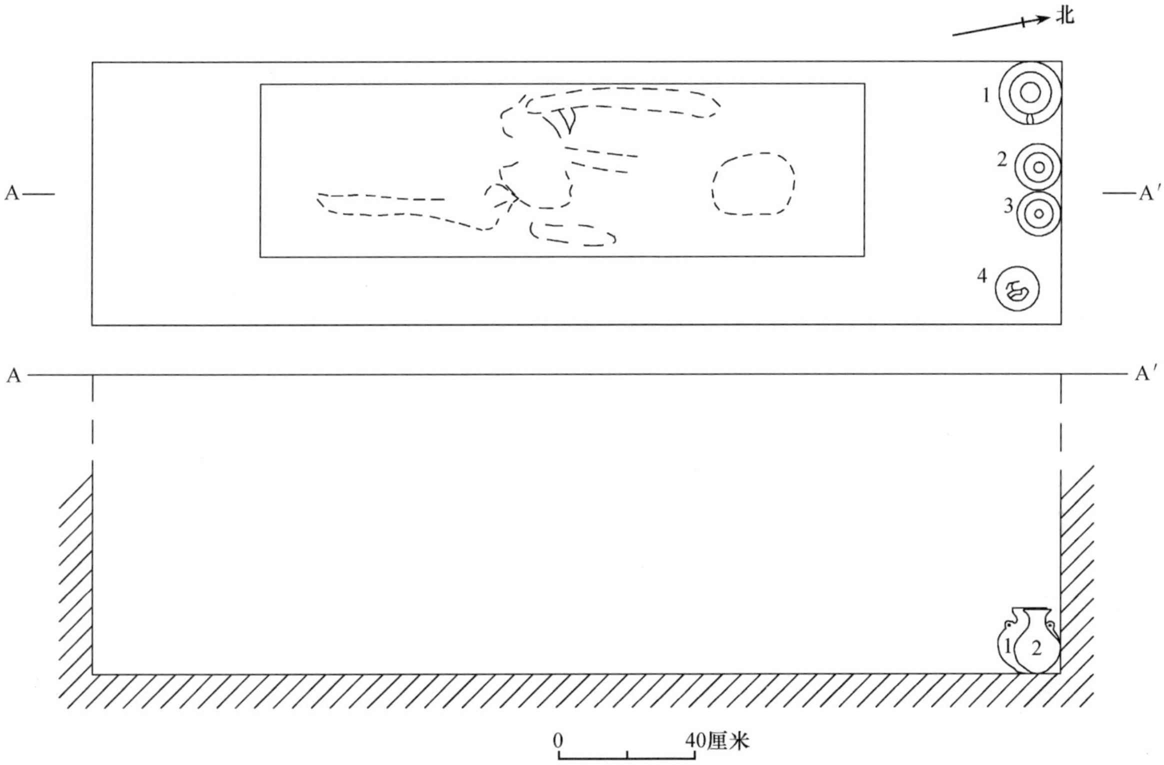

图一六二　09ⅡTG9M97平、剖面图

1. 陶罐　2～4. 陶壶

2. 葬具和人骨

墓室清理出一具木棺灰痕，棺长1.8、宽0.54、残高0.16米。

人骨为单人葬。人骨已朽成粉末状，年龄、性别不详。

3. 随葬品

（1）种类及数量

共4件。陶壶3件、陶罐1件。

（2）出土位置

1号陶罐，2号、3号、4号陶壶自西向东依次位于头前棺外近北壁处。

（3）器物形制分类介绍

陶壶　3件。09ⅡTG9M97∶2，泥质灰陶。侈口，方唇，束颈，溜肩，鼓腹，小平底，微内凹。器表有轮旋线，下腹部旋削一周。口径7.6、底径4.8、高18.4厘米（图一六三，2；图版六八，5）。09ⅡTG9M97∶3，泥质灰陶。口部不规整，侈口，方唇，束颈，溜肩，鼓腹，小平底，微内凹。器表有轮旋线，下腹部旋削一周。口径7.2、底径5.2、高17厘米（图一六三，1）。09ⅡTG9M97∶4，泥质灰陶。侈口，方唇，束颈，溜肩，鼓腹，小平底，微内凹。器表有轮旋线，下腹部旋削一周。口径6、底径4.8、高18.8厘米（图一六三，3；图版六八，6）。

陶罐　1件。09ⅡTG9M97∶1，泥质灰陶。盘口，沿微内收，圆唇，束颈，溜肩，鼓腹，矮圈足。肩部对称饰有一对桥形耳。器表有轮旋线，下腹及底部有篮纹，较浅。口径11.2、底径10.8、高21.6厘米（图一六三，4；图版七三，6）。

09ⅡTG9M100

09ⅡTG9M100位于TG9北部，西邻09ⅡTG9M103。南部打破09ⅡTG9M101东北部。09ⅡTG9M100开口于②层下，打破第③层及生土层。

1. 形制和规格

09ⅡTG9M100是一座长方形竖穴土坑墓，南北向，墓向12°。墓口距地表0.6米（图一六四）。

09ⅡTG9M100长2.5、宽1.3、深2.4米。填土为花土，质松软，四壁较规整。

2. 葬具和人骨

墓室清理出一具木棺灰痕，棺长1.86、宽0.6、残高0.16米（图版三六，1）。

人骨为仰身直肢单人葬。墓主头北脚南，面向上，为一45～55岁的女性个体。

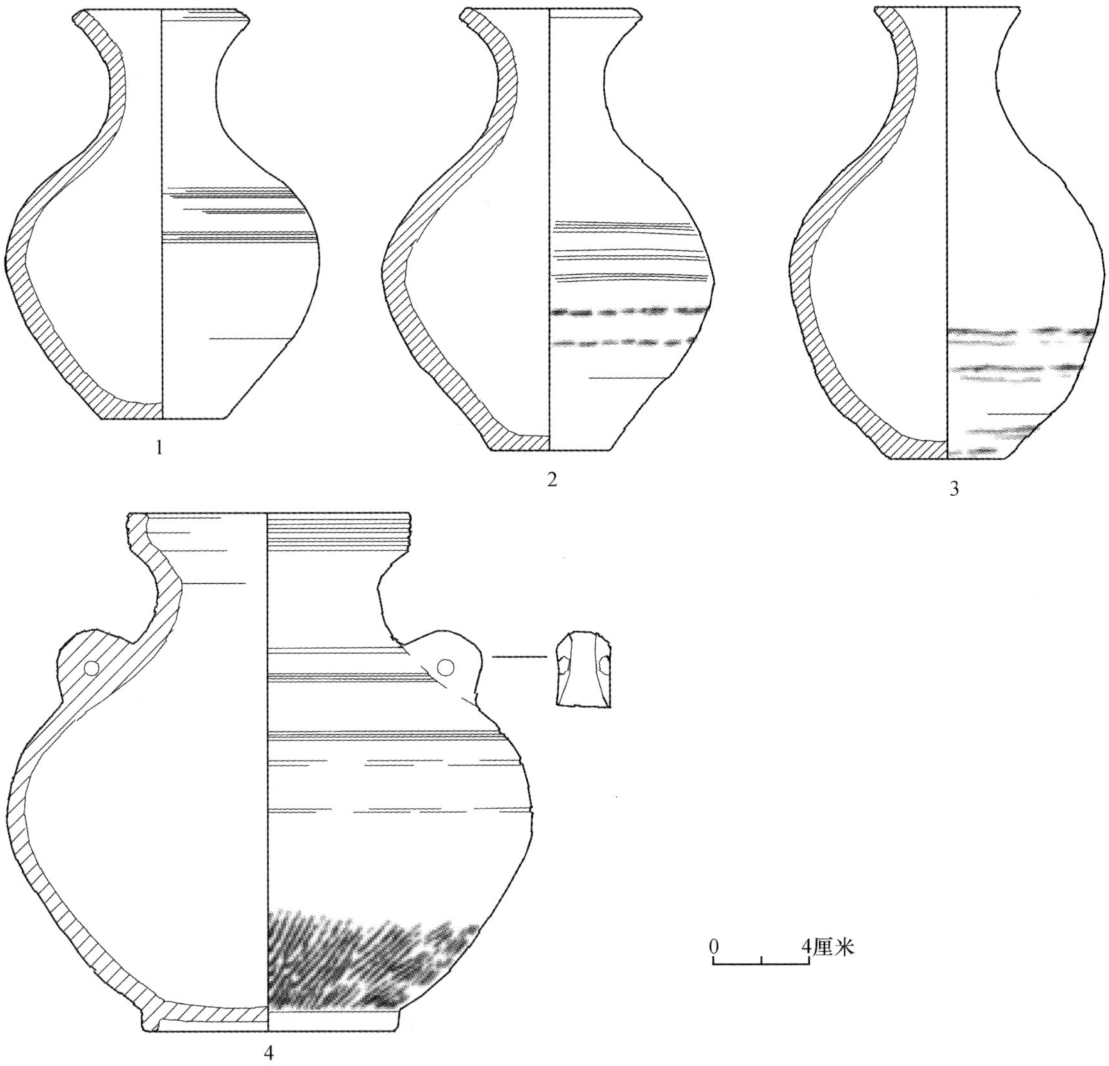

图一六三 09ⅡTG9M97出土陶器

1~3. 壶（09ⅡTG9M97:3、09ⅡTG9M97:2、09ⅡTG9M97:4） 4. 罐（09ⅡTG9M97:1）

3. 随葬品

（1）种类及数量

共5件。陶罐4件、陶钵1件。

（2）出土位置

随葬器物均位于墓主棺前北部，墓室东北角处。1号陶钵位于墓室东北角，2号、5号陶罐与3号、4号陶罐并排位于头前棺外与北壁之间。

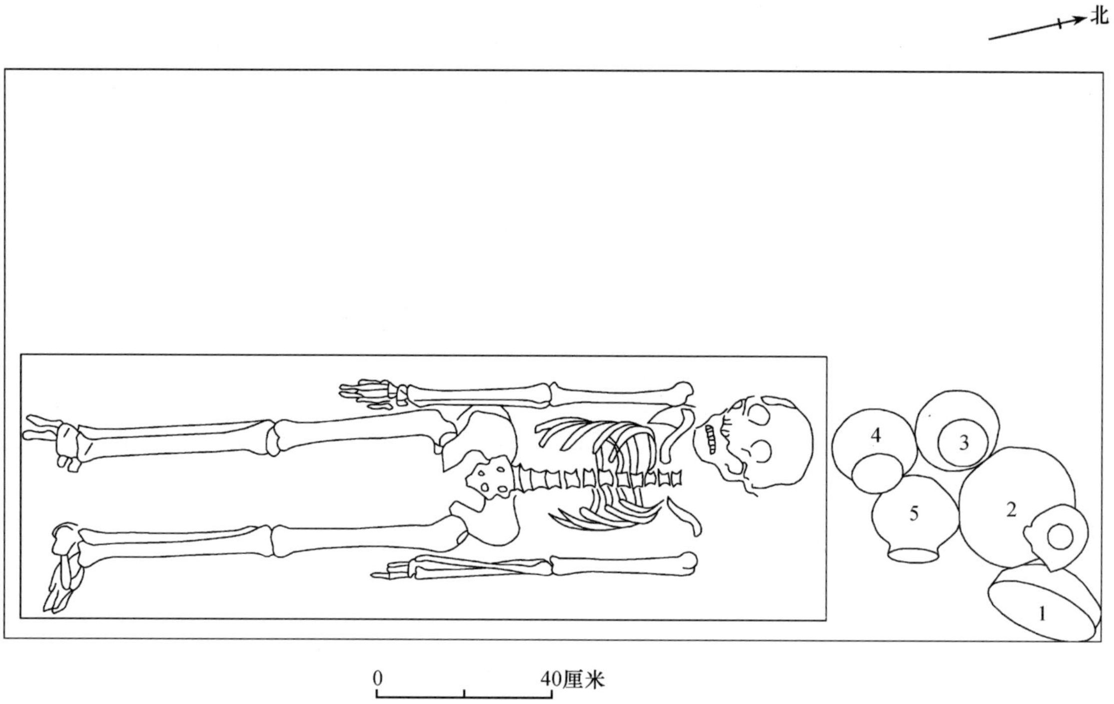

图一六四　09ⅡTG9M100平面图

1. 陶钵　2～5. 陶罐

（3）器物形制分类介绍

陶罐　4件。09ⅡTG9M100：2，泥质灰陶。略呈盘口状，长直颈，微弧，溜肩，鼓腹，小平底，微内凹。口沿不规整，腹部有轮旋线，下腹及底部拍印绳纹，较浅。口径13.2、底径8、高28.2厘米（图一六五，4；图版六九，6）。09ⅡTG9M100：3，泥质灰陶。口微侈，方唇，溜肩，鼓腹，平底。颈部左右两侧各有两个穿孔，器表有轮旋线，下腹部有旋削痕迹。口径9.2、底径7.6、高14.2厘米（图一六五，3）。09ⅡTG9M100：4，泥质灰陶。口微侈，方唇，溜肩，鼓腹，平底。颈部左右两侧各有两个穿孔，器表有轮旋线，下腹部有旋削痕迹。口径9.6、底径6.8、高15厘米（图一六五，2）。09ⅡTG9M100：5，泥质灰陶。口微侈，方唇，溜肩，鼓腹，平底。颈部左右两侧各有两个穿孔，器表有轮旋线，下腹部有旋削痕迹。口径10、底径7.6、高15厘米（图一六五，1）。

陶钵　1件。09ⅡTG9M100：1，泥质灰陶。直口，微敛，方唇，上折腹，下腹斜直，微弧，饼足。器表有轮旋线，下腹部有旋削痕迹。口径22、底径10、高8.6厘米（图一六五，5；图版七七，4）。

09ⅡTG9M101

09ⅡTG9M101位于TG9北部，09ⅡTG9M101东北部被09ⅡTG9M100打破，09ⅡTG9M101开口于②层下，打破第③层及生土层。

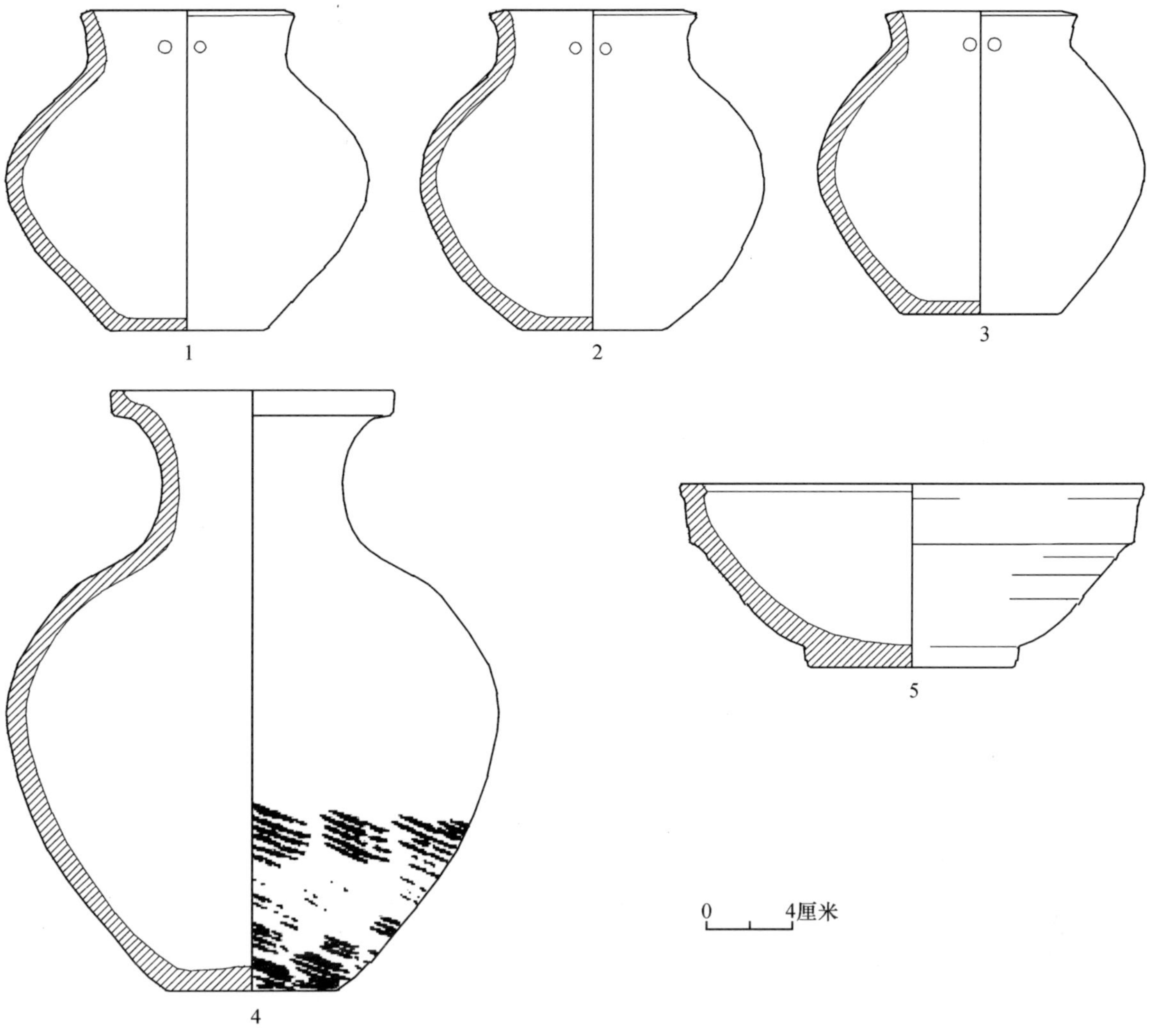

图一六五　09ⅡTG9M100出土陶器

1～4. 罐（09ⅡTG9M100∶5、09ⅡTG9M100∶4、09ⅡTG9M100∶3、09ⅡTG9M100∶2）　5. 钵（09ⅡTG9M100∶1）

1. 形制和规格

09ⅡTG9M101是一座带有生土二层台的长方形竖穴土坑墓，东西向，墓向110°。墓口距地表0.6米，发掘至距地表2.5米处，分别在墓室南北两侧发现生土二层台，生土二层台上有横向盖板痕迹（图一六六）。

09ⅡTG9M101长2.3、宽1.08、深2.35米。填土为花土，质松软，四壁较规整。

2. 葬具和人骨

墓室清理出一具木棺灰痕，棺长1.9、宽0.6、残高0.26米（图版三七，1）。

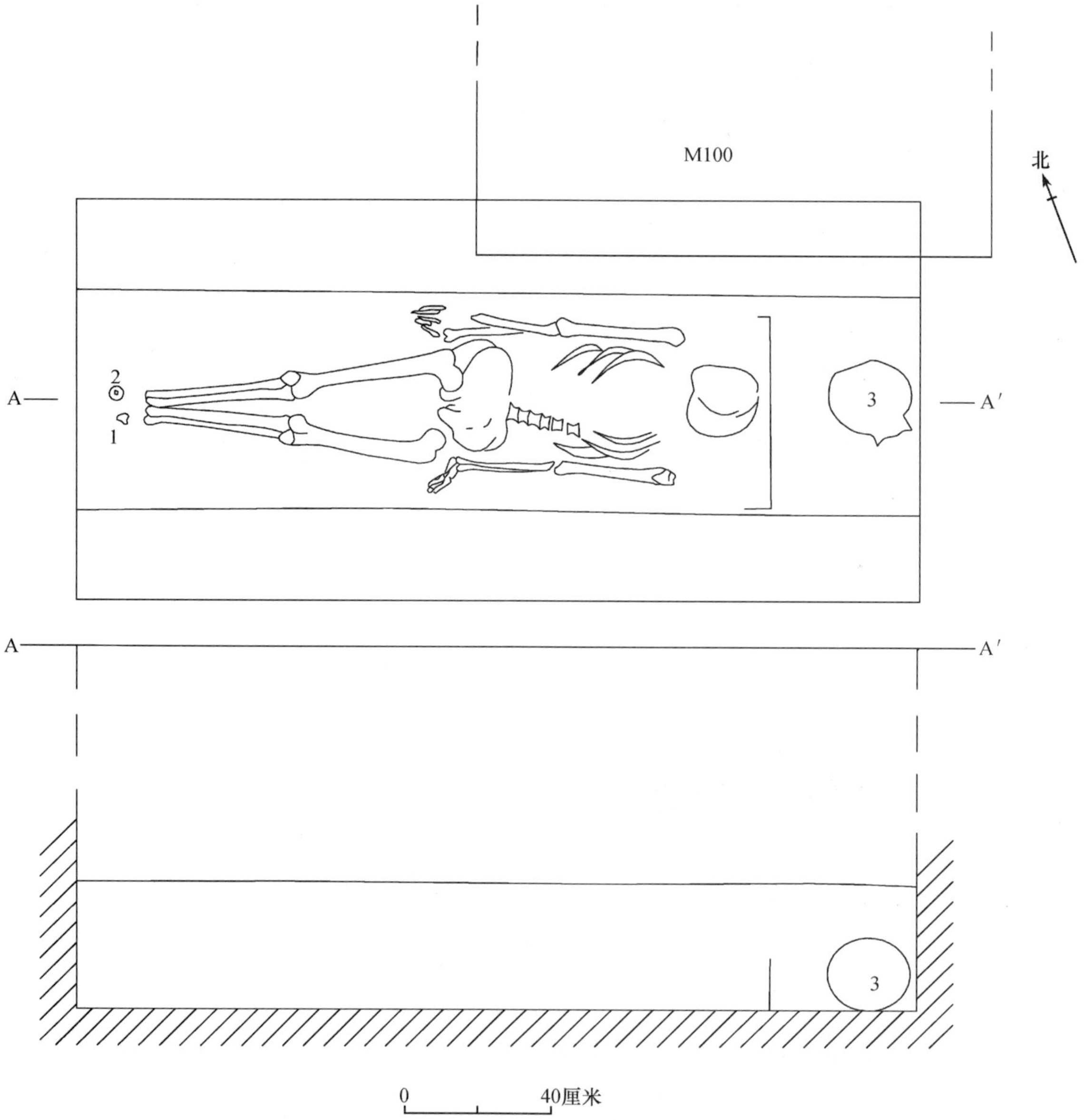

图一六六　09ⅡTG9M101平、剖面图

1. 铜带钩　2. 铜钱　3. 陶罐

人骨为仰身直肢单人葬。因墓室湿度较大，除四肢外，人骨大部分已朽成粉末状，依据人骨残存痕迹判断墓主应为头东脚西，年龄、性别不详。

3. 随葬品

（1）种类及数量

共4件（枚）。陶罐1件，铜带钩1件、铜钱2枚。

（2）出土位置

1号铜带钩、2号铜钱位于棺内墓主脚下面，3号陶罐位于头前棺外北部。

（3）器物形制分类介绍

陶罐 1件。09ⅡTG9M101∶3，泥质灰陶。口残，长直颈，溜肩，球形腹，小平底，微内凹。颈部有轮旋线，下腹及底部饰绳纹，局部拍印痕迹明显。底径8、高24厘米（图一六七，1）。

铜带钩 1件。09ⅡTG9M101∶1，铜质，钩首残缺，钩体饰一大象，钩长3.5厘米（图一六七，3）。

铜半两钱 2枚。09ⅡTG9M101∶2，形制相同。浇注，圆形，方穿，正反两面周边及穿外均无郭。直径3厘米（图一六七，2）。

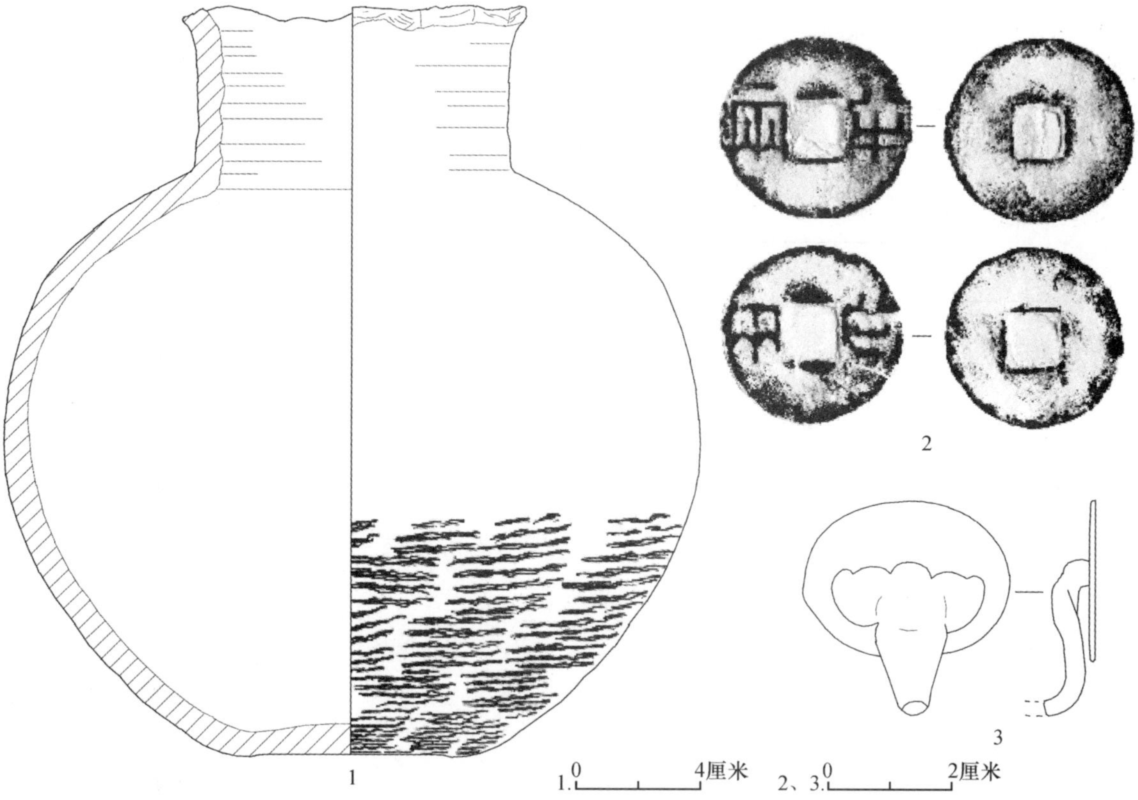

图一六七 09ⅡTG9M101出土器物

1. 陶罐（09ⅡTG9M101∶3） 2. 铜钱（09ⅡTG9M101∶2） 3. 铜带钩（09ⅡTG9M101∶1）

09ⅡTG9M102

09ⅡTG9M102位于TG9中部偏南，东部打破09ⅡTG9M104。09ⅡTG9M102开口于②层下，打破第③层及生土层。该墓遭到严重盗扰。

1. 形制和规格

09 Ⅱ TG9M102 是一座长方形竖穴土坑墓，东西向，墓向 95°。墓口距地表 0.6 米（图一六八）。09 Ⅱ TG9M102 长 1.8、宽 0.8、深 1.2 米。填土为花土，质松软，四壁较规整。

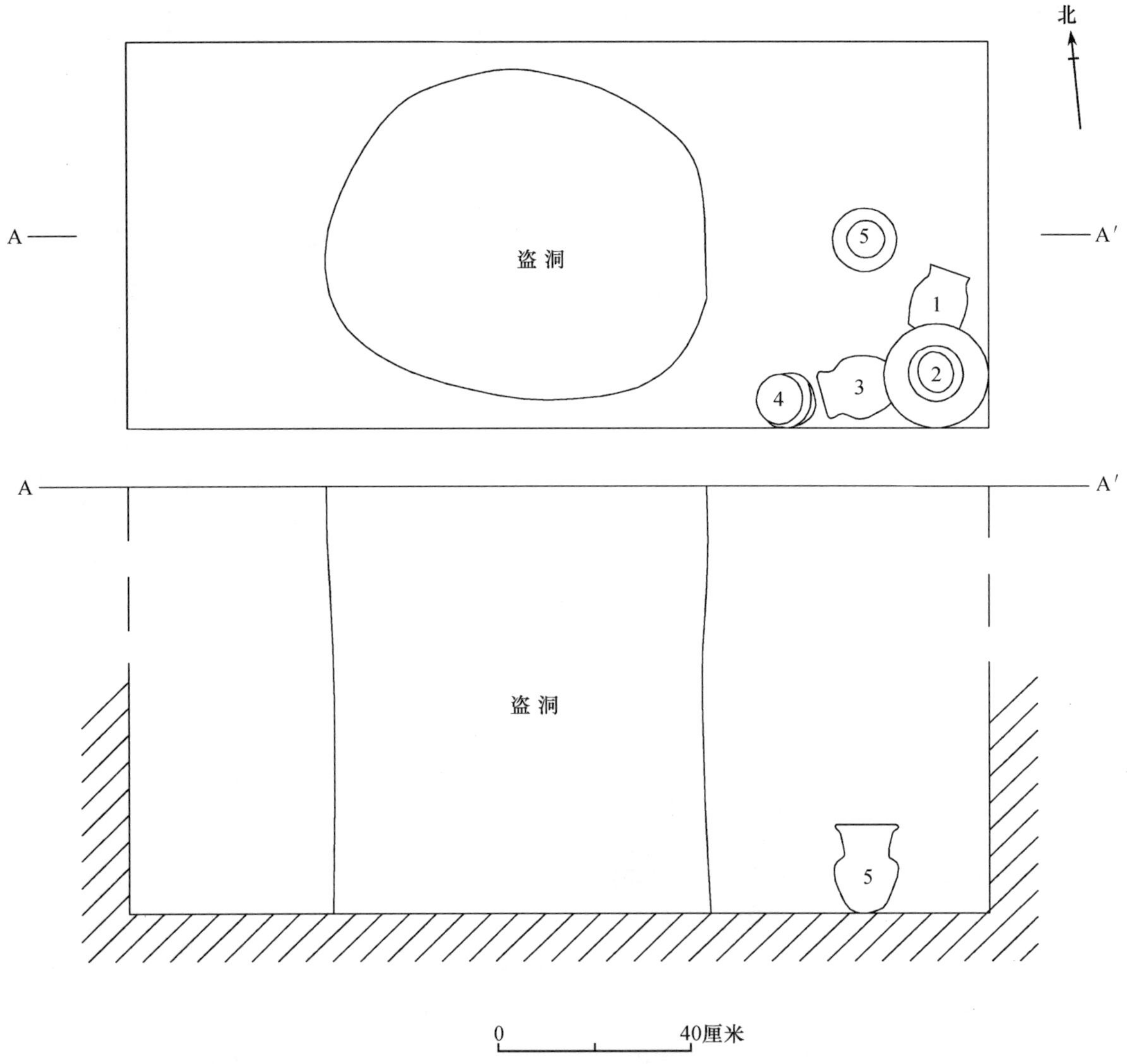

图一六八　09 Ⅱ TG9M102 平、剖面图

1～5. 陶罐

2. 葬具和人骨

曾遭到严重盗扰，未见葬具、人骨。

3. 随葬品

（1）种类及数量

共7件（枚）。陶罐5件，铜钱2枚。

（2）出土位置

随葬器物均位于墓室东南角。2号、3号、4号陶罐自东向西依墓室南侧排列；1号陶罐位于2号陶罐北侧，5号陶罐位于2号陶罐西北侧。6号铜钱两枚散落于墓土中。

（3）器物形制分类介绍

陶罐　5件。09ⅡTG9M102∶1，泥质灰陶。口微侈，宽折沿，方唇，束颈，溜肩，弧腹，小平底。沿面有凹槽，较浅。器表有轮旋线，下腹旋削修饰一周。口径8、底径5.6、高14厘米（图一六九，2）。09ⅡTG9M102∶2，泥质灰陶。盘口，尖唇，直颈，较长，溜肩，鼓腹，小平底。肩腹部各饰一条细密凹弦纹带，下腹及底部饰篮纹。口径12、底径9.2、高26厘米（图一六九，5；图版七〇，1）。09ⅡTG9M102∶3，泥质灰陶。口微侈，宽折沿，方唇，束颈，溜肩，弧腹，小平底。沿面有凹槽，较浅。器表有轮旋线，下腹部旋削修饰一周。口径8、底径5.2、高13.8厘米（图一六九，3）。09ⅡTG9M102∶4，泥质灰陶。口微侈，宽折沿，方唇，束颈，溜肩，弧腹，平底。沿面有凹槽，器表有轮旋线，下腹有旋削修坯痕迹。口径8.8、底径5.6、高13.8厘米（图一六九，4）。09ⅡTG9M102∶5，泥质灰陶。侈口，方唇，斜直颈，较长，鼓肩，斜直腹，微外弧，平底，微内凹。肩部饰凹弦纹，下腹及底部饰绳纹。口径12.8、底径6.8、高17.2厘米（图一六九，1）。

铜钱　2枚。09ⅡTG9M102∶6，浇注，圆形，方穿，字体规整。“五”字较窄小，中间交叉两笔略圆曲。直径2.5厘米。（图一六九，6）。09ⅡTG9M102∶7，浇注，圆形，方穿。“五”字中间交叉两笔圆曲。直径2.5厘米。（图一六九，7）。

09ⅡTG9M103

09ⅡTG9M103位于TG9西北部，东邻09ⅡTG9M100，东南邻09ⅡTG9M101。09ⅡTG9M103开口于②层下，打破第③层及生土层。

1. 形制和规格

09ⅡTG9M103是一座带有生土二层台的长方形竖穴土坑墓，南北向，墓向10°。墓口距地表0.6米，发掘至距地表1.6米处，分别在墓室东西两侧发现生土二层台，生土二层台上有横向盖板痕迹（图一七〇）。

09ⅡTG9M103长2.9、宽0.9、深1.5米。填土为花土，质松软，四壁较规整。

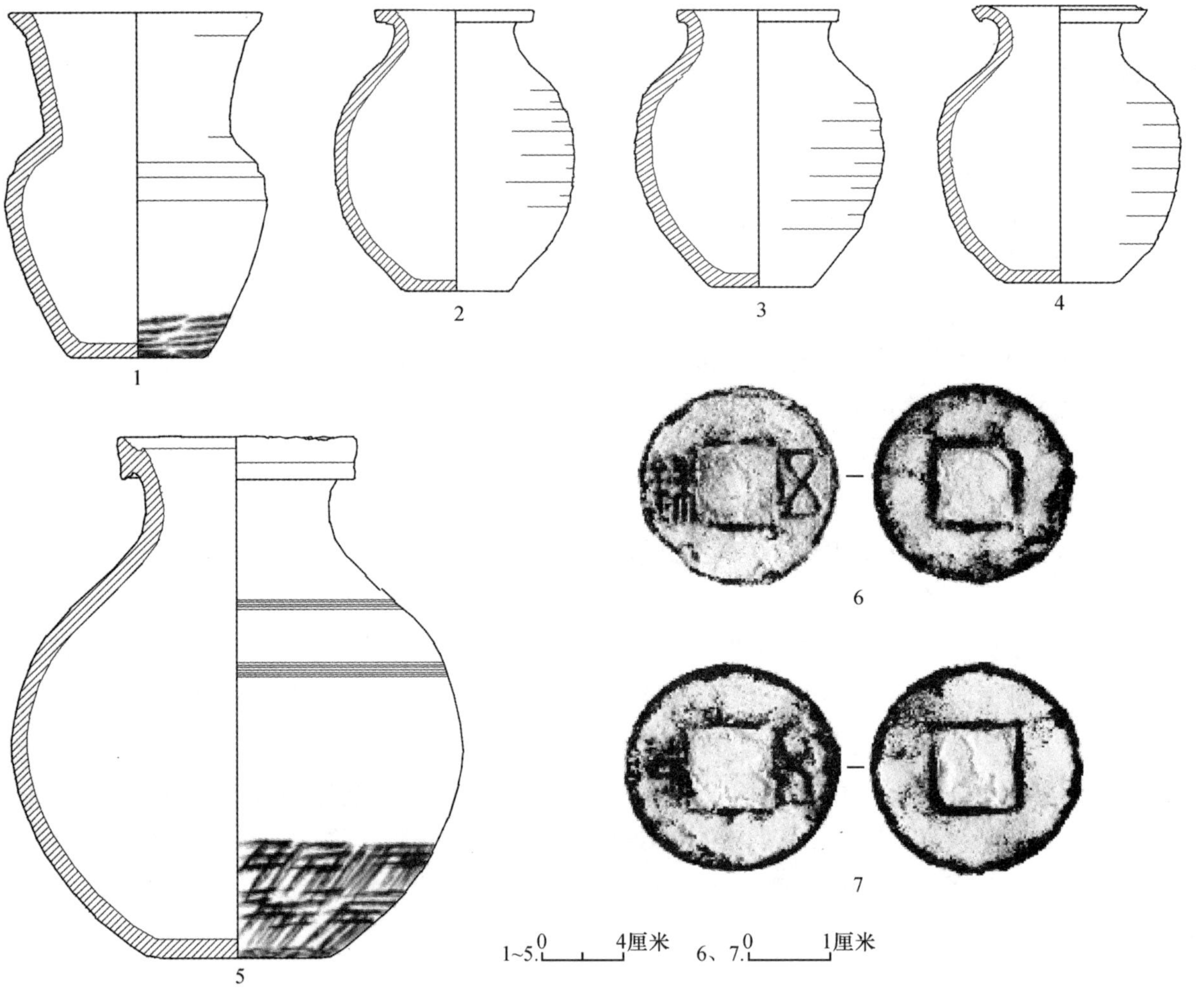

图一六九　09ⅡTG9M102 出土器物

1～5. 陶罐（09ⅡTG9M102∶5、09ⅡTG9M102∶1、09ⅡTG9M102∶3、09ⅡTG9M102∶4、09ⅡTG9M102∶2）

6、7. 铜钱（09ⅡTG9M102∶6、09ⅡTG9M102∶7）

2. 葬具和人骨

墓室清理出一具木棺灰痕，棺长 1.95、宽 0.65、残高 0.3 米（图版三七，2）。

人骨为仰身直肢单人葬。人骨保存较差，头部、胸部及盆骨均已朽成粉末状，从残存痕迹判断墓主应为头北脚南，年龄、性别不详。

3. 随葬品

（1）种类及数量

共 5 件。陶罐 3 件、陶瓮 1 件、陶钵 1 件。

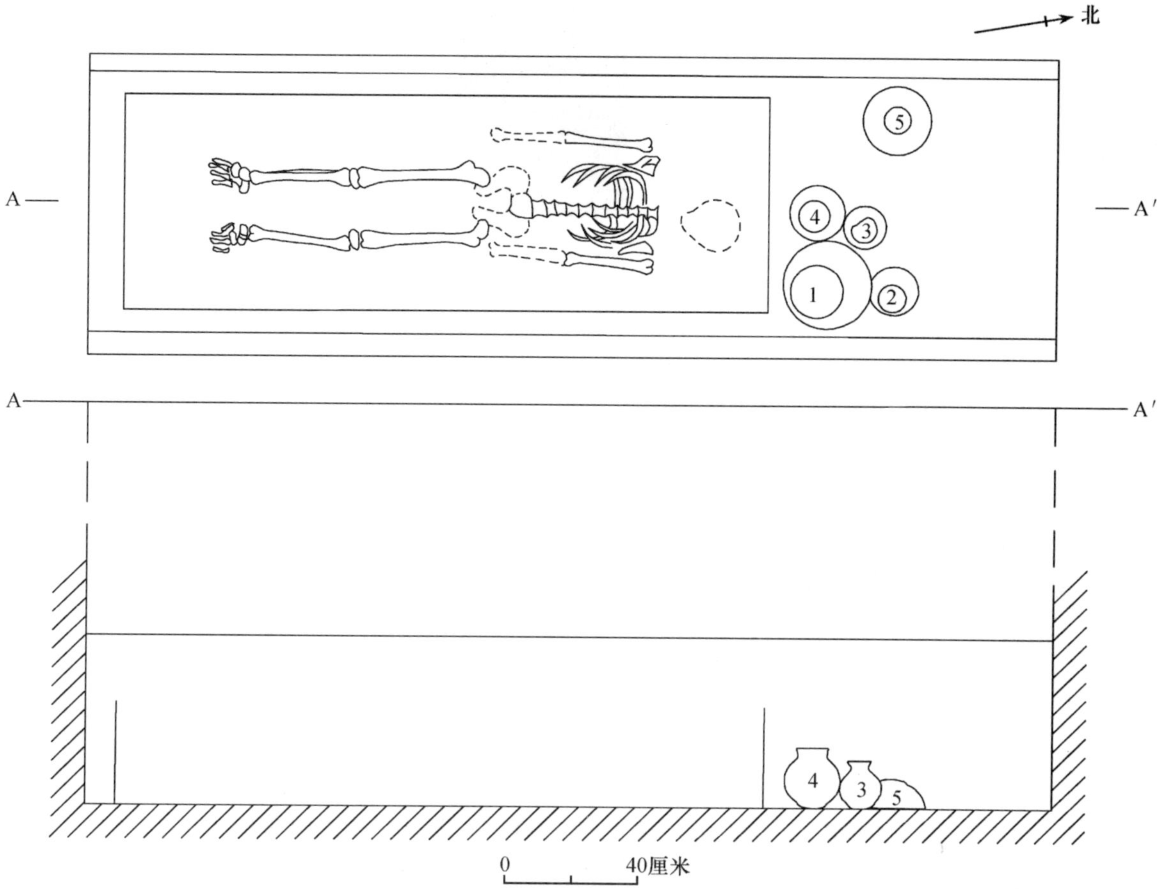

图一七〇　09ⅡTG9M103平、剖面图
1. 陶瓮　2～4. 陶罐　5. 陶钵

（2）出土位置

随葬器物均位于墓主头前棺外，椁室北部。1号陶瓮、2号陶罐在棺北部依椁室东壁由南向北排列，3、4号陶罐位于1号陶瓮西侧；5号陶钵位于3、4号陶罐西侧，接近椁室西壁。

（3）器物形制分类介绍

陶罐　3件。09ⅡTG9M103∶2，泥质灰陶。直口微侈，方唇，溜肩，鼓腹，平底，底部不规整。颈部左右各有二穿孔，下腹部旋削修坯一周，局部有旋削痕迹。口径9.6、底径8、高15.8厘米（图一七一，5）。09ⅡTG9M103∶3，泥质灰陶。侈口，方唇，束颈，溜肩，鼓腹，平底。器表施白衣，下腹部旋削修坯一周。口径7.6、底径7.6、高14.8厘米（图一七一，4）。09ⅡTG9M103∶4，泥质灰陶。口沿不规整，直口微侈，方唇，溜肩，鼓腹，平底。颈部左右各有两个穿孔，下腹部旋削修坯一周。口径8.8、底径7.6、高15.6厘米（图一七一，6）。

陶瓮　1件。09ⅡTG9M103∶1，泥质灰陶。敛口，宽折沿，尖圆唇，束颈，溜肩，鼓腹，尖圜底。下腹及底部饰绳纹（图一七一，3）。口径16、高23.6厘米（图一七一，2）。

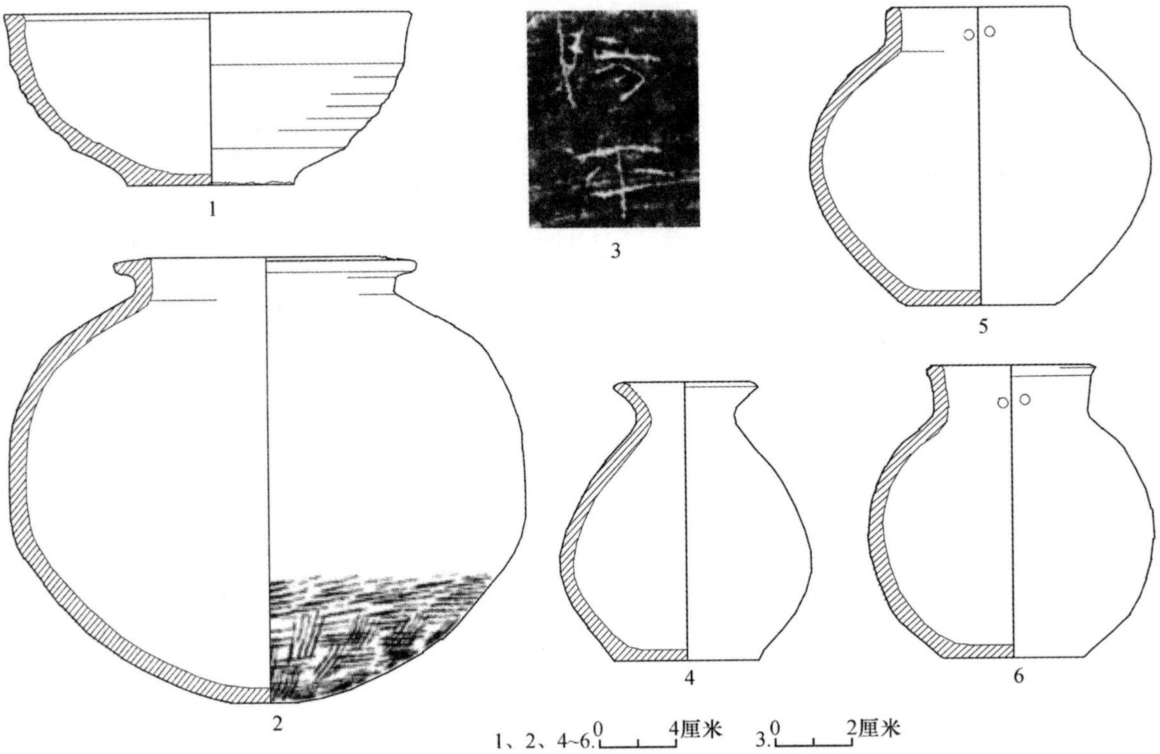

图一七一　09ⅡTG9M103出土陶器

1. 钵（09ⅡTG9M103∶5）　2. 瓮（09ⅡTG9M103∶1）　3. 陶瓮纹饰拓片（09ⅡTG9M103∶1）
4～6. 罐（09ⅡTG9M103∶3、09ⅡTG9M103∶2、09ⅡTG9M103∶4）

陶钵　1件。09ⅡTG9M103∶5，泥质灰陶。直口，微敛，方唇，弧腹，矮饼底。腹部有轮弦线，下腹旋削修坯一周，去胎泥较厚，使底部略显足形。钵内刻划“阳平”两字，“阳”在上（图一七一；图版七七，5）。口径21.6、底径8.8、高9.2厘米（图一七一，1；图版七七，6）。

09ⅡTG9M104

09ⅡTG9M104位于TG9中部偏南，西壁南部被09ⅡTG9M102打破，东邻09ⅡTG9M96。09ⅡTG9M104开口于②层下，打破第③层及生土层。

1. 形制和规格

09ⅡTG9M104是一座带有生土二层台的长方形竖穴土坑墓，南北向，墓向5°。墓口距地表0.6米，发掘至距地表2.15米处，分别在墓室东西两侧发现生土二层台，生土二层台上有横向盖板痕迹（图一七二）。

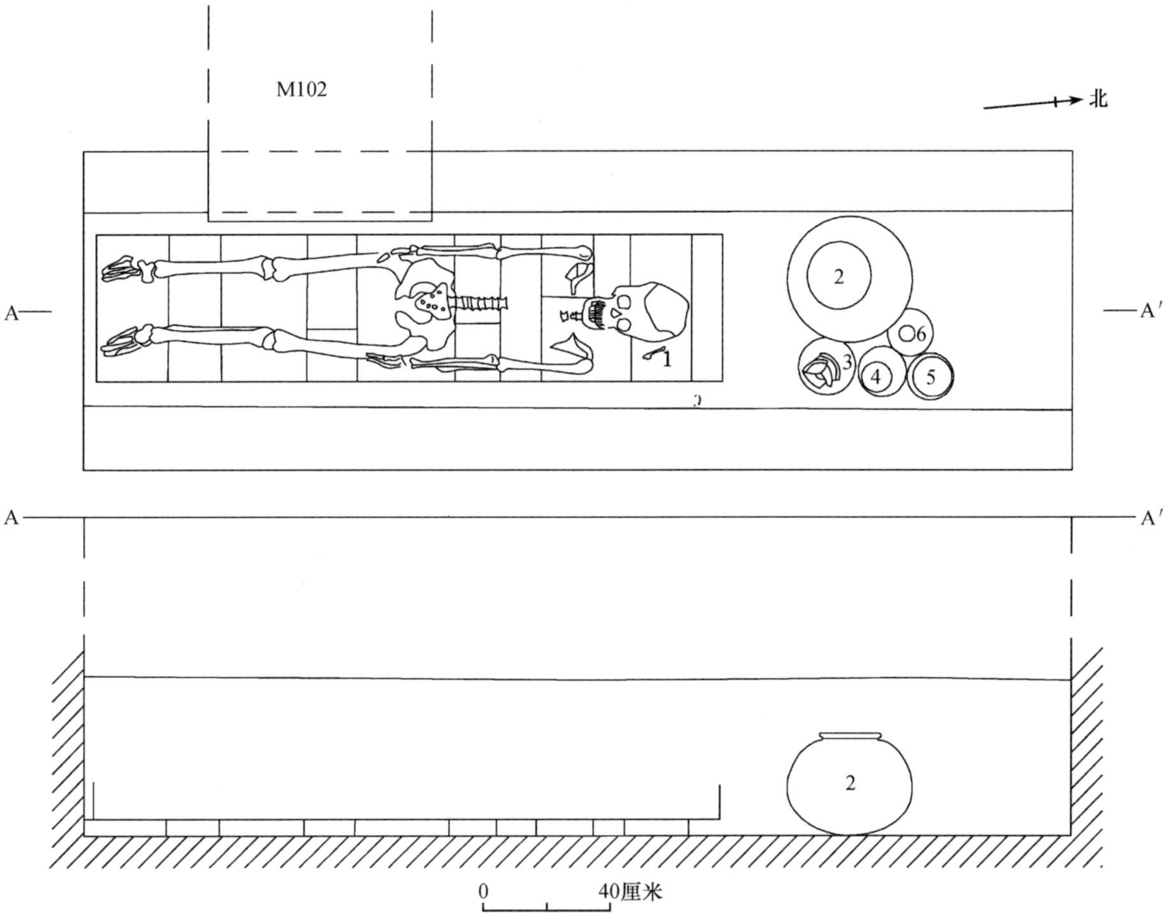

图一七二 09ⅡTG9M104平、剖面图
1. 铜带钩 2. 陶瓮 3. 陶壶 4~6. 陶罐

09ⅡTG9M104长3.1、宽0.9、深2.15米。填土为花土，质松软，含水量较大，四壁较规整。

2. 葬具和人骨

墓室清理出一具木棺灰痕，棺长1.95、宽0.45、残高0.12米。棺内人骨下，在头部、肩部、胸部、大腿、足部分别用灰砖南北向平铺，间隔10~25厘米，共5排（图版三八，1）。

人骨为仰身直肢单人葬。人骨保存较差，胸部已朽成粉末状，从残存痕迹判断墓主应为头北脚南，面向上，为一60~65岁的男性个体。

3. 随葬品

（1）种类及数量

共6件。陶壶1件、陶罐3件、陶瓮1件，铜带钩1件（图版三八，2）。

（2）出土位置

1号铜带钩位于棺内墓主头部东侧，其余随葬器物均位于墓主头前棺外北部，距墓主较近。

（3）器物形制分类介绍

陶壶　1件。09ⅡTG9M104：3，泥质灰陶。口微敛，方唇，束颈，溜肩，鼓腹，大平底。器表有轮旋线。口径12、底径12、高27厘米（图一七三，2；图版六八，3）。

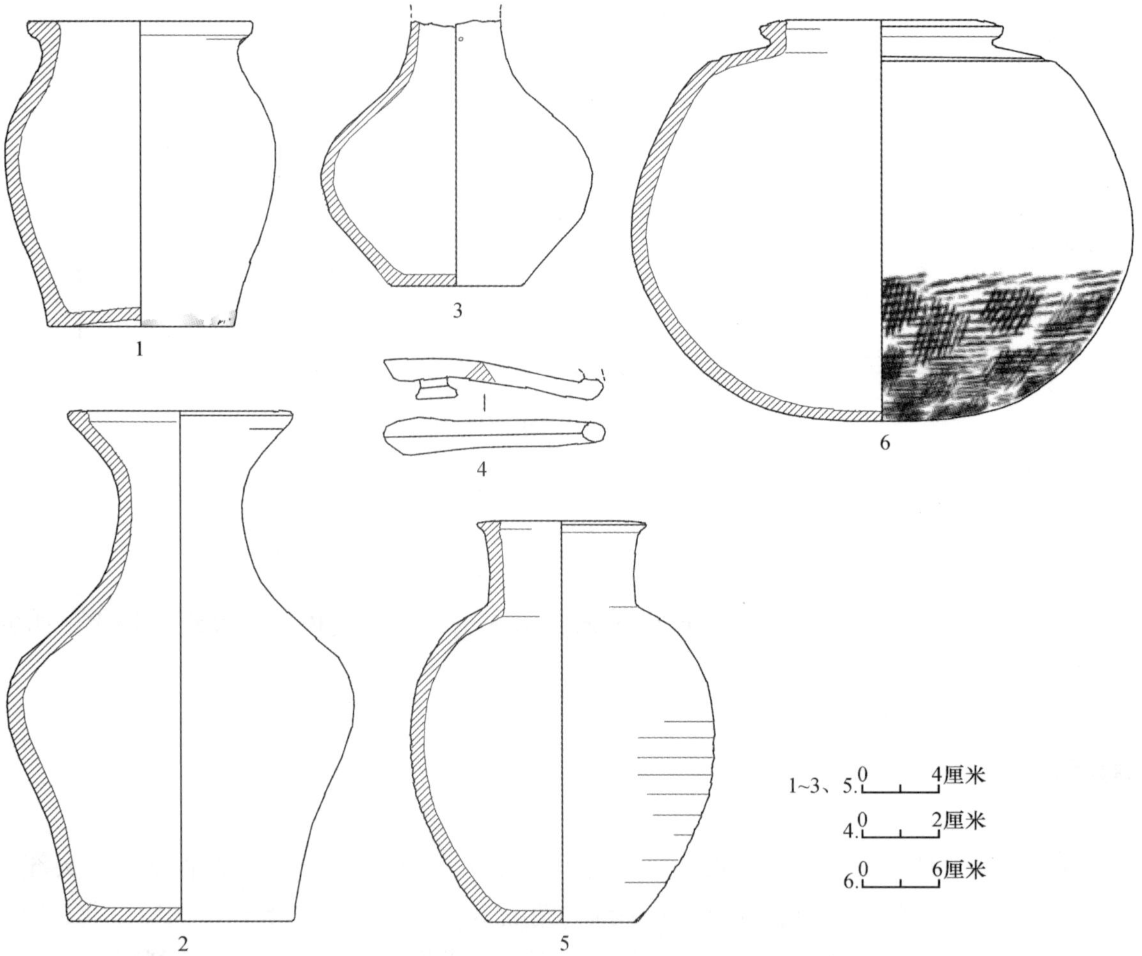

图一七三　09ⅡTG9M104出土器物

1、3、5. 陶罐（09ⅡTG9M104：5、09ⅡTG9M104：6、09ⅡTG9M104：4）　2. 陶壶（09ⅡTG9M104：3）　4. 铜带钩（09ⅡTG9M104：1）　6. 陶瓮（09ⅡTG9M104：2）

陶罐　3件。09ⅡTG9M104:4，泥质灰陶，器形较瘦长。直口，方唇，长直颈，微弧，鼓肩，弧腹，小平底。器表施白衣，有轮旋线。口径8.8、底径8、高21.2厘米（图一七三，5）。09ⅡTG9M104:5，泥质灰陶。口微侈，宽折沿，方唇，束颈，鼓肩，弧腹，平底，微内凹。器表施白衣。口径12、底径10、高16.2厘米（图一七三，1）。09ⅡTG9M104:6，泥质灰陶。口残，溜肩，鼓腹，平底。器表施白衣，在颈部一侧有一圆形钻孔。下腹旋削修坯一周。底径7.2、残高14厘米（图一七三，3）。

陶瓮　1件。09ⅡTG9M104:2，泥质灰陶。口微敛，折沿，方唇，束颈，鼓肩，弧腹，圜底。器表有轮旋线，下腹及底部饰绳纹。口径19.2、高31.8厘米（图一七三，6；图版七四，2）。

铜带钩　1件。09ⅡTG9M104:1，铜质，钩首残缺，钩体中间有一条凸棱，腹部较长，鼓起成弧形，带钩背部有一扁平圆纽。长5.9厘米（图一七三，4）。

09ⅡTG4M108

09ⅡTG4M108位于TG4东端，南邻09ⅡTG4M83，西邻09ⅡTG4M75，东侧为TG4东壁。09ⅡTG4M108开口于②层下，打破第③层及生土层。

1. 形制和规格

09ⅡTG4M108是一座带有生土二层台的长方形竖穴土坑墓，南北向，墓向10°。墓口距地表0.6米，发掘至距地表2.4米处，分别在墓室东西两侧发现生土二层台，生土二层台上有横向盖板痕迹（图一七四）。

09ⅡTG4M108长2.9、宽1、深2.5米。填土为花土，质松软，四壁较规整。

2. 葬具和人骨

未见葬具和人骨。

3. 随葬品

（1）种类及数量

共3件。陶罐1件、陶瓮1件，铜饰件1件。

（2）出土位置

随葬器物均位于墓室北部。

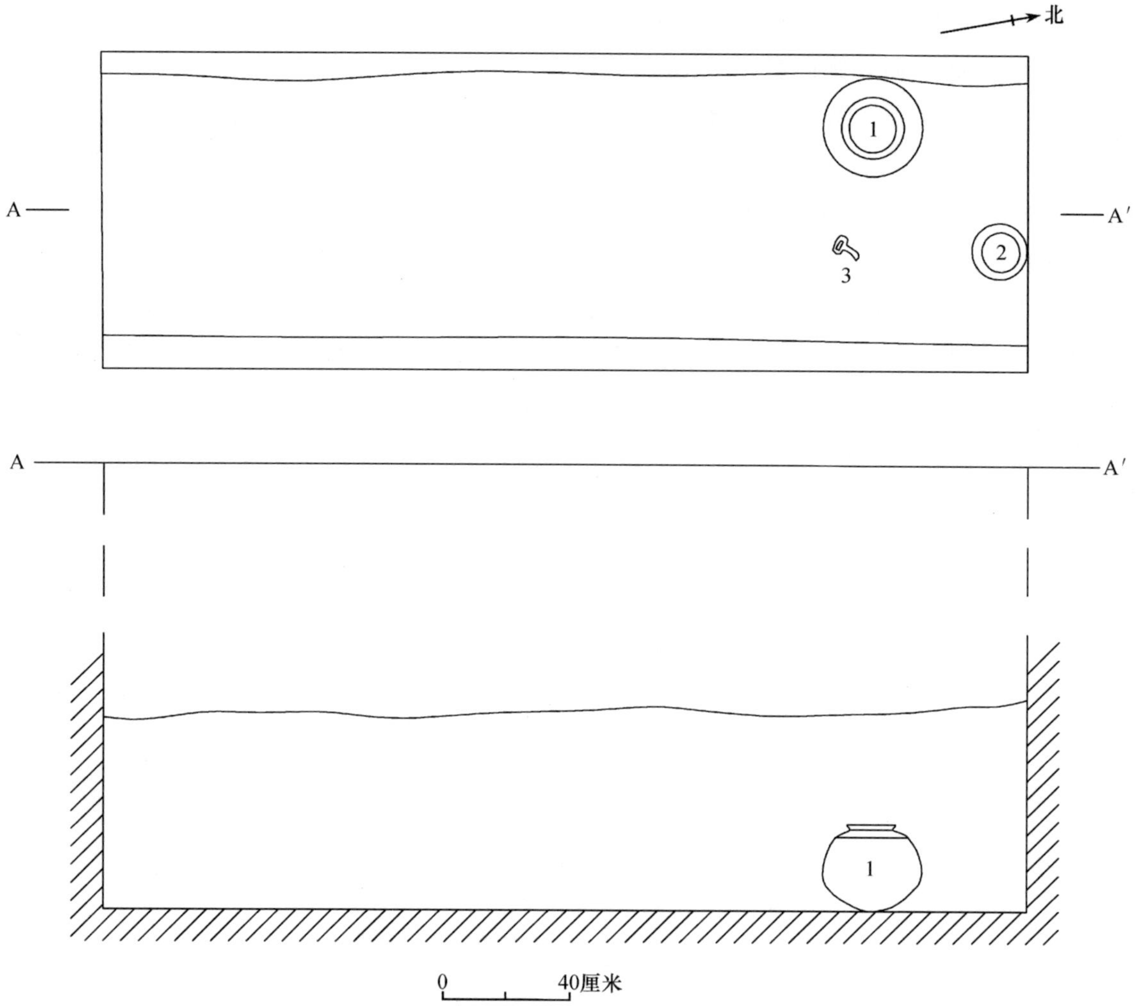

图一七四　09ⅡTG4M108平、剖面图
1. 陶瓮　2. 陶罐　3. 铜饰件

（3）器物形制分类介绍

陶罐　1件。09ⅡTG4M108∶2，泥质灰陶。直口，方唇，沿面有凹槽，较浅，尖唇，长直颈，鼓肩，弧腹，平底，微内凹。肩部有二道凹槽，下腹及底部饰绳纹。口径13.1、底径6.7、高19.4厘米（图一七五，3；图版七〇，3）。

陶瓮　1件。09ⅡTG4M108∶1，泥质灰陶。斜折沿，方唇，折肩，上腹斜直，微弧，下腹略鼓，小平底。肩部去皮削泥一周，去胎泥较厚，在肩部形成一小折台，器表有轮弦线，下腹及底部饰篮纹。口径15.6、底径9.2、高28厘米（图一七五，1）。

铜饰件　1件。09ⅡTG4M108∶3，该铜器一头为方孔，一头为圆孔，中部为一球形连接。长9.6厘米（图一七五，2）。

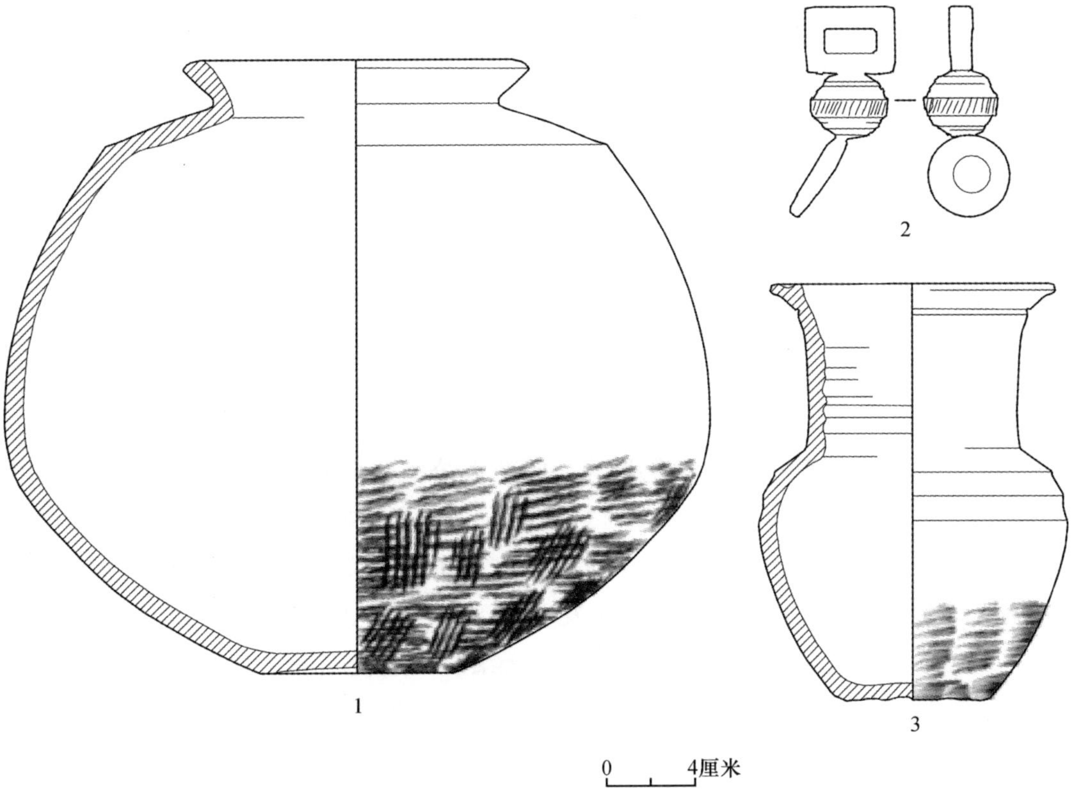

图一七五　09ⅡTG4M108出土器物

1. 陶瓮（09ⅡTG4M108：1）　2. 铜饰件（09ⅡTG4M108：3）　3. 陶罐（09ⅡTG4M108：2）

叁　张夺村南墓地

一、概　　况

张夺村南墓地位于张夺村南约500米处，以苗大公路通向张夺村的东西田间土路为界，1号墓地位居西南，西邻苗大公路；2号墓地居东北，北邻张夺村养猪场，两墓地相距约220米。

南水北调渠线由西南进入张夺地界，在张夺村南呈西南东北走向。10NDZ1#MD位于渠线南边线左右，地势略低，在进行勘探过程中发现10NDZ1#MD约2000平方米，大部分墓葬分布于渠线外，线内探明墓葬83座；10NDZ2#MD位于渠线北边线左右，地势较高，与张夺2号遗址墓区相连，实际应为同一个墓地，在进行勘探过程中发现该墓地面积较大，大部分墓葬分布于线外，线内探明墓葬100余座。

10NDZ1#MD、10NDZ2#MD分别进行发掘。根据张夺2号遗址墓区的发掘经验，在保证发掘人员安全的前提下，按照考古发掘操作规程逐层发掘。发掘区首先选定基点，根据实际情况以东经114°48′97.8″、北纬37°23′73.3″、高程87米GPS坐标点为基点，布探沟4个，TG1面积为17米×13米，TG2面积为21米×16米，TG3面积为11米×17米，TG4面积为28米×16米，方向均正北（图一七六）。

10NDZ2#MD以东经114°49′20.2″、北纬37°23′96.3″、高程87.5米GPS坐标点为基点，布探沟2个，TG1面积为16米×23米，TG2面积为21米×17米，方向均正北（图一七七）。

张夺墓地发掘任务2000平方米。10NDZ1#MD布方面积1192平方米，10NDZ2#MD布方面积725平方米，共计布方面积1917平方米。在发掘过程中由于部分墓葬叠压在隔梁下，10NDZ1#MD、10NDZ2#MD各探方陆续扩方，最后实掘面积2100平方米。

二、地层堆积

通过发掘发现两区各探方地层均相同。

第①层：耕土层，土质松散，土色灰褐，厚0.2～0.3米。

第②层：黄土层，含沙土量较大，松散，厚0.4～0.8米，距地表深0.6～0.9米。墓葬均开口于该层下。

第③层：耕土。为生土层。

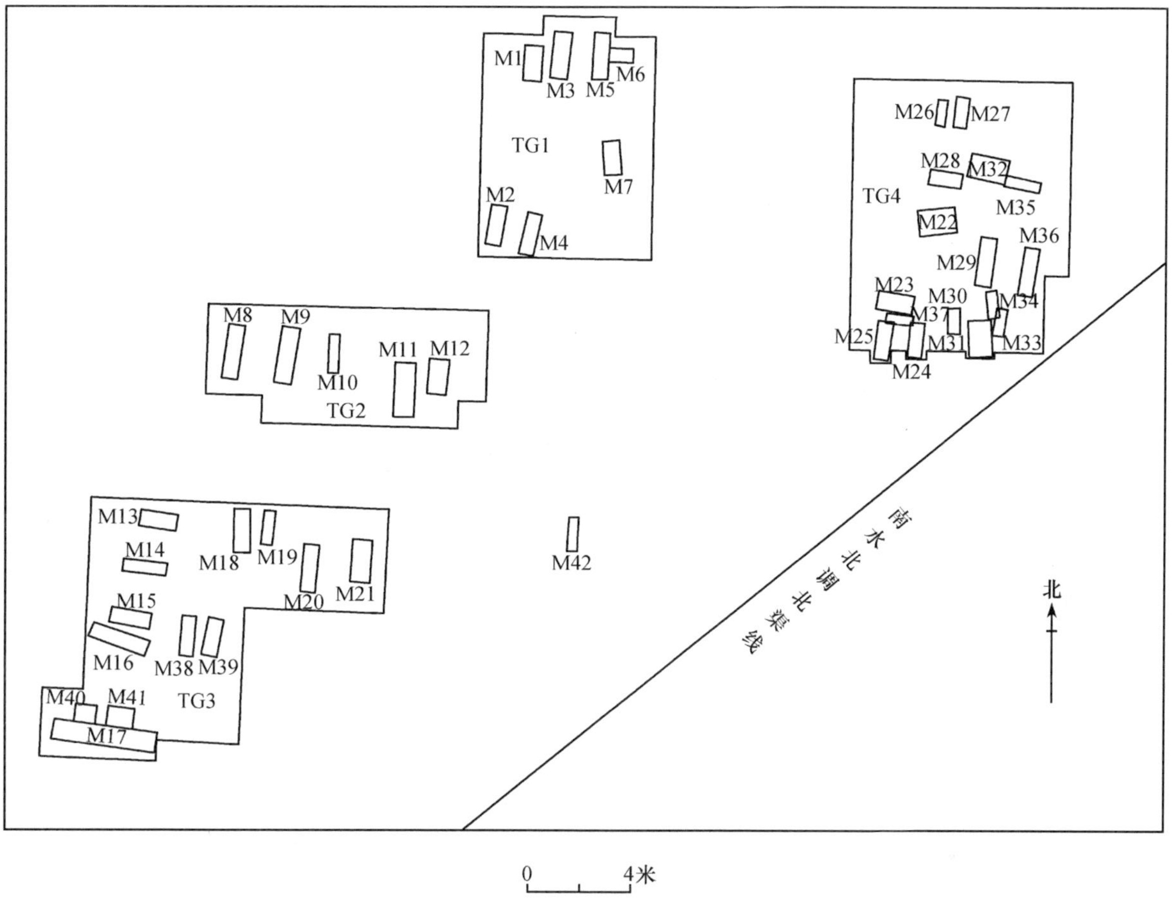

图一七六　10NDZ1#MD 探方分布图

三、张夺村南 1 号墓地

张夺村南 1 号墓地内墓葬排列较为密集，时代始自战国末期，延至秦汉，以汉代为主流。战国时期墓葬均为“斗”形墓室，经夯回填，葬式分直肢和屈肢两种；秦至西汉早期墓葬基本沿用战国时期做法，如 10NDZ1#MDTG3M40、10NDZ1#MDTG3M41 均为“斗”形墓室，经夯回填，这时期葬式为直肢和屈肢两种，后期直肢葬逐渐增多。西汉时期墓葬形制均为竖穴土坑墓，葬式以直肢为主，少见屈肢葬（附表二）。

（一）战国时期墓葬

根据出土器物和墓葬形制可以确定为战国时期的墓葬两座，编号分别为 10NDZ1#MDTG4M22、10NDZ1#MDTG4M28。

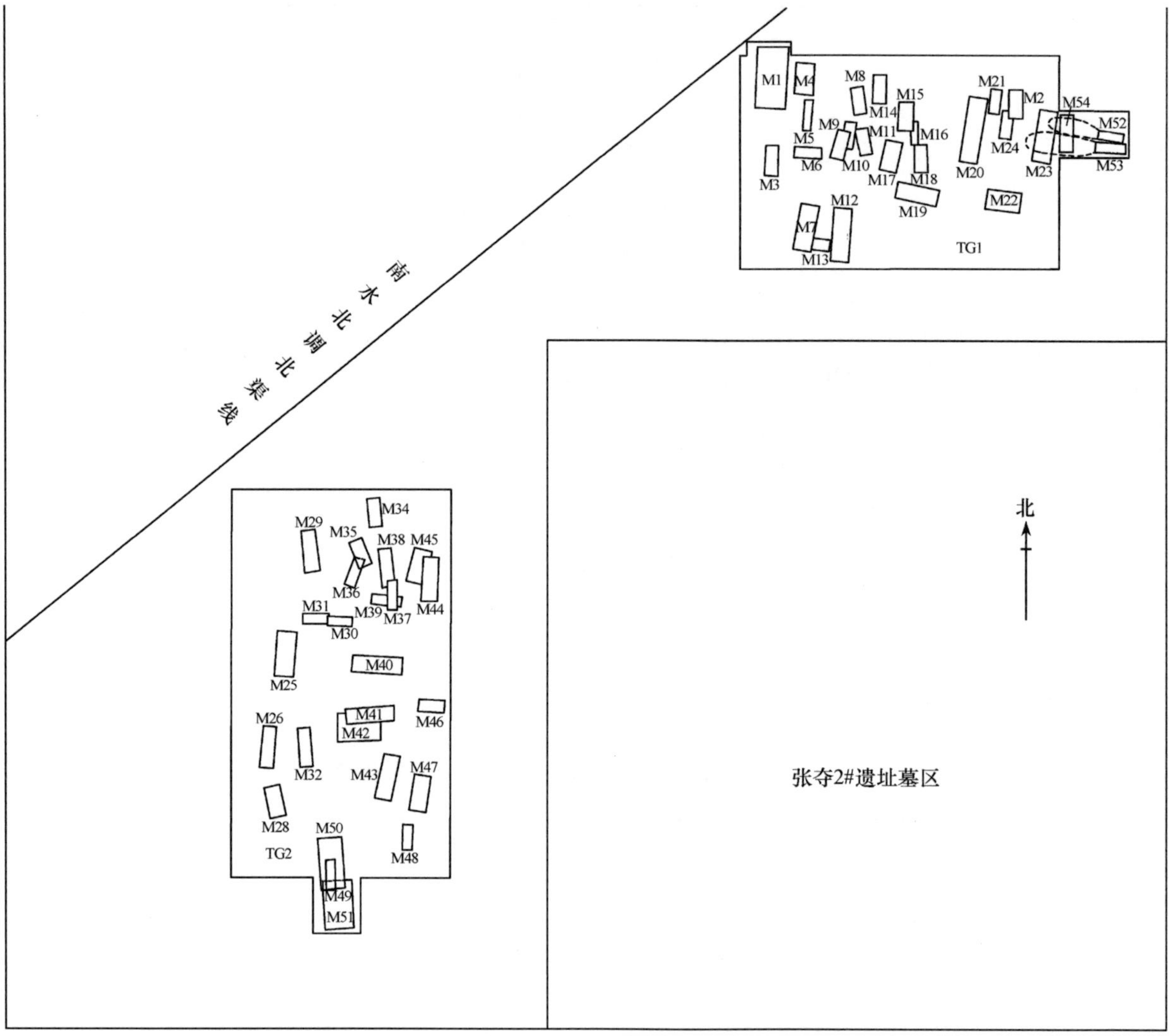

图一七七　10NDZ2#MD 探方分布图

10NDZ1#MDTG4M22

10NDZ1#MDTG4M22 位于 1 号墓地 TG4 中部偏西，北邻 10NDZ1#MDTG4M28，东南邻 10NDZ1#MDTG4M29。10NDZ1#MDTG4M22 开口于②层下，打破第③层及生土层。

1. 形制和规格

10NDZ1#MDTG4M22 是一座“斗”形竖穴土坑墓，东西向，墓向 265°。墓口距地表 0.6 米（图一七八）。

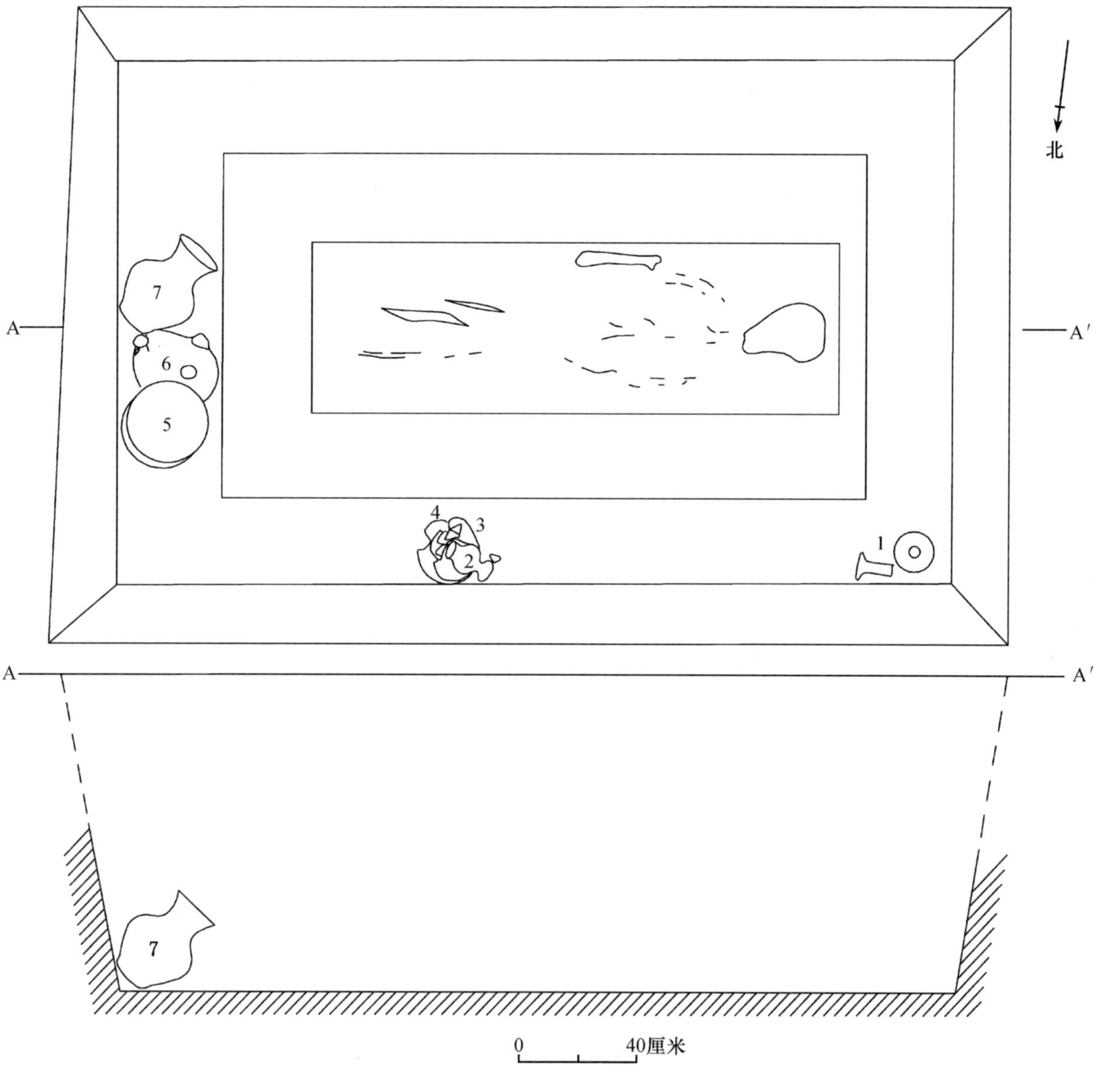

图一七八　10NDZ1#MDTG4M22 平、剖面图

1. 陶高柄豆　2. 陶球腹壶　3. 陶盘　4. 陶匜　5. 陶盖豆　6. 陶鼎　7. 陶壶

10NDZ1#MDTG4M22 上口长 3.2、宽 2.2 米，底长 2.86、底宽 1.8、深 2.9 米。填土为花土，经夯打实，质较硬，局部可见夯窝，四壁较规整。

2. 葬具和人骨

在墓室内清理出一具木棺、木椁灰痕，椁长 2.2、宽 1.2、残高 0.6 米，棺长 1.8、宽 0.6、残高 0.3 米（图版三九，1）。

人骨为仰身直肢单人葬。人骨保存较差，头部、胸部、盆骨均已朽成粉末状，从残存痕迹判断墓主应为头西脚东。性别、年龄不详。

3. 随葬品

（1）种类及数量

共 7 件。陶鼎 1 件、陶壶 1 件、陶球腹壶 1 件、陶盖豆 1 件、陶高柄豆 1 件、陶盘 1 件、陶匜 1 件。

（2）出土位置

随葬器物均位于棺椁之间，分三组置放：第 1 组，1 号陶高柄豆 1 件，置放于墓主头部西北侧；第 2 组，2 号陶球腹壶、3 号陶盘、4 号陶匜 3 件，位于中部北侧；第 3 组，5 号陶盖豆、6 号陶鼎、7 号陶壶 3 件，位于墓主脚前东侧偏北（图版三九，2）。

（3）器物形制分类介绍

陶鼎　1 件。10NDZ1#MDTG4M22∶6，泥质灰陶。器盖，方唇，直口，盖面隆起。鼎，子母口，弧腹，圜底，下承柱状三兽蹄足。腹部两侧附立耳。器盖有彩绘，彩绘脱落。口径 22.4、高 23.4 厘米（图一七九，5；图版八〇，1）。

陶壶　1 件。10NDZ1#MDTG4M22∶7，泥质灰陶。口微侈，方唇，束颈，溜肩，鼓腹，平底，微内凹。器身有轮旋线。口径 15、底径 12.2、高 28.8 厘米（图一七九，3；图版八〇，2）。

陶球腹壶　1 件。10NDZ1#MDTG4M22∶2，泥质灰陶。器盖，圆形，片状，上表面隆起。壶，直口微侈，圆唇，溜肩，鼓腹，高柄，喇叭口底，中空。口径 5.6、底径 6.8、高 15 厘米（图一七九，4；图版八〇，3）。

陶盖豆　1 件。10NDZ1#MDTG4M22∶5，泥质灰陶。器盖，方唇，盖面隆起较高。豆，子母口，矮柄足，喇叭口底，中空。器盖及器身有轮旋线。盘径 20、底径 11.4、高 21.4 厘米（图一七九，1；图版八〇，5）。

陶高柄豆　1 件。10NDZ1#MDTG4M22∶1，泥质灰陶，浅盘，细高柄，喇叭口底，中空。豆盘内彩绘菱形纹饰。盘径 14.6、底径 9.5、高 16.2 厘米（图一七九，2；图版八〇，4）。

陶盘　1 件。10NDZ1#MDTG4M22∶3，泥质灰陶。直口，方唇，浅腹，饼足。下腹旋削一周。口径 17.4、底径 7.4、高 6 厘米（图一七九，6；图版八〇，6）。

陶匜　1 件。10NDZ1#MDTG4M22∶4，泥质灰陶。半桃形，前有流，后尾内凹，上腹较直，下腹折收，饼足。腹部有轮旋线。口径 17.4、底径 8、高 7.4 厘米（图一七九，7）。

10NDZ1#MDTG4M28

10NDZ1#MDTG4M28 位于 1 号墓地 TG4 中部偏北，东北邻 10NDZ1#MDTG4M32，北邻

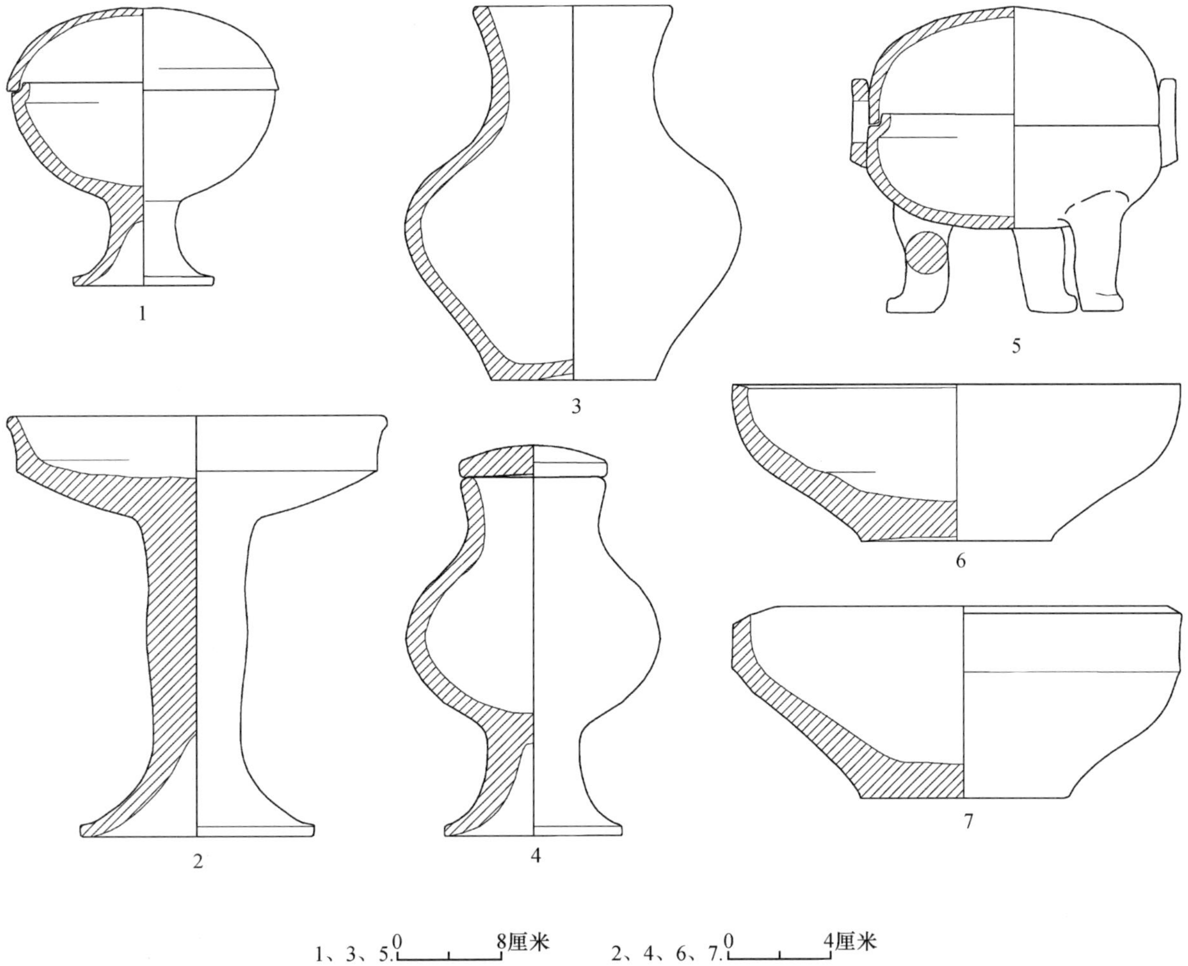

图一七九　10NDZ1#MDTG4M22 出土陶器

1. 盖豆（10NDZ1#MDTG4M22∶5）　2. 高柄豆（10NDZ1#MDTG4M22∶1）　3. 壶（10NDZ1#MDTG4M22∶7）　4. 球腹壶（10NDZ1#MDTG4M22∶2）　5. 鼎（10NDZ1#MDTG4M22∶6）　6. 盘（10NDZ1#MDTG4M22∶3）　7. 匜（10NDZ1#MDTG4M22∶4）

10NDZ1#MDTG4M26、10NDZ1#MDTG4M27。10NDZ1#MDTG4M28 开口于②层下，打破第③层及生土层。

1. 形制和规格

10NDZ1#MDTG4M28 是一座“斗”形竖穴土坑墓，东西向，墓向 280°。墓口距地表 0.6 米（图一八〇）。

10NDZ1#MDTG4M28 上口长 2.6、宽 1.6 米，底长 2.2、宽 1.2、深 2.5 米。填土为花土，经夯打实，四壁较规整。

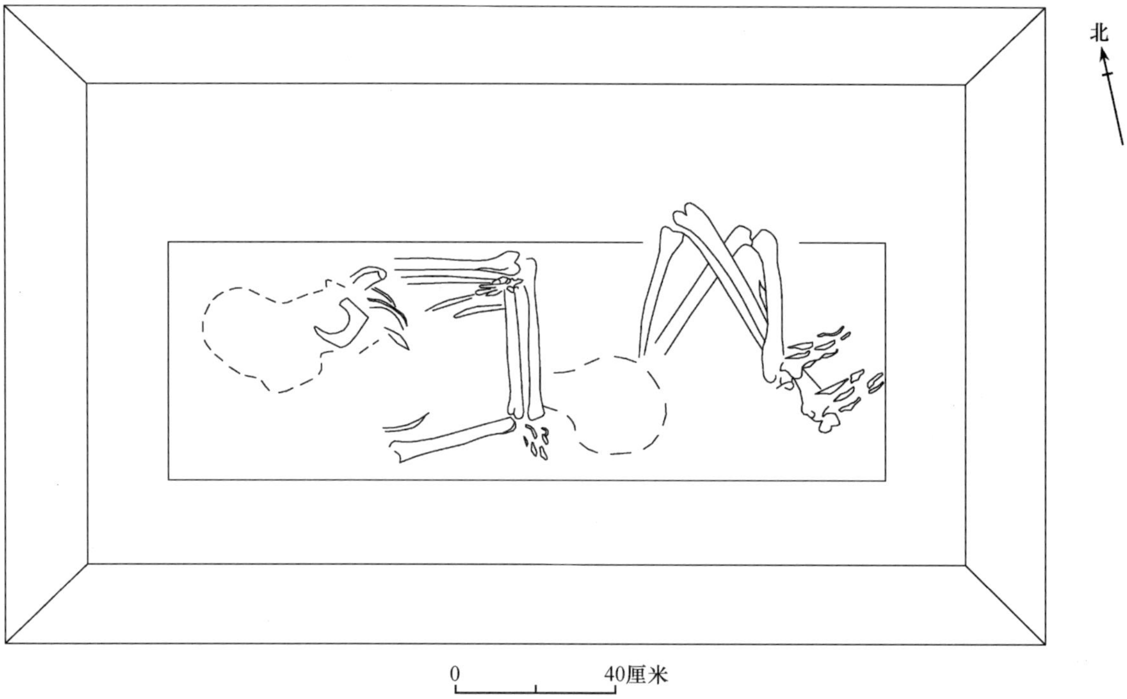

图一八〇　10NDZ1#MDTG4M28 平面图

2. 葬具和人骨

在墓室内清理出一具木棺灰痕，棺长 1.54、宽 0.44、残高 0.3 米。

人骨为侧身屈肢单人葬。屈肢较甚。头西脚东，面向北，上肢交叠置放于腹上。为一 45～50 岁的女性个体。无随葬品。

（二）秦至西汉时期墓葬

秦至西汉时期墓葬 33 座，编号分别为 10NDZ1#MDTG1M1、10NDZ1#MDTG1M2、10NDZ1#MDTG1M3、10NDZ1#MDTG1M4、10NDZ1#MDTG1M5、10NDZ1#MDTG1M6、10NDZ1#MDTG1M7、10NDZ1#MDTG2M10、10NDZ1#MDTG2M11、10NDZ1#MDTG2M12、10NDZ1#MDTG3M13、10NDZ1#MDTG3M14、10NDZ1#MDTG3M15、10NDZ1#MDTG3M16、10NDZ1#MDTG3M18、10NDZ1#MDTG3M19、10NDZ1#MDTG3M20、10NDZ1#MDTG3M21、10NDZ1#MDTG4M23、10NDZ1#MDTG4M24、10NDZ1#MDTG4M25、10NDZ1#MDTG4M26、10NDZ1#MDTG4M27、10NDZ1#MDTG4M29、10NDZ1#MDTG4M33、10NDZ1#MDTG4M34、10NDZ1#MDTG4M35、10NDZ1#MDTG4M36、10NDZ1#MDTG3M38、10NDZ1#MDTG3M39、10NDZ1#MDTG3M40、10NDZ1#MDTG3M41、10NDZ1#MDM42。

10NDZ1#MDTG1M1

10NDZ1#MDTG1M1 位于 1 号墓地 TG1 北端偏西，东邻 10NDZ1#MDTG1M3。10NDZ1#MDTG1M1 开口于②层下，打破第③层及生土层。该墓保存较好。

1. 形制和规格

10NDZ1#MDTG1M1 是一座长方形竖穴土坑墓，南北向，墓向 3°。墓口距地表 0.6 米（图一八一）。

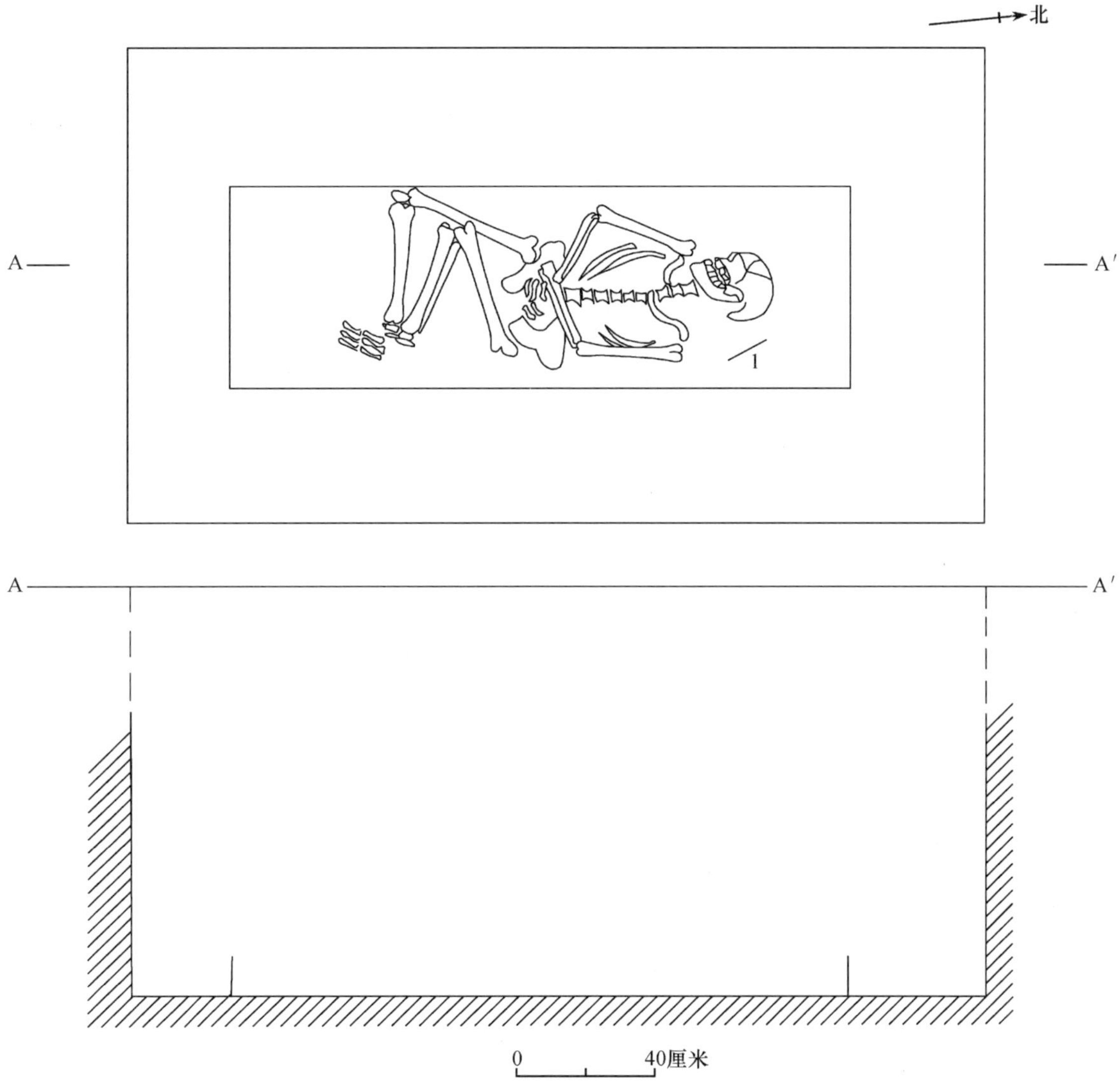

图一八一　10NDZ1#MDTG1M1 平、剖面图

1. 骨笄

10NDZ1#MDTG1M1 长 2. 5、宽 1. 4、深 2 米。填土为花土，经夯打实，四壁较规整。

2. 葬具和人骨

墓室内清理出一具木棺灰痕，棺长 1. 8、宽 0. 6、残高 0. 16 米（图版四〇，1）。

人骨为仰身屈肢单人葬。屈肢较甚。头北脚南，面向西，双手交叉放于腹部。为一 45 ~ 50 岁的女性个体。

3. 随葬品

（1）种类及数量

骨笄 1 件。

（2）出土位置

骨笄位于墓主头部东北侧。

（3）器物形制分类介绍

骨笄　1 件。10NDZ1#MDTG1M1∶1，残断，一端略呈圆形，断面呈正方形，残长 11. 2 厘米（图一八二）。

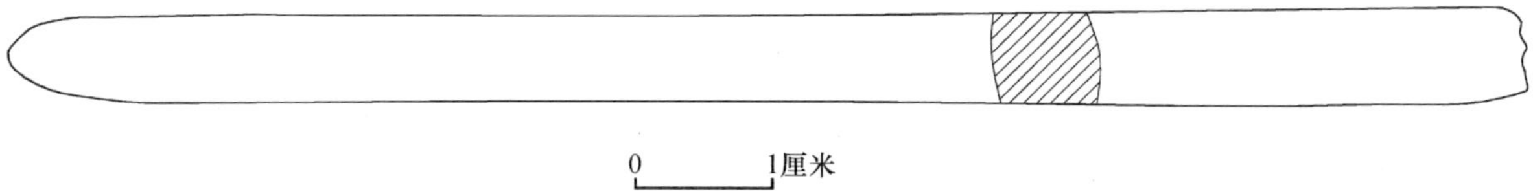

图一八二　10NDZ1#MDTG1M1 出土骨笄（10NDZ1#MDTG1M1∶1）

10NDZ1#MDTG1M2

10NDZ1#MDTG1M2 位于 1 号墓地 TG1 西南角，东邻 10NDZ1#MDTG1M4。10NDZ1#MDTG1M2 开口于②层下，打破第③层及生土层。该墓遭到严重盗扰，在墓室中部发现一个盗洞。

1. 形制和规格

10NDZ1#MDTG1M2 是一座长方形砖椁墓，南北向，墓向 10°。墓口距地表 0. 6 米，在发掘至 4. 4 米处发现砖墙，局部有横向盖板痕迹，南、北两端砖墙比较规整，东、西壁被外力挤压呈弧形。周壁顺砖错缝平砌 17 层，墓底用灰砖呈“人”字形平铺。墓砖规格为长 27. 5、宽 13、厚 4 厘米（图一八三）。

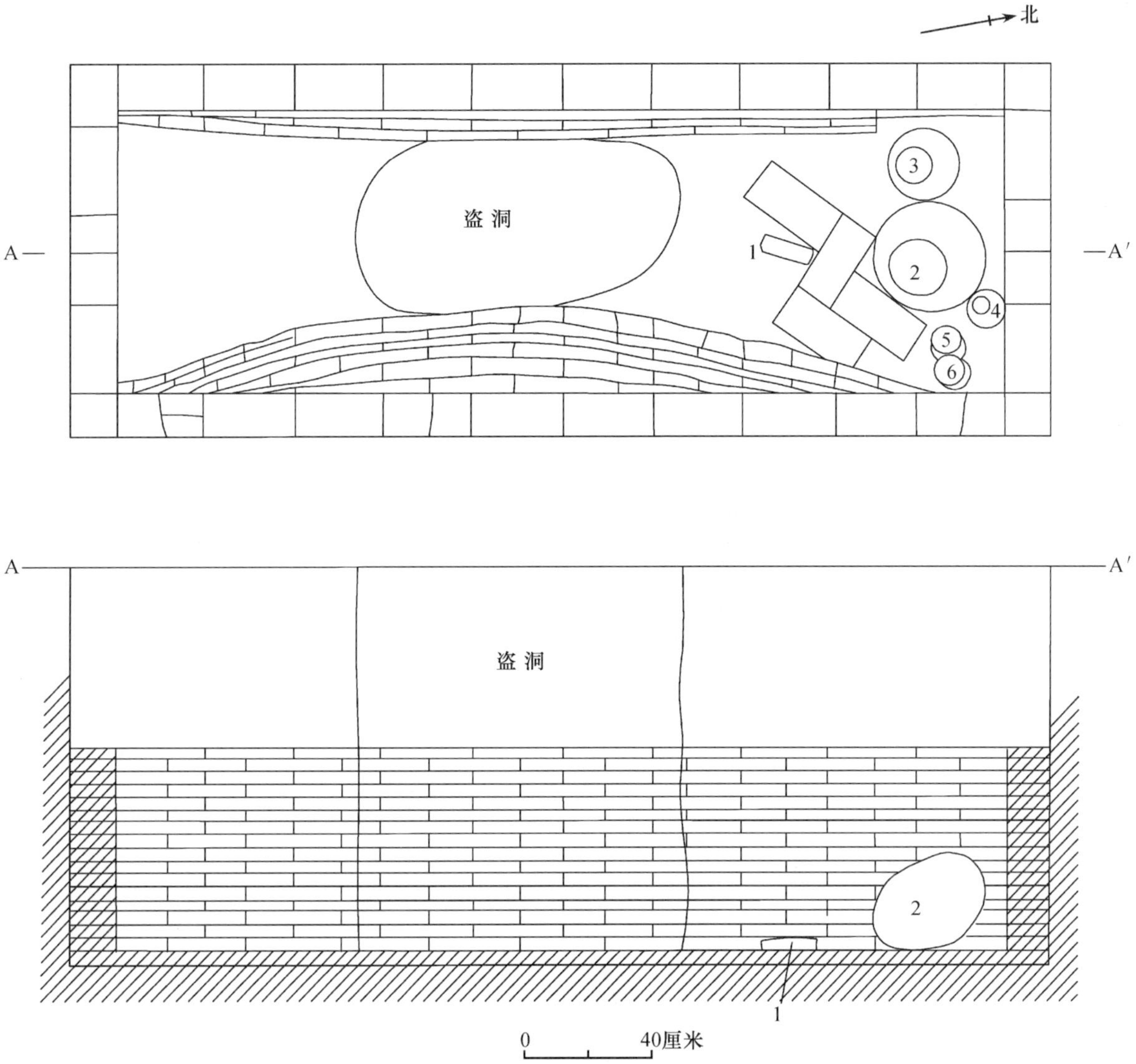

图一八三　10NDZ1#MDTG1M2 平、剖面图
1. 铁插　2. 陶瓮　3～6. 陶罐

10NDZ1#MDTG1M2 长 3.08、宽 1.18、深 4.15 米。填土为花土，质松软。

2. 葬具和人骨

10NDZ1#MDTG1M2 未见葬具和人骨（图版四〇，2）。

3. 随葬品

（1）种类及数量

共 6 件。陶罐 4 件、陶瓮 1 件，铁插 1 件。

（2）出土位置

随葬器物均位于墓室北端，依北壁东西向排列。铁插出土位置略为偏南。

（3）器物形制分类介绍

陶罐　4件。10NDZ1#MDTG1M2∶3，泥质灰陶。斜折沿，沿面上有凸槽，方唇，束颈，溜肩，凸鼓腹，圜底。器表有轮旋线，肩部饰凹弦纹一周，下腹及底部饰绳纹。口径13、高21厘米（图一八四，5；图版八五，1）。10NDZ1#MDTG1M2∶4，泥质灰陶，胎体较厚重。小口，微侈，圆唇，束颈，溜肩，凸鼓腹，平底。器表有轮旋线，下腹旋削修坯一周。口径5.8、底径6、高13.2厘米（图一八四，4）。10NDZ1#MDTG1M2∶5，泥质灰陶。大口，微侈，方唇，直腹，平底。器表轮旋线明显，底缘有旋削修坯痕迹。口径10、底径9.4、高13.6厘米（图一八四，2；图版八四，2）。10NDZ1#MDTG1M2∶6，泥质灰陶。大口微侈，方唇，直腹，平底。器表轮旋线明显，底部有竖向刀削修坯痕迹。口径10、底径8.4、高13.6厘米（图一八四，1）。

陶瓮　1件。10NDZ1#MDTG1M2∶2，泥质灰陶，器形较矮胖。方唇，折沿，束颈，溜肩，上腹微弧，下腹凸鼓，圜底，较尖。器表有轮旋线，中腹部绳纹以上饰竖条状篮纹一周，下腹及底部饰绳纹。口径18.8、高26.5厘米（图一八四，3；图版八六，1）。

铁插　1件。10NDZ1#MDTG1M2∶1，断面呈“V”字形，平面呈长条形，刃部较锐尖，尾部有长方形銎。长18、厚1.6、高6.6厘米（图一八四，6）。

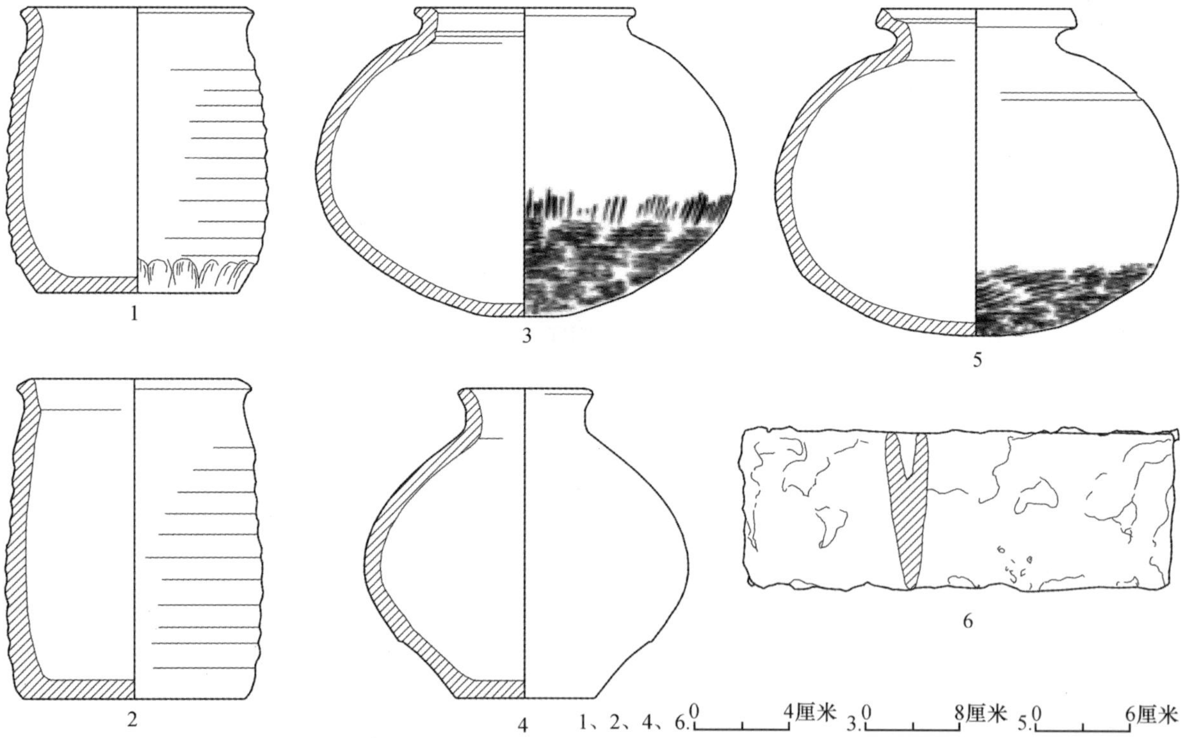

图一八四　10NDZ1#MDTG1M2出土器物

1、2、4、5. 陶罐（10NDZ1#MDTG1M2∶6、10NDZ1#MDTG1M2∶5、10NDZ1#MDTG1M2∶4、10NDZ1#MDTG1M2∶3）　3. 陶瓮（10NDZ1#MDTG1M2∶2）　6. 铁插（10NDZ1#MDTG1M2∶1）

10NDZ1#MDTG1M3

10NDZ1#MDTG1M3 位于 1 号墓地 TG1 北部偏西，局部叠压在北隔梁下，西邻 10NDZ1#MDTG1M1，东邻 10NDZ1#MDTG1M5、10NDZ1#MDTG1M6。10NDZ1#MDTG1M3 开口于②层下，打破第③层及生土层。该墓遭到严重盗扰，在墓室中部发现一个盗洞。

1. 形制和规格

10NDZ1#MDTG1M3 是一座长方形砖椁墓，南北向，墓向 5°。墓口距地表 0.6 米。在发掘至 3.5 米处发现砖墙，砖墙上有横向盖板痕迹。周壁顺砖错缝平砌 15 层，墓底用灰砖呈“人”字形砖平铺。墓砖规格为长 32、宽 16、厚 4.8 ~5 厘米（图一八五）。

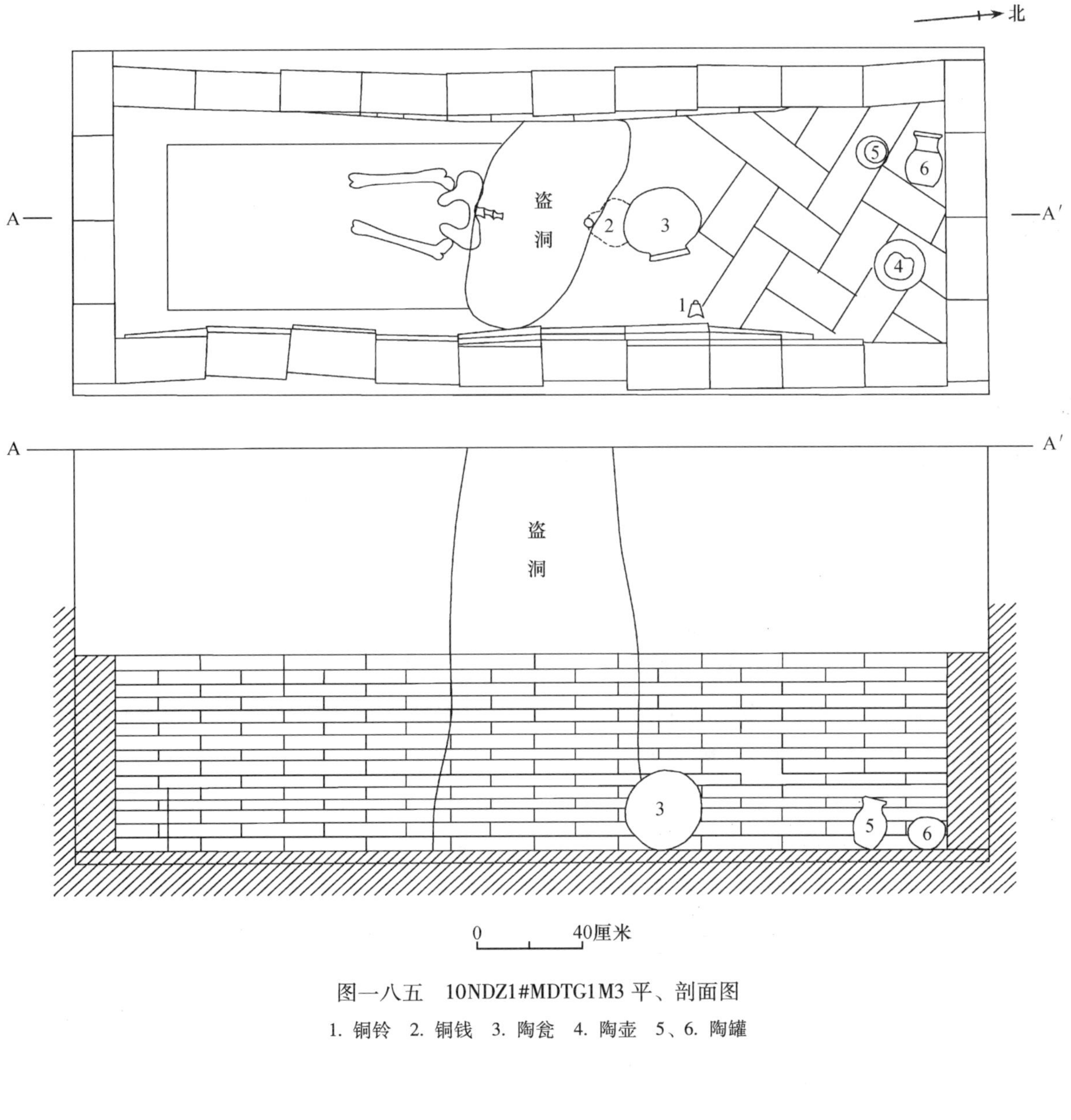

图一八五　10NDZ1#MDTG1M3 平、剖面图

1. 铜铃　2. 铜钱　3. 陶瓮　4. 陶壶　5、6. 陶罐

10NDZ1#MDTG1M3 长 3.52、宽 1.32、深 3.2 米。填土为花土，质松软，四壁较规整。

2. 葬具和人骨

墓室南部清理出一木棺灰痕，长 1.9、宽 0.65 米（图版四一，1）。

人骨为仰身直肢单人葬。因该墓遭到盗扰，墓主仅存两大腿骨、骨盆和头骨骨粉残迹，从残存痕迹判断墓主应为头南脚北。性别、年龄不详。

3. 随葬品

（1）种类及数量

共 6 件（枚）。陶壶 1 件、陶罐 2 件、陶瓮 1 件，铜铃 1 件，铜钱 1 枚。

（2）出土位置

2 号铜钱位于墓主嘴中，其余随葬器物均位于墓主头前棺外砖椁北部。3 号陶瓮紧依墓主头骨北部，1 号铜铃位于 3 号陶瓮东侧，4 号陶壶、5 号陶罐、6 号陶罐位于墓室北端。

（3）器物形制分类介绍

陶壶　1 件。10NDZ1#MDTG1M3∶4，泥质灰陶。侈口，方唇，束颈，溜肩，下腹凸鼓，平底。器身有轮旋线，下腹旋削修饰，去胎泥较厚，下腹部略显折棱。口径 12、底径 12、高 20.4 厘米（图一八六，2）。

陶罐　2 件。10NDZ1#MDTG1M3∶5，泥质灰陶。敛口，折沿，方唇，斜直颈，鼓肩，斜直腹，平底，微内凹。器表有轮旋线。口径 11、底径 10、高 17.8 厘米（图一八六，3；图版八四，6）。10NDZ1#MDTG1M3∶6，泥质灰陶。敛口，折沿，方唇，斜直颈，鼓肩，斜直腹，微外弧，平底。器表有轮旋线，下腹有竖向刀削修坯痕迹。口径 11.4、底径 11、高 18.6 厘米（图一八六，1）。

陶瓮　1 件。10NDZ1#MDTG1M3∶3，泥质灰陶。斜折沿，方唇，折肩，上腹微弧，下腹圆鼓，圜底。肩部旋削修坯一周，去胎泥较厚，在肩腹交接处形成一折台。下腹及底部饰篮纹，较细密。口径 17、高 26 厘米（图一八六，5）。

铜铃　1 件。10NDZ1#MDTG1M3∶1，合瓦形，口外张呈弧形，平顶，小纽。高 4.4、宽 4.4 厘米（图一八六，4）。

半两钱　1 枚。10NDZ1#MDTG1M3∶2，浇注，圆形，方穿，正反两面周边及穿外均无郭。直径 2.4 厘米（图一八六，6）。

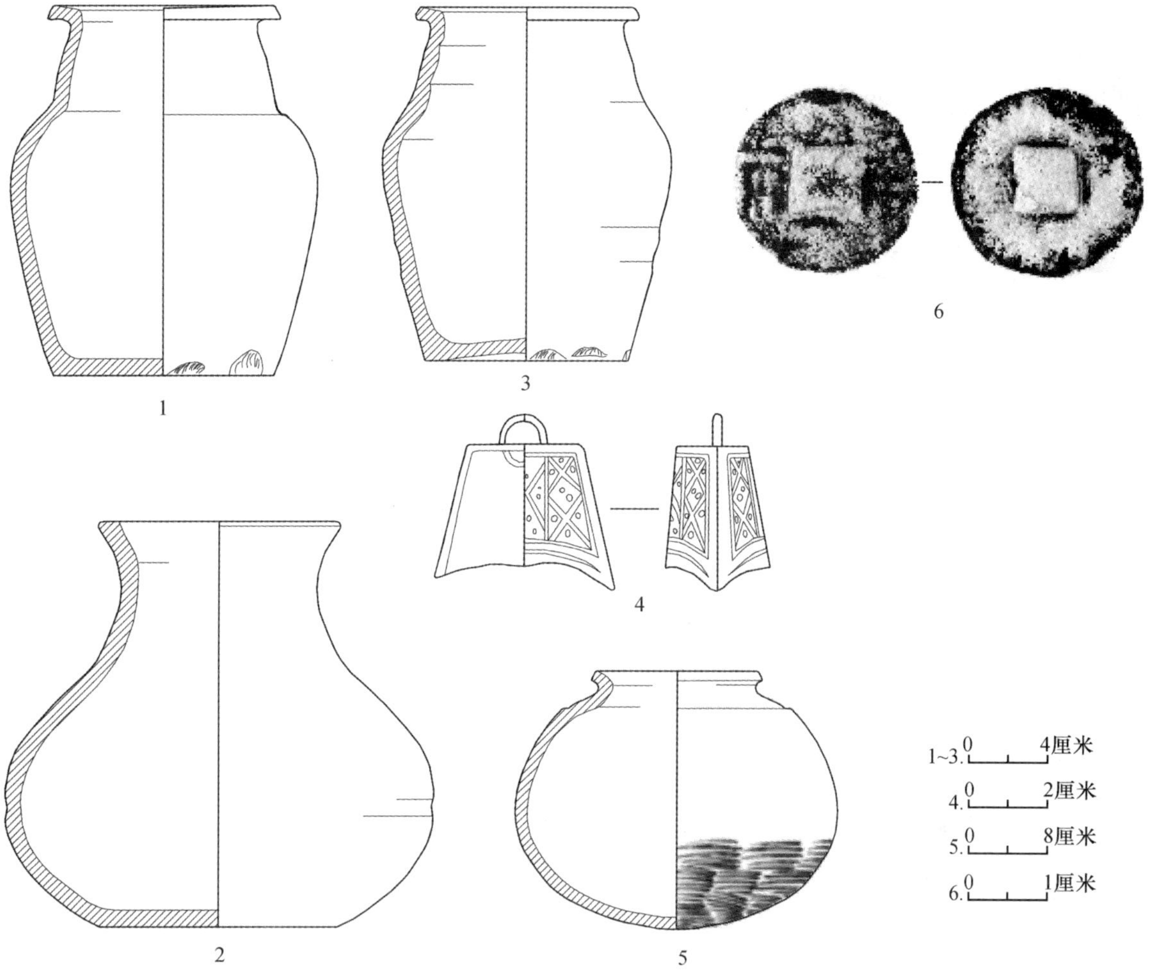

图一八六　10NDZ1#MDTG1M3 出土器物

1、3. 陶罐（10NDZ1#MDTG1M3∶6、10NDZ1#MDTG1M3∶5）　2. 陶壶 10NDZ1#MDTG1M3∶4
4. 铜铃（10NDZ1#MDTG1M3∶1）　5. 陶瓮（10NDZ1#MDTG1M3∶3）　6. 铜钱（10NDZ1#MDTG1M3∶2）

10NDZ1#MDTG1M4

10NDZ1#MDTG1M4 位于 1 号墓地 TG1 南端偏西，西邻 10NDZ1#MDTG1M2，东北邻 10NDZ1#MDTG1M7。10NDZ1#MDTG1M4 开口于②层下，打破第③层及生土层。

1. 形制和规格

10NDZ1#MDTG1M4 是一座带有生土二层台的长方形竖穴土坑墓，南北向，墓向 5°。墓口距地表 0.6 米，发掘至 4.5 米处，在墓室东西两侧发现生土二层台，生土二层台上有横向盖板痕迹（图一八七）。

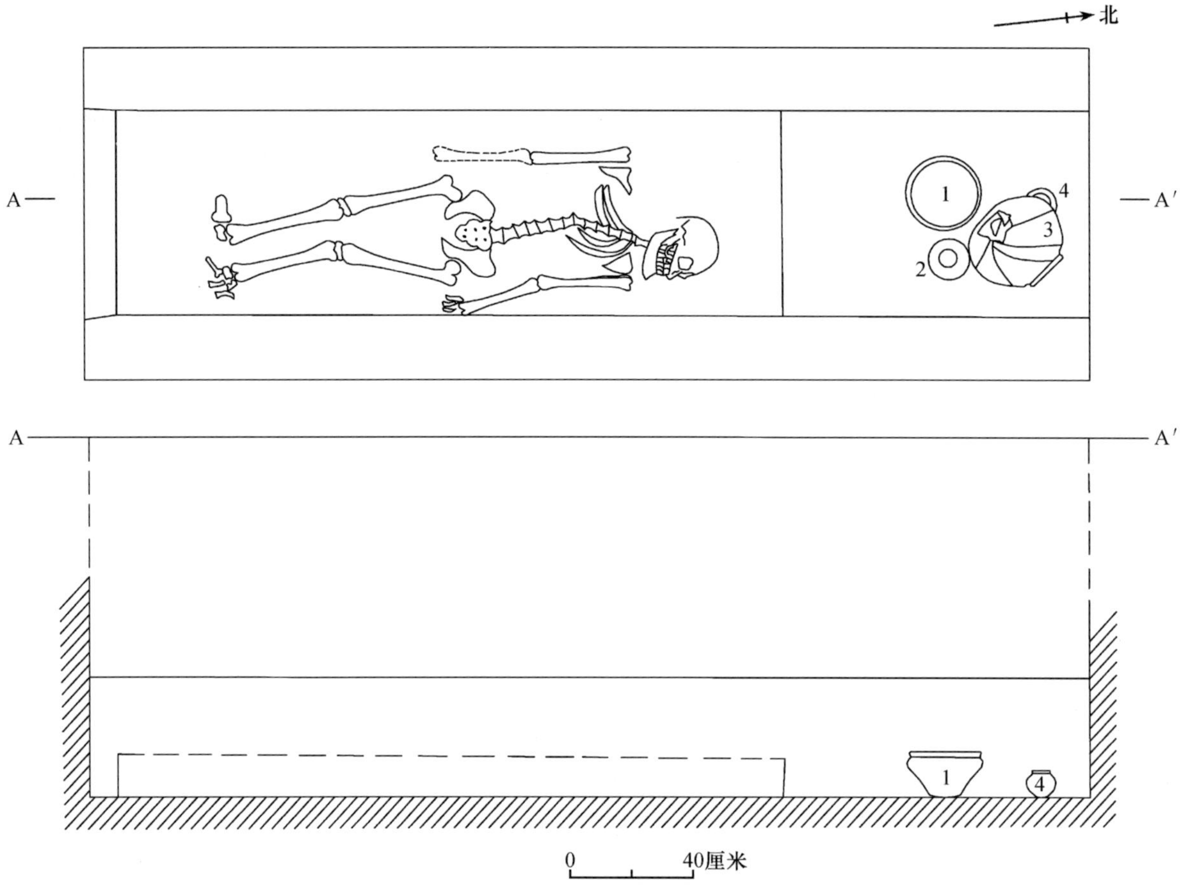

图一八七　10NDZ1#MDTG1M4 平、剖面图

1. 陶盆　2、5. 陶钵（5 叠压于 3 下）　3. 陶瓮　4. 陶罐

10NDZ1#MDTG1M4 长 3.3、宽 1.1、深 4.4 米。填土为花土，质松软，四壁较规整。

2. 葬具和人骨

墓室内清理出一具木棺灰痕，棺长 2.2、宽 0.66 米。

人骨为仰身直肢单人葬。头向北，脚朝南，面向东，右下肢已朽成粉末状。为一 50 ~ 55 岁的男性个体（图版四一，2）。

3. 随葬品

（1）种类及数量

共 5 件。陶罐 1 件、陶瓮 1 件、陶钵 2 件、陶盆 1 件。

（2）出土位置

随葬器物均位于墓主头前棺外北部。

（3）器物形制分类介绍

陶罐　1件。10NDZ1#MDTG1M4∶4，泥质灰陶。直口，方唇，溜肩，鼓腹，平底。器身有轮旋线，下腹旋削修坯一周，去胎泥较厚，使下腹部略显折线。口径7、底径6、高10厘米（图一八八，5）。

陶瓮　1件。10NDZ1#MDTG1M4∶3，泥质灰陶，直口，微侈，方唇，折肩，上腹微弧，下腹弧内收，平底，微内凹。肩部旋削修坯一周，去胎泥较厚，使肩腹交界处略显折棱，器身有轮旋线，下腹及底部饰篮纹。口径14、底径11、高25.6厘米（图一八八，2）。

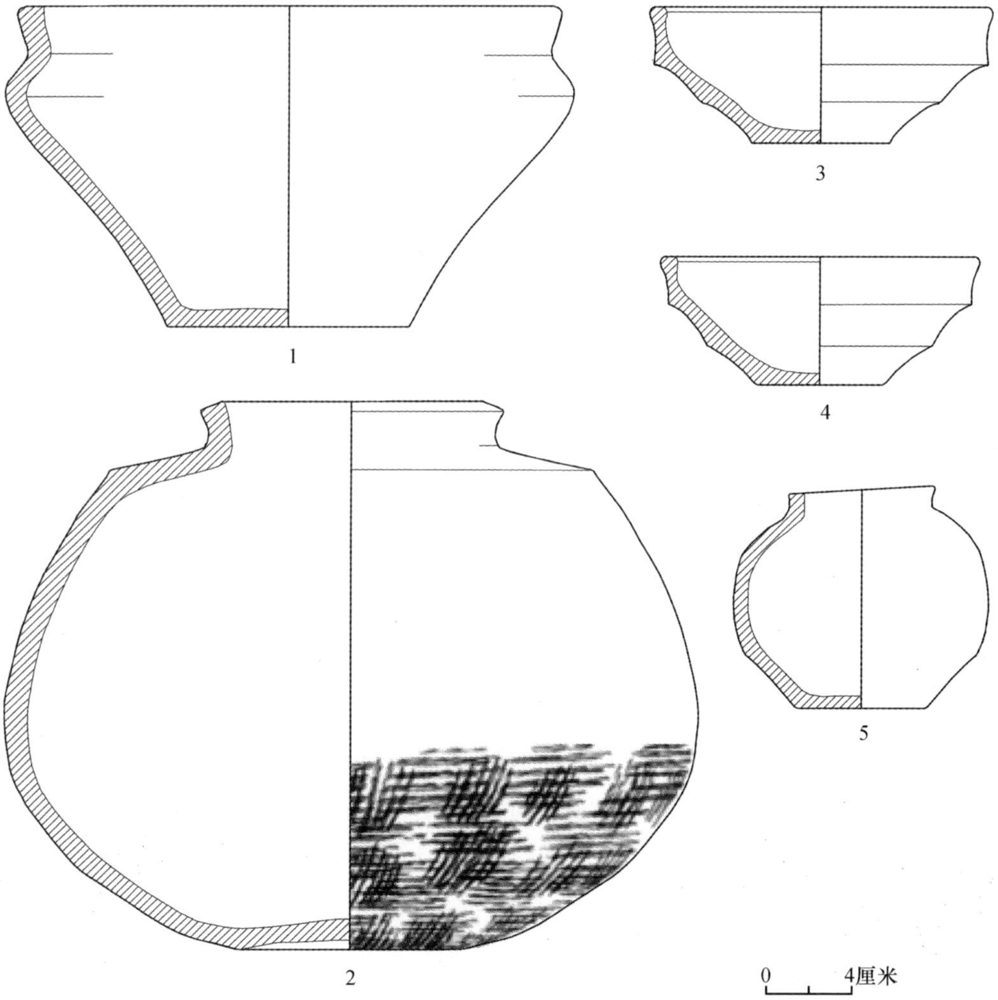

图一八八　10NDZ1#MDTG1M4出土陶器

1. 盆（10NDZ1#MDTG1M4∶1）　2. 瓮（10NDZ1#MDTG1M4∶3）　3、4. 钵（10NDZ1#MDTG1M4∶2、10NDZ1#MDTG1M4∶5）　5. 罐（10NDZ1#MDTG1M4∶4）

陶钵　2件。10NDZ1#MDTG1M4∶2，泥质灰陶。方唇，直口，微敛，上折腹，下腹斜直，有折线，平底。器表有轮旋线，下腹部旋削修坯一周，去胎泥较厚，使下腹折棱明显。口径16、底径6.4、高6.4厘米（图一八八，3）。10NDZ1#MDTG1M4∶5，泥质灰陶。方唇，直口，微敛，上折腹，下腹斜直，有折线，平底。器表有轮旋线，下腹部旋削修坯一周，去胎泥较厚，使下腹折棱明显。口径15、底径6.2、高6厘米（图一八八，4）。

陶盆　1件。10NDZ1#MDTG1M4∶1，泥质灰陶。直口，方唇，斜肩，上折腹，斜直腹，微内弧，小平底。器身有轮旋线。口径25、底径11.5、高15厘米（图一八八，1）。

10NDZ1#MDTG1M5

10NDZ1#MDTG1M5位于1号墓地TG1北端，局部叠压在北隔梁下，西邻10NDZ1#MDTG1M3，东侧打破10NDZ1#MDTG1M6。10NDZ1#MDTG1M5开口于②层下，打破第③层及生土层。该墓遭到严重盗扰，在墓室中部发现一个盗洞。

1. 形制和规格

10NDZ1#MDTG1M5是一座长方形砖椁墓，南北向，墓向5°，墓室北部有一头龛。头龛不规整，宽0.6、进深0.2米。墓口距地表0.6米。发掘至1.85米处在东、西、南三面发现砖墙，北壁无砖墙，砖墙上有横向盖板痕迹。周壁顺砖错缝平砌12层，墓底用灰砖呈“人”字形平铺。墓砖规格为长31、宽16.5、厚4.2厘米（图一八九）。

10NDZ1#MDTG1M5长3.86、宽1.26、深2.55米。填土为花土，质松软，四壁较规整。

2. 葬具和人骨

未见葬具（图版四二，1）。

人骨为单人葬。因该墓遭到严重盗扰，墓室中部仅存部分头部碎骨，从残存痕迹判断墓主应为头向北，年龄、性别不详。

3. 随葬品

（1）种类及数量

共7件。陶鼎1件、陶壶1件、陶罐1件、陶瓮1件、陶盒1件、陶俑2件。

（2）出土位置

随葬器物均位于墓主头前北部。2号陶俑位于头龛里，1号陶俑、3号陶鼎、4号陶瓮、5号陶壶大体呈东西向排列，据墓主较近；6号陶罐、7号陶盒位于椁室西北角。

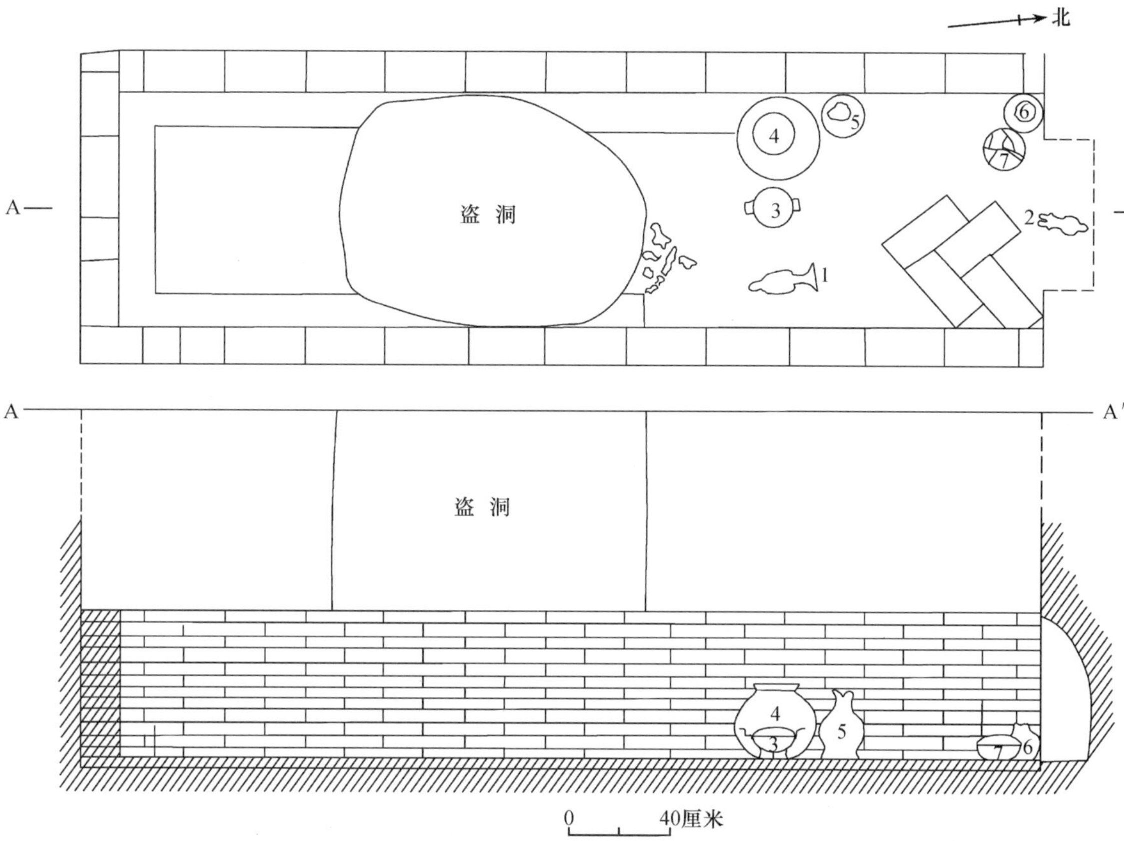

图一八九　10NDZ1#MDTG1M5 平、剖面图
1、2. 陶俑　3. 陶鼎　4. 陶瓮　5. 陶壶　6. 陶罐　7. 陶盒

（3）器物形制分类介绍

陶鼎　1 件。10NDZ1#MDTG1M5∶3，泥质灰陶。器盖，方唇，盖面隆起。鼎，子母口，折腹，小平底，下承三兽蹄足，外撇。腹外附双立耳，上端外卷，模制。器盖及器身残留彩绘，器盖有轮旋线。口径 17.4、高 14 厘米（图一九〇，5；图版八二，2）。

陶壶　1 件。10NDZ1#MDTG1M5∶5，泥质灰陶。器盖，子母口，盖面微隆。壶，侈口，方唇，束颈，溜肩，鼓腹，假圈足较高，底缘外侈。器盖及器身残存红彩，器表施白衣。口径 12、底径 14.4、高 28.5 厘米（图一九〇，7）。

陶罐　1 件。10NDZ1#MDTG1M5∶6，泥质灰陶。侈口，圆唇，高领，束颈，广肩，凸鼓腹，平底。器身有轮旋线，下腹旋削修坯一周。口径 10.6、底径 7.6、高 17 厘米（图一九〇，4）。

陶瓮　1 件。10NDZ1#MDTG1M5∶4，泥质灰陶。直口，微侈，方唇，溜肩，上腹微弧，下腹略折收，小平底，微内凹。肩部旋削修坯一周，在肩腹交接处形成一折台，较规整。下腹及底部饰篮纹。口径 18、底径 12、高 29.5 厘米（图一九〇，2；图版八六，3）。

陶盒　1 件。10NDZ1#MDTG1M5∶7，泥质灰陶。器盖，方唇，盖面隆起。盒，子母口，弧

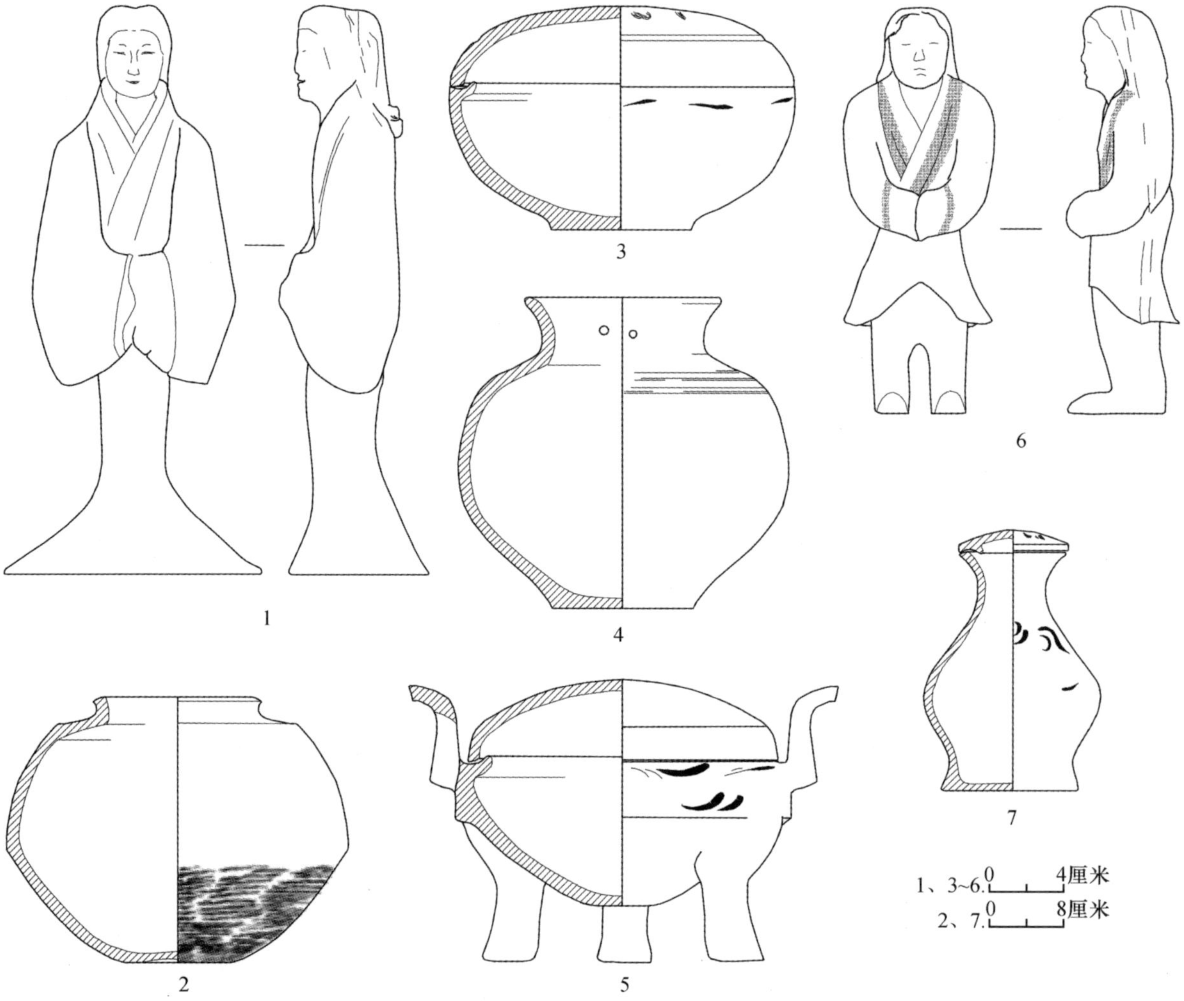

图一九〇　10NDZ1#MDTG1M5 出土陶器

1、6. 俑（10NDZ1#MDTG1M5:1、10NDZ1#MDTG1M5:2）　2. 瓮（10NDZ1#MDTG1M5:4）　3. 盒（10NDZ1#MDTG1M5:7）　4. 罐（10NDZ1#MDTG1M5:6）　5. 鼎（10NDZ1#MDTG1M5:3）　7. 壶（10NDZ1#MDTG1M5:5）

腹，饼足。器表通体施白衣，彩绘大部分脱落，纹饰不清。下腹旋削修坯一周，去胎泥较厚，使饼足明显。口径 18.8、底径 7.6、高 12.2 厘米（图一九〇，3）。

陶俑　2 件。10NDZ1#MDTG1M5:1，泥质灰陶。身材修长，直立，扁身。面部五官不清，梳髻于脑后，身穿双重立领右衽落地长裙，下摆呈喇叭状，袖手环抱于腹前，神态祥和。面部和全身施白衣，残留红彩。高 34 厘米（图一九〇，1；图版八七，5）。10NDZ1#MDTG1M5:2，泥质灰陶。头部微前倾，面部五官不清，头戴红色幞头，内穿红色襦衣，外着交领右衽长袍，腹下系带，袍下露足，双手环抱腹前袖手而立，神态祥和。全身施白衣，长袍残留红彩。高 22.2 厘米（图一九〇，6；图版八七，6）。

10NDZ1#MDTG1M6

10NDZ1#MDTG1M6 位于 1 号墓地 TG1 北端偏东，西部被 10NDZ1#MDTG1M5 打破，南邻 10NDZ1#MDTG1M7。10NDZ1#MDTG1M6 开口于②层下，打破第③层及生土层。

1. 形制和规格

10NDZ1#MDTG1M6 是一座带有生土二层台的“斗”形竖穴土坑墓，东西向，墓向 105°。墓口距地表 0.8 米，发掘至 1.9 米处，在墓室南北两侧发现生土二层台，生土二层台上有横向盖板痕迹（图一九一）。

10NDZ1#MDTG1M6 上口残长 1.7、宽 0.9 厘米，底部残长 1.6、宽 0.8、深 2 米。填土为花土，经夯打实，四壁较规整。

2. 葬具和人骨

墓室内清理出一具木棺灰痕，棺长 1.6、宽 0.8 米（图版四二，2）。

人骨为仰身屈肢单人葬。屈肢较甚。头朝东，脚朝西略偏北，面向南，双臂放于胸上。为一 50 ~ 60 岁的男性个体。

3. 随葬品

（1）种类及数量

铜带钩 1 件。

（2）出土位置

铜带钩位于人骨膝盖南部。

（3）器物形制分类介绍

铜带钩　1 件。10NDZ1#MDTG1M6:1，铜质，钩残，素面。残长 5.2 厘米（图一九二）。

10NDZ1#MDTG1M7

10NDZ1#MDTG1M7 位于 1 号墓地 TG1 中部偏东，北邻 10NDZ1#MDTG1M5、10NDZ1#MDTG1M6，西南邻 10NDZ1#MDTG1M4。10NDZ1#MDTG1M7 开口于②层下，打破第③层及生土层。

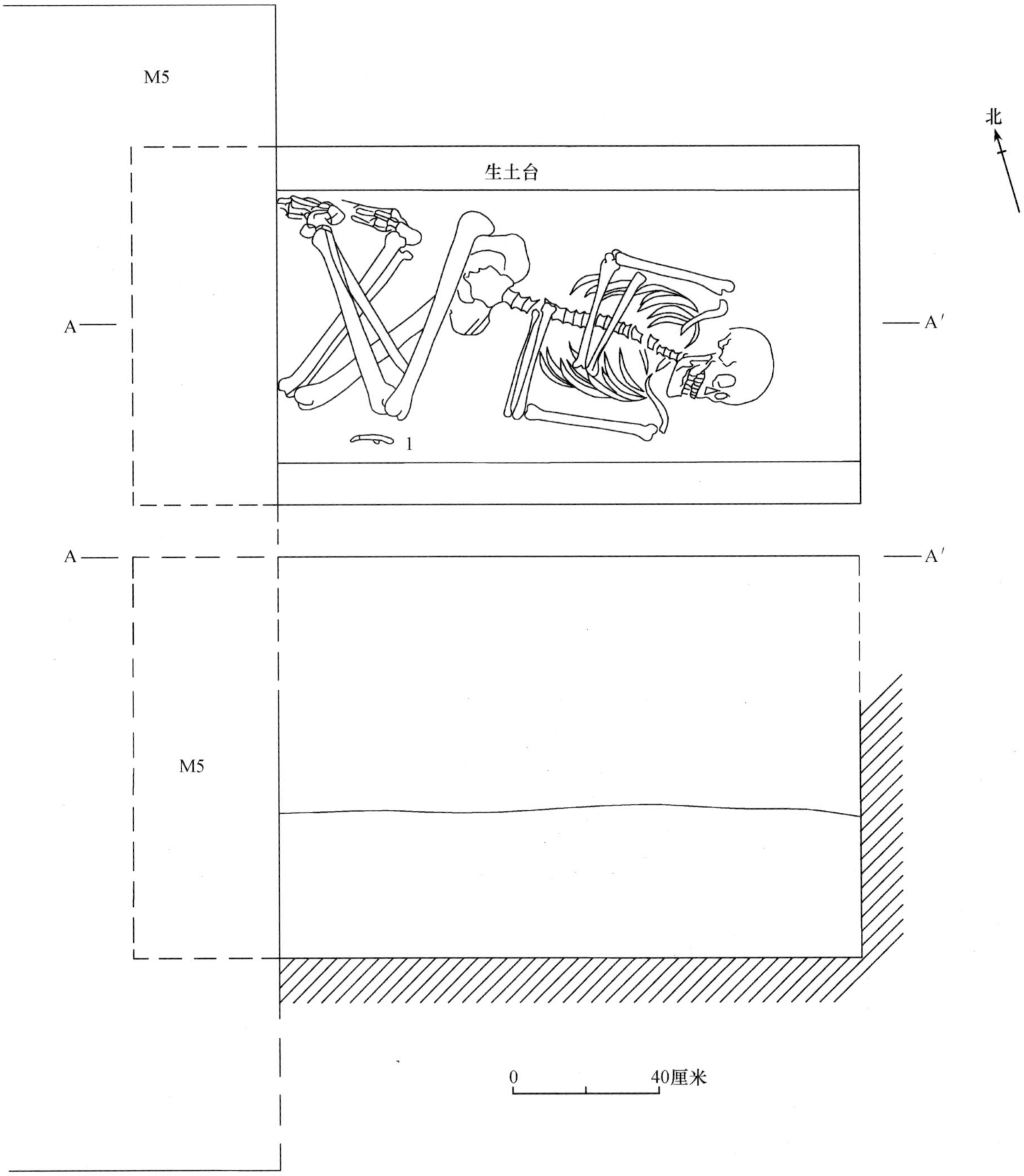

图一九一　10NDZ1#MDTG1M6 平、剖面图
1. 铜带钩

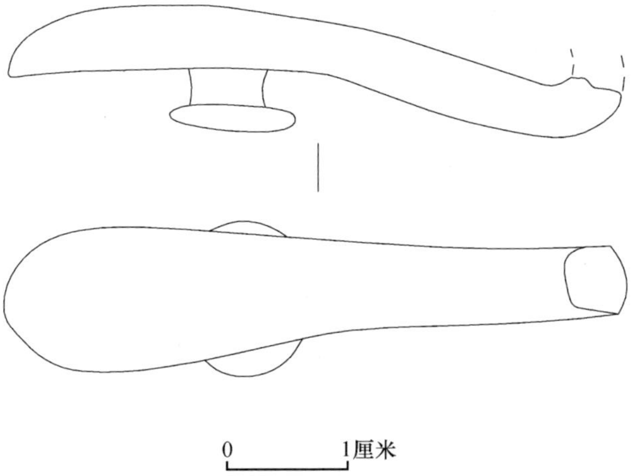

图一九二　10NDZ1#MDTG1M6 出土铜带钩（10NDZ1#MDTG1M6:1）

1. 形制和规格

10NDZ1#MDTG1M7 是一座长方形竖穴土坑墓，南北向，墓向 5°，墓室北部有一头龛。头龛较小，距墓底 0.6 米，宽 0.3、进深 0.3、高 0.38 米。墓口距地表 0.6 米（图一九三）。

10NDZ1#MDTG1M7 长 2.6、宽 1.2 ~ 1.32、深 3 米。填土为花土，质松软，四壁较规整。

2. 葬具和人骨

墓室内清理出一具木棺灰痕，棺长 2.36、宽 0.65 ~ 0.68 米（图版四三，1）。

人骨为仰身直肢单人葬。人骨保存较差，胸部及盆骨已朽成粉末状，从残存痕迹判断墓主应为头北脚南，性别、年龄不详。

3. 随葬品

（1）种类及数量

共 4 件。陶瓮 1 件、陶钵 1 件，铜带钩 1 件，铁刀 1 件。

（2）出土位置

1 号陶瓮、4 号陶钵位于头龛内；2 号铁刀、3 号铜带钩位于棺内东部。

（3）器物形制分类介绍

陶瓮　1 件。10NDZ1#MDTG1M7:1，泥质灰陶。斜折沿，方唇，唇沿内侈，折肩，上腹斜直，微弧，下腹略鼓凸，圜底。上腹部饰竖向弦断细绳纹，下腹及底部饰横向绳纹。器表有轮旋线，肩部旋削修饰一周，去胎泥较厚，使肩部折棱明显。口径 15.8、高 22 厘米（图一九四，

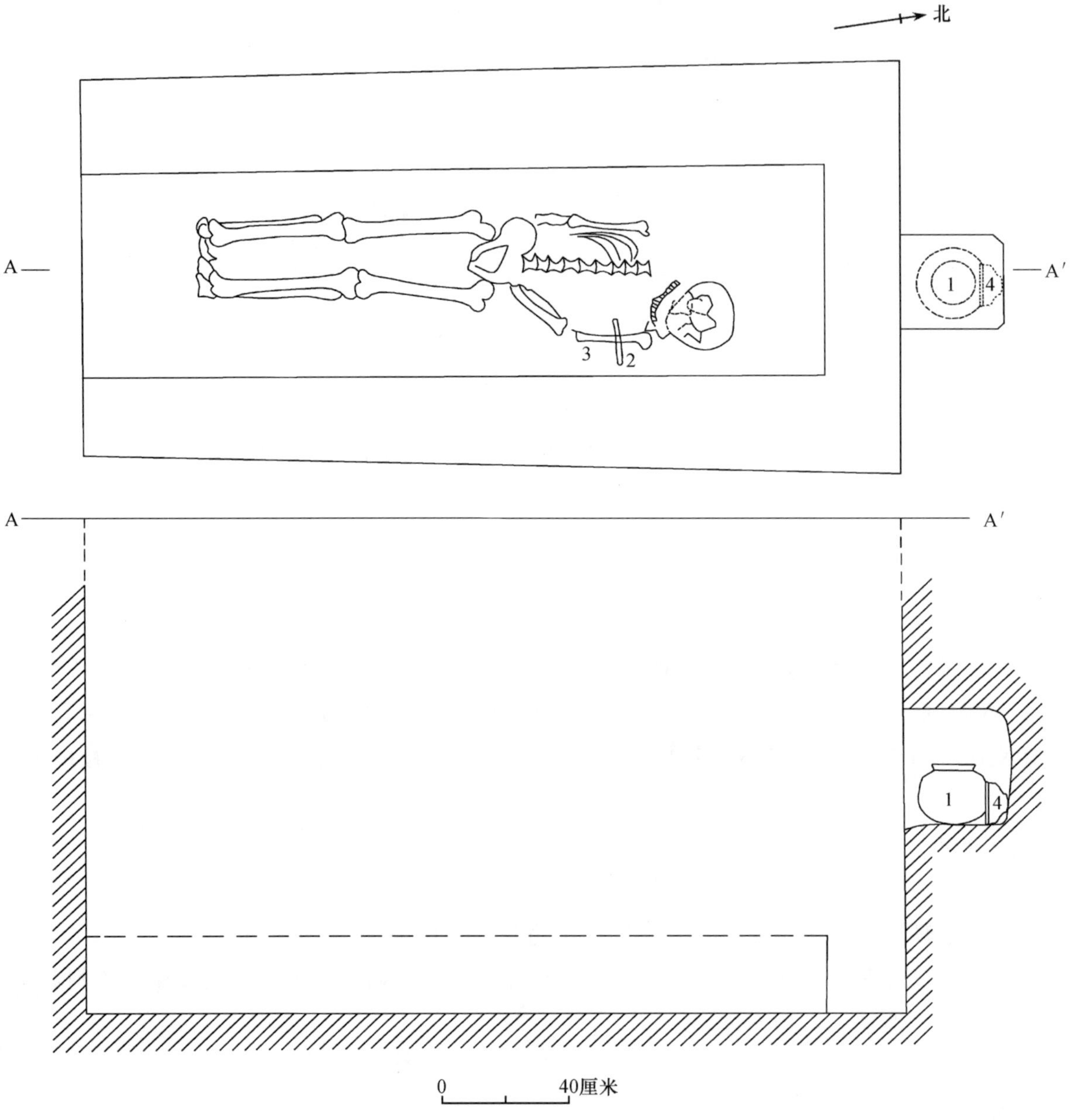

图一九三　10NDZ1#MDTG1M7 平、剖面图

1. 陶瓮　2. 铁刀　3. 铜带钩　4. 陶钵

5；图版八一，1）。

陶钵　1件。10NDZ1#MDTG1M7∶4，泥质灰陶，胎体厚重，腹较深。直口，微敛，方唇，折腹，饼足。器表有轮旋线，下腹部旋削修坯一周，去胎泥较厚，使底部饼足较明显。器内刻划一字，见于战国印中，可能是“共”或“弄”省形。口径14.8、底径6.4、高7厘米（图一九四，1；图版八一，4）。

铜带钩　1件。10NDZ1#MDTG1M7∶3，铜质，钩残。棍棒形，素面。残长9.1厘米（图一九四，3）。

铁刀 1件。10NDZ1#MDTG1M7∶2，环首，直刃，尖部残缺。残长15.5、刃宽1厘米（图一九四，4）。

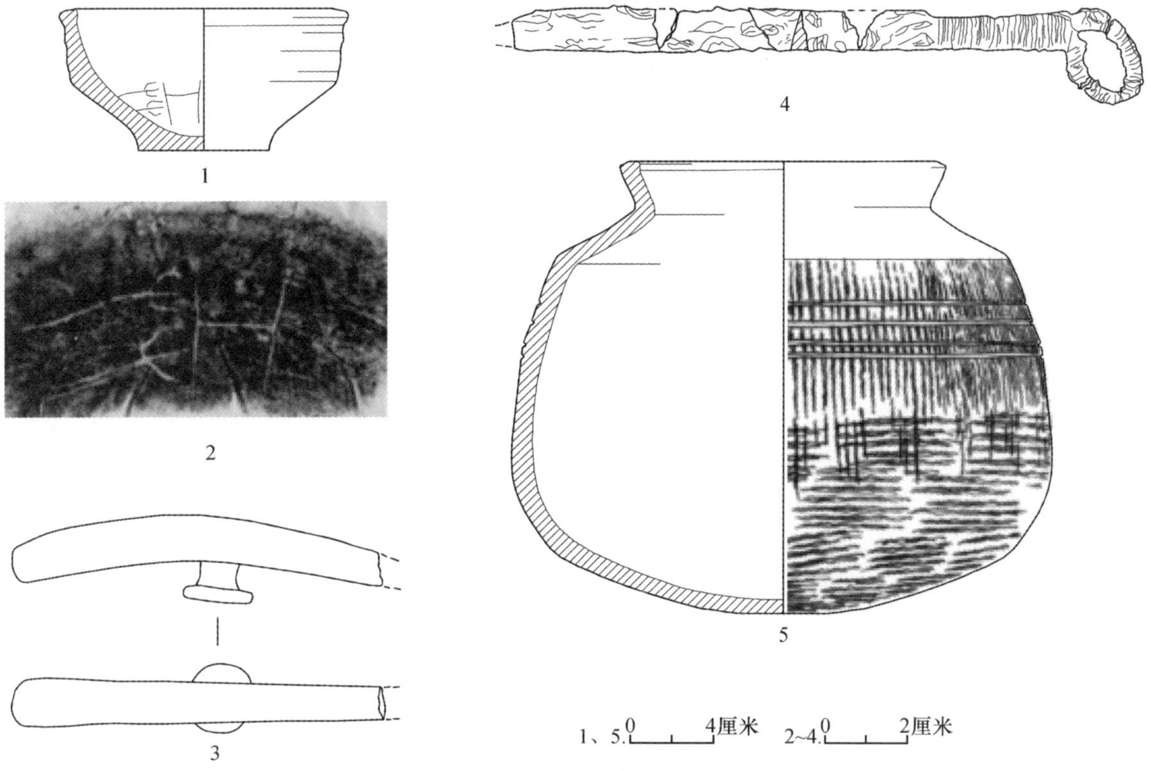

图一九四 10NDZ1#MDTG1M7出土器物

1. 陶钵（10NDZ1#MDTG1M7∶4） 2. 陶钵拓片（10NDZ1#MDTG1M7∶4） 3. 铜带钩（10NDZ1#MDTG1M7∶3） 4. 铁刀（10NDZ1#MDTG1M7∶2） 5. 陶瓮（10NDZ1#MDTG1M7∶1）

10NDZ1#MDTG2M10

10NDZ1#MDTG2M10位于1号墓地TG2中部，西邻10NDZ1#MDTG2M9，东邻10NDZ1#MDTG2M11。10NDZ1#MDTG2M10开口于②层下，打破第③层及生土层。该墓遭到严重盗扰，在墓室中部发现一个盗洞。

1. 形制和规格

10NDZ1#MDTG2M10是一座长方形竖穴土坑墓，南北向，墓向5°。墓口距地表0.6米（图一九五）。

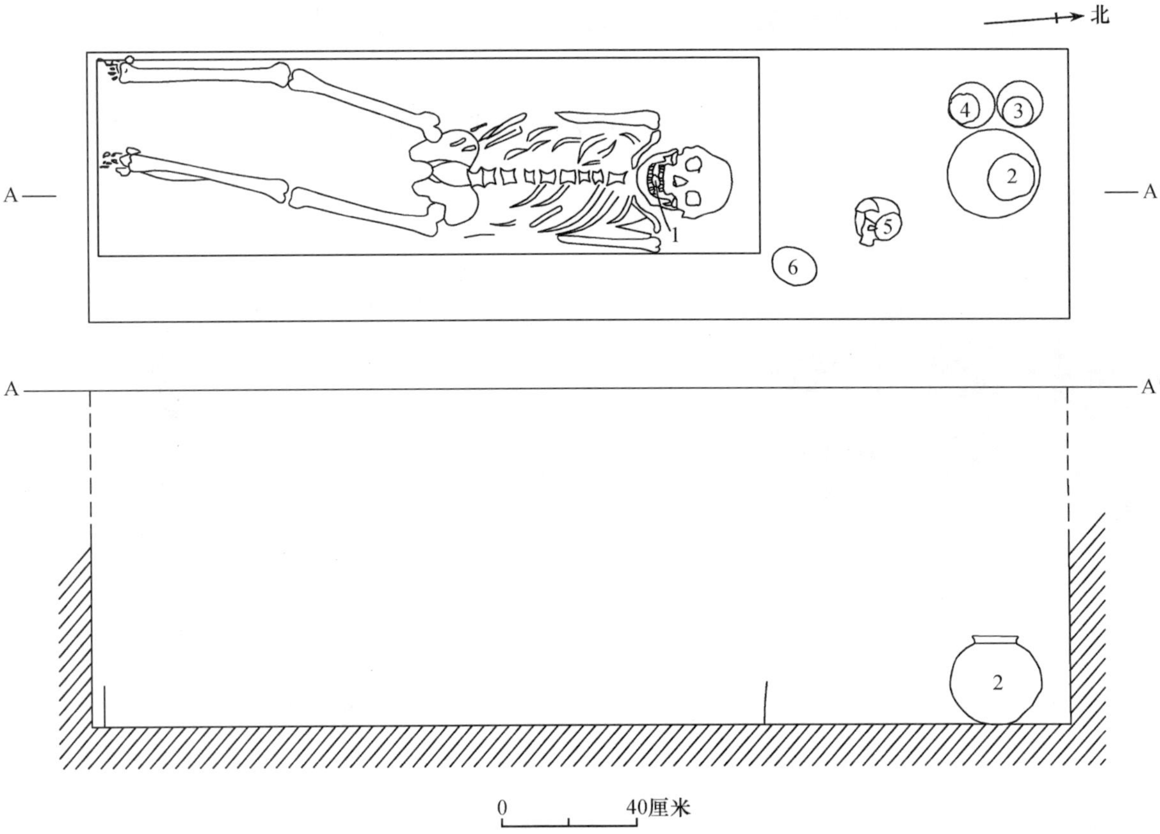

图一九五　10NDZ1#MDTG2M10 平、剖面图

1. 铜钱　2. 陶瓮　3～5. 陶罐　6. 陶钵

10NDZ1#MDTG2M10 长 2. 9、宽 0. 8、深 1. 1 米。填土为花土，质松软，四壁较规整。

2. 葬具和人骨

墓室内清理出一具木棺灰痕，棺长 2、宽 0. 58、残高 0. 3 米。

人骨为仰身直肢单人葬。头北脚南，面向上，为一 40 岁左右的男性个体。

3. 随葬品

（1）种类及数量

共 6 件（枚）。陶罐 3 件、陶瓮 1 件、陶钵 1 件，铜钱 1 枚。

（2）出土位置

1 号铜钱位于墓主嘴中，其他随葬器物均位于墓主头前棺外北部。2 号陶瓮和 3、4 号陶罐位于西北端，5 号陶罐位于 2 号陶瓮东南部，6 号陶钵位于 5 号陶罐东南部。

（3）器物形制分类介绍

陶罐　3件。10NDZ1#MDTG2M10∶3，泥质灰陶。直口，微侈，方唇，溜肩，鼓腹，平底。器表有轮旋线，下腹旋削修坯一周，去胎泥较厚，使底部略显足形。口径8、底径6、高11.8厘米（图一九六，2）。10NDZ1#MDTG2M10∶4，泥质灰陶。直口，微侈，方唇，溜肩，鼓腹，饼足。器表有轮旋线，下腹有两条凸棱，下腹旋削修坯一周，去胎泥较厚，使底部略显足形。口径8、底径5.5、高11.6厘米（图一九六，1）。10NDZ1#MDTG2M10∶5，泥质灰陶。直口，

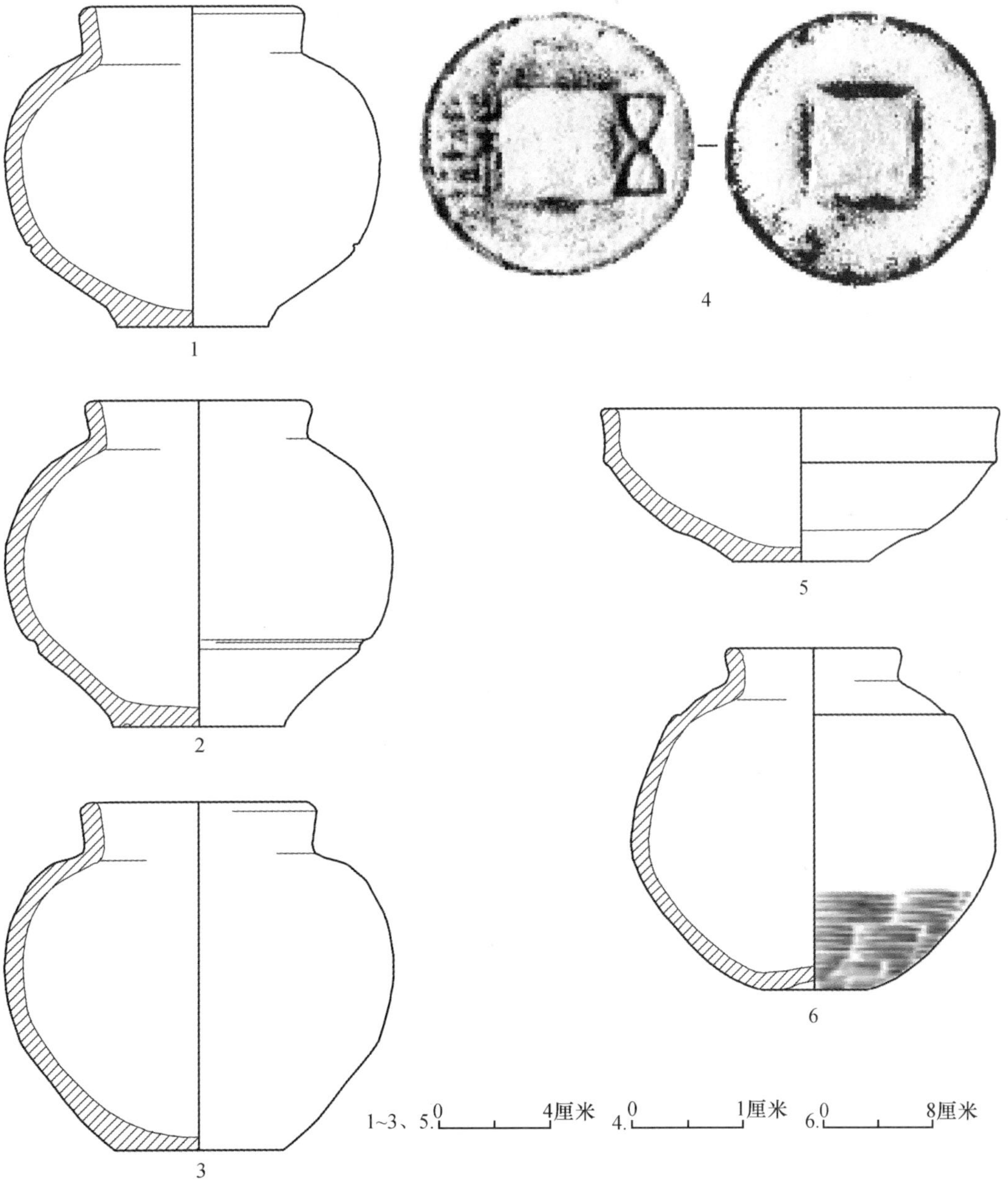

图一九六　10NDZ1#MDTG2M10出土器物

1~3. 陶罐（10NDZ1#MDTG2M10∶4、10NDZ1#MDTG2M10∶3、10NDZ1#MDTG2M10∶5）　4. 铜钱（10NDZ1#MDTG2M10∶1）
5. 陶钵（10NDZ1#MDTG2M10∶6）　6. 陶瓮（10NDZ1#MDTG2M10∶2）

微侈，方唇，溜肩，鼓腹，饼足。器表有轮旋线，下腹有两条凸棱，下腹旋削修坯一周，去胎泥较厚，使下腹部略显折线。口径8.4、底径6、高12.6厘米（图一九六，3）。

陶瓮　1件。10NDZ1#MDTG2M10:2，泥质灰陶。直口，微侈，圆唇，折肩，鼓腹，平底，微内凹。肩部旋削修坯一周，去胎泥稍厚，在肩腹交界处略显一折台，器表有轮旋线，下腹及底部饰篮纹，较细密。口径12.6、底径8、高24.8厘米（图一九六，6）。

陶钵　1件。10NDZ1#MDTG2M10:6，泥质灰陶。方唇，直口，微敛，上折腹，下腹斜直，微弧，平底。下腹部旋削修坯一周，去胎泥较厚，使下腹略显外弧。口径14.6、底径5、高5.5厘米（图一九六，5）。

五铢钱　1枚。10NDZ1#MDTG2M10:1，浇注，圆形，方穿。“五”字较窄长，中间交叉两笔较圆曲。直径2.5厘米（图一九六，4）。

10NDZ1#MDTG2M11

10NDZ1#MDTG2M11位于1号墓地TG2东部，西邻10NDZ1#MDTG2M10，东邻10NDZ1#MDTG2M12。10NDZ1#MDTG2M11开口于②层下，打破第③层及生土层。该墓遭到严重盗扰，在墓室中部发现一个盗洞。

1. 形制和规格

10NDZ1#MDTG2M11是一座长方形砖椁墓，南北向，墓向5°。墓口距地表0.6米（图一九七）。

10NDZ1#MDTG2M11长3.86、宽1.1、深4.4米。填土为花土，质松软，四壁较规整。发掘至3.8米处在东、南、西三壁发现砖墙，北壁无砖墙，东壁砖墙被挤压变形。周壁顺砖错缝平砌11层，墓底用灰砖呈“人”字形平铺。墓砖规格为长28、宽14、厚4厘米。

2. 葬具和人骨

由于盗扰，未见葬具和人骨（图版四三，2）。

3. 随葬品

（1）种类及数量

共5件。陶罐4件、陶瓮1件。

（2）出土位置

随葬器物均位于墓室北部。1号陶瓮和2～4号陶罐位于墓室北部自西向东排列，5号陶罐位于2号陶罐南部。

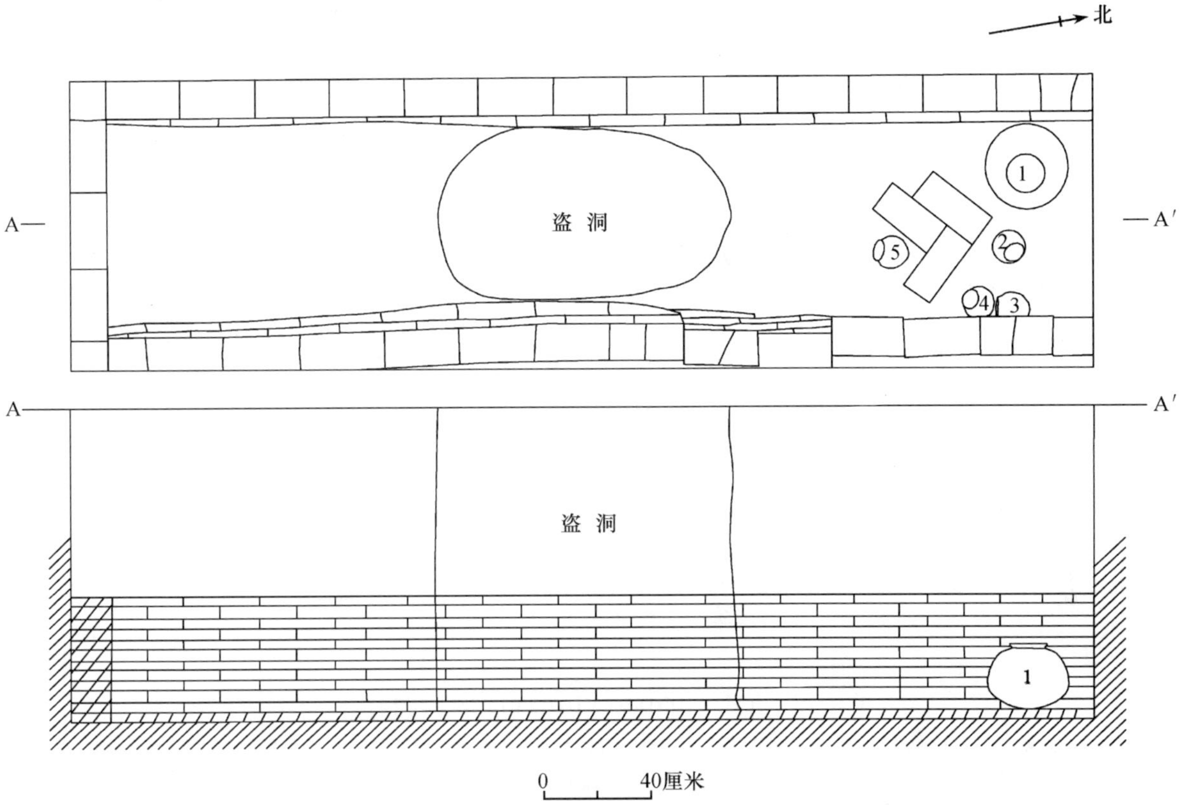

图一九七　10NDZ1#MDTG2M11 平、剖面图
1. 陶瓮　2～5. 陶罐

（3）器物形制分类介绍

陶罐　4 件。10NDZ1#MDTG2M11∶2，泥质灰陶。直口，微侈，方唇，溜肩，鼓腹，饼足。器表有轮旋线，下腹旋削修坯一周，去胎泥较厚，使底部略显饼足状。口径 9.4、底径 6.4、高 14 厘米（图一九八，2）。10NDZ1#MDTG2M11∶3，泥质灰陶。直口，微侈，方唇，溜肩，弧腹，饼足。器表有轮旋线，下腹旋削修坯一周，去胎泥较厚，使底部略显饼足状。口径 9.4、底径 6.8、高 14.8 厘米（图一九八，4）。10NDZ1#MDTG2M11∶4，泥质灰陶。直口，微侈，圆唇，溜肩，鼓腹，饼足。器表有轮旋线，下腹旋削修坯一周，去胎泥较厚，使底部略显饼足状。口径 9、底径 6.4、高 14 厘米（图一九八，1）。10NDZ1#MDTG2M11∶5，泥质灰陶。口微侈，圆唇，溜肩，鼓腹，饼足。器表有轮旋线，下腹旋削修坯一周，去胎泥较厚，使底部略显饼足状。口径 9.8、底径 6.4、高 13 厘米（图一九八，3）。

陶瓮　1 件。10NDZ1#MDTG2M11∶1，泥质灰陶。侈口，卷沿，圆唇，束颈，折肩，上腹斜直，微弧，下腹略显鼓凸，圜底。肩部旋削修坯一周，去胎泥较厚，使肩部略显折线；器表有轮旋线，下腹及底部饰细绳纹。口径 16.4、高 28 厘米（图一九八，5；图版八五，4）。

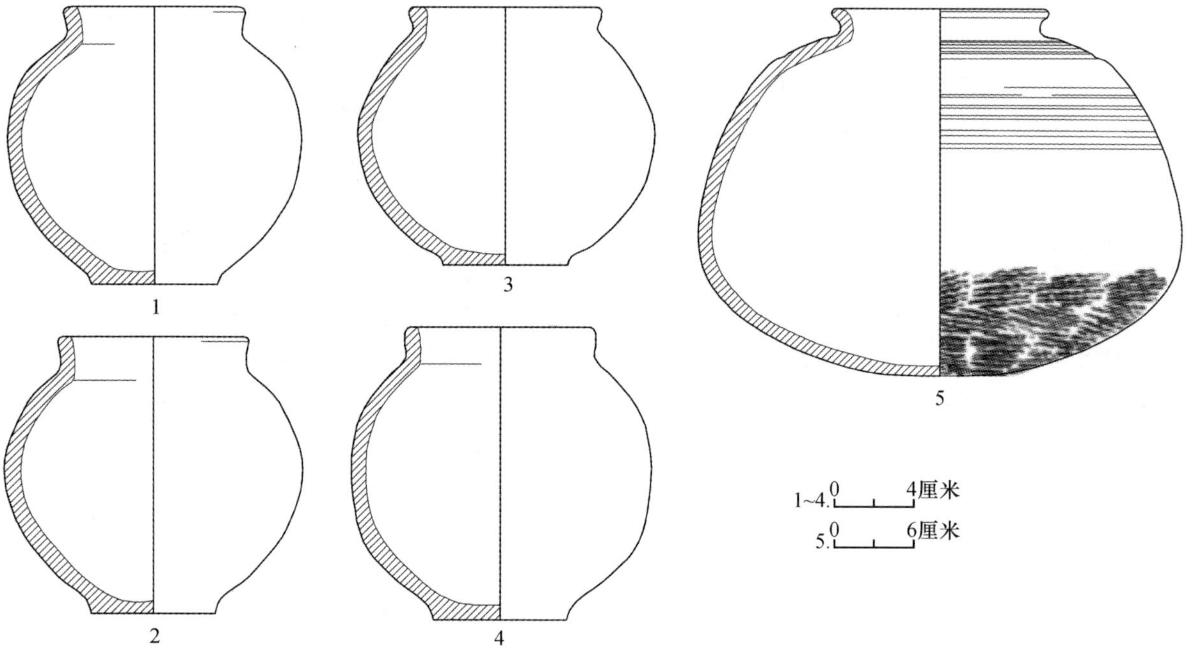

图一九八　10NDZ1#MDTG2M11 出土陶器

1～4. 罐（10NDZ1#MDTG2M11:4、10NDZ1#MDTG2M11:2、10NDZ1#MDTG2M11:5、10NDZ1#MDTG2M11:3）

5. 瓮（10NDZ1#MDTG2M11:1）

10NDZ1#MDTG2M12

10NDZ1#MDTG2M12 位于 1 号墓地 TG2 东部，西邻 10NDZ1#MDTG2M11。10NDZ1#MDTG2M12 开口于②层下，打破第③层及生土层。

1. 形制和规格

10NDZ1#MDTG2M12 是一座长方形竖穴土坑墓，南北向，墓向 10°。墓口距地表 0.6 米（图一九九）。

10NDZ1#MDTG2M12 长 2.5、宽 1.4、深 3.2 米。东西两壁微向内弧，填土为花土，经夯打实，土质较硬，局部有夯窝。

2. 葬具和人骨

墓室清理出一棺一椁灰痕。椁长 1.9、宽 0.84、残高 0.4 米，棺长 1.7、宽 0.62、残高 0.2 米（图版四四，1）。

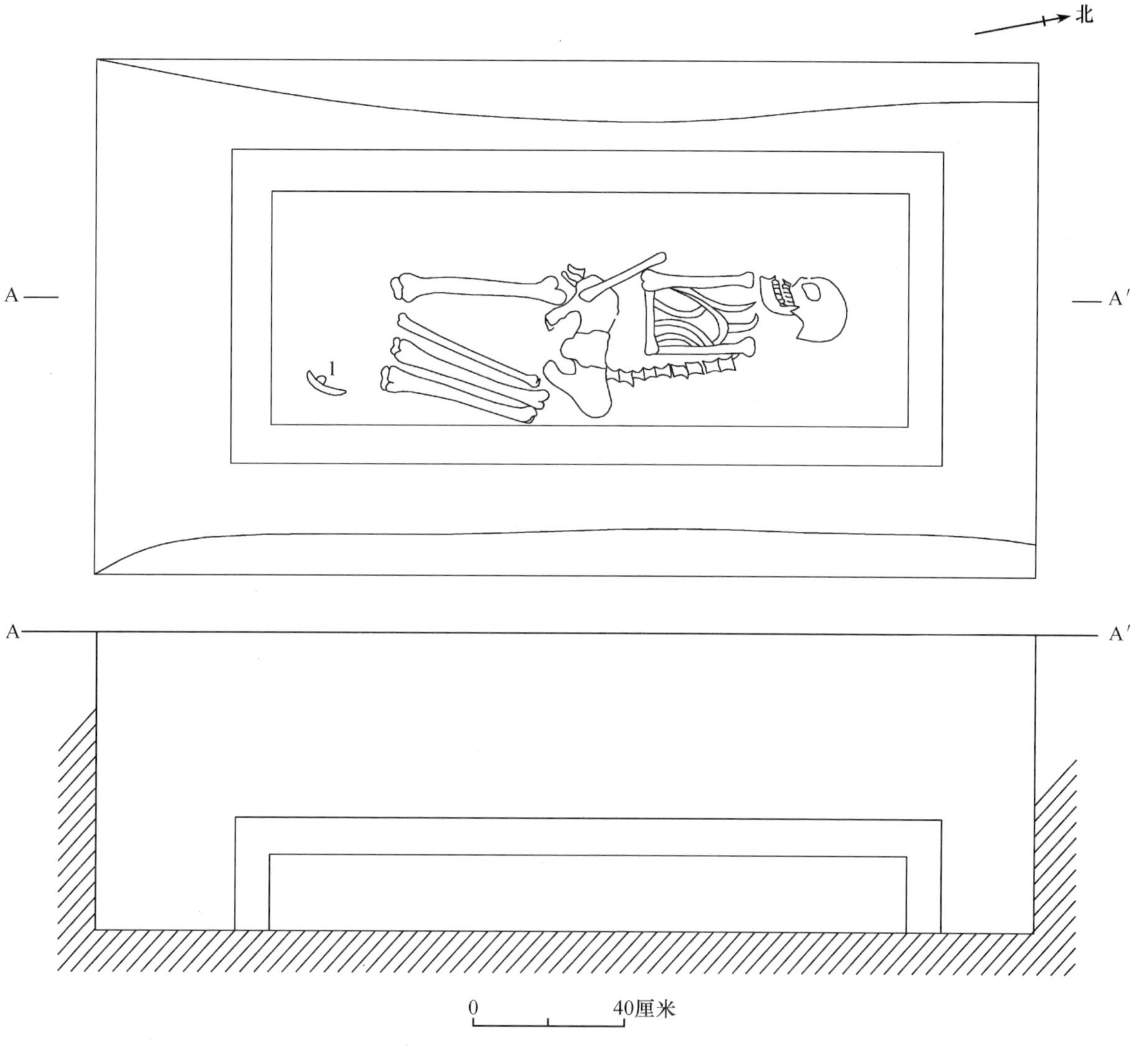

图一九九　10NDZ1#MDTG2M12 平、剖面图
1. 铜带钩

人骨为侧身后屈肢单人葬。屈肢较甚。头北脚南，面向西，双下肢沿左腿后折，双足叠压于盆骨下。为一 50 ~ 55 岁的男性个体。

3. 随葬品

（1）种类及数量

铜带钩 1 件。

（2）出土位置

铜带钩位于棺内墓主腿骨东南部。

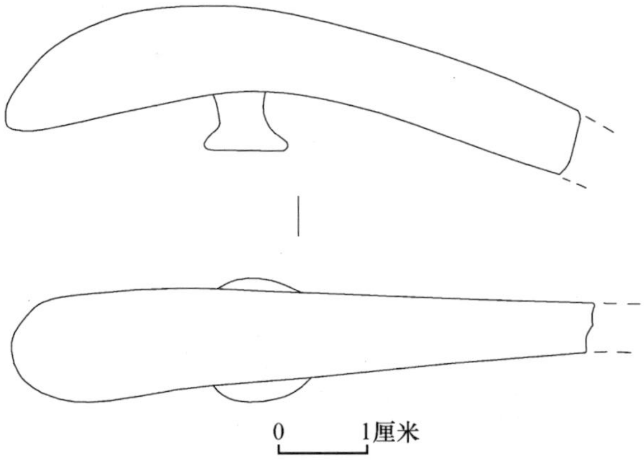

图二〇〇　10NDZ1#MDTG2M12 出土铜带钩（10NDZ1#MDTG2M12∶1）

（3）器物形制分类介绍

铜带钩　1 件。10NDZ1#MDTG2M12∶1，铜质，残断。琵琶形，素面。残长 6.5 厘米（图二〇〇）。

10NDZ1#MDTG3M13

10NDZ1#MDTG3M13 位于 1 号墓地 TG3 北端，南邻 10NDZ1#MDTG3M14，东邻 10NDZ1#MDTG3M18。10NDZ1#MDTG3M13 开口于②层下，打破第③层及生土层。

1. 形制和规格

10NDZ1#MDTG3M13 是一座长方形竖穴土坑墓，东西向，墓向 103°。墓口距地表 0.6 米（图二〇一）。

10NDZ1#MDTG3M13 长 2.8、宽 1.2、深 3.15 米。填土为黄土和褐色黏土混合而成的花土，质松软，四壁较规整平滑。

2. 葬具和人骨

墓室内清理出一木棺灰痕，长 1.95、宽 0.6、残高 0.3 米（图版四四，2）。

人骨为仰身直肢单人葬。头东脚西，面向北，右小臂已朽成灰，左臂平放于左侧，为一 20～25 岁左右的女性个体。

3. 随葬品

（1）种类及数量

共 6 件（枚）。陶罐 4 件、陶瓮 1 件，铜钱 1 枚。

（2）出土位置

6 号铜钱位于棺内墓主盆骨南侧。其余随葬器物置放于墓主棺前东部，距东壁较近，1 号陶瓮依东北壁置放，3 件陶罐、1 件陶壶由北向南排列。

（3）器物形制分类介绍

陶罐　4 件。10NDZ1#MDTG3M13∶2，泥质灰陶。直口，方唇，直颈，鼓肩，下腹斜内收，平底。器形不规整，颈部有轮旋线。口径 11.2、底径 10.4、高 15.4 厘米（图二〇二，3）。10NDZ1#MDTG3M13∶3，泥质灰陶。直口，方唇，直颈，溜肩，下腹斜内收，微弧，平底。颈

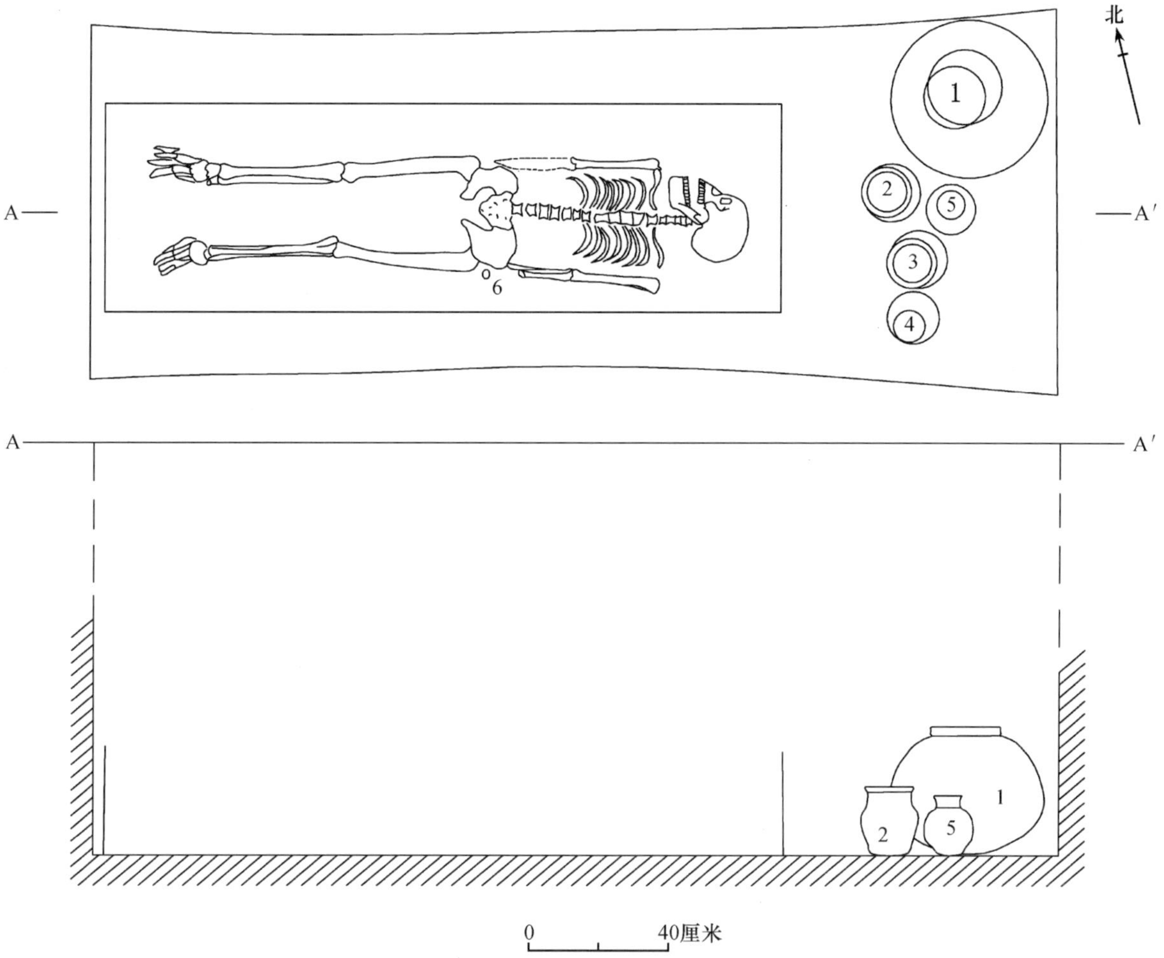

图二〇一　10NDZ1#MDTG3M13 平、剖面图

1. 瓮　2～5. 陶罐　6. 铜钱

部及腹部有轮旋线。口径 10.8、底径 10、高 17 厘米（图二〇二，4）。10NDZ1#MDTG3M13∶5，泥质灰陶。侈口，方唇，颈部较长，鼓肩，弧腹，平底，微内凹。器身有轮旋线，下腹旋削修坯一周，去胎泥较厚，使下腹部略显棱线。口径 6.8、底径 6.8、高 13.4 厘米（图二〇二，1）。10NDZ1#MDTG3M13∶4，泥质灰陶，器型略显瘦高。侈口，方唇，沿面有凹槽，束颈，溜肩，鼓腹，平底，微内凹。器身有轮旋线，下腹旋削修坯一周，去胎泥较厚，使下腹部略显棱线。口径 8、底径 5.6、高 16 厘米（图二〇二，2）。

陶瓮　1 件。10NDZ1#MDTG3M13∶1，泥质灰陶。斜折沿，方唇，束颈，肩微折，上腹微弧，下腹较鼓凸，圜底较尖。器表压光，器身有轮旋线，下腹及底部饰绳纹，略粗。口径 15.4、高 28 厘米（图二〇二，5；图版八五，5）。

铜钱　1 枚。10NDZ1#MDTG3M13∶6，残损严重，形制不详。

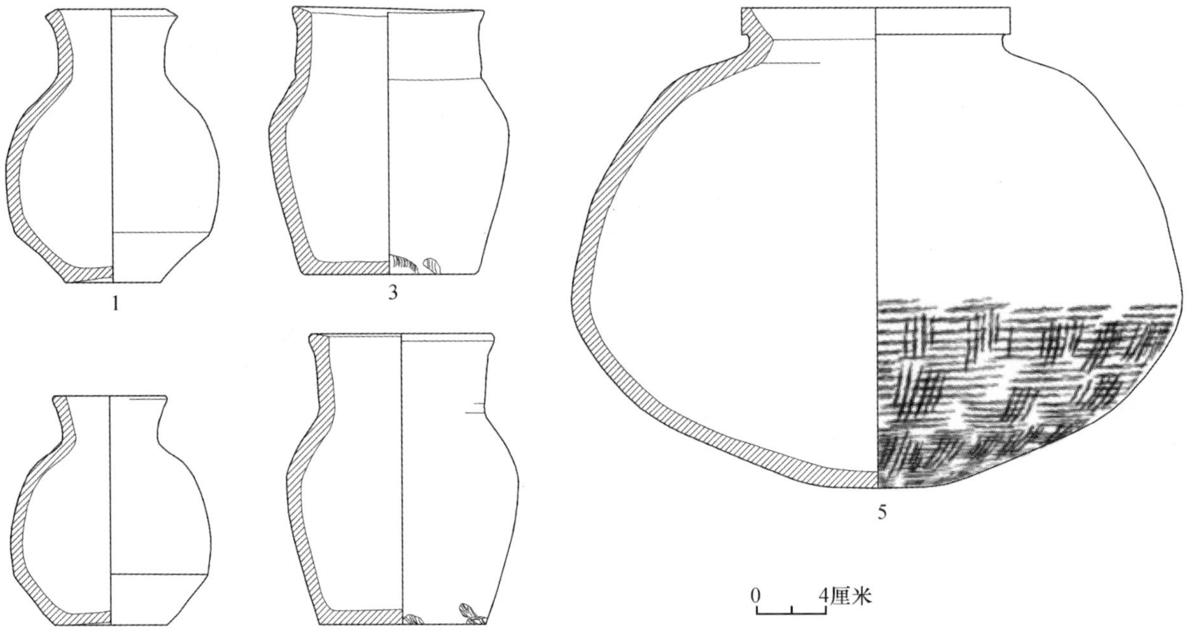

图二〇二　10NDZ1#MDTG3M13 出土陶器

1～4. 罐（10NDZ1#MDTG3M13:5、10NDZ1#MDTG3M13:4、10NDZ1#MDTG3M13:2、10NDZ1#MDTG3M13:3）
5. 瓮（10NDZ1#MDTG3M13:1）

10NDZ1#MDTG3M14

10NDZ1#MDTG3M14 位于 1 号墓地 TG3 西部偏北，东邻 10NDZ1#MDTG3M18，南邻 10NDZ1#MDTG3M15，北邻 10NDZ1#MDTG3M13。10NDZ1#MDTG3M14 开口于②层下，打破第③层及生土层。

1. 形制和规格

10NDZ1#MDTG3M14 是一座长方形竖穴土坑墓，东西向，墓向 95°。墓口距地表 0.6 米（图二〇三）。

10NDZ1#MDTG3M14 长 3.2、宽 1、深 3.5 米。填土为黄土和褐色黏土混合而成的花土，质松软，四壁较规整平滑。

2. 葬具和人骨

残存一木棺，长 1.95、宽 0.7、残高 0.3 米（图版四五，1）。

人骨为仰身直肢单人葬。头东脚西，面向上，上肢、胸部及盆骨均已朽成灰，下半身较完

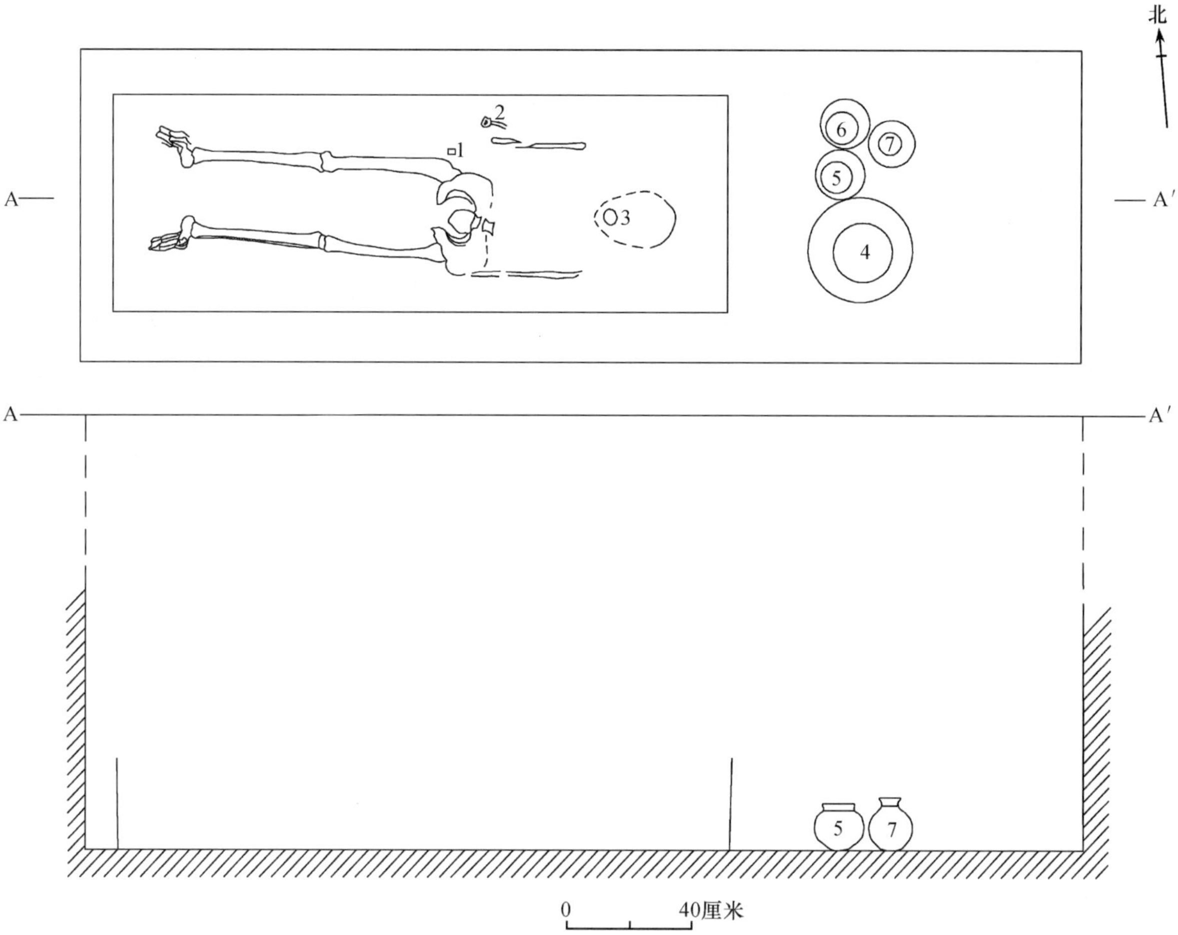

图二〇三　10NDZ1#MDTG3M14 平、剖面图
1. 铜印章　2. 铁器　3. 铜钱　4. 瓮　5～7. 陶罐

整，性别、年龄不详。

3. 随葬品

（1）种类及数量

共7件（枚）。陶罐3件、陶瓮1件，铜章1件，铁器1件，铜钱1枚。

（2）出土位置

1号铜章、2号铁器位于棺内均位于墓主腿骨北部，3号铜钱位于人骨嘴中。其他随葬器物均位于墓主棺前东部，距棺较近。

（3）器物形制分类介绍

陶罐　3件。10NDZ1#MDTG3M14∶5，泥质灰陶。直口，方唇，鼓肩，弧腹，平底。颈部左右两侧各有两个穿孔，沿内轮旋线明显，器表有轮旋线，下腹部旋削修坯一周，去胎泥较厚，使下腹部略显折线。口径9、底径6、高12.8厘米（图二〇四，3；图版八四，4）。10NDZ1#MDTG3M14:6，泥质灰陶。直口，方唇，鼓肩，弧腹，平底。颈部左右两侧各有两个穿孔，器表有轮旋线，下腹部旋削修坯一周，去胎泥较厚，使下腹部略显折棱。口径9.4、底径6.4、高13.4厘米（图二〇四，1）。10NDZ1#MDTG3M14:7，泥质灰陶。侈口，方唇，束颈，溜肩，鼓腹，平底。器表有轮旋线，下腹部旋削修坯一周，去胎坯较厚，在下腹形成一折棱。口径6.4、底径7、高15厘米（图二〇四，6）。

陶瓮　1件。10NDZ1#MDTG3M14:4，泥质灰陶。直口，方唇，折肩，上腹斜直，微弧，下腹较鼓凸，圜底。肩部旋削修饰一周，去胎泥较厚，在肩腹交界处形成一折台，下腹及底部饰绳纹。口径15.6、高23.5厘米（图二〇四，2；图版八五，6）。

铜章　1件。10NDZ1#MDTG3M14:1，锈蚀严重，纽形质不详。章呈方形，阴刻印纹“史敬”两字，倒置，应读作“敬事”。长1.2、宽1厘米（图二〇四，5）。

铜钱　1枚。10NDZ1#MDTG3M14:3，残损严重，形制不详。

铁器　1件。10NDZ1#MDTG3M14:2，状似带钩，锈蚀、残损、严重，形制不详（图二〇四，7）。

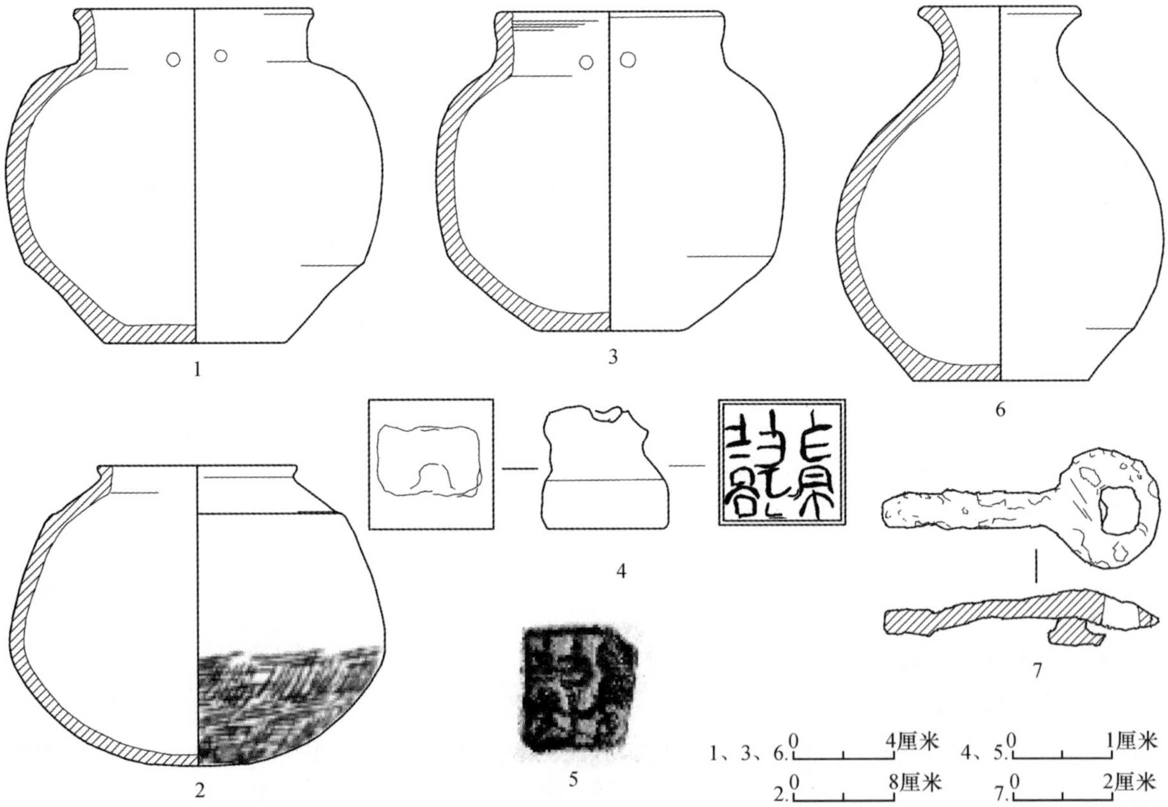

图二〇四　10NDZ1#MDTG3M14出土器物

1、3、6. 陶罐（10NDZ1#MDTG3M14:6、10NDZ1#MDTG3M14:5、10NDZ1#MDTG3M14:7）　2. 陶瓮（10NDZ1#MDTG3M14:4）　4. 铜印章（10NDZ1#MDTG3M14:1）　5. 铜印章拓片（10NDZ1#MDTG3M14:1）　7. 铁器（10NDZ1#MDTG3M14:2）

10NDZ1#MDTG3M15

10NDZ1#MDTG3M15 位于 1 号墓地 TG3 中部偏西，北邻 10NDZ1#MDTG3M14，南邻 10NDZ1#MDTG3M16，东邻 10NDZ1#MDTG3M38，西近 TG3 西壁。10NDZ1#MDTG3M15 开口于②层下，打破第③层及生土层。

1. 形制和规格

10NDZ1#MDTG3M15 是一座带有生土两层台的长方形竖穴土坑墓，东西向，墓向 102°。墓口距地表 0.6 米（图二〇五）。

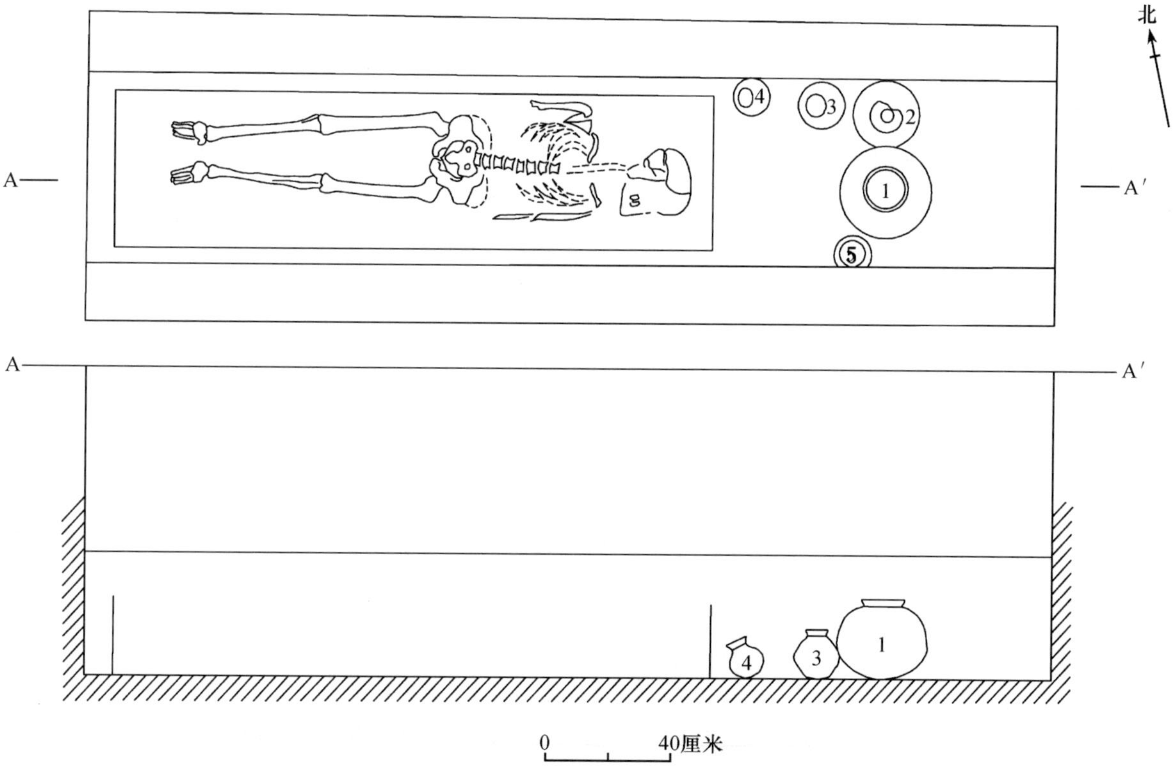

图二〇五　10NDZ1#MDTG3M15 平、剖面图
1. 瓮　2. 陶壶　3～5. 陶罐

10NDZ1#MDTG3M15 长 3.1、宽 1、深 3.7 米。填土为黄土和褐色黏土混合而成的花土，质较硬，四壁较规整平滑。

2. 葬具和人骨

墓室内清理出一木棺灰痕，长 1.9、宽 0.5、残高 0.26 米（图版四五，2）。

人骨为仰身直肢单人葬。墓主上肢、胸部已朽成骨粉状，根据残存痕迹葬式应头东脚西，面向南。为一 50 ~ 55 岁的男性个体。

3. 随葬品

（1）种类及数量

共 5 件。陶壶 1 件、陶罐 3 件、陶瓮 1 件。

（2）出土位置

随葬器物均位于墓主头前棺外东部。

（3）器物形制分类介绍

陶壶　1 件。10NDZ1#MDTG3M15∶2，泥质灰陶。喇叭口，方唇，束颈，溜肩，凸鼓腹，平底。最大腹径位于腹中部。器身有轮旋线，下腹旋削一周，去胎泥较厚，在下腹略显折棱。口径 10、底径 9、高 20.6 厘米（图二〇六，3）。

陶罐　3 件。10NDZ1#MDTG3M15∶3，泥质灰陶，胎体较厚重。侈口，圆唇，束颈，溜肩，鼓腹，平底。器身有轮旋线，下腹旋削修坯一周，去胎泥较厚，使下腹部略显折棱。口径 7、底径 8、高 14.5 厘米（图二〇六，5）。10NDZ1#MDTG3M15∶4，泥质灰陶。侈口，方唇，束颈，溜肩，鼓腹，平底。下腹旋削修坯一周，去胎泥较厚，使下腹部略显折线。口径 6.6、底径 5.5、高 11.2 厘米（图二〇六，1）。10NDZ1#MDTG3M15∶5，泥质灰陶。直口，方唇，溜肩，鼓腹，平底。器身有轮旋线，下腹有旋削修坯痕迹，去胎泥较厚，使下腹部略显折棱。口径 8.8、底径 6.4、高 10 厘米（图二〇六，4）。

陶瓮　1 件。10NDZ1#MDTG3M15∶1，泥质灰陶。直口，微侈，圆唇，溜肩，鼓腹，平底，微内凹。器表压光，肩部饰一凸弦纹，器表有轮旋线，下腹及底部饰篮纹。口径 15.2、高 25 厘米（图二〇六，2）。

10NDZ1#MDTG3M16

10NDZ1#MDTG3M16 位于 1 号墓地 TG3 中部偏西，东邻 10NDZ1#MDTG3M38，北邻 10NDZ1#MDTG3M15，南邻 10NDZ1#MDTG3M17、10NDZ1#MDTG3M41，西邻 TG3 西壁。10NDZ1#MDTG3M16 开口于②层下，打破第③层及生土层。

1. 形制和规格

10NDZ1#MDTG3M16 是一座长方形砖椁墓，东西向，墓向 102°。墓口距地表 0.6 米（图二〇七）。

10NDZ1#MDTG3M16 长 3.1、宽 1、深 3.7 米。填土为黄土和褐色黏土混合而成的花土，质较硬，四壁较规整平滑。发掘到 3.9 米处发现砖墙，砖墙上有横向盖板痕迹。周壁单砖错缝顺

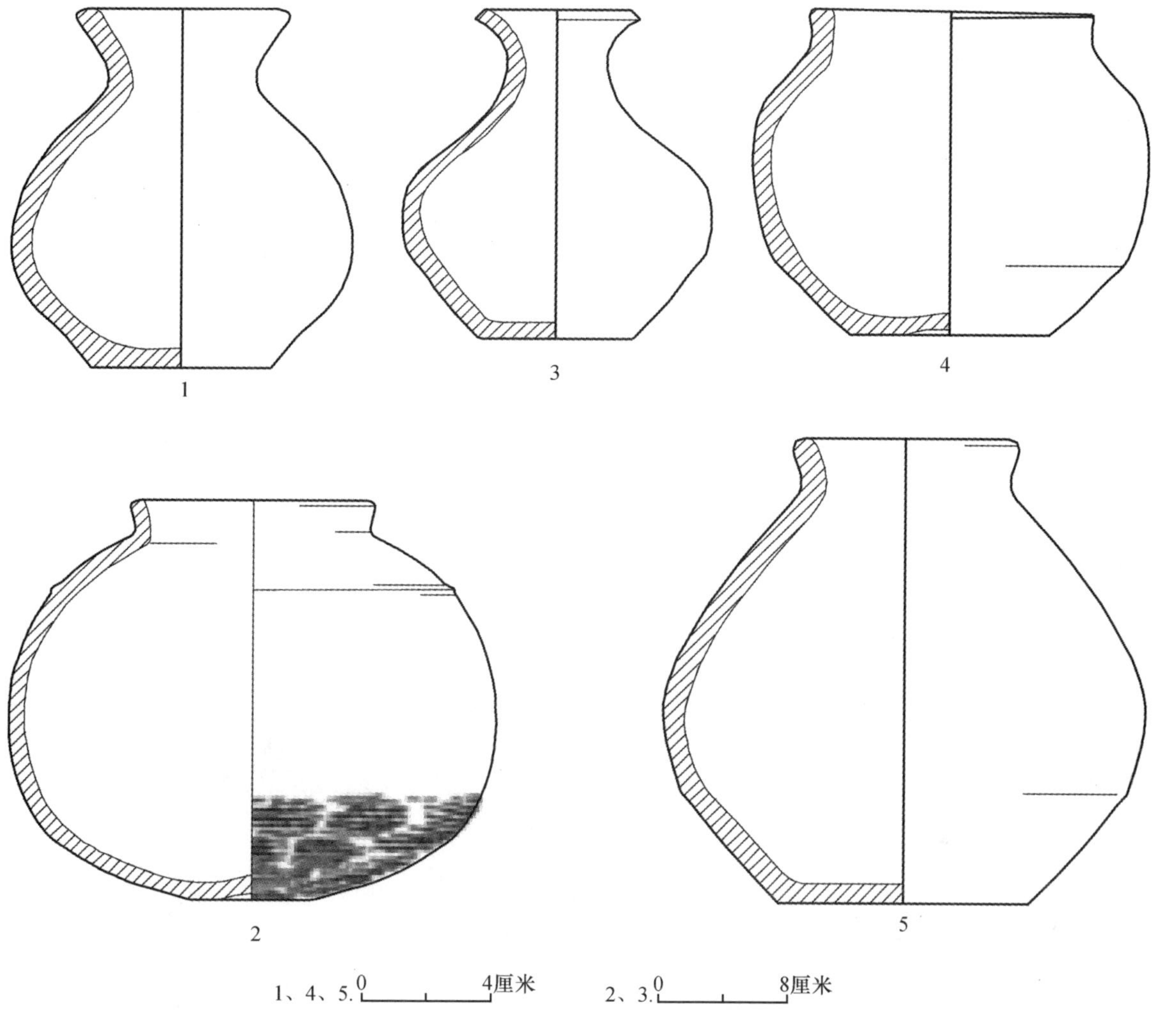

图二〇六　10NDZ1#MDTG3M15 出土陶器

1、4、5. 罐（10NDZ1#MDTG3M15∶4、10NDZ1#MDTG3M15∶5、10NDZ1#MDTG3M15∶3）　2. 瓮（10NDZ1#MDTG3M15∶1）　3. 壶（10NDZ1#MDTG3M15∶2）

砌12层，墓底用灰砖呈“人”字形平铺。墓砖规格为长30、宽15、厚4.5厘米。

2. 葬具和人骨

墓室内清理出一木棺灰痕，长1.8、宽0.6、残高0.35米（图版四六，1）。

人骨为仰身直肢单人葬。墓主头部、上肢、胸部已朽成骨粉状，根据残存痕迹墓主应头东脚西。性别、年龄不详。

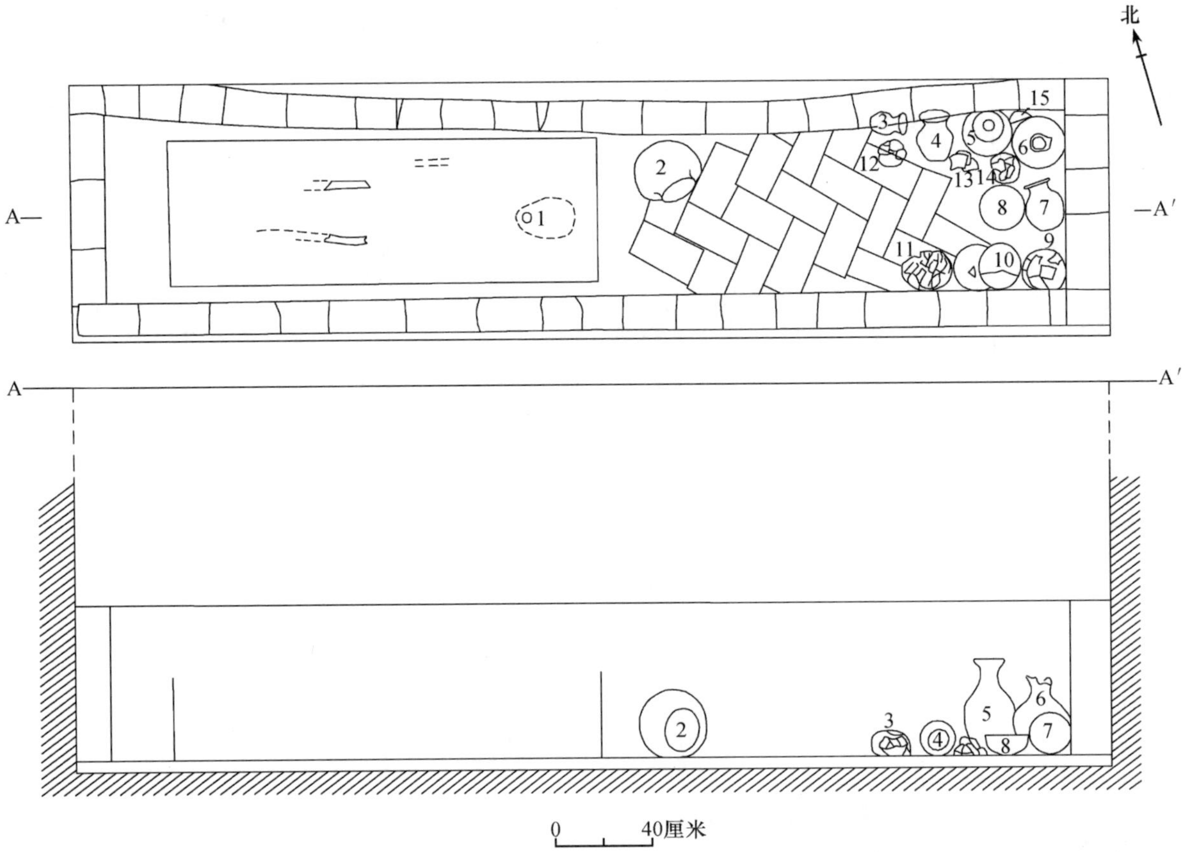

图二〇七　10NDZ1#MDTG3M16平、剖面图

1. 铜钱　2. 陶瓮　3、4、7、12. 陶罐　5、6. 陶壶　8、10. 陶盒　9、11. 陶鼎　13、14. 陶器盖　15. 壶盖

3. 随葬品

（1）种类及数量

共12件（枚）。陶鼎2件、陶壶2件、陶罐4件、陶瓮1件、陶盒2件，铜钱1枚。

（2）出土位置

1号铜钱位于墓主嘴中，2号陶瓮位于墓主头前棺外东部，紧邻木棺。其余随葬器物均位于墓室东部。

（3）器物形制分类介绍

陶鼎　2件。10NDZ1#MDTG3M16∶9，泥质灰陶。器盖，方唇，盖面隆起，较高。鼎，口微敛，方唇，弧腹，小平底，下承三柱状足。沿外附双立耳，上端外折。鋬耳开长方形穿孔，器表通体施白衣，衣外施彩绘，大部分脱落，器表可辨纹饰为红彩卷云纹。鋬耳模印，柱足旋削修坯痕迹明显，平底外缘有旋削修坯痕迹。口径14.8、高17.4厘米（图二〇八，11；彩版一四，5）。10NDZ1#MDTG3M16∶11，泥质灰陶。器盖，方唇，盖面隆起，较高。鼎，方唇，弧腹，小平底，下承三柱状足。沿外附双立耳，上端外折。錾耳开长方形穿孔，器表通体施白衣，衣外施彩绘，大部分脱落，器表可辨纹饰为红彩卷云纹。錾耳模印，柱足旋削修坯痕迹明显，下平底外缘有旋削修坯痕迹。口径20.8、高17.6厘米（图二〇八，12；图版八二，3）。

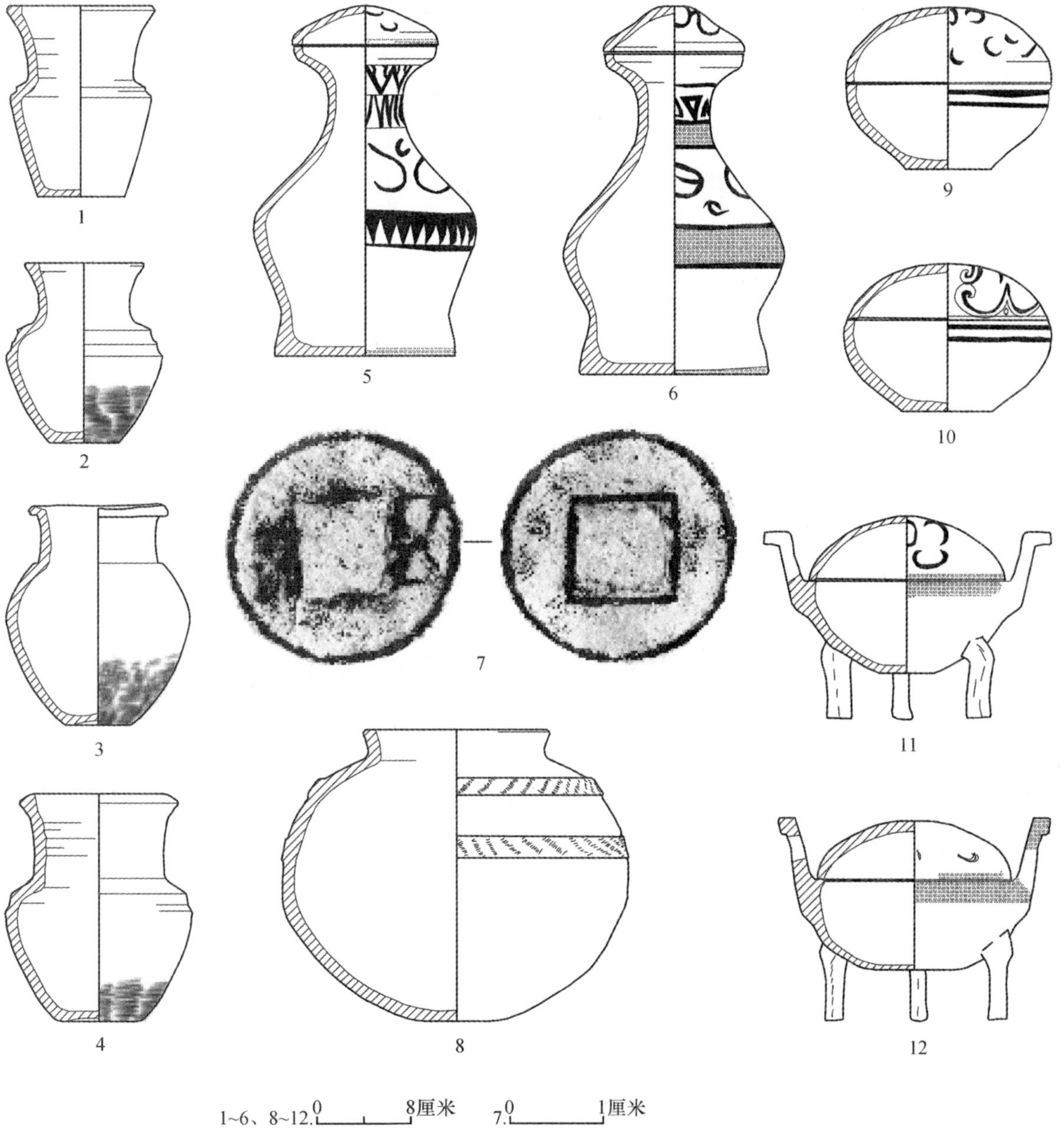

图二〇八　10NDZ1#MDTG3M16出土器物

1～4. 陶罐（10NDZ1#MDTG3M16:12、10NDZ1#MDTG3M16:3、10NDZ1#MDTG3M16:7、10NDZ1#MDTG3M16:4）　5、6. 陶壶（10NDZ1#MDTG3M16:6、10NDZ1#MDTG3M16:5）　7. 铜钱（10NDZ1#MDTG3M16:1）　8. 陶瓮（10NDZ1#MDTG3M16:2）　9、10. 陶盒（10NDZ1#MDTG3M16:10、10NDZ1#MDTG3M16:8）　11、12. 陶鼎（10NDZ1#MDTG3M16:9、10NDZ1#MDTG3M16:11）

陶壶　2 件。10NDZ1#MDTG3M16∶5，泥质灰陶。器盖，方唇，盖面隆起较高。壶，浅盘口，方唇，束颈，溜肩，鼓腹，假圈足，微外侈。器表施白衣，器盖及器身残存红彩。口径 12、底径 16、高 32 厘米（图二〇八，6；图版八二，5）。10NDZ1#MDTG3M16∶6，泥质灰陶。器盖，方唇，盖面隆起较高。壶，浅盘口，方唇，束颈，溜肩，鼓腹，假圈足，微外侈。器表施白衣，器盖及器身残存红彩。口径 12、底径 15、高 30.4 厘米（图二〇八，5）。

陶罐　4 件。10NDZ1#MDTG3M16∶3，泥质灰陶。直口，微侈，方唇，斜直颈，鼓肩，弧腹，小平底，微内凹。器身有轮旋线，肩部饰较宽凹弦纹二条，下腹及底部饰篮纹。口径 10.5、底径 6、高 15.6 厘米（图二〇八，2；图版八三，3）。10NDZ1#MDTG3M16∶4，泥质灰陶。直口，微侈，方唇，斜直颈，鼓肩，斜直腹，微外弧，小平底，微内凹。器身有轮旋线，肩部饰较宽凹弦纹一周，下腹及底部饰篮纹。口径 14、底径 8、高 19.8 厘米（图二〇八，4；图版八三，4）。10NDZ1#MDTG3M16∶7，泥质灰陶。直口，微侈，折沿，方唇，斜直颈，溜肩，弧腹，小平底，微内凹。沿面有凹槽，器身有轮旋线，下腹及底部饰绳纹。口径 12.6、底径 5.6、高 19 厘米（图二〇八，3）。10NDZ1#MDTG3M16∶12，泥质灰陶。侈口，方唇，斜直颈，鼓肩，斜直腹，平底，微内凹。器身有轮旋线，肩部饰凹弦纹。口径 13、底径 8、高 16.6 厘米（图二〇八，1；图版八三，5）。

陶瓮　1 件。10NDZ1#MDTG3M16∶2，泥质灰陶。直口，微侈，方唇，溜肩，鼓腹，小平底。器表有轮旋线，肩腹部各有一较宽凸弦纹饰带，其上按压由算状长点组成的纹饰带，下腹及底部略显篮纹。口径 16、底 8、高 25.4 厘米（图二〇八，8；图版八六，4）。

陶盒　2 件。10NDZ1#MDTG3M16∶8，泥质灰陶。器盖，方唇，盖面隆起，弧顶。盒，直口，微敛，方唇，弧腹，平底。器盖和器身有轮旋线，器表施白衣，器盖衣外饰红色云纹，上腹饰红彩色带。口径 17.6、底径 4、高 13 厘米（图二〇八，10；图版八七，3）。10NDZ1#MDTG3M16∶10，泥质灰陶，器型圆鼓。器盖，方唇，盖面隆起。盒，直口，微敛，方唇，弧腹，平底。器盖和器身有轮旋线，器表施白衣，器盖衣外饰红色云纹，上腹饰红彩色带。口径 17.6、底径 7.6、高 14 厘米（图二〇八，9；图版八七，4）。

五铢钱　1 枚。10NDZ1#MDTG3M16∶1，浇注，圆形，方穿。“五”字较窄长，中间交叉两笔较圆曲，“铢”字漫漶不清。直径 2.5 厘米（图二〇八，7）。

10NDZ1#MDTG3M18

10NDZ1#MDTG3M18 位于 1 号墓地 TG3 东北角，局部叠压在 TG3 东隔梁下，西邻 10NDZ1#MDTG3M13，东邻 10NDZ1#MDTG3M19。10NDZ1#MDTG3M18 开口于②层下，打破第③层及生土层。

1. 形制和规格

10NDZ1#MDTG3M18 是一座长方形砖椁墓，南北向，墓向 185°。墓口距地表 0.6 米。在发掘至 1.8 米处发现砖墙。周壁顺砖错缝平砌 11 层，墓底没有铺砖。墓砖规格为长 31.5、宽

15.5、厚5.5~6厘米（图二〇九）。

10NDZ1#MDTG3M18 长3.3、宽1.2、深2.8米。填土为花土，质较硬，四壁较规整。

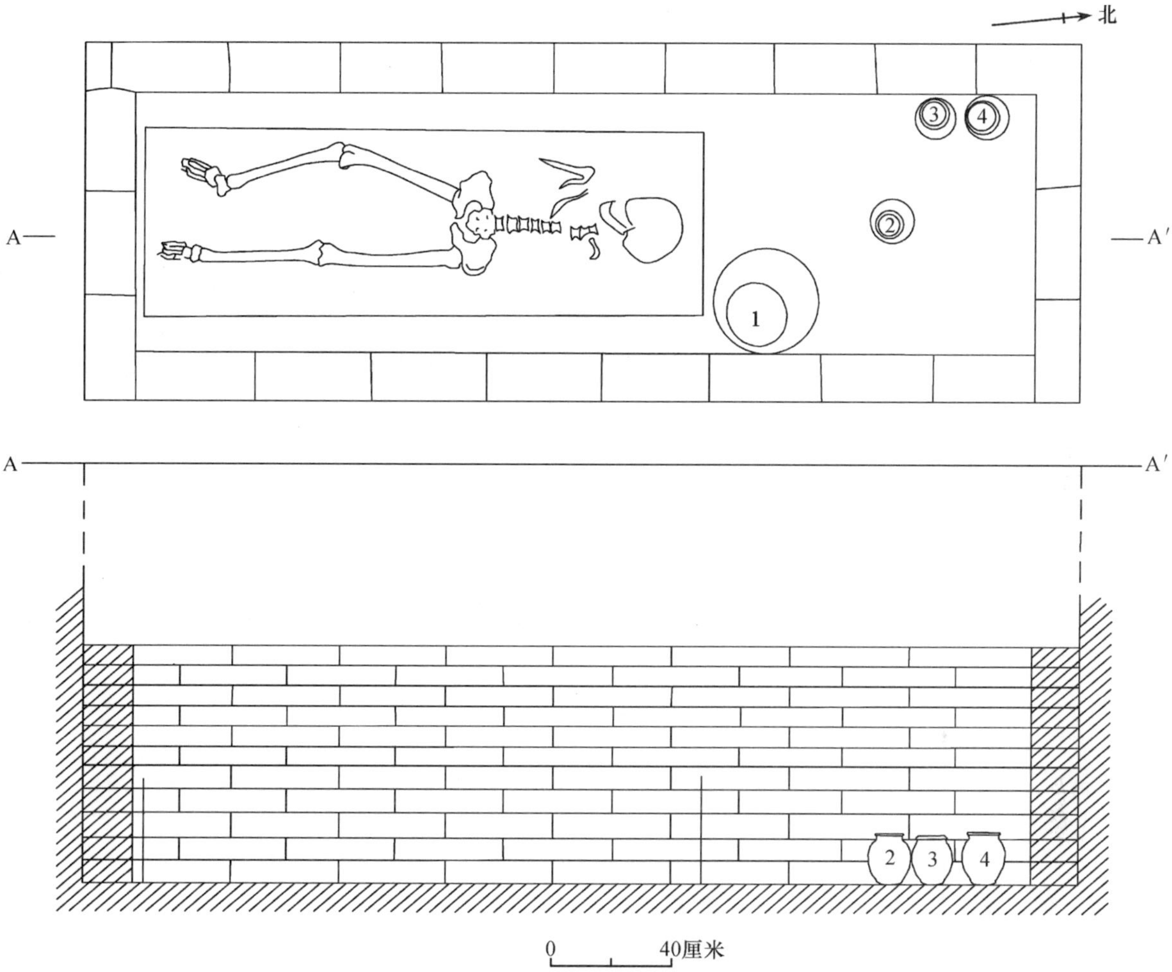

图二〇九　10NDZ1#MDTG3M18 平、剖面图

1. 陶瓮　2~4. 陶罐

2. 葬具和人骨

墓室内清理出一木棺灰痕，长1.85、宽0.6、残高0.35米（图版四六，2）。

人骨为仰身直肢单人葬。墓主上肢、胸部及盆骨已朽成骨粉状，根据残存痕迹墓主应为头南脚北，面向东，右腿向外微弯曲。

3. 随葬品

（1）种类及数量

共4件。陶罐3件、陶瓮1件。

（2）出土位置

随葬器物均位于墓主头前棺外南部。3 号陶罐、4 号陶罐位于墓室东南角，1 号陶瓮、2 号陶罐位于棺外与砖椁之间中部，1 号陶瓮紧依西椁壁。

（3）器物形制分类介绍

陶罐　3 件。10NDZ1#MDTG3M18∶2，泥质灰陶。口微侈，方唇，溜肩，弧腹，平底。器身施白衣。口径 9.6、底径 8.3、高 16.4 厘米（图二一〇，3）。10NDZ1#MDTG3M18∶3，泥质灰陶。直口，方唇，溜肩，弧腹，平底。器身有轮旋线。器身施白衣。口径 10、底径 7、高

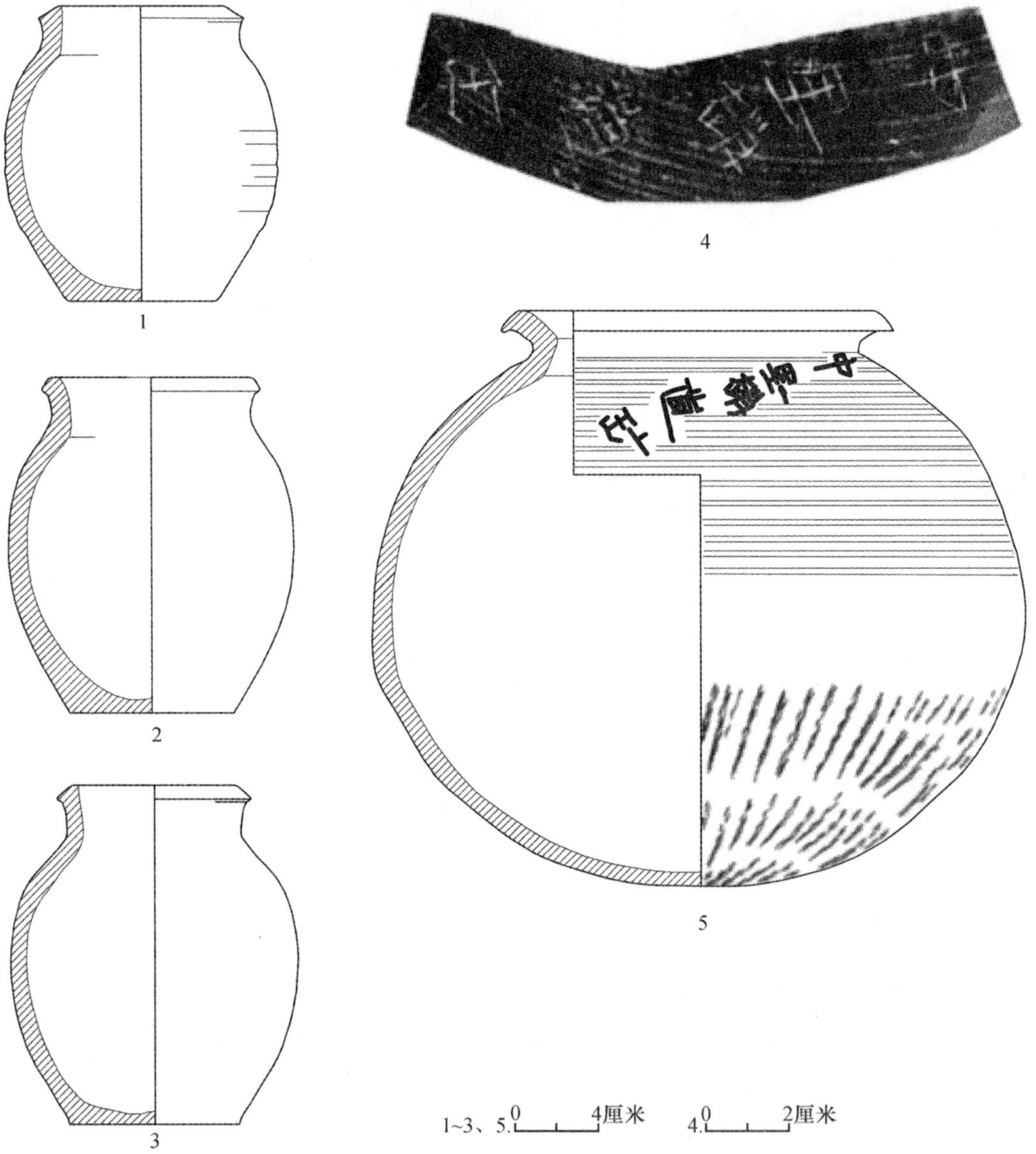

图二一〇　10NDZ1#MDTG3M18 出土陶器

1～3. 罐（10NDZ1#MDTG3M18∶3、10NDZ1#MDTG3M18∶4、10NDZ1#MDTG3M18∶2）　4. 陶瓮拓片（10NDZ1#MDTG3M18∶1）　5. 瓮（10NDZ1#MDTG3M18∶1）

14.4 厘米（图二一〇，1）。10NDZ1#MDTG3M18:4，泥质灰陶。口微侈，方唇，溜肩，弧腹，平底。器身施白衣。口径 10.5、底径 8、高 16.4 厘米（图二一〇，2）。

陶瓮　1 件。10NDZ1#MDTG3M18:1，泥质灰陶。斜折沿微卷，方唇，束颈，溜肩，鼓腹，圜底。肩部刻划有“中里趙道缶”五字（图二一〇，4）。器表有轮旋线，下腹及底部饰篮纹。口径 18.6、高 28 厘米（图二一〇，5）。

10NDZ1#MDTG3M19

10NDZ1#MDTG3M19 位于 1 号墓地 TG3 北部向东扩方区内，西邻 10NDZ1#MDTG3M18，东邻 10NDZ1#MDTG3M20，北邻 TG3 北隔梁。10NDZ1#MDTG3M19 开口于②层下，打破第③层及生土层。

1. 形制和规格

10NDZ1#MDTG3M19 是一座带有生土两层台的长方形竖穴土坑墓，南北向，墓向 195°。墓口距地表 0.6 米（图二一一）。

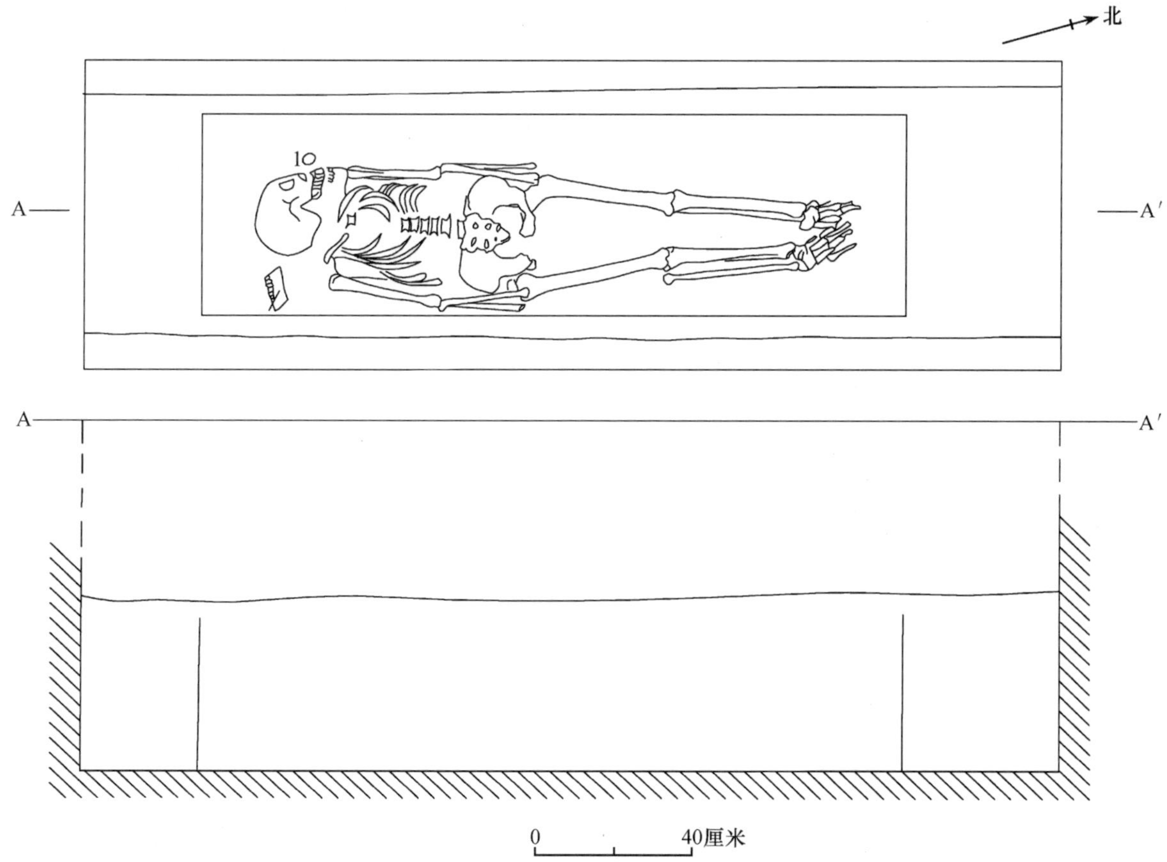

图二一一　10NDZ1#MDTG3M19 平、剖面图

1. 铜钱

10NDZ1#MDTG3M19 长 2.5、宽 0.8、深 1.8 米。填土为混合黄土和褐色黏土的花土，质松软，四壁不甚规整。

2. 葬具和人骨

墓室内清理出一木棺灰痕，长 1.8、宽 0.54、残高 0.35 米（图版四七，1）。

人骨为仰身直肢单人葬。头南脚北，面向东，为一 25 ~ 35 岁的女性个体。

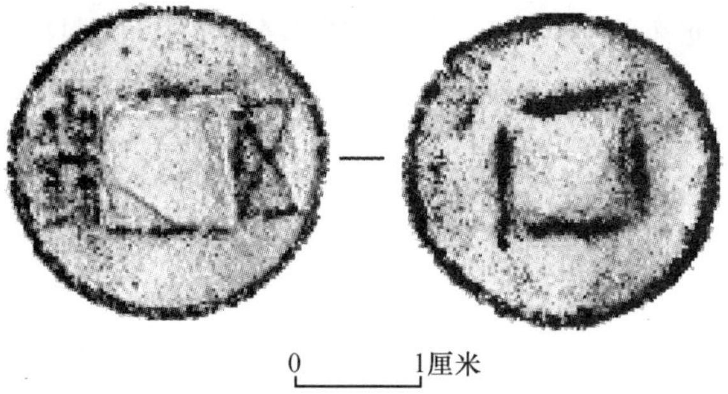

图二一二　10NDZ1#MDTG3M19 出土铜钱（10NDZ1#MDTG3M19: 1）

3. 随葬品

（1）种类及数量

铜钱 1 枚。

（2）出土位置

铜钱位于棺内墓主头部的东部。

（3）器物形制分类介绍

五铢钱　1 枚。10NDZ1#MDTG3M19∶1，浇注，圆形，方穿。“五”字较窄长，中间交叉两笔较直。直径 2.5 厘米（图二一二）。

10NDZ1#MDTG3M20

10NDZ1#MDTG3M20 位于 1 号墓地 TG3 东北部扩方内，西邻 10NDZ1#MDTG3M19，东邻 10NDZ1#MDTG3M21，距南壁较近。10NDZ1#MDTG3M20 开口于②层下，打破第③层及生土层。

1. 形制和规格

10NDZ1#MDTG3M20 是一座长方形砖椁墓，南北向，墓向 5°。墓口距地表 0.6 米。发掘至 3.5 米处，在东、西、南三面发现砖墙，北壁无砖墙。周壁顺砖错缝平砌 10 层，墓底用灰砖呈“人”字形平铺。墓砖规格为长 32、宽 16、厚 4 厘米（图二一三）。

10NDZ1#MDTG3M20 长 3.5、宽 1.3、深 4.2 米。填土为混合黄土和褐色黏土的花土，质较硬，经夯打实，四壁较规整平滑。

2. 葬具和人骨

墓室内清理出一木棺灰痕，长 1.85、宽 0.75、残高 0.35 米（图版四七，2）。

人骨为仰身直肢单人葬。墓主上肢、胸部及盆骨均已朽成骨粉状，根据残存痕迹墓主应是头北脚南，面向上。年龄、性别不详。

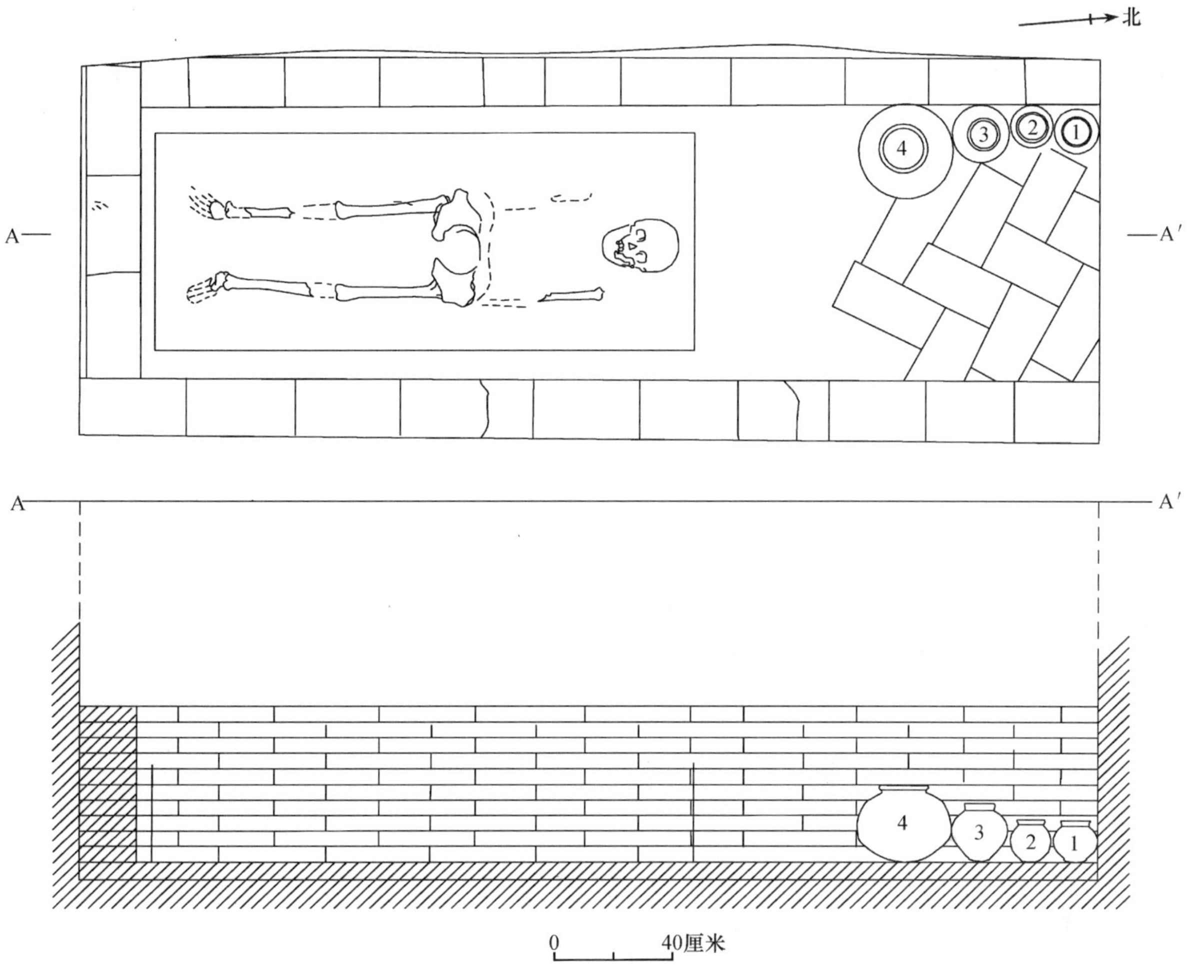

图二一三 10NDZ1#MDTG3M20平、剖面图

1~3. 陶罐 4. 陶瓮

3. 随葬品

(1) 种类及数量

共4件。陶罐3件、陶瓮1件。

(2) 出土位置

随葬器物均位于墓主头前棺外北部。陶瓮在南，陶罐居北，依砖椁西壁排列。

(3) 器物形制分类介绍

陶罐 3件。10NDZ1#MDTG3M20:1，泥质灰陶。口微侈，方唇，溜肩，鼓腹，平底。颈部左右两侧各有两个穿孔，器表有轮旋线，下腹部旋削修坯一周，去胎泥较厚，使底部显饼足。口径11.4、底径8.8、高15厘米（图二一四，2）。10NDZ1#MDTG3M20:2，泥质灰陶。口微侈，方唇，溜肩，弧腹，平底。颈部左右两侧各有两个穿孔，器表有轮旋线，下腹部旋削修坯一周。口径11.4、底径8、高16厘米（图二一四，1）。10NDZ1#MDTG3M20∶3，泥质灰陶。口微侈，方唇，溜肩，鼓腹，平底。颈部左右两侧各有两个穿孔，器表有轮旋线，下腹部旋削修坯一周。口径11.8、底径8.6、高21.2厘米（图二一四，3）。

陶瓮　1件。10NDZ1#MDTG3M20∶4，泥质灰陶。斜折沿，微卷，圆唇，束颈，折肩，上腹微弧，下腹较鼓，平底，微内凹。肩部旋削修坯一周，去胎泥较厚，在肩腹交界处形成一折棱，下腹及底部饰绳纹，略粗。口径17.6、底径12、高25厘米（图二一四，4）。

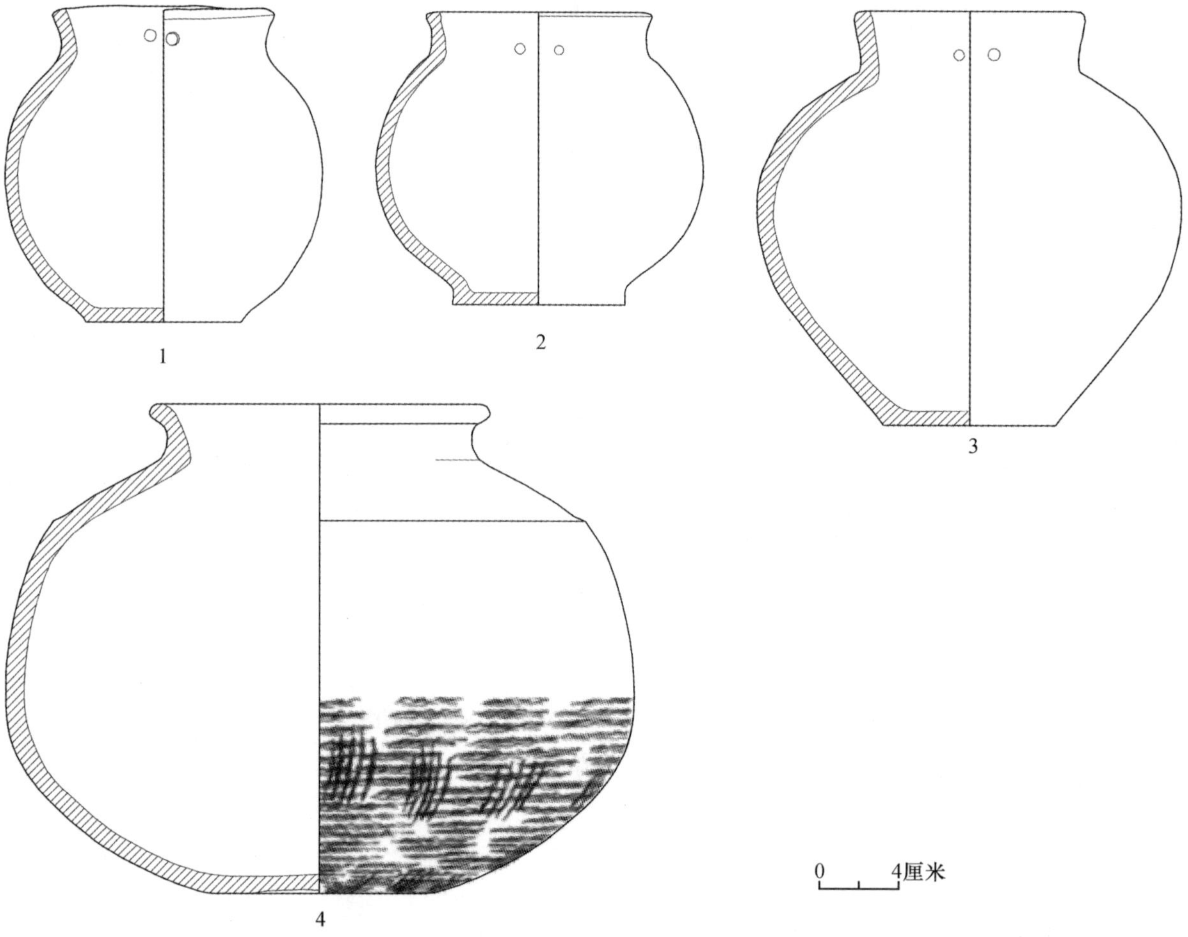

图二一四　10NDZ1#MDTG3M20出土陶器

1～3. 罐（10NDZ1#MDTG3M20∶2、10NDZ1#MDTG3M20∶1、10NDZ1#MDTG3M20∶3）

4. 瓮（10NDZ1#MDTG3M20∶4）

10NDZ1#MDTG3M21

10NDZ1#MDTG3M21位于1号墓地TG3东部扩方区北端，西邻10NDZ1#MDTG3M20。10NDZ1#MDTG3M21开口于②层下，打破第③层及生土层。

1. 形制和规格

10NDZ1#MDTG3M21是一座长方形砖椁墓，南北向，墓向7°，墓室北端有一头龛。墓口距地表0.6米。发掘至3.25米处在墓室东、南、西三侧发现砖墙，砖墙上有横向盖板痕迹。墓室周壁顺砖错缝平砌14层，墓底用灰砖呈“人”字形平铺。头龛大体呈方形，东西宽1.1、进深0.6、高0.6米，底部用残砖平铺。墓砖规格为长29、宽14、厚4.5厘米（图二一五）。

10NDZ1#MDTG3M21长3.2、宽1.35、深4.25米。填土为黄土和褐色黏土混合而成的花土，质松软，四壁较规整平滑。

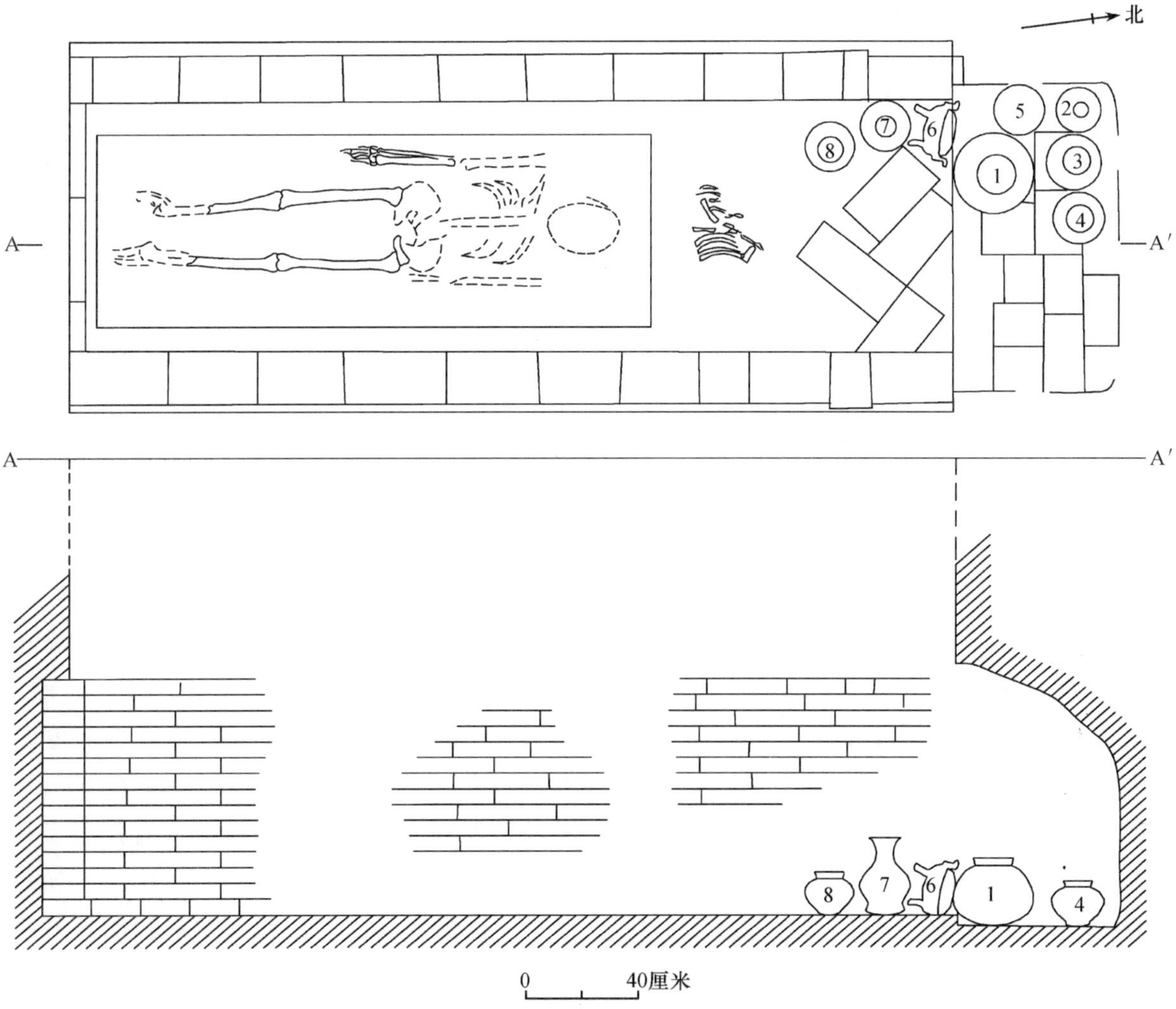

图二一五　10NDZ1#MDTG3M21平、剖面图

1. 陶瓮　2～4、8. 陶罐　5. 陶盒　6. 陶鼎　7. 陶壶　9. 铁插（叠压于8下）

2. 葬具和人骨

墓室内清理出一木棺灰痕，长2、宽0.7、残高0.3米（图版四八，1）。

人骨为仰身直肢单人葬。墓主上肢、胸部及盆骨已朽成骨粉状，仅余下肢骨，根据残存痕迹墓主应为头北脚南。年龄、性别不详。

3. 随葬品

（1）种类及数量

共9件。陶鼎1件、陶壶1件、陶罐4件、陶瓮1件、陶盒1件，铁插1件。

（2）出土位置

随葬器物均位于墓主头前棺外北部，1号陶瓮、2～4号陶罐和5号陶盒位于头龛内西部；6号陶鼎和8号陶罐位于椁室西北，靠近头龛处。

（3）器物形制分类介绍

陶鼎　1件。10NDZ1#MDTG3M21∶6，泥质灰陶。器盖，盖面隆起，顶面较平缓，方唇。鼎，子母口，圆唇，上腹较直，下腹折收，上腹两附双立耳，上端外卷，耳模印，有孔，下腹呈近三角形三足，外撇。衣外施彩绘，大部分脱落。口径18.4、高14.6厘米（图二一六，5）。

陶壶　1件。10NDZ1#MDTG3M21∶7，泥质灰陶。器盖，子母口，盖面隆起，顶部缓平。壶，侈口，方唇，唇面有凹槽，溜肩，鼓腹，假圈足，较高，足缘外侈。器表通体施白衣，彩绘大部分脱落。器身有轮旋线。口径12、底径15.4、高28.4厘米（图二一六，7）。

陶罐　4件。10NDZ1#MDTG3M21∶2，泥质灰陶。口残，溜肩，凸鼓腹，平底。器表有轮旋线，下腹旋削修坯一周，去胎泥较厚，使下腹部略显折线。底径6.6、残高12厘米（图二一六，9）。10NDZ1#MDTG3M21∶3，泥质灰陶。直口，微侈，圆唇，溜肩，凸鼓腹，平底，微内凹。颈部左右两侧各有两个穿孔，器表有轮旋线，下腹部旋削修坯一周，去胎泥较厚，使下腹部略显折线。口径10.4、底径7.8、高15.6厘米（图二一六，4）。10NDZ1#MDTG3M21∶4，泥质灰陶。直口，微侈，圆唇，广肩，凸鼓腹，平底。颈部左右两侧各有两个穿孔，器表有轮旋线，下腹部旋削修坯一周。口径10.6、底径8.6、高16厘米（图二一六，1）。10NDZ1#MDTG3M21∶8，泥质灰陶。直口，微侈，圆唇，广肩，凸鼓腹，平底。颈部左右两侧各有两个穿孔，器表有轮旋线，下腹部旋削修坯一周。口径10.6、底径8.6、高16厘米（图二一六，2）。

陶瓮　1件。10NDZ1#MDTG3M21∶1，泥质灰陶。斜折沿，方唇，束颈，溜肩，鼓腹，圜底。器表有轮旋线，下腹及底部饰绳纹。口径16、高26厘米（图二一六，3）。

陶盒　1件。10NDZ1#MDTG3M21∶5，泥质灰陶。器盖，方唇，盖面隆起，较高。盒，子母口，弧腹，饼足。器盖和器身残存彩绘，盒盖有轮旋线，下腹旋削修坯一周，去胎泥较厚，使饼足明显。口径 18、底径 8、高 11.8 厘米（图二一六，8）。

铁插　1 件。10NDZ1#MDTG3M21:9，断面呈“V”字形，平面呈长条形，刃部较锐尖，尾部有长方形銎。长 18、厚 2、高 6 厘米（图二一六，6）。

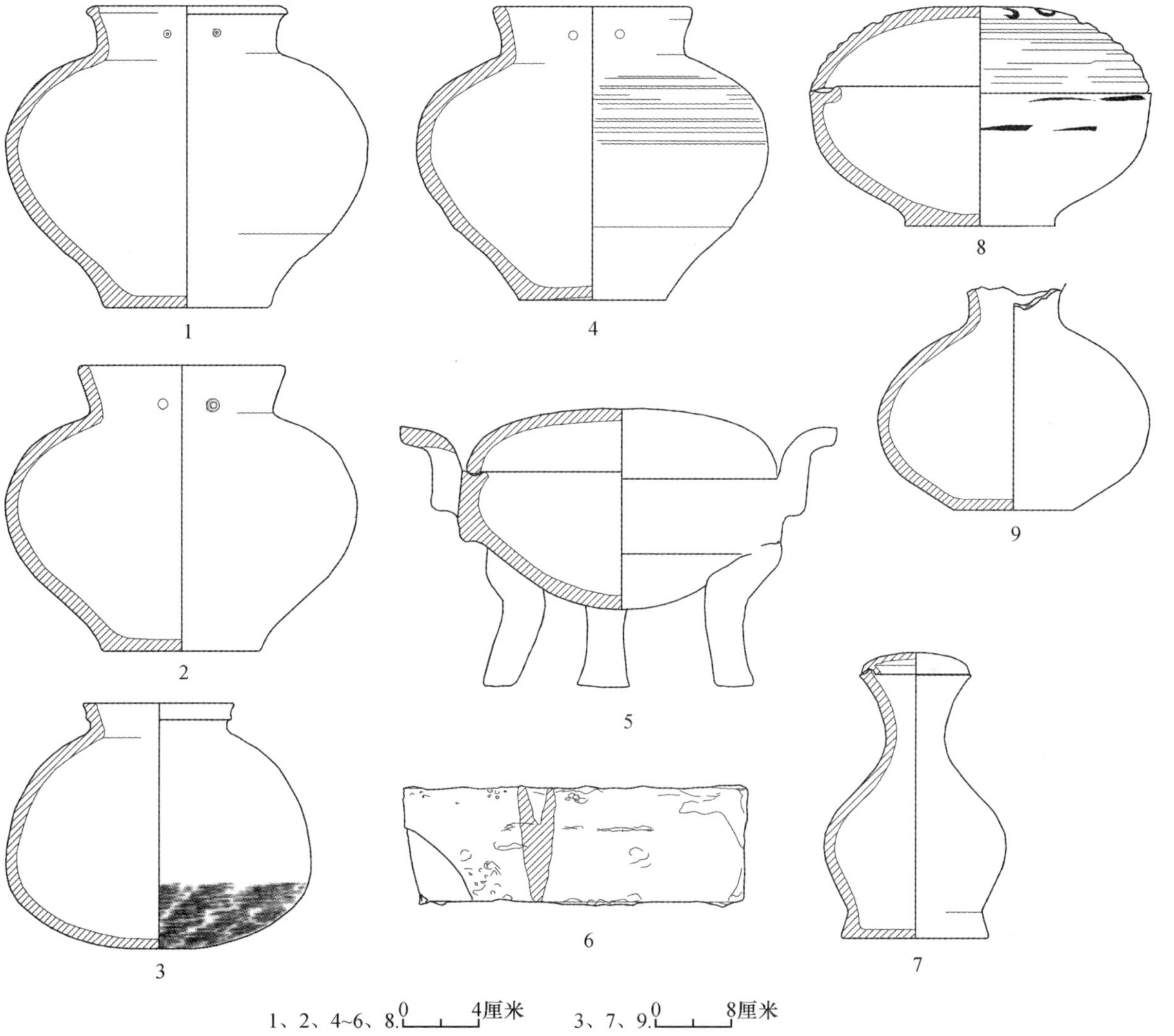

图二一六　10NDZ1#MDTG3M21 出土器物

1、2、4、9. 陶罐（10NDZ1#MDTG3M21:4、10NDZ1#MDTG3M21:8、10NDZ1#MDTG3M21:3、10NDZ1#MDTG3M21:2）
3. 陶瓮（10NDZ1#MDTG3M21:1）　5. 陶鼎（10NDZ1#MDTG3M21:6）　6. 铁插（10NDZ1#MDTG3M21:9）
7. 陶壶（10NDZ1#MDTG3M21:7）　8. 陶盒（10NDZ1#MDTG3M21:5）

10NDZ1#MDTG4M23

10NDZ1#MDTG4M23 位于 1 号墓地 TG4 南部偏西，南邻 10NDZ1#MDTG4M24、10NDZ1#MDTG4M25、10NDZ1#MDTG4M37，东邻 10NDZ1#MDTG4M30。10NDZ1#MDTG4M23 开口于②层下，打破第③层及生土层。

1. 形制和规格

10NDZ1#MDTG4M23 是一座长方形竖穴土坑墓，东西向，墓向 95°。墓口距地表 0.6 米（图二一七）。

10NDZ1#MDTG4M23 长 2.6、宽 1.2、深 1.8 米。填土为花土，质松软，四壁较规整。

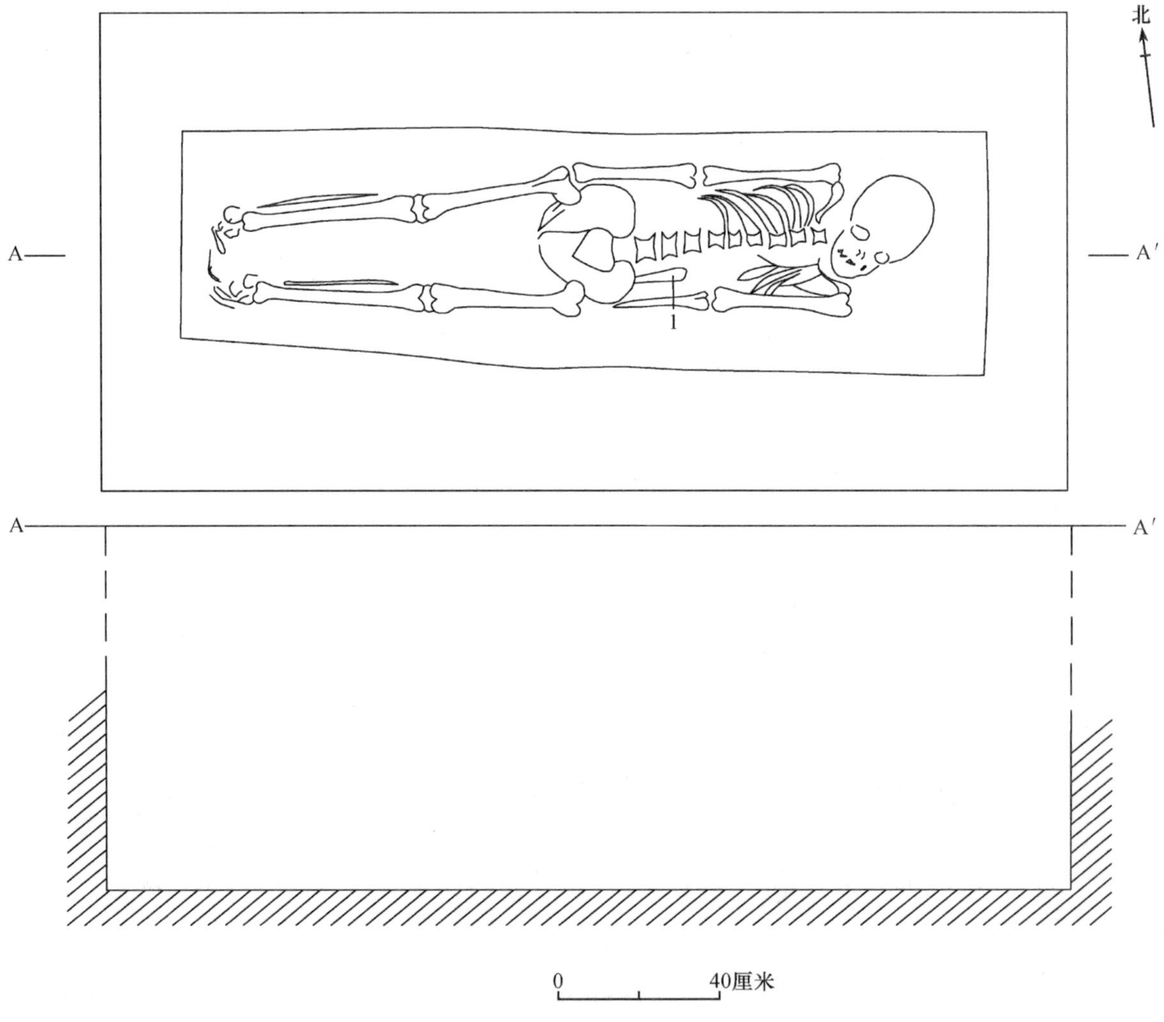

图二一七　10NDZ1#MDTG4M23 平、剖面图

1. 铁器

2. 葬具和人骨

墓室内清理出一木棺灰痕，长 2.4、宽 1.2、残高 0.35 米（图版四八，2）。

人骨为仰身直肢单人葬。头东脚西，面向上，是一45～50岁女性个体。

3. 随葬品

（1）种类及数量

铁器1件。

（2）出土位置

铁器位于人骨腹部下。

（3）器物形制分类介绍

铁器　1件。10NDZ1#MDTG4M23∶1，铁质，锈蚀严重。状似剑形，尾端残缺，一端呈尖状，器身微弧。长12.5厘米（图二一八）。

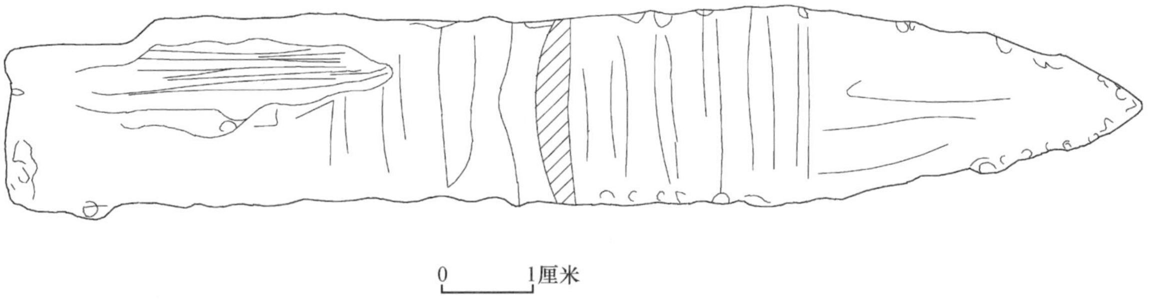

图二一八　10NDZ1#MDTG4M23出土铁器（10NDZ1#MDTG4M23∶1）

10NDZ1#MDTG4M24

10NDZ1#MDTG4M24位于1号墓地TG4南部偏西，局部叠压在南壁下，西北角打破10NDZ1#MDTG4M37东南角，西邻10NDZ1#MDTG4M25，东邻10NDZ1#MDTG4M30。10NDZ1#MDTG4M24开口于②层下，打破第③层及生土层。遭到严重盗扰。

1. 形制和规格

10NDZ1#MDTG4M24是一座长方形砖椁墓，南北向，墓向10°。墓口距地表0.6米。发掘至距墓底0.6米处，东西两侧发现砖墙。砖壁顺砖错缝平砌12层，砖墙上有横向盖板灰痕（图二一九）。

10NDZ1#MDTG4M24长2.6、宽1.3、深3.1米。填土为混合黄土和褐色黏土的花土，质松软，四壁较规整平滑。

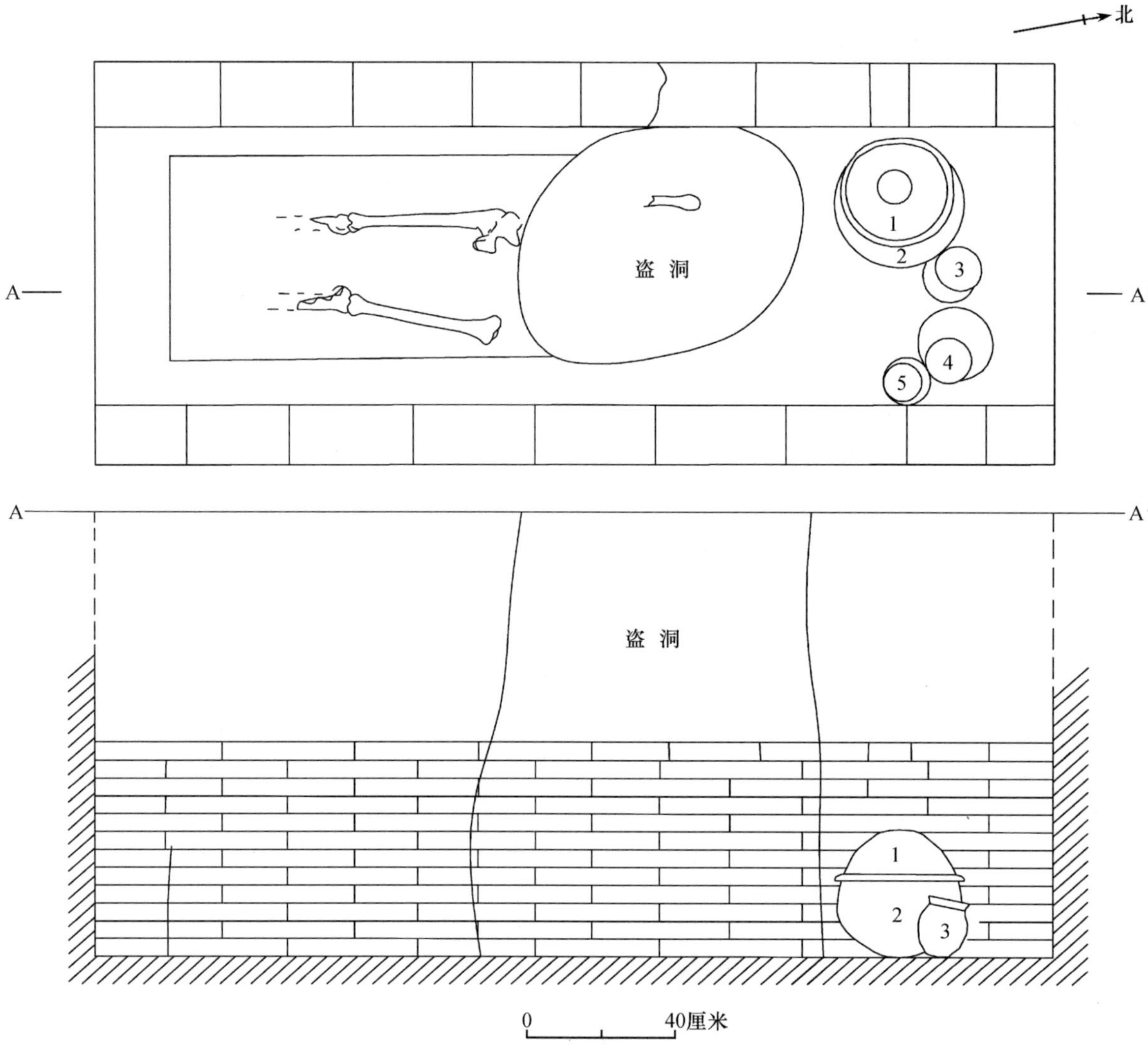

图二一九　10NDZ1#MDTG4M24 平、剖面图

1. 陶盆　2. 陶瓮　3、5. 陶罐　4. 陶壶

2. 葬具和人骨

墓室内清理出一木棺灰痕，长 1.1、宽 0.55、残高 0.3 米（图版四九，1）。人骨为单人葬。因遭盗扰，仅余下肢。

3. 随葬品

（1）种类及数量

共 5 件。陶壶 1 件、陶罐 2 件、陶瓮 1 件、陶盆 1 件。

（2）出土位置

随葬器物均位于墓室北部靠近北壁处。

（3）器物形制分类介绍

陶壶　1件。10NDZ1#MDTG4M24:4，泥质灰陶。喇叭口，方唇，束颈，溜肩，鼓腹，小平底。下腹旋削修坯一周。口径11.8、底径8、高24厘米（图二二〇，3；图版八二，6）。

陶罐　2件。10NDZ1#MDTG4M24:3，泥质灰陶。侈口，方唇，溜肩，弧腹，平底。器身有轮旋线，下腹旋削修坯一周，去胎泥较厚，使下腹部略显折棱。口径10.4、底径6、高14.6厘米（图二二〇，5）。10NDZ1#MDTG4M24:5，泥质灰陶。侈口，折沿，方唇，斜直颈，微弧，溜肩，弧腹，小平底。沿面有凹槽，下腹及底饰蓝纹，较浅。口径12.8、底径5、高17厘米（图二二〇，1）。

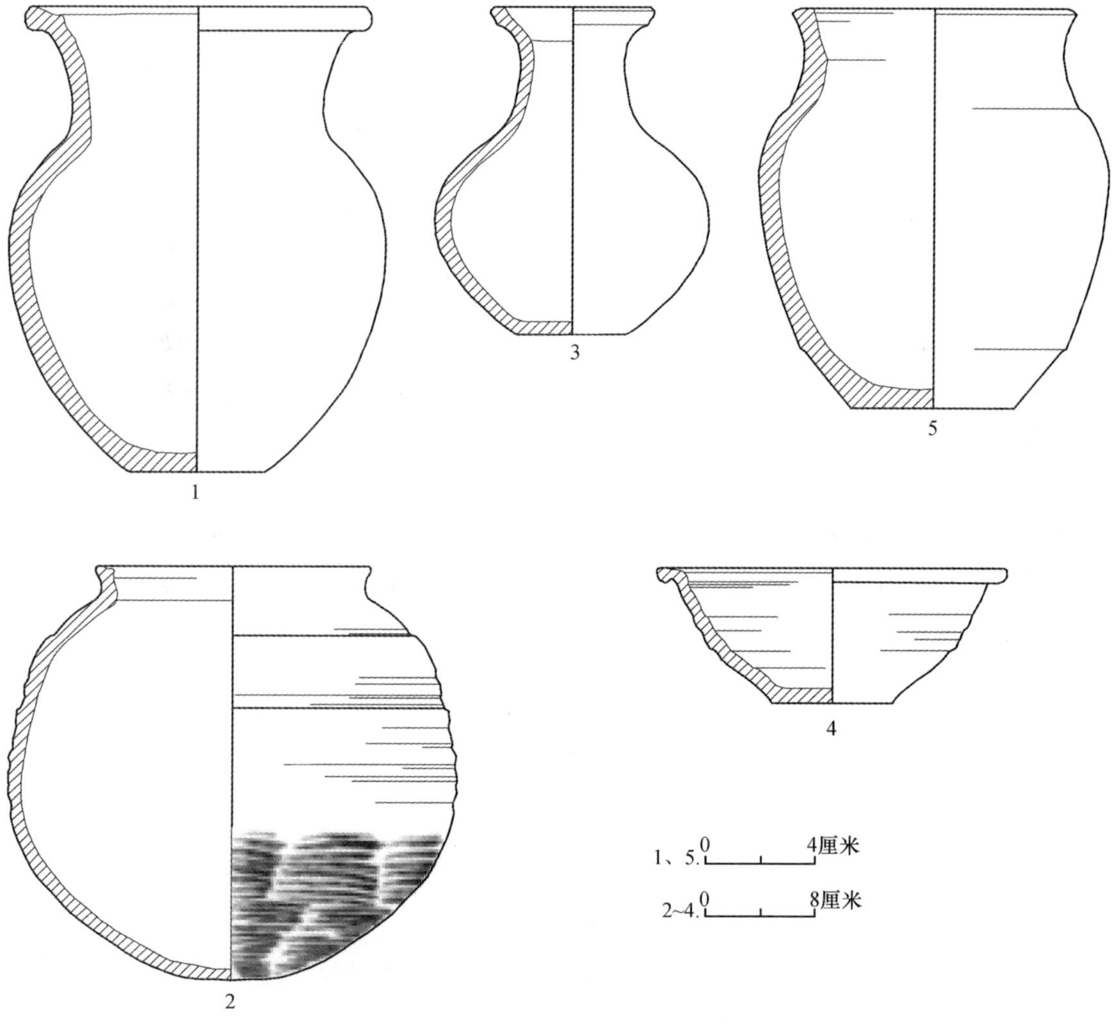

图二二〇　10NDZ1#MDTG4M24出土陶器

1、5. 罐（10NDZ1#MDTG4M24:5、10NDZ1#MDTG4M24:3）　2. 瓮（10NDZ1#MDTG4M24:2）　3. 壶（10NDZ1#MDTG4M24:4）　4. 盆（10NDZ1#MDTG4M24:1）

陶瓮　1件。10NDZ1#MDTG4M24∶2，泥质灰陶。直口，微侈，方唇，肩微折，鼓腹，圜底，较尖。肩部旋削修坯一周，去胎泥较厚，使肩部略显折线。器表有轮旋线，下腹及底部饰篮纹。口径20、高30.4厘米（图二二〇，2）。

陶盆　1件。10NDZ1#MDTG4M24∶1，泥质灰陶。侈口，宽折沿，圆唇，斜直腹，微弧，小平底。器表有轮旋线，下腹旋削修坯一周。口径25.8、底径8.4、高10厘米（图二二〇，4）。

10NDZ1#MDTG4M25

10NDZ1#MDTG4M25位于1号墓地TG4西南部局部叠压在TG4南壁下，东邻10NDZ1#MDTG4M25，东北角打破10NDZ1#MDTG4M37西南角，再北为10NDZ1#MDTG4M23。10NDZ1#MDTG4M25开口于②层下，打破第③层及生土层。

1. 形制和规格

10NDZ1#MDTG4M25是一座带有生土两层台的长方形竖穴土坑墓，南北向，墓向8°。墓口距地表0.6米。发掘至距墓底3.6米处在墓室东西两侧发现生土二层台。生土二层台上有横向盖板灰痕（图二二一）。

10NDZ1#MDTG4M25长3、宽1.1、深4米。填土为花土，经夯打实，四壁较规整。

2. 葬具和人骨

墓室内清理出一木棺灰痕，棺长2.1、宽0.54、残高0.25米（图版四九，2）。

人骨为仰身直肢单人葬。墓主头部、胸部、盆骨均已朽成骨粉状，根据残存痕迹判断墓主应为头北脚南，面向西。性别、年龄不详。

3. 随葬品

（1）种类及数量

共6件。陶罐4件、陶钵2件。

（2）出土位置

随葬器物位于墓主头前棺外北部，靠近椁室北端。大体分两排，呈东西向排列，5、6号陶罐为一排，位于北侧；另两件陶罐、一件陶钵（3号陶钵置放于4号陶钵内）为一排，位于南侧。

（3）器物形制分类介绍

陶罐　4件。10NDZ1#MDTG4M25∶1，泥质灰陶。直口，微侈，折沿，沿面有凹槽，方唇，

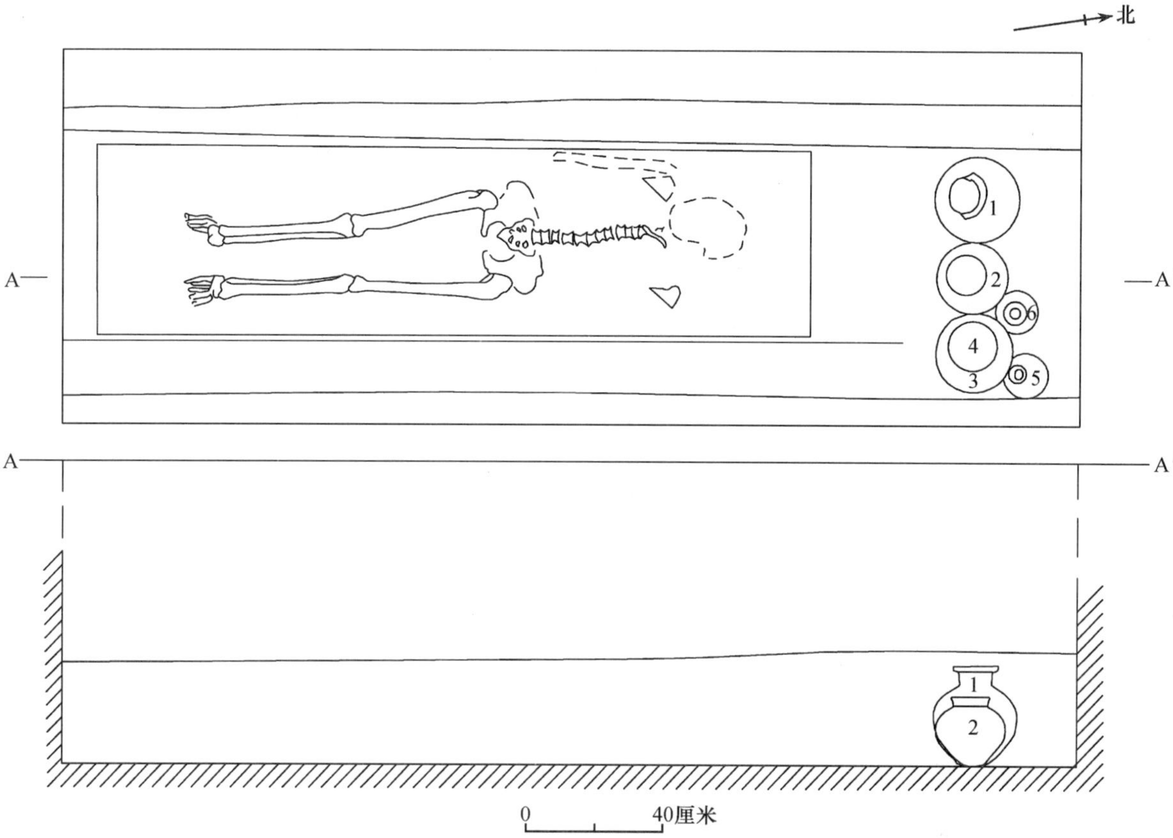

图二二一　10NDZ1#MDTG4M25平、剖面图
1、2、5、6. 陶罐　3、4. 陶钵

直颈，溜肩，鼓腹，小平底，微内凹。器表有轮旋线，下腹及底饰绳纹。口径14、底径7.5、高29.8厘米（图二二二，2）。10NDZ1#MDTG4M25:2，泥质灰陶。直口，微侈，方唇，溜肩，鼓腹，小平底。颈部左右两侧各有两个穿孔，器表有轮旋线，下腹部旋削修坯一周，去胎泥较厚，使下腹部略显折线。口径12、底径11.6、高20.6厘米（图二二二，3）。10NDZ1#MDTG4M25:5，泥质灰陶。侈口，圆唇，颈部较细，溜肩，凸鼓腹，平底，微内凹。下腹部旋削修坯一周。口径6、底径7、高12.2厘米（图二二二，1；图版八四，1）。10NDZ1#MDTG4M25:6，泥质灰陶。侈口，圆唇，颈部较细，溜肩，鼓腹，平底。器表有轮旋线，下腹部旋削修坯一周。口径7、底径7.2、高13.5厘米（图二二二，5）。

陶钵　2件。10NDZ1#MDTG4M25:3，泥质灰陶。口微敛，方唇，弧腹，平底。器表有轮旋线，下腹部旋削修坯一周。口径24、底径9、高9厘米（图二二二，6；图版八六，6）。10NDZ1#MDTG4M25:4，泥质灰陶。直口，微敛，方唇，折腹，小平底，微内凹。器表有轮旋线，下腹部旋削修坯一周，去胎泥较厚，使下腹略显折线。口径16、底径6.6、高6厘米（图二二二，4；图版八六，5）。

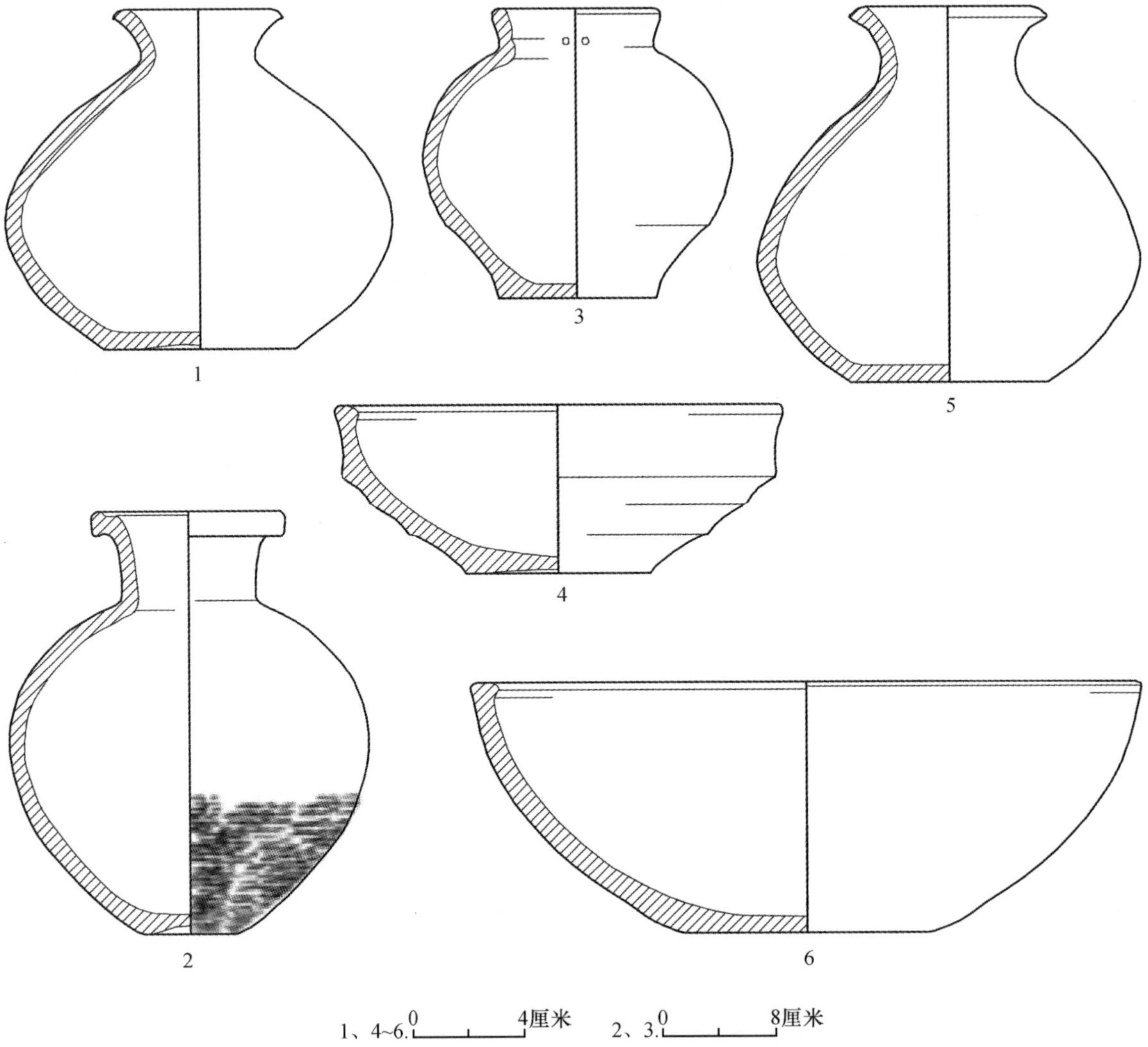

图二二二　10NDZ1#MDTG4M25 出土陶器

1 ~3、5. 罐（10NDZ1#MDTG4M25:5、10NDZ1#MDTG4M25:1、10NDZ1#MDTG4M25:2、10NDZ1#MDTG4M25:6）

4、6. 钵（10NDZ1#MDTG4M25:4、10NDZ1#MDTG4M25:3）

10NDZ1#MDTG4M26

10NDZ1#MDTG4M26 位于 1 号墓地 TG4 北端偏西，东邻 10NDZ1#MDTG4M27，南邻 10NDZ1#MDTG4M28。10NDZ1#MDTG4M26 开口于②层下，打破第③层及生土层。

1. 形制和规格

10NDZ1#MDTG4M26 是一座“斗”形竖穴土坑墓，南北向，墓向 8°。墓口距地表 0.6 米（图二二三）。

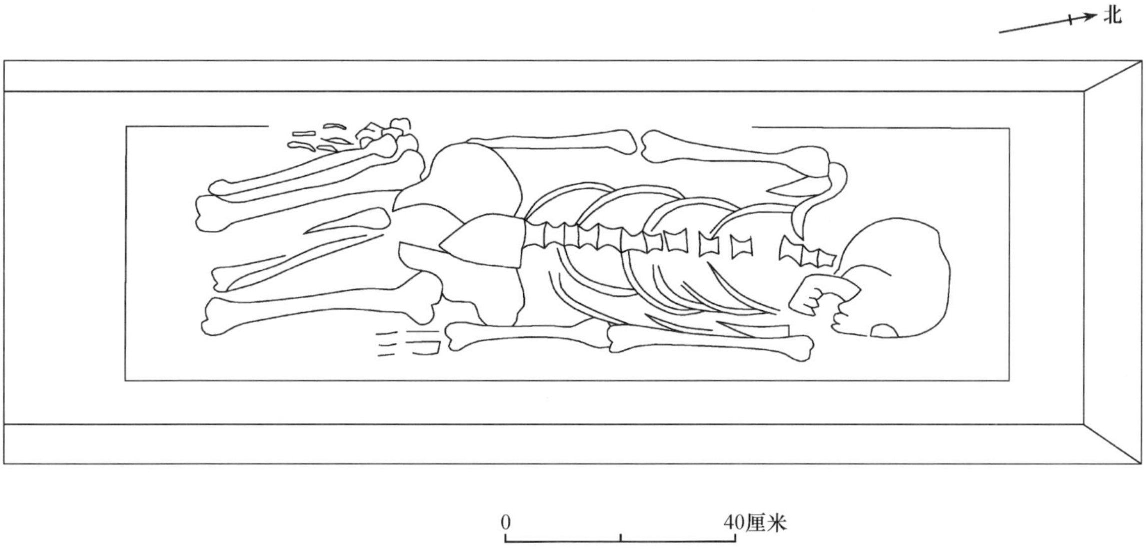

图二二三　10NDZ1#MDTG4M26 平面图

10NDZ1#MDTG4M26 上口长 1.8、宽 0.72 米，底长 1.6、宽 0.6、深 1.5 米。填土为花土，经夯打实，四壁较规整。

2. 葬具和人骨

墓室内清理出一具木棺灰痕，棺长 1.6、宽 0.46、残高 0.4 米。

人骨为仰身后屈肢单人葬。屈肢较甚。头北脚南，面向东，两臂平放于身体两侧，两小腿沿右腿后折，叠压于右腿下。为一 35～40 岁的男性个体。无随葬品（图版五〇，1）。

10NDZ1#MDTG4M27

10NDZ1#MDTG4M27 位于 1 号墓地 TG4 北端，西邻 10NDZ1#MDTG4M26，南邻 10NDZ1#MDTG4M28。10NDZ1#MDTG4M27 开口于②层下，打破第③层及生土层。

1. 形制和规格

10NDZ1#MDTG4M27 是一座“斗”形竖穴土坑墓，南北向，墓向 10°。墓口距地表 0.6 米（图二二四）。

10NDZ1#MDTG4M27 上口长 2.4、宽 1～1.1 米，底长 2、宽 0.72、深 1.5 米。填土为花土，经夯打实，四壁较规整。

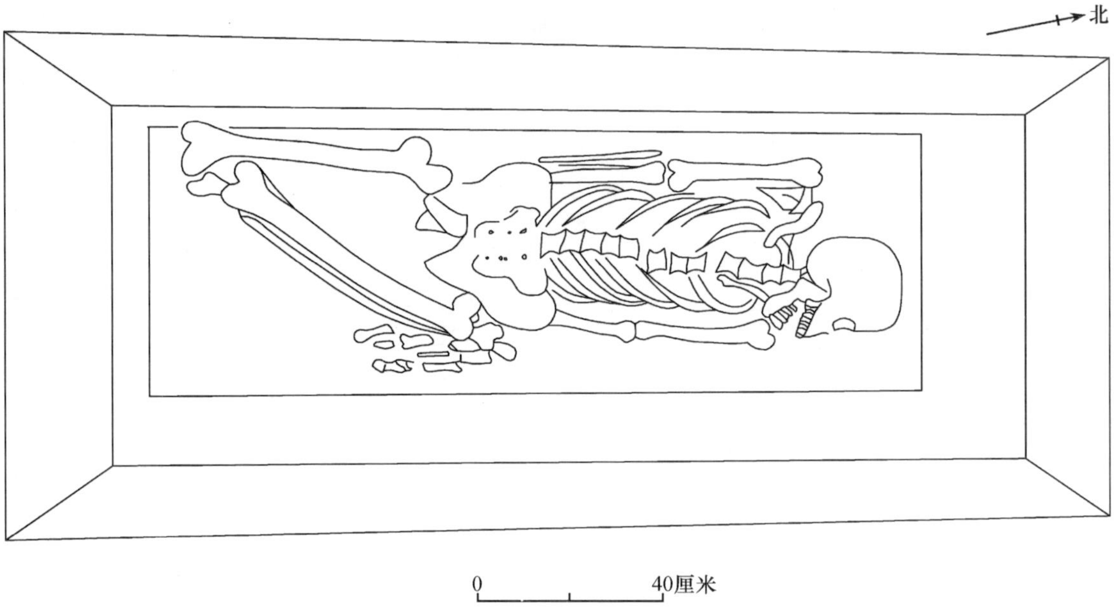

图二二四　10NDZ1#MDTG4M27 平面图

2. 葬具和人骨

墓室内清理出一具木棺灰痕，棺长 1.68、宽 0.74、残高 0.4 米。

人骨为仰身后屈肢单人葬。屈肢较甚。头北脚南，面向东，上肢直放于身体两侧，双下肢沿左腿后折，叠压于左腿下。人骨保存较好，是一 35 ~ 40 岁的男性个体。无随葬品（图版五〇，2）。

10NDZ1#MDTG4M29

10NDZ1#MDTG4M29 位于 1 号墓地 TG4 中部偏东，东邻 10NDZ1#MDTG4M36，南邻 10NDZ1#MDTG4M34，西北邻 10NDZ1#MDTG4M22，北邻 10NDZ1#MDTG4M32。10NDZ1#MDTG4M29 开口于②层下，打破第③层及生土层。

1. 形制和规格

10NDZ1#MDTG4M29 是一座长方形砖椁墓，南北向，墓向 15°。墓口距地表 0.6 米。发掘至 2.64 米处时，在墓室东、西、南三壁发现砖墙，砖墙上有横向盖板痕迹，底部用灰砖呈“人”字形平铺。墓砖规格为长 31、宽 16、厚 4 厘米（图二二五）。

10NDZ1#MDTG4M29 长 3.85、宽 1.3、深 3.4 米。填土为黄土和褐色黏土混合而成的花土，质松软，四壁较规整平滑。

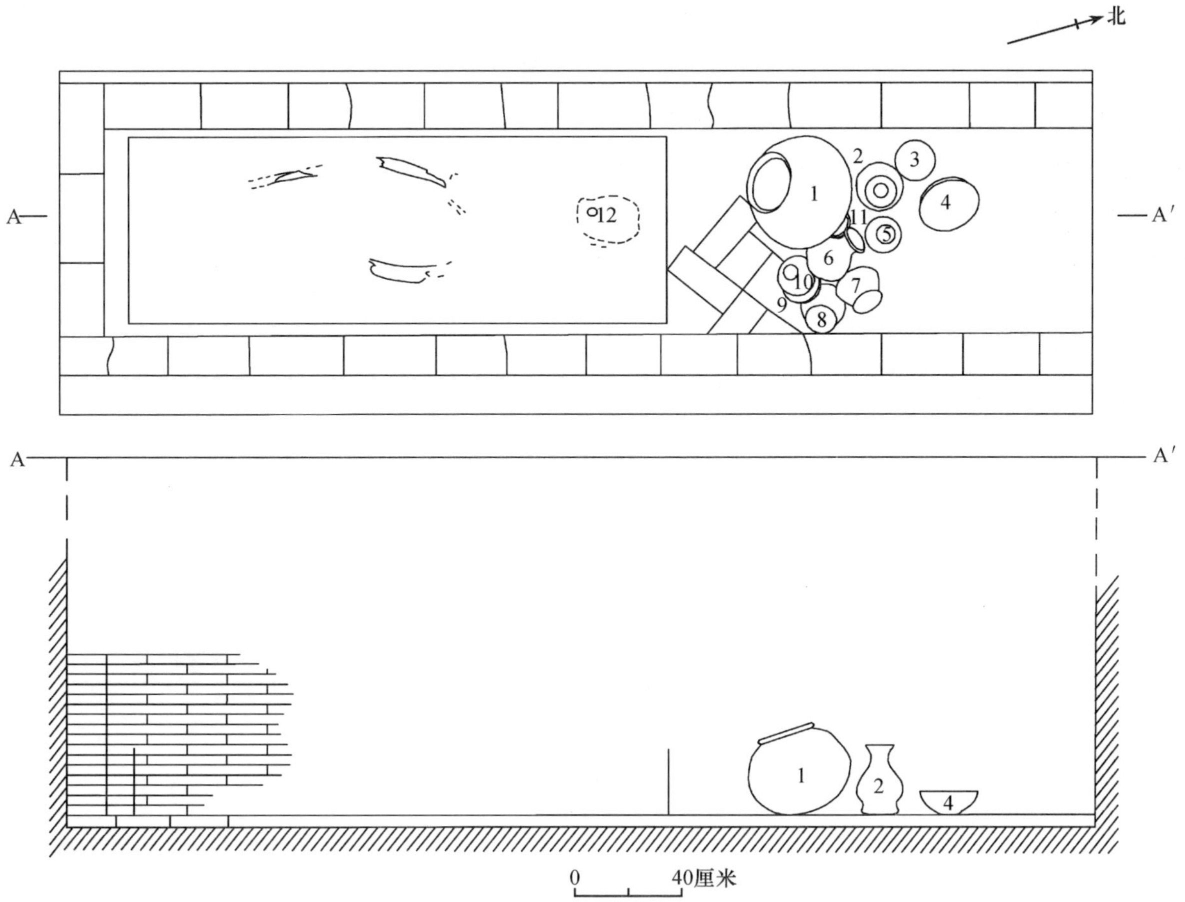

图二二五　10NDZ1#TG4M29平、剖面图

1. 陶瓮　2、5、6. 陶壶　3、9. 陶盒　4. 陶钵　7、8. 陶罐　10. 陶盒盖　11. 器盖　12. 铜钱

2. 葬具和人骨

墓室内清理出一木棺灰痕，长2、宽0.7、残高0.3米（图版五一，1）。

人骨为单人葬。人骨保存较差，已朽成粉末状，从残存痕迹判断墓主应为头北脚南，面向上，年龄、性别不详。

3. 随葬品

（1）种类及数量

共10件（枚）。陶壶3件、陶罐2件、陶瓮1件、陶盒2件、陶钵1件，铜钱1枚。

（2）出土位置

11号铜钱位于棺内墓主嘴中。其他随葬器物均堆放于椁室北部（图版五一，2）。

(3) 器物形制分类介绍

陶壶　3 件。10NDZ1#MDTG4M29∶2，泥质灰陶。器盖，方唇，盖面隆起，顶部较缓平。壶，侈口，外口呈喇叭口状，内口略显盘口形，束颈，溜肩，鼓腹，假圈足，较高，底缘外侈。器表直接施红、白两色彩绘，大部分彩绘不清。口径 10.8、底径 14、高 28.5 厘米（图二二六，3）。10NDZ1#MDTG4M29∶5，泥质灰陶。小口，方唇，束颈，溜肩，鼓腹，平底。器身有轮旋线，下腹旋削修坯一周。口径 7、底径 7、高 13.4 厘米（图二二六，5）。10NDZ1#MDTG4M29∶6，泥质灰陶。喇叭口，方唇，束颈，溜肩，鼓腹，平底，微内凹。器身有轮旋线，下腹旋削修坯一周，去胎泥较厚，在下腹形成一折棱。口径 11、底径 7.8、高 21.6 厘米（图二二六，7）。

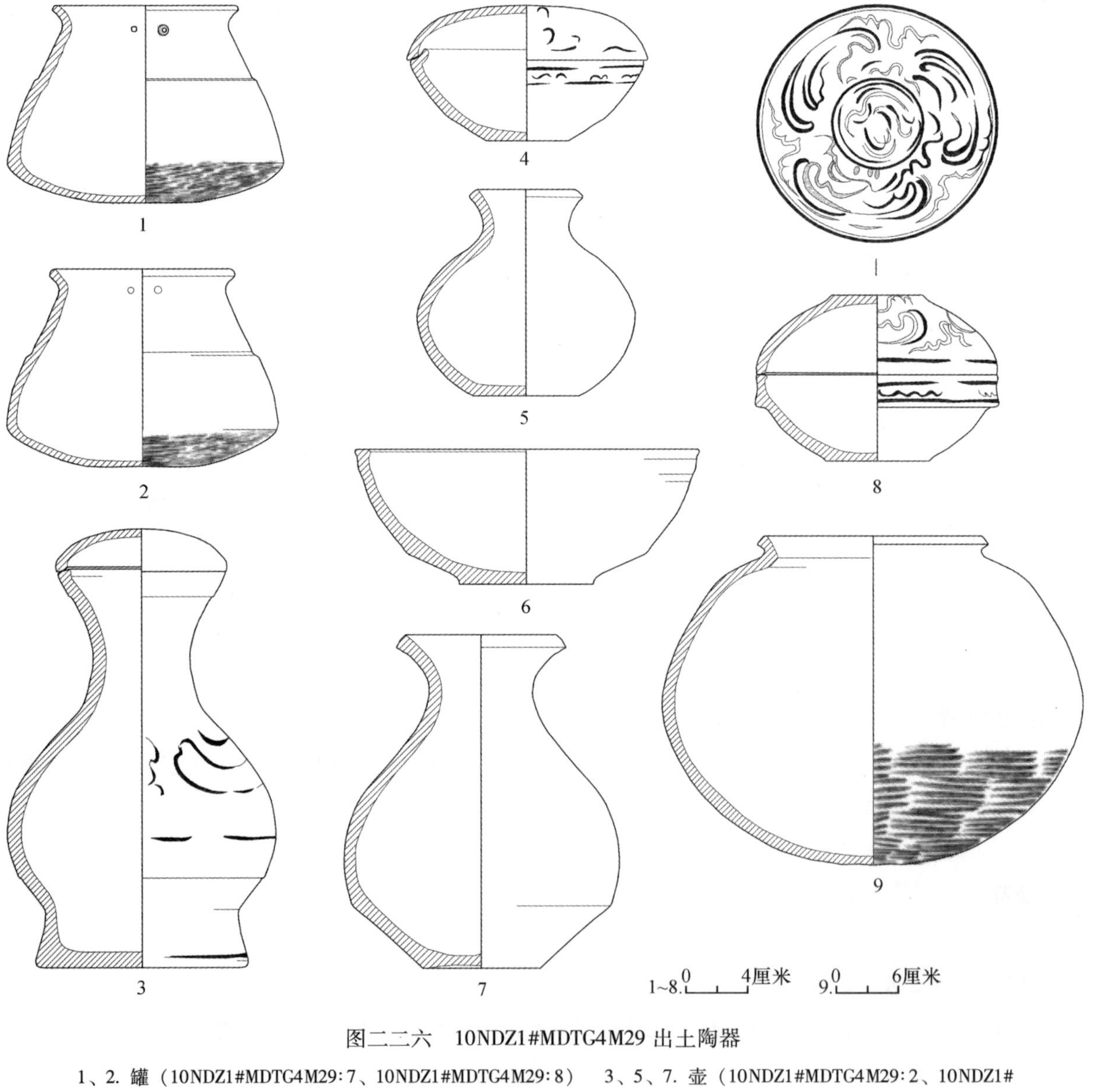

图二二六　10NDZ1#MDTG4M29 出土陶器

1、2. 罐（10NDZ1#MDTG4M29∶7、10NDZ1#MDTG4M29∶8）　3、5、7. 壶（10NDZ1#MDTG4M29∶2、10NDZ1#MDTG4M29∶5、10NDZ1#MDTG4M29∶6）　4、8. 盒（10NDZ1#MDTG4M29∶3、10NDZ1#MDTG4M29∶9）　6. 钵（10NDZ1#MDTG4M29∶4）　9. 瓮（10NDZ1#MDTG4M29∶1）

陶罐　2件。10NDZ1#MDTG4M29:7，泥质灰陶。斜折沿，圆唇，束颈，斜直肩，上腹斜直，下腹折收，圜底。上腹旋削修坯一周，去胎泥较厚，在肩部形成一折台。颈部左右两侧各有两个穿孔，下腹及底部饰细绳纹。口径12、高12.8厘米（图二二六，1；图版八四，3）。10NDZ1#MDTG4M29:8，泥质灰陶。斜折沿，方唇，束颈，斜直肩，上腹斜直，下腹折收，圜底。上腹旋削修坯修坯一周，去胎泥较厚，在肩部形成一折台。颈部左右两侧各有两个穿孔，下腹及底部饰细绳纹。口径12、高12.8厘米（图二二六，2；图版八四，5）。

陶瓮　1件。10NDZ1#MDTG4M29:1，泥质灰陶。斜折沿，方唇，肩略鼓，鼓腹，圜底。下腹及底部饰篮纹，较细密。口径22.8、高32厘米（图二二六，9；图版八六，2）。

陶盒　2件。10NDZ1#MDTG4M29:3，泥质灰陶。器盖，方唇，盖面隆起，顶部较缓。盒，子母口，弧腹，小平底。器盖和器表残存红彩，盒盖有轮旋线，下腹部有旋削修坯痕迹，去胎泥较厚，使下腹略显折线。口径15.4、底径5.4、高8.8厘米（图二二六，4；图版八七，1）。10NDZ1#MDTG4M29:9，泥质灰陶。器盖，方唇，盖面隆起，平顶。器表有轮旋线。盒，直口微敛，方唇，折腹，下腹斜直微弧，平底。下腹旋削修坯一周。直接在器表施加彩绘，器盖有红、白两色组成的云纹；盒上腹残存两条红彩纹饰带，纹饰带之间绘水波状云纹。口径15.6、底径6.6、高10.8厘米（图二二六，8）。

陶钵　1件。10NDZ1#MDTG4M29:4，泥质灰陶。方唇，口微敛，弧腹，饼足。器表有轮旋线，下腹旋削修饰一周，去胎泥较厚，使底部略显足形。口径22.4、底径8.8、高8.8厘米（图二二六，6）。

铜钱　1枚。10NDZ1#MDTG4M29:10，残损严重，形制不详。

10NDZ1#MDTG4M33

10NDZ1#MDTG4M33位于1号墓地TG4南部偏东，打破10NDZ1#MDTG4M34东南角，西邻10NDZ1#MDTG4M31，东北邻10NDZ1#MDTG4M36。10NDZ1#MDTG4M33开口于②层下，打破第③层及生土层。

1. 形制和规格

10NDZ1#MDTG4M33是一座带有生土两层台的长方形竖穴土坑墓，南北向，墓向8°。墓口距地表0.6米。发掘至2米时在墓室东西两壁发现生土二层台，生土二层台上有横向盖板痕迹（图二二七）。

10NDZ1#MDTG4M33长2、宽0.9、深1.9米。填土为花土，质松软，四壁较规整。

2. 葬具和人骨

墓室内清理出一木棺灰痕，棺长1.16、宽0.3、残高0.2米。

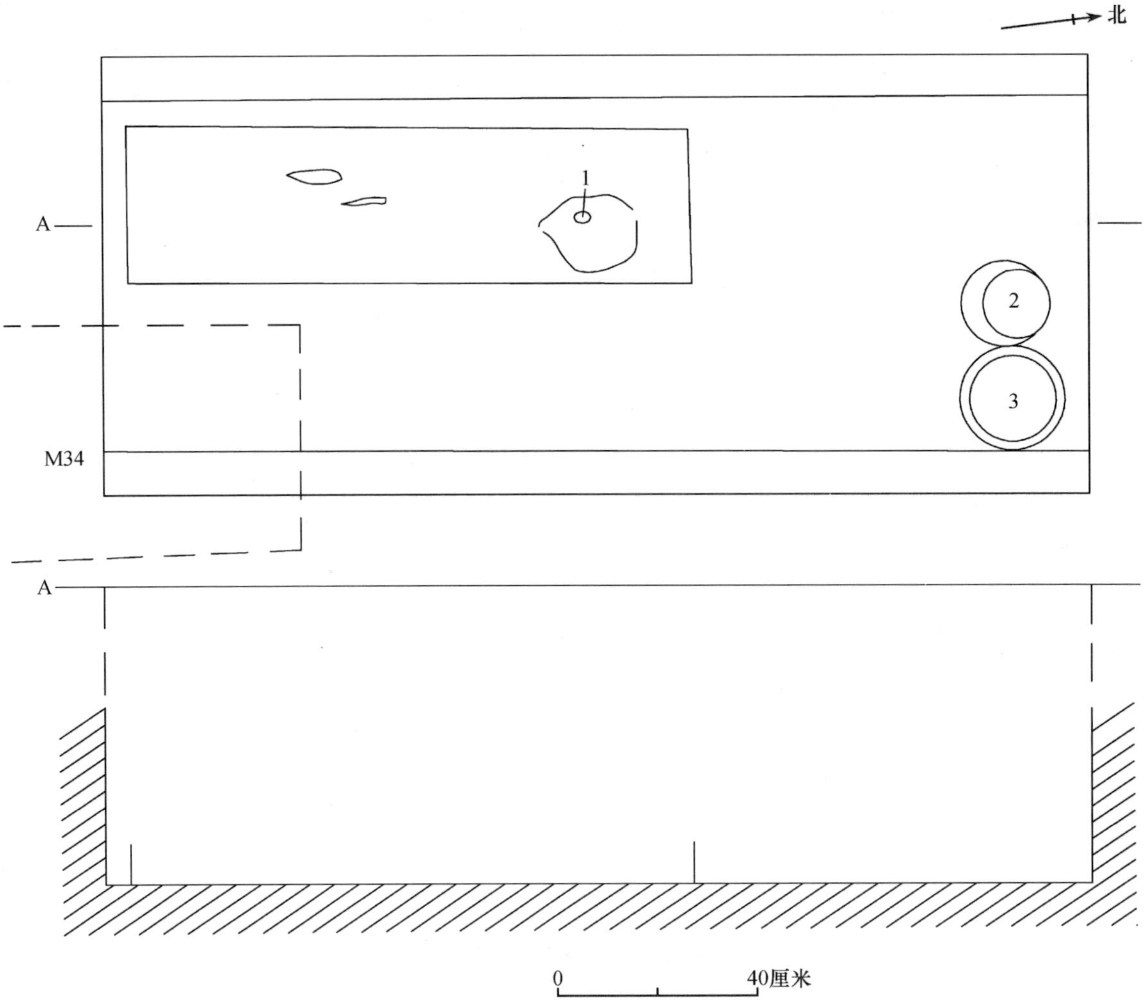

图二二七　10NDZ1#MDTG4M33 平、剖面图

1. 铜钱　2、3. 陶罐

人骨为单人葬。人骨保存较差，大部分已朽成粉末状，仅残存部分腿骨，根据残存痕迹判断墓主应为头北脚南。为一个未成年的儿童。

3. 随葬品

（1）种类及数量

共 3 件（枚）。陶罐 2 件，铜钱 1 枚。

（2）出土位置

铜钱位于棺内墓主嘴中。其他随葬器物均位于墓室东北角。

（3）器物形制分类介绍

陶罐　2 件。10NDZ1#MDTG4M33∶2，泥质灰陶。直口，微侈，方唇，折肩，斜直腹，微弧，平底，微内凹。口径 9、底径 9.5、高 18.2 厘米（图二二八，1；图版八五，3）。10NDZ1#MDTG4M33∶3，泥质灰陶。直口，折沿，方唇，溜肩，弧腹，平底，微内凹。器身有轮旋线。口径 10.8、底径 8.4、高 15.6 厘米（图二二八，2）。

五铢钱　1 枚。10NDZ1#MDTG4M33∶1，浇注，圆形，方穿。"五"字较窄长，中间交叉两笔略圆曲，"铢"字漫漶不清。直径 2.5 厘米（图二二八，3）。

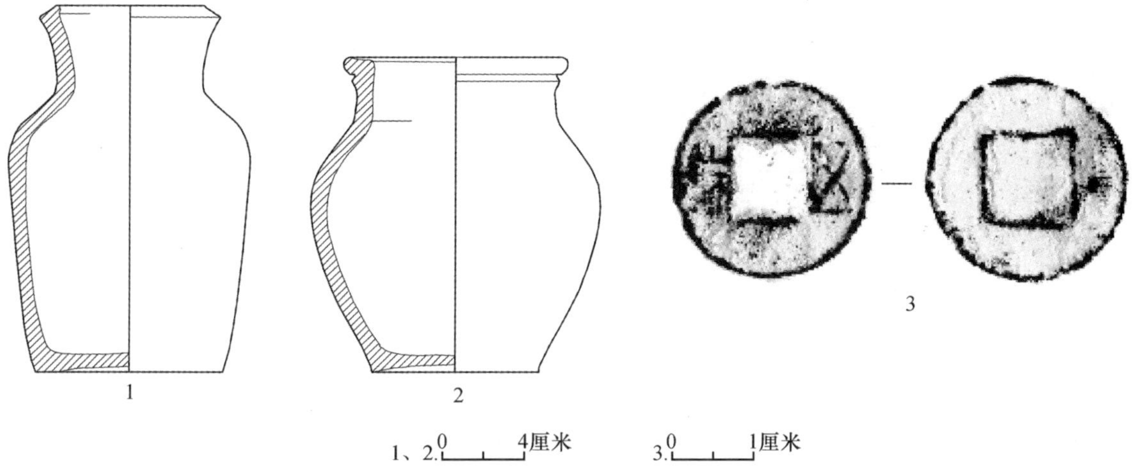

图二二八　10NDZ1#MDTG4M33 出土器物

1、2. 陶罐（10NDZ1#MDTG4M33∶2、10NDZ1#MDTG4M33∶3）　3. 铜钱（10NDZ1#MDTG4M33∶1）

10NDZ1#MDTG4M34

10NDZ1#MDTG4M34 位于 1 号墓地 TG4 南部偏东，东南角被 10NDZ1#MDTG4M33 打破，东北邻 10NDZ1#MDTG4M36，西南邻 10NDZ1#MDTG4M31。10NDZ1#MDTG4M34 开口于②层下，打破第③层及生土层。

1. 形制和规格

10NDZ1#MDTG4M34 是一座长方形竖穴土坑墓，南北向，墓向 357°。墓口距地表 0.6 米（图二二九）。

10NDZ1#MDTG4M34 长 2、宽 1、深 1.7 米。填土为花土，质松软，四壁较规整。

2. 葬具和人骨

墓室内清理出一木棺灰痕，棺长 1.8、宽 0.6、残高 0.35 米。

人骨为仰身直肢单人葬。头北脚南，面向东，两小臂内折置放于胸腹上，下肢微屈，为一 40～45 岁的男性个体。无随葬品。

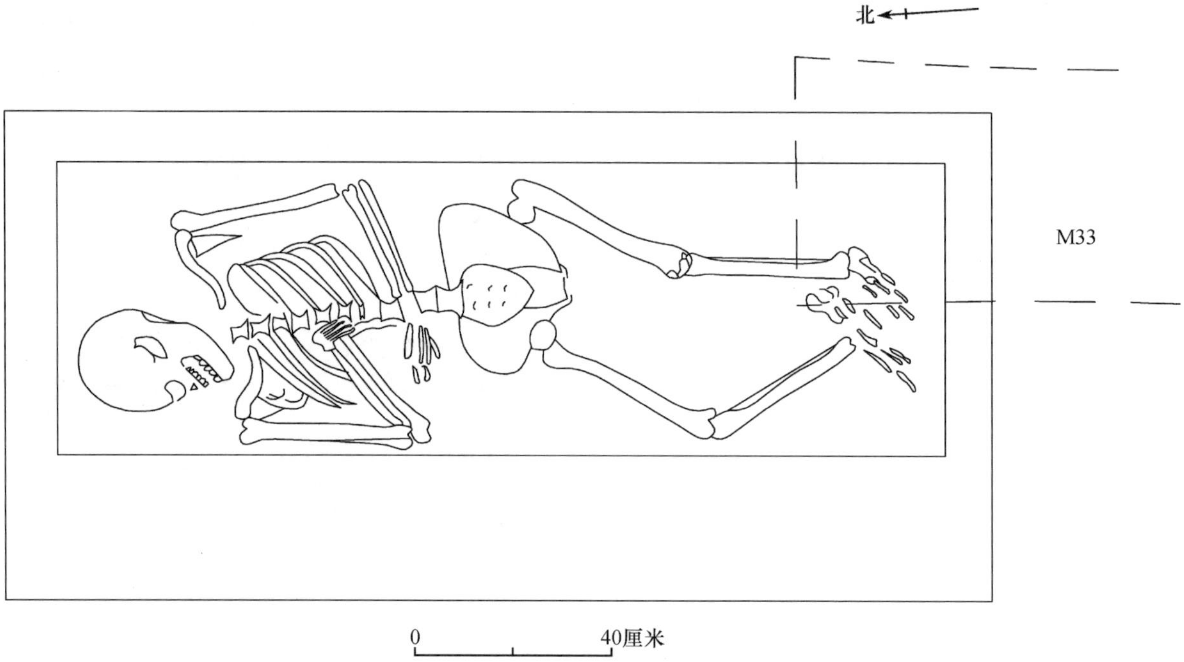

图二二九　10NDZ1#MDTG4M34 平面图

10NDZ1#MDTG4M35

10NDZ1#MDTG4M35 位于 1 号墓地 TG4 北部偏东，西邻 10NDZ1#MDTG4M32。10NDZ1#MDTG4M35 开口于②层下，打破第③层及生土层。

1. 形制和规格

10NDZ1#MDTG4M35 是一座带有生土两层台的长方形竖穴土坑墓，东西向，墓向 280°。墓口距地表 0.6 米。发掘至 1.9 米处在墓室南北两壁发现生土二层台，生土二层台上有横向盖板痕迹（图二三〇）。

10NDZ1#MDTG4M35 长 2.8、宽 0.92、深 2.35 米。填土为花土，质较硬，四壁较规整。

2. 葬具和人骨

墓室内清理出一木棺灰痕，棺长 2、宽 0.5、残高 0.35 米（图版五二，1）。

人骨为仰身直肢单人葬。人骨保存较差，胸部已朽成粉末状，从残存痕迹判断墓主应为头西脚东，面向北，左手放于腹部。年龄、性别不详。

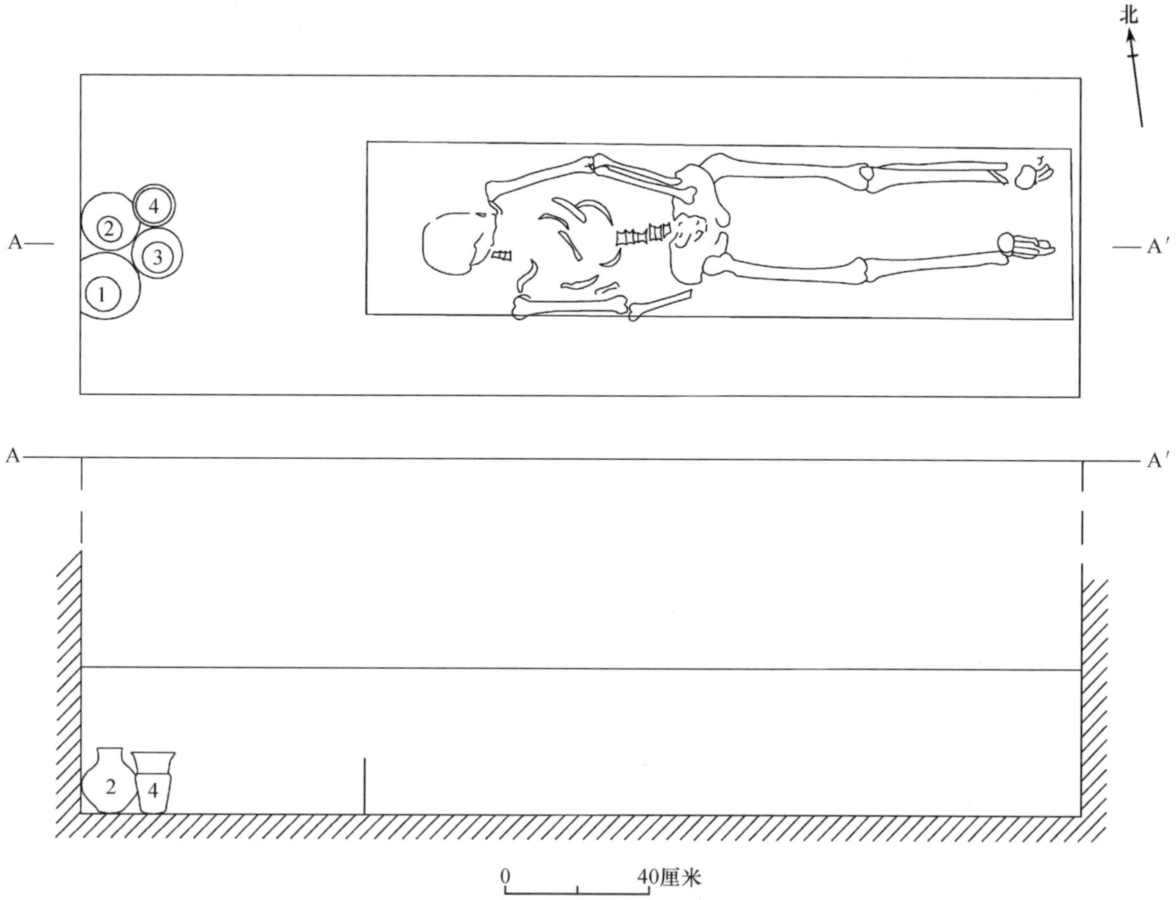

图二三〇　10NDZ1#MDTG4M35 平、剖面图
1、4. 陶罐　2、3. 陶壶

3. 随葬品

（1）种类及数量

共4件。陶壶2件、陶罐2件。

（2）出土位置

随葬器物均位于墓主头前棺外西部，距西壁较近。

（3）器物形制分类介绍

陶壶　2件。10NDZ1#MDTG4M35∶2，泥质灰陶。口残，细颈，溜肩，鼓腹，平底。器身有轮旋线，下腹旋削修坯一周，最大腹径位于腹中部。底径8.8、残高20.6厘米（图二三一，3）。10NDZ1#MDTG4M35∶3，泥质灰陶。方唇，短颈，溜肩，鼓腹，假圈足，较高，足心微内凹。器身有轮旋线。下腹旋削修饰，去胎泥略厚，在腹、假圈足交接处形成一折棱。口径10、底径12.8、高20.6厘米（图二三一，1）。

陶罐　2件。10NDZ1#MDTG4M35∶1，泥质灰陶。直口，微侈，方唇，折肩，鼓腹，小平底。肩部旋削修坯一周，去胎泥较厚，使肩部略显折线，下腹及底部饰篮纹。口径11.4、底径9、高22.6厘米（图二三一，2；图版八五，2）。10NDZ1#MDTG4M35∶4，泥质灰陶。侈口，方唇，唇沿内敛，斜直长颈，折肩，斜直腹，平底。器内轮旋线较明显。口径14、底径8、高19厘米（图二三一，4；图版八三，6）。

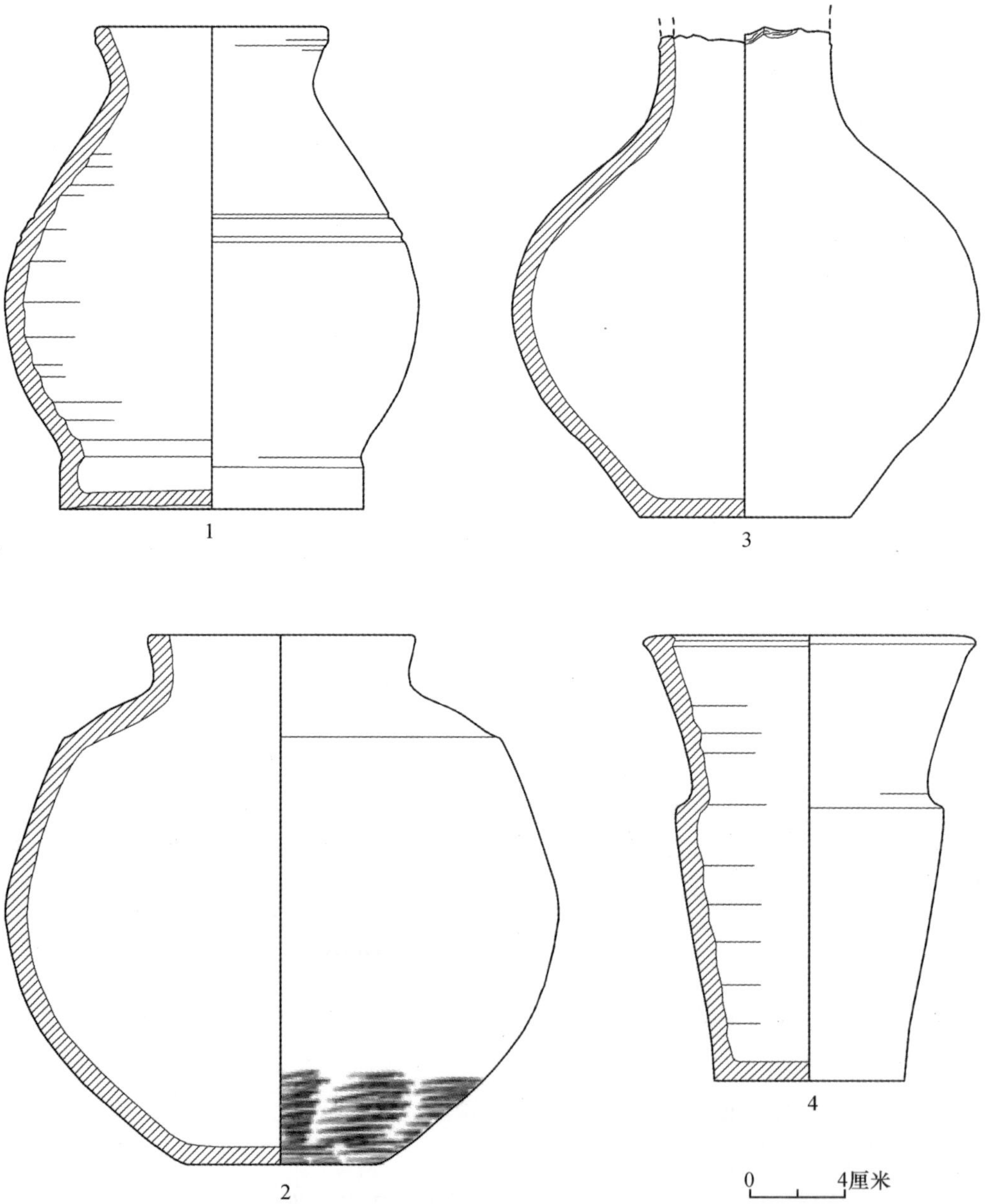

图二三一　10NDZ1#MDTG4M35出土陶器

1、3. 壶（10NDZ1#MDTG4M35∶3、10NDZ1#MDTG4M35∶2）　2、4. 罐（10NDZ1#MDTG4M35∶1、10NDZ1#MDTG4M35∶4）

10NDZ1#MDTG4M36

10NDZ1#MDTG4M36 位于 1 号墓地 TG4 东南部，西邻 10NDZ1#MDTG4M29，西南邻 10NDZ1#MDTG4M33。10NDZ1#MDTG4M36 开口于②层下，打破第③层及生土层。

1. 形制和规格

10NDZ1#MDTG4M36 是一座长方形砖椁墓，南北向，墓向 10°。墓口距地表 0.6 米。发掘至 3.7 米处在墓室东、南、西三壁发现砖墙，砖墙上有横向盖板痕迹。周壁顺砖错缝平砌 8 层，墓底用灰砖呈“人”字形平铺。墓砖规格为长 28、宽 13.5、厚 4 厘米（图二三二）。

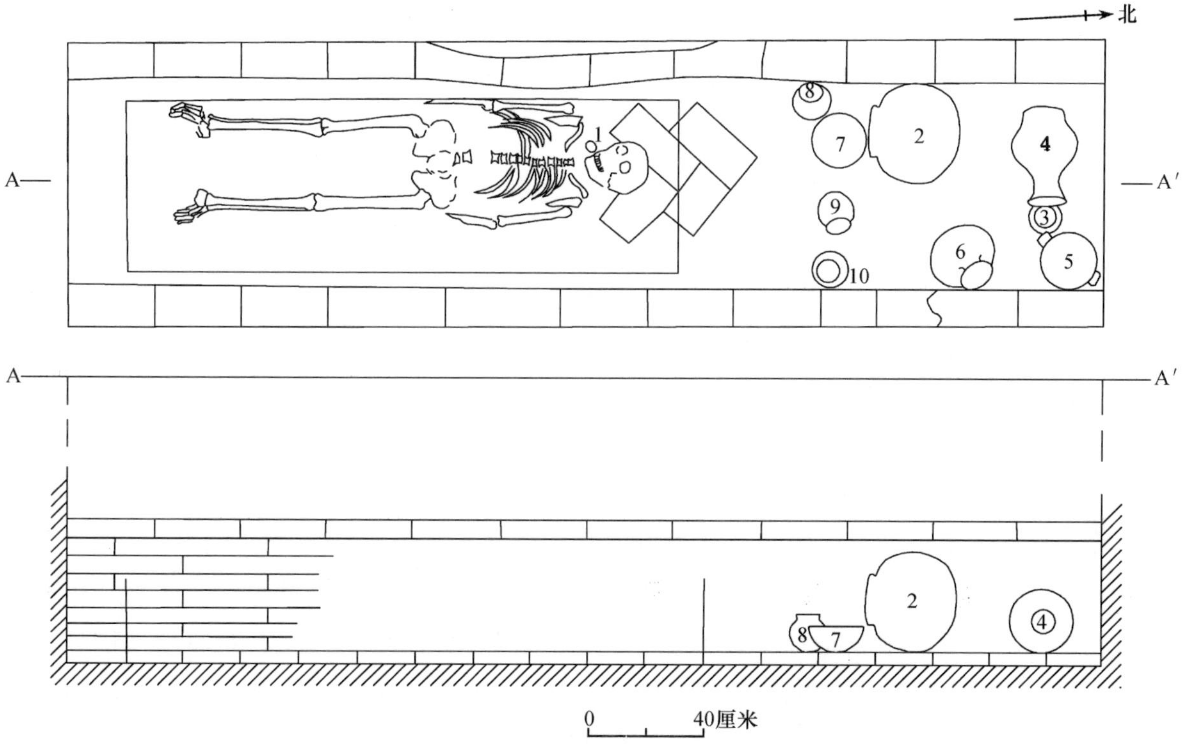

图二三二　10NDZ1#MDTG4M36 平、剖面图

1. 铜钱　2. 陶瓮　3. 壶盖　4. 陶壶　5. 陶鼎　6、8～10. 陶罐　7. 陶盒

10NDZ1#MDTG4M36 长 3.6、宽 1、深 4.3 米。填土为黄土和褐色黏土混合而成的花土，质松软，四壁较规整平滑。

2. 葬具和人骨

墓室内清理出一木棺灰痕，长 1.9、宽 0.6、残高 0.3 米（图版五二，2）。

人骨为仰身直肢单人葬。人骨保存较差，胸部已朽成粉末状，从残存痕迹判断墓主应为头北脚南，面向上。为一 45 ~ 55 岁的男性个体。

3. 随葬品

（1）种类及数量

共 9 件（枚）。陶鼎 1 件、陶壶 1 件、陶罐 4 件、陶瓮 1 件、陶盒 1 件，铜钱 1 枚。

（2）出土位置

1 号铜钱位于棺内墓主嘴中。其他随葬器物均位于墓主棺前北部。

（3）器物形制分类介绍

陶鼎　1 件。10NDZ1#MDTG4M36∶5，泥质灰陶。器盖，方唇，弧顶，隆起较高。鼎身，子母口，圆唇，上腹斜直，较浅，下腹折收，折线明显，圜底，下承近三角形三足。上腹两侧附立耳，上端外卷。器表通体施白衣，衣外施彩绘，大部分脱落，可辨纹饰为红彩卷云。口径 20.4、高 16.4 厘米（图二三三，6；图版八二，1）。

陶壶　1 件。10NDZ1#MDTG4M36∶4，泥质灰陶。器盖，子母口，盖面隆起，弧形顶。壶，侈口，方唇，束颈，溜肩，鼓腹，假圈足，较高，底缘微外侈。唇面略显凹槽，器表通体施白衣，衣外施红彩云纹。口径 11.2、底径 14.4、高 32.3 厘米（图二三三，8；图版八二，4）。

陶罐　4 件。10NDZ1#MDTG4M36∶6，泥质灰陶。直口微侈，方唇，溜肩，凸鼓腹，平底。颈部左右两侧各有两个穿孔，器表有轮旋线，饰凹弦纹，下腹部竖向刀削修坯一周，去胎泥较厚，使下腹部略显折线。口径 9.6、底径 9、高 18 厘米（图二三三，7）。10NDZ1#MDTG4M36∶8，泥质灰陶。直口，微侈，方唇，溜肩，鼓腹，小平底，微内凹。沿面有凹槽，器表有轮旋线，下腹部有竖向刀削修坯痕迹明显。口径 7.2、底径 6、高 11 厘米（图二三三，2）。10NDZ1#MDTG4M36∶9，泥质灰陶。直口，微侈，方唇，溜肩，凸鼓腹，平底，微内凹。器表有轮旋线，下腹部有竖向刀削修坯痕迹。口径 7.4、底径 5.6、高 10.6 厘米（图二三三，4）。10NDZ1#MDTG4M36∶10，泥质灰陶。直口，微侈，方唇，溜肩，鼓腹，平底，微内凹。下腹部有竖向刀削修坯痕迹。口径 8、底径 7、高 11.6 厘米（图二三三，1）。

陶瓮　1 件。10NDZ1#MDTG4M36∶2，泥质灰陶。口微侈，方唇，束颈，折肩，上腹较直，下腹弧内收，小平底，微内凹。肩部旋削修坯一周，去胎泥较厚，使肩部略显折线。器表有轮旋线，下腹及底部饰绳纹。口径 15.5、底 8、高 25.4 厘米（图二三三，4）。

陶盒　1 件。10NDZ1#MDTG4M36∶7，泥质灰陶。器盖，方唇，盖面隆起。盒身，子母口，弧腹，平底。通体施白衣，衣外施彩绘，大部分脱落，盒盖有轮旋线，下腹旋削修坯一周。口径 17.6、底径 8、高 12.4 厘米（图二三三，5；图版八七，2）。

铜钱　1 枚。10NDZ1#MDTG4M36∶1，残损严重，形制不详。

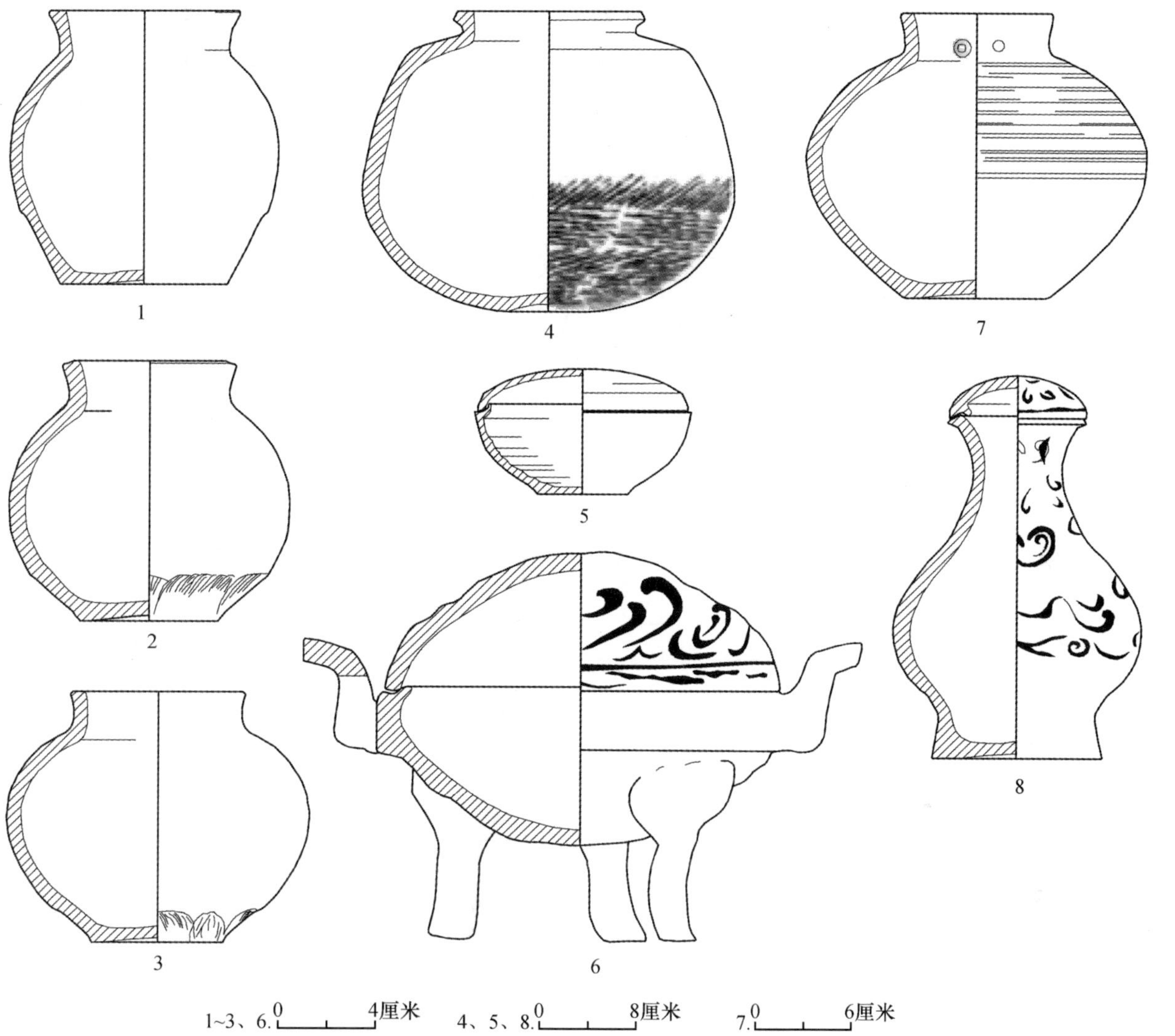

图二三三　10NDZ1#MDTG4M36 出土陶器

1～3、7. 罐（10NDZ1#MDTG4M36∶10、10NDZ1#MDTG4M36∶8、10NDZ1#MDTG4M36∶9、10NDZ1#MDTG4M36∶6）　4. 瓮（10NDZ1#MDTG4M36∶2）　5. 盒（10NDZ1#MDTG4M36∶7）　6. 鼎（10NDZ1#MDTG436∶5）　8. 壶（10NDZ1#MDTG4M36∶4）

10NDZ1#MDTG3M38

10NDZ1#MDTG3M38 位于 1 号墓地 TG3 中部偏南，西邻 10NDZ1#MDTG3M15、10NDZ1#MDTG3M16，东邻 10NDZ1#MDTG3M39。10NDZ1#MDTG3M38 开口于②层下，打破第③层及生土层。该墓曾遭到盗扰。

1. 形制和规格

10NDZ1#MDTG3M38 是一座带有生土两层台的长方形竖穴土坑墓，南北向，墓向 5°。墓口距地表 0.6 米。发掘至 1.5 米深时在墓室东西两壁发现生土二层台，生土二层台上有横向盖板痕迹（图二三四）。

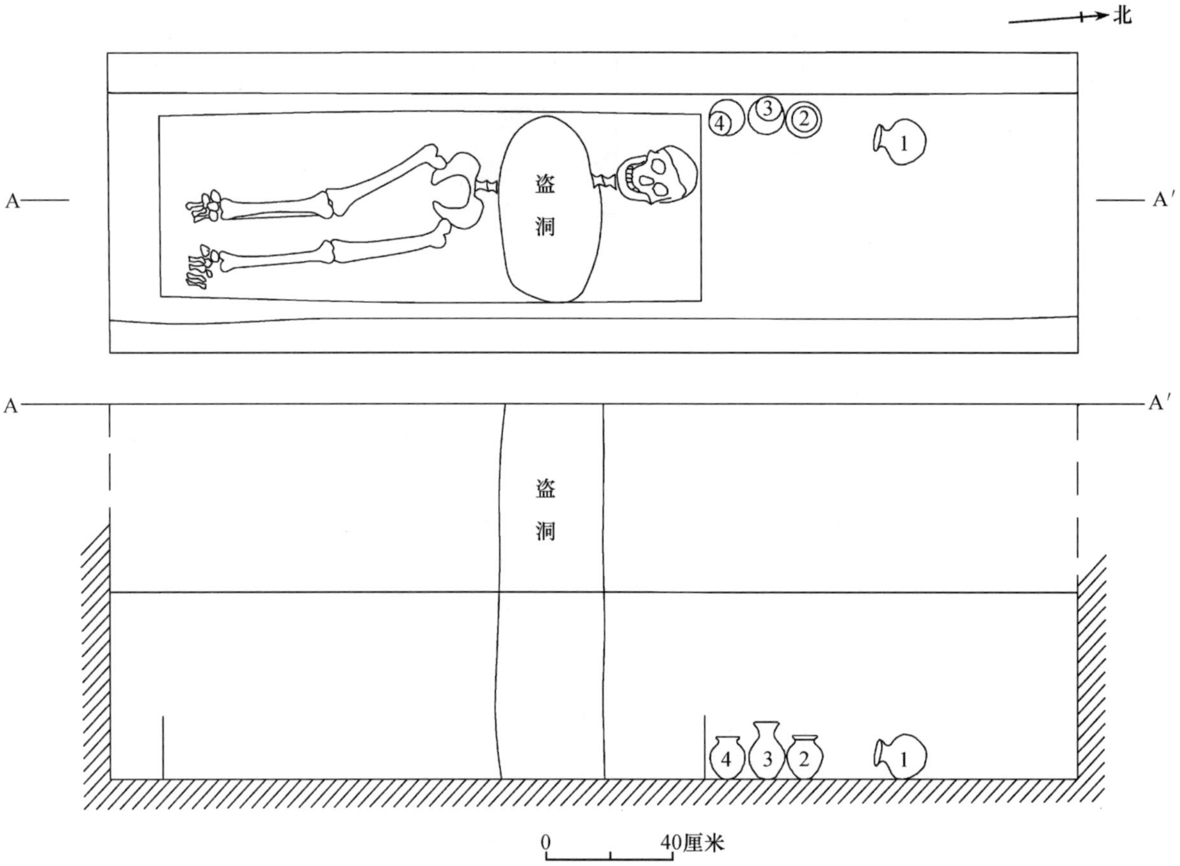

图二三四　10NDZ1#MDTG3M38 平、剖面图
1、3. 陶壶　2、4. 陶罐

10NDZ1#MDTG3M38 长 3.1、宽 0.96、深 2.9 米。填土为花土，质松软，四壁较规整。

2. 葬具和人骨

墓室内清理出一木棺灰痕，棺长 1.75、宽 0.6、残高 0.2 米（图版五三，1）。

人骨为仰身直肢单人葬。胸部被盗扰破坏，从残存痕迹判断墓主应头北脚南，面向上，为一 45～50 岁的女性个体。

3. 随葬品

（1）种类及数量

共 4 件。陶壶 2 件、陶罐 2 件。

（2）出土位置

随葬器物均位于墓主头前棺外北部，依西壁南北向排列，距墓主较近。

（3）器物形制分类介绍

陶壶　2件。10NDZ1#MDTG3M38∶1，泥质灰陶。宽折沿，圆唇，沿面有凸棱，束颈，溜肩，凸鼓腹，平底，微内凹。器身有轮旋线，下腹旋削修坯一周。口径9、底径6.4、高15.2厘米（图二三五，4）。10NDZ1#MDTG3M38∶3，泥质灰陶。方唇，束颈，溜肩，弧腹，平底，微内凹。器身有较宽轮旋线，下腹旋削修坯一周。口径8、底径6.6、高18厘米（图二三五，2）。

陶罐　2件。10NDZ1#MDTG3M38∶2，泥质灰陶。侈口，折沿，方唇，束颈，溜肩，弧腹，小平底，微内凹。器身有轮旋线，下腹旋削修坯一周，去胎泥较厚，使下腹部略显折线。口径8.2、底径5、高14.2厘米（图二三五，1）。10NDZ1#MDTG3M38∶4，泥质灰陶。侈口，宽折

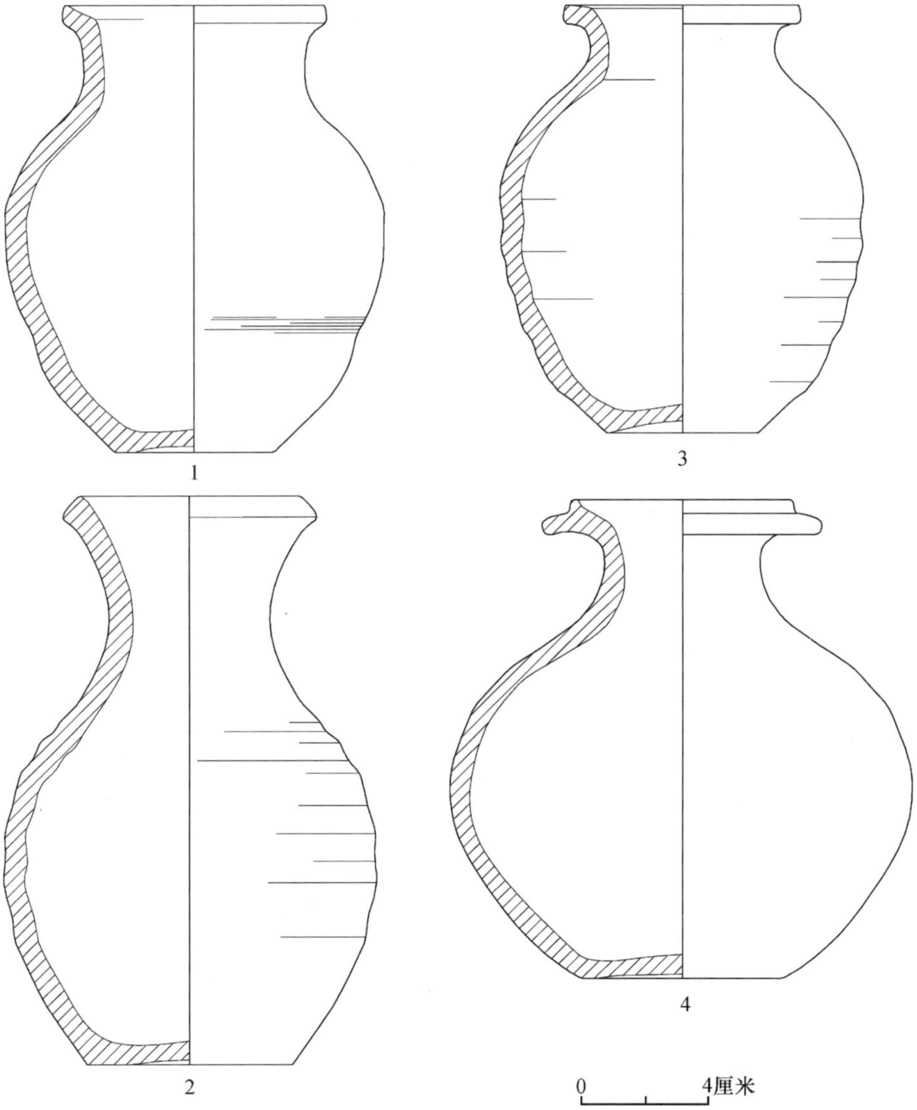

图二三五　10NDZ1#MDTG3M38出土陶器

1、3. 罐（10NDZ1#MDTG3M38∶2、10NDZ1#MDTG3M38∶4）　2、4. 壶（10NDZ1#MDTG3M38∶3、10NDZ1#MDTG3M38∶1）

沿，沿面有凹槽，方唇，束颈，溜肩，弧腹，小平底，微内凹。器身有 5 条类似于弦纹的轮旋线，轮旋线较宽，下腹旋削修坯一周，去胎泥较厚，使下腹部略显折线。口径 7.4、底径 5、高 13.6 厘米（图二三五，3）。

10NDZ1#MDTG3M39

10NDZ1#MDTG3M39 位于 1 号墓地 TG3 东部，西邻 10NDZ1#MDTG3M38。10NDZ1#MDTG3M39 开口于②层下，打破第③层及生土层。

1. 形制和规格

10NDZ1#MDTG3M39 是一座长方形竖穴土坑墓，南北向，墓向 12°。墓口距地表 0.6 米（图二三六）。

10NDZ1#MDTG3M39 长 2.9、宽 1.1、深 2.5 米。填土为花土，质松软，四壁较规整。

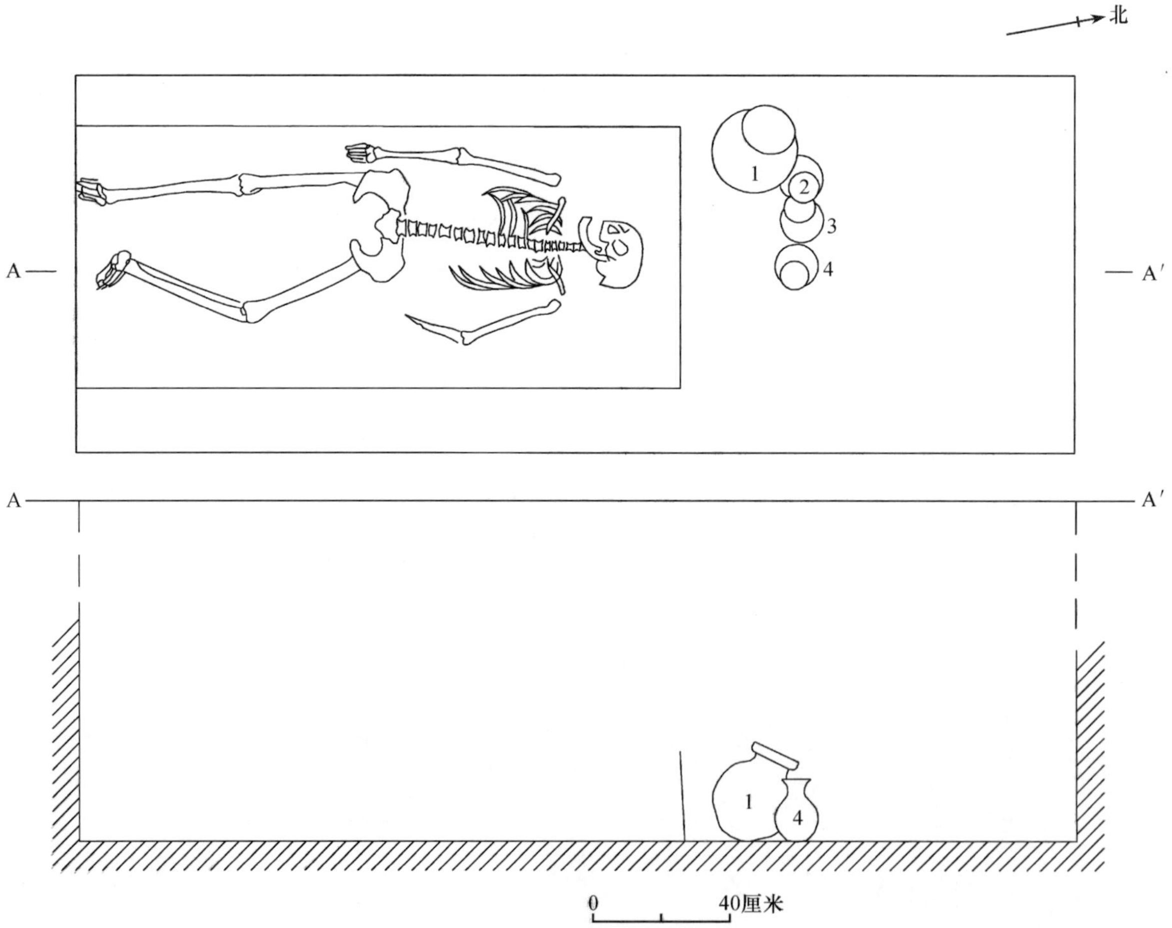

图二三六　10NDZ1#MDTG3M39 平、剖面图

1. 陶罐　2～4. 陶壶

2. 葬具和人骨

墓室内清理出一木棺灰痕，棺长1.75、宽0.76、残高0.28米（图版五三，2）。

人骨为仰身直肢单人葬。头北脚南，面向西，为一50~65岁的女性个体。

3. 随葬品

（1）种类及数量

共4件。陶壶3件、陶罐1件。

（2）出土位置

随葬器物均位于墓主头前棺外北部，距墓主较近，大体呈东西向排列。

（3）器物形制分类介绍

陶壶　3件。10NDZ1#MDTG3M39∶2，泥质灰陶。方唇，束颈，溜肩，弧腹，小平底。器身有轮旋线，下腹旋削修坯一周，去胎泥较厚，使下腹显折棱。口径8.2、底径6、高17.4厘米（图二三七，1）。10NDZ1#MDTG3M39∶3，泥质灰陶。侈口，方唇，束颈，溜肩，鼓腹，小

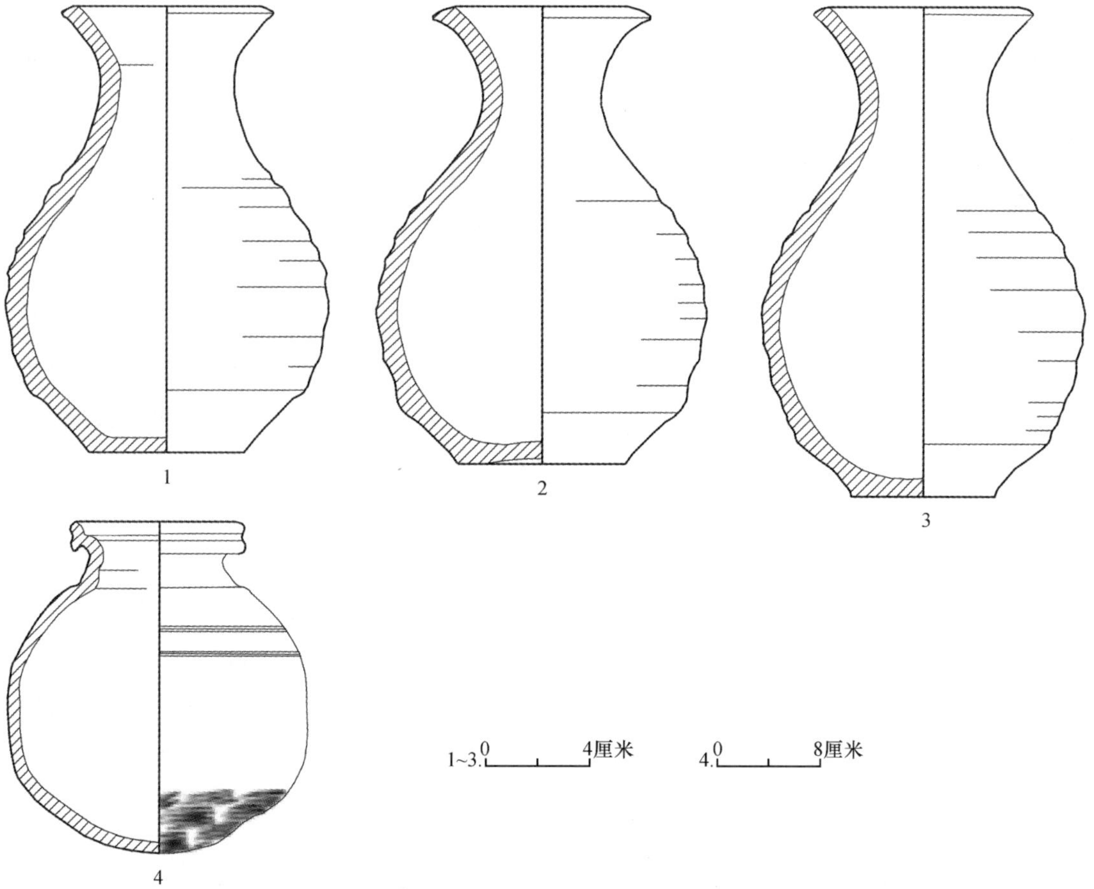

图二三七　10NDZ1#MDTG3M39出土陶器

1~3. 壶（10NDZ1#MDTG3M39∶2、10NDZ1#MDTG3M39∶4、10NDZ1#MDTG3M39∶3）　4. 罐（10NDZ1#MDTG3M39∶1）

平底。器身有轮旋线，下腹旋削修坯一周，使下腹显折棱。口径 8.5、底径 5.6、高 19 厘米（图二三七，3）。10NDZ1#MDTG3M39∶4，泥质灰陶。侈口，方唇，束颈，溜肩，鼓腹，小平底。器身有轮旋线，下腹旋削修坯一周，使下腹显折棱。口径 8.4、底径 6.5、高 17.8 厘米（图二三七，2）。

陶罐　1 件。10NDZ1#MDTG3M39∶1，泥质灰陶。盘口，圆唇，束颈，溜肩，鼓腹，底部不规整，略显平底状。沿外有凹槽，口内可见盘口与罐领接合线，领略矮，肩部饰凹弦纹，腹部有轮旋线，下腹及底部饰篮纹，较粗糙。口径 13、高 25.6 厘米（图二三七，4；图版八三，2）。

10NDZ1#MDTG3M40

10NDZ1#MDTG3M40 位于 1 号墓地 TG3 西南角，局部叠压于 TG3 西壁下，南部被 10NDZ1#MDTG3M17 打破，东邻 10NDZ1#MDTG3M41，北邻 10NDZ1#MDTG3M16。10NDZ1#MDTG3M40 开口于②层下，打破第③层及生土层。

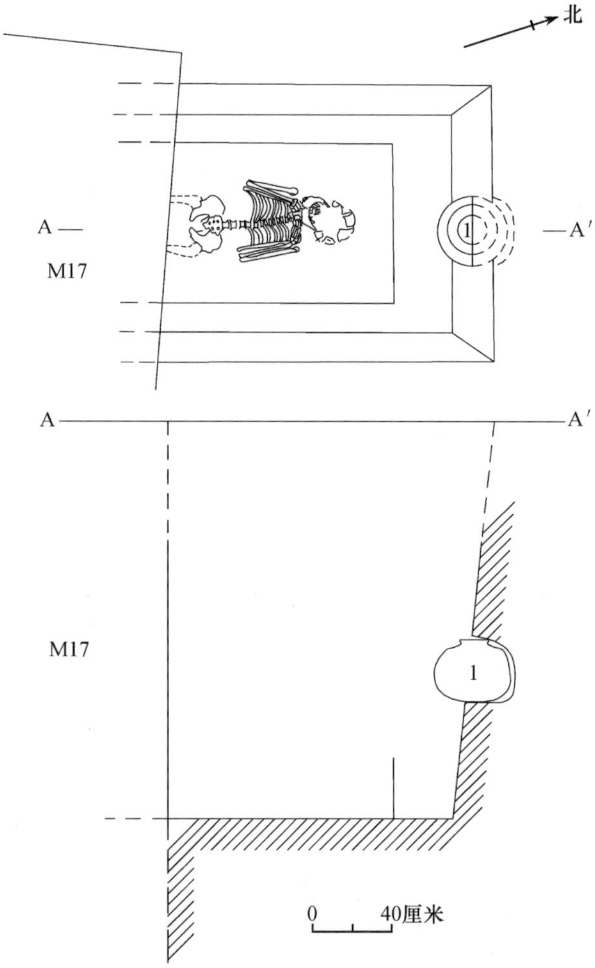

图二三八　10NDZ1#MDTG3M40 平、剖面图
1. 瓮

1. 形制和规格

10NDZ1#MDTG3M40 是一座“斗”形竖穴土坑墓，南北向，墓向 12°，墓室北壁有一头龛。墓口距地表 0.6 米；头龛距墓底 0.6 米，仅能容下陶瓮（图二三八）。

10NDZ1#MDTG3M40 上口残长 1.7、宽 1.4 米，底残长 1.5、宽 1.05、深 3.4 米。填土为花土，经夯打实，四壁较规整。

2. 葬具和人骨

墓室清理出一具木棺灰痕，棺残长 1.15、宽 0.8、残高 0.3 米。

人骨为单人葬。因 10NDZ1#MDTG3M40 被 10NDZ1#MDTG3M17 打破，墓主盆骨以下部分缺失，胸部已朽成粉末状，从残存痕迹判断墓主应为头向北，面向西，双手放于肩部。性别、年龄不详（图版五四，1）。

3. 随葬品

（1）种类及数量

陶瓮1件。

（2）出土位置

1号陶瓮位于墓主头前棺外北部，墓室北壁头龛内。

（3）器物形制分类介绍

陶瓮　1件。10NDZ1#MDTG3M40∶1，泥质灰陶。斜折沿，器内折棱明显，方唇，唇沿内侈，束颈，折肩，上腹较直，微弧，下腹弧收，圜底。肩部有旋削修坯痕迹，下腹及底饰绳纹。口径25.2、高28.2厘米（图二三九；图版八一，2）。

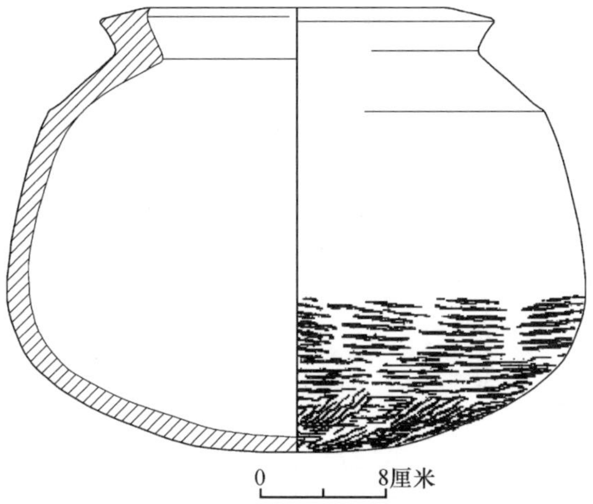

图二三九　10NDZ1#MDTG3M40出土陶瓮（10NDZ1#MDTG3M40∶1）

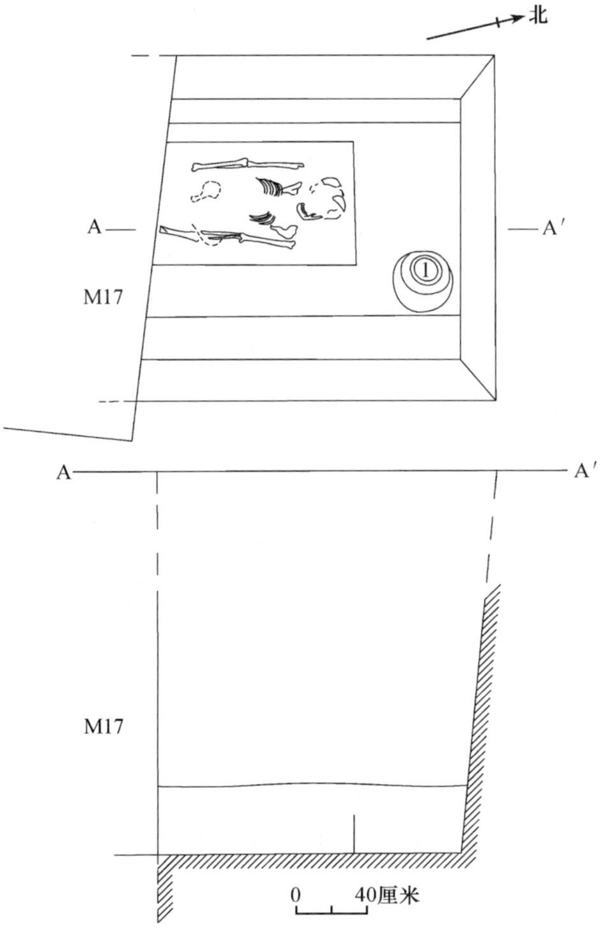

图二四〇　10NDZ1#MDTG3M41平、剖面图

1. 陶瓮

10NDZ1#MDTG3M41

10NDZ1#MDTG3M41位于1号墓地TG3东南角，南部被10NDZ1#MDTG3M17打破，西邻10NDZ1#MDTG3M40，北邻10NDZ1#MDTG3M16。10NDZ1#MDTG3M41开口于②层下，打破第③层及生土层。

1. 形制和规格

10NDZ1#MDTG3M41是一座带有生土台二层的“斗”形竖穴土坑墓，南北向，墓向10°。墓口距地表0.6米（图二四〇）。

10NDZ1#MDTG3M41上口残长2、宽2米，底残长1.8、宽1.1、深3.9米。填土为

花土，经夯打实，四壁较规整，局部可见夯窝。

2. 葬具和人骨

墓室内清理出一具木棺灰痕，棺长1.1、宽0.7、残高0.3米。

人骨为单人葬。因10NDZ1#MDTG3M41被10NDZ1#MDTG3M17打破，下肢缺失。人骨保存较差，胸部已朽成粉末状，从残存痕迹判断墓主应为头向北，面向上，仰身，双臂平放于身体两侧。性别、年龄不详（图版五四，2）。

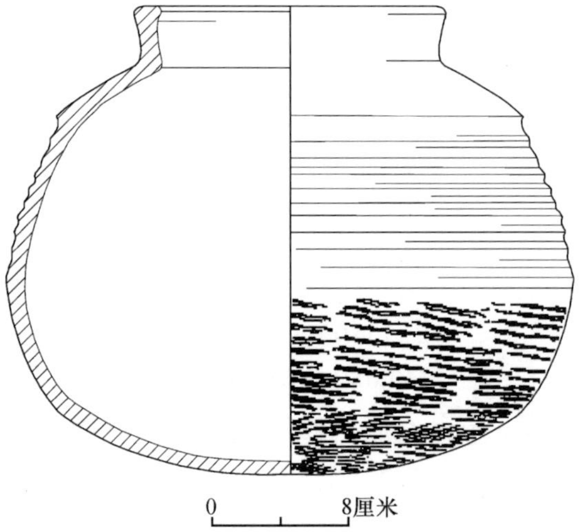

图二四一　10NDZ1#MDTG3M41出土陶瓮（10NDZ1#MDTG3M41∶1）

3. 随葬品

（1）种类及数量

陶瓮1件。

（2）出土位置

陶瓮位于墓主头前棺外北部，墓室东北角。

（3）器物形制分类介绍

陶瓮　1件。10NDZ1#MDTG3M41∶1，泥质灰陶。斜折沿，方唇，唇沿微内侈，折肩，上腹较直，下腹弧内收，圜底，肩部旋削修饰一周，去胎泥较厚，使肩部折棱明显，压光。腹部轮旋线明显，下腹及底部饰绳纹。口径18.2、高27.5厘米（图二四一；图版八一，3）。

10NDZ1#MDM42

10NDZ1#MDM42为发掘前试掘墓葬，位于1号墓地TG3东侧14米处，10NDZ1#MDM42开口于②层下，打破第③层及生土层。

1. 形制和规格

10NDZ1#MDM42是一座带有生土二层台的长方形竖穴土坑墓，南北向，墓向15°。墓口距地表0.6米。发掘至1.5米时在墓室东西两侧发现生土二层台，生土二层台上有横向盖板痕迹（图二四二）。

10NDZ1#MDM42长2.5、宽0.7、深3米。填土为花土，经夯打实，四壁较规整，局部可见夯窝。

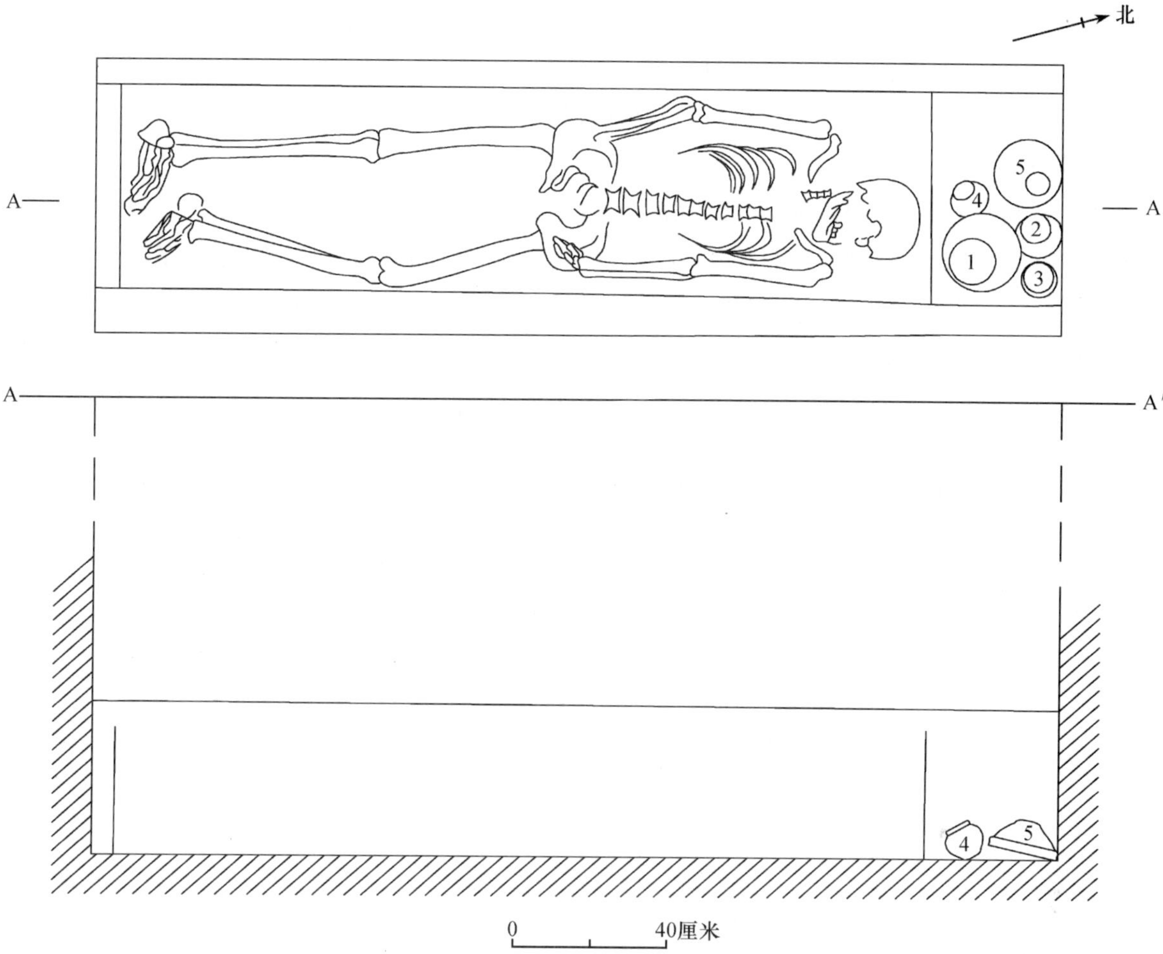

图二四二 10NDZ1#MDTG3M42 平、剖面图
1~4. 陶罐 5~8. 小陶钵（6~8 摞放在5下）

2. 葬具和人骨

墓室内清理出一木棺灰痕，棺长2.1、宽0.5、残高0.35米（图版五五，1）。

人骨为仰身直肢单人葬。人骨保存较差，胸部已朽成粉末状，从残存痕迹判断墓主应为头北脚南，面向东，双手放于腹部。为一50~55岁的男性个体。

3. 随葬品

（1）种类及数量

共8件。陶罐4件、陶钵4件。

（2）出土位置

随葬器物均位于墓主头前棺外北部。4 件陶钵置放在椁室西北角，其中 3 件陶钵摞放、1 件陶钵扣放于其上；4 件陶罐置放于其东部、东南部（图版五五，2）。

（3）器物形制分类介绍

陶罐　4 件。10NDZ1#MDM42∶1，泥质灰陶。直口，微侈，折沿，沿面有凹槽，略呈浅盘状，长颈斜直，溜肩，鼓腹，小平底，微内凹。肩部饰凹弦纹一周，下腹及底部饰篮纹。口径 13.4、底径 6、高 29.4 厘米（图二四三，5；图版八三，1）。10NDZ1#MDM42∶2，泥质灰陶。直口，微侈，方唇，鼓肩，弧腹，平底。器表有轮旋线，下腹部刀削修坯一周，去胎泥较厚，使下腹部略显折线。口径 8.8、底径 7、高 12.4 厘米（图二四三，3）。10NDZ1#MDM42∶3，泥质灰陶。直口，微侈，圆唇，溜肩，鼓腹，平底，微内凹。器表有轮旋线，下腹部刀削修坯一周，去胎泥较厚，使下腹部略显折线。口径 8.8、底径 7、高 11 厘米（图二四三，2）。10NDZ1#MDM42∶4。泥质灰陶。直口，微敛，方唇，鼓肩，弧腹，小平底，微内凹。器表有轮旋线，下腹部旋削修坯一周。口径 7.6、底径 7、高 9.8 厘米（图二四三，1）。

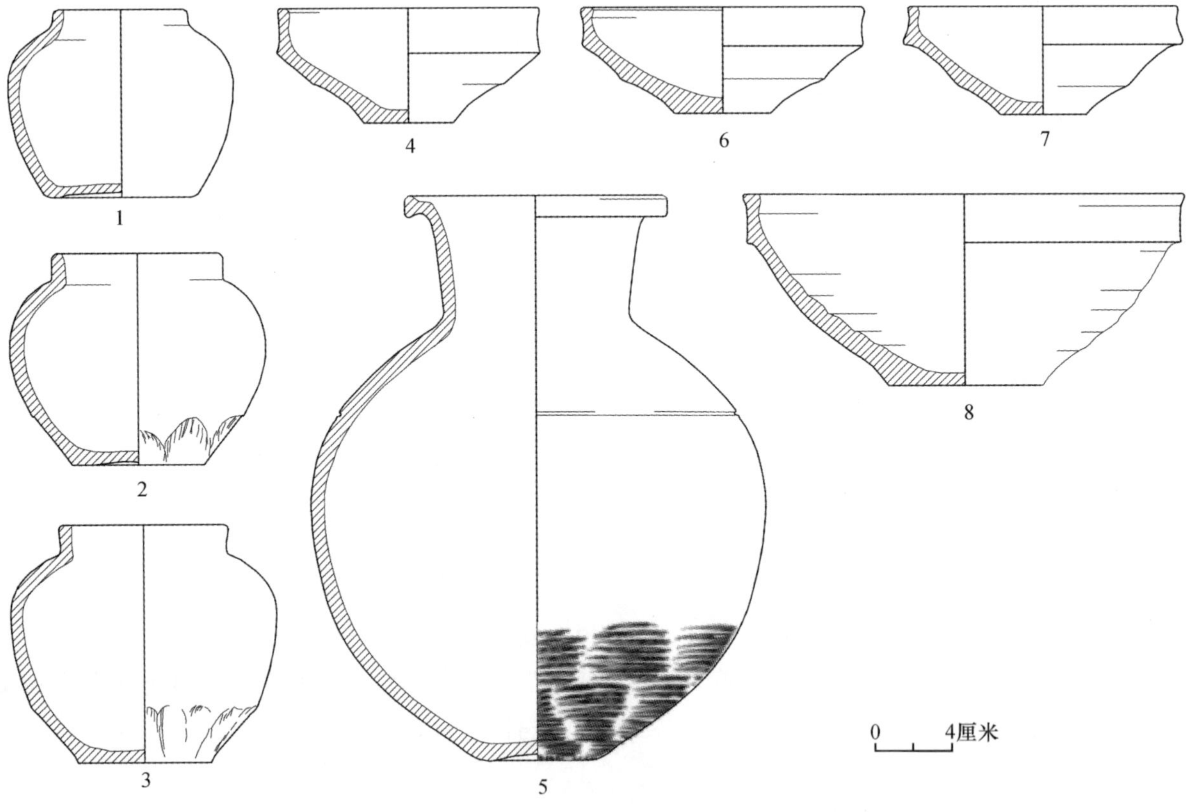

图二四三　10NDZ1#MDM42 出土陶器

1～3、5. 罐（10NDZ1#MDM42∶4、10NDZ1#MDM42∶3、10NDZ1#MDM42∶2、10NDZ1#MDM42∶1）

4、6～8.（10NDZ1#MDM42∶6、10NDZ1#MDM42∶7、10NDZ1#MDM42∶8、10NDZ1#MDM42∶5）

陶钵　4件。10NDZ1#MDM42∶5，泥质灰陶。方唇，直口，微敛，上折腹，下腹斜直，微外弧，假圈足。器表有轮旋线，折腹以下旋削修坯，去胎泥较厚，使折棱更加明显。口径22.6、底径8、高10厘米（图二四三，8）。10NDZ1#MDM42∶6，泥质灰陶。方唇，直口，微敛，折腹，下腹斜直，平底，微内凹。下腹部旋削修坯一周，去胎泥较厚，使下腹略显折线。口径13.8、底径5、高6厘米（图二四三，4）。10NDZ1#MDM42∶7，泥质灰陶。方唇，直口，微敛，折腹，下腹斜直，平底。下腹部旋削修坯一周，去胎泥较厚，使下腹略显折线。口径14.5、底径5、高5.5厘米（图二四三，6）。10NDZ1#MDM42∶8，泥质灰陶。方唇，口微敛，折腹，下腹斜直，平底，微内凹。下腹部旋削修坯一周，去胎泥较厚，使下腹略显折线。口径14、底径4.6、高5.6厘米（图二四三，7）。

四、张夺村南2号墓地

张夺村南2号墓地内墓葬较为密集，时代始自战国末期，延至两汉之际，以汉代为主流（附表三）。

（一）战国时期墓葬

战国时期墓葬墓葬3座，编号分别为10NDZ2#MDTG1M15、10NDZ2#MDTG2M42、10NDZ2#MDTG2M51。

10NDZ2#MDTG1M15

10NDZ2#MDTG1M15位于TG1中部偏北，东邻10NDZ2#MDTG1M20，东北邻10NDZ2#MDTG1M14，西南邻10NDZ2#MDTG1M11，南邻10NDZ2#MDTG1M17。10NDZ2#MDTG1M15东南角打破10NDZ2#MDTG1M16西北角。10NDZ2#MDTG1M15开口于②层，打破第③层及生土层。该墓保存较好。

1. 形制和规格

10NDZ2#MDTG1M15是一座“斗”形竖穴土坑墓，南北向，墓向5°。墓口距地表0.6米（图二四四）。

10NDZ2#MDTG1M15口长2.2、宽1.32米，长2、宽1.12、深2.46米。填土为花土，土质较硬，经夯打实，四壁较规整。

2. 葬具和人骨

墓室内清理出一具木棺灰痕，木棺遗迹位于墓室东侧，西侧为平底，无任何遗迹。木棺灰

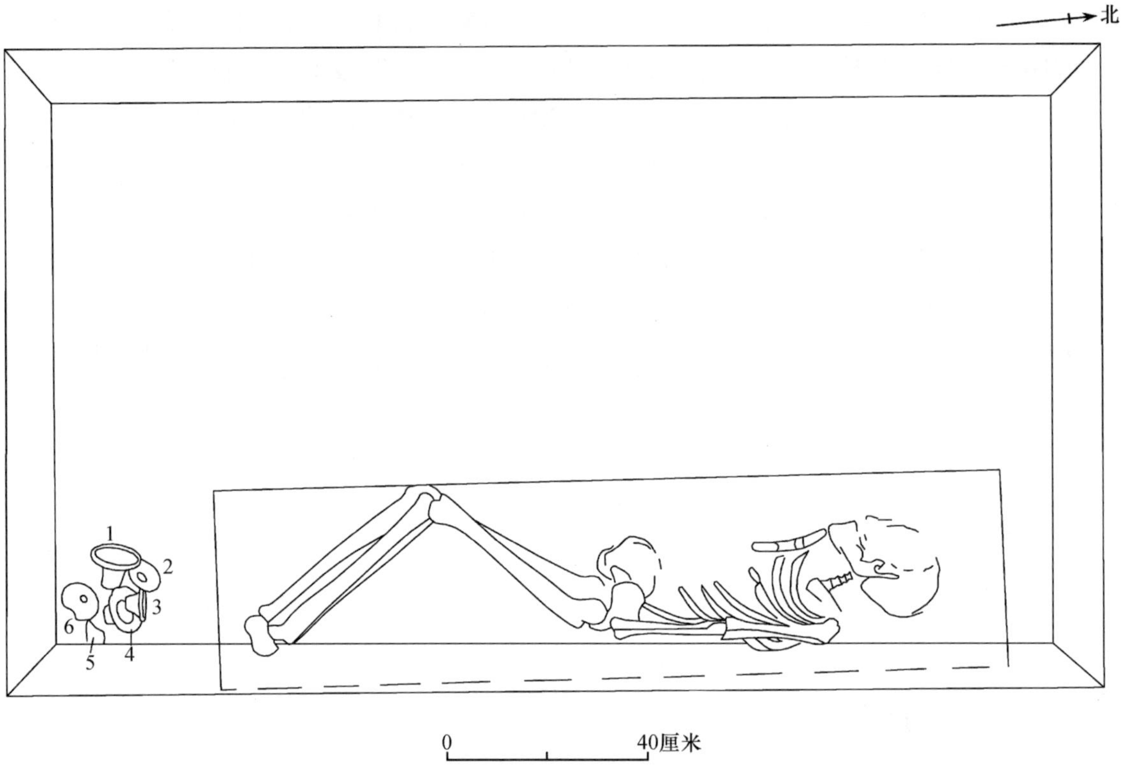

图二四四　10NDZ2#MDTG1M15 平面图
1~6. 残豆柄

痕长 1.6、宽 0.36、残高 0.03 米。

人骨为侧身屈肢单人葬。屈肢较甚。人骨保存较好，胸部已朽成粉末状，从残存痕迹判断墓主应头北脚南，面向西，为一女性个体，年龄不详。

3. 随葬品

（1）种类及数量

高柄豆座 6 件。

（2）出土位置

随葬器物均位于墓主棺外脚南部，靠近墓室东南角。

（3）器物形制分类介绍

高柄豆座　6 件。高柄豆座底缘呈锯齿状，柄部有 2 周或 3 周轮旋线，大小不一。10NDZ2#MDTG1M15:1，残高 5、底 8.8 厘米（图二四五，1）。10NDZ2#MDTG1M15:2，残高 3.2、底 7.2 厘米（图二四五，2）。10NDZ2#MDTG1M15:3，残高 6.4、底 8.8 厘米（图二四五，6）。10NDZ2#MDTG1M15:4，残高 3、底 5.6 厘米（图二四五，4）。10NDZ2#MDTG1M15:5，残高 3.4、底 3.4 厘米（图二四五，5）。10NDZ2#MDTG1M15:6，残高 3.2、底 6.4 厘米（图二四五，3）。

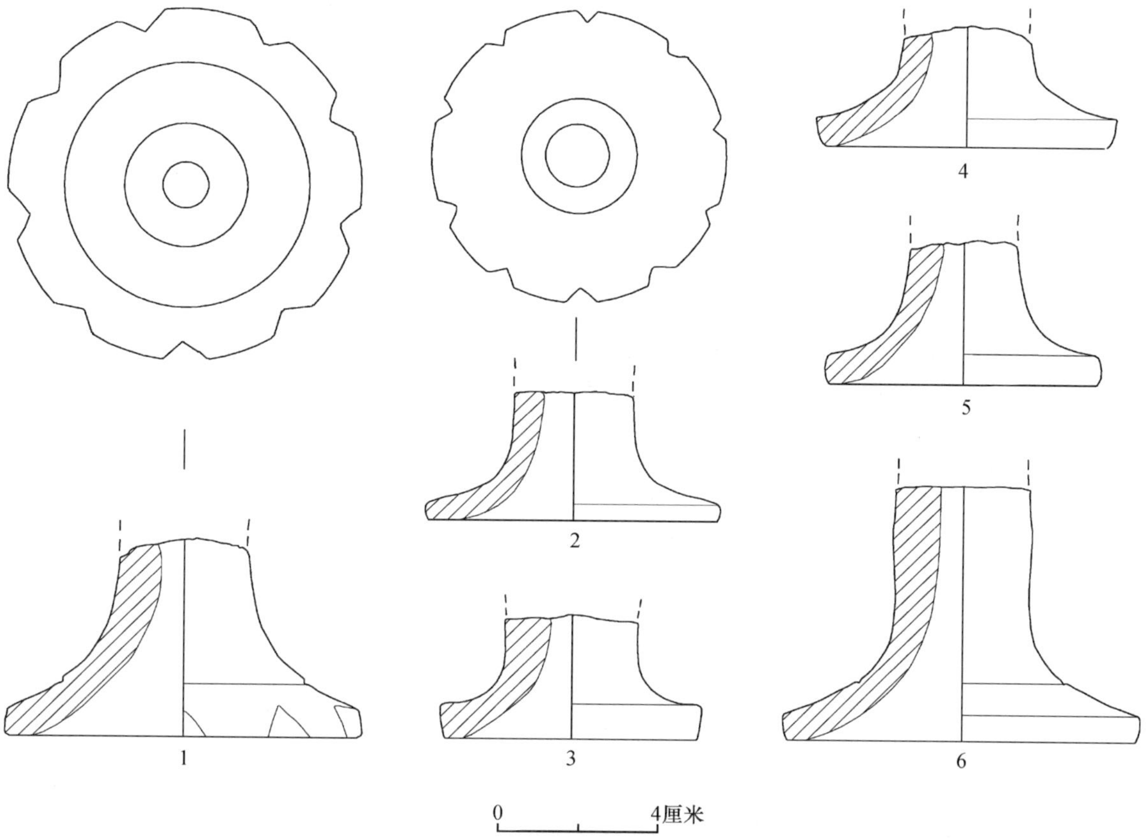

图二四五 10NDZ2#MDTG1M15 出土高柄豆座

1. 10NDZ2#MDTG1M15:1 2. 10NDZ2#MDTG1M15:2 3. 10NDZ2#MDTG1M15:6 4. 10NDZ2#MDTG1M15:4 5. 10NDZ2#MDTG1M15:5 6. 10NDZ2#MDTG1M15:3

10NDZ2#MDTG2M42

10NDZ2#MDTG2M42 位于 TG2 中部偏南，东北邻 10NDZ2#MDTG2M46，东南邻 10NDZ2#MDTG2M43，西邻 10NDZ2#MDTG2M32，北邻 10NDZ2#MDTG2M40，东北部被 10NDZ2#MDTG2M41 打破。10NDZ2#MDTG2M42 开口于②层下，打破第③层及生土层。该墓保存较好。

1. 形制和规格

10NDZ2#MDTG2M42 是一座“斗”形竖穴土坑墓，东西向，墓向 95°。墓口距地表 0.6 米（图二四六）。

10NDZ2#MDTG2M42 上口长 3.2、宽 2.2 米，底长 3、宽 2.14、深 3.25 米。填土为花土，经夯打实，四壁较规整。

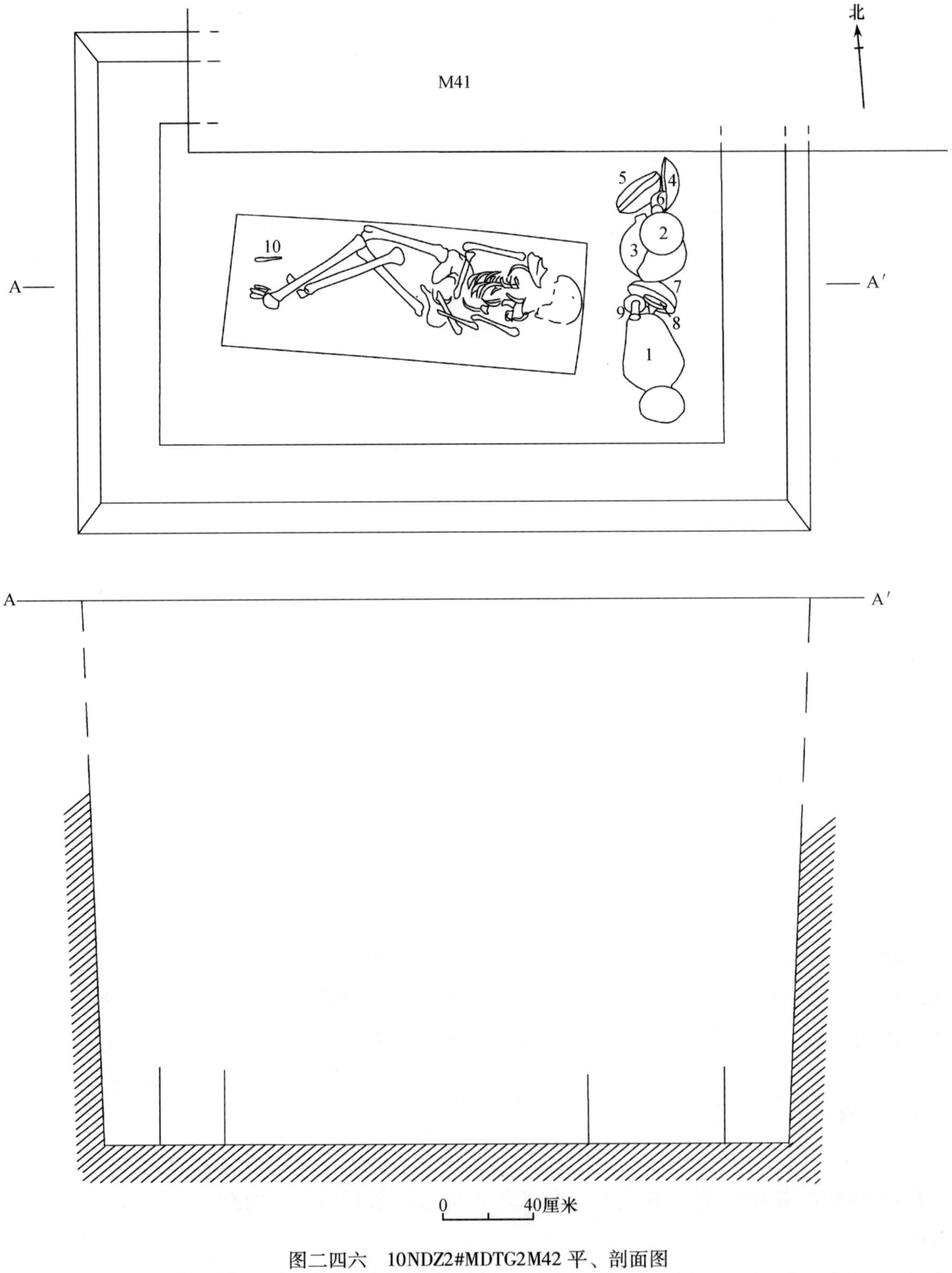

图二四六　10NDZ2#MDTG2M42 平、剖面图

1、6. 陶壶　2. 陶壶盖　3. 陶鼎　4. 陶器盖　5. 陶盖豆　7. 陶器盖　8、9. 陶高柄豆　10. 铜带钩

2. 葬具和人骨

墓室内清理出一具木棺和一具木椁灰痕，棺长1.6、宽0.58、残高0.4米，椁长2.46、宽1.7、残高0.6米（图版五六，1）。

人骨为侧身屈肢单人葬。下肢自然弯曲。人骨保存较差，头部、胸部已朽成粉末状，从残存痕迹判断墓主应为头东脚西，面向北，双手放于腹部，性别、年龄不详。

3. 随葬品

（1）种类及数量

共9件。陶鼎1件、陶壶2件、陶盖豆1件、陶高柄豆2件、陶器盖2件，铜带钩1件。

（2）出土位置

出土器物均位于墓主头前东部，棺椁之间。由南向北依次为陶壶、小陶壶、陶高柄豆、陶鼎、陶盖豆。

（3）器物形制分类介绍

陶鼎　1件。10NDZ2#MDTG2M42∶3，泥质灰陶。器盖，方唇，盖面隆起，弧顶，盖面上有三个捉手。鼎，子母口，直腹，微弧，圜底，下承三兽蹄足，圆形，中空。器表施彩绘，大部分脱落，耳残。器身有轮旋线。口径20、高20.4厘米（图二四七，6）。

陶壶　2件。10NDZ2#MDTG2M42∶1，泥质灰陶。器盖，方唇，盖面隆起，斜直壁，顶部较尖。壶，侈口，方唇，束颈，溜肩，上腹凸鼓，下腹斜直，平底，微内凹。直接在器表上施彩绘，器盖饰宽0.8厘米同心圆彩绘带两条，红白相间，顶部饰直径为3.6厘米的红彩，其上点白彩装饰。壶颈，肩部饰红色纹饰带，其上点白彩装饰。口径13.8、底径12.8、高36.8厘米（图二四七，3）。10NDZ2#MDTG2M42∶6，泥质灰陶。小直口，微侈，方唇，溜肩，鼓腹，平底，微内凹。颈腹部饰彩绘纹饰带，红白相间。口径4.4、底径6、高12.4厘米（图二四七，2）。

陶盖豆　1件。10NDZ2#MDTG2M42∶5，泥质灰陶，直口，圆唇，弧腹，喇叭口底，中空。盘径18、底径10.4、高15.2厘米（图二四七，9）。

陶高柄豆　2件。10NDZ2#MDTG2M42∶8，泥质灰陶。浅盘，高柄，喇叭口底，中空。盘内绘黑、红两色彩绘网络纹，由色彩将盘分为4等份。红彩、白彩分别占四分之一，依次绘满盘面。盘径11.2、底径6、高11.6厘米（图二四七，5）。10NDZ2#MDTG2M42∶9，泥质灰陶，浅盘，高柄，喇叭口底，中空。盘内绘黑、红两色彩绘网络纹，由色彩将盘分为4等份。红彩、白彩分别占四分之一，依次绘满盘面。盘径10.4、底径6.8、高12.8厘米（图二四七，4）。

陶器盖　2件。10NDZ2#MDTG2M42∶2，泥质灰陶。方唇，盖面隆起，斜直壁，顶部较尖。与壶盖相似。口径16、高4.8厘米（图二四七，8）。10NDZ2#MDTG2M42∶7，泥质灰陶。方唇，盖面隆起，较高，弧形顶。与顶盖类似。口径 23.2、高 7.8 厘米（图二四七，1）。

铜带钩　1 件。10NDZ2#MDTG2M42∶10，铜质。钩首为一对突出眼睛，钩体略宽于颈，腹部较长，鼓起呈弧形，尾端圆弧较宽，带钩背部有一扁平圆纽。钩长 11 厘米（图二四七，7）。

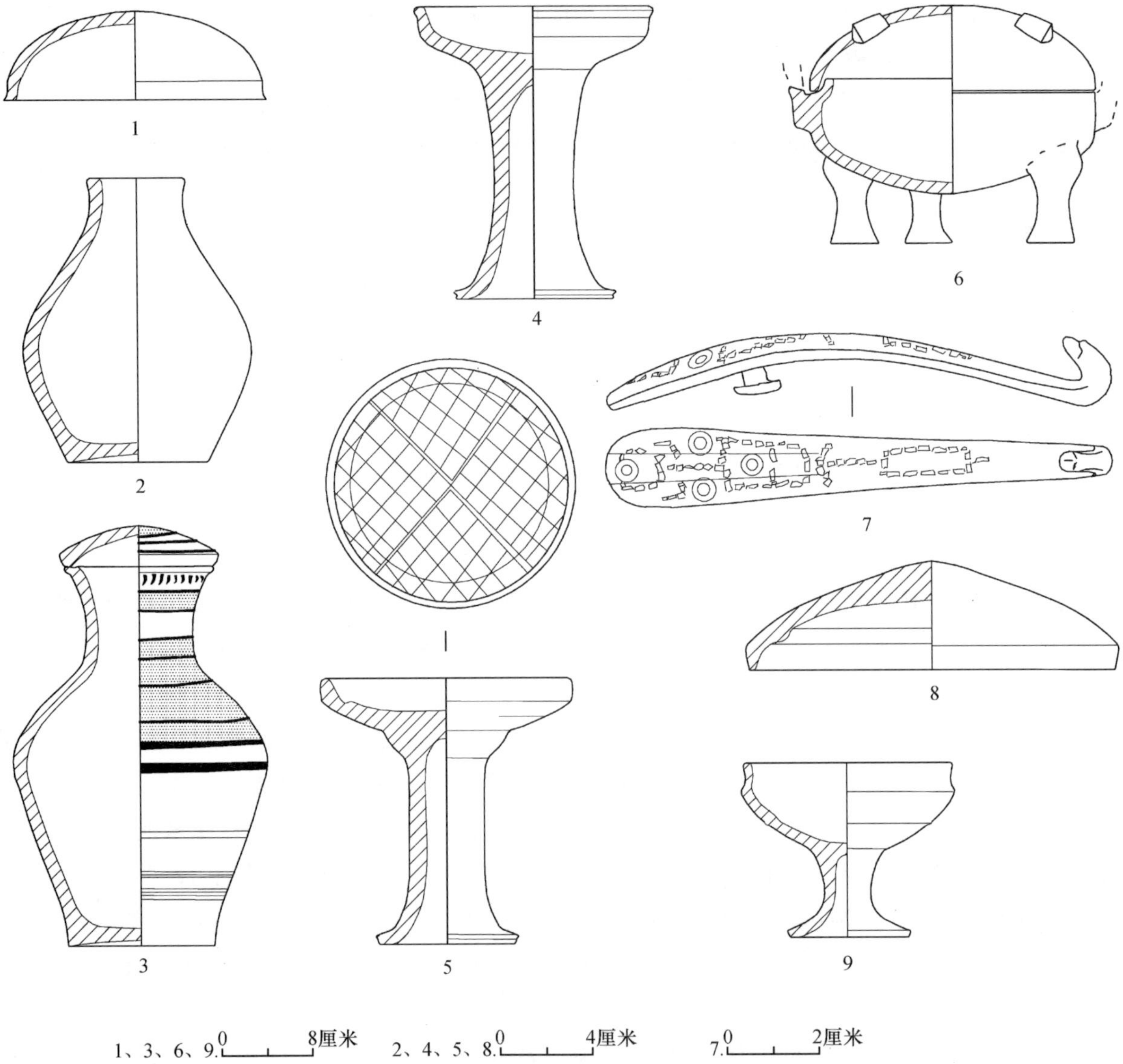

图二四七　10NDZ2#MDTG2M42 出土器物

1、8. 陶器盖（10NDZ2#MDTG2M42∶7、10NDZ2#MDTG2M42∶2）　2、3. 陶壶（10NDZ2#MDTG2M42∶6、10NDZ2#MDTG2M42∶1）　4、5. 陶高柄豆（10NDZ2#MDTG2M42∶9、10NDZ2#MDTG2M42∶8）　6. 陶鼎（10NDZ2#MDTG2M42∶3）　7. 铜带钩（10NDZ2#MDTG2M42∶10）　9. 陶盖豆（10NDZ2#MDTG2M42∶5）

10NDZ2#MDTG2M51

10NDZ2#MDTG2M51 位于 TG2 南端扩方区内，北部被 10NDZ2#MDTG2M49、10NDZ2#

MDTG2M50 打破。10NDZ2#MDTG2M51 开口于②层下，打破第③层及生土层。该墓遭到严重盗扰。

1. 形制和规格

10NDZ2#MDTG2M51 是一座“斗”形竖穴土坑墓，南北向，墓向 3°。墓口距地表 0.6 米（图二四八）。

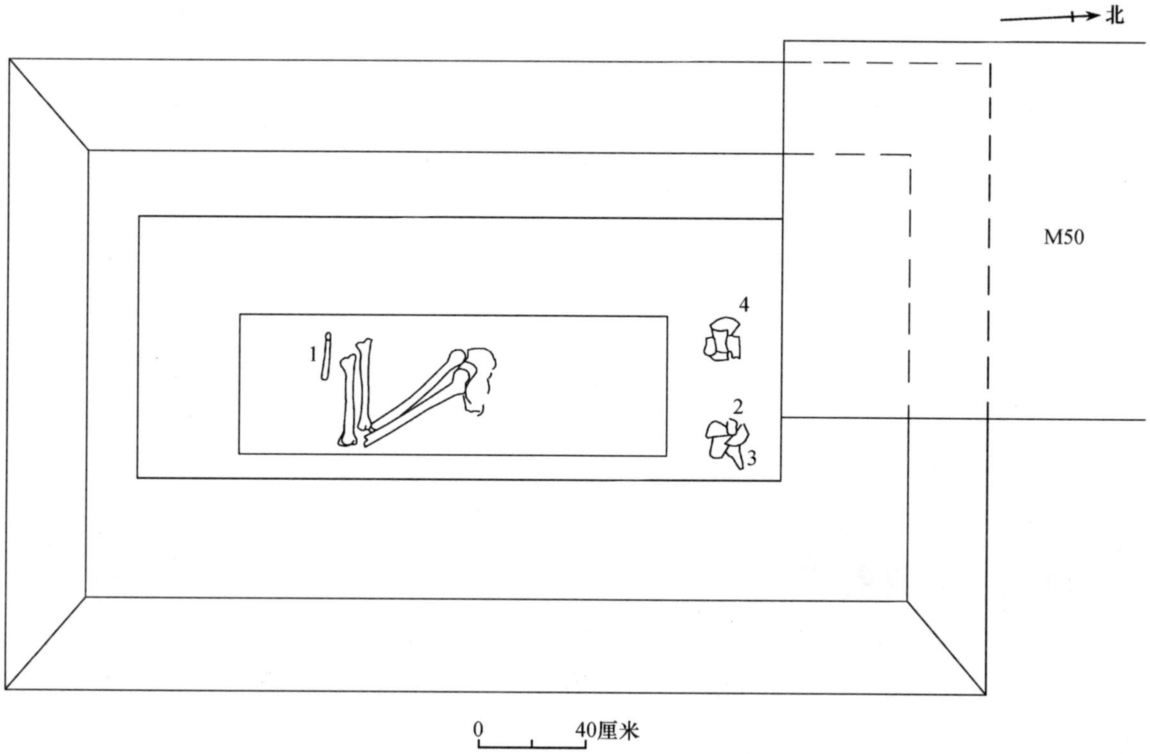

图二四八　10NDZ2#MDTG2M51 平面图

1. 铜带钩　2. 陶鼎　3. 陶匜　4. 陶高柄豆盘

10NDZ2#MDTG2M51 上口长 3.7、宽 2.4 米，底长 3.1、宽 1.7、深 3.1 米。填土为花土，经夯打实，四壁较规整。

2. 葬具和人骨

墓室内清理出一具木棺和一具木椁灰痕，棺长 1.7、宽 0.6、残高 0.26 米，椁长 2.4、宽 1、残高 0.3 米。

人骨为屈肢单人葬。屈肢较甚。因遭盗扰，墓主仅剩下半身，两腿呈屈肢状，性别、年龄不详。

3. 随葬品

（1）种类及数量

共4件。陶鼎1件、陶高柄豆盘（残）1件、陶匜1件，铜带钩1件。

（2）出土位置

铜带钩位于墓主双脚南部。其他随葬器物均位于墓主头前北部棺椁之间。

（3）器物形制分类介绍

陶鼎　1件。10NDZ2#MDTG2M51:2，泥质灰陶。鼎，子母口，直腹，微弧，圜底，下承三兽蹄足，略呈三角形。腹部两侧附立耳，抹角长方形板状，模制。器表施彩绘，大部分脱落，耳部可见圆圈纹彩绘。口径20、高19.2厘米（图二四九，3）。

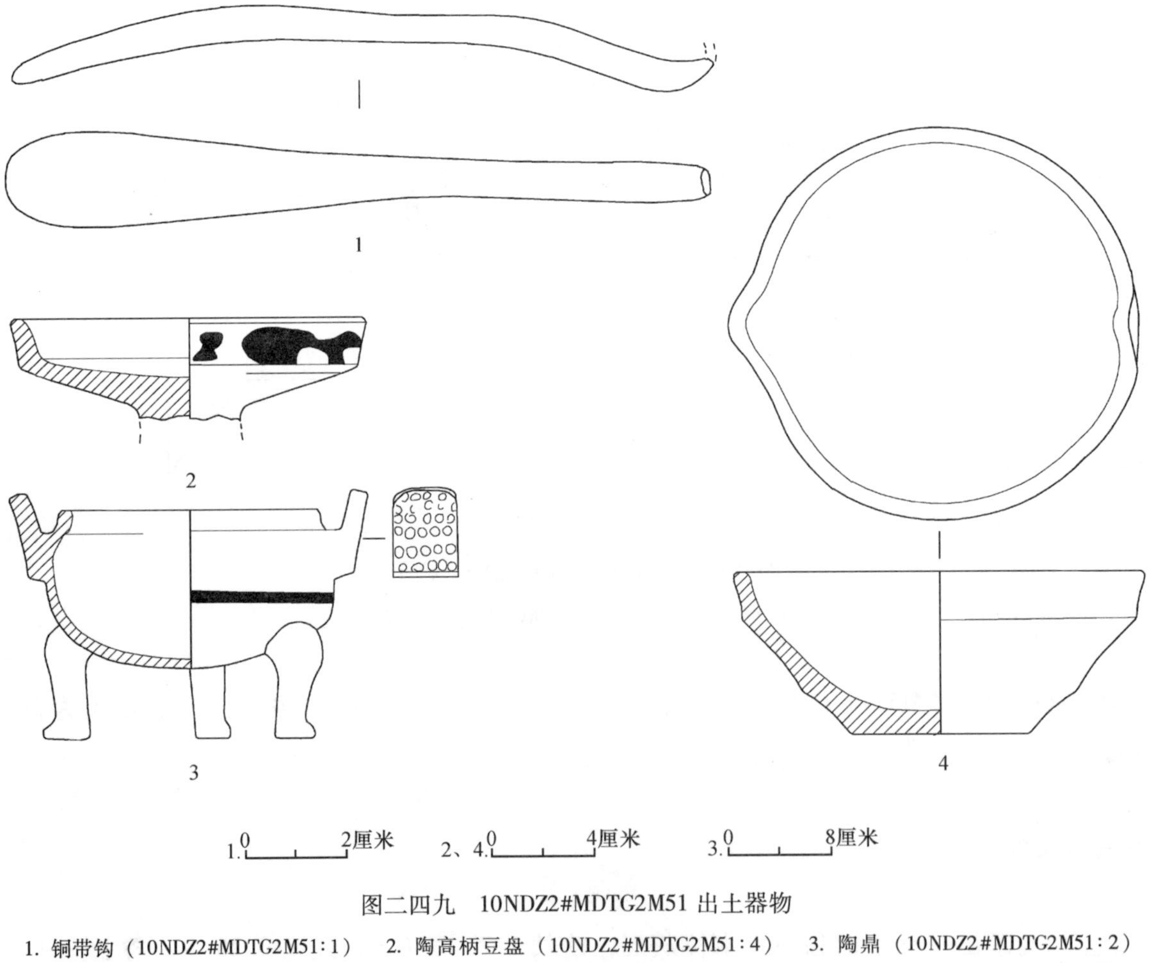

图二四九　10NDZ2#MDTG2M51出土器物

1. 铜带钩（10NDZ2#MDTG2M51:1）　2. 陶高柄豆盘（10NDZ2#MDTG2M51:4）　3. 陶鼎（10NDZ2#MDTG2M51:2）　4. 陶匜（10NDZ2#MDTG2M51:3）

陶高柄豆盘　1件。10NDZ2#MDTG2M51∶4，泥质灰陶，浅盘，盘以下残失。器表残存红彩。盘径14、残高4厘米（图二四九，2）。

陶匜　1件。10NDZ2#MDTG2M51∶3，泥质灰陶。半桃形，前有流，后尾内凹，折腹，饼足。腹部有轮旋线，下腹有旋削修坯痕迹。口径15.5、底径7、高6.2厘米（图二四九，4）。

铜带钩　1件。10NDZ2#MDTG2M51∶1，铜质，素面。钩首残断，钩体略宽于颈，腹部较长，鼓起呈弧形，尾部圆弧较薄，带钩背部有一扁平圆纽。钩长13.7厘米（图二四九，1）。

（二）秦至西汉时期墓葬

秦至西汉时期墓葬35座，编号分别为10NDZ2#MDTG1M1、10NDZ2#MDTG1M2、10NDZ2#MDTG1M3、10NDZ2#MDTG1M4、10NDZ2#MDTG1M5、10NDZ2#MDTG1M6、10NDZ2#MDTG1M8、10NDZ2#MDTG1M9、10NDZ2#MDTG1M10、10NDZ2#MDTG1M11、10NDZ2#MDTG1M13、10NDZ2#MDTG1M14、10NDZ2#MDTG1M17、10NDZ2#MDTG1M18、10NDZ2#MDTG1M19、10NDZ2#MDTG1M23、10NDZ2#MDTG1M24、10NDZ2#MDTG2M25、10NDZ2#MDTG2M26、10NDZ2#MDTG2M29、10NDZ2#MDTG2M32、10NDZ2#MDTG2M34、10NDZ2#MDTG2M37、10NDZ2#MDTG2M38、10NDZ2#MDTG2M40、10NDZ2#MDTG2M41、10NDZ2#MDTG2M43、10NDZ2#MDTG2M45、10NDZ2#MDTG2M46、10NDZ2#MDTG2M47、10NDZ2#MDTG2M48、10NDZ2#MDTG2M49、10NDZ2#MDTG2M50、10NDZ2#MDTG1M52、10NDZ2#MDTG1M53。

10NDZ2#MDTG1M1

10NDZ2#MDTG1M1位于TG1西北角，局部叠压在北隔梁下，南邻10NDZ2#MDTG1M3，东邻10NDZ2#MDTG1M4、10NDZ2#MDTG1M5。10NDZ2#MDTG1M1开口于②层下，打破第③层及生土层。在墓室南部发现有盗洞。

1. 形制和规格

10NDZ2#MDTG1M1是一座长方形砖椁墓，南北向，墓向10°。墓室北部有一头龛，头龛呈长方形，长1.5、高0.6、进深0.6米，灰砖铺底。墓口距地表0.6米。发掘至距地表3.72米处在墓室周壁发现砖墙，砖墙砌法为双砖一丁一顺平铺，共15层。砖墙表层内侧砖均残断，经解剖发现残砖下有横向盖板灰痕，由此推断砖墙在砌至第13层时，封盖椁板，然后再垒砌第14层，盖板腐朽后，受外力压迫平铺的砖出现裂纹、断裂。墓底用灰砖呈“人”字形平铺。墓砖规格为长32.5、宽16、厚4.5厘米（图二五〇）。

10NDZ2#MDTG1M1长4.6、宽2.3、深4.3米。填土为花土，经夯打实。

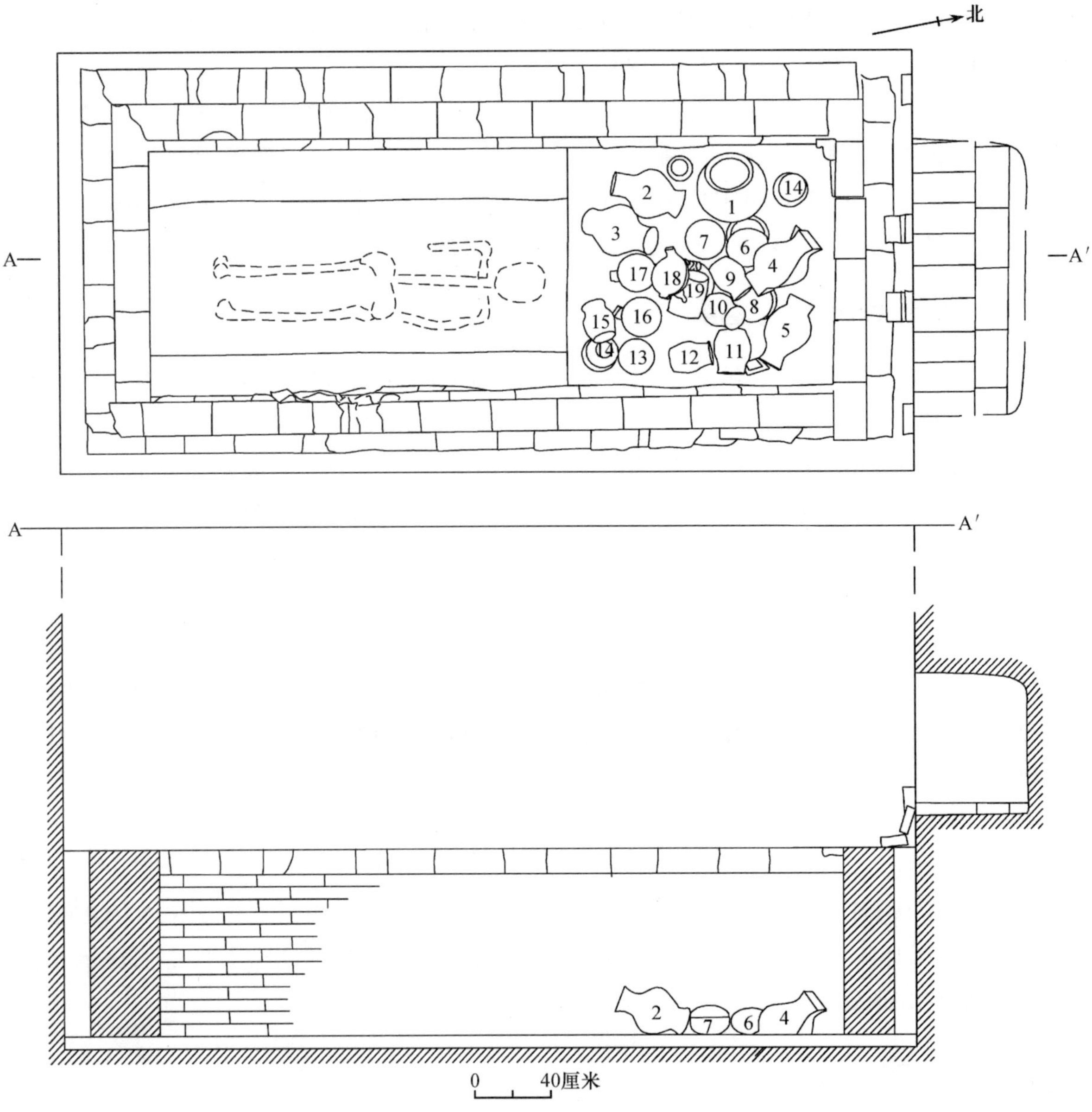

图二五〇　10NDZ2#MDTG1M1 平、剖面图

1. 陶瓮　2、3. 陶壶　4、5. 陶坊　6～8、20. 陶盒　9～12、14、15、19. 陶罐　13、16～18. 陶鼎

2. 葬具和人骨

墓室内清理出一具木棺灰痕，棺长 2.05、宽 1、残高 0.2 米（图版五六，2）。

人骨为仰身直肢单人葬。人骨已朽成粉末状，依据人骨残存痕迹判断墓主应为头北脚南。年龄、性别不详。

3. 随葬品

（1）种类及数量

共20件。陶鼎4件、陶壶2件、陶罐7件、陶瓮1件、陶盒4件、陶坊2件。

（2）出土位置

随葬器物均位于墓主头前棺外北部。

（3）器物形制分类介绍

陶鼎　4件。10NDZ2#MDTG1M1∶13，泥质灰陶。器盖，方唇，盖面隆起，顶部缓平。鼎，子母口，上腹较直，弧内收，圜底，下承三兽蹄足，略呈三角形。上腹部旋削修坯一周，去胎泥较厚，在腹部形成一折台，腹部两侧附长方形錾耳，有长方形孔，模制。器表直接施彩绘，大部分脱落。口径19.2、高14.8厘米（图二五一，9）。10NDZ2#MDTG1M1∶16，泥质灰陶。器盖，方唇，盖面隆起，顶部较尖。鼎，子母口，直腹，微弧，大平底，下承三兽蹄足，柱状。腹部两侧附长方形錾耳，上端微外侈，鼎耳模印。器盖外表施白衣，衣外绿色卷云纹，云上、云内红点装饰，鼎腹饰宽2厘米白衣带红彩打边线，线内绘细红彩网格纹，上下三角形内绘“V”或“⋀”图形装饰。錾耳白衣外绿色三角纹，“X”形细红线分隔，粗红线外框。口径16.8、高15.4厘米（图二五一，6）。10NDZ2#MDTG1M1∶17，泥质灰陶。器盖，方唇，盖面隆起，顶部缓平。鼎，子母口，直腹，大平底，下承三兽蹄足。腹部两侧附长方形立耳，上端外撇，模制。器表施白衣，外施红彩，大部分脱落。器盖外表施白衣，衣外绿色卷云纹，云上、云内红点装饰，鼎腹饰宽2厘米白衣带红彩打边线，线内绘细红彩网格纹，上下三角形内绘“V”或“⋀”图形装饰。錾耳白衣外绿色三角纹，“X”形细红线分隔，粗红线外框。口径19.2、高16厘米（图二五一，7；图版八八，3）。10NDZ2#MDTG1M1∶18，泥质灰陶。器盖，方唇，盖面隆起，顶部缓平。鼎，子母口，上腹较直，弧内收，圜底，下承三兽蹄足，略呈三角形。上腹部旋削修坯一周，去胎泥较厚，在腹部形成一折台，腹部两侧附长方形錾耳，有长方形孔。器表直接施彩绘，大部分脱落。口径19.2、高14.8厘米（图二五一，8；图版八八，1）。

陶壶　2件。10NDZ2#MDTG1M1∶2，泥质灰陶。器盖，子母口，盖面隆起，弧形顶，隆起较矮。壶，喇叭口，方唇，溜肩，鼓腹，高足，底缘外撇，挖足较浅。器身有轮旋线。盖面有对称三个长方形小孔，器表施白衣，外施绿色卷云纹，云上、云内红点装饰。壶身、颈肩、下腹、足下部饰纹饰带，口、下腹、底部纹饰漫漶，脱落不清，腹部彩绘绿色、红色卷云。口径13.6、底径14、高35厘米（图二五一，4；图版八八，5）。10NDZ2#MDTG1M1∶3，泥质灰陶。器盖，子母口，盖面隆起，弧形顶，隆起较矮。壶，侈口，方唇，溜肩，鼓腹，高足，底缘外撇，挖足较浅。器身有轮旋线。盖面有对称三个长方形小孔，器表施白衣，外施绿色卷云纹，云上、云内红点装饰。壶身、颈肩、下腹、足下部饰纹饰带，口、下腹、底部纹饰漫漶，脱落不清，腹部彩绘绿色、红色卷云。口径13.6、底径13、高34.6厘米（图二五一，5）。

陶罐　7件。10NDZ2#MDTG1M1:9，泥质灰陶。直口，微敛，方唇，长直颈，溜肩，斜直腹，平底。颈部有凹弦纹，器身有轮旋线。口径12.4、底径12、高20厘米（图二五一，17）。10NDZ2#MDTG1M1:10，泥质灰陶。直口，微敛，方唇，长直颈，溜肩，斜直腹，微弧，平底，微内凹。颈部有凹弦纹，器身有轮旋线。口径12、底径11.6、高18.2厘米（图二五一，20）。10NDZ2#MDTG1M1:11，泥质灰陶。直口，折沿，方唇，长直颈，溜肩，斜直腹，微弧，平底。颈部有凹弦纹，器身有轮旋线。口径12、底径11.6、高19厘米（图二五一，19；图版九〇，4）。10NDZ2#MDTG1M1:12，泥质灰陶。敛口，沿微折，方唇，长直颈，溜肩，斜直腹，微弧，平底。器身有轮旋线。口径11.4、底径11.6、高19.6厘米（图二五一，16）。10NDZ2#MDTG1M1:14，泥质灰陶。敛口，沿微折，方唇，长直颈，溜肩，斜直腹，微弧，平底。颈部有凹弦纹，器身有轮旋线。口径11.6、底径12.4、高18.4厘米（图二五一，11）。10NDZ2#MDTG1M1:15，泥质灰陶。直口，方唇，长直颈，溜肩，腹微弧，平底。颈部有凹弦纹，器身有轮旋线。口径12、底径12、高18厘米（图二五一，18）。10NDZ2#MDTG1M1:19，泥质灰陶。敛口，沿微折，方唇，直颈，溜肩，弧腹，平底。颈部有凹弦纹，器身有轮旋线。口径12.2、底径12.8、高19.8厘米（图二五一，10）。

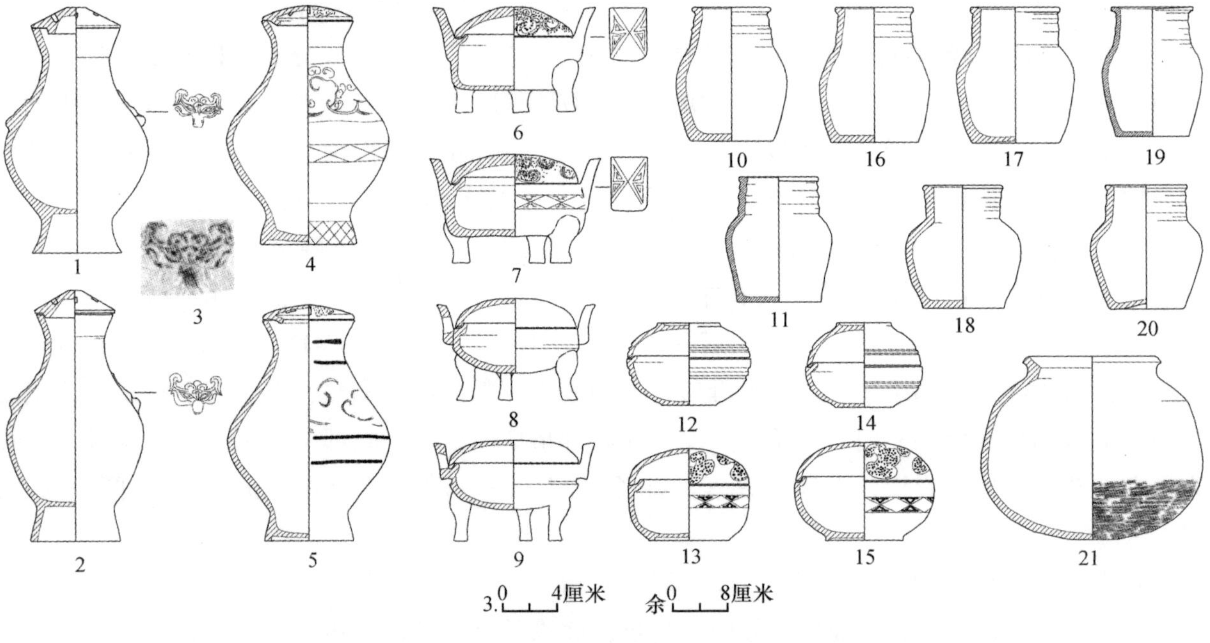

图二五一　10NDZ2#MDTG1M1出土陶器

1、2. 坊（10NDZ2#MDTG1M1:4、10NDZ2#MDTG1M1:5）　3. 陶坊纹饰拓片（10NDZ2#MDTG1M1:4）　4、5. 壶（10NDZ2#MDTG1M1:2、10NDZ2#MDTG1M1:3）　6～9. 鼎（10NDZ2#MDTG1M1:16、10NDZ2#MDTG1M1:17、10NDZ2#MDTG1M1:18、10NDZ2#MDTG1M1:13）　10、11、16～20. 罐（10NDZ2#MDTG1M1:19、10NDZ2#MDTG1M1:14、10NDZ2#MDTG1M1:12、10NDZ2#MDTG1M1:9、10NDZ2#MDTG1M1:15、10NDZ2#MDTG1M1:11、10NDZ2#MDTG1M1:10）　12～15. 盒（10NDZ2#MDTG1M1:20、10NDZ2#MDTG1M1:7、10NDZ2#MDTG1M1:8、10NDZ2#MDTG1M1:6）　21. 瓮（10NDZ2#MDTG1M1:1）

陶瓮　1件。10NDZ2#MDTG1M1∶1，泥质灰陶，斜折沿，方唇，束颈，折肩，腹微弧，圜底。肩部旋削修坯一周，去胎泥较厚，使肩部略显折线，下腹及底部饰绳纹。口径20、高27厘米（图二五一，20；图版九一，3）。

陶盒　4件。10NDZ2#MDTG1M1∶6，泥质灰陶。器盖，方唇，直口，盖面隆起，弧形顶。盒，子母口，弧腹较深，略显圈足。器盖隆起部分施白衣，外施绿色朵云纹，云上红点装饰。器身中腹施白衣带，粗红色边线，线内用细红线绘制网格纹，上下三角形内饰“V”或“⋀”装饰。下腹旋削修坯一周。口径26.4、底径11.2、高14.4厘米（图二五一，15；图版九二，2）。10NDZ2#MDTG1M1∶7，泥质灰陶。器盖，方唇，直口，盖面隆起，顶部略尖。盒，子母口，上腹近直，圈足。器盖隆起部分施白衣，外施绿色朵云纹，云上红点装饰。器身中腹施白衣带，粗红色边线，线内用细红线绘制网格纹，上下三角形内饰“V”或“⋀”装饰。下腹旋削修坯一周，去胎泥较厚，使底部饼足较明显。口径17.6、底径12、高13.5厘米（图二五一，13；图版九二，3）。10NDZ2#MDTG1M1∶8，泥质磨光黑皮陶。器盖，方唇，盖面隆起，较高，盖顶部有矮圈足状捉手。盒，子母口，上腹近直，平底。器盖和器身各饰两条凹弦纹，器表有轮旋线。下腹旋削修坯一周，去胎泥较厚，使下腹部略显折线，底部略显饼足。口径16.4、底径8.6、高12.4厘米（图二五一，14）。10NDZ2#MDTG1M1∶20，泥质灰陶，器表磨光。器盖，方唇，盖面隆起，较高，盖顶部有矮圈足状捉手。盒，子母口，弧腹，平底，微内凹。器盖和器身各饰两条凹弦纹，器表有轮旋线，下腹旋削修坯一周，去胎泥较厚，使底部略显饼足。口径17.6、底径8、高12厘米（图二五一，12；图版九二，1）。

陶坊　2件。10NDZ2#MDTG1M1∶4，泥质灰陶。器盖，方形，盝顶，子母口，四刹各有一小孔。坊，方形，侈口，方唇，溜肩，鼓腹，方足，微外撇。上腹左右两侧各饰有一个兽首。彩绘脱落。口径12.8、底径13、高36厘米（图二五一，1；图版九二，4）。10NDZ2#MDTG1M1∶5，泥质灰陶。器盖，方形，盝顶，子母口。坊，方形，侈口，方唇，溜肩，鼓腹，方足。上腹左右两侧各饰有一个兽首。彩绘脱落。口径15.4、底径13、高36.8厘米（图二五一，2）。

10NDZ2#MDTG1M2

10NDZ2#MDTG1M2位于TG1东部偏北，西邻10NDZ2#MDTG1M21、10NDZ2#MDTG1M20，西南角打破10NDZ2#MDTG1M24东北角。10NDZ2#MDTG1M2开口于②层下，打破第③层及生土层。该墓保存较好。

1. 形制和规格

10NDZ2#MDTG1M2是一座长方形竖穴土坑墓，南北向，墓向5°。墓口距地表0.6米（图二五二）。

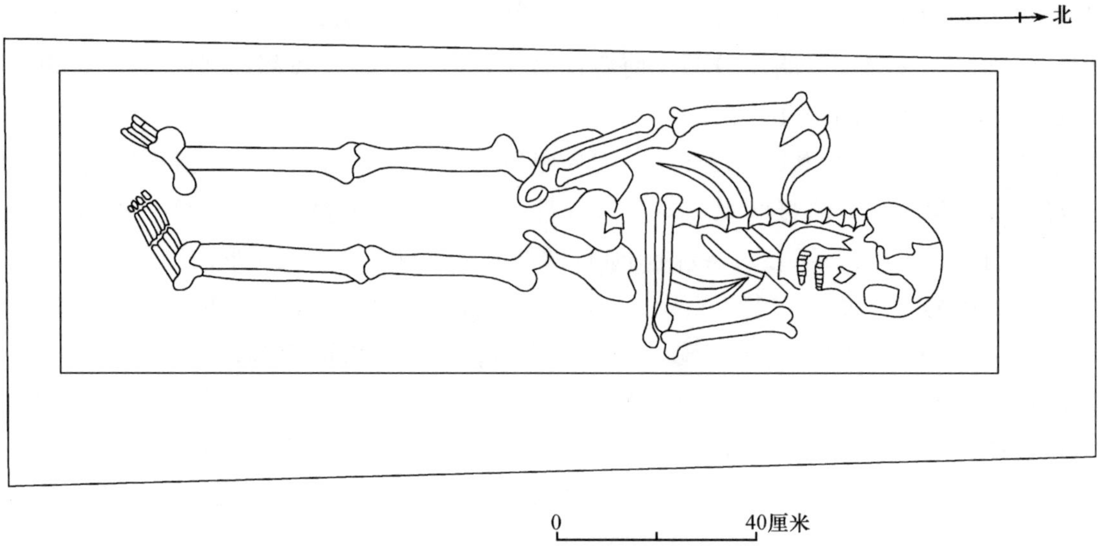

图二五二 10NDZ2#MDTG1M2 平面图

10NDZ2#MDTG1M2 长 2.2、宽 0.8～0.9、深 1.45 米。填土为花土，质松软，四壁较规整。

2. 葬具和人骨

墓室内清理出一具木棺灰痕，棺长 1.9、宽 0.6、残高 0.05 米。

人骨为仰身直肢单人葬。头北脚南，面向东，右手放于下腹部，左手放于上腹部。为一 30～35 岁的男性个体。无随葬品。

10NDZ2#MDTG1M3

10NDZ2#MDTG1M3 位于 TG1 西部，东邻 10NDZ2#MDTG1M6，东南邻 10NDZ2#MDTG1M7，北邻 10NDZ2#MDTG1M1，东北邻 10NDZ2#MDTG1M5。10NDZ2#MDTG1M3 开口于②层下，打破第③层及生土层。该墓保存较好。

1. 形制和规格

10NDZ2#MDTG1M3 是一座长方形竖穴土坑墓，南北向，墓向 7°。墓口距地表 0.6 米（图二五三）。

10NDZ2#MDTG1M3 长 1.95、宽 0.8、深 1.95 米。填土为花土，质松软，四壁较规整。

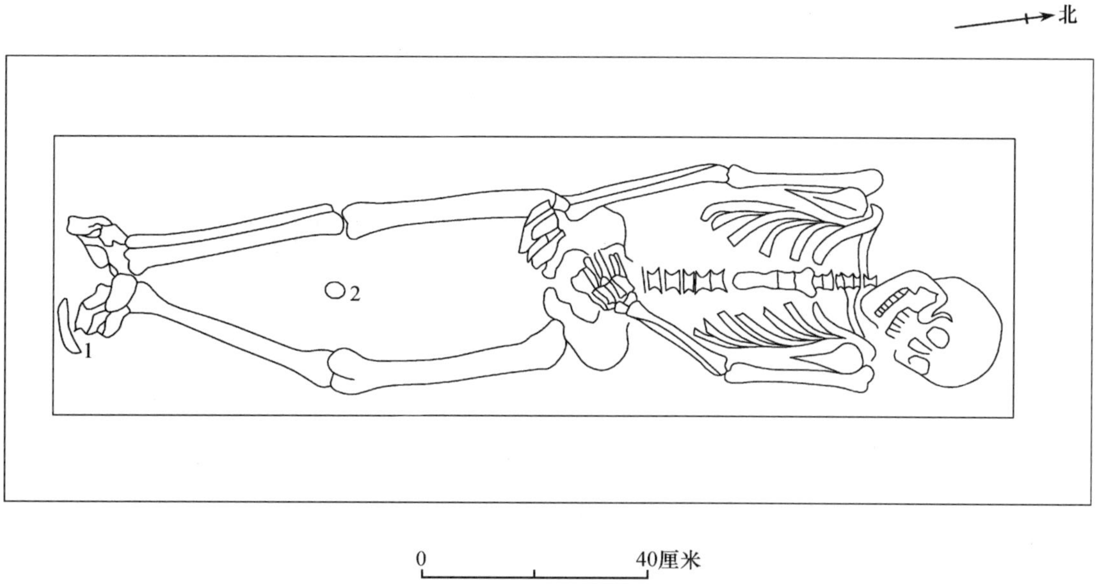

图二五三　10NDZ2#MDTG1M3 平面图

1. 铜带钩　2. 印章

2. 葬具和人骨

墓室内清理出一具木棺灰痕，棺长 1.7、宽 0.5、残高 0.15 米。

人骨为仰身直肢单人葬。头北脚南，面向上，双手放于腹部。为一 35 ~ 40 岁的男性个体。

3. 随葬品

（1）种类及数量

共 2 件。铜带钩 1 件、铜印章 1 件。

（2）出土位置

1 号铜带钩位于棺内墓主脚南部，2 号铜印章位于棺内墓主两腿中部。

（3）器物形制分类介绍

铜带钩　1 件。10NDZ2#MDTG1M3∶1，钩首残，钩体略宽于颈，腹部较长，鼓起呈弧形，尾部略宽。带钩背部有一扁平圆纽。长 8.4 厘米（图二五四，1）。

铜印章　1 件。10NDZ2#MDTG1M3∶2，长方体，两侧各有一扁长槽，上下两面阴刻印纹。一面为“禹臣”两字，另一面为“同？奉？禹”三字。长 1.2、宽 1.2、厚 6 厘米（图二五四，2）。

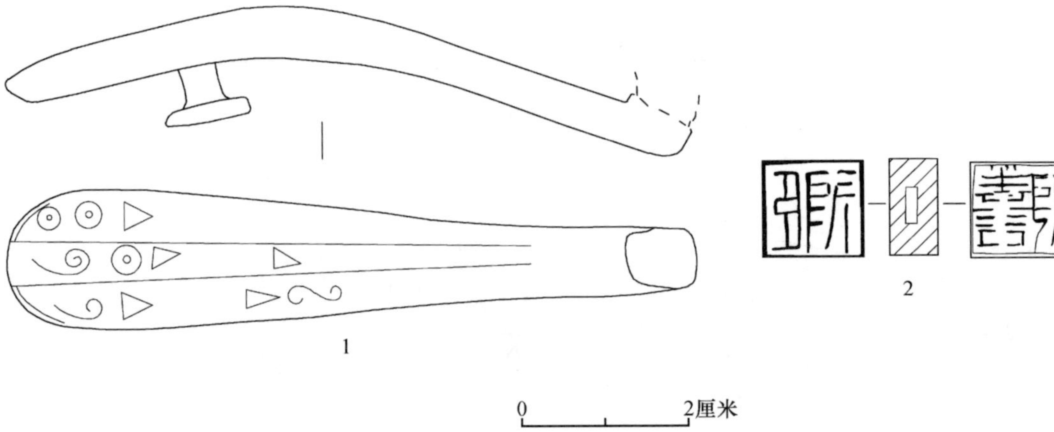

图二五四　10NDZ2#MDTG1M3 出土铜器
1. 带钩（10NDZ2#MDTG1M3∶1）　2. 印章（10NDZ2#MDTG1M3∶2）

10NDZ2#MDTG1M4

10NDZ2#MDTG1M4 位于 TG1 西北部，东邻 10NDZ2#MDTG1M8，南邻 10NDZ2#MDTG1M5，西邻 10NDZ2#MDTG1M1。10NDZ2#MDTG1M4 开口于②层下，打破第③层及生土层。该墓保存较好。

1. 形制和规格

10NDZ2#MDTG1M4 是一座带有生土二层台的长方形竖穴土坑墓，南北向，墓向 8°。墓口距地表 0.6 米，发掘至距地表 2.75 米处，在墓室东西两侧发现生土二层台，生土二层台上有横向盖板痕迹（图二五五）。

10NDZ2#MDTG1M4 长 2.35、宽 1.1、深 2.85 米。填土为花土，经夯打实，四壁较规整。

2. 葬具和人骨

墓室内清理出一具木棺灰痕，棺长 2.05、宽 0.6、残高 0.25 米。

人骨为仰身直肢单人葬。人骨保存较差，胸部、盆骨均已朽成骨粉状，依据人骨残存痕迹判断墓主应为头北脚南，面向西。为一 45 ~ 55 岁的男性个体。

3. 随葬品

（1）种类及数量

共 2 件。陶罐 1 件，铜带钩 1 件。

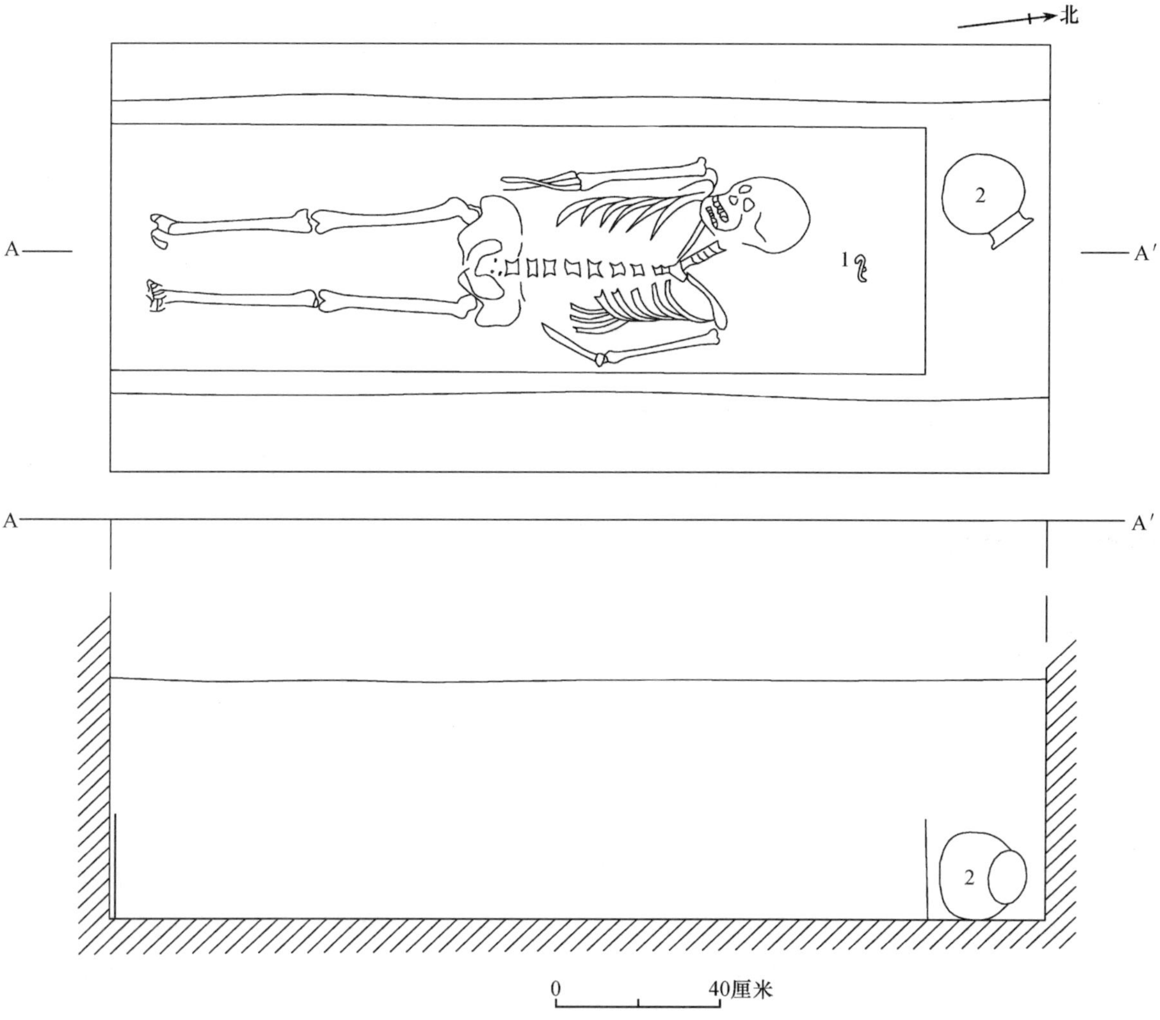

图二五五　10NDZ2#MDTG1M4 平、剖面图

1. 铜带钩　2. 陶罐

（2）出土位置

陶罐位于墓主头前棺外北部，铜带钩位于棺内墓主头部东北部。

（3）器物形制分类介绍

陶罐　1件。10NDZ2#MDTG1M4∶2，泥质灰陶。直口，微侈，方唇，棱线分明，长直颈，溜肩，球形腹，平底。器身有轮旋线，肩部饰凹弦纹一周，下腹及底部饰绳纹。口径13、底径8、高24.4厘米（图二五六，1；图版八九，3）。

铜带钩　1件。10NDZ2#MDTG1M4∶1，铜质，残断，素面，残长4.1厘米（图二五六，2）。

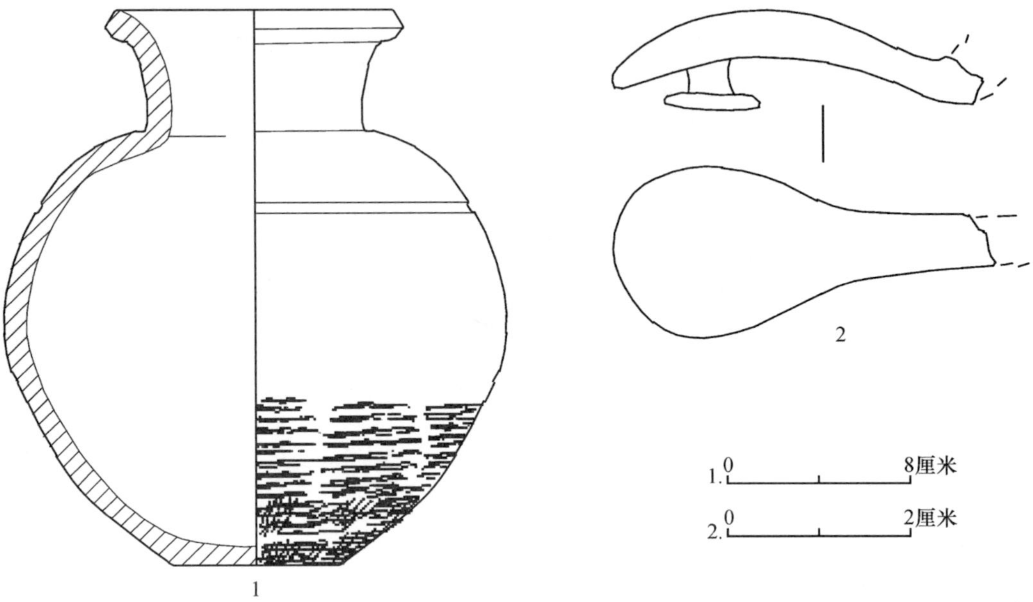

图二五六　10NDZ2#MDTG1M4 出土器物

1. 陶罐（10NDZ2#MDTG1M4∶2）　2. 铜带钩（10NDZ2#MDTG1M4∶1）

10NDZ2#MDTG1M5

10NDZ2#MDTG1M5 位于 TG1 西部偏北，东邻 10NDZ2#MDTG1M8、10NDZ2#MDTG1M9、10NDZ2#MDTG1M10，南邻 10NDZ2#MDTG1M6，西南邻 10NDZ2#MDTG1M3，西北邻 10NDZ2#MDTG1M1，北邻 10NDZ2#MDTG1M4。10NDZ2#MDTG1M5 开口于②层下，打破第③层及生土层。该墓保存较好。

1. 形制和规格

10NDZ2#MDTG1M5 是一座长方形竖穴土坑墓，南北向，墓向 10°。墓口距地表 0.6 米（图二五七）。

10NDZ2#MDTG1M5 长 1.65、宽 0.45、深 1.24 米。填土为花土，质松软，四壁较规整。

2. 葬具和人骨

墓室内清理出一具木棺灰痕，棺长 1.56、宽 0.44、残高 0.34 米（图版五七，1）。

人骨为仰身后屈肢单人葬。屈肢较甚。头北脚南，面向西，左手放于腹部，右臂平放于身体右侧，右小臂叠压在身下，左下肢右折叠压在右腿下，右腿左曲，右小腿沿右腿后折折叠压在右腿下。为一 40 岁左右的男性个体。

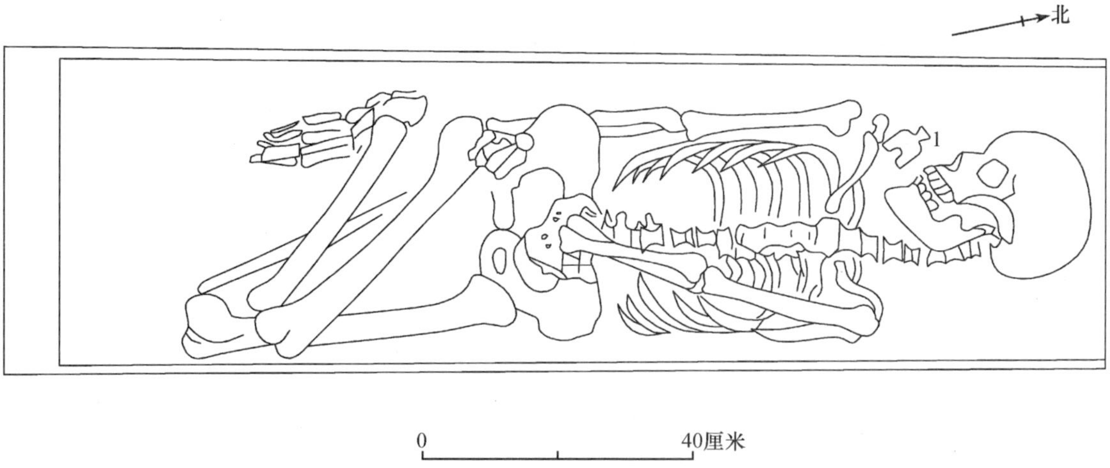

图二五七　10NDZ2#MDTG1M5 平面图

1. 布币

3. 随葬品

（1）种类及数量

布币 1 枚。

（2）出土位置

布币位于棺内墓主头骨西部。

（3）器物形制分类介绍

布币　1 枚。10NDZ2#MDTG1M5：1。铲形，片状。类似有“木邑”两字。高 5、宽 3 厘米（图二五八）。

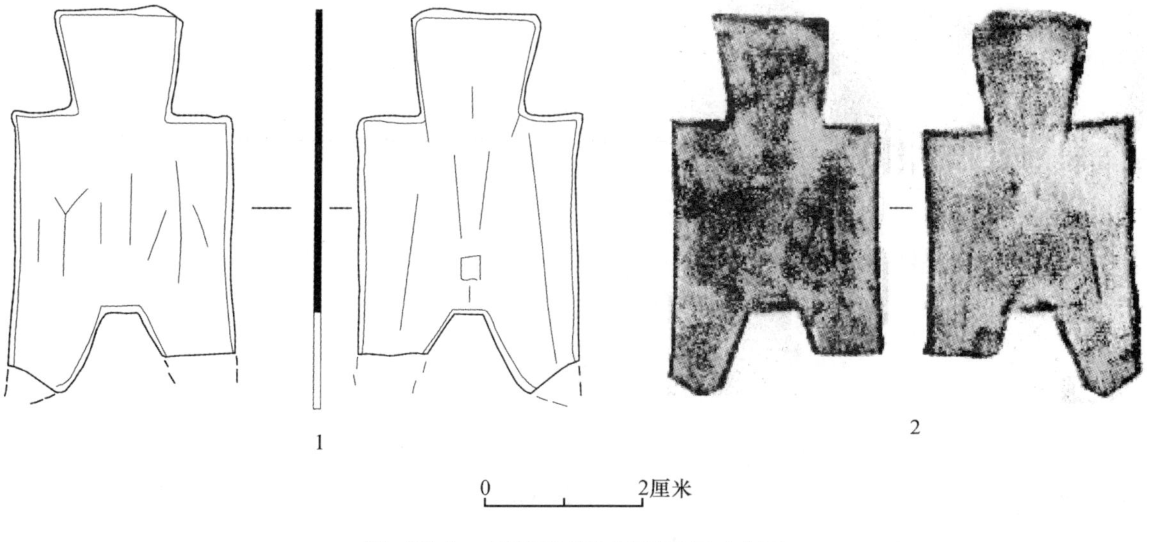

图二五八　10NDZ2#MDTG1M5 出土布币

1. 布币（10NDZ2#MDTG1M51：1）　2. 布币拓片

10NDZ2#MDTG1M6

10NDZ2#MDTG1M6 位于 TG1 西部，东邻 10NDZ2#MDTG1M9，南邻 10NDZ2#MDTG1M7，西邻 10NDZ2#MDTG1M3，北邻 10NDZ2#MDTG1M5。10NDZ2#MDTG1M6 开口于②层下，打破第③层及生土层。该墓保存较好。

1. 形制和规格

10NDZ2#MDTG1M6 是一座长方形竖穴土坑墓，东西向，墓向 95°。墓口距地表 0.6 米（图二五九）。

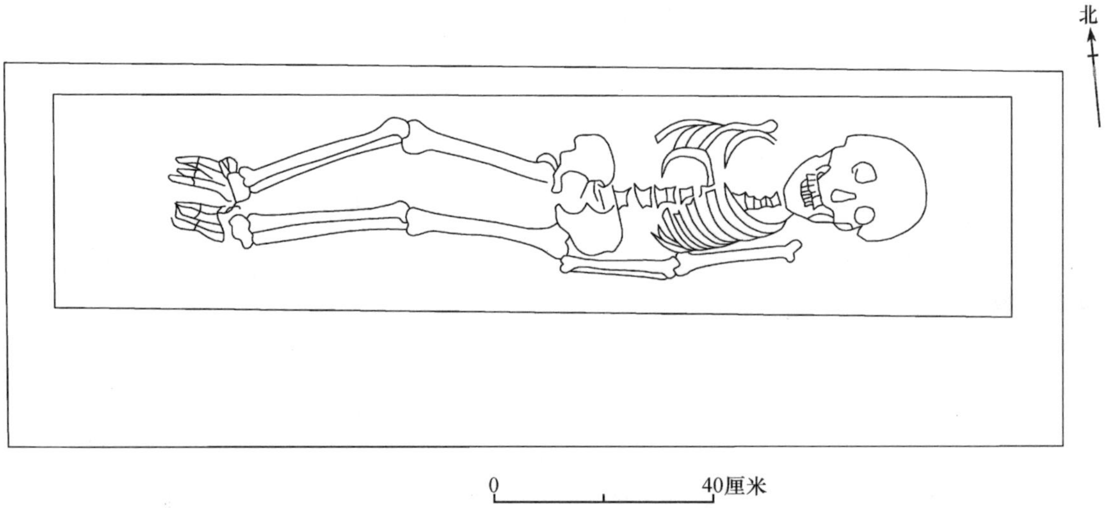

图二五九　10NDZ2#MDTG1M6 平面图

10NDZ2#MDTG1M6 长 1.95、宽 0.7、深 2 米。填土为花土，质松软，四壁较规整。

2. 葬具和人骨

墓室内清理出一具木棺灰痕，棺长 1.75、宽 0.4、残高 0.2 米。

人骨为仰身直肢单人葬。墓主头东脚西，面向上。为一 15～25 岁的女性个体。无随葬品。

10NDZ2#MDTG1M8

10NDZ2#MDTG1M8 位于 TG1 北部偏西，东邻 10NDZ2#MDTG1M14，南邻 10NDZ2#MDTG1M9、10NDZ2#MDTG1M10、10NDZ2#MDTG1M11，西邻 10NDZ2#MDTG1M4、10NDZ2#MDTG1M5。10NDZ2#MDTG1M8 开口于②层下，打破第③层及生土层。该墓保存较好。

1. 形制和规格

10NDZ2#MDTG1M8是一座长方形竖穴土坑墓，南北向，墓向0°。墓口距地表0.6米（图二六〇）。

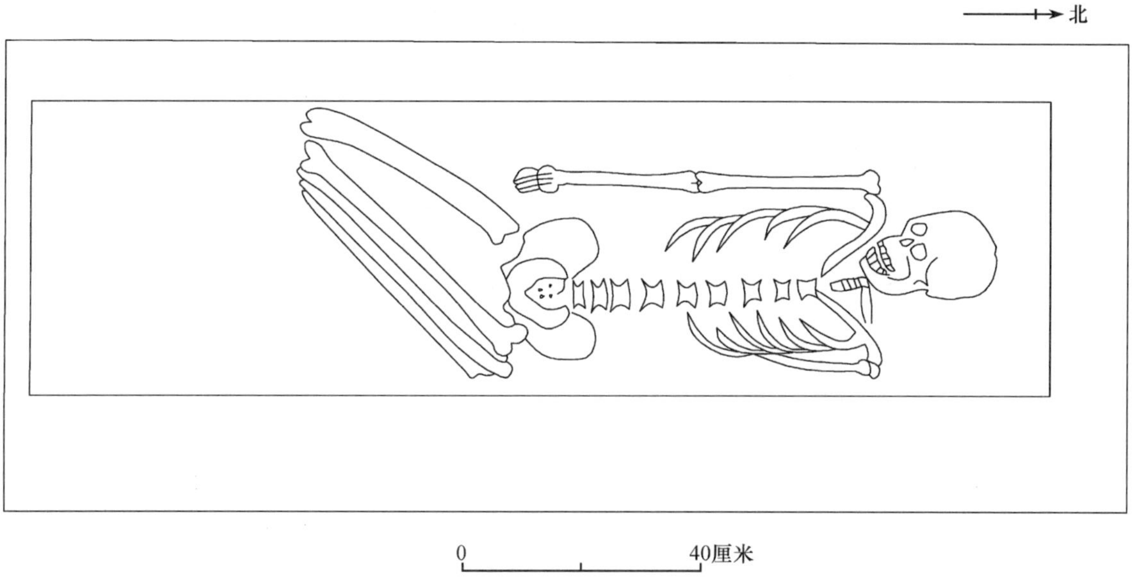

图二六〇　10NDZ2#MDTG1M8平面图

10NDZ2#MDTG1M8长1.9、宽0.8、深1.71米。填土为花土，质松软，四壁较规整。

2. 葬具和人骨

墓室内清理出一具木棺灰痕，棺长1.7、宽0.5、残高0.3米（图版五七，2）。

人骨为仰身后屈肢单人葬。屈肢较甚。头北脚南，面向上，右臂平放于身体右侧，左臂叠压于身下，左腿向右侧弯曲，双小腿沿左腿后折叠压于左腿下，为一40~45岁的男性个体。无随葬品。

10NDZ2#MDTG1M9

10NDZ2#MDTG1M9位于TG1西部偏北，东邻10NDZ2#MDTG1M11，西邻10NDZ2#MDTG1M5、10NDZ2#MDTG1M6，北邻10NDZ2#MDTG1M8，东北部打破10NDZ2#MDTG1M10西南部。10NDZ2#MDTG1M9开口于②层下，打破第③层及生土层。该墓保存较好。

1. 形制和规格

10NDZ2#MDTG1M9 是一座长方形竖穴土坑墓，南北向，墓向 15°。墓口距地表 0.6 米（图二六一）。

10NDZ2#MDTG1M9 长 2.05、宽 0.8、深 1.75 米。填土为花土，质松软，四壁较规整。

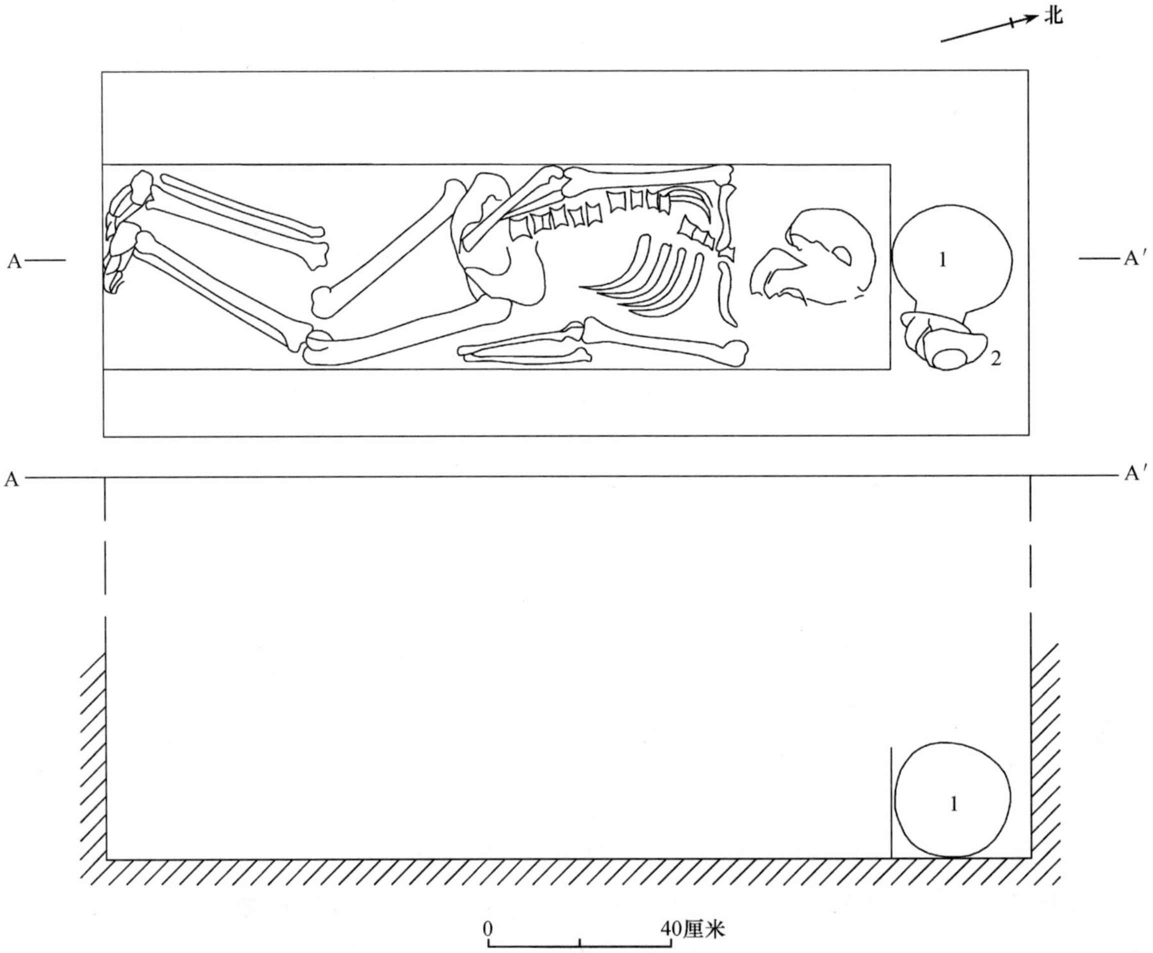

图二六一　10NDZ2#MDTG1M9 平、剖面图

1. 陶罐　2. 陶钵

2. 葬具和人骨

墓室内清理出一具木棺灰痕，棺长 1.75、宽 0.45、残高 0.25 米。

人骨为侧身屈肢单人葬。下肢自然弯曲。头北脚南，面向东，右手放于腹部。为一 40 ~ 50 岁的男性个体。

3. 随葬品

（1）种类及数量

共2件。陶罐1件、陶钵1件。

（2）出土位置

随葬器物位于墓主头前棺外北部。2号陶钵扣于1号陶罐口上。

（3）器物形制分类介绍

陶罐　1件。10NDZ2#MDTG1M9∶1，泥质灰陶，胎质淘洗不净，有砂粒。直口，卷沿，长直颈，溜肩，球形腹，平底，内凹。器身有轮旋线，下腹及底饰绳纹，较杂乱。口径15、底径8.6、高24.4厘米（图二六二，1；图版八九，4）。

陶钵　1件。10NDZ2#MDTG1M9∶2，泥质灰陶。直口，微敛，圆唇，折腹，饼足，微内凹。器表有轮旋线，下腹旋削修坯一周，去胎泥较厚，使下腹部略显折棱。口径15.8、底径6.8、高6.4厘米（图二六二，2；图版九三，1）。

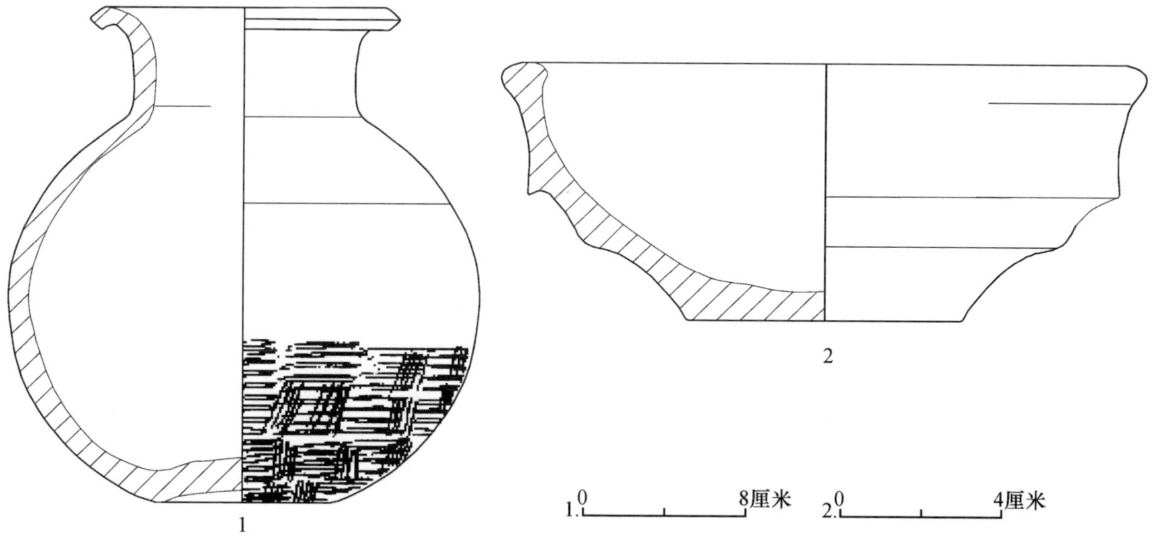

图二六二　10NDZ2#MDTG1M9出土陶器

1. 罐（10NDZ2#MDTG1M9∶1）　2. 钵（10NDZ2#MDTG1M9∶2）

10NDZ2#MDTG1M10

10NDZ2#MDTG1M10位于TG1北部偏西，东南邻10NDZ2#MDTG1M11，西南邻10NDZ2#MDTG1M9，北邻10NDZ2#MDTG1M8，10NDZ2#MDTG1M10打破10NDZ2#MDTG1M11西北角，西南部被10NDZ2#MDTG1M9打破。10NDZ2#MDTG1M10开口于②层下，打破第③层及生土层。该墓保存较好。

1. 形制和规格

10NDZ2#MDTG1M10 是一座长方形竖穴土坑墓，南北向，墓向 12°。墓口距地表 0.6 米（图二六三）。

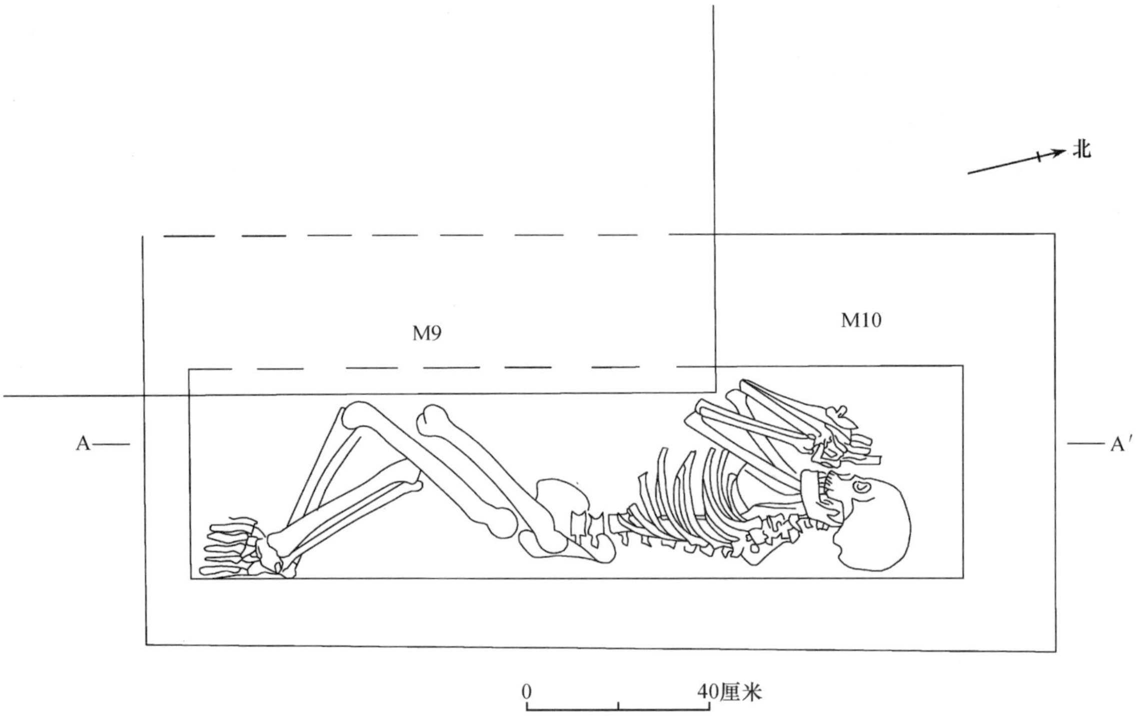

图二六三　10NDZ2#MDTG1M10 平面图

10NDZ2#MDTG1M10 长 2、宽 0.9、深 1.7 米。填土为花土，质松软，四壁较规整。

2. 葬具和人骨

墓室内清理出一具木棺灰痕，棺长 1.6、宽 0.45、残高 0.22 米。

人骨为侧身屈肢单人葬。屈肢较甚。头北脚南，面向西，双小臂上折，双手交叠放于脸前，为一 25 ~ 30 岁的男性个体。无随葬品。

10NDZ2#MDTG1M11

10NDZ2#MDTG1M11 位于 TG1 中部略偏北，东南邻 10NDZ2#MDTG1M17，南邻 10NDZ2#MDTG1M12，西邻 10NDZ2 # MDTG1M9、10NDZ2 # MDTG1M10，北邻 10NDZ2 # MDTG1M8、10NDZ2# MDTG1M14，东北邻 10NDZ2 # MDTG1M15，西北角被 10NDZ2 # MDTG1M10 打破。10NDZ2#MDTG1M11 开口于②层下，打破第③层及生土层。该墓保存较好。

1. 形制和规格

10NDZ2#MDTG1M11 是一座长方形竖穴土坑墓，南北向，墓向 352°。墓口距地表 0.6 米（图二六四）。

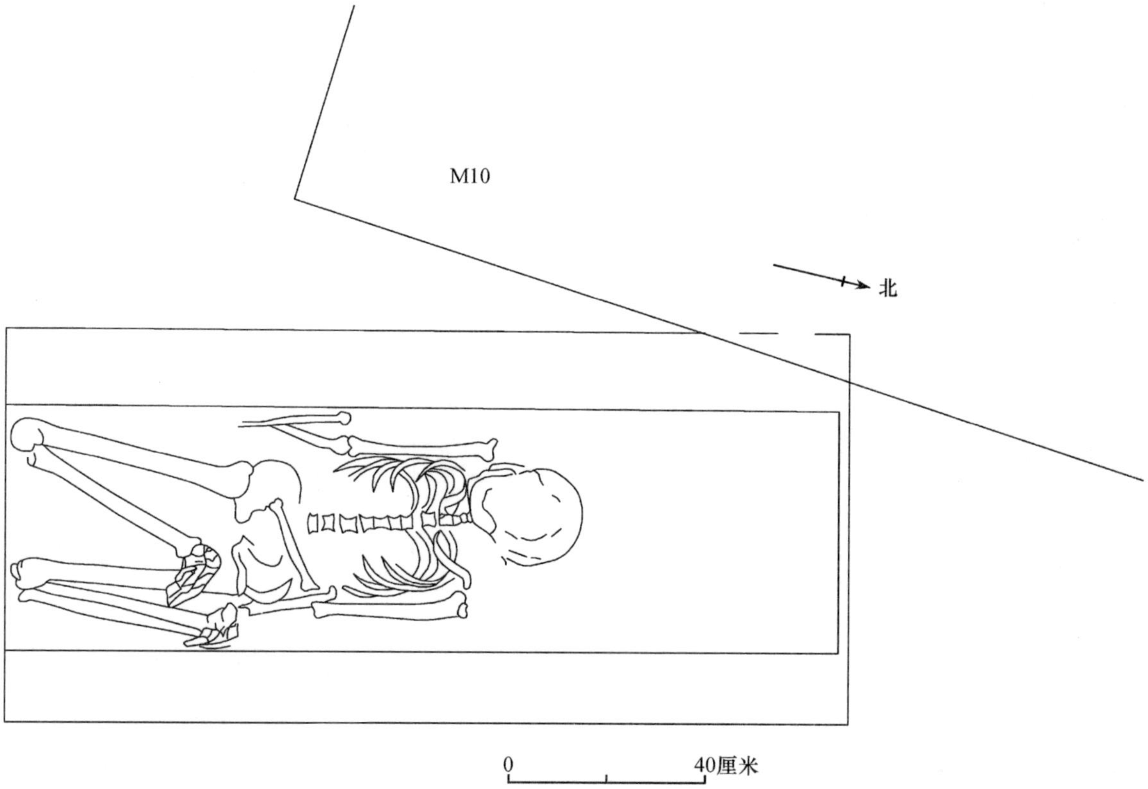

图二六四　10NDZ2#MDTG1M11 平面图

10NDZ2#MDTG1M11 长 1.7、宽 0.8、深 1.45 米。填土为花土，质松软，四壁较规整。

2. 葬具和人骨

墓室内清理出一具木棺灰痕，棺长 1.68、宽 0.5、残高 0.15 米（图版五八，1）。

人骨为仰身后屈肢单人葬。屈肢较甚。头北脚南，面向上，双臂平放于身侧，双下肢由内侧向回折，双足叠压在盆骨下，为一 30 ~ 40 岁的女性个体。无随葬品。

10NDZ2#MDTG1M13

10NDZ2#MDTG1M13 位于 TG1 西南部，东邻 10NDZ2#MDTG1M12，北邻 10NDZ2#MDTG1M6，10NDZ2#MDTG1M13 西半部被 10NDZ2#MDTG1M7 打破。10NDZ2#MDTG1M13 开口

于②层下，打破第③层及生土层。

1. 形制和规格

10NDZ2#MDTG1M13 是一座长方形竖穴土坑墓，东西向，墓向 95°。墓口距地表 0.6 米（图二六五）。

10NDZ2#MDTG1M13 残长 1.2、宽 1、深 2.1 米。填土为花土，质松软，四壁较规整。

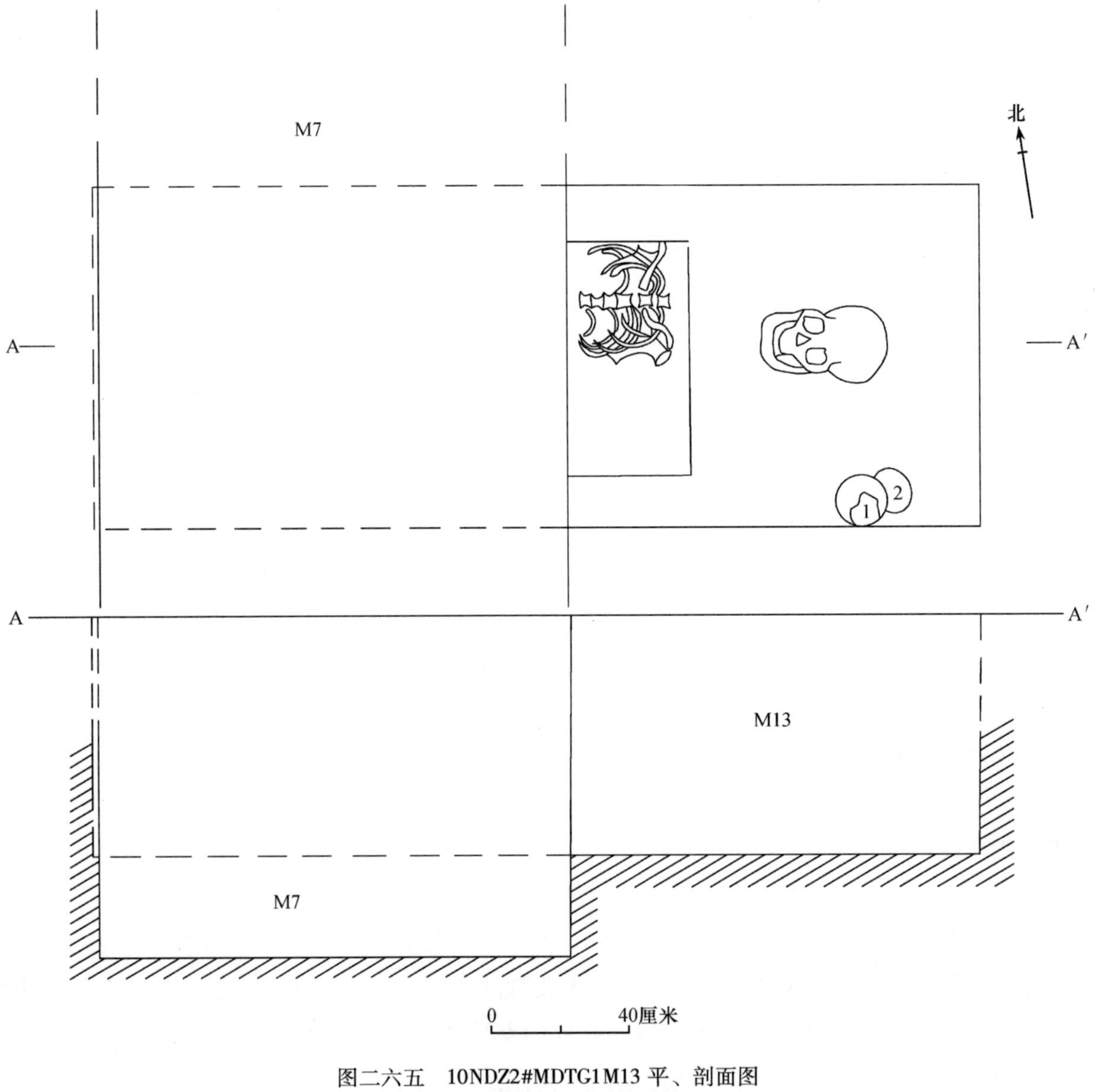

图二六五　10NDZ2#MDTG1M13 平、剖面图

1. 陶壶　2. 陶钵

2. 葬具和人骨

墓室内清理出一具木棺灰痕，棺残长0.3、宽0.7、残高0.1米（图版五八，2）。

人骨为单人葬。M13西半部被M7打破，葬式不明，头向东，面向上，为一25~30岁的男性个体。

3. 随葬品

（1）种类及数量

共2件。陶壶1件、陶钵1件。

（2）出土位置

随葬器物均位于墓主头前棺外东南角。

（3）器物形制分类介绍

陶壶　1件。10NDZ2#MDTG1M13:1，泥质灰陶。口残，溜肩，鼓腹，平底，微内凹。器身有轮旋线，下腹旋削修坯一周，去胎泥较厚，使下腹部略显折线。底径5.6、残高16.8厘米（图二六六，1）。

陶钵　1件。10NDZ2#MDTG1M13:2，泥质灰陶。直口，微敛，方唇，折腹，饼足。折棱明显。下腹旋削修坯，去胎泥较厚，使下腹部略显折线。口径10.6、底径4.8、高4.6厘米（图二六六，2）。

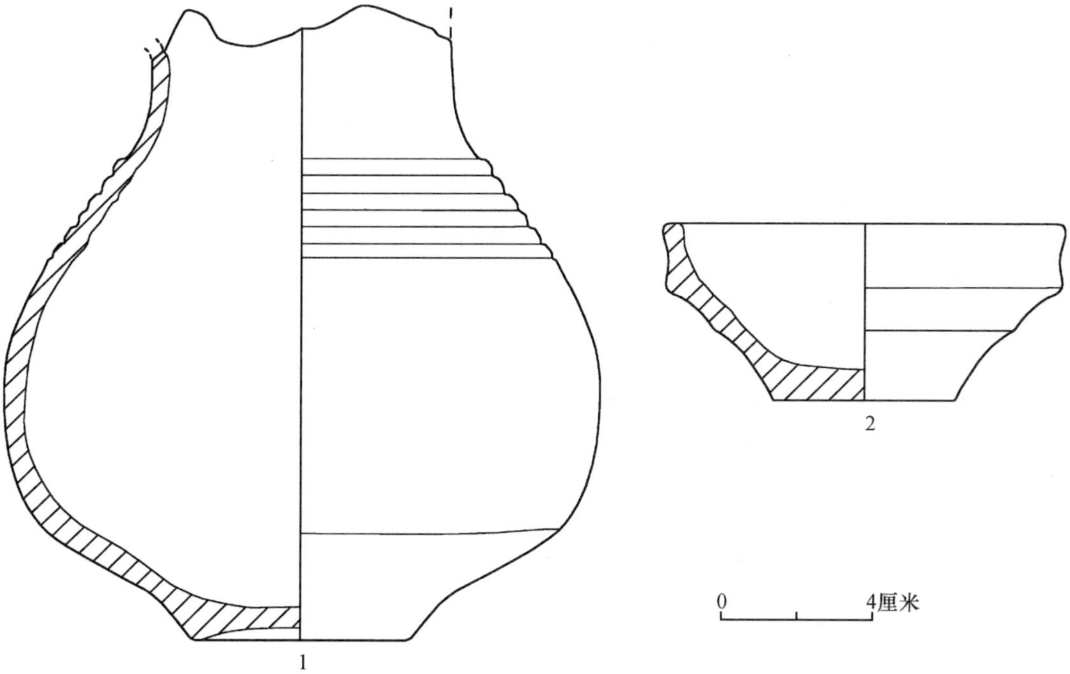

图二六六　10NDZ2#MDTG1M13出土陶器

1. 壶（10NDZ2#MDTG1M13:1）　2. 钵（10NDZ2#MDTG1M13:2）

10NDZ2#MDTG1M14

10NDZ2#MDTG1M14 位于 TG1 北部略偏西，东南邻 10NDZ2#MDTG1M15，西邻 10NDZ2#MDTG1M8，南邻 10NDZ2#MDTG1M11、10NDZ2#MDTG1M17。10NDZ2#MDTG1M14 开口于②层下，打破第③层及生土层。该墓保存较好。

1. 形制和规格

10NDZ2#MDTG1M14 是一座长方形竖穴土坑墓，南北向，墓向 6°。墓口距地表 0.6 米（图二六七）。

10NDZ2#MDTG1M14 长 1.98、宽 0.76、深 2.3 米。填土为花土，质松软，四壁较规整。

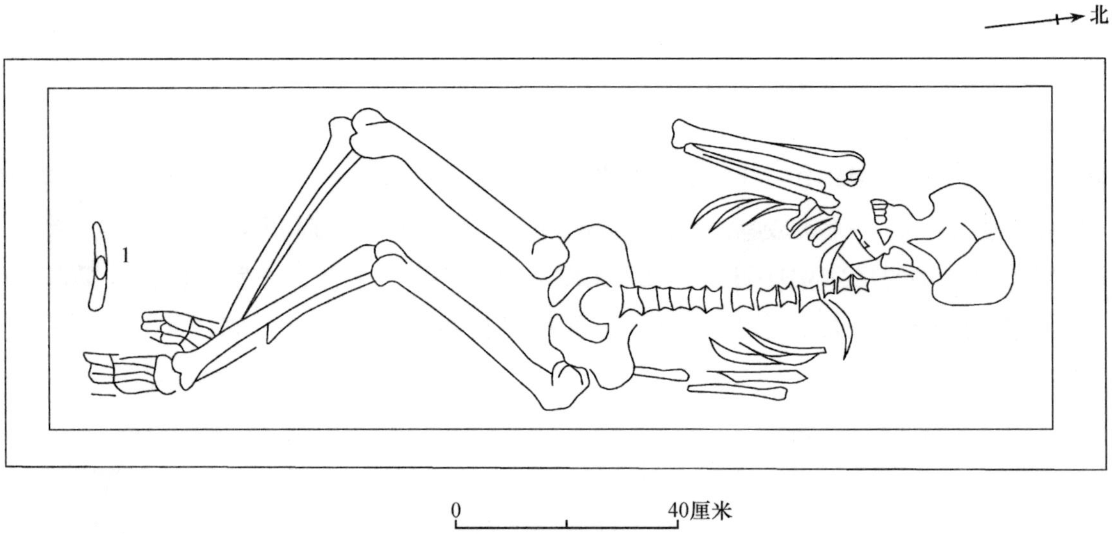

图二六七 10NDZ2#MDTG1M14 平面图

1. 铁带钩

2. 葬具和人骨

墓室内清理出一具木棺灰痕，棺长 1.8、宽 0.62、残高 0.3 米。

人骨为仰身屈肢单人葬。下身自然弯曲。头北脚南，面向西，右小臂回折，右手放于肩部，左臂平放于身侧，为一 50 岁左右的男性个体。

3. 随葬品

（1）种类及数量

铁带钩 1 件。

（2）出土位置

铁带钩位于棺内墓主脚南部。

（3）器物形制分类介绍

铁带钩　1件。10NDZ2#MDTG1M14:1，锈蚀、残损严重，形制不详。

10NDZ2#MDTG1M17

10NDZ2#MDTG1M17位于TG1中部，东邻10NDZ2#MDTG1M18，东南邻10NDZ2#MDTG1M19，西邻10NDZ2#MDTG1M11，北邻10NDZ2#MDTG1M15、10NDZ2#MDTG1M16。10NDZ2#MDTG1M17开口于②层下，打破第③层及生土层。该墓保存较好。

1. 形制和规格

10NDZ2#MDTG1M17是一座带有生土二层台的长方形竖穴土坑墓，南北向，墓向20°。墓口距地表0.6米，发掘至距地表2.8米处，在墓室东西两侧发现生土二层台，生土二层台上有横向盖板痕迹（图二六八）。

10NDZ2#MDTG1M17长2.2、宽1.2、深3.2米。填土为花土，经夯打实，四壁较规整。

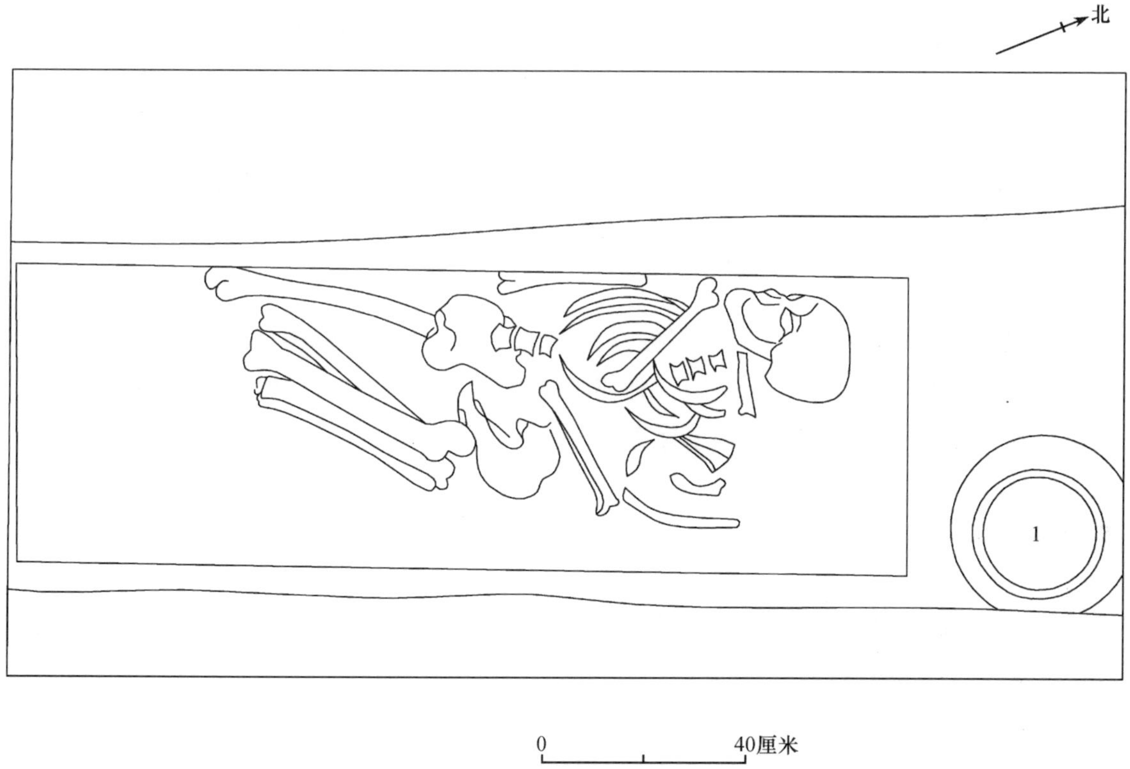

图二六八　10NDZ2#MDTG1M17平面图

1. 陶瓮

2. 葬具和人骨

墓室内清理出一具木棺灰痕，棺长 1.8、宽 0.6、残高 0.4 米（图版五九，1）。

人骨为后屈肢单人葬。屈肢较甚。头北脚南，面向西，上身肢骨杂乱，盆骨错位，双小腿沿左腿回折叠压于盆骨下。为一 40 ~ 50 岁的女性个体。综合分析该墓应为迁葬墓。

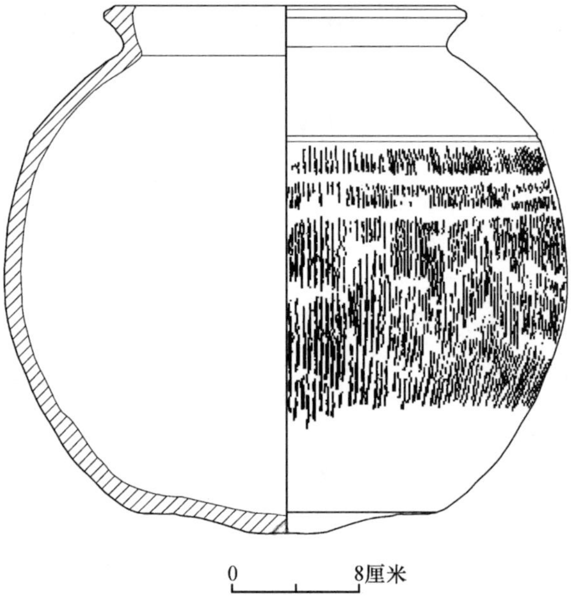

图二六九　10NDZ2#MDTG1M17 出土陶瓮（10NDZ2#MDTG1M17∶1）

3. 随葬品

（1）种类及数量

陶瓮 1 件。

（2）出土位置

1 号陶瓮位于墓主头前棺外北部，椁室东北角。

（3）器物形制分类介绍

陶瓮　1 件。10NDZ2#MDTG1M17∶1，泥质灰陶。沿略斜折，方唇，唇面向内、外微张侈，束颈，折肩，弧腹，圜底，底部有较缓凹槽一周。口沿及领内部折线明显，肩部旋削修坯一周，肩部以下饰弦断绳纹。口径 22.4、底径 9.6、高 32.4 厘米（图二六九）。

10NDZ2#MDTG1M18

10NDZ2#MDTG1M18 位于 TG1 中部偏东，东北角邻 10NDZ2#MDTG1M20，西邻 10NDZ2#MDTG1M17，南邻 10NDZ2#MDTG1M19，北邻 10NDZ2#MDTG1M16。10NDZ2#MDTG1M18 开口于②层下，打破第③层及生土层。该墓保存较好。

1. 形制和规格

10NDZ2#MDTG1M18 是一座带有生土二层台的长方形竖穴土坑墓，南北向，墓向 4°。墓口距地表 0.6 米，发掘至距地表 1.86 米处，在墓室东西两侧发现生土二层台，生土二层台上有横向盖板痕迹（图二七〇）。

10NDZ2#MDTG1M18 长 2.1、宽 0.6 ~ 0.76、深 1.9 米。填土为花土，质松软，四壁较规整。

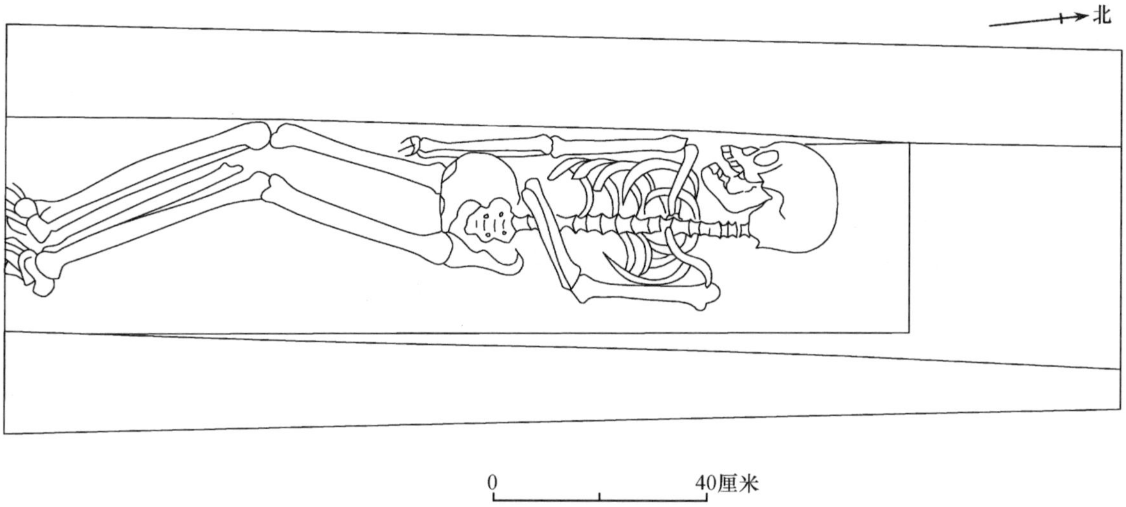

图二七〇　10NDZ2#MDTG1M18 平面图

2. 葬具和人骨

墓室内清理出一具木棺灰痕，棺长 1.7、宽 0.8、残高 0.35 米。

人骨为仰身直肢单人葬。头北脚南，面向西，微屈肢，左手放于腹部。为一 25 ~ 30 岁的男性个体。无随葬品。

10NDZ2#MDTG1M19

10NDZ2#MDTG1M19 位于 TG1 中部，东邻 10NDZ2#MDTG1M22，西南邻 10NDZ2#MDTG1M12，北邻 10NDZ2#MDTG1M17、10NDZ2#MDTG1M18。10NDZ2#MDTG1M19 开口于②层下，打破第③层及生土层。该墓曾遭盗扰。

1. 形制和规格

10NDZ2#MDTG1M19 是一座带有生土二层台的长方形竖穴土坑墓，东西向，墓向 107°。墓口距地表 0.6 米。发掘至距地表 2.6 米处，在墓室南北两侧发现生土二层台，生土二层台上有横向盖板痕迹（图二七一）。

10NDZ2#MDTG1M19 长 2.86、宽 1.2、深 2.7 米。填土为花土，质松软，四壁较规整。

2. 葬具和人骨

墓室内清理出一具木棺灰痕，棺长 1.76、宽 0.62、残高 0.3 米。

人骨为仰身直肢单人葬。该墓遭到盗扰，人骨上半身遭到破坏，下半身保存较好，依据残存人骨痕迹判断墓主为头东脚西，面向上。为一 30 岁左右的男性个体。

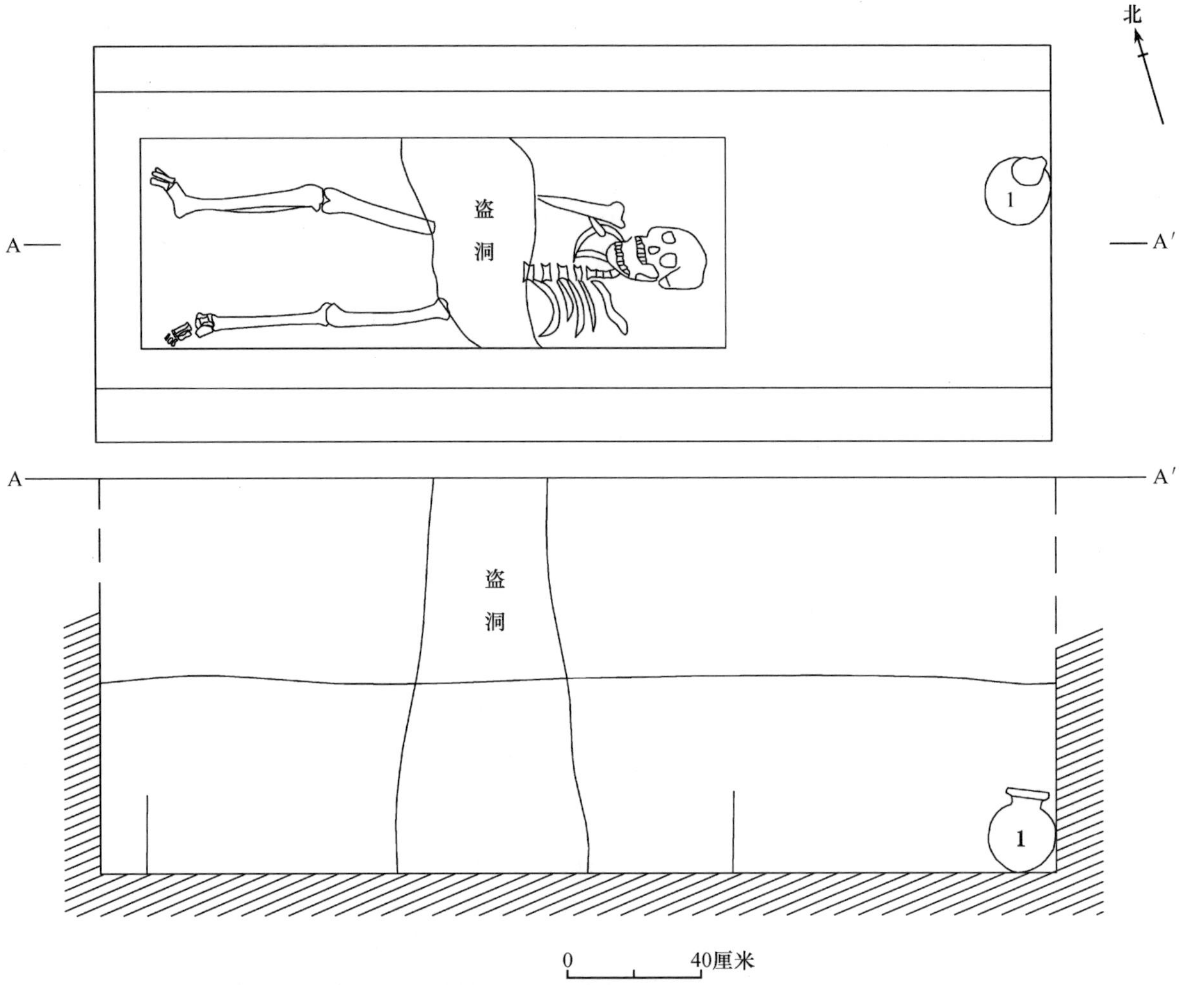

图二七一　10NDZ2#MDTG1M19 平、剖面图
1. 陶罐

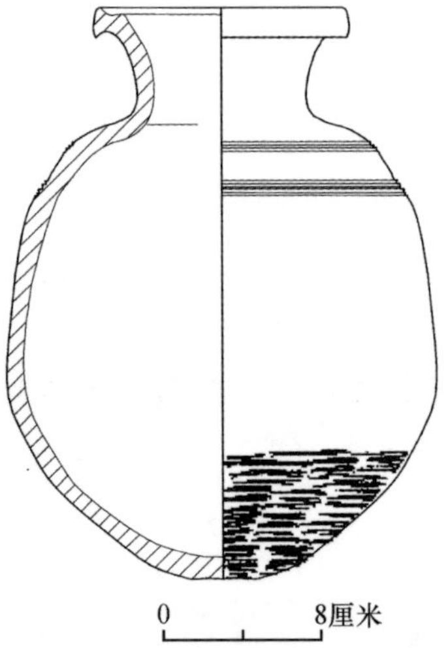

图二七二　10NDZ2#MDTG1M19 出土陶罐（10NDZ2#MDTG1M19∶1）

3. 随葬品

（1）种类及数量

陶罐 1 件。

（2）出土位置

陶罐位于墓主头前棺外北部。

（3）器物形制分类介绍

陶罐　1 件。10NDZ2#MDTG1M19∶1，泥质灰陶。侈口，卷沿，沿面有凹槽，束颈，溜肩，上腹较直，下腹弧内收，小平底。器身有轮旋，下腹及底部饰篮纹。口径 12.8、底径 6、高 28.8 厘米（图二七二）。

10NDZ2#MDTG1M23

10NDZ2#MDTG1M23 位于 TG1 东部端略偏北，东邻 10NDZ2#MDTG1M52、10NDZ2#MDTG1M53，西邻 10NDZ2#MDTG1M2、10NDZ2#MDTG1M24，10NDZ2#MDTG1M23 被洞室墓 10NDZ2#MDTG1M52、10NDZ2#MDTG1M53 洞室打破。10NDZ2#MDTG1M23 开口于②层下，打破第③层及生土层。该墓遭到盗扰。

1. 形制和规格

10NDZ2#MDTG1M23 是一座带有生土二层台的长方形竖穴土坑墓，南北向，墓向 8°。墓口距地表 0.6 米，发掘至距地表 4.4 米处，在墓室东、西、南三侧发现生土二层台，生土二层台上有横向盖板痕迹（图二七三）。

10NDZ2#MDTG1M23 长 4.65、宽 1.3、深 4.3 米。填土为花土，质松软，四壁较规整。

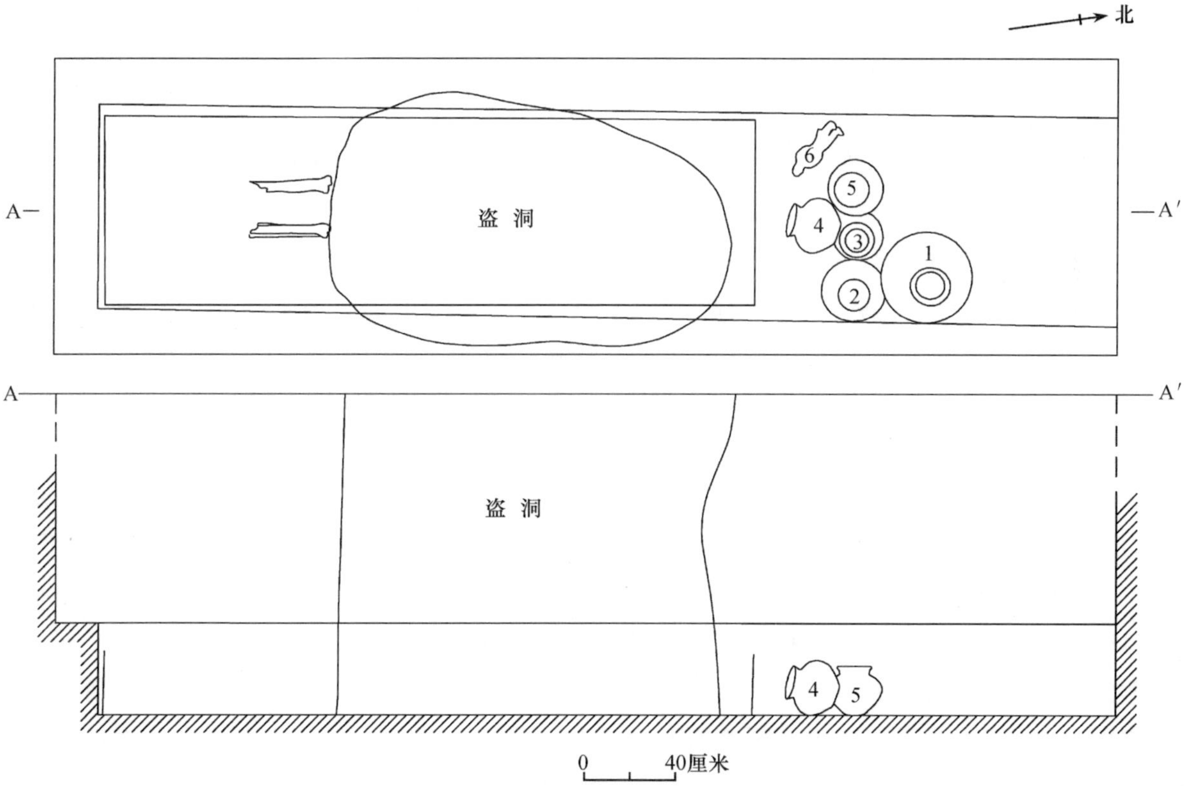

图二七三　10NDZ2#MDTG1M23 平、剖面图
1～5. 陶罐　6. 陶俑

2. 葬具和人骨

墓室内清理出一具木棺灰痕，棺长2.8、宽0.8、残高0.25米（图版五九，2）。

人骨为单人葬。该墓遭到盗扰，人骨遭到破坏，仅余两小腿骨，依据残存痕迹判断墓主应为头北脚南，年龄、性别不详。

3. 随葬品

（1）种类及数量

共6件。陶罐5件、陶俑1件。

（2）出土位置

随葬器物均位于墓主头前棺外北部，距墓棺较近。棺北侧由东向西依次为4号陶罐、6号陶俑，再北由东向西依次为2号、3号、5号陶罐，1号陶罐位于最北部。

（3）器物形制分类介绍

陶罐　5件。10NDZ2#MDTG1M23∶1，泥质灰陶。侈口，卷沿，长直颈，溜肩，凸鼓腹，小平底，微内凹。器身有轮旋线，下腹及底部饰篮纹。口径13.1、底径8、高31.2厘米（图二七四，3；图版八九，5）。10NDZ2#MDTG1M23∶2，泥质灰陶。侈口，圆唇，溜肩，凸鼓腹，小平底。颈部左右两侧各有两个穿孔，器表有轮旋线，下腹旋削修坯一周，去胎泥较厚，使底部略显足形。口径11.4、底径7.5、高18.5厘米（图二七四，5；图版九〇，3）。10NDZ2#MDTG1M23∶3，泥质灰陶。侈口，卷沿，方唇，束颈，折肩，上腹斜直，下腹折内收，小平底。口径12.6、高14.4厘米（图二七四，2；图版九〇，1）。10NDZ2#MDTG1M23∶4，泥质灰陶。直口，微侈，圆唇，溜肩，鼓腹，小平底，微内凹。颈部左右两侧各有两个穿孔，器表有轮旋线，下腹旋削修坯一周。口径11.4、底径9.6、高15.6厘米（图二七四，1）。10NDZ2#MDTG1M23∶5，泥质灰陶。直口，微侈，卷沿，沿面有凹槽，方唇，广肩，凸鼓腹，小平底。颈部左右两侧各有两个穿孔，器表有轮旋线，下腹旋削修坯一周，去胎泥较厚，使下腹略显折棱。口径12、底径9、高16.7厘米（图二七四，4）。

陶俑　1件。10NDZ2#MDTG1M23∶6，泥质灰陶。该俑头部微前倾，面部五官不清，头戴红色幞头，内穿红色襦衣，外着交领右衽长袍，袍下露足，袖手而立。神态祥和，面部和全身施白衣，长袍残留红彩。高22.8厘米（图二七四，6）。

10NDZ2#MDTG1M24

10NDZ2#MDTG1M24位于TG1东部偏北，东邻10NDZ2#MDTG1M23，西南邻10NDZ2#MDTG1M22，西邻10NDZ2#MDTG1M20，西北邻10NDZ2#MDTG1M21，东北角被10NDZ2#MDTG1M2打破。10NDZ2#MDTG1M24开口于②层下，打破第③层及生土层。该墓保存较好。

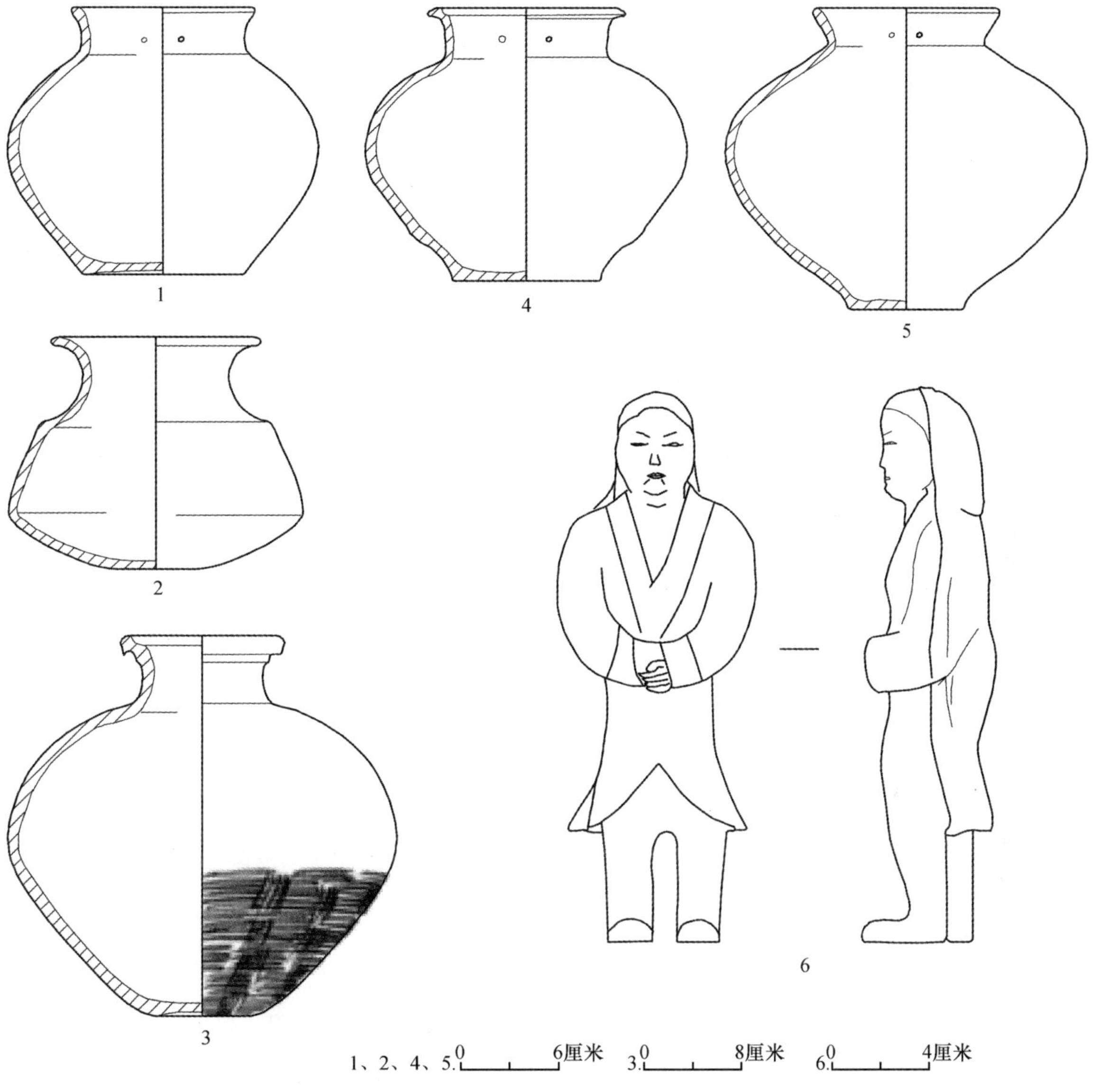

图二七四　10NDZ2#MDTG1M23 出土陶器

1～5. 罐（10NDZ2#MDTG1M23:4、10NDZ2#MDTG1M23:3、10NDZ2#MDTG1M23:1、10NDZ2#MDTG1M23:5、10NDZ2#MDTG1M23:2）　6. 俑（10NDZ2#MDTG1M23:6）

1. 形制和规格

10NDZ2#MDTG1M24 是一座长方形竖穴土坑墓，南北向，墓向 10°。墓口距地表 0.6 米（图二七五）。

10NDZ2#MDTG1M24 长 1.96、宽 0.8～0.92、深 1.95 米。填土为花土，质松软，四壁较规整。

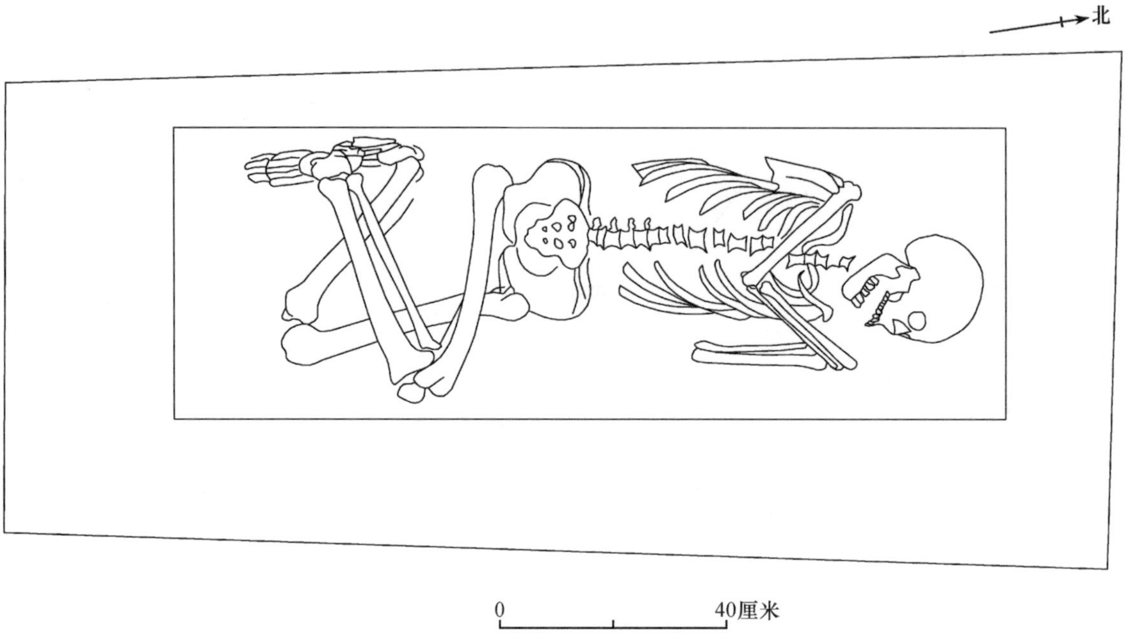

图二七五　10NDZ2#MDTG1M24 平面图

2. 葬具和人骨

墓室内清理出一具木棺灰痕，棺长 1.48、宽 0.52、残高 0.2 米（图版六〇，1）。

人骨为仰身屈肢单人葬。屈肢较甚。头北脚南，面向东，左臂上折，左手放于左肩，右臂左折，右手置放于左肩，为一 40～50 岁的男性个体。无随葬品。

10NDZ2#MDTG2M25

10NDZ2 # MDTG2M25 位于 TG2 西部，东邻 10NDZ2 # MDTG2M40，南邻 10NDZ2 # MDTG2M26、10NDZ2 # MDTG2M32，西北角邻 10NDZ2 # MDTG2M30、10NDZ2 # MDTG2M31。10NDZ2#MDTG2M25 开口于②层下，打破第③层及生土层。该墓遭到盗扰。

1. 形制和规格

10NDZ2#MDTG2M25 是一座带有生土二层台的长方形竖穴土坑墓，南北向，墓向 5°。墓口距地表 0.6 米，发掘至距地表 2.94 米处，在墓室两侧发现生土二层台，生土二层台上有横向盖板痕迹（图二七六）。

10NDZ2#MDTG2M25 长 3.1、宽 1.3、深 3.3 米。填土为花土，经夯打实，四壁较规整。

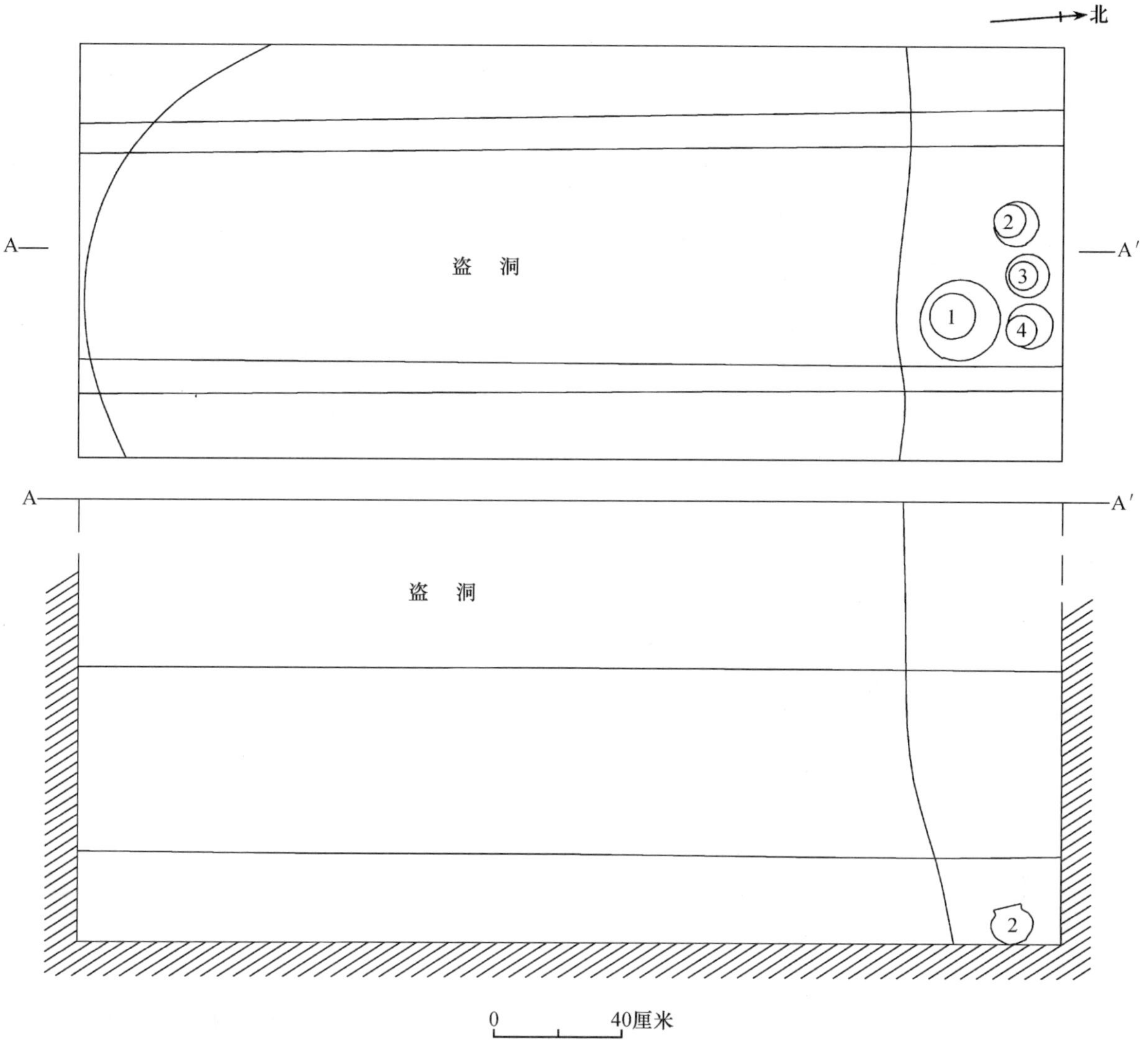

图二七六　10NDZ2#MDTG2M25 平、剖面图
1. 陶瓮　2～4. 陶罐

2. 葬具和人骨

未见葬具和人骨。

3. 随葬品

（1）种类及数量

共 4 件。陶罐 3 件、陶瓮 1 件。

（2）出土位置

随葬器物均位于椁室北部。4 号、3 号、2 号陶罐依椁室北壁由东向西排列，1 号陶瓮依椁室东壁位于4号陶罐南部。

（3）器物形制分类介绍

陶罐　3件。10NDZ2#MDTG2M25∶2，泥质灰陶。直口，微侈，圆唇，溜肩，鼓腹，小平底，微内凹。器身有轮旋线，下腹旋削修坯一周，去胎泥较厚，使下腹略显折线。口径8.8、底径6、高11.2厘米（图二七七，1）。10NDZ2#MDTG2M25∶3，泥质灰陶。直口，微侈，折沿，沿面有凹槽，长直颈，溜肩，弧腹，小平底。下腹及底部饰篮纹。口径11、底径5.6、高18.8厘米（图二七七，3；图版八九，6）。10NDZ2#MDTG2M25∶4，泥质灰陶。直口，微侈，方唇，溜肩，鼓腹，平底。颈部左右两侧各有两个穿孔。器身有轮旋线，下腹旋削修坯一周，去胎泥较厚，使底部略显足形。口径10、底径8.8、高14.4厘米（图二七七，2）。

陶瓮　1件。10NDZ2#MDTG2M25∶1，泥质灰陶。直口，微敛，方唇，唇面外侈，束颈，溜肩，鼓腹，小平底。肩部有刻划陶文二处，一处为一“张”字（图二七七，5），另一处刻划较浅，类似一“张?”字（图二七七，6）。器身有轮旋线，上腹饰戳点纹一周，局部不明显，下腹及底部饰篮纹。口径12、底径10.4、高26厘米（图二七七，4；图版九一，5）。

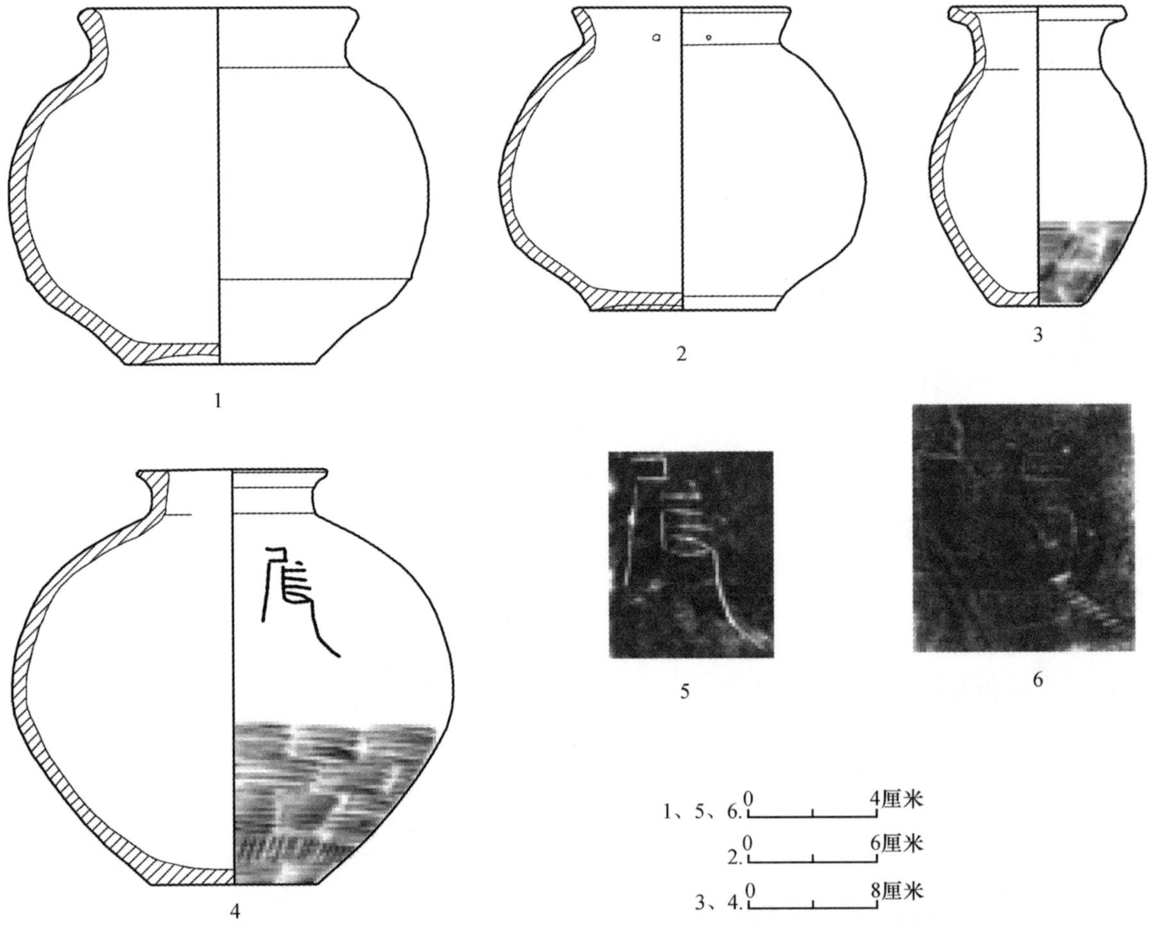

图二七七　10NDZ2#MDTG2M25出土陶器

1～3. 罐（10NDZ2#MDTG2M25∶2、10NDZ2#MDTG2M25∶4、10NDZ2#MDTG2M25∶3）　4. 瓮（10NDZ2#MDTG2M25∶1）
5、6. 陶瓮拓片（10NDZ2#MDTG2M25∶1）

10NDZ2#MDTG2M26

10NDZ2#MDTG2M26 位于 TG2 西侧偏南，东邻 10NDZ2#MDTG2M32，南邻 10NDZ2#MDTG2M28，北邻 10NDZ2#MDTG2M25。10NDZ2#MDTG2M26 开口于②层下，打破第③层及生土层。

1. 形制和规格

10NDZ2#MDTG2M26 是一座带有生土二层台的长方形竖穴土坑墓，南北向，墓向 5°。墓口距地表 0.6 米，发掘至距地表 3.45 米处，在墓室东西两侧发现生土二层台，生土二层台上有横向盖板痕迹（图二七八）。

10NDZ2#MDTG2M26 长 3.06、宽 0.96、深 3.45 米。填土为花土，质松软，四壁较规整。

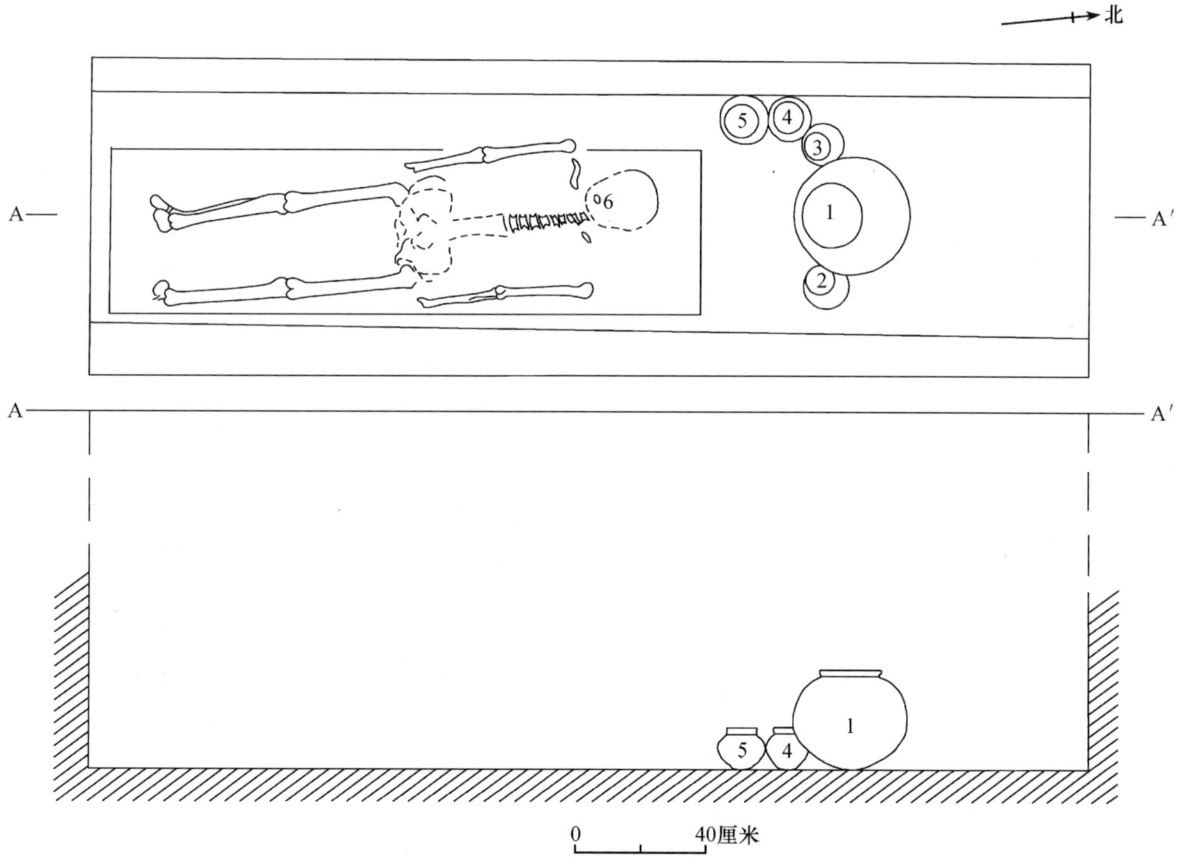

图二七八　10NDZ2#MDTG2M26 平、剖面图

1. 陶瓮　2～5. 陶罐　6. 铜钱

2. 葬具和人骨

墓室内清理出一具木棺灰痕，棺长1.8、宽0.5、残高0.4米（图版六〇，2）。

人骨为仰身直肢单人葬。人骨保存状况不好，墓主头部、胸部及盆骨均已朽成粉末状，下半身保存较好，依据人骨残存痕迹判断墓主应为头北脚南，面向上，年龄、性别不详。

3. 随葬品

（1）种类及数量

共7件（枚）。陶罐4件、陶瓮1件，铜钱2枚。

（2）出土位置

铜钱位于墓主嘴中，其他随葬器物均位于墓主头前棺外北部，距木棺较近。5号、4号陶罐在木棺外西北依椁室西壁南北向排列，2号陶罐、1号陶瓮、3号陶罐在木棺外北侧自东向西依次排列。

（3）器物形制分类介绍

陶罐　4件。10NDZ2#MDTG2M26:2，泥质灰陶。直口，微侈，圆唇，溜肩，鼓腹，小平底。器身有轮旋线，下腹旋削修坯一周。口径8.2、底径5.6、高11.6厘米（图二七九，3）。10NDZ2#MDTG2M26:3，泥质灰陶。直口，微侈，圆唇，溜肩，鼓腹，小平底。器身有轮旋线，下腹旋削修坯一周。口径7.4、底径4.8、高10.5厘米（图二七九，5）。10NDZ2#MDTG2M26:4，泥质灰陶。直口，微侈，方唇，溜肩，鼓腹，小平底。器身有轮旋线，下腹旋削修坯一周。口径8.8、底径6、高12厘米（图二七九，6）。10NDZ2#MDTG2M26:5，泥质灰陶。直口微侈，圆唇，直颈，溜肩，鼓腹，假圈足。颈部左右两侧各有一个穿孔，下腹旋削修坯一周。口径9、底径10、高12.4厘米（图二七九，4）。

陶瓮　1件。10NDZ2#MDTG2M26:1，泥质灰陶。直口，微侈，方唇，溜肩，鼓腹，小平底，微内凹。器身有轮旋线，下腹及底部饰篮纹，最大腹径偏下。口径16.6、底径11.2、高26.6厘米（图二七九，2）。

五铢钱　2枚。10NDZ2#MDTG2M26:6，形制、大小均同。浇注，圆形，方穿。“五”字较窄小，中间交叉两笔较直，“铢”字漫漶不清。直径2.5厘米（图二七九，1）。

10NDZ2#MDTG2M29

10NDZ2#MDTG2M29位于TG2北部偏西，东邻10NDZ2#MDTG2M35、10NDZ2#MDTG2M36，南邻10NDZ2#MDTG2M30、10NDZ2#MDTG2M31。10NDZ2#MDTG2M29开口于②层下，打破第③层及生土层。该墓保存较好。

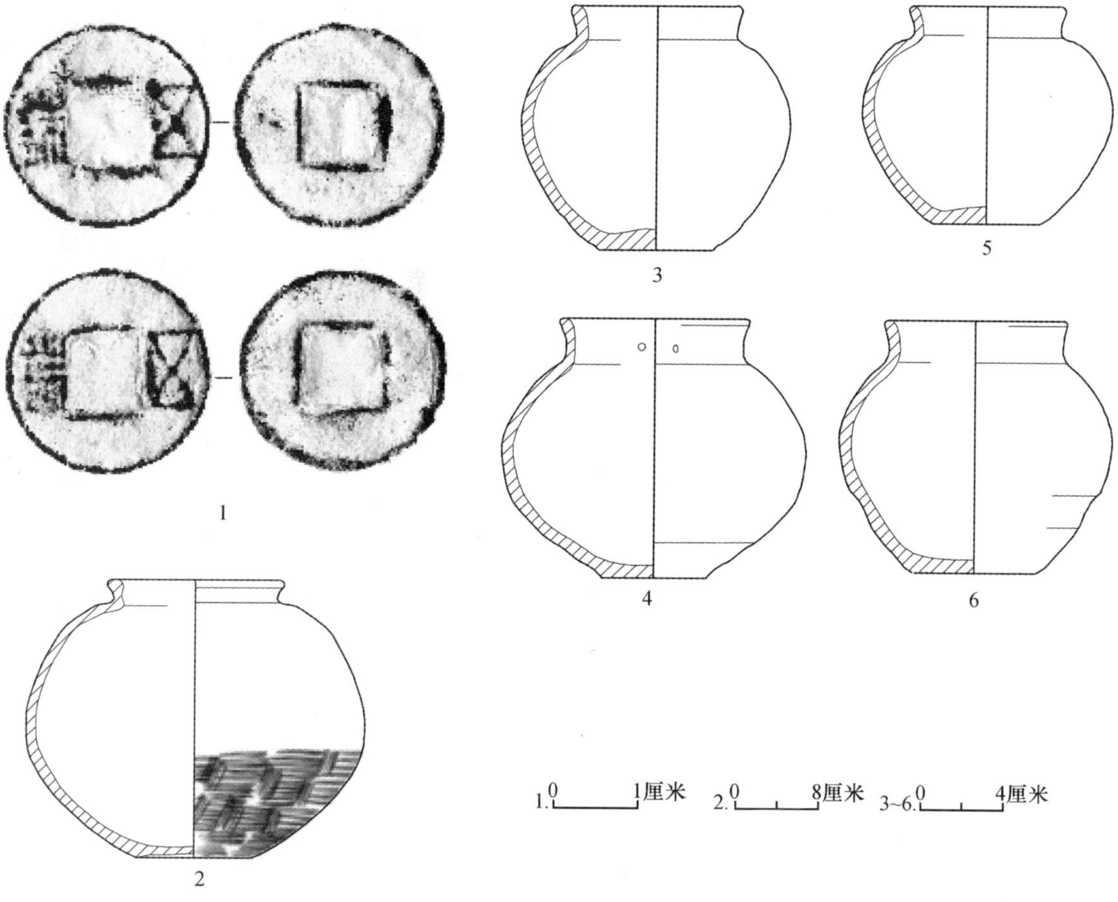

图二七九　10NDZ2#MDTG2M26 出土器物

1. 铜钱（10NDZ2#MDTG2M26∶6）　2. 陶瓮（10NDZ2#MDTG2M26∶1）　3～6. 陶罐（10NDZ2#MDTG2M26∶2、10NDZ2#MDTG2M26∶5、10NDZ2#MDTG2M26∶3、10NDZ2#MDTG2M26∶4）

1. 形制和规格

10NDZ2#MDTG2M29 是一座带有生土二层台的长方形竖穴土坑墓，南北向，墓向 5°。墓口距地表 0.6 米，发掘至距地表 2.71 米处，在墓室东西两侧发现生土二层台，生土二层台上有横向盖板痕迹（图二八〇）。

10NDZ2#MDTG2M29 长 2.6、宽 1.2、深 2.95 米。填土为花土，质松软，四壁较规整。

2. 葬具和人骨

墓室内清理出一具木棺灰痕，棺长 2、宽 0.5、残高 0.18 米。

人骨为仰身直肢单人葬。人骨保存状况不好，墓主头部、胸部及盆骨均已朽成粉末状，下半身保存较好，依据人骨残存痕迹判断墓主为头北脚南，为一男性个体，年龄不详。

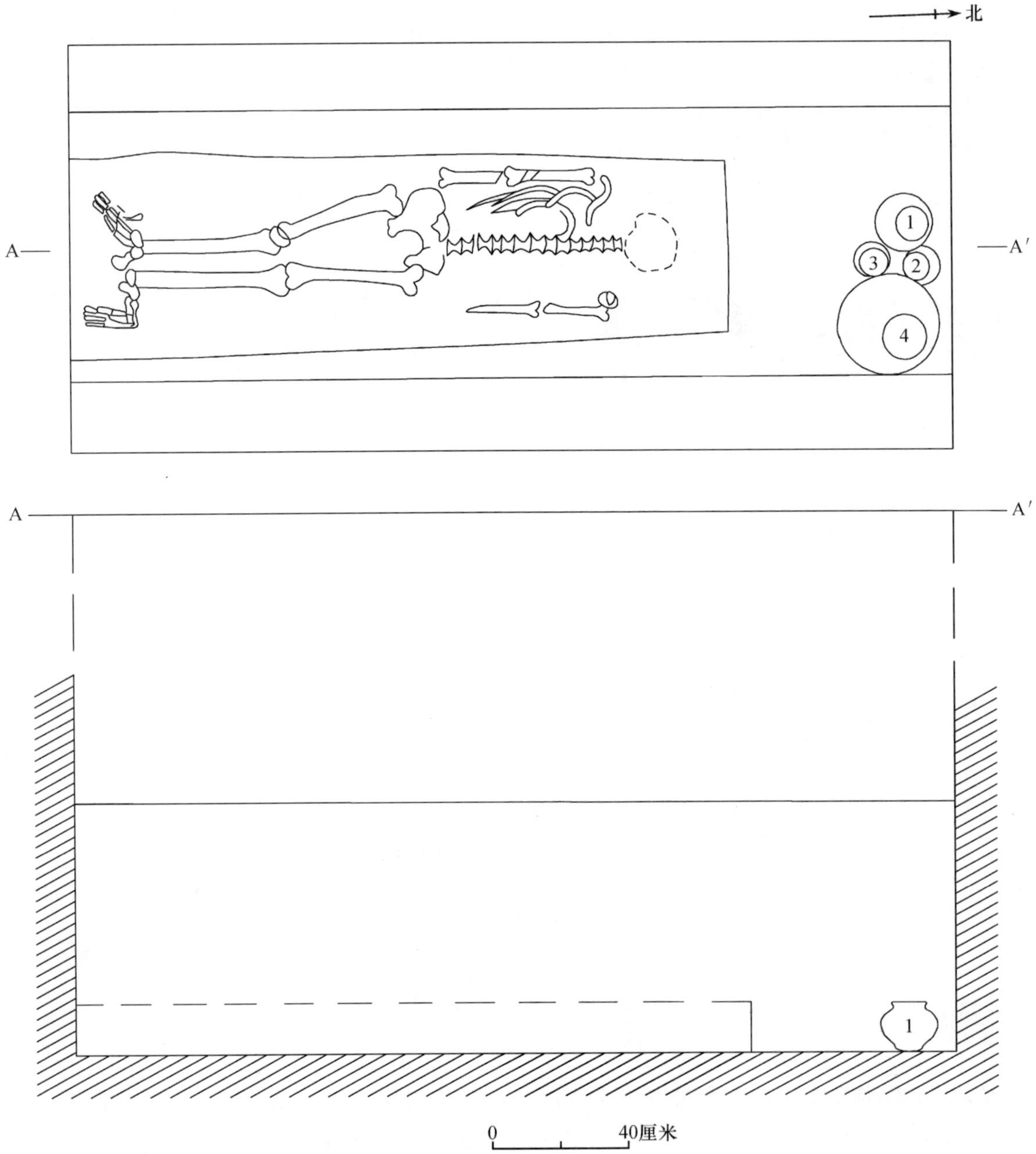

图二八〇　10NDZ2#MDTG2M29 平、剖面图

1～3. 陶罐　4. 陶瓮

3. 随葬品

（1）种类及数量

共 4 件。陶罐 3 件、陶瓮 1 件。

（2）出土位置

随葬器物均位于墓主头前棺外北部，距北壁较近。4 号陶瓮位于墓室西南角，2 号陶罐、3 号陶罐位于 4 号陶瓮西侧，再西为 1 号陶罐。

（3）器物形制分类介绍

陶罐　3 件。10NDZ2#MDTG2M29:1，泥质灰陶。斜折沿，圆唇，溜肩，凸鼓腹，饼足，微内凹。颈部左右两侧各有两个穿孔，器表有轮旋线，下腹部旋削修坯一周，去胎泥较厚，使下腹部略显折线、饼足较明显。口径 10.6、底径 8.6、高 15 厘米（图二八一，3）。10NDZ2#MDTG2M29:2，夹砂陶。胎体淘洗不净，含砂量较大。直口，微侈，圆唇，溜肩，鼓腹，小平底。下腹有旋削修坯痕迹，去胎泥较厚，使底部略显足形。口径 8.8、底径 5.2、高 11 厘米（图二八一，1）。10NDZ2#MDTG2M29:3，夹砂陶。胎体淘洗不净，含砂量较大。直口，圆唇，溜肩，鼓腹，小平底。下腹有旋削修坯痕迹。口径 8.6、底径 5.2、高 10.6 厘米（图二八一，2）。

陶瓮　1 件。10NDZ2#MDTG2M29:4，泥质灰陶。斜折沿，沿内有凹槽，圆唇，束颈，鼓肩，上腹斜直，微外弧，下腹鼓突，圜底。肩腹部饰凹弦纹数条，下腹及底部饰篮纹。口径 13.6、高 25.6 厘米（图二八一，4）。

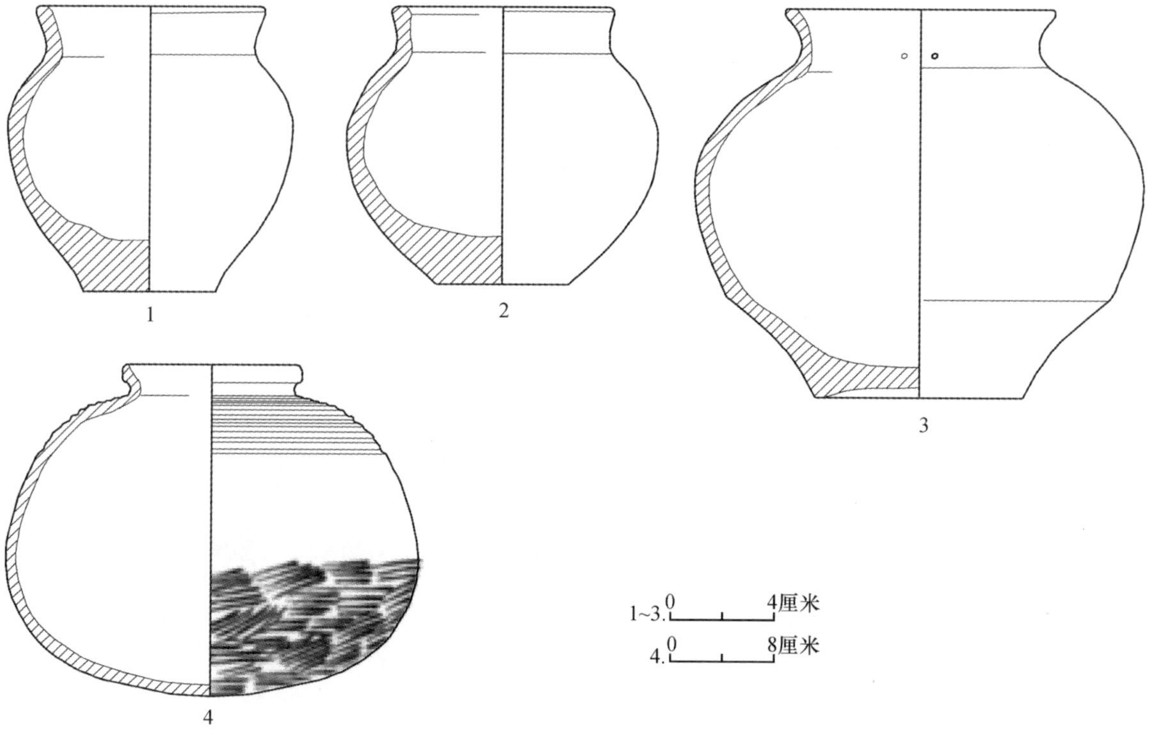

图二八一　10NDZ2#MDTG2M29 出土陶器

1～3. 罐（10NDZ2#MDTG2M29:2、10NDZ2#MDTG2M29:3、10NDZ2#MDTG2M29:1）　4. 瓮（10NDZ2#MDTG2M29:4）

10NDZ2#MDTG2M32

10NDZ2＃MDTG2M32 位于 TG2 中部偏西南，东邻 10NDZ2＃MDTG2M41、10NDZ2＃MDTG2M42，西邻 10NDZ2#MDTG2M26，西北邻 10NDZ2#MDTG2M25。10NDZ2#MDTG2M32 开口于②层下，打破第③层及生土层。该墓保存较好。

1. 形制和规格

10NDZ2#MDTG2M32 是一座带有生土二层台的长方形竖穴土坑墓，南北向，墓向 357°。墓口距地表 0.6 米。发掘至距地表 2.1 米处，在墓室东、西、北三面发现生土二层台，生土二层台上有横向盖板痕迹（图二八二）。

10NDZ2#MDTG2M32 长 2.7、宽 0.9、深 1.9 米。填土为花土，质松软，四壁较规整。

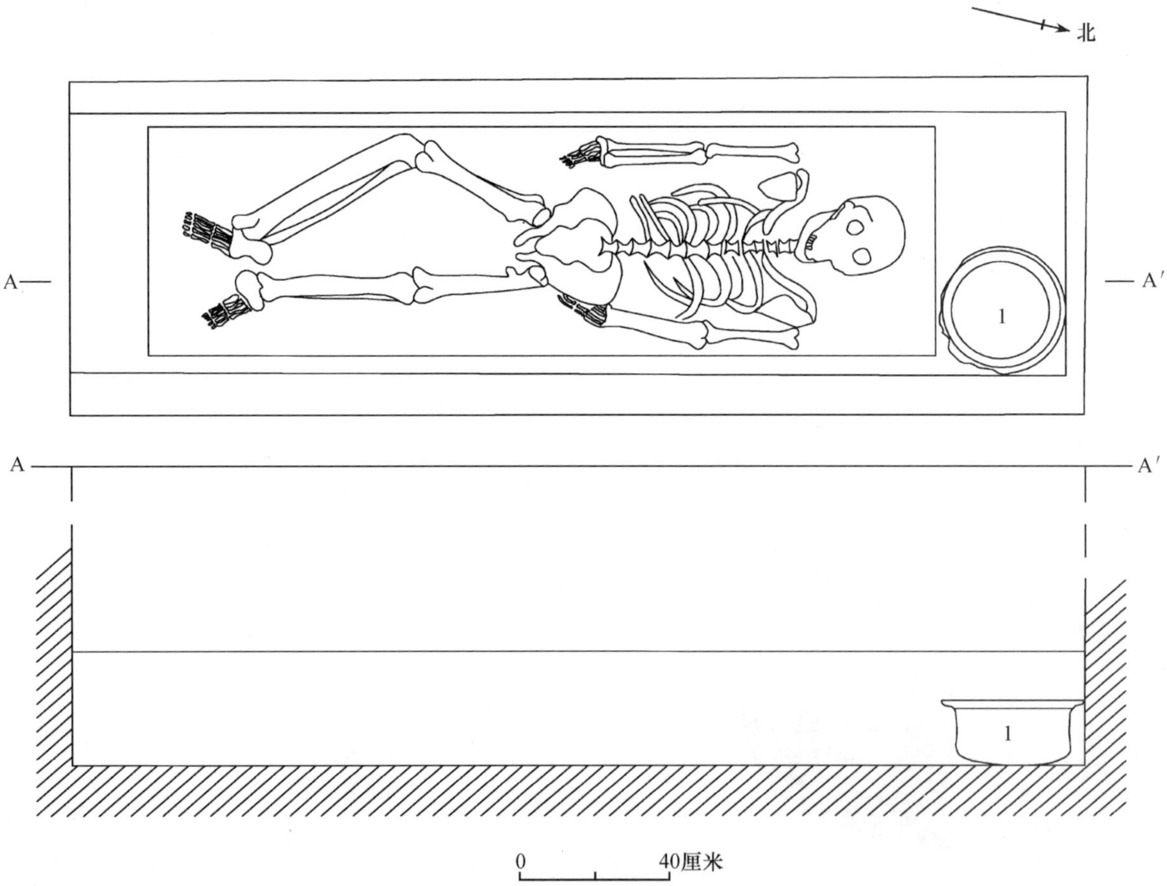

图二八二　10NDZ2#MDTG2M32 平、剖面图

1. 陶盆

2. 葬具和人骨

墓室内清理出一具木棺灰痕，棺长2.1、宽0.62米（图版六一，1）。

人骨为仰身直肢单人葬。墓主头北脚南，面向上，右腿向外弯曲，为一男性个体，年龄不详。

3. 随葬品

（1）种类及数量

陶盆1件。

（2）出土位置

随葬陶盆位于墓主头前棺外东北角。

（3）器物形制分类介绍

陶盆　1件。10NDZ2#MDTG2M32∶1，泥质灰陶。直口，微侈，斜折沿，方唇，唇沿外侧有凹槽，直腹，圜底。器表有轮旋线，腹底缘及底部饰绳纹。口径36、高17.6厘米（图二八三；图版九二，5）。

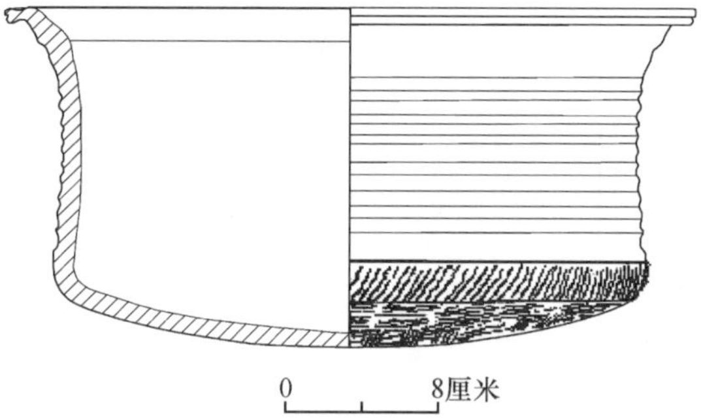

图二八三　10NDZ2#MDTG2M32出土陶盆（10NDZ2#MDTG2M32∶1）

10NDZ2#MDTG2M34

10NDZ2#MDTG2M34位于TG2北端，东南邻10NDZ2#MDTG2M45，南邻10NDZ2#MDTG2M35、10NDZ2#MDTG2M38。10NDZ2#MDTG2M34开口于②层下，打破第③层及生土层。该墓保存较好。

1. 形制和规格

10NDZ2#MDTG2M34是一座长方形竖穴土坑墓，南北向，墓向358°。墓口距地表0.6米（图二八四）。

10NDZ2#MDTG2M34长1.9、宽1、深1.8米。填土为花土，质松软，四壁较规整。

2. 葬具和人骨

墓室内清理出一具木棺灰痕，棺长1.7、宽0.8、残高0.3米（图版六一，2）。

人骨为仰身屈肢单人葬。屈肢较甚。人头骨被填土压碎，其余部分保存较好。墓主头北脚南，面向东，右手放于腹侧，右臂左折，右手放于腹上，为一50岁左右的男性个体。

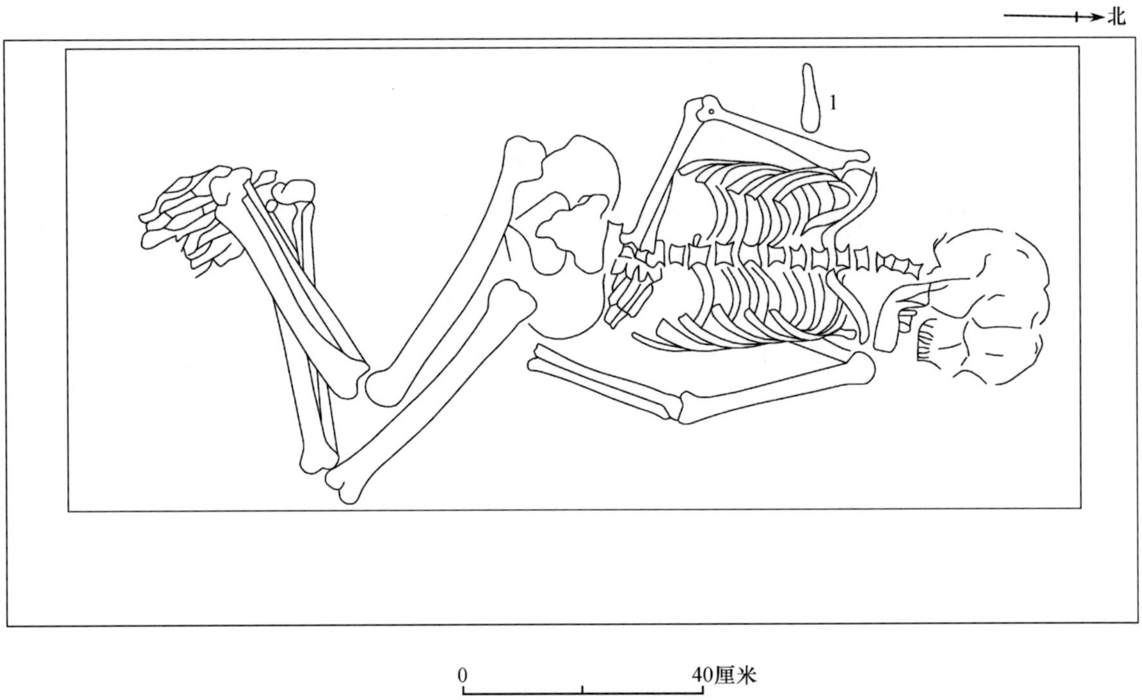

图二八四　10NDZ2#MDTG2M34 平面图

1. 铜带钩

3. 随葬品

（1）种类及数量

铜带钩 1 件。

（2）出土位置

铜带钩位于棺内墓主右臂右侧。

（3）器物形制分类介绍

铜带钩　1 件。10NDZ2#MDTG2M34∶1，琵琶形，钩首残，腹部较长，隆起成弧形，尾部圆弧，带钩背部有一扁平圆纽。钩身错金，镶绿松石。长 11.2 厘米（图二八五）。

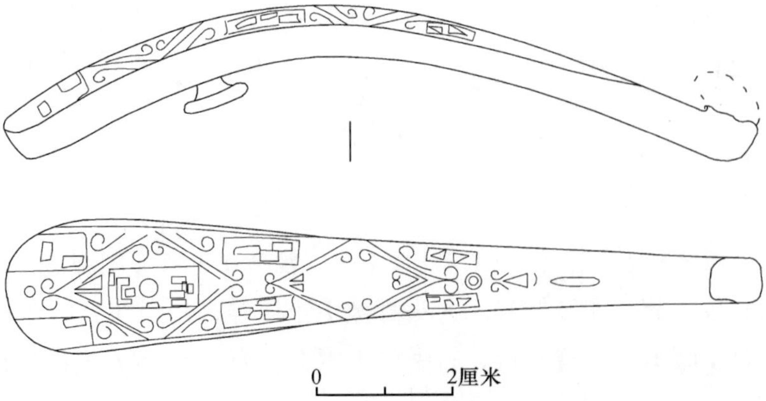

图二八五　10NDZ2#MDTG2M34 出土铜带钩（10NDZ2#MDTG2M34∶1）

10NDZ2#MDTG2M37

10NDZ2＃MDTG2M37 位于 TG2 中部北部偏东，东邻 10NDZ2＃MDTG2M44、10NDZ2＃MDTG2M45，西邻 10NDZ2#MDTG2M36，南邻 10NDZ2#MDTG2M40，北邻 10NDZ2#MDTG2M38，北部打破 10NDZ2＃MDTG2M38 东南部，中部打破 10NDZ2＃MDTG2M39 中部。10NDZ2＃MDTG2M37 开口于②层下，打破第③层及生土层。该墓保存较好。

1. 形制和规格

10NDZ2#MDTG2M37 是一座长方形竖穴土坑墓，南北向，墓向 3°。墓口距地表 0.6 米（图二八六）。

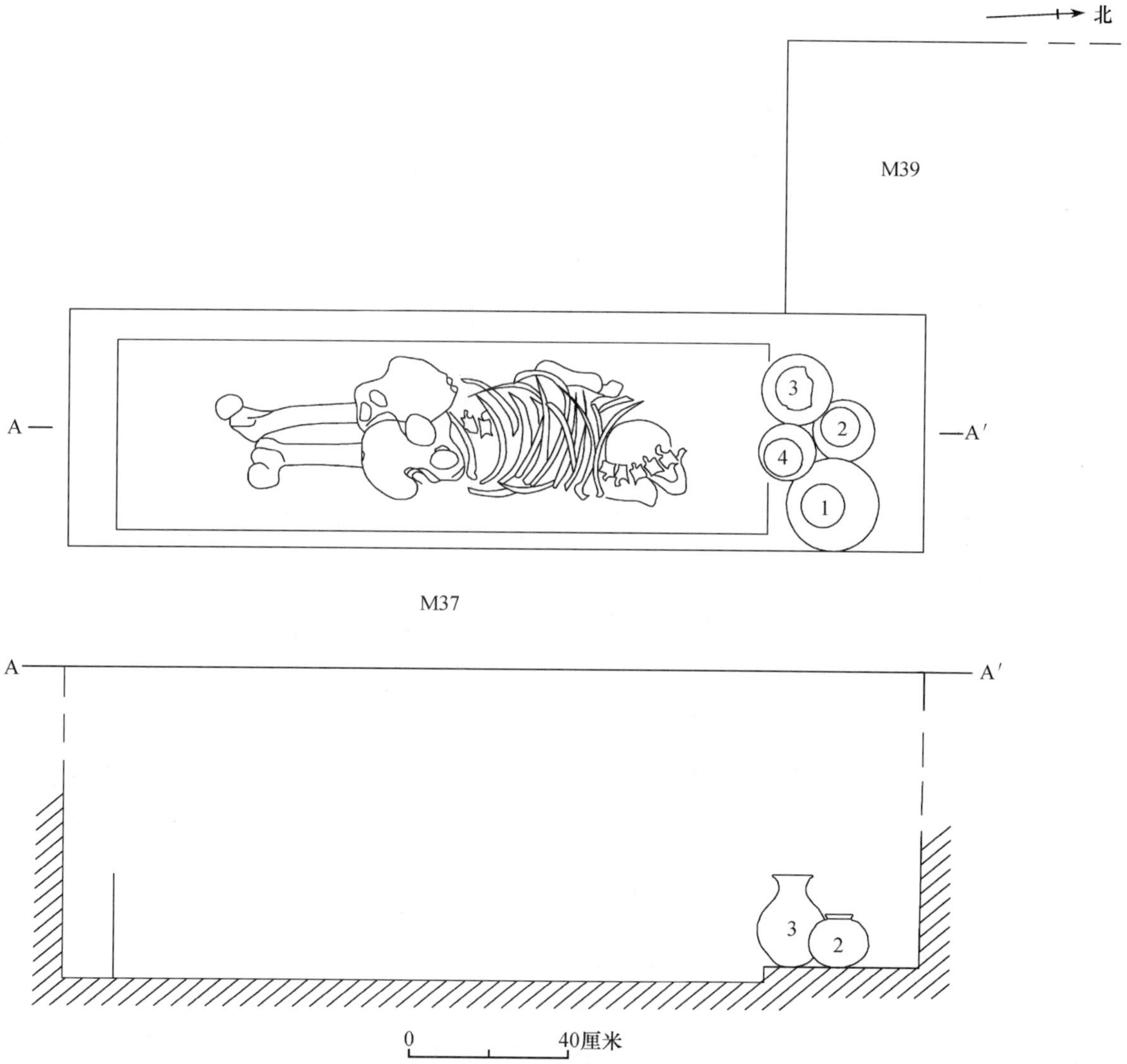

图二八六　10NDZ2#MDTG2M37 平、剖面图

1. 陶瓮　2、4. 陶罐　3. 陶壶

10NDZ2#MDTG2M37 长 2. 16、宽 0. 6、深 2. 8 米。填土为花土，质松软，四壁较规整。

2. 葬具和人骨

墓室内清理出一具木棺灰痕，棺长 1. 64、宽 0. 48、残高 0. 25 米（图版六二，1）。

人骨为单人葬。墓主骨肢杂乱，胸骨、头骨、盆骨错位，推断为二次迁葬，性别、年龄不详。

3. 随葬品

（1）种类及数量

共 4 件。陶壶 1 件、陶罐 2 件、陶瓮 1 件。

（2）出土位置

随葬器物均位于墓主头前棺外北部，距北壁较近。大体呈东西向排列，1 号陶瓮紧依墓室东壁，3 号陶壶紧依墓室西壁；2 号陶罐、4 号陶罐位于 1 号陶瓮、3 号陶壶之间，南北向排列。

（3）器物形制分类介绍

陶壶　1 件。10NDZ2#MDTG2M37∶3，泥质灰陶。侈口，方唇，束颈，溜肩，鼓腹，平底。器表有轮旋线。下腹旋削修坯一周，去胎泥略厚，使下腹部略显折线。口径 11. 2、底径 9. 8、高 25 厘米（图二八七，1）。

陶罐　2 件。10NDZ2#MDTG2M37∶2，泥质灰陶。斜折沿，圆唇，束颈，折肩，鼓腹，圜底。器表有轮旋线，肩部刀削修坯一周，去胎泥略厚，使肩部略显折线。口径 11. 2、高 22. 4 厘米（图二八七，4；图版八九，1）。10NDZ2#MDTG2M37∶4，泥质灰陶。直口，微侈，方唇，溜肩，凸鼓腹，小平底。颈部左右两侧各有两个穿孔，器表有轮旋线。下腹旋削修坯一周，去胎泥较厚，使下腹略显折线。口径 10、底径 7. 6、高 13. 8 厘米（图二八七，3）。

陶瓮　1 件。10NDZ2#MDTG2M37∶1，泥质灰陶。沿略斜折，方唇，唇沿向内、外略涨侈，束颈，折肩，鼓腹，圜底，底部有较缓、较浅凹槽一周。口与颈部内部折线明显，器表有轮旋线，肩部刀削修坯一周。上腹部饰细绳纹，压光弦断，下腹及底部饰横向绳纹，绳纹较细。口径 18. 2、高 24. 6 厘米（图二八七，2；图版九一，1）。

10NDZ2#MDTG2M38

10NDZ2#MDTG2M38 位于 TG2 北部偏东，东邻 10NDZ2#MDTG2M45，南邻 10NDZ2#MDTG2M39，西邻 10NDZ2#MDTG2M35、10NDZ2#MDTG2M36，北邻 10NDZ2#MDTG2M34，南部被 10NDZ2#MDTG2M37 打破。10NDZ2#MDTG2M38 开口于②层下，打破第③层及生土层。该墓遭到严重盗扰。

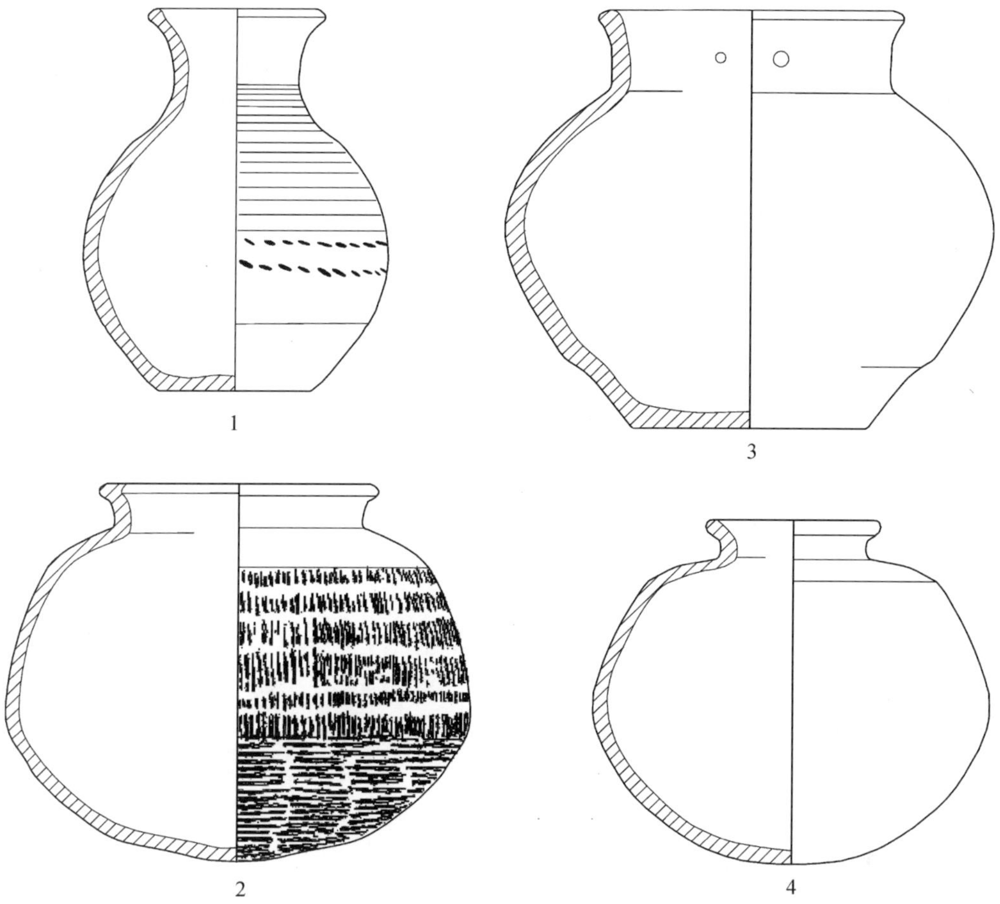

1、2、4. 0 8厘米　3. 0 4厘米

图二八七　10NDZ2#MDTG2M37 出土陶器

1. 壶（10NDZ2#MDTG2M37:3）　2. 瓮（10NDZ2#MDTG2M37:1）　3、4. 罐（10NDZ2#MDTG2M37:4、10NDZ2#MDTG2M37:2）

1. 形制和规格

10NDZ2#MDTG2M38 是一座长方形竖穴土坑墓，南北向，墓向6°。墓口距地表0.6米（图二八八）。

10NDZ2#MDTG2M38 长2.9、宽1.28、深2.8米。填土为花土，质松软，四壁较规整。

2. 葬具和人骨

未见葬具和人骨。

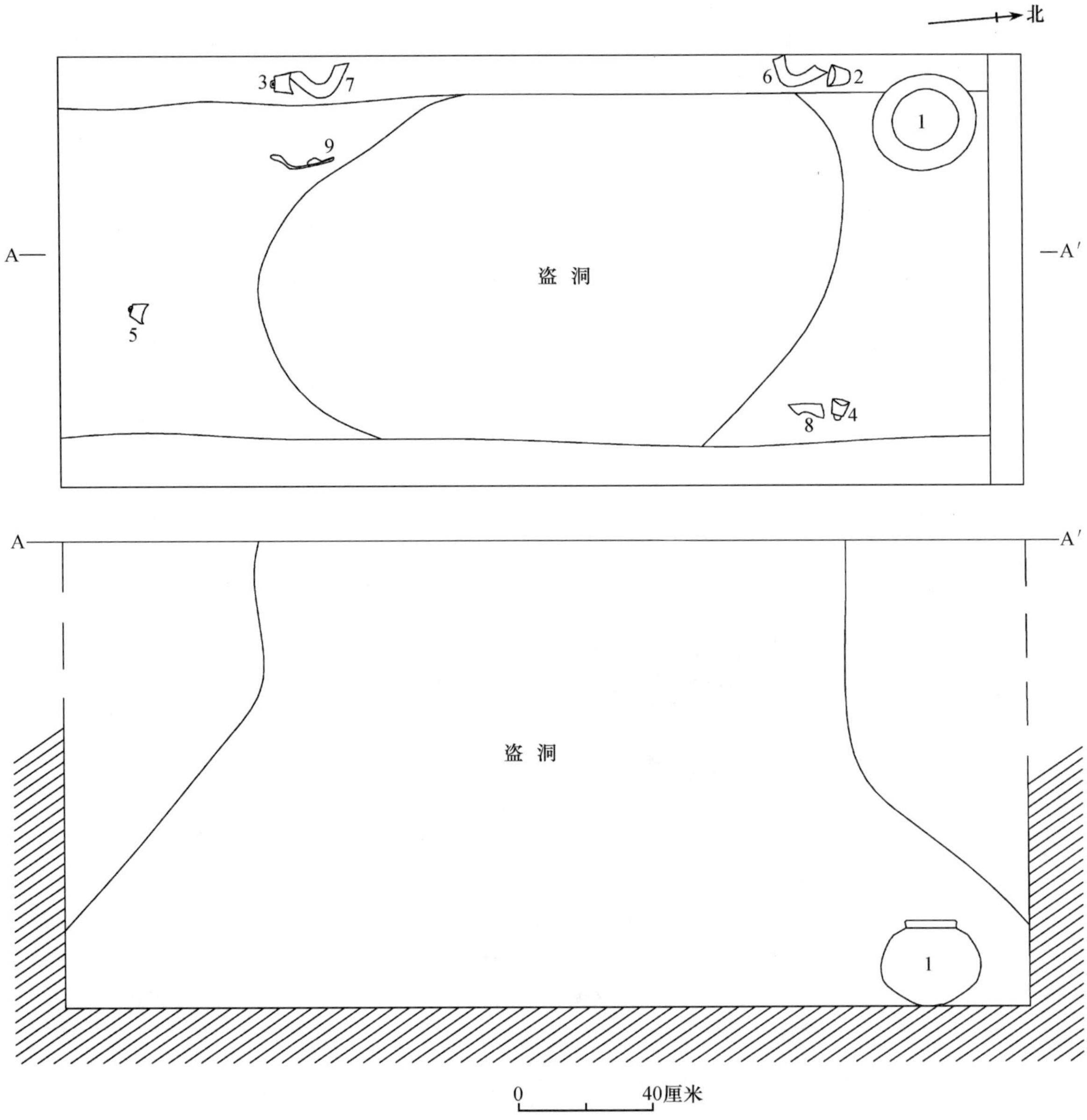

图二八八　10NDZ2#MDTG2M38 平、剖面图
1. 陶瓮　2~5. 铜铃　6~8. 璜形器　9. 铜带钩

3. 随葬品

（1）种类及数量

共9件。陶瓮1件，铜璜形器3件、铜铃4件、铜带钩1件。

（2）出土位置

陶瓮位于墓室西北部，其他随葬器物分别位于墓室四周。

（3）器物形制分类介绍

陶瓮　1件。10NDZ2#MDTG2M38:1，泥质灰陶。直口，微敛，方唇，折肩，上腹微弧，下腹略鼓凸，小平底。肩部旋削修坯一周，去胎泥较厚，使肩部略显折线；下腹旋削修坯一周，使下腹略显折线。肩及上腹压光，有压光弦线数条，下腹及底部略显篮纹。口径14.4、底11.6、高24.4厘米（图二八九，6；图版九一，2）。

铜璜形器　3件。10NDZ2#MDTG2M38:6、7，铜质，形制、大小均相同。扁平体，平面呈弯曲弧形，两端尖首状，弧顶部有一穿孔。高6.8厘米（图二八九，5）。10NDZ2#MDTG2M38:8，顶端有一桥形系（图二八九，7）。

铜铃　4件。合瓦形，口外张呈弧形，平顶，小纽。10NDZ2#MDTG2M38:2，高5.4、宽5.4厘米（图二八九，3）。10NDZ2#MDTG2M38:3，高4.8、宽4.6厘米（图二八九，4）。

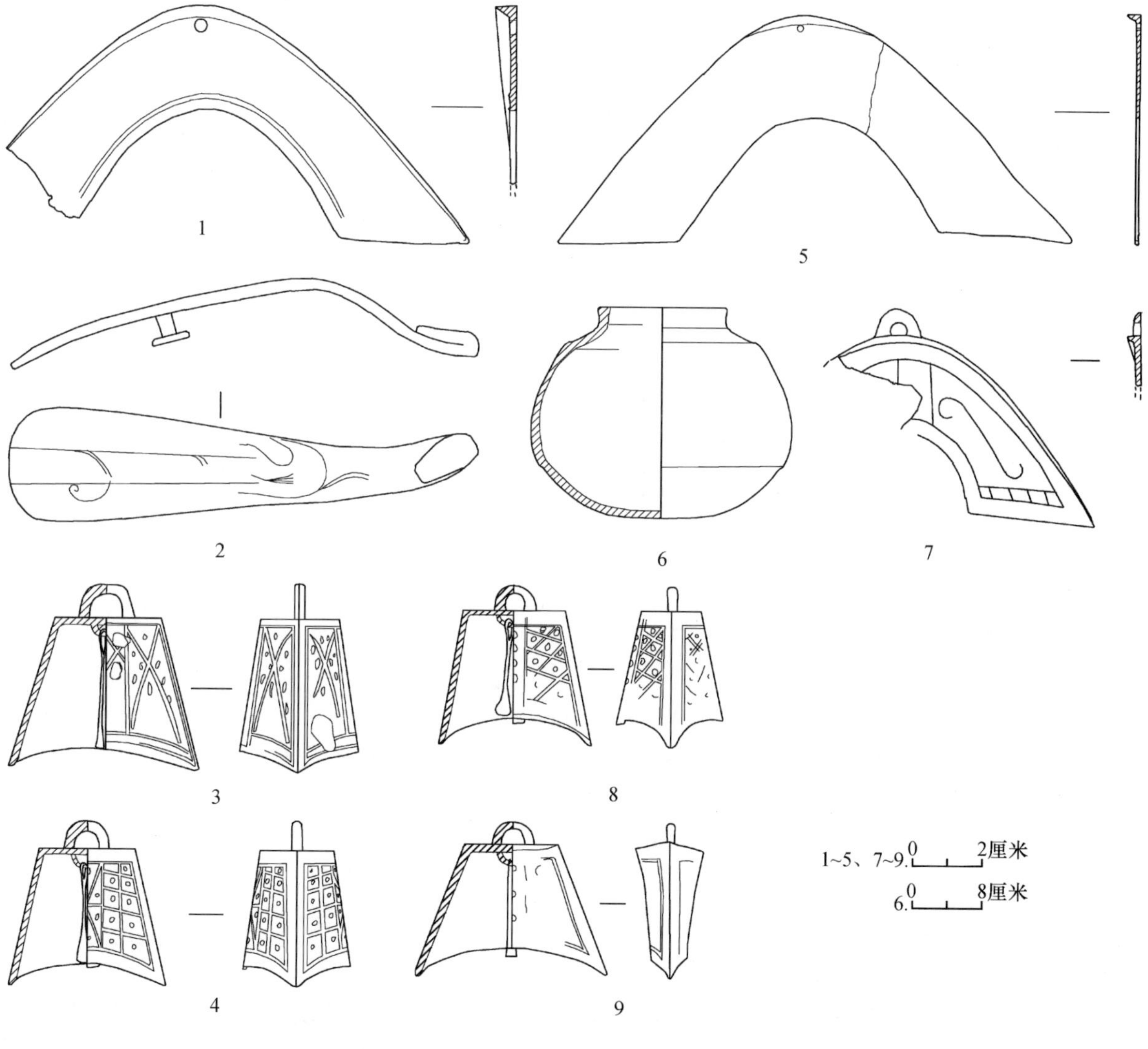

图二八九　10NDZ2#MDTG2M38出土器物

1、5、7. 铜璜形器（10NDZ2#MDTG2M38:6、10NDZ2#MDTG2M38:7、10NDZ2#MDTG2M38:8）　2. 铜带钩（10NDZ2#MDTG2M38:9）　3、4、8、9. 铜铃（10NDZ2#MDTG2M38:2、10NDZ2#MDTG2M38:3、10NDZ2#MDTG2M38:4、10NDZ2#MDTG2M38:5）　6. 陶瓮（10NDZ2#MDTG2M38:1）

10NDZ2#MDTG2M38∶4，高 4. 8、宽 4. 4 厘米（图二八九，8）。10NDZ2#MDTG2M38∶5，高 4. 4、宽 5. 4 厘米（图二八九，9；彩版一四，6 上右）。

铜带钩　1 件。10NDZ2#MDTG2M38∶9，铜质，素面。钩体略宽于颈，腹部较长，鼓起呈弧形，表面有两条凸棱，尾部圆弧。带钩背部有一扁平圆纽。长 13. 4 厘米（图二八九，2）。

10NDZ2#MDTG2M40

10NDZ2#MDTG2M40 位于 TG2 中部，西邻 10NDZ2#MDTG2M25，南邻 10NDZ2#MDTG2M41、10NDZ2#MDTG2M42，北邻 10NDZ2#MDTG2M37、10NDZ2#MDTG2M39，西北邻 10NDZ2#MDTG2M30、10NDZ2#MDTG2M31。10NDZ2#MDTG2M40 开口于②层下，打破第③层及生土层。该墓保存较好。

1. 形制和规格

10NDZ2#MDTG2M40 是一座长方形砖椁墓，东西向，墓向 95°。墓口距地表 0. 6 米。发掘至距地表 3. 6 米处发现砖墙，砖墙表面局部有横向盖板痕迹，周壁顺砖错缝平砌 5 层，墓底用灰砖呈“人”字形平铺。墓砖规格为长 30. 5、宽 16、厚 4. 5 厘米（图二九〇）。

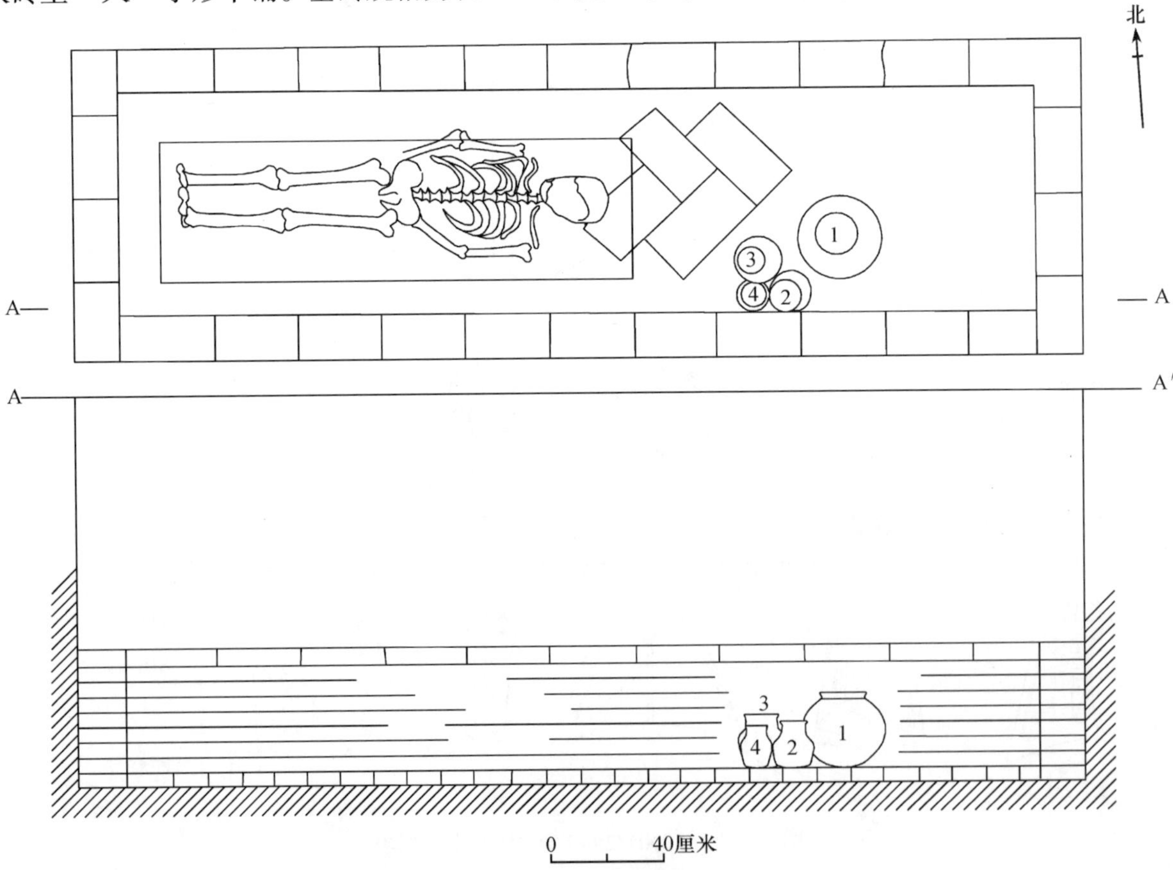

图二九〇　10NDZ2#MDTG2M40 平、剖面图

1. 陶瓮　2～4. 陶罐

10NDZ2#MDTG2M40 长 3.6、宽 1.12、深 3.6 米。填土为花土，质松软。

2. 葬具和人骨

墓室内清理出一具木棺灰痕，棺长 1.7、宽 0.5、残高 0.4 米（图版六二，2）。

人骨为仰身直肢单人葬。头东脚西，面向上，双手放于腹部。为一 35 岁左右的女性个体。

3. 随葬品

（1）种类及数量

共 4 件。陶罐 3 件、陶瓮 1 件。

（2）出土位置

随葬器物均位于墓主头前棺外北部。2 号、4 号陶罐依砖椁东壁南北向排列，3 号陶罐位于 2 号、4 号陶罐西侧，1 号陶瓮位于 4 号陶罐西北侧。

（3）器物形制分类介绍

陶罐　3 件。10NDZ2#MDTG2M40∶2，泥质灰陶。直口，微侈，折沿，方唇，长直颈，溜肩，斜直腹，微弧，大平底，微内凹。器身有轮旋线。口径 9.6、底径 12、高 15.4 厘米（图二九一，1）。10NDZ2#MDTG2M40∶3，泥质灰陶。直口，折沿，方唇，长直颈，溜肩，斜直腹，微弧，大平底，微内凹。器身有轮旋线。口径 10.8、底径 11、高 16 厘米（图二九一，2）。10NDZ2#MDTG2M40∶4，泥质灰陶。直口，方唇，溜肩，斜直腹，微弧，平底，微内凹。器身有轮旋线。口径 10、底径 10.8、高 18.4 厘米（图二九一，3）。

陶瓮　1 件。10NDZ2#MDTG2M40∶1，泥质灰陶。斜折沿，方唇，溜肩，鼓腹，平底。器表有轮旋线，肩部饰弦纹一条，下腹及底饰绳纹。口径 15.2、底径 8、高 24.3 厘米（图二九一，4）。

10NDZ2#MDTG2M41

10NDZ2#MDTG2M41 位于 TG2 中部略偏东，东邻 10NDZ2#MDTG2M46，南邻 10NDZ2#MDTG2M43，西邻 10NDZ2#MDTG2M32，北邻 10NDZ2#MDTG2M40。10NDZ2#MDTG2M41 西南部打破 10NDZ2#MDTG2M42 东北部。10NDZ2#MDTG2M41 开口于②层下，打破第③层及生土层。该墓保存较好。

1. 形制和规格

10NDZ2#MDTG2M41 是一座长方形砖椁墓，东西向，墓向 82°。墓口距地表 0.6 米（图二九二）。

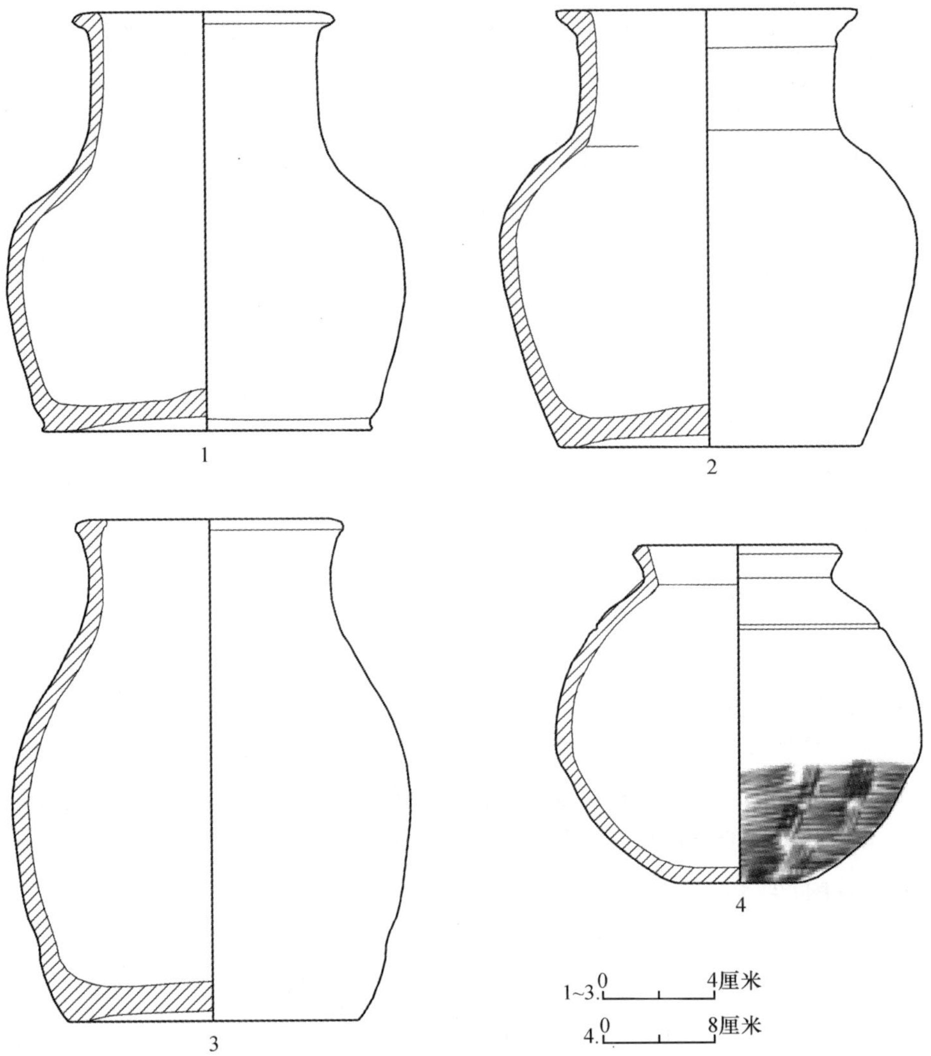

图二九一　10NDZ2#MDTG2M40 出土陶器

1～3. 罐（10NDZ2#MDTG2M40∶2、10NDZ2#MDTG2M40∶3、10NDZ2#MDTG2M40∶4）　4. 瓮（10NDZ2#MDTG2M40∶1）

10NDZ2#MDTG2M41 长 3.6、宽 1.2、深 3.5 米。填土为花土，质松软。发掘至距地表 3.5 米处发现生土二层台，生土二层台表面局部有横向盖板痕迹，墓底用残砖错缝平铺。墓砖规格为长 36、宽 18、厚 6 厘米。

2. 葬具和人骨

墓室内清理出一具木棺灰痕，棺长 1.8、宽 0.5、残高 0.3 米（图版六三，1）。

人骨为仰身直肢单人葬。人骨保存状况不好，头部、胸部、盆骨均已朽成粉末状，根据人骨残存痕迹判断墓主应为头东脚西，面向上。性别、年龄不详。

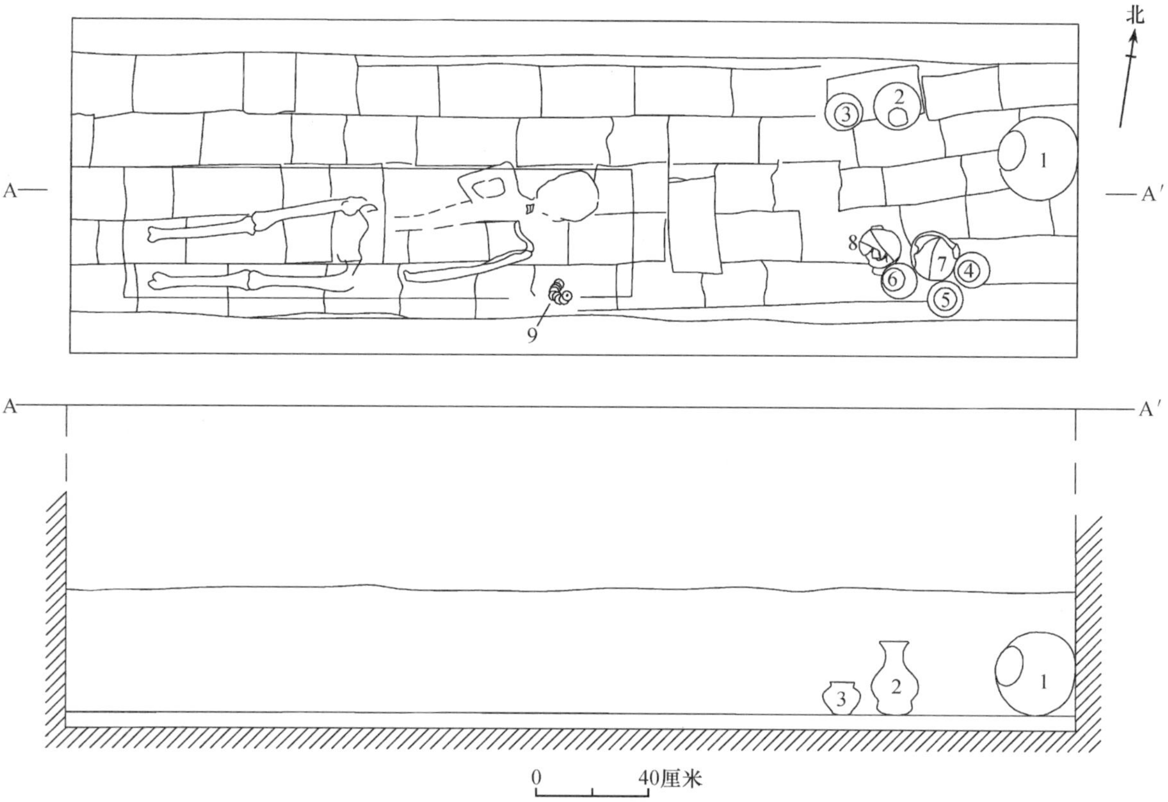

图二九二 10NDZ2#MDTG2M41 平、剖面图

1. 陶瓮 2. 陶壶 3～6. 陶罐 7. 陶盒 8. 陶鼎 9. 铜钱

3. 随葬品

（1）种类及数量

共28件（枚）。陶鼎1件、陶壶1件、陶罐4件、陶瓮1件、陶盒1件，铜钱20枚。

（2）出土位置

随葬器物均位于墓主头前棺外东部。1号陶瓮位于椁室东端，2号陶壶、3号陶罐自东向西依次位于椁室北侧，5号、6号陶罐，4号陶罐、7号陶盒、8号陶鼎分为两排自西向东依次位于墓室南侧，9号20枚铜钱位于棺内墓主头骨南部（局部可见绳痕，可能此20枚铜钱是用一条绳子穿起来的）。

（3）器物形制分类介绍

陶鼎 1件。10NDZ2#MDTG2M41∶8，泥质灰陶。器盖，方唇，盖面隆起，弧形顶。鼎，子母口，折腹，折线明显，圜底，下承三兽蹄足。腹外附双立耳，上端外卷，模制，有长方形穿孔。器盖及器身有轮旋线，通体施白衣、彩绘，大部分脱落。口径16.8、高15.4厘米（图二九三，2；图版八八，2）。

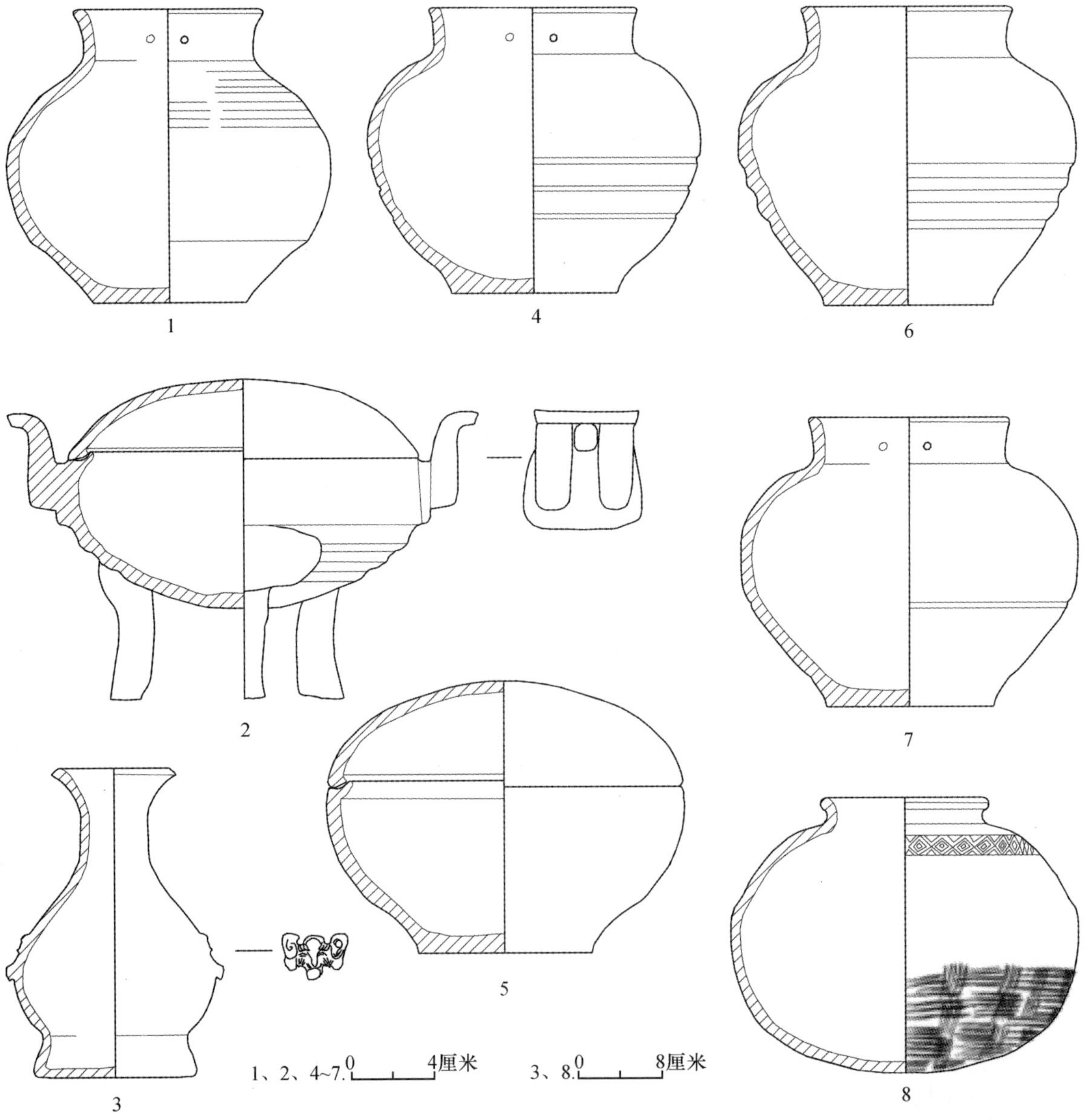

图二九三　10NDZ2#MDTG2M41 出土陶器

1、4、6、7. 罐（10NDZ2#MDTG2M41∶5、10NDZ2#MDTG2M41∶4、10NDZ2#MDTG2M41∶6、10NDZ2#MDTG2M41∶3）
2. 鼎（10NDZ2#MDTG2M41∶8）　3. 壶（10NDZ2#MDTG2M41∶2）　5. 盒（10NDZ2#MDTG2M41∶7）
8. 瓮（10NDZ2#MDTG2M41∶1）

陶壶　1件。10NDZ2#MDTG2M41∶2，泥质灰陶。喇叭口，方唇，束颈，溜肩，鼓腹，最大腹径偏下，假圈足，较高，底缘外侈。器身左右两侧各有一个兽首。通体施白衣，外饰彩绘，彩绘脱落。口径12、底径15.6、高29.6厘米（图二九三，3）。

陶罐　4件。10NDZ2#MDTG2M41∶3，泥质灰陶。直口，微侈，圆唇，鼓肩，鼓腹，假圈足。颈部左右两侧各有两个穿孔。器身有轮旋线，下腹旋削修坯一周，去胎泥较厚，使底部略显足形。口径9.6、底径8、高13.8厘米（图二九三，7）。10NDZ2#MDTG2M41:4，泥质灰陶。直口，微侈，圆唇，溜肩，鼓腹，假圈足。颈部左右两侧各有两个穿孔。器身有轮旋线，下腹旋削修坯一周，去胎泥较厚，使底部略显足形。口径9.6、底径8、高13.6厘米（图二九三，4）。10NDZ2#MDTG2M41:5，泥质灰陶。直口，微侈，圆唇，溜肩，鼓腹，平底。颈部左右两侧各有两个穿孔。器身有轮旋线，下腹旋削修坯一周，去胎泥较厚，使底部略显足形。口径9、底径7.5、高14厘米（图二九三，1）。10NDZ2#MDTG2M41:6，泥质灰陶。直口，微侈，圆唇，鼓肩，弧腹，假圈足。颈部左右两侧各有两个穿孔。器身有轮旋线，下腹旋削修坯一周，去胎泥较厚，使底部略显足形。口径10、底径8、高14.2厘米（图二九三，5）。

陶瓮　1件。10NDZ2#MDTG2M41:1，泥质灰陶。沿微卷，圆唇，束颈，鼓肩，上腹微弧，下腹较鼓圆，圜底。肩部饰棱形纹饰带。器身有轮旋线，下腹及底部饰篮纹。口径15.8、高26.4厘米（图二九三，8）。

陶盒　1件。10NDZ2#MDTG2M41:7，泥质灰陶。器盖，方唇，盖面隆起，弧顶。盒，子母口，圆唇，深弧腹，矮饼足。器盖和器身外施白衣，彩绘脱落，下腹旋削修坯一周，去胎泥较厚，使底部略显足形。口径17、底径8.2、高13厘米（图二九三，6）。

半两钱　20枚。10NDZ2#MDTG2M41:9，形制，大小均相同。浇注，圆形，方穿，正反两面周边及穿外均无郭。铸工较精细。“两”内人人结构为“十”字。直径2.3厘米（图二九四）。

10NDZ2#MDTG2M43

10NDZ2#MDTG2M43位于TG2东南部，东邻10NDZ2#MDTG2M47，南邻10NDZ2#MDTG2M49、10NDZ2#MDTG2M50、10NDZ2#MDTG2M51，北邻10NDZ2#MDTG2M42。10NDZ2#MDTG2M43开口于②层下，打破第③层及生土层。该墓保存较好。

1. 形制和规格

10NDZ2#MDTG2M43是一座长方形砖椁墓，东西向，墓向5°。墓口距地表0.6米（图二九五）。

10NDZ2#MDTG2M43长3.3、宽1.2、深1.8米。填土为花土，质松软。发掘至距地表1.7米处在墓室东、南、西三壁发现砖墙，砖墙表面局部有横向盖板痕迹，砖壁顺砖错缝平砌12层。墓砖规格为长31.5、宽16、厚6厘米。

2. 葬具和人骨

墓室内清理出一具木棺灰痕，棺长1.92、宽0.56、残高0.4米。

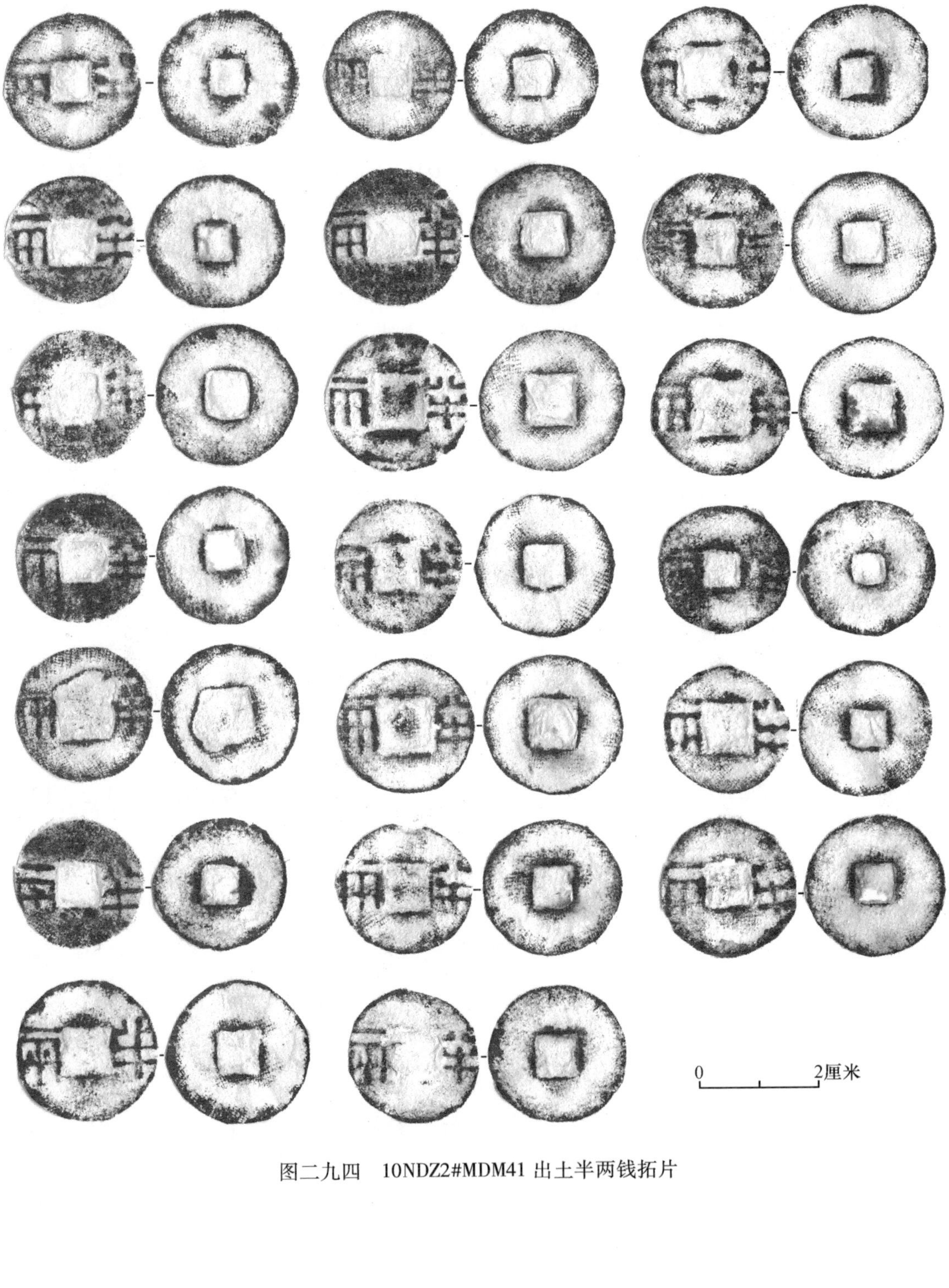

图二九四　10NDZ2#MDM41 出土半两钱拓片

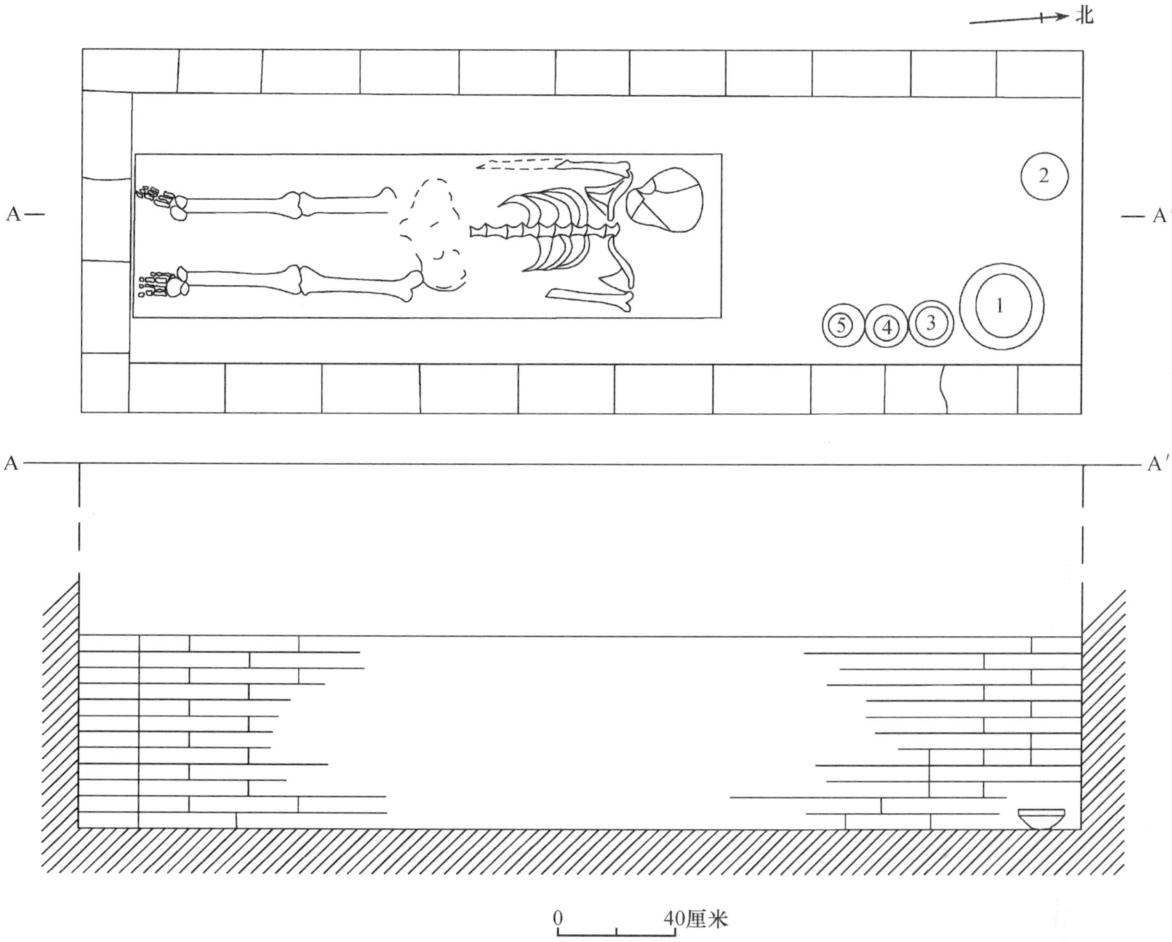

图二九五 10NDZ2#MDTG2M43 平、剖面图
1. 陶瓮 2. 陶钵 3 ~ 5. 陶罐

人骨为仰身直肢单人葬。人骨保存状况不好，墓主头部、胸部及盆骨均已朽成粉末状，下半身保存较好，依据人骨残存痕迹判断墓主为头北脚南，面向上。性别、年龄不详。

3. 随葬品

（1）种类及数量

共 5 件。陶罐 3 件、陶瓮 1 件、陶钵 1 件。

（2）出土位置

随葬器物均位于墓主头前棺外北部，距砖椁北壁较近。1 号陶瓮位于砖椁东北角，3 号、4 号、5 号陶罐位于 1 号陶瓮南侧，依砖椁东壁由北向南依次排列，2 号陶钵位于砖椁北端中部偏西。

（3）器物形制分类介绍

陶罐　3件。10NDZ2#MDTG2M43：3，泥质灰陶，口部不规整。侈口，卷沿，圆唇，束颈，溜肩，弧腹，大平底。器身有轮旋线，下腹旋削修坯一周，去胎泥较厚，使下腹略显折线。口径9.4、底径9.6、高14厘米（图二九六，1）。10NDZ2#MDTG2M43：4，泥质灰陶。侈口，圆唇，束颈，溜肩，弧腹，大平底。器身有轮旋线，下腹旋削修坯一周。口径9.6、底径9.6、高14厘米（图二九六，2；图版九〇，2）。10NDZ2#MDTG2M43：5，泥质灰陶。侈口，方唇，束颈，溜肩，弧腹，平底。器身有轮旋线，下腹旋削修坯一周，去胎泥较厚，使下腹略显折棱。口径9.6、底径9.6、高14.8厘米（图二九六，3）。

陶瓮　1件。10NDZ2#MDTG2M43：1，泥质灰陶。直口，方唇，肩略鼓，鼓腹，小平底。器身有轮旋线，器表压光，肩部饰篦状戳点纹，中腹与下腹交接处略显凸棱，下腹及底部饰篮纹。口径20.4、底径8、高28.4厘米（图二九六，4；图版九一，6）。

陶钵　1件。10NDZ2#MDTG2M43：2，泥质灰陶。直口，微敛，方唇，折腹，略显足形，微内凹。器表有轮旋线。口径14.4、底径6.6、高5.8厘米（图二九六，5；图版九三，2）。

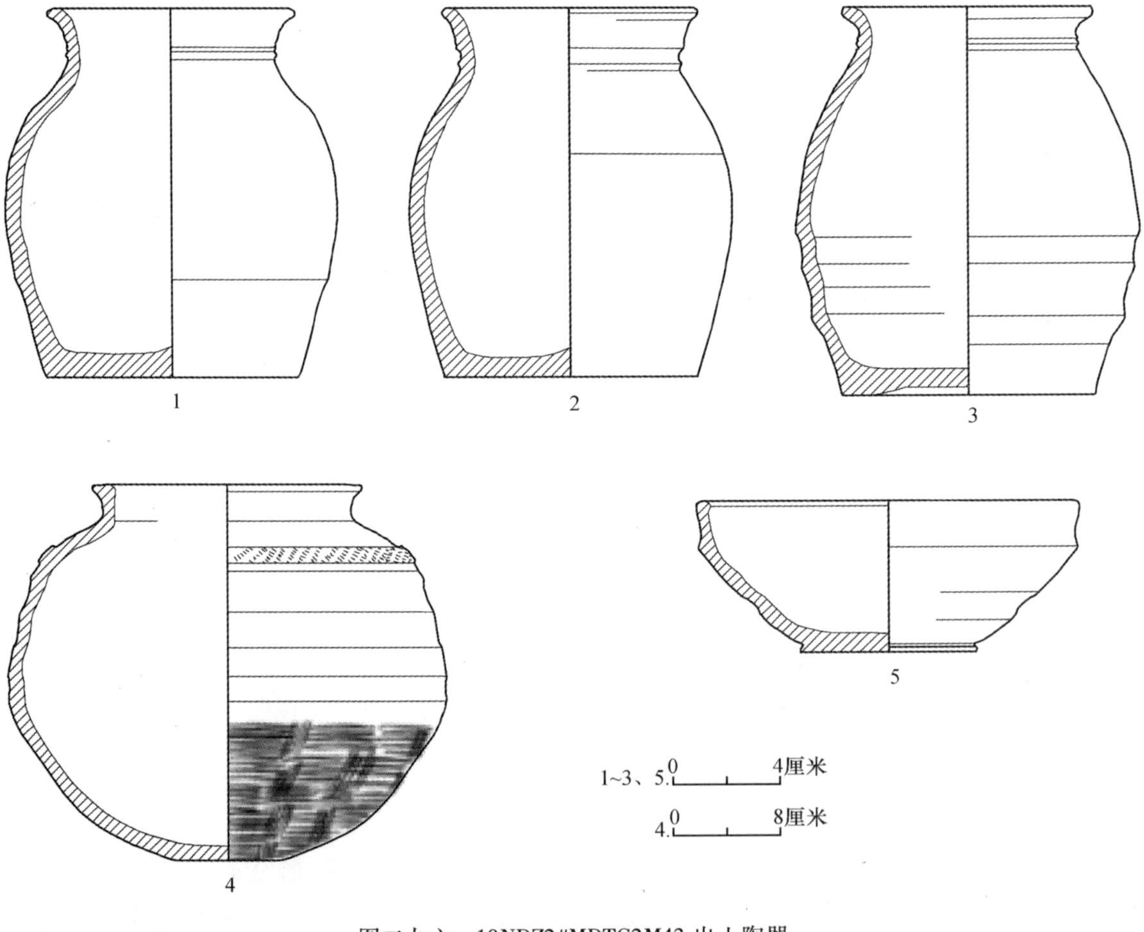

图二九六　10NDZ2#MDTG2M43出土陶器

1～3. 罐（10NDZ2#MDTG2M43：3、10NDZ2#MDTG2M43：4、10NDZ2#MDTG2M43：5）　4. 瓮（10NDZ2#MDTG2M43：1）
5. 钵（10NDZ2#MDTG2M43：2）

10NDZ2#MDTG2M45

10NDZ2#MDTG2M45 位于 TG2 东北角，西邻 10NDZ2#MDTG2M37、10NDZ2#MDTG2M38、10NDZ2#MDTG2M34，东南部被 10NDZ2#MDTG2M44 打破。10NDZ2#MDTG2M45 开口于②层下，打破第③层及生土层。该墓保存较好。

1. 形制和规格

10NDZ2#MDTG2M45 是一座长方形竖穴土坑墓，南北向，墓向 11°。墓口距地表 0.6 米（图二九七）。

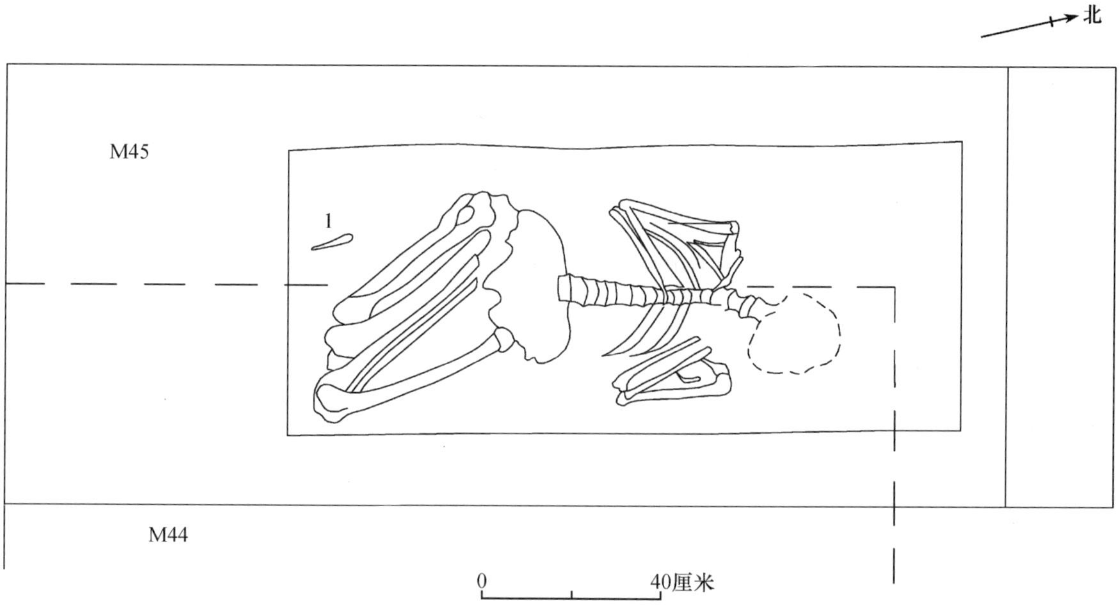

图二九七　10NDZ2#MDTG2M45 平面图

1. 铜带钩

10NDZ2#MDTG2M45 长 2.5、宽 1、深 3.1 米。填土为花土，经夯打实，四壁较规整。

2. 葬具和人骨

墓室内清理出一具木棺灰痕，棺长 1.5、宽 0.64、残高 0.4 米（图版六三，2）。

人骨为仰身后屈肢单人葬。屈肢较甚。人骨保存状况不好，头部、胸部、盆骨均已朽成粉末状，根据人骨残存痕迹判断墓主应为头北脚南，面向东，双手上折放于左胸部，双小腿沿右腿后折叠压于盆骨下，为一 40 ~ 45 岁的男性个体。

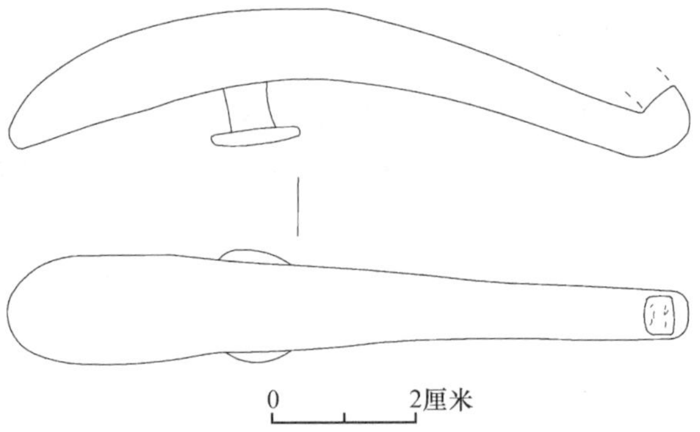

图二九八　10NDZ2#MDTG2M45 出土铜带钩（10NDZ2#MDTG2M45：1）

3. 随葬品

（1）种类及数量

铜带钩 1 件。

（2）出土位置

铜带钩位于棺内墓主右膝盖南部。

（3）器物形制分类介绍

铜带钩　1 件。10NDZ2#MDTG2M45：1，铜质，素面，钩首残断。钩体略宽于颈，腹部较长，鼓起呈弧形，尾部圆弧，带钩背部有一扁平圆纽。钩长 9.4 厘米（图二九八）。

10NDZ2#MDTG2M46

10NDZ2#MDTG2M46 位于 TG2 东端，西北邻 10NDZ2#MDTG2M40，西邻 10NDZ2#MDTG2M41、10NDZ2#MDTG2M42。10NDZ2#MDTG2M46 开口于②层下，打破第③层及生土层。该墓保存较好。

1. 形制和规格

10NDZ2#MDTG2M46 是一座长方形竖穴土坑墓，东西向，墓向 97°。墓口距地表 0.6 米（图二九九）。

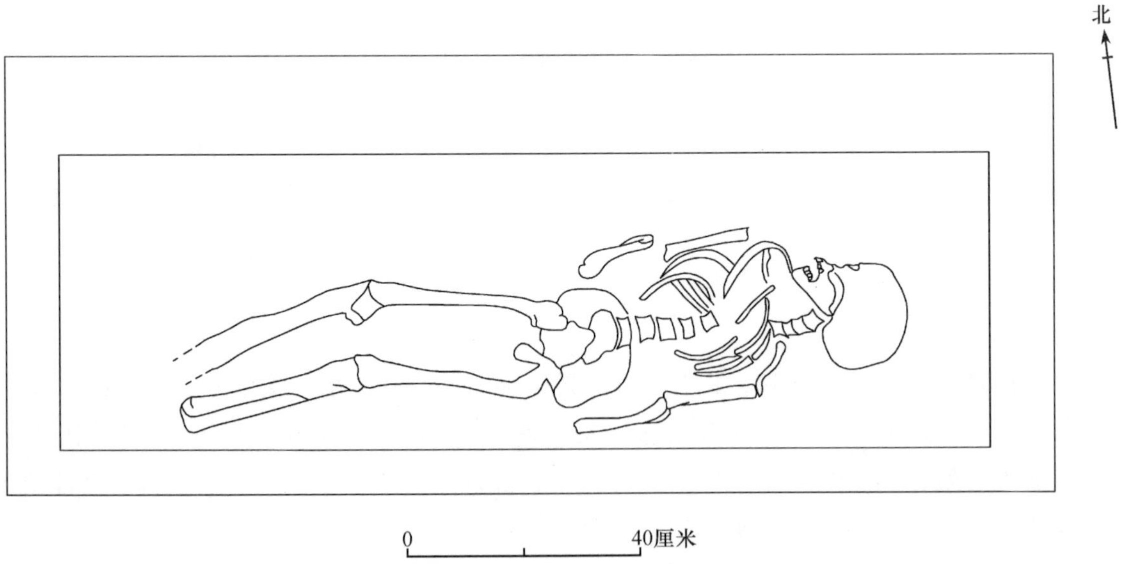

图二九九　10NDZ2#MDTG2M46 平面图

10NDZ2#MDTG2M46 长 1.8、宽 0.76、深 1.78 米。填土为花土，质松软，四壁较规整。

2. 葬具和人骨

墓室内清理出一具木棺灰痕，棺长 1.6、宽 0.6、残高 0.3 米。

人骨为仰身直肢单人葬。墓主头东脚西，面向北，为一 8 岁左右儿童，性别不详。无随葬品。

10NDZ2#MDTG2M47

10NDZ2#MDTG2M47 位于 TG2 东部偏南，西邻 10NDZ2#MDTG2M43，北邻 10NDZ2#MDTG2M46，南邻 10NDZ2#MDTG2M48。10NDZ2#MDTG2M47 开口于②层下，打破第③层及生土层。该墓保存较好。

1. 形制和规格

10NDZ2#MDTG2M47 是一座带有生土二层台的长方形竖穴土坑墓，南北向，墓向 10°。墓口距地表 0.6 米，发掘至距地表 2.09 米处，在墓室东西两侧发现生土二层台，生土二层台上有横向盖板痕迹（图三〇〇）。

10NDZ2#MDTG2M47 长 2.5、宽 0.78、深 1.85 米。填土为花土，经夯打实，四壁较规整。

2. 葬具和人骨

墓室内清理出一具木棺灰痕，棺长 1.8、宽 0.6 米（图版六四，1）。

人骨为仰身直肢单人葬。墓主头北脚南，面向上，为一 35 ~ 40 岁的男性个体。

3. 随葬品

（1）种类及数量

共 5 件。陶罐 2 件、陶钵 2 件、陶盆 1 件。

（2）出土位置

随葬器物均位于墓主棺前北部，距椁室北壁较近。1 号陶盆位于椁室东北角，2 号陶钵、3 号陶钵置放于 1 号陶盆内，4 号、5 号陶罐位于椁室西北角。

（3）器物形制分类介绍

陶罐 2 件。10NDZ2#MDTG2M47:4，泥质灰陶。直口，微侈，方唇，溜肩，凸鼓腹，平底，微内凹。器身有轮旋线，下腹旋削一周，去胎泥较厚，使下腹略显折线。口径 7.5、底径

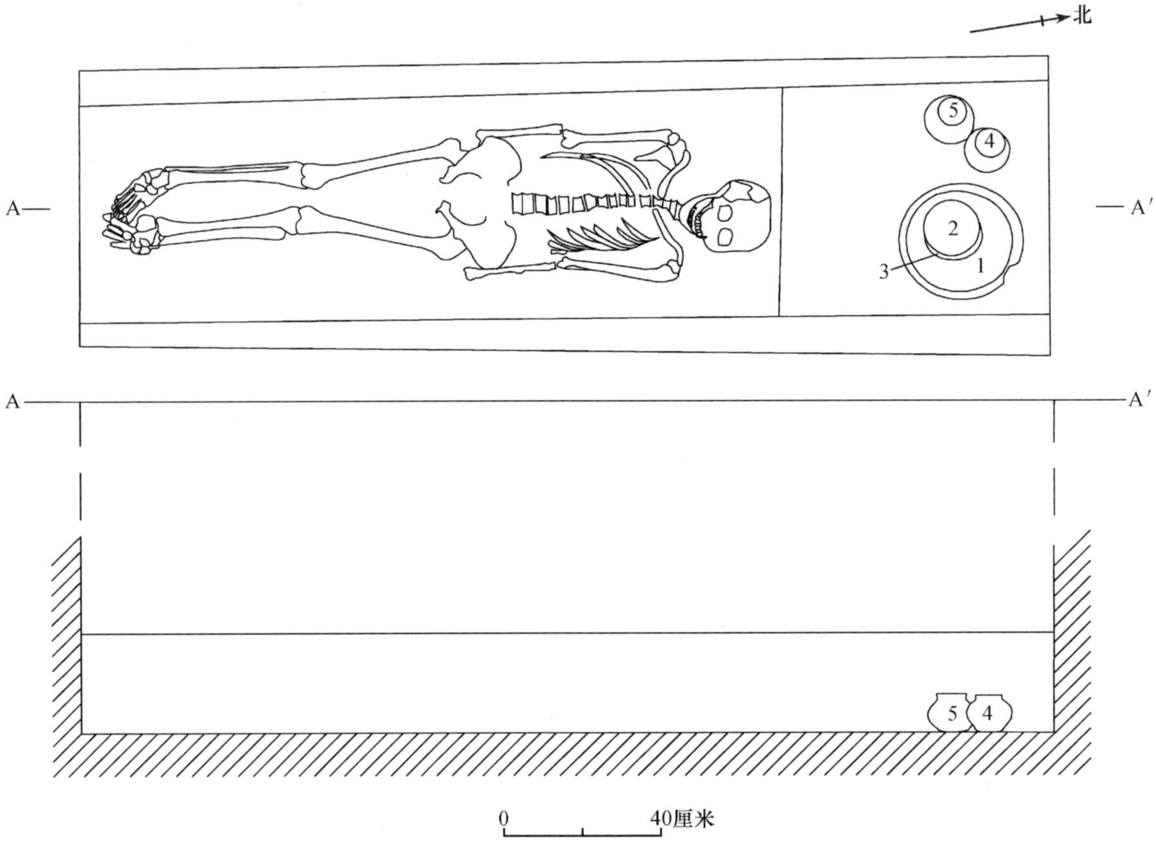

图三〇〇　10NDZ2#MDTG2M47 平、剖面图

1. 陶盆　2、3. 陶钵　4、5. 陶罐

7.8、高10厘米（图三〇一，1）。10NDZ2#MDTG2M47∶5，泥质灰陶。侈口，方唇，束颈，溜肩，凸鼓腹，平底，微内凹。器身有轮旋线，下腹旋削一周，去胎泥较厚，使下腹略显折线。口径7.8、底径7.8、高9.4厘米（图三〇一，2）。

陶钵　2件。10NDZ2#MDTG2M47∶2，泥质灰陶。直口，敛口，圆唇，折腹，平底。器表有轮旋线，下腹旋削一周，去胎泥较厚，使下腹部略显折棱。口径13.8、底径6、高6厘米（图三〇一，5）。10NDZ2#MDTG2M47∶3，泥质灰陶。直口，微敛，圆唇，折腹，平底，微内凹。器表有轮旋线，折棱微外凸，下腹旋削一周，去胎泥较厚，使下腹部略显折棱。口径14、底径4.8、高6厘米（图三〇一，3；图版九三，3）。

陶盆　1件。10NDZ2#MDTG2M47∶1，泥质灰陶。直口，宽折沿，方唇，上腹较直，下腹折收，平底。下腹旋削修坯一周，去胎泥较厚，使底部略显足形。口径28.4、底径14、高11.2厘米（图三〇一，4；图版九二，6）。

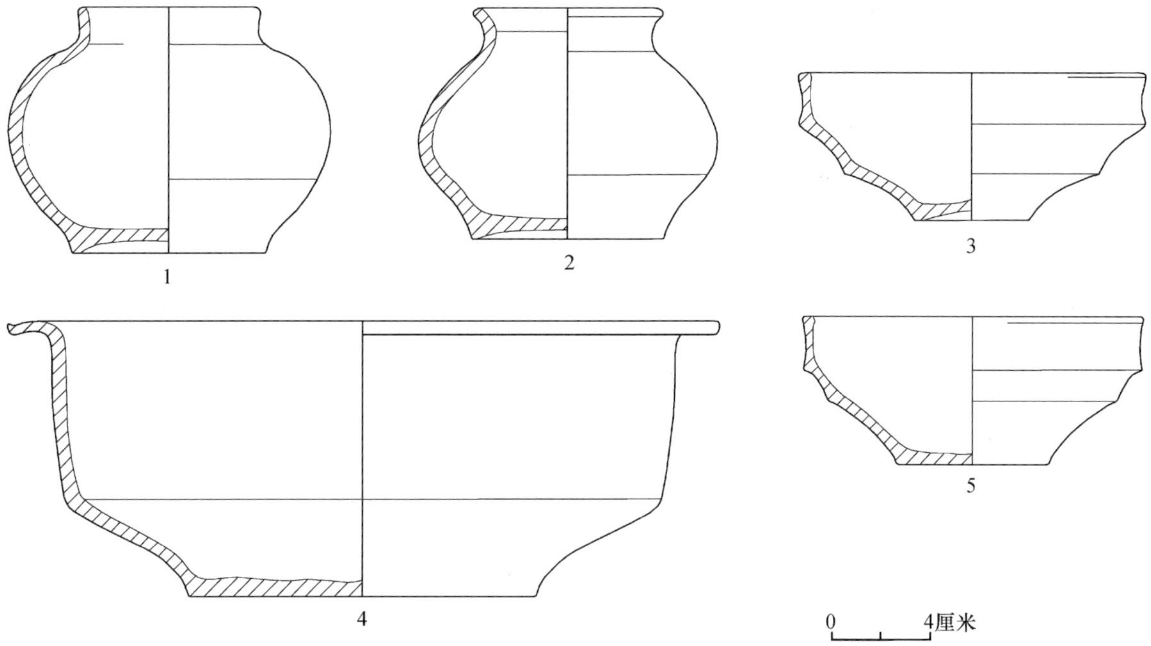

图三〇一　10NDZ2#MDTG2M47 出土陶器

1、2. 罐（10NDZ2#MDTG2M47:4、10NDZ2#MDTG2M47:5）　3、5. 钵（10NDZ2#MDTG2M47:3、10NDZ2#MDTG2M47:2）　4. 盆（10NDZ2#MDTG2M47:1）

10NDZ2#MDTG2M48

10NDZ2#MDTG2M48 位于 TG2 东南角，西邻 10NDZ2#MDTG2M50、10NDZ2#MDTG2M49、10NDZ2#MDTG2M51，北邻 10NDZ2#MDTG2M47。10NDZ2#MDTG2M48 开口于②层下，打破第③层及生土层。该墓保存较好。

1. 形制和规格

10NDZ2#MDTG2M48 是一座长方形竖穴土坑墓，南北向，墓向 5°。墓口距地表 0.6 米（图三〇二）。

10NDZ2#MDTG2M48 长 2.1、宽 0.7、深 1.5 米。填土为花土，质松软，四壁较规整。

2. 葬具和人骨

墓室内清理出一具木棺灰痕，棺长 1.86、宽 0.46、残高 0.4 米。

人骨为仰身直肢单人葬。墓主头北脚南，面向上，左小臂回折，左手放于左肩部，为一 40 岁左右的女性个体。无随葬品。

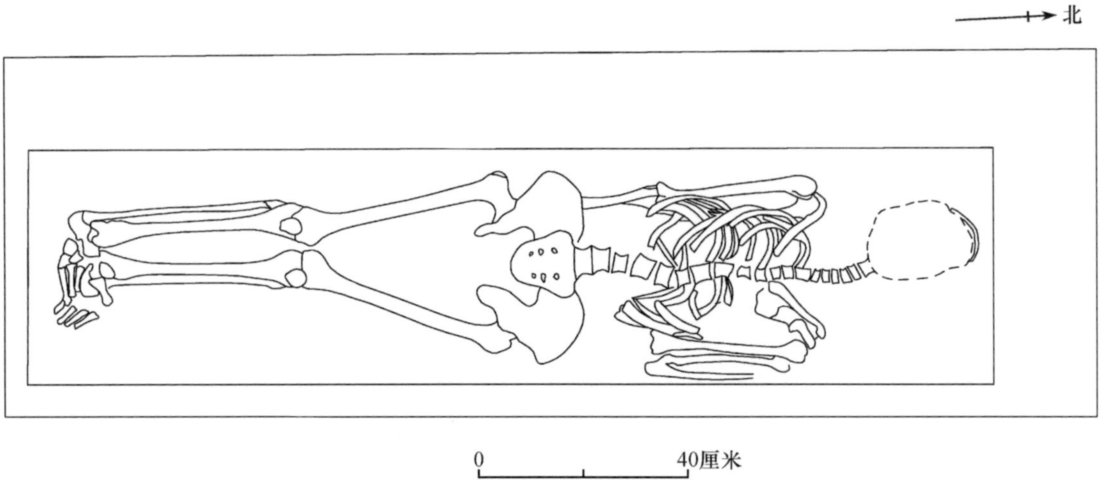

图三〇二　10NDZ2#MDTG2M48 平面图

10NDZ2#MDTG2M49

10NDZ2# MDTG2M49 位于 TG2 南端，局部叠压于 TG2 南壁下，东北邻 10NDZ2 # MDTG2M48，西北邻 10NDZ2 # MDTG2M28，打破 10NDZ2 # MDTG2M50、10NDZ2 # MDTG2M51。10NDZ2#MDTG2M49 开口于②层下，打破第③层及生土层。该墓遭到严重盗扰。

1. 形制和规格

10NDZ2#MDTG2M49 是一座长方形竖穴土坑墓，南北向，墓向 5°。墓口距地表 0.6 米（图三〇三）。

10NDZ2#MDTG2M49 长 2.2、宽 0.9、深 1.8 米。填土为花土，质松软，四壁较规整。

2. 葬具和人骨

遭到严重盗扰，未见葬具和人骨。

3. 随葬品

（1）种类及数量

共 3 件（枚）。陶罐 2 件，铜钱 1 枚。

（2）出土位置

1 号陶罐、3 号铜钱、2 号陶罐自东向西依次位于墓室北部。

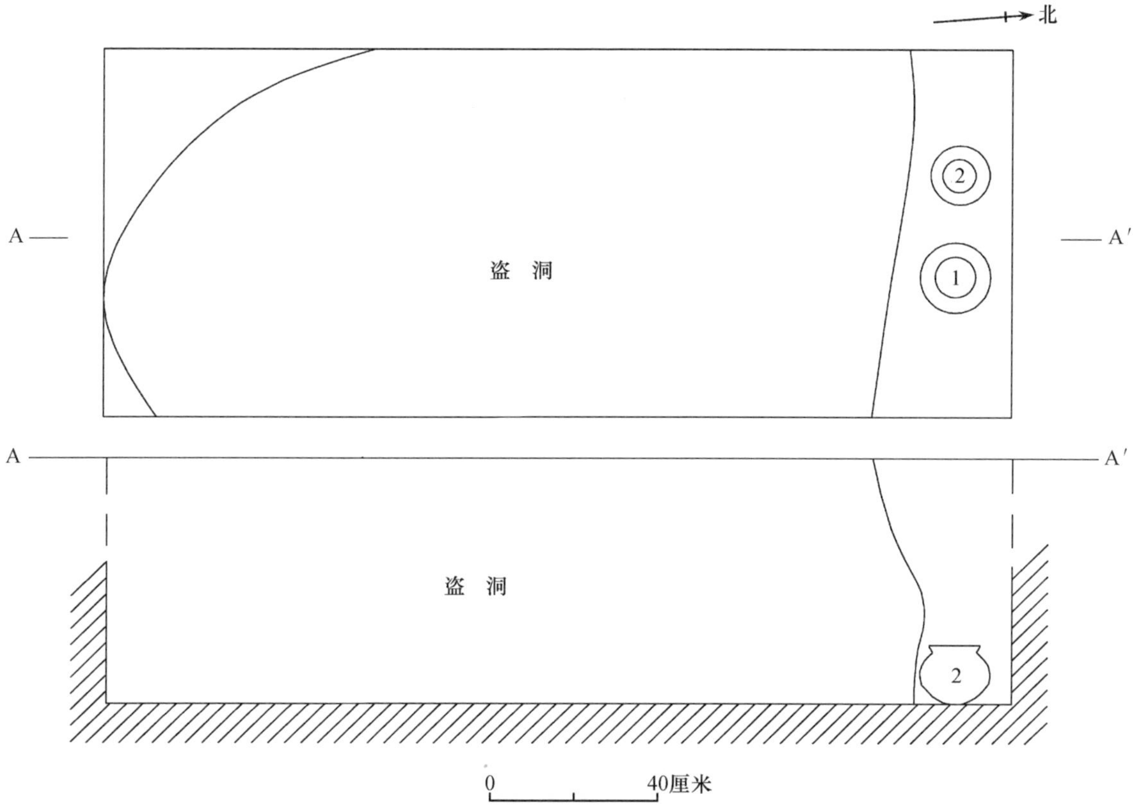

图三〇三 10NDZ2#MDTG2M49 平、剖面图
1、2. 陶罐 3. 铜钱

（3）器物形制分类介绍

陶罐 2件。10NDZ2#MDTG2M49:1，泥质灰陶。侈口，圆唇，溜肩，鼓腹，平底，微内凹。器表有轮旋线，下腹部有旋削修坯一周，去胎泥较厚，使下腹略显折线。口径10、底径6.8、高14厘米（图三〇四，1）。10NDZ2#MDTG2M49:2，泥质灰陶。侈口，圆唇，溜肩，鼓腹，平底，微内凹。器表有轮旋线，下腹部旋削修坯一周，去胎泥较厚，使下腹略显折棱。口径9.3、底径5.6、高11厘米（图三〇四，2）。

铜钱 1枚。10NDZ2#MDTG2M49:3，浇注，圆形，方穿。“五”字较窄长，中间交叉两笔略显圆曲，“铢”字漫漶。直径2.5厘米（图三〇四，3）。

10NDZ2#MDTG2M50

10NDZ2#MDTG2M50位于TG2南端，局部叠压于TG2南壁下，东北邻10NDZ2#MDTG2M48，西北邻10NDZ2#MDTG2M28，南端打破10NDZ2#MDTG2M51，被10NDZ2#MDTG2M49打破。10NDZ2#MDTG2M50开口于②层下，打破第③层及生土层。该墓遭到严重盗扰。

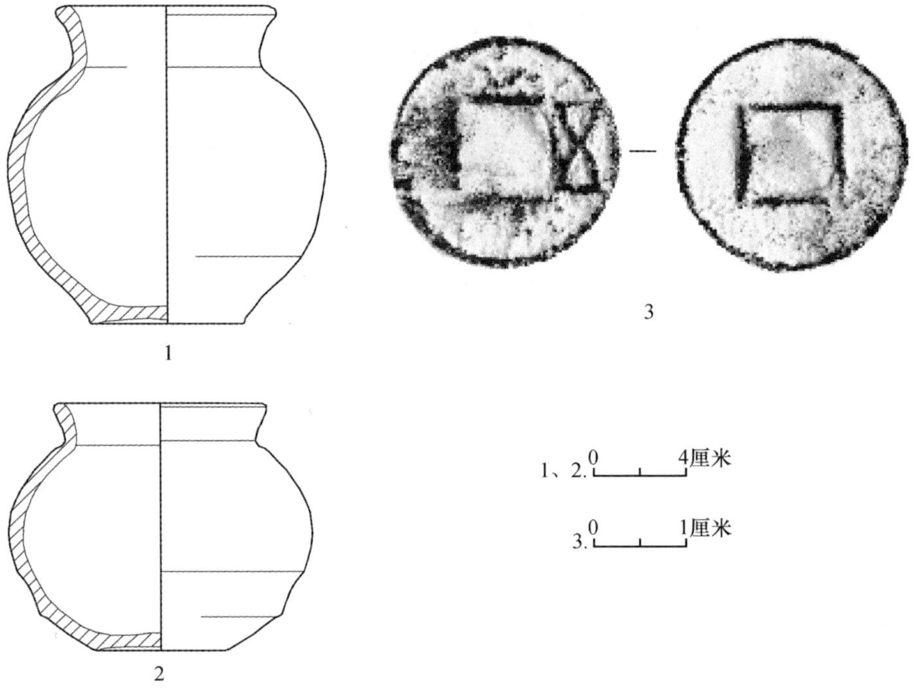

图三〇四　10NDZ2#MDTG2M49 出土器物

1、2. 陶罐（10NDZ2#MDTG2M49∶1、10NDZ2#MDTG2M49∶2）　3. 铜钱（10NDZ2#MDTG2M49∶3）

1. 形制和规格

10NDZ2#MDTG2M50 是一座长方形砖椁墓，南北向，墓向 2°。墓口距地表 0.6 米。发掘至距地表 3.8 米处在墓室四壁发现砖墙，东侧墙砖受外力挤压略成弧形，其他三壁较为规整。墙砖表面局部有横向盖板痕迹，墙砖顺砖错缝平砌 16 层，墓底用灰砖呈“人”字形平铺。墓砖规格为长 32.5、宽 16、厚 4.5 厘米（图三〇五）。

10NDZ2#MDTG2M50 长 3.7、宽 1.4、深 4 米。填土为花土，质松软。

2. 葬具和人骨

未见葬具和人骨。

3. 随葬品

（1）种类及数量

共 10 件。陶鼎 1 件、陶壶 1 件、陶罐 4 件、陶瓮 1 件、陶盒 1 件、陶车轮 2 件。

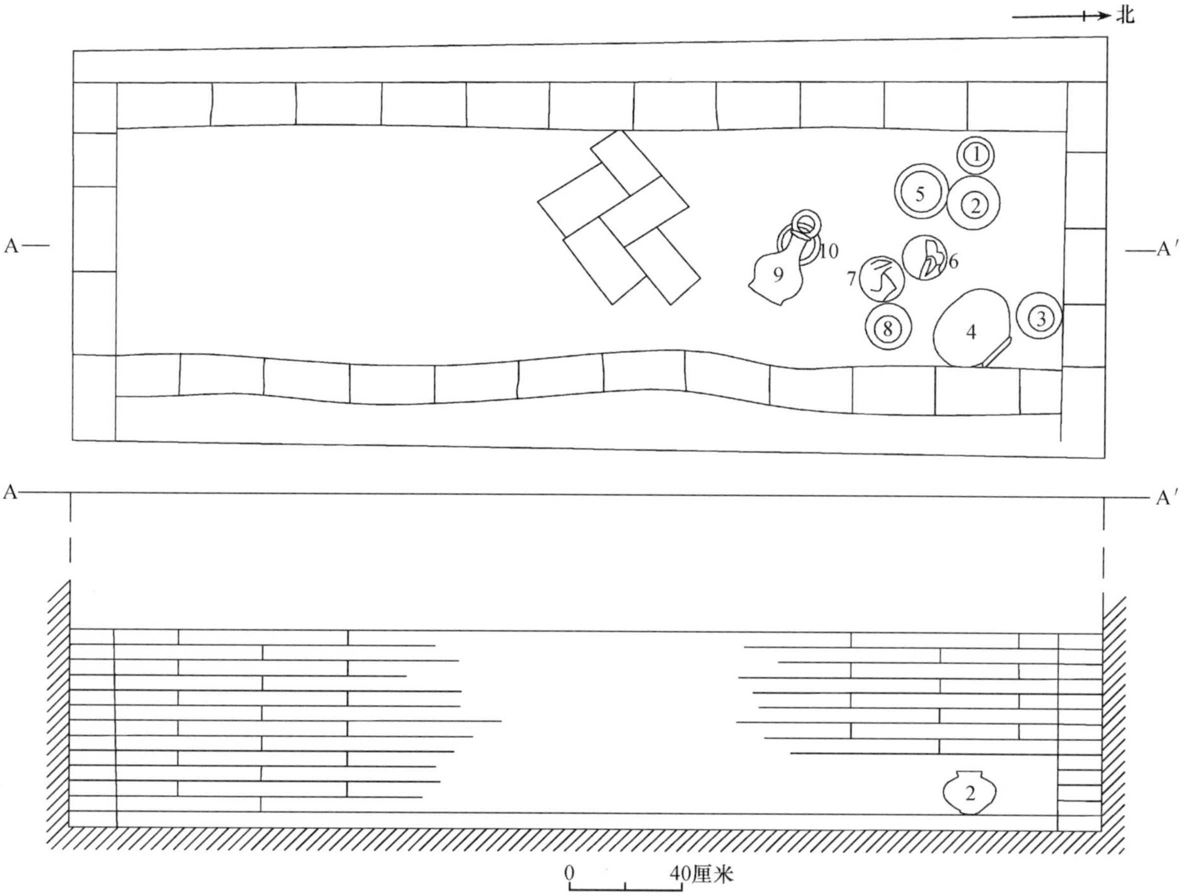

图三〇五　10NDZ2#MDTG2M50平、剖面图

1～3、8. 陶罐　4. 陶瓮　5、10. 陶车轮　6. 陶盒　7. 陶鼎　9. 陶壶

（2）出土位置

随葬器物均位于墓室北部。

（3）器物形制分类介绍

陶鼎　1件。10NDZ2#MDTG2M50:7，泥质灰陶。器盖，方唇，盖面隆起，顶部缓平。鼎，子母口，上腹斜直，下腹折收，小平底，下承三兽蹄足，断面略呈三角形，兽蹄较明显。腹外附双立耳，上端外卷，模制，有长方形穿孔。器表施白衣，器盖衣外饰卷云纹，鼎身彩绘脱落。口径17.6、高14厘米（图三〇六，7；图版八八，4）。

陶壶　1件。10NDZ2#MDTG2M50:9，泥质灰陶。器盖，子母口，盖面隆起，顶部缓平。壶，喇叭口，方唇，束颈，溜肩，鼓腹，假圈足，较高，底缘微外撇。下腹旋削修坯一周。通体施白衣，衣外施彩绘，器盖彩绘脱落，壶身绘卷云纹、三角纹。口径12.2、底径14.8、高31.2厘米（图三〇六，6；图版八八，6）。

陶罐　4件。10NDZ2#MDTG2M50:1，泥质灰陶。斜折沿，圆唇，束颈，溜肩，凸鼓腹，饼足。颈部左右两侧各有两个穿孔，器表有轮旋线，下腹部旋削修坯一周。口径9.6、底径8、高 12 厘米（图三〇六，2）。10NDZ2#MDTG2M50∶2，泥质灰陶。直口，微侈，方唇，溜肩，凸鼓腹，饼足。颈部左右两侧各有两个穿孔，器表有轮旋线，下腹部旋削修坯一周，去胎泥较厚，使下腹部略显折线、饼足较明显。口径 10、底径 7.8、高 16.8 厘米（图三〇六，5）。10NDZ2#MDTG2M50∶3，泥质灰陶。直口，微侈，圆唇，广肩，鼓腹，饼足，微内凹。颈部左右两侧各有两个穿孔，器表有轮旋线，下腹部旋削修坯一周，去胎泥较厚，使饼足较明显。口径 10.8、底径 9、高 14.1 厘米（图三〇六，4）。10NDZ2#MDTG2M50∶8，泥质灰陶。直口，方唇，溜肩，凸鼓腹，矮饼足。颈部左右两侧各有两个穿孔，器表有轮旋线，下腹部旋削修坯一周，去胎泥较厚，使饼足较明显。口径 11.4、底径 7.8、高 15.6 厘米（图三〇六，1）。

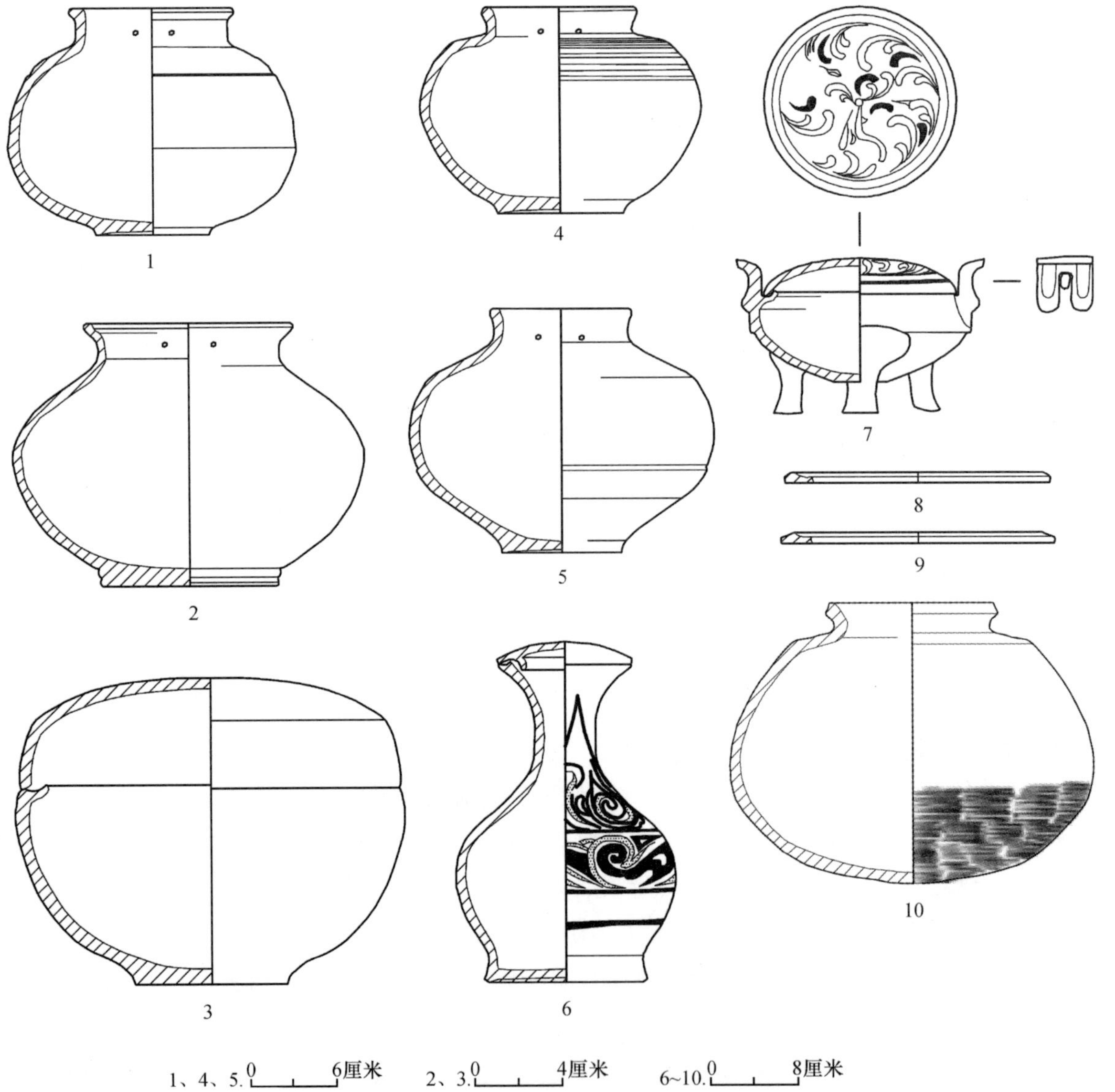

图三〇六　10NDZ2#MDTG2M50 出土陶器

1、2、4、5. 罐（10NDZ2#MDTG2M50∶8、10NDZ2#MDTG2M50∶1、10NDZ2#MDTG2M50∶3、10NDZ2#MDTG2M50∶2）　3. 盒（10NDZ2#MDTG2M50∶6）　6. 壶（10NDZ2#MDTG2M50∶9）　7. 鼎（10NDZ2#MDTG2M50∶7）　8、9. 车轮（10NDZ2#MDTG2M50∶10、10NDZ2#MDTG2M50∶5）　10. 瓮（10NDZ2#MDTG2M50∶4）

陶瓮 1件。10NDZ2#MDTG2M50:4，泥质灰陶。斜折沿，方唇，束颈，折肩，上腹斜直，微弧，下腹突鼓，圜底。器身有轮旋线，下腹及底部饰绳纹。口径15.4、高25.4厘米（图三〇六，10；图版九一，4）。

陶盒 1件。10NDZ2#MDTG2M50:6，泥质灰陶。器盖，直口，方唇，盖面隆起，顶部缓平。盒，子母口，弧腹，平底，微内凹。下腹旋削修坯一周，去胎泥较厚，使底部略显饼足。器盖和器表施白衣，残存红彩。口径17.2、底径7.2、高14厘米（图三〇六，3）。

陶车轮 2件。10NDZ2#MDTG2M50:5，泥质灰陶，平面呈圆形。直径25.5、内径16.2厘米（图三〇五，9）。10NDZ2#MDTG2M50:10，泥质灰陶，平面呈圆形。外径25.5、内径16.2厘米（图三〇六，8）。

10NDZ2#MDTG1M52

10NDZ2#MDTG1M52位于TG1东端扩方区，西邻10NDZ2#MDTG1M23、10NDZ2#MDTG1M54，南邻10NDZ2#MDTG1M53，10NDZ2#MDTG1M52洞室打破10NDZ2#MDTG1M23、10NDZ2#MDTG1M54。10NDZ2#MDTG1M52开口于②层下，打破第③层及生土层。该墓保存较好。

1. 形制和规格

10NDZ2#MDTG1M52是一座带有斜坡墓道的土洞室墓，坐西朝东，由墓道、墓门和墓室三部分组成。墓向110°。10NDZ2#MDTG1M52西部洞室打破10NDZ2#MDTG1M23，长6.3米，墓深2.8米，距地表深3.4，墓口距地表0.6米（图三〇七）。

墓道位于墓室东部，平面呈长方形，底呈斜坡状。长2.7、宽1.1米。墓道内填土为花土，土质松软。

墓门位于墓道西端，弧形顶，宽0.8、高1.06米，用红色石板封堵。

墓室位于墓葬西部，土洞单室，拱券顶，平面呈长方形，长3.6、宽1.1、洞室高1.4米。墓室内填土为淤土，土质松软，有黏性，四壁较规整。

2. 葬具和人骨

墓室内清理出一具木棺灰痕，棺残长1.6、宽0.7、残高0.3米。

人骨为仰身直肢单人葬。墓主头东脚西，为一男性个体，年龄不详。

3. 随葬品

（1）种类及数量

共8件（枚）。陶罐5件，石灯1件，铜钱2枚。

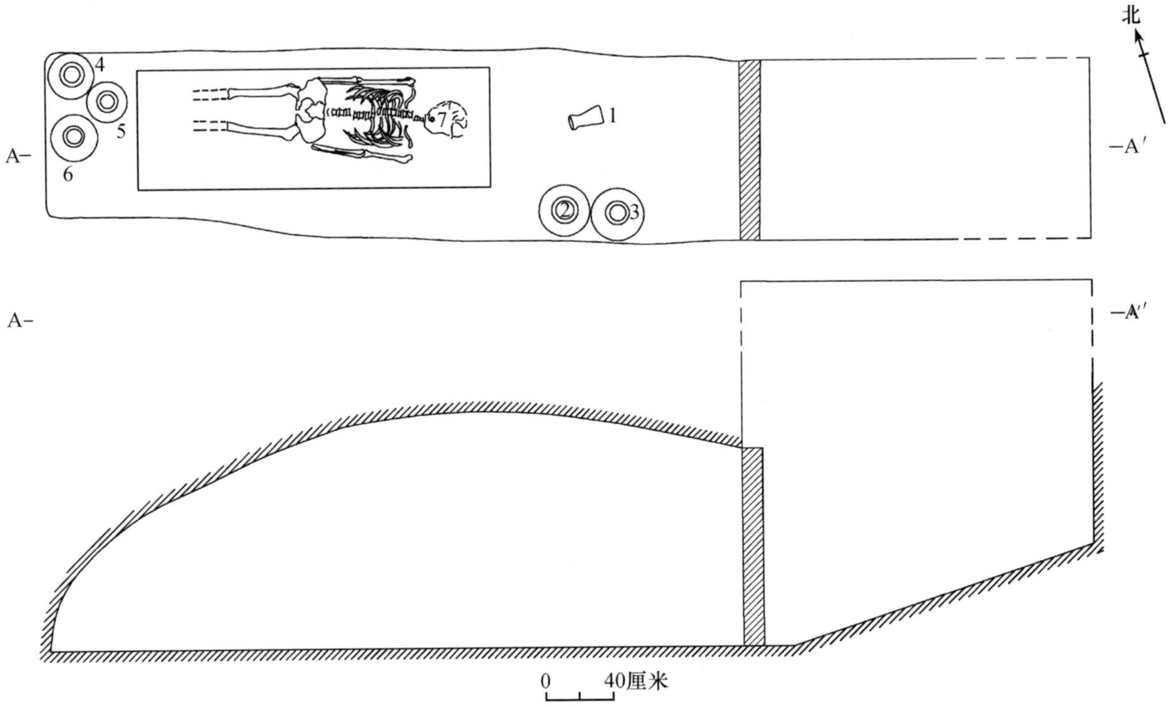

图三〇七　10NDZ2#MDTG1M52 平、剖面图
1. 石灯　2～6. 陶罐　7. 铜钱

（2）出土位置

铜钱位于墓主口中。其他随葬器物大体分两组，一组石灯 1 件、陶罐 2 件，位于墓主头前棺外东部，2 件陶罐依洞室南壁置放；另一组为 3 件陶罐，位于墓主脚后棺外西侧。

（3）器物形制分类介绍

陶罐　5 件。10NDZ2#MDTG1M52∶2，泥质灰陶。卷沿，束颈，溜肩，鼓腹，小平底。肩部按压由小方块组成的纹饰带，器表压光，器身有轮旋线，下腹及底饰篮纹。口径 13.5、底径 6.4、高 30 厘米（图三〇八，4；图版九〇，5）。10NDZ2#MDTG1M52∶3，泥质灰陶。卷沿，束颈，溜肩，鼓腹，小平底。肩部按压由小方块组成的纹饰带，器表压光，器身有轮旋线，腹部局部有凹坑，下腹及底饰篮纹。口径 12.6、底径 8、高 28.8 厘米（图三〇八，1）。10NDZ2#MDTG1M52∶4，泥质灰陶。圆唇，盘口，盘沿微内敛，束颈，溜肩，上腹微弧，下腹弧内收，小平底。沿外侧有凹槽，器表有轮旋线，肩部饰细密凹弦纹二周，下腹及底部饰篮纹。口径 12、底径 4、高 30.2 厘米（图三〇八，2）。10NDZ2#MDTG1M52∶5，泥质灰陶。盘口，圆唇，束颈，溜肩，上腹微弧，下腹弧内收，小平底，微内凹。唇沿下垂与颈部形成一凹槽，盘口立沿较高，在内部可见接合线。器身有轮旋线，肩部饰细密凹弦纹饰带二周，下腹及底部饰篮纹。口径 13.8、底径 4、高 28 厘米（图三〇八，6；图版九〇，6）。10NDZ2#MDTG1M52∶6，泥质灰陶。卷沿，束颈，溜肩，鼓腹，小平底。肩部按压由小方块组成的纹饰带。器身有压光痕迹及轮旋线，下腹及底部饰绳纹。口径 12.4、底径 8、高 30 厘米（图三〇八，5）。

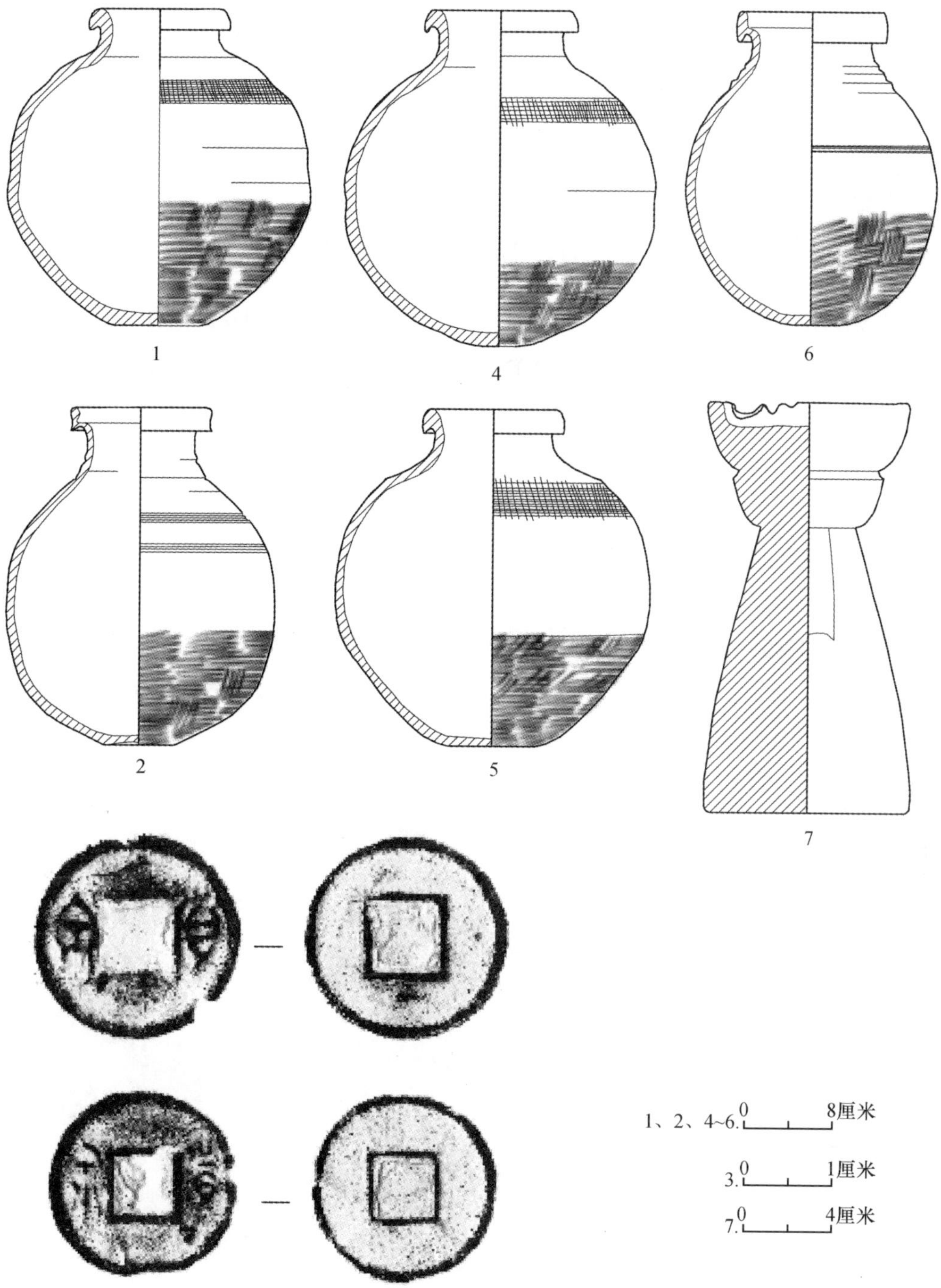

图三〇八　10NDZ2#MDTG1M52 出土器物

1、2、4～6. 陶罐（10NDZ2#MDTG1M52∶3、10NDZ2#MDTG1M52∶4、10NDZ2#MDTG1M52∶2、10NDZ2#MDTG1M52∶6、10NDZ2#MDTG1M52∶5）　3. 铜钱（10NDZ2#MDTG1M52∶7）　7. 石灯（10NDZ2#MDTG1M52∶1）

石灯　1件。10NDZ2#MDTG1M52∶1，石质。灯盘与座相连。盘，浅盘，圆唇，弧腹。座，束颈，喇叭形实足。座一侧有一长方形前凹槽。口径9.2、底径9.2、高18.2厘米（图三〇八，6；图版九三，6）。

货泉　2枚。10NDZ2#MDTG1M52∶7，均同。浇注，圆形，方穿。铸工较精细。1枚直径2厘米，另一枚直径2.2厘米（图三〇八，3）。

10NDZ2#MDTG1M53

10NDZ2#MDTG1M53位于TG1东端扩方区内，西邻10NDZ2#MDTG1M23、10NDZ2#MDTG1M54，北邻10NDZ2#MDTG1M52，10NDZ2#MDTG1M53洞室打破10NDZ2#MDTG1M23、10NDZ2#MDTG1M54。10NDZ2#MDTG1M53开口于②层下，打破第③层及生土层。该墓保存较好。

1. 形制和规格

10NDZ2#MDTG1M53是一座带墓道的洞室墓，坐西朝东，由墓道、墓门和墓室三部分组成。墓向108°。长8.2米，墓道深4.6米，距地表深5.2米，墓口距地表0.6米（图三〇九）。

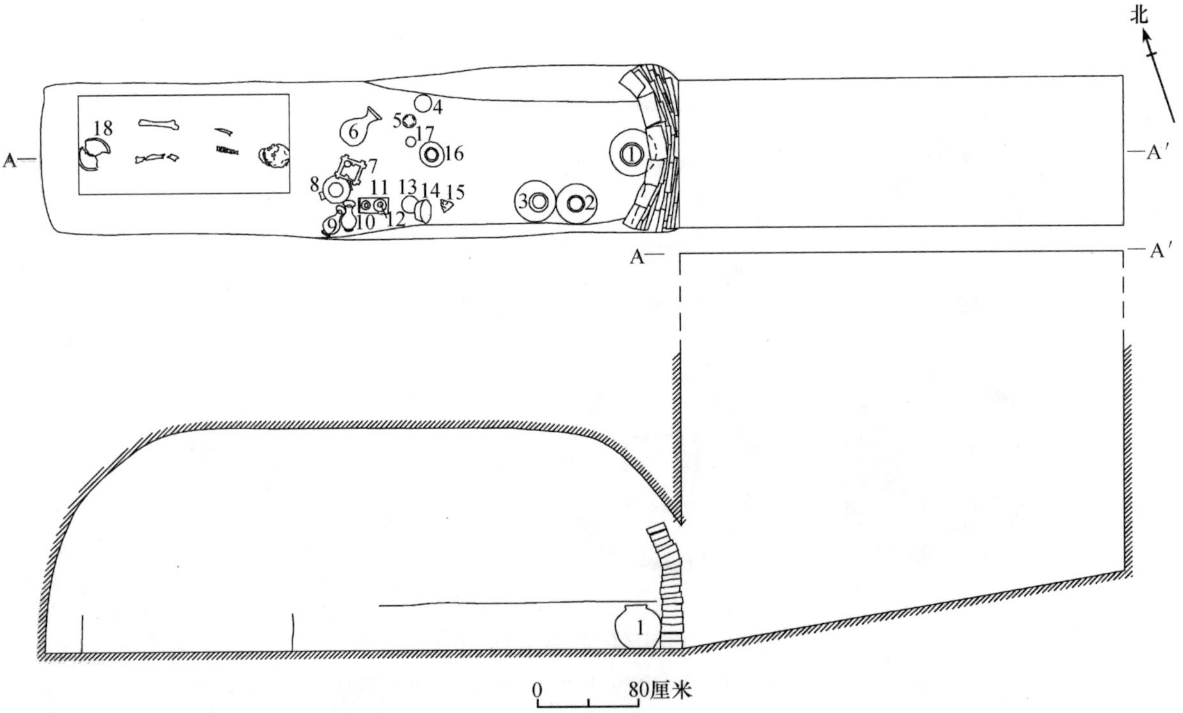

图三〇九　10NDZ2#MDTG1M53平、剖面图

1. 陶瓮　2、3. 陶罐　4、5、17. 陶灯　6、9、10. 陶壶　7. 陶井　8. 陶鼎　11. 陶灶　12. 陶甑　13. 盒盖　14. 陶盒　15. 博山炉盖　16. 博山炉　18. 陶盆（叠压于9、10下）

墓道位于墓室东部，平面呈长方形，底呈斜坡状。长3、宽0.8～1.2米。墓道内填土为花土，土质松软。

墓门位于墓道西端，弧形顶，宽1.2、高1米，用单砖错缝平砌封堵，微外弧，共19层。砖规格为长30、宽15、厚4.5厘米。

洞室位于墓葬西部，土洞单室，拱券顶，平面呈长方形，长5.1、宽1.2～1.4、洞室高1.8米。墓室内填土为淤土，土质松软，有黏性，四壁较规整。

2. 葬具和人骨

墓室内清理出一具木棺灰痕，棺残长1.7、宽0.78、残高0.3米。

人骨为单人葬。人骨保存较差，头部、胸部、盆骨均已成骨粉状，葬式、性别、年龄不详。

3. 随葬品

（1）种类及数量

共13件。泥质灰陶罐2件、瓮1件、盆1件，釉陶鼎1件、壶3件、盒1件、博山炉1件、灯1件、灶1件、井1件。

（2）出土位置

随葬器物均位于墓主头前棺外东侧。大体可分为三组，1组陶瓮1件、陶罐2件，均为泥质灰陶，距墓门较近；另一组陶灯、博山炉、陶壶、陶井、陶鼎、陶灶、陶盒均为釉陶，距墓主较近；三组陶盆1件，位于棺内西端。

（3）器物形制分类介绍

①泥质灰陶：

陶罐 2件。10NDZ2#MDTG1M53∶2，泥质灰陶。卷沿，束颈，溜肩，鼓腹，圜底。肩部饰小菱形网格纹饰带，器表压光，器身有轮旋线，下腹及底饰篮纹。口径14、高28.8厘米（图三一〇，2；图版八九，2）。10NDZ2#MDTG1M53∶3，泥质灰陶。卷沿，束颈，溜肩，鼓腹，圜底。肩部按压由小方块组成的纹饰带，器表压光，器身有轮旋线，下腹及底饰篮纹。口径14.4、高29厘米（图三一〇，1）。

陶瓮 1件。10NDZ2#MDTG1M53∶1，泥质灰陶。斜折沿，方唇，束颈，溜肩，上腹较直，下腹弧内收，小平底。器表有轮旋线，下腹及底饰篮纹。口径21、底径9.6、高33厘米（图三一〇，8）。

陶盆 1件。10NDZ2#MDTG1M53∶18，泥质灰陶。敞口，折沿，方唇，斜直腹，微弧，平底。器表有轮旋线，下腹旋削修坯一周。口径28、底径12、高12厘米（图三一〇，12）。

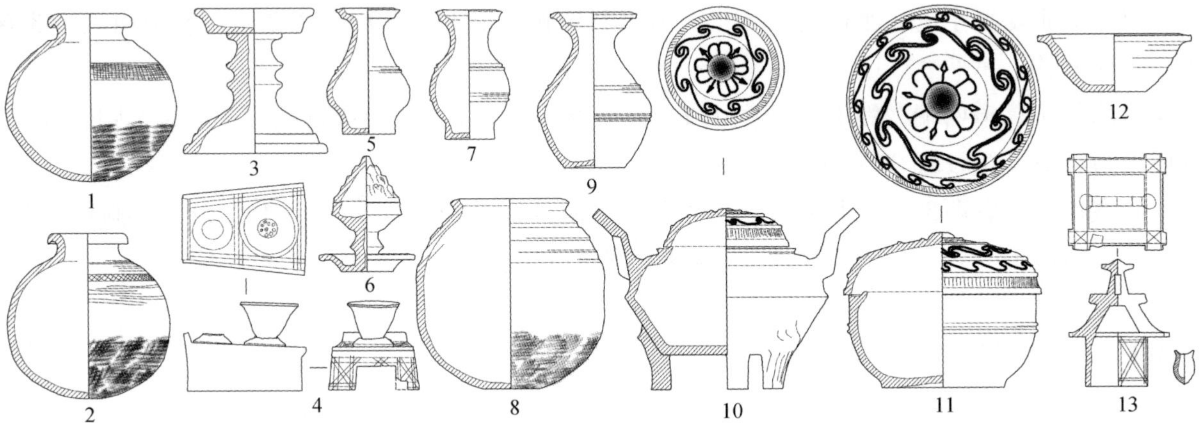

图三一〇　10NDZ2#MDTG1M53 出土陶器

1、2. 罐（10NDZ2#MDTG1M53∶3、10NDZ2#MDTG1M53∶2）　3. 灯（10NDZ2#MDTG1M53∶4、5、17）　4. 灶（10NDZ2#MDTG1M53∶11、12）　5、7、9. 壶（10NDZ2#MDTG1M53∶10、10NDZ2#MDTG1M53∶9、10NDZ2#MDTG1M53∶6）　6. 博山炉（10NDZ2#MDTG1M53∶15、16）　8. 瓮（10NDZ2#MDTG1M53∶1）　10. 鼎（10NDZ2#MDTG1M53∶8）　11. 盒（10NDZ2#MDTG1M53∶13、14）　12. 盆（10NDZ2#MDTG1M53∶18）　13. 井（10NDZ2#MDTG1M53∶7）

②釉陶：

陶鼎　1件。10NDZ2#MDTG1M53∶8，器盖，方唇，盖面隆起，弧形顶，盖面饰柿蒂纹、云纹、节齿纹。鼎，子母口，折肩，折腹，平底，下承三柱状足。肩部附长方形板状立耳，上端外折，模制。器表施红釉。口径11.8、高15.6厘米（图三一〇，10；彩版一六，6）。

陶壶　3件。10NDZ2#MDTG1M53∶6，盘口，束颈，溜肩，鼓腹，平底，微内凹。器表施红釉，施釉不均，局部露胎，器内施釉至颈部。肩部、腹部饰凸弦纹，器身有轮旋线。口径15、底径11、高27厘米（图三一〇，9；彩版一六，3）。10NDZ2#MDTG1M53∶9，盘口，束颈，溜肩，鼓腹，假圈足，微内凹。器表施浅绿色釉，施釉不均，局部露胎，器内施釉至颈部。肩部、腹部饰凸弦纹，器身有轮旋线。口径11.6、底径8.6、高22.4厘米（图三一〇，7；图版九三，5）。10NDZ2#MDTG1M53∶10，盘口，束颈，溜肩，鼓腹，假圈足，微内凹。器表施酱红釉，施釉不均，局部露胎，器内施釉至颈部。肩部、腹部饰凸弦纹，器身有轮旋线。口径11.4、底径9、高21.8厘米（图三一〇，5）。

陶盒　1件。10NDZ2#MDTG1M53∶13，器盖，方唇，盖面隆起，盖面饰柿蒂纹、云纹、节齿纹。盒，子母口，弧腹，假圈足，微内凹。器表施红釉，腹部饰凸弦纹。口径16、底径10.4、高13.5厘米（图三一〇，11；彩版一六，5）。

陶博山炉　1件。10NDZ2#MDTG1M53∶15、16，由器盖和器身两部分组成。器盖，山峦形，中空；器身，子母口，直腹，下腹折内收，竹节状柱，下承浅盘。高20、底径8.8厘米（图三一〇，6；彩版一六，1）。

陶灯　1件。10NDZ2#MDTG1M53∶4、5、17，由盘和器座两部分组成，盘，口微侈，圆唇，浅直腹，平底。器座，上部呈竹节状，下为喇叭口底，中空。器表施红釉，施釉不均，局部露胎。口径10.4、底径12.4、高12.5厘米（图三一〇，3）。

陶灶　1件。10NDZ2#MDTG1M53:11、12，由灶身、釜、甑三部分组成。甑，方唇，敞口，斜直腹，小平底，底部有通气孔。釜，2件，均敛口，折肩，斜直腹，圜底。灶身，呈梯形，前有方形灶门，后有矮挡火墙，上面有灶眼二个。器表施红釉。长21.6、宽12～16、通高15.8厘米（图三一〇，4；彩版一六，2）。

陶井　1件。10NDZ2#MDTG1M53:7，井呈方形，中空。上部为“天”字形井架。水斗，敛口，鼓腹，尖圜底。底径10.4、高22厘米（图三一〇，13；彩版一六，4）。

（三）东汉时期墓葬

东汉时期墓葬仅1座，编号为10NDZ2#MDTG1M7。

10NDZ2#MDTG1M7

10NDZ2#MDTG1M7位于TG1西南部，东邻10NDZ2#MDTG1M12，西北邻10NDZ2#MDTG1M3，北邻10NDZ2#MDTG1M6、10NDZ2#MDTG1M9，10NDZ2#MDTG1M7打破10NDZ2#MDTG1M13。10NDZ2#MDTG1M7开口于②层下，打破第③层及生土层。该墓保存较好。

1. 形制和规格

10NDZ2#MDTG1M7是一座长方形砖椁墓，南北向，墓向12°。墓口距地表0.6米。发掘至距地表3.4米处在墓室四壁发现砖墙，砖墙局部有横向盖板痕迹，顺砖错缝平砌10层，墓底用灰砖呈“人”字形砖平铺。墓砖规格为长29、宽14、厚5厘米（图三一一）。

10NDZ2#MDTG1M7长3.3、宽1.24、深3.6米。填土为花土，经夯打实。

2. 葬具和人骨

墓室内清理出一具木棺灰痕，棺长2、宽0.76、残高0.3米（图版六四，2）。

人骨为仰身直肢单人葬。墓主头北脚南，面向上。为一20岁左右的女性个体。

3. 随葬品

（1）种类及数量

共15件（枚）。陶壶2件、陶罐2件、陶瓮1件、陶盘2件、陶钵3件、陶樽1件、陶耳杯1件、陶甑1件、陶器盖3件，铜钱1枚。

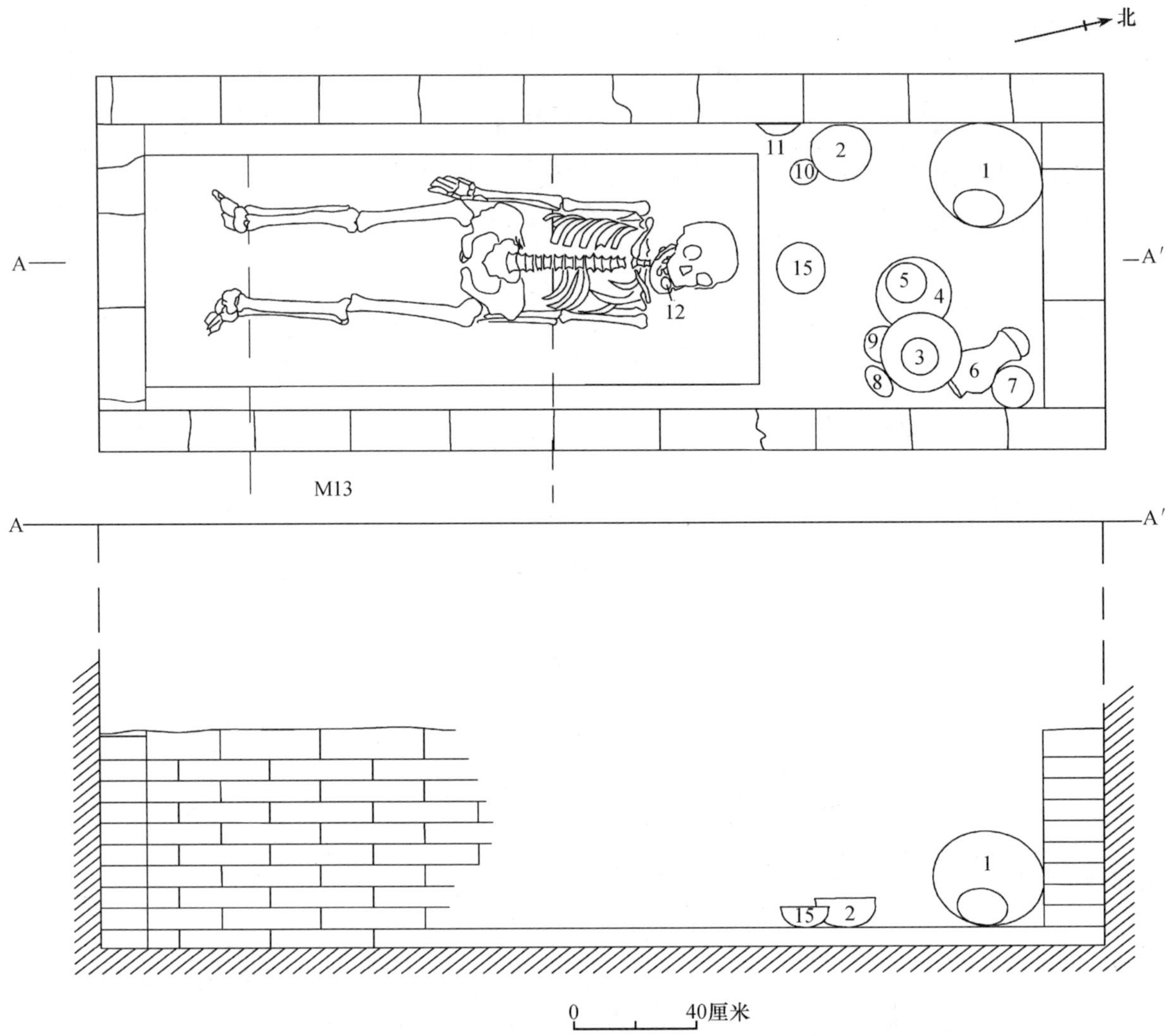

图三一一 10NDZ2#MDTG1M7 平、剖面图

1. 陶瓮 2、14、15. 陶钵（14 叠压于 3 下） 3、6. 陶壶 4、8. 陶盘 5、11、13. 陶器盖（叠压于 4、5 下） 7. 陶樽 9、16. 陶罐 10. 陶耳杯 12. 铜钱 17. 陶甑（16、17 叠压于 3～9 下）

（2）出土位置

随葬器物均位于墓主头前棺外北部。

（3）器物形制分类介绍

陶壶 2 件。10NDZ2#MDTG1M7∶3，泥质灰陶。器盖，方唇，盖面隆起，弧形顶。壶，喇叭口，方唇，唇沿有凹槽，束颈，溜肩，弧腹，圈足，较高，底缘外侈。器盖有轮旋线，下腹饰篮纹，较浅。器表施白衣。口径 16.6、底径 14.8、高 47.1 厘米（图三一二，15；图版九四，2）。10NDZ2#MDTG1M7∶6，泥质灰陶。器盖，方唇，盖面隆起，弧形顶。壶，喇叭口，方唇，束颈，沿面有凹槽，溜肩，上腹斜直，下腹折收，圈足，较高，底缘外侈。沿面有凹槽，器盖和器身有轮旋线，下腹旋削修坯一周，去胎泥较厚，使下腹部略显折棱。器表施白衣，外饰彩

绘。口径13.5、底径11.2、高30.4厘米（图三一二，17）。

陶罐　2件。10NDZ2#MDTG1M7∶9，泥质灰陶。敛口，方唇，折肩，上腹较直，下腹折收，小平底。器表施白衣，下腹及底部饰篮纹。口径9.6、底径4、高12.4厘米（图三〇七，11）。10NDZ2#MDTG1M7∶16，泥质灰陶。口微敛，方唇，折肩，上腹较直，下腹折收，小平底。器身施白衣，底部饰篮纹。口径8、底径5.2、高14.4厘米（图三一二，13；图版九四，3）。

陶瓮　1件。10NDZ2#MDTG1M7∶1，泥质灰陶。小口，卷沿，束颈，溜肩，鼓腹，小平底，器身有轮旋线，下腹及底部饰篮纹。口径14.48、底径12、高36厘米（图三一二，3；图版九四，4）。

陶盘　2件。10NDZ2#MDTG1M7∶4，泥质灰陶。敞口，方唇，斜直腹，微弧，小平底。盘内施白衣、彩绘，大部分脱落。口径27.6、底径10、高5.4厘米（图三一二，5）。10NDZ2#MDTG1M7∶8，泥质灰陶。敞口，斜折沿，斜直腹，微弧，小平底，微内凹。下腹有旋削修坯痕迹，器内施白衣。口径16.8、底径5.2、高4.4厘米（图三一二，1）。

陶钵　3件。10NDZ2#MDTG1M7∶2，夹砂红陶。直口，微敛，方唇，弧腹，圜底。口径21.6、高10厘米（图三一二，6；图版九四，1）。10NDZ2#MDTG1M7∶14，泥质灰陶。侈口，方唇，弧腹，饼足，微内凹。下腹旋削修坯一周，去胎泥较厚，使下腹部略显折棱。口径11.6、底径5.6、高3.8厘米（图三一二，8）。10NDZ2#MDTG1M7∶15，泥质灰陶。侈口，圆唇，弧腹，小平底，微内凹。下腹旋削一周，去胎泥较厚，使下腹部略显折棱。口径18.9、底径8、高8厘米（图三一二，2；图版九四，5）。

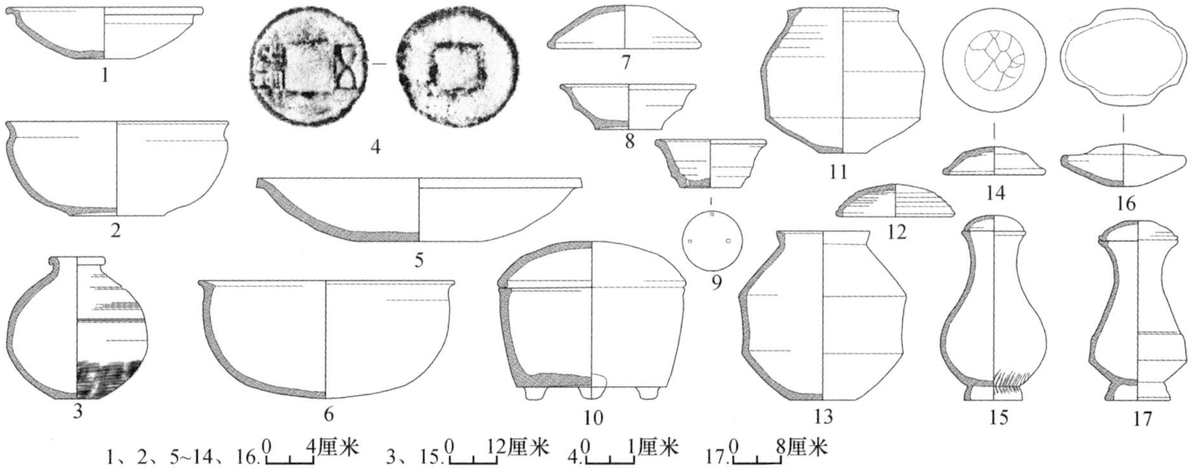

图三一二　10NDZ2#MDTG1M7出土器物

1、5. 陶盘（10NDZ2#MDTG1M7∶8、10NDZ2#MDTG1M7∶4）　2、6、8. 陶钵（10NDZ2#MDTG1M7∶15、10NDZ2#MDTG1M7∶2、10NDZ2#MDTG1M7∶14）　3. 陶瓮（10NDZ2#MDTG1M7∶1）　4. 铜钱（10NDZ2#MDTG1M7∶12）　7、12、14. 陶器盖（10NDZ2#MDTG1M7∶5、10NDZ2#MDTG1M7∶13、10NDZ2#MDTG1M7∶11）　9. 陶甑（10NDZ2#MDTG1M7∶17）　10. 陶樽（10NDZ2#MDTG1M7∶7）　11、13. 陶罐（10NDZ2#MDTG1M7∶9、10NDZ2#MDTG1M7∶16）　15、17. 陶壶（10NDZ2#MDTG1M7∶3、10NDZ2#MDTG1M7∶6）　16. 陶耳杯（10NDZ2#MDTG1M7∶10）

陶樽　1件。10NDZ2#MDTG1M7:7，泥质灰陶。器盖，方唇，盖面隆起，弧形顶。樽，直口，微敛，方唇，斜直腹，平底，下承三柱足。器表施白衣。口径15.6、底径12.4、高12.4厘米（图三一二，10；图版九四，6）。

陶耳杯　1件。10NDZ2#MDTG1M7:10，泥质灰陶，做工粗糙。椭圆形口，弧壁，小平底，新月形耳，耳端上翘。口径8.4~11、高3.6厘米（图三一二，16）。

陶甑　1件。10NDZ2#MDTG1M7:17，泥质灰陶。侈口，方唇，斜直腹，平底，微内凹。甑底有三个小孔，器身有轮旋线，器内施白衣。口径9.6、底径5.2、高4厘米（图三一二，9）。

陶器盖　3件。均方唇，盖面隆起。10NDZ2#MDTG1M7:11，直径8.8、高2.4厘米（图三一二，14）。10NDZ2#MDTG1M7:5，直径12.8、高3.6厘米（图三一二，7）。10NDZ2#MDTG1M7:13，直径10.4、高2.8厘米（图三一二，12）。

铜钱　1枚。10NDZ2#MDTG1M7:12，浇注，圆形，方穿。“五”字中间交叉两笔较圆曲。直径2.5厘米（图三一二，4）。

肆　综　　述

张夺2号遗址墓区、张夺村南1号墓地、张夺村南2号墓地位于张夺村南，处于东、南、西缓降的坡地高处，北部为村庄，局部有村民取土现象，落差0.5～1.5米。张夺2号遗址墓区、张夺村南2号墓地位于北部高处，张夺村南1号墓地所处位置略低。在张夺2号遗址墓区、张夺村南1号墓地、张夺村南2号墓地南水北调渠线范围内共清理战国至汉代墓葬200座，大部分墓葬保存较好，一部分被盗的墓葬内也出土了成组的随葬品，主要有陶器、铜器、铁器、玉石器等，为研究邢台地区战国、汉代时期墓葬提供了不可多得的实物资料。

一、墓地基本文化面貌

张夺2号遗址墓区与张夺村南2号墓地是一处有一定关系的墓地，根据发掘情况判断，它们应为同一处墓地。张夺村南1号墓地是一处独立的墓地。下面对张夺2号遗址墓区、张夺村南1号墓地、张夺村南2号墓地的墓葬形制、随葬品及其组合关系等几个方面做一简要梳理，为进一步探索邢台地区战国、汉代文化提供依据。

（一）墓葬形制

1. 张夺2号遗址墓区

张夺2号墓区共发掘战国至汉代时期墓葬108座，这批墓葬均开口于②层下，排列较为密集，个别墓葬出现叠压打破关系。时代始自战国末期，延至秦汉，以汉代为主流。

张夺2号墓区的墓葬形制大体分为二型：A型，竖穴土坑墓；B型，洞室墓。以竖穴土坑墓为多数（表二）。葬式以仰身直肢为主，兼有侧身屈肢、仰身屈肢、仰身后屈肢等形式(表三)。

A型　竖穴土坑墓

竖穴土坑墓根据形制又可分为木椁墓、生土二层台椁墓和砖椁墓三类。其中木椁墓11座，生土二层台椁墓40座，砖椁墓14座。

木椁墓　11座。均为口大底小“斗”形墓，其中有6座墓葬为战国时期，1座墓葬约为秦代，其余4座墓葬为汉代。这11座墓中，有7座墓向为南北向，除09ⅡTG4M67、09ⅡTG9M88

分别为355°、20°外，其余墓向均在5°~8°之间。4座墓向为东西向，墓向均在85°~95°之间。大部分墓经夯打实，四壁较规整，部分墓葬可见夯窝。

表二　张夺2号遗址墓区形制统计表

形制 类型	竖穴土坑墓			洞室墓	备注
	木椁墓	生土二层台椁墓	砖椁墓		
编号	TG2M8、TG3M48、TG3M52、TG3M58、TG4M63、TG4M65、TG4M67、TG4M74、TG4M78、TG4M82、TG9M88	TG1M3、TG2M4、TG2M5、TG2M6、TG2M7、TG2M9、TG5M10、TG1M11、TG6M12、TG6M26、TG6M30、TG8M38、TG8M41、TG8M42、TG8M43、TG8M44、TG8M45、TG4M51、TG8M53、TG4M59、TG4M60、TG4M61、TG4M64、TG4M69、TG4M70、TG4M73、TG4M75、TG4M77、TG4M80、TG4M81、TG4M83、TG4M84、TG9M87、TG9M90、TG9M93、TG9M101、TG9M103、TG9M104、TG4M108	M1、TG7M17、TG7M18、TG7M21、TG8M33、TG3M54、TG3M56、TG4M68、TG4M72、TG9M85、TG9M86、TG9M92、TG9M98、TG9M106	TG9M95	盗扰严重没有器物的未被统计
小计（座）	11	39	14	1	合计43座

注：表格中所有墓号前省略09Ⅱ

表三　张夺2号遗址墓区葬式方式统计表

编号	仰身直肢	仰身屈肢	仰身后屈肢	侧身屈肢	屈肢葬	备注
墓号	M1、TG1M3、TG2M4、TG2M5、TG2M6、TG2M7、TG2M8、TG2M9、TG5M10、TG1M11、TG7M18、TG8M28、TG7M30、TG8M33、TG8M38、TG8M41、TG8M42、TG8M43、TG8M44、TG8M45、TG4M51、TG3M52、TG3M54、TG3M58、TG4M59、TG4M60、TG4M61、TG4M64、TG4M66、TG4M69、TG4M70、TG4M72、TG4M73、TG4M77、TG4M78、TG4M81、TG4M83、TG4M84、TG9M87、TG9M90、TG9M93、TG9M95、TG9M96、TG9M100、TG9M101、TG9M103、TG9M104	TG6M14、TG7M21、TG7M23、TG8M40、TG4M63、TG4M67、TG4M82、TG9M88	TG8M46、TG3M50、TG3M53、TG3M55、TG3M57、TG4M62	TG8M34、TG3M48、TG3M49、TG9M89	TG4M65（墓主上半身缺失，下半身呈屈肢状）	盗扰严重的未被统计
合计	47	8	6	4	1	41

注：表格中所有墓号前省略09Ⅱ

墓内葬具均使用木质棺椁，但腐朽严重，仅残留灰痕。根据灰迹推断，墓内葬具为一棺一椁的6座，一棺二椁的1座，余墓皆为一棺。墓内人骨大多保存较好，其中仰身直肢葬4座，侧身屈肢葬1座，仰身屈肢葬4座，屈肢葬1座，葬式不明1座。墓内随葬品多寡不一，有3

座墓无随葬品，其余少者 1 件，多者 8 件，种类有陶器、铜器等。代表墓例为 09 Ⅱ TG3M48（参见图三七）。

生土二层台椁墓　39 座。为长方形竖穴土坑墓，其中 3 座墓葬时代为秦汉之际，余为汉代。这 39 座墓葬有 21 座墓为南北向，除 09 Ⅱ TG1M3、09 Ⅱ TG1M11、09 Ⅱ TG4M73 墓向分别为 190°、195°外，其余墓向均在 3°~20°之间。18 座墓为东西向，除 M80 墓向为 275°外，其余墓向均在 95°~125°之间。墓内填花土，土质松软，含水量较大，四壁较规整。

墓内葬具均使用木棺，但腐朽严重，仅残留灰痕。由于被盗或其他原因其中 5 座墓内未见木棺，其余墓葬根据灰迹推断，墓内葬具皆为单棺。墓内人骨大多保存较好，其中仰身直肢葬 32 座，仰身下肢微弯曲葬 2 座，仰身后屈肢葬 1 座，葬式不明 5 座。墓内随葬品多寡不一，除 1 座无随葬品外，其余少者 1 件，多者 10 余件，种类有陶器、铜器、铁器、骨器等。代表墓例为 09 Ⅱ TG1M3（参见图五五）。

砖椁墓　14 座。为长方形砖椁墓，全部为汉代时期的墓。其中有 9 座墓为南北向，除 09 Ⅱ TG3M54 为 355°外，其余墓向均在 5°~15°之间。5 座墓为东西向，墓向均在 95°~110°之间。大部分墓经夯打实，四壁较规整。

墓内葬具均使用木棺，但腐朽严重，仅残留灰痕。根据灰迹推断，墓内葬具皆为单棺。墓内人骨大多保存较好，其中仰身直肢葬 5 座，仰身屈肢葬 1 座，葬式不明 8 座。墓内随葬品多寡不一，其中 6 座墓无随葬品，其余少者 1 件，多者 9 件，随葬品均为陶器。代表墓例为 09 Ⅱ M1（参见图五三）。

B 型　洞室墓

1 座，编号 09 Ⅱ TG9M95，为汉代时期墓（参见图一五八）。

2. 张夺村南 1 号墓地

张夺村南 1 号墓地共发掘战国至汉代时期墓葬 42 座，墓葬排列较为密集，个别墓葬出现叠压打破关系，时代始自战国末期，延至秦汉，以汉代为主流。战国时期墓葬均为“斗”形墓室，经夯回填，葬式分直肢和屈肢两种。秦代墓葬个别沿用战国时期做法，如 10NDZ1#MDTG3M40、10NDZ1#MDTG3M41 均为“斗”形墓室，经夯回填，这时期葬式为直肢和屈肢两种，后期直肢葬逐渐增多。西汉时期墓葬形制均为竖穴土坑墓，葬式以直肢为主，少见屈肢葬（表四）。

这 42 座墓葬形制皆为竖穴土坑墓。根据形制又可分为木椁墓，生土二层台椁墓和砖椁墓三类（表五）。

木椁墓　7 座，均为口大底小“斗”形墓。其中 10NDZ1#MDTG4M22、10NDZ1#MDTG4M28 为战国墓，其余为秦汉之际墓。这 7 座墓中，5 座墓为南北向，墓向在 8°~28°之间；2 座墓为东西向，墓向为 105°、265°。7 座墓均经夯打实，四壁较规整，部分墓葬可见夯窝。

表四　张夺村南 1 号墓地葬式方式统计表

编号	仰身直肢	仰身屈肢	仰身后屈肢	侧身后屈肢屈肢	侧身屈肢	备注
墓号	10NDZ1 # MDTG1M3、10NDZ1 # MDTG1M4、10NDZ1 # MDTG1M7、10NDZ1 # MDTG2M10、10NDZ1 # MDTG3M13、10NDZ1 # MDTG3M14、10NDZ1 # MDTG3M15、10NDZ1 # MDTG3M16、10NDZ1 # MDTG3M18、10NDZ1 # MDTG3M19、10NDZ1 # MDTG3M20、10NDZ1 # MDTG3M21、10NDZ1 # MDTG4M22、10NDZ1 # MDTG4M23、10NDZ1 # MDTG4M25、10NDZ1 # MDTG4M35、10NDZ1 # MDTG4M36、10NDZ1 # MDTG3M38、10NDZ1 # MDTG3M39、10NDZ1 # MDTG4M34、10NDZ1#MDM42	10NDZ1# MDTG1M1、10NDZ1# MDTG1M6	10NDZ1# MDTG4M26、10NDZ1# MDTG4M27	10NDZ1# MDTG2M12	10NDZ1# MDTG4M28	盗扰严重的未被统计
合计	21	2	2	1	1	15

表五　张夺村南 1 号墓地墓葬形制统计表

形制 类型	竖穴土坑墓			备注
	木椁墓	生土二层台椁墓	砖椁墓	
编号	10NDZ1 # MDTG1M6、10NDZ1#MDTG4M22、10NDZ1#MDTG4M26、10NDZ1#MDTG4M27、10NDZ1#MDTG4M28、10NDZ1#MDTG3M40、10NDZ1#MDTG3M41	10NDZ1 # MDTG1M4、10NDZ1 # MDTG3M15、10NDZ1 #MDTG3M19、10NDZ1 #MDTG4M25、10NDZ1 #MDTG4M33、10NDZ1 #MDTG4M35、10NDZ1#MDTG3M38、10NDZ1#MDM42	10NDZ1 # MDTG1M2、10NDZ1 # MDTG1M3、10NDZ1 # MDTG1M5、10NDZ1 # MDTG2M8、10NDZ1 # MDTG2M9、10NDZ1#MDTG2M11、10NDZ1#MDTG3M16、10NDZ1#MDTG3M18、10NDZ1#MDTG3M20、10NDZ1#MDTG3M21、10NDZ1#MDTG4M24、10NDZ1#MDTG4M29、10NDZ1#MDTG4M32、10NDZ1#MDTG4M36	盗扰严重没有器物的未被统计
小计（座）	7	8	14	合计 29 座

墓内葬具均使用木质棺椁，但腐朽严重，仅残留灰痕。根据灰迹推断，墓内葬具为一棺一椁的 1 座，余墓皆为一棺。墓内人骨大多保存较好，其中仰身直肢葬 1 座，侧身屈肢葬 1 座，仰身后屈肢葬 2 座，仰身屈肢葬 1 座，葬式不明 2 座。墓内随葬品多寡不一，其中 3 座墓无随葬品，其余少者 1 件，多者 8 件，种类有陶器、铜器等。代表墓例为 10NDZ1#MDTG4M22（参见图一七八）。

生土二层台椁墓 8座，均为长方形竖穴土坑墓。除10NDZ1#MDTG3M41为秦汉之际墓外，其余为汉墓。其中，有6座墓为南北向，除10NDZ1#MDTG3M19为195°，其余墓向均在5°～15°之间。2座墓为东西向，墓向为102°、280°。部分经夯打实，四壁较规整。

墓内葬具均使用木棺，但腐朽严重，仅残留灰痕。根据灰迹推断，墓内葬具皆为一棺。墓内人骨大多保存较好，其中仰身直肢葬7座，葬式不明1座。墓内随葬品多寡不一，其余少者1件，多者8件，种类有陶器、铜器等。代表墓例为10NDZ1#MDTG1M4（参见图一八七）。

砖椁墓 14座，全部为汉代墓。其中12座墓为南北向，除10NDZ1#MDTG3M18为185°外，其余墓向均在5°～15°之间。10NDZ1#MDTG3M16、10NDZ1#MDTG4M32为东西向，墓向分别为102°、295°。这14座墓中，只有10NDZ1#MDM42填花土，经夯打实，四壁较规整。

墓内葬具均使用木棺，但腐朽严重，仅残留灰痕。根据灰迹推断，墓内葬具皆为一棺。墓内人骨大多保存较好，其中仰身直肢葬6座，葬式不明8座。墓内随葬品多寡不一，少者1件，多者12件，种类有陶器、铜器、铁器等。代表墓例为10NDZ1#MDTG1M5（参见图一八九）。

3. 张夺村南2号墓地

张夺村南2号墓地共发掘战国至汉代时期墓葬54座。墓葬较为密集，个别墓葬出现叠压打破现象，时代始自战国末期，延至两汉之际，以汉代为主流。墓葬形制、葬式与张夺村南1号墓地多有雷同（表六）。

张夺村南2号墓地根据墓葬形制可以分为A、B两型。A型，竖穴土坑墓。B型，洞室墓。洞室墓仅有2座，余皆为竖穴土坑墓（表七）。

表六 张夺村南墓地2号葬式方式统计表

编号	仰身直肢	仰身屈肢	仰身后屈肢	屈肢葬	侧身屈肢	备注
墓号	10NDZ2 # MDTG1M1、10NDZ2 # MDTG1M2、10NDZ2 # MDTG1M3、10NDZ2 # MDTG1M4、10NDZ2 # MDTG1M6、10NDZ2 # MDTG1M7、10NDZ2 # MDTG1M18、10NDZ2 # MDTG1M19、10NDZ2 # MDTG1M21、10NDZ2 # MDTG2M26、10NDZ2 # MDTG2M29、10NDZ2 # MDTG2M32、10NDZ2 # MDTG2M40、10NDZ2 # MDTG2M41、10NDZ2 # MDTG2M43、10NDZ2 # MDTG2M46、10NDZ2 # MDTG2M47、10NDZ2 # MDTG2M48、10NDZ2#MDTG1M52	10NDZ2#MDTG1M14、10NDZ2#MDTG1M24、10NDZ2#MDTG2M34	10NDZ2#MDTG1M5、10NDZ2#MDTG1M8、10NDZ2#MDTG1M11、10NDZ2#MDTG2M45	10NDZ2#MDTG1M17、10NDZ2#MDTG2M51（墓主上半身缺失，下半身呈屈肢状）	10NDZ2#MDTG1M9、10NDZ2#MDTG1M10、10NDZ2#MDTG1M15、10NDZ2#MDTG2M42、	盗扰严重的未被统计
合计	19	3	4	2	4	22

表七　张夺村南 2 号墓地墓葬形制统计表

形制 类型	竖穴土坑墓			洞室墓	备注
	木椁墓	生土二层台椁墓	砖椁墓		
编号	10NDZ2#MDTG2M42、 10NDZ2#MDTG1M51	10NDZ2#MDTG1M4、10NDZ2#MDTG1M17、 10NDZ2#MDTG1M18、10NDZ2#MDTG1M19、 10NDZ2#MDTG1M23、10NDZ2#MDTG2M25、 10NDZ2#MDTG2M26、10NDZ2#MDTG2M29、 10NDZ2#MDTG2M32、10NDZ2#MDTG2M47	10NDZ2#MDTG1M1、 10NDZ2#MDTG1M7、 10NDZ2#MDTG2M40、 10NDZ2#MDTG2M41、 10NDZ2#MDTG2M43、 10NDZ2#MDTG2M50	10NDZ2#MDTG1M52、 10NDZ2#MDTG1M53	盗扰严重没有器物的未被统计
合计	2	10	6	2	20

A 型　竖穴土坑墓

竖穴土坑墓又可分为木椁墓、生土二层台椁墓和砖椁墓三类。

木椁墓　2 座，10NDZ2#MDTG2M42、10NDZ2#MDTG2M51，均为口大底小“斗”形墓。为战国墓，墓向分别为 95°、3°。这两座墓均经夯打实，四壁较规整，其中一座墓葬可见夯窝。

墓内葬具均使用木质棺椁，但腐朽严重，仅残留灰痕。根据灰迹推断，这两座墓内葬具为一棺一椁。墓内人骨大多保存较差，从残存痕迹判断均为屈肢葬。墓内随葬品少者 4 件，多者 9 件，种类有陶器、铜器等。代表墓例 10NDZ2#MDTG2M42（参见图二四六）。

生土二层台椁墓　10 座，为长方形竖穴土坑墓，除 10NDZ2#MDTG1M17 为秦汉之际墓外，其余 9 座为汉代墓。10NDZ2#MDTG1M19 为东西向，墓向为 107°，其余墓均为南北墓，墓向在 5°～20°之间。部分墓葬经夯打实，四壁较规整。

墓内葬具均使用木棺，但腐朽严重，仅残留灰痕。根据灰迹推断，墓内葬具皆为一棺。墓内人骨大多保存较好，其中仰身直肢葬 7 座，仰身后屈肢葬 1 座，葬式不明 2 座。墓内随葬品多寡不一，其中 1 座墓无随葬品，其余少者 1 件，多者 5 件，种类有陶器、铜器等。代表墓例为 10NDZ2#MDTG2M26。

砖椁墓*　6 座，10NDZ2#MDTG2M41 为秦汉之际墓，10NDZ2#MDTG1M7 为两汉之际墓，其余 4 座为汉代墓。10NDZ2#MDTG2M40、10NDZ2#MDTG2M41 东西向，墓向分别为 95°、98°，其余均为南北向，墓向在 2°～12°之间。部分墓葬经夯打实，四壁较规整。

墓内葬具均使用木棺，但腐朽严重，仅残留灰痕。根据灰迹推断，墓内葬具皆为单棺。根据墓内人骨有无及保存程度的好坏，可分为仰身直肢葬 5 座，葬式不明 1 座。墓内随葬品少者 4 件，多者 20 件，种类有陶器、铜器等。代表墓例为 10NDZ2#MDTG1M1（参见图二五〇）。

B 型　土洞室墓

2 座，10NDZ2#MDTG1M52、10NDZ2#MDTG1M53，为西汉末年。保存较好，没有出现盗扰现象。10NDZ2#MDTG1M53 规模较大，随葬品较多（参见图三〇九）。

---

* M41 为砖铺地墓，此类墓葬仅一座，不在另行分类。

（二）墓葬随葬品及其组合

此次发掘的张夺2号遗址墓区、张夺村南1号墓地、张夺村南2号墓地大部分墓葬没有被盗，虽然有个别墓葬被盗，甚至出现毁墓现象，但是部分被盗墓葬随葬品基本保持完整，随葬器物组合比较明确，这一次发掘使我们获得了一大批研究邢台地区战国、汉代时期丧葬文化的基础材料。随葬品器物种类，主要有泥质灰陶、釉陶、玉石器、铜器、铁器、骨器、石器以及已提到有铜器等。

陶器是此次发掘获得的最主要的收获之一，是随葬品器物组合中最主要的种类。这时期的陶器具有一定的时代特点，具有一定的演变轨迹，是进行考古断代的重要依据之一。从陶器主流看，墓葬时代以汉代为主，其次为战国，一部分陶器具有秦文化特点。

短暂的秦代政权被西汉王朝取代，秦汉政权的更迭并没有隔绝文化的延续，在明显属于汉代的墓葬内时常会发现有秦文化因素的器物，有的丧葬方式也会有秦文化甚至战国时期特点，诸如葬式、墓葬的形制以及回填方式等。在某种意义上一座处在政权更迭之际的墓葬很难理清其归属，因此本文从文化性质上暂将张夺2号遗址墓区大体上分为战国、秦西汉两个时期；张夺村南1号墓地与张夺2号遗址墓区基本相同，大体上亦分为战国、秦西汉两个时期；张夺村南2号墓地大体上分为战国、秦西汉、东汉三个时期。对随葬品及其器物组合进行初步研究如下。

一）张夺2号遗址墓区（Ⅱ区）

1. 战国墓葬

（1）陶器

此时期陶器种类有鼎、盖豆、高柄豆、壶、匜、盘、鸭形尊等。个别墓葬因为随葬器物烧造火候较低，胎质疏松，又经夯打击碎，清理时已不能提取，如09ⅡTG3M48鼎耳及陶壶颈部以上有所缺失。现分类介绍。

鼎 3件。胎体较厚重，器形较大，其中两件饰彩绘，1件为素面。据器形可分为二型。

A型 2件。深腹鼎。09ⅡTG3M48:3，子母口，深直腹，微弧，圜底，下承三兽蹄足。耳残。口径22.8、高18.6厘米（图三一三，5）。09ⅡTG4M65:4，器盖，方唇，盖面隆起。鼎，子母口，深直腹，圜底，下承三兽蹄足，中空。上腹外附长方形板状立耳，模制。器表饰白色纹饰带，口径20、高19.4厘米（图三一三，24；参见图版六六，3）。

B型 1件。浅腹鼎。09ⅡTG4M78:2，子母口，弧腹，下腹微折，圜底，三柱状足，中空。耳残。腹部饰白色三角纹饰带，三角形内饰戳点纹。口径20、高14厘米（图三一三，23）。

壶 5件。据器形可分为二型。

A型 2件。器形较大，鼓腹。09ⅡTG3M48:1，火候较低，胎质松软。口残，溜肩，鼓腹，平底。腹部有轮旋线，下腹有旋削痕迹。底径10.8、残高27厘米（图三一三，11）。09Ⅱ TG4M65:3，侈口，方唇，束颈，颈部较粗，溜肩，鼓腹，平底。器身饰红、白、黄三色组成的纹饰，器身有轮旋线，下腹旋削一周。口径13.2、底径12.8、高33.2厘米（图三一三，2；参见彩版一三，6）。

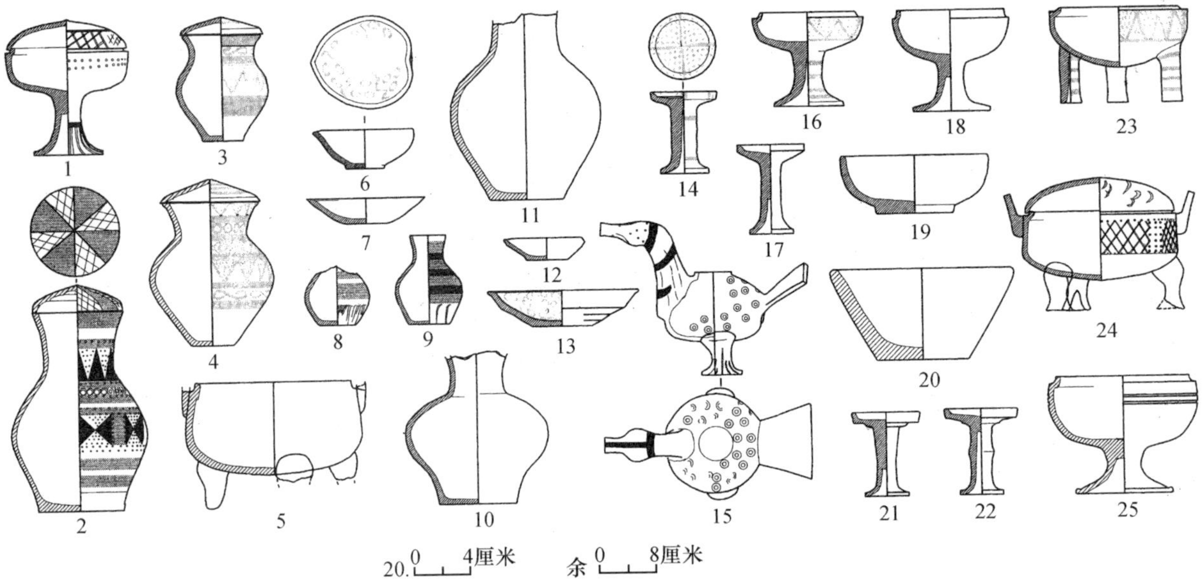

图三一三　09Ⅱ出土战国时期陶器

1、18、25. A型盖豆（09ⅡTG4M65:6、09ⅡTG3M49:6、09ⅡTG3M48:2）　2、11. A型壶（09ⅡTG4M65:3、09ⅡTG3M48:1）　3、4. Ba型壶（09ⅡTG4M78:4、09ⅡTG4M78:3）　5、24. A型鼎（09ⅡTG3M48:3、09ⅡTG4M65:4）　6. B型匜（09ⅡTG4M78:7）　7、13. C型盘（09ⅡTG4M65:7、09ⅡTG4M78:8）　8、9. 小壶（09ⅡTG4M65:10、09ⅡTG4M65:9）　10. Bb型壶（09ⅡTG3M49:5）　12. A型匜（09ⅡTG4M65:8）　14、17、21、22. 高柄豆（09ⅡTG4M78:6、09ⅡTG3M49:13、09ⅡTG4M65:5、09ⅡTG3M49:12）　15. 鸭形尊（09ⅡTG4M65:2）　16. B型盖豆（09ⅡTG4M78:5）　19. A型盘（09ⅡTG3M49:4）　20. B型盘（09ⅡTG3M48:4）　23. B型鼎（09ⅡTG4M78:2）

B型　3件。器形略小，鼓腹。据腹部可分为二亚型。

Ba型　2件。09ⅡTG4M78:3，侈口，方唇，斜直颈，微弧，溜肩，鼓腹，小平底。颈部饰三层白色纹饰带，第一层为倒三角形纹饰带，三角形内饰戳点纹；第二层为白色宽带状纹饰带；第三层为圈点纹。肩腹部绘白色纹饰，肩部绘略呈梯形的纹饰带，每个梯形内对角连线，戳点纹填实；腹部由倒三角形纹饰带和圈点纹饰带组成，三角形内饰戳点纹，纹饰带之间由白色宽带状纹饰带分隔。口径14、底径6、高24.4厘米（图三一三，4；彩版一四，1）。09ⅡTG4M78:4，侈口，方唇，束颈，溜肩，鼓腹，平底，微内凹。颈部饰白色宽带状纹饰带及圈点纹；肩部饰白色戳点纹，腹部饰四条纹饰带，第一层为三角形纹饰带，三角形内饰白色戳点纹；第二层、第四层为白色宽带状纹饰带，第三层为戳点纹。口径12、底径6、高18.2厘米（图三一三，3）。

Bb型　1件。09ⅡTG3M49:5，火候较低，胎质疏松。口残，溜肩，鼓腹，平底。腹部有轮旋线，下腹旋削一周。底径11.6、残高22.4厘米（图三一三，10）。

小壶 2件。09ⅡTG4M65∶9，侈口，圆唇，束颈，溜肩，鼓腹，平底。器身饰三条宽白线，器身有轮旋线，下腹有旋削修坯痕迹。口径5.2、底径6、高13厘米（图三一三，9）。09ⅡTG4M65∶10，口残，溜肩，鼓腹，平底。器身饰三条宽白线，器身有轮旋线，下腹有旋削修坯痕迹。底径5.2、残高8.6厘米（图三一三，8；参见图版六六，1）。

盖豆 4件。分二型。

A型 3件。深腹。09ⅡTG3M48∶2，器形较大，火候较低，胎质松软。子母口，深直腹，矮柄足，喇叭口底，中空。器表压光，腹部有两条凹弦纹，器表有轮旋线。口径19.6、底径14、高17.2厘米（图三一三，25）。09ⅡTG3M49∶6。火候较低，胎质疏松。子母口，高柄，喇叭口底，中空。盘径15.6、底径11.2、高14.8厘米（图三一三，18）。09ⅡTG4M65∶6，器盖，方唇，盖面隆起。豆身，子母口，弧腹，高柄，喇叭口底，中空。器盖饰白色菱形纹饰带，豆身饰白色戳点纹。口径16.8、底径10.4、高19.8厘米（图三一三，1；参见图版六六，6）。

B型 1件。浅弧腹。09ⅡTG4M78∶5，子母口，弧腹，高柄，喇叭口底，中空。豆腹饰三角形纹饰带，三角形内满饰戳点纹。柄部饰三条白色宽带。盘径14、底径10.8、高13.8厘米（图三一三，16）。

高柄豆 4件。器形大体相同，均浅盘，高柄。09ⅡTG3M49∶12，浅盘，高柄，喇叭口底，中空。柄中部微鼓出，柄部略呈竹节状。盘径10.6、底径6.4、高12.6厘米（图三一三，22）。09ⅡTG3M49∶13，浅盘，高柄，喇叭口底，中空。柄中部微鼓出。盘径9.6、底径6.4、高12.2厘米（图三一三，17）。09ⅡTG4M65∶5、09ⅡTG4M78∶6，器表施彩绘。09ⅡTG4M78∶6，柄稍粗，底足略大，豆盘满饰白色戳点纹，用十字线分隔（参见彩版一三，4）。柄部饰有四条白色宽带。盘径9.6、高12厘米（图三一三，14；彩版一三，5）。

匜 2件。据器形可分为二型。

A型 浅腹。1件。09ⅡTG4M65∶8，器形较小，半桃形，方唇，直口，前有流，后尾内凹，折腹，饼足。腹部有轮旋纹。口径12、高3.2厘米（图三一三，12）。

B型 深腹。1件。09ⅡTG4M78∶7，形体较大，半桃形，前有流，后尾内凹，方唇，弧腹，饼足，微内凹。下腹部有旋削痕迹。沿下饰白色戳点纹。口径14.8、底径5.6、高5.6厘米（图三一三，6）。

盘 4件。据器形可分为三型。

A型 碗形。1件。09ⅡTG3M49∶4，火候较低，胎质疏松。口微敛，圆唇，弧腹，饼足。器表有轮旋线。口径21.2、底径11.4、高8.6厘米（图三一三，19）。

B型 斜直腹。1件。09ⅡTG3M48∶4，火候较低，胎质松软。敞口，方唇，斜直腹，平底。器表有轮旋线。口径13.2、底径6.8、高6.6厘米（图三一三，20）。

C型 浅盘形。2件。09ⅡTG4M65∶7，敞口，方唇，斜直腹，微弧，平底，微内凹。盘内饰白色纹饰，器表有轮旋线，下腹部有旋削修坯痕迹。口径17.6、底径6.4、高3.8厘米（图三一三，7）。09ⅡTG4M78∶8，敞口，方唇，斜直腹，微弧，平底。盘内饰白色纹饰，器表有轮旋线，下腹部有旋削修坯痕迹。口径22、底径9、高5.2厘米（图三一三，13）。

鸭形尊　1件。09ⅡTG4M65∶2，立颈，扁首，圆嘴，前伸，扁圆腹，下承喇叭形双足，瓦形尾，背上有一罐形口，方唇，微敛，底部有一长方孔，中空。头部饰白色圆点纹，器身饰椭圆形羽纹。长29.6、通高22.6厘米（图三一三，15；参见图版六六，4）。

（2）玉石器

玛瑙环　6件。器形大体相仿。09ⅡTG3M49∶1，绿色，有铜侵蚀现象，素面，断面近似三角形。内径1.9、外径3.2厘米（图三一四，1）。09ⅡTG3M49∶2，绿色，有铜侵蚀现象，素面，断面近似三角形。内径2、外径3.3厘米（图三一四，2）。09ⅡTG3M49∶9，绿色，有铜侵蚀现象，素面，断面近似长方形，器物外缘有凹槽。内径1.8、外径3.1、厚0.4厘米（图三一四，3）。09ⅡTG3M49∶10，绿色，有铜侵蚀现象，素面，断面近似长方形，器物外缘有凹槽。

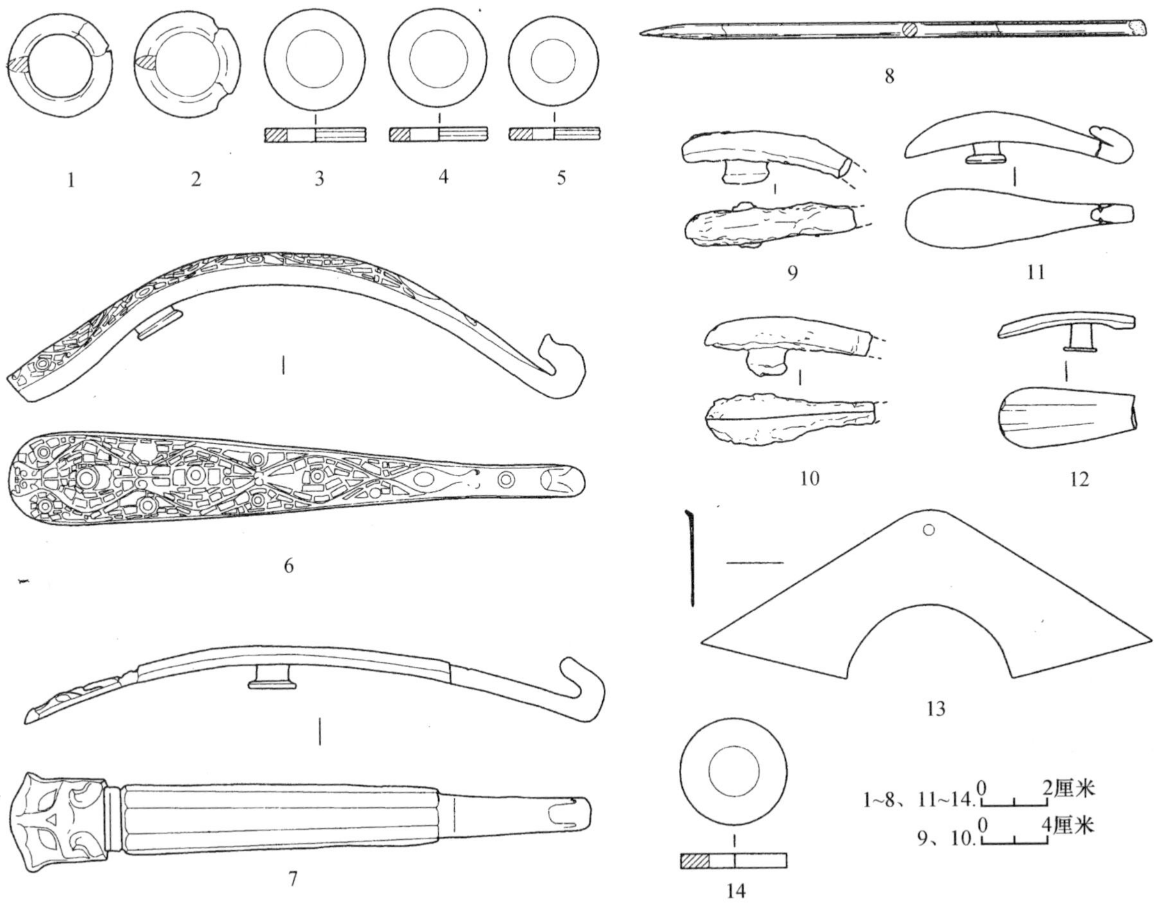

图三一四　09Ⅱ出土战国时期器物

1～5、14. 玛瑙环（09ⅡTG3M49∶1、09ⅡTG3M49∶2、09ⅡTG3M49∶9、09ⅡTG3M49∶10、09ⅡTG3M49∶11、09ⅡTG4M78∶1）　6、7. A型铜带钩（09ⅡTG4M67∶1、09ⅡTG3M55∶1）　8. 骨簪（09ⅡTG3M49∶7）　9、10. 铁带钩（09ⅡTG3M48∶5、09ⅡTG3M49∶8）　11、12. B型铜带钩（09ⅡTG4M63∶1、09ⅡTG9M88∶1）　13. 璜形器（09ⅡTG3M49∶3）

内径1.8、外径3、厚0.4厘米（图三一四，4）。09ⅡTG3M49:11，绿色，有铜侵蚀现象，素面，断面近似长方形，器物外缘有凹槽。内径1.4、外径2.8、厚0.4厘米（图三一四，5；参见彩版一三，1）。09ⅡTG4M78:1，绿色，有铜侵蚀现象。素面，断面近似长方形，器物外缘有一周凹槽。内径1.6、外径3.2、厚0.48厘米（图三一四，14）。

（3）铜器

铜器仅见铜带钩、璜形器两类。

铜带钩 4件。可分为二型。

A型 2件。器形较大。09ⅡTG3M55:1，腹部较长，上面隆起成弧形，有3条凸棱，尾部饰兽首。带钩背部有一扁平圆纽。钩长18厘米（图三一四，7；参见图版六六，2）。09ⅡTG4M67:1，钩首为一对较突出的眼睛，腹部较长，隆起成弧形，尾部圆弧，带钩背部有一扁平圆纽。钩身错金，镶绿松石。钩长17.6厘米（图三一四，6；参见彩版一三，2）。

B型 2件。器形较小，素面。09ⅡTG4M63:1，钩首为一对突出眼睛，钩体略宽于颈，腹部较长，上面鼓起成弧形，尾部圆弧且较薄。带钩背部有一扁平圆纽。钩长7厘米（图三一四，11）。09ⅡTG9M88:1，钩残，残长4.2厘米（图三一三，12）。

璜形器 4件。形状均相同。09ⅡTG3M49:3，桥形，顶端有一穿孔。宽13.8、高5.2厘米（图三一三，13；参见彩版一三，3）。

（4）铁器

铁器仅见铁带钩一类。

铁带钩 2件。形体大体相同，锈蚀严重。09ⅡTG3M48:5，素面，钩残，残长10.4厘米（图三一四，9）。09ⅡTG3M49:8，素面，钩残，残长10.6厘米（图三一四，10）。

（5）骨器

骨簪 1件。09ⅡTG3M49:7，制作光滑，断面呈圆形，首端尖圆。长15.5厘米（图三一四，8）。

2. 秦至西汉墓葬

（1）陶器

这时期随葬器物主要有鼎、壶、罐、瓮、坊、盒、钵、盆、仓、俑、车轮等。

鼎 8件。鼎耳均模印而成。根据鼎耳与鼎足之间的关系可分为二型。

A型 7件。一耳与一足相对，另一耳位于两足之间。根据器表装饰方式分三亚型。

Aa型 直接在器表上施彩绘。1件。09ⅡTG4M83:8，器盖，方唇，盖面隆起，隆起较高。鼎，子母口，方唇，深弧腹，圜底，下承三兽蹄足。上腹两侧附方形鋬状立耳，有长方形孔，一耳与一足对应，另一耳位于两足之间。器表饰彩绘，彩绘脱落。口径17.6、高14.8厘米（图三一五，2；图版六六，七）。

Ab型 在器表上先施白衣，外饰彩绘。1件。09ⅡTG4M72:2，器盖，方唇，盖面弧顶，较矮。鼎，子母口，圆唇，折腹，平底，微外凸，下承三兽蹄足，微外撇。上腹外附双立耳，耳顶端外卷，模制。器盖彩绘由红、白、绿三色组成的云纹，鼎腹部饰白、红两色彩绘。口径18、高16厘米（图三一五，9；参见图版六七，1）。

图三一五　09Ⅱ出土秦汉至西汉时期陶器

1、4、6～8. Ac型鼎（09ⅡTG3M54:7、09ⅡM1:3、09ⅡTG4M68:8、09ⅡTG4M81:3、09ⅡTG4M81:1）　2. Aa型鼎（09ⅡTG4M83:8）　3. Aa型壶（09ⅡTG4M72:6）　5. B型鼎（09ⅡTG7M18:6）　9. Ab型鼎（09ⅡTG4M72:2）

Ac 型 5 件。09ⅡTG3M54∶7，器盖，方唇，盖面隆起。鼎，子母口，圆唇，微折起，折腹，平底，下承三足。上腹外附双立耳，耳顶端外侈，模制。口径 17、高 15.2 厘米（图三一五，1；参见图版六七，5）。09ⅡM1∶3，器盖，方唇，盖面隆起。鼎，子母口，圆唇，微折起，折腹，圜底，下承三兽蹄足。腹外附双立耳，模印，耳顶端外折。口径 16.8、高 14.4 厘米（图三一五，4；参见图版六七，4）。09ⅡTG4M68∶8，器盖，方唇，盖面隆起，较矮，顶部略平。鼎，子母口，折腹，小平底，下承三兽蹄足，蹄形不明显。上腹外附双立耳，耳顶端外卷，模制。器表施白衣，器盖白衣外饰红、黑二色组成的云纹，鼎腹部饰红色彩绘。口径 19.2、高 14.6 厘米（图三一五，6；参见图版六七，3）。09ⅡTG4M81∶1，器盖，方唇，盖面隆起，隆起较高。鼎，子母口，折腹，小平底，下承三兽蹄足，蹄足明显，足外撇。上腹外附双立耳，有孔，上端外卷，模制。器外施白衣、彩绘，彩绘脱落。口径 18.4、高 16.6 厘米（图三一五，8）。09ⅡTG4M81∶3，器盖，方唇，盖面隆起。鼎，子母口，折腹，平底，下承三兽蹄足，微外撇。上腹外附双立耳，上端外卷，模制。器盖顶部饰白色勾云纹。口径 18.4、高 16.6 厘米（图三一五，7；参见图版六七，2）。

B 型 两耳均位于足之间。1 件。09ⅡTG7M18∶6，器盖，方唇，盖面隆起。鼎，子母口，方唇，折起略高，折腹，平底，下承三足，略显蹄形。蹄足与鼎身连接处隆突较大。沿外附双立耳，上端外折，模制。器外施白衣，彩绘漫漶。口径 16、高 15.4 厘米（图三一五，5；参见图版六七，6）。

壶 15 件。据器形可分为四型。A 型，假圈足，较高。B 型，上腹鼓凸，下腹斜直。C 型，颈部较短，呈罐形。D 型，瓶形壶。

A 型 6 件。据器形可分为二亚型。

Aa 型 1 件。09ⅡTG4M72∶6，器形较瘦高，纹饰直接绘制于器表。侈口，方唇，直颈，较细长，溜肩，鼓腹，假圈足，较高，底缘外侈。器身饰红、绿、白三色组成的纹饰，腹部有轮旋线，下腹旋削修坯一周。口径 10、底径 14、高 31.6 厘米（图三一五，3；图版六八，1）。

Ab 型 5 件。09ⅡTG3M54∶6，器盖，方唇，盖面隆起。壶身，侈口，方唇，束颈，溜肩，鼓腹，假圈足，足缘外侈。器盖及器身饰红、白两色组成的纹饰，下腹饰轮旋线。口径 12、底径 14.8、高 28.8 厘米（图三一六，4；参见图版六八，2）。09ⅡM1∶8，器盖，子母口，盖面隆起。壶身，侈口，尖唇，束颈，溜肩，鼓腹，平底外侈。腹部有轮旋线。口径 11.6、底径 14.4、高 29 厘米（图三一六，14）。09ⅡTG4M68∶5，器盖，子母口，盖面隆起。壶身，侈口，方唇，长直颈，溜肩，鼓腹，假圈足较高，底缘外侈。器盖及器身饰红、白两色组成的纹饰，腹部有轮旋线。口径 13.2、底径 16、高 32 厘米（图三一六，13）。09ⅡTG4M81∶4，器盖，子母口，盖面隆起。壶身，侈口，方唇，细颈，溜肩，鼓腹，假圈足较高，底缘外侈。器盖及器身施白衣，器表有轮旋线。口径 11.4、底径 15.2、高 30 厘米（图三一六，8）。09ⅡTG4M81∶5，侈口，方唇，细颈，溜肩，鼓腹，假圈足较高，底缘外侈。器身施白衣，器表有轮旋线。

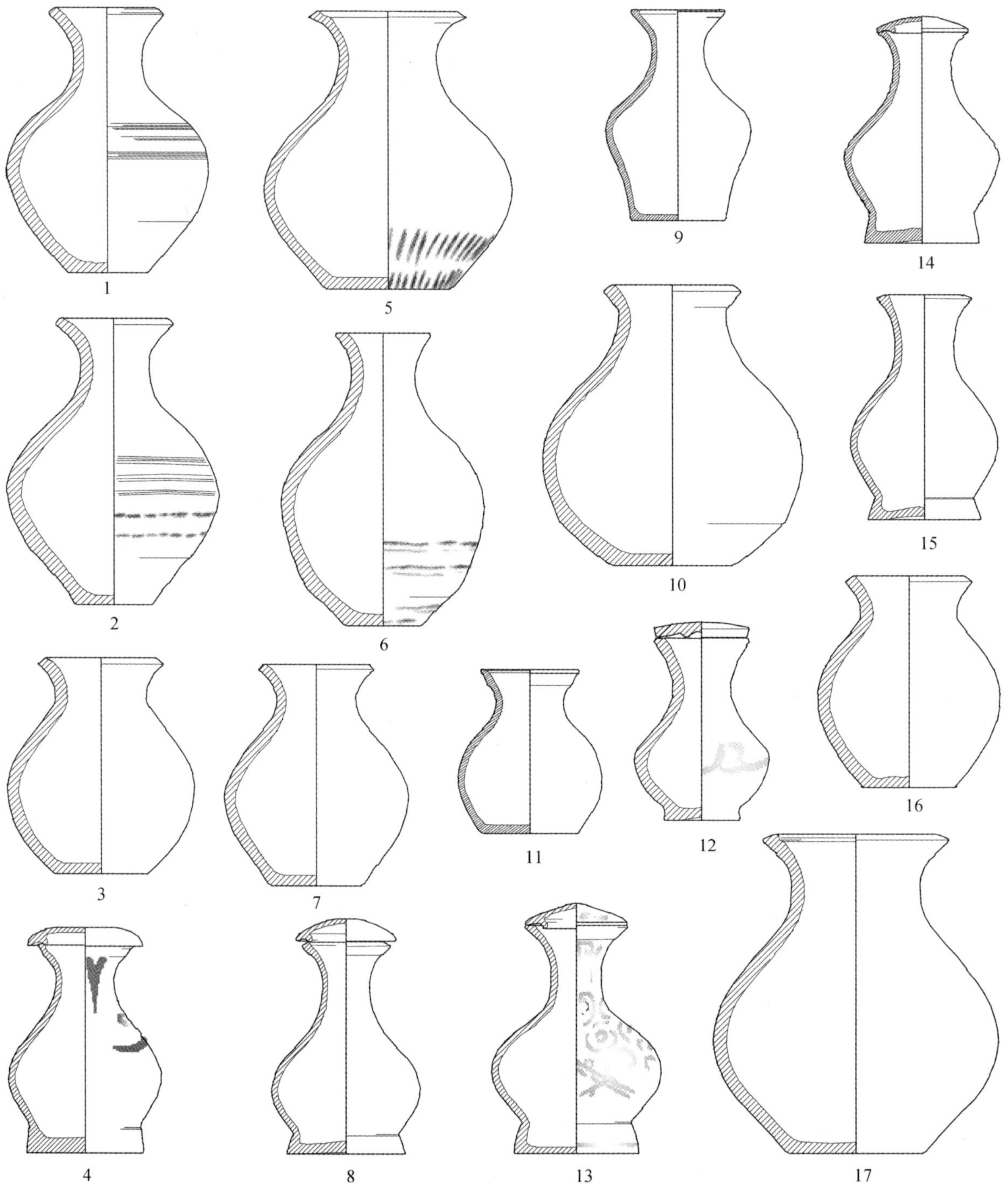

1~3、5~7、10、12、16、17. 0　4厘米　　4、8、9、11、13~15. 0　8厘米

图三一六　09Ⅱ出土西汉时期陶壶

1、2、6. D型壶（09ⅡTG9M97:3、09ⅡTG9M97:2、09ⅡTG9M97:4）　3、7、16. B型小壶（09ⅡTG8M42:2、09ⅡTG8M42:3、09ⅡTG8M42:4）　4、8、13~15. Ab型壶（09ⅡTG3M54:6、09ⅡTG4M81:4、09ⅡTG4M68:5、09ⅡM1:8、09ⅡTG4M81:5）　5、10、11、17. C型壶（09ⅡTG4M66:1、09ⅡTG6M30:3、09ⅡTG2M9:3、09ⅡTG4M70:4）　9. B型壶（09ⅡTG9M104:3）　12. A型小壶（09ⅡTG4M83:4）

口径12、底径14.6、高28.8厘米（图三一六，15）。

B型 1件。09ⅡTG9M104∶3，方唇，唇沿微敛，束颈，溜肩，凸鼓腹，假圈足较高。器表施白衣。口径12、底径12、高27厘米（图三一六，9；参见图版六八，3）。

C型 4件。09ⅡTG2M9∶3，侈口，平沿，尖唇，束颈，溜肩，鼓腹，平底。下腹旋削一周。口径12.6、底径12.4、高21厘米（图三一六，11；参见图版六八，4）。09ⅡTG6M30∶3，侈口，方唇，束颈，溜肩，鼓腹，平底。腹部有轮旋线，下腹有旋削痕迹。口径8、底径8、高18厘米（图三一六，10）。09ⅡTG4M66∶1，侈口，折沿，尖唇，束颈，溜肩，鼓腹，平底。下腹旋削一周。口径10、底径8、高17.8厘米（图三一六，5）。09ⅡTG4M70∶4，侈口，方唇，束颈，溜肩，鼓腹，平底。器表施白衣。口径12、底径8.4、高20.8厘米（图三一六，17）。

D型 3件。09ⅡTG9M97∶2，侈口，方唇，束颈，溜肩，鼓腹，小平底，微内凹。器表有轮旋线，下腹部旋削一周。口径7.6、底径4.8、高18.4厘米（图三一六，2；参见图版六八，5）。09ⅡTG9M97∶3，口部不规整，侈口，方唇，束颈，溜肩，鼓腹，小平底，微内凹。器表有轮旋线，下腹部旋削一周。口径7.2、底径5.2、高17厘米（图三一六，1）。09ⅡTG9M97∶4，侈口，方唇，束颈，溜肩，鼓腹，小平底，微内凹。器表有轮旋线，下腹部旋削一周。口径6、底径4.8、高18.8厘米（图三一六，6；参见图版六八，6）。

小壶 8件。可分为二型。A型，颈部较长，腹部较短，器型显瘦长。B型，颈部较短，器型显矮胖。

A型 1件。09ⅡTG4M83∶4，器盖，子母口，盖面隆起。壶，侈口，方唇，束颈，溜肩，鼓腹，平底。器身有轮旋线，器盖施白衣，器身有彩绘，彩绘脱落。口径6、底径4.8、高12.6厘米（图三一六，12；参见图版六六，5）。

B型 7件。器形大体相同。09ⅡTG6M30∶4，侈口，方唇，束颈，溜肩，鼓腹，平底。腹部有轮旋线，下腹有旋削痕迹。口径6、底径6、高14.8厘米（图三一七，11）。09ⅡTG8M42∶2，器形不规整。侈口，圆唇，束颈，溜肩，鼓腹，平底。肩部以下有旋削痕迹。口径8、底径6、高13.8厘米（图三一六，3）。09ⅡTG8M42∶3，侈口，方唇，束颈，溜肩，鼓腹，平底。下腹有旋削痕迹。口径7.6、底径6、高14.2厘米（图三一六，7）。09ⅡTG8M42∶4，侈口，方唇，束颈，溜肩，鼓腹，平底。肩部以下有旋削痕迹。口径8、底径6、高13.6厘米（图三一六，16）。09ⅡTG8M44∶5，侈口，圆唇，束颈，溜肩，鼓腹，平底，微内凹。器表有轮旋线，下腹旋削一周。口径7.2、底径4.8、高15厘米（图三一七，7）。09ⅡTG8M44∶3，侈口，圆唇，束颈，溜肩，鼓腹，平底，微内凹。器表有轮旋线，下腹有旋削痕迹。口径8.4、底径6.4、高15.1厘米（图三一七，10）。09ⅡTG8M44∶4，器型略瘦高，最大腹径偏下。侈口，圆唇，束颈，溜肩，鼓腹，平底，微内凹。器表有轮旋线，下腹旋削一周。口径7.6、底径7.6、高17.4厘米（图三一七，6）。

罐 123件。可分为六型。A型，高领小平底罐，一般口径大于底径。B型，小罐，短颈，器高在15厘米以下，弧腹或鼓腹。C型，汲水罐，颈部有圆穿。D型，大口、大平底，腹部一般较直，器形略显瘦高。E型，器形略大，高在17厘米以上，比瓮小。F型，盘口，双耳，圈足罐。

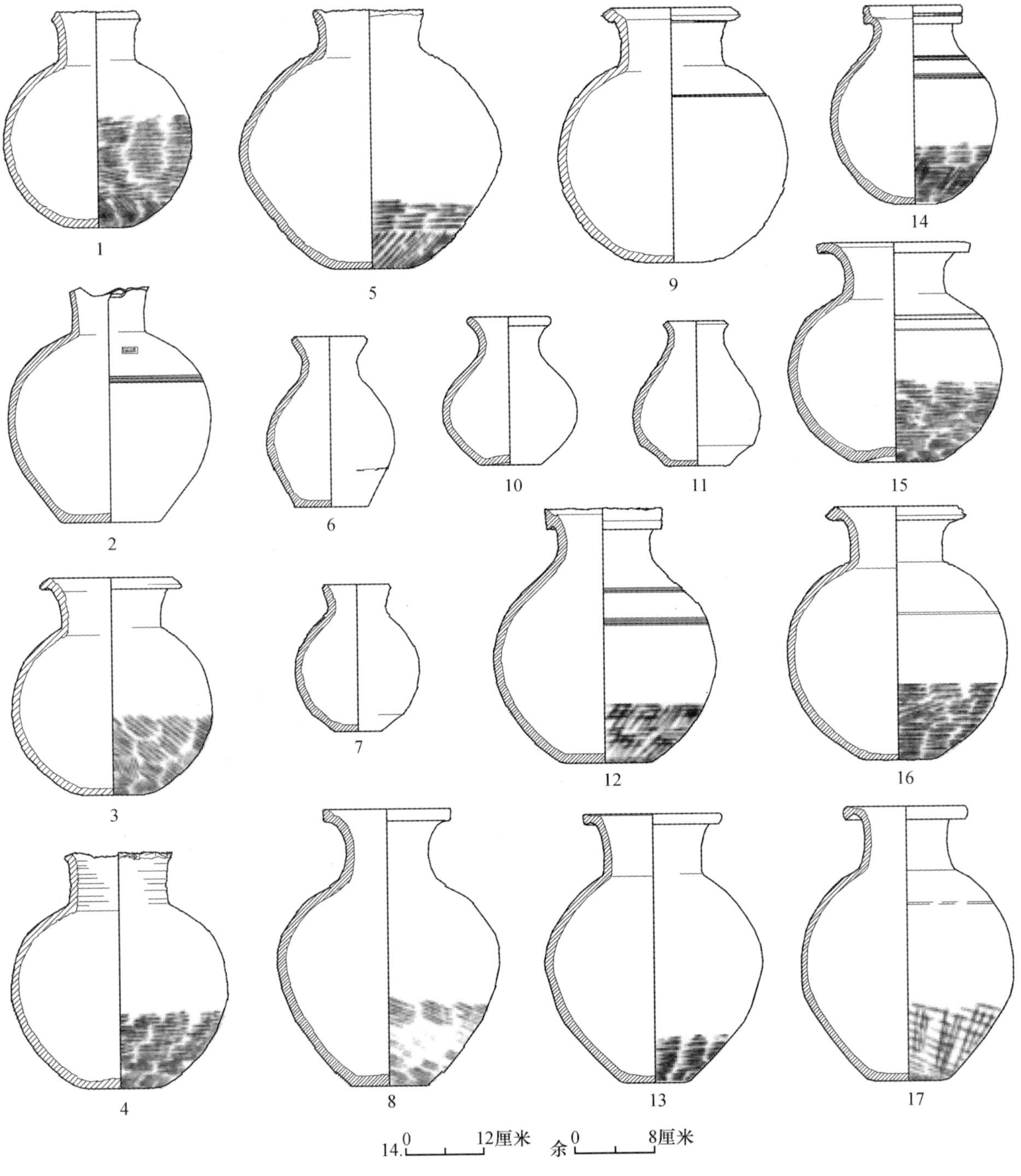

图三一七　09Ⅱ出土秦汉至西汉时期陶器

1、3、4、9、15、16. Aa型Ⅰ式罐（09ⅡTG4M61:1、09ⅡTG3M53:1、09ⅡTG9M101:3、09ⅡTG8M28:1、09ⅡTG4M69:1、09ⅡTG4M77:1）　2、13、17. Aa型Ⅱ式罐（09ⅡTG7M21:1、09ⅡTG4M75:1、09ⅡTG9M96:1）　5、14. Aa型Ⅳ式罐（09ⅡTG4M80:2、09ⅡTG9M95:2）　6、7、10、11. B型小壶（09ⅡTG8M44:4、09ⅡTG8M44:5、09ⅡTG8M44:3、09ⅡTG6M30:4、）　8、12. Aa型Ⅲ式罐（09ⅡTG9M100:2、09ⅡTG9M102:2）

A型 21件。一般为侈口，方唇，颈部较长，腹径与器高大体相等，或器高大于腹径。据口、腹不同可分为四亚型。

Aa型 11件。据器形变化可分为四式。

Ⅰ式：6件。腹部圆鼓，呈球形，整体较浑圆。09ⅡTG8M28:1，器高大于最大腹径。直口，斜折沿，方唇，直颈，溜肩，球形腹，小平底。上腹部有一浅凹弦纹。口径14.4、底径6、高26厘米（图三一七，9；参见图版六九，4）。09ⅡTG3M53:1，器高与最大腹径接近。侈口，斜折沿，方唇，唇面微下折，长颈，溜肩，球形腹，小平底。下腹及底部拍印绳纹，绳纹杂乱。口径14.4、底径6、高22.2厘米（图三一七，3；参见图版六九，2）。09ⅡTG4M61:1，直口，微侈，方唇，长直颈，溜肩，球形腹，小平底，微内凹。下腹及底部饰绳纹，局部拍印痕迹明显。口径9.6、底径6、高22厘米（图三一七，1；参见图版六九，3）。09ⅡTG4M69:1，器高与最大腹径接近。侈口，方唇，唇面下折，长颈，溜肩，球形腹，小平底，微内凹。器表有轮弦线，肩部饰凹弦纹3周，下腹及底部饰绳纹。口径15.6、底径8、高22.4厘米（图三一七，15）。09ⅡTG4M77:1，器高大于最大腹径。侈口，方唇，长颈，溜肩，球形腹，小平底。肩腹部饰凹弦纹一周，下腹及底部饰绳纹。口径14.4、底径6.4、高26厘米（图三一七，16；参见图版六九，1）。09ⅡTG9M101:3，器高大于最大腹径。口残，长直颈，溜肩，球形腹，小平底，微内凹。颈部有轮旋线，下腹及底部饰绳纹，绳纹较粗，局部拍印痕迹明显。做工较粗，颈部轮旋线明显。底径8、残高24厘米（图三一七，4）。

Ⅱ式：3件。鼓腹，整体略显瘦高。09ⅡTG7M21:1，器高大于最大腹径。口残，直颈，溜肩，鼓腹，平底。肩部有一印章按压痕迹，笔画模糊不清。上腹饰细密弦纹一周，肩部有旋削痕迹，下腹旋削修坯一周。底径10.3、残高24厘米（图三一七，2）。09ⅡTG4M75:1，器形不规整。口微侈，折沿，方唇，长直颈，溜肩，鼓腹，小平底，微内凹。上沿面有凹槽，下腹及底部饰篮纹，器表有轮旋线。口径14、底径6.4、高27.5厘米（图三一七，13；参见图版六九，5）。09ⅡTG9M96:1，器高大于腹径。直口微侈，卷沿，方唇，直颈，溜肩，鼓腹，小平底。下腹及底部饰篮纹，较浅。口径12.6、底径7.8、高28厘米（图三一七，17）。

Ⅲ式：2件。器高大于腹径。09ⅡTG9M100:2，略呈盘口状，长直颈，微弧，溜肩，上鼓腹，小平底，微内凹。口沿不规整，腹部有轮旋线，下腹及底部拍印绳纹，较浅。口径13.2、底径8、高28.2厘米（图三一七，8；参见图版六九，6）。09ⅡTG9M102:2，浅盘口，沿面外有凹槽，口沿下垂，束颈，较长，溜肩，弧腹，小平底。肩腹部各饰一条细密凹弦纹带，下腹及底部饰篮纹，篮纹较粗。口径12、底径9.2、高26厘米（图三一七，12；参见图版七〇，1）。

Ⅳ式：2件。09ⅡTG4M80:2，口沿残，束颈，溜肩，鼓腹，小平底。器表有轮旋线，下腹及底部饰绳纹。口径11、底径8、残高26.4厘米（图三一七，5；参见图版七〇，2）。09ⅡTG9M95:2，盘口，圆唇，沿外侧有凹弦纹，束颈，溜肩，鼓腹，小平底。肩部饰有两组细密凹弦纹，下腹及底部饰篮纹，纹饰杂乱。口径15、底径7.8、高30.3厘米（图三一七，14）。

Ab型 3件。鼓肩，下腹斜直，微弧。09ⅡTG8M38:2，侈口，方唇，长直颈，鼓肩，弧腹，小平底。器表有轮旋线，肩部饰凹弦纹一周，下腹及底部饰绳纹。口径12.4、底径7.6、高18厘米（图三一八，18；参见图版七〇，4）。09ⅡTG9M102∶5，侈口，方唇，斜直颈，较

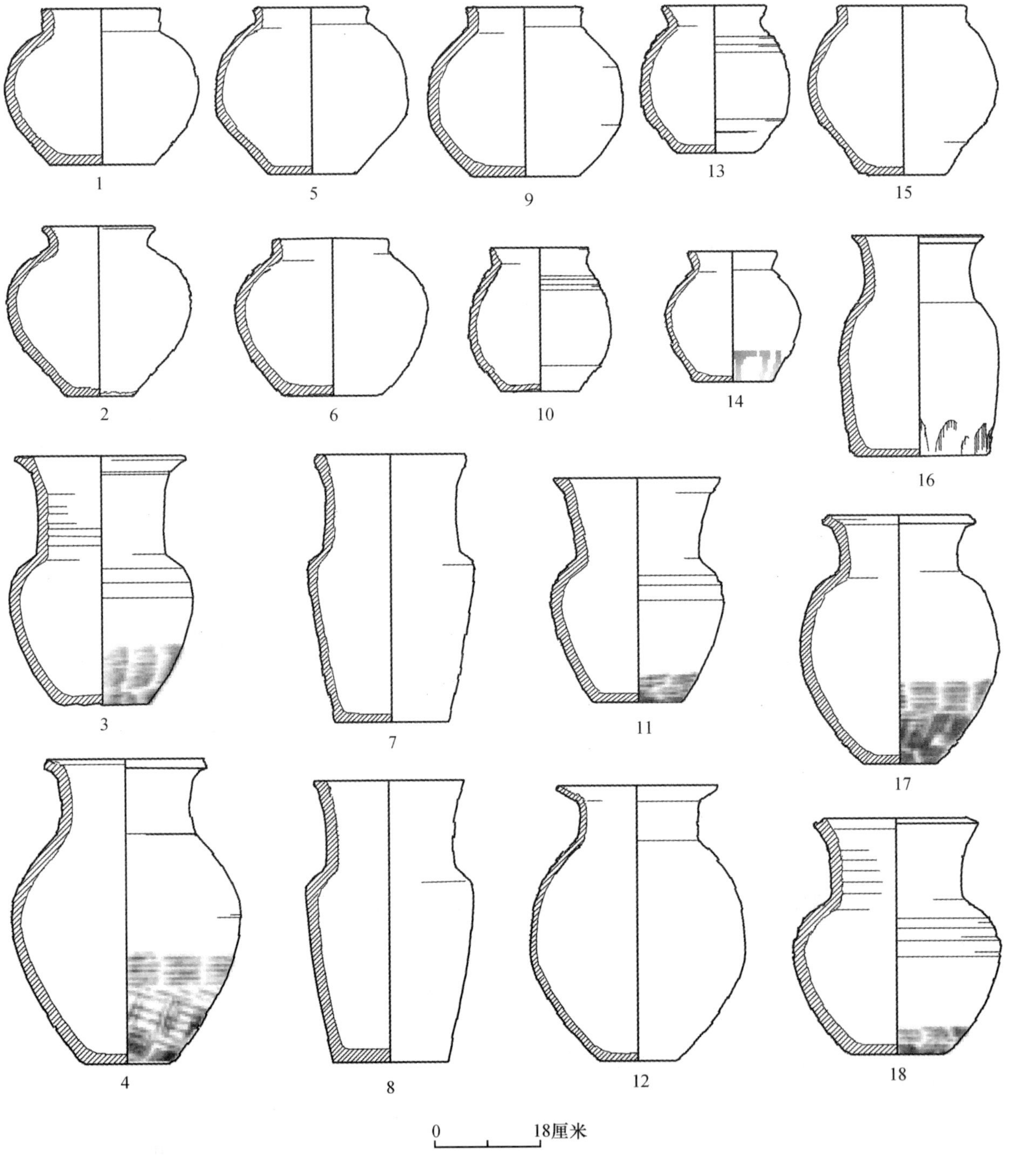

图三一八　09Ⅱ出土西汉时期陶罐

1、2、5、6、9、10、13～15. Ba型（09ⅡTG1M11∶2、09ⅡM59∶2、09ⅡTG8M41∶2、09ⅡTG1M11∶4、09ⅡTG1M11∶4、09ⅡM1∶5、09ⅡM1∶6、09ⅡTG8M43∶6、09ⅡTG8M41∶3）　3、11、18. Ab型（09ⅡTG4M108∶2、09ⅡTG9M102∶5、09ⅡTG8M38∶2）　4、12、17. Ad型（09ⅡTG8M38∶3、09ⅡTG1M3∶7、09ⅡTG4M59∶1）　7、8、16. Ac型（09ⅡTG1M3∶4、09ⅡTG2M5∶2、09ⅡTG5M10∶4）

长，鼓肩，斜直腹，微外弧，平底，微内凹。肩部饰凹弦纹，下腹及底部饰绳纹。口径12.8、底径6.8、高17.2厘米（图三一八，11）。09ⅡTG4M108:2，直口微侈，方唇，沿面有凹槽，较浅，尖唇，长直颈，鼓肩，弧腹，平底，微内凹。肩部有二道凹槽，下腹及底部饰绳纹。口径13.1、底径6.7、高19.4厘米（图三一八，3；图版七〇，3）。

Ac型 3件。鼓肩，下腹斜直。09ⅡTG1M3:4，口微侈，方唇，直颈，鼓肩，斜直腹，平底。器表施白衣，有轮旋线。口径11.6、底径8.8、高20.4厘米（图三一八，7；图版七〇，5）。09ⅡTG2M5:2，口微侈，方唇，长直颈，鼓肩，斜直腹，平底。器表有轮旋线，上腹有一条明显的凹弦纹，下腹有旋削修坯痕迹。做工较粗糙，器表凹凸不平。口径11.6、底径8.8、高21.4厘米（图三一八，8；参见图版七〇，6）。09ⅡTG5M10:4，口微侈，方唇，长直颈，微弧，鼓肩，直腹，微弧，大平底。器表轮旋线明显，下腹有竖向刀削痕迹。口径10、底径9.6、高16.8厘米（图三一八，16；参见图版七一，1）。

Ad型 3件。溜肩，弧腹。09ⅡTG8M38:3，侈口，斜折沿，方唇，长直颈，微弧，溜肩，弧腹，小平底。器表有轮旋线，下腹及底部饰篮纹。口径12.4、底径7.2、高23.2厘米（图三一八，4；图版七一，2）。09ⅡTG4M59:1，侈口，宽折沿，方唇，直颈较长，溜肩，弧腹，小平底。下腹及底部饰绳纹。口径11.6、底径5.6、高19厘米（图三一八，17）。09ⅡTG1M3:7，器形略小，器高大于腹径。直口，斜折沿，方唇，直颈，溜肩，弧腹，平底。器表施白衣，有轮旋线，下腹饰绳纹，较浅。口径12、底径6、高21厘米（图三一八，12）。

B型 48件。据器型可分为五亚型。Ba型，腹径与器高大体相同。Bb型，腹径大于器高，器形略显矮胖。Bc型，小口罐。Bd型，折沿罐。Be型，腹径小于器高，直腹，口径与底径基本相同。

Ba型 26件。器形大体相同，一般腹径略大，底部较小，器型略显敦厚，口沿、腹部、底部略有不同。09ⅡTG8M41:2，口微侈，圆唇，溜肩，鼓腹，平底。器表施白衣，下腹旋削修坯一周。口径8.8、底径6.8、高13.2厘米（图三一八，5）。09ⅡTG8M41:3，直口，圆唇，溜肩，鼓腹，平底。器表施白衣，下腹旋削修坯一周。口径9.6、底径6.4，高13厘米（图三一八，15）。09ⅡTG8M43:6，侈口，方唇，束颈，溜肩，鼓腹，平底。器身有轮弦线，下腹部竖向刀削一周。口径6.8、底径6、高10厘米（图三一八，14）。09ⅡTG4M59:2，口微侈，圆唇，溜肩，鼓腹，小平底。下腹部有旋削痕迹。口径8.8、底径5.2、高13厘米（图三一八，2）。09ⅡTG1M11:3，直口，方唇，鼓肩，弧腹，平底。腹部有轮旋线，下腹有旋削修坯痕迹。口径8.8、底径8、高13厘米（图三一八，9）。09ⅡTG1M11:4，直口，方唇，溜肩，鼓腹，平底。腹部有轮旋线，下腹略有旋削修坯痕迹。口径8.8、底径7.6、高12厘米（图三一八，6）。09ⅡM1:5，侈口，尖唇，束颈，溜肩，鼓腹，平底，微内凹。肩部饰凹弦纹两周，器身有轮旋线，下腹旋削一周。口径7.2、底径6、高11厘米（图三一八，10）。09ⅡM1:6，侈口，圆唇，束颈，溜肩，鼓腹，平底。器身有轮旋纹，下腹旋削一周。口径7.6、底径6.4、高11.2厘米（图三一八，13）。09ⅡM11:2，直口，方唇，鼓肩，弧腹，平底。腹部有轮旋线，下腹有轻微旋削修坯痕迹。口径8.8、底径8、高12厘米（图三一八，1）。09ⅡTG2M4:2，侈口，圆唇，束颈，鼓肩，弧腹，小平底。器表有轮旋线，下腹旋削一周。口径 9.2、底径 6、高 13.2 厘米（图三一九，1）。09 Ⅱ TG2M4∶3，口微侈，圆唇，束颈，鼓肩，下腹内收，小平底。下腹旋削一周。口径 8.2、底径 6、高 12.6 厘米（图三一九，12）。09 Ⅱ TG2M4∶4，口微侈，方唇，束颈，鼓肩，弧腹，小平底。下腹旋削一周。口径 8.4、底径 5.6、高 11.4 厘米（图三一九，7；参见图版七一，4）。09 Ⅱ TG2M7∶4，侈口，方唇，束颈，溜肩，鼓腹，平底。器表有轮旋线，下腹旋削一周。口径 9.6、底径 6、高 13.4 厘米（图三一九，19）。09 Ⅱ TG2M7∶5，侈口，方唇，束颈，溜肩，鼓腹，平底。器表有轮旋线，下腹旋削一周。口径 10、底径 6、高 13.4 厘米（图三一九，13）。09 Ⅱ TG2M7∶6，口微侈，方唇，束颈，溜肩，鼓腹，平底。肩部旋削修坯一周，器表有轮旋线，下腹旋削一周。口径 8.8、底径 6.4、高 14.6 厘米（图三一九，18）。09 Ⅱ TG6M12∶2，侈口，方唇，束颈，溜肩，鼓腹。下腹及底部有竖向刀削修坯痕迹。口径 7.2、底径 7.2、高 11.4 厘米（图三一九，6）。09 Ⅱ TG6M12∶3，侈口，圆唇，束颈，溜肩，鼓腹，平底。肩及上腹部有轮旋线，下腹及底部有竖向刀削修坯痕迹。口径 7.2、底径 7.6、高 11 厘米（图三一九，16）。09 Ⅱ TG6M12∶4，器型较矮胖。侈口，圆唇，束颈，溜肩，鼓腹，平底，微内凹。下腹有竖向刀削修坯痕迹明显。口径 6.8、底径 5.6、高 10.8 厘米（图三一九，11）。09 Ⅱ TG8M26∶3，口微侈，方唇，束颈，溜肩，鼓腹，平底。器身有轮旋线，下腹旋削一周。口径 8.4、底径 6、高 12.8 厘米（图三一九，17）。09 Ⅱ TG8M26∶5，口微侈，方唇，束颈，鼓肩，弧腹，平底。器身有轮旋线，下腹旋削一周。口径 8.4、底径 5.8、高 12 厘米（图三一九，2）。09 Ⅱ TG8M41∶4，直口，圆唇，溜肩，鼓腹，平底。器表施白衣，有轮旋线，下腹旋削修坯一周。口径 8.8、底径 6.8，高 12.8 厘米（图三一九，15）。09 Ⅱ TG8M41∶5，直口，圆唇，溜肩，鼓腹，小平底。器表施白衣，有轮旋线，下腹旋削一周。口径 8.8、底径 6.8，高 14.2 厘米（图三一九，8）。09 Ⅱ TG4M64∶3，侈口，方唇，束颈，溜肩，鼓腹，平底。肩部旋削修坯修饰一周，在肩腹交接处形成一小平台。口径 10.8、底径 6.4、高 14.6 厘米（图三一九，5；图版七一，3）。09 Ⅱ TG4M73∶3，口微侈，方唇，束颈，溜肩，鼓腹，平底。器表施白衣。下腹部有旋削痕。口径 8.8、底径 6、高 13.2 厘米（图三一九，4）。09 Ⅱ TG4M73∶4，口微侈，方唇，束颈，溜肩，鼓腹，平底。器表施白衣。下腹部有旋削痕迹。口径 8、底径 4.8、高 12.6 厘米（图三一九，10）。09 Ⅱ TG4M73∶5，口微侈，方唇，束颈，溜肩，鼓腹，平底。器表施白衣。下腹部有旋削痕。口径 8.8、底径 6、高 12.4 厘米（图三一九，3）。

Bb 型　14 件。器型大体相同，一般腹径大于器高，底部略大，器形略显矮胖，口沿、腹部、底部略有不同。09 Ⅱ TG1M3∶6，口微侈，圆唇，溜肩，上腹鼓凸，平底。下腹部有旋削修坯痕迹，下腹有竖向刀削修坯痕迹。口径 8.4、底径 7.6、高 12 厘米（图三一九，14）。09 Ⅱ TG8M43∶6，口微敛，尖圆唇，无颈，溜肩，鼓腹，平底，微内凹。器身有轮弦线，下腹竖向刀削修坯一周。口径 6.8、底径 5.2、高 6.2 厘米（图三一九，9；参见图版七一，5）。09 Ⅱ TG4M75∶4，侈口，方唇，束颈，溜肩，鼓腹，平底。器表有轮旋线，下腹部旋削一周。口径 9.7、底径 7.2、高 15.2 厘米（图三一九，20）。09 Ⅱ TG8M45∶2，口微侈，圆唇，溜肩，鼓腹，平底。器身有轮旋线，下腹旋削一周，底缘及底部有旋削修坯痕迹。口径 7.6、底径 5.6、高

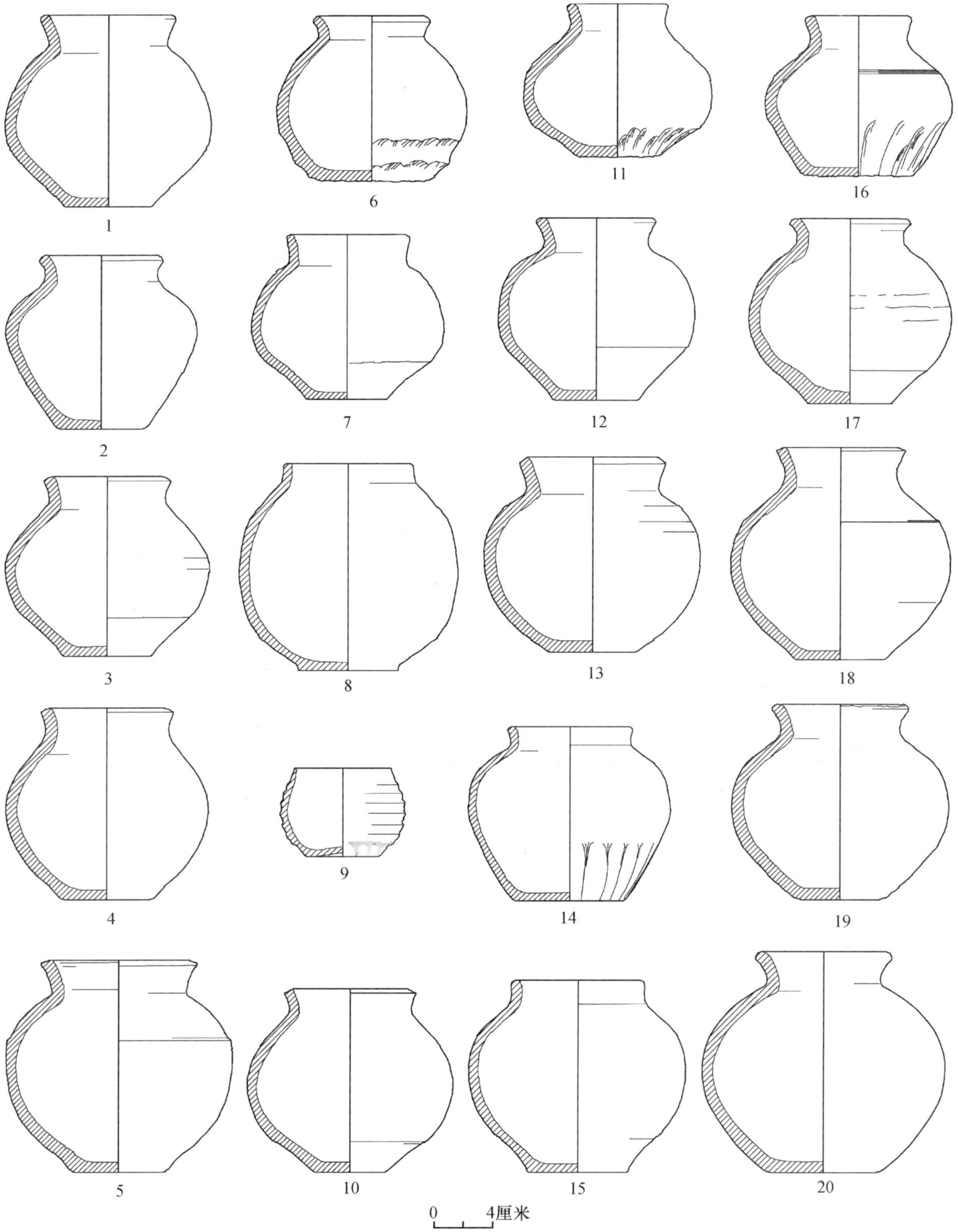

图三一九 09Ⅱ出土西汉时期陶罐

1～8、10～13、15～19. Ba型（09ⅡTG2M4∶2、09ⅡTG8M26∶5、09ⅡTG4M73∶5、09ⅡTG4M73∶3、09ⅡTG4M64∶3、09ⅡTG6M12∶2、09ⅡTG2M4∶4、09ⅡTG4M41∶4、09ⅡTG4M73∶4、09ⅡTG6M12∶4、09ⅡTG2M4∶3、09ⅡTG2M7∶5、09ⅡTG8M41∶4、09ⅡTG6M12∶3、09ⅡTG8M26∶3、09ⅡTG2M7∶6、09ⅡTG2M7∶4） 9、14、20. Bb型（09ⅡTG8M43∶6、09ⅡTG8M3∶6、09ⅡTG4M75∶4）

10.5 厘米（图三二〇，3）。09ⅡTG8M45∶3，口微侈，圆唇，溜肩，鼓腹，平底。器身有轮旋线，下腹旋削一周，底缘及底部有旋削修坯痕迹。口径 7.6、底径 5.6、高 9.6 厘米（图三二〇，7）。09ⅡTG8M45∶4，口微侈，圆唇，溜肩，鼓腹，平底。器身有轮旋线，下腹旋削一周。口径 9.2、底径 8、高 9.6 厘米（图三二〇，17）。09ⅡTG4M68∶2，口微侈，方唇，溜肩，鼓腹，平底，微内凹。器表有轮旋线，下腹及底部饰绳纹。口径 10、底径 8、高 13.6 厘米（图三二〇，10）。09ⅡTG4M68∶3，口微侈，方唇，鼓肩，弧腹，平底，微内凹。器表有轮旋线，下腹及底部饰绳纹。口径 10.4、底径 8、高 13 厘米（图三二〇，19）。M75∶2，侈口，圆唇，束颈，溜肩，鼓腹，平底。器表有轮旋线，下腹部旋削一周。口径 8.5、底径 9.2、高 11.3 厘米（图三二〇，13）。09ⅡTG4M75∶3，口微侈，圆唇，溜肩，鼓腹，平底。器身有轮弦线，下腹旋削一周，底缘及底部有旋削修坯痕迹。口径 9、底径 9.5、高 11.6 厘米（图三二〇，4）。09ⅡTG9M87∶4，侈口，方唇，束颈，溜肩，鼓腹，平底，微内凹。下腹有轮旋线。口径 9.6、底径 9.2、高 9.8 厘米（图三二〇，12）。09ⅡTG4M84∶3，侈口，圆唇，束颈，鼓肩，弧腹，平底，微内凹。器表有轮旋线，下腹旋削一周。口径 10、底径 10、高 13.6 厘米（图三二〇，16）。09ⅡTG4M84∶4，侈口，圆唇，束颈，鼓肩，弧腹，平底。器表有轮旋线，下腹旋削一周。口径 10、底径 10、高 13.2 厘米（图三二〇，5）。09ⅡTG9M87∶5，侈口，方唇，束颈，溜肩，鼓腹，平底，微内凹。下腹旋削一周。口径 8、底径 8、高 10 厘米（图三二〇，8）。

Bc 型　5 件。器型大体相同，一般为小口小底，口沿、腹部、底部略有不同。09ⅡTG7M18∶4，口残，溜肩，鼓腹，平底。下腹旋削一周。底径 7.6、残高 11 厘米（图三二〇，2）。09ⅡTG7M18∶5，口残，溜肩，鼓腹，平底。下腹旋削一周。底径 6.8、残高 13.2 厘米（图三二〇，9）。09ⅡTG4M70∶1，侈口，尖圆唇，束颈，广肩，上鼓腹，下腹斜直，微弧，小平底。器表施白衣。口径 5.6、底径 6、高 11.6 厘米（图三二〇，18）。09ⅡTG9M93∶5，器型较小。口略残，细颈，较长，溜肩，鼓腹，小平底。下腹部旋削修坯一周。底径 4.4、残高 10 厘米（图三二〇，14）。09ⅡTG9M103∶3，侈口，方唇，束颈，溜肩，鼓腹，平底。器表施白衣，下腹部旋削修坯一周。口径 7.6、底径 7.6、高 14.8 厘米（图三二〇，15）。

Bd 型　3 件。器型大体相同，一般为折沿罐，底部略小，口沿、腹部、底部略有不同。09ⅡTG9M102∶1，口微侈，宽折沿，方唇，束颈，溜肩，弧腹，小平底。沿面有凹槽，较浅。器表有轮旋线，下腹旋削修饰一周。口径 8、底径 5.6、高 14 厘米（图三二〇，1）。09ⅡTG9M102∶3，口微侈，宽折沿，方唇，束颈，溜肩，弧腹，小平底。沿面有凹槽，较浅。器表有轮旋线，下腹部旋削修饰一周。口径 8、底径 5.2、高 13.8 厘米（图三二〇，6）。09ⅡTG9M102∶4，口微侈，宽折沿，方唇，束颈，溜肩，弧腹，平底。沿面有凹槽，器表有轮旋线，下腹有旋削修坯痕迹。口径 8.8、底径 5.6、高 13.8 厘米（图三二〇，11）。

Be 型　3 件。器型大体相同，一般腹径小于器高，直腹，口径与底径基本相同，口沿、腹部、底部略有不同。09ⅡTG3M54∶4，直口，方唇，颈部略束，斜直肩，斜直腹，下腹折收，平底。器表施白衣，有轮旋线，下腹竖向刀削修坯，去胎泥较厚，使下腹部略显折线。口径 8.8、底径 9.2、高 13 厘米（图三二一，11）。09ⅡTG3M54∶8，大口微侈，方唇较厚，溜肩，斜直

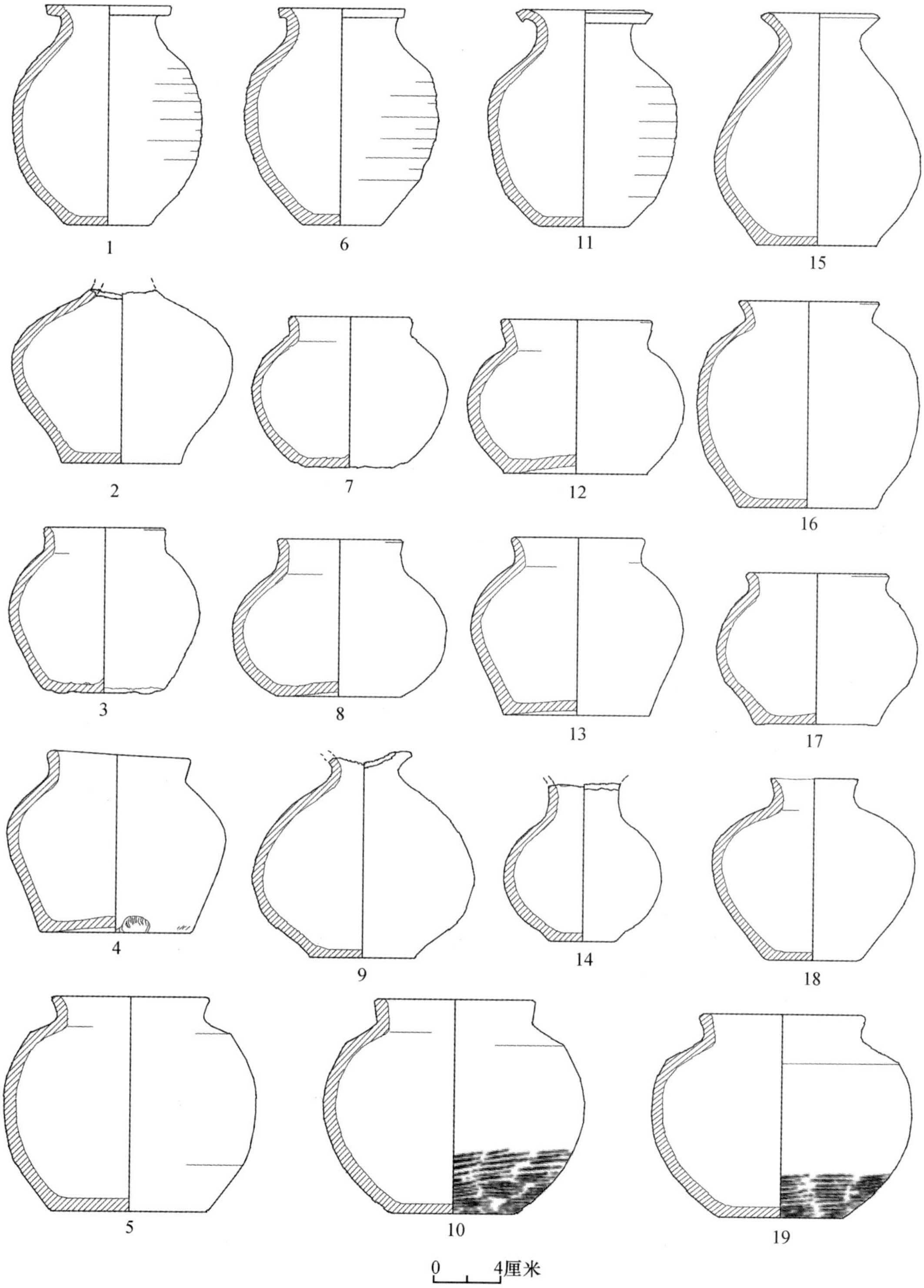

图三二〇 09Ⅱ出土西汉时期陶罐

1、6、11. Bd型（09Ⅱ TG9M102∶1、09Ⅱ TG9M102∶3、09Ⅱ TG9M102∶4） 2、9、14、15、18. Bc型（09Ⅱ TG7M18∶4、09Ⅱ TG7M18∶5、09Ⅱ TG9M93∶5、09Ⅱ TG9M103∶3、09Ⅱ TG4M70∶1） 3～5、7、8、10、12、13、16、17、19. Bb型（09ⅡTG8M45∶2、09ⅡTG4M75∶3、09Ⅱ TG4M84∶4、09Ⅱ TG8M45∶3、09Ⅱ TG9M87∶5、09Ⅱ TG4M68∶2、09Ⅱ TG9M87∶4、09Ⅱ TG4M75∶2、09Ⅱ TG4M84∶3、09Ⅱ TG8M45∶4、09Ⅱ TG4M68∶3）

腹，下腹折收，平底。器表施白衣，有轮旋线，下腹竖向刀削修坯去胎泥较厚，使下腹部略显折线。口径9.6、底径8、高14.4厘米（图三二一，15）。09ⅡTG5M10:3，口微敛，方沿，斜直肩，斜直腹，微弧，大平底。器表轮旋线明显。口径10.8、底径14.4、高13厘米（图三二一，12；参见图版七一，6）。

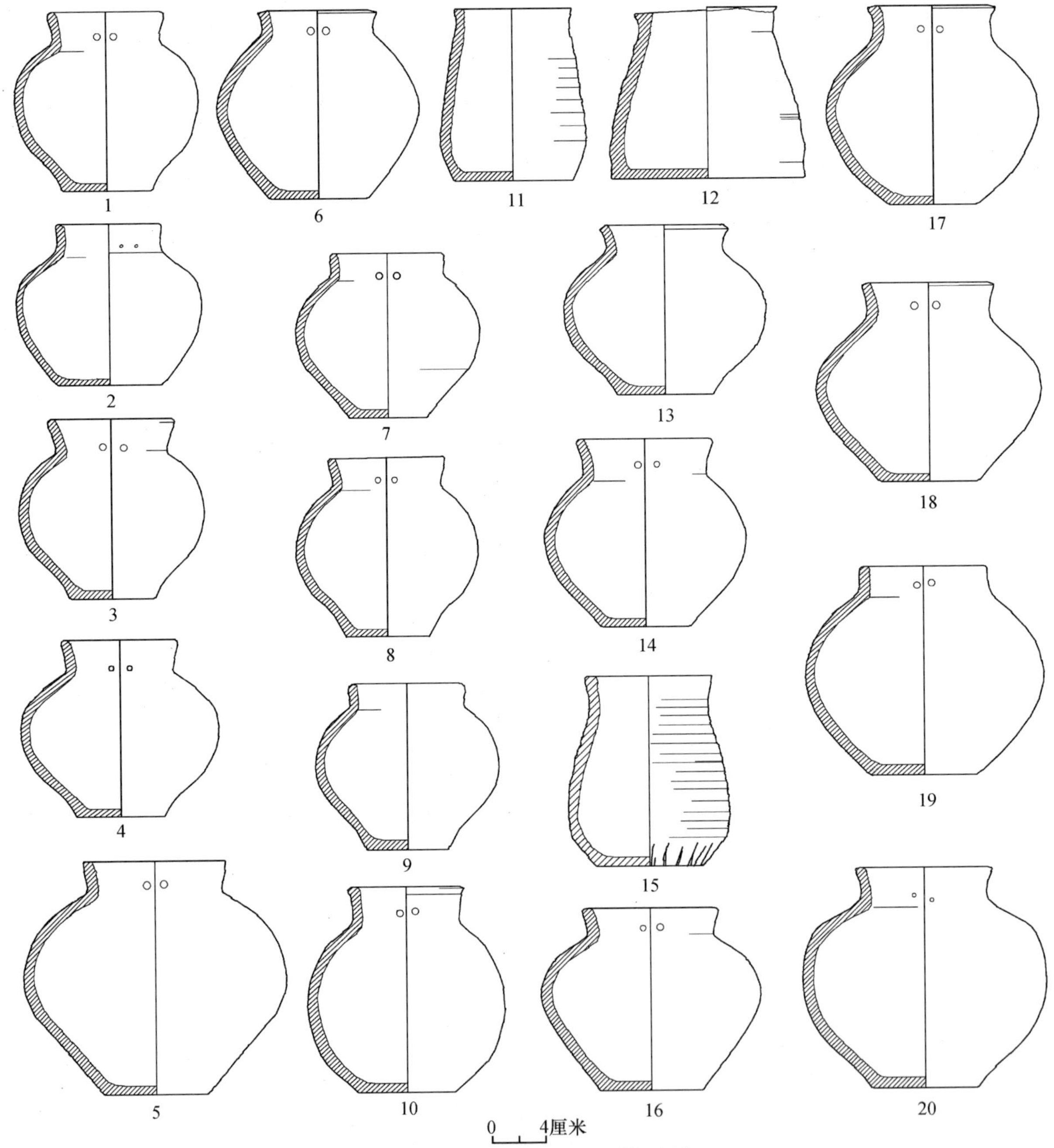

图三二一　09Ⅱ出土西汉时期陶罐

1～10、13、14、16～20. Ca型（09ⅡTG4M51:1、09ⅡTG1M3:5、09ⅡTG9M93:2、09ⅡTG4M51:3、09ⅡTG4M60:1、09ⅡTG9M100:3、09ⅡTG4M51:2、09ⅡTG4M51:4、09ⅡTG4M66:2、09ⅡTG9M103:4、09ⅡTG7M18:2、09ⅡTG9M93:4、09ⅡTG4M64:2、09ⅡTG9M100:4、09ⅡTG9M100:5、09ⅡTG9M103:2、09ⅡTG4M72:3）　11、12、15. Be型（09ⅡTG3M54:4、09ⅡTG5M10:3、09ⅡTG3M54:8）

C型 26件。可分为四亚型。Ca型，器高与腹径大体相同，弧腹或鼓腹。Cb型，侈口，折腹。Cc型，腹径大于器高，小平底，器形略显矮胖。Cd型，腹径略大于器高，大平底，器形较敦实。

Ca型 17件。器形大体相同，一般器高与腹径大体相同，口径与底径基本相同，口沿、腹部、底部略有不同。09ⅡTG1M3:5，器高略小于腹径。直口微侈，方唇，溜肩，鼓腹，平底。颈部左右两侧各有两个穿孔，肩腹部有轮旋线，下腹旋削修坯一周。口径8、底径8、高12.2厘米（图三二一，2）。09ⅡTG7M18:2，侈口，方唇，束颈，溜肩，鼓腹，平底。颈部左右两侧各有两个穿孔，器表有轮旋线，下腹部旋削一周。口径9.6、底径7.2、高12.8厘米（图三二一，13）。09ⅡTG4M51:1，直口微侈，圆唇，溜肩，鼓腹，平底。颈部左右两侧各有两个穿孔，下腹部旋削一周。口径8.8、底径6.4、高13.6厘米（图三二一，1）。09ⅡTG4M51:2，口微侈，圆唇，溜肩，鼓腹，平底。颈部左右两侧各有两个穿孔，下腹部旋削一周。口径8.8、底径6、高12.4厘米（图三二一，7）。09ⅡTG4M51:3，口微侈，圆唇，溜肩，鼓腹，平底。颈部左右两侧各有两个穿孔，下腹部旋削一周。口径8.8、底径6.4、高13.4厘米（图三二一，4）。09ⅡTG4M51:4，口微侈，圆唇，溜肩，鼓腹，平底。颈部左右两侧各有两个穿孔，下腹部旋削一周。口径8.8、底径6.4、高13.6厘米（图三二一，8；参见图版七二，1）。09ⅡTG4M60:1，口微侈，方唇，颈部斜直，溜肩，鼓腹，小平底。颈部左右两侧各有两个穿孔，肩腹部有轮旋线。口径10.8、底径8、高17.6厘米（图三二一，5）。09ⅡTG4M64:2，直口微侈，圆唇，鼓肩，斜直腹，微外弧，平底。颈部左右两侧各有两个穿孔，下腹部旋削一周。口径10.4、底径7.6、高13.8厘米（图三二一，16）。09ⅡTG4M66:2，口微侈，方唇，束颈，鼓肩，弧腹，平底。下腹旋削一周。口径9、底径6、高12厘米（图三二一，9）。09ⅡTG4M72:3，侈口，圆唇，束颈，鼓肩，弧腹，平底。颈部左右两侧各有两个穿孔，器表有轮旋线，下腹部旋削修饰一周。口径10、底径8、高16.6厘米（图三二一，20）。09ⅡTG9M93:2，口微侈，圆唇，溜肩，鼓腹，小平底。颈部左右两侧各有两个穿孔，器表有轮旋线，下腹部旋削修饰一周。口径9.6、底径6.6、高13.6厘米（图三二一，3）。09ⅡTG9M93:4，口微侈，圆唇，领较高，溜肩，鼓腹，平底。颈部左右两侧各有两个穿孔，器表有轮旋线，下腹部旋削一周。口径10.4、底径6.6、高14.2厘米（图三二一，14）。09ⅡTG9M100:4，口微侈，方唇，溜肩，鼓腹，平底。颈部左右两侧各有两个穿孔，器表有轮旋线，下腹部有旋削修坯痕迹。口径9.6、底径6.8、高15厘米（图三二一，17）。09ⅡTG9M100:3，口微侈，方唇，溜肩，鼓腹，平底。颈部左右两侧各有两个穿孔，器表有轮旋线，下腹部有旋削修坯痕迹。口径9.2、底径7.6、高14.2厘米（图三二一，6）。09ⅡTG9M100:5，口微侈，方唇，溜肩，鼓腹，平底。颈部左右两侧各有两个穿孔，器表有轮旋线，下腹部有旋削修坯痕迹。口径10、底径7.6、高15厘米（图三二一，18）。09ⅡTG9M103:2，直口微侈，方唇，溜肩，鼓腹，平底，底部不规整。颈部左右各有二穿孔，下腹部旋削修坯一周，局部有旋削痕迹。口径9.6、底径8、高15.8厘米（图三二一，19）。09ⅡTG9M103:4，口沿不规整，直口微侈，方唇，溜肩，鼓腹，平底。颈部左右各有二穿孔，下腹部旋削修坯一周。口径8.8、底径7.6、高15.6厘米

（图三二一，10）。

Cb 型　2 件。器形大体相同，均为侈口，折腹，胎体较薄，口径与底径基本相同，口沿、腹部、底部略有不同。09ⅡM1∶7，侈口，方唇，束颈，折肩，斜直腹，圜底。颈部左右两侧各有两个穿孔。肩部削泥去皮一层，器身有轮旋线，下腹部及底部饰细绳纹。口径 12.4、底径 8、高 13.2 厘米（图三二二，8）。09ⅡTG4M68∶1，胎体较薄。侈口，卷沿，圆唇，束颈，颈部较长，折肩，斜直腹，微外弧，下腹折收，小平底。颈部左右两侧各有两个穿孔，器表有轮弦线。口径 12.8、底径 6、高 16 厘米（图三二二，10）。

Cc 型　6 件。器形大体相同，一般腹径大于器高，口径大于底径，器形略显矮胖，口沿、腹部、底部略有不同。09ⅡTG8M26∶4，泥质灰陶，器型矮胖。直口，方唇，溜肩，腹较鼓突，平底。颈部左右两侧各有一个穿孔，器身有轮旋线，下腹部旋削一周。口径 7.8、底径 5.6、高 9 厘米（图三二二，16）。09ⅡTG3M54∶5，器型矮胖。口微侈，圆唇较厚，溜肩，凸鼓腹，饼足。颈部左右两侧各有一个穿孔。器身有轮旋线，下腹旋削一周。口径 7、底径 6.8、高 8 厘米（图三二二，15；图版七二，3）。09ⅡTG4M72∶8，器形较矮胖。侈口，方唇，广肩，凸鼓腹，平底。颈部左右两侧各有两个穿孔，器表有轮旋线，下腹部旋削修饰一周。口径 8、底径 6.5、高 10.8 厘米（图三二二，13）。09ⅡTG4M81∶9，器形矮胖。口微侈，圆唇，溜肩，鼓腹，平底。颈部左右两侧各有两个穿孔，下腹部旋削一周。口径 6.8、底径 6.4、高 9.4 厘米（图三二二，14）。09ⅡTG4M83∶2，口微侈，方唇，广肩，凸鼓腹，平底。颈部左右两侧各有两个穿孔，器表有轮旋线，下腹部旋削一周。口径 11.2、底径 8.4、高 14 厘米（图三二二，7；参见图版七二，2）。09ⅡTG9M87∶3，侈口，方唇，束颈，溜肩，鼓腹，小平底，微内凹。颈部左右两侧各有两个穿孔，肩部旋削修坯一周，使肩部略显折线；下腹旋削一周。口径 11.6、底径 8.6、高 11.4 厘米（图三二二，20）。

Cd 型　1 件。09ⅡTG2M9∶4，器形不规整。侈口，方唇，束颈，溜肩，鼓腹，大平底，微内凹。颈部左右两侧各有两个穿孔。腹部轮旋线明显。口径 10.4、底径 16、高 17.6 厘米（图三二二，5）。

D 型　17 件。大口，大平底。据口、颈、腹部可分为三亚型。Da 型，侈口，折腹。Db 型，底径与腹径相同，直腹。Dc 型，弧腹。

Da 型　1 件。09ⅡTG4M83∶3，侈口，圆唇，束颈，溜肩，折腹，小平底，微内凹。下腹及底部饰细绳纹。口径 13.2、底径 8、高 16.8 厘米（图三二二，2；参见图版七二，4）。

Db 型　5 件。器形大体相同，一般为直腹或为斜直腹，口径略小于底径，口沿、腹部、底部略有不同。09ⅡTG2M6∶2，侈口，折沿，方唇，长颈，溜肩，直腹，微弧，平底。做工较粗糙，器表有轮旋线。口径 10、底径 11.2、高 16.6 厘米（图三二二，12；参见图版七二，5）。09ⅡTG2M6∶4，侈口，折沿，方唇，折肩，直腹，平底。做工较粗糙，器表有轮旋线。口径 9.2、底径 10.8、高 15.4 厘米（图三二二，11；参见图版七二，6）。09ⅡTG5M10∶2，口微侈，折沿，方唇，颈部较长，溜肩，直腹，微外弧，大平底。做工粗糙，器表轮旋线明显。口径 10、底径 15.6、高 16.2 厘米（图三二二，17）。09ⅡTG8M33∶2，口微侈，平沿，方唇，束颈，

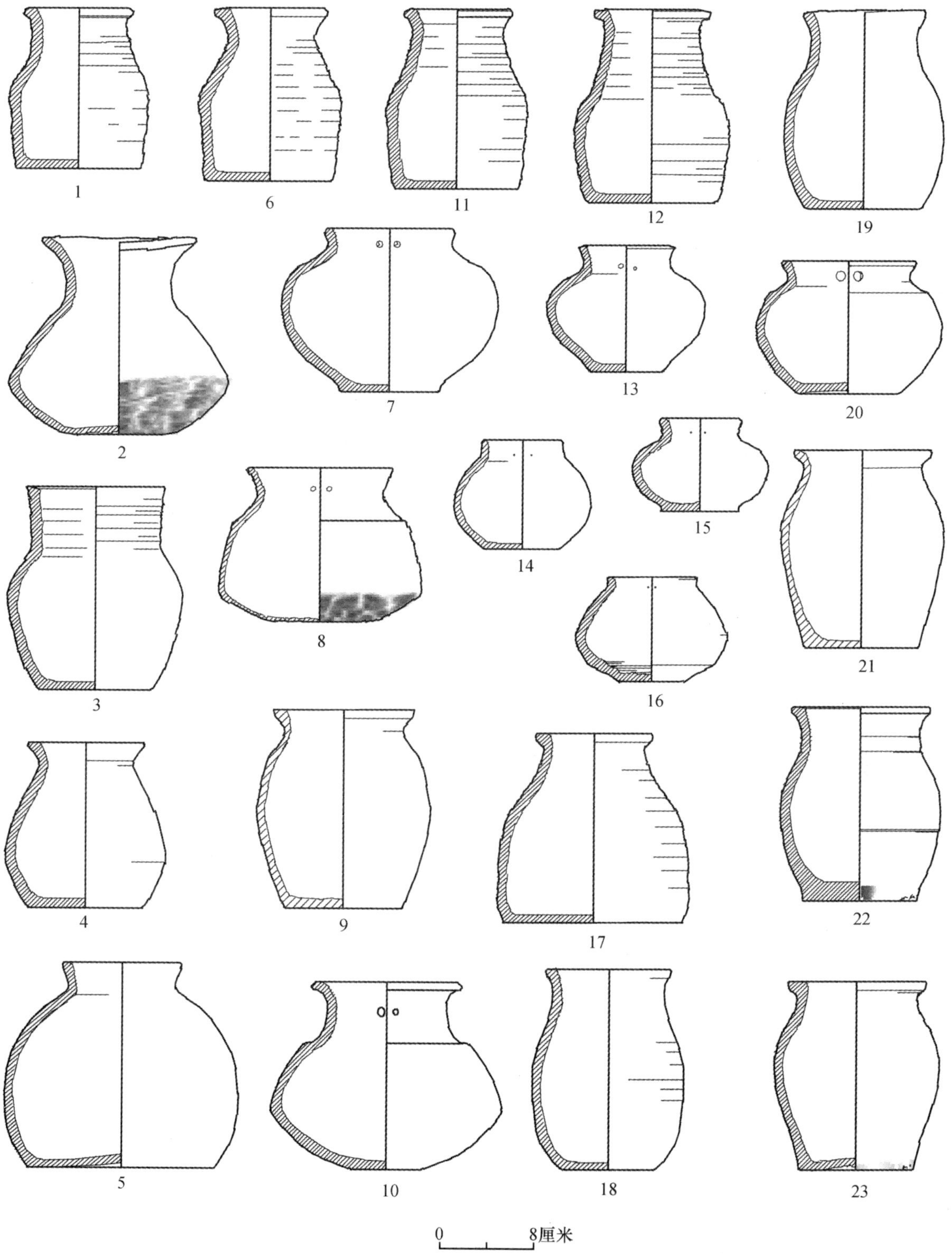

图三二二 09Ⅱ出土西汉时期陶罐

1、6、11、12、17. Db型（09ⅡTG8M33：3、09ⅡTG8M33：2、09ⅡTG2M6：4、09ⅡTG2M6：2、09ⅡTG5M10：2） 2. Da型（09ⅡTG4M83：3） 3、4、9、18、19、21～23. Dc型（09ⅡTG2M6：3、09ⅡTG5M10：5、09ⅡTG8M43：4、09ⅡTG4M81：7、09ⅡTG4M81：6、09ⅡTG8M43：3、09ⅡTG4M72：5、09ⅡTG9M104：5） 5. Cd型（09ⅡTG2M9：4） 7、13～16、20. Cc型（09ⅡTG4M83：2、09ⅡTG4M72：8、09ⅡTG4M81：9、09ⅡTG3M54：5、09ⅡTG8M26：4、09ⅡTG9M87：3） 8、10. Cb型（09ⅡM1：7、09ⅡTG4M68：1）

折肩，直腹，平底。做工较粗糙，器表有轮旋线。口径 9.6、底径 10.8、高 14.8 厘米（图三二二，6）。09ⅡTG8M33：3，口微侈，平沿，方唇，束颈，折肩，直腹，平底。做工较粗糙，器表有轮旋线。口径 9.2、底径 10.8、高 13.8 厘米（图三二二，1）。

Dc 型　8 件。器形大体相同，一般口径与底径基本相同，底径小于器高，器形略显瘦高，口沿、腹部、底部略有不同。09ⅡTG2M6：3，口微侈，方唇，长直颈，折肩，斜直腹，平底，微内凹。器表有轮旋线。口径 12、底径 10、高 17.4 厘米（图三二二，3；参见图版七三，3）。09ⅡTG5M10：5，口微侈，方唇，束颈，溜肩，上腹斜直，下腹折收，腹部略显折线，平底，微内凹。器表轮旋线明显，下腹旋削修坯一周，使中腹略显凸棱，腹壁较厚。口径 10、底径 10、高 14.2 厘米（图三二二，4）。09ⅡTG8M43：3，侈口，方唇，束颈，溜肩，斜直腹，微弧，平底。器身有轮弦线。口径 12、底径 10、高 17 厘米（图三二二，21）。09ⅡTG8M43：4，侈口，方唇，束颈，溜肩，斜直腹，微弧，平底。器身有轮弦线。口径 12、底径 10.4、高 17 厘米（图三二二，9；参见图版七三，1）。09ⅡTG4M72：5，直口微侈，平折沿，方唇，长直颈，溜肩，弧腹，平底。做工粗糙，颈部有轮旋线。口径 12、底径 10、高 16.6 厘米（图三二二，22；参见图版七三，2）。09ⅡTG4M81：6，大口微侈，方唇，溜肩，弧腹，大平底。器表有轮旋线，下腹有旋削修坯痕迹。口径 10.4、底径 9.6、高 17 厘米（图三二二，19）。09ⅡTG4M81：7，大口微侈，方唇，溜肩，腹部较直，平底。做工略粗，器表有轮旋线，下腹有旋削修坯痕迹。口径 10.6、底径 8、高 17.2 厘米（图三二二，18）。09ⅡTG9M104：5，口微侈，宽折沿，方唇，束颈，鼓肩，弧腹，平底，微内凹。器表施白衣。口径 12、底径 10、高 16.2 厘米（图三二二，23）。

E 型　10 件。据器形可分为六亚型。Ea 型，斜折沿，腹径大于器高，器形略显浑圆。Eb 型，壶口，器高大于腹径，器形略显瘦高。Ec 型，腹径略大于器高，小平底。Ed 型，卷沿，小口，小平底。Ee 型，长颈直口，器高大于最大腹径，器形较瘦长。Ef 型，侈口，器高大于腹径，器形略显瘦高。

Ea 型　2 件。09ⅡTG8M33：4，侈口，方唇，束颈，溜肩，鼓腹，小平底。下腹及底部饰绳纹。口径 12.8、底径 6、高 19 厘米（图三二三，11）。09ⅡTG3M54：3，侈口，方唇，束颈，鼓肩，弧腹，圜底。器身施白衣，有轮旋线，下腹及底部饰绳纹。口径 13.2、高 22 厘米（图三二三，6）。

Eb 型　1 件。09ⅡTG4M60：4，壶口，方唇，细颈较长，溜肩，鼓腹，大平底。器表轮旋线明显，下腹部有修坯痕迹。口径 12.4、底径 11.6、高 24 厘米（图三二三，2；参见图版七三，4）。

Ec 型　2 件。09ⅡTG2M4：1，直口，方唇，溜肩，鼓腹，小平底。器身有轮旋线。口径 9.2、底径 8.8、高 20 厘米（图三二三，7）。09ⅡTG4M51：5，口微侈，圆唇，溜肩，鼓腹，平底。下腹部旋削修坯一周。口径 9.6、底径 8.4、高 18.6 厘米（图三二三，9）。

Ed 型　1 件。09ⅡTG9M95：1，小口，卷沿，束颈，弧肩，球形腹，小平底。肩部饰有菱形网格纹，下腹及底部饰篮纹，纹饰杂乱、较粗。口径 13.8、底径 9.9、高 31.8 厘米

（图三二三，3）。

Ee型 1件。09ⅡTG9M104∶4，器高大于最大腹径，器形较瘦长。直口，方唇，长直颈，微弧，鼓肩，弧腹，小平底。器表施白衣，有轮旋线。口径8.8、底径8、高21.2厘米（图三二三，1）。

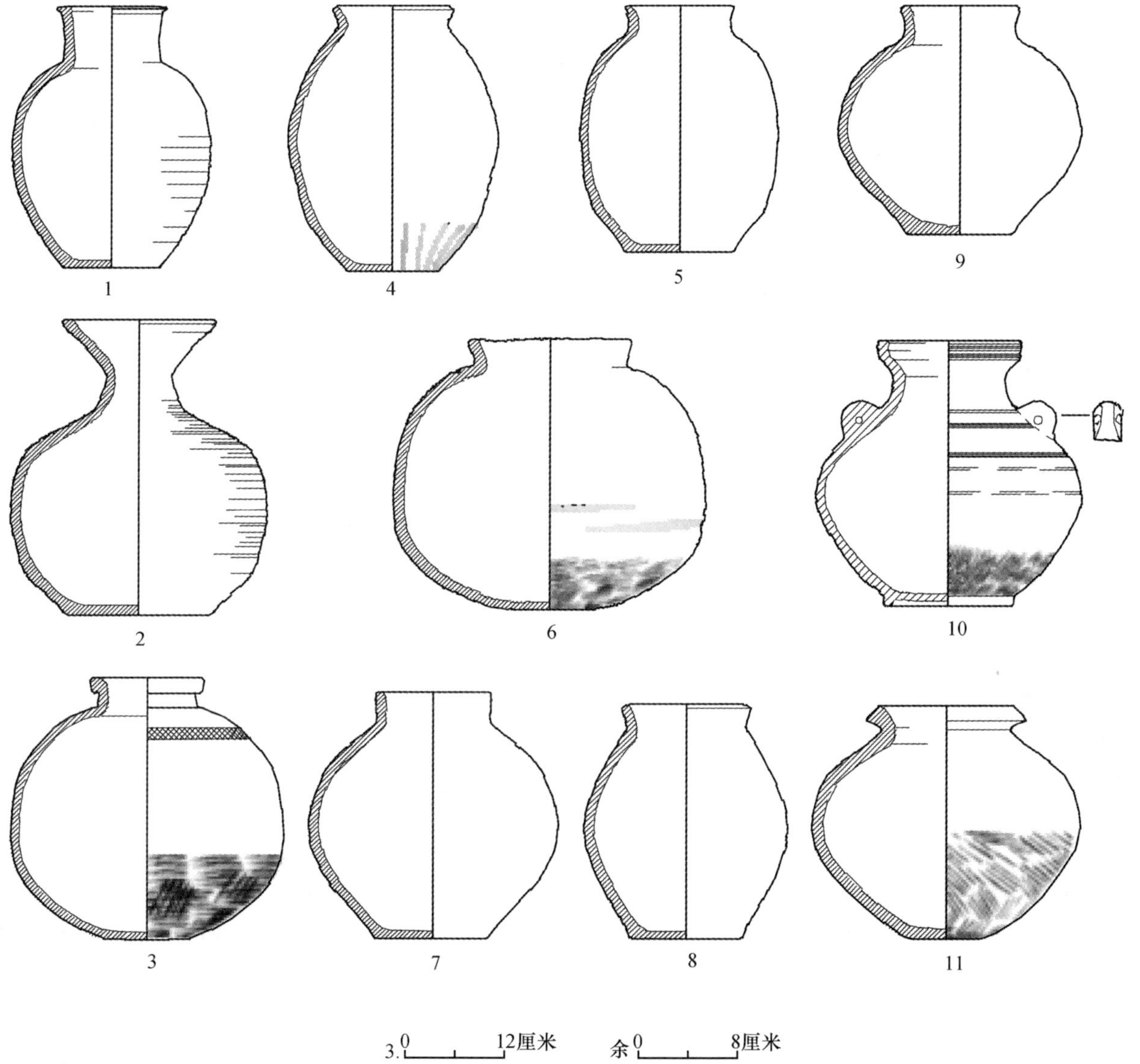

图三二三 09Ⅱ出土西汉时期陶罐

1. Ee型（09ⅡTG9M104∶4） 2. Eb型（09ⅡTG4M60∶4） 3. Eb型（09ⅡTG9M95∶1） 4、5、8. Ef型（09ⅡTG4M80∶3、09ⅡTG4M80∶5、09ⅡTG4M80∶4） 6、11. Ec型（09ⅡTG3M54∶3、09ⅡTG8M33∶4） 7、9. Ec型（09ⅡTG2M4∶1、09ⅡTG4M51∶5） 10. F型（09ⅡTG9M97∶1）

Ef型 3件。09ⅡTG4M80∶3，器形瘦高。侈口，方唇，束颈，溜肩，弧腹，小平底，微内凹。器表有轮旋线，下腹有竖向刀削痕迹。口径10、底径8、高21.6厘米（图三二三，4）。09ⅡTG4M80∶4，侈口，圆唇，束颈，溜肩，弧腹，小平底，微内凹。器表有轮旋线，下腹旋削一周。口径10.5、底径9、高19厘米（图三二三，8）。09ⅡTG4M80:5，侈口，圆唇，束颈，鼓肩，直腹，微外弧，小平底。器表有轮旋线，下腹旋削修饰一周。口径9、底径9、高20厘米（图三二三，5；参见图版七三，5）。

F型 1件。09ⅡTG9M97:1，盘口，沿微内收，圆唇，束颈，溜肩，鼓腹，矮圈足。肩部对称饰有一对桥形耳。器表有轮旋线，下腹及底部饰有篮纹，较浅。口径11.2、底径10.8、高21.6厘米（图三二三，10；参见图版七三，6）。

瓮 33件。据底部可分为圜底瓮和平底瓮两类。

圜底瓮 15件。据口、腹可分为四型。A型，敛口，宽沿，斜直腹。B型，敛口，鼓腹。C型，侈口，鼓腹，斜折沿。D型，折腹。

A型 1件。09ⅡTG4M83:5，器形略显下垂，最大腹径在下腹部，腹径大于器高。直口，方唇，束颈，鼓肩，折腹，圜底，近平。肩部旋削修坯一周，器表有轮旋线，下腹及底部饰绳纹，较粗、较浅。口径16、高20厘米（图三二四，3）。

B型 5件。据口部变化可分为三亚型。Aa型，沿部较小。Ab型，折沿。Ac型，口沿微卷。

Ba型 2件。09ⅡTG1M11:1，最大腹径在下腹。方唇，唇沿微内敛，束颈，肩微折，凸鼓腹，尖圜底。肩部旋削修坯一周，使肩部略显折线，上腹部有轮旋线，下腹及底部饰绳纹，绳纹较乱。口径16.8、高23.6厘米（图三二四，4）。09ⅡTG4M59:3，敛口，方唇，束颈，弧肩，鼓腹，圜底。腹部有轮旋线，肩部旋削修坯一周，下腹及底部饰绳纹，器表施白衣。口径18、高27.9厘米（图三二四，5；参见图版七四，1）。

Bb型 2件。09ⅡTG9M103:1，敛口，宽折沿，尖圆唇，束颈，溜肩，鼓腹，尖圜底。下腹及底部饰绳纹，底部绳纹较乱。口径16、高23.6厘米（图三二四，15）。09ⅡTG9M104:2，口微敛，折沿，方唇，束颈，鼓肩，弧腹，圜底。器表有轮旋线，肩部以下旋削修坯，下腹及底部饰绳纹。口径19.2、高31.8厘米（图三二四，2；参见图版七四，2）。

Bc型 1件。09ⅡTG4M70:2，最大腹径偏下。沿微卷，束颈，鼓肩，上腹近直，下腹较鼓凸，圜底。器表施白衣。下腹及底部拍印绳纹。口径16.4、高22.8厘米（图三二四，8；参见图版七四，3）。

C型 5件。09ⅡTG1M3:3，器腹圆鼓，最大腹径在中腹，腹径大于器高。侈口，方唇，唇面微外侈，束颈，鼓肩，弧腹，尖圜底。器身有轮旋线，下腹及底部饰篮纹，线条稍粗。口径17.4、高27厘米（图三二四，9；参见图版七四，4）。09ⅡTG4M64:1，敛口，斜折沿，圆唇，溜肩，上腹斜直，微弧，下腹较鼓凸，圜底。器表轮旋线明显，下腹及底部饰篮纹。口径16.8、高30厘米（图三二四，13）。09ⅡTG4M68:4，敛口，斜折沿，方唇，唇上缘略凸起，束颈，溜肩，上腹斜直，微弧，下腹略鼓凸，圜底。器表有轮旋线，下腹及底部饰细绳纹。口径17.8、高24.6厘米（图三二四，11）。09ⅡTG4M72:1，敛口，斜折沿，方唇，束颈，肩部微折，弧腹，圜底。肩部削泥去皮一层，去胎泥较厚，使肩部局部略显折棱。上腹部有轮旋线，下腹及底部饰绳纹。口径15、高24.9厘米（图三二四，7）。09ⅡTG9M93:1，胎质疏松，有剥落现象。敛口，斜折沿，方唇，束颈，肩部略鼓，上腹较直，下腹略鼓凸，圜底。下腹及底部饰篮纹。口径18.6、高27.9厘米（图三二四，10）。

D型　4件。09ⅡM1∶1，敛口，沿微卷，尖唇，束颈，鼓肩，上腹斜直，微弧，下腹微折收，圜底，近平。肩部削泥去皮一层，去胎泥较厚，使肩部略显折线；器身有轮旋纹，下腹部及底部饰绳纹。口径11.2、高17.2厘米（图三二四，12）。09ⅡTG5M10∶1，小口，斜折沿，

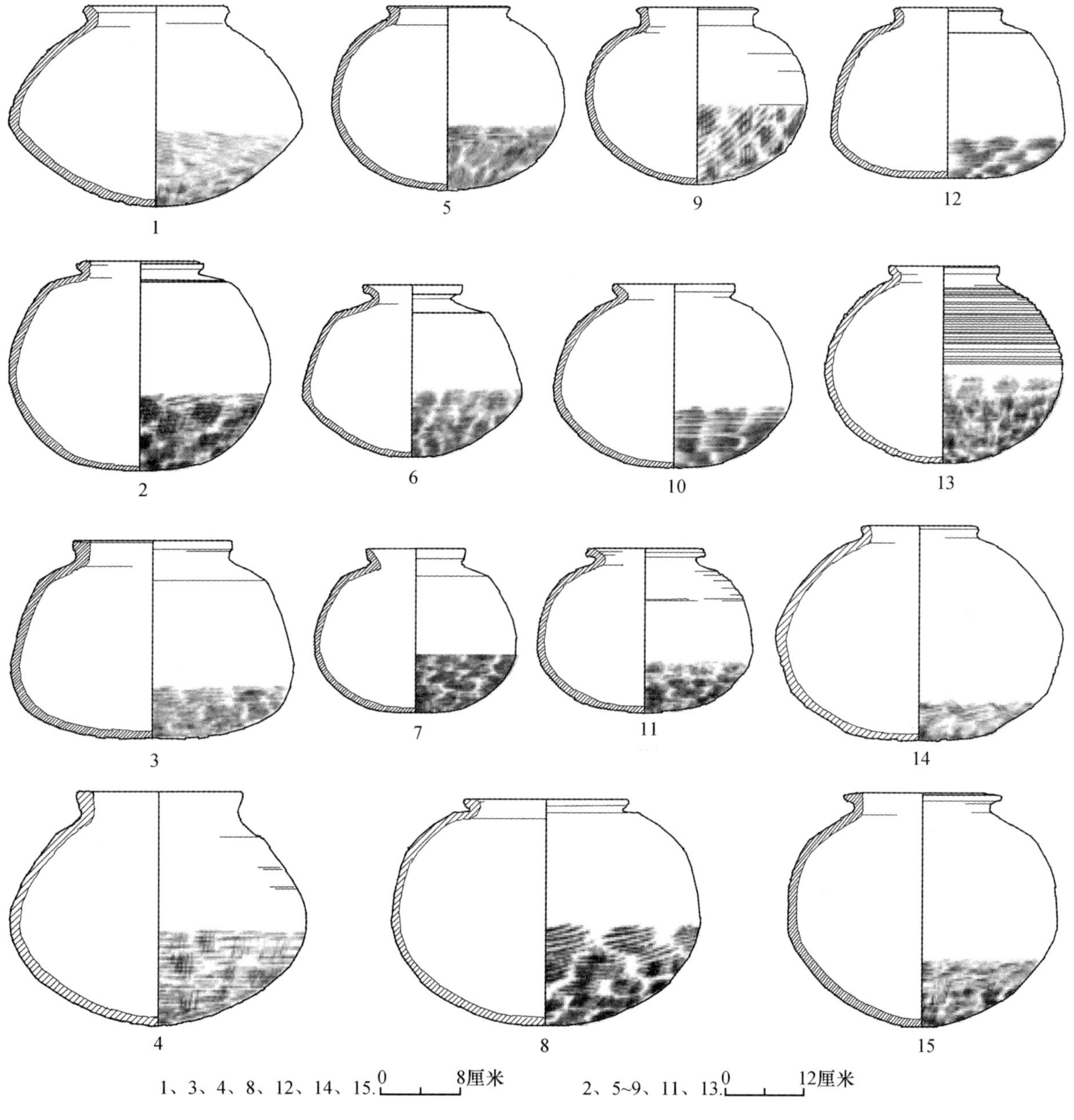

图三二四　09Ⅱ出土西汉时期圜底瓮

1、6、12、14. D型（09ⅡTG8M33∶1、09ⅡTG5M10∶1、09ⅡM1∶1、09ⅡTG8M38∶1）　2、15. Bb型（09ⅡTG9M104∶2、09ⅡTG9M103∶1）　3. A型（09ⅡTG4M83∶5）　4、5. Ba型（09ⅡTG1M11∶1、09ⅡTG4M59∶3）　7、9~11、13. C型（09ⅡTG4M72∶1、09ⅡTG1M3∶3、09ⅡTG9M93∶1、09ⅡTG4M68∶4、09ⅡTG4M64∶1）　8. Bc型（09ⅡTG4M70∶2）

微卷，方唇，束颈，折肩，上腹较直，下腹折内收，圜底。肩部旋削修坯一周，去胎泥较厚，使肩部显一小凹台，下腹及底部饰绳纹。口径 15、高 26.1 厘米（图三二四，6；参见图版七四，6）。09ⅡTG8M33∶1，小口，斜折沿，方唇，束颈，溜肩，上腹斜直，微弧，下腹折内收，圜底。肩腹部有轮旋线，下腹及底部饰绳纹。口径 14、高 20.4 厘米（图三二四，1；参见图版七四，5）。09ⅡTG8M38∶1，小口，沿微侈，圆唇，溜肩，凸鼓腹，微折，圜底，近平。器表有轮旋线，下腹及底部拍印绳纹。口径 12、高 21.8 厘米（图三二四，14）。

平底瓮　18 件。据口部不同分为三型。A 型，折沿。B 型，直口。C 型，高领，鼓腹。

A 型　8 件。据口沿变化可分为四亚型。Aa 型，斜折沿，微卷。Ab 型，斜折沿。Ac 型，折沿近平。Ad 型，斜折沿，沿面有凹槽，状如子母口。

Aa 型　4 件。根据纹饰变化可分为二式。Ⅰ式绳纹细密，较规整。Ⅱ式，出现篮纹。

Ⅰ式：2 件。09ⅡTG4M60∶3，斜折沿，微卷，方唇，折肩，上腹较直，微弧，下腹折收，小平底，内凹。肩部削泥去皮一层，去胎泥较厚，在肩部形成一凹台。上腹部有轮旋线，下腹及底部饰绳纹。口径 14.8、底径 11.6、高 26.6 厘米（图三二五，5；参见图版七五，1）。09ⅡTG4M73∶2，斜折沿，微卷，方唇，肩部微折，鼓腹，小平底。器表饰点状白衣，肩腹部有轮弦线。肩部旋削修坯一周，去胎泥较厚，使肩部略显折线，下腹及底部拍印绳纹。口径 15.2、底径 10、高 29.4 厘米（图三二五，10）。

Ⅱ式：2 件。09ⅡTG2M5∶1，斜折沿，微卷，折肩，上腹斜直，微弧，下腹略显鼓凸，小平底，微内凹。肩部旋削修坯一周，去胎泥较厚，在肩部略显一小折台。器表有轮旋线，下腹及底部饰篮纹。口径 18、底径 12、高 28.8 厘米（图三二五，8）。09ⅡTG8M42∶1，沿微卷，方唇，溜肩，鼓腹，小平底。肩部饰二条凹弦纹，弦纹之间按压箅状戳点纹；下腹及底部饰篮纹，局部拍印痕迹明显，较乱。口径 15.2、底径 8、高 22 厘米（图三二五，1）。

Ab 型　2 件。09ⅡTG9M87∶1，斜折沿，方唇，束颈，折肩，弧腹，下腹折收，小平底，微内凹。肩部旋削修坯一周，去胎泥较厚，使肩部略显折线。器身有轮旋线，下腹及底部饰绳纹。口径 16、底径 9.2、高 26.8 厘米（图三二五，9）。09ⅡTG4108∶1，斜折沿，方唇，折肩，上腹斜直，微弧，下腹略鼓，小平底。肩部旋削修坯一周，去胎泥较厚，在肩部形成一小折台，器表有轮弦线，下腹及底部饰篮纹。口径 15.6、底径 9.2、高 28 厘米（图三二五，18）。

Ac 型　1 件。09ⅡTG3M54∶2，折沿，方唇，束颈，折肩，鼓腹，圜底。器表有轮旋线。肩部旋削修坯一周，去胎泥较厚，使肩部略显折线，下腹及底部饰细密绳纹。口径 18、高 28.8 厘米（图三二五，6）。

Ad 型　1 件。09ⅡTG2M6∶1，折沿，沿面有凹槽，状似子母口，方唇，束颈，折肩，上腹微弧，下腹折收，小平底。肩部旋削修坯修饰一周，使肩部略显折线，下腹及底部饰细密绳纹。口径 16.8、底径 11.2、高 21.4 厘米（图三二五，2；参见图版七五，2）。

B 型　7 件。据唇和肩部变化可分为三亚型。Ba 型，方唇，折肩。Bb 型，圆唇，折肩。Bc 型，方唇，溜肩。

Ba 型　3 件。09ⅡTG7M18∶1，直口，方唇，折肩，上腹斜直，微弧，下腹较鼓凸，小平

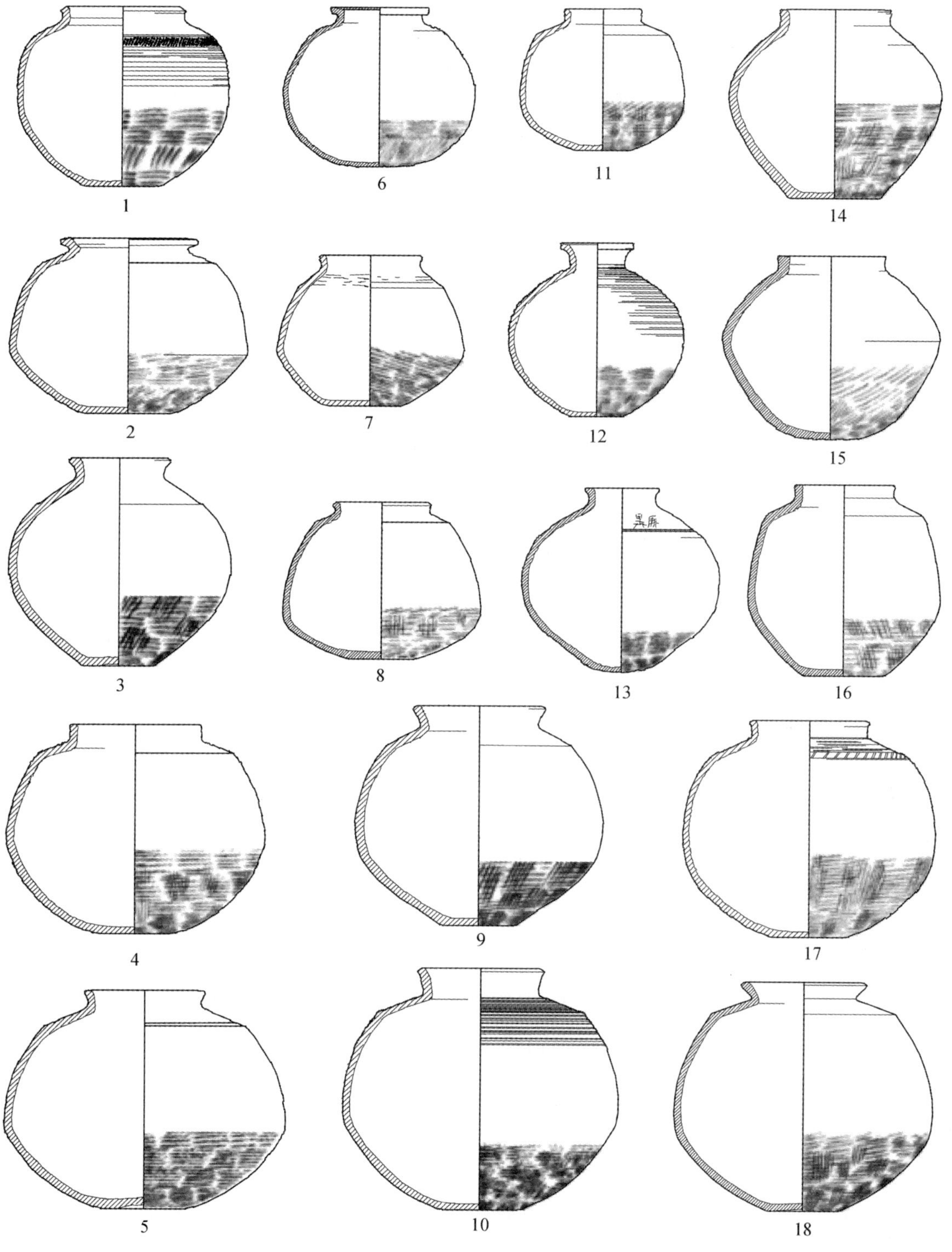

1~5、9、10、14、15、17、18. 0 8厘米 6~8、11~13、16. 0 12厘米

图三二五 09Ⅱ出土西汉时期平底瓮

1、8. Aa型Ⅱ式（09ⅡTG8M42：1、09ⅡTG2M5：1） 2. Ad型（09ⅡTG2M6：1） 3、12、13. C型（09ⅡM84：2、09ⅡTG2M7：3、09ⅡTG6M12：1） 4、7、16. Ba型（09ⅡTG7M18：1、09ⅡTG8M41：1、09ⅡTG8M44：2） 5、10. Aa型Ⅰ式（09ⅡTG4M60：3、09ⅡTG4M73：2） 6. Ac型（09ⅡTG3M54：2） 9、18. Ab型（09ⅡTG9M87：1、09ⅡTG4M108：1） 11、17. Bb型（09ⅡTG8M43：1、09ⅡTG8M45：1） 14、15. Bc型（09ⅡTG8M26：2、09ⅡTG8M30：1）

底。肩部旋削修坯修饰一周，使肩部略显折线，下腹及底部饰绳纹。口径15.6、底径9.2、高25.6厘米（图三二五，4）。09ⅡTG8M41∶1，直口，微侈，方唇，折肩，上腹微弧，下腹折收，小平底。肩部旋削修坯修饰一周，使肩部略显折线。器表有轮旋线，下腹及底部饰绳纹。口径18.6、底径14.4、高27.6厘米（图三二五，7；参见图版七五，3）。09ⅡTG8M44∶2，直口，方唇，折肩，弧腹，平底。肩部旋削修坯修饰一周，使肩部略显折线，腹部有轮旋线，下腹及底部饰篮纹。口径18.6、底径15、高34.8厘米（图三二五，16）。

Bb型　2件。09ⅡTG8M43∶1，直口，微侈，圆唇，束颈，折肩，上腹斜直，微弧，下腹略折收，小平底，微内凹。肩部削泥去皮一周，使肩部略显折线；上腹部有轮旋线，下腹及底部饰绳纹。口径13.8、底径10.2、高26.1厘米（图三二五，11）。09ⅡTG8M45∶1，直口，圆唇，折肩，鼓腹，小平底。肩部旋削修坯一周，使肩部略显折线，肩部有一周纹饰带，器表有轮弦线，下腹及底部饰绳纹。口径14.5、底径8、高26.4厘米（图三二五，17）。

Bc型　2件。09ⅡTG8M26∶2，直口，方唇，溜肩，鼓腹，平底。下腹及底部饰绳纹。口径13.6、底径11.5、高23厘米（图三二五，14）。09ⅡTG8M30∶1，直口，微敛，方唇，溜肩，折腹，小平底。下腹及底部饰绳纹。口径13.2、底径6.4、高22.4厘米（图三二五，15；参见图版七五，4）。

C型　3件。09ⅡTG2M7∶3，口微侈，折沿，方唇，长颈，微弧，溜肩，凸鼓腹，小平底。沿面有凹槽，器表有轮旋线，下腹及底部饰篮纹。口径13.2、底径9.6、高31.8厘米（图三二五，12；参见图版七五，5）。09ⅡTG6M12∶1，直口，微敛，方唇，唇沿外凸，束颈，溜肩，凸鼓腹，小平底。器表压光。肩部饰凹弦纹一周，下腹及底部饰篮纹。肩部刻划两字，一字为“马”，另一字为“匹”或“邑”。口径13.5、底径6、高33.6厘米（图三二五，13；参见图版七五，6）。09ⅡTG4M84∶2，口微侈，方唇，束颈，溜肩，凸鼓腹，小平底，微内凹。器表有轮旋线。肩部旋削修坯修饰一周，使肩部略显折台，下腹及底部饰篮纹。口径12.4、底径8.4、高25.4厘米（图三二五，3）。

坊　1件。09ⅡTG4M83∶1，器盖，方形，盝顶，子母口。坊，方口微侈，方唇，束颈，溜肩，鼓腹，方足。器盖四刹彩绘分两部分，上部勾云纹，下部白衣饰边；器身左右两侧彩绘兽首衔环（参见彩版一四，2），前后两面彩绘勾云纹；足四面均彩绘云纹，底缘白衣饰边。口径12、底径12、高42厘米（图三二六，3；参见彩版一四，3）。

盒　8件。根据器型可分为三型。A型，器盖有捉手，平底略显足形。B型，平底，或略显足形。C型，接近于饼足，与实际意义上的饼足略有区别。

A型　1件。09ⅡTG4M83∶9，器盖，方唇，盖面隆起，顶部有圈足状捉手。盒，子母口较宽，方唇，向上突起，弧腹，饼足，微内凹。盒身做工略粗糙，轮旋线明显，下腹旋削一周。器盖做工精细，捉手内云纹与瓦当云纹相似，捉手外为流云纹，作三瓣状。口径17.6、底径8.4、高12.4厘米（图三二六，7；参见图版七六，6）。

B型　2件。据彩绘方式可分二亚型。Ba型，直接在器表上施彩绘。Bb型，器表先施白衣，再绘彩绘。

图三二六 09Ⅱ出土西汉时期陶器

1、2、4～6. C型盒（09ⅡTG4M81∶2、09ⅡTG3M54∶1、09ⅡM1∶4、09ⅡTG4M81∶8、09ⅡTG7M18∶7） 3. 坊（09ⅡTG4M83∶1） 7. A型盒（09ⅡTG4M83∶9） 8. Bb型盒（09ⅡTG4M68∶9） 9. Ba型盒（09ⅡTG4M72∶4）

Ba型　1件。09ⅡTG4M72:4，器盖，方唇，盖面隆起。盒，子母口，尖圆唇，向上凸起，弧腹，平底，略显足形。器盖饰红、白、绿三色组成的云纹，盒腹部饰红白二色纹饰带，云纹流畅，状如云龙，均直接绘制在器表上。下腹旋削修坯一周，使底部略显足形。口径17.6、底径7.6、高12厘米（图三二六，9；参见彩版一四，4）。

Bb型　1件。09ⅡTG4M68:9，器盖，平沿，盖面隆起，弧形顶。盒，子母口，弧腹，平底。器表施白衣，彩绘大部分脱落，器盖上残留有部分红色卷云纹。口径18、底径8.8、高13厘米（图三二六，8；参见图版七六，1）。

C型　5件。09ⅡTG3M54:1，器盖，方唇，盖面隆起，顶部略平。盒，子母口，弧腹，平底，稍显足形。下腹旋削修坯一周，去胎泥较厚，使底部略显足形。盒腹部施白衣、彩绘，大部分脱落。口径18、底径7.6、高12.4厘米（图三二六，2）。09ⅡM1:4，器盖，方唇，盖面隆起，弧形顶。盒，子母口，弧腹，平底，显足形。器表施白衣、彩绘，大部分脱落。器身有轮旋线，下腹旋削修坯一周，去胎泥较厚，使底部显足形。口径18、底径7.6、高12厘米（图三二六，4；参见图版七六，4）。09ⅡTG7M18:7，器盖，方唇，盖面隆起，顶部较平。盒，子母口，弧腹，饼足。下腹旋削修坯一周，去胎泥较厚，使底部显饼足形。器表施白衣，彩绘漫漶。口径16.2、底径7.2、高11.6厘米（图三二六，6；参见图版七六，3）。09ⅡTG4M81:2，器盖，方唇，盖面隆起，顶部较平。盒，子母口，弧腹，小平底，略显足形，微内凹。器身有轮弦线，下腹旋削修坯一周，去胎泥较厚，使底部略显足形。器表施白衣，彩绘脱落。口径17.6、底径7.6、高13厘米（图三二六，1；参见图版七六，5）。09ⅡTG4M81:8，器盖，方唇，盖面隆起，顶部缓平。盒，子母口，弧腹，小平底。器身有轮弦线，下腹旋削修坯一周，去胎泥较厚，使底部略显足形。器表施白衣，彩绘脱落。口径17.6、底径7.5、高12.5厘米（图三二六，5；参见图版七六，2）。

钵　10件。可分为二型。A型，折腹钵。B型，弧腹钵。

A型　7件。可分为二亚型。Aa型，折腹，平底。Ab型，折腹，饼足。

Aa型　6件。09ⅡTG7M21:2，直口，微敛，方唇，上折腹，下腹略鼓凸，平底，微内凹。下腹旋削修坯一周，去胎泥较厚，使下腹中部略显鼓凸。口径18、底径8、高7.4厘米（图三二七，2）。09ⅡTG4M59:4，直口，微敛，方唇，上折腹，下腹斜直，平底。腹部有轮弦线，下腹部旋削修坯一周。口径14、底径7.2、高5.8厘米（图三二七，6）。09ⅡTG2M9:5，直口，微侈，方唇，上折腹，下腹斜直，平底。器表有轮旋线，下腹旋削修坯一周，去胎泥较厚，使下腹略显折线。口径14、底径5.2、高6厘米（图三二七，5；参见图版七七，2）。09ⅡTG8M43:2，直口，微敛，方唇，上折腹，下腹斜直微弧，平底。腹部有轮弦线，下腹旋削修坯一周。上腹刻划一“甲”字。口径22.4、底径10.4、高10厘米（图三二七，4；参见图版七七，3）。09ⅡTG4M51:6，直口，方唇，上折腹，下腹略鼓凸，平底。下腹旋削修坯一周，去胎泥较厚，使下腹中部略显鼓凸。口径15.2、底径5.6、高5.6厘米（图三二七，1；参见图版七七，1）。09ⅡTG4M60:2，直口，微敛，方唇，上折腹，平底，微内凹。器表有轮旋线，下腹旋削修坯一周，去胎泥较厚，使下腹折棱线明显。口径14.8、底径6.8、高6.2厘米（图三二七，8）。

Ab型 1件。09ⅡTG9M100:1，直口，微敛，方唇，上折腹，下腹斜直，微弧，饼足。器表有轮旋线，下腹部有旋削痕迹。口径22、底径10、高8.6厘米（图三二七，3；参见图版七七，4）。

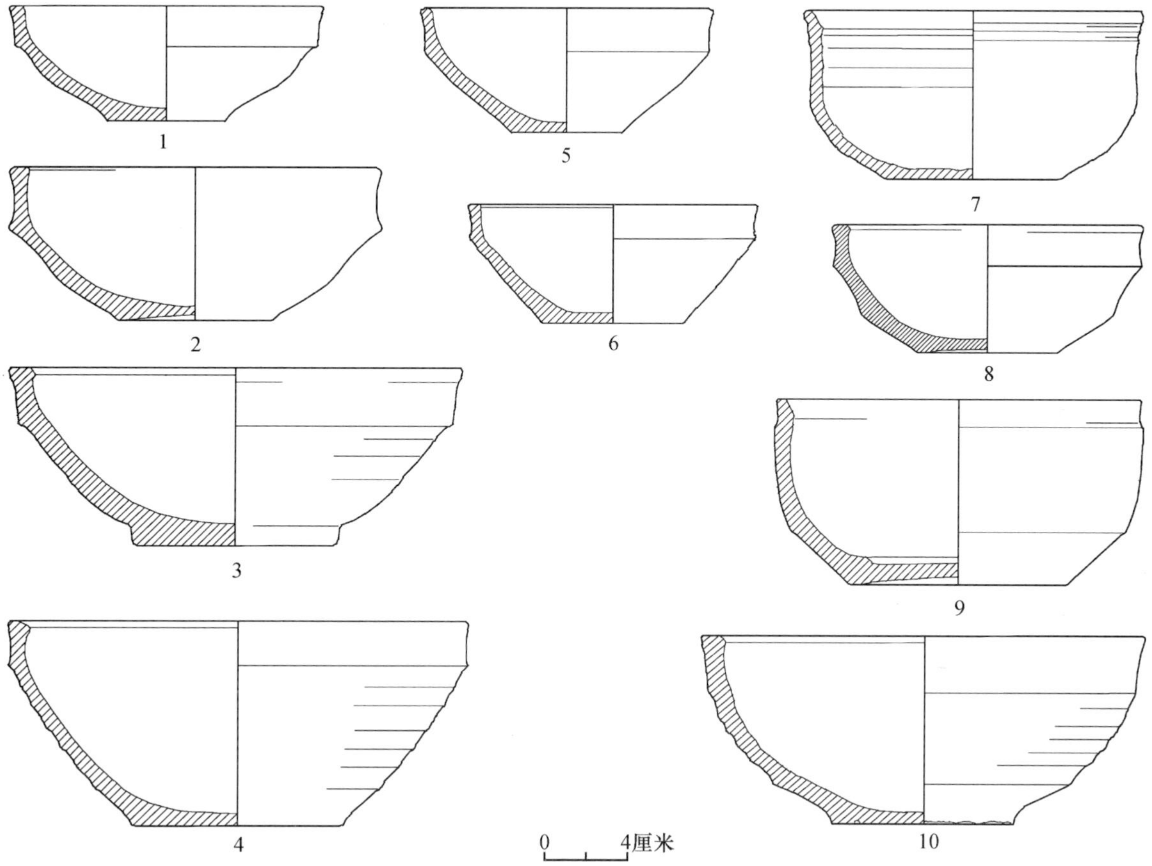

图三二七 09Ⅱ出土西汉时期陶钵

1、2、4～6、8. Aa型（09ⅡTG4M51:6、09ⅡTG7M21:2、09ⅡTG8M43:2、09ⅡTG2M9:5、09ⅡTG4M59:4、09ⅡTG4M60:2） 3. Ab型（09ⅡTG9M100:1） 7、9、10. B型（09ⅡM1:2、09ⅡTG9M87:2、09ⅡTG9M103:5）

B型 3件。09ⅡM1:2，泥质灰陶。直口，微侈，圆唇，上腹较直，下腹折收，平底，器身有轮旋线，下腹旋削一周去胎泥较厚，使下腹部略显折棱。口径16.8、底径8.4、高8.2厘米（图三二七，7）。09ⅡTG9M87:2，直口，微侈，方唇，上腹较直，下腹折收，平底，微内凹。唇下饰凹槽，下腹旋削修坯一周，去胎泥较厚，使下腹折棱线明显。口径18、底径10.8、高9厘米（图三二七，9）。09ⅡTG9M103:5，直口，微敛，方唇，弧腹，矮饼底。腹部有轮弦线，下腹旋削修坯一周，去胎泥较厚，使底部略显足形。钵内刻划“阳平”两字，“阳”在上。口径21.6、底径8.8、高9.2厘米（图三二七，10；参见图版七七，5、6）。

盆 1件。09ⅡTG8M26:1，深腹，口微侈，折沿，方唇，斜直腹，微弧，平底。器表有轮旋线，下腹部旋削修坯一周。口径28、底径14.8、高11.8厘米（图三二八，4；参见图版七八，1）。

陶奁　1件。09ⅡTG4M80∶1，直口，方唇，深直腹，微弧，圜底。器表有轮旋线，底部拍印有绳纹。口径20、高14厘米（图三二八，18；参见图版七八，2）。

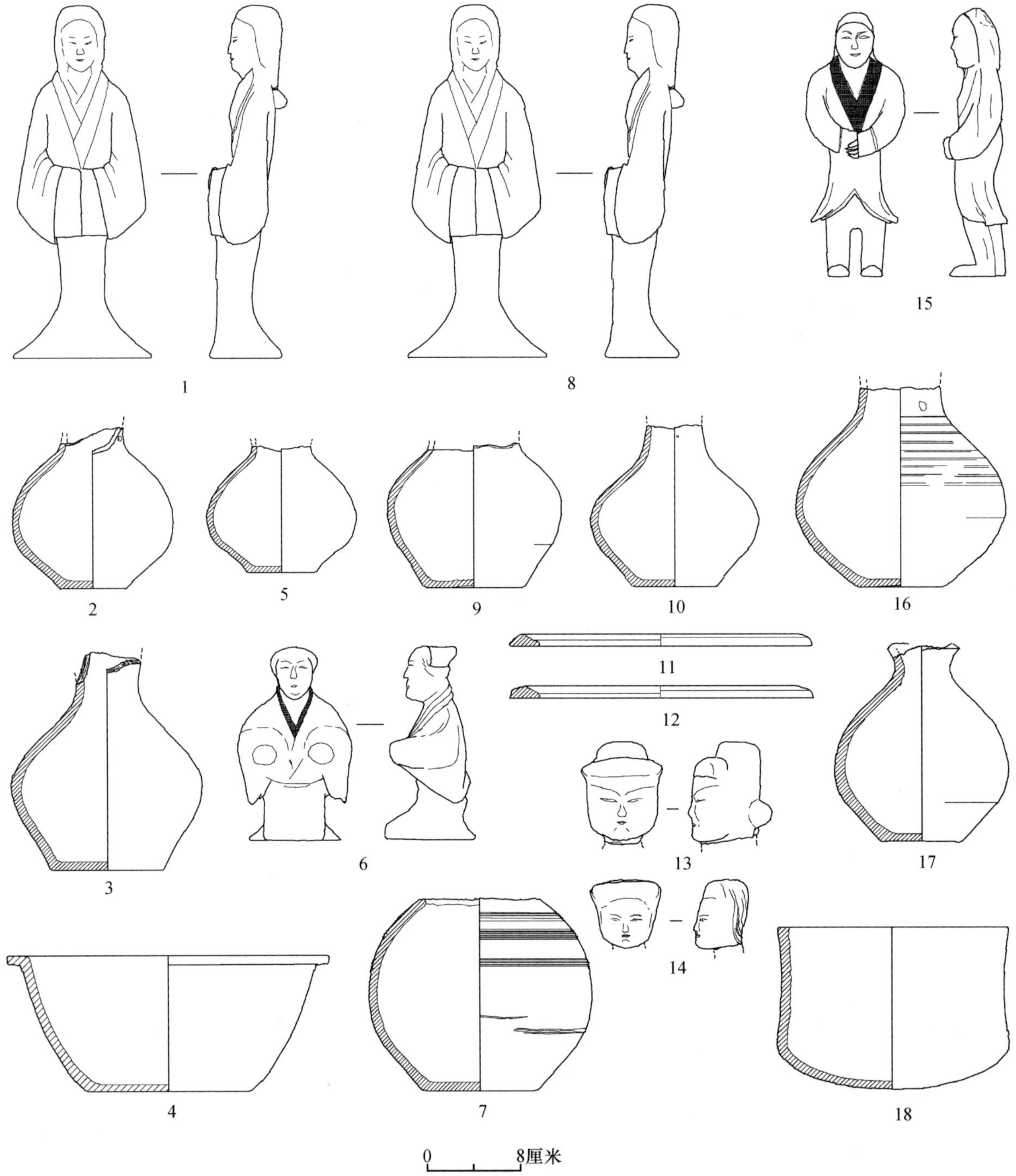

图三二八　09Ⅱ出土西汉时期陶器

1、8、15. 直立俑（09ⅡTG4M81∶10、09ⅡTG4M81∶11、09ⅡTG3M56∶1）　2、3、16、17. 残壶（09ⅡTG2M9∶2、09ⅡTG4M60∶5、09ⅡTG2M5∶3、09ⅡTG6M30∶2）　4. 盆（09ⅡTG8M26∶1）　5、7、9、10. 残罐（09ⅡTG4M70∶3、09ⅡTG4M69∶2、09ⅡTG9M93∶3、09ⅡTG9M104∶6）　6. 跽坐俑（09ⅡTG4M83∶10）　11、12. 车轮（09ⅡTG4M68∶6、09ⅡTG4M68∶7）　13、14. 俑头（09ⅡTG4M72∶9、09ⅡTG4M72∶10）　18. 奁（09ⅡTG4M80∶1）

俑 6件。跽坐俑1件，直立俑3件，俑头2件。

跽坐俑 1件。09ⅡTG4M83:10，跽坐状。上身微前倾，双膝跪坐，足尖着地，臀部坐在双足跟上。圆脸丰腴，面部五官除高鼻外其他不清，梳髻于脑后，身穿立领宽袖右衽深衣，可见内衣两层，下着落地长裙，下摆呈喇叭状，双臂平端，应作前伸持物状。面部和全身施白衣，领部残留红彩。高16.8厘米（图三二八，6；参见图版七八，7）。

俑头 2件。男俑头1件。09ⅡTG4M72:9，脸型方正饱满，面目不清。头戴红色武弁，面部施白衣。残高9厘米（图三二八，13；参见图版七八，3）。女俑头1件。09ⅡTG4M72:10，圆脸丰腴，修眉细目，高鼻小嘴，目视前方。前额发髻左右平分，梳髻于脑后，面部施白衣。残高6厘米（图三二八，14；参见图版七八，4）。

直立俑 3件。着长袍俑1件，09ⅡTG3M56:1，该俑向前微倾，头微低，面部五官不清，头戴红色幞头，内穿红色襦衣，外着交领左衽长袍，袍下露足，双手环抱腹前袖手而立。神态谦恭祥和，面部和全身施白衣，长袍领部残留红彩。高22.6厘米（图三二八，15；参见图版七八，5）。喇叭状长裙俑2件，形制、大小均相同。09ⅡTG4M81:10、11，身材修长，直立，扁身。面部五官不清，梳髻于脑后，身穿双重立领左衽落地长裙，下摆呈喇叭状，袖手环抱于腹前，神态祥和。面部和全身施白衣，残留红彩。高30.6厘米（图三二八，1、8；参见图版七八，6）。

车轮 4件。09ⅡTG4M68:6、7，大小、形制均相同。圆形，片状，直径26、内径20.8厘米（图三二八，11、12）。

残器 8件。从发掘现场及陶器残口分析，此8件陶器均为随葬前破损，如M69:2，残口局部有磨损痕迹。

根据器型推断，8件残器可分为陶罐、陶壶两类。

陶罐 4件。09ⅡTG9M93:3，口残，溜肩，鼓腹，平底。下腹部旋削一周。底径8.8、残高12厘米（图三二八，9）。09ⅡTG4M69:2，口残，有修整痕迹，溜肩，鼓腹，平底。肩部左右两侧各有一个穿孔，肩腹部饰三组细密凹弦纹纹饰带，器表有轮弦线。底径10、残高16.8厘米（图三二八，7）。09ⅡTG4M70:3，口残，溜肩，鼓腹，平底。下腹旋削修坯一周。器表施白衣。底径6、残高11厘米（图三二八，5）。09ⅡTG9M104:6，口残，溜肩，鼓腹，平底。器表施白衣，在颈部一侧有一圆形钻孔。下腹旋削修坯一周。底径7.2、残高14厘米（图三二八，10）。

壶 4件。09ⅡTG2M5:3，口残，溜肩，鼓腹，平底，微内凹。腹部有轮旋线，下腹旋削修坯一周。底径7.6、残高17厘米（图三二八，16）。09ⅡTG2M9:2，口残，溜肩，鼓腹，平底。下腹旋削修坯一周，颈部有一穿孔。底径5.6、残高14厘米（图三二八，2）。09ⅡTG6M30:2，口残，溜肩，鼓腹，平底。腹部有轮旋线，下腹有旋削修坯一周，去胎泥较厚，使下腹部略显折线。底径6.8、残高17厘米（图三二八，17）。09ⅡTG4M60:5，口残，束颈，溜肩，凸鼓腹，平底，微内凹。器表轮旋线明显，下腹部有旋削修坯痕迹。底径10、残高19厘米（图三二八，3）。

（2）铜器

铜器主要类型有铜带钩、铜铃、铜饰件、铜钱等。

铜带钩　8件。09ⅡTG2M5:4，钩残，上表面镶嵌绿松石。残长5.8厘米（图三二九，2）。09ⅡTG2M7:1，素面。钩体略宽于颈，腹部较长，鼓起呈弧形，尾部略宽。带钩背部有一扁平圆纽。钩长11.8厘米（图三二九，6）。09ⅡTG4M51:9，器形较小。大体呈蝌蚪状。长3.5厘米（图三二九，8）。09ⅡTG3M58:1，钩首缺失。素面，钩体略宽于颈，腹部较长，鼓起成弧形，带钩背部有一扁平圆纽。钩长9.5厘米（图三二九，3）。09ⅡTG4M62:1，钩首为一对突出眼睛，钩体略宽于颈，腹部较长，上面鼓起呈弧形。带钩背部有一扁平圆纽。钩长6厘米（图三二九，9）。09ⅡTG4M83:12，钩残，残长7.2厘米（图三二九，11）。09ⅡTG9M101:1，钩首残缺，钩体饰一大象，钩长3.5厘米（图三二九，10）。09ⅡTG9M104:1，钩首残缺，钩体中间有一条凸棱，腹部较长，鼓起成弧形，带钩背部有一扁平圆纽。长5.9厘米（图三二九，5）。

铜铃　1件。09ⅡTG1M3:1，合瓦形，口外张呈弧形，平顶，小纽。高0.2、宽6厘米（图三二九，7）。

铜饰件　1件。09ⅡTG4M108:3，该铜器一头为方孔，一头为圆孔，中部为一球形连接。长9.6厘米（图三二九，1）。

铜钱　14枚。分半两和五铢两种。

半两钱　3枚。09ⅡTG9M101:2，2枚，形制相同，均浇注，圆形，方穿，正反两面周边及穿外均无郭，字体规整。一枚直径3厘米，另一枚2.8厘米（图三二九，4）。09ⅡTG2M9:1，浇注，圆形，方穿，正反两面周边及穿外均无郭。直径2.4厘米（图三三〇，1）。

五铢钱　11枚。09ⅡTG2M4:5，浇注，圆形，方穿。“五”字较窄长，中间交叉两笔较圆曲，“铢”字漫漶不清。直径2.5厘米（图三三〇，2）。09ⅡTG2M8:2，浇注，圆形，方穿。“五”字较窄小，中间交叉两笔较直，“铢”字漫漶不清。直径2.5厘米（图三三〇，7）。09ⅡTG1M11:5、6，大小、形制均相同。浇注，圆形，方穿。“五”字较窄长，中间交叉两笔较圆曲，“铢”字漫漶不清。直径2.5厘米（图三三〇，3、4）。09ⅡTG4M51:7、8，形状、大小均相同。浇注，圆形，方穿。“五”字中间交叉两笔较圆曲，“铢”字漫漶不清。直径2.5厘米（图三三〇，5、6）。09ⅡTG4M73:1，浇注，圆形，方穿。“五”字较窄长，中间交叉两笔较圆曲，“铢”字漫漶不清。直径2.5厘米（图三三〇，8）。09ⅡTG4M84:1，浇注，圆形，方穿。“五”字较窄长，中间交叉两笔较圆曲，“铢”字漫漶不清。直径2.5厘米（图三三〇，9）。09ⅡTG9M95:4，浇注，圆形，方穿。“五”字较窄小，中间交叉两笔较直，“铢”字漫漶不清。直径2.5厘米（图三三〇，10）。09ⅡTG9M102:6，浇注，圆形，方穿，字体规整。“五”字较窄小，中间交叉两笔略圆曲。直径2.5厘米（图三三〇，11）。09ⅡTG9M102:7，浇注，圆形，方穿。“五”字中间交叉两笔圆曲。直径2.5厘米（图三三〇，12）。

（3）铁器

铁器仅见铁刀一类。

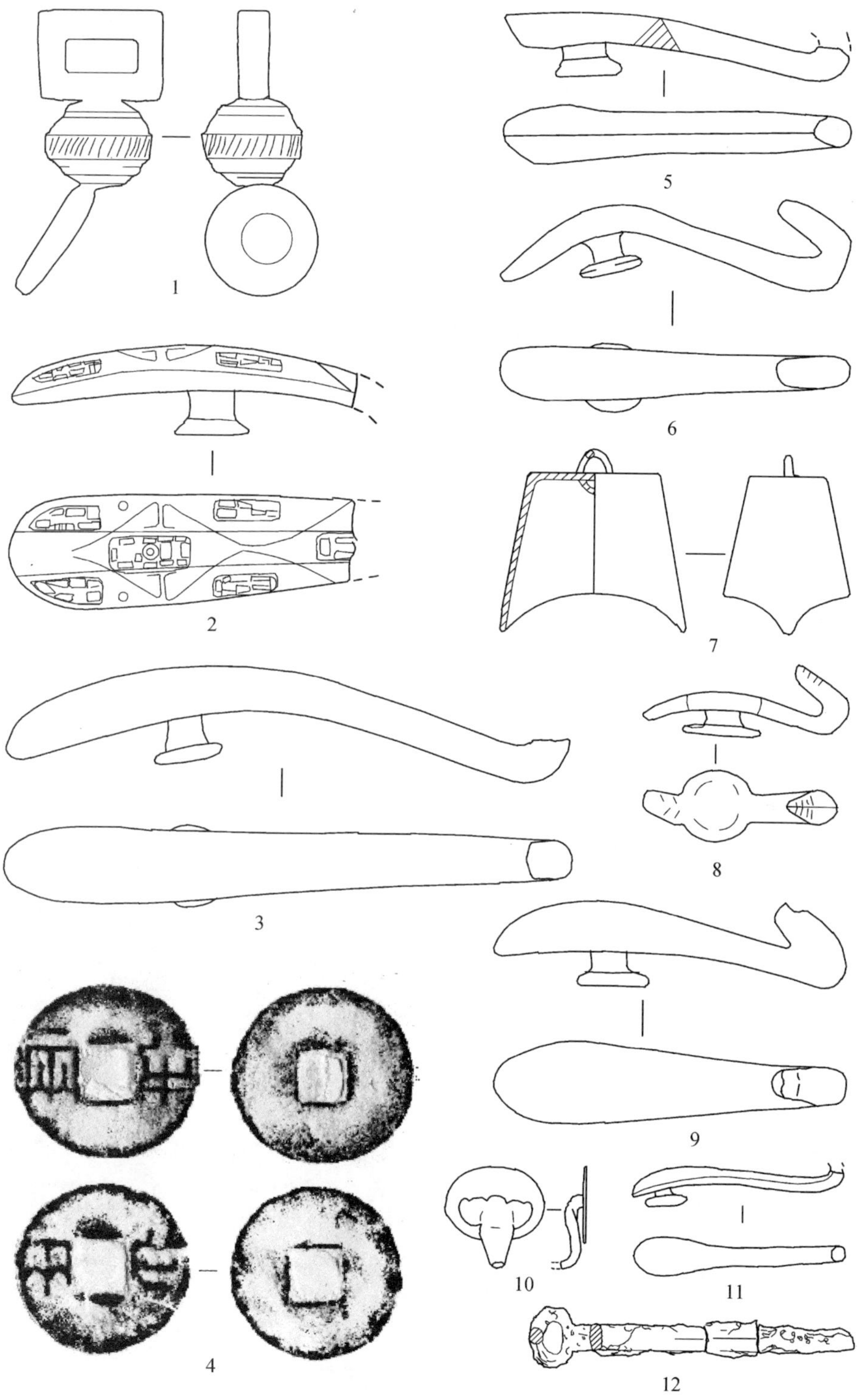

1、6、7、10、11. 0　2厘米　2~5、8、9. 0　1厘米　12. 0　4厘米

图三二九　09Ⅱ出土西汉时期器物

1. 铜饰件（09ⅡTG4M108∶3）　2、3、5、6、8～11. 铜带钩（09ⅡTG2M5∶4、09ⅡTG3M58∶1、09ⅡTG9M104∶1、09ⅡTG2M7∶1、09ⅡTG4M51∶9、09ⅡTG4M62∶1、09ⅡTG9M101∶1、09ⅡTG4M83∶12）　4. 铜钱（09ⅡTG9M101∶2）　7. 铜铃（09ⅡTG1M3∶1）　12. 铁刀（09ⅡM83∶11）

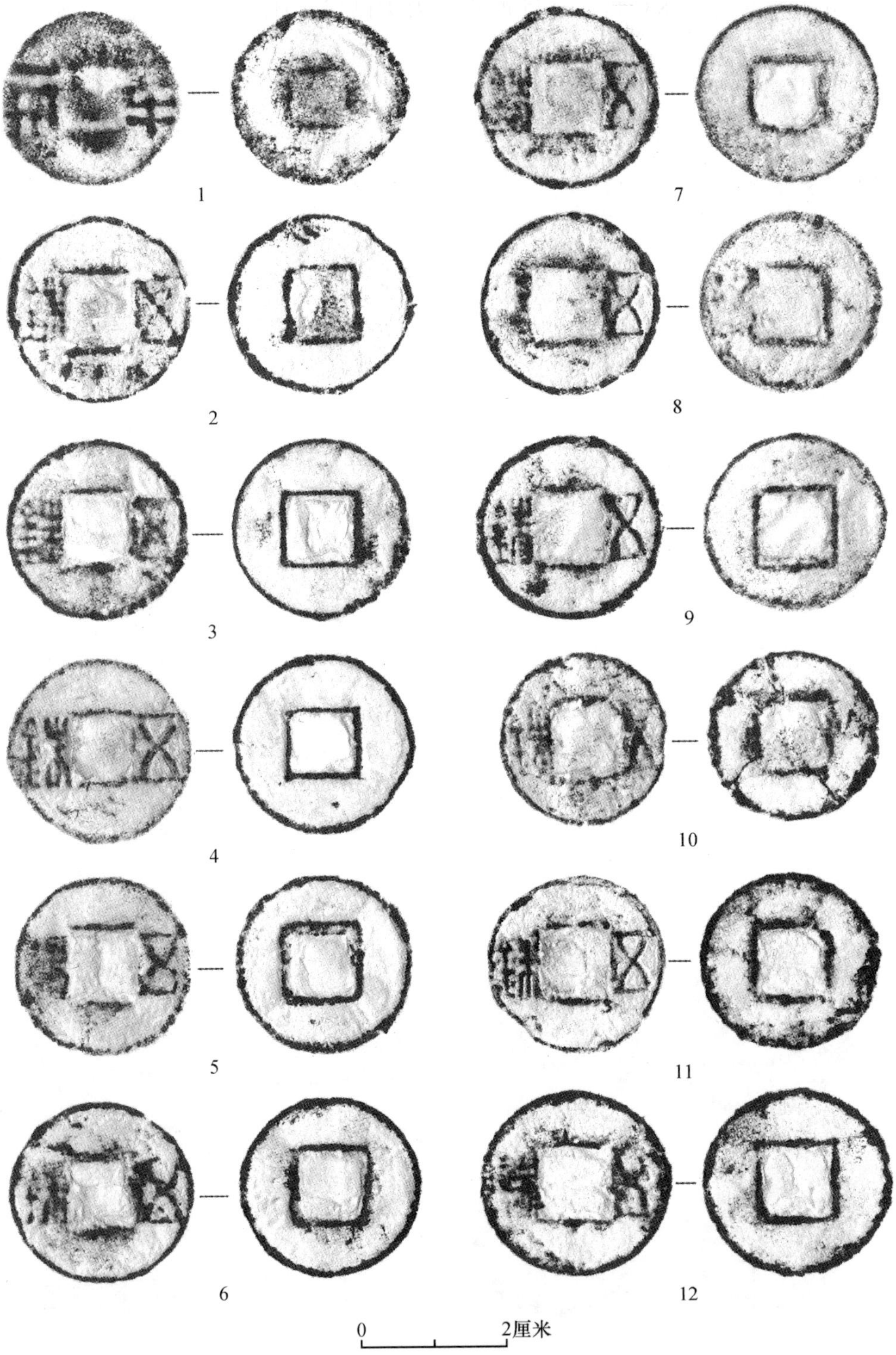

图三三〇　09Ⅱ出土西汉时期铜钱

1. 半两钱（09ⅡTG2M9∶1）　2～12. 五铢钱（09ⅡTG2M4∶5、09ⅡTG1M11∶5、09ⅡTG1M11∶6、09ⅡTG4M51∶7、09ⅡTG4M51∶8、09ⅡTG2M8∶2、09ⅡTG4M73∶1、09ⅡTG4M84∶1、09ⅡTG9M95∶4、09ⅡTG9M102∶6、09ⅡTG9M102∶7）

铁刀 1件。09ⅡTG4M83∶11，锈蚀严重。刀尖已残，环首，刀身微弧，断面呈弧形。残长22、宽2厘米（图三二九，12）。

（4）骨器

骨器仅见骨筹一类。

骨筹 1组11枚。09ⅡTG1M3∶2，形状大小基本相同。每枚正面刻3字。长12.3、宽13、厚0.5厘米（图三三一；图版七九）。

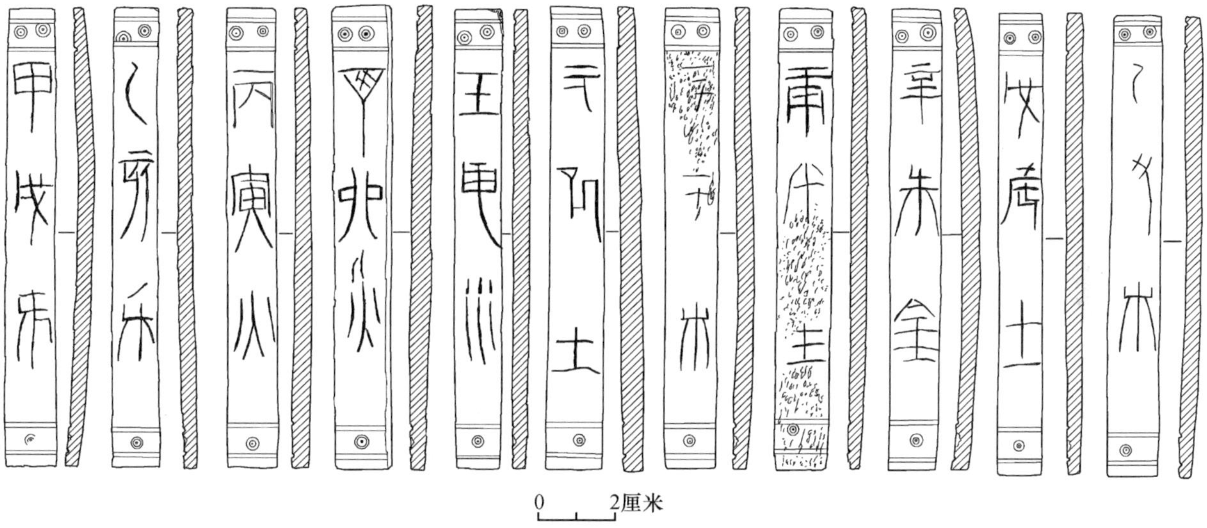

图三三一 09Ⅱ出土西汉时期骨筹（09ⅡTG1M3∶2）

3. 随葬品组合关系概述

张夺2号遗址墓区共发掘战国至西汉时期墓葬108座，其中43座墓葬由于被盗严重或是其他原因没有发现随葬品；10座墓葬仅有1件随葬品，或是铜带钩，或是陶罐，或是陶俑，结合墓葬形制，可以推断出大部分墓主较为贫穷；其余55座墓葬随葬品较为丰富，其中又以陶器为大宗，类型多样，数量众多（表八）。这些随葬品能很好地反映出本地区战国到西汉时期经济、文化、丧葬习俗的演变过程。

上述墓葬时代大体可以分为战国时期、秦至西汉两个大的时期。战国时期是社会政治、经济大变革时期，西周时期的礼乐制度早已无人遵守，反映在丧葬方面就是平民墓地出现了多重棺椁，并且随葬有成套的仿铜陶礼器。如墓区的8座战国墓葬中有6座1棺1椁，1座1棺2椁。这8座战国墓葬，09ⅡTG3M55、09ⅡTG4M67、09ⅡTG9M88仅有带钩1件，09ⅡTG4M63有带钩、蚌器各1件，其余四座墓葬均出土鼎、壶、豆等陶礼器和生活器皿。秦至西汉时期的墓葬仍然延续着这一演变情况，只是礼器变少，生活器皿的类型、数量逐渐增多。如罐、瓮、钵等器物的出现，器形也随着时代的演变而不断地变化（表九）。

表八　张夺 2 号遗址墓区出土陶罐组合关系简表

墓号		类型 / 数量	陶罐																									
			A型							B型					c型				D型			E型						F型
			Aa型				Ab型	Ac型	Ad型	Ba型	Bb型	Bc型	Bd型	Be型	Ca型	Cb型	Cc型	Cd型	Da型	Db型	Dc型	Ea型	Eb型	Ec型	Ed型	Ee型	Ef型	
			Aa型Ⅰ式	Aa型Ⅱ式	Aa型Ⅲ式	Aa型Ⅳ式																						
秦至西汉	第一期	09ⅡTG3M53	1																									
秦至西汉	第二期	09ⅡTG1M11								3																		
秦至西汉	第二期	09ⅡTG7M21		1																								
秦至西汉	第二期	09ⅡTG8M28	1																									
秦至西汉	第二期	09ⅡTG8M33																		2		1						
秦至西汉	第二期	09ⅡTG8M38					1		1																			
秦至西汉	第二期	09ⅡTG3M54												2			1					1						
秦至西汉	第二期	09ⅡTG4M59							1	1																		
秦至西汉	第二期	09ⅡTG4M61	1																									
秦至西汉	第二期	09ⅡTG4M69	1																									
秦至西汉	第二期	09ⅡTG4M75		1							3																	
秦至西汉	第二期	09ⅡTG4M77	1																									
秦至西汉	第二期	09ⅡTG4M83															1		1									
秦至西汉	第二期	09ⅡTG9M96		1																								
秦至西汉	第二期	09ⅡTG9M101	1																									
秦至西汉	第三期	09ⅡM1								2						1												
秦至西汉	第三期	09ⅡTG1M3						1	1		1				1													
秦至西汉	第三期	09ⅡTG2M4								3														1				
秦至西汉	第三期	09ⅡTG2M5						1																				
秦至西汉	第三期	09ⅡTG2M6																		2	1							
秦至西汉	第三期	09ⅡTG2M7								3																		
秦至西汉	第三期	09ⅡTG2M9																1										
秦至西汉	第三期	09ⅡTG5M10						1						1						1	1							
秦至西汉	第三期	09ⅡTG6M12								3																		
秦至西汉	第三期	09ⅡTG7M18										2			1													
秦至西汉	第三期	09ⅡTG8M26								2							1											

续表

类型 / 数量 / 墓号			陶罐																									
			A型							B型					c型				D型			E型						F型
			Aa型				Ab型	Ac型	Ad型	Ba型	Bb型	Bc型	Bd型	Be型	Ca型	Cb型	Cc型	Cd型	Da型	Db型	Dc型	Ea型	Eb型	Ec型	Ed型	Ee型	Ef型	
			Aa型Ⅰ式	Aa型Ⅱ式	Aa型Ⅲ式	Aa型Ⅳ式																						
秦至西汉	第三期	09ⅡTG6M30																										
		09ⅡTG8M41								4																		
		09ⅡTG8M42																										
		09ⅡTG8M43								1	1										2							
		09ⅡTG8M44																										
		09ⅡTG8M45									3																	
		09ⅡTG4M51													4									1				
		09ⅡTG4M60													1								1					
		09ⅡTG4M64								1					1													
		09ⅡTG4M66													1													
		09ⅡTG4M68									2					1												
		09ⅡTG4M70										1																
		09ⅡTG4M72													1		1				1							
		09ⅡTG4M73								3																		
		09ⅡTG4M81															1				2							
		09ⅡTG4M84									2																	
		09ⅡTG9M87									2						1											
		09ⅡTG9M93										1			2													
		09ⅡTG9M100			1										3													
		09ⅡTG9M102			1		1						3															
		09ⅡTG9M103										1			2													
		09ⅡTG9M104																			1					1		
		09ⅡTG4M108					1																					
	第四期	09ⅡTG4M80				1																					3	
		09ⅡTG9M95				1																			1			
		09ⅡTG9M97																										1

表九　张夺2号遗址墓区主要随葬品组合关系简表

时期	墓号	鼎A型Aa型	鼎A型Ab型	鼎A型Ac型	鼎B型	壶A型Aa型	壶A型Ab型	壶B型Ba型	壶B型Bb型	壶C型	壶D型	小壶A型	小壶B型	盖豆A型	盖豆B型	高柄豆	匜A型	匜B型	盘A型	盘B型	盘C型	鸭形尊	瓮圜底瓮A型	瓮圜底瓮B型Ba型	瓮圜底瓮B型Bb型	瓮圜底瓮B型Bc型	瓮圜底瓮C型	瓮圜底瓮D型	瓮平底瓮A型Aa型Ⅰ式	瓮平底瓮A型Aa型Ⅱ式	瓮平底瓮A型Ab型	瓮平底瓮A型Ac型	瓮平底瓮A型Ad型	瓮平底瓮B型Ba型	瓮平底瓮B型Bb型	瓮平底瓮B型Bc型	瓮平底瓮C型	盒A型	盒B型Ba型	盒B型Bb型	盒C型	钵A型Aa型	钵A型Ab型	钵B型	盆	奁	坊	俑跽坐俑	俑直立俑	俑俑头	车轮	残器罐	残器壶	铜带钩A型	铜带钩B型	铜铃	饰件	铜钱半两	铜钱五铢	其他（此表无罐，见表八）
战国时期	09 Ⅱ TG3M48	1				1								1						1																																								铁带钩1
战国时期	09 Ⅱ TG3M49								1					1		2			1																																										玛瑙环5、璜形器4、铁带钩1、骨簪1
战国时期	09 Ⅱ TG3M55																																																					1						
战国时期	09 Ⅱ TG4M63																																																						1					蛙器1
战国时期	09 Ⅱ TG4M65	1				1						2		1		1	1				1	1																																						
战国时期	09 Ⅱ TG4M67																																																						1						
战国时期	09 Ⅱ TG4M78				1			2							1	1		1			1																																							玛瑙环1
战国时期	09 Ⅱ TG9M88																																																						1					
秦至西汉第一期	09 Ⅱ TG4M62																																																					1						
秦至西汉第二期	09 Ⅱ TG1M11																							1																																			2	
秦至西汉第二期	09 Ⅱ TG7M21																																									1																		

续表

时代	期	墓号	陶器 鼎 A型 Aa型	鼎 A型 Ab型	鼎 A型 Ac型	鼎 B型	壶 A型 Aa型	壶 A型 Ab型	壶 B型 Ba型	壶 B型 Bb型	壶 C型	壶 D型	小壶 A型	小壶 B型	盖豆 A型	盖豆 B型	高柄豆	匜 A型	匜 B型	盘 A型	盘 B型	盘 C型	鸭形尊	瓮 圜底瓮 A型	圜底瓮 B型 Ba型	圜底瓮 B型 Bb型	圜底瓮 B型 Bc型	圜底瓮 C型	圜底瓮 D型	平底瓮 A型 Aa型Ⅰ式	平底瓮 A型 Aa型Ⅱ式	平底瓮 A型 Ab型	平底瓮 A型 Ac型	平底瓮 A型 Ad型	平底瓮 B型 Ba型	平底瓮 B型 Bb型	平底瓮 B型 Bc型	平底瓮 C型	盒 A型	盒 B型 Ba型	盒 B型 Bb型	盒 C型	钵 A型 Aa型	钵 A型 Ab型	钵 B型	盆	奁	坊	俑 跽坐俑	俑 直立俑	俑头	车轮	残器 罐	残器 壶	铜器 铜带钩 A型	铜带钩 B型	铜铃	饰件	铜钱 半两	铜钱 五铢	其他 此表无罐,见表八
秦至西汉	第二期	09 Ⅱ TG8M33																											1																															
秦至西汉	第二期	09 Ⅱ TG8M38																											1																															
秦至西汉	第二期	09 Ⅱ TG3M54			1			1																									1									1																			
秦至西汉	第二期	09 Ⅱ TG3M58																																																					1						
秦至西汉	第二期	09 Ⅱ TG4M59																						1																			1																	
秦至西汉	第二期	09 Ⅱ TG4M69																																																	1								
秦至西汉	第二期	09 Ⅱ TG4M83	1										1											1															1									1	1			2			1						铁刀1
秦至西汉	第二期	09 Ⅱ TG9M96																																																									
秦至西汉	第二期	09 Ⅱ TG9M101																																																			1				2		
秦至西汉	第三期	09 Ⅱ M1			1			1																					1													1			1																	
秦至西汉	第三期	09 Ⅱ TG1M3																										1																												1				骨筹1组
秦至西汉	第三期	09 Ⅱ TG2M4																																																								1	
秦至西汉	第三期	09 Ⅱ TG2M5																													1																					1	1						
秦至西汉	第三期	09 Ⅱ TG2M6																															1																										
秦至西汉	第三期	09 Ⅱ TG2M7																																			1																	1						

续表

时期	墓号	陶器 鼎 A型 Aa型	鼎 A型 Ab型	鼎 A型 Ac型	鼎 B型	壶 A型 Aa型	壶 A型 Ab型	壶 B型 Ba型	壶 B型 Bb型	壶 C型	壶 D型	小壶 A型	小壶 B型	盖豆 A型	盖豆 B型	高柄豆	匜 A型	匜 B型	盘 A型	盘 B型	盘 C型	鸭形尊	瓮 圜底瓮 A型	瓮 圜底瓮 B型 Ba型	瓮 圜底瓮 B型 Bb型	瓮 圜底瓮 B型 Bc型	瓮 圜底瓮 C型	瓮 圜底瓮 D型
秦至西汉 第三期	09 Ⅱ TG2M8																											
	09 Ⅱ TG2M9									1																		
	09 Ⅱ TG5M10																											1
	09 Ⅱ TG6M12																											
	09 Ⅱ TG7M18				1																							
	09 Ⅱ TG8M26																											
	09 Ⅱ TG6M30									1			1															
	09 Ⅱ TG8M41																											
	09 Ⅱ TG8M42												3															
	09 Ⅱ TG8M43																											
	09 Ⅱ TG8M44												3															
	09 Ⅱ TG8M45																											
	09 Ⅱ TG4M51																											
	09 Ⅱ TG3M56																											
	09 Ⅱ TG4M60																											
	09 Ⅱ TG4M64																										1	
	09 Ⅱ TG4M66									1																		

时期	墓号	瓮 平底瓮 A型 Aa型 Ⅰ式	瓮 平底瓮 A型 Aa型 Ⅱ式	瓮 平底瓮 A型 Ab型	瓮 平底瓮 A型 Ac型	瓮 平底瓮 A型 Ad型	瓮 平底瓮 B型 Ba型	瓮 平底瓮 B型 Bb型	瓮 平底瓮 B型 Bc型	瓮 平底瓮 C型	盒 A型	盒 B型 Ba型	盒 B型 Bb型	盒 C型	钵 A型 Aa型	钵 A型 Ab型	钵 B型	盆	奁	坊	俑 跽坐俑	俑 直立俑	俑 俑头	车轮	残器 罐	残器 壶	铜器 铜带钩 A型	铜器 铜带钩 B型	铜器 铜铃	铜器 饰件	铜器 铜钱 半两	铜器 铜钱 五铢	其他 此表无罐,见表八
秦至西汉 第三期	09 Ⅱ TG2M8																															1	
	09 Ⅱ TG2M9														1											1					1		
	09 Ⅱ TG5M10																																
	09 Ⅱ TG6M12									1																							
	09 Ⅱ TG7M18						1							1																			
	09 Ⅱ TG8M26								1									1															
	09 Ⅱ TG6M30								1																	1							
	09 Ⅱ TG8M41						1																										
	09 Ⅱ TG8M42		1																														
	09 Ⅱ TG8M43							1							1																		
	09 Ⅱ TG8M44						1																										
	09 Ⅱ TG8M45							1																									
	09 Ⅱ TG4M51														1												1					2	
	09 Ⅱ TG3M56																					1											
	09 Ⅱ TG4M60	1													1											1							
	09 Ⅱ TG4M64																																
	09 Ⅱ TG4M66																																

续表

期别	类型/数量/墓号	陶器 鼎 A型 Aa型	鼎 A型 Ab型	鼎 A型 Ac型	鼎 B型	壶 A型 Aa型	壶 A型 Ab型	壶 B型 Ba型	壶 B型 Bb型	壶 C型	壶 D型	小壶 A型	小壶 B型	盖豆 A型	盖豆 B型	高柄豆	匜 A型	匜 B型	盘 A型	盘 B型	盘 C型	鸭形尊	瓮 圜底瓮 A型	瓮 圜底瓮 B型 Ba型	瓮 圜底瓮 B型 Bb型	瓮 圜底瓮 B型 Bc型	瓮 圜底瓮 C型	瓮 圜底瓮 D型	瓮 平底瓮 A型 Aa型 Ⅰ式	瓮 平底瓮 A型 Aa型 Ⅱ式	瓮 平底瓮 A型 Ab型	瓮 平底瓮 A型 Ac型	瓮 平底瓮 A型 Ad型	瓮 平底瓮 B型 Ba型	瓮 平底瓮 B型 Bb型	瓮 平底瓮 B型 Bc型	瓮 平底瓮 C型	盒 A型	盒 B型 Ba型	盒 B型 Bb型	盒 C型	钵 A型 Aa型	钵 A型 Ab型	钵 B型	盆	奁	坊	俑 踞坐俑	俑 直立俑	俑 俑头	车轮	残器 罐	残器 壶	铜器 铜带钩 A型	铜带钩 B型	铜铃	饰件	铜钱 半两	铜钱 五铢	其他 此表无罐,见表八
秦至西汉 第三期	09 Ⅱ TG4M68			1			1																				1													1												2									
秦至西汉 第三期	09 Ⅱ TG4M70									1																1																											1								
秦至西汉 第三期	09 Ⅱ TG4M72		1			1																					1												1											2										
秦至西汉 第三期	09 Ⅱ TG4M73																												1																														1	
秦至西汉 第三期	09 Ⅱ TG4M81			2			2																																		2								2											
秦至西汉 第三期	09 Ⅱ TG4M84																																				1																						1	
秦至西汉 第三期	09 Ⅱ TG9M87																														1													1																
秦至西汉 第三期	09 Ⅱ TG9M93																										1																									1								
秦至西汉 第三期	09 Ⅱ TG9M100																																										1																	
秦至西汉 第三期	09 Ⅱ TG9M102																																																										2	
秦至西汉 第三期	09 Ⅱ TG9M103																								1																			1																
秦至西汉 第三期	09 Ⅱ TG9M104							1																	1																											1		1						
秦至西汉 第三期	09 Ⅱ TG4M108																														1																										1			
秦至西汉 第四期	09 Ⅱ TG4M80																																													1														
秦至西汉 第四期	09 Ⅱ TG9M95																																																										1	
秦至西汉 第四期	09 Ⅱ TG9M97										3																																																	

二）张夺村南1号墓地

1. 战国墓葬

陶器　共7件。此时期陶器种类有鼎、盖豆、高柄豆、壶、匜、盘等。

鼎　1件。10NDZ1#MDTG4M22:6，器盖，方唇，直口，盖面隆起。鼎，子母口，弧腹，圜底，下承柱状三兽蹄足。腹部两侧附立耳。器盖有彩绘，彩绘脱落。口径22.4、高23.4厘米（图三三二，5；参见图版八〇，1）。

壶　1件。10NDZ1#MDTG4M22:7，口微侈，方唇，束颈，溜肩，鼓腹，平底，微内凹。器身有轮旋线。口径15、底径12.2、高28.8厘米（图三三二，3；参见图版八〇，2）。

球腹壶　1件。10NDZ1#MDTG4M22:2，器盖，圆形，片状，上表面隆起。壶，直口微侈，圆唇，溜肩，鼓腹，高柄，喇叭口底，中空。口径5.6、底径6.8、高15厘米（图三三二，4；参见图版八〇，3）。

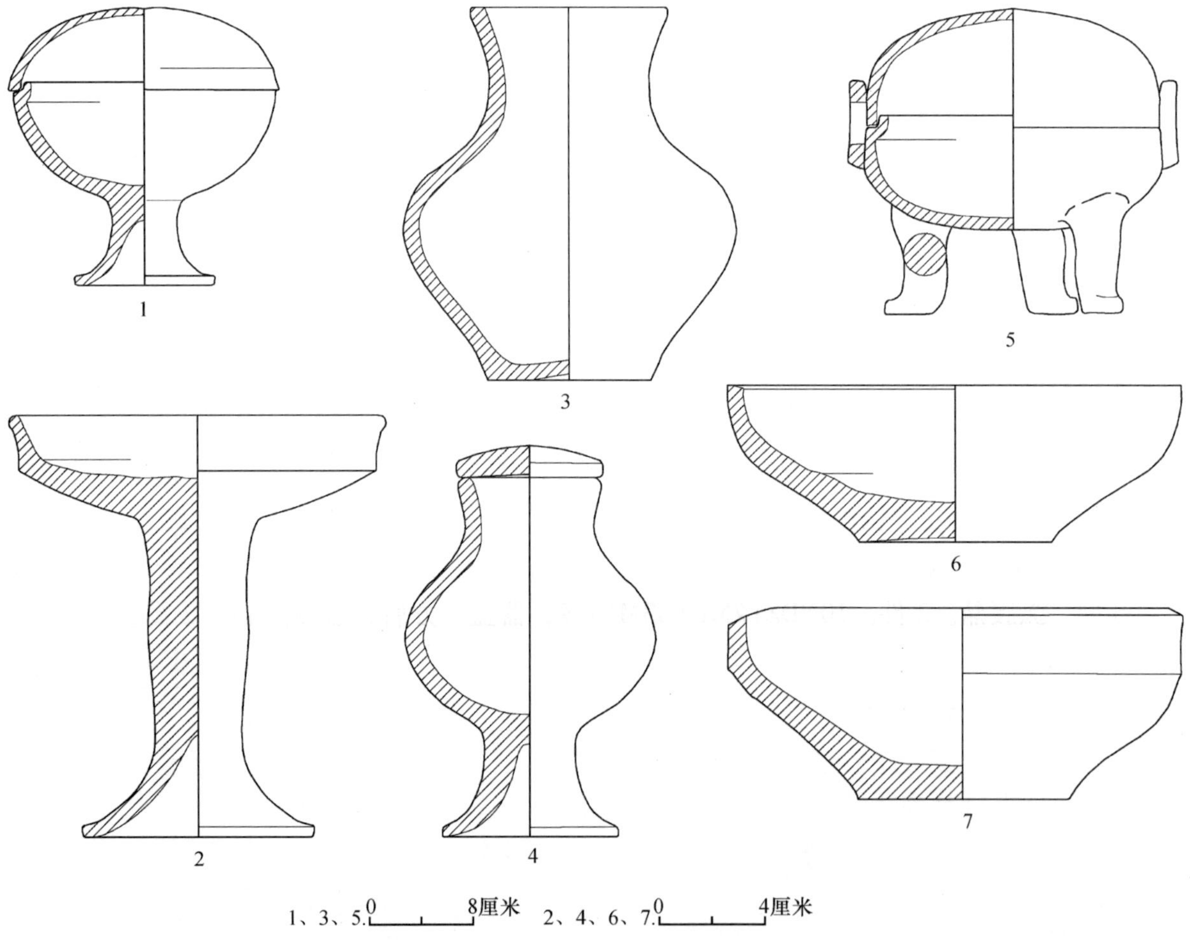

图三三二　10NDZ1#MDTG4出土战国时期陶器

1. 盖豆（10NDZ1#MDTG4M22:5）　2. 高柄豆（10NDZ1#MDTG4M22:1）　3. 壶（10NDZ1#MDTG4M22:7）　4. 球腹壶（10NDZ1#MDTG4M22:2）　5. 鼎（10NDZ1#MDTG4M22:6）　6. 盘（10NDZ1#MDTG4M22:3）　7. 匜（10NDZ1#MDTG4M22:4）

高柄豆　1件。10NDZ1#MDTG4M22∶1，浅盘，细高柄，喇叭口底，中空。豆盘内彩绘菱形纹饰。盘径14.6、底径9.5、高16.2厘米（图三三二，2；参见图版八〇，4）。

盖豆　1件。10NDZ1#MDTG4M22∶5，器盖，方唇，盖面隆起较高。豆，子母口，矮柄足，喇叭口底，中空。器盖及器身有轮旋线。盘径20、底径11.4、高21.4厘米（图三三二，1；参见图版八〇，5）。

盘　1件。10NDZ1#MDTG4M22∶3，直口，方唇，浅腹，饼足。下腹旋削一周。口径17.4、底径7.4、高6厘米（图三三二，6；参见图版八〇，6）。

匜　1件。10NDZ1#MDTG4M22∶4，半桃形，前有流，后尾内凹，上腹较直，下腹折收，饼足。腹部有轮旋线。口径17.4、底径8、高7.4厘米（图三三二，7）。

2. 秦至西汉墓葬

（1）陶器

这时期随葬器物主要有鼎、壶、罐、瓮、盒、钵、盆、俑等。

鼎　5件。可分为二型。

A型　圜底鼎。2件。器形略有不同。10NDZ1#MDTG3M21∶6，器盖，方唇，盖面隆起，顶面较平缓，方唇。鼎，子母口，圆唇，上腹较直，下腹折收，上腹两附双立耳，上端外卷，耳模印，有孔，下腹呈近三角形三足，外撇。通体施彩绘，衣外施彩绘，大部分脱落。口径18.4、高14.6厘米（图三三三，1）。10NDZ1#MDTG4M36∶5，器盖，方唇，弧顶，隆起较高。鼎身，子母口，圆唇，上腹斜直，较浅，下腹折收，折线明显，圜底，下承近三角形三足。上腹两侧附立耳，上端外卷。器表通体施白衣，衣外施彩绘，大部分脱落，可辨纹饰为红彩卷云。口径20.4、高16.4厘米（图三三三，4；参见图版八二，1）。

B型　小平底鼎。3件。可分为二亚型。

Ba型　折腹鼎。1件。10NDZ1#MDTG1M5∶3，器盖弧顶，隆起较高，方唇。鼎，子母口，圆唇，折腹，折棱明显，下腹呈三兽蹄足，上腹两侧附立耳，上端向外折卷，耳模印，有孔。器表施白衣，衣外施彩绘，大部分脱落。（图三三三，3；参见图版八二，2）。

Bb型　弧腹鼎。2件。10NDZ1#MDTG3M16∶9，器盖，方唇，盖面隆起，较高。鼎，口微敛，方唇，弧腹，小平底，下承三柱状足。沿外附双立耳，上端外折。板耳开呈长方形穿孔，器表通体施白衣，衣外施彩绘，大部分脱落，器表可辨纹饰为红彩卷云纹。板耳模印，柱足旋削修坯痕迹明显，平底外缘有旋削修坯痕迹。口径14.8、高17.4厘米（图三三三，5；参见彩版一四，5）。10NDZ1#MDTG3M16∶11，器盖，方唇，盖面隆起，较高。鼎，方唇，弧腹，小平底，下承三柱状足。沿外附双立耳，上端外折。板耳开呈长方形穿孔，器表通体施白衣，衣外施彩绘，大部分脱落，器表可辨纹饰为红彩卷云纹。板耳模印，柱足旋削修坯痕迹明显，下平底外缘有旋削修坯痕迹。口径20.8、高17.6厘米（图三三三，2；参见图版八二，3）。

壶　18件。可分为三型。

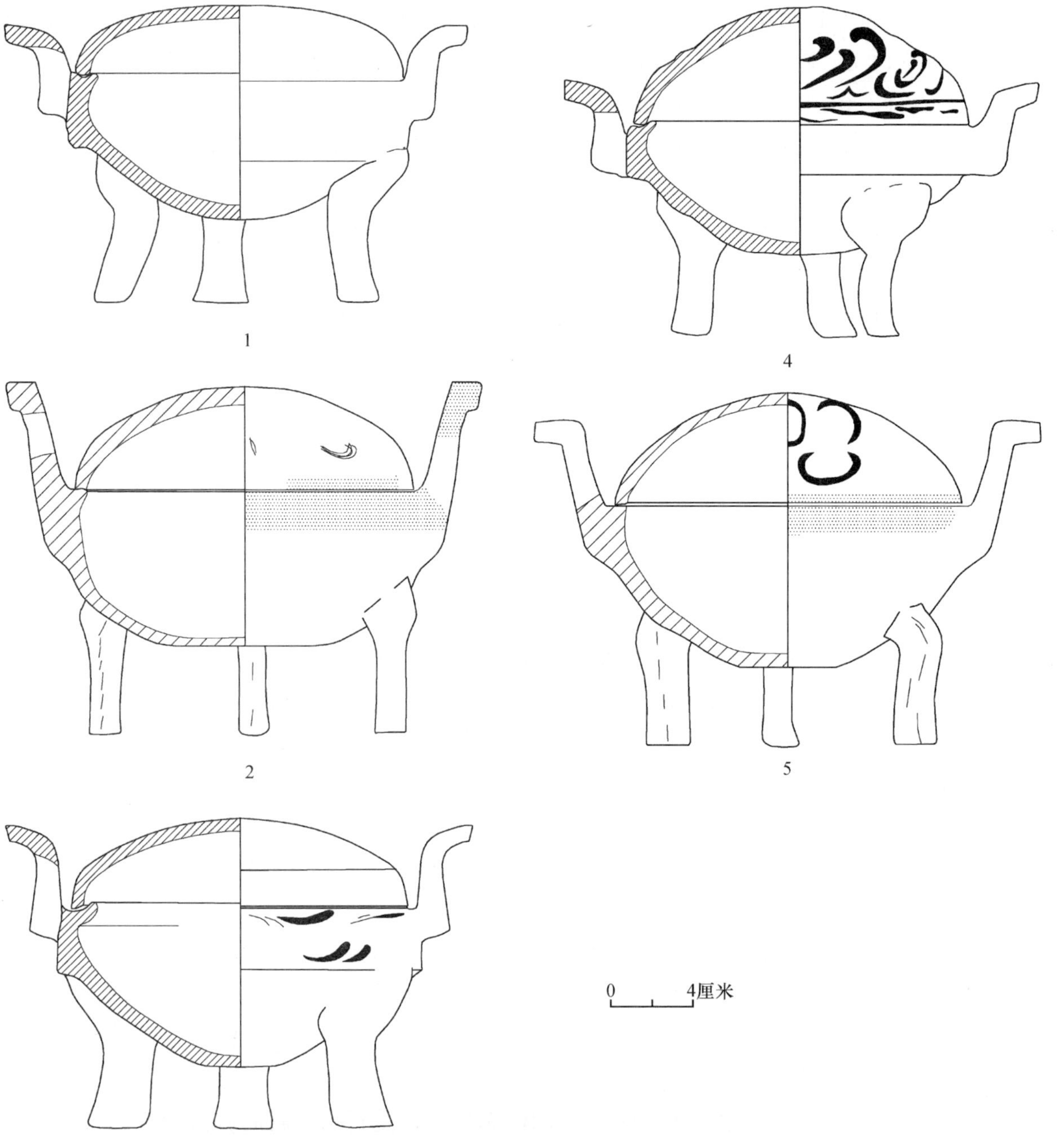

图三三三　10NDZ1#MD 出土西汉时期陶鼎

1、4. A 型（10NDZ1#MDTG3M21∶6、10NDZ1#MDTG4M36∶5）　2、5. Bb 型（10NDZ1#MDTG3M16∶11、10NDZ1#MDTG3M16∶9）
3. Ba 型（10NDZ1#MDTG1M5∶3）

A 型　器形较大，长颈，假圈足，足缘外撇。6 件。据口部变化可分为二亚型。

Aa 型　喇叭口。3 件。10NDZ1#MDTG3M21∶7，器盖，子母口，盖面隆起，顶部缓平。壶，侈口，方唇，唇面有凹槽，溜肩，鼓腹，假圈足，较高，足缘外侈。器表通体施白衣，彩绘大部分脱落。器身有轮旋线。口径 12、底径 15.4、高 28.4 厘米（图三三四，16）。10NDZ1#MDTG1M5:5，器盖，子母口，盖面微隆。壶，侈口，方唇，束颈，溜肩，鼓腹，假圈足较高，底缘外侈。器盖及器身残存红彩，器表施白衣。口径 12、底径 14.4、高 28.5 厘米（图三三四，8）。10NDZ1#MDTG4M36:3，器盖，子母口，盖面隆起，弧形顶。壶，侈口，方唇，束颈，溜肩，鼓腹，假圈足，较高，底缘微外侈。唇面略显凹槽，器表通体施白衣，衣外施红彩云纹。口径 11.2、底径 14.4、高 32.3 厘米（图三三四，17；参见图版八二，4）。

Ab 型　略呈盘口。3 件。10NDZ1#MDTG4M29:2，器盖，方唇，盖面隆起，顶部较缓平。壶，侈口，外口呈喇叭口状，内口略显盘口形，束颈，溜肩，鼓腹，假圈足，较高，底缘外侈。器表直接施红、白两色彩绘，大部分彩绘不清。口径 10.8、底径 14、高 28.5 厘米（图三三四，3）。10NDZ1#MDTG3M16:5，器盖，方唇，盖面隆起较高。壶，浅盘口，方唇，束颈，溜肩，鼓腹，假圈足，微外侈。器表施白衣，器盖及器身残存红彩。口径 12、底径 16、高 32 厘米（图三三四，4；参见图版八二，5）。10NDZ1#MDTG3M16:6，器盖，方唇，盖面隆起较高。壶，浅盘口，方唇，束颈，溜肩，鼓腹，假圈足，微外侈。器表施白衣，器盖及器身残存红彩。口径 12、底径 15、高 30.4 厘米（图三三四，13）。

B 型　平底，瓶式壶。10 件。据口、腹变化可分三亚型。

Ba 型　腹径与器高大体相同，喇叭口。5 件。10NDZ1#MDTG4M29:6，喇叭口，方唇，束颈，溜肩，鼓腹，平底，微内凹。器身有轮旋线，下腹旋削修坯一周，去胎泥较厚，在下腹形成一折棱。口径 11、底径 7.8、高 21.6 厘米（图三三四，12）。10NDZ1#MDTG1M3:4，侈口，方唇，束颈，溜肩，下腹凸鼓，平底。器身有轮旋线，下腹旋削修饰，去胎泥较厚，下腹部略显折棱。口径 12、底径 12、高 20.4 厘米（图三三四，15）。10NDZ1#MDTG3M15:2，喇叭口，方唇，束颈，溜肩，凸鼓腹，平底。最大腹径位于腹中部。器身有轮旋线，下腹旋削一周，去胎泥较厚，在下腹略显折棱。口径 10、底径 9、高 20.6 厘米（图三三四，2）。10NDZ1#MDTG4M24:4，喇叭口，方唇，束颈，溜肩，鼓腹，小平底。下腹旋削修坯一周。口径 11.8、底径 8、高 24 厘米（图三三四，7；参见图版八二，6）。10NDZ1#MDTG4M35:2，口残，细颈，溜肩，鼓腹，平底。器身有轮旋线，下腹旋削修坯一周，最大腹径位于腹中部。底径 8.8、残高 20.6 厘米（图三三四，11）。

Bb 型　平底，折沿。1 件。10NDZ1#MDTG3M38:1，宽折沿，圆唇，沿面有凸棱，束颈，溜肩，凸鼓腹，平底，微内凹。器身有轮旋线，下腹旋削修坯一周。口径 9、底径 6.4、高 15.2 厘米（图三三四，6）。

Bc 型　器高大于腹径，器形略显瘦高。4 件。10NDZ1#MDTG3M38:3，方唇，束颈，溜肩，弧腹，平底，微内凹。器身有较宽轮旋线，下腹旋削修坯一周。口径 8、底径 6.6、高 18 厘米（图三三四，10）。10NDZ1#MDTG3M39:2，方唇，束颈，溜肩，弧腹，小平底。器身有轮旋线，下腹旋削修坯一周，去胎泥较厚，使下腹显折棱。口径 8.2、底径 6、高 17.4 厘米（图三三四，1）。10NDZ1#MDTG3M39:3，侈口，方唇，束颈，溜肩，鼓腹，小平底。器身有轮旋线，下腹旋削修坯一周，使下腹显折棱。口径 8.5、底径 5.6、高 19 厘米（图三三四，9）。10NDZ1#

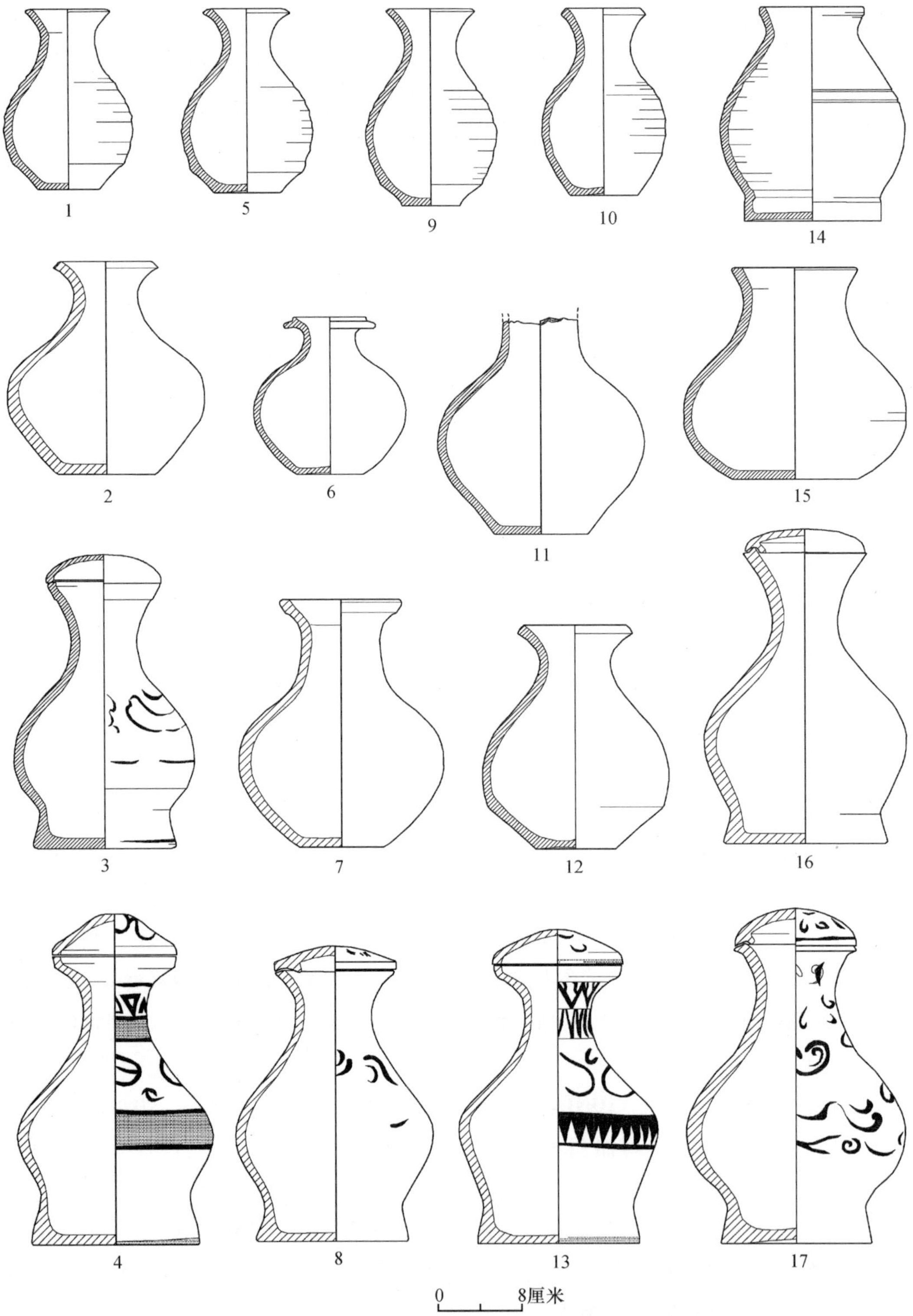

图三三四　10NDZ1#MD 出土西汉时期陶壶

1、5、9、10. Bc 型（10NDZ1#MDTG3M39:2、10NDZ1#MDTG3M39:4、10NDZ1#MDTG3M39:3、10NDZ1#MDTG3M38:3）　2、7、11、12、15. Ba 型（10NDZ1#MDTG3M15:2、10NDZ1#MDTG4M24:4、10NDZ1#MDTG4M35:2、10NDZ1#MDTG4M29:6、10NDZ1#MDTG1M3:4）　3、4、13. Ab 型（10NDZ1#MDTG4M29:2、10NDZ1#MDTG3M16:5、10NDZ1#MDTG3M16:6）　6. Bb 型（10NDZ1#MDTG3M38:1）　8、16、17. Aa 型（10NDZ1#MDTG1M5:5、10NDZ1#MDTG3M21:7、10NDZ1#MDTG4M36:3）　14. C 型（10NDZ1#MDTG4M35:3）

MDTG3M39:4，侈口，方唇，束颈，溜肩，鼓腹，小平底。器身有轮旋线，下腹旋削修坯一周，使下腹显折棱。口径8.4、底径6.5、高17.8厘米（图三三四，5）。

C型 矮领，假圈足。1件。10NDZ1#MDTG4M35:3，方唇，短颈，溜肩，鼓腹，假圈足，较高，足心微内凹。器身有轮旋线。下腹旋削修饰，去胎体略厚，在腹、假圈足交接处形成一折棱。口径10、底径12.8、高20.6厘米（图三三四，14）。

罐 58件。可分为A、B、C、D、E、F六型。A型，高领小平底罐，一般口径大于底径。B型，小罐，短颈，器高在15厘米以下，弧腹或鼓腹。C型，汲水罐，颈部有圆穿。D型，大口、大平底，腹部一般较直，器形略显瘦高。E型，器型略大，高在17厘米以上，比瓮小。F型，瓶式。

A型 10件。一般为侈口，方唇，颈部较长，腹径与器高大体相等，或器高大于腹径。据口、腹不同可分为四亚型。

Aa型 3件。据器形变化可分为二式。

Ⅰ式：2件。10NDZ1#MDTG4M25:1，直口，微侈，折沿，沿面有凹槽，方唇，直颈，溜肩，鼓腹，小平底，微内凹。器表有轮旋线，下腹及底饰绳纹。口径14、底径7.5、高29.8厘米（图三三五，5）。10NDZ1#MDTG2M42:1，浅盘口。直口，微侈，折沿，沿面有凹槽，略呈浅盘状，长颈斜直，溜肩，鼓腹，小平底，微内凹。肩部饰凹弦纹一周，下腹及底部饰篮纹。口径13.4、底径6、高29.4厘米（图三三五，24；参见图版八三，1）。

Ⅱ式：1件。10NDZ1#MDTG3M39:1，盘口。圆唇，束颈，溜肩，鼓腹，底部不规整，略显平底状。沿外有凹槽，口内可见盘口与罐领接合线，领略矮，肩部饰凹弦纹，腹部有轮旋线，下腹及底部饰篮纹，较粗糙。口径13、高25.6厘米（图三三五，15；参见图版八三，2）。

Ab型 2件。鼓肩，下腹斜直，微弧。10NDZ1#MDTG3M16:3，直口，微侈，方唇，斜直颈，鼓肩，弧腹，小平底，微内凹。器身有轮旋线，肩部饰较宽凹弦纹二条，下腹及底部饰篮纹。口径10.5、底径6、高15.6厘米（图三三五，8；参见图版八三，3）。10NDZ1#MDTG3M16:4，直口，微侈，方唇，斜直颈，鼓肩，斜直腹，微外弧，小平底，微内凹。器身有轮旋线，肩部饰较宽凹弦纹一周，下腹及底部饰篮纹。口径14、底径8、高19.8厘米（图三三五，9；参见图版八三，4）。

Ac型 2件。鼓肩，下腹斜直。10NDZ1#MDTG3M16:12，侈口，方唇，斜直颈，鼓肩，斜直腹，平底，微内凹。器身有轮旋线，肩部饰凹弦纹。口径13、底径8、高16.6厘米（图三三五，23；参见图版八三，5）。10NDZ1#MDTG4M35:4，侈口，方唇，唇沿内敛，斜直长颈，折肩，斜直腹，平底。器内轮旋线较明显。口径14、底径8、高19厘米（图三三五，19；参见图版八三，6）。

Ad型 3件。溜肩，弧腹。10NDZ1#MDTG3M16:7，直口，微侈，折沿，方唇，斜直颈，溜肩，弧腹，小平底，微内凹。沿面有凹槽，器身有轮旋线，下腹及底部饰绳纹。口径12.6、底径5.6、高19厘米（图三三五，4）。10NDZ1#MDTG4M24:3，侈口，方唇，溜肩，弧腹，平底。器身有轮旋线，下腹旋削修坯一周，去胎泥较厚，使下腹部略显折棱。口径10.4、底径6、

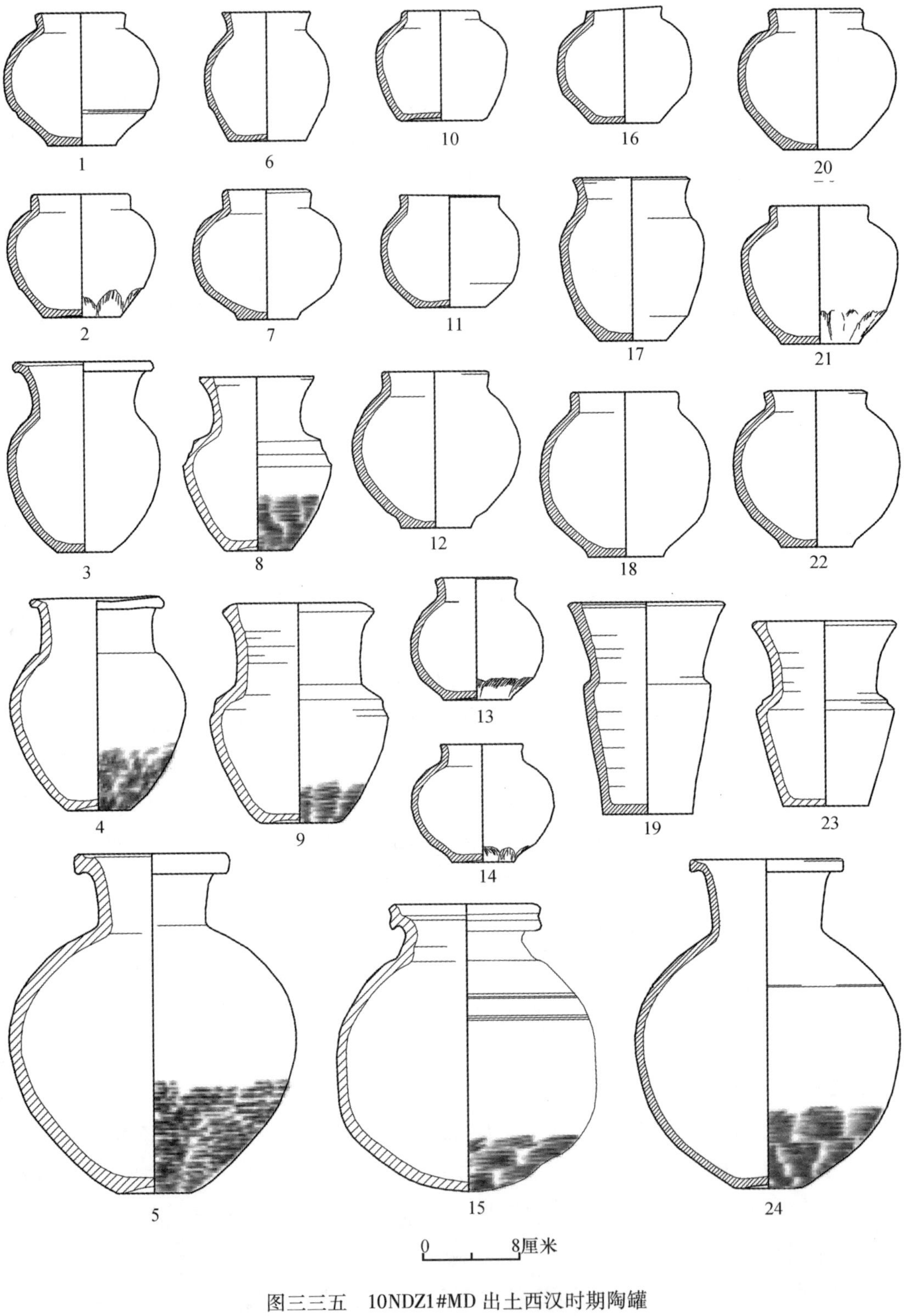

图三三五　10NDZ1#MD 出土西汉时期陶罐

1、2、6、7、11～14、16、18、20～22. Ba 型（10NDZ1#MDTG2M10:3、10NDZ1#MDTG4M42:3、10NDZ1#MDTG4M36:10、10NDZ1#MDTG2M10:4、10NDZ1#MDTG3M15:5、10NDZ1#MDTG2M11:2、10NDZ1#MDTG4M36:8、10NDZ1#MDTG4M36:9、10NDZ1#MDTG1M4:4、10NDZ1#MDTG2M11:3、10NDZ1#MDTG2M10:5、10NDZ1#MDTG4M42:2、10NDZ1#MDTG2M11:4）　3、4、17. Ad 型（10NDZ1#MDTG4M24:5、10NDZ1#MDTG3M16:7、10NDZ1#MDTG4M24:3）　5、24. Aa 型Ⅰ式（10NDZ1#MDTG4M25:1、10NDZ1#MDTG2M42:1）　8、9. Ab 型（10NDZ1#MDTG3M16:3、10NDZ1#MDTG3M16:4）　10. Bb 型（10NDZ1#MDTG4M42:4）　15. Aa 型Ⅱ式（10NDZ1#MDTG3M39:1）　19、23. Ac 型（10NDZ1#MDTG4M35:4、10NDZ1#MDTG3M16:12）

高14.6厘米（图三三五，17）。10NDZ1#MDTG4M24∶5，侈口，折沿，方唇，斜直颈，微弧，溜肩，弧腹，小平底。沿面有凹槽，下腹及底饰篮纹，较浅。口径12.8、底径5、高17厘米（图三三五，3）。

B型 25件。据器型可分为五亚型。Ba型，腹径与器高大体相同。Bb型，腹径大于器高，器形略显矮胖。Bc型，小口罐。Bd型，折沿罐。Be型，腹径小于器高，直腹，口径与底径基本相同。

Ba型 13件。器形大体相同，一般腹径略大，底部较小，器型略显敦厚，口沿、腹部、底部略有不同。10NDZ1#MDTG2M11∶2，直口，微侈，方唇，溜肩，鼓腹，饼足。器表有轮旋线，下腹旋削修坯一周，去胎泥较厚，使底部略显饼足状。口径9.4、底径6.4、高14厘米（图三三五，12）。10NDZ1#MDTG2M11∶3，直口，微侈，方唇，溜肩，弧腹，饼足。器表有轮旋线，下腹旋削修坯一周，去胎泥较厚，使底部略显饼足状。口径9.4、底径6.8、高14.8厘米（图三三五，18）。10NDZ1#MDTG1M4∶4，直口，方唇，溜肩，鼓腹，平底。器身有轮旋线，下腹旋削修坯一周，去胎泥较厚，使下腹部略显折线。口径7、底径6、高10厘米（图三三五，16）。10NDZ1#MDTG2M10∶3，直口，微侈，方唇，溜肩，鼓腹，平底。器表有轮旋线，下腹旋削修坯一周，去胎泥较厚，使底部略显足形。口径8、底径6、高11.8厘米（图三三五，1）。10NDZ1#MDTG2M10∶4，直口，微侈，方唇，溜肩，鼓腹，饼足。器表有轮旋线，下腹有两条凸棱，下腹旋削修坯一周，去胎泥较厚，使底部略显足形。口径8、底径5.5、高11.6厘米（图三三五，7）。10NDZ1#MDTG2M10∶5，直口，微侈，方唇，溜肩，鼓腹，饼足。器表有轮旋线，下腹有两条凸棱，下腹旋削修坯一周，去胎坯较厚，使下腹部略显折线。口径8.4、底径6、高12.6厘米（图三三五，20）。10NDZ1#MDTG2M11∶4，直口，微侈，圆唇，溜肩，鼓腹，饼足。器表有轮旋线，下腹旋削修坯一周，去胎泥较厚，使底部略显饼足状。口径9、底径6.4、高14厘米（图三三五，22）。10NDZ1#MDTG3M15∶5，直口，方唇，溜肩，鼓腹，平底。器身有轮旋线，下腹有旋削修坯痕迹，去胎泥较厚，使下腹部略显折棱。口径8.8、底径6.4、高10厘米（图三三五，11）。10NDZ1#MDTG4M36∶8，直口，微侈，方唇，溜肩，鼓腹，小平底，微内凹。沿面有凹槽，器表有轮旋线，下腹部竖向刀削修坯痕迹明显。口径7.2、底径6、高11厘米（图三三五，13）。10NDZ1#MDTG4M36∶9，直口，微侈，方唇，溜肩，凸鼓腹，平底，微内凹。器表有轮旋线，下腹部有竖向刀削修坯痕迹。口径7.4、底径5.6、高10.6厘米（图三三五，14）。10NDZ1#MDTG4M36∶10，直口，微侈，方唇，溜肩，鼓腹，平底，微内凹。下腹部有竖向刀削修坯痕迹。口径8、底径7、高11.6厘米（图三三五，6）。10NDZ1#MDTG4M42∶2，直口，微侈，方唇，鼓肩，弧腹，平底。器表有轮旋线，下腹部刀削修坯一周，去胎泥较厚，使下腹部略显折线。口径8.8、底径7、高12.4厘米（图三三五，21）。10NDZ1#MDTG4M42∶3，直口，微侈，圆唇，溜肩，鼓腹，平底，微内凹。器表有轮旋线，下腹部刀削修坯一周，去胎泥较厚，使下腹部略显折线。口径8.8、底径7、高11厘米（图三三五，2）。

Bb型 1件。器形大体相同，一般腹径大于器高，底部略大，器型略显矮胖，口沿、腹部、底部略有不同。10NDZ1#MDTG4M42∶4，直口，微敛，方唇，鼓肩，弧腹，小平底，微内凹。器表有轮旋线，下腹部旋削修坯一周。口径 7.6、底径 7、高 9.8 厘米（图三三五，10）。

Bc 型　9 件。器形大体相同，一般为小口小底，口沿、腹部、底部略有不同。10NDZ1#MDTG1M2:4，胎体较厚重。小口，微侈，圆唇，束颈，溜肩，凸鼓腹，平底。器表有轮旋线，下腹旋削修饰一周。口径 5.8、底径 6、高 13.2 厘米（图三三六，5）。10NDZ1#MDTG3M13:4，器形略显瘦高。侈口，方唇，沿面有凹槽，束颈，溜肩，鼓腹，平底，微内凹。器身有轮旋线，下腹旋削修坯一周，去胎泥较厚，使下腹部略显棱线。口径 8、底径 5.6、高 16 厘米（图三三六，4）。10NDZ1#MDTG3M13:5，侈口，方唇，颈部较长，鼓肩，弧腹，平底，微内凹。器

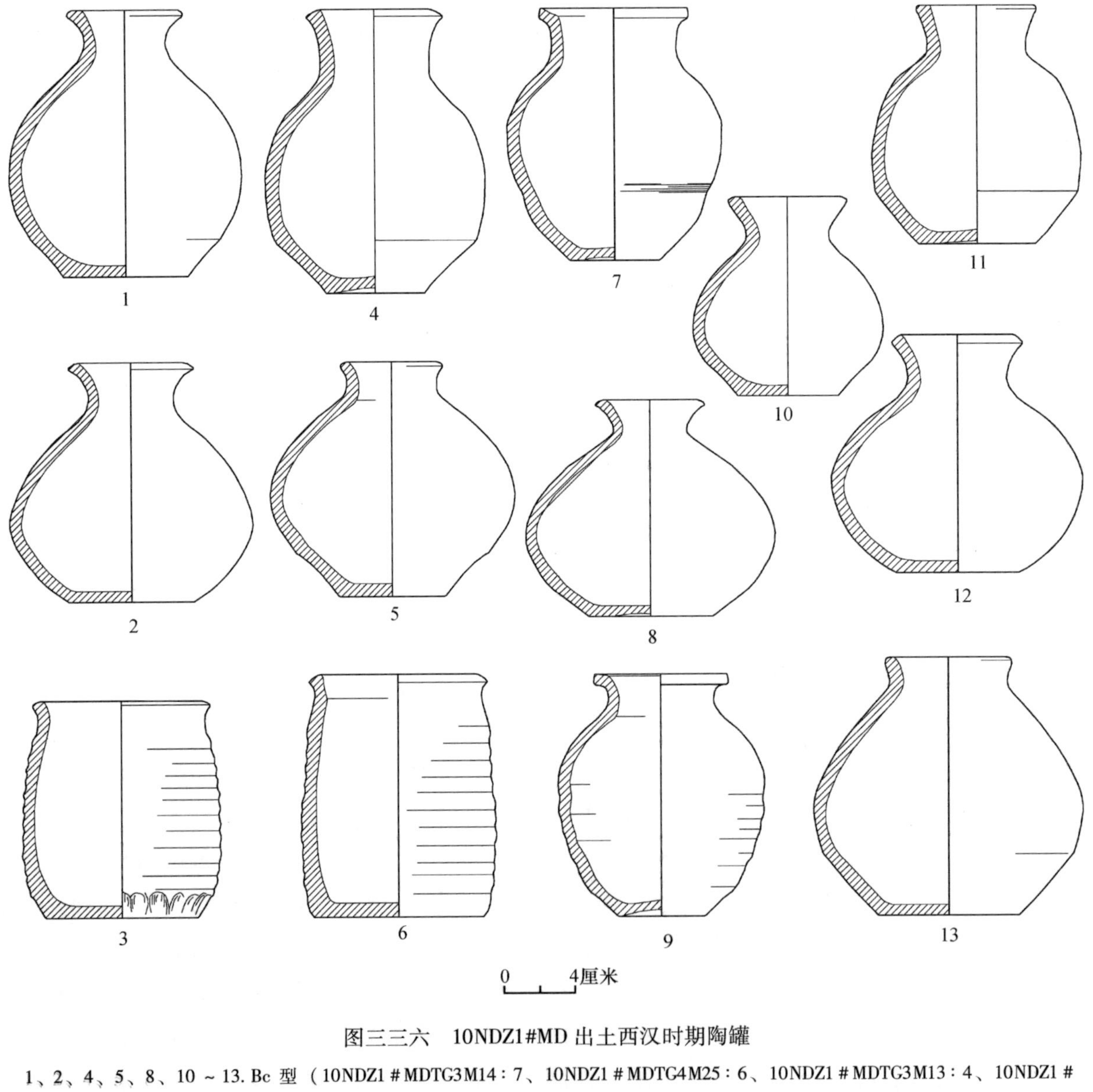

图三三六　10NDZ1#MD 出土西汉时期陶罐

1、2、4、5、8、10 ~ 13. Bc 型（10NDZ1#MDTG3M14:7、10NDZ1#MDTG4M25:6、10NDZ1#MDTG3M13:4、10NDZ1#MDTG1M2:4、10NDZ1#MDTG4M25:5、10NDZ1#MDTG3M15:4、10NDZ1#MDTG3M13:5、10NDZ1#MDTG4M29:5、10NDZ1#MDTG3M15:3）　3、6. Be 型（10NDZ1#MDTG1M2:6、10NDZ1#MDTG1M2:5）　7、9. Bd 型（10NDZ1#MDTG3M38:2、10NDZ1#MDTG3M38:4）

身有轮旋线，下腹旋削修坯一周，去胎泥较厚，使下腹部略显棱线。口径6.8、底径6.8、高13.4厘米（图三三六，11）。10NDZ1#MDTG3M14:7，侈口，方唇，束颈，溜肩，鼓腹，平底。器表有轮旋线，下腹部旋削修坯一周，去胎坯较厚，在下腹形成一折棱。口径6.4、底径7、高15厘米（图三三六，1）。10NDZ1#MDTG3M15:3，胎体较厚重。侈口，圆唇，束颈，溜肩，鼓腹，平底。器身有轮旋线，下腹旋削修坯一周，去胎泥较厚，使下腹部略显折棱。口径7、底径8、高14.5厘米（图三三六，13）。10NDZ1#MDTG3M15:4，侈口，方唇，束颈，溜肩，鼓腹，平底。下腹旋削修坯一周，去胎泥较厚，使下腹部略显折线。口径6.6、底径5.5、高11.2厘米(图三三六，10)。10NDZ1#MDTG4M25:5，侈口，圆唇，颈部较细，溜肩，凸鼓腹，平底，微内凹。下腹部旋削修坯一周。口径6、底径7、高12.2厘米（图三三六，8；图版八四，1）。10NDZ1#MDTG4M25:6，侈口，圆唇，颈部较细，溜肩，鼓腹，平底。器表有轮旋线，下腹部旋削修坯一周。口径7、底径7.2、高13.5厘米（图三三六，2）。10NDZ1#MDTG4M29:5，小口，方唇，束颈，溜肩，鼓腹，平底。器身有轮旋线，下腹旋削修坯一周。口径7、底径7、高13.4厘米（图三三六，12）。

Bd型 2件。器形大体相同，一般为折沿罐，底部略小，口沿、腹部、底部略有不同。10NDZ1#MDTG3M38:2，侈口，折沿，方唇，束颈，溜肩，弧腹，小平底，微内凹。器身有轮旋线，下腹旋削修坯一周，去胎泥较厚，使下腹部略显折线。口径8.2、底径5、高14.2厘米（图三三六，7）。10NDZ1#MDTG3M38:4，侈口，宽折沿，沿面有凹槽，方唇，束颈，溜肩，弧腹，小平底，微内凹。器身有5条类似于弦纹的轮旋线，轮旋线较宽，下腹旋削修坯一周，去胎泥较厚，使下腹部略显折线。口径7.4、底径5、高13.6厘米（图三三六，9）。

Be型 2件。器形大体相同，一般腹径小于器高，直腹，口径与底径基本相同，口沿、腹部、底部略有不同。10NDZ1#MDTG1M2:5，大口，微侈，方唇，直腹，平底。器表轮旋线明显，底缘有旋削修坯痕迹。口径10、底径9.4、高13.6厘米（图三三六，6；参见图版八四，2）。10NDZ1#MDTG1M2:6，大口微侈，方唇，直腹，平底。器表轮旋线明显，底部有竖向刀削修坯痕迹。口径10、底径8.4、高12厘米（图三三六，3）。

C型 13件。据器形大体可分为二亚型。Ca型，器高与腹径大体相同，弧腹或鼓腹。Cb型，侈口，折腹。

Ca型 11件。器形大体相同，一般器高与腹径大体相同，口径与底径基本相同，口沿、腹部、底部略有不同。10NDZ1#MDTG1M5:6，侈口，圆唇，高领，束颈，广肩，凸鼓腹，平底。器身有轮旋线，下腹旋削修坯一周。口径10.6、底径7.6、高17厘米（图三三七，2）。10NDZ1#MDTG3M14:5，直口，方唇，鼓肩，弧腹，平底。颈部左右两侧各有两个穿孔，沿内轮旋线明显，器表有轮旋线，下腹部旋削修坯一周，去胎泥较厚，使下腹部略显折线。口径9、底径6、高12.8厘米（图三三七，10；参见图版八四，4）。10NDZ1#MDTG3M14:6，直口，方唇，鼓肩，弧腹，平底。颈部左右两侧各有两个穿孔，器表有轮旋线，下腹部旋削修坯一周，去胎泥较厚，使下腹部略显折棱。口径9.4、底径6.4、高13.4厘米（图三三七，9）。10NDZ1#MDTG3M20:1，口微侈，方唇，溜肩，鼓腹，平底。颈部左右两侧各有两个穿孔，器表有轮旋

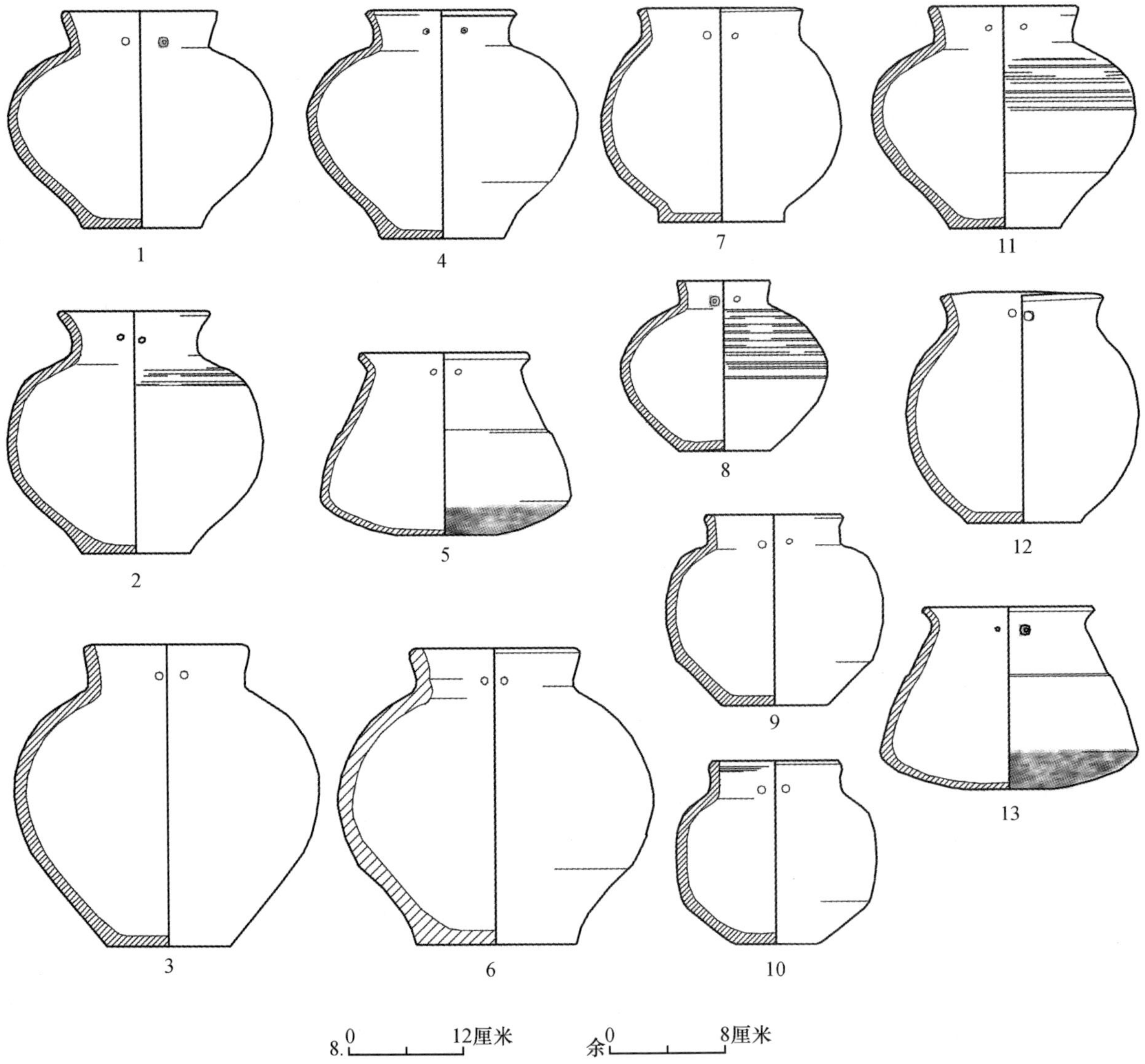

图三三七　10NDZ1#MD 出土西汉时期陶罐

1～4、6～12. Ca 型（10NDZ1#MDTG3M21∶8、10NDZ1#MDTG1M5∶6、10NDZ1#MDTG3M20∶3、10NDZ1#MDTG3M21∶4、10NDZ1#MDTG4M25∶2、10NDZ1#MDTG3M20∶1、10NDZ1#MDTG4M36∶6、10NDZ1#MDTG3M14∶6、10NDZ1#MDTG3M14∶5、10NDZ1#MDTG3M21∶3、10NDZ1#MDTG3M20∶2）　5、13. Cb 型（10NDZ1#MDTG4M29∶8、10NDZ1#MDTG4M29∶7）

线，下腹部旋削修坯一周，去胎泥较厚，使底部显饼足。口径 11.4、底径 8.8、高 15 厘米（图三三七，7）。10NDZ1#MDTG3M20∶2，口微侈，方唇，溜肩，弧腹，平底。颈部左右两侧各有两个穿孔，器表有轮旋线，下腹部旋削修坯一周。口径 11.4、底径 8、高 16 厘米（图三三七，12）。10NDZ1#MDTG3M20∶3，口微侈，方唇，溜肩，鼓腹，平底。颈部左右两侧各有两个穿孔，器表有轮旋线，下腹部旋削修坯一周。口径 11.8、底径 8.6、高 21.2 厘米（图三三七，3）。10NDZ1#MDTG3M21∶3，直口，微侈，圆唇，溜肩，凸鼓腹，平底，微内凹。颈部左右两侧各有两个穿孔，器表有轮旋线，下腹部旋削修坯一周，去胎泥较厚，使下腹部略显折线。口径10.4、底径7.8、高15.6厘米（图三三七，11）。10NDZ1#MDTG3M21:4，直口，微侈，圆唇，广肩，凸鼓腹，平底。颈部左右两侧各有两个穿孔，器表有轮旋线，下腹部旋削修坯一周。口径10.6、底径8.6、高16厘米（图三三七，4）。10NDZ1#MDTG3M21:8，直口，微侈，圆唇，广肩，凸鼓腹，平底。颈部左右两侧各有两个穿孔，器表有轮旋线，下腹部旋削修坯一周。口径10.6、底径8.6、高16厘米（图三三七，1）。10NDZ1#MDTG4M25:2，直口，微侈，方唇，溜肩，鼓腹，小平底。颈部左右两侧各有两个穿孔，器表有轮旋线，下腹部旋削修坯一周，去胎泥较厚，使下腹部略显折线。口径12、底径11.6、高20.6厘米（图三三七，6）。10NDZ1#MDTG4M36:6，直口微侈，方唇，溜肩，凸鼓腹，平底。颈部左右两侧各有两个穿孔，器表有轮旋线，饰凹弦纹，下腹部竖向刀削修坯一周，去胎泥较厚，使下腹部略显折线。口径9.6、高18厘米（图三三七，8）。

Cb型 2件。器形大体相同，均为侈口，折腹，胎体较薄，口径与底径基本相同，口沿、腹部、底部略有不同。10NDZ1#MDTG4M29:7，斜折沿，圆唇，束颈，溜肩，斜直肩，上腹斜直，下腹折收，圜底。上腹旋削修坯一周，去胎泥较厚，在肩部形成一凹台。颈部左右两侧各有两个穿孔，下腹及底部饰细绳纹。口径12、高12.8厘米（图三三七，13；参见图版八四，3）。10NDZ1#MDTG4M29:8，斜折沿，方唇，束颈，斜直肩，上腹斜直，下腹折收，圜底。上腹旋削修坯一周，去胎泥较厚，在肩部形成一凹台。颈部左右两侧各有两个穿孔，下腹及底部饰细绳纹。口径12、高12.8厘米（图三三七，5；参见图版八四，5）。

D型 8件。大口，大平底。据口、颈、腹部可分为二亚型。Da型，与张夺2号遗址Db型罐类同，颈部较短，弧腹。Db型，斜直腹，颈部较长。

Da型 4件。器形大体相同，最大腹径在中腹或偏上，一般为直口或直口微侈，口沿、腹部、底部略有不同。10NDZ1#MDTG3M18:2，口微侈，方唇，溜肩，弧腹，平底。器身施白衣。口径9.6、底径8.3、高16.4厘米（图三三八，13）。10NDZ1#MDTG3M18:3，直口，方唇，溜肩，弧腹，平底。器身有轮旋线。器身施白衣。口径10、底径7、高14.4厘米（图三三八，9）。10NDZ1#MDTG3M18:4，口微侈，方唇，溜肩，弧腹，平底。器身施白衣。口径10.5、底径8、高16.4厘米（图三三八，12）。10NDZ1#MDTG4M33:3，直口，方唇，折沿，束颈，溜肩，弧腹，平底，微内凹。口径10.8、底径8.4、高15.6厘米（图三三八，14）。

Db型 4件。器形大体相同，最大腹径在肩腹交界处，一般为直口或敛口，口沿、腹部、底部略有不同。10NDZ1#MDTG1M3:5，敛口，折沿，方唇，斜直颈，鼓肩，斜直腹，平底，微内凹。器表有轮旋线。口径11、底径10、高17.8厘米（图三三八，6；参见图版八四，6）。10NDZ1#MDTG1M3:6，敛口，折沿，方唇，斜直颈，鼓肩，斜直腹，微外弧，平底。器表有轮旋线，下腹有竖向刀削修坯痕迹。口径11.4、底径11、高18.6厘米（图三三八，11）。10NDZ1#MDTG3M13:2，直口，方唇，直颈，鼓肩，下腹斜内收，平底。器形不规整，颈部有轮旋线。口径11.2、底径10.4、高15.4厘米（图三三八，10）。10NDZ1#MDTG3M13:3，直口，方唇，直颈，溜肩，下腹斜内收，微弧，平底。颈部及腹部有轮旋线。口径10.8、底径10、高17厘米（图三三八，7）。

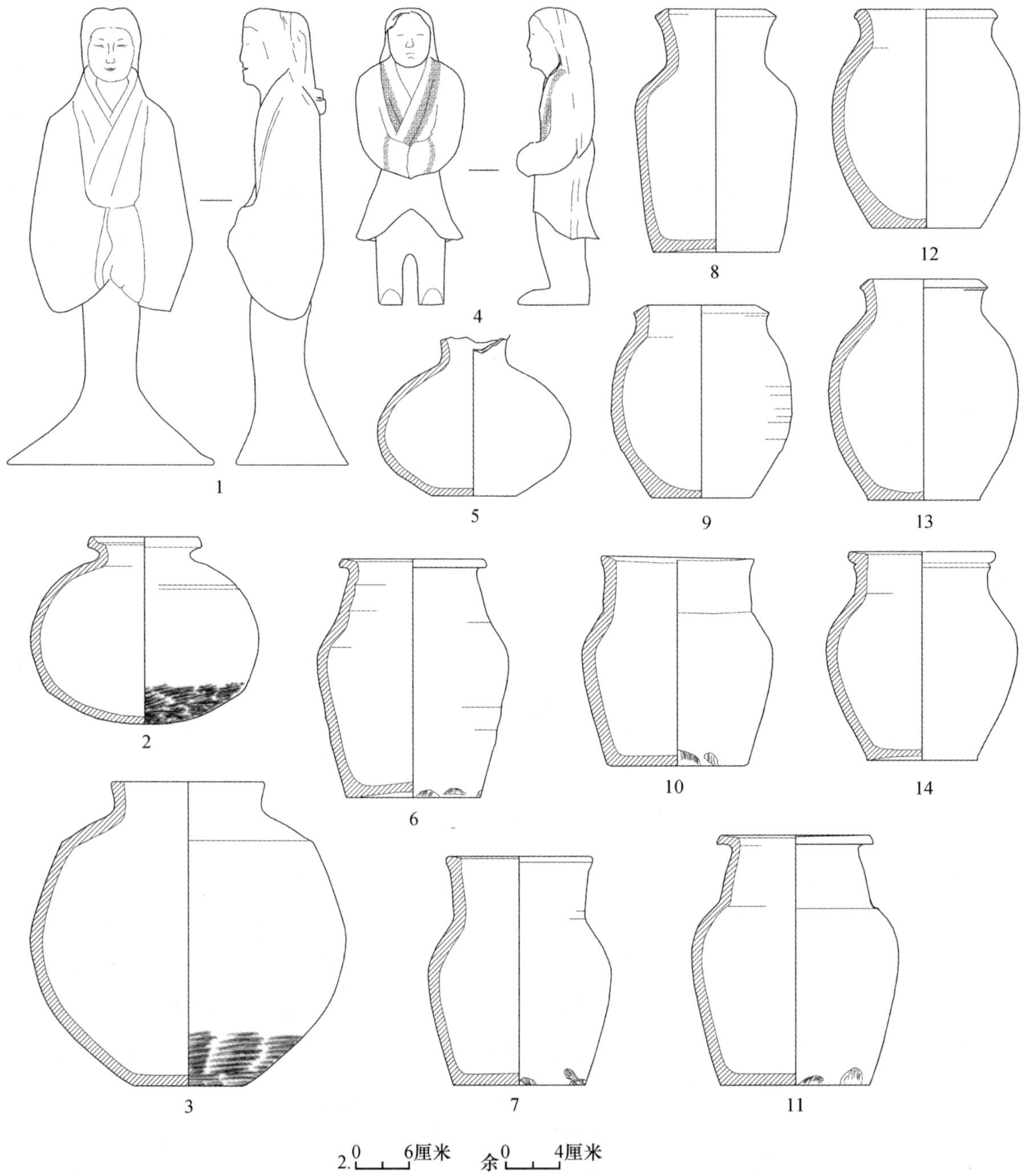

图三三八　10NDZ1#MD 出土西汉时期陶器

1、4. 俑（10NDZ1#MDTG1M5：1、10NDZ1#MDTG1M5：2）　2. Ea 型罐（10NDZ1#MDTG1M2：3）　3. Eb 型（10NDZ1#MDTG4M35：1）　5. 残罐（10NDZ1#MDTG3M21：2）　6、7、10、11. Db 型罐（10NDZ1#MDTG1M3：5、10NDZ1#MDTG3M13：3、10NDZ1#MDTG3M13：2、10NDZ1#MDTG1M3：6）　8. F 型罐（10NDZ1#MDTG4M33：2）　9、12～14. Da 型罐（10NDZ1#MDTG3M18：3、10NDZ1#MDTG3M18：4、10NDZ1#MDTG3M18：2、10NDZ1#MDTG4M33：3）

E 型　2 件。根据器形可分为二亚型。Ea 型，圜底罐。Eb 型，平底罐。

Ea 型　1 件。10NDZ1#MDTG1M2：3，斜折沿，沿面上有凸槽，方唇，束颈，溜肩，凸鼓腹，圜底。器表有轮旋线，肩部饰凹弦纹一周，下腹及底部饰绳纹。口径13、高21厘米（图三三八，2；参见图版八五，1）。

Eb型 1件。10NDZ1#MDTG4M35:1，器形不规整。直口，微侈，方唇，折肩，鼓腹，小平底。肩部旋削修坯一周，去胎泥较厚，使肩部略显折线，下腹及底部饰篮纹。口径11.4、底径9、高22.6厘米（图三三八，3；参见图版八五，2）。

F型 1件。10NDZ1#MDTG4M33:2，直口，微侈，方唇，折肩，斜直腹，微弧，平底，微内凹。口径9、底径9.5、高18.2厘米（图三三八，8；参见图版八五，3）。

瓮 20件。根据底部不同可分为圜底瓮和平底瓮两类。

圜底瓮 12件。根据器型不同可分为三型。A型，腹部斜直，微弧。B型，垂腹。C型，鼓腹。

A型 3件。10NDZ1#MDTG1M7:1，斜折沿，方唇，唇沿内侈，折肩，上腹斜直，微弧，下腹略鼓凸，圜底。上腹部饰竖向弦断细绳纹，下腹及底部饰横向绳纹。器表有轮旋线，肩部旋削修饰一周，去胎泥较厚，使肩部折棱明显。口径15.8、高22厘米（图三三九，10；参见图版八一，1）。10NDZ1#MDTG3M40:1，斜折沿，器内折棱明显，方唇，唇沿内侈，束颈，折肩，上腹较直，微弧，下腹弧收，圜底。肩部旋削修饰一周，去胎泥较厚，使肩部折棱明显，下腹及底饰绳纹。口径25.2、高28.2厘米（图三三九，4；参见图版八一，2）。10NDZ1#MDTG3M41:1，斜折沿，方唇，唇沿微内侈，折肩，上腹较直，下腹弧内收，圜底，肩部旋削修饰一周，去胎泥较厚，使肩部折棱明显，压光。腹部轮旋线明显，下腹及底部饰绳纹。口径18.2、高27.5厘米（图三三九，8；参见图版八一，3）。

B型 4件。10NDZ1#MDTG2M11:1，侈口，卷沿，圆唇，束颈，折肩，上腹斜直，微弧，下腹略显鼓凸，圜底。肩部旋削修坯一周，去胎泥较厚，使肩部略显折线；器表有轮旋线，下腹及底部饰细绳纹。口径16.4、高28厘米（图三三九，7；参见图版八五，4）。10NDZ1#MDTG3M14:4，直口，方唇，折肩，上腹斜直，微弧，下腹较鼓凸，圜底。肩部旋削修饰一周，去胎泥较厚，在肩腹交界处形成一折台，下腹及底部饰绳纹。口径15.6、高23.5厘米（图三三九，2；参见图版八五，6）。10NDZ1#MDTG3M21:1，斜折沿，方唇，束颈，溜肩，鼓腹，圜底。器表有轮旋线，下腹及底部饰绳纹。口径16、高26厘米（图三三九，5）。10NDZ1#MDTG3M13:1，斜折沿，方唇，束颈，肩微折，上腹微弧，下腹较鼓凸，圜底较尖。器表压光，器身有轮旋线，下腹及底部饰绳纹，略粗。口径15.4、高28厘米（图三三九，3；参见图版八五，5）。

C型 5件。根据腹部变化可分为二亚型。Ca型，凸鼓腹。Cb型，鼓腹。

Ca型 2件。10NDZ1#MDTG1M2:2，器形较矮胖。方唇，折沿，束颈，溜肩，上腹微弧，下腹凸鼓，圜底，较尖。器表有轮旋线，中腹部绳纹以上饰竖条状篮纹一周，下腹及底部饰绳纹。口径18.8、高26.5厘米（图三三九，9；图版八六，1）。10NDZ1#MDTG1M3:3，斜折沿，方唇，折肩，上腹微弧，下腹圆鼓，圜底。肩部旋削修坯一周，去胎泥较厚，在肩腹交接处形成一折台。下腹及底部饰篮纹，较细密。口径17、高26厘米（图三三九，1）。

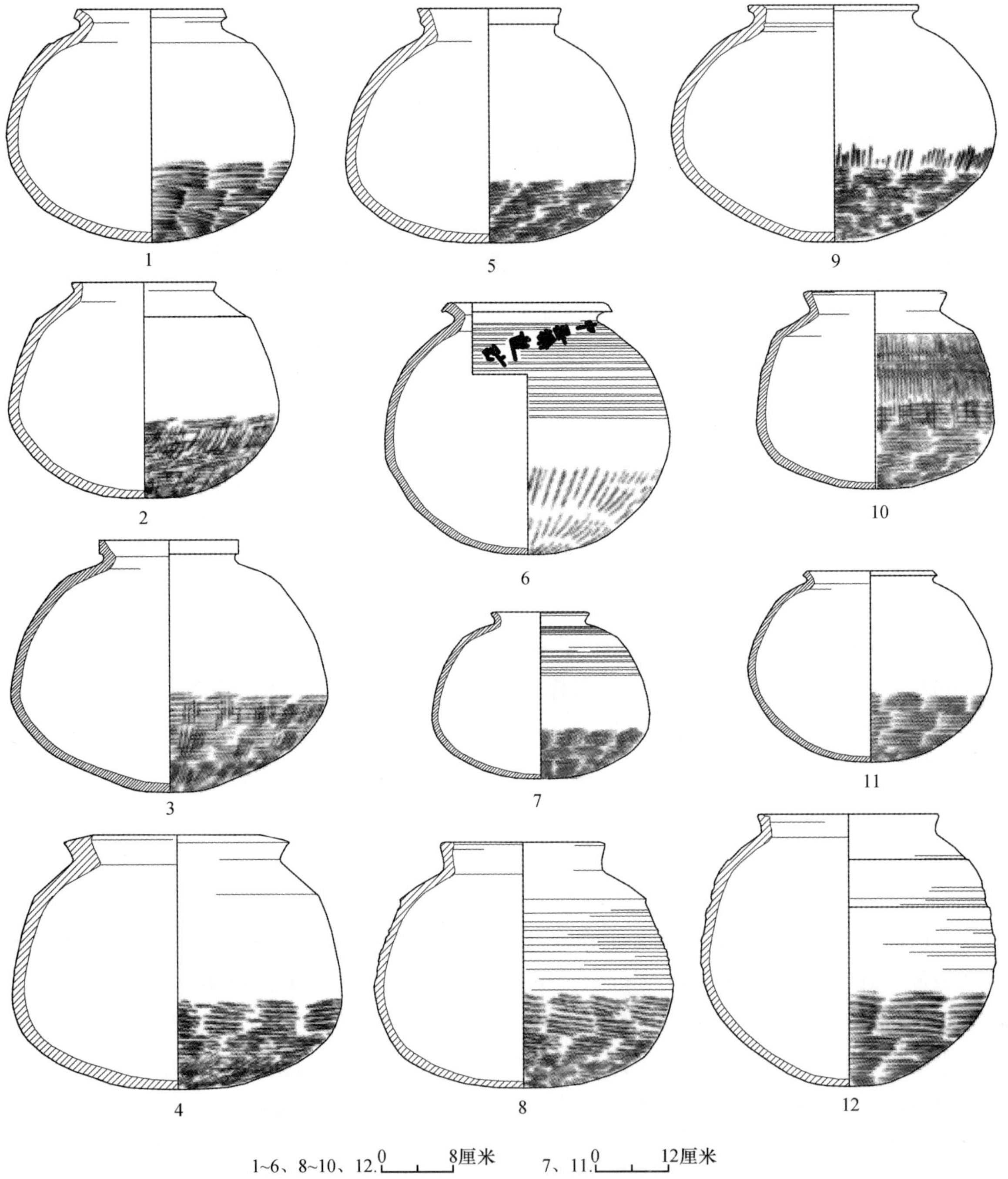

图三三九　10NDZ1#MD 出土秦至西汉时期圜底瓮

1、9. Ca 型（10NDZ1#MDTG1M3∶3、10NDZ1#MDTG1M2∶2）　2、3、5、7. B 型（10NDZ1#MDTG3M14∶4、10NDZ1#MDTG3M13∶1、10NDZ1#MDTG3M21∶1、10NDZ1#MDTG2M11∶1）　4、8、10. A 型（10NDZ1#MDTG3M40∶1、10NDZ1#MDTG3M41∶1、10NDZ1#MDTG1M7∶1）　6、11、12. Cb 型（10NDZ1#MDTG3M18∶1、10NDZ1#MDTG4M29∶1、10NDZ1#MDTG4M24∶2）

Cb 型　3 件。10NDZ1#MDTG4M29∶1，斜折沿，方唇，肩略鼓，鼓腹，圜底。下腹及底部饰篮纹，较细密。口径 22.8、高 32 厘米（图三三九，11；参见图版八六，2）。10NDZ1#

MDTG3M18∶1，斜折沿，微卷，方唇，束颈，溜肩，鼓腹，圜底。肩部刻划有“中里趙道?缶”五字。器表有轮旋线，下腹及底部饰篮纹。口径18.6、高28厘米（图三三九，6）。10NDZ1#MDTG4M24∶2，直口，微侈，方唇，肩微折，鼓腹，圜底，较尖。肩部旋削修坯一周，去胎泥较厚，使肩部略显折线。器表有轮旋线，下腹及底部饰篮纹。口径20、高30.4厘米（图三三九，12）。

平底瓮　7件。可分为二型。A型，折肩。B型，溜肩。

A型　5件。据纹饰不同分为二亚型。Aa型，绳纹。Ab型，篮纹。

Aa型　2件。10NDZ1#MDTG3M20∶4，斜折沿，微卷，圆唇，束颈，折肩，上腹微弧，下腹较鼓，平底，微内凹。肩部旋削修坯一周，去胎泥较厚，在肩腹交界处形成一折棱，下腹及底部饰绳纹，略粗。口径17.6、底径12、高25厘米（图三四〇，7）。10NDZ1#MDTG4M36∶2，口微侈，方唇，束颈，折肩，上腹较直，下腹弧内收，小平底，微内凹。肩部旋削修坯一周，去胎泥较厚，使肩部略显折线。器表有轮旋线，下腹及底部饰绳纹。口径15.5、底径8、高25.4厘米（图三四〇，1）。

Ab型　2件。10NDZ1#MDTG1M4∶3，直口，微侈，方唇，折肩，上腹微弧，下腹弧内收，平底，微内凹。肩部旋削修坯一周，去胎泥较厚，使肩腹交界处略显折棱，器身有轮旋线，下腹及底部饰篮纹。口径14、底径11、高25.6厘米（图三四〇，2）。10NDZ1#MDTG2M10∶2，直口，微侈，圆唇，折肩，鼓腹，平底，微内凹。肩部旋削修坯一周，去胎体稍厚，在肩腹交界处略显一折台，器表有轮旋线，下腹及底部饰篮纹，较细密。口径12.6、底径8、高24.8厘米（图三四〇，4）。

B型　3件。10NDZ1#MDTG1M5∶4，直口，微侈，方唇，溜肩，上腹微弧，下腹略折收，小平底，微内凹。肩部旋削修坯一周，在肩腹交接处形成一凹台，较规整。下腹及底部饰篮纹。口径18、底径12、高29.5厘米（图三四〇，3；参见图版八六，3）。10NDZ1#MDTG3M15∶1，直口，微侈，圆唇，溜肩，鼓腹，平底，微内凹。器表压光，肩部饰一凸弦纹，器表有轮旋线，下腹及底部饰篮纹。口径15.2、高25厘米（图三四〇，6）。10NDZ1#MDTG3M16∶2，直口，微侈，方唇，溜肩，鼓腹，小平底。器表有轮旋线，肩腹部各有一较宽凸弦纹饰带，其上按压由箅状长点组成的纹饰带，下腹及底部略显篮纹。口径16、底径8、高25.4厘米（图三四〇，5；参见图版八六，4）。

盒　7件。可分为二型。A型，子母口。B型，直口，微敛。

A型　4件。10NDZ1#MDTG3M21∶5，器盖，方唇，盖面隆起，较高。盒，子母口，弧腹，饼足。器盖和器身残存彩绘，盒盖有轮旋线，下腹旋削修坯一周，去胎泥较厚，使饼足明显。口径18、底径8、高11.8厘米（图三四一，1）。10NDZ1#MDTG4M29∶3，器盖，方唇，盖面隆起，顶部较缓。盒，子母口，弧腹，小平底。器盖和器表残存红彩，盒盖有轮旋线，下腹部有旋削修坯痕迹，去胎泥较厚，使下腹略显折线。口径15.4、底径5.4、高8.8厘米（图三四一，5；参见图版八七，1）。10NDZ1#MDTG4M36∶7，器盖，方唇，盖面隆起。盒身，子母口，弧腹，平底。通体施白衣，衣外施彩绘，大部分脱落，盒盖有轮旋线，下腹旋削修坯一周。口径

17.6、底径7.6、高10.6厘米（图三四一，6；参见图版八七，2）。10NDZ1#MDTG1M5:7，器盖，方唇，盖面隆起。盒，子母口，弧腹，饼足。器表通体施白衣，彩绘大部分脱落，纹饰不清。下腹旋削修坯一周，去胎泥较厚，使饼足明显。口径18.8、底径7.6、高12.2厘米（图三四一，4）。

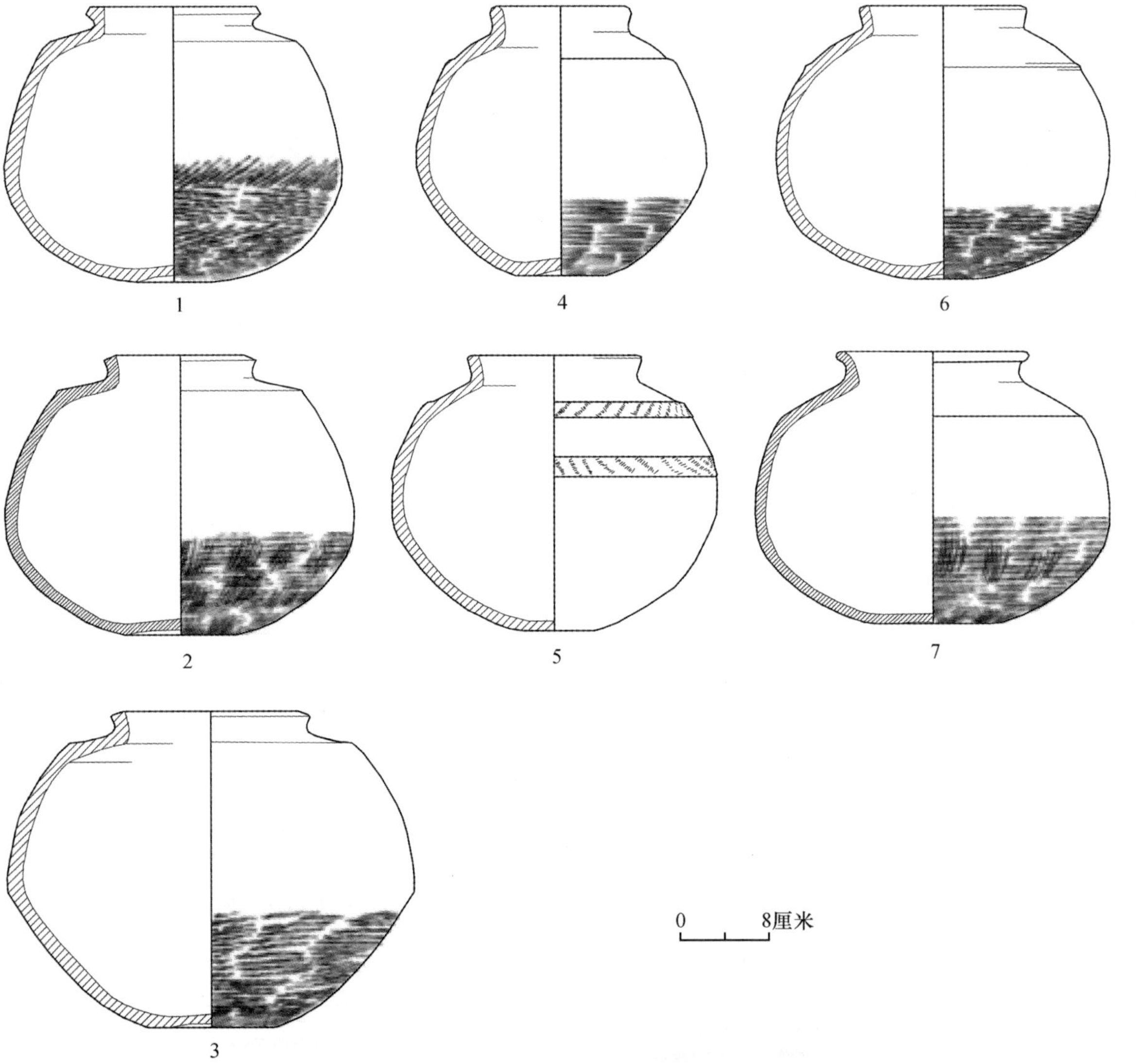

图三四〇　10NDZ1#MD出土西汉时期平底瓮

1、7. Aa型（10NDZ1#MDTG4M36:2、10NDZ1#MDTG3M20:4）　2、4. Ab型（10NDZ1#MDTG1M4:3、10NDZ1#MDTG2M10:2）　3、5、6. B型（10NDZ1#MDTG1M5:4、10NDZ1#MDTG3M16:2、10NDZ1#MDTG3M15:1）

B型　3件。10NDZ1#MDTG4M29:9，器盖，方唇，盖面隆起，平顶。器表有轮旋线。盒，直口微敛，方唇，折腹，下腹斜直微弧，平底。下腹旋削修坯一周。直接在器表施加彩绘，器盖有红、白两色组成的云纹；盒上腹残存两条红彩纹饰带，纹饰带之间绘水波状云纹。口径15.6、底径6.6、高10.8厘米（图三四一，2）。10NDZ1#MDTG3M16:8，器盖，方唇，盖面隆

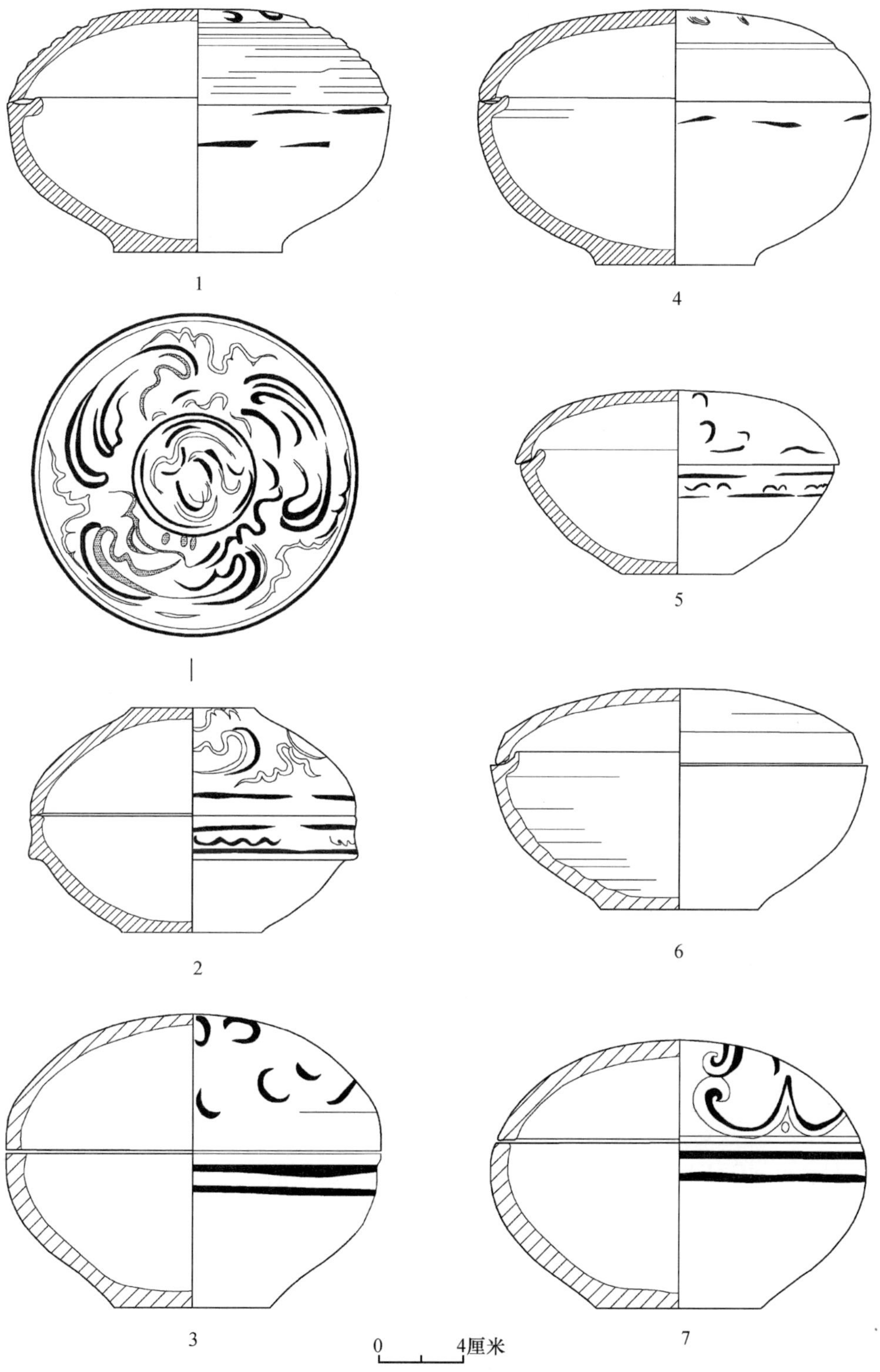

图三四一 10NDZ1#MD 出土西汉时期陶盒

1、4～6. A 型（10NDZ1#MDTG3M21:5、10NDZ1#MDTG1M5:7、10NDZ1#MDTG4M29:3、10NDZ1#MDTG4M36:7）

2、3、7. B 型（10NDZ1#MDTG4M29:9、10NDZ1#MDTG3M16:10、10NDZ1#MDTG3M16:8）

起，弧顶。盒，直口，微敛，方唇，弧腹，平底。器盖和器身有轮旋线，器表施白衣，器盖衣外饰红色云纹，上腹饰红彩色带。口径 17.6、底径 4、高 13 厘米（图三四一，7；参见图版八七，3）。10NDZ1#MDTG3M16∶10，泥质灰陶，器型圆鼓。器盖，方唇，盖面隆起。盒，直口，微敛，方唇，弧腹，平底。器盖和器身有轮旋线，器表施白衣，器盖衣外饰红色云纹，上腹饰红彩色带。口径 17.6、底径 7.6、高 14 厘米（图三四一，3；参见图版八七，4）。

钵　11 件。可分为三型。A 型，腹较深，器壁较厚。B 型，浅腹钵。C 型，碗式钵。

A 型　1 件。10NDZ1#MDTG1M7∶4，直口，微敛，方唇，折腹，饼足。器表有轮旋线，下腹部旋削修坯一周，去胎泥较厚，使底部饼足较明显。器内刻划一字，见于战国印中，可能是“共”或“弄”省形。口径 14、底径 6.4、高 7 厘米（图三四二，1、2；参见图版八一，4）。

B 型　8 件。10NDZ1#MDTG1M4∶2，方唇，直口，微敛，上折腹，下腹斜直，有折线，平底。器表有轮旋线，下腹部旋削修坯一周，去胎泥较厚，使下腹折棱明显。口径 16、底径 6.4、高 6.4 厘米（图三四二，10）。10NDZ1#MDTG1M4∶5，方唇，直口，微敛，上折腹，下腹斜直，有折线，平底。器表有轮旋线，下腹部旋削修坯一周，去胎泥较厚，使下腹折棱明显。口径 15、底径 6.2、高 6 厘米（图三四二，9）。10NDZ1#MDTG2M10∶6，方唇，直口，微敛，上折腹，下腹斜直，微弧，平底。下腹部旋削修坯一周，去胎泥较厚，使下腹略显外弧。口径 14.6、底径 5、高 5.5 厘米（图三四二，7）。10NDZ1#MDTG4M25∶4，直口，微敛，方唇，折腹，小平底，微内凹。折棱明显，器表有轮旋线。下腹部旋削修坯一周，去胎泥较厚，使下腹略显折线。口径 16、底径 6.6、高 6 厘米（图三四二，5；图版八六，5）。10NDZ1#MDTG4M42∶5，器形较大。方唇，直口，微敛，上折腹，下腹斜直，微外弧，假圈足。器表有轮旋线，折腹以下旋削修坯，去胎泥较厚，使折棱更加明显。口径 22.6、底径 8、高 10 厘米（图三四二，12）。10NDZ1#MDTG4M42∶6，方唇，直口，微敛，折腹，下腹斜直，平底，微内凹。下腹部旋削修坯一周，去胎泥较厚，使下腹略显折线。口径 13.8、底径 5、高 6 厘米（图三四二，11）。10NDZ1#MDTG4M42∶7，方唇，直口，微敛，折腹，下腹斜直，平底。下腹部旋削修坯一周，去胎泥较厚，使下腹略显折线。口径 14.5、底径 5、高 5.5 厘米（图三四二，6）。10NDZ1#MDTG4M42∶8，方唇，口微敛，折腹，下腹斜直，平底，微内凹。下腹部旋削修坯一周，去胎泥较厚，使下腹略显折线。口径 14、底径 4.6、高 5.6 厘米（图三四二，8）。

C 型　2 件。10NDZ1#MDTG4M29∶4，方唇，口微敛，弧腹，饼足。器表有轮旋线，下腹旋削修饰一周，去胎泥较厚，使底部略显足形。口径 22.4、底径 8.8、高 8.8 厘米（图三四二，3）。10NDZ1#MDTG4M25∶3，口微敛，方唇，弧腹，平底。器表有轮旋线，下腹部旋削修坯一周。口径 24、底径 9、高 9 厘米（图三四二，4；参见图版八六，6）。

盆　2 件。10NDZ1#MDTG1M4∶1，直口，方唇，斜肩，上折腹，斜直腹，微内弧，小平底。器身有轮旋线。口径 25、底径 11.5、高 15 厘米（图三四三，1）。10NDZ1#MDTG4M24∶1，侈口，宽折沿，圆唇，斜直腹，微弧，平底。器表有轮旋线，下腹旋削一周。口径 25.8、底径 8.8、高 10 厘米（图三四三，2）。

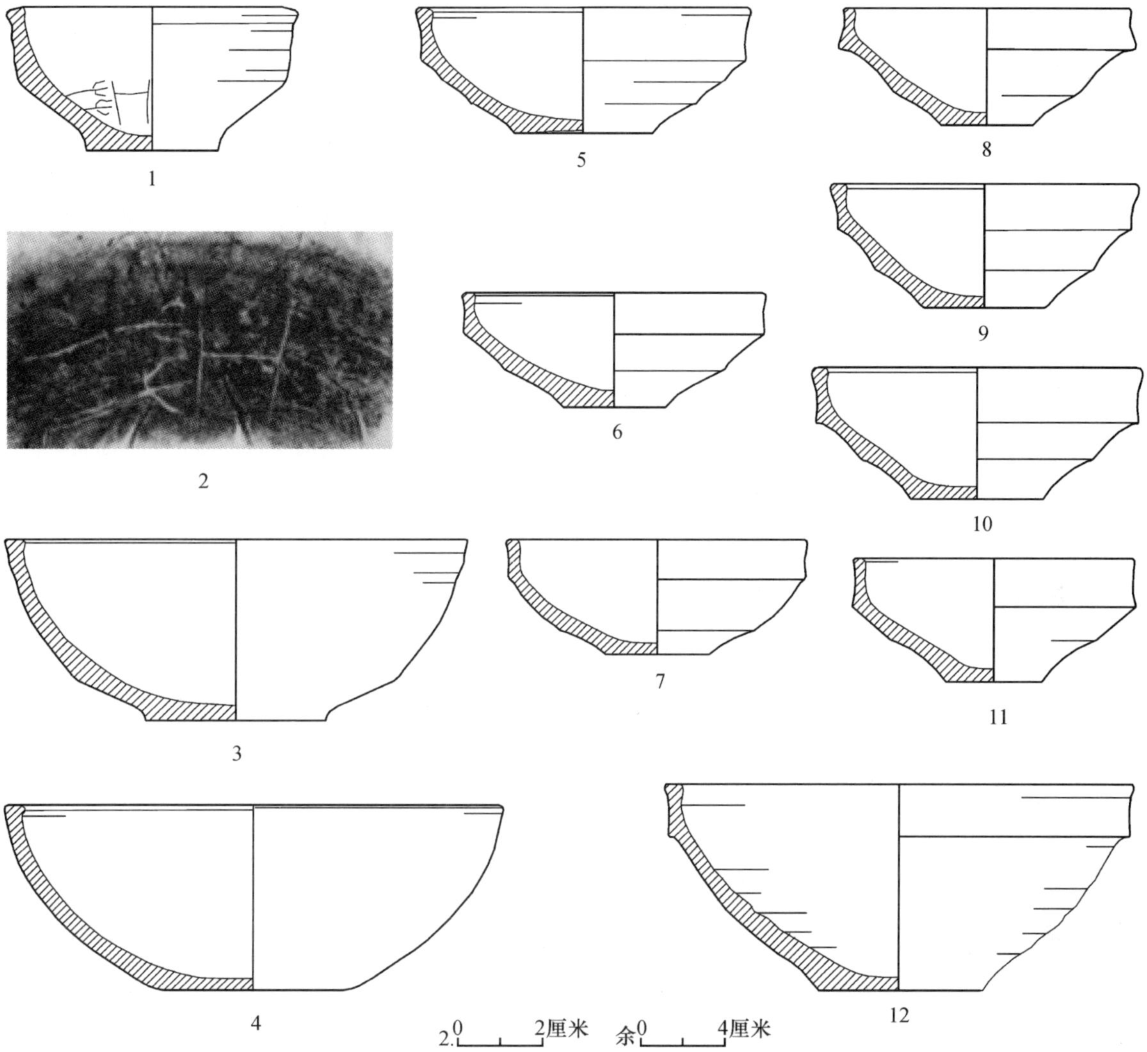

图三四二 10NDZ1#MD 出土西汉时期陶钵

1. A型（10NDZ1#MDTG1M7:4） 2. 陶钵拓片（10NDZ1#MDTG1M7:4） 3、4. C型（10NDZ1#MDTG4M29:4、10NDZ1#MDTG4M25:3） 5～12. B型（10NDZ1#MDTG4M25:4、10NDZ1#MDTG4M42:7、10NDZ1#MDTG2M10:6、10NDZ1#MDTG4M42:8、10NDZ1#MDTG1M4:5、10NDZ1#MDTG1M4:2、10NDZ1#MDTG4M42:6、10NDZ1#MDTG4M42:5）

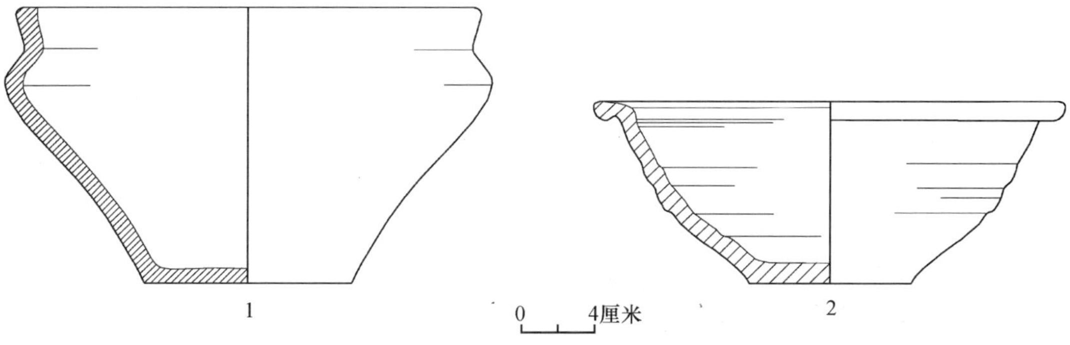

图三四三 10NDZ1#MD 出土西汉时期陶盆

1. 10NDZ1#MDTG1M4:1 2. 10NDZ1#MDTG4M24:1

俑　2件。着长袍俑1件。10NDZ1#MDTG1M5：1，身材修长，直立，扁身。面部五官不清，梳髻于脑后，身穿双重立领右衽落地长裙，下摆呈喇叭状，袖手环抱于腹前，神态祥和。面部和全身施白衣，残留红彩。高34厘米（图三三八，1；参见图版八七，5）。喇叭状长裙俑1件。10NDZ1#MDTG1M5：2，头部微前倾，面部五官不清，头戴红色幞头，内穿红色襦衣，外着交领右衽长袍，腹下系带，袍下露足，双手环抱腹前袖手而立，神态祥和。全身施白衣，长袍残留红彩。高22.2厘米（图三三八，4；参见图版八七，6）。

残器　1件。10NDZ1#MDTG3M21：2，小口罐，口残，溜肩，凸鼓腹，平底。器表有轮旋线，下腹旋削修坯一周，去胎泥较厚，使下腹部略显折线。底径6.6、残高12厘米（图三三八，5）。

（2）铜器

铜器主要类型有铜带钩、铜铃、铜章、铜钱等。

带钩　3件。10NDZ1#MDTG1M6：1，钩残，素面。残长5.2厘米（图三四四，11）。10NDZ1#MDTG1M7：3，钩残。棍棒形，素面。残长9.1厘米（图三四四，6）。10NDZ1#MDTG2M12：1，残断。琵琶形，素面。残长6.5厘米（图三四四，13）。

铜铃　1件。10NDZ1#MDTG1M3：1，合瓦形，口外张呈弧形，平顶，小纽。高4.4、宽4.4厘米（图三四四，14）。

铜章　1件。10NDZ1#MDTG3M14：1，锈蚀严重，纽形质不详。章呈方形，阴刻印纹“史敬”两字战国吉语印，应读作“敬事”。长1.2、宽1厘米（图三四四，12）。

铜钱　5枚。分半两和五铢两类。

半两　1枚。10NDZ1#MDTG1M3：2，浇注，圆形，方穿，正反两面周边及穿外均无郭。直径2.4厘米（图三四四，3）。

五铢　4枚。10NDZ1#MDTG2M10：1，浇注，圆形，方穿。“五”字较窄长，中间交叉两笔较圆曲。直径2.5厘米（图三四四，1）。10NDZ1#MDTG3M16：1，浇注，圆形，方穿。“五”字较窄长，中间交叉两笔较圆曲，“铢”字漫漶不清。直径2.5厘米（图三四四，2）。10NDZ1#MDTG3M19：1，浇注，圆形，方穿。“五”字较窄长，中间交叉两笔较直。直径2.5厘米（图三四四，9）。10NDZ1#MDTG4M33：1，浇注，圆形，方穿。“五”字较窄长，中间交叉两笔略圆曲，“铢”字漫漶不清。直径2.5厘米（图三四四，10）。

（3）铁器

铁器主要有铁刀、铁插等。

铁刀　1件。10NDZ1#MDTG1M7：2，环首，直刃，尖部残缺。残长30.8、刃宽2厘米（图三四四，7）。

铁插　1件。10NDZ1#MDTG1M2：1，断面呈“V”字形，平面呈长条形，刃部较锐尖，尾部有长方形銎。长18、厚1.6、高6.6厘米（图三四四，4）。

铁器　1件。10NDZ1#MDTG4M23：1，锈蚀严重。剑形，尾端残缺，一端呈尖状，器身微弧。长25.2厘米（图三四四，5）。

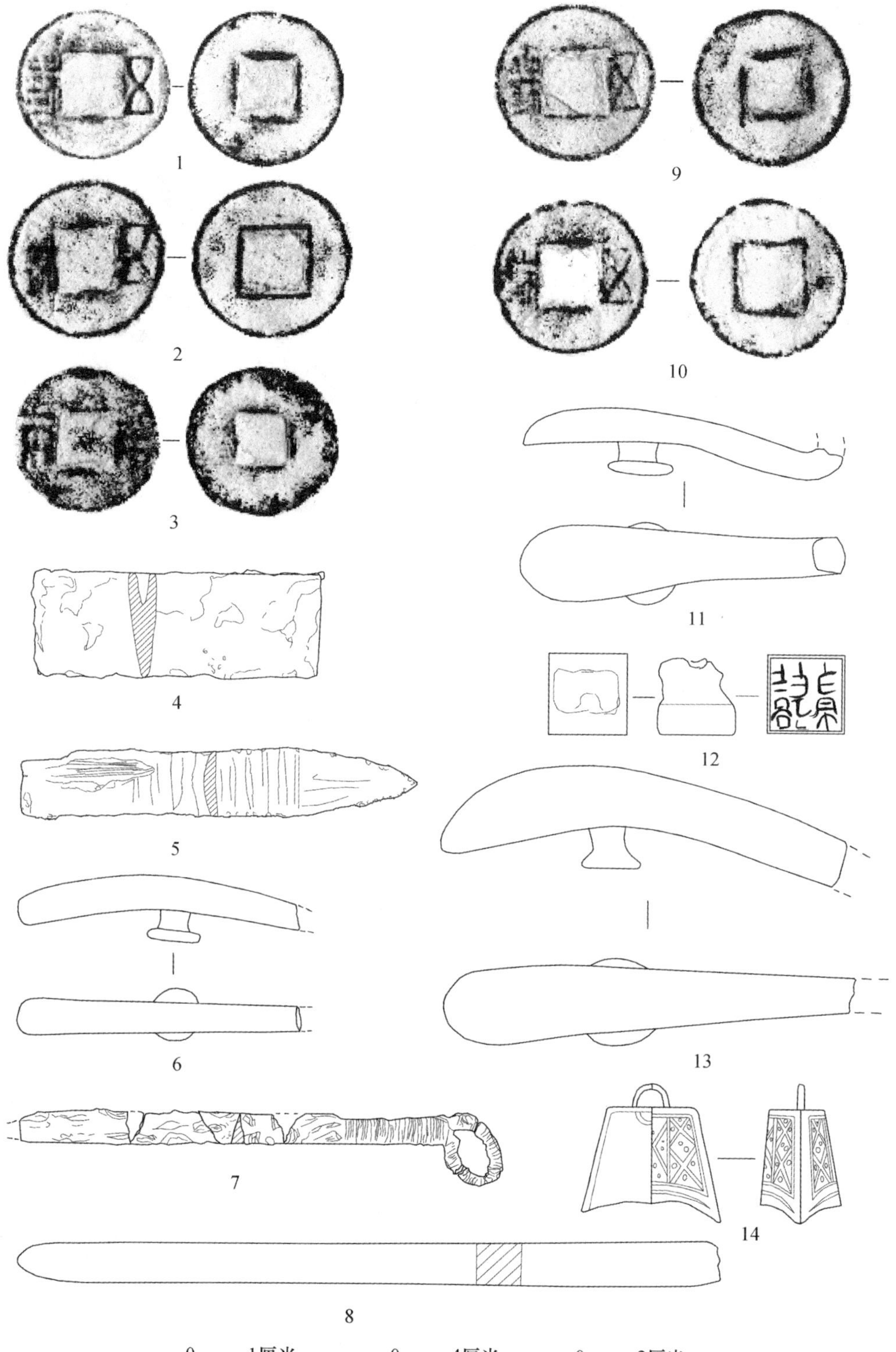

1~3、8~13. 0 1厘米 4、5、7. 0 4厘米 6、14. 0 2厘米

图三四四 10NDZ1#MD出土西汉时期器物

1～3、9、10. 铜钱（10NDZ1#MDTG2M10∶1、10NDZ1#MDTG3M16∶1、10NDZ1#MDTG1M3∶2、10NDZ1#MDTG3M19∶1、10NDZ1#MDTG4M33∶1） 4. 铁插（10NDZ1#MDTG1M2∶1） 5. 铁器（10NDZ1#MDTG4M23∶1） 6、11、13. 铜带钩（10NDZ1#MDTG1M7∶3、10NDZ1#MDTG1M6∶1、10NDZ1#MDTG2M12∶1） 7. 铁刀（10NDZ1#MDTG1M7∶2） 8. 骨笄（10NDZ1#MDTG1M1∶1） 12. 铜印章（10NDZ1#MDTG3M14∶1） 14. 铜铃（10NDZ1#MDTG1M3∶1）

（4）骨器

骨器仅见骨笄一类1件。10NDZ1#MDTG1M1∶1，残断，一端略呈圆形，断面呈正方形，残长11.2厘米（图三四四，8）。

3. 随葬品组合关系概述

张夺村南1号墓地共发掘战国至西汉时期墓葬42座，其中9座墓葬由于被盗严重或是其他原因没有发现随葬品；9座墓葬仅有1件随葬品，或是铜带钩，或是陶器，或是饰件；其余24座墓葬随葬品较为丰富，其中又以陶器为大宗，类型多样，数量众多。

张夺村南1号墓地大体可以分为战国时期、秦至西汉两个时期。战国时期有随葬品的墓葬仅为10NDZ1#MDTG4M22，出土有鼎、壶、豆、盘、匜等7件。秦至西汉早期墓葬随葬品一般较少或无随葬品，西汉中期前后随葬品数量、种类较为丰富，生活器皿的类型、数量不断增多，并有着时代特征（表一〇）。

三）张夺村南2号墓地

1. 战国墓葬

（1）陶器

7件。此时期陶器主要种类有鼎、豆、壶、匜等。

鼎　2件。可分为二型。A型，圆形兽蹄足。B型，兽蹄足略呈三角形。

A型　1件。10NDZ2#MDTG2M42∶3，器盖，方唇，盖面隆起，弧顶，盖面上有三个捉手。鼎，子母口，直腹，微弧，圜底，下承三兽蹄足，圆形，中空。器表施彩绘，大部分脱落，耳残。器身有轮旋线。口径24、高20.4厘米（图三四五，7）。

B型　1件。10NDZ2#MDTG2M51∶2，缺盖，鼎，子母口，直腹，微弧，圜底，下承三兽蹄足，略呈三角形。腹部两侧附立耳，抹角长方形板状，模制。器表施彩绘，大部分脱落，耳部可见圆圈纹彩绘。口径20、高17.6厘米（图三四五，15）。

豆　4件。分盖豆和高柄豆两类。

盖豆　1件。10NDZ2#MDTG2M42∶5，直口，圆唇，喇叭口底，中空。盘径18、底径10.4、高15.2厘米（图三四五，16）。

高柄豆　3件。10NDZ2#MDTG2M42∶8，浅盘，高柄，喇叭口底，中空。盘内绘黑、红两色彩绘网络纹，由色彩将盘分为4等份。红彩、白彩分别占四分之一，依次绘满盘面。盘径11.2、底径6、高11.6厘米（图三四五，1）。10NDZ2#MDTG2M42∶9，浅盘，高柄，喇叭口底，中空。盘内绘黑、红两色彩绘网络纹，由色彩将盘面分为4等份。红彩、白彩分别占四分之一，依次绘满盘面。盘径10.4、底径6.8、高12.8厘米（图三四五，12）。10NDZ2#MDTG2M51∶4，

表一〇　张夺村南1号墓地主要随葬品组合关系简表

类型/数量/墓号		陶器																																														铜器					其他
		鼎			壶						球复壶	罐																	盒		高柄豆	盖豆	盘	匜	瓮							钵			盆	俑	残器	带钩	铜铃	铜章	铜钱		
		A型	B型		A型		B型			C型		A型					B型					C型		D型		E型		F型	A型	B型					圜底瓮				平底瓮			A型	B型	C型			小口罐				半两	五铢	
			Ba型	Bb型	Aa型	Ab型	Ba型	Bb型	Bc型			Aa型		Ab型	Ac型	Ad型	Ba型	Bb型	Bc型	Bd型	Be型	Ca型	Cb型	Da型	Db型	Ea型	Eb型								A型	B型	C型		A型		B型												
												Aa型Ⅰ式	Aa型Ⅱ式																								Ca型	Cb型	Aa型	Ab型													
战国时期	10NDZ2#MDTG1M22		1				1				1																				1	1	1	1																			
秦至西汉 第一期	10NDZ2#MDTG1M1																																																				骨笄1件
	10NDZ2#MDTG1M6																																															1					
	10NDZ2#MDTG1M7																																		1							1						1					铁刀1件
	10NDZ2#MDTG1M12																																															1					
	10NDZ2#MDTG2M40																																		1																		
	10NDZ2#MDTG2M41																																		1																		
秦至西汉 第二期	10NDZ2#MDTG1M2																		1		2					1											1																铁插1件
	10NDZ2#MDTG1M11																3																			1																	
	10NDZ2#MDTG1M14																		1			2														1														1			
	10NDZ2#MDTG1M19																																																			1	
	10NDZ2#MDTG1M21	1			1																	3							1							1											1						
	10NDZ2#MDTG1M23																																																				铁器1件
	10NDZ2#MDTG2M29					1	1												1				2						1	1								1						1									

续表

期	类型/数量/墓号	陶器																																													铜器					其他
		鼎			壶						球复壶	罐																	盒		高柄豆	盖豆	盘	匜	瓮							钵			盆	俑	残器	带钩	铜铃	铜章	铜钱		
		A型	B型		A型		B型			C型		A型					B型					C型		D型		E型		F型	A型	B型					圜底瓮				平底瓮			A型	B型	C型			小口罐				半两	五铢	
			Ba型	Bb型	Aa型	Ab型	Ba型	Bb型	Bc型			Aa型		Ab型	Ac型	Ad型	Ba型	Bb型	Bc型	Bd型	Be型	Ca型	Cb型	Da型	Db型	Ea型	Eb型								A型	B型	C型		A型		B型												
												Aa型Ⅰ式	Aa型Ⅱ式																								Ca型	Cb型	Aa型	Ab型													
秦至西汉 第三期	10NDZ2#MDTG1M3						1																		2												1												1		1		
	10NDZ2#MDTG1M4																1																							1			2		1								
	10NDZ2#MDTG1M5		1		1																	1							1										1							2							
	10NDZ2#MDTG1M10																3																							1			1									1	
	10NDZ2#MDTG1M13																		2						2											1																	
	10NDZ2#MDTG1M15						1										1		2																						1												
	10NDZ2#MDTG1M16			2		2								2	1	1														2											1											1	
	10NDZ2#MDTG1M18																							3														1															
	10NDZ2#MDTG1M20																					3																	1														
	10NDZ2#MDTG1M24						1									2																						1							1								
	10NDZ2#MDTG2M25											1							2			1																					1	1									
	10NDZ2#MDTG2M33																							1				1																								1	
	10NDZ2#MDTG2M35						1			1					1												1																										
	10NDZ2#MDTG2M36	1			1												3					1							1										1														
	10NDZ2#MDTG2M38							1	1											2																																	
	10NDZ2#MDTG2M42											1					2	1																									4										
第四期	10NDZ2#MDTG2M39								3				1																																								

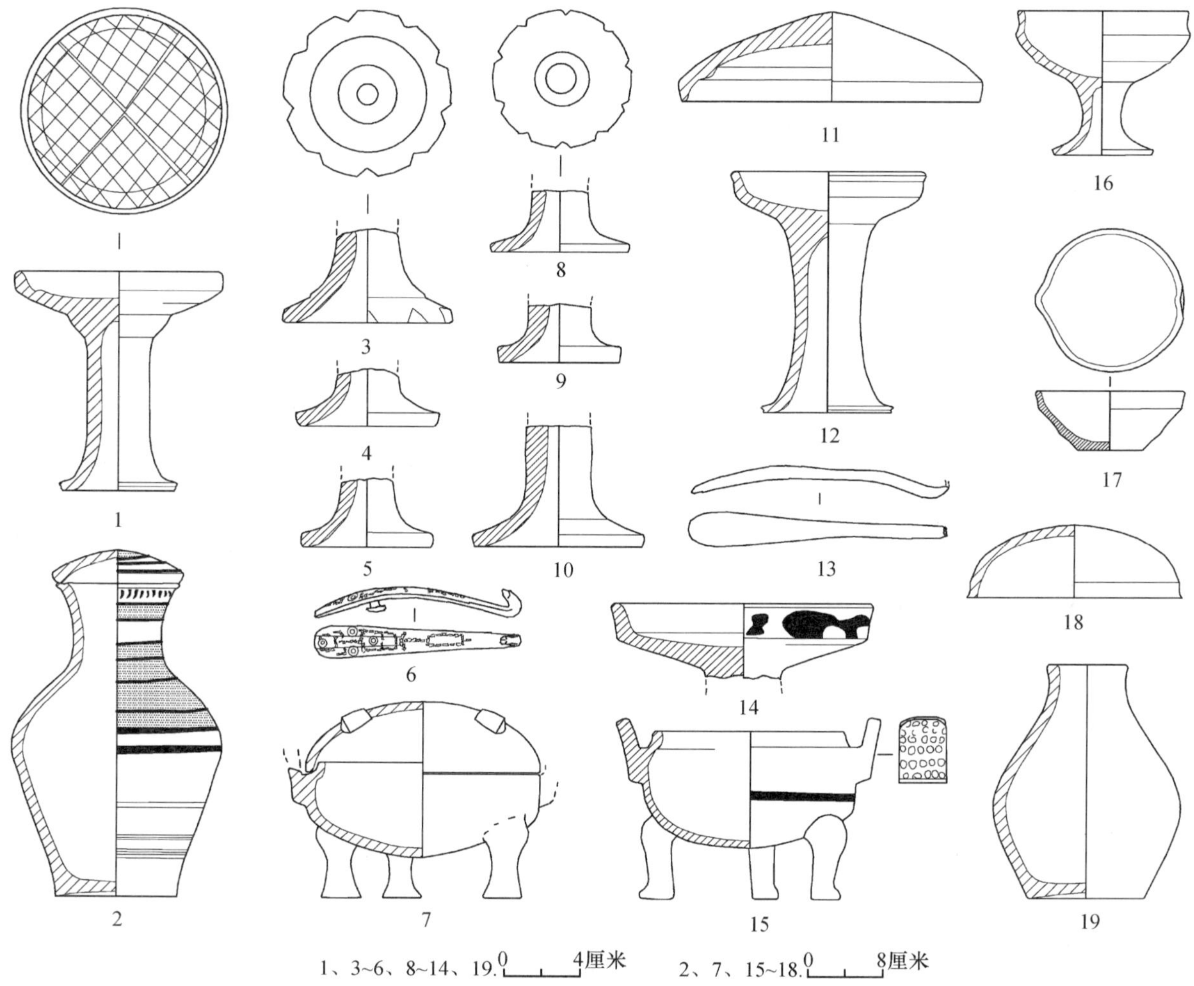

图三四五 10NDZ2#MD 出土战国时期器物

1、12、14. 陶高柄豆（10NDZ2#MDTG2M42：8、10NDZ2#MDTG2M42：9、10NDZ2#MDTG2M51：4） 2. 陶壶（10NDZ2#MDTG2M42：1） 3~5、8~10. 陶豆柄（10NDZ2#MDTG1M15：1、10NDZ2#MDTG1M15：4、10NDZ2#MDTG1M15：5、10NDZ2#MDTG1M15：2、10NDZ2#MDTG1M15：6、10NDZ2#MDTG1M15：3） 6、13. 铜带钩（10NDZ2#MDTG2M42：10、10NDZ2#MDTG2M51：1） 7. A型陶鼎（10NDZ2#MDTG2M42：3） 11、18. 陶器盖（10NDZ2#MDTG2M42：7、10NDZ2#MDTG2M42：2） 15. B型陶鼎（10NDZ2#MDTG2M51：2） 16. 陶盖豆（10NDZ2#MDTG2M42：5） 17. 陶匜（10NDZ2#MDTG2M51：3） 19. 小陶壶（10NDZ2#MDTG2M42：6）

器形略大。浅盘，盘以下残失。器表残存红彩。盘径14、残高4厘米（图三四五，14）。

豆柄 6件。10NDZ2#MDTG1M15:1，豆座底缘呈锯齿状，柄部有2周或3周轮旋线。残高5、底径8.8厘米（图三四五，3）。10NDZ2#MDTG1M15:2，豆座底缘呈锯齿状，柄部有2周或3周轮旋线。残高3.2、底径7.2厘米（图三四五，8）。10NDZ2#MDTG1M15:3，残高6.4、底径8.8厘米（图三四五，10）。M15:4，残高3、底径7.2厘米（图三四五，4）。10NDZ2#MDTG1M15:5，残高3.4、底径7厘米（图三四五，5）。10NDZ2#MDTG1M15:6，残高3.2、底径6.4厘米（图三四五，9）。

壶　1件。10NDZ2#MDTG2M42∶1，器盖，方唇，盖面隆起，斜直壁，顶部较尖。壶，侈口，方唇，束颈，溜肩，上腹凸鼓，下腹斜直，平底，微内凹。直接在器表上施彩绘，器盖饰宽0.8厘米同心圆彩绘带两条，红白相间，顶部饰直径为3.6厘米的红彩，其上点白彩装饰。壶颈，肩部饰红色纹饰带，其上点白彩装饰。口径13.8、底径12.8、高36.8厘米（图三四五，2）。

小壶　1件。10NDZ2#MDTG2M42∶6，口微侈，方唇，束颈，溜肩，鼓腹，平底，微内凹。颈腹部饰彩绘纹饰带，红白相间。口径4.4、底径6、高12.4厘米（图三四五，19）。

匜　1件。10NDZ2#MDTG2M51∶3，半桃形，前有流，后尾内凹，折腹，饼足。腹部有轮旋线，下腹有旋削修坯痕迹。口径15.5、底径7、高6.2厘米（图三四五，17）。

器盖　2件。10NDZ2#MDTG2M42∶7，方唇，盖面隆起，斜直壁，顶部较尖。与壶盖相似。口径16、高4.8厘米（图三四五，11）。10NDZ2#MDTG2M42∶2，方唇，盖面隆起，较高，弧形顶。与顶盖类似。口径23.2、高7.8厘米（图三四五，18）。

（2）铜器

铜器仅见铜带钩1类。2件。10NDZ2#MDTG2M42∶10，钩首为一对突出眼睛，钩体略宽于颈，腹部较长，鼓起呈弧形，尾端圆弧较宽，带钩背部有一扁平圆纽。钩长11厘米（图三四五，6）。10NDZ2#MDTG2M51∶1，素面。钩首残断，钩体略宽于颈，腹部较长，鼓起呈弧形，尾部圆弧较薄，带钩背部有一扁平圆纽。钩长13.7厘米（图三四五，13）。

2. 秦至西汉时期

（1）陶器

以质地可分为夹砂陶、泥质灰陶、釉陶三类。

夹砂陶仅见陶罐一类。

罐　2件。球形大体相同。10NDZ2#MDTG2M29∶2，胎体淘洗不净，含砂量较大。直口，微侈，圆唇，溜肩，鼓腹，小平底。下腹有旋削修坯痕迹，去胎泥较厚，使底部略显足形。口径8.8、底径5.2、高11厘米（图三四六，1）。10NDZ2#MDTG2M29∶3，胎体淘洗不净，含砂量较大。直口，圆唇，溜肩，鼓腹，小平底。下腹有旋削修坯痕迹。口径8.6、底径5.2、高10.6厘米（图三四六，2）。

泥质灰陶器类较多，主要有鼎、壶、罐、瓮、坊、盒、钵、俑、车轮等。

鼎　6件。可分为三型。A型，圜底鼎。B型，直腹大平底。C型，小平底。

A型　3件。根据器耳可分二亚型。Aa型，长方形鋬状立耳。Ab型，立耳，上端外卷。

Aa型　2件。大小、形制大体相同，器盖略有不同。10NDZ2#MDTG1M1∶13，器盖，方唇，盖面隆起，顶部缓平。鼎，子母口，上腹较直，弧内收，圜底，下承三兽蹄足，略呈三角形。上腹部旋削修坯一周，去胎泥较厚，在腹部形成一折台，腹部两侧附长方形鋬状立耳，有长方形孔，模制。器表直接施彩绘，大部分脱落。口径19.2、高14.8厘米（图三四七，6）。10NDZ2#MDTG1M1∶18，器盖，方唇，盖面隆起，顶部缓平。鼎，子母口，上腹较直，弧内收，

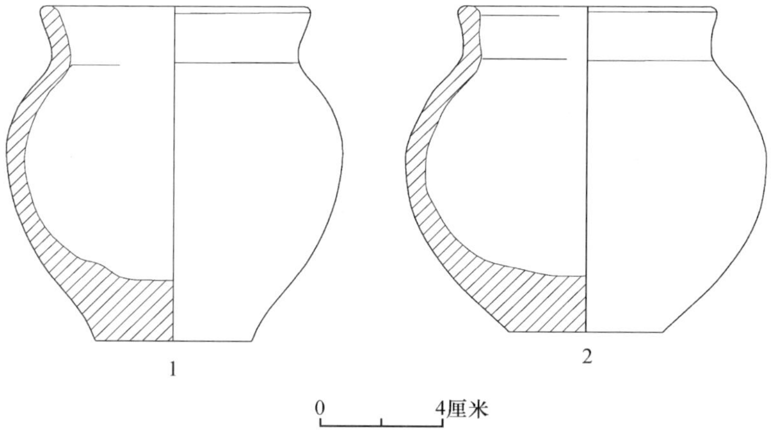

图三四六 10NDZ2#MD出土西汉时期夹砂陶罐

1. 10NDZ2#MDTG2M29:2 2. 10NDZ2#MDTG2M29:3

圜底，下承三兽蹄足，略呈三角形。上腹部旋削修坯一周，去胎泥较厚，在腹部形成一折台，腹部两侧附长方形錾状立耳，有长方形孔。器表直接施彩绘，大部分脱落。口径18.2、高14.8厘米（图三四七，5；参见图版八八，1）。

Ab型 1件。10NDZ2#MDTG2M41:8，器盖，方唇，盖面隆起，弧形顶。鼎，子母口，折腹，折线明显，圜底，下承三兽蹄足。腹外附双立耳，上端外卷，模制，有长方形穿孔。器盖及器身有轮旋线，通体施白衣、彩绘，大部分脱落。口径16.8、高15.4厘米（图三四七，3；参见图版八八，2）。

B型 2件。器形大小装饰均相同，器盖略有不同。器盖，直口，盖面隆起。鼎，子母口，圆唇，深直腹，微外弧，平底，下承三柱足。口两侧附长方形錾耳，下端呈弧形，上端微外侈，鼎耳模印。器盖外表施白衣，衣外绿色卷云纹，云上、云内红点装饰，鼎腹饰宽2厘米白衣带红彩打边线，线内绘细红彩网格纹，上下三角形内绘“⋁”或“⋀”图形装饰。板耳白衣外绿色三角纹，“X”形细红线分隔，粗红线外框。10NDZ2#MDTG1M1:16，器盖，方唇，盖面隆起，顶部较尖。口径16.8、高15.4厘米（图三四七，2）。10NDZ2#MDTG1M1:17，器盖，方唇，盖面隆起，顶部缓平。口径19.2、高16厘米（图三四七，4；参见图版八八，3）。

C型 1件。10NDZ2#MDTG2M50:7，盆形鼎，器形略大。器盖，方唇，盖面隆起，顶部缓平。鼎，子母口，上腹斜直，下腹折收，小平底，下承三兽蹄足，断面略呈三角形，兽蹄较明显。腹外附双立耳，上端外卷，模制，有长方形穿孔。器表施白衣，器盖衣外饰卷云纹，鼎身彩绘脱落。口径17.6、高14厘米（图三四七，1；参见图版八八，4）。

壶 6件。可分为三型。A型，矮圈足。B型，假圈足。C型，平底。

A型 2件，颈部较粗，矮圈足，器形略显厚重，器形大小、彩绘均相同。器盖，子母口，盖面隆起，弧形顶，隆起较矮。壶，喇叭口，方唇，溜肩，鼓腹，高足底，底缘外侈，挖足较浅。盖面对称有三个长方形小穿孔，器表施白衣，外施绿色卷云纹，云上、云内红点装饰。壶身、颈肩、下腹、足下部饰纹饰带，均先施白衣，然后施彩绘，口、下腹、底部纹饰漫漶，脱落不清，腹部彩绘绿色、红色卷云。10NDZ2#MDTG1M1∶3，口径 13.6、底径 14、高 35 厘米（图三四八，14；参见图版八八，5）。10NDZ2#MDTG1M1∶2，口径 13.6、底径 13、高 34.6 厘米（图三四八，11）。

图三四七　10NDZ2#MD 出土西汉时期陶鼎

1. C 型（10NDZ2#MDTG2M50∶7）　2、4. B 型（10NDZ2#MDTG1M1∶16、10NDZ2#MDTG1M1∶17）　3. Ab 型（10NDZ2#MDTG2M41∶8）　5、6. Aa 型（10NDZ2#MDTG1M1∶18、10NDZ2#MDTG1M1∶13）

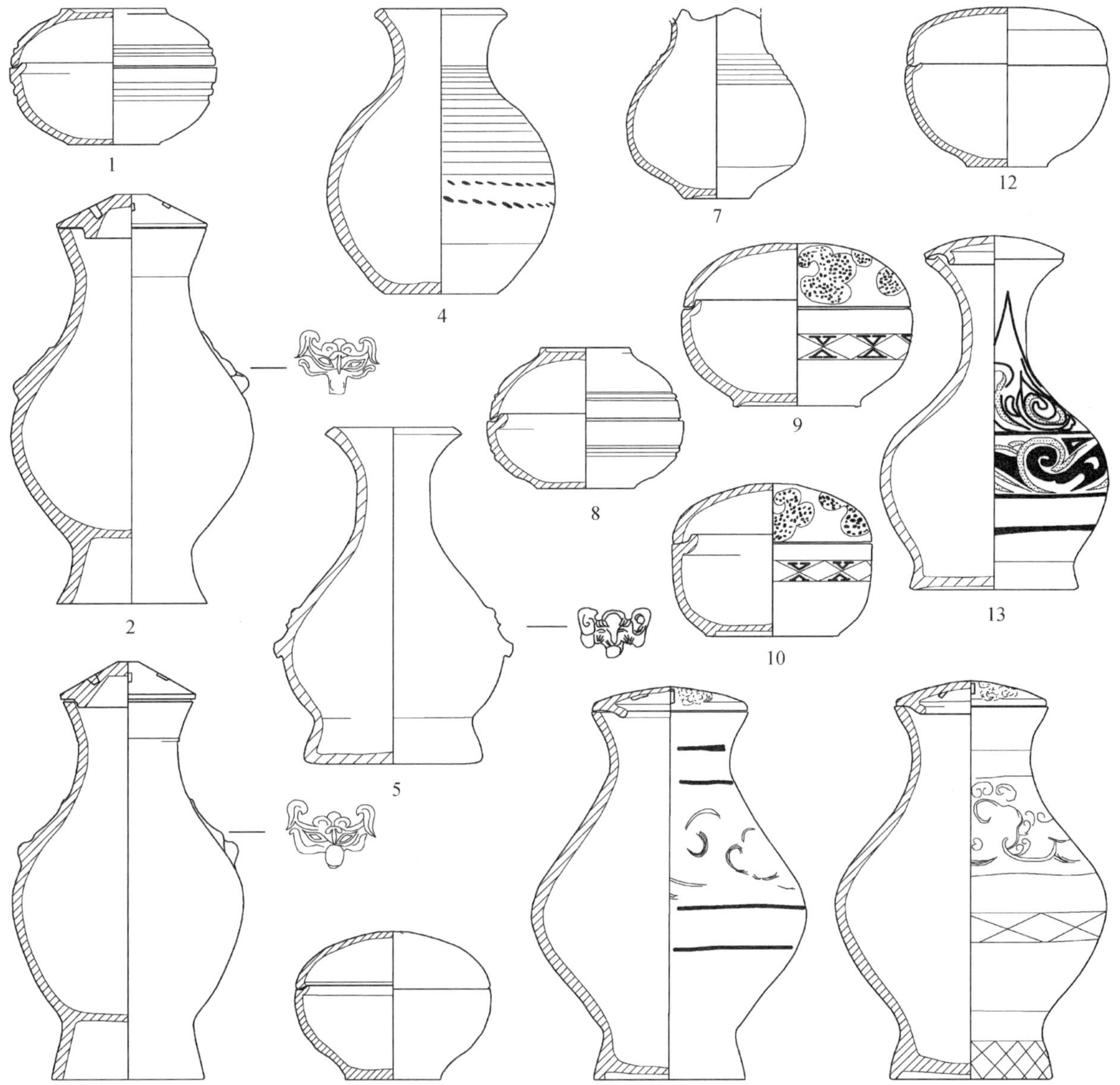

图三四八 10NDZ2#MD 出土西汉时期陶器

1、6、8、12. A 型盒（10NDZ2#MDTG1M1:20、10NDZ2#MDTG2M41:7、10NDZ2#MDTG1M1:8、10NDZ2#MDTG2M50:6）
2、3. 坊（10NDZ2#MDTG1M1:4、10NDZ2#MDTG1M1:5） 4、7. C 型壶（10NDZ2#MDTG2M37:3、10NDZ2#MDTG1M13:1）
5、13. B 型壶（10NDZ2#MDTG2M41:2、10NDZ2#MDTG2M50:9） 9、10. B 型盒（10NDZ2#MDTG1M1:6、10NDZ2#MDTG1M1:7） 11、14. A 型壶（10NDZ2#MDTG1M1:2、10NDZ2#MDTG1M1:3）

B 型 2 件。10NDZ2#MDTG2M41:2，喇叭口，方唇，束颈，溜肩，鼓腹，最大腹径偏下，假圈足，较高，底缘外侈。器身左右两侧各有一个兽首。通体施白衣，外饰彩绘，彩绘脱落。口径 12、底径 15.6、高 29.6 厘米（图三四八，5）。10NDZ2#MDTG2M50:9，器盖，子母口，盖面隆起，顶部缓平。壶，喇叭口，方唇，束颈，溜肩，鼓腹，假圈足，较高，底缘微外撇。下腹旋削修坯一周。通体施白衣，衣外施彩绘，器盖彩绘脱落，壶身绘卷云纹、三角纹。口径12.2、底径14.8、高31.2厘米（图三四八，13；参见图版八八，6）。

C型　2件。10NDZ2#MDTG1M13∶1，口残，溜肩，鼓腹，平底，微内凹。器身有轮旋线，下腹旋削修坯一周，去胎泥较厚，使下腹部略显折线。底径6、残高16.8厘米（图三四八，7）。10NDZ2#MDTG2M37∶3，侈口，方唇，束颈，溜肩，鼓腹，平底。器表有轮旋线。下腹旋削修坯一周，去胎泥略厚，使下腹部略显折线。口径11.2、底径9.8、高25厘米（图三四八，4）。

罐　41件。根据底部不同可分为圜底罐和平底罐两类。

圜底罐　3件。可分为二型。A型，斜折沿。B型，卷沿。

A型　1件。10NDZ2#MDTG2M37∶2，斜折沿，圆唇，束颈，折肩，鼓腹，圜底。器表有轮旋线，肩部刀削修坯一周，去胎泥略厚，使肩部略显折线。口径11.2、高22.4厘米（图三四九，18；参见图版八九，1）。

B型　2件。10NDZ2#MDTG1M53∶2，卷沿，束颈，溜肩，鼓腹，圜底。肩部饰小菱形网格纹饰带，器表压光，器身有轮旋线，下腹及底部饰篮纹。口径14、高28.8厘米（图三四九，10；参见图版八九，2）。10NDZ2#MDTG1M53∶3，卷沿，束颈，溜肩，鼓腹，圜底。肩部按压由小方块组成的纹饰带，器表压光，器身有轮旋线，下腹及底部饰篮纹。口径14.4、高29厘米（图三四九，5）。

平底罐　45件。可分为六型。A型，高领小平底罐，一般口径大于底径。B型，小罐，短颈，器高在15厘米以下，弧腹或鼓腹。C型，汲水罐，颈部有圆穿。D型，大口、大平底，腹部一般较直，器形略显瘦高。E型，卷沿罐。F型，盘口罐。

A型　5件。一般为侈口，方唇，颈部较长，腹径与器高大体相等，或器高大于腹径。据口、腹不同可分为三亚型。Aa型，近球形腹。Ab型，凸鼓腹。Ac型，弧腹。

Aa型　3件。器形较大，腹径与器高大体相等，或器高大于腹径，略显敦厚，口沿、腹部、底部略有不同。据口沿变化可分为三式。

Ⅰ式：1件。10NDZ2#MDTG1M4∶2，直口，微侈，方唇，棱线分明，长直颈，溜肩，球形腹，平底。器身有轮旋线，肩部饰凹弦纹一周，下腹及底部饰绳纹。口径13、底径8、高24.4厘米（图三四九，14；参见图版八九，3）。

Ⅱ式：1件。10NDZ2#MDTG1M9∶1，胎质淘洗不净，有砂粒。直口，卷沿，长直颈，溜肩，球形腹，平底，内凹。器身有轮旋线，下腹及底部饰绳纹，较杂乱。口15、底径8.6、高24.4厘米（图三四九，9；参见图版八九，4）。

Ⅲ式：1件。10NDZ2#MDTG1M19∶1，侈口，卷沿，沿面有凹槽，束颈，溜肩，上腹较直，下腹弧内收，小平底。器身有轮旋，下腹及底部饰篮纹。口径12.8、底径6、高28.8厘米（图三四九，19）。

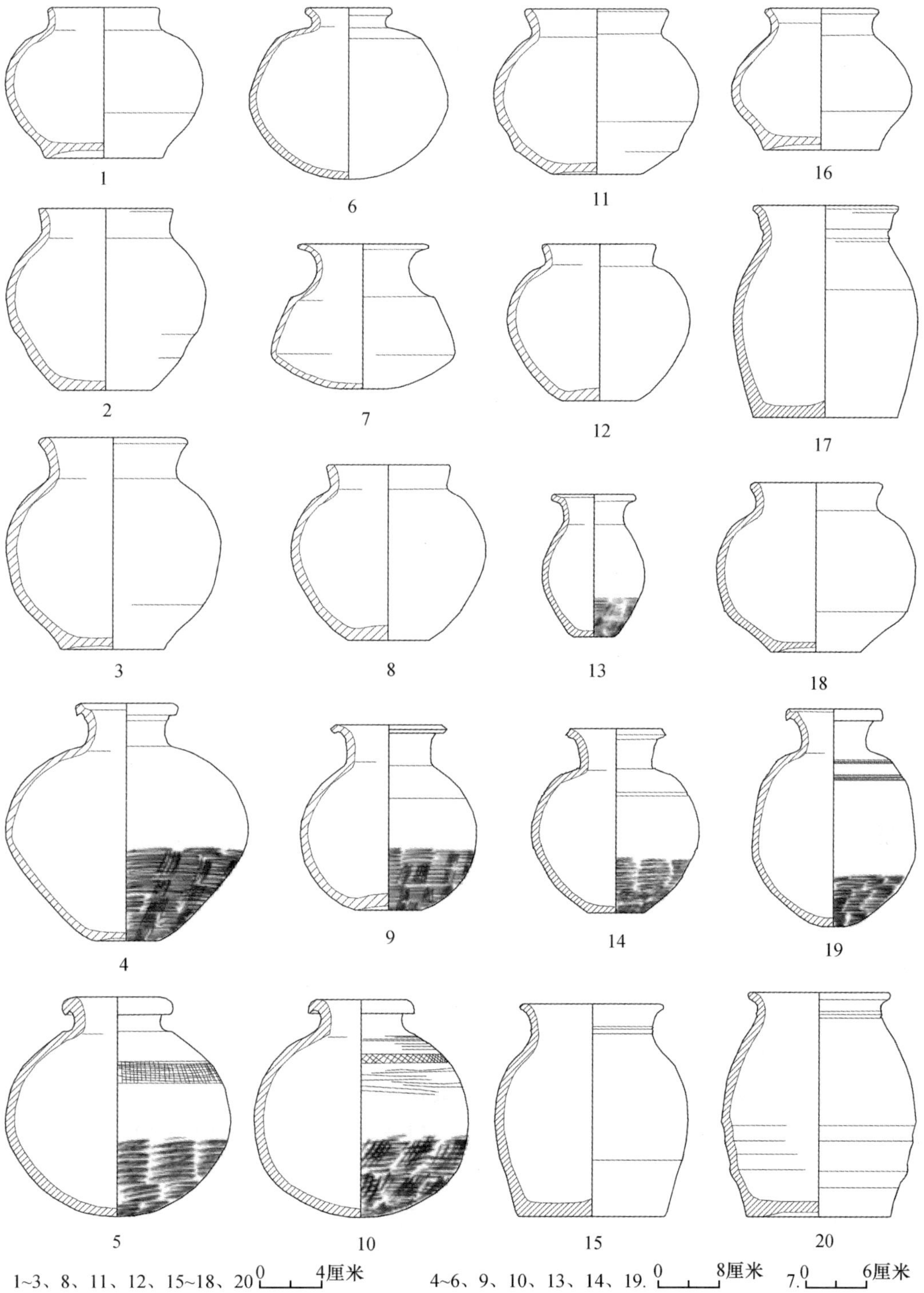

图三四九 10NDZ2#MD出土西汉时期陶罐

1、11、16. Bb型平底罐（10NDZ2#MDTG2M47∶4、10NDZ2#MDTG2M49∶2、10NDZ2#MDTG2M47∶5） 2、3、8、12、18. Ba型平底罐（10NDZ2#MDTG2M26∶4、10NDZ2#MDTG2M49∶1、10NDZ2#MDTG2M26∶2、10NDZ2#MDTG2M26∶3、10NDZ2#MDTG2M25∶2） 4. Ab型平底罐（10NDZ2#MDTG1M23∶1） 5、10. B型圜底罐（10NDZ2#MDTG1M53∶3、10NDZ2#MDTG1M53∶2） 6. A型圜底罐（10NDZ2#MDTG2M37∶2） 7. Bc型平底罐（10NDZ2#MDTG1M23∶3） 9. Aa型Ⅱ式平底罐（10NDZ2#MDTG1M9∶1） 13. Ac型平底罐（10NDZ2#MDTG2M25∶3） 14. Aa型Ⅰ式平底罐（10NDZ2#MDTG1M4∶2） 15、17、20. Bd型平底罐（10NDZ2#MDTG2M43∶3、10NDZ2#MDTG2M43∶4、10NDZ2#MDTG2M43∶5） 19. Aa型Ⅲ式平底罐（10NDZ2#MDTG1M19∶1）

Ab 型　1 件。10NDZ2#MDTG1M23：1，器形较大，腹径大于器高。侈口，卷沿，长直颈，溜肩，凸鼓腹，小平底，微内凹。器身有轮旋线，下腹及底部饰篮纹。口径 13.1、底径 8、高 31.2 厘米（图三四九，4；参见图版八九，5）。

Ac 型　1 件。10NDZ2#MDTG2M25：3，器形较小，器高大于腹径。直口，微侈，折沿，沿面有凹槽，长直颈，溜肩，弧腹，小平底。下腹及底部饰篮纹。口径 11、底径 5.6、高 18.8 厘米（图三四九，13；参见图版八九，6）。

B 型　12 件。据器形可分为四亚型。Ba 型，腹径与器高大体相同。Bb 型，腹径大于器高，器形略显矮胖。Bc 型，小口罐。Bd 型，折沿罐。

Ba 型　5 件。器形大体相同，一般腹径与器高大体相同，底部较小，器形略显敦厚，口沿、腹部、底部略有不同。10NDZ2#MDTG2M25：2，直口，微侈，圆唇，溜肩，鼓腹，小平底，微内凹。器身有轮旋线，下腹旋削修坯一周，去胎泥较厚，使下腹略显折线。口径 8.8、底径 6、高 11.2 厘米（图三四九，18）。10NDZ2#MDTG2M26：2，直口，微侈，圆唇，溜肩，鼓腹，小平底。器身有轮旋线，下腹旋削修坯一周。口径 8.2、底径 5.6、高 11.6 厘米（图三四九，8）。10NDZ2#MDTG2M26：3，直口，微侈，圆唇，溜肩，鼓腹，小平底。器身有轮旋线，下腹旋削修坯一周。口径 7.4、底径 4.8、高 10.5 厘米（图三四九，12）。10NDZ2#MDTG2M26：4，直口，微侈，方唇，溜肩，鼓腹，小平底。器身有轮旋线，下腹旋削修坯一周。口径 8.8、底径 6、高 12 厘米（图三四九，2）。10NDZ2#MDTG2M49：1，侈口，圆唇，溜肩，鼓腹，平底，微内凹。器表有轮旋线，下腹部旋削修坯一周，去胎泥较厚，使下腹略显折线。口径 10、底径 6.8、高 14 厘米（图三四九，3）。

Bb 型　3 件。器形大体相同，一般腹径大于器高，底部较小，器形略显矮胖，口沿、腹部、底部略有不同。10NDZ2#MDTG2M47：4，直口，微侈，方唇，溜肩，凸鼓腹，平底，微内凹。器身有轮旋线，下腹旋削修坯一周，去胎泥较厚，使下腹略显折线。口径 7.5、底径 7.8、高 10 厘米（图三四九，1）。10NDZ2#MDTG2M47：5，器型矮胖。侈口，方唇，束颈，溜肩，凸鼓腹，平底，微内凹。器身有轮旋线，下腹旋削修坯一周，去胎泥较厚，使下腹略显折线。口径 7.8、底径 7.8、高 9.4 厘米（图三四九，16）。10NDZ2#MDTG2M49：16，侈口，圆唇，溜肩，鼓腹，平底，微内凹。器表有轮旋线，下腹部旋削修坯一周，去胎泥较厚，使下腹略显折棱。口径 9.3、底径 5.6、高 11 厘米（图三四九，11）。

Bc 型　1 件。10NDZ2#MDTG1M23：3，侈口，卷沿，方唇，束颈，折肩，上腹斜直，下腹折内收，小平底。口径 12.6、高 14.4 厘米（图三四九，7，参见图版九〇，1）。

Bd 型　3 件。器形大体相同，器高大于腹径，底径略大于口径，口沿、腹部、底部略有不同。沿微卷，圆唇，溜肩。10NDZ2#MDTG2M43：3，口部不规整。侈口，卷沿，圆唇，束颈，溜肩，弧腹，大平底。器身有轮旋线，下腹旋削修坯一周，去胎泥较厚，使下腹略显折线。口径 9.4、底径 9.6、高 14 厘米（图三四九，15）。10NDZ2#MDTG2M43：4，侈口，圆唇，束颈，溜肩，弧腹，大平底。器身有轮旋线，下腹旋削修坯一周。口径 9.6、底径 9.6、高 14 厘米（图三四九，17；参见图版九〇，2）。10NDZ2#MDTG2M43：5，侈口，方唇，束颈，溜肩，弧腹，平底。器身有轮旋线，下腹旋削修坯一周，去胎泥较厚，使下腹略显折棱。口径 9.6、底径 9.6、高 14.8 厘米（图三四九，20）。

C 型 13 件。器形大体相同，一般为凸鼓腹，腹径略大于器高，底径略小于口径，口沿、腹部、底部略有不同。10NDZ2#MDTG1M23∶2，侈口，圆唇，溜肩，凸鼓腹，小平底。颈部左右两侧各有两个穿孔，器表有轮旋线，下腹旋削修坯一周，去胎泥较厚，使底部略显足形。口径 11.4、底径 7.5、高 18.9 厘米（图三五〇，22；参见图版九〇，3）。10NDZ2#MDTG1M23∶4，直口，微侈，圆唇，溜肩，鼓腹，小平底，微内凹。颈部左右两侧各有两个穿孔，器表有轮旋线，下腹旋削修坯一周。口径 11.4、底径 9.6、高 15.6 厘米（图三五〇，2）。10NDZ2#MDTG1M23∶5，直口，微侈，卷沿，沿面有凹槽，方唇，广肩，凸鼓腹，小平底。颈部左右两侧各有两个穿孔，器表有轮旋线，下腹旋削修坯一周，去胎泥较厚，使下腹略显折棱。口径 12、底径 9、高 16.7 厘米（图三五〇，1）。10NDZ2#MDTG2M25∶4，直口，微侈，方唇，溜肩，鼓腹，平底。颈部左右两侧各有两个穿孔。器身有轮旋线，下腹旋削修坯一周，去胎泥较厚，使底部略显足形。口径 10、底径 8.8、高 14.4 厘米（图三五〇，12）。10NDZ2#MDTG2M29∶1，斜折沿，圆唇，溜肩，凸鼓腹，饼足，微内凹。颈部左右两侧各有两个穿孔，器表有轮旋线，下腹部旋削修坯一周，去胎泥较厚，使下腹部略显折线，饼足较明显。口径 10.6、底径 8.2、高 15 厘米（图三五〇，4）。10NDZ2#MDTG2M37∶4，直口，微侈，方唇，溜肩，凸鼓腹，小平底。颈部左右两侧各有两个穿孔，器表有轮旋线。下腹旋削修坯一周，去胎泥较厚，使下腹略显折线。口径 10、底径 7.6、高 13.8 厘米（图三五〇，18）。10NDZ2#MDTG2M41∶3，直口，微侈，圆唇，鼓肩，鼓腹，假圈足。颈部左右两侧各有两个穿孔。器身有轮旋线，下腹旋削修坯一周，去胎泥较厚，使底部略显足形。口径 9.6、底径 8、高 13.8 厘米（图三五〇，3）。10NDZ2#MDTG2M41∶4，直口，微侈，圆唇，溜肩，鼓腹，假圈足。颈部左右两侧各有两个穿孔。器身有轮旋线，下腹旋削修坯一周，去胎泥较厚，使底部略显足形。口径 9.6、底径 8、高 13.6 厘米（图三五〇，24）。10NDZ2#MDTG2M41∶5，直口，微侈，圆唇，溜肩，鼓腹，平底。颈部左右两侧各有两个穿孔。器身有轮旋线，下腹旋削修坯一周，去胎泥较厚，使底部略显足形。口径 9、底径 7.5、高 14 厘米（图三五〇，23）。10NDZ2#MDTG2M41∶6，直口，微侈，圆唇，鼓肩，弧腹，假圈足。颈部左右两侧各有两个穿孔。器身有轮旋线，下腹旋削修坯一周，去胎泥较厚，使底部略显足形。口径 10、底径 8、高 14.2 厘米（图三五〇，19）。10NDZ2#MDTG2M50∶1，斜折沿，圆唇，束颈，溜肩，凸鼓腹，饼足。颈部左右两侧各有两个穿孔，器表有轮旋线，下腹部旋削修坯一周。口径 9.6、底径 8、高 12 厘米（图三五〇，17）。10NDZ2#MDTG2M50∶2，直口，微侈，方唇，溜肩，凸鼓腹，饼足。颈部左右两侧各有两个穿孔，器表有轮旋线，下腹部旋削修坯一周，去胎泥较厚，使下腹部略显折线，饼足较明显。口径 10、底径 7.8、高 16.8 厘米（图三五〇，21）。10NDZ2#MDTG2M50∶3，直口，微侈，圆唇，广肩，鼓腹，饼足，微内凹。颈部左右两侧各有两个穿孔，器表有轮旋线，下腹部旋削修坯一周，去胎泥较厚，使饼足较明显。口径 10.8、底径 9、高 14.1 厘米（图三五〇，6）。10NDZ2#MDTG2M50∶8，直口，方唇，溜肩，凸鼓腹，矮饼足。颈部左右两侧各

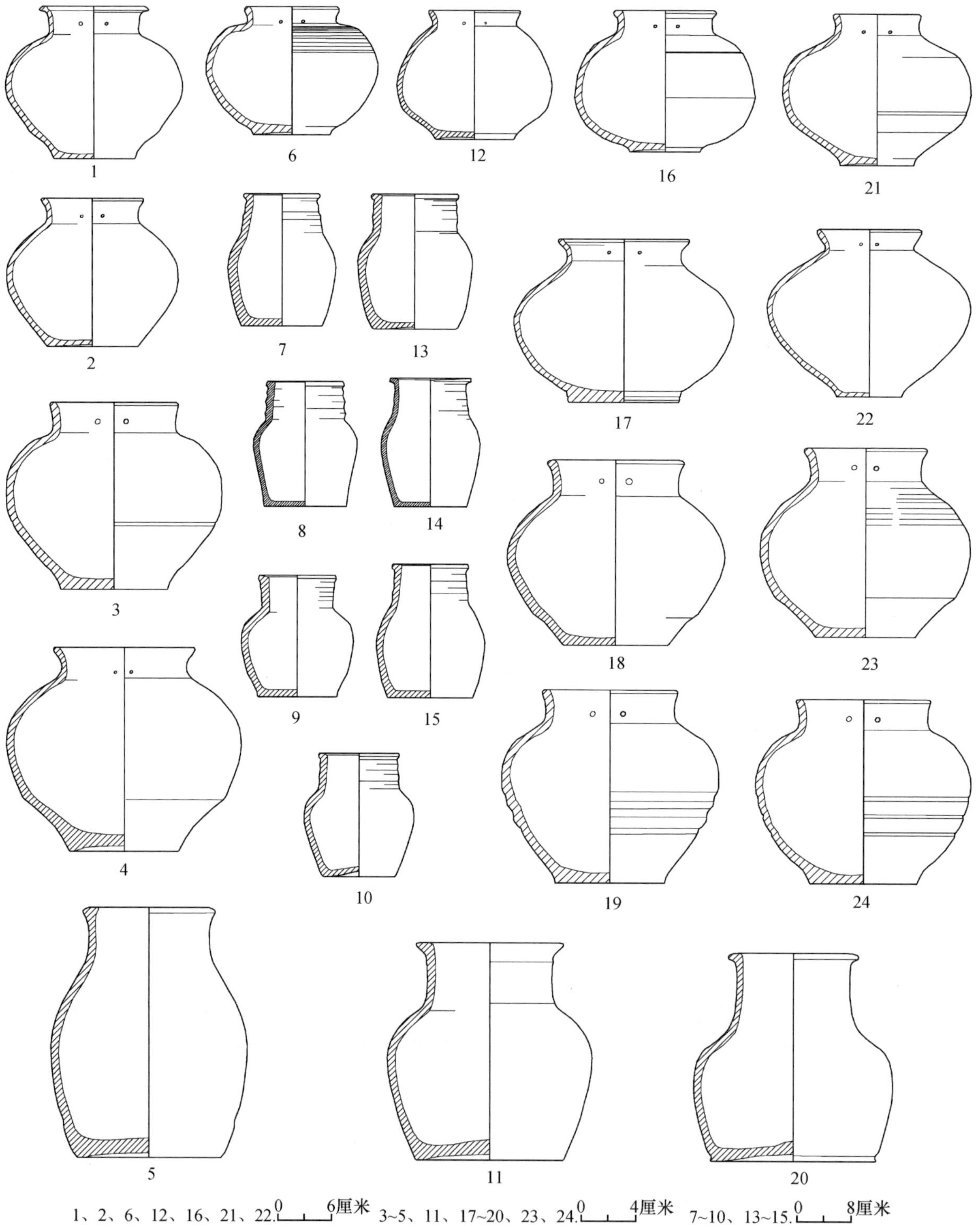

图三五〇　10NDZ2#MD 出土西汉时期平底罐

1~4、6、12、16~19、21~24. C 型（10NDZ2#MDTG1M23：5、10NDZ2#MDTG1M23：4、10NDZ2#MDTG2M41：3、10NDZ2#MDTG2M29：1、10NDZ2#MDTG2M50：3、10NDZ2#MDTG2M25：4、10NDZ2#MDTG2M50：8、10NDZ2#MDTG2M50：1、10NDZ2#MDTG2M37：4、10NDZ2#MDTG2M41：6、10NDZ2#MDTG2M50：2、10NDZ2#MDTG1M23：2、10NDZ2#MDTG2M41：5、10NDZ2#MDTG2M41：4）　5、7~11、13~15、20. D 型（10NDZ2#MDTG2M40：4、10NDZ2#MDTG1M1：19、10NDZ2#MDTG1M1：14、10NDZ2#MDTG1M1：15、10NDZ2#MDTG1M1：10、10NDZ2#MDTG2M40：3、10NDZ2#MDTG1M1：9、10NDZ2#MDTG1M1：11、10NDZ2#MDTG1M1：12、10NDZ2#MDTG2M40：2）

有两个穿孔，器表有轮旋线，下腹部旋削修坯一周，去胎泥较厚，使饼足较明显。口径11.4、底径7.8、高15.6厘米（图三五〇，16）。

D型 10件。10NDZ2#MDTG1M1:9，直口，微敛，方唇，长直颈，溜肩，斜直腹，平底。颈部有凹弦纹，器身有轮旋线。口径12.4、底径12、高20厘米（图三五〇，13）。10NDZ2#MDTG1M1:10，直口，微敛，方唇，长直颈，溜肩，斜直腹，微弧，平底，微内凹。颈部有凹弦纹，器身有轮旋线。口径12、底径11.6、高18.2厘米（图三五〇，10）。10NDZ2#MDTG1M1:11，直口，折沿，方唇，长直颈，溜肩，斜直腹，微弧，平底。颈部有凹弦纹，器身有轮旋线。口径12、底径11.6、高19厘米（图三五〇，14；参见图版九〇，4）。10NDZ2#MDTG1M1:12，敛口，沿微折，方唇，长直颈，溜肩，斜直腹，微弧，平底。器身有轮旋线。口径11.4、底径11.6、高19.6厘米（图三五〇，15）。10NDZ2#MDTG1M1:14，敛口，沿微折，方唇，长直颈，溜肩，斜直腹，微弧，平底。颈部有凹弦纹，器身有轮旋线。口径11.6、底径12.4、高18.4厘米（图三五〇，8）。10NDZ2#MDTG1M1:15，直口，方唇，长直颈，溜肩，腹微弧，平底。颈部有凹弦纹，器身有轮旋线。口径12、底径12、高18厘米（图三五〇，9）。10NDZ2#MDTG1M1:19，敛口，沿微折，方唇，直颈，溜肩，弧腹，平底。颈部有凹弦纹，器身有轮旋线。口径12.2、底径12.8、高19.8厘米（图三五〇，7）。10NDZ2#MDTG2M40:2，直口，微侈，折沿，方唇，长直颈，溜肩，斜直腹，微弧，大平底，微内凹。器身有轮旋线。口径9.6、底径12、高15.4厘米（图三五〇，20）。10NDZ2#MDTG2M40:3，直口，折沿，方唇，长直颈，溜肩，斜直腹，微弧，大平底，微内凹。器身有轮旋线。口径10.8、底径11、高16厘米（图三五〇，11）。10NDZ2#MDTG2M40:4，直口，方唇，溜肩，斜直腹，微弧，平底，微内凹。器身有轮旋线。口径10、底径10.8、高18.4厘米（图三五〇，5）。

E型 3件。10NDZ2#MDTG1M52:2，卷沿，束颈，溜肩，鼓腹，小平底。肩部按压由小方块组成的纹饰带，器表压光，器身有轮旋线，下腹及底部饰篮纹。口径13.5、底径6.4、高30厘米（图三五一，4；参见图版九〇，5）。10NDZ2#MDTG1M52:3，卷沿，束颈，溜肩，鼓腹，小平底。肩部按压由小方块组成的纹饰带，器表压光，器身有轮旋线，腹部局部有凹坑，下腹及底部饰篮纹。口径12.6、底径8、高28.8厘米（图三五一，2）。10NDZ2#MDTG1M52:6，卷沿，束颈，溜肩，鼓腹，小平底。肩部按压由小方块组成的纹饰带。器身有压光痕迹及轮旋线，下腹及底部饰绳纹。口径12.4、底径8、高30厘米（图三五一，5）。

F型 2件。器高大于腹径，器形略显瘦高，器形略有不同。10NDZ2#MDTG1M52:4，圆唇，盘口，盘沿微内敛，束颈，溜肩，上腹微弧，下腹弧内收，小平底。沿外侧有凹槽，器表有轮旋线，肩部饰细密凹弦纹二周，下腹及底部饰篮纹。口径12、底径4、高30.2厘米（图三五一，3）。10NDZ2#MDTG1M52:5，盘口，圆唇，束颈，溜肩，上腹微弧，下腹弧内收，小平底，微内凹。唇沿下垂与颈部形成一凹槽，盘口立沿较高，在内部可见接合线。器身有轮旋线，肩部饰细密凹弦纹饰带二周，下腹及底部饰篮纹。口径13.8、底径4、高14厘米（图三五一，1；参见图版九〇，6）。

瓮 11件。根据底部不同可分为圜底瓮和平底瓮两类。

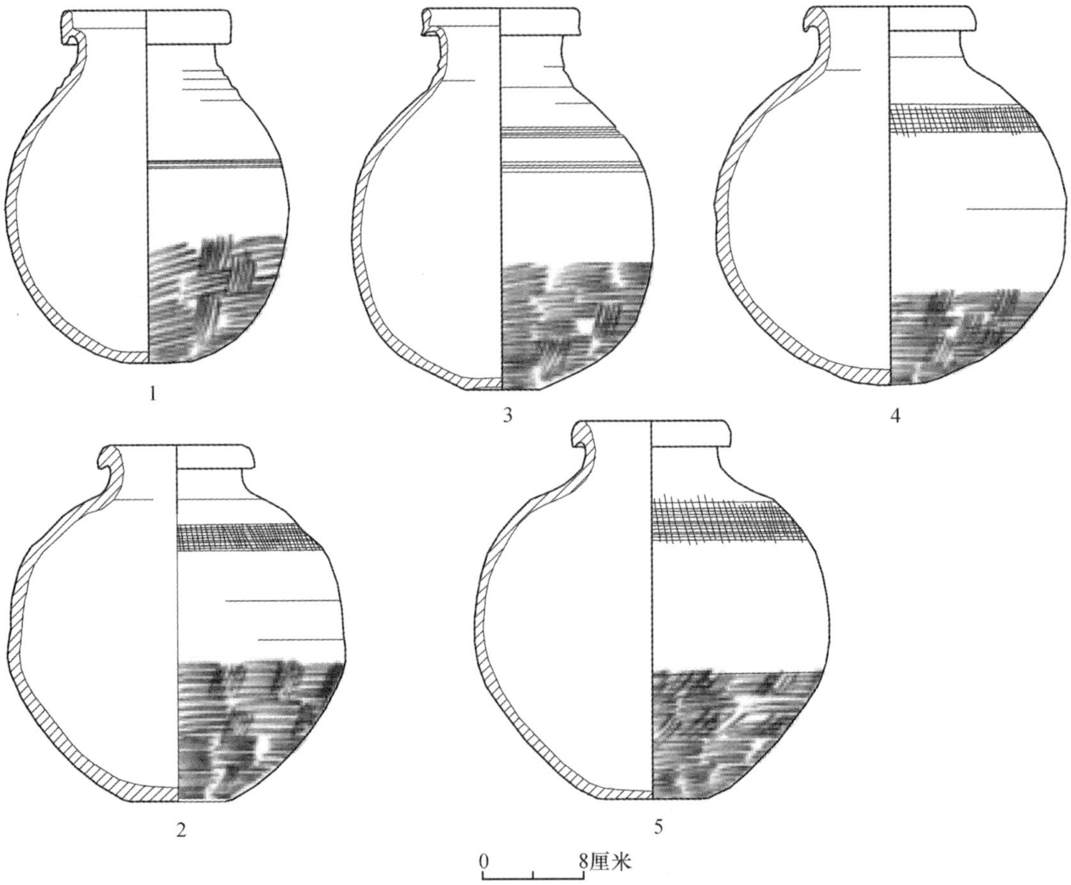

图三五一　10NDZ2#MD 出土西汉时期陶罐

1、3. F 型（10NDZ2#MDTG1M52∶5、10NDZ2#MDTG1M52∶4）　2、4、5. E 型（10NDZ2#MDTG1M52∶3、10NDZ2#MDTG1M52∶2、10NDZ2#MDTG1M52∶6）

圜底瓮　7 件。可分为二型。A 型，球形腹。B 型，下腹凸鼓。

A 型　3 件。根据口部可分为二亚型。Aa 型，口微侈。Ab 型，直口，微敛。

Aa 型　2 件。10NDZ2#MDTG1M17∶1，器型高度略大于最大腹径，略显瘦高。沿略斜折，方唇，唇面向内、外微涨侈，束颈，折肩，圜底，底部有较缓凹槽一周。口沿及领内部折线明显，肩部旋削修坯一周，肩部以下饰弦断绳纹。口径 22.4、底径 9.6、高 32.4 厘米（图三五二，8）。10NDZ2#MDTG2M37∶1，沿略斜折，方唇，唇沿向内、外略涨侈，束颈，折肩，鼓腹，圜底，底部有较缓、较浅凹槽一周。口与颈部内部折线明显，器表有轮旋线，肩部刀削修坯一周。上腹部饰细绳纹，压光弦断，下腹及底部饰横向绳纹，绳纹较细。口径 18.2、高 24.6 厘米（图三五二，10；参见图版九一，1）。

Ab 型　1 件。10NDZ2#MDTG2M38∶1，直口，微敛，方唇，折肩，上腹微弧，下腹略鼓凸，小平底。肩部旋削修坯一周，去胎泥较厚，使肩部略显折线；下腹旋削修坯一周，使下腹略显折线。肩及上腹压光，有压光弦线数条，下腹及底部略显篮纹。口径 14.4、底径 11.6、高 24.4 厘米（图三五二，7；参见图版九一，2）。

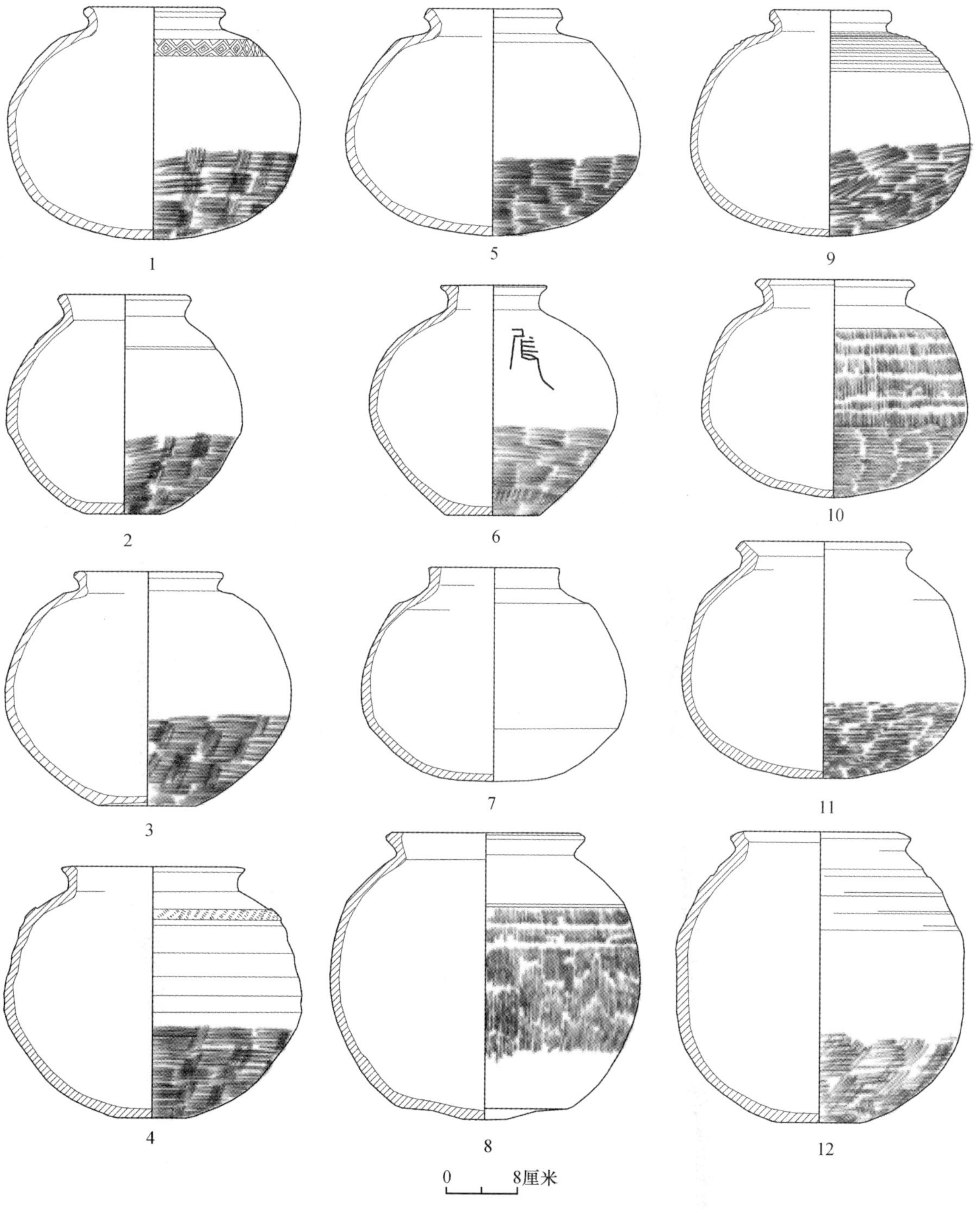

图三五二 10NDZ2#MD出土秦至西汉陶瓮

1、5、9. B型Ⅱ式圜底瓮（10NDZ2#MDTG2M41∶1、10NDZ2#MDTG2M50∶4、10NDZ2#MDTG2M29∶4） 2～4、6. A型平底瓮（10NDZ2#MDTG2M40∶1、10NDZ2#MDTG2M26∶1、10NDZ2#MDTG2M43∶1、10NDZ2#MDTG2M25∶1） 7. Ab型圜底瓮（10NDZ2#MDTG2M38∶1） 8、10. Aa型圜底瓮（10NDZ2#MDTG1M17∶1、10NDZ2#MDTG2M37∶1） 11. B型Ⅰ式圜底瓮（10NDZ2#MDTG1M1∶1） 12. B型平底瓮（10NDZ2#MDTG1M53∶1）

B 型　4 件。据口沿变化及纹饰不同可分为二式。

Ⅰ式：1 件。10NDZ2#MDTG1M1∶1，斜折沿，方唇，束颈，折肩，腹微弧，圜底。肩部旋削修坯一周，去胎泥较厚，使肩部略显折线，下腹及底部饰绳纹。口径 20、高 27 厘米（图三五二，11；参见图版九一，3）。

Ⅱ式：3 件。上腹微弧，下腹较鼓凸，最大腹径在下腹部。10NDZ2#MDTG2M29∶4，斜折沿，沿内有凹槽，圆唇，束颈，鼓肩，上腹斜直，微外弧，下腹鼓突，圜底。肩腹部饰凹弦纹数条，下腹及底部饰篮纹。口径 13.6、高 25.6 厘米（图三五二，9）。10NDZ2#MDTG2M41∶1，沿微卷，圆唇，束颈，鼓肩，上腹微弧，下腹较鼓圜，圜底。肩部饰棱形纹饰带。器身有轮旋线，下腹及底部饰篮纹。口径 15.8、高 26.4 厘米（图三五二，1）。10NDZ2#MDTG2M50∶4，斜折沿，方唇，束颈，折肩，上腹斜直，微弧，下腹突鼓，圜底。器身有轮旋线，下腹及底部饰绳纹。口径 15.4、高 25.4 厘米（图三五二，5；参见图版九一，4）。

平底瓮　5 件。根据器型可分为二型。A 型，鼓腹。B 型，腹部较直。

A 型　4 件。器形大体相同，一般腹径略大，底部较小，器形略显敦厚，口沿、腹部、底部略有不同。10NDZ2#MDTG2M25∶1，直口，微敛，方唇，唇面外侈，束颈，溜肩，鼓腹，小平底。肩部有刻划陶文二处，一处为一“张”字，另一处刻划较浅，类似于一“张?”字。器身有轮旋线，上腹饰戳点纹一周，局部不明显，下腹及底部饰篮纹。口径 12、底径 10.4、高 26 厘米（图三五二，6；参见图版九一，5）。10NDZ2#MDTG2M26∶1，直口，微侈，方唇，溜肩，鼓腹，小平底，微内凹。器身有轮旋线，下腹及底部饰篮纹，最大腹径偏下。口径 16.6、底径 11.2、高 26.6 厘米（图三五二，3）。10NDZ2#MDTG2M40∶1，斜折沿，方唇，溜肩，鼓腹，平底。器表有轮旋线，肩部饰弦纹一条，下腹及底部饰绳纹。口径 15.2、底径 8、高 24.3 厘米（图三五二，2）。10NDZ2#MDTG2M43∶1，直口，方唇，肩略鼓，鼓腹，小平底。器身有轮旋线，器表压光，肩部饰篦状戳点纹，中腹与下腹交接处略显凸棱，下腹及底部饰篮纹。口径 20.4、底径 8、高 28.4 厘米（图三五二，4；参见图版九一，6）。

B 型　1 件。10NDZ2#MDTG1M53∶1，斜折沿，方唇，束颈，溜肩，上腹较直，下腹弧内收，小平底。器表有轮旋线，下腹及底部饰篮纹。口径 21、底径 9.6、高 33 厘米（图三五二，12）。

盒　6 件。根据器型及装饰方式可分为二型。

A 型　4 件。器形、大小略有不同。10NDZ2#MDTG1M1∶8，磨光黑皮。器盖，方唇，盖面隆起，较高，盖顶部有矮圈足状捉手。盒，子母口，上腹近直，平底。器盖和器身各饰两条凹弦纹，器表有轮旋线。下腹旋削修坯一周，去胎泥较厚，使下腹部略显折线，底部略显饼足。口径 16.4、底径 8.6、高 12.4 厘米（图三四八，8）。10NDZ2#MDTG1M1∶20，器表压光。器盖，方唇，盖面隆起，较高，盖顶部有矮圈足状捉手。盒，子母口，弧腹，平底，微内凹。器盖和器身各饰两条凹弦纹，器表有轮旋线，下腹旋削修坯一周，去胎泥较厚，使底部略显饼足。口径 17.6、底径 8、高 12 厘米（图三四八，1；参见图版九二，1）。10NDZ2#MDTG2M41∶7，器盖，方唇，盖面隆起，弧顶。盒，子母口，圆唇，深弧腹，矮饼足。器盖和器身外施白衣，彩绘脱落，下腹旋削修坯一周，去胎泥较厚，使底部略显足形。口径17、底径8.2、高13厘米（图三四八，6）。10NDZ2#MDTG2M50:6，器盖，直口，方唇，盖面隆起，顶部缓平。盒，子母口，弧腹，平底，微内凹。下腹旋削修坯一周，去胎泥较厚，使底部略显饼足。器盖和器表施白衣，残存红彩。口径17.2、底径7.2、高14厘米（图三四八，12）。

B型 2件。器形略有不同。器表装饰相同，均在器盖隆起部分施白衣，外施绿色朵云纹，云上红点装饰。器身中腹施白衣带，粗红色边线，线内用细红线绘制网格纹，上下三角形内饰“ᐯ”或“ᐱ”装饰。10NDZ2#MDTG1M1:6，器盖，方唇，直口，盖面隆起，弧形顶。盒，子母口，弧腹较深，略显圈足。下腹旋削修坯一周，去胎泥较厚，使底部饼足较明显。口径26.4、底径11.2、高14.4厘米（图三四八，9；参见图版九二，2）。10NDZ2#MDTG1M1:7，器形略矮。器盖，方唇，直口，盖面隆起，顶部略尖。盒，子母口，上腹近直，圈足。下腹旋削修坯一周，去胎泥较厚，使底部饼足较明显。口径17.6、底径12、高13.5厘米（图三四八，10；参见图版九二，3）。

坊 2件。10NDZ2#MDTG1M1:4，器盖，方形，盝顶，子母口，四刹上方各有一小孔。坊，侈口，方唇，溜肩，鼓腹，方足。上腹左右两侧各饰有一个兽首。彩绘脱落。口径12.8、底径13、高36厘米（图三四八，2；参见图版九二，4）。10NDZ2#MDTG1M1:5，器盖，方形，盝顶，子母口，四刹上方各有一小孔。坊，侈口，方唇，溜肩，鼓腹，方足。上腹左右两侧各饰有一个兽首。彩绘脱落。口径15.4、底径13、高36.8厘米（图三四八，3）。

钵 6件。可分为二型。A型，上腹较浅。B型，上腹较深。

A型 5件。一般折棱位于上腹部，下腹略深。口沿、腹部、底部略有不同。10NDZ2#MDTG1M9:2，器壁较厚。直口，微敛，圆唇，折腹，饼足，微内凹。器表有轮旋线，下腹旋削修坯一周，去胎泥较厚，使下腹部略显折棱。口径15.8、底径6.8、高6.4厘米（图三五三，8；参见图版九三，1）。10NDZ2#MDTG1M13:2，直口，微敛，方唇，折腹，饼足。折棱明显。下腹旋削修坯，去胎泥较厚，使下腹部略显折线。口径10.6、底径4.8、高4.6厘米（图三五三，3）。10NDZ2#MDTG2M43:2，直口，微敛，方唇，折腹，略显足形，微内凹。器表有轮旋线。口径14.4、底径6.6、高5.8厘米（图三五三，6；参见图版九三，2）。10NDZ2#MDTG2M47:2，直口，敛口，圆唇，折腹，平底。器表有轮旋线，下腹旋削修坯一周，去胎泥较厚，使下腹部略显折棱。口径13.8、底径6、高6厘米（图三五三，9）。10NDZ2#MDTG2M47:3，直口，微敛，圆唇，折腹，平底，微内凹。器表有轮旋线，折棱微外凸，下腹旋削修坯一周，去胎泥较厚，使下腹部略显折棱。口径14、底径4.8、高6厘米（图三五三，10；参见图版九三，3）。

B型 1件。10NDZ2#MDTG1M16:1，直口，微侈，下腹折收，小平底，折棱明显。沿下有一凹槽，下腹旋削修坯一周，去胎泥较厚，使下腹部略显折棱。口径16、底径8、高7.4厘米（图三五三，11；图版九三，4）。

盆 3件。可分为二型。A型，圜底盆。B型，平底盆。

A型 1件。10NDZ2#MDTG2M32:1，直口，微侈，斜折沿，方唇，唇沿外侧有凹槽，直腹，圜底。器表有轮旋线，腹底缘及底部饰绳纹。口径36、高17.6厘米（图三五三，2；参见图版九二，5）。

B型　2件。可分为二亚型。Ba型，折腹。Bb型，斜直腹。

Ba型　1件。10NDZ2#MDTG2M47:1，直口，宽折沿，方唇，上腹较直，下腹折收，平底。下腹旋削修坯一周，去胎泥较厚，使底部略显足形。口径28.4、底径14、高11.2厘米（图三五三，12；参见图版九二，6）。

Bb型　1件。10NDZ2#MDTG1M53:18，敞口，折沿，方唇，斜直腹，微弧，平底。器表有轮旋线，下腹旋削修坯一周。口径28、底径12、高12厘米（图三五三，7）。

俑　1件。10NDZ2#MDTG1M23:6，该俑头部微前倾，面部五官不清，头戴红色幞头，内穿红色襦衣，外着交领右衽长袍，袍下露足，袖手而立。神态祥和，面部和全身施白衣，长袍残留红彩。高22.8厘米（图三五三，1）。

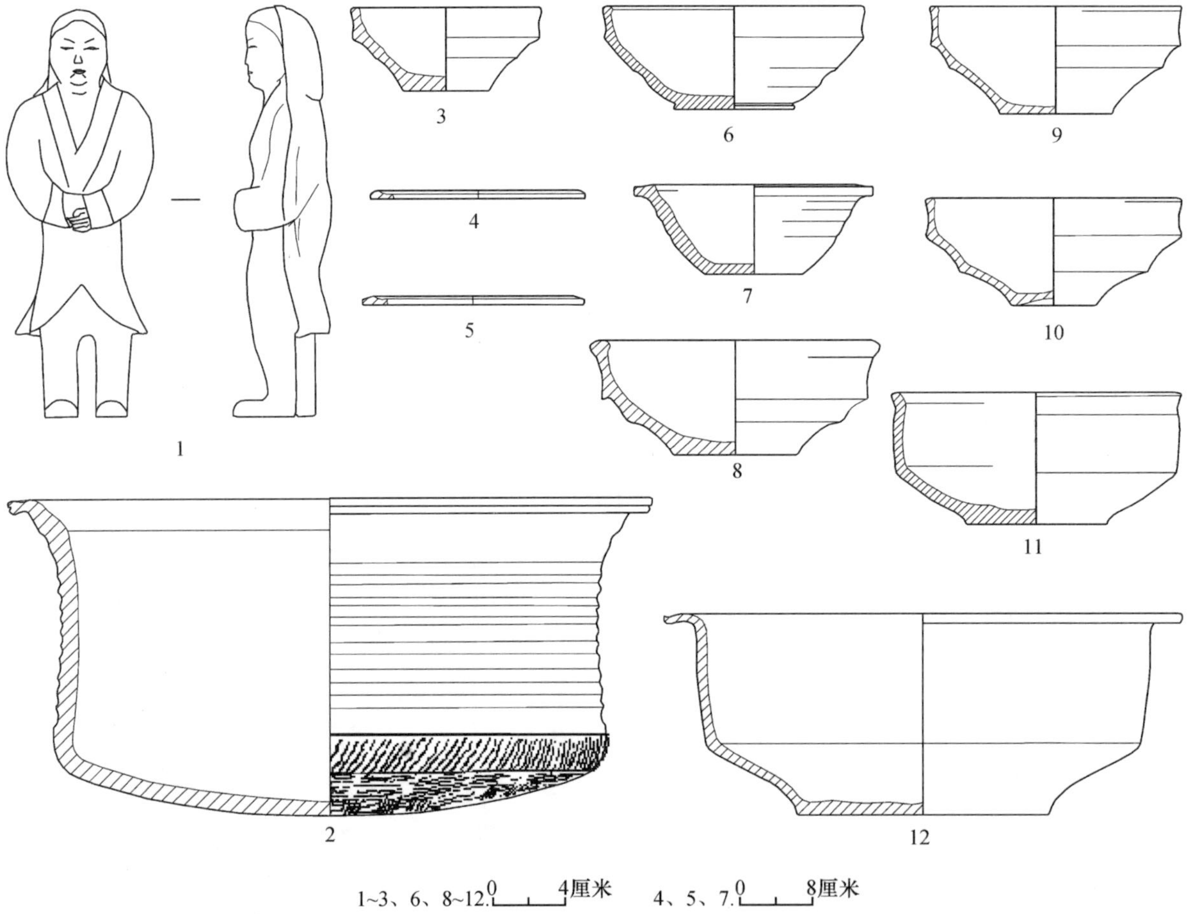

图三五三　10NDZ2#MD出土西汉时期陶器

1. 俑（10NDZ2#MDTG1M23:6）　2. A型盆（10NDZ2#MDTG2M32:1）　3、6、8～10. A型钵（10NDZ2#MDTG1M13:2、10NDZ2#MDTG2M43:2、10NDZ2#MDTG1M9:2、10NDZ2#MDTG2M47:2、10NDZ2#MDTG2M47:3）　4、5. 车轮（10NDZ2#MDTG2M50:10、10NDZ2#MDTG2M50:5）　7. Bb型盆（10NDZ2#MDTG1M53:18）　11. B型钵（10NDZ2#MDTG1M16:1）　12. Ba型盆（10NDZ2#MDTG2M47:1）

车轮　2件。形状大小均相同。10NDZ2#MDTG2M50：5、10，平面呈圆形。外径24.5、内径16.2厘米（图三五三，4、5）。

釉陶器。这时期随葬器物主要有鼎、壶、盒、博山炉、灯、灶、井等。

鼎　1件。10NDZ2#MDTG1M53：8，器盖，方唇，盖面隆起，弧形顶，盖面饰柿蒂纹、云纹、节齿纹。鼎，子母口，折肩，折腹，平底，下承三柱状足。肩部附长方形板状立耳，上端外折，模制。器表施红釉。口径11.8、高15.6厘米（图三五四，7；彩版一六，6）。

图三五四　10NDZ2#MD出土西汉时期器物

1. A型釉陶壶（10NDZ2#MDTG1M53：6）　2. 石灯（10NDZ2#MDTG1M52：1）　3. 釉陶灶（10NDZ2#MDTG1M53：11）　4、5. B型釉陶壶（10NDZ2#MDTG1M53：9、10NDZ2#MDTG1M53：10）　6. 釉陶博山炉（10NDZ2#MDTG1M53：15）　7. 釉陶鼎（10NDZ2#MDTG1M53：8）　8. 釉陶灯（10NDZ2#MDTG1M53：4）　9. 釉陶井（10NDZ2#MDTG1M53：7）　10. 釉陶盒（10NDZ2#MDTG1M53：13）

壶　3件。可分为二型。A型，平底壶。B型，假圈足壶。

A型　1件。10NDZ2#MDTG1M53∶6，盘口，方沿，束颈，溜肩，鼓腹，平底，微内凹。器表施红釉，施釉不均，局部露胎，器内施釉至颈部。肩部、腹部饰凸弦纹，器身有轮旋线。口径15、底径11、高27厘米（图三五四，1；彩版一六，3）。

B型　2件。10NDZ2#MDTG1M53∶9，盘口，方沿，束颈，溜肩，鼓腹，假圈足，微内凹。器表施浅绿色釉，施釉不均，局部露胎，器内施釉至颈部。肩部、腹部饰凸弦纹，器身有轮旋线。口径11.6、底径8.6、高22.4厘米（图三五四，4；图版九三，5）。10NDZ2#MDTG1M53∶10，盘口，方沿，束颈，溜肩，鼓腹，假圈足，微内凹。器表施浅绿色釉，施釉不均，局部露胎，器内施釉至颈部。肩部、腹部饰凸弦纹，器身有轮旋线。口径11.4、底径9、高21.8厘米（图三五四，5）。

盒　1件。10NDZ2#MDTG1M53∶13，器盖，方唇，盖面隆起，盖面饰柿蒂纹、云纹、节齿纹。盒，子母口，弧腹，假圈足，微内凹。器表施红釉，腹部饰凸弦纹。口径16、底径10.4、高13.5厘米（图三五四，10；参见彩版一六，5）。

博山炉　1件。10NDZ2#MDTG1M53∶15、16，由器盖和器身两部分组成。器盖，山峦形，中空；器身，子母口，直腹，下腹折内收，竹节状柱，下承浅盘。底径8.8、高20厘米（图三五四，6；参见彩版一六，1）。

灯　1件。10NDZ2#MDTG1M53∶4，由盘和器座两部分组成。盘，侈口，斜折沿，圆唇，浅腹，平底。器座，上部呈竹节状，下为喇叭口底，中空。器表施红釉，施釉不均，局部露胎。口径10.4、底径12.4、高12.5厘米（图三五四，8）。

灶　1件。10NDZ2#MDTG1M53∶11，由灶身、釜、甑三部分组成。甑，方唇，敞口，斜直腹，小平底，底部有通气孔。釜，2件，敛口，折肩，斜直腹，圜底。灶身，呈梯形，前有方形灶门，后有矮挡火墙，上面有灶眼二个。器表施红釉。长21.6、宽12～16、通高15.8厘米（图三五四，3；参见彩版一六，2）。

井　1件。10NDZ2#MDTG1M53∶7，井呈方形，中空。上部为“天”字形井架。斗，敛口，鼓腹，尖圜底。底径10.4、高22厘米（图三五四，9；参见彩版一六，4）。

（2）石质

石质器仅见石灯一类。1件。10NDZ2#MDTG1M52∶1，灯盘与座相连。盘，浅盘，圆唇，弧腹。座，束颈，喇叭形实底。座一侧有一长方形前凹槽。口径9.2、底径9.2、高18.2厘米（图三五四，2；参见图版九三，6）。

（3）铜器

铜器主要类型有铜带钩、铃、铜章、璜形器、铜钱五类。

带钩　5件。10NDZ2#MDTG1M3∶1，钩首残，钩体略宽于颈，腹部较长，鼓起呈弧形，尾部略宽。带钩背部有一扁平圆纽。长8.4厘米（图三五五，14）。10NDZ2#MDTG1M4∶1，残断，素面，残长4.1厘米（图三五五，6）。10NDZ2#MDTG2M34∶1，琵琶形，钩首残，腹部较长，隆起成弧形，尾部圆弧，带钩背部有一扁平圆纽。钩身错金，镶绿松石。长11.2厘米

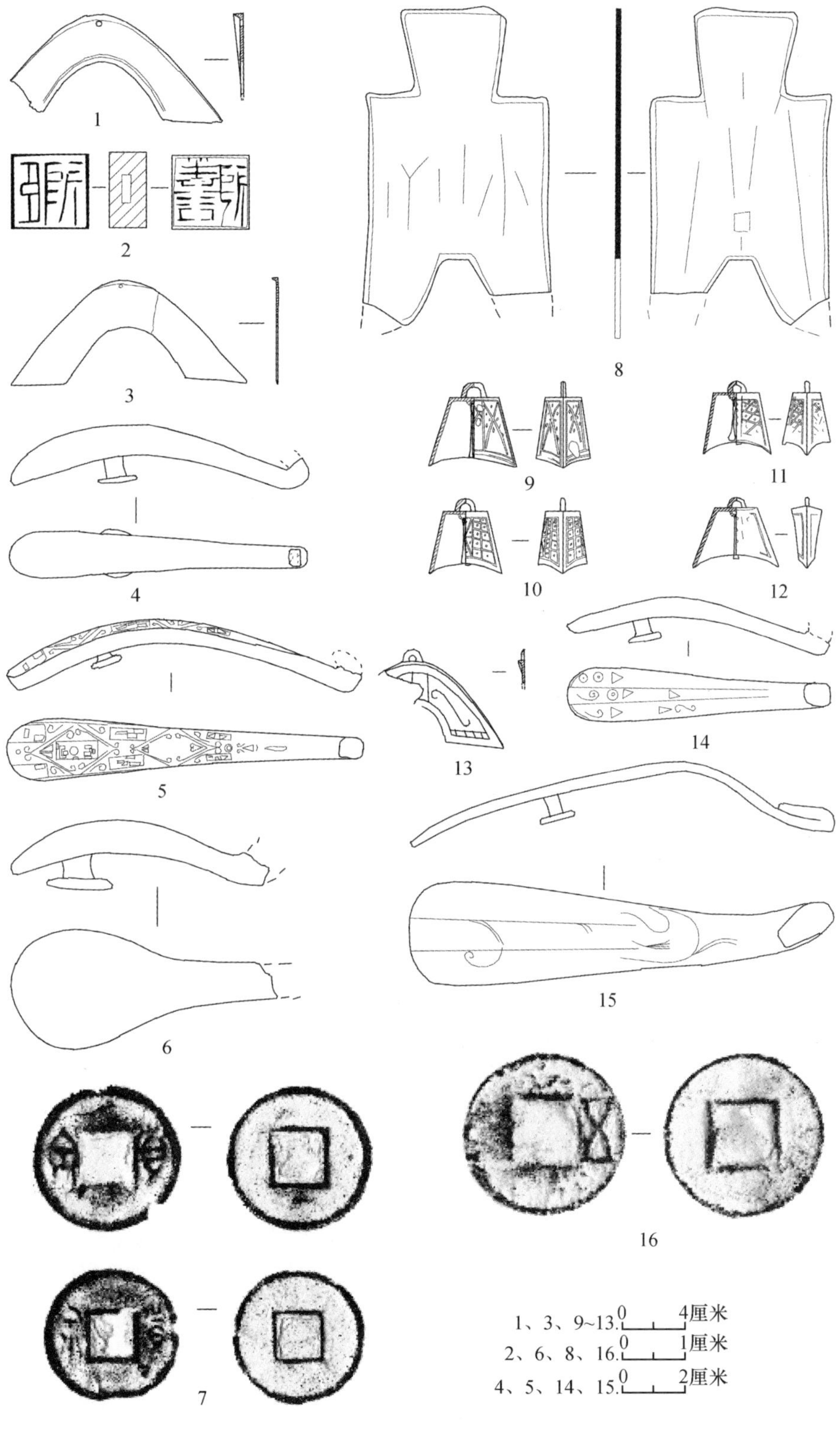

图三五五 10NDZ2#MD 出土秦至西汉铜器

1、3、13. 璜形器（10NDZ2#MDTG2M38∶6、10NDZ2#MDTG2M38∶7、10NDZ2#MDTG2M38∶8） 2. 铜印章（10NDZ2#MDTG1M3∶2） 4~6、14、15. 带钩（10NDZ2#MDTG2M45∶1、10NDZ2#MDTG2M34∶1、10NDZ2#MDTG1M4∶1、10NDZ2#MDTG1M3∶1、10NDZ2#MDTG2M38∶9） 7、16. 铜钱（10NDZ2#MDTG1M52∶7、10NDZ2#MDTG2M49∶1） 8. 布币（10NDZ2#MDTG1M5∶1） 9~12. 铃（10NDZ2#MDTG2M38∶2、10NDZ2#MDTG2M38∶3、10NDZ2#MDTG2M38∶4、10NDZ2#MDTG2M38∶5）

（图三五五，5）。10NDZ2#MDTG2M38∶9，铜质，素面。钩体略宽于颈，腹部较长，鼓起呈弧形，表面有两条凸棱，尾部圆弧。带钩背部有一扁平圆纽。长 13.4 厘米（图三五五，15）。10NDZ2#MDTG2M45∶1，铜质，素面，钩首残断。钩体略宽于颈，腹部较长，鼓起呈弧形，尾部圆弧，带钩背部有一扁平圆纽。钩长 9.4 厘米（图三五五，4）。

铃　4 件。合瓦形，口外张呈弧形，平顶，小纽。10NDZ2#MDTG2M38∶2，高 5.4、宽 5.4 厘米（图三五五，9）。10NDZ2#MDTG2M38∶3，高 4.8、宽 4.6 厘米（图三五五，10）。10NDZ2#MDTG2M38∶4，高 4.8、宽 4.4 厘米（图三五〇，11）。10NDZ2#MDTG2M38∶5，高 4.4、宽 5.4 厘米（图三五，12；彩版一四，6）。

铜璜形器　3 件。10NDZ2#MDTG2M38∶6、7，形制、大小均相同。扁平体，平面呈弯曲弧形，两端尖首状，弧顶部有一穿孔。高 6.8 厘米（图三五五，1、3）。10NDZ2#MDTG2M38∶8，弧顶部有一桥形系。高 6.3 厘米（图三五五，13）。

铜钱币　24 枚。分布币、半两、五铢、货泉四类。

布币　1 枚。10NDZ2#MDTG1M5∶1，铲形，片状。币面文字漫漶不清。高 5、宽 3 厘米（图三五五，8）。

半两　20 枚。10NDZ2#MDTG2M41∶9，形制，大小均相同。浇注，圆形，方穿，正反两面周边及穿外均无郭。铸工较精细。“两”内人人结构变为“十”字。直径 2.3 厘米（图三五六）。

五铢　1 枚。10NDZ2#MDTG2M49∶1，浇注，圆形，方穿。“五”字较窄长，中间交叉两笔略显圆曲，“铢”字漫漶。直径 2.5 厘米（图三五五，16）。

货泉　2 枚。10NDZ2#MDTG1M52∶7，形制、大小均同。浇注，圆形，方穿。铸工较精细。1 枚直径 2 厘米，另一枚直径 2.2 厘米（图三五五，7）。

铜印章　1 枚。10NDZ2#MDTG1M3∶2，长方体，两侧各有一扁长槽，上下两面阴刻印纹。一面为“禹臣”两字，另一面为“同？奉？禹”参两字。长 1.2、宽 1.2、厚 6 厘米（图三五五，2）。

3. 东汉墓葬

（1）陶器

泥质灰陶。器类有陶壶、陶罐、陶瓮、钵、樽、盘、耳杯、甑。

壶　2 件。10NDZ2#MDTG1M7∶3，器盖，方唇，盖面隆起，弧形顶。壶，喇叭口，方唇，唇沿有凹槽，束颈，溜肩，弧腹，圈足，较高，底缘外侈。器盖有轮旋线，下腹饰篮纹，较浅。器表施白衣。口径 16.6、底径 14.8、高 47.1 厘米（图三五七，4；参见图版九四，2）。10NDZ2#MDTG1M7∶6，器盖，方唇，盖面隆起，弧形顶。壶，喇叭口，方唇，束颈，沿面有凹槽，溜肩，上腹斜直，下腹折收，圈足，较高，底缘外侈。沿面有凹槽，器盖和器身有轮旋线，下腹旋削修坯一周，去胎泥较厚，使下腹部略显折棱。器表施白衣，外饰彩绘。口径 13.5、底径 11.2、高 30.4 厘米（图三五七，7）。

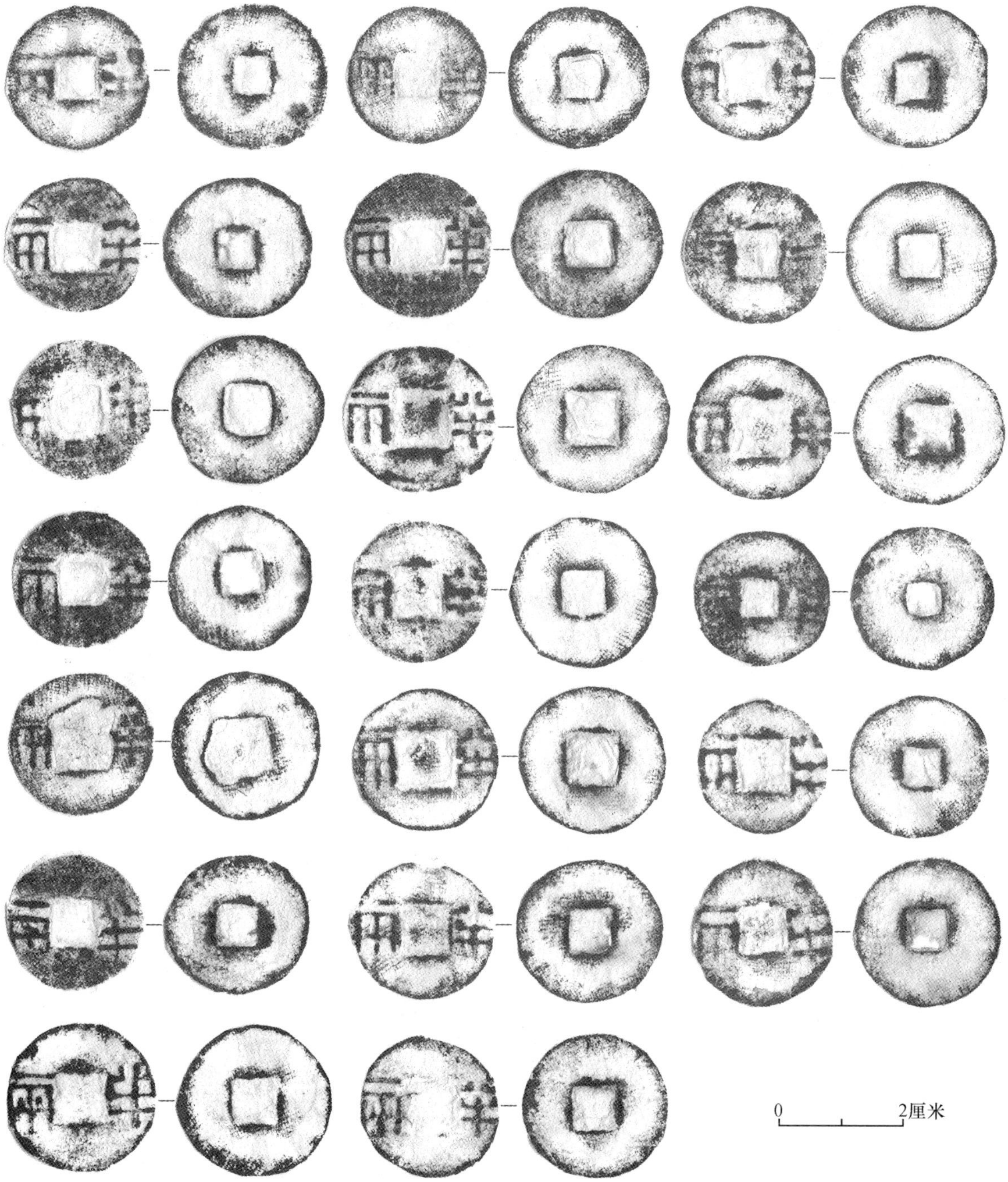

图三五六 10NDZ2#MDTG2M41 出土西汉时期铜钱拓本

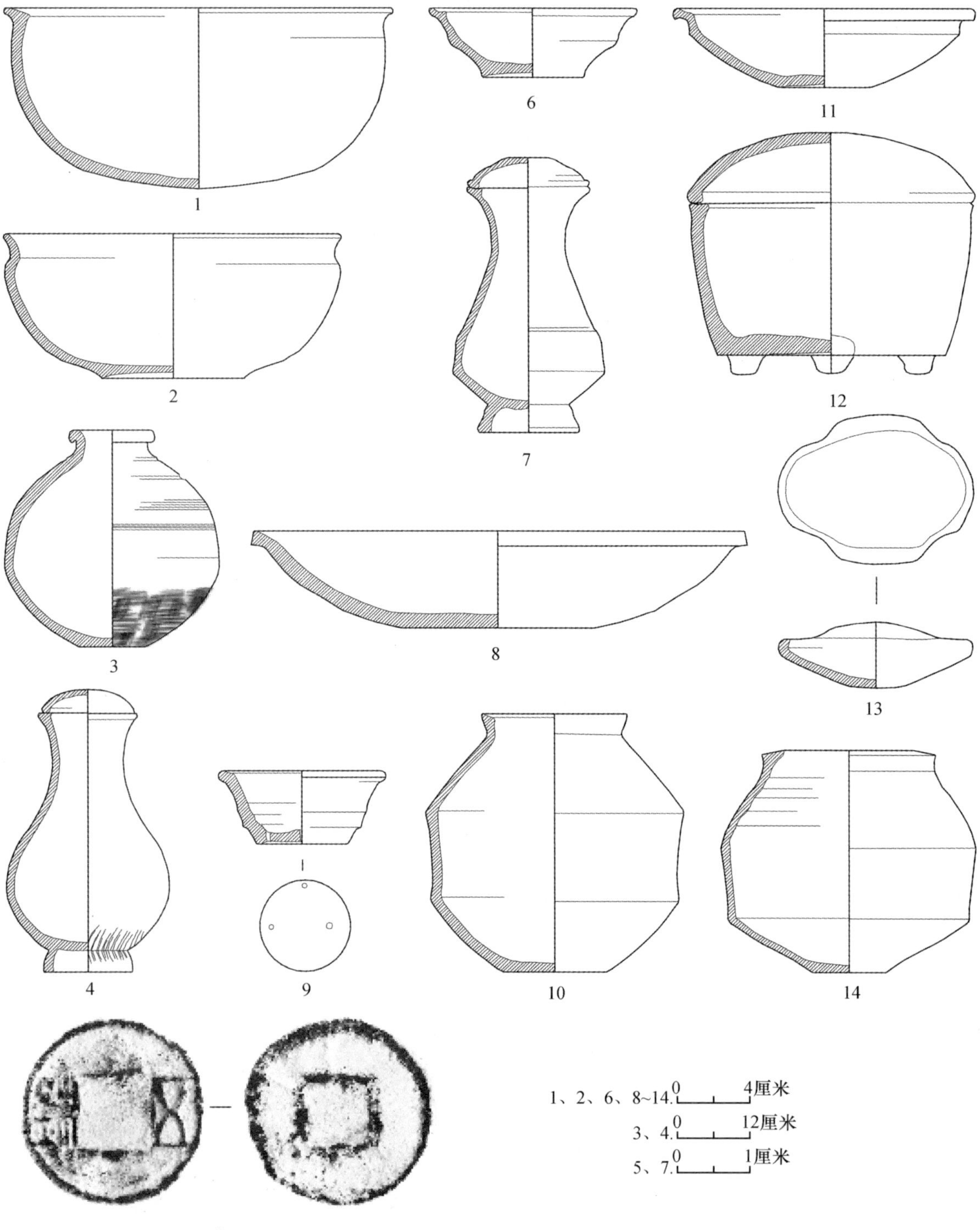

图三五七　10NDZ2#MD 出土东汉时期器物

1. 夹砂陶钵（10NDZ2#MDTG1M7：2）　2、6. 钵（10NDZ2#MDTG1M7：15、10NDZ2#MDTG1M7：14）　3. 瓮（10NDZ2#MDTG1M7：1）　4、7. 壶（10NDZ2#MDTG1M7：3、10NDZ2#MDTG1M7：6）　5. 铜钱（10NDZ2#MDM7：12）　8、11. 盘（10NDZ2#MDTG1M7：4、10NDZ2#MDTG1M7：8）　9. 甑（10NDZ2#MDTG1M7：17）　10、14. 罐（10NDZ2#MDTG1M7：16、10NDZ2#MDTG1M7：9）　12. 樽（10NDZ2#MDTG1M7：7）　13. 耳（10NDZ2#MDTG1M7：10）

罐 2件。器形略有不同。10NDZ2#MDTG1M7:9，敛口，方唇，折肩，上腹较直，下腹折收，小平底。器表施白衣，下腹及底部饰篮纹。口径9.6、底径4、高12.4厘米（图三五七，14）。10NDZ2#MDTG1M7:16，口微敛，方唇，折肩，上腹较直，下腹折收，小平底。器身施白衣，底部饰篮纹。口径8、底径5.2、高14.4厘米（图三五七，10；参见图版九四，3）。

瓮 1件。10NDZ2#MDTG1M7:1，小口，卷沿，束颈，溜肩，鼓腹，小平底，器身有轮旋线，下腹及底部饰篮纹。口径14.48、底径12、高36厘米（图三五七，3；参见图版九四，4）。

钵 2件。器形略有不同。10NDZ2#MDTG1M7:14，侈口，方唇，弧腹，饼足，微内凹。下腹旋削修坯一周，去胎泥较厚，使下腹部略显折棱。口径11.6、底径5.6、高3.8厘米（图三五七，6）。10NDZ2#MDTG1M7:15，侈口，圆唇，弧腹，小平底，微内凹。下腹旋削一周，去胎泥较厚，使下腹部略显折棱。口径18.9、底径8、高8厘米（图三五七，2；参见图版九四，5）。

樽 1件。10NDZ2#MDTG1M7:7，器盖，方唇，盖面隆起，弧形顶。奁，直口，微敛，方唇，斜直腹，平底，下承三柱足。器表施白衣。口径15.6、底径12.4、高12.4厘米（图三五七，12；参见图版九四，6）。

盘 2件。器内施白衣。10NDZ2#MDTG1M7:4，敞口，方唇，斜直腹，微弧，小平底。盘内施白衣、彩绘，大部分脱落。口径27.6、底径10、高5.4厘米（图三五七，8）。10NDZ2#MDTG1M7:8，敞口，斜折沿，斜直腹，微弧，小平底，微内凹。下腹有旋削修坯痕迹。口径16.8、底径5.2、高4.4厘米（图三五七，11）。

耳杯 1件。10NDZ2#MDTG1M7:10，制作粗糙，仅具器形。椭圆形口，弧壁，小平底，新月形耳，耳端上翘。口径8.4~11、高3.6厘米（图三五七，13）。

甑 1件。10NDZ2#MDTG1M7:17，侈口，圆唇，斜直腹，平底，微内凹。甑底有三个小孔，器身有轮旋线。口径9.6、底径5.2、高4厘米（图三五七，9）。

夹砂陶。仅见钵一类。

钵 1件。10NDZ2#MDTG1M7:2，直口，微敛，方唇，弧腹，圜底。口径21.6、高10厘米（图三五七，1；参见图版九四，1）。

（2）铜器

仅铜钱1类（表一一）。

五铢钱 1枚。10NDZ2#MDTG1M7:12，浇注，圆形，方穿。“五”字中间交叉两笔较圆曲。直径2.5厘米（图三五七，9）。

表一一 各墓地所出铜钱统计表

类型 墓号	布币	半两	五铢	货泉	不清
09ⅡTG2M4			1		
09ⅡTG2M7			1		
09ⅡTG2M8			1		
09ⅡTG2M9		1			

续表

类型 墓号	布币	半两	五铢	货泉	不清
09 Ⅱ TG1M11			2		
09 Ⅱ TG8M44					1
09 Ⅱ TG4M51			2		
09 Ⅱ TG4M73			1		
09 Ⅱ TG4M84			1		
09 Ⅱ TG9M95			1		
09 Ⅱ TG9M101		2			
09 Ⅱ TG9M102			2		
10NDZ1#MDTG1M3		1			
10NDZ1#MDTG2M10			1		
10NDZ1#MDTG3M13					1
10NDZ1#MDTG3M14					1
10NDZ1#MDTG3M16			1		
10NDZ1#MDTG3M19			1		
10NDZ1#MDTG4M29					1
10NDZ1#MDTG4M33			1		
10NDZ1#MDTG4M36					1
10NDZ2#MDTG1M5	1				
10NDZ2#MDTG1M7			1		
10NDZ2#MDTG2M26			2		
10NDZ2#MDTG2M41		20			
10NDZ2#MDTG2M49			1		
10NDZ2#MDTG1M52				2	

4. 随葬品组合关系概述

张夺村南 2 号墓地共发掘战国至汉代时期墓葬 54 座，其中 19 座墓葬由于被盗严重或是其他原因没有发现随葬品；9 座墓葬仅有 1 件随葬品，或是带钩，或是陶器，或是铜钱，其余 26 座墓葬随葬品较为丰富，其中又以陶器为大宗，类型多样，数量众多。

张夺村南 2 号墓地大体可以分为战国时期、秦至西汉、东汉三个时期。战国时期有随葬品的墓葬仍以陶礼器为主，有鼎、壶、豆、盘、匜等器物。秦至西汉早期墓葬出土随葬品较少，一般仅随葬有 1 件器物。西汉时期墓葬随葬品数量、种类较为丰富，陶礼器种类逐渐变少，生活器皿的类型、数量不断增多，至西汉晚期还出现了一类釉陶的明器，如 10NDZ2#MDTG1M53 墓中出土有鼎、壶、灶、井、灯、博山炉等釉陶。东汉时期墓葬随葬品出现耳杯、甑等明器，生活气息更加浓厚（表一二）。

表一二　张夺村南2号墓地主要随葬品组合关系简表

	类型 数量 墓号	陶器																																																									铜器								其他
		泥质灰陶																																														夹砂陶		釉陶								带钩	印章	璜形器	铃	铜钱				
		鼎				壶			小壶	罐															瓮						盆			钵		盒		樽	盖豆	高柄豆	豆柄	匜	钫	盘	甑	耳杯	俑	车轮	器盖	罐	钵	鼎	壶		盒	博山炉	灯	灶	井					布币	五铢	货泉	半两	
		A型		B型	C型	A型	B型	C型		圜底罐		平底罐													圜底瓮				平底瓮		A型	B型		A型	B型	A型	B型																A型	B型														
		Aa型	Ab型							A型	B型	A型					B型				C型	D型	E型	F型	A型		B型		A型	B型		Ba型	Bb型																																	
												Aa型			Ab型	Ac型	Ba型	Bb型	Bc型	Bd型					Aa型	Ab型	BⅠ式	BⅡ式																																						
												AaⅠ式	AaⅡ式	AaⅢ式																																																						
战国时期	10NDZ2#MDTG1M15																																						6																											
战国时期	10NDZ2#MDTG2M42	1					1		1																												1	2									2											1								
战国时期	10NDZ2#MDTG2M51			1																																		1		1																		1								
秦至西汉 第一期	10NDZ2#MDTG1M5																																																													1				
秦至西汉 第一期	10NDZ2#MDTG1M14																																																																	铁带钩1
秦至西汉 第一期	10NDZ2#MDTG1M17																							1																																										
秦至西汉 第一期	10NDZ2#MDTG2M34																																																											1								
秦至西汉 第一期	10NDZ2#MDTG2M45																																																											1								
秦至西汉 第二期	10NDZ2#MDTG1M3																																																											1	1							
秦至西汉 第二期	10NDZ2#MDTG1M4											1																																															1								
秦至西汉 第二期	10NDZ2#MDTG2M32																														1																																					
秦至西汉 第二期	10NDZ2#MDTG2M37							1		1											1				1																																											
秦至西汉 第二期	10NDZ2#MDTG2M38																									1																																		1		3	4					
秦至西汉 第二期	10NDZ2#MDTG2M41		1				1														4							1								1																															20	

续表

分期	墓号（类型/数量）	陶器·泥质灰陶·鼎·A型·Aa型	鼎·A型·Ab型	鼎·B型	鼎·C型	壶·A型	壶·B型	壶·C型	小壶	罐·圜底罐·A型	圜底罐·B型	平底罐·A型·Aa型·AaⅠ式	AaⅡ式	AaⅢ式	Ab型	Ac型	平底罐·B型·Ba型	Bb型	Bc型	Bd型	平底罐·C型	D型	E型	F型	瓮·圜底瓮·A型·Aa型	Ab型	圜底瓮·B型·BⅠ式	BⅡ式	平底瓮·A型	平底瓮·B型	盆·A型	盆·B型·Ba型	Bb型	钵·A型	钵·B型	盒·A型	盒·B型	樽	盖豆	高柄豆	豆柄	匜	钫	盘	甑	耳杯	俑	车轮	器盖	夹砂陶·罐	夹砂陶·钵	釉陶·鼎	釉陶·壶·A型	釉陶·壶·B型	釉陶·盒	釉陶·博山炉	釉陶·灯	釉陶·灶	釉陶·井	铜器·带钩	铜器·印章	铜器·璜形器	铜器·铃	铜钱·布币	铜钱·五铢	铜钱·货泉	铜钱·半两	其他
秦至西汉第三期	10NDZ2#MDTG1M1	2		2		2																7					1									2	2						2																									
秦至西汉第三期	10NDZ2#MDTG1M9												1																					1																																		
秦至西汉第三期	10NDZ2#MDTG1M13							1																										1																																		
秦至西汉第三期	10NDZ2#MDTG1M16																																		1																																	
秦至西汉第三期	10NDZ2#MDTG1M19													1																																																						
秦至西汉第三期	10NDZ2#MDTG1M23														1				1		3																										1																					
秦至西汉第三期	10NDZ2#MDTG2M25															1	1				1								1																																							
秦至西汉第三期	10NDZ2#MDTG2M26																3												1																																							
秦至西汉第三期	10NDZ2#MDTG2M29																				1							1																						2																		
秦至西汉第三期	10NDZ2#MDTG2M40																					3							1																																							
秦至西汉第三期	10NDZ2#MDTG2M43																			3									1					1																																		
秦至西汉第三期	10NDZ2#MDTG2M47																	2														1		2																																		
秦至西汉第三期	10NDZ2#MDTG2M49																1	1																																															1			
秦至西汉第三期	10NDZ2#MDTG2M50				1		1														4							1								1												2																				
秦至西汉第四期	10NDZ2#MDTG1M52																						3	2																																										2		石灯1件
秦至西汉第四期	10NDZ2#MDTG1M53										2																			1			1																			1	1	2	1	1	1	1	1									
东汉	10NDZ2#MDTG1M7					2				2															1									2				1						2	1	1					1														1			

二、纹 饰

陶器是本次主要出土器物，多数陶器有纹饰装饰，是当时人们审美观点在器物上的表现。我们根据纹饰加工方式的不同，可以将其分为如下几种：

（一）遗址区器物的纹饰

张夺2号遗址窑址区（Ⅰ区）出土器物以瓦为主，板瓦出土较多，筒瓦次之。筒瓦凸面大多饰绳纹；板瓦纹饰基本相同，多在凸面大部分区域饰竖行绳纹，然后依次饰斜向绳纹、瓦纹或弦断绳纹，或是竖向绳纹与瓦纹相结合，局部有抹痕。凹面纹饰种类较多，有方格纹、珍珠纹、瓦纹、网纹、布纹（图三五八，图三五九）。

（二）墓地器物的纹饰

1. 绳纹

绳纹是这批陶器纹饰中最为普遍的一种纹饰，不仅持续时间长，从秦代到西汉中期前后，而且范围广，罐、瓮、釜、盆等器物均有绳纹装饰。陶器最初的纹样不是装饰，而是具有实际功能。为了使器物更加坚固、防滑，拍打的绳纹不仅使陶器质地致密，而且使用时由于绳纹的凹凸不平，把持起来十分稳固。通过出土器物分析在西汉早期晚段绳纹不再是一种纯粹意义上的装饰，多数绳纹的产生是一种工艺的体现，如10NDZ1#MDTG1M2∶2陶瓮（参见图三三九，9），其中腹部绳纹以上有竖条状篮纹一周，下腹及底部饰绳纹，这应是在制作陶器时，首先根据制作器形的大小，先用荆条编制一圜底筐，筐内铺垫绳纹制品，然后再在筐内放陶泥，轮制成形所产生的。

绳纹一般装饰在器物的下腹及底部，为竖向绳纹、横向绳纹或竖向、横向绳纹交叉装饰。个别器物肩部以下也有绳纹装饰，一般为竖向弦断绳纹。

2. 篮纹

篮纹是这批陶器纹饰中仅次于绳纹的一种纹饰。从本次发掘出土的器物可以看出，随着审美观点和制作工艺的变化，绳纹逐渐淡出，被篮纹取代。越是后期的器物，篮纹装饰的就越多。

篮纹大体也分为粗篮纹和细篮纹两种，一般装饰在瓮、罐等器物的下腹及底部。早期篮纹较细密，晚期篮纹较粗狂、杂乱，10NDZ1#MDTG3M15∶1陶瓮下腹及底部饰篮纹，纹饰细密（图三六〇，7）。09ⅡTG9M95∶1陶罐下腹及底部饰篮纹，纹饰杂乱、较粗（图三六〇，5）。篮纹一般出现在西汉早期晚段前后，中期较盛行。

图三五八　09Ⅰ出土陶瓦纹饰拓本

1. 09Ⅰ T20301Y1 : 33　2. 09Ⅰ T20301Y1 : 41　3. 09Ⅰ T20301Y1 : 43　4. 09Ⅰ T20301Y1 : 44　5. 09Ⅰ T20201J1 : 47（内侧）　6. 09Ⅰ T20201J1 : 44（内侧）　7. 09Ⅰ T20201J1 : 42　8. 09Ⅰ T20201J1 : 48　9. 09Ⅰ T20201J1 : 36　10. 09Ⅰ T20301J1 : 42　11. 09Ⅰ T20201J1 : 49

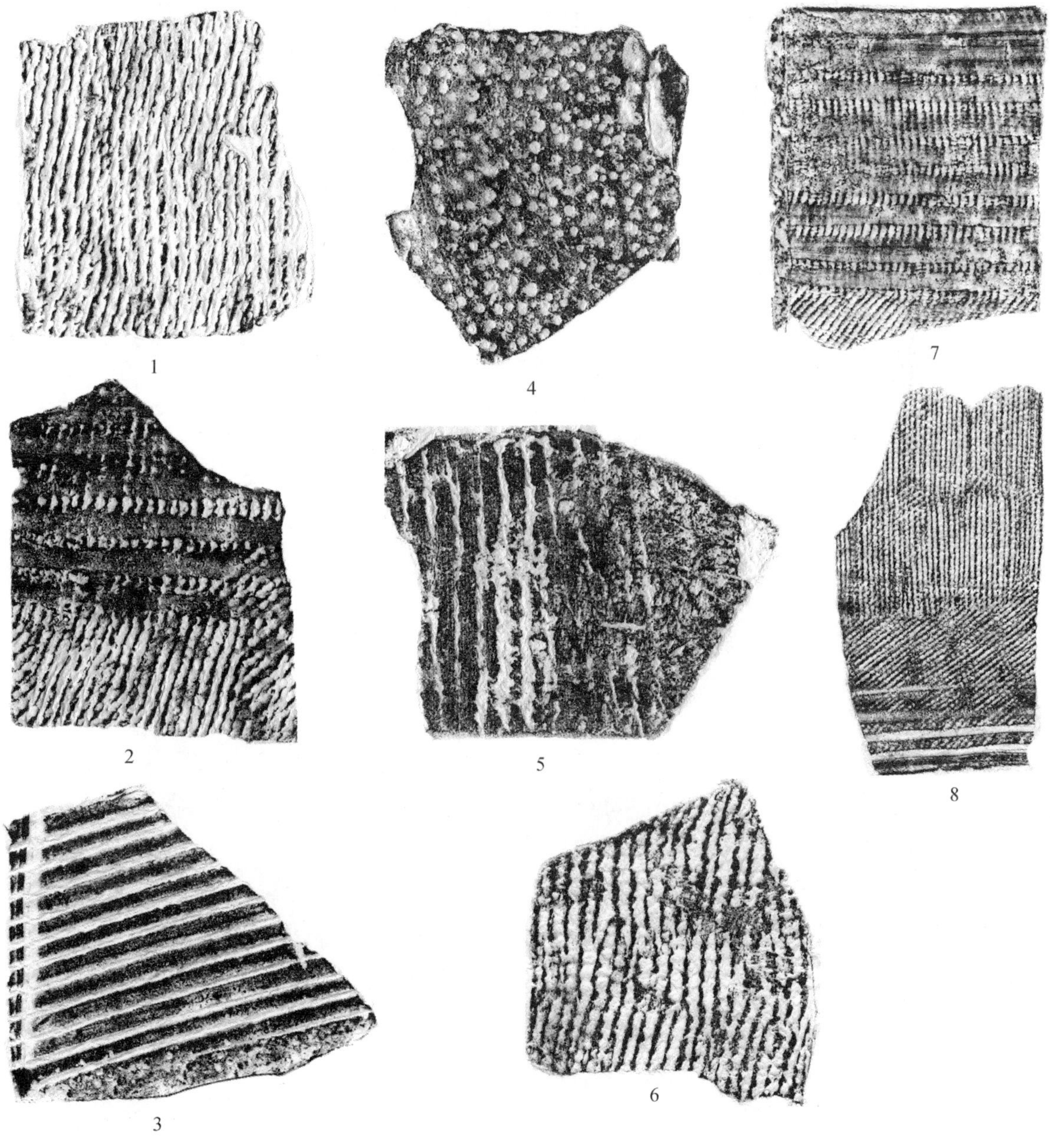

图三五九 09Ⅰ出土陶瓦纹饰拓本

1. 09ⅠT20301Y1∶39 2. 09ⅠT30201Y2∶31（内侧） 3. 09ⅠT30201Y2∶29（内侧） 4. 09ⅠT20301Y1∶35（内侧）
5. 09ⅠT20301Y1∶42（内侧） 6. 09ⅠT20301Y1∶40 7. 09ⅠT30603H3∶1 8. 09ⅠT30603H3∶1

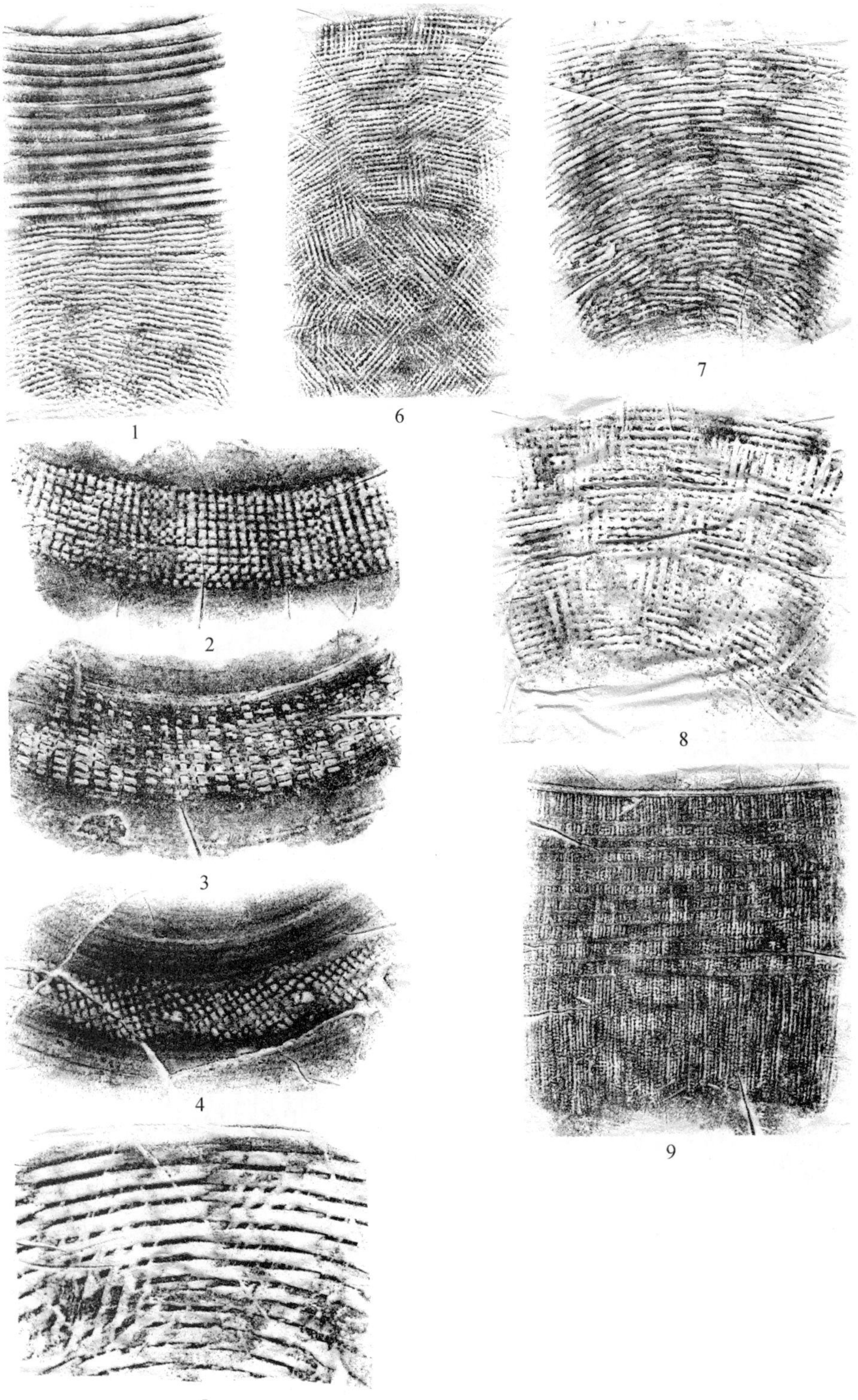

图三六〇　墓葬出土陶器纹饰拓本

1. 10NDZ1#MDTG3M41：1　2. 10NDZ2#MDTG1M453：3　3. 10NDZ2#MDTG1M52：3　4. 09ⅡTG9M95：1　5. 09ⅡTG9M95：1　6. 09ⅡM10　7. 10NDZ1#MDTG3M15：1　8. 10NDZ1#MDTG3：1　9. 10NDZ2#MDTG1M17：1

3. 弦纹

弦纹也是器物上较为普遍的纹饰之一，是刻划出的单一的或若干条平行的线，排列在瓮、壶、罐等器物的颈、肩、腹部位，使器物有了一定的观赏作用。

弦纹有细弦纹和粗弦纹两种。粗弦纹作宽带状，中间呈凹槽状，犹如板瓦，又称瓦纹（在一些器物腹部经常出现较规则、较宽的轮旋线，这很有可能是作为一种装饰出现的，也可归类为瓦纹）。这两种纹饰有时在一件器物上同时出现，有时配合其他纹饰使用。如10NDZ1#MDTG3M41∶1陶瓮器表压光。腹部瓦纹明显，下腹及底部饰绳纹（图三六〇，1）。

4. 划纹

划纹的工具有可能用一端较为锋利的木棒，或在较宽的竹片或木片一端削出紧密相间的栉齿。用它们在器物上划出想要的图案。一般有直线纹、斜方格纹、栉齿纹等纹饰。直线纹，样式最简单，用硬质工具在器表划出直线，如10NDZ2#MDTG2M53∶ 7陶井的四面划出双直线纹，组成一个大方框，大方框内有用双直线纹分隔成等分小方框，小方框内用双直线纹交叉组成。10NDZ2#MDTG2M53∶11陶灶亦同。

5. 拍印纹

拍印纹，顾名思义，就是用不同图案纹饰的印模，在陶坯上拍或印而成的纹饰。此类纹饰一般出现在罐或瓮的下腹及底部，纹饰以绳纹主。

6. 按压纹

按压纹，就是用不同图案纹饰的印模，在陶坯上按压而成的纹饰。此类纹饰一般出现在罐或瓮的肩部，如一些罐、瓮的肩部可见规矩的菱形纹、方格纹、长方格纹等几何按压纹。10NDZ2#MDTG1M52∶3，器表压光，肩部按压由小方块组成的纹饰带，器身有轮旋线，下腹及底饰篮纹（图三六〇，3）。10NDZ2#MDTG1M53∶3，器表压光，肩部按压由小方块组成的纹饰带，器身有轮旋线，下腹及底饰篮纹（图三六〇，2）。09ⅡTG9M95∶1，肩部饰有菱形网格纹（图三六〇，4）。

7. 压光纹

压光又称磨光，即在陶坯未完全干燥时，用骨、石等硬质工具对陶坯表面进行同一方向的打磨，使黏土颗粒顺一个方向排列并具有暗淡的光泽。这批器物采用压光纹饰的有瓮、罐、盖豆三类，数量不是太多，10NDZ2#MDTG1M52：3，器表压光，肩部按压由小方块组成的纹饰带，下腹及底饰篮纹。09ⅡTG3M48：2 陶盖豆器表压光。

8. 彩绘

彩绘是用两种或两种以上不同颜色在同一器物上绘制出各种不同的纹饰。这批陶器上的彩绘可以分为直接在器表上施彩或在器表上先施白衣，再加彩绘两种不同方式，这两种不同方式有时间的先后顺序。战国时期采用直接在器表施加彩绘的方法，用红、白等色绘制云纹、兽面纹等，西汉早期晚段前后出现在器表先施白衣，再施彩绘现象。

纹饰以云纹为主，形状多以卷云纹为主，在壶、盒等器物上出现连贯较流畅的卷云纹，早期卷云纹还能分出首尾，晚期云纹流畅较难分出首尾。可惜的是晚期彩绘非常容易脱落，如张夺村南 1 号墓地的第 5 号墓内出土的器物，张夺村南 2 号墓地的第 1 号墓内出土的器物，彩绘大多脱落殆尽（图三六〇）。

三、时代推定及遗存性质

（一）遗址、墓地时代推定

从出土器物和墓葬形制分析，张夺 2 号遗址、张夺村南 1 号墓地、张夺村南 2 号墓地的基本文化面貌应属于战国至汉代时期。但是遗址和墓葬内均没有出土有纪年和确切年代的实物资料，遗址和墓葬的具体时代，需要进一步通过考古类型学的比较分析来进一步确定。下面我们就现有资料，对张夺 2 号遗址、张夺村南 1 号墓地、张夺村南 2 号墓地的绝对年代做一些初步考察。

1. 张夺 2 号遗址

（1）窑址区（Ⅰ区）

窑址区（Ⅰ区）遗迹以陶窑为主。出土器物以陶器为主，铁器、石器等出土较少。陶器种类以陶板瓦为大宗，陶筒瓦次之，盆、罐、釜、炉类日用器较少。

陶窑在河北地区发掘的不多，在周边地区陆续有所发现。其形制与河南鹤壁[①]西汉时期陶窑、新乡[②]等地发现的陶窑形制基本类同，均为半地穴式，窑室、烟囱、窑前工作面均在生土

① 张长安：《河南鹤壁古代陶窑遗址浅析》，《华夏考古》2003 年第 3 期。

② 新乡市文管会：《新乡北站区前郭柳村汉代窑址发掘》，《考古》1989 年第 5 期。

上挖成，烟囱位于窑室后壁，用灰砖砌筑抹泥与窑室隔离开来，下留烟道口。烟道口呈方形和拱形，出窑后与主烟道聚合形成一个烟囱。

遗址出土的陶盆、瓦当、板瓦①等器物多在邢台地区西汉时期遗址或墓葬内找到类似器。与其他地区相对比，遗址出土的大部分器物也有类似器，如夹砂红陶A型陶釜与老河口市柴店岗砖厂汉代窑址西汉时期T4⑤:13泥质红陶釜②类同，T20301Y1:3陶盆与老河口市柴店岗砖厂汉代窑址西汉时期A型Ⅱ式盆（T3⑤:421）③类同。遗址出土的板瓦、筒瓦纹饰凸面多饰竖行绳纹，局部有抹痕，内面多为方格纹与麻点纹、“人”字形蓆纹、网纹、布纹，瓦的两侧均有切割痕迹，此类纹饰和制法与老河口市柴店岗砖厂汉代窑址制瓦工艺大体相同。综合分析，张夺2号遗址窑址区时代大体在西汉中期前后。

（2）墓葬区（Ⅱ区）

张夺2号遗址墓葬区出土器物均以陶器为主，与邢台及周边地区基本相同。在以往发掘中，发现战国时期墓葬器物以鼎、壶、豆、匜、盘为基本组合；汉代早期墓葬以不随葬器物或少随葬为主流，随葬器物一般以陶罐为主，此时一般在墓内置放1～4件，随着社会的稳定，随葬器物逐渐增加。至西汉中期前后出现在器物表面施白衣，衣外施加彩绘现象。该墓地大体可分为战国时期、秦至西汉两个时期。

战国时期。这一期包括09ⅡTG3M48、09ⅡTG3M49、09ⅡTG3M55、09ⅡTG4M63、09ⅡTG4M65、09ⅡTG4M67、09ⅡTG4M78、09ⅡTG9M88八座墓葬。此8座墓葬均口大底小呈“斗”型，填土经夯打实。葬式分为仰身直肢、仰身屈肢（下肢微弯曲）、仰身后屈肢、侧身屈肢4种葬式。09ⅡTG3M48、09ⅡTG3M49、09ⅡTG4M65、09ⅡTG4M78出土的鼎、壶、豆、匜、盘等器物与邢台地区战国时期中晚期墓葬出土器物相同，尤其09ⅡTG4M65出土的鸭形尊为邢台地区战国时期晚期墓葬所常见。由此可以初步确认此8座墓葬应为战国晚期。

秦至西汉时期。从墓葬的结构、随葬器物的组合及共出的铜钱来看，这批墓葬存在着早晚差别。根据墓葬形制和出土器物特点大致可分四期。

第一期，包括09ⅡTG6M14、09ⅡTG7M23、09ⅡTG8M34、09ⅡTG8M40、09ⅡTG8M46、09ⅡTG3M50、09ⅡTG3M53、09ⅡTG3M57、09ⅡTG4M62、09ⅡTG4M82、09ⅡTG9M89十一座墓葬。这一期随葬器物较少，除09ⅡTG3M53随葬陶罐1件、09ⅡTG4M62随葬铜带钩1件外，其他墓葬均无随葬品。09ⅡTG6M14、09ⅡTG7M23、09ⅡTG8M40、09ⅡTG4M82为仰身曲肢葬，09ⅡTG8M34、09ⅡTG9M89为侧身屈肢葬，09ⅡTG8M46、09ⅡTG3M50、09ⅡTG3M53、09ⅡTG3M57、09ⅡTG4M62为仰身后屈肢葬。

据历年考古发掘资料，邢台地区曲肢葬大约始于战国（发掘资料均在整理中），此时侧身屈肢葬分为两种，一种为自然弯曲，另一种为具有秦文化特点的人为弯曲，这一现象在本区战国墓葬中也有体现，如09ⅡTG4M67、09ⅡTG9M88为仰身下肢自然弯曲，09ⅡTG3M48、09Ⅱ

① 张夺2号遗址出土的板瓦与2005年邢台市文物管理处在邢台旅馆西汉墓出土的板瓦类同。

② 老河口市博物馆：《老河口市柴店岗砖厂汉代窑址清理简报》，《江汉考古》2004年第4期。

③ 老河口市博物馆：《老河口市柴店岗砖厂汉代窑址清理简报》，《江汉考古》2004年第4期。

TG3M49、09ⅡTG4M65 等为具有秦文化特点的人为弯曲，上肢人为摆放成具有一定含义的姿势，下肢小腿沿大腿回折或将小腿与大腿摆放成直角。这一秦文化迹象，表明此时秦人已进入赵地，只是相对较少，在丧葬中使用当地明器，只在葬式上保留曲肢。秦至西汉时期第一期墓葬与上述特点较接近，09ⅡTG7M23、09ⅡTG3M50、09ⅡTG4M82 填土经夯打实，与战国时期回填方式相同。

另外，09ⅡTG3M53 出土的陶罐器形圆鼓、器高略大于腹径，与邯郸市龙城小区战国墓 M12 出土的陶罐相仿，同时也较接近于该区汉代早期 M5∶1A 型罐①，09ⅡTG3M53 为仰身后屈肢葬，葬式与本期战国时期 09ⅡTG3M55 相同，此类墓葬在邢台地区出现于战国中晚期，这种葬式沿用至秦代，汉初及以后陆续减少，由此我们初步判断 09ⅡTG3M53 时代应晚于战国，早于汉，大致属于秦。09ⅡTG6M14、09ⅡTG7M23、09ⅡTG8M34、09ⅡTG8M40、09ⅡTG8M46、09ⅡTG3M50、09ⅡTG3M57、09ⅡTG4M62、09ⅡTG4M82、09ⅡTG9M89 时代大致相当于秦，个别墓葬会略晚。

第二期，包括 09ⅡTG1M11、09ⅡTG7M21、09ⅡTG8M28、09ⅡTG8M33、09ⅡTG8M38、09ⅡTG3M52、09ⅡTG3M54、09ⅡTG3M57、09ⅡTG3M58、09ⅡTG4M59、09ⅡTG4M61、09ⅡTG4M69、09ⅡTG4M75、09ⅡTG4M77、09ⅡTG4M83、09ⅡTG9M96、09ⅡTG9M101 十七座墓葬。此期除 09ⅡTG7M21、09ⅡTG3M57 为仰身后屈肢外，其他墓葬均为仰身直肢。09ⅡTG8M28、09ⅡTG4M83、09ⅡTG9M101 出土小壶与此次发掘战国墓 09ⅡTG4M65∶9、10 小壶比较接近，与邯郸市建设大街战国墓 HNM8∶7 豆柄壶②的口部、底部较为相似，均为小口，饼足；09ⅡTG8M28、09ⅡTG9M101 出土的陶罐器形圆鼓、器高略大于腹径，与邯郸市龙城小区战国墓 M12 出土的陶罐相仿，同时也较接近于该区汉代早期 M5∶1A 型罐③，综合分析 09ⅡTG8M28、09ⅡTG9M101 出土的陶罐介于其两者之间，另外 09ⅡTG9M101 出土秦半两枚，09ⅡTG8M28、09ⅡTG9M101 时代应略晚，大体为西汉早期。09ⅡTG4M83 出土小壶腹较凸鼓；陶鼎一足与一耳相对，另一耳位于两足之间，颇具秦人风格；另外鼎、盒、坊、小壶等器物，沿用战国时期直接在器表施加彩绘的方法，用红、白等色勾画云纹、兽面纹等，但是陶俑、陶罐颇具汉代风格，因此 09ⅡTG4M83 年代大约为西汉早期晚段或略晚。出土 Aa 型Ⅰ式、Aa 型Ⅱ式陶罐墓葬 6 座，分别为 09ⅡTG7M21、09ⅡTG4M61、09ⅡTG4M69、09ⅡTG4M75、09ⅡTG4M77、09ⅡTG9M96 等，09ⅡTG4M61、09ⅡTG4M77、09ⅡTG4M69 出土的 Aa 型Ⅰ式罐与邯郸市龙城小区战国墓 M12 出土的陶罐相仿，同时也较接近于该区汉代早期 M5∶1A 型罐④，09ⅡTG4M61、09ⅡTG4M77、09ⅡTG4M69 时代应为西汉早期。09ⅡTG7M21、09ⅡTG4M75、09ⅡTG9M96 出土的 Aa 型Ⅱ式罐与邯郸市龙城小区汉代早期 M5∶1A 型罐相仿，同时也较

① 邯郸市文物保护研究所：《邯郸市龙城小区墓葬发掘简报》，《文物春秋》2004 年第 6 期。
② 邯郸市文物保护研究所：《邯郸市建设大街战汉墓葬发掘报告》，《文物春秋》2004 年第 6 期。
③ 邯郸市文物保护研究所：《邯郸市龙城小区墓葬发掘简报》，《文物春秋》2004 年第 6 期。
④ 邯郸市文物保护研究所：《邯郸市龙城小区墓葬发掘简报》，《文物春秋》2004 年第 6 期。

接近于该区汉代中期 M15:2C 型罐[①]，与邢台曹演庄 M14:3E 型Ⅰ式罐[②]较为接近，此三座墓葬时代大体在西汉早期晚段，09ⅡTG9M96、09ⅡTG4M75 底部饰篮纹，其时代应较接近于西汉中期，09ⅡTG7M21 时代略早。09ⅡTG1M11、09ⅡTG8M33、09ⅡTG3M54、09ⅡTG4M59 出土陶瓮制作方法较接近邢台曹演庄西汉早期 M5:2A 型瓮[③]，均为转折明显，折线较硬。09ⅡTG1M11、09ⅡTG8M33、09ⅡTG3M54、09ⅡTG4M59 大体时代为西汉早期偏晚。09ⅡTG3M52、09ⅡTG3M57、09ⅡTG3M58 随葬器物较少，09ⅡTG3M57 为仰身后屈肢，比较符合邢台地区西汉早期特点，此三座墓葬时代应为西汉早期。09ⅡTG7M21、09ⅡTG4M83 时代约为早期略晚。

第三期，包括 09ⅡM1、09ⅡTG1M3、09ⅡTG2M4、09ⅡTG2M5、09ⅡTG2M6、09ⅡTG2M7、09ⅡTG2M8、09ⅡTG2M9、09ⅡTG5M10、09ⅡTG6M12、09ⅡTG7M18、09ⅡTG8M26、09ⅡTG6M30、09ⅡTG8M41、09ⅡTG8M42、09ⅡTG8M43、09ⅡTG8M44、09ⅡTG8M45、09ⅡTG4M51、09ⅡTG3M56、09ⅡTG4M60、09ⅡTG4M64、09ⅡTG4M66、09ⅡTG4M68、09ⅡTG4M70、09ⅡTG4M72、09ⅡTG4M73、09ⅡTG4M81、09ⅡTG4M84、09ⅡTG9M87、09ⅡTG9M93、09ⅡTG9M100、09ⅡTG9M102、09ⅡTG9M103、09ⅡTG9M104、09ⅡTG4M108 三十六座。09ⅡTG2M6、09ⅡTG5M10、09ⅡTG4M81 出土的 Db、Dc 型罐与邢台曹演庄西汉中期 M9:3A型Ⅱ式瓶[④]相近，均为大口大底，器形略显矮胖，09ⅡTG2M6、09ⅡTG5M10、09ⅡTG4M81 时代大体应与曹演庄西汉中期 M9 时代相同或偏早。09ⅡTG8M43、09ⅡTG4M72、09ⅡTG9M104 出土的 Dc 型罐与邢台曹演庄西汉早或偏晚时期 M3:2A 型Ⅰ式瓶[⑤]相同，09ⅡTG4M72 出土陶鼎一耳与一足相对，另一耳位于两足之间，颇具秦文化特点，出土的鼎、壶、盒等器物均沿用战国时期彩绘方式，直接在其外表面施加红、白相间的云纹。09ⅡTG8M43、09ⅡTG4M72、09ⅡTG9M104 上限应晚于西汉早期，其时代约在西汉早期偏晚与中期偏早之间。09ⅡTG9M100、09ⅡTG9M102 出土的 Aa 型Ⅲ式罐与邢台曹演庄西汉中期 M1:8A 型Ⅰ式罐[⑥]、邯郸渚河桥西汉中期 M7:4A 型罐[⑦]较为接近，09ⅡTG9M100:1Ab 型钵与该区 M1:2A 型Ⅰ式钵[⑧]较为接近。09ⅡTG9M100、09ⅡTG9M102 时代大体为西汉中期。

09ⅡTG2M7 出土的 C 型平底瓮与邢台曹演庄西汉中期 M10:3E 型Ⅱ式罐[⑨]大体相同。09ⅡTG6M30、09ⅡTG8M42、09ⅡTG8M44 出土的小壶与邢台曹演庄西汉中期 M18:5B 型Ⅱ式罐[⑩]基本相同，均为斜折沿，束颈，溜肩，鼓腹。09ⅡTG2M7、09ⅡTG6M30、09ⅡTG8M42、09Ⅱ

---

① 邯郸市文物保护研究所：《邯郸市龙城小区墓葬发掘简报》，《文物春秋》2004 年第 6 期。
② 河北省文物研究所、邢台市文物管理处：《邢台曹演庄汉墓群发掘报告》1998 年第 4 期。
③ 河北省文物研究所、邢台市文物管理处：《邢台曹演庄汉墓群发掘报告》1998 年第 4 期。
④ 河北省文物研究所、邢台市文物管理处：《邢台曹演庄汉墓群发掘报告》1998 年第 4 期。
⑤ 河北省文物研究所、邢台市文物管理处：《邢台曹演庄汉墓群发掘报告》1998 年第 4 期。
⑥ 河北省文物研究所、邢台市文物管理处：《邢台曹演庄汉墓群发掘报告》1998 年第 4 期。
⑦ 邯郸市文物保护研究所：《邯郸渚河桥汉墓发掘简报》，《文物春秋》2004 年第 6 期。
⑧ 河北省文物研究所、邢台市文物管理处：《邢台曹演庄汉墓群发掘报告》1998 年第 4 期。
⑨ 河北省文物研究所、邢台市文物管理处：《邢台曹演庄汉墓群发掘报告》1998 年第 4 期。
⑩ 河北省文物研究所、邢台市文物管理处：《邢台曹演庄汉墓群发掘报告》1998 年第 4 期。

TG8M44 时代大体为西汉中期。

与本区西汉中期墓葬 09 Ⅱ TG9M100 同出 Ca 型汲水罐的墓葬有 09 Ⅱ TG7M18、09 Ⅱ TG4M51、09 Ⅱ TG4M60、09 Ⅱ TG4M66、09 Ⅱ TG4M72、09 Ⅱ TG9M93、09 Ⅱ TG9M103，根据出土器物对比除 09 Ⅱ TG4M72、09 Ⅱ TG9M103 略早外，09 Ⅱ TG7M18、09 Ⅱ TG4M51、09 Ⅱ TG4M60、09 Ⅱ TG4M66、09 Ⅱ TG9M93 时代大体与 09 Ⅱ TG9M100 相同。09 Ⅱ TG8M38、09 Ⅱ TG4M108 出土的 Ab 型罐与本区西汉早期偏晚时期墓葬 09 Ⅱ TG4M59∶1 罐基本相同，但是同出的陶瓮为卷沿或斜折沿，转折线不明显，其时代应略晚于 09 Ⅱ TG4M59。09 Ⅱ TG1M3 出土的 Ad 型罐与本区西汉中期偏早时期墓葬 09 Ⅱ TG8M38∶3 罐基本相同，唯口沿斜折较长，但是同出的陶瓮为斜折沿，折线较明显，其时代应略早于 09 Ⅱ TG8M38。09 Ⅱ TG2M5 出土的 Ac 型罐与本区西汉早期偏晚时期墓葬 09 Ⅱ TG1M3∶4 罐基本相同，但是同出的陶瓮为卷沿，转折线不明显，其时代应略晚于 09 Ⅱ TG1M3。09 Ⅱ M1 出土的陶鼎与本区西汉中期 09 Ⅱ TG4M81∶1 相同，09 Ⅱ M1、09 Ⅱ TG4M68 出土的 Cb 型罐与本区西汉早期墓葬 09 Ⅱ TG4M83∶3 罐比较接近，其时代应略晚于西汉早期。09 Ⅱ TG9M87 出土的 B 型钵与本区西汉中期 09 Ⅱ M1∶2 形制、工艺相同。09 Ⅱ M1、09 Ⅱ TG1M3、09 Ⅱ TG2M5、09 Ⅱ TG2M9、09 Ⅱ TG8M38、09 Ⅱ TG4M68、09 Ⅱ TG9M87、09 Ⅱ TG9M103、09 Ⅱ TG4M108 时代约为西汉中期偏早，09 Ⅱ TG7M18、09 Ⅱ TG4M51、09 Ⅱ TG4M60、09 Ⅱ TG4M66、09 Ⅱ TG9M93 时代约为西汉中期。

09 Ⅱ TG2M8 随葬铁带钩 1 件、五铢钱 1 枚，其时代约在西汉中期。09 Ⅱ TG2M4、09 Ⅱ TG6M12、09 Ⅱ TG4M84、09 Ⅱ TG8M26、09 Ⅱ TG8M41、09 Ⅱ TG8M45、09 Ⅱ TG4M56、09 Ⅱ TG4M64、09 Ⅱ TG4M70、09 Ⅱ TG4M73 在本区出土器物中均能找到相类似的器物，其时代大约在西汉中期前后。

第四期，包括 09 Ⅱ TG4M80、09 Ⅱ TG9M95、09 Ⅱ TG9M97 三座。09 Ⅱ TG4M80 出土 Aa 型Ⅳ式罐与邢台曹演庄西汉中期M1∶8A型Ⅱ式罐[①]相近，但是该墓随葬有陶奁；09 Ⅱ TG9M97 出土的陶壶状似瓶形，陶罐肩部饰桥形耳，综合分析 09 Ⅱ TG4M80、09 Ⅱ TG9M97 时代应为西汉晚期。09 Ⅱ TG9M95 出土的 Aa 型Ⅳ式罐下腹及底部饰篮纹，口沿上折较高，呈盘口状，根据 A 型罐变化规律看 09 Ⅱ TG9M95 时代大约为西汉晚期。

我们选出一些典型器物组成分期图（图三六一、图三六二）。从分期图上大致可以看出，战国时期器物组合基本以鼎、壶、豆、高柄豆、匜、盘为主，个别墓葬增加鸭形尊等。

秦至西汉时期。第一期，墓葬内随葬陶器以陶罐为主，不见战国时期盛行的鼎、壶、豆等器物。第二期，出现鼎、壶、盒等象征性礼器，此期器物组合以罐、瓮为主流；规格较高者随葬鼎、壶、盒等器物，此类墓葬较少。第三期，此期墓葬较多，器类大体与第三期相同，随葬陶罐数量明显多于前期。第四期，此期墓葬较少，随葬器物以壶、罐为主。

鼎、罐、瓮等均有自身的演变轨迹。如 A 型鼎，从鋬耳、圜底、兽蹄足，向鋬耳顶端微外折、外折明显，小平底、三角形足发展。A 型罐，从侈口、球形腹，向口近直、弧腹发展，口

① 河北省文物研究所、邢台市文物管理处：《邢台曹演庄汉墓群发掘报告》1998 年第 4 期。

部出现盘口，整体变的较瘦高。瓮在第二期出现，此期以方唇、圜底为主，平底较少。第三期瓮的数量、型式明显增多。纹饰逐渐由绳纹变为篮纹。

2. 张夺村南 1 号墓地

张夺村南 1 号墓地墓葬形制大体可分为“斗”型和长方形墓室两类；葬式有仰身曲肢、侧身屈肢、仰身后曲肢、仰身直肢四种；墓主以头向北、东为主，头向南者发现一例，头向西者发现三例，随葬品大多置放在墓主头前棺外。根据墓葬形制及出土器物该墓地大体可分为战国和秦至西汉两个时期。

战国时期。包括 10NDZ1#MDTG4M22、10NDZ1#MDTG4M28 两座墓葬。10NDZ1#MDTG4M22、10NDZ1#MDTG4M28 出土器物均为战国晚期器物，10NDZ1#MDTG4M22 鼎、壶、高柄豆等与邯郸市建设大街战国墓 HNM8① 大体相同，均为兽蹄实足，錾耳。

秦至西汉时期。从墓葬的结构、随葬器物的组合及共出的铜钱来看，这批墓葬大致可分三期。

第一期，包括 10NDZ1#MDTG1M1、10NDZ1#MDTG1M6、10NDZ1#MDTG1M7、10NDZ1#MDTG2M12、10NDZ1#MDTG4M26、10NDZ1#MDTG4M27、10NDZ1#MDTG3M40、10NDZ1#MDTG3M41 等七座墓葬。10NDZ1#MDTG1M1、10NDZ1#MDTG1M6 分别为仰身屈肢和侧身屈肢，10NDZ1#MDTG4M26、10NDZ1#MDTG4M27 为仰身后屈肢、10NDZ1#MDTG1M7 为仰身直肢。10NDZ1#MDTG3M40、10NDZ1#MDTG3M41 为“斗”形墓室，夯打填实，颇具战国时期墓葬特点，但是在墓主头前棺外出土陶瓮 1 件，此陶瓮器内折棱明显、折肩、上腹较直、圜底、下腹及底部饰绳纹，与张夺 2 号遗址墓区出土陶瓮相比，明显较早，10NDZ1#MDTG3M40、10NDZ1#MDTG3M41 时代应晚于战国，早于西汉，其年代大约相当于秦。10NDZ1#MDTG1M7 出土的陶瓮与 10NDZ1#MDTG3M40、10NDZ1#MDTG3M41 陶瓮相近。综合分析 10NDZ1#MDTG1M1、10NDZ1#MDTG1M6、10NDZ1#MDTG1M7、10NDZ1#MDTG2M12、10NDZ1#MDTG4M26、10NDZ1#MDTG4M27、10NDZ1#MDTG3M40、10NDZ1#MDTG3M41 约为秦代墓葬。

第二期，包括 10NDZ1#MDTG1M2、10NDZ1#MDTG2M11、10NDZ1#MDTG3M14、10NDZ1#MDTG3M21、10NDZ1#MDTG4M23、10NDZ1#MDTG4M29、10NDZ1#MDTG4M34 八座墓葬。10NDZ1#MDTG1M2 出土 Ca 型圜底瓮与张夺 2 号遗址墓区西汉早期偏晚 09ⅡTG4M3∶3C 型圜底瓮基本相同。10NDZ1#MDTG3M14、10NDZ1#MDTG3M21 出土 B 型圜底瓮与张夺 2 号遗址墓区西汉早期偏晚 09ⅡTG4M59∶3Ba 型圜底瓮基本相同。10NDZ1#MDTG4M23 随葬铁器 1 件，10NDZ1#MDTG4M34 无随葬品，随葬器物较少为邢台地区西汉早期特点。10NDZ1#MDTG4M29 出土 Cb 型罐与张夺 2 号遗址墓区西汉早期偏晚时期 09ⅡM1∶7Cb 型罐基本相同，陶壶、钵等直接在其

① 邯郸市文物保护研究所：《邯郸市建设大街战汉墓葬发掘报告》，《文物春秋》2004 年第 6 期。

外表面施加彩绘，颇具战国彩绘遗风，但是该墓出土的陶罐施加篮纹，该墓时代大体应与张夺2号遗址墓区西汉早期偏晚时期09ⅡM1时代相同。

因此，10NDZ1#MDTG2M11、10NDZ1#MDTG4M29、10NDZ1#MDTG4M34时代约为西汉早期，10NDZ1#MDTG1M2、10NDZ1#MDTG3M14、10NDZ1#MDTG3M21、10NDZ1#MDTG3M23时代约为西汉早期偏晚。

第三期，包括10NDZ1#MDTG1M3、10NDZ1#MDTG1M4、10NDZ1#MDTG1M5、10NDZ1#MDTG2M10、10NDZ1#MDTG3M13、10NDZ1#MDTG3M15、10NDZ1#MDTG3M16、10NDZ1#MDTG3M18、10NDZ1#MDTG3M19、10NDZ1#MDTG3M20、10NDZ1#MDTG4M24、10NDZ1#MDTG4M25、10NDZ1#MDTG4M33、10NDZ1#MDTG4M35、10NDZ1#MDTG4M36、10NDZ1#MDTG3M38、10NDZ1#MDTG3M42十六座墓葬。10NDZ1#MDTG3M16出土Ad型罐与张夺2号遗址墓区西汉中期偏早09ⅡTG4M108:2罐基本相同。10NDZ1#MDTG4M25、10NDZ1#MDM42出土的Aa型Ⅰ式罐与邯郸市龙城小区西汉代中期M15:2C型罐、张夺2号遗址墓区西汉中期09ⅡTG9M96:1Aa型Ⅱ式罐基本类同，10NDZ1#MDTG4M25饰绳纹，10NDZ1#MDM42饰篮纹，10NDZ1#MDTG4M25时代应略早。10NDZ1#MDTG3M38出土Bb型罐与邯郸市建设大街西汉中期M11:5C型罐[①]大体相同。

10NDZ1#MDTG1M3出土Ca型圜底瓮与张夺2号遗址墓区西汉中期偏早09ⅡTG4M68:4C型瓮基本相同。10NDZ1#MDTG2M11出土B型圜底瓮与张夺2号遗址墓区西汉中期09ⅡTG4M70:2Bc型瓮较为接近，09ⅡTG4M70:2为篮纹，10NDZ1#MDTG2M11为绳纹，时代应略早。10NDZ1#MDTG1M4、10NDZ1#MDTG1M5、10NDZ1#MDTG2M10出土的平底瓮与张夺2号遗址墓区西汉中期09ⅡTG8M41:1Ba型瓮大体相同。10NDZ1#MDTG3M13出土B型圜底瓮与张夺2号遗址墓区西汉中期偏早09ⅡTG4M72:1C型瓮基本相同。10NDZ1#MDTG3M15出土B型平底瓮与张夺2号遗址墓区西汉中期09ⅡTG2M5:1Aa型Ⅱ式平底瓮较为接近。10NDZ1#MDTG3M18出土Cb型圜底瓮与张夺2号遗址墓区西汉中期09ⅡTG4M64:1C型瓮基本相同。10NDZ1#MDTG3M20出土Aa型平底瓮与张夺2号遗址墓区西汉中期09ⅡTG4M73:2Aa型Ⅰ式瓮基本相同。10NDZ1#MDTG4M36出土Aa型平底瓮与张夺2号遗址墓区西汉中期偏早09ⅡTG9M103:1Ab型瓮口部及制作工艺较为接近。10NDZ1#MDTG4M35出土Eb型罐与张夺2号遗址墓区西汉中期09ⅡTG7M18:1罐基本相同。10NDZ1#MDTG4M33出土F型瓶式罐与张夺2号遗址墓区西汉中期偏早09ⅡTG5M10:4Ac型罐较为接近。M19随葬五铢铜钱1枚，该墓时代约为西汉中期。10NDZ1#MDTG4M24出土的罐、瓮与本区西汉中期器物大体相同。10NDZ1#MDTG1M3、10NDZ1#MDTG3M13、10NDZ1#MDTG3M16、10NDZ1#MDTG4M25、10NDZ1#MDTG4M33、10NDZ1#MDTG4M36时代约为西汉中期偏早，10NDZ1#MDTG1M4、10NDZ1#MDTG1M5、10NDZ1#MDTG2M10、10NDZ1#MDTG3M15、10NDZ1#MDTG3M18、10NDZ1#MDTG3M20、10NDZ1#MDTG4M24、10NDZ1#MDTG4M35、10NDZ1#

① 邯郸市文物保护研究所：《邯郸市建设大街战汉墓葬发掘报告》，《文物春秋》2004年第6期。

MDTG3M38、10NDZ1#MDM42 时代约为西汉中期。

第四期，仅 10NDZ1#MDTG3M39 一座。10NDZ1#MDTG3M39 出土的 Aa 型Ⅱ式罐与张夺 2 号遗址墓区西汉晚期 09ⅡTG9M95∶2Aa 型Ⅳ式罐基本类同。10NDZ1#MDTG3M39 约为西汉晚期。

战国时期随葬器物组合与张夺 2 号遗址墓区情况大体相同。

秦至西汉时期。第一期墓葬内随葬器物较少，以方唇、折肩、圜底瓮为主，棱线分明、较硬，器表绳纹较细密。个别墓葬增加陶钵。第二期，规格较高者出现随葬鼎、壶、盒等器物，罐成为随葬器物的主流。第三期，此期墓葬较多，随葬器物数量明显多于前期。此期陶罐、陶瓮成为基本组合，在一些规格较高的墓葬内增加鼎、壶、盒等器物。第四期，此期墓葬较少，随葬器物以壶、罐为主。

鼎、罐、瓮与张夺 2 号遗址墓区演变轨迹大体相同。钵的演变较张夺 2 号遗址墓区明显，如 A 型钵，浅腹，器壁较厚，器型浑厚，器内刻字也较具战国时期风格；B、C 型钵，腹较深，胎体较薄，腹部折线较硬，折线上移至上腹部（图三六三）。

3. 张夺村南 2 号墓地

张夺村南 2 号墓地除发现两座洞室墓外，其余均为土坑墓。出土器物以陶器为主，与邢台周边地区及张夺 2 号遗址的墓区、张夺村南 1 号墓地基本相同。该墓地大体可分为战国时期、秦至西汉、东汉三个时期。

战国时期。战国时期发掘三座，编号分别为 10NDZ2#MDTG1M15、10NDZ2#MDTG2M42、10NDZ2#MDTG2M51。此三座墓葬出土器物鼎、壶、高柄豆等，器形均与邢台及周边地区战国晚期器物相同，10NDZ2#MDTG2M42 鼎、壶、高柄豆等均直接在器物表面施加彩绘。10NDZ2#MDTG1M15、10NDZ2#MDTG2M42、10NDZ2#MDTG2M51 应为战国晚期。

秦至西汉。第一期包括 10NDZ2#MDTG1M5、10NDZ2#MDTG1M8、10NDZ2#MDTG1M10、10NDZ2#MDTG1M11、10NDZ2#MDTG1M14、10NDZ2#MDTG1M17、10NDZ2#MDTG1M24、10NDZ2#MDTG2M34、10NDZ2#MDTG2M45 八座墓葬。10NDZ2#MDTG1M5、10NDZ2#MDTG1M8、10NDZ2#MDTG1M11、10NDZ2#MDTG1M14、10NDZ2#MDTG1M17、10NDZ2#MDTG1M24、10NDZ2#MDTG2M34、10NDZ2#MDTG2M45 为仰身后屈肢葬，10NDZ2#MDTG1M10 为侧身屈肢葬，并且这 9 座墓葬除 10NDZ2#MDTG1M5 出土布币 1 枚、10NDZ2#MDTG1M17 随葬 1 件陶瓮、10NDZ2#MDTG2M34 随葬 1 件带钩外，其他墓葬均无陪葬品，这类墓葬在邢台地区一般为战国至秦代，但是这几座为竖穴土坑墓，与战国时期“斗”形墓室有别，其时代应晚于战国。10NDZ2#MDTG1M5、10NDZ2#MDTG1M8、10NDZ2#MDTG1M11、10NDZ2#MDTG1M14、10NDZ2#MDTG1M17、10NDZ2#MDTG1M24、10NDZ2#MDTG2M34、10NDZ2#MDTG2M45、10NDZ2#MDM10 时代应为秦代较为合适。

第二期，包括 10NZ2#MDTG1M2、10NZ2#MDTG1M3、10NZ2#MDTG1M4、10NZ2#MDTG1M6、

10NZ2#MDTG1M18、10NDZ2#MDTG2M32、10NDZ2#MDTG2M37、10NDZ2#MDTG2M38、10NDZ2#MDTG2M41、10NDZ2#MDTG2M46 十座墓葬。M4 出土的 Aa 型Ⅰ式罐与邯郸市龙城小区汉代早期 M10∶1B 型罐[①]相仿，与邢台曹演庄西汉早期 M14∶3E 型 Ⅰ 式罐[②]较为接近。10NDZ2#MDTG2M37 出土 Aa 型圜地瓮与张夺 2 号遗址墓区西汉早期晚段 09 Ⅱ TG9M104∶3Ab 型瓮相同，10NDZ2#MDTG2M37 时代约为西汉早期偏晚，10NDZ2#MDTG2M41∶3 汲水罐与邯郸市龙城小区汉代早期 M10∶1B 型罐[③]相仿，且出土的 20 枚半两钱，较具汉代早期特点，但是该墓出土的陶罐为卷沿，较接近西汉中期特点，其时代应晚于西汉早期早段，约为西汉早期晚段。

10NDZ2#MDTG2M38 出土陶瓮与张夺 2 号遗址墓区西汉早期晚段 09 Ⅱ TG4M59∶3Aa 型瓮相同，但是其墓室宽大，与比较窄长的汉墓有别，应是一座具有战国遗风的墓葬，其时代上限应晚于战国，下限早于西汉早期晚段。

10NDZ2#MDTG1M2、10NDZ2#MDTG1M3、10NDZ2#MDTG1M6、10NDZ2#MDTG1M18、10NDZ2#MDTG2M32、10NDZ2#MDTG2M46 出土器物较少，或无随葬品，与邢台地区西汉中期葬俗有关，10NDZ2#MDTG1M3 出土铜印章 1 枚，10NDZ2#MDTG2M32 出土陶盆 1 件，下腹饰细密绳纹，颇具西汉早期特点。10NDZ2#MDTG1M2、10NDZ2#MDTG1M3、10NDZ2#MDTG1M4、10NDZ2#MDTG1M6、10NDZ2#MDTG1M18、10NDZ2#MDTG2M32、10NDZ2#MDTG2M46 大体时代约为西汉早期。

第三期，包括 10NDZ2#MDTG1M1、10NDZ2#MDTG1M9、10NDZ2#MDTG1M13、10NDZ2#MDTG1M16、10NDZ2#MDTG1M19、10NDZ2#MDTG1M23、10NDZ2#MDTG2M25、10NDZ2#MDTG2M26、10NDZ2#MDTG2M29、10NDZ2#MDTG2M40、10NDZ2#MDTG2M43、10NDZ2#MDTG2M47、10NDZ2#MDTG2M49、10NDZ2#MDTG2M50 十四座墓葬。10NDZ2#MDTG1M1 出土的 B 型 Ⅰ 式瓮与张夺 2 号遗址墓区西汉早期偏晚时期 09 Ⅱ TG3M54∶2Ac 型瓮较为接近，口部的做法与西汉早期偏晚 09 Ⅱ TG3M33∶1C 型瓮较为接近，转折明显，折线较硬，出土的陶鼎为板耳，一耳与一足相对，另一耳位于两足之间，较具秦文化特点，但是鼎、壶、盒等器物腹部出现白衣带，然后施加彩绘现象，与西汉中期通体施白衣有别，该墓时代应晚于西汉早期，大体为西汉中期早段。10NDZ2#MDTG1M9 出土的 Aa 型 Ⅱ 式罐大体与邢台曹演庄西汉早期 M14∶3E 型 Ⅰ 式罐[④]较为接近，但是口沿为卷沿，其时代应晚于西汉早期。10NDZ2#MDTG1M19 出土的 Aa 型 Ⅲ 式罐大体与邯郸市龙城小区汉代早期 M15∶2C 型罐[⑤]相仿，口沿均为折沿，沿面出现凹槽。10NDZ2#MDTG1M23 出土的 Bc 型罐与张夺 2 号遗址墓区西汉中期偏早时期墓葬 09 Ⅱ TG4M68∶1 器形相同。

10NDZ2#MDTG1M13、10NDZ2#MDTG2M47 出土的 A 型钵与邢台曹演庄西汉早期 M3∶3 碗[⑥]

① 邯郸市文物保护研究所：《邯郸市龙城小区墓葬发掘简报》，《文物春秋》2004 年第 6 期。
② 河北省文物研究所、邢台市文物管理处：《邢台曹演庄汉墓群发掘报告》1998 年第 4 期。
③ 邯郸市文物保护研究所：《邯郸市龙城小区墓葬发掘简报》，《文物春秋》2004 年第 6 期。
④ 河北省文物研究所、邢台市文物管理处：《邢台曹演庄汉墓群发掘报告》1998 年第 4 期。
⑤ 邯郸市文物保护研究所：《邯郸市龙城小区墓葬发掘简报》，《文物春秋》2004 年第 6 期。
⑥ 河北省文物研究所、邢台市文物管理处：《邢台曹演庄汉墓群发掘报告》1998 年第 4 期。

较为接近，均下腹旋削修坯，下腹部略显折棱，这种工艺在张夺遗存中主要流行于西汉中期或略早。10NDZ2#MDTG1M16 出土的 B 型钵大体与张夺 2 号遗址墓区西汉早期偏晚 09ⅡTG9M87: 2B 型钵大体相同，其时代约为西汉中期。10NDZ2#MDTG2M43 出土陶瓮与张夺 2 号遗址墓区西汉中期墓葬 09ⅡTG8M45: 1Bb 型瓮较为接近，Bd 型罐与张夺 2 号遗址墓区西汉早期晚段 09ⅡTG9M104: 5 较为相似。10NDZ2#MDTG1M1、10NDZ2#MDTG1M9、10NDZ2#MDTG1M13、10NDZ2#MDTG1M16、10NDZ2#MDTG1M19、10NDZ2#MDTG1M23、10NDZ2#MDTG2M43、10NDZ2#MDTG2M47 时代为西汉中期偏早。

10NDZ2#MDTG2M25 出土的瓮与张夺 2 号遗址墓区西汉中期 09ⅡTG6M12: 1C 型平底瓮较为接近，Ac 型罐与张夺 2 号遗址墓区西汉早期 09ⅡTG8M38: 3 基本类同。10NDZ2#MDTG2M29、10NDZ2#MDTG2M50 出土 BⅡ式瓮与张夺 2 号遗址墓区西汉中期 09ⅡTG9M93: 1C 型瓮基本相同。10NDZ2#MDTG2M26、10NDZ2#MDTG2M40、10NDZ2#MDTG2M49 出土器物与本期西汉中期墓葬和张夺 2 号遗址墓区西汉中期墓葬均有相似器，10NDZ2#MDTG2M49 出土五铢钱。10NDZ2#MDTG2M25、10NDZ2#MDTG2M26、10NDZ2#MDTG2M29、10NDZ2#MDTG2M40、10NDZ2#MDTG2M49、10NDZ2#MDTG2M50 时代为西汉中期。

第四期，包括 10NDZ2#MDTG1M52、10NDZ2#MDTG1M53 两座墓葬。10NDZ2#MDTG1M52 出土 E 型盘口罐与张夺 2 号遗址墓区西汉晚期墓葬 09ⅡTG9M95: 2Aa 型Ⅳ型罐相同，该墓出土货泉两枚。10NDZ2#MDTG1M53 出土的釉陶器与邢台曹演庄西汉晚期 M17、M22、M24 出土的博山炉、灯、灶①均较为接近或相同，与本区 10NDZ2#MDTG1M52 出土卷沿罐形制相同，两墓较近，并且均为土洞室墓。10NDZ2#MDTG1M52、10NDZ2#MDTG1M53 应为西汉晚期墓葬。

东汉墓葬。仅见 10NDZ2#MDTG1M7 一座。随葬品中出现耳杯、樽等明器，陶壶为高圈足，这些均与邢台地区东汉时期特点相符。10NDZ2#MDTG1M7 为东汉。

战国时期及秦汉时期器物组合与张夺 2 号遗址墓地大体相同。张夺村南 2 号墓地在秦汉时期二期增加陶盆。第四期，增加釉陶鼎、壶、盒、灯、灶、井等。

鼎、罐、瓮演变轨迹与张夺 2 号遗址墓地大体相同。盆由直腹、圜底，向折腹、平底；斜直腹、平底发展（图三六四）。

（二）遗存性质

1. 张夺 2 号遗址窑址区（Ⅰ区）

窑址区（Ⅰ区）主要文化遗迹以陶窑为主，其他灰坑、井、沟、沉淀沟池等遗迹，或与陶窑相关联，或为陶窑附属遗迹。出土器物以陶板瓦为大宗，陶筒瓦次之，盆、罐、釜、炉类日用器较少。出土的板瓦、筒瓦多有烧连、烧变形等现象。这些现象均表明张夺 2 号遗址窑址区

① 河北省文物研究所、邢台市文物管理处：《邢台曹演庄汉墓群发掘报告》1998 年第 4 期。

应为烧制陶瓦的烧窑遗址。盆、罐类器物表面多有使用产生的痕迹，釜、炉类等器物表面多有火烧痕迹，综合分析此类器应为窑工使用器。

2. 张压 2 号遗址墓葬区（Ⅱ区）

张夺 2 号遗址墓区、张夺村南 1 号墓地、张夺村南 2 号墓地时代均为战国、汉代，出土器物面貌大体相同。张夺村南 2 号墓地东部、南部与张夺 2 号遗址墓区相连，从地望看他们应属于一个大的墓地。

张夺 2 号遗址墓区、张夺村南 2 号墓地整体看墓区内墓葬排列杂乱，分东西向和南北向两种，有南北向打破东西向的，同时也有东西向打破南北向的现象，另外也有东西向打破东西向、南北向打破南北向墓葬的情况发生。这种现象同一时代也有发生，如张夺 2 号遗址墓区同为东西向的 09ⅡTG4M59、09ⅡTG4M77，墓主均头向东，根据器物对比分析 09ⅡTG4M59 年代为西汉早期偏晚，09ⅡTG4M77 为西汉早期；张夺村南 2 号墓地 10NDZ2#MDTG1M10、10NDZ2#MDTG1M11，同为秦汉之际，墓主均头向北，10NDZ2#MDTG1M10 为侧身屈肢葬，10NDZ2#MDTG1M11 为仰身后屈肢葬。张夺村南 1 号墓地如 TG1 南北向 10NDZ1#MDTG1M5 打破东西向 10NDZ1#MDTG1M6，TG3 东西向 10NDZ1#MDTG3M17 打破南北向 10NDZ1#MDTG3M40、10NDZ1#MDTG3M41，TG4 南北向打破 10NDZ1#MDTG4M34 南北向 10NDZ1#MDTG4M35。

经过对各类墓葬形制、相对位置等分别对比，没有发现此三处墓地分属于某个家族墓地的确切依据，但是在小范围内仍可发现有一定关系的单体墓葬存在，如张夺 2 号遗址墓区战国时期 09ⅡTG3M48、09ⅡTG3M49；09ⅡTG4M63、09ⅡTG4M67、09ⅡTG4M65、09ⅡTG4M74、09ⅡTG4M82。张夺村南 1 号墓地战国时期 10NDZ1#MDTG4M22、10NDZ1#MDTG1M28 等。

纵观各个墓地，均在战国时期开始使用，墓主葬式以屈肢葬为主，直肢葬次之，这时期墓葬已具有秦文化因素。随后出现仰身后屈肢葬。秦汉之际葬式可分为侧身屈肢、仰身屈肢、仰身后屈肢葬和仰身直肢葬四类，以仰身后屈肢葬为主，侧身屈肢次之，仰身屈肢和仰身直肢葬较少。进入西汉，仰身直肢葬成为主流，逐渐取代其他葬式。

综合分析，张夺 2 号遗址墓区、张夺村南 2 号墓地应为一个较大的墓地，与张夺村南 1 号墓地性质基本相同。在战国晚期，以屈肢葬为特点的秦文化与当地文化相结合，形成屈肢葬和直肢葬并存；进入秦代，以仰身后屈肢为代表的文化因素，进入张夺一带区域，形成侧身屈肢、仰身屈肢、仰身后屈肢葬和仰身直肢葬相结合的局面，进入汉代以后秦文化因素和以仰身后屈肢葬为代表的文化与汉文化融合，逐渐消失，被汉文化取代。多种文化的交融也可能是造成墓地不分属于某个家族的原因。

伍 结 语

张夺2号遗址墓区、张夺村南1号墓地、张夺村南2号墓地均为战国、汉代时期的平民墓葬，墓主人的贫富具有一定的差异，有的墓葬随葬20余件器物，有的墓葬无随葬品。此次发掘首次在邢台地区分理出秦文化现象，墓地从一个侧面反映了秦文化在张夺一带由开始进入、交融，逐渐融入汉文化的过程，为探索秦汉文化提供了重要资料。另外，出土了成组的具有地方特点的随葬品，为研究邢台地区战国、汉代时期葬俗提供了重要依据。

通过初步探索，我们对此次发掘有了一定的认识，现将有关张夺2号遗址墓区、张夺村南1号墓地、张夺村南2号墓地的认识简要归纳如下。

1. 墓葬形制

战国时期墓葬形制为“斗”形，填土经夯打实。秦代出现长方形竖穴土坑墓，此时墓葬仍流行填土经夯打实，个别墓葬出现未经夯打现象。西汉时期“斗”形墓室、夯土回填较为少见，逐渐被长方形竖穴土坑墓代替，墓葬逐渐变得较窄长。

战国时期葬具一般为木棺、木椁，至秦代出现生土二层台形椁，此类墓葬以张夺村南1号墓地10NDZ1#MDTG3M41为代表；汉代早期晚段出现砖铺底墓葬，此类墓葬以张夺村南2号墓地10NDZ2#MDTG2M41为代表；西汉中期早段前后出现砖椁墓，此时砖椁墓和生土二层台形椁并行。

2. 随葬品组合

战国时期邢台地区为赵地，丧葬习俗以赵文化为主，此时较为注重“礼”，随葬品以鼎、壶、盖豆、高柄豆、匜、盘陶礼器为主，个别墓葬内增加陶鸭形尊、玉石器、铜带钩、铜璜形器等。部分墓葬仅随葬铜带钩1件。

秦占赵地后，对赵文化产生了巨大的冲击，其表现在小型墓葬上，主要是对明器内涵颠覆性的改变，反映在丧葬文化上的“礼”消失，战国时期平民、贵族均惯用的鼎、壶、盖豆、高柄豆、匜、盘等陶礼器不见，在贫民墓中代之而来的是陶罐或陶钵，此时一般只随葬陶瓮1件，或增加陶钵1件，无随葬品的墓葬成为主流。这一现象也可能是战争所造成的。

西汉早期，仍沿用秦代做法，以陶瓮、陶钵为主，个别墓葬内随葬有陶罐，随葬品数量有所增加，此时一般随葬1～4件。随着社会发展，财富的积累，西汉中期前后“礼”再一次在墓葬内被体现，与战国时期礼器有所不同，这时明器组合为陶鼎、陶壶、陶盒、陶罐、陶瓮，个别墓葬增加陶坊、陶俑、陶车轮、铜带钩、铜钱等。这时期贫富差别较大，较富裕者随葬品可达20件，如10NDZ2#MDTG1M1随葬有陶鼎4件、陶壶2件、陶盒4件、陶坊2件、陶罐7件、陶瓮1件等20件，一般墓葬随葬品多在6件左右，器物组合多为陶壶、陶盒、陶罐、陶瓮或为陶壶、陶罐、陶瓮或仅为陶罐、陶瓮。西汉晚期出现釉陶，种类为鼎、壶、盒、博山炉、灯、井、灶等。

东汉时期墓葬1座。该墓葬随葬器物为陶壶、陶罐、陶瓮、陶盘、陶樽、陶耳杯、陶甑等。

3. 陶器制作

战国时期陶器器形规整，少见器形歪斜和加工粗略者，胎质细腻，与后期器物相比较，此时期明器有可能来自外地。秦汉时期出现器形歪斜较粗略者，胎质含砂量大，与当地土质基本相同，此时器物以当地制作者较多。此时多采用轮制和模制两种制法。

（1）轮制

所有的器物中，此种制法最多，主要用于壶、鼎身、盘、匜、罐、瓮、盆等圆形器。表现在器表均为同心圆的轮旋线，多在平底器底部留有用线割的痕迹。匜一般先用轮制，然后用工具按压流和尾部凹槽。

（2）模制

鼎足、鼎耳、陶俑均为模制。鼎足、鼎耳一般模制成型后，固定在器身上。陶俑一般用单模模制，合模成型。

4. 彩绘

彩绘一般绘制在鼎、壶、豆、匜、盘、盒等器物外表面。战国时期色彩较丰富，直接在器物外表面用红、绿、白等色彩绘制图案，这种彩绘方式一直沿用至西汉早期晚段前后。同时在西汉早期晚段前后出现在器物表面先施白衣，衣外施彩，这时彩绘对比强烈，色彩鲜明。

本次发掘的张夺2号遗址墓区、张夺村南1号墓地、张夺村南2号墓地。为研究本地区民间葬俗的发展演变提供了丰富的实物资料。

邢台地区对汉代窑址和战国、汉代墓地发掘较少。在内丘张夺发掘如此密集的墓葬，出土如此众多的器物，这在邢台地区尚属首次，这批墓葬基本上反映了该区域在战国、汉代时期墓葬分布情况及丧葬习俗等方面的基本特点。此次对内丘张夺汉代窑址和战国至汉代200座平民墓葬的发掘，将对研究邢台地区陶瓦烧制技艺和平民丧葬文化提供详实资料，尤其对探索战国至汉代丧葬方式，诸如陶器组合、器型变化以及木椁墓、生土二层台椁墓、砖椁墓的演变提供了依据。

附　　表

附表一　张夺2号遗址墓区墓葬统计表

墓号	开口层位、打破关系	形制(长×宽×深)	墓向	墓室结构	保存情况	棺椁情况	人架	葬式	性别	年龄	随葬器物	时代	备注
09ⅡM1	②下→打破生土层	长方形3.6×1.2×2.6	5°	砖椁墓	完好	单棺	1	仰身直肢	男	45~50	陶鼎1件、陶壶1件、陶罐3件、陶瓮1件、陶盒1件、陶钵1件	秦—西汉	
09ⅡTG1M3	②下→打破生土层	长方形3.3×0.8×3.7	190°	竖穴土坑(生土二层台)	完好	单棺	1	仰身直肢	男	35~40	陶罐4件、陶瓮1件、铜铃1件、骨筹11枚	秦—西汉	
09ⅡTG2M4	②下→打破生土层	长方形3.2×1.1×3.2	95°	竖穴土坑(生土二层台)	完好	单棺	1	仰身直肢	不详	不详	陶罐4件、铜钱1枚	秦—西汉	
09ⅡTG2M5	②下→打破生土层	长方形3×(0.9~0.6)×2.1	105°	竖穴土坑(生土二层台)	完好	单棺	1	仰身直肢	女	35~40	陶壶1件、陶罐1件、陶瓮1件、铜带钩1件	秦—西汉	
09ⅡTG2M6	②下→打破生土层	长方形3.06×1.04×3.5	95°	竖穴土坑(生土二层台)	完好	单棺	1	仰身直肢	不详	不详	陶罐3件、陶瓮1件	秦—西汉	
09ⅡTG2M7	②下→打破09ⅡTG2M8	长方形2.9×0.9×2.6	10°	竖穴土坑(生土二层台)	有盗洞	单棺	1	仰身直肢	女	50	陶罐3件、陶瓮1件、铜带钩1件、铜钱1枚	秦—西汉	
09ⅡTG2M8	②下→打破生土层	斗形(2.1~1.9)×(1~0.6)×2.6	95°	竖穴土坑	完好	单棺	1	仰身直肢	女	40~50	铜带钩1件、铜钱1枚	秦—西汉	

续表

墓号	开口层位、打破关系	形制（长×宽×深）	墓向	墓室结构	保存情况	棺椁情况	人架	葬式	性别	年龄	随葬器物	时代	备注
09 Ⅱ TG2M9	②下→打破生土层	长方形 2.5×1×1.75	100°	竖穴土坑（生土二层台）	有盗洞	单棺	1	仰身直肢	男	40～45	陶壶2件、陶罐1件、陶钵1件、铜钱1枚	秦—西汉	下肢自然弯曲
09 Ⅱ TG5M10	②下→打破生土层	长方形 2.5×1.2×3.1	95°	竖穴土坑（生土二层台）	完好	单棺	1	仰身直肢	男	45～50	陶罐4件、陶瓮1件	秦—西汉	
09 Ⅱ TG1M11	②下→打破生土层	长方形 2.9×1×3.9	195°	竖穴土坑（生土二层台）	完好	单棺	1	仰身直肢	男	50左右	陶罐3件、陶瓮1件、铜钱2枚	秦—西汉	
09 Ⅱ TG6M12	②下→打破生土层	长方形 3.5×1.14×2.6	10°	竖穴土坑（生土二层台）	盗扰严重	不详	不详	不详	不详	不详	陶罐3件、陶瓮1件	秦—西汉	
09 Ⅱ TG6M13	②下→打破生土层	长方形 3.3×1.4×3.1	25°	竖穴土坑	盗扰严重	不详	不详	不详	不详	不详	无	不详	
09 Ⅱ TG6M14	②下→打破生土层	长方形 1.6×0.6×1.3	95°	竖穴土坑	完好	不详	1	仰身屈肢	男	35～40	无	秦—西汉	屈肢较甚
09 Ⅱ TG6M15	②下→打破生土层	长方形 2.3×0.8×2.95	5°	竖穴土坑	盗扰严重	不详	不详	不详	不详	不详	无	秦—西汉	
09 Ⅱ TG7M16	②下→打破生土层	长方形 2×1×2.2	10°	竖穴土坑	盗扰严重	不详	不详	不详	不详	不详	无	秦—西汉	
09 Ⅱ TG7M17	②下→打破生土层	长方形 3.1×1.1×3.3	8°	砖椁墓	盗扰严重	不详	不详	不详	不详	不详	无	秦—西汉	
09 Ⅱ TG7M18	②下→打破生土层	长方形 3.65×1.16×4.46	5°	砖椁墓	盗扰严重	单棺	1	仰身直肢	不详	不详	陶鼎1件、陶壶1件、陶罐3件、陶瓮1件、陶盒1件、器盖1件	秦—西汉	
09 Ⅱ TG7M20	②下→打破生土层	长方形 4.1×1.3×2.6	20°	竖穴土坑	盗扰严重	不详	不详	不详	不详	不详	无	秦—西汉	
09 Ⅱ TG7M21	②下→打破生土层	长方形 2.2×1.1×1.6	105°	砖椁墓	完好	单棺	1	仰身屈肢	男	50－55	陶罐1件、陶钵1件	秦—西汉	屈肢较甚

续表

墓号	开口层位、打破关系	形制(长×宽×深)	墓向	墓室结构	保存情况	棺椁情况	人架	葬式	性别	年龄	随葬器物	时代	备注
09ⅡTG7M23	②下→打破生土层	长方形2×0.9×2.1	5°	竖穴土坑	完好	单棺	1	仰身屈肢	女	45-50	无	秦—西汉	经夯打实屈肢较甚
09ⅡTG8M25	②下→打破09ⅡTG8M27	长方形3.1×1.1×1.8		竖穴土坑	盗扰严重	不详	不详	不详	不详	不详	无	秦—西汉	
09ⅡTG8M26	②下→打破生土层	长方形3×0.9×2.7	5°	竖穴土坑(生土二层台)	盗扰严重	单棺	1	不详	不详	不详	陶罐3件、陶瓮1件、陶盆1件	秦—西汉	
09ⅡTG8M27	②下→打破生土层	长方形残长1×1.3×1.6	355°	竖穴土坑	盗扰严重	不详	不详	不详	不详	不详	无	不详	
09ⅡTG8M28	②下→打破生土层	长方形2×0.9×0.9	125°	竖穴土坑	完好	单棺	1	仰身直肢	女	不详	陶罐1件	秦—西汉	
09ⅡTG8M29	②下→打破生土层	长方形2.8×1×0.6	98°	竖穴土坑	盗扰严重	不详	不详	不详	不详	不详	无	秦—西汉	
09ⅡTG6M30	②下→打破09ⅡTG6M31、09ⅡTG6M32	长方形3.1×0.8×2.95	98°	竖穴土坑(生土二层台)	完好	不详	不详	仰身直肢	不详	不详	陶壶3件、陶瓮1件	秦—西汉	
09ⅡTG6M31	②下→打破生土层	长方形2.4×1.6×1.6	5°	竖穴土坑	盗扰严重	不详	不详	不详	不详	不详	无	秦—西汉	
09ⅡTG6M32	②下→打破生土层	长方形3×1.6×2	5°	竖穴土坑	盗扰严重	不详	不详	不详	不详	不详	无	秦—西汉	
09ⅡTG8M33	②下→打破生土层	长方形3.20×1.24×3.9	110°	砖椁墓	完好	单棺	1	仰身直肢	男	50~55	陶罐3件、陶瓮1件	秦—西汉	
09ⅡTG8M34	②下→打破生土层	长方形1.8×0.8×1.7	105°	竖穴土坑	完好	单棺	1	侧身屈肢	女	45~50	无	秦—西汉	屈肢较甚
09ⅡTG8M35	②下→打破生土层	长方形2.3×1×1	110°	竖穴土坑	盗扰严重	不详	不详	不详	不详	不详	无	秦—西汉	
09ⅡTG8M36	②下→打破生土层	长方形1.8×0.4×0.4	10°	竖穴土坑	盗扰严重	不详	不详	不详	不详	不详	无	秦—西汉	

续表

墓号	开口层位、打破关系	形制(长×宽×深)	墓向	墓室结构	保存情况	棺椁情况	人架	葬式	性别	年龄	随葬器物	时代	备注
09ⅡTG8M37	②下→打破生土层	长方形 4.2×1.3×1.4	10°	竖穴土坑	盗扰严重	不详	不详	不详	不详	不详	无	秦—西汉	
09ⅡTG8M38	②下→打破 09ⅡTG8M40	长方形 3.3×0.9×1.86	20°	竖穴土坑(生土二层台)	完好	单棺	1	仰身直肢	不详	不详	陶罐 2 件、陶瓮 1 件	秦—西汉	
09ⅡTG8M40	②下→打破生土层	长方形 2×0.9×2.1	90°	竖穴土坑	完好	单棺	1	仰身屈肢	女	50~55	无	秦—西汉	屈肢较甚
09ⅡTG8M41	②下→打破生土层	长方形 3.4×1×4.3	5°	竖穴土坑(生土二层台)	完好	单棺	1	仰身直肢	不详	不详	陶罐 4 件、陶瓮 1 件	秦—西汉	
09ⅡTG8M42	②下→打破生土层	长方形 3×1.15×2	105°	竖穴土坑(生土二层台)	完好	单棺	1	仰身直肢	女	35~40	陶壶 3 件、陶瓮 1 件	秦—西汉	
09ⅡTG8M43	②下→打破生土层	长方形 3.6×1.1×3.7	5°	竖穴土坑(生土二层台)	完好	单棺	1	仰身直肢	男	45~50	陶罐 4 件、陶瓮 1 件、陶钵 1 件	秦—西汉	
09ⅡTG8M44	②下→打破生土层	长方形 3.2×1.1×2.6	20°	竖穴土坑(生土二层台)	完好	单棺	1	仰身直肢	女	35~45	陶壶 3 件、陶瓮 1 件、铜钱 1 枚	秦—西汉	
09ⅡTG8M45	②下→打破 09ⅡTG8M46	长方形 2.6×0.8×2.2	10°	竖穴土坑(生土二层台)	完好	单棺	1	仰身直肢	不详	不详	陶罐 3 件、陶瓮 1 件	秦—西汉	
09ⅡTG8M46	②下→打破生土层	长方形 1.7×0.92×1.5	195°	竖穴土坑	完好	单棺	1	仰身后屈肢	男	50~55	无	秦—西汉	屈肢较甚
09ⅡTG3M48	②下→打破生土层	斗形(2.56~2.35)×(2.4~1.6)×3.2	85°	竖穴土坑	完好	1 棺 1 椁	1	侧身屈肢	男	不详	陶鼎 1 件、陶壶 1 件、盖豆 1 件、陶盘 1 件、铁带钩 1 件	战	经夯打实屈肢较甚
09ⅡTG3M49	②下→打破生土层	长方形 2.5×1.6×2.3	88°	竖穴土坑	完好	1 棺 1 椁	1	侧身屈肢	女	不详	陶壶 1 件、盖豆 1 件、高柄豆 2 件、陶盘 1 件、玛瑙环 5 件、璜形器 1 组、铁带钩 1 件、骨簪 1 件	战	经夯打实屈肢较甚

续表

墓号	开口层位、打破关系	形制(长×宽×深)	墓向	墓室结构	保存情况	棺椁情况	人架	葬式	性别	年龄	随葬器物	时代	备注
09ⅡTG3M50	②下→打破生土层	长方形2.2×0.8×1.6	355°	竖穴土坑	完好	单棺	1	仰身后屈肢	男	30~35	无	秦—西汉	经夯打实屈肢较甚
09ⅡTG4M51	②下→打破09ⅡTG4M77	长方形3.1×1×3.4	5°	竖穴土坑(生土二层台)	完好	单棺	1	仰身直肢	不详	不详	陶罐5件、陶钵1件、铜带钩1件、铜钱2枚、泥球1组	秦—西汉	
09ⅡTG3M52	②下→打破生土层	斗形(2.1~1.8)×(1~0.78)×2.3	95°	竖穴土坑	完好	单棺	1	仰身直肢	男	50左右	无	秦—西汉	
09ⅡTG3M53	②下→打破生土层	长方形2.06×0.7×2.6	5°	竖穴土坑(生土二层台)	完好	单棺	1	仰身后屈肢	男	50~60	陶罐1件	秦—西汉	屈肢较甚
09ⅡTG3M54	②下→打破生土层	长方形3.9×1.4×3.8	355°	砖椁墓	完好	单棺	1	仰身直肢	女	55~65	陶鼎1件、陶壶1件、陶罐4件、陶瓮1件、陶盒1件	秦—西汉	
09ⅡTG3M55	②下→打破生土层	长方形2.2×0.9×1.5	10°	竖穴土坑	完好	单棺	1	仰身后屈肢	男	45~55	铜带钩1件	战	屈肢较甚
09ⅡTG3M56	②下→打破09ⅡTG3M53	长方形4.4×1.3×3.2	5°	砖椁墓	盗扰严重	不详	不详	不详	不详	不详	陶俑1件	秦—西汉	
09ⅡTG3M57	②下→打破生土层	长方形2.1×0.72×2.3	3°	竖穴土坑	完好	单棺	1	仰身后屈肢	女	40~50	无	秦—西汉	屈肢较甚
09ⅡTG3M58	②下→打破生土层	斗形(2.1~2)×(0.9~0.64)×2.3	5°	竖穴土坑	完好	单棺	1	仰身直肢	男	45~50	铜带钩1件	秦—西汉	
09ⅡTG4M59	②下→打破09ⅡTG4M77	长方形2.3×0.92×2.2	98°	竖穴土坑(生土二层台)	完好	单棺	1	仰身直肢	男	45~55	陶壶1件、陶罐2件、陶瓮1件、陶钵1件	秦—西汉	
09ⅡTG4M60	②下→打破生土层	长方形2.9×1×2.9	95°	竖穴土坑(生土二层台)	盗扰严重	单棺	1	仰身直肢	不详	不详	陶壶1件、陶罐2件、陶瓮1件、陶钵1件	秦—西汉	

续表

墓号	开口层位、打破关系	形制(长×宽×深)	墓向	墓室结构	保存情况	棺椁情况	人架	葬式	性别	年龄	随葬器物	时代	备注
09ⅡTG4M61	②下→打破生土层	长方形2.1×1.08×2.3	95°	竖穴土坑(生土二层台)	完好	单棺	1	仰身直肢	女	35~40	陶罐1件	秦—西汉	
09ⅡTG4M62	②下→打破生土层	长方形2.3×0.9×1.76	12°	竖穴土坑	完好	单棺	1	仰身后屈肢	女	50~60	铜带钩1件	秦—西汉	
09ⅡTG4M63	②下→打破生土层	斗形(2.5~2.3)×(1.8~1.2)×3.1	5°	竖穴土坑	完好	1棺1椁	1	仰身屈肢	不详	不详	铜带钩1件、蚌器1件	战	经夯打实
09ⅡTG4M64	②下→打破09ⅡTG4M65	长方形2.9×0.98×3	7°	竖穴土坑(生土二层台)	完好	单棺	1	仰身直肢	不详	不详	陶罐2件、陶瓮1件	秦—西汉	
09ⅡTG4M65	②下→打破生土层	斗形(3.60~2.8)×(2.2~1.5)×2.8	8°	竖穴土坑	有盗洞	1棺1椁	1	屈肢葬	不详	不详	陶鼎1件、陶壶3件、陶盖豆1件、陶高柄豆1件、陶匜1件、陶盘1件、陶鸭形尊1件、铁器1件	战	经夯打实
09ⅡTG4M66	②下→打破生土层	长方形2.1×0.68×3.6	98°	竖穴土坑	完好	单棺	1	仰身直肢	女	35~45	陶壶1件、陶罐1件	秦—西汉	
09ⅡTG4M67	②下→打破生土层	斗形(2.6~2.15)×(1.6~1.3)×2.4	355°	竖穴土坑	完好	1棺1椁	1	仰身屈肢	男	50~60	铜带钩1件	战	经夯打实双腿自然弯曲
09ⅡTG4M68	②下→打破09ⅡTG4M76	长方形3.35×1.5×2.7	15°	砖椁墓	有盗洞	单棺	1	不详	不详	不详	陶鼎1件、陶壶1件、陶罐3件、陶瓮1件、陶盒1件、陶车轮2件	秦—西汉	经夯打实
09ⅡTG4M69	②下→打破生土层	长方形2.1×1.3×3.5	95°	竖穴土坑(生土二层台)	完好	单棺	1	仰身直肢	女	45~50	陶罐2件	秦—西汉	
09ⅡTG4M70	②下→打破09ⅡTG4M71	长方形2.7×0.8×3.2	95°	竖穴土坑(生土二层台)	盗扰严重	单棺	1	仰身直肢	不详	不详	陶壶1件、陶罐2件、陶瓮1件	秦—西汉	

续表

墓号	开口层位、打破关系	形制(长×宽×深)	墓向	墓室结构	保存情况	棺椁情况	人架	葬式	性别	年龄	随葬器物	时代	备注
09ⅡTG4M72	②下→打破09ⅡTG4M76	长方形3.6×1.2×3.3	7°	砖椁墓	有盗洞	单棺	1	仰身直肢	不详	不详	陶鼎1件、陶壶1件、陶罐3件、陶瓮1件、陶盒1件、陶俑头2件	秦—西汉	
09ⅡTG4M73	②下→打破09ⅡTG4M74	长方形3×0.8×3.2	195°	竖穴土坑(生土二层台)	有盗洞	单棺	1	仰身直肢	不详	不详	陶罐3件、陶瓮1件、铜钱1枚	秦—西汉	
09ⅡTG4M74	②下→打破生土层	斗形(2.5~2.1)×(2.25~1.1)×4.4	5°	竖穴土坑	盗扰严重	不详	不详	不详	不详	不详	无	秦—西汉	经夯打实
09ⅡTG4M75	②下→打破生土层	长方形2.8×0.9×2.15	15°	竖穴土坑(生土二层台)	完好	不详	不详	不详	不详	不详	陶罐4件	秦—西汉	
09ⅡTG4M76	②下→打破生土层	长方形1.4×0.4×1.9	95°	竖穴土坑	完好	单棺	1	不详	男	45~50	无	秦—西汉	
09ⅡTG4M77	②下→打破生土层	长方形2.5×1.2×3	95°	竖穴土坑(生土二层台)	完好	单棺	1	仰身直肢	不详	不详	陶罐1件	秦—西汉	
09ⅡTG4M78	②下→打破生土层	斗形(3.25~3)×(2.4~1.6)×3.6	93°	竖穴土坑	完好	1棺2椁	1	仰身直肢	男	40~50	陶鼎1件、陶壶2件、陶盖豆1件、陶高柄豆1件、陶匜1件、陶盘1件、玛瑙环1件	战	经夯打实
09ⅡTG9M79	②下→打破生土层	长方形2.4×0.9×1.4	20°	竖穴土坑	盗扰严重	不详	不详	不详	不详	不详	无	秦—西汉	
09ⅡTG4M80	②下→打破生土层	长方形3×1.4×2.5	275°	竖穴土坑(生土二层台)	有盗洞	不详	1	不详	不详	不详	陶罐4件、陶奁1件	秦—西汉	
09ⅡTG4M81	②下→打破生土层	长方形4×1.5×3.7	5°	竖穴土坑(生土二层台)	完好	单棺	1	仰身直肢	不详	不详	陶鼎2件、陶壶2件、陶罐3件、陶盒2件、陶俑2件	秦—西汉	
09ⅡTG4M82	②下→打破生土层	斗形(2.5~2.3)×(1.5~1.8)-(1.2~1.4)×2.45	5°	竖穴土坑	完好	1棺1椁	1	仰身屈肢	女	50~60	无	秦—西汉	经夯打实屈肢较甚

续表

墓号	开口层位、打破关系	形制（长×宽×深）	墓向	墓室结构	保存情况	棺椁情况	人架	葬式	性别	年龄	随葬器物	时代	备注
09ⅡTG4M83	②下→打破生土层	长方形3.8×2.65×3.4	7°	竖穴土坑（生土二层台）	完好	单棺	1	仰身直肢	不详	不详	陶鼎1件、陶壶1件、陶罐2件、陶瓮1件、陶盒1件、陶坊1件、陶俑1件、陶车轮2件、铜带钩1件、铁刀1件	秦—西汉	
09ⅡTG4M84	②下→打破生土层	长方形3.1×1.2×2.1	5°	竖穴土坑（生土二层台）	有盗洞	单棺	1	仰身直肢	男	45～55	陶罐2件、陶瓮1件、铜钱1枚	秦—西汉	
09ⅡTG9M85	②下→打破生土层	长方形3.1×1.1×1.9	10°	砖椁墓	盗扰严重	不详	不详	不详	不详	不详	无	秦—西汉	
09ⅡTG9M86	②下→打破09ⅡTG9M88、09ⅡTG9M89	长方形(6.3～5.7)×(1.6～1)×3.8	110°	砖椁墓	盗扰严重	不详	不详	不详	不详	不详	无	秦—西汉	经夯打实
09ⅡTG9M87	②下→打破生土层	长方形2.9×0.8×3.4	105°	竖穴土坑（生土二层台）	完好	单棺	1	仰身直肢	男	45～55	陶罐3件、陶瓮1件、陶钵1件	秦—西汉	
09ⅡTG9M88	②下→打破生土层	斗形(3～2.65)×(2.2～1.6)×3.1	20°	竖穴土坑	完好	1棺1椁	1	仰身屈肢	男	45～55	铜带钩1件	战	经夯打实双腿自然弯曲
09ⅡTG9M89	②下→打破生土层	长方形2×1.09×2.2	105°	竖穴土坑	完好	单棺	1	侧身屈肢	不详	不详	无	秦—西汉	屈肢较甚
09ⅡTG9M90	②下→打破生土层	长方形1.96×(0.85～0.56)×2.3	95°	竖穴土坑（生土二层台）	盗扰严重	单棺	1	仰身直肢	男	40～50	无	秦—西汉	
09ⅡTG9M92	②下→打破生土层	长方形4.5×1.3×3.5	95°	砖椁墓	盗扰严重	不详	不详	不详	不详	不详	无	秦—西汉	
09ⅡTG9M93	②下→打破生土层	长方形2.9×0.7×3.2	3°	竖穴土坑（生土二层台）	完好	单棺	1	仰身直肢	男	50～60	陶罐4件、陶瓮1件	秦—西汉	

续表

墓号	开口层位、打破关系	形制(长×宽×深)	墓向	墓室结构	保存情况	棺椁情况	人架	葬式	性别	年龄	随葬器物	时代	备注
09 Ⅱ TG9M94	②下→打破生土层	长方形 2.7×1.1×1.2	98°	竖穴土坑	盗扰严重	不详	不详	不详	不详	不详	无	秦—西汉	
09 Ⅱ TG9M95	②下→打破生土层	长方形 5.9×1.1×2.4	8°	土洞室墓	完好	单棺	1	仰身直肢	女	50~60	陶罐 2 件、铜钱 1 枚、漆器 1 件	秦—西汉	
09 Ⅱ TG9M96	②下→打破生土层	长方形 2.3×0.7~0.8×1.5	8°	竖穴土坑	完好	单棺	1	仰身直肢	不详	不详	陶罐 1 件	秦—西汉	
09 Ⅱ TG9M97	②下→打破生土层	长方形 2.9×0.8×1.4	10°	竖穴土坑	完好	单棺	1	不详	不详	不详	陶壶 3 件、陶罐 1 件	秦—西汉	
09 Ⅱ TG9M98	②下→打破 09 Ⅱ TG9M99	长方形 3.9×1.3×1.3	15°	砖椁墓	盗扰严重	不详	不详	不详	不详	不详	无	秦—西汉	
09 Ⅱ TG9M99	②下→打破生土层	长方形 2.4×0.8×1.3	85°	竖穴土坑	盗扰严重	不详	不详	不详	不详	不详	无	秦—西汉	
09 Ⅱ TG9M100	②下→打破 09 Ⅱ TG9M101	长方形 2.5×1.3×2.4	12°	竖穴土坑	完好	单棺	1	仰身直肢	女	45~55	陶罐 4 件、陶钵 1 件	秦—西汉	
09 Ⅱ TG9M101	②下→打破生土层	长方形 2.3×1.08×2.35	110°	竖穴土坑(生土二层台)	完好	单棺	1	仰身直肢	不详	不详	陶罐 1 件、铜带钩 1 件、铜钱 2 枚	秦—西汉	
09 Ⅱ TG9M102	②下→打破 09 Ⅱ TG9M104	长方形 1.8×0.8×1.2	95°	竖穴土坑	盗扰严重	不详	不详	不详	不详	不详	陶罐 5 件、铜钱 2 枚	秦—西汉	
09 Ⅱ TG9M103	②下→打破生土层	长方形 2.9×0.9×1.5	10°	竖穴土坑(生土二层台)	完好	单棺	1	仰身直肢	不详	不详	陶罐 3 件、陶瓮 1 件、陶钵 1 件	秦—西汉	
09 Ⅱ TG9M104	②下→打破生土层	长方形 3.1×0.9×2.15	5°	竖穴土坑(生土二层台)	完好	单棺	1	仰身直肢	男	60~65	陶壶 1 件、陶罐 3 件、陶瓮 1 件、铜带钩 1 件	秦—西汉	
09 Ⅱ TG9M105	②下→打破生土层	长方形 3×1×1.5	115°	竖穴土坑	盗扰严重	不详	不详	不详	不详	不详	无	秦—西汉	
09 Ⅱ TG9M106	②下→打破生土层	长方形 3.4×1.7×2.05	95°	砖椁墓	盗扰严重	不详	不详	不详	不详	不详	无	秦—西汉	
09 Ⅱ TG9M107	②下→打破生土层	长方形 3×1×0.6	5°	竖穴土坑	盗扰严重	不详	不详	不详	不详	不详	无	秦—西汉	
09 Ⅱ TG4M108	②下→打破生土层	长方形 2.9×1×2.5	10°	竖穴土坑(生土二层台)	完好	不详	不详	不详	不详	不详	陶罐 1 件、陶瓮 1 件、铜饰件 1 件	秦—西汉	

附表二　张夺村南1号墓地墓葬统计表

单位：米

墓号	开口层位、打破关系	形制(长×宽×深)	墓向	墓室结构	保存情况	棺椁情况	人架	葬式	性别	年龄	随葬器物	时代	备注
10NDZ1#MDTG1M1	②下→打破生土层	长方形2.5×1.4×2	3°	竖穴土坑	完好	单棺	1	仰身屈肢	女	45~50	骨笄1件	秦—西汉	经夯打实屈肢较甚
10NDZ1#MDTG1M2	②下→打破生土层	长方形3.08×1.18×4.15	10°	砖椁墓	盗扰严重	不详	不详	不详	不详	不详	陶罐4件、陶瓮1件、铁插1件	秦—西汉	
10NDZ1#MDTG1M3	②下→打破生土层	长方形3.52×1.32×3.2	5°	砖椁墓	盗扰严重	单棺	不详	仰身直肢	不详	不详	陶壶1件、陶罐2件、陶瓮1件、铜铃1件、铜钱1枚	秦—西汉	
10NDZ1#MDTG1M4	②下→打破生土层	长方形3.3×1.1×4.4	5°	竖穴土坑(生土二层台)	完好	单棺	1	仰身直肢	男	50~55	陶罐1件、陶瓮1件、陶钵2件、陶盆1件	秦—西汉	
10NDZ1#MDTG1M5	②下→打破10NDZ1#MDTG1M6	长方形3.86×1.26×2.55	5°	砖椁墓	有盗洞	不详	不详	不详	不详	不详	陶鼎1件、陶壶1件、陶罐1件、陶瓮1件、陶盒1件、陶俑2件	秦—西汉	北壁有头龛
10NDZ1#MDTG1M6	②下→打破生土层	斗形(1.7~1.6)×(0.9~0.8)×2	105°	竖穴土坑(生土二层台)	完好	单棺	1	仰身屈肢	男	50~60	铜带钩1件	秦—西汉	经夯打实屈肢较甚
10NDZ1#MDTG1M7	②下→打破生土层	长方形2.6×(1.2~1.32)×3	5°	竖穴土坑	完好	单棺	1	仰身直肢	不详	不详	陶瓮1件、陶钵1件、铜带钩1件、铁刀1件	秦—西汉	北壁有头龛
10NDZ1#MDTG2M8	②下→打破生土层	长方形3.6×1.2×3.8	8°	砖椁墓	盗扰严重	不详	不详	不详	不详	不详	残陶壶1件	秦—西汉	
10NDZ1#MDTG2M9	②下→打破生土层	长方形4.2×1.6×3.1	15°	砖椁墓	盗扰严重	不详	不详	不详	不详	不详	陶罐1件	秦—西汉	
10NDZ1#MDTG2M10	②下→打破生土层	长方形2.9×0.8×1.1	5°	竖穴土坑	完好	单棺	1	仰身直肢	男	40左右	陶罐3件、陶瓮1件、陶钵1件、铜钱1枚	秦—西汉	

续表

墓号	开口层位、打破关系	形制(长×宽×深)	墓向	墓室结构	保存情况	棺椁情况	人架	葬式	性别	年龄	随葬器物	时代	备注
10NDZ1#MDTG2M11	②下→打破生土层	长方形 3.86×1.1×4.4	5°	砖椁墓	盗扰严重	不详	不详	不详	不详	不详	陶罐 4 件、陶瓮 1 件	秦—西汉	
10NDZ1#MDTG2M12	②下→打破生土层	长方形 2.5×1.4×3.2	10°	竖穴土坑	完好	1 棺 1 椁	1	侧身后屈肢	男	50～55	铜带钩 1 件	秦—西汉	局部有夯窝屈肢较甚
10NDZ1#MDT3M13	②下→打破生土层	长方形 2.8×1.2×3.15	103°	竖穴土坑	完好	单棺	1	仰身直肢	女	20～25 左右	陶罐 4 件、陶瓮 1 件、铜钱 1 枚	秦—西汉	
10NDZ1#MDTG3M14	②下→打破生土层	长方形 3.2×1×3.5	95°	竖穴土坑	完好	单棺	1	仰身直肢	不详	不详	陶罐 3 件、陶瓮 1 件、印章 1 枚、铜钱 1 枚、铁器 1 件	秦—西汉	
10NDZ1#MDTG3M15	②下→打破生土层	长方形 3.1×1×3.7	102°	竖穴土坑(生土二层台)	完好	单棺	1	仰身直肢	男	50～55	陶壶 1 件、陶罐 3 件、陶瓮 1 件	秦—西汉	
10NDZ1#MDTG3M16	②下→打破生土层	长方形 3.1×1×3.7	102°	砖椁墓	完好	单棺	1	仰身直肢	不详	不详	陶鼎 2 件、陶壶 2 件、陶罐 4 件、陶瓮 1 件、陶盒 2 件、铜钱 1 枚	秦—西汉	
10NDZ1#MDTG3M18	②下→打破生土层	长方形 3.3×1.2×2.8	185°	砖椁墓	完好	单棺	1	仰身直肢	不详	不详	陶罐 3 件、陶瓮 1 件	秦—西汉	
10NDZ1#MDTG3M19	②下→打破生土层	长方形 2.5×0.8×1.8	195°	竖穴土坑(生土二层台)	完好	单棺	1	仰身直肢	女	25～35	铜钱 1 枚	秦—西汉	
10NDZ1#MDTG3M20	②下→打破生土层	长方形 3.5×1.3×4.2	5°	砖椁墓	完好	单棺	1	仰身直肢	不详	不详	陶罐 3 件、陶瓮 1 件	秦—西汉	经夯打实
10NDZ1#MDTG3M21	②下→打破生土层	长方形 3.2×1.35×4.25	7°	砖椁墓	完好	单棺	1	仰身直肢	不详	不详	陶鼎 1 件、陶壶 1 件、陶罐 4 件、陶瓮 1 件、陶盒 1 件、铁插 1 件	秦—西汉	北壁有头龛

续表

墓号	开口层位、打破关系	形制(长×宽×深)	墓向	墓室结构	保存情况	棺椁情况	人架	葬式	性别	年龄	随葬器物	时代	备注
10NDZ1#MDTG4M22	②下→打破生土层	斗形(3.2~2.86)×(2.2~1.8)×2.9	265°	竖穴土坑	完好	1棺1椁	1	仰身直肢	不详	不详	陶鼎1件、陶壶1件、球腹壶1件、陶盖豆1件、高柄豆1件、陶匜1件、陶盘1件	战国	局部有夯窝
10NDZ1#MDTG4M23	②下→打破生土层	长方形2.6×1.2×1.8	95°	竖穴土坑	完好	单棺	1	仰身直肢	女	45~50	铁器1件	秦—西汉	
10NDZ1#MDTG4M24	②下→打破10NDZ1#MDTG4M37	长方形2.6×1.3×3.1	10°	砖椁墓	盗扰严重	单棺	1	不详	不详	不详	陶壶1件、陶罐2件、陶瓮1件、陶盆1件	秦—西汉	
10NDZ1#MDTG4M25	②下→打破10NDZ1#MDTG4M37	长方形3×1.1×4	8°	竖穴土坑(生土二层台)	完好	单棺	1	仰身直肢	不详	不详	陶罐4件、陶钵2件	秦—西汉	经夯打实
10NDZ1#MDTG4M26	②下→打破生土层	斗形(1.8~1.6)×(0.72~0.6)×1.5	8°	竖穴土坑	完好	单棺	1	仰身后屈肢	男	35~40	无	秦—西汉	经夯打实屈肢较甚
10NDZ1#MDTG4M27	②下→打破生土层	斗形(2.4~2)×(1-1.1~0.72)×1.5	10°	竖穴土坑	完好	单棺	1	仰身后屈肢	男	35~40	无	秦—西汉	经夯打实屈肢较甚
10NDZ1#MDTG4M28	②下→打破生土层	斗形(2.6~2.2)×(1.6~1.2)×2.5	280°	竖穴土坑	完好	单棺	1	侧身屈肢	女	45~50	无	战国	经夯打实屈肢较甚
10NDZ1#MDTG4M29	②下→打破生土层	长方形3.85×1.3×3.4	15°	砖椁墓	完好	单棺	1	不详	不详	不详	陶壶3件、陶罐2件、陶瓮1件、陶盒2件、陶钵1件、铜钱1枚	秦—西汉	
10NDZ1#MDTG4M30	②下→打破生土层	长方形2×1×1.7	5°	竖穴土坑	完好	单棺	1	不详	不详	不详	无	秦—西汉	
10NDZ1#MDTG4M31	②下→打破生土层	长方形(3~2.8)×(1.8~1.54)×2.9	5°	竖穴土坑	盗扰严重	不详	不详	不详	不详	不详	无	秦—西汉	经夯打实
10NDZ1#MDTG4M32	②下→打破生土层	长方形3×1.95×1.5	295°	砖椁墓	盗扰严重	不详	不详	不详	不详	不详	无	秦—西汉	经夯打实

续表

墓号	开口层位、打破关系	形制(长×宽×深)	墓向	墓室结构	保存情况	棺椁情况	人架	葬式	性别	年龄	随葬器物	时代	备注
10NDZ1#MDTG4M33	②下→打破10NDZ1#MDTG4M34	长方形2×0.9×1.9	8°	竖穴土坑(生土二层台)	完好	单棺	1	不详	不详	未成年儿童	陶罐2件、铜钱1枚	秦—西汉	
10NDZ1#MDTG4M34	②下→打破生土层	长方形2×1×1.7	357°	竖穴土坑	完好	单棺	1	仰身直肢	男	40~45	无	秦—西汉	
10NDZ1#MDTG4M35	②下→打破生土层	长方形2.8×0.92×2.35	280°	竖穴土坑(生土二层台)	完好	单棺	1	仰身直肢	不详	不详	陶壶2件、陶罐2件	秦—西汉	
10NDZ1#MDTG4M36	②下→打破生土层	长方形3.6×1×4.3	10°	砖椁墓	较完整	单棺	1	仰身直肢	男	45~55	陶鼎1件、陶壶1件、陶罐4件、陶瓮1件、陶盒1件、铜钱1枚	秦—西汉	
10NDZ1#MDTG4M38	②下→打破生土层	长方形3.1×0.96×2.9	5°	竖穴土坑(生土二层台)	盗扰严重	单棺	1	仰身直肢	女	45~50	陶壶2件、陶罐2件	秦—西汉	
10NDZ1#MDTG3M39	②下→打破生土层	长方形2.9×1.1×2.5	12°	竖穴土坑	完好	单棺	1	仰身直肢	女	50~65	陶壶3件、陶罐1件	秦—西汉	
10NDZ1#MDTG3M40	②下→打破生土层	斗形(残长1.7~1.5)×(1.4~1.05)×3.4	12°	竖穴土坑	完好	单棺	1	不详	不详	不详	陶瓮1件	秦—西汉	经夯打实北壁有头龛
10NDZ1#MDTG3M41	②下→打破生土层	斗形(残长2~1.8)×(2~1.1)×3.9	10°	竖穴土坑(生土二层台)	完好	单棺	1	不详	不详	不详	陶瓮1件	秦—西汉	局部有夯窝
10NDZ1#MDM42	②下→打破生土层	长方形2.5×0.7×3	15°	竖穴土坑(生土二层台)	完好	单棺	1	仰身直肢	男	50~55	陶罐4件、陶钵4件	秦—西汉	局部有夯窝

附表三　张夺村南2号墓地墓葬统计表

单位:米

墓号	开口层位、打破关系	形制(长×宽×深)	墓向	墓室结构	保存情况	棺椁情况	人架	葬式	性别	年龄	随葬器物	时代	备注
10NDZ2#MDTG1M1	②下→打破生土层	长方形4.6×2.3×4.3	10°	砖椁墓	完好	单棺	1	仰身直肢	不详	不详	陶鼎4件、陶壶2件、陶罐7件、陶瓮1件、陶盒4件、陶坊2件	秦—西汉	经夯打实北壁有头龛
10NDZ2#MDTG1M2	②下→打破10NDZ2#MDTG1M24	长方形2.2×(0.8~0.9)×1.45	5°	竖穴土坑	完好	单棺	1	仰身直肢	男	30~35	无	秦—西汉	
10NDZ2#MDTG1M3	②下→打破生土层	长方形1.95×0.8×1.95	7°	竖穴土坑	完好	单棺	1	仰身直肢	男	35~40岁	铜带钩1件、铜印章1枚	秦—西汉	
10NDZ2#MDTG1M4	②下→打破生土层	长方形2.35×1.1×2.85	8°	竖穴土坑(生土二层台)	完好	单棺	1	仰身直肢	男	45~55	陶罐1件、铜带钩1件	秦—西汉	经夯打实
10NDZ2#MDTG1M5	②下→打破生土层	长方形1.65×0.45×1.24	10°	竖穴土坑	完好	单棺	1	仰身后屈肢	男	40岁左右	布币1枚	秦—西汉	屈肢较甚
10NDZ2#MDTG1M6	②下→打破生土层	长方形1.95×0.7×2	95°	竖穴土坑	完好	单棺	1	仰身直肢	女	15~25	无	秦—西汉	
10NDZ2#MDTG1M7	②下→打破10NDZ2#MDTG1M13	长方形3.3×1.24×3.6	12°	砖椁墓	完好	单棺	1	仰身直肢	女	20岁左右	陶壶2件、陶盘2件、陶罐2件、陶瓮1件、陶钵3件、陶樽1件、陶耳杯1件、陶甑1件、器盖3件、铜钱1枚	东汉	经夯打实
10NDZ2#MDTG1M8	②下→打破生土层	长方形1.9×0.8×1.71	0°	竖穴土坑	完好	单棺	1	仰身后屈肢	男	40~45	无	秦—西汉	屈肢较甚
10NDZ2#MDTG1M9	②下→打破10NDZ2#MDTG1M10	长方形2.05×0.8×1.75	15°	竖穴土坑	完好	单棺	1	侧身屈肢	男	40~50	陶罐1件、陶钵1件	秦—西汉	下肢自然弯曲
10NDZ2#MDTG1M10	②下→打破10NDZ2#MDTG1M11	长方形2×0.9×1.7	12°	竖穴土坑	完好	单棺	1	侧身屈肢	男	25~30	无	秦—西汉	屈肢较甚

续表

墓号	开口层位、打破关系	形制(长×宽×深)	墓向	墓室结构	保存情况	棺椁情况	人架	葬式	性别	年龄	随葬器物	时代	备注
10NDZ2#MDTG1M11	②下→打破生土层	长方形 1.7×0.8×1.45	352°	竖穴土坑	完好	单棺	1	仰身后屈肢	女	30～40	无	秦—西汉	屈肢较甚
10NDZ2#MDTG1M12	②下→打破生土层	长方形 3.4×1.2×3.4	5°	竖穴土坑	盗扰严重	不详	不详	不详	不详	不详	无	不详	经夯打实
10NDZ2#MDTG1M13	②下→打破生土层	长方形残长 1.2×1×2.1	95°	竖穴土坑	完好	单棺	1	不详	男	25～30	陶壶1件、陶钵1件	秦—西汉	
10NDZ2#MDTG1M14	②下→打破生土层	长方形 1.98×0.76×2.3	6°	竖穴土坑	完好	单棺	1	仰身屈肢	男	50左右	铁带钩1件	秦—西汉	下肢自然弯曲
10NDZ2#MDTG1M15	②下→打破10NDZ2#MDTG1M16	斗形(2.2～2)×(1.32～1.12)×2.46	5°	竖穴土坑	完好	单棺	1	侧身屈肢	女	不详	高柄豆座6件	战	经夯打实屈肢较甚
10NDZ2#MDTG1M16	②下→打破生土层	长方形 1.76×0.56×1.17	5°	竖穴土坑	盗扰严重	不详	不详	不详	不详	不详	陶钵1件	秦—西汉	
10NDZ2#MDTG1M17	②下→打破生土层	长方形 2.2×1.2×3.2	20°	竖穴土坑(生土二层台)	完好	单棺	1	后屈肢葬	女	40～50	陶瓮1件	秦—西汉	经夯打实二次葬屈肢较甚
10NDZ2#MDTG1M18	②下→打破生土层	长方形 2.1×(0.6～0.76)×1.9	4°	竖穴土坑(生土二层台)	完好	单棺	1	仰身直肢	男	25～30岁	无	秦—西汉	
10NDZ2#MDTG1M19	②下→打破生土层	长方形 2.86×1.2×2.7	107°	竖穴土坑(生土二层台)	盗扰严重	单棺	1	仰身直肢	男	30岁左右	陶罐1件	秦—西汉	
10NDZ2#MDTG1M20	②下→打破生土层	长方形 4.7×1.4×3.7	5°	竖穴土坑	盗扰严重	不详	不详	不详	不详	不详	无	不详	经夯打实
10NDZ2#MDTG1M21	②下→打破生土层	长方形 1.8×0.8×2.3	6°	竖穴土坑	完好	单棺	1	仰身直肢	不详	不详	无	秦—西汉	
10NDZ2#MDTG1M22	②下→打破生土层	长方形 2.6×1.6×1.9	98°	竖穴土坑	盗扰严重	不详	不详	不详	不详	不详	无	不详	

续表

墓号	开口层位、打破关系	形制(长×宽×深)	墓向	墓室结构	保存情况	棺椁情况	人架	葬式	性别	年龄	随葬器物	时代	备注
10NDZ2#MDTG1M23	②下→打破生土层	长方形4.65×1.3×4.3	8°	竖穴土坑(生土二层台)	盗扰严重	单棺	1	不详	不详	不详	陶罐5件、陶俑1件	秦—西汉	
10NDZ2#MDTG1M24	②下→打破生土层	长方形1.96×(0.8~0.92)×1.95	10°	竖穴土坑	完好	单棺	1	仰身屈肢	男	40~50	无	秦—西汉	屈肢较甚
10NDZ2#MDTG2M25	②下→打破生土层	长方形3.1×1.3×3.3	5°	竖穴土坑(生土二层台)	盗扰严重	不详	不详	不详	不详	不详	陶罐3件、陶瓮1件	秦—西汉	经夯打实
10NDZ2#MDTG2M26	②下→打破生土层	长方形3.06×0.96×3.45	5°	竖穴土坑(生土二层台)	完好	单棺	1	仰身直肢	不详	不详	陶罐4件、陶瓮1件、铜钱2枚	秦—西汉	
10NDZ2#MDTG2M28	②下→打破生土层	长方形2.2×1.04×2.6	345°	竖穴土坑	盗扰严重	不详	不详	不详	不详	不详	无	不详	
10NDZ2#MDTG2M29	②下→打破生土层	长方形2.6×1.2×2.95	5°	竖穴土坑(生土二层台)	完好	单棺	1	仰身直肢	男	不详	陶罐3件、陶瓮1件	秦—西汉	
10NDZ2#MDTG2M30	②下→打破M31	长方形1.8×0.8×1.25	94°	竖穴土坑	盗扰严重	不详	不详	不详	不详	不详	无	不详	
10NDZ2#MDTG2M31	②下→打破生土层	长方形1.7×0.7×1.2	94°	竖穴土坑	盗扰严重	不详	不详	不详	不详	不详	无	不详	
10NDZ2#MDTG2M32	②下→打破生土层	长方形2.7×0.9×1.9	357°	竖穴土坑(生土二层台)	完好	单棺	1	仰身直肢	男	不详	陶盆1件	秦—西汉	
10NDZ2#MDTG2M34	②下→打破生土层	长方形1.9×1×1.8	358°	竖穴土坑	完好	单棺	1	仰身屈肢	男	50岁左右	铜带钩1件	秦—西汉	屈肢较甚
10NDZ2#MDTG2M35	②下→打破10NDZ2#MDTG2M36	长方形1.97×1.1×1.8	350°	竖穴土坑	盗扰严重	不详	不详	不详	不详	不详	无	不详	
10NDZ2#MDTG2M36	②下→打破生土层	长方形1.45×0.7×1.8	20°	竖穴土坑	盗扰严重	不详	不详	不详	不详	不详	无	不详	
10NDZ2#MDTG2M37	②下→打破10NDZ2#MDTG2M38、10NDZ2#MDTG2M39	长方形2.16×0.6×2.8	3°	竖穴土坑	完好	单棺	1	不详	不详	不详	陶壶1件、陶罐2件、陶瓮1件	秦—西汉	二次葬

续表

墓号	开口层位、打破关系	形制(长×宽×深)	墓向	墓室结构	保存情况	棺椁情况	人架	葬式	性别	年龄	随葬器物	时代	备注
10NDZ2#MDTG2M38	②下→打破生土层	长方形 2.9×1.28×2.8	6°	竖穴土坑	盗扰严重	不详	不详	不详	不详	不详	陶瓮1件、璜形器3件、铜带钩1件、铜铃4件	秦—西汉	
10NDZ2#MDTG2M39	②下→打破生土层	长方形 2.1×1.2×1.8	96°	竖穴土坑	盗扰严重	不详	不详	不详	不详	不详	铜带钩1件	不详	
10NDZ2#MDTG2M40	②下→打破生土层	长方形 3.6×1.12×3.6	95°	砖椁墓	完好	单棺	1	仰身直肢	女	35岁左右	陶罐3件、陶瓮1件	秦—西汉	
10NDZ2#MDTG2M41	②下→打破10NDZ2#MDTG2M42	长方形 3.6×1.2×3.5	82°	砖椁墓	完好	单棺	1	仰身直肢	不详	不详	陶鼎1件、陶壶1件、陶罐4件、陶瓮1件、陶盒1件、铜钱20枚	秦—西汉	
10NDZ2#MDTG2M42	②下→打破生土层	斗形(3.2～3)×(2.2～2.14)×3.25	95°	竖穴土坑	完好	1棺1椁	1	侧身屈肢	不详	不详	陶鼎1件、陶壶2件、陶盖豆1件、陶高柄豆2件、陶器盖2件、铜带钩1件	战	经夯打实下肢自然弯曲
10NDZ2#MDTG2M43	②下→打破生土层	长方形 3.3×1.2×1.8	5°	砖椁墓	较好	单棺	1	仰身直肢	不详	不详	陶罐3件、陶瓮1件、陶钵1件	秦—西汉	
10NDZ2#MDTG2M44	②下→打破10NDZ2#MDTG2M45	长方形(3.14～2.6)×(1.26～0.7)×2.1	5°	竖穴土坑	盗扰严重	不详	不详	不详	不详	不详	无	秦—西汉	
10NDZ2#MDTG2M45	②下→打破生土层	长方形 2.5×1×3.1	11°	竖穴土坑	完好	单棺	1	仰身后屈肢	男	40～45	铜带钩1件	秦—西汉	经夯打实屈肢较甚
10NDZ2#MDTG2M46	②下→打破生土层	长方形 1.8×0.76×1.78	97°	竖穴土坑	完好	单棺	1	仰身直肢	男	8岁左右	无	秦—西汉	
10NDZ2#MDTG2M47	②下→打破生土层	长方形 2.5×0.78×1.85	10°	竖穴土坑(生土二层台)	完好	单棺	1	仰身直肢	男	35～40	陶罐2件、陶钵2件、陶盆1件	秦—西汉	经夯打实

续表

墓号	开口层位、打破关系	形制(长×宽×深)	墓向	墓室结构	保存情况	棺椁情况	人架	葬式	性别	年龄	随葬器物	时代	备注
10NDZ2#MDTG2M48	②下→打破生土层	长方形 2.1×0.7×1.5	5°	竖穴土坑	完好	单棺	1	仰身直肢	女	40左右	无	秦—西汉	
10NDZ2#MDTG2M49	②下→打破10NDZ2#MDTG2M50、10NDZ2#MDTG2M51	长方形 2.2×0.9×1.8	5°	竖穴土坑	盗扰严重	不详	不详	不详	不详	不详	陶罐2件、铜钱1枚	秦—西汉	
10NDZ2#MDTG2M50	②下→打破10NDZ2#MDTG2M51	长方形 3.7×1.4×4	2°	砖椁墓	盗扰严重	不详	不详	不详	不详	不详	陶鼎1件、陶壶1件、陶罐4件、陶瓮1件、陶盒1件、陶轮2件	秦—西汉	
10NDZ2#MDTG2M51	②下→打破生土层	斗形(3.7～3.1)×(2.4～1.7)×3.1	3°	竖穴土坑	盗扰严重	1棺1椁	1	屈肢葬	不详	不详	陶鼎1件、残高柄豆盘1件、陶匜1件、铜带钩1件	战	经夯打实屈肢较甚
10NDZ2#MDTG1M52	②下→打破10NDZ2#MDTG1M23、10NDZ2#MDTG1M54	长方形 5.46×1.1×2.9	110°	洞室墓	完好	单棺	1	仰身直肢	男	不详	陶罐5件、铜钱2枚、石灯1件	秦—西汉	
10NDZ2#MDTG1M53	②下→打破10NDZ2#MDTG1M23、10NDZ2#MDTG1M54	长方形 8.1×1.4×4.7	108°	洞室墓	完好	单棺	1	不详	不详	不详	釉陶鼎1件、釉陶壶3件、泥质灰陶罐2件、泥质灰陶瓮1件、陶盒1件、泥质灰陶盆1件、釉陶灯1件、釉陶井1件、釉陶灶1件、釉博山炉1件	秦—西汉	
10NDZ2#MDTG1M54	②下→打破10NDZ2#MDTG1M52、10NDZ2#MDTG1M53	长方形 2.6×1.2×2.5	5°	竖穴土坑	盗扰严重	不详	不详	不详	不详	不详		秦—西汉	

附　　录

附录一　河北邢台张夺墓地出土人骨鉴定报告

张　旭　魏　东　朱　泓

吉林大学边疆考古研究中心

受邢台市文物考古队委托，吉林大学边疆考古研究中心人类学实验室对河北邢台张夺墓地2010年度发掘采集的人类遗骸进行了形态学鉴定与相关研究。现将结果刊布如下：

1. 性别与年龄鉴定*

张夺村南1号、2号墓地采集的标本共代表12例个体。依照邵象清和吴汝康所叙述的各项测量、观察项目标准，对张夺村南1号、2号墓地出土的11例成年个体的颅骨进行人类学测量与形态观察，标本形态描述与鉴定结果如下：

NO. 1（10NDZ1#MDTG3M13）

女性颅骨及下颌骨，年龄20～25岁。颅形卵圆，长宽比例为中颅型，长高比例为高颅型，宽高比例为中颅型；额部平直，眉弓突度微显；无鼻根凹；面型属中上面型，总面角属中颌型；梨状孔低宽，属阔鼻型；梨状孔下缘为鼻前窝型，鼻前棘属Ⅱ级；椭圆形的眼眶，属中眶型；犬齿窝发育较弱（图版九五，1～4）。

---

*性别与年龄鉴定参考了以下书目中提供的方法。

1.《法医人类学》，陈世贤，人民卫生出版社，1998

2.《法医人类学经典》，张继宗，科学出版社，2007

3.《体质人类学》，朱泓，高等教育出版社，2004

4.《Standards for data collection from human skeletal remains》Jane E. Buikstra and Douglas H. Ubelaker, Arkansas Archeological Survey, 1994

5.《The human bone manual》Tim D. white and Pieter A. folkens, Academic Press, 2005

6.《Human Osteology》Tim D. white, Academic Press, 2000

NO. 2（10NDZ1#MDTG4M26）

男性颅骨及下颌骨，年龄35～40岁。颅形卵圆，长宽比例为中颅型，长高比例为高颅型，宽高比例为狭颅型；额部较为平直，眉弓突度稍显；无鼻根凹；面型属狭上面型，总面角属平颌型；梨状孔低宽，属阔鼻型；梨状孔下缘为鼻前窝型，鼻前棘属Ⅰ级；椭圆形的眼眶，属高眶型；犬齿窝发育较弱；上颌左侧第二前臼齿、第一、第二臼齿、右侧第二前臼齿、下颌右侧第二前臼齿、第二、第三臼齿均早期脱落（图版九五，5～8）。

NO. 3（10NDZ1#MDTG4M27）

男性颅骨及下颌骨，年龄35～40岁。颅形卵圆，长宽比例为中颅型，长高比例为高颅型，宽高比例为狭颅型；额部较为平直，眉弓突度显著；无鼻根凹；面型属狭上面型，总面角属平颌型；鼻型属中鼻型；梨状孔下缘为鼻前窝型，鼻前棘属Ⅰ级；椭圆形的眼眶，属中眶型；犬齿窝发育较弱；上颌左侧第二臼齿、右侧第二臼齿、下颌左侧第二前臼齿、第一、第二臼齿、右侧第一、第二臼齿均早期脱落（图版九六，1～4）。

NO. 4（10NDZ2#MDTG1）

男性颅骨及下颌骨，年龄35～40岁。该颅骨颧骨及上颌部已残损。颅形卵圆，长宽比例为中颅型，长高比例为高颅型，宽高比例为中颅型；额部较为平直，眉弓突度稍显；无鼻根凹（图版九六，5～8）。

NO. 5（10NDZ2#MDTG1M5）

男性颅骨及下颌骨，年龄40岁左右。该标本除额骨、顶骨保存完整外，颅骨其他部分均已残损。颅形卵圆，额部明显向后倾斜，眉弓突度显著；鼻根点部位略有凹陷；枕外隆突显著（图版九七，1～4）。

NO. 6（10NDZ2#MDTG1M7）

女性颅骨及下颌骨，年龄20岁左右。颅形楔形，长宽比例为圆颅型，长高比例为高颅型，宽高比例为狭颅型；额部略向后倾斜，眉弓突度微显；无鼻根凹；总面角属中颌型；鼻型属中鼻型；梨状孔下缘为钝型，鼻前棘属Ⅱ级；椭圆形的眼眶，属高眶型；犬齿窝发育较弱（图版九七，5～8）。

NO. 7（10NDZ2#MDTG1M8）

男性颅骨及下颌骨，年龄40～45岁。该标本颧骨及上颌部分已残损。颅形卵圆，长宽比例为圆颅型；额部平直，眉弓突度稍显；无鼻根凹（图版九八，1～4）。

NO. 8（10NDZ2#MDTG1M10）

男性颅骨及下颌骨，年龄25～30岁。该颅骨的额骨、上颌部均已残损。颅形卵圆，宽高比例为狭颅型；额部较为平直，眉弓突度稍显（图版九八，5～8）。

NO. 9（10NDZ2#MDTG1M13）

男性颅骨及下颌骨，年龄25～30岁。该颅骨除下颌骨外其他部分均已残损严重（图版九九，1～4）。

NO. 10（10NDZ2#MDTG1M18）

男性颅骨及下颌骨，年龄25～30岁。该颅骨左侧的颧骨和部分上颌均已残损。颅形卵圆，长宽比例为中颅型，长高比例为高颅型，宽高比例为狭颅型；额部明显向后倾斜，眉弓突度显著；梨状孔下缘为鼻前窝型，鼻前棘属Ⅰ级；右侧下颌缺失。左第一前臼齿颊面有一龋洞（图版九九，5～8）。

NO. 11（10NDZ2#MDTG1M19）

男性颅骨及下颌骨，年龄30岁左右。该颅骨左侧的顶骨和部分上颌均已残损。颅形卵圆，长高比例为高颅型；额部明显向后倾斜，眉弓突度稍显（图版一〇〇）。

2. 测量性状

可测量数据数值以及据此计算的指数值详见下表。

项目	1#TG4 M26♂	1#TG4 M27♂	2#TG1 M3♂	2#TG1 M5♂	2#TG1 M8♂	2#TG1 M10♂	2#TG1 M13♂	2#TG1 M18♂	2#TG1 M19♂	1#TG3 M13♀	2#TG1 M7♀
1　颅骨最大长 g-op	172. 9	184. 5	176	—	171. 5	—	—	176	178. 5	170. 1	174. 1
5　颅基底长 n-enba	99. 1	98	99. 64	—	—	—	—	—	105. 2	91. 5	102. 5
8　颅骨最大宽 eu-eu	136. 5	143. 6	139. 8	—	144	132. 9	—	137	—	134. 5	140. 7
9　额骨最小宽 ft-ft	92. 5	92. 8	94. 27	—	93. 5	93. 96	—	86. 4	93. 5	92. 7	86. 2
11　耳点间宽 au-au	124. 4	126. 5	126. 1	—	128. 6	104. 47	—	115. 7	—	121. 2	127. 8
12　枕骨最大宽 ast-ast	107. 2	115. 9	102. 48	—	106. 84	103. 38	—	125	—	105. 8	106. 1
7　枕骨大孔长 enba-o	32. 31	34. 4	36. 82	—	—	41. 21	—	32. 58	36. 42	35. 96	34. 12
16　枕骨大孔宽	30. 51	30. 32	20. 51	—	—	28. 93	—	27. 17	—	26. 24	27. 1
17　颅高 b-ba	136. 2	143. 1	133. 5	—	—	138. 1	—	140. 2	144. 3	129. 1	139. 1
21　耳上颅高 po-po	109. 5	124. 8		—	126. 3	133. 5	—	124. 6	136. 5	107	114. 9
23　颅周长 g-op-g	495	525	506	—	505	—	—	509	519	495	501
24　颅横弧 po-b-po	298	321	203	—	322	318	—	298	—	296	298
25　颅矢状弧 n-o	351	392	364	—	356	—	—	—	374	354	364
26　额骨矢状弧 n-b	125	132	120	—	122	—	—	—	113	117	124
27　顶骨矢状弧 b-l	108	139	127	—	124	135	—	126	—	123	126
28　枕骨矢状弧 l-o	119	121	117	—	110	121	—	113	—	114	114
40　面底长 pr-enba	90. 6	90. 3	—	—	—	—	—	—	—	90. 87	97. 8
43　上面宽 fmt-fmt	98	105. 8	—	—	—	—	—	—	102. 38	96. 69	97. 9
44　两眶宽 ek-ek	94. 02	96. 6	—	—	—	—	—	—	—	92. 67	—
45　面宽/颧点间宽 zy-zy	128. 27	134. 9	—	—	—	—	—	—	—	126. 45	—
46　中面宽 zm-zm	96. 67	97. 83	—	—	—	—	—	—	—	96. 5	96. 59
47　全面高 n-gn	107. 62	115. 27	—	—	—	—	—	—	124. 63	—	116. 25
48　上面高 n-pr	65. 69	72. 17	—	—	—	—	—	—	75. 24	65. 04	64. 75
上面高 n-sd	71. 62	75. 63	—	—	—	—	—	—	78. 12	64. 87	66. 22

续表

项目	1#TG4 M26♂	1#TG4 M27♂	2#TG1 M3♂	2#TG1 M5♂	2#TG1 M8♂	2#TG1 M10♂	2#TG1 M13♂	2#TG1 M18♂	2#TG1 M19♂	1#TG3 M13♀	2#TG1 M7♀
50 前眶间宽 mf-mf	19.83	19.62	—	—	—	—	—	—	—	23.51	19.45
51 眶宽 mf-ek L	40.91	45.01	—	—	—	—	—	—	—	35.87	40.3
眶宽 mf-ek R	39.49	44.57	—	—	—	—	—	—	41.23	39.43	41.29
51a 眶宽 d-ek L	36.55	44.19	—	—	—	—	—	—	—	36.01	38.45
眶宽 d-ek R	36.45	41.19	—	—	—	—	—	—	38.28	35.39	38.48
52 眶高 L	35.85	36.69	—	—	—	—	—	—	—	32.61	36.77
眶高 R	35.23	34.72	—	—	—	—	—	—	36.07	32.03	36.68
MH 颧骨高 fmo-zm L	43.18	48.65	—	—	—	—	—	—	—	43.79	41.38
颧骨高 fmo-zm R	43.23	49.26	—	—	—	—	—	—	49.21	43.27	41.69
MB 颧骨宽 zm-rim. Orb L	30.44	—	—	—	—	—	—	—	—	—	—
颧骨宽 zm-rim. Orb R	30.37	—	—	—	—	—	—	—	—	26.67	—
54 鼻宽	28.79	27.53	—	—	—	—	—	—	—	26.63	25.69
55 鼻高 n-ns	50.76	56.27	—	—	—	—	—	—	61.18	49.21	51.63
SC 鼻最小宽	6.08	6.67	—	—	—	—	—	—	—	7.63	4.88
SS 鼻最小宽高	9.09	9.24	—	—	—	—	—	—	—	7.58	7.22
60 上颌齿槽弓长 pr-alv	—	48.72	—	—	56.6	51.11	—	38.15	51.61	48.05	43.27
61 上颌齿槽弓宽 ekm-ekm	50.54	60.98	—	—	56.15	66.48	—	—	—	61.62	62.2
62 腭长 ol-sta	—	46.71	—	—	50.26	47.15	—	36.03	48.37	48.39	49.44
63 颚宽 enm-enm	36	41.9	—	—	38.02	45.15	—	42.98	—	38.4	36.62
FC 两眶内宽 fmo-fmo	92.63	96.44	—	—	100.53	—	—	—	—	89.84	90.2
DC 眶间宽 d-d	22.7		—	—	—	—	—	—	—	24.18	20.42
32 额侧角 I ∠n-m and FH	86	86	—	—	—	—	—	—	—	88	83
额侧角 II ∠g-m and FH	80	79	—	—	—	—	—	—	—	83	76
前囟角∠g-b and FH	43	48	—	—	—	—	—	—	—	48	46
72 总面角∠n-pr and FH	85	87	—	—	—	—	—	—	—	82	82
73 中面角∠n-ns and FH	89	89	—	—	—	—	—	—	—	84	86
74 齿槽面角∠ns-pr and FH	96	82	—	—	—	—	—	—	—	73	75
75 鼻梁侧角∠n-rhi and FH	70	—	—	—	—	—	—	—	—	—	77
77 鼻颧角∠fmo-n-fmo	136.15	112.12	—	—	140.91	—	—	—	—	140.38	149.41
65 下颌髁突间宽 cdl-cdl	116.08	122.9	127.6	128.81	114.55	115.26	—	—	147.22	—	130
66 下颌角间宽 go-go	90.95	106.9	92.87	107.42	96.81	104.54	—	—	102.7	—	100.5
67 髁孔间径	47.92	47.31	47.41	48.17	46.56	50.63	48.51	—	46.4	—	48.51
68 下颌体长	74.6	71.5	80	83.7	65.5	82.1	80	—	83.68	—	72.65

续表

项目	1#TG4 M26♂	1#TG4 M27♂	2#TG1 M3♂	2#TG1 M5♂	2#TG1 M8♂	2#TG1 M10♂	2#TG1 M13♂	2#TG1 M18♂	2#TG1 M19♂	1#TG3 M13♀	2#TG1 M7♀
69　下颌联合高 id-gn	26.5	30.74	26.54	29.02	30.2	35.98	—	—	32.39	—	31.89
69-1 下颌体高 Ⅰ L	26.08	25.95	26.69	31.66	32.65	31.78	26.34	26.64	31.62	—	26.1
下颌体高 Ⅰ R	25.78	26.74	29.14	32.8	36.04	36.4	30.35	—	32.01	26.7	28.82
下颌体高 Ⅱ L	28.8	19.21	28.78	30.19	31.25	30.06	27.17	—	31.98	—	26.57
下颌体高 Ⅱ R	25.49	25.67	26.63	31.63	31.18	32.52	25.78	—	31.51	—	26.05
69-3 下颌体厚 Ⅰ L	14.23	11.01	11.25	14.31	16.65	14.54	12.26	12.99	14.12	—	14.6
下颌体厚 Ⅰ R	14.6	12.3	11.51	14.42	15.2	15.94	11.9	—	14.54	10.4	12.68
下颌体厚 Ⅱ L	18.2	15.85	14.34	18.82	22.43	16.46	12.71	15.83	16.52	—	16.43
下颌体厚 Ⅱ R	16.68	15.8	12.15	19.67	18.56	16.02	12.75	—	16.73	15.5	16.49
70　下颌支高 L	56.01	64.79	64.85	64.88	55.66	61.84	56.68	48.48	58.44	—	50.51
下颌支高 R	56.27	63.41	64.12	65.6	56.93	60.92	50.69	—	55.93	56.48	50.82
71　下颌支宽 L	44.07	39.53	47.03	47.13	44.97	42.48	44.06	40.75	47.64	40.39	—
下颌支宽 R	45.78	—	43.64	47.22	41.94	42.98	40.88	—	48.26	39.51	38.45
71a 下颌支最小宽 L	28.86	26.93	35.68	36.73	32.03	30.12	32.02	29.93	36.33	26.46	25.56
下颌支最小宽 R	29.67	—	35.51	37.8	29.97	32.17	31.2	—	36.28	28.86	22.76
79　下颌角	123	121	112	115	136	123	131	—	118	—	128
颏孔间弧	58	52	59	59	55	58	59	—	54	—	56
8:1 颅指数	78.95	77.83	79.43	—	83.96	—	—	77.84	—	79.07	80.82
17:1 颅长高指数	78.77	77.56	75.85	—	—	—	—	79.66	80.84	75.9	79.9
17:8 颅宽高指数	99.78	99.65	95.49	—	—	103.91	—	102.34	—	95.99	98.86
48:45 上面指数	55.84	56.06	—	—	—	—	—	—	—	51.3	—
52:51　眶指数 Ⅰ R	89.21	77.9	—	—	—	—	—	—	87.48	81.23	88.84
52；51a 眶指数 Ⅱ R	96.65	84.29	—	—	—	—	—	—	94.23	90.51	95.32
54：55 鼻指数	56.71	48.92	—	—	—	—	—	—	—	54.12	49.76

注：表格中测量项目前的数字为马丁编号，数值单位为 mm，指数项目单位为百分数，角度单位为°。

3. 小结

1. 根据死亡年龄统计结果来看，男性死亡高峰期主要集中在25～30岁和35～40岁两个年龄段，女性死亡高峰期主要集中在20～25岁年龄段。

2. 据相对完整的标本推断，该墓地古代居民普遍具有中颅型长宽比例，高颅型的长高比例，狭颅型的宽高比例，上面指数为狭上面型，眶型为高眶型，鼻型为阔鼻型，面部突度为正颌型。

附录二　内丘张夺遗址墓地研究初探

张　欣

张夺2号遗址墓葬区、张夺村南1号墓地和张夺村南2号墓地是一处以战汉时期墓葬为主的平民墓地。我们先后清理墓葬200座，出土了成套的随葬器物，获得一批较为重要的遗迹、遗物。经过整理，我们得以对其丰富的社会和文化内涵进行初步探讨。

一、人口的变化

内丘，西周时期属邢，邢灭属卫，后归晋地，战国时属赵。秦统一六国后，始置中丘县，属邯郸郡。汉初，先后隶属冀州桓山郡、常山郡，东汉及三国魏时冀州划为赵郡[①]。张夺村位于内丘县东南部，张夺2号遗址墓葬区与张夺村南2号墓地实际上为一处墓葬区，因发掘时间不一致而命名不同。通过考古勘探，我们发现张夺2号遗址墓葬区的南面、东面，张夺村南2号墓地的西面，张夺村南1号墓地的西面、东面、北面墓葬分布较为疏松。发掘区属于墓葬密集区。在密集区的发掘结果显示，战国时期墓葬分布较为稀疏，而汉代时期墓葬的分布逐渐密集。这是全国情况的一个缩影，它反映了时代的一个变化。

战国时期，诸侯混战，弱小的诸侯国不断地被兼并、消失，只剩下韩、赵、魏、楚、燕、秦、齐七国并立。战国后期，七国兼并战争空前激烈，“邦无定交，士无定主”[②]。“国无宁日，岁无宁日”，“争地以战，杀人盈野，争城以战，杀人盈城”[③]。争地杀人，掠夺财富，削弱他国实力，是战争的目的。尤其是秦、赵两国多次发生大规模的兼并与反兼并战争，其中最为惨绝人寰的莫过于长平之战，40万赵军被坑杀。在这样大背景下，战国时期赵国人口数量和增长速度都得到抑制。秦国经过商鞅变法后，凭借其经济实力、军事实力的绝对优势，消灭了六国，统一全国。尤其到了西汉，政治统一，社会稳定，经济发展，人口有了大幅增长。范文澜先生在《中国通史》书中统计，战国时七国人口总数约为两千万左右[④]。到西汉孝平帝时期，全国的户口数为：“民户千二百二十三万三千六十二，口五千九百五十九万四千九百七十八。”[⑤] 可见人口增长速度之快，张夺村南墓地和张夺2号墓葬区的墓葬分布的密度变化，忠实的反映了这一时代变迁。

---

① 《内丘县志》，方志出版社，2006年，第1页。

② （清）顾炎武：《日知录·周末风俗条》卷十三，上海古籍出版社，2006年，第749页。

③ 杨伯峻译注：《孟子译注·离娄上》卷七，中华书局，1960年，第175页。

④ 范文澜：《中国通史·第一编》，人民出版社，2001年，第199页。

⑤ （汉）班固：《汉书·地理志第八下》卷二十八下，中华书局，1962年，第1640页。

二、商业和手工业的发展

战国期间，铁质工具替代石质工具、木制工具在诸多领域内广泛使用，使生产力得到极大的提高，农业和手工业得到了快速发展，从而促进了商业的发展。商人把四方特产源源不断地运送到全国各地参与交换，获利甚多。商业的发展有利于技术的交流与更新。在内丘张夺考古发掘中，我们发现，早期墓葬中的陶器随葬品制作较为精美。第一，陶器随葬品的胎泥细腻，含砂量低，决非产自本地陶泥。第二，器型规整美观，如张夺村南2号墓地M42随葬陶器8件，这些器物各部位规整而流畅，口沿及外表较为光滑，造型也更加匀称，给人一种美的感觉。张夺2号遗址墓葬区M72出土的陶鼎一耳与一足相对，另一耳位于两足之间，颇具秦文化特点。从这两点推断，这些随葬品应该不是出自本地工匠之手，而是从外地运输过来。

外来器物和技术的传入，推动了本地制陶技术的发展。张夺本地工匠开始尝试着用本地陶土制作陶器，并在制作过程中把本地文化因素融合进去。我们考古发掘的张夺2号遗址区（Ⅰ区）就是一处以烧制陶瓦为主的烧窑遗址[①]。并且从秦、汉时期墓葬随葬品中即可看出，这些陶器大多没有战国时期出土的陶器精美，它们制作较为粗糙。工匠们采用本地陶土，含砂量较高，可塑性差，不易成型，所以很多陶器随葬品器型不规整，歪斜，整体呈下垂的感觉。如09NDZⅡ区M103中的随葬品，器形歪斜，口沿不平。张夺本地工匠经过一段时期的技术交流与磨合，到西汉中期，陶器的制作工艺已经取得了很大的进步，能有效降低本地陶土的含沙量，大大提高了陶器的规整程度，一些细节问题也得到重视。并随着市场的变化而生产出具有时代特点的陶器，如张夺村南2号墓地M53的釉陶系列，具有邢台地区东汉时期的特点。

三、秦人的有关问题

在张夺2号遗址墓葬区、张夺村南1号墓地、张夺村南2号墓地的考古发掘期间，我们发现了大量的屈肢葬，有侧身屈肢、仰身曲肢、仰身后曲肢等葬法。战国、秦汉之际屈肢葬较多，西汉以后屈肢葬逐渐减少。众所周知，屈肢葬是秦墓葬文化的特点之一，直到西汉初期，部分秦人后裔依然采用屈肢葬这种葬式[②]。那么，秦文化为什么会出现在当时隶属于赵国的张夺地区呢？本人认为存在以下两种可能：

第一，春秋战国时，生产力的提高，农业的发展，促进了商业的繁荣，“用贫求富，农不如工，工不如商”[③]。商人为了获取更多的利润，把四方特产运送到各地贩卖，出现了为数不少的大商人，如子贡、范蠡、白圭、吕不韦等人，连重农抑商的秦国也不能遏制这一发展趋势，

---

① 我们可以推断，张夺本地有能够烧制板瓦的陶窑，那么也应该能够烧制各类陶器。因为两者使用的原料、烧制的条件有很多相似之处。

② 参见王子今：《秦人屈肢葬仿象“窋卧”说》，《考古》1987年第12期。

③ （汉）司马迁：《史记·货殖列传》卷一百二十九，中华书局，1959年，第3274页。

相信当时的张夺地区也有会秦国商人的踪迹。

第二，战争的原因。战国时期，秦国经过商鞅变法，“秦民大悦，路不拾遗，山无盗贼，家给人足，民勇于公战，怯于私斗，乡邑大治，秦成为第一大强国”①。强大后的秦国对外发生战争，不断取得胜利，不禁占领了别国领土，还把国内因罪而被罚为奴隶的犯人赦免，迁到新征服的土地上，补充当地劳力的不足。这样既有利于秦人的有效管理，使政权得以平稳度过，又有利于经济的恢复与发展。如《史记》就曾记载：“（昭襄王）二十五年（公元前282年），拔赵二城。与韩王会新城，与魏王会新明邑。二十六年（公元前281年），赦罪人迁之穰。侯冄复相。二十七年（公元前280年），错攻楚。赦罪人迁之南阳。”② 张夺2号遗址墓区有19座屈肢葬，只有3座（09ⅡTG3M48、09ⅡTG3M49、09ⅡTG4M65）随葬品较为丰富，其余2座（09ⅡTG7M21、09ⅡTG4M63）墓葬随葬有2件器物，5座墓葬随葬有1件器物，09ⅡTG6M14、09ⅡTG7M23、09ⅡTG8M34、09ⅡTG8M40、09ⅡTG8M46、09ⅡTGM3M50、09ⅡTG3M57、09ⅡTG4M82、09ⅡTG9M89 9座墓葬没有随葬品。张夺村南1号墓地有6座屈肢葬，其中3座10NDZ1#MDTG1M1、10NDZ1#MDTG1M6、10NDZ1#MDTG2M12墓葬随葬有1件器物，3座10NDZ1#MDTG4M26、10NDZ1#MDTG4M27、10NDZ1#MDTG4M29墓葬没有随葬品。张夺村南2号墓地有13座屈肢葬，其中2座（10NDZ2#MDTG2M42、10NDZ2#MDTG2M51）随葬品较为丰富，1座（10NDZ2#MDTG1M15）墓葬随葬有高柄豆座6件，1座（10NDZ2#MDTG1M9）墓葬随葬有2件器物，5座（10NDZ2#MDTG1M5、10NDZ2#MDTG1M14、10NDZ2#MDTG1M17、10NDZ2#MDTG2M45、10NDZ2#MDTG2M34）墓葬随葬有1件器物，4座（10NDZ2#MDTG1M8、10NDZ2#MDTG1M10、10NDZ2#MDTG1M11、10NDZ2#MDTG1M24）墓葬没有随葬品。随葬品的贫瘠与罪人的地位正相吻合。

因此可以大胆推测，张夺地区的秦文化，可能源自秦国消灭赵国后迁移过来的一批秦国“罪人”。秦赵文化在这里经过一段时间的碰撞与交流，逐渐融合在一起。这也就是为什么我们在此次考古勘探中发现，早期墓葬屈肢葬较多，甚至还出土有秦文化特点的陶鼎③，到了西汉后，屈肢葬逐渐减少，随葬品亦不见秦文化的影子了。

综上所述，内丘张夺遗址墓地在不同时期的疏密程度，反映了从战国到西汉时期当地人口的变化情况。其随葬的陶器从精美到粗糙再到精美的曲线变化，揭示了战汉时期当地商品经济和手工业的发展变迁。而墓葬中的具有秦文化特征的屈肢葬，也印证了史书中秦国迁移罪人的记载。通过我们这个研究初探，可以管窥张夺遗址墓地蕴藏的丰富的社会和文化内涵。

---

① 范文澜：《中国通史·第一编》，人民出版社，2001年，第199页。

② （汉）司马迁：《史记·货殖列传》卷一百二十九，中华书局，1959年，第3274页。

③ 出土于张夺2号遗址墓葬区M72，编号为M72:2。

英文提要
Abstract

This book is one of a series of archaeological reports on the construction of the South-to-North Water Diversion Project in Hebei Province, and the official reports on Zhangduo No. 2 Site in 2009 and on the project of the graveyard south of Zhangduo Village in 2010 in Neiqiu County excavated by Xingtai Municipal Historic Preservation Management Office.

Neiqiu County is located in the southern Hebei Province, at the east foot of the southern Taihang Mountains, on the edge of the western North China Plain, near to the Taihang Mountains on the west. The landform there is long and narrow from the east to the west, and short from the north to the south, in the east there are Longyao County and Renxian County, in the west is Shanxi Province, in the south is Xingtai County and in the north are Lincheng County and Zanhuang County. Mountains, hills and the plain take a third of the area respectively; the terrain is high in the west and low in the east, there is the inner part of the Taihang Mountain in the western area, in the center there are hills consist of piedmonts and valleys, in the east there is the plain of the Haihe River Basin. Zhangduo Village is located in the northeast part of Neiqiu County, which belongs to the Haihe River Basin, and the western terrain here is a little bit tall, and the soil is sandy. There is a seasonal river called Mahe north of the village, it often overflows when in heavy rains. In the northwest there is Fenghuang Village with many large tombs of Han Dynasty.

The excavation area of Zhangduo No. 2 Site was 2000 square meters, consisting of the kiln area and the burial area. The kiln area is located in the east of Zhangduo Village, and two pottery kilns were unearthed there; the burial area is located in the south of Zhangduo Village. The graveyard south of Zhangduo Village is near the Miaoda Highway in the west and next to Zhangduo No. 2 Site, covering an area of 2100 square meters.

The graveyard of Zhangduo No. 2 Site and the graveyard south of Zhangduo Village both belong to civilians in Warring States Period and Han Dynasty. These tomb owners were rich or poor, some tombs were with more than twenty burial objects, but some with nothing at all. In this excavation, the phenomenon of Qin Culture was found in Xingtai area for the first time; on the other side, cemeteries reflected the process that Qin Culture began to enter into and gradually blend in Han Culture around Zhangduo area and more important material on exploration of Qin Culture was offered then.

According to the excavation, the shape of the tomb was just like a Chinese character "斗" in Warring States Period, it was filled with soil and then tamped. The tomb with rectangular vertical hole and soil pit appeared in Qin Dynasty, at that time it was still popular that burial pits were tamped with soil, but there were some tombs else found without being tamped with soil. During the Western Han Dynasty, the coffin chamber in the shape of "斗" and backfilling with tamped soil were becoming rare and those were instead of tombs with rectangular vertical holes and soil pits gradually, and tombs became long and narrow gradually, too. From terms of burial appliance, wood coffins and wood chambers were generally used in Warring States Period; tombs with chambers and reserved steps when digging appeared in Qin Dynasty, taking TG3M41 of No. 1 graveyard in the south of Zhangduo Village as the representative of this kind of tomb. Tombs with brick bottoms appeared in the later period of the early Han Dynasty, taking TG2M41 of No. 2 graveyard in the south of Zhangduo Village as the representative of this kind of tomb. Tombs with brick chambers appeared around the early period of the middle of Han Dynasty, at that moment, tombs with brick chambers and those with chambers and reserved steps when digging existed simultaneously.

Xingtai area once belonged to Zhao State during Warring States Period, so the funeral custom mainly reflected the culture of Zhao State, and the "*ritual*" was emphasized more at that time. The grave-goods included the *ding*, the pot, the *dou* with cover, the *dou* with long handle, the *yi*, the plate and other ceramic sacrificial vessels primarily, and there were ceramic *zun* in the shape of duck, jade wares, bronze strip hook, semi-annular copper ware and so on added in some exceptional tombs. There were some certain tombs buried with only one bronze strip hook. The culture of Zhao State was impacted tremendously since Qin State had occupied Zhao State, and there were subversive changes to the connotation of funerary wares to those tombs in small scale, and the disappearance of the "*ritual*" was reflected on the funeral culture. In Warring States Period, ceramic wares for sacrifice such as the *ding*, the jar, the *dou* with cover, the *dou* with long handle, the *yi*, the plate, etc. normally used by nobles and civilians were all disappeared; instead of that, pottery jars and the pottery *bo* were found in tombs of the poor, there was only one pottery urn buried with the dead generally, or adding no more than one pottery *bo* in it. Due to the war possibly, burying without sacrificial wares was pop at that time. In the early Han Dynasty, it was continued to use the ceramic urn and *bo* a lot just like in Qin Dynasty, there were ceramic jars buried in some exceptional tombs; and more burial objects were buried in tombs, generally one to four funeral wares in one tomb. Along with the development of society and the accumulation of wealth, the "*ritual*" was embodied once again by funeral objects in tombs in the middle of the Western Han Dynasty. Being different from those sacrificial wares of Warring States Period, funerary wares in this period included the ceramic *ding*, the pot, the box, the jar, the urn; pottery mills, figurines, wheels, copper strips with hooks, coins and so on were added in some exceptional tomb. The glazed pottery appeared in the late Western Han Dynasty, including the *ding*, the pot, the box, the *boshan* censer, the lamp, the well, the oven, etc.

Theshape of pottery in Warring States Period was clear and neat, the texture was exquisite, irregular or rough was rare, and compared with those in the later period, these funerary wares might be from other place at this time. In Qin Dynasty and Han Dynasty, wares in askew rough shape appeared, the base of the pottery was mixed with lot of sand, nearly the same as the local soil texture, wares here at this time took the local production as the main. At this moment, methods of producing on a round rotating plate and of molding were used more often. Most wares were produced in these two methods such as the pot, the main body of the *ding*, the plate, the *yi*, the jar, the urn, the basin and other round wares. There were concentric circle lines on the outer surface of wares, and there were traces of cutting by strings on the bottom of wares with flat bottoms. The *yi* were usually made on a round rotating plate at first and then the mouth and the channel on the tail were pressed by tools. The leg and the ear of the *ding* and the pottery figurine were all molded. The leg and the ear of the *ding* were usually molded into some certain form or shape firstly and then were fixed on the body of the *ding*. The pottery figurine was generally molded in two molds respectively and then the two pieces were put together and a completed figurine was formed finally.

Generally colored drawing was drawn on the outer surface of the *ding*, the pot, the *dou*, the *yi*, the plate, the box and other artifacts. During Warring Sates Period, there were plentiful colors drawn directly on the outer surface of artifacts such as red, green, white and other colors to make the design. This kind of colored drawing method had been used till around the late period of the early Western Han Dynasty. At the same time, the outer surface of artifacts were colored with white firstly, then other colors were drawn on the white base, and as a result, colored drawings were with strong contrast and bright colors.

It was the first time that tombs in such an intensive distribution were excavated and so many artifacts were unearthed in Zhangduo Village of Neiqiu County, Xingtai area. These excavations mainly reflect the distribution of tombs, funeral customs and other basic characteristics in this area of Warring Sates Period and Han Dynasty. These excavations on kilns of Han Dynasty and on two hundreds of civilian tombs in Warring Sates Period and Han Dynasty will provide detailed material for research on earthen tiles production skills and civilian funeral culture in Xingtai area, and especially offer evidence for research on the funeral custom, such as the pottery collection, the pottery shape changing and the evolution about the tomb with wood coffin chamber, the tomb with chamber and reserved steps when digging and the tomb with brick coffin chamber in Warring Sates Period and Han Dynasty.

后　记

国家南水北调邢台段的文物保护工程拉开了帷幕，我受河北省文物局委托先后承担了6项考古发掘项目，这是我自2005年取得国家级考古领队资格以来承担的第一批国家级考古发掘项目。如此时间紧、任务大的考古项目摆在了我的面前，我既高兴又担心，高兴的是省文物局领导对我如此信任、寄予厚望，担心的是本次发掘是要按照文化部新颁发的《田野工作操作规程》进行，标准高，要求严，唯恐完成不好这项工作。

内丘张夺2号遗址位于张夺村东，2009年4月进驻工地，随着工作的开展又遇到了南水北调工程线路调整，原划定的考古区域有一部分偏离了建设范围，随后又进行寻找新的发掘点的艰难的勘探工作，涉及新的农民承包地块，虽然一波三折，历经艰难，最终在内丘县政府、文物旅游局、张夺村党支部领导的帮助下，在省文物局的领导下确定了新的发掘区域。随着工作的进行，天气越来越热，驻地时常发生缺水断电，虫叮蚊咬、鼠窜狗叫，但是，我依然带领考古队员们艰难地工作着。在野外劳累一天的队员，晚上还要认真学习《田野考古工作操作规程》。冬季到了，百年不遇的大雪降临，为了确保按时完成发掘任务，顶风冒雪，早晨踏着光滑的冰雪，中午踩着冰冷的泥水，苦战在考古工地。

除了工作上的艰辛，还有考古经费不足的困难，工地开始发掘经费没有及时到位，民工工资、青苗赔偿等各项开支均无着落，我求亲靠友、东拼西凑，筹集急需的费用，渡过难关。随着野外工作的结束，又进入细致而又繁杂的器物修复，照相绘图、资料整理等工作。

工作的顺利与周折伴随在考古工作的进行中，大多数村民能以配合我们的工作，有时也有一些想不到的麻烦出现，我们都一一妥善处理。有一热心的村民不记报酬，帮助考古队员看守工地，当我们听说他寻找祖坟遇到困难时，我们义不容辞地前去帮助，在寻找过程中偶然发现大面积花土，凭着我多年考古的经验，意识到应是古墓群，经进一步核实，确认这是一处比较重要的古墓群。本着对历史文化遗存负责的精神，及时向省文物局领导作了汇报，此事引起省局文物处张文瑞副处长的高度重视，并指示我们作进一步深入、细致的勘探，由此引发出张夺村南墓地的新发现。

工地监理海金乐先生多次到工地指导工作，并提出宝贵意见，省文物局张文瑞副处长对我们工地非常关心，多次过问考古工作当中的具体事宜；国家南水北调文物保护专家组验收时，信立祥先生开玩笑的说："如果设立'考古工作认真奖'的话，非你莫属。"

在考古发掘和资料整理过程中，我们多次邀请北京大学文博考古学院赵化成先生、杨哲峰先生光临指导。我们还到北京，请在京开会的吉林大学边疆考古研究中心朱泓先生帮助做人骨鉴定。邢台市文化局王殿银局长多次为考古工作的顺利进行出谋划策，主管文物工作的郭忠保副局长数次到工地慰问考古队员。

经过本次考古发掘我们体会到，这是一次培养人才、锻炼队伍的良好机会。从发掘到资料整理结束，经过七百多个日日夜夜的辛勤劳动，内丘张夺发掘报告终于付梓，我深深地松了一口气。

此次考古工作的顺利进行，得到了内丘县委、县政府、内丘县文物旅游局、张夺村党支部，河北省文物局，邢台市文化局的领导、专家及邢台市文物管理处全体干部职工的大力支持。在此一并表示真挚的谢意。

李恩玮

二〇一一年七月二十日

张夺2号遗址09NDZⅠ区远景（西→东）

张夻2号遗址09NDZⅡ区远景（南→北）

张夺2号遗址09NDZ I 区发掘后鸟瞰

张夺2号遗址09NDZ II 区发掘后鸟瞰

张夯村南1号墓地远景（南→北）

张李村南2号墓地远景（西→东）

张李村南1号墓地发掘后鸟瞰

1. 在雪中进行勘探

2. 冒雪进行发掘

勘探发掘

1. 领队李恩玮检测墓主年龄

2. 邢台市文物局领导检查工地

邢台市文物局领导检查工地

1. 考察遗迹

2. 考察遗迹

北京大学专家考察工地

1. 国家文物局专家组验收领队日志

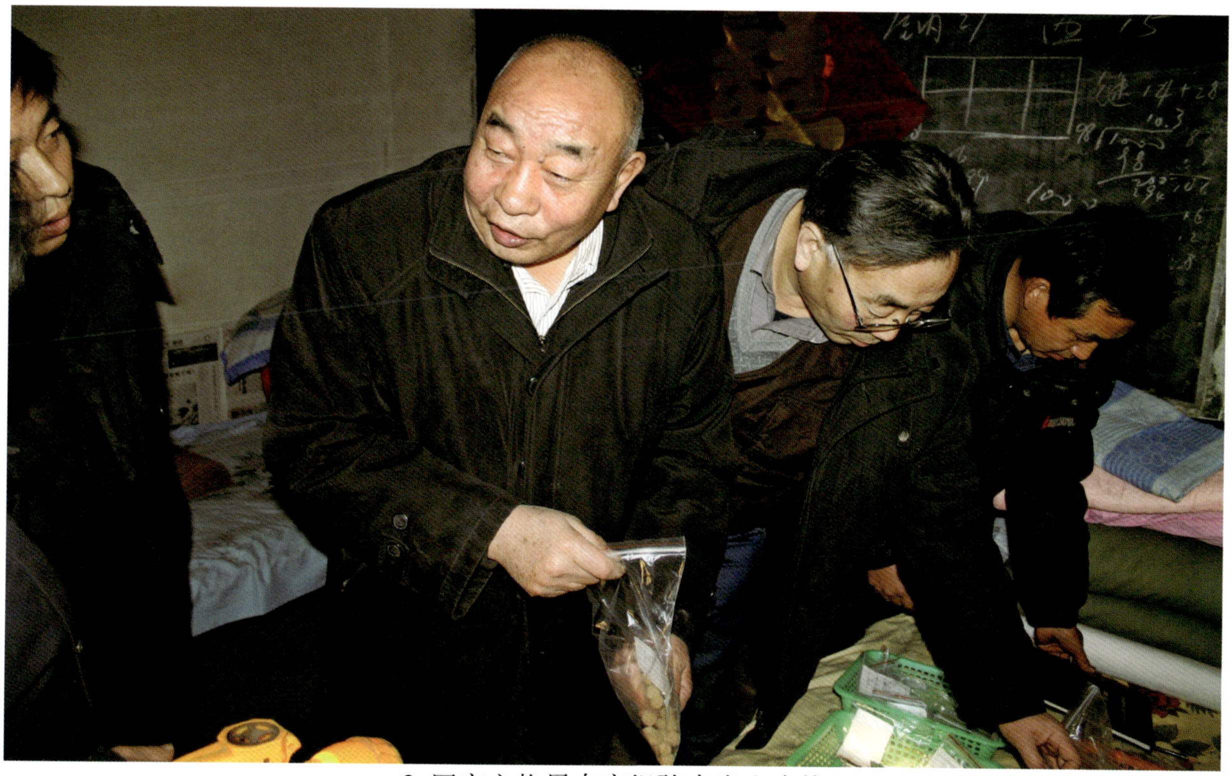

2. 国家文物局专家组验查出土小件

国家文物局专家组验收

彩版一二

1. 国家文物局专家组验查出土器物

2. 考古工地正在进行航拍准备

国家文物局专家组验收、航拍

1. 玛瑙环（09ⅡTG3M49：1、2、9～11）

2. A型铜带钩（09ⅡTG4M67：1）

3. 铜璜形器（09ⅡTG3M49：3）

4. 陶高柄豆（彩绘）（09ⅡTG4M78：6）

5. 陶高柄豆（09ⅡTG4M78：6）

6. A型陶壶（09ⅡTG3M65：3）

09ⅡTG3M49、09ⅡTG3M65、09ⅡTG4M67、09ⅡTG4M78出土器物

1. Ba型陶壶 （09ⅡTG4M78：3）

2. 陶坊（彩绘）（09ⅡTG4M83：1）

3. 陶坊（09ⅡTG4M83：1）

4. Ba型陶盒（纹饰）（09ⅡTG4M72：4）

5. Bb型陶鼎（10NDZ1#MDTG3M16：9）

6. 铜铃（10NDZ2#MDTG2M38：2～5）

09ⅡTG4M78、09ⅡTG4M83、09ⅡTG4M72，10NDZ1#MDTG3M16、10NDZ2#MDTG2M38出土器物

09 II TG1M3出土的西汉十二干支骨筹（09 II TG1M3：2）

1. 博山炉（10NDZ2#MDTG1M53：15）

2. 灶（10NDZ2#MDTG1M53：11）

3. A型壶（10NDZ2#MDTG1M53：6）

4. 井（10NDZ2#MDTG1M53：7）

5. 盒（10NDZ2#MDTG1M53：13）

6. 鼎（10NDZ2#MDTG1M53：8）

10NDZ2#MDTG1M53出土釉陶器

1. 核查调水线路

2. 核对调水GPS点

调查

图版二

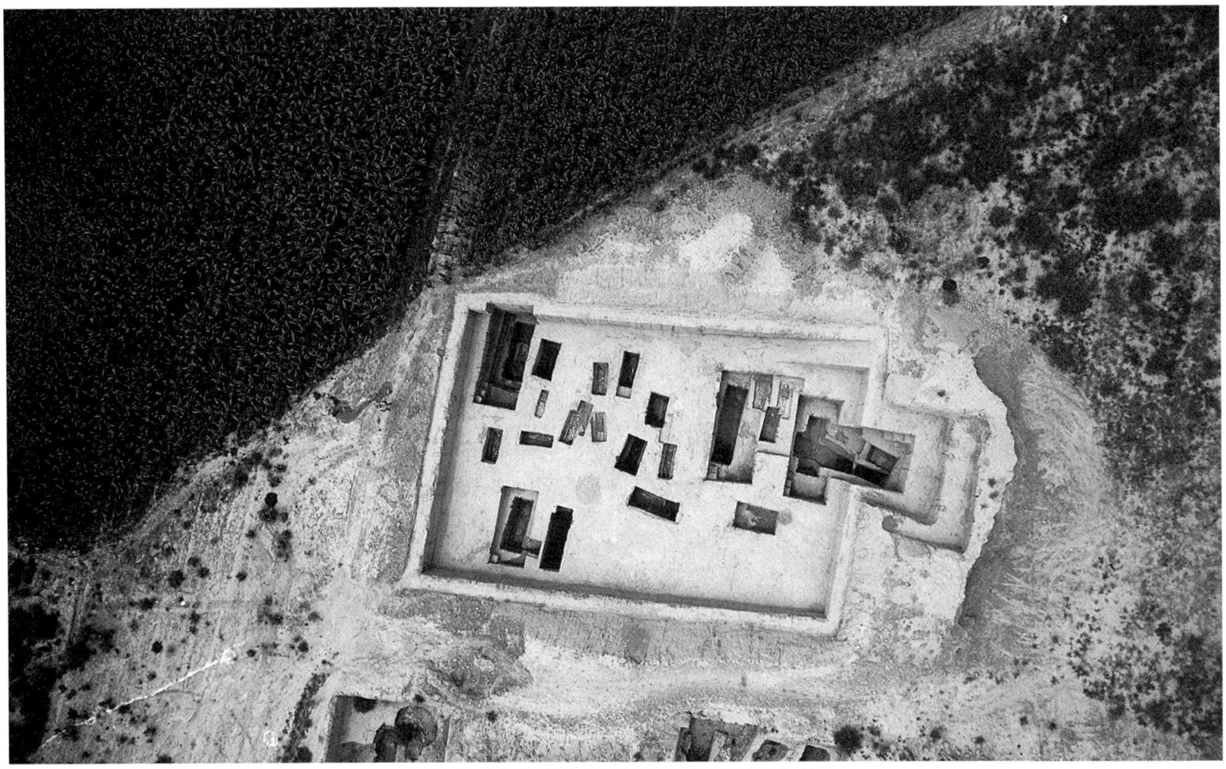

1. 张夺村南2号墓地TG2发掘后鸟瞰

2. 张夺村南2号墓地TG1发掘后鸟瞰

张夺村南2号墓地发掘后鸟瞰

图版三

1. 清理墓葬

2. 测量绘图

发掘、绘图

图版四

1. 修复

2. 航拍

修复、航拍

1. 全景（东→西）

2. 烟道至窑前工作面情况（西→东）

09 I T20301Y1

图版六

1. 火膛、烟道情况

2. 火门口部券砖特写（西→东）

09ⅠT20301Y1

1. 全景（北→南）

2. 烟道至窑前工作面情况（南→北）

09ⅠT30201Y2

1. 窑室（北→南）

2. 烟道、烟囱（北→南）

09 I T30201Y2

1. 09 Ⅱ TG3M48（东→西）

2. 09 Ⅱ TG3M49（西→东）

09 Ⅱ TG3M48、09 Ⅱ TG3M49

1. 09 Ⅱ TG3M49璜形器出土情况

2. 09 Ⅱ TG4M65全景

09 Ⅱ TG3M49遗物出土情况、09 Ⅱ TG4M65

09 II TG4M67全景（北→南）

图版一二

1. 09 Ⅱ TG4M78全景（南→北）

2. 09 Ⅱ TG9M88全景（南→北）

09 Ⅱ TG4M78、09 Ⅱ TG9M88

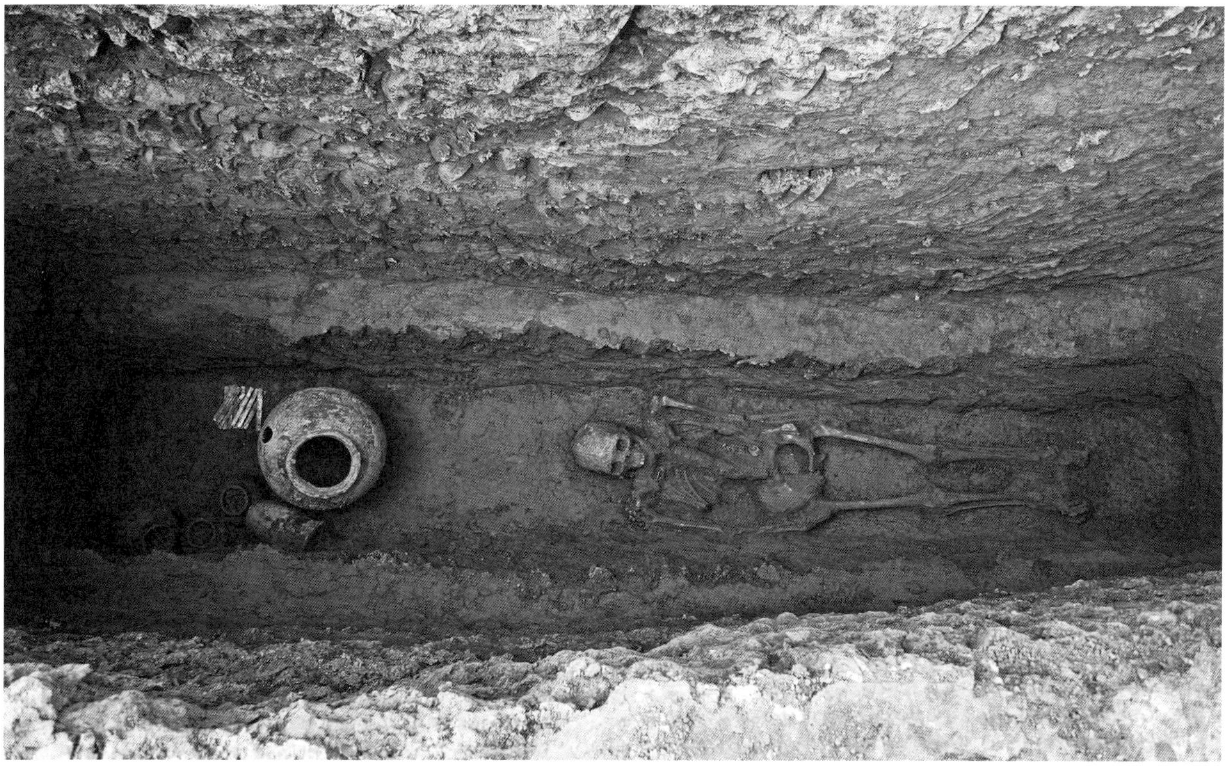

1. 09 Ⅱ TG1M3全景（东→西）

2. 09 Ⅱ TG2M4全景（北→南）

09 Ⅱ TG1M3、09 Ⅱ TG2M4

图版一四

1. 09 Ⅱ TG2M5全景（东→西）

2. 09 Ⅱ TG2M6全景（南→北）

09 Ⅱ TG2M5、09 Ⅱ TG2M6

1. 09 II TG2M7全景（南→北）

2. 09 II TG2M8全景（东→西）

09 II TG2M7、09 II TG2M8

图版一六

1. 09ⅡTG2M9全景（南→北）

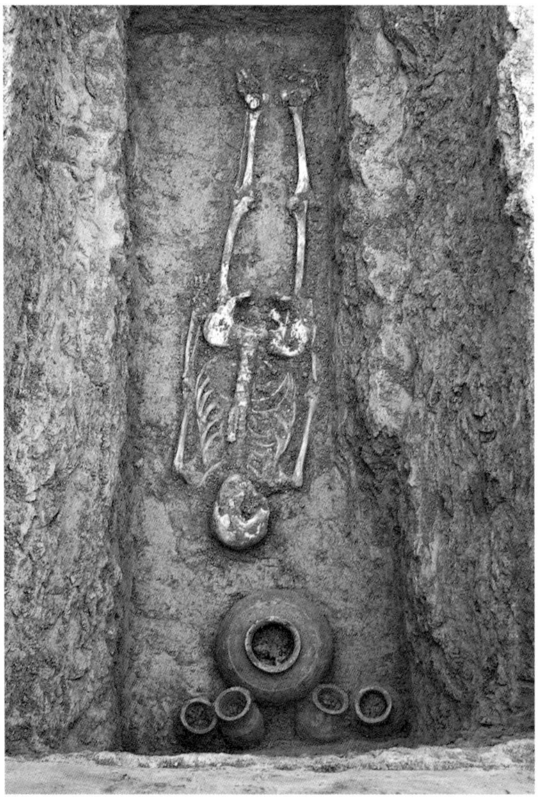

2. 09ⅡTG5M10全景（东→西）

09ⅡTG2M9、09ⅡTG5M10

1. 09 Ⅱ TG1M11全景（西→东）

2. 09 Ⅱ TG6M12全景（西→东）

09 Ⅱ TG1M11、09 Ⅱ TG6M12

图版一八

1. 09 II TG7M18全景（南→北）

2. 09 II TG8M26全景（北→南）

09 II TG7M18、09 II TG8M26

1. 09 Ⅱ TG8M28全景（西→东）

2. 09 Ⅱ TG6M30全景（南→北）

09 Ⅱ TG8M28、09 Ⅱ TG6M30

09ⅡTG8M33、09ⅡTG8M34

1. 09ⅡTG8M33全景（西→东）

2. 09ⅡTG8M34全景（西→东）

1. 09Ⅱ TG8M38全景（北→南）

2. 09Ⅱ TG8M40全景（南→北）

09Ⅱ TG8M38、09Ⅱ TG8M40

1. 09ⅡTG8M42全景（西→东）

2. 09ⅡTG8M43全景（东→西）

09ⅡTG8M42、09ⅡTG8M43

1. 09ⅡTG8M44全景（南→北）

2. 09ⅡTG8M45全景（西→东）

09ⅡTG8M44、09ⅡTG8M45

1. 09 Ⅱ TG8M46全景（南→北）

2. 09 Ⅱ TG4M51全景（南→北）

09 Ⅱ TG8M46、09 Ⅱ TG4M51

1. 09 Ⅱ TG3M53全景（南→北）

2. 09 Ⅱ TG3M54全景（南→北）

09 Ⅱ TG3M53、09 Ⅱ TG3M54

图版二六

1. 09 II TG3M57（南→北）

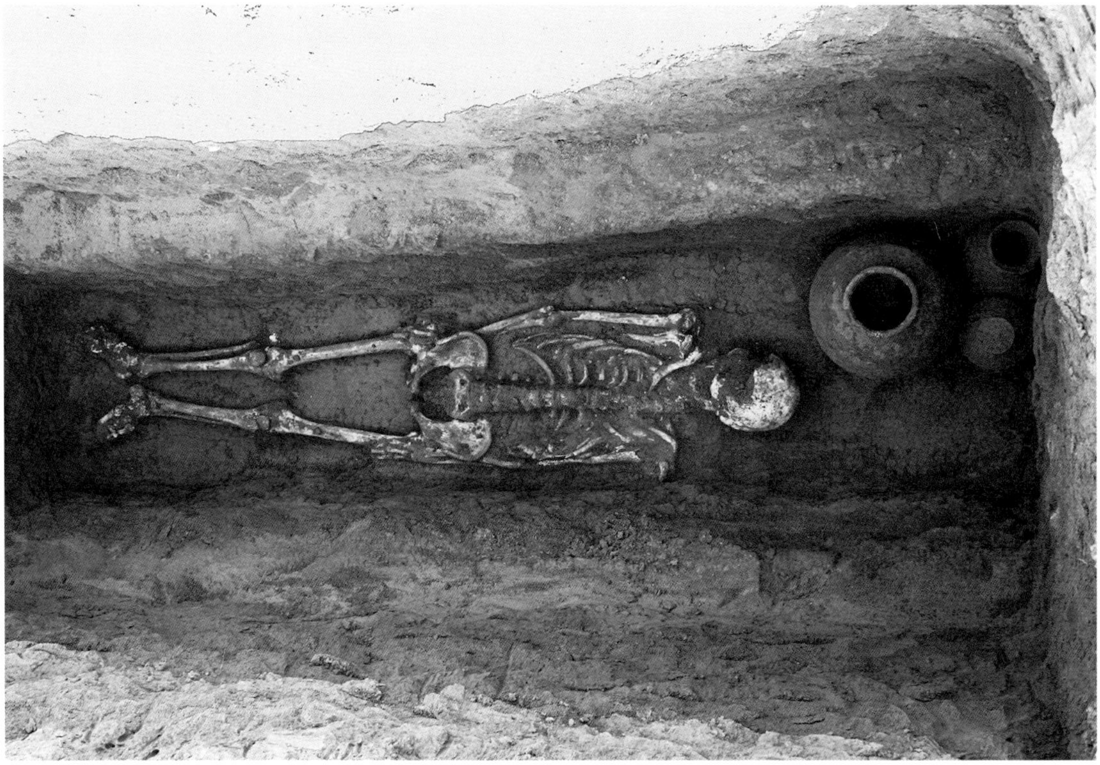

2. 09 II TG4M59（东→西）

09 II TG3M57、09 II TG4M59

1. 09ⅡTG4M60（南→北）

2. 09ⅡTG4M61（南→北）

09ⅡTG4M60、09ⅡTG4M61

1. 09ⅡTG4M62全景（西→东）

2. 09ⅡTG4M64全景（南→北）

09ⅡTG4M62、09ⅡTG4M64

1. 09 II TG4M66全景（北→南）

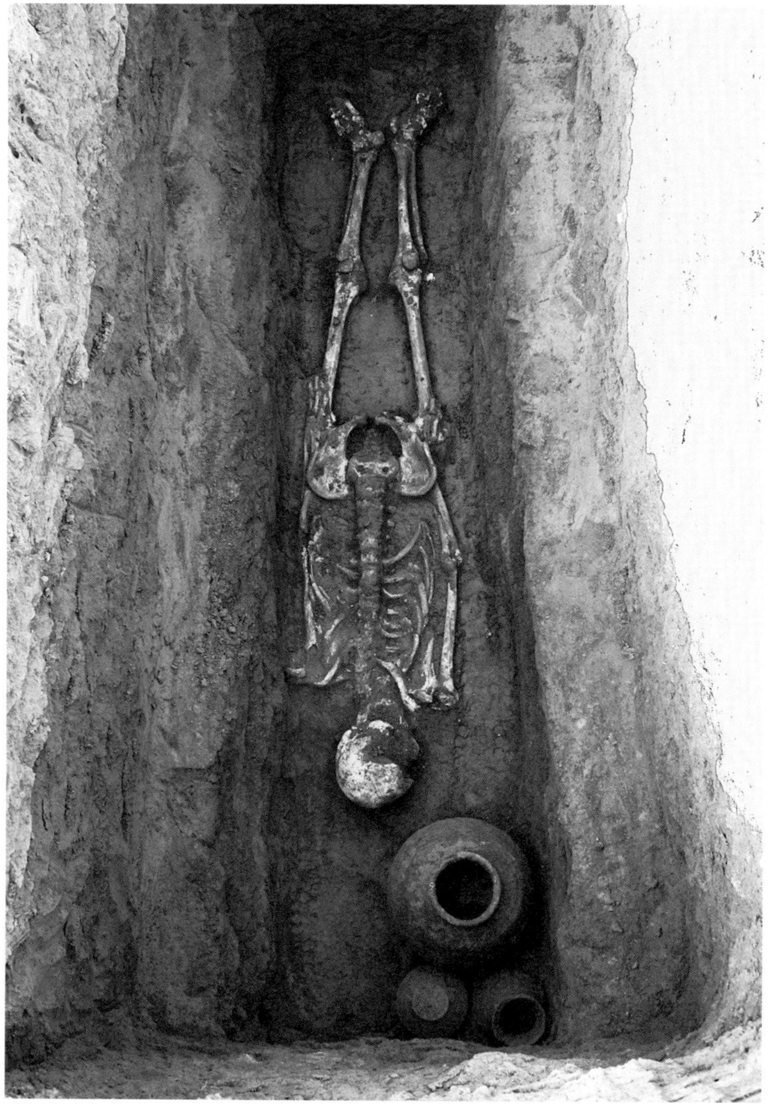

2. 09 II TG4M68全景（北→南）

09 II TG4M66、09 II TG4M68

图版三〇

1. 09ⅡTG4M69全景（南→北）

2. 09ⅡTG4M70全景（北→南）

09ⅡTG4M69、09ⅡTG4M70

1. 09 Ⅱ TG4M72全景（北→南）

2. 09 Ⅱ TG4M73全景（南→北）

09 Ⅱ TG4M72、09 Ⅱ TG4M73

图版三二

09 II TG4M80、09 II TG4M81

1. 09 II TG4M80全景（西→东）

2. 09 II TG4M81全景（南→北）

1. 09 II TG4M82全景（北→南）

2. 09 II TG4M83全景（南→北）

09 II TG4M82、09 II TG4M83

图版三四

1. 09 Ⅱ TG4M84全景（北→南）

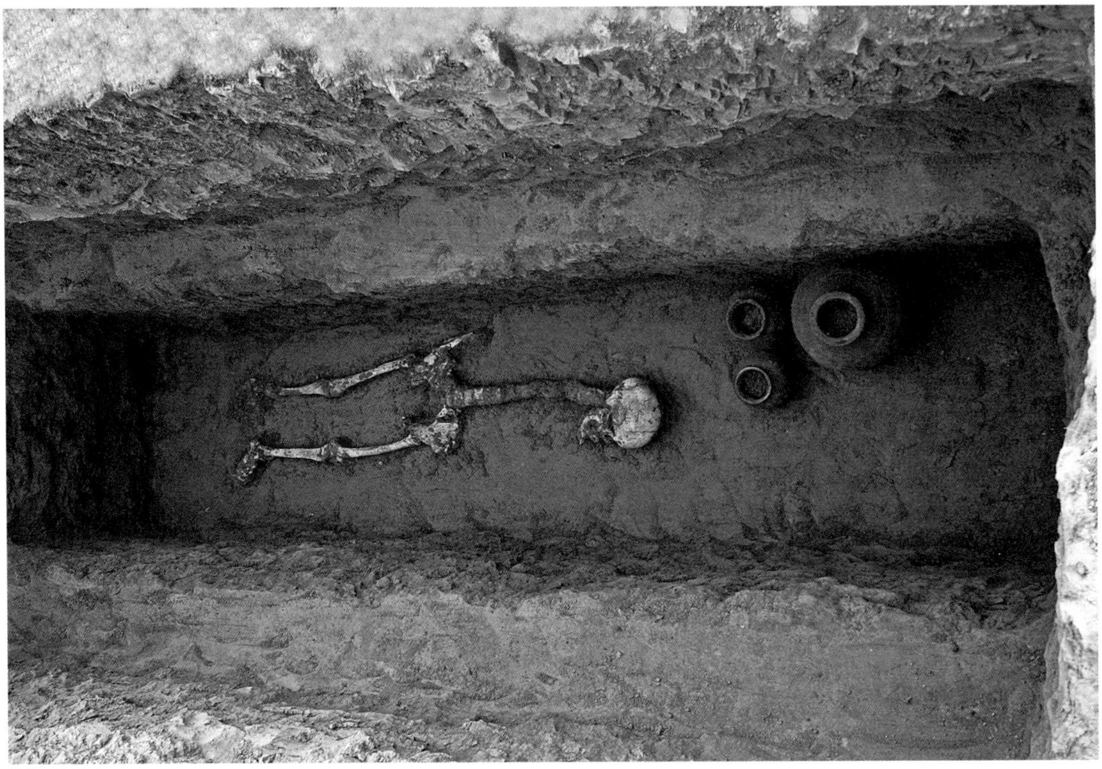

2. 09 Ⅱ TG9M87全景（西→东）

09 Ⅱ TG4M84、09 Ⅱ TG9M87

1. 09 Ⅱ TG9M89全景（北→南）

2. 09 Ⅱ TG9M93全景（西→东）

09 Ⅱ TG9M89、09 Ⅱ TG9M93

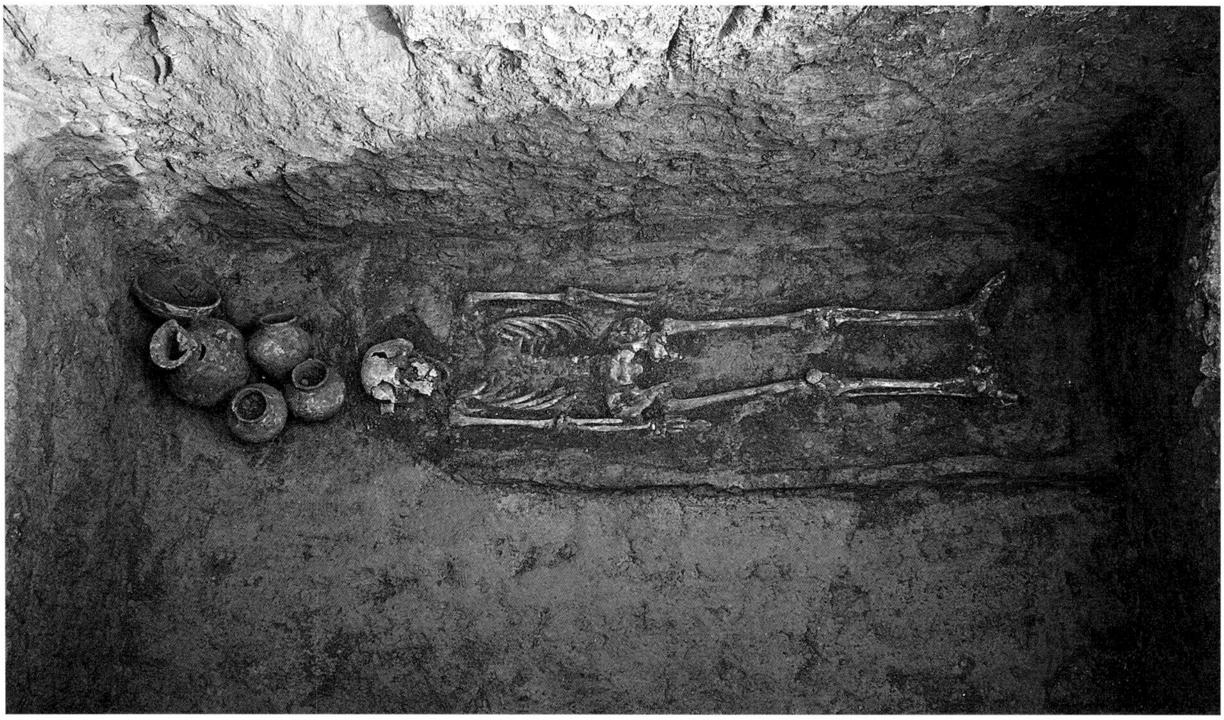

1. 09ⅡTG9M100全景（西→东）

2. 09ⅡTG9M95（北→南）

09ⅡTG9M100、09ⅡTG9M95

1. 09 Ⅱ TG9M101全景（南→北）

2. 09 Ⅱ TG9M103全景（南→北）

09 Ⅱ TG9M101、09 Ⅱ TG9M103

1. 全景（北→南）

2. 随葬器物

09 II TG9M104

1. 全景（东→西）

2. 随葬器物

10NDZ1#MDTG4M22

1. 10NDZ1#MDTG1M1全景（东→西）

2. 10NDZ1#MDTG1M2全景（西→东）

10NDZ1#MDTG1M1、10NDZ1#MDTG1M2

1. 10NDZ1#MDTG1M3全景（南→北）

2. 10NDZ1#MDTG1M4全景（北→南）

10NDZ1#MDTG1M3、10NDZ1#MDTG1M4

1. 10NDZ1#MDTG1M5全景（南→北）

2. 10NDZ1#MDTG1M6全景

10NDZ1#MDTG1M5、10NDZ1#MDTG1M6

1. 10NDZ1#MDTG1M7全景（西→东）

2. 10NDZ1#MDTG2M11全景（北→南）

10NDZ1#MDTG1M7、10NDZ1#MDTG2M11

1. 10NDZ1#MDTG2M12全景（南→北）

2. 10NDZ1#MDTG3M13全景（西→东）

10NDZ1#MDTG2M12、10NDZ1#MDTG3M13

1. 10NDZ1#MDTG3M14全景（西→东）

2. 10NDZ1#MDTG3M15全景（东→西）

10NDZ1#MDTG3M14、10NDZ1#MDTG3M15

1. 10NDZ1#MDTG3M16全景（西→东）

2. 10NDZ1#MDTG3M18全景（北→南）

10NDZ1#MDTG3M16、10NDZ1#MDTG3M18

1. 10NDZ1#MDTG3M19全景（北→南）

2. 10NDZ1#MDTG3M20全景（南→北）

10NDZ1#MDTG3M19、10NDZ1#MDTG3M20

1. 10NDZ1#MDTG3M21全景（南→北）

2. 10NDZ1#MDTG4M23全景（西→东）

10NDZ1#MDTG3M21、10NDZ1#MDTG4M23

1. 10NDZ1#MDTG4M24全景（南→北）

2. 10NDZ1#MDTG4M25全景（北→南）

10NDZ1#MDTG4M24、10NDZ1#MDTG4M25

1. 10NDZ1#MDTG4M26全景（南→北）

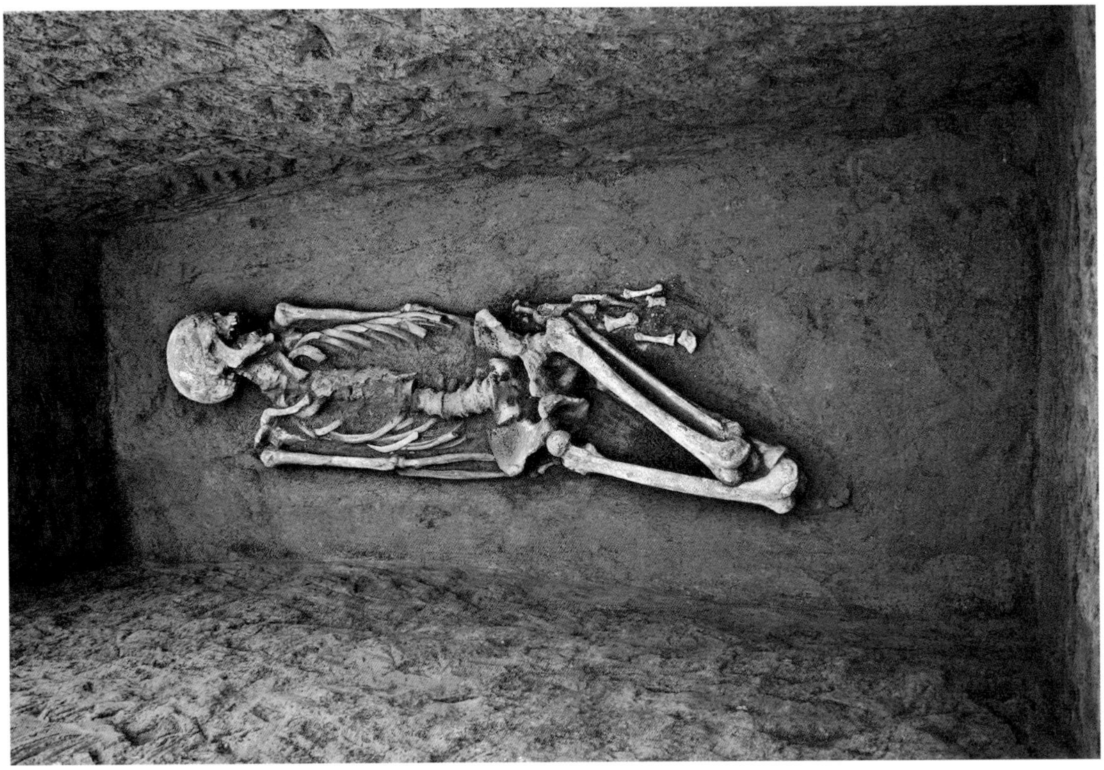

2. 10NDZ1#MDTG4M27全景（南→北）

10NDZ1#MDTG4M26、10NDZ1#MDTG4M27

1. 全景（南→北）

2. 随葬器物

10NDZ1#MDTG4M29

1. 10NDZ1#MDTG4M35（东→西）

2. 10NDZ1#MDTG4M36（南→北）

10NDZ1#MDTG4M35、10NDZ1#MDTG4M36

1. 10NDZ1#MDTG3M38（南→北）

2. 10NDZ1#MDTG3M39（南→北）

10NDZ1#MDTG4M38、10NDZ1#MDTG4M39

图版五四

1. 10NDZ1#MDTG3M40全景（东→西）

2. 10NDZ1#MDTG3M41全景（南→北）

10NDZ1#MDTG3M40、10NDZ1#MDTG3M41

1. 全景（南→北）

2. 随葬器物

10NDZ1#MDM42

1. 10NDZ2#MDTG2M42（西→东）

2. 10NDZ2#MDTG1M1全景（南→北）

10NDZ2#MDTG2M42、10NDZ2#MDTG1M1

1. 10NDZ2#MDTG1M5全景（南→北）

2. 10NDZ2#MDTG1M8全景（南→北）

10NDZ2#MDTG1M5、10NDZ2#MDTG1M8

1. 10NDZ2#MDTG1M11全景（南→北）

2. 10NDZ2#MDTG1M13全景（西→东）

10NDZ2#MDTG1M11、10NDZ2#MDTG1M13

1. 10NDZ2#MDTG1M17全景（南→北）

2. 10NDZ2#MDTG1M23全景（南→北）

10NDZ2#MDTG1M17、10NDZ2#MDTG1M23

图版六〇

1. 10NDZ2#MDTG1M24全景（南→北）

2. 10NDZ2#MDTG2M26全景（南→北）

10NDZ2#MDTG1M24、10NDZ2#MDTG2M26

1. 10NDZ2#MDTG2M32全景（西→东）

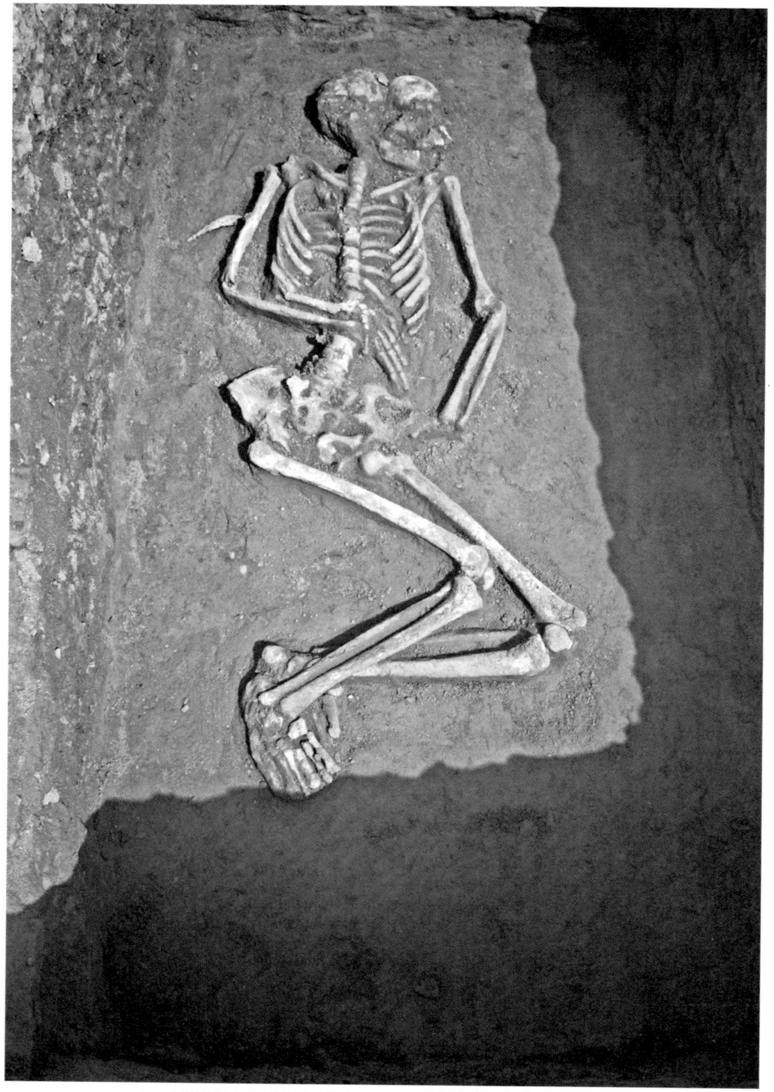

2. 10NDZ2#MDTG2M34全景（南→北）

10NDZ2#MDTG2M32、10NDZ2#MDTG2M34

1. 10NDZ2#MDTG2M37全景（北→南）

2. 10NDZ2#MDTG2M40全景（西→东）

10NDZ2#MDTG2M37、10NDZ2#MDTG2M40

1. 10NDZ2#MDTG2M41全景（西→东）

2. 10NDZ2#MDTG2M45全景（南→北）

10NDZ2#MDTG2M41、10NDZ2#MDTG2M45

1. 10NDZ2#MDTG2M47（东→西）

2. 10NDZ2#MDTG1M7（南→北）

10NDZ2#MDTG2M47、10NDZ2♯MDTG1M7

1. 杈状坠（09ⅠT20201J1:1）

2. 杈状坠（09ⅠT30401H20:1）

3. 纺轮状器（09ⅠT30402③:1）

4. 纺轮状器（09ⅠT30201Y2：2）

5. 轮盘形器（09ⅠT20402H6：1）

6. A型釜（09ⅠT20201J1：4）

7. A型炉（09ⅠT20201J1：5）

09Ⅰ区出土陶器

图版六六

1. 小陶壶 (09ⅡTG4M65:9)

2. A型铜带钩 (09ⅡTG3M55:1)

3. A型陶鼎（09ⅡTG4M65：4）

4. 陶鸭形尊（09ⅡTG4M65：2）

5. A型小陶壶（09ⅡTG4M83：4）

6. A型陶盖豆（09ⅡTG4M65：6）

7. Aa型陶鼎（09ⅡTG4M83：8）

09Ⅱ区出土战国、西汉时期器物

1. Ab型（09ⅡTG4M72：2）

2. Ac型（09ⅡTG4M81：3）

3. Ac型（09ⅡTG4M68：8）

4. Ac型（09ⅡM1：3）

5. Ac型（09ⅡTG3M54：7）

6. B型（09ⅡTG7M18：6）

09Ⅱ区出土西汉时期陶鼎

图版六八

1. Aa型（09ⅡTG4M72：6）

2. Ab型（09ⅡTG3M54：6）

3. B型（09ⅡTG9M104：3）

4. C型（09ⅡTG2M9：3）

5. D型（09ⅡTG9M97：2）

6. D型（09ⅡTG9M97：4）

09Ⅱ区出土西汉时期陶壶

1. Aa型Ⅰ式（09ⅡTG4M77：1）

2. Aa型Ⅰ式（09ⅡTG3M53：1）

3. Aa型Ⅰ式（09ⅡTG4M61：1）

4. Aa型Ⅰ式（09ⅡTG8M28：1）

5. Aa型Ⅱ式（09ⅡTG4M75：1）

6. Aa型Ⅲ式（09ⅡTG9M100：2）

09Ⅱ区出土西汉时期陶罐

1. Aa型Ⅲ式（09ⅡTG9M102：2）

2. Aa型Ⅳ式（09ⅡTG4M80：2）

3. Ab型（09ⅡTG4M108：2）

4. Ab型（09ⅡTG8M38：2）

5. Ac型（09ⅡTG1M3：4）

6. Ac型（09ⅡTG2M5：2）

09Ⅱ区出土西汉时期陶罐

1. Ac型（09ⅡTG5M10：4）

2. Ad型（09ⅡTG8M38：3）

3. Ba型（09ⅡTG4M64：3）

4. Ba型（09ⅡTG2M4：4）

5. Bb型（09ⅡTG8M43：6）

6. Be型（09ⅡTG5M10：3）

09Ⅱ区出土西汉时期陶罐

图版七二

1. Ca型（09ⅡTG4M51：4）

2. Cc型（09ⅡTG4M83：2）

3. Cc型（09ⅡTG3M54：5）

4. Da型（09ⅡTG4M83：3）

5. Db型（09ⅡTG2M6：2）

6. Db型（09ⅡTG2M6：4）

09Ⅱ区出土西汉时期陶罐

1. Dc型（09ⅡTG8M43：4）

2. Dc型（09ⅡTG4M72：5）

3. Dc型（09ⅡTG2M6：3）

4. Eb型（09ⅡTG4M60：4）

5. Ef型（09ⅡTG4M80：5）

6. F型（09ⅡTG9M97：1）

09Ⅱ区出土西汉时期陶罐

图版七四

1. Ba型（09ⅡTG4M59：3）

2. Bb型（09ⅡTG9M104：2）

3. Bc型（09ⅡTG4M70：2）

4. C型（09ⅡTG1M3：3）

5. D型（09ⅡTG8M33：1）

6. D型（09ⅡTG5M10：1）

09Ⅱ区出土西汉时期圜底瓮

1. Aa型Ⅰ式（09ⅡTG4M60：3）

2. Ad型（09ⅡTG2M6：1）

3. Ba型（09ⅡTG8M41：1）

4. Bc型（09ⅡTG6M30：1）

5. C型（09ⅡTG2M7：3）

6. C型（09ⅡTG6M12：1）

09Ⅱ区出土西汉时期平底瓮

1. Bb型（09ⅡTG4M68：9）

2. C型（09ⅡTG4M81：8）

3. C型（09ⅡTG7M18：7）

4. C型（09ⅡM1：4）

5. C型（09ⅡTG4M81：2）

6. A型（09ⅡTG4M83：9）

09Ⅱ区出土西汉时期陶盒

1. Aa型（09ⅡTG4M51：6）

2. Aa型（09ⅡTG2M9：5）

3. Aa型（09ⅡTG8M43：2）

4. Ab型（09ⅡTG9M100：1）

5. B型（陶文）（09ⅡTG9M103：5）

6. B型（09ⅡTG9M103：5）

09Ⅱ区出土西汉时期陶钵

图版七八

1. 盆（09ⅡTG8M26：1）

2. 奁（09ⅡTG4M80：1）

3. 俑头（09ⅡTG4M72：9）

4. 俑头（09ⅡTG4M72：10）

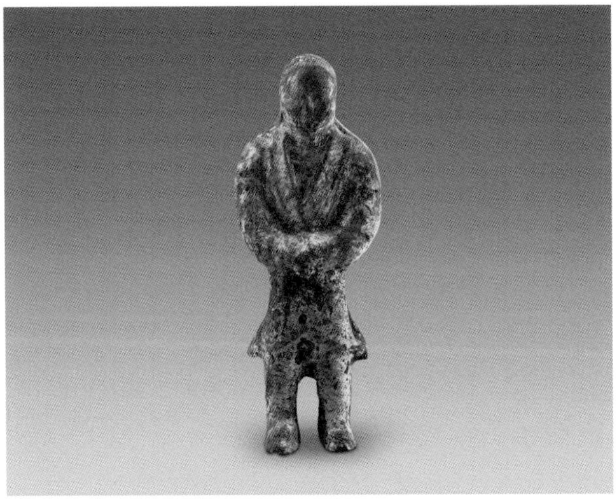

5. 直立俑（09ⅡTG3M56：1）

6. 女俑（09ⅡTG4M81：10）

7. 跽坐俑（09ⅡTG4M83：10）

09Ⅱ区出土西汉时期陶器

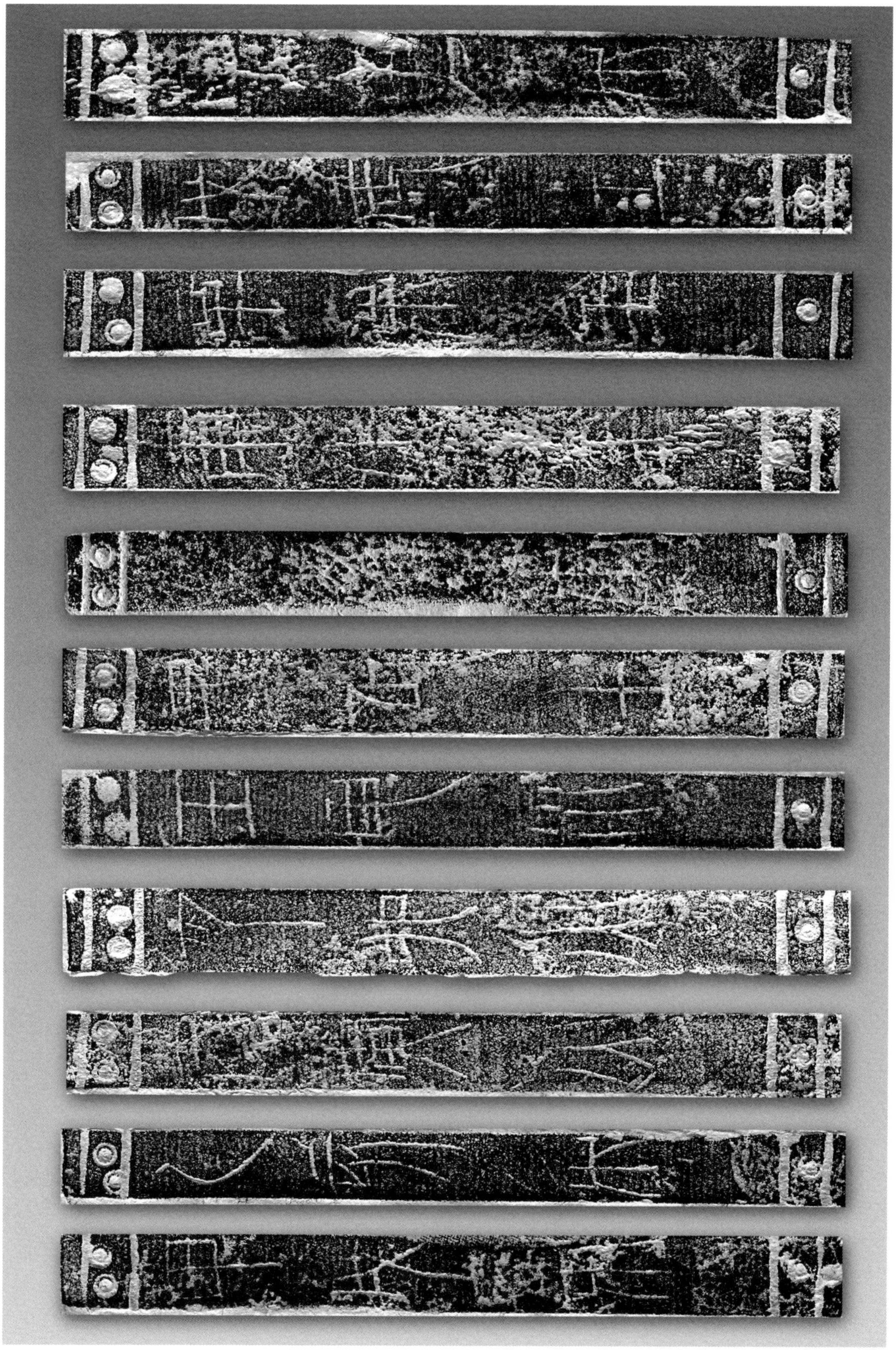

09 II 区出土西汉时期骨筹拓本（09 II TG1M3 : 2）

1. 鼎（10NDZ1#MDTG4M22：6）

2. 壶（10NDZ1#MDTG4M22：7）

3. 球腹壶（10NDZ1#MDTG4M22：2）

4. 高柄豆（10NDZ1#MDTG4M22：1）

5. 盖豆（10NDZ1#MDTG4M22：5）

6. 盘（10NDZ1#MDTG2M22：3）

10NDZ1#MD出土战国时期陶器

1. A型瓮（10NDZ1#MDTG1M7：1）

2. A型瓮（10NDZ1#MDTG3M40：1）

3. A型瓮（10NDZ1#MDTG3M41：1）

4. A型钵（10NDZ1#MDTG1M7：4）

10NDZ1#MD出土秦代陶器

1. A型鼎（10NDZ1#MDTG4M36：5）

2. Ba型鼎（10NDZ1#MDTG1M5：3）

3. Bb型鼎（10NDZ1#MDTG3M16：11）

4. Aa型壶（10NDZ1#MDTG4M36：4）

5. Ab型壶（10NDZ1#MDTG3M16：5）

6. Ba型壶（10NDZ1#MDTG4M24：4）

10NDZ1#MD出土西汉时期陶器

1. Aa型Ⅰ式（10NDZ1#MDM42：1）

2. Aa型Ⅱ式（10NDZ1#MDTG3M39：1）

3. Ab型（10NDZ1#MDTG3M16：3）

4. Ab型（10NDZ1#MDTG3M16：4）

5. Ac型（10NDZ1#MDTG3M16：12）

6. Ac型（10NDZ1#MDTG4M35：4）

10NDZ1#MD出土西汉时期陶罐

图版八四

1. Bc型（10NDZ1#MDTG4M25：5）

2. Be型（10NDZ1#MDTG1M2：5）

3. Cb型（10NDZ1#MDTG4M29：7）

4. Ca型（10NDZ1#MDTG3M14：5）

5. Cb型（10NDZ1#MDTG4M29：8）

6. Db型（10NDZ1#MDTG1M3：5）

10NDZ1#MD出土西汉时期陶罐

1. Ea型罐（10NDZ1#MDTG1M2：3）

2. Eb型罐（10NDZ1#MDTG4M35：1）

3. F型罐（10NDZ1#MDTG4M33：2）

4. B型圜底瓮（10NDZ1#MDTG2M11：1）

5. B型圜底瓮（10NDZ1#MDTG3M13：1）

6. B型圜底瓮（10NDZ1#MDTG3M14：4）

10NDZ1#MD出土西汉时期陶器

1. Ca型圜底瓮（10NDZ1#MDTG1M2：2）

2. Cb型圜底瓮（10NDZ1#MDTG4M29：1）

3. B型平底瓮（10NDZ1#MDTG1M5：4）

4. B型平底瓮（10NDZ1#MDTG3M16：2）

5. B型钵（10NDZ1#MDTG4M25：4）

6. C型钵（10NDZ1#MDTG4M25：3）

10NDZ1#MD出土西汉时期陶器

1. A型盒（10NDZ1#MDTG4M29：3）

2. A型盒（10NDZ1#MDTG4M36：7）

3. B型盒（10NDZ1#MDTG3M16：8）

4. B型盒（10NDZ1#MDTG3M16：10）

5. 俑（10NDZ1#MDTG1M5：1）

6. 俑（10NDZ1#MDTG1M5：2）

10NDZ1#MD出土西汉时期陶器

1. Aa型鼎（10NDZ2#MDTG1M1：18）

2. Ab型鼎（10NDZ2#MDTG2M41：8）

3. B型鼎（10NDZ2#MDTG1M1：17）

4. C型鼎（10NDZ2#MDTG2M50：7）

5. A型壶（10NDZ2#MDTG1M1：3）

6. B型壶（10NDZ2#MDTG2M50：9）

10NDZ2#MD出土西汉时期陶器

1. A型圜底罐（10NDZ2#MDTG2M37：2）

2. B型圜底罐（10NDZ2#MDTG1M53：2）

3. Aa型Ⅰ式罐（10NDZ2#MDTG1M4：2）

4. Aa型Ⅱ式罐（10NDZ2#MDTG1M9：1）

5. Ab型罐（10NDZ2#MDTG1M23：1）

6. Ac型罐（10NDZ2#MDTG2M25：3）

10NDZ2#MD出土陶罐

图版九〇

1. Bc型（10NDZ2#MDTG1M23：3）

2. Bd型（10NDZ2#MDTG2M43：4）

3. C型（10NDZ2#MDTG1M23：2）

4. D型（10NDZ2#MDTG1M1：11）

5. E型（10NDZ2#MDTG1M52：2）

6. F型（10NDZ2#MDTG1M52：5）

10NDZ2#MD出土西汉时期陶罐

1. Aa型圜底瓮（10NDZ2#MDTG2M37：1）

2. Ab型圜底瓮（10NDZ2#MDTG2M38：1）

3. B型Ⅰ式圜底瓮（10NDZ2#MDTG1M1：1）

4. B型Ⅱ式圜底瓮（10NDZ2#MDTG2M50：4）

5. A型平底瓮（10NDZ2#MDTG2M25：1）

6. A型平底瓮（10NDZ2#MDTG2M43：1）

10NDZ2#MD出土西汉时期陶瓮

图版九二

1. A型盒（10NDZ2#MDTG1M1：20）

2. B型盒（10NDZ2#MDTG1M1：6）

3. B型盒（10NDZ2#MDTG1M1：7）

4. 坊（10NDZ2#MDTG1M1：4）

5. A型盆（10NDZ2#MDTG2M32：1）

6. Ba型盆（10NDZ2#MDTG2M47：1）

10NDZ2#MD出土西汉时期陶器

1. A型陶钵（10NDZ2#MDTG1M9：2）

2. A型陶钵（10NDZ2#MDTG2M43：2）

3. A型陶钵（10NDZ2#MDTG2M47：3）

4. B型陶钵（10NDZ2#MDTG1M16：1）

5. B型陶壶（10NDZ2#MDTG1M53：9）

6. 石灯（10NDZ2#MDTG1M52：1）

10NDZ2#MD出土西汉时期陶器、石灯

图版九四

1. 钵（10NDZ2#MDTG1M7：2）

2. 壶（10NDZ2#MDTG1M7：3）

3. 罐（10NDZ2#MDTG1M7：16）

4. 瓮（10NDZ2#MDTG1M7：1）

5. 钵（10NDZ2#MDTG1M7：15）

6. 樽（10NDZ2#MDTG1M7：7）

10NDZ2#MD出土东汉时期陶器

1. 10NDZ1#TG3M13正视图

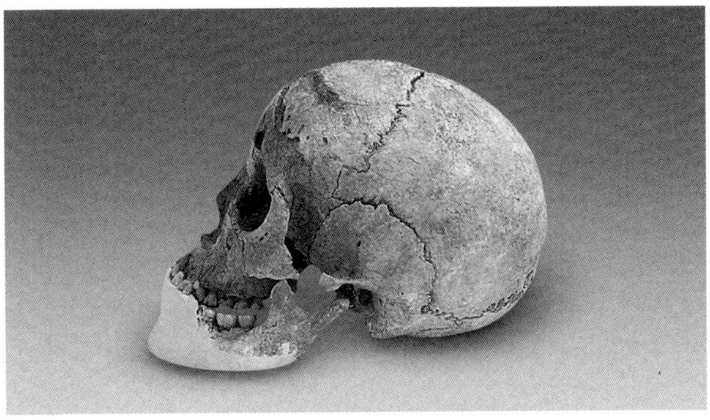

2. 10NDZ1#TG3M13侧视图

3. 10NDZ1#TG3M13俯视图

4. 10NDZ1#TG3M13后视图

5. 10NDZ1#TG4M26正视图

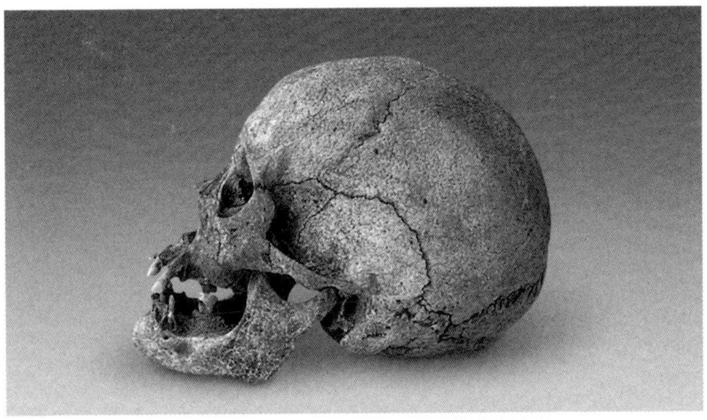

6. 10NDZ1#TG4M26侧视图

7. 10NDZ1#TG4M26俯视图

8. 10NDZ1#TG4M26后视图

10NDZ1#TG3M13、10NDZ1#TG4M26人骨

1. 10NDZ1#TG4M27正视图

2. 10NDZ1#TG4M27侧视图

3. 10NDZ1#TG4M27俯视图

4. 10NDZ1#TG4M27后视图

5. 10NDZ2#TG1M3正视图

6. 10NDZ2#TG1M3侧视图

7. 10NDZ2#TG1M3俯视图

8. 10NDZ2#TG1M3后视图

10NDZ1#TG4M27、10NDZ2#TG1M3人骨

1. 10NDZ2#TG1M5正视图

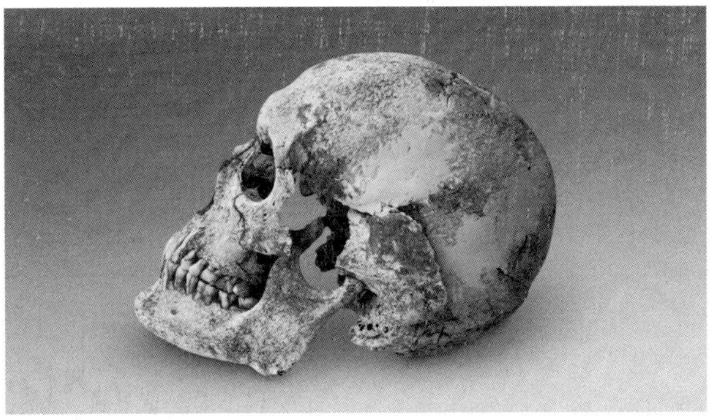
2. 10NDZ2#TG1M5侧视图

3. 10NDZ2#TG1M5俯视图

4. 10NDZ2#TG1M5后视图

5. 10NDZ2#TG1M7正视图

6. 10NDZ2#TG1M7侧视图

7. 10NDZ2#TG1M7俯视图

8. 10NDZ2#TG1M7后视图

10NDZ2#TG1M5、10NDZ2#TG1M7人骨

图版九八

1. 10NDZ2#TG1M8正视图

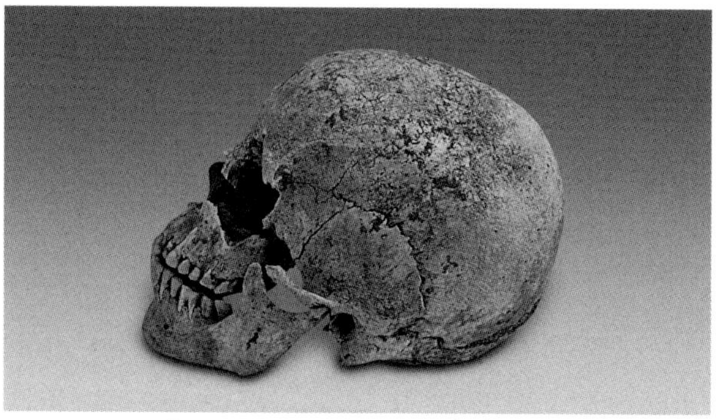

2. 10NDZ2#TG1M8侧视图

3. 10NDZ2#TG1M8俯视图

4. 10NDZ2#TG1M8后视图

5. 10NDZ2#TG1M10正视图

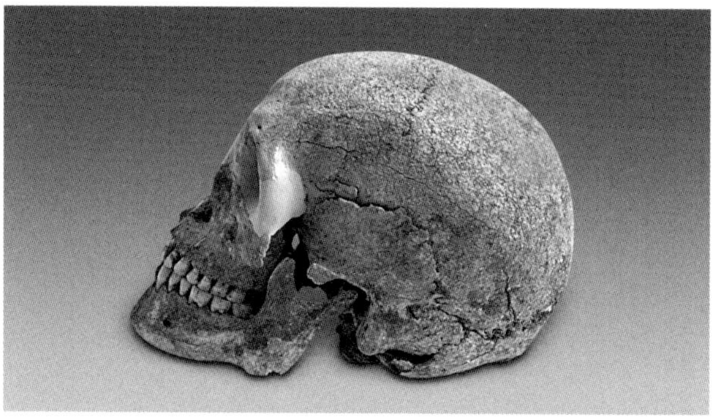

6. 10NDZ2#TG1M10侧视图

7. 10NDZ2#TG1M10俯视图

8. 10NDZ2#TG1M10后视图

10NDZ2#TG1M8、10NDZ2#TG1M10人骨

1. 10NDZ2#TG1M13正视图

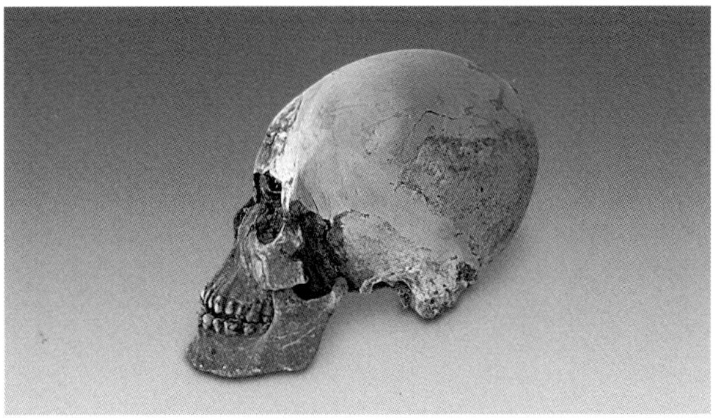

2. 10NDZ2#TG1M13侧视图

3. 10NDZ2#TG1M13俯视图

4. 10NDZ2#TG1M13后视图

5. 10NDZ2#TG1M18正视图

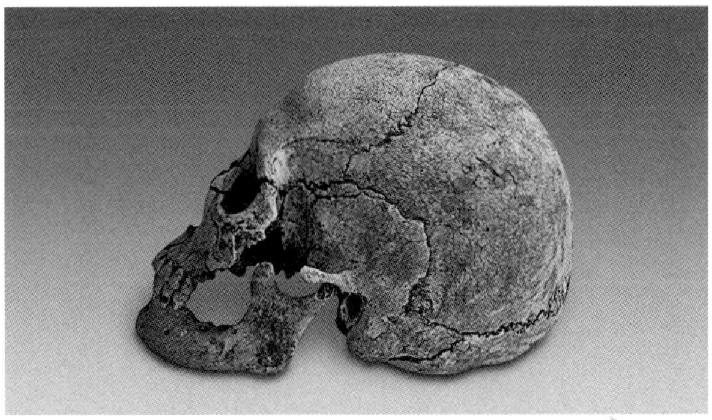

6. 10NDZ2#TG1M18侧视图

7. 10NDZ2#TG1M18俯视图

8. 10NDZ2#TG1M18后视图

10NDZ2#TG1M13、10NDZ2#TG1M18人骨

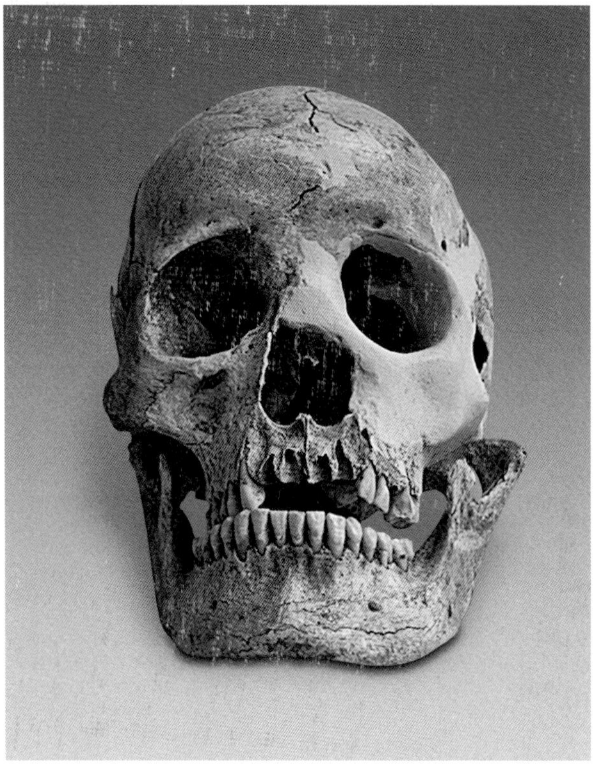

1. 10NDZ2#TG1M19正视图

2. 10NDZ2#TG1M19侧视图

3. 10NDZ2#TG1M19俯视图

4. 10NDZ2#TG1M19后视图

10NDZ2#TG1M19人骨